ANZIEHUNGSKRÄFTE
Variété de la mode 1786–1986

Aus Anlaß des 125jährigen Jubiläums
von Ludwig Beck am Rathauseck München

ANZIEHUNGSKRÄFTE

VARIÉTÉ DE LA MODE 1786-1986

Herausgegeben vom Münchner Stadtmuseum
CARL HANSER VERLAG

Veranstalter
Münchner Stadtmuseum – Centro italiano per lo studio della storia del tessuto (CISST – Sezione Lombardia) – von Parish Kostümforschungsinstitut, München,
in Verbindung mit
Musée de la Mode et du Costume, Palais Galliera, Paris – Victoria & Albert Museum, London.

Ausstellungskonzeption
Chiara Giannelli Buss – Grazietta Butazzi – Andreas Ley – Alessandra Mottola Molfino.

Ausstellungsassistenz
Marion Widmann.

Herausgeber des Kataloges
Münchner Stadtmuseum.

Katalogredaktion
Marion Widmann, Andreas Ley, Assistenz: Roswitha Bruchmann, Frauke Geßendorfer, Elisabeth Heller-Winter, Margit Neßlauer, Carmen Schramka.

Creative Direction und Ausstellungsarchitektur
Andreas Ley.

Art Direction
Uwe Göbel, Assistenz: Stefanie Göbel, Matt Black.

Ausstellungssekretariat
Barbara Eschenburg.

Übersetzungen
Christian Aichner, Giorgio Fagaraz, Gina Kehayoff, Cristina Mattedi, Maria Roser-Tuni, Hans Schmittlein, Andrea Spingler, Wolfgang Till.

Restaurierungen
Fächer: Inken Stößel, Gemälde: Angela Hückel, Metall: Manfred Wunderskirchner, Textilien: Leni Gerg, Assistenz: Ruth Bellenberg, Theresia von Waldburg, Almut Weigl, Ergänzungen: Inge Kunz.

Perücken
Gabriela Stadler.

Vitrinengestaltung
Matt Black, Carla Duday-Braun, Michael Hoffer, Marcel Keller, Robert Kessler, Vollrad Kutscher, Andreas Ley, Herbert Scherreiks, Philipp Stölzl.

Realisation der Bauten
Ausstellungsorganisation:
Alfred Haas.
Technik: Emil Baumann.
Aufbauten: Rudolf Schreib.
Team des Münchner Stadtmuseums:
Peter Bauer, Robert Breen, Walter Füchsl, Franz Hamm, Gerhard Hillenbrand, Johann Jobb, Fritz Kaisner, Wolfgang Köhler, Wilhelm Krobath, Wilhelm Lanzinger, Ralph Oesterle, Johann Rohrer, Reimund Schorer, Martin Sodec, Josef Wagner, Klaus Wieland, und Mitarbeiter.

Herstellung
Universitätsdruckerei
Dr. C. Wolf und Sohn KG, München
Printed in West-Germany

Titelbild
Rolf Niczky, 1920.
Typographie: Uwe Göbel.

Rücktitel
Jerry Hall, Modell Thierry Mugler, 1983. Abendkleid, Salon Max Schulze, München, um 1900.

Verlag
Carl Hanser Verlag
Kolbergerstr. 22
8000 München 80
ISBN 3-446-14700-4

Am Anfang dieser Ausstellung standen zwei Freundschaften. Eine, durch gute Nachbarschaft und verwandte Neigungen zur Alltagskultur entstandene, zwischen dem Haus Ludwig Beck am Rathauseck und dem Münchner Stadtmuseum; sie hätte fast schon einmal zur gemeinsamen Gründung eines »Museums der Unterhaltung« geführt. Die zweite Freundschaft – über die Alpen hinüber – verbindet das Stadtmuseum, das über eine wenig bekannte, aber bedeutende Textilsammlung verfügt, mit den italienischen Kolleginnen, die ihre modehistorische Arbeit im »Centro italiano per lo studio della storia del tessuto« in Mailand konzentriert haben. Im Vorfeld des 125jährigen Jubiläums von Ludwig Beck entstand die Idee zu einer großen europäischen Modeausstellung. Sie wird nun möglich durch das wahrhaft großherzige mäzenatische Engagement der feiernden Firma. Das Konzept der Ausstellung wurde von Alessandra Mottola Molfino, Grazietta Butazzi und Chiara Giannelli Buss gemeinsam mit Andreas Ley (Münchner Stadtmuseum) entwickelt.

Anders als bei den meisten Modeausstellungen steht weder die Haute Couture allein im Mittelpunkt, noch wird eine durchgehend chronologische oder enzyklopädische Darstellung der Modeentwicklung angestrebt. Vielmehr soll durch eine Deutung der Bekleidungsgeschichte der Wandel des Menschenbildes seit der Französischen Revolution beleuchtet werden. Dabei geht es vor allem um die wechselnden Rollen und Ideale von Mann und Frau. Fragestellungen der politischen Geschichte und der Sozialgeschichte sind in das Ausstellungskonzept integriert. Struktur und Gestaltung von Ausstellung und Begleitband antworten auf die gegenwärtige Situation der Auseinandersetzung mit dem Phänomen Mode: Es gibt seit kurzer Zeit ein sprunghaft angestiegenes Interesse in Publizistik und Forschung und eine Vielzahl origineller, aber auch ganz widersprüchlicher Annäherungsversuche. Unsere Ausstellung arbeitet daher als »Ideensammlung« mit »Inszenierungen« und »Bildern«, in denen die Gegensätze, Widersprüche und Brüche bewußt aufgenommen werden. Der Begleitband kann die »Bilder« der Ausstellung nicht nachstellen; er ist als alphabetisch geordnete Sammlung von mehr oder weniger langen Aufsätzen aufgebaut. Er wird gleichermaßen eine Fundgrube von Antworten und Fragen werden.

48 Autorinnen und Autoren aus mehreren europäischen Ländern haben sich für eine Mitwirkung gewinnen lassen. Das Spektrum ihrer Methoden reicht von eisern positivistischer Aufarbeitung bis zu höchst spekulativen Gedankenspielen. Eine Kongruenz der Meinungen war von vornherein ausgeschlossen und darum auch gar nicht angestrebt.

Ausstellung und Begleitband wurden in außerordentlich kurzer Zeit realisiert. Allen Beteiligten, die sich vom Thema haben begeistern lassen und mitgetan haben, obwohl die Spanne zwischen dem Entschluß zur Ausstellung und der Eröffnung ganz knapp bemessen war, gilt mein herzlicher Dank: den Mitarbeitern und Mitarbeiterinnen im Münchner Stadtmuseum, der Katalogredakteurin Marion Widmann, Elisabeth Heller-Winter, die in den letzten stürmischen Wochen tatkräftig eingesprungen ist, Uwe Göbel, der das Buch gestaltet hat und der Universitätsdruckerei Dr. C. Wolf und Sohn, die sich trotz schwierigster Zeitpläne auf das Unternehmen eingelassen hat.

CHRISTOPH STÖLZL

Dank für großzügige Unterstützung den Leihgebern
Giorgio Armani, Mailand
Renato Balestra, Rom
Bayerische Staatsbibliothek, München
Bayerisches Nationalmuseum, München
Rina Brion, Mailand
Loretta Capponi, Florenz
Roberto Capucci, Rom
Civiche Raccolte d'arte applicata, Castello Sforzesco, Mailand
Deutsches Textilmuseum, Krefeld
Fendi, Rom
Fondazione Il Vittoriale, Gardone
Salvatore Ferragamo, Rom
Gianfranco Ferré, Mailand
Maximilian Fritz, München
Galérie Artcurial, Paris
Galleria del Costume, Palazzo Pitti, Florenz
Berta Häusler, Modellhüte, München
Historischer Verein von Oberbayern, München
Liselotte Höhs-Manera, Venedig
Erika Hoffmann-Koenige, Mönchengladbach
Inter-Triumph, München
Graf Klenau Auktionshaus/Verlag GmbH, München/Fridingen
Krefelder Kunstmuseen, Kaiser Wilhelm Museum
Krizia, Mailand
Kunstgewerbemuseum, Zürich
Lancetti, Rom
Brigitte Marquardt, Bochum-Stiepel
Missoni, Mailand
Alessandra Mottola Molfino, Mailand
Francesca Molfino, Mailand
Musée de la Mode et du Costume, Palais Galliéra, Paris
Museo Fortuny, Venedig
Museo Poldi-Pezzoli, Mailand
Museum Bellerive, Zürich
Österreichisches Museum für angewandte Kunst, Wien
Palazzo Controni Pfanner, Lucca
Handschuh Röckl, München
Valentino, Rom
Victoria & Albert Museum, London
Gianni Versace, Mailand
Louis Vuitton, Paris
Ermenegildo Zegna, Mailand

Besonderer Dank gilt auch der Firma Heinrich OBERMAIER, Schaufensterfiguren.

Rat und Hilfe gewährten
Charlotte Angeletti, Carla Duday-Braun, Berta Häusler, Hilke Keller, Sabine Knott, Friedgard Lentz, Elisabeth Maier, Meisterschule für Mode München, Wolfgang Rottler, Leena Schön, Edith Senft, Ina Siefert, Elfriede Springer, Tom Wening, Ulrike Zischka.

A

– Alta Moda
Androgyne Mode
Androgynität
Anglomanie
Antikomanie
Arbeitskleidung
Artistenkostüme

A

Abendkleid, Roberto Capucci, Paris, 1965.

Alta Moda

Etwa seit Mitte der 40er Jahre gibt es in Mailand, Rom und Florenz Modesalons, die nicht mehr wie in den Jahren davor ganz im Bann der französischen Haute Couture stehen, sondern versuchen, ihrer Kundschaft – neben dem alten Adel und den Neureichen der Nachkriegszeit auch die frischgebackenen Stars der Leinwand – eine eigene »italienische Linie« schmackhaft zu machen. Keine ganz leichte Aufgabe bei der traditionellen Dominanz Frankreichs, das im Bereich der Mode seit langem als Inbegriff von Eleganz, Stil, Raffinesse und des »gewissen Etwas« galt. Die neuen Ansätze verdanken ihre definitive Durchsetzung und ihren Erfolg dem Marchese Giovan Battista Giorgini, der sich um Zusammenfassung und Vereinheitlichung der zersplitterten und planlosen Aktivitäten verdient macht, indem er im Februar 1951 in seiner VILLA TORRING in Florenz die erste öffentliche Präsentation der italienischen Haute Couture, der ALTA MODA veranstaltet. An der Modeschau beteiligen sich Carosa, Fabiani, Schuberth, Simonetta, die Fontana-Schwestern, Veneziani, Vanna, Noberasco, Marucelli und Pucci. Der gerade 20jährige Capucci, der nicht berücksichtigt worden ist, organisiert am folgenden Tag in einem großen Hotel selbst eine Modenschau mit ausschließlich eigenen Modellen.

Es ist ein umfassendes Panorama des italienischen Modeschaffens, das den amerikanischen Einkäufern bei dieser Gelegenheit geboten wird – und sie sind von den 180 vorgeführten Modellen begeistert. Der Erfolg des Unternehmens spiegelt sich nicht nur in dem Echo wider, das es in den wichtigsten internationalen Zeitungen und Zeitschriften findet, sondern mehr noch in den reifen Früchten, die es trägt. Im März desselben Jahres zeigt I. Magnin – einer der wichtigsten amerikanischen Einkäufer – bei seiner traditionellen Frühjahrspräsentation Kreationen der italienischen Modeschöpfer neben den Modellen der berühmten und tonangebenden Franzosen. Um sich international Geltung zu verschaffen, setzt die italienische Mode vor allem auf eine führende Rolle in zwei Bereichen: die innovativen Eigenschaften der Stoffe (Verarbeitung, Farben, Erlesenheit) und das hohe handwerkliche Niveau, das sich sowohl in den Stickereien zeigt, die mit verschwenderischer Üppigkeit jedes Kleidungsstück zieren, als auch in den Accessoires, die, ohne übertriebenen Luxus zur Schau zu stellen, wesentlicher Bestandteil der Kleidung sind und den Gesamteindruck abrunden.

Die Entwicklung der französischen Mode im Zeichen von Diors NEW LOOK bleibt in Italien nicht ohne Einfluß: Auch hier wird in diesen Jahren die Frau mit breiten Schultern, betontem Busen und schmaler Taille propagiert. Die Abendkleider werden durch Stickereien und Applikationen aufgewertet; der kreisförmig geschnittene Glockenrock und das tief dekolletierte Oberteil bringen Busen und Hüften besonders zur Geltung: im Ganzen ein Erscheinungsbild von ausgeprägter Weiblichkeit (Schuberth, Carosa, Fontana, Biki). Tagsüber geben klassische Tailleurs den Ton an, mit Neuerungen und Vereinfachungen in den Details (Fabiani, Simonetta, Noberasco): eng anliegenden Röcken zu knappen Jäckchen mit ausnehmend enger Taille.

Die Florentiner Inszenierung erlebt im selben Jahr 1951 eine Neuauflage, diesmal in den Hallen des GRAND-HOTELS. Neu hinzu kommt Antonelli, und auch Capucci wird nun offiziell als Teilnehmer eingeladen. Für die

Abendkleid,
Renato Balestra,
Rom, 1985.

Modeschauen der folgenden Jahre – regelmäßig im Juli und Januar – wird auf Giorginis Drängen hin der Weiße Saal des Palazzo Pitti zur Verfügung gestellt. Und dort kommt es dann endlich auch zur Präsentation von Männermode (Brioni, Litrico, Datti; später dann Piatelli, Palazzi, Testa). 1962 erfolgt die Gründung eines nationalen Dachverbandes der Haute Couture: Die Camera Nazionale d'Alta Moda macht es sich zur Aufgabe, der Alta Moda einen institutionellen Rahmen zu geben, die Koordination zwischen den Teilbereichen zu verbessern, Zielvorstellungen und Leitlinien zu erarbeiten, sowie die Verbreitung der Alta Moda zu fördern. Darüber hinaus soll sie dazu beitragen, die Aktivitäten des Industrie- und des Außenhandelsministeriums aufeinander abzustimmen. Die Florentinischen Modeschauen gehen in den folgenden Jahren weiter, aber auch Schwierigkeiten und Krisen bleiben nicht aus. 1960 geht Capucci – ermutigt durch die Journalistin E. Sheppard – nach Paris. Fabiani und Simonetta treten in seine Fußstapfen und folgen zwei Jahre später nach (kehren jedoch zusammen mit Capucci 1966 nach Italien zurück). Andere Modeschöpfer tendieren stärker nach Rom als nach Florenz.

Nach einigen Jahren, die von Auseinandersetzungen, Streitereien, Eklats geprägt sind, wird 1967 die Präsentation der Alta Moda nach Rom verlagert, während prêt-à-porter, sowie Wirk- und Strickwaren in Florenz verbleiben. In den 60er Jahren erscheinen neue Namen auf der Bildfläche: De Barentzen (1958), Balestra (1958), Mila Schoon (1958), Valentino (1959), Forquet (1961), Lancetti (1961), Barocco (1966) und Laug (1968); sie alle blicken auf lange

A

Abendkleid,
Valentino,
Rom, 1981.

Jahre der Ausbildung und Arbeit bei den »klassischen« Courturiers Italiens und Frankreichs zurück und brennen nun darauf, auf eigene Faust zu arbeiten. Ihr erklärtes Ziel ist es, alte Zöpfe abzuschneiden und die Mode auf die Höhe der gesellschaftlichen und politischen Entwicklung zu bringen.

Wieder einmal führen nun alle Wege nach Rom als dem Zentrum des Showbusiness und der Metropole des Films, ein Magnet, der die namhaftesten Größen, Berühmtheiten und Stars in seinen Bann zieht. Und diese nutzen die Gelegenheit auch dazu, ihre Garderobe zu erneuern. Ava Gardner trägt in ihren Filmen keine anderen Kleider als von Fontana, Ingrid Bergmann schwört auf Gattinoni und Jacqueline Kennedy inspiriert 1967 die Kollektion von Valentino. Ganz Rom ist eine Bühne, auf der alles zum Schauspiel und Spektakel gerät; in dieser Ära – gemeinhin LA DOLCE VITA genannt – vereinen sich Kultur, High Society und Schickeria zu einem einzigen großen Taumel des Wohlstands und gläubigen Optimismus.

In Mailand setzt die Symbiose der Welt der Industrie und der Welt der Kultur ungeahnte Energien frei. Das Atelier von Biki wird abends zum Salon, in dem so verschiedenartige Persönlichkeiten wie Walli Toscanini, Maria Callas, Guiseppe Ungaretti und Eugenio Montale zusammen und in Kontakt kommen. Germana Marucelli tut sich mit Kameraleuten wie Getullio Alviani und Ettore Sottsass zusammen und versucht in assoziativen Inszenierungen eine Synthese von Kunst- und Modeobjekt zu verwirklichen; außerdem ruft sie den PREMIO SAN BABILA für Lyrik ins Leben, unter dessen Preisträgern sich Namen wie Ungaretti, Quasimodo, Soldati finden. Mit einem Wort: Die Mode ist überall dabei und drückt jedem Ereignis ihren Stempel auf. Die Röcke der Frauen werden kürzer, die Frisu-

Mantel,
Valentino,
Rom, 1981.

ren geometrisch; die Figur wird zur »Bohnenstange«, ohne Hüften und Busen.

Der Puls der Zeit beschleunigt sich und wird erregter – alte Formen und Zwänge lockern sich.

Die Linie der Frauenmode ist einfach und klar (Lung, Forquet). Bei den Farben läßt man sich von den zeitgenössischen avantgardistischen Strömungen in der Malerei inspirieren: ACTION PAINTING, POP-ART, OPTICAL ART (Marucelli, Valentino, Lancetti, Capucci). Die Accessoires werden ausgefallener, dabei gleichzeitig immer weniger prätentiös in Stil und Material (Plastik und unedle Metalle).

Der Pyjama von Irene Galitzine (1960) wird – mit den gebotenen Abwandlungen – zur Kleidung für alle Gelegenheiten. Im MILITARY LOOK von Lancetti (1963) und in der Strenge der DOUBLE FACE von Mila Schoon drückt sich prägnant der Anspruch der dynamischen Frau von heute aus, im modernen Leben die ihr gebührende Rolle zu übernehmen und voll und ganz »ihren Mann zu stehen«.

Die italienische Mode erlebt eine Hochblüte; sie wird nun nicht mehr nur nach Amerika exportiert, sondern erobert die Märkte Deutschlands, der Schweiz, Australiens und Japans. Diese Expansions- und Blütezeit dauert bis in die frühen 70er Jahre; danach beginnt der Niedergang. Die Gründe dafür liegen zum einen im verstärkten Aufkommen, des PRÊT-À-PORTER und damit der Verlagerung des Schwerpunkts der Modeindustrie nach Mailand, zum anderen in der politischen und wirtschaftlichen Krise, die sich auf Nachfrage, Ansprüche und Bedürfnisse auswirkt. Die Zeiten haben sich geändert und mit ihnen die Lebensart.

A

Abendkleid,
Roberto Capucci,
Rom, 1985.

A

Abendkleid,
Roberto Capucci,
Rom, 1982.

A

Abendkleider,
Pino Lancetti,
Rom, 1986.

Nachmittagskleider,
Pino Lancetti,
Rom, 1986.

Die Generation, die zwischen 1968 und 1972 den NONKONFORMISMUS zum Programm erhebt und gegen Provinzialismus und Kleinbürgerlichkeit aufbegehrt, die Emanzipation und Selbstverwirklichung fordert und auf der Suche nach neuen Lebensformen und nach einer neuen Identität ist – diese Generation bewirkt auch eine Veränderung der Einstellungen und des Lebensgefühls.

Es sind die Jahre des Minirocks, des CARNABY-STREET-LOOKS, Bibas, Woodstocks und der Beatles.

Carosa (1972), Forquet (1971), De Barentzen (1971), Schuberth (1972), Antonelli (1972) und Fabiani (1977) ziehen einen definitiven Schlußstrich unter ihre Laufbahn. Neue Protagonisten betreten die Bühne und treffen mit von der Folklore inspirierten Kreationen, mit CASUAL- UND UNISEX-MODE den gewandelten Geschmack der Bourgeoisie, die – wenngleich nicht ohne Zögern und innere Vorbehalte – die Jeans und den Second-hand-Appeal für sich entdeckt hat.

Doch die Euphorie ist von kurzer Dauer. Bald schon wird deutlich, daß die ALTA MODA, um überleben zu können, einerseits auch im Bereich des PRÊT-À-PORTER Fuß fassen, andererseits sich die noch jungfräulichen arabischen Märkte des Nahen und Mittleren Osten erschließen muß – wo der Kitzel des Luxus, des Ausgefallenen und der Extravaganz, der zum Wesen der ALTA MODA selbst gehört, noch unmittelbare Resonanz findet. Freilich scheint in den letzten Jahren zunehmend auch der Westen wieder für diesen Reiz empfänglich zu werden.

So erlebt die ALTA MODA in den 80er Jahren eine neuerliche Blüte – mit angesehenen Modehäusern, die sich wieder an die Spitze der Entwicklungen und Trends gesetzt haben, wie CAPUCCI, VALENTINO, LANCETTI sowie – bei den Pelzen – FENDI mit Modellen von Lagerfeld.

MASSIMO MININNI

Literatur

Katalog: B. Giordani Araggno, Il disegno dell'alta moda italiana 1940–1970 (Calcografia Nazionale), Roma 1982.
Grazietta Butazzi, Moda, arte, storia, società, Milano 1981.
Katalog: Diess., Vent'anni di moda italiana 1922–1943 (Museo Poldi Pezzoli), Milano 1981.
Katalog: AA.VV., Alta moda grandi abiti da sera anni cinquanta sessanta (Museo Fortuny), Venezia 1985.
AA.VV., La moda Italiana, le origini dell'alta moda e la maglieria, Milano 1985.

A

Androgyne Mode

Androgyne Mode ist die Verschmelzung von für uns geschlechtsspezifischen Äußerlichkeiten; Mann und Frau sind vom Äußeren her nicht gleich zu unterscheiden. (Androgyn »Mannweib«, »Zwitter«; andro: griech. »männlich«; gyne: griech. »weiblich«.) Androgyne Mode kann es nur dort geben, wo klare sexuelle Zuordnungen von Äußerlichkeiten bestehen. Sie ist daher von unseren Sitten und Gebräuchen abhängig. Auch in der Geschichte der europäischen Kleidung gab es Angleichungen bzw. Übernahmen von – aus heutiger Sicht – sexuell gekennzeichneter Kleidung.

Griechen und Römer beiderlei Geschlechts trugen ein Hemdgewand, den Chiton bzw. die Tunika, die nur in der Art der Gürtung und zuweilen in der Länge unterschiedlich waren. Im hohen Mittelalter trugen Mann und Frau gehobenen Standes ebenfalls ein langes Hemdgewand, die COTTE. In mittelalterlichen Illustrationen ist der Mann häufig in ähnlich affektierter Haltung mit elegant gespreizten Fingern dargestellt wie die Frau. In Ritterrüstung dagegen gilt uns derselbe Mann als wahres Sinnbild von Männlichkeit. Im 18. Jahrhundert war es in höfischen Kreisen üblich, mit gepudertem Gesicht, rot geschminkten Wangen und Lippen sowie weiß gepudertem Haar aufzutreten.

Bilder aus der Großstadt – New Yorker Straßentypen, E. Cucuel, 1899.

Die Irritation, die von Veränderungen ausgeht, kommt in einem Bericht des Korrespondenten des JOURNAL DES LUXUS UND DER MODEN zum Ausdruck, der am 20. 10. 1792 aus Paris schreibt: *»Bey den Moden die uns die Revolution und der Krieg giebt, darf ich auch unsre neuen Amazonen nicht vergessen. Es ist eine auffallende aber wahre Bemerkung, daß die Natur den Französinnen so wenig Weiblichkeit, und hingegen so vielen Hang zu männlichen Beschäftigungen, Uebungen, Vergnügungen und Trieben, sonderlich aber Lust zum Kriege . . . gegeben hat. . . . Kurz, bekennen Sie, . . . daß . . . Mutter Natur unsere Französinnen zu wahren Androgynen geschaffen hat. Daß sie Courrier reiten, fechten, sich auf Pistolen schlagen, war, wie sie wissen, längst Mode. Sie können denken, . . . daß das Garderobe-Departement der Göttin Mode ein wenig darunter leidet. In der That . . . daß der Geschmack, den unsre Damen am Männlichen finden, so weit geht, daß viele von ihnen jetzt vollkommene Männer-Schuhe tragen;* . . .«

Es war während der Französischen Revolution, daß Frauen erstmals um politische und soziale Rechte kämpften. Sie trugen wie der Mann die »Phrygische Mütze« (Zeichen der Freiheit) oder den Zylinder mit Nationalkokarde, den Mantel des Mannes, die REDINGOTE, und zum Teil einfache Holzschuhe, die SABOTS.

Doch in eben dem Maße, wie sich nach den Revolutionswirren nach und nach die Restauration des politischen und sozialen Systems einstellte, kam es wieder zur überkommenen Rollenverteilung und Differenzierung der Kleidung der Geschlechter. Frauen wie George Sand (1804–1876) blieben eine Ausnahme. Sand verhielt sich so, wie bisher nur Männer: rauchte in der Öffentlichkeit, trug Männerkleidung und forderte vor allem moralische Gleichberechtigung.

In der Folge stellt sich uns die Angleichung der Mode der Frau an die des Mannes als wiederholter Versuch dar, die »Hose« des Mannes zu übernehmen.

Eine auf die USA beschränkte kurzfristige Bewegung stellt das »BLOOMER COSTUME« Mitte des 19. Jahrhunderts dar. Hier war die Hose Bestandteil der Frauenkleidung, doch war nicht der Anzug des Mannes, sondern die bequeme türkische Frauenkleidung Vorbild. Außerdem wurde das Kleid, wenn auch verkürzt, darüber beibehalten.

Allein in der Sportbewegung, die sich Ende des 19. Jahrhunderts anzukündigen begann, erscheint eine Übernahme der Hose – in Form einer Pumphose – als Obergewand der Frau.

Der Französische Grand Couturier Paul Poiret (1879–1944) versuchte 1911 ebenfalls die Hose für die Dame einzuführen, vergeblich. Der rein modische Impuls reichte nicht aus.

Die folgenden einschneidenden politischen und sozialen Umbrüche bewirkten tiefgreifende Veränderungen auch des Äußeren der Frauen. Wäh-

Mode für beide,
Rei Kawakubo, 1982.

Nixenkollektion,
Marc Thomas Merz, 1985.

rend des I. Weltkrieges waren sie durch die äußeren Umstände erstmals genötigt, als zweckmäßige Arbeitskleidung die Hose des Mannes anzuziehen. Die Frau legte das Korsett ab, zeigte in der Folge erstmals Beine und nahm die Kurzhaarfrisur und den Pyjama des Mannes an. Diese modische Gleichstellung ist erst etwa 65 Jahre jung!

In den 20er Jahren entstand ein androgynes Wesen, die GARÇONNE (dt. »Knabenfrau«) im Herren-Anzug, Herrenmantel und Bubikopf. Bruno E. Werner schrieb in DIE ZWANZIGER JAHRE (München 1962), *»Wer Extravagantes suchte, ging ins El Dorado (Berliner Nachtlokal), wo meist die Herren Damen und die Damen Herren waren, eine Ambivalenz, die der Zeit sehr entsprach.«*

Solche Doppelwertigkeit gab es, mehr oder weniger, zu allen Zeiten.

Ende der 60er Jahre gefielen sich männliche Hippies, und solche, die modisch dazugehören wollten, in geblümten Kaftan-Anzügen, geschmückt mit fernöstlicher Bettel-

A

mönchkette oder glitzerndem Kreuzanhänger sowie in hohen Plateausohlenschuhen. Blue Jeans wurden »androgynes« Bekleidungsstück schlechthin. Man wollte nicht Konkurrenz der Geschlechter, sondern gegenseitiges Verständnis. »Unisex« war die Devise und »Oben ohne« wagten erstmals einige weibliche Teenager.

Ende der 70er Jahre brachte dann die Punk-Bewegung eine Faszination für das Männliche, das Brutale. Auch hier wird Androgynie geäußert. Punker tragen, ungeachtet des Geschlechts, buntgefärbte Hahnenkammfrisuren, Sicherheitsnadeln in der Wange, schwarze Augenschminke und Tätowierungen. Zu gleicher Zeit verfehlten männliche Pop-Stars als Mädchen geschminkt dennoch nicht ihre Wirkung auf die weibliche Jugend.

Seit Mitte der 70er Jahre erregen japanische Modedesigner in Europa Aufsehen. Auf Traditionen japanischer Kleidung die ähnliche Bekleidungsformen für Mann und Frau kennt, drapieren sie übergroße Stoffbahnen locker um den Körper und bringen extrem weite Hosen, die kaum mehr als solche zu erkennen sind. Die formale Eigenständigkeit ihrer Kleidung läßt das Geschlecht des Trägers außer acht.

Derzeit steht der »androgyne Mann« im Mittelpunkt der Diskussion: der körperbewußte Mann, der Bodybuilding treibt, sich als Sportfreak gibt und zugleich Herrenkosmetika verwendet, die Haare färbt, »dauerwellt« und sich in grellen Farben und Blumenmustern kleidet. Widersprüche?

Der französische Modedesigner Jean Paul Gaultier schlägt Röcke statt Hosen für den Mann vor, und der Andrang zu seinen Schauen ist unvorstellbar groß. Die Zuschauer – vor allem junge Männer – übertreffen noch Gaultiers Vorstellungen von androgynem Äußeren. In seinem Bassin Androgyn bietet z. B. ein Münchner Textilhaus alles, was das »neue Wesen« braucht. Ob für Mann oder Frau ist nicht die Frage, höchstens ob's individuell gefällt oder nicht. Der Wiener Modeavantgardist Marc Thomas Merz verunsichert die Meinungen durch sein Auftreten im »Männerdirndl«.

Jedoch, nicht das Ding an sich, der Rock, ist geschlechtlich bestimmt, sondern die innerhalb einer Gemein-

Männerröcke, Zeitschriftentitel, 1984.

Modell,
Katherine Hammnett, 1985.

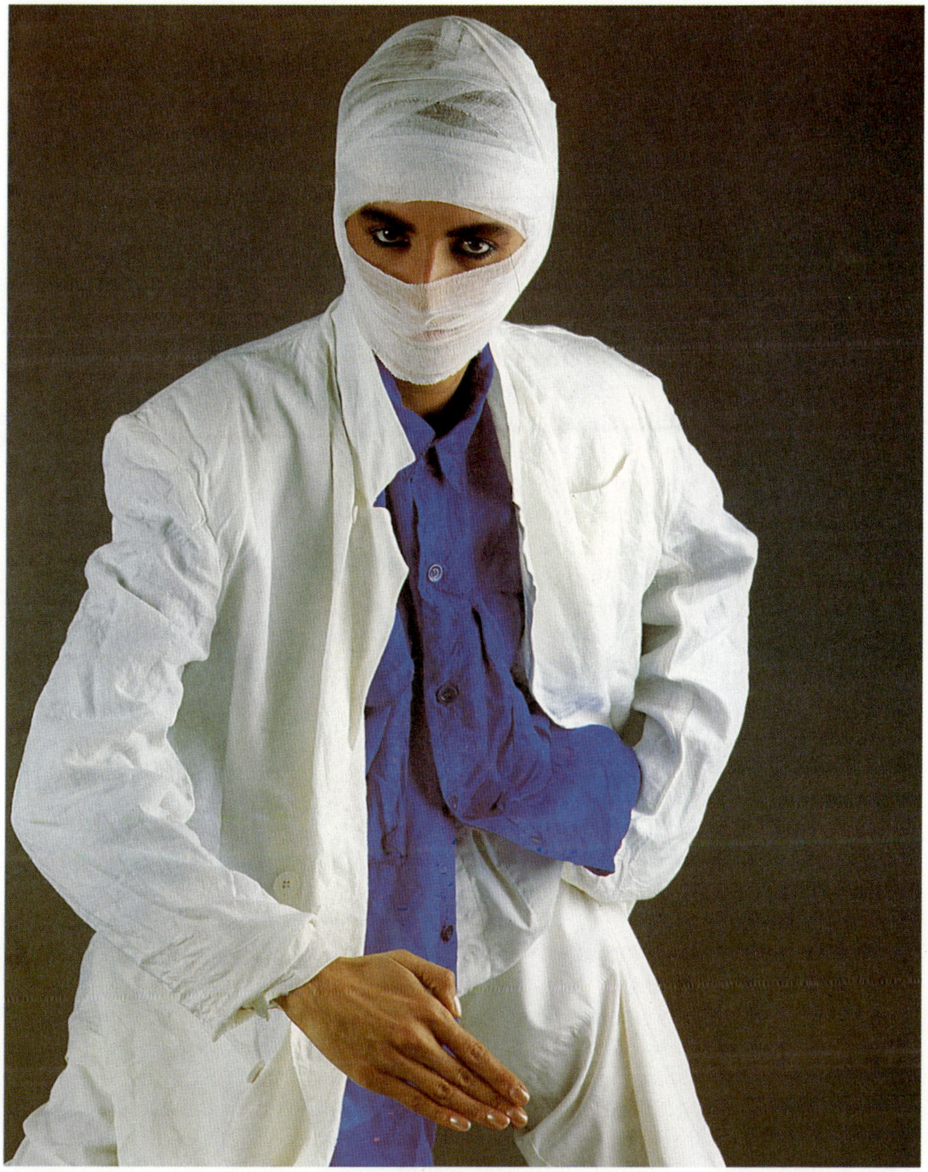

schaft ausgebildete Sitte beharrt auf seiner geschlechtlichen Bestimmung. Die kleidartige Tobe des Arabers, der Galabija des Ägypters, der Kilt des Schotten und die lange Soutane des Priesters lassen doch auch keinen Zweifel über das Geschlecht des Trägers aufkommen.

Ist es Angst durch die Übernahme des – bei uns – traditionell weiblichen Rockes Stellung und Prestige des Mannes zu verlieren? Am Rock, nicht mehr an der Hose, scheiden sich die Geister.

Nach der Zweckmäßigkeit zu urteilen – allerdings weder Sitte noch Mode beruhen darauf – wäre der Rock im Sommer kühler und die Hose die wärmende Winterkleidung.

Abgesehen von Äußerlichkeiten sprechen medizinische und technische Entwicklungen für eine zukünftige Annäherung der Geschlechter. Medizinische Errungenschaften, wie Schwangerschaftsverhütung, Befruchtung und Heranreifen der Frucht außerhalb des Mutterleibs machen es der Frau erstmals möglich, ihre Lebensführung – nicht nur in Äußerlichkeiten – dem Mann anzugleichen. Der technische Fortschritt läßt kriegerische Konflikte nicht mehr auf Muskelkraft und körperlicher Ausdauer beruhen, sondern ein Knopfdruck am Schaltpult – ob in Hose oder Rock ist irrevelant – reicht zur hundertfachen Vernichtung der Menschheit.

Es bleibt die Frage, werden Natur, Tradition und Sitte oder die neuen Möglichkeiten der Lebensgestaltung die nahe Zukunft gestalten?

INGRID LOSCHEK

Literatur

Val Hennessy, In the Gutter, London 1978.
Leonard Koren, New Fashion Japan, Tokyo/New York 1984.
Ingrid Loschek, Mode im 20. Jahrhundert. Eine Kulturgeschichte unserer Zeit, München 1984^2.
Katalog: La mode en direct, (Centre George Pompidou), Paris 1985.
Ted Polhemus/Lynn Procter, Fashion & Anti-Fashion. An Anthropology of Clothing and Adornment, London 1978.

A

Verschleierung,
Jürgen Klauke, 1973.

Androgynität

Die Worte »Androgynität« und »Hermaphroditismus« bezeichnen beide das Zusammenbestehen weiblicher und männlicher Geschlechtsmerkmale in einem einzigen Körper, und beide entstammen demselben griechischen Kulturkreis; dennoch sind sie dem Sinn nach nicht identisch, da sie auf unterschiedliche Weise an die Mythologie mit ihrem verwickelten Geflecht von Motiven und Handlungssträngen anknüpfen.

Die große Mutter und der Gott des Himmels zeugen Agdistis, ein wildes Wesen mit zweifachem Geschlecht und entsprechend-doppelten Begierden. Alles, was ihm Lust und Freude bereitet, raubt, mordet oder zerstört er und hält sich selbst für das mächtigste Geschöpf auf Erden. Um ihn zu zähmen und so viel Anmaßung in die Schranken zu weisen, wird er von den Göttern entmannt.

Hermaphroditus, der wohlgestaltete Sohn von Hermes und Aphrodite, ist 15 Jahre alt, als ihn, der an einer Quelle ruht, die Nymphe Salmacis zu Gesicht bekommt – und sogleich von seiner Schönheit geblendet ist. Ovid schreibt in den METAMORPHOSEN: *»O Knabe, du bist würdig für einen Gott gehalten zu werden!«* – so spricht ihn Salmacis an, die als Nymphe etwas aus der Art geschlagen ist, da sie statt zu jagen viel lieber den ganzen Tag badet, sich die langen Haare kämmt und im stillen Wasser ihr Spiegelbild bewundert. Und sie fährt fort: *»›Doch bist du ein Sterblicher, dann – oh selig die, die dich gezeugt, und glücklich dein Bruder, beglückt fürwahr, wenn dir eine beschieden, auch deine Schwester und, die ihre Brüste dir bot, deine Amme! Weit vor allen jedoch, weit seliger als jene, die etwa Braut dir geworden, wenn eine der Ehe du würdig erachtest! Gibt es eine, so sei ein Diebstahl, was ich begehre, gibt es noch keine, sei ichs, laß uns dann ins Brautgemacht eingehn!‹«* Der Jüngling, in Liebesdingen gänzlich unerfahren, errötet bis unter die Haarwurzeln, verhält sich spröde und erteilt schließlich ihren Versuchen, ihn zu umgarnen, eine brüske Abfuhr. Da gibt sie vor, sich zu entfernen – und als Hermaphroditus sich allein wähnt, entkleidet er sich, um ein Bad in der Quelle zu nehmen. Salmacis aber hat ihn aus einem Versteck beobachtet, und aufs Neue entbrennt sie nun im Verlangen nach seinem Körper, der *»hell durch die lautere Flut wie ein Elfenbeinbild, wie glänzende Lilien«* schimmert. *»›Sieg! Er ist mein!‹«* – ruft die Nymphe aus, stürzt sich in die Wellen und ergreift mit Umarmungen und Küssen vom Körper des widerstrebenden Jünglings Besitz, umschlingt ihn *»wie eine Schlange, die Jupiters Aar ergriffen . . . oder . . . wie unter Wasser der Krake den Feind ergreift und umklammert, wenn er von allen Seiten die haftenden Arme ihm anlegt.«* Hermaphroditus aber bleibt standhaft und verwehrt ihr die Erfüllung ihres Verlangens. Da ruft die Nymphe die Götter an, sie mögen *»so gebieten, daß ihn von mir keine Stunde und mich von ihm keine Stunde kann trennen!‹ Und ihr Gebet, es fand seine Götter.«* Die Körper des Jünglings und der Nymphe verschmelzen miteinander, und am Ende *»sind, als in zäher Verstrickung die Leiber der beiden vereinigt, zwei sie nicht mehr, eine Zwiegestalt doch, nicht Mädchen, nicht Knabe weiter zu nennen, erscheinen so keines von beiden und beides.«* Als Hermaphroditus erkennt, *»daß die lautere Flut, in die er gestiegen als Mann, ihn zum Zwitter gemacht, daß die Glieder weich ihm geworden in ihr«*, fleht er die Götter an, sie mögen jeden, der künftig in dieser Quelle bade, dasselbe Schicksal bereiten wie ihm.

Platon läßt im GASTMAHL, das vom Wesen des Eros handelt, Aristophanes den MYTHOS VOM ANDROGYNEN MENSCHEN erzählen, um die sexuelle Anziehung zwischen den Geschlechtern zu erklären. Danach soll es ursprünglich außer dem Männlichen und dem Weiblichen noch ein drittes Geschlecht gegeben haben, *»welches*

Verschleierung,
Jürgen Klauke, 1973.

das gemeinschaftliche war von diesen beiden, dessen Name« (Hermaphrodit Anm.) *»noch übrig ist, es selbst aber ist verschwunden. Mannweiblich nämlich war damals das eine, Gestalt und Benennung zusammengesetzt aus jenen beiden, dem männlichen und weiblichen, jetzt aber ist es nur noch ein Name, der zum Schimpf gebraucht wird. Ferner war die ganze Gestalt eines jeden Menschen rund, so daß Rücken und Brust im Kreise herumgingen. Und vier Hände hatte jeder und Schenkel ebensoviel wie Hände, und zwei Angesichter auf einem kreisrunden Halse einander genau ähnlich, und einen gemeinschaftlichen Kopf für beide einander gegenüberstehende Angesichter, und vier Ohren, auch zweifache Schamteile, und alles übrige wie es sich hieraus ein jeder weiter ausdenken kann . . . Diese drei Geschlechter gab es aber deshalb, weil das männliche ursprünglich der Sonne Ausgeburt war und das weibliche der Erde, das an beidem teilhabende aber des Mondes, der ja auch selbst an beiden teilhat. Und kreisförmig waren sie selbst und ihr Gang, um ihren Erzeugern ähnlich zu sein. An Kraft und Stärke nun waren sie gewaltig und hatten auch große Gedanken, und was Homeros vom Ephialtes und Otos sagt, das ist von ihnen zu verstehen, daß sie sich einen Zugang zum Himmel bahnen wollten, um die Götter anzugreifen.«* Die Götter sinnen nun auf ein Mittel, um die Kugelwesen-Menschen zu schwächen, und endlich beschließt Zeus, sie in zwei Hälften zu schneiden, deren jede aufrecht auf zwei Beinen gehen solle. *»Jeder von uns ist also ein Stück von einem Menschen, da wir ja zerschnitten, wie die Schollen, aus einem zwei geworden sind. Also sucht nun immer jedes sein anderes Stück. Welche Männer nun von einem solchen Gemeinschaftlichen ein Schnitt sind, was damals Mannweib hieß, die sind weiberliebend . . . und so auch welche Weiber männerliebend sind . . . die kommen aus diesem Geschlecht. Welche Weiber aber Abschnitte eines Weibes sind, die kümmern sich nicht viel um die Männer, sonder sind mehr den Weibern zugewendet, . . . die aber Schnitte eines*

A

Mannes sind, suchen das Männliche auf . . . Hiervon ist nun dies die Ursache, daß unsere ursprüngliche Beschaffenheit diese war und wir ganz waren, und dies Verlangen eben und Trachten nach dem Ganzen heißt Liebe.«

In diesen Beispielen werden zwei Grundauffassungen deutlich, die einander schroff entgegen zu stehen scheinen. Einerseits liegt in der Vereinigung des weiblichen und des männlichen Elements, in der Verwirklichung einer androgynen Wesenheit, Ziel und Bestimmung des Menschengeschlechts. An diesen Gedanken schließt der rituelle Tausch der Gewänder an, der in griechischen und römischen Hochzeitsbräuchen überliefert ist und – durch eine Art Überlagerung – eine Stärke und Vervollkommung jedes der beiden Geschlechter bewirken sollte. Überdies war die Zweigeschlechtlichkeit eines der Attribute, die die Götter vor den Menschen auszeichneten: So gab es einen Zeus mit üppigen Brüsten ebenso wie eine bärtige Aphrodite. Männliches und Weibliches in einer Gestalt zu vereinen bedeutete also einen Gewinn, war ein Zeichen von Macht und von Vollkommenheit, und nicht zufällig diente die Zweigeschlechtlichkeit auch zum Symbol der Fruchtbarkeit.

Aber – und das ist die andere Seite: Wehe, wenn die Verschmelzung zur materiellen Wirklichkeit wird. Dann kommen sofort ganz andere Wirkungen zum Tragen, wie in der Erzählung Ovids deutlich wird (und auch bei Platon angedeutet ist): eine Schwächung, eine Einbuße an Kraft und Fähigkeiten, eine Entmännlichung.

Diesem Gedanken entspricht auch die Tatsache, daß die Geburt eines Kindes mit abnormen Geschlechtsmerkmalen als Anzeichen eines geheimnisvollen göttlichen Zorns galt, der sich binnen kurzem in einer Unfruchtbarkeit der Erde und aller auf ihr lebenden Wesen äußern würde. Das Neugeborene mußte darum dem zürnenden Gott zum Opfer gebracht werden. Ein Jahrhundert vor unserer Zeitrechnung wurden in Rom und Athen erwachsene »Hermaphroditen« zum Scheiterhaufen verurteilt.

Die Androgynität befindet sich an den beiden Polen des »Heiligen«: Als Idee, als reine geistige Schau ist sie Inbegriff der höchsten Hoffnungen, ist Vorgeschmack und Versprechen der Vollkommenheit – um den Preis, daß sie sich nie in einem wirklichen Lebewesen verkörpern darf. *»Einige gibt es, die behaupten, er sei ein Gott . . . geboren mit einem Leib, der die Zeichen einer doppelten, männlichen und weiblichen, Natur trägt und an der Kraft der einen und dem sanften Wesen der andern teilhat. Andere wiederum meinen . . .«* (die Hermaphroditen, Anm.) *»seien scheußliche Monster, deren seltenes Auftreten stets Unheil und Katastrophen ankündige,«* schreibt Diodorus Siculus.

Die zwei Seiten der Androgynie, die in den Mythen so deutlich hervortreten, bestimmen bis heute ihr Wesen. Im 18. Jahrhundert gibt es ein Journal tierischer und menschlicher Monstrositäten: Auf der ersten Seite der ersten Nummer findet sich eine Abbildung eines Hermaphroditen. Ein androgyner Romanheld tritt in Balzacs SERAPHITA (1834) auf; der Dichter läßt ihn vor dem schimmernden weißen Hintergrund der norwegischen Fjordlandschaft agieren. Er ist ein Engel (eben ein »Seraphim«), ein Prophet und Heiliger, aber nicht für ein irdisches Leben geschaffen. All sein Sinnen und Trachten richtet sich auf die »unio mystica«, das mystische Einswerden mit Gott. Am Ende nimmt ihn Gott tatsächlich zu sich. Ein Mann und eine Frau werden Zeugen seiner Himmelfahrt; als sie dem Triumph der göttlichen Allmacht beigewohnt haben, wo *»tout était homogène . . . tout était individuel et néanmoins tout était Un . . .«* bleiben sie mit dem entseelten Leib des Hermaphroditen zurück. Nachdem sie ihn verborgen und jedem neugierigen Blick entzogen haben, schwören sie über dem Leichnam den Eid, für immer zusammen zu bleiben und einander dieselbe Liebe entgegenzubringen, die jeder von beiden vorher für Seraphitus/a empfand . . .

Schließlich greift auch Freud das Thema auf und erklärt die »Bisexualität« zu einem notwendigen Element in der psychosexuellen Entwicklung des Menschen. Ganz auf dieser Linie liegen die geforderte Neutralität und affektive Enthaltsamkeit des Psychoanalytikers: Auf diese Weise ist er derjenige, der die männlichen und weiblichen Anteile des Patienten aufnimmt und bearbeitet. Vielleicht hat er damit heute die Rolle übernommen, die früher der Schamane innehatte, der sich in weibliche Gewänder hüllte und so zum Gefäß der Gottheit zu werden behauptete.

Die Wissenschaft ist heute zu der Auffassung gelangt, daß es echten Hermaphroditismus nicht gibt; was es gibt, sind verkümmerte oder mißgebildete Sexualorgane, so daß bei der Geburt das Geschlecht nicht festgelegt ist. Wenn es zwei Geschlechter in einer Person gibt, dann ein körperliches und ein psychisches. Und in solch einem Fall gehen nicht die Träume von Allmacht und Vollkommenheit in Erfüllung, sondern die Folgen sind unermeßliches Leid und andau-

Self-Performance,
Jürgen Klauke, 1972.

ernde Gewalt, die sich gegen den eigenen Körper, gegen die »Ver-körperung« eines unerwünschten Geschlechts richtet: Eklatantestes Beispiel sind die chirurgischen Eingriffe, denen sich Transsexuelle unterziehen.

Wir kommen also zu dem Schluß, daß das Hermaphroditische eine geistige und eine psychische Dimension besitzt, in der es darum geht, das eigene sexuelle Schicksal auszulöschen, zu verändern, umzukehren. Und in diesem Kampf erweist sich die Kleidung als Verbündeter und als Werkzeug der Illusion. Was wäre in der Tat einfacher, als die männlichen und die weiblichen Komponenten der Kleidung miteinander zu mischen und gegeneinander auszutauschen? Vielleicht muß man noch weiter gehen: Je mehr die Geschlechter den Abgrund entdecken, der sie trennt, und erkennen, daß sie wirklich verschieden und nicht – komplementär sind, desto stärker wird das Verlangen, sich zu vereinen, ein Bild des anderen zu besitzen, sich auszutauschen. Lustvoll entdecken die Männer Handtaschen, Armreifen, Ketten, Pelzmäntel für sich und stellen tiefe Ausschnitte und enganliegende Kleider zur Schau, während die Frauen Hosen, Männerjacken, Krawatten etc. tragen – bis hin zur »Unisex«- oder, wie man sie schon genannt hat, zur »No-Sex-Mode«. Auch die aktuelle Punkmode sieht für Männer weibliche Bekleidungskomponenten vor: Netzstrümpfe, Straßschmuck und Ohrringe; für die Frauen dagegen nägelbeschlagene Gürtel, Männerschuhe und Bürstenhaarschnitt. Und das alles in ein fahles Licht gespenstischer Farben getaucht: Es ist, als blicke man auf einen grotesken Reigen des Transvestismus, der Gewalt und des Todes. Angesichts der Krise der Geschlechterrollen, die aus der Verweigerung einer untergeordneten Komplementarität seitens der Frau resultiert, geht heute das Bemühen dahin, die sich entziehenden oder fehlenden Elemente wieder in eine einzige Gestalt zu bannen. Immer noch hat der alte Mythos von einem vollkommenen, sich selbst genügenden Wesen nichts von seinem Zauber verloren, und wieder einmal träumt man von einem »neutralen Geschlecht«. Hermaphroditus erscheint neben Narziß.

FRANCESCA MOLFINO

Literatur

Honoré de Balzac, Seraphta, in: La Comédie humaine, Paris 1966.
M. Delcourt, Hermaphroditea, Brüssel 1966.

A

Anglomanie

Die Anglomanie, lange als PARANOIA ANGLIA bezeichnet, wird nach neueren Erkenntnissen inzwischen mehr dem manischen Formenkreis zugeordnet. Die Krankheit gilt als unheilbar. Sie tritt bereits in jüngeren Jahren auf und verfestigt sich mit zunehmendem Alter. Männer werden häufiger befallen als Frauen.

Äußere Symptome: Der Patient ist auch für den ungeübten Diagnostiker leicht zu erkennen. Er trägt Tweedjacken (HARRIS, THORN-PROOF) mit Ellenbogenschutz aus Leder. (Weibliche Patienten: dunkelblauer Faltenrock oder Kilt, Twinset, Perlen). In Gesellschaft zeigt der Anglomane gern den sog. stieren Blick nach unten (ABSENTIA MENTALIS INCLINANS). Dabei sollte er nicht gestört werden. Nicht ansprechen! Er pflegt dann seine oft handgearbeiteten, immer aber rahmengenähten Schuhe mit dem Tretwerk der Umstehenden zu vergleichen. Er genießt es, auf dem eigenen Leder den meisten Glanz zu entdecken. Wer den Anglomanen beim Schuheputzen beobachtet, sollte keine falschen Schlüsse daraus ziehen, daß der Patient bei dieser Tätigkeit häufig spuckt. Aggression ist auszuschließen. Es handelt sich vielmehr um Nachahmungstrieb. Nachgeahmt werden die Angehörigen der britischen HORSE GUARDS, deren Stiefel, wie der Anglomane weiß, ihren Glanz menschlichem Auswurf verdanken.

Karikatur, 1850.

Die Behandlung sollte immer darauf Rücksicht nehmen, daß der Anglomane ungewöhnlich viel Zeit für die Pflege seiner Garderobe braucht. Man gewähre dem Patienten täglich eine Viertelstunde für das Bürsten seines Anzugs. Auch hier nicht ansprechen! Der Vorgang ist verbunden mit dem intensiven Studium des betreffenden Abschnitts in Stanley Agers BUTLERS GUIDE – THE WAY TO EASY ELEGANCE und bedarf der Aufmerksamkeit, weil die Anzahl der Bürstenstriche gegen und mit dem Stoff eingehalten werden muß.

Ein Symptom ungefährlicher Art ist die Gewohnheit des Anglomanen, in Hotels, wo keine Bügelgelegenheit besteht, seine Hosen unter die Matratze zu legen. Er macht das nicht aus Angst vor Dieben, sondern wegen der Bügelfalten. Insgesamt ist anzuraten, dem Hang des Patienten nach konservativer Kleidung und klassischen Schnitten unbedingt nachzugeben. Schneider und Anzugverkäufer berichten über Fälle von psychischer Stabilisierung auch besonders labiler Kunden, wenn sie immer die gleichen

Karikatur, 1850.

Modelle anbieten und darauf achten, daß Anzugschnitte mindestens fünfzig Jahre alt sein sollten. Der Anglomane legt Wert darauf, so gekleidet zu sein wie Cary Grant zur Zeit seiner Hochzeit mit Barbara Hutton. Zögert ein Kunde, so genügt eine Bemerkung wie *»it looks really Edwardian«* oder *»ganz so hat der Herzog von Windsor ausgesehen«*, um ihm mit einer neuen Jacke sein altes Gleichgewicht wiederzugeben.

Zur Ruhigstellung bedarf der Anglomane auch eines englischen Regenmantels (BURBERRY, AQUASCUTUM) sowie eines beigefarbenen Tuchmäntelchens, eines RACE GOER oder COVERT COAT. Anzuraten ist auch der als MACKINTOSH im Handel vertriebene helle Mantel aus schwerer, gummierter Baumwolle. Er verursacht dem Patienten im oberbayerischen Klima zwar Erkältungen, wirkt aber

A

Modeplakat,
Fritz Rumpf,
Berlin, um 1912.

wegen des besonders schönen roten oder gelben Innenfutters sedierend. Unerläßlich ist die aus dunkelgrüner, gewachster Baumwolle gearbeitete BARBOUR- oder BRITTON-Jacke (*»The Pride of Country Gentlemen«*). Die aufheiternde Wirkung zeigt sich an dem Vergnügen, mit dem der Anglomane seine schwarzen Fingernägel vorweist, die daher rühren, daß der Stoff an undichten Stellen mit petroleumfarbenem Wachs gedichtet werden muß. Ingesamt hegt der Patient eine unüberwindliche Abneigung gegen jede Art von Kunstfaser. Einzige Ausnahme: die grüne oder dunkelblaue, gesteppte Weste, der HUSKY, der von männlichen Patienten über dem Jackett getragen wird. (Weibliche Patienten benützen den HUSKY als Ersatz für das Abendjäckchen. Sie demonstrieren damit ihre Neigung zum Landleben und zum Pferdesport). Zweifel daran, ob es sich bei der zu diagnostizierenden Krankheit wirklich um Anglomanie oder nur um Scheinanglomanie handelt, können als behoben gelten, wenn der männliche Patient die NEWMARKET- oder BOND-Mütze trägt (meist kariert, immer Cashmere), und zwar so, wie englische Pferdepfleger: immer eine Nummer zu groß.

Innere Symptome: Der Anglomane ist geruchsempfindlich. Deodorants verursachen Erregungszustände, ebenso die meisten heute gebräuchlichen After-Shaves. Der Patient besteht auf der Weiterverwendung von OLD ENGLISH LAVENDER in der Art Deco-Flasche von YARDLEY. Bevorzugte andere Marken sind PENHALIGON (41 Wellington Street, London WC 2) und GEO F. TRUMPER (9 Curzon Street, Mayfair, London W 1) mit ihren Produkten: EAU DE VERVEINE, EXTRACT OF LIMES, SPANISH LEATHER, BAY RUM, MARLBOROUGH, WELLINGTON und WILD FERN. An Damen schätzt der Anglomane den Duft von EAU DE PRIMROSE, von LILY OF THE VALLEY, von ELISABETHIAN ROSE und ORANGE BLOSSOM. Aus Blütenextrakten gewonnen, haben sie den Vorzug, zu verfliegen, kaum daß sie angewendet wurden. Das schätzt der Anglomane, denn er ist der Meinung, daß am besten riecht, wer gar nicht riecht. Gut riechen für seine Sinnesorgane Reitstiefel, Sattel- und Zaumzeug und Pferdemist. Unerträglich findet er Abortgeruchssteine und Tennisschuhe.

Behandlung: Als Seditativ haben sich englische Fernsehserien bewährt: EATON PLACE, BRIDESHEAD, BERTIE, DER STEINIGE WEG ZUR DOWNING STREET. Anglomanen zeigen dabei erstaunliche Gedächtnisleistungen. So ist ein Fall bekannt, wo sich ein Patient noch nach Jahren an den Schnitt und die Anzahl der Zierknöpfe der

Modeplakat,
Ludwig Hohlwein,
München, 1907.

A

Dienerfräcke auf Brideshead erinnerte, sowie an die Frisur von Jeremy Irons, die ihn in seiner Meinung bestärkt, daß die Ohren eines Gentleman immer von Haaren freizuhalten seien.

Lektüre ist zu gestatten, vorzüglich Werke in dem Milieu der englischen Hocharistokratie und Gentry. Ich nenne: Chesterfield, BRIEFE AN SEINEN SOHN ÜBER DIE ANSTRENGENDE KUNST, EIN GENTLEMAN ZU WERDEN; Jane Austen; Evelyn Waugh (besonders gut gepflegter englischer Chauvinismus); Vita Sackville-West, THE EDWARDIANS; die Tagebücher der Königin Victoria; Hermann Pückler-Muskau, BRIEFE EINES VERSTORBENEN (gute Beschreibung der gestreiften Kleider englischer Zimmermädchen); Annette Kolb, DAS EXEMPLAR (mit der Schilderung, wie die Autorin in London das Kleid wechselt, weil das englische Wetter eine neue Färbung am Himmel hervorgebracht hat, zu der das zuerst gewählte nicht passen will).

Toilettenartikel,
The Trumper Collection,
Royal Shopping Guide,
London, 1984.

Anzeige um 1910,
Royal Shopping Guide,
London, 1984.

Ladenfront 20er Jahre,
Royal Shopping Guide,
London, 1984.

Bowler-Hut,
um 1920/25.
Münchner Stadtmuseum.

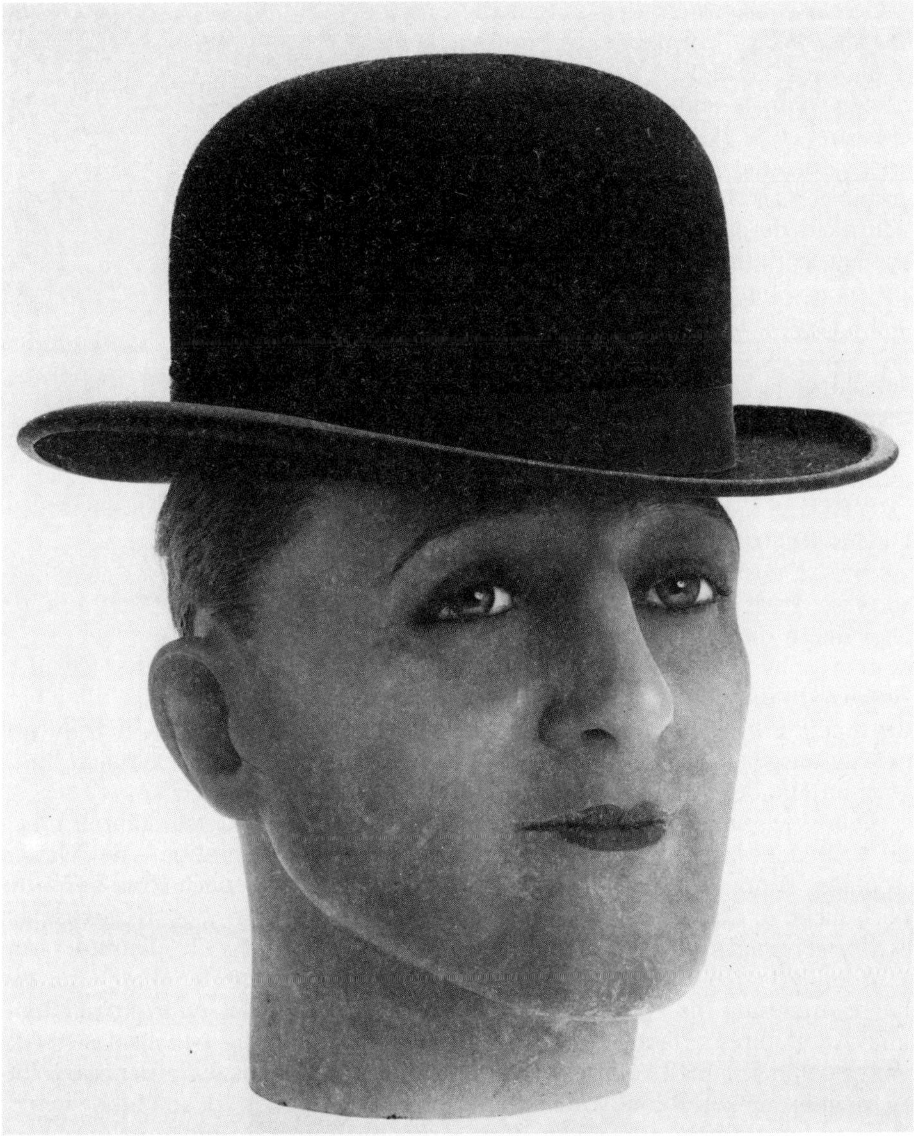

Wo die Möglichkeit besteht, soll dem Anglomanen die regelmäßige Lektüre von COUNTRY LIFE und HORSE AND HOUND gestattet werden. Er liebt es, sich zu vergewissern, daß der Bräutigam der britischen middle-class nach wie vor im Cut vor den Traualtar tritt und er verfolgt mit Interesse in den Leserbriefspalten die Diskussion darüber, ob bei Fuchsjagden der Zylinder und der Bowler durch Sturzhelme ersetzt werden sollen, *»for safety«*. Das kulturelle Geschehen lasse man den Anglomanen in FINANCIAL TIMES verfolgen. Er liebt das rosafarbene Papier und die Abwesenheit intellektueller Schaumschlägerei.

Im Bereich der Bildenden Kunst ist selbstverständlich englischen Malern der Vorzug zu geben. Z. B. George Stubbs DIE HEUERNTE (gefältelte Hauben der rechenden Mägde!); John Frederick Herring und Henry Alken, Fuchsjagd-Szenen (tadellos geschnittene Reithosen!).

Anzuraten ist häufige Bewegung in frischer Luft, jedoch nur mäßige Bewegung. Der Anglomane beharrt auf dem Grundsatz: Ein Herr bewegt sich nur im Schritt. Es sei denn, er sitzt zu Pferde oder auf dem Motorrad. Das Motorradfahren hat für den Patienten den Vorzug intensiver Luftzufuhr und der Genugtuung darüber, wie gut ihn der Helm kleidet; er empfindet dann »irgendwie« eine Verwandtschaft mit Richard Löwenherz, wohltätig für ihn deshalb, weil der Anglomane meist ritterlich und immer monarchisch gesinnt ist. Einwänden gegen die Monarchie begegnet er mit dem Hinweis auf die hinreißenden Hüte der Königinmutter.

In München tritt der Anglomane bevorzugt in der Gegend zwischen Maximilianstraße (ENGLISH HOUSE), Residenzstraße (EDUARD MEIER), Perusastraße (BURBERRY) und Maffeistraße (DUNHILL) auf. Letzte Zweifel, ob es sich nun um die echte Form von Anglomanie handelt, beseitigt ein Blick auf den Regenschirm des Patienten. Der anglomane Regenschirm, auch bei gutem Wetter getragen, ist kenntlich an einer schmalen Silberbanderole am Knauf. Sollten Sie einen als Anglomanen erkannten Passanten ansprechen wollen, so deuten Sie am besten auf dieses Silberband und sagen: *»It's really smart, Sir!«*. Er wird Sie dann sofort ins Gespräch ziehen. Aber, bitte, Vorsicht! Anglomanie ist ansteckend.

HELMUT DOTTERWEICH

A

Antikomanie

Im Laufe des Jahrhunderts, das später das der Aufklärung genannt werden sollte, wurden »klassischer Geschmack« und die Orientierung am Vorbild der Antike zum Prüfstein und Erkennungszeichen der gebildeten und »aufgeklärten« Geister.

Der entscheidende Anstoß zu dieser neuerlichen Rückwendung des Abendlandes auf seine Wurzeln datiert vom Jahr 1738, als Karl von Bourbon sich voll Enthusiasmus einem neuen königlichen Zeitvertreib zuwandte: den archäologischen Ausgrabungen von Pompeji und Herculaneum.

»Griechische« Tracht, Madame Taillien, 1796.

Gelehrte, Künstler und Literaten aus aller Welt – vor allem aus Frankreich, England und Deutschland – bereisten damals auf ihrer obligaten GRANDE TOUR Italien. Sie waren die ersten, die die Ergebnisse der Ausgrabungen zu Gesicht bekamen – und sich nicht daran satt sehen konnten: an den sensationellen Darstellungen auf den pompejianischen Fresken, den Keramiken und den Statuen. Wenig später wurden die Funde durch verschiedene Druckwerke auch einem größeren Publikum zugänglich: durch Cochin und Bellicards OBSERVATION SUR LES ANTIQUITÉS DE LA VILLE D'HERCULANUM, Paris 1754; durch Gaylus RECUEIL D'ANTIQUITÉS EGYPTIENNES, ETRUSQUES, GRÈQUES ET ROMAINES, Paris 1752–67; vor allem aber durch die Sammlung von Drukken in acht Bänden: ANTICHITÁ DI ERCOLANO, die von 1755 bis 1792 von der ACCADEMIA ERCOLANENSE in Neapel herausgegeben wurde und seit 1773 im Handel war.

Aber noch waren die Strömungen, die sich der Antike zuwandten, bestenfalls Rinnsale und hatten sich noch nicht zu dem unwiderstehlichen Strom vereinigt, der Anfang des 19. Jahrhunderts den Zeitgeschmack von der Einrichtung bis zu den Kleidern und Accessoires erfassen sollte. Bevor es dahin kommen konnte, bedurfte es einer ganzen Reihe »offizieller« Weihen und Legitimierungen: Erst nachdem sie von den Kreisen der kulturellen Elite bis in die innersten Zirkel der Macht vorgedrungen war, trat die »Antikomanie« endgültig über alle Ufer und überschwemmte – quer durch alle gesellschaftlichen Schichten – ganz Europa.

1755 war J. J. Winckelmann zum ersten Mal in Rom; seine GESCHICHTE DER KUNST DES ALTERTUMS (1763/1764) wurde fast unmittelbar nach Erscheinen zur Pflichtlektüre aller Gebildeten und erlebte eine Vielzahl von Auflagen in allen europäischen Sprachen.

Madame de Verwinac, Jacques-Louis David, 1799.

In den 60er und 70er Jahren brach eine ganze Generation von Malern zur »Pilgerfahrt« nach Rom auf – die neuen Propheten des Klassizismus: Von R. Mengs bis G. Hamilton, von A. Kauffmann bis B. West – bis hin zu J. L. David, dessen EID DER HORATIER in Europa sogleich als das gewertet wurde, was es war: Sichtbarer Inbegriff der neuen Ideen und Fanal des republikanischen und revolutionären Aufbruchs.

Der englische Keramiker J. Wedgewood erkannte die Zeichen der Zeit: Die weit verbreitete Sammelleidenschaft für antike Kameen (Originale, Kopien und Abgüsse) und Miniaturreproduktionen der klassischen Statuen begriff er als Ausdruck eines allgemeineren Bedürfnisses und Geschmacks und begann 1768 in großem

Anhänger, Deutschland (?), um 1800.
Münchner Stadtmuseum.

Maßstab mit der Produktion von Geschirr und Fliesen, die der »chaste simplicity« – der »edlen Einfalt und stillen Größe« – klassischer Kunst nachempfunden waren. Er traf damit genau den Zeitgeist und hatte entscheidenden Anteil an der Verbreitung des neoklassischen Geschmacks und der Antikomanie im englischen Bürgertum. In den 80er und 90er Jahren trat dann das englische Steingut mit seinen einfachen, cremefarbenen Tafelservicen seinen Siegeszug durch Europa an und war bald in allen bürgerlichen Haushalten zu finden.

Die aufgeklärten Geister ganz Europas huldigten damals der Überzeugung, es sei, allen Revolutionen und Kriegen zum Trotz, möglich und den Versuch wert, sämtliche Probleme – sei es im privaten oder im öffentlichen Bereich, in der philosophischen Theorie oder in der Ausübung der Macht – durch »die Vernunft« zu lösen. Durchdrungen vom Glauben an die Freiheit, führten sie furchtlos und unerschrocken die scharfe Waffe der Kritik; ihr Anspruch war es, vor neuen Ideen und Problemen niemals zurückzuschrecken oder die Augen zu schließen, sondern mit ihnen stets in produktive Auseinandersetzung zu treten. Den sichtbarsten, fast emblematischen Ausdruck fand dieser Optimismus im neoklassischen Stil und Geschmack.

Für Napoleon hingegen bedeutete die Anknüpfung an die Antike hauptsächlich eine kulturelle Legitimation seiner Herrschaft über Europa: des wiedererstandenen (wenngleich nicht ganz so »heiligen«) römischen Reiches. Von seinen italienischen Feldzügen bis zum Triumph des Kaisers hatte Napoleon keine Gelegenheit vorübergehen lassen, antike Statuen zu requirieren.

Der Vatikanstaat, der im Juni 1796 besetzt worden war, verpflichtete sich im Friedensschluß von Tolentino zu hohen Tributzahlungen in antiken Kunstschätzen. In der Galérie des Antiques im Erdgeschoß des Louvre, die später in Musée Napoléon umbenannt wurde, kamen in den ersten Jahren des 19. Jahrhunderts die berühmtesten Statuen des Altertums zusammen: Sogar die Mediceische Venus wurde von den Bourbonen Neapels herausgegeben – die sich dabei auch noch des Verrats und der Treulosigkeit schuldig machten, hatten sie sich doch vorher zur Rettung der Statue mit den florentinischen Restauratoren zusammengetan, die auch schon ihre Einschiffung nach Palermo veranlaßt hatten.

Kommen wir zur Mode. Bereits 1762 hatte sich Rousseau in seinem Emile für eine Frauenkleidung nach griechischem Vorbild ausgesprochen: schlicht um den Körper drapierter weißer Musselin, einige Bänder und gänzlicher Verzicht auf alles künstliche und gekünstelte Beiwerk – vor allem aber auf das Korsett, das die klassische, natürliche Harmonie des Körpers entstellte. Aber der Durch-

Designs of modern Costume,
Henry Moses, 1812.

A

Steckkamm, Deutschland, um 1820. Münchner Stadtmuseum.

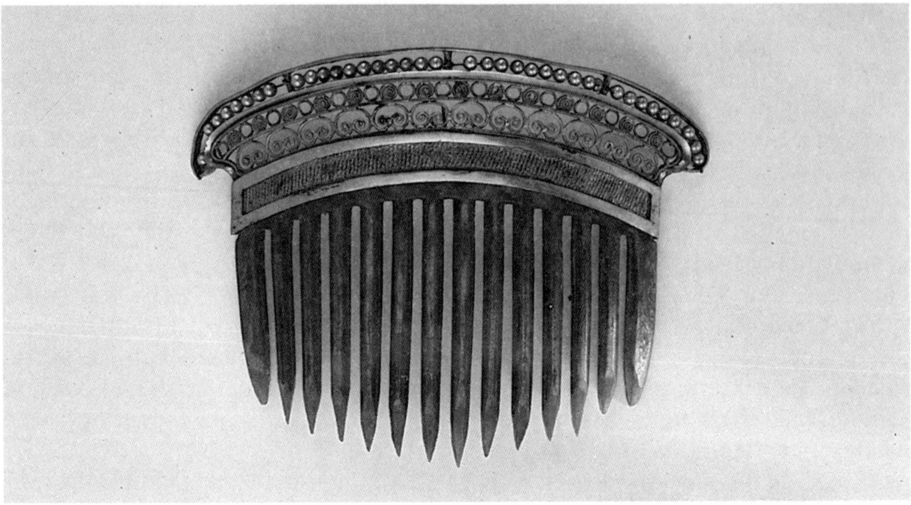

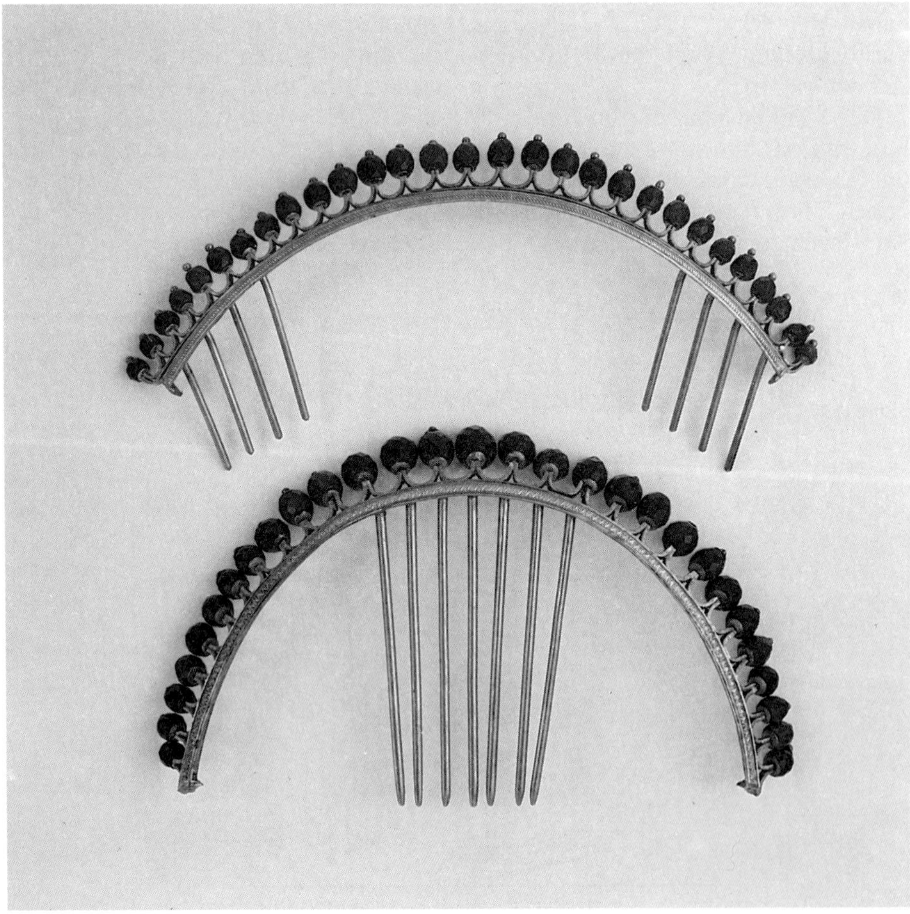

Diadem und Steckkamm, Deutschland, um 1800/1820. Münchner Stadtmuseum.

bruch kam erst mit der englischen neoklassischen Mode, die in ihrem Kampf gegen die frivole und unmoralische Lebensführung der Frau des 18. Jahrhunderts natürliche Einfachheit und antike Tugend verlangte.

Die neoklassische Mode, die vor 1790 nur bei einer kleinen kulturellen Elite Anklang fand (wie sie uns in den Gemälden von Gainsborough und Reynolds entgegentritt), eroberte im letzten Jahrzehnt des Jahrhunderts sämtliche Fürstenhöfe Europas. Nicht lange, und sie gehörte ganz allgemein zum guten Ton in den »besseren Kreisen« der Gesellschaft, bis sie am Ende zum herrschenden Geschmacksideal in allen Schichten der Bevölkerung wurde.

Die »Antikomanie« in Einrichtung und Frauenkleidung sowie ihre Kristallisierung in Direktoriums- und Empirestil sind letztlich also nichts anderes, als der zur Norm und zum Gesetz erhobene aufklärerische Wille zur Einfachheit, Natürlichkeit und Rationalität, wie man sie im klassischen Altertum zu finden meinte. Zwischen 1801 und 1812 erschien unter dem Titel Récueil de Décorations Intérieurs die Tafeln von Ch. Percier und P.F.L. Fontaine (dem Leibarchitekten Napoleons) in Druck und erlangten einen kaum zu unterschätzenden Einfluß auf die Entwicklung des Einrichtungsgeschmacks, die Durchsetzung des Empirestils und die Verbreitung der Antikomanie überhaupt.

Wie jedes normative Gesetz tendiert auch dieses dazu, sich absolut zu setzen und droht dabei ins Absurde umzuschlagen. Es beansprucht Geltung in allen Bereichen des Geschmacks und lädt jedes kleinste Detail mit Bedeutung auf. Am 19. Februar 1797 schreibt Maria Lippomano

Chemisenkleid,
München, um 1802/05.
Münchner Stadtmuseum.

Quirini, eine venezianische Dame der Gesellschaft, aus Paris an ihre Freundin Elisabetta Foscarini Widmann in Venedig: » . . . *Wie lebendig stellt Ihr mir die Kleidung unserer Damen zuhause vor Augen! Und Eurer Beschreibung entnehme ich, daß ich bei meiner Rückkunft nicht unbeträchtlicher Veränderungen gewärtig sein muß. Man kleidet sich nun also nach Art der Römerinnen? Hier gibt in Sachen Eleganz Griechenland das Maß und Vorbild. Wie bedeutend hängen doch in unseren Zeitläufen Mode und Nationalcharakter zusammen* . . .« Venedig gehörte damals – wenn auch wider Willen – zu Österreich: Dennoch setzte sich hier der neoklassische Stil ebenso durch wie in anderen europäischen Städten, die der Französischen Revolution gleichgültig oder feindselig gegenüber standen. Die Anstöße zu Einfachheit, Bequemlichkeit, Rationalität und Bekleidungshygiene wurden – unabhängig von einer Identifikation mit den revolutionären Inhalten – wohl nicht zuletzt deshalb aufgegriffen, weil sie aus Paris – immer noch und mehr denn je Hauptstadt der Mode – kamen.

Die »Antikomanie« in der Kleidermode überdauerte auch den Sturz Napoleons und hielt sich bis etwa 1820, als sie in Kunst und Literatur schon längst überholt war, und als auch in den raffiniertesten Pariser und Mailänder Salons die Romantik mit ihrer Hinwendung zum Mittelalter und die »Troubadour«-Kunst triumphierend an ihre Stelle getreten war.

ALESSANDRA M. MOLFINO

Literatur:

B. Burman Baines, Fashion Revivals from the Elizabethan age to the present day, London 1981.

F. Haskell/N. Penny, Taste and the Antique, London 1981.

A. Molmenti, Storia di Venezia nella vita privata, Bd. 3, Triest 1973.

Katalog: The Age of Neoclassicism (Royal Academy), London 1972.

A

Arbeitskleidung

Wenn wir die beiden Primärfunktionen der menschlichen Kleidung – das Schützen und das Schmücken – für unsere verschiedenen Röcke, Kittel, Hosen usw. vergleichen, so könnten wir in einer rauh angeschlagenen Formel die Arbeitskleidung auf der einen Seite und die Modekleidung auf der anderen als Antipoden der textilen Kultur verstehen. Die Arbeitskleidung soll die empfindsame Haut vor den schädlichen Einwirkungen des Schmutzes, der Kälte oder auch Hitze, des Lärms oder der Nässe schützen; zwar muß auch die modische Kleidung die Jahreszeit, das Klima u. ä. mit Notwendigkeit berücksichtigen, doch ihre primäre Aufmerksamkeit gilt der Gestaltung, der schmükkenden Seite.

Selbst beim Urkleid finden wir diese beiden Funktionen vor, aber eine Trennung existiert noch nicht. Mit den ersten sozialen Differenzierungen markieren sich dann auch an der Kleidung Rangunterschiede, ohne daß diese die einheitlichen Bekleidungsnormen gesprengt hätten. Erst die Entwicklung zu den antiken Hochkulturen bedingt jene vielschichtigen Arbeitsteilungen, die auch tiefer in die äußere Gestaltung der Kleidung eingreifen.

Die Gliederung der Gesellschaft in Bauern, Handwerker, Krieger, Schreiber, Priester, Königsfamilien, Kaufleute, Künstler und in andere Gruppen erzwingt zunehmend deren optische Präsentation mittels Kleidung und Insignien. Die modische Kleidung der Ranghöheren war geradezu darum bemüht, sich als eine für die »Arbeit ungeeignete« Form darzustellen. Die Arbeitskleidung wurde parallel dazu unter abwertenden Überlegungen gesehen; sie orientierte sich an der Arbeit, am Klima, an der Landschaft und den tradierten Formen.

Die ägyptischen Bauern zum Beispiel benutzten einen einfachen Lendenschurz, der in der Art des Wikkelns und der Faltenbildung gewisse modische Ansprüche verriet. In kälteren Jahreszeiten trugen die Arbeitenden eine Kleidung, die zwischen Wärmeschutz und Beweglichkeit den ausgleichenden Kompromiß wählte. Beim Schmiedehandwerk, das sich gegen glühendes und sprühendes Metall schützen mußte, finden wir seit langem eine für die Arbeitskleidung typische Aussage – für den speziellen Zweck die spezielle Form.

Das tausendjährige Mittelalter hat die antiken Bekleidungsgewohnheiten lediglich in vereinfachenden Formen fortgeschrieben. Der bäuerliche

Ärzte bei der Operation, 1883.

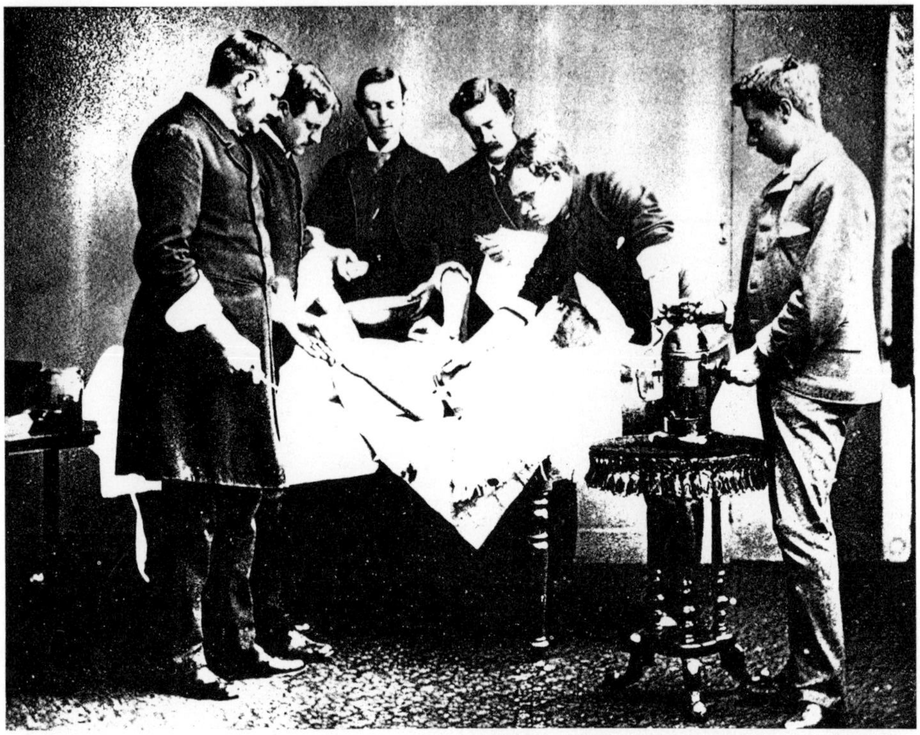

Sennerinnen, Berchtesgaden, 1884.

Tochter des Malers Eduard Grützner in »ländlicher Arbeitskleidung«, München, um 1890.

Engländerinnen in Arbeitskleidung, um 1914/18.

Die dominante Farbe des Mittelalters war das aus dem Färberwaid gewonnene Blau. Wir kennen es heute noch in den blauen Arbeitsanzügen. Waid, eine strauchartige, gelb blühende Pflanze aus Asien, wurde von Karl dem Großen bezüglich des Anbaus und der Verarbeitung stark gefördert. In Lorsch und Erfurt gab es dafür qualifizierte Zentren, die aus den Blättern des Waid und wohlgehüteten Rezepturen die begehrte Rohmasse produzierten. Das Waidblau bedeutete für lange Zeit die einzige witterungsbeständige Farbe in Europa.

Mit der Entwicklung der mittelalterlichen Stadt grenzten sich deren Bewohner von der Bauernschaft und in sich selbst nach vielen Handwerks- und Kaufmannsgruppen ab. Das Bewußtsein, eine Elite von Spezialisten zu sein, hat auch die in den Städten getragene Arbeitskleidung in den Rang eines Ehrenkleides erhoben. In der Zimmermannskleidung finden wir noch einen Rest dieser ehrwürdigen Tradition. Jost Amman hat in seiner zeitgenössischen Beschreibung aller Stände die ästhetische Vielfalt mittelalterlicher Arbeitskleidung festgehal-

Kittelrock ist der kurzen Tunika entlehnt und die praktische Hose, die am Bund angenestelt wurde, ist ein Erbstück der seßhaftgewordenen Reitervölker. In der wärmeren Jahreshälfte wurde Leinen bevorzugt, während die Winterkleidung und die mantelartigen Überhänge aus Wolle gefertigt wurden. Die Herstellung der Stoffe und Kleidung erfolgte als häusliche Winterarbeit; selbst das Einfärben beherrschten die Dorfbewohner. Der uralte Spruch: *Selbst gesponnen, selbst gemacht, ist die beste Bauerntracht!* dokumentiert den unverkennbaren Stolz zur »Self-made-Mode« vieler Jahrhunderte.

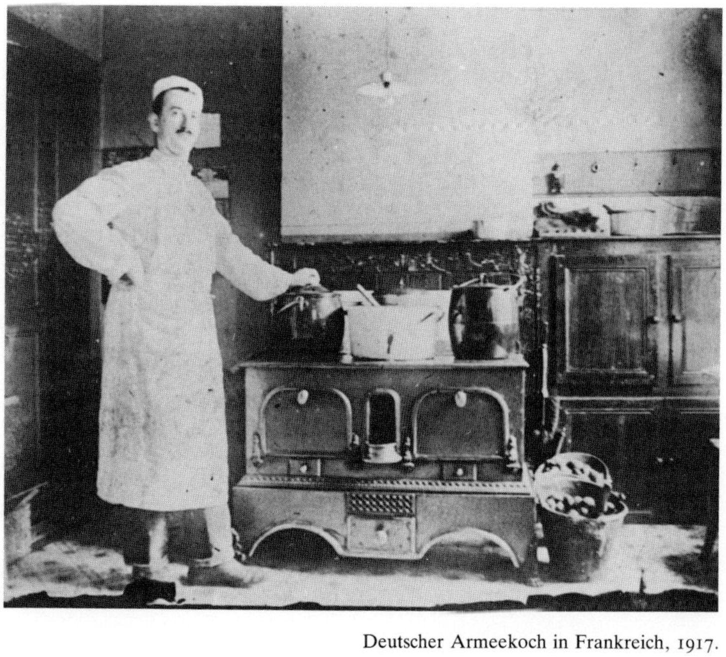

Deutscher Armeekoch in Frankreich, 1917.

A

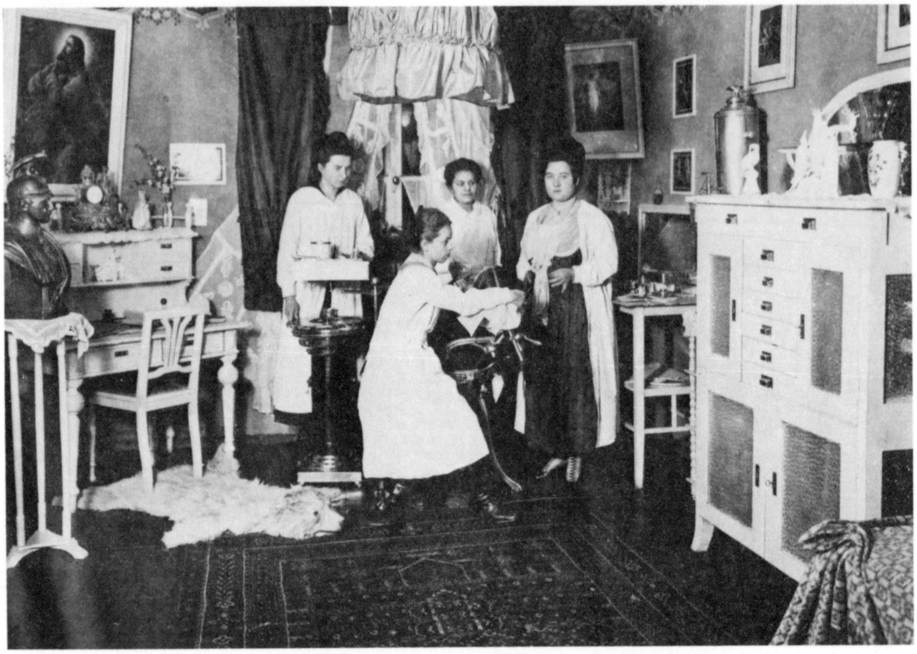

Zahnärztin mit Helferinnen, München, 1920.

Herrenschneider, München, 1928.

ten. Die Spezifika der Zünfte, gemischt mit einem gewissen Modetrend, hat die damaligen Arbeitskleider in Farben und Schnitten für Jahrhunderte zu reizvollen Standestrachten gerinnen lassen. Der Nostalgiewelle des Biedermeier verdanken wir solche Lieder, wie: *»Grün, ja grün sind alle meine Kleider . . .«,* aus denen die Übereinstimmung von Beruf und Kleid spricht.

Die Landbevölkerung hat ihre Arbeitskleidung erst im späten 17. Jahrhundert aus der bescheidenen Kittelrock-Hosen-Kombination zu vergleichbaren Trachten gefunden. Treibende Ursache war auch hier der einsetzende Differenzierungsprozeß innerhalb der Dorfgemeinde. Reiche Großbauern adaptierten auf ihre Weise die herrschende Mode des Adels und der Stadt und schufen eine regional geprägte Bauerntracht. Diese galt jedoch als ausgemachte Feiertagstracht; für den Alltag mußten abgelegte Stücke herhalten.

Im 18. Jahrhundert war es allerorts schon Sitte, für den Sonntagsstaat einen Spargroschen zu opfern, um das »gute englische Tuch« zu erwerben. Ansonsten galt noch immer das Selbstgemachte als Norm.

Eine tiefgreifende Zäsur brachte die Industriekultur des beginnenden 19. Jahrhunderts auch in den Bekleidungsformen. Der Fabrikarbeiter, der sich größtenteils aus der besitz- und arbeitslosen Landbevölkerung rekrutierte, neutralisierte mit einer uniformen, maschinengerechten Kleidung alle bisherigen Farbtupfer in den Trachten. Begriffe wie »altfränkische Mode« bedeuten eine verächtliche Kennzeichnung tradierte Kleidungsgewohnheiten. Geblieben war lediglich das Blau der Arbeitskleidung und eine versachlichte Version von Arbeitsanzügen in Kittel-Hosen- oder Hemd-Hosen-Kombination.

Mit den Büro- und Verwaltungsangestellten hob sich eine Schicht aus den Arbeitenden mit den Abgrenzungssignets der weißen Kragen und Manschetten ab, die als »Stehkragenproletariat« denunziert wurde. Ähnlich der antiken Gesellschaft wurde Arbeitskleidung nach gehobenen und profanen Diensten sichtbar getrennt. In der modisch orientierten Sonntagskleidung wird der die sozialen Rangunterschiede verwischende Ausgleich

Verkäuferin, München, 1949.

Köchinnen, um 1970.

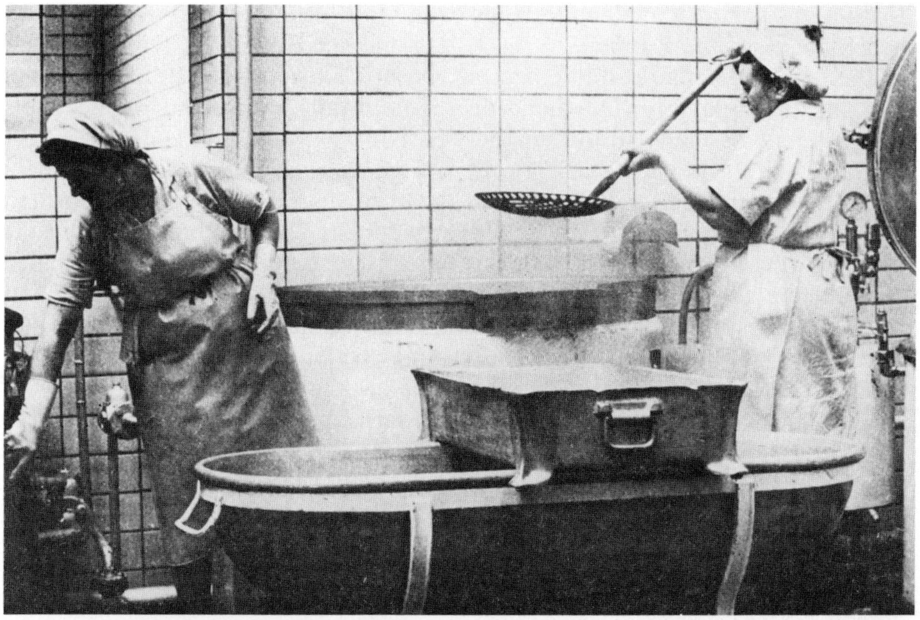

Arbeitskleidung, 1982.

gesucht; der Geldbeutel setzt die Grenzen.

Eine wirkliche Demokratisierung der Arbeits- und der Modekleidung setzt behutsam mit den wissenschaftlich-technischen Revolutionen des 20. Jahrhunderts ein. Die Arbeitskleidung mutiert zu einer Spezialkleidung, der sich nunmehr auch einige Modegestalter verpflichtet fühlen. Der Umgang mit chemischen, feinmechanischen, atomaren, elektrischen u. a. Materieformen zwingt den Forscher wie den Arbeiter zu außergewöhnlichen Schutzvorkehrungen, die eine Rangelei um modische Unterschiede ad absurdum führen. Eine Bandbreite an Arbeitskleidung erfaßt vom traditionellen Arbeitskittel des Handwerkers, über den hitzebeständigen Asbestanzug des Schmelzers, den säurefesten Stoffen des Chemiearbeiters, den strahlungssicheren Umhängen von Astronauten bis hin zu dem staubfreien „OP-Kittel“ der Chip-Produktion, eine unzählige Vielfalt.

Für uns alle hat die Arbeit einen neuen Stellenwert erhalten. Das Bewußtsein von der Arbeitslosigkeit hat die alte Gegenüberstellung von Arbeitenden und Nicht-Arbeitenden abgelöst. So zeigt sich in einigen, der Öffentlichkeit nahestehenden Bereichen zum Teil eine Umkehrung alter Kleidungsgewohnheiten; man zieht die „guten Sachen“ zur Arbeit an und schlüpft im Hause und bei der Freizeit in eine legere, billigere Kluft à la Jeans. Das Zusammenfallen der eingangs bezeichneten Primärfunktionen für unsere Kleidung wird in der modernen Arbeitskleidung – wenn auch nicht schon überall – reizvoll praktiziert. Dies ist aus der klaren Tendenz abgeleitet, daß die Arbeit in vielen Bereichen dank modernster Technik den Geruch von Schmutz und körperlicher Anstrengung verloren hat. Ohne Übertreibungen läßt sich eine Arbeitskleidung für die Zukunft prognostizieren, die in ihrer schützenden Nützlichkeit zugleich höchste gestalterische Aufmerksamkeit erfahren wird. Arbeitskleidung als modisches Privileg.

HARALD BROST

Literatur

Max Barsis, The common man through the centuries, New York 1973.

Paul Brandt, Kunst und Arbeit, Leipzig o. J.

Harald Brost, Kunst und Mode, Stuttgart 1984.

A

Artistenkostüme

»Die Prinzipalin erschien in einem phantastischen Kostüm. Sie trug einen fleischfarbenen seidenen Trikot und darüber ein kurzes Obergewand, das nicht viel weiter als über die Taille hinabreichte, vorn mit langen Goldfransen und hinten mit einer stattlichen Schleppe versehen war. Im Haar trug sie ein prächtiges Diadem von acht Edelsteinen, ebenso an den Händen zahlreiche Brillantringe. Sie wirkte bei dieser Nummer mehr durch die Erscheinung als durch ihre Leistungen.« Diese Beschreibung der französischen Dompteuse Nouma Hawa um 1890 beim Auftritt mit ihren Löwen verdeutlicht die Funktion des Artistenkostüms: Es ist Blickfang für das Publikum, es konzentriert die Aufmerksamkeit des Betrachters auf die Aktion des Artisten, oder lenkt ihn – bewußt – davon ab.

Durch die ständige Publikumsorientierung haben die Artisten ihre Kostüme dem Zeitgeschmack entsprechend gewandelt. Daneben erhält sich bei bestimmten Sparten, etwa bei den Clowns, eine traditionelle Fixierung des Kostüms. Historisch faßbar ist das Artistenkostüm seit Ende des 18. Jahrhunderts durch illustrierte Ankündigungszettel reisender Gruppen und entsprechender Darstellungen, vor allem der populären Druckgraphik.

Die Bewegungsfreiheit bestimmte von Anbeginn den Schnitt der Kostüme. So treten zum Beginn des 19. Jahrhunderts die Kunstreiterinnen in kurzen Röcken auf, die damit im Gegensatz zum herrschenden Moralkodex die Beine sichtbar machten. Diese erotische Komponente charakterisierte die weitere Entwicklung: Die späteren Trikots modellierten den Körper und gewährten einen freizügigen Blick auf seine Formen.

Die frühen Männerkostüme waren vom Schnitt und ihrer Auszier von den zeitgenössischen Uniformen beeinflußt. Gerade bei den Kunstreitern war es naheliegend, daß sie die schmucken Elemente der Kavallerieuniform übernahmen. Farbige Uniformen mit Tressen, breiten Hosenstreifen und großen Epauletten gehörten zur Ausstattung des Circuspersonals von den Musikern bis zu den Platzanweisern. Der kurze Husarenrock mit seinen reichhaltigen Verschnürungen wurde zum typischen Kleidungsstück der Dompteure.

Ein anderes Charakteristikum ist der beliebige Umgang mit exotisch-orientalen Versatzstücken. So verwandeln sich einheimische Fakire und Feuerschlucker mit fremdklingenden Phantasienamen zu weithergereisten Künstlern. Dieser »Etikettenschwindel« war innerhalb der Artistik immer legitim, entsprach den Erwartungen des Publikums und wurde erstaunlicherweise von behördlicher Seite kaum beanstandet.

Zu Ende des 19. Jahrhunderts verändert sich das Erscheinungsbild der Artistenkostüme durch den Einfluß der Varietétheater, den neuen Tempeln großstädtischer Abendunterhaltung. Für viele Sparten wurde die sog. Gesellschaftskleidung nun zur Arbeitskleidung, wie etwa bei dem neuen Typus des Gentleman-Jongleurs, der mit Frack und Zylinder vor das Publikum trat. Als modische Fortführung kann der meist farbige Smoking mit glitzerndem Revers genannt werden, das Kennzeichen eines abendlichen Entertainers des 20. Jahrhunderts. Bei den Frauenkostümen steht auf der einen Seite die modeorientierte Form des Abendkleides, auf der anderen das knappe Trikot oder der zweiteilige Bikini, die beide pailettenbesetzt entsprechend der allgemeinen Tolerierung die Nacktheit preisgeben.

Im Zuge der Wiederentdeckung alter artistischer Präsentationsformen, zu der der CIRCUS RONCALLI seit Ende der 1970er Jahre entscheidend beigetragen hat, wurden traditionelle Artistenkostüme wieder aufgewertet und in neuer Form präsentiert. Als Andre Heller 1985 die Tournee BEGNADETE KÖRPER mit chinesischen Akrobaten organisierte, machte er es zur Auflage, daß sich die Teilnehmer ihrer nach europäisch-amerikanischen Vorbildern getragenen Trikots entledigten und dafür in neugeschneiderten traditionellen Kostümen ihres Landes auftreten sollten. Dieses ungewohnte Bild unterstrich für uns Europäer die an sich schon hinreißende artistische Show.

»Kostüme, Licht und Musik – das sind 75 Prozent der Nummer, Circusleute sollen immer das tragen, was der Besucher nicht einmal zuhause anziehen würde.« So bringt es der Kostümchef vom CIRCUS RONCALLI auf den Nenner. Die Außergewöhnlichkeit der Artistenkostüme, die sich von der gewohnten Alltagskleidung absetzen soll, wird jedoch immer ein Abbild der jeweiligen Zeitströmungen und Moden bleiben.

FLORIAN DERING

Literatur

Thomas Schütte/Maria Angelo, Hereinspaziert in den Circus Roncalli, Köln 1981.

Robert Thomas, Unter Kunden, Komödianten und wilden Tieren, Leipzig 1905.

Artistenkostüme, um 1895.

A

Zirkusplakat, 1885.

B

– Baby Doll
Bart
Bauhaus
Braut
Brille
Bubikopf
Bürger und Angestellte

B

Baby Doll

Auf der Grundlage seiner Bühnenstücke THE LONG STORY CUT SHORT und 27 WAGONS FULL OF COTTON erstellte Tennessee Williams das Script für BABY DOLL. Elia Kazan drehte 1956 mit der damals noch wenig bekannten Carroll Baker in der Titelrolle den – nach BUCHERS ENZYKLOPÄDIE – *»scharfsichtigen, komischen und sehr sinnlichen Film.«*

Die Cineasten waren begeistert, die Massen animiert, die empörten Moralisten auf verlorenem Posten. Kardinal Spellman drohte von der Kanzel der New Yorker St. Patrick-Kirche: *»Wer es wagt, diesen Film anzusehen und sein Auge mit dem Anblick dieses schamlosen Weibes zu beleidigen, der begeht eine schwere Sünde, denn niemals hat man in diesem gottesfürchtigen Land etwas so Unerhörtes, Abstoßendes, ja Unmenschliches gesehen.«*

In der Tat: Die junge Frau mit dem Namen BABY DOLL MEIGHAN stellte einen Typus, eine Abart der Weiblichkeit dar, die es bislang im Kino nicht gegeben hat. BABY DOLL war fundamental verschieden von den zeitgleichen Idolen Hollywoods. Weder setzte die Baker auf den vordergründigen, hypertrophen Sexappeal einer Monroe, dieser grellen Kunstfigur und Kultfigur der Traumfabrik, noch auf den rehäugigen Jungmädchencharme der zierlichen Audrey Hepburn. Die Faszination fußte vielmehr auf Gegensätzen: Chaos evozierende Naivität einer körperlich reifen Frau mit dem Gebaren eines Kleinkindes. Spellmans Formulierung ist verfehlt; BABY DOLL ist ohne Scham wie ein Säugling, aber nicht schamlos im pejorativen Sinn.

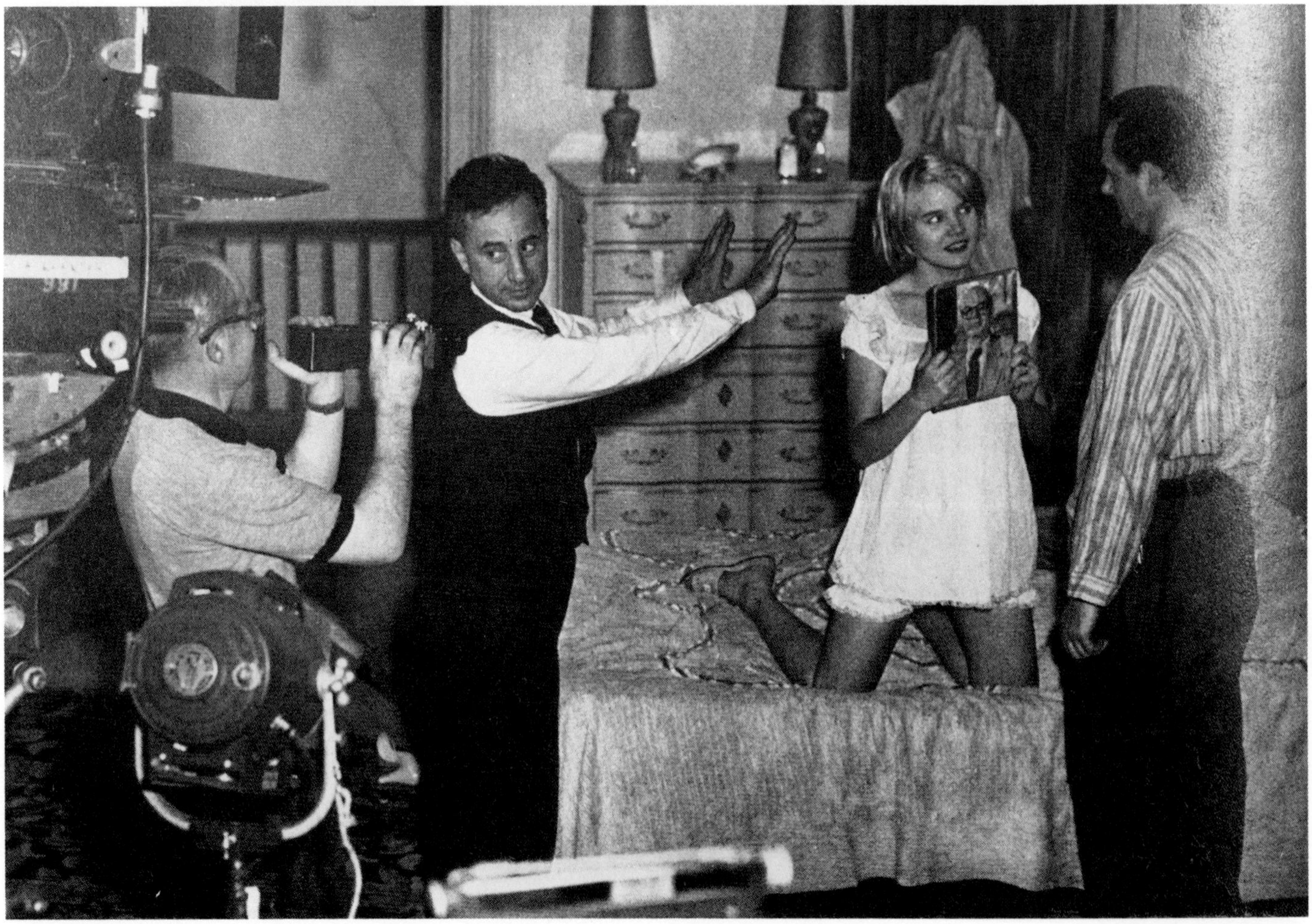

Carroll Baker bei Dreharbeiten zu »Baby Doll«, 1956.

Baby-Doll-Kindermoden, 1962.

Worin lag der Grund der Empörung? Sicher nicht allein im Sujet: Sexuelle Frustration und Ehebruch. Ungewöhnlich war jedenfalls, daß die Handlung überwiegend im Intimbereich stattfindet, anders als etwa in dem im selben Jahr gedrehten BUS STOP mit der busenwogenden und powackelnden, aber letztlich doch recht unerotisch wirkenden Monroe. Die erste Szene von BABY DOLL charakterisiert gewissermaßen den ganzen Film: der abgewiesene Ehemann als PEEPIN' TOM. Auch der Zuschauer ist Voyeur, wiewohl der grobschlächtige, von K. Malden gespielte Archie Lee alles andere als eine zur Identifikation einladende Gestalt ist. Und dann vor allem das berühmte Bild! Die Baker liegt im knappen Hemd auf dem zu kurzen Bett, über dessen Fußende das ausgestreckte, nackte rechte Bein ragt, und lutscht an ihrem rechten Daumen. Lo Duca bemerkt dazu: *»Für die ›Sexualisierung‹ dieser Geste in der Öffentlichkeit sorgten zwei Männer: Tennessee Williams und Kardinal Spellman. Die in der Entwicklung zurückgebliebene Puppe mit den oralen Gelüsten hätte als literarische Figur niemanden schockiert. Erst Spellmans Ausbruch verschaffte Carroll Bakers digitaler Fellatio eine unverdiente Beachtung und trug schließlich dazu bei, eine spätere Ausgabe des Kinsey-Reports zu modifizieren.«* Wie immer dem auch gewesen sein mag, ob ursprünglich so beabsichtigt oder nicht – Tatsache ist, daß die Doppeldeutigkeit der Geste allgemein bewußt war und Carroll Baker deswegen in der Öffentlichkeit angepöbelt wurde: *»Hey, Baby Doll, suck your thumb for us!«*.

Das liegt fast drei Jahrzehnte zurück. Die Aufschreie des Entsetzens sind längst verhallt, die Kindfrau von einst ist Mitte 50. Dem Film aber widerfuhr Merkwürdiges: Einerseits mythisch entrückt wie so manche Produktionen Hollywoods der 50er Jahre, ist er doch zum bleibenden Begriff geworden. BABY DOLL ist denn auch der Titel von Carroll Bakers 1984 erschienener Autobiographie, wiewohl sie zu diesem Zeitpunkt in immerhin schon 22 Filmen mitgewirkt hatte. Aber BABY DOLL machte sie berühmt wie keiner zuvor und keiner danach.

BABY DOLL ist auch jene Art der weiblichen Nachtwäsche benannt, die die Baker in der bewußten Szene trug, die in den späten 50er und den 60er Jahren in mehr oder weniger originalgetreuem Zuschnitt, weiß oder mit zarten Farben versehen, Mode wurde, 1977 nochmals und wiederum als BABY DOLL auflebte (E. Ewing: *»A vigorous revival«*) und bis zum heutigen Tag in einschlägigen Geschäften, die sich auf jüngere Kunden spezialisieren, unter diesem Namen zu haben ist.

Junge Frauen, Teenager und kleine Mädchen trugen und tragen das BABY DOLL. Für 6–8jährige geschaffen war das Nachtgewand, das Burda-Moden in seinem Aprilheft von 1962 vorstellte: *»Aus röschenbedrucktem Batist, ein süßer Baby-Doll-Schlafanzug. Ein Satinband hält am Hals die Weite zusammen, Rüschen am seitlich ausgebogten Saum, den Puffärmeln und den Hosenbeinen unterstreichen die duftige Wirkung.«*

Puffärmel und Pumphöschen hat das heutige BABY-DOLL nicht mehr. Das Hemd ist schulterfrei mit schmalen Trägern oder trikotartig, die Farben reichen von weiß bis grellbunt, das Höschen ist weit oder in der Form eines größeren Slips. So hat sich also diese Nachwäsche im Lauf ihrer kurzen Geschichte von seinem Urbild gelöst und mehrfach gewandelt.

Vogue beschrieb das BABY DOLL als *»little cotton short-suit lightly frilled and ruffled . . . the prettiest cool new nightdressing«*, und Ingrid Loschek urteilt: *»Mit niedlichen Pumphöschen, Puffärmeln und rosa oder himmelblauen Spitzen sah das Baby Doll*

B

Reklamefoto,
Firma Rogers,
um 1962/63.

romantisch und ›sexy‹ zugleich aus.« Elizabeth Ewing bewertete das *»thigh-high garment with accompanying brief bloomers«* geradezu als Fanal der YOUTH REVOLUTION. Movie-Mythen, Mode-Mythen.

EDGAR HARROLK

Literatur

Carroll Baker, Baby Doll. An Autobiography, London 1984.
Liz-Anne Bawden/Wolfram Tichy (Hrsg.), Buchers Enzyklopädie des Films, Luzern/Frankfurt a. M. 1977.
Lo Duca, Die Erotik im Film, Bd. 2, München 1970.
Elizabeth Ewing, Dress and Undress. A history of women's underwear, London 1978.
Ingrid Loschek, Mode im 20. Jahrhundert. Eine Kulturgeschichte unserer Zeit, 2. erw. Aufl., München 1984.
Christina Probert, Lingerie in VOGUE since 1910, London 1981.
Tennessee Williams, Baby Doll. The Script for the Film, London, Secker & Warburg, 1957.

Baby Doll,
Firma Peter Palmers, 1986.
Münchner Stadtmuseum.

B

Großhandelskatalog,
Frankfurt/M., um 1905.

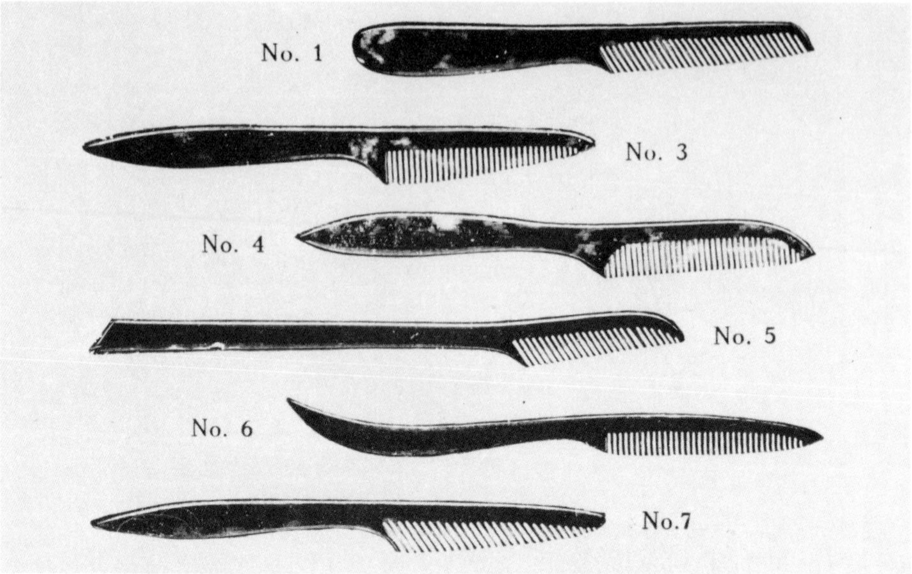

Bart

»Je mehr Geistes aber und feurige Krafft bey einem Manne sich findet/je mehr wird sich auch der Wachsthum des Barths an solchem Subjecto äußern.« Diese Feststellung – selbstverständlich eines Mannes – aus dem Jahre 1714 scheint bis heute den heranwachsenden Knaben zu beunruhigen. – Im Leben eines jeden Vaters kommt unausweichlich der Zeitpunkt, an dem er feststellen muß, daß der Sohn sich heimlich der Rasierutensilien des Vaters bedient, um dem noch kaum sichtbaren Flaum an Oberlippe und Wangen zu Leibe zu rücken, dabei ganz der Behauptung vertrauend: Was man oft stutzt, wächst schneller und dichter. – Ohne Zweifel – der Bub wird langsam ein Mann! Nach einer gewissen Übergangszeit, in der sich der Vater diese, seiner Meinung nach, noch völlig unnötigen Possen verbietet und sich selbst die Mama in diese ureigenste Männerangelegenheit mischt (selbstverständlich auf Seiten des Vaters), die Schwester nicht mit spöttischen Bemerkungen geizt, wird der Tatsache gefaßt ins Auge gesehen, und man hört Vater und Sohn im Badezimmer oder am Frühstückstisch die Vorteile und die Nachteile von Trokken- und Naßrasur erörtern, wobei allerdings meist das Pre- und das After-Shave (sofern diese Worte im Hause überhaupt buchstabiert werden) für den Sohn noch zugunsten von Seife, Gesichtswasser und Akne-Sälbchen entfällt.

So oder so: Die Weichen sind gestellt, die Spannung auf allen Seiten ist groß: Reicht es und wenn ja, wann, zu einem Bart (welcher Knabe hätte nicht mit gequältem Grinsen den Spruch vom Taubendreck und Honig – *»einer schiebt, der andere zieht«* – über sich ergehen lassen müssen)? Welche Farbe wird er dann haben (manch' blondgelockter Jüngling nimmt fassungslos zur Kenntnis, daß der Bart rot und immer röter wird – ein Phänomen, daß sich Jahrzehnte später ähnlich wiederholen wird: Wieso wird der Bart so schnell grau und gar weiß, wo man doch ansonsten durchaus noch seine jugendliche Haarfarbe hat??)? – Oder verzichtet man doch besser ganz auf ihn, sei es, weil er irgendwie nichts wird, sei es, weil irgendjemand – die Mutter, der Lehrherr, die Freundin, die Lehrer – etwas gegen eine solche *»Matratze im Gesicht«* Einspruch erhebt.

Überhaupt nehmen die Frauen – im frühen Stadium die Mutter und die Schwester, später dann die Freundin (nen) und die Ehefrau(en) – regen Anteil am Geschehen im Gesicht des männlichen Wesens.

Der Bart steht für so vieles: für den Jüngling für erwachsener Wirken, für als Mann Gelten (junge Damen schließen sich zum Glück dieser Sicht der Dinge häufig an); alte Männer wirken durch ihn gesetzt, würdig, fast weise. Schon 1797 stöhnte ein Zeitgenosse gerade über letzteres gequält auf: *»Sonderbar, daß man, nachdem man tausendfältige Erfahrungen vom Gegentheil gemacht hat, einen großen Bart noch immer nicht ohne großen Verstand denken kann. Die Welt bleibt sich doch immer gleich.«* Der junge Mann wirkt – intellektuell, der der mittleren Generation irgendwie aufmüpfig. Man schaue sich einmal in den Chefetagen – auch der Politik – um: Der Bart ist dort die – wohlregistrierte! – Ausnahme. Der Bart ist Ausdrucksmittel, signalisiert eine Haltung, eine Einstellung – zum Leben, zum Alltag? Das ist vielleicht noch nicht einmal zuviel gesagt, wenn wir Joachim Wachtels witzig-ironische, alphabetische Auflistung der heute möglichen Bartformen betrachten. Sie reicht vom Apo-Schnauzer (Günter Grass!!) bis zum Ziegenbart (*»In fusseliger Form bei alten Asia-*

Großhandelskatalog,
Frankfurt/M., um 1905.

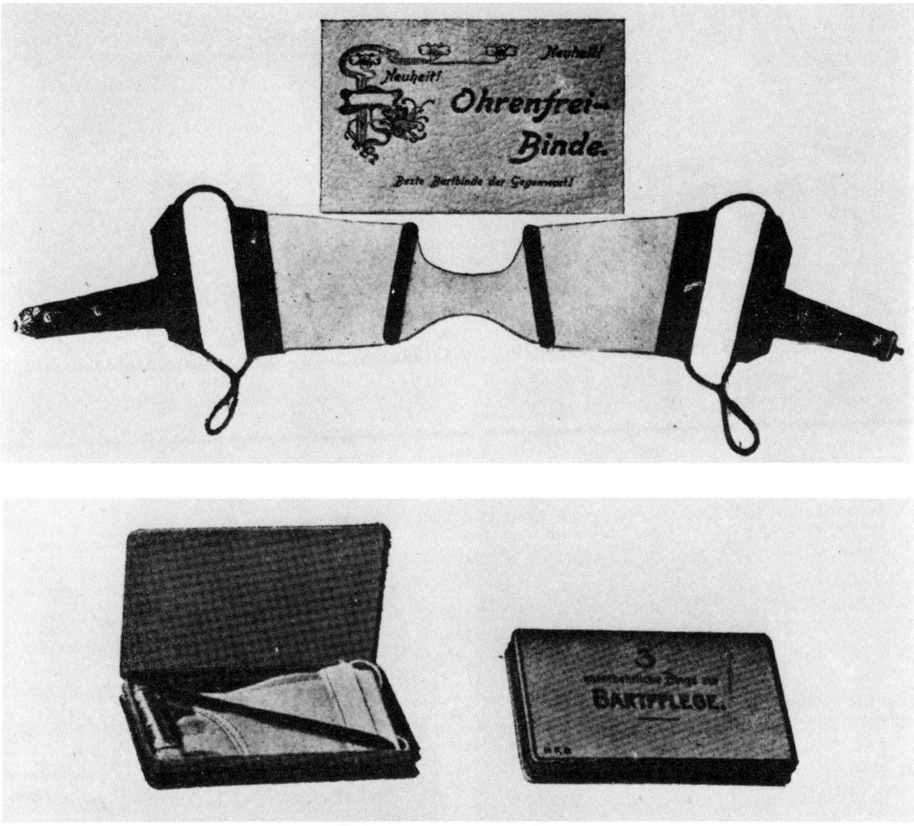

ten.«) und zählt immerhin 29 Formen auf. *Den* Bart gibt es nicht, hat es ihn überhaupt je in den vergangenen 200 Jahre gegeben?

Betrachtet man alte Familienfotos, stellt man schnell fest, daß auch »früher« alles möglich war. Während der eine Urgroßvater eine liebenswürdige Fontane'sche Ausstrahlung hatte (mit Apo-Schnauzer!), begnügte sich der andere mit einem schmalen – die Enden tief nach unten gezogen – Schnurrbart, der etwa gleichalte Urgroßonkel ist glattrasiert. – Und bei berühmteren Männern ist es auch nicht anders: George Gordon Noel Lord Byron (1788–1824), der englische Dichter und griechische »Freiheitskämpfer«, trug ein schmales, sehr schmales Oberlippenbärtchen; Stendhal (= Marie Henri Beyle, 1783–1842), der französische Dichter, gefiel sich mit einem Seemannsbart; Niccolò Paganini (1782–1840), der »Teufelsgeiger«, war glattrasiert ebenso wie Ludwig van Beethoven (1770–1827); alle Bonapartes trugen keinen Bart, während Blücher, Fürst von Wahlstatt (1742–1819) doch tatsächlich einen Schnauzer kultivierte; Arthur Wellesley, Herzog von Wellington (1769– 1852), der britische Feldmarschall, war glattrasiert, während Caspar David Friedrich (1774–1840), der deutsche Maler, einen lang wallenden Backenbart trug.

Eines scheint klar: Nachdem die Zeit der Kleiderordnungen, Frisur- und Bartvorschriften (der Schnurrbart war z. B. am Hofe Ludwigs XIV. (1638–1715) das Privileg der königlichen Eliteabteilung; Peter der Große (1672–1725) verbot den Vollbart für alle Nichtbauern; noch an Napoleon Bonapartes Hof war es geraten zu jeder Tag- und Nachtzeit penibelst rasiert zu sein, um dem Kaiser ja niemals stoppelbärtig unter die Augen treten zu müssen) im Prinzip vorbei war, galt: *»Der männliche Mensch, und nur er, hat freie Verfügungsgewalt über sein Barthaar.«* Er kann damit, wie der Maler Friedrich, der mit seinem Bart Narben verdecken wollte, Mängel kaschieren, wie Blücher seiner »Knorrigkeit« Ausdruck verleihen – kurz: Wir sind wieder bei dem schon erwähnten Satz: Der Bart ist Ausdrucksmittel.

Gab es Bartmoden? Wenn man in einschlägige Lexika schaut, meint man, es müsse sie gegeben haben. Es werden reihenweise Herren abgebildet mit »typischen« Bartformen – modische Erscheinungsformen, manchmal bis auf 40 Jahre Dauer eingrenzbar. Aber es werden eben – Herren abgebildet, keine Männer! Und die Frage nach Trendsetter und Nachzügler, nach Ver- und Gebot bleibt unbeantwortet. – Unsere Nachkommen müßten demnach von unserer Zeit den Eindruck gewinnen, daß es eine »bartlose« Zeit gewesen wäre. Männer des »öffentlichen Lebens« trugen (fast) nie Bart. Würden sie dann in (zufällig erhaltene) Modezeitschriften schauen, müßten sie mit Erstaunen zur Kenntnis nehmen, daß sich der junge, der modische Mann gekonnt stoppelbärtig gerierte. Die Wahrheit, die ganze Wirklichkeit wäre das ja wohl nicht.

Im Biedermeier wurde – so werden wir belehrt – der englische Kotelet-

B

Revue der Bärte,
19./20. Jh.

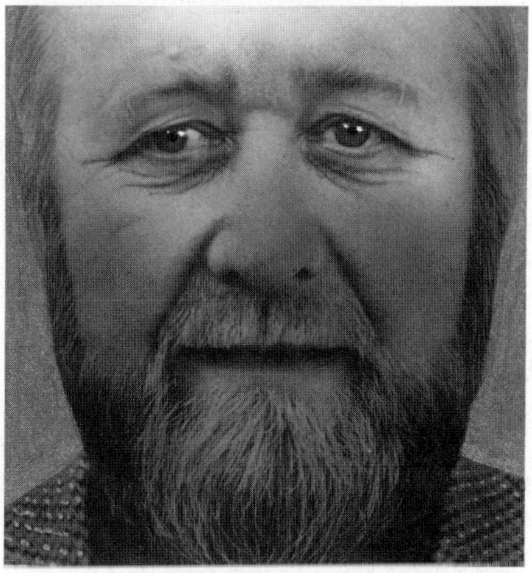

tenbart modern. Albert von Sachsen-Coburg-Gotha (1819–1861), Prinzgemahl der Königin Victoria, z. B. trug ihn als junger Mann. Er mit Oberlippenbärtchen, andere ohne, wie der Schweizer Dichter Jeremias Gotthelf (1797–1854). Der Historiker Jacob Burckhardt (1818–1897) trug nur einen Oberlippenbart und nicht einmal den Anflug von Koteletten, der Engländer Charles Dickens (1812–1870) einen wallenden Vollbart. Die Romantiker Achim von Arnim (1781–1831) und sein Freund Clemens Brentano (1778–1842) gingen glattrasiert.

Nach den Befreiungskriegen galt der Voll- und auch der Schnurrbart als DEMAGOGENBÄRTE. Das soll nun nicht heißen, daß alle Männer, die einen solchen Bart trugen, schon als verdächtig galten. Es ging vielmehr darum, den als »Demagogen« Inhaftierten ihrer Bartzier zu berauben – als zusätzliche Schikane gewissermaßen. Fritz Reuter (1810–1874) beschreibt dies sehr eindrücklich in AUS MEINER FESTUNGSZEIT: Unter dem Habseligkeiten eines Mitgefangenen, der wie Reuter als »Demagoge« jahrelang in Haft war, befindet sich *»ein zusammengewickeltes Papier«*, *»in dem . . . war sein Freiwilligenmilitärbart eingewickelt.«* Dieser prächtige, *»gelbe«* Schnurrbart *»hatte ihm der selige Graf Hacke abscheren lassen, nicht auf Staatskosten, nein, vielmehr auf . . . eigene Kosten, genauso wie bei allen uns übrigen auch. Der selige Graf dachte nämlich so: Kannst du den verflixten Kerlen nicht an Kopf und Kragen kommen, kannst du immerhin mit dem Bart vorliebnehmen.«* – Auch Giuseppe Garibaldi (1807–1882), der italienische Patriot, trug einen prachtvollen Vollbart – und trotzdem ist es übertrieben zu sagen, daß dieser Bart *»zum Zeichen der politischen Überzeugung»* wurde, wie man vielerorts lesen kann. Edouard Manet (1832–1883), als *»stets modisch gekleidet, kultiviert und weltmännisch . . . von ausgesuchter Höflichkeit«* geschildert, trug ihn, ebenso wie seine Freunde und Anhänger, während Napoleon III. (1808–1873) einen Knebelbart trug, dessen Charakteristikum ein kleiner Oberlippenbart mit lang ausgezogenen Spitzen ist. – Gustave Flauberts (1821–1880) Walroßschnurrbart mit den langen, anliegenden, aber elegant nach hinten gebogenen Spitzen scheint ebensowenig durch die *»Mode der Herrscher«* – Napoleon III. – bestimmt wie die geschilderte Barttracht der Maler.

Franz Joseph I. (1830–1916) scheint hier schon mehr Schule gemacht zu haben. Man spricht zum ersten Mal von einem Bart in Verbindung mit einem Namen: À LA FRANZ JOSEPH (der HENRI IV.-BART soll hier nicht gelten, da ihn der Herrscher selber nie getragen haben soll). Der Franz-Joseph-Bart war gewissermaßen eine Zusammenschau aus Oberlippenbart und englischen Koteletten, die sich in einem eleganten Schwung über den Mundwinkeln trafen.

Der Hof-Friseur François Haby kreierte den legendären ES IST ERREICHT-Bart, der in seiner Idealform ein Oberlippenbart mit deutlich voneinander abgesetzten Hälften war; die Spitzen zeigten aufgebogen in Höhe des Jochbeines auf die Mitte der Augäpfel. Diese Pracht ließ sich nur erreichen, wenn man nachts eine Bartbinde trug – ein von Ohr zu Ohr gestrammter Lederstreifen, der den mit einem Präparat namens ES IST ERREICHT befeuchteten und in Form gebogenen Bart platt ans Gesicht drückte. Wilhelm II. (1859–1941) machte diese Bartform populär. Der Name des erwähnten Präparates übertrug sich auf den Bart.

Und nach der Jahrhundertwende? Da trug »Mann« immer noch das, was ihm wuchs und was ihm und ihr passend erschien.

Schauspieler übernahmen die Rolle der letztgenannten Herrscher: Charlie Chaplin und Rudolf Forster, beide 1889 geboren und Adolphe Menjou, Jahrgang 1890, kamen zu einem ganz unterschiedlichen Bartresultat: Der eine trug die legendäre FLIEGE, ein

»So wie die Knaben so lange kratzen und schaben, bis sie einen Bart herausschaben.«

Lichtenberg

Joachim Wachtel,
Das Buch vom Bart.
Ein informatives und amüsantes Brevier
über die Zierde des Mannes,
München 1981, S. 181.

begrenztes Stückchen Bart unter den Nasenlöchern, der andere einen kunstvoll und aufwendig nach oben gebogenen Bart, während sich Menjou mit einem dünnen Oberlippenbärtchen (bei den Damen) beliebt machte. Adolf Hitler, ebenfalls Jahrgang 1889, machte dann die FLIEGE unmöglich – das muß auch mein Großvater eingesehen haben, der sie – obwohl alles andere als pro Hitler – bis zum Ende des sog. 1000jährigen Reiches trug. – Der amerikanische Filmschauspieler Clark Gable (1901–1960) hatte noch »Bartneid« erregt, während Walter Ulbricht (1893–1973) schon kaum noch Nachahmer fand.

Der Bart verkam nach dem II. Weltkrieg endgültig zum Urlaubsspaß – er wurde kurz vor dem Eintritt in den Alltag wieder abgenommen. Nur einige wirklich alte Männer trugen noch Bart und wirkten dadurch irgendwie respekteinflößend, auch wenn sie im Grunde höchst unsympatisch waren – wie zum Beispiel mein alter Lateinlehrer.

Erst die legendären '68er brachten den Bart zurück, und zwar den Vollbart beim jungen Mann. Man revoltierte nicht nur gegen das »geleckte« Innere, sondern auch gegen das »geleckte« Äußere der Väter-Generation.

Und in den letzten Jahren? Der harte Kern der Bartträger scheint größer geworden zu sein. Der Tagesschausprecher Heinz Köpcke stellte 1974 das *»Recht am eigenen Gesicht«* zur Diskussion: Er hatte die Nachrichten mit kurzem Vollbart verlesen – die Fernsehnation schrie damals noch gequält auf. Fußballspieler, die »Haßlieblinge« der Nation, hängten sich an und verkleideten sich mit Bart und langem Haar.

Und heute? Alles ist (nur für die-ganz-oben noch nicht!) erlaubt, wenig verpönt. »Mann« greift auf Gehabtes zurück – richtig Neues gibt es eigentlich nicht, außer vielleicht, daß eben der Stoppelbart salonfähig geworden zu sein scheint.

Bartkämmchen und -bürstchen, Scheren und Barttassen (die angeblich so um 1820–30 aufgekommen sein sollen), sündteure Rasierpinsel und duftende Rasierseifen, elektrische Rasierapparate, die mit jeder *»Problemzone«* fertig werden (die Wegwerfklinge, die z.B. den Streichriemen überflüssig machte, wurde 1904 erfunden), all das ist heute erhältlich, um sich für oder gegen – Schopenhauer zu entscheiden, der da gewettert hatte, daß der Bart den tierischen Teil des männlichen Gesichtes vergrößere. Bartträger (seiner Generation) hielt er für *»impotent«*, d.h. für unfähig zu jeder höheren geistigen Arbeit. Aber kein Wunder: Dieses obszöne Geschlechtszeichen mitten im Gesicht gefalle eben den Weibern, schließt er in der für ihn nur zu typischen Art.

De gustibus non est disputandum . . .

MARION WIDMANN

». . . und sein Bart, den er neuerdings nicht mehr als zwei gelockte Streifen trug, die von den Schläfen bis zur Mitte der Wangen liefen, sondern der, halb verdeckt von den steifen Vatermördern und der hohen Halsbinde, unterhalb des Kinnes und der Kinnladen an seinem Halse wuchs, war so stark ergraut wie sein Haupthaar.«

Thomas Mann, Die Buddenbrooks

Literatur

Ruth Klein, Lexikon der Mode. Drei Jahrtausende europäischer Kostümkunde, Baden-Baden 1950.

(Balthasar Permoser), Der/Ohne Ursach verworffene und dahero/von Rechts wegen auff den Thron der/ Ehren wiederum erhabene/Barth Bey jetzigen ohnbaertigen Zeiten sonder alle/Furcht zu maennigliches Wohl und Ver=/gnuegen ausgefertigt/Vor und von/BALTAHASAR PERMOSER,/koenigl. Pohln. und Churfl. Saechßl. bestalten/Hoff=Bildhauern./Samt Anhang eines schoenen/lustig und ausführlichen/Real Diskurs von den Baerthen/ . . ./Auf Kosten guter Freunde zum Druck gebracht/ Durch/M. BARBATIUM Schoenbart./Franckfurth und Leipzig Anno 1714.

Karl Gottlieb Schelle, Geschichte des männlichen Barts unter allen Völkern der Erde bis auf die neueste Zeit. Für Freunde der Sitten und Völkerkunde. Nach dem Französischen frey bearbeitet und mit einer Theorie der Haare nach Naturzwecken versehen, Leipzig 1797.

Joachim Wachtel, Das Buch vom Bart. Ein informatives und amüsantes Brevier über die Zierde des Mannes, München 1981.

Hans Wentzel, Artikel »Bart, Barttracht«, in: Realenzyklopädie der Kunstgeschichte, Bd. 1, 1937, Sp. 1469–1478.

B

Bauhaus

Mode am Bauhaus? Nur wenn man das Wort in seinem weitesten Sinne versteht, gab es am Bauhaus nicht eine, sondern viele Moden, je nachdem, ob man an Lehrer oder Studierende denkt, wechselnd auch in der Weimarer und Dessauer Zeit der 1919 gegründeten Schule, an der Kunst und Handwerk, später Kunst und Industrie eine »neue Einheit« bilden sollten.

Fotos, die die Bauhäusler selbst machten und niedergeschriebene Erinnerungen, meistens allerdings Jahrzehnte später, sind die wichtigsten Quellen zum Thema Mode.

Am Anfang steht die sog. Bauhaus-Tracht, die von dem Maler und Pädagogen Johannes Itten eingeführt wurde, eine *»Art Russenkittel mit weiter, an den Knöcheln geraffter Trichterhose«, die durch einen Stoffgürtel gehalten wurde: »Synthese aus Künstler- und Reformtracht, sakralisierte Phantasietracht und bohemefremder Akademietracht«* (H. Kreutzer). Dazu trugen Itten und sein Freund, der Maler Georg Muche, glattrasierte Schädel.

Mönchische Exklusivität und Heilserwartung im Sinn der Mazdaznanlehre (einer persischen Religionslehre, die Itten am Bauhaus einführte), Assoziationen an die bewunderten russischen Künstler und der Anspruch, als Reformer und Erzieher einer neuen Künstlergeneration, benennen die mit dieser Kleidung verknüpften Ansprüche. Die Tracht hielt sich, bis Itten 1922 das Bauhaus verließ und die Stelle des »Künstlermönchs« von dem »Ingenieur« Laszlo Moholy-Nagy eingenommen wurde.

Die Studierenden, von denen viele aus dem verlorenen Weltkrieg an die

Johannes Itten
in Bauhaustracht, 1920.

Kunstschule gekommen waren und in äußerster Beschränkung lebten, pflegten dagegen eine Anti-Mode: Man ging barfuß oder in Sandalen ohne Strümpfe; von den Uniformen schnitt man die Kragen ab oder sie wurden gefärbt. Als Mann trug man die Haare lang, als Mädchen einen Herrenschnitt oder den Bubikopf, der als »Tituskopf« schon in den Jahren des Weltkrieges international Furore gemacht hatte. Für beide Geschlechter war dies Ausdruck des Protestes und der Freiheit: die Frauen, die sich ihr Haar abschnitten, demonstrierten damit Selbstbestimmung; die Männer nahmen die Tradition des »freien Mannes« auf, der sein Haar offen und lang tragen kann.

Im Weimarer Bauhaus (1919–1925) blieben Itten und Muche mit Tracht und Glatze unter den Lehrern doch die Ausnahme. Schlemmer rasierte sich zwar ebenfalls – bis ans Lebensende – seine Haare ab (ein Entschluß, den er 1916 zusammen mit Itten in Stuttgart getroffen hatte), war aber kein Anhänger der Mazdaznanlehre, sondern wollte keine romantischen, *»krausen«* Ideen aufkommen lassen (von Maur). Gropius, Gründer und erster Direktor des Bauhauses, sowie Klee und Kandinsky fielen durch ihr gepflegtes, ja elegantes Äußeres auf. *». . . in Kleidung und Auftreten wirkte Paul Klee ausgesprochen gepflegt, so wie man sich einen Berner Bürger vorstellt«,* berichtete Ludwig Grote. Gropius war *»mit ausgesuchtem Geschmack gekleidet«,* erinnerte sich der Bauhausschüler Schawinsky und Ferdinand Kramer blieb sein *»eleganter Tweed«* unvergeßlich.

Dieser betont bürgerliche Kleidungsstil stand ganz im Gegensatz zur künstlerischen Radikalität, war aber für viele Avantgarde-Künstler die Regel, sofern sie nicht bewußt provozieren wollten. Auch Gropius' Nachfolger Mies van der Rohe setzte stilistisch die Linie des »Herrn« fort. Die Gattinnen der Bauhausmeister zeigten sich modisch gekleidet: Frau Muche trug ein ärmelloses Tunikakleid, zu dem sie passend ihr Haar wie eine

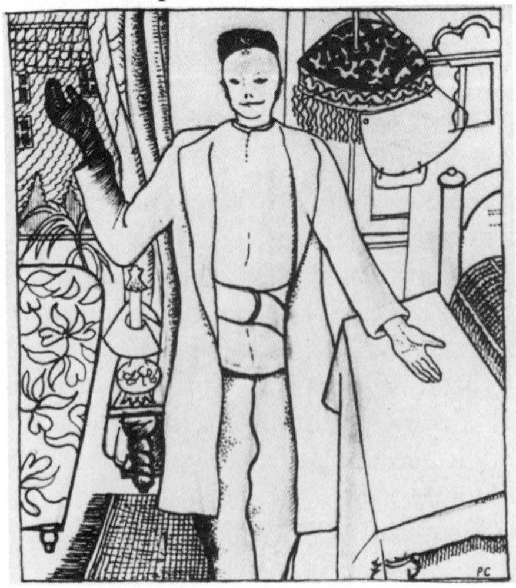

Georg Muche,
Bauhaustracht im Milieu der U Zimmervermieterin,
Zeichnung Paul Citroen, 1921.

Walter Gropius, 1923.

Moholy Nagy
im Monteuranzug,
um 1925/26.

Kurzhaarfrisur zusammenband; Ise Gropius ließ sich in einem Complet aus Kostüm, Mantel und Hut fotografieren. Nur der Bauhausdirektor Hannes Meyer trat manchmal im Pullover auf und demonstrierte so auch optisch eine antibürgerliche Haltung. Auch Moholy-Nagy, der Nachfolger Ittens, fiel aus der Rolle des Bürgers: Vor weißer Wand posierend, fotografierte ihn seine Frau im Monteursanzug, unter dem er Hemd und Krawatte trug. Er bezog sich damit auf Rodschenko, der schon 1922 einen Overall entworfen hatte, vielleicht auch auf die Berliner Dadaisten Grosz und Heartfield, die ihre Arbeiten als »Monteure« signierten. Später ließ sich auch Baumeister im Monteursanzug fotografieren. Moholy verkörperte damit äußerlich den neuen, an Technik und Konstruktion orientierten Geist des Bauhauses nach 1922. Funktion wurde zum neuen Programm- und Modewort, dem Haare und Bärte zum Opfer fielen: Zum Jahresende 1923 rasierte sich Gropius seinen Schnurrbart ab. Klee trug seit dem 1. April 1925 keinen Bart mehr. Die männlichen Studenten kehrten zur gängigen Haarlänge zurück.

1925 mußte das Bauhaus aus politischen Gründen von Weimar nach Dessau ziehen und konnte hier seine Arbeit fortsetzen. Aus dieser Zeit haben sich erstaunlich viele Fotos erhalten, nach denen wir uns ein Bild des Durchschnittsstudenten dieser Jahre machen können: Krawatte mit Oberhemd finden sich etwa ebenso häufig wie offener Hemdkragen oder Pullover. Der Pullover, der in der Modegeschichte bisher kaum Beachtung gefunden hat, war aus England nach Deutschland gekommen und erst seit wenigen Jahren bekannt. Neben Hemd und Pullover trug man auch die Russenbluse oder das kragenlose Hemd des Proletariers. Solche Sympathieerklärungen für den Arbeiter sind vielleicht auch die Ballon- und Schiebermützen, mit denen man sich deutlich von den etablierten Hutträgern abgrenzen konnte.

Stilisierung im Sinne des im 19. Jahrhundert geprägten Ideals des Bohèmekünstlers gab es fast nur bei Festen; ein übergroßer Hut, eine Pfeife, Schleife oder Schal gehörten zu den Requisiten. Äußeres Zeichen der Modernität konnten jetzt die sog. Ponyfransen werden, die von Meistern wie Schülern getragen wurden. Prominente Träger dieser Frisur außerhalb des Bauhauses waren der Architekt Hans Pölzig und der Schriftsteller Bert Brecht.

Gropius hatte am Bauhaus zwar 1919 eine Textilwerkstatt eingerichtet, in die man bevorzugt die zahlreichen Frauen schickte. Hier wurden aber nur Teppiche und Meterware entworfen und hergestellt. Die Textilwerkstatt war also keine Modeklasse, wie sie viele andere, dem Bauhaus ähnliche Kunstschulen für die Frauen eingerichtet hatten, die seit der ihnen 1919 zugestandenen Schulfreiheit ver-

Drei Studenten
(rechts Max Bill), 1927.

Georg und El Muche, um 1925.

stärkt Ausbildungsplätze suchten.
Bei den Mädchen gibt es drei immer wiederkehrende Merkmale der äußeren Erscheinung: kurze Haare, kurze Röcke und Hosen. Die Hose war sicher die mutigste Neuerung. Während des I. Weltkrieges war sie als Teil des »Arbeitsanzuges« für Frauen tragbar geworden, die die Männer, die an der Front waren, ersetzen mußten. Sie setzte sich dann langsam im Sport und dann im häuslichen Bereich als Pyjama durch, galt aber als unweiblich.

Das ästhetisch-erotische Ideal der Jugendstilmode war die aus Po und Busen gebildete S-Linie gewesen, die spätestens mit dem Weltkrieg ihr Ende gefunden hatte. Die Vertreter des Reformkleides hatten diese Mode – deren unverzichtbarer Bestandteil ein gesundheitsschädliches Korsett war – bekämpft, aber erst durch die Absage des tonangebenden französischen Modeschöpfers Poiret verlor sie an Bedeutung. Der Einsatz der Frauen im I. Weltkrieg wirkte im gleichen Sinne. Schon während des Weltkrieges waren die Rocksäume kürzer geworden; die Beine, die bis dahin verhüllt gewesen waren, erhielten jetzt erotischen Signalwert. Die Mode der 20er Jahre stilisierte das Bild der Frau in zwei widersprüchliche Richtungen: als knabenhafte Garçonne und als femme fatale. Diese optischen Leitlinien werden von den Mädchen am Bauhaus nur vereinzelt aufgenommen. Sicher weniger aus Geldmangel, als aus einem neuen Selbstverständnis als berufstätige Frau, das mit diesen Rollen kaum vereinbar ist.

Den Bildern nach zu urteilen scheint die Kleidung eher nach praktischen als nach modischen Gesichtspunkten gewählt.

Eigene Entwürfe wie ein Luftanzug gehören zu den Seltenheiten und finden sich auch in der damals gängigen Konfektion.

Mit Ausnahme der frühen Weimarer Zeit des Bauhauses (bis 1922) pflegten die Studenten also einen eher unprätentiösen Stil, der von praktischer Schlichtheit bestimmt war, ebenso als Ergebnis materieller Armut wie aus einem gestalterisch-funktionalen Selbstverständnis, das dem Geist des Bauhauses entsprach,

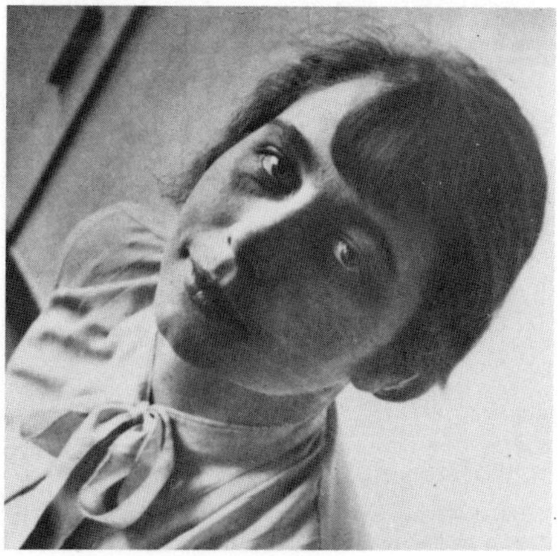

Gunta Stölzl, 1927.

B

heraus. Mode am Bauhaus umfaßte also das Spektrum Künstlermode – Antimode – Konfektionsmode und ihre Träger signalisierten damit Abgrenzung, Identifikation oder Individualität. Als Mode war sie kein Thema und keine Aufgabe am Bauhaus und hatte, da sie hier keine spezifische Ausprägung fand, auch keine Ausstrahlung.

Doch schon in den 20er Jahren wurde das Bauhaus als Ganzes zu einem Schlagwort für einen bestimmten Stil oder eine bestimmte Mode. Gropius wehrte sich erbittert gegen das Wort »Bauhausstil«, das zum Synonym für funktionale und damit moderne Produkte schlechthin wurde, obwohl das Bauhaus nur der Exponent einer breiteren, internationalen Bewegung war. Gropius wollte das Wort »Funktion« auf die je individuelle Problemlösung eines Entwurfes bezogen wissen und lehnte deshalb die Festlegung auf einen »Stil« ab.

Studentinnen der Weberei, Bauhaus Dessau, um 1927.

Diese Suche nach der funktionsgerechten Form in ästhetischer Vollendung sicherte dem Bauhaus Vorbildcharakter und Aktualität bis heute: Zahllose minderwertige Plagiate im Stil des Bauhauses überschwemmen heute den Markt, aber auch der bedeutendste Modeschöpfer unserer Zeit, der Japaner Issey Myake, nannte das Bauhaus als eine seiner Inspirationsquellen. Gropius müßte resignieren. Das Bauhaus ist Mode geblieben.

MAGDALENA DROSTE

Literatur

Ludwig Grote (Hrsg.), Erinnerungen an Paul Klee, München 1959.
IDZ (Hrsg.), Mode – das inszenierte Leben, Berlin o.J.
Helmut Kreuzer, Die Boheme, Stuttgart 1971.
Karin von Maur, Oskar Schlemmer, Band 1, München 1979.
Eckhard Neumann (Hrsg.), Bauhaus und Bauhäusler. Bekenntnisse und Erinnerungen, Bern 1971.

Braut

»Frau Stuht aus der Glockengießerstraße hatte wieder einmal Gelegenheit, in den ersten Kreisen zu verkehren, indem sie Mamsell Jungmann und die Schneiderin am Hochzeitstage bei Tonys Toilette unterstützte. Sie hatte, strafe sie Gott, niemals eine schönere Braut gesehen, lag, so dick sie war, auf den Knien und befestigte mit bewundernd erhobenen Augen die kleinen Myrtenzweiglein auf der weißen moirée antique . . .« Mit dieser Beschreibung aus den BUDDENBROOKS sind wir schon mitten im 19. Jahrhundert. – Tony Buddenbrook heiratet (zum ersten Mal) 1845 und man darf sicher sein, daß sie (bzw. Thomas Mann) eine Trauungstoilette gewählt hat, wie »man« sie in den *»ersten Kreisen«* trug – und daß es sich dabei um einen Seiden-Moiré gehandelt hat.

Jedenfalls war das Kleid weiß – das scheint uns heute selbstverständlich, obwohl sich doch die Farbe Weiß bei Brautkleidern erst im Laufe des 19. Jahrhunderts eingebürgert hat und bis in unser Jahrhundert eine Sache eben der »ersten Kreise« geblieben war.

Gehörte man nicht zu den oberen Schichten, trug man an seinem Hoch-

Brautkleid, getragen 1834, Schnitt um 1810. Münchner Stadtmuseum.

Brautkleid, 1836.

Brautkleid,
um 1905
Münchner Stadtmuseum.

zeitstag im 19. und teilweise sogar noch im 20. Jahrhundert das »gute« Kleid – sei es die regionalübliche Tracht oder ein, mehr an übergreifenden Modetendenzen orientiertes Kleid. So oder so war es ein Kleidungsstück, das vielleicht schon vorher getragen worden war (und für den Anlaß aufgeputzt wurde), auf jeden Fall aber danach weitergetragen wurde. Den Luxus eines Kleides, das nur einmal getragen werden konnte, leisteten sich nur wenige.

Im Aussehen unterschied sich die Braut (vor der Französischen Revolution auch die besser gestellte) von ihren Geschlechtsgenossinnen an ihrem Hochzeitstag meist nur durch einen Kranz oder eine Krone und vielleicht durch einen sog. Brautgürtel, *»Insignien«*, die sie an diesem Tag teils zum ersten Mal, aber auf jeden Fall zum letzten Mal tragen durfte. Beides – Kranz (Krone) und Gürtel – standen für Jungfräulichkeit, Keuschheit, Reinheit; der Tausch Brautkranz gegen Ehering war nicht mehr rückgängig zu machen. Ein solcher Kranz – der zu Zeiten auch vom Bräutigam getragen wurde – konnte aus natürlichem Material sein (so noch 1822 in Regensburg) oder auch aus Perlen (so wird noch 1766 die Krone der Patrizierbraut in Nürnberg beschrieben), Diamanten, Edelmetall, etc. An der Braut in Tracht kannte und kennt man die mehr oder weniger hohen und ausladenden, mit schmalen Bändern umflochtenen Drahtgestelle, die mit bunten Glasperlchen, kleinen Spiegeln und aus Metallfolie ausgestanzten Blüten,

Werbeplakat, Breslau, um 1905
Münchner Stadtmuseum.

Sternchen, etc. behängt sind.

Wie aber hat nun das weiße Brautkleid Eingang in die Mode gefunden? – Die Mode der Napoleonischen Ära war gekennzeichnet durch die Vorliebe für vergleichsweise zu der vorangegangenen Epoche, die schwere Stoffe bevorzugt hatte, leichte, duftige Stoffe in zarten Farben mit zierlichen Blütenmustern – letztendlich also helle

Brautstiefeletten,
um 1890.
Münchner Stadtmuseum.

und dann auch weiße Stoffe. Das hatte sich schon etwa zwei Jahrzehnte vorher abgezeichnet: Man denke nur an Werthers Lotte (1774): ». . . *ein Mädchen von schöner Gestalt, mittlerer Größe, die ein simples weißes Kleid mit blaßroten Schleifen an Arm und Brust anhatte.«*

Die so modisch gekleideten Damen heirateten weiterhin in ihrem »guten« Kleid – und das sah nun eben duftig, hell, weiß aus. Einen eigenen Brautschleier (der schon in der Antike bekannt war) kann man selten ausmachen: Der Kopfputz der Braut unterscheidet sich noch nicht vom »normalen«, dem festlichen Kopfputz. Diese Damen waren nicht mehr unbedingt aus dem so unnahbaren Adel. Es war die Zeit, in der das Bürgertum erstarkte (die Kleiderordnungen waren abgeschafft); diese Mode der duftigen, hellen Kleider hatte die denkbar besten Bedingungen.

Ihr Ende zeichnete sich dann durch die Heirat Napoleons mit der Erzherzogin Marie Louise (1791–1847) ab. Der Geschmack der neuen Kaiserin (1810) *»war von derberer Art«*. Die modische Dame hatte sich anzupassen.

Was blieb, war das helle Festkleid, das Ballkleid. Zu diesem Zeitpunkt sind alle Versatzstücke des Brautkleides, wie wir es kennen, da: das helle, das weiße Kleid, die entsprechend hellen, weißen Accessoires (Handschuhe, Schuhe, etc.), der Kopfputz, d.h. Florstreifen bzw. Schleierarrangements, natürliche oder künstliche Blumen(kränze) als Ballzier (die schon auf Napoleons Bällen die Frisuren geschmückt hatten). Ein erhaltenes Kleid ist ohne zusätzliche schriftliche Überlieferung oft kaum als »Festkleid« oder als »Brautkleid« einzustufen: Sie gleichen sich in allen Details.

Das Brautkleid – immer wohlgemerkt, das der »ersten Kreise« – folgt nun im Schnitt und in der Wahl des Stoffes – und auch dem »Darunter« – den je gängigen »Erfordernissen« der Mode: Die Taille rutscht wieder an ihren angestammten Platz, die Stoffe werden schwerer, ein Schleier (der noch lange als Hutzier und Gesichtsschutz Verwendung findet) wird getragen, wenn es das Kleid erfordert – bei einem einfachen Kleid kann er auch einmal zugunsten eines modischen, aber bräutlich aufgeputzten (Orangenblüten!) Hutes entfallen; er kann allerdings auch über den Hut gelegt werden.

Im Laufe des 19. Jahrhunderts traten neben die Farbe Weiß als Farbe der festlichen Kleidung wieder andere Möglichkeiten. Man besann sich nun auf den Symbolcharakter der Farbe Weiß, die für Keuschheit, Reinheit, Jugendfrische und Lieblichkeit stand. Das weiße Brautkleid (mit Schleier) und die Myrthe begannen nur mehr

Hochzeitsfoto,
Markhof, 1912.

der jungfräulichen Braut zugestanden zu werden. Man übte damit im Laufe der Zeit eine ähnliche Kontrollfunktion aus, wie mit der Erlaubnis bzw. Nicht-Erlaubnis, einen Brautkranz (eine Brautkrone) tragen zu dürfen: Ein »gefallenes« Mädchen ging barhaupt oder mit einem Strohkranz »gezeichnet« in die Kirche. Ein »gefallenes« Mädchen konnte es sich bis weit in unser Jahrhundert nicht erlauben, »weiß« in die Kirche zu gehen. Für Witwen oder geschiedene Frauen kam es ohnehin nicht in Betracht: *»Tony trug mit Würde die Orangeblüten statt der Myrthen«* heißt es da auch bei Tony Buddenbrooks zweiter Verehelichung.

Von einer »Hochzeit in Weiß« mit diesem Flair von Luxus (ein eigentlich unnützes, aber schönes Kleid) haben wohl sehr viele Mädchen (und ihre Eltern – die aber wohl mehr aus einem anderen Grund) geträumt. Fürstenhochzeiten waren und sind immer noch ein gern bestauntes, beschriebenes und kopiertes Ereignis: in der Wahl des Blumenschmuckes, der Art, die Blumen zu halten, der Art den Schleier zu arrangieren, etc. Im 19. Jahrhundert waren es die Hochzeiten der zwei angeblich schönsten Frauen des Jahrhunderts: die der Kaiserin Eugenie (1853) und die der Kaiserin Elisabeth (1854). Das Kleid der ersteren wird beschrieben als *»Kleid aus weißem Atlas«* mit einer *»Schleppe von vier Metern Länge. Das mit Diamanten übersäte Leibchen schloß ein mit Brillanten inkrustierter Gürtel ab. Über das Ganze fiel ein Überwurf aus alter Spitze, und von dem . . . Diadem . . . fiel der Brautschleier aus einer englischen Spitze von äußerster Kostbarkeit nieder.«* – Elisabeth heiratete in einem *»gold- und silbergestickten weißen, reich mit Myrthen ge-*

Hochzeitsfoto, 1939.

B

Hochzeitsfoto
Elisabeth von England, 1947.

Glückwunschpostkarte,
Spanien, um 1975.

schmückten Schleppkleid, mit dem funkelnden Brautdiadem der Erzherzogin Sophie (ihrer Schwiegermutter, Anm.) *im herrlichen Haar und einem Strauß taufrischer weißer Rosen an der Brust.«* Diese Ereignisse finden in unserem Jahrhundert die Entsprechungen in den Hochzeiten von Königin Elisabeth von England (1947), Fürstin Grazia Patrizia (Grace Kelly) von Monaco (1956) und der Hochzeit von Lady Diana Spenzer (1981).

Glückwunschpostkarte,
Spanien, um 1975.

Gerade die Hochzeit von Lady, nun Prinzessin Di' fing zumindest etwas eine Entwicklung auf, die in den letzten zwanzig Jahren weg vom weißen Brautkleid, weg von »schleierumwallt« geführt hatte.

Das weiße Kleid und der Schleier hatten ganz allmählich ihren Bezug zu »Reinheit, Keuschheit und Jungfräulichkeit«, somit den Bezug zur quasi religiösen Komponente einer Trauung verloren. Die Mütter, die sich in vergangenen Kriegs- und Notzeiten mit schlichter Kleidung, auch bei ihrer Hochzeit, begnügen mußten oder wollten (dabei teilweise ungeahnte Eleganz entwickelten), blickten oft etwas wehmütig auf ihre »praktisch« gekleideten Töchter. Alles war möglich geworden, alles war denkbar. Wer wollte, heiratete in Weiß, ob es der Braut noch »zustand« oder nicht. Brautkleider konnten zartfarbig oder auch bunt, lang oder kurz sein (damit wurde das Problem *»Tausche Brautkleid, Größe 38, gegen Kinderwagen«* wieder in Angriff genommen). Ob Hut, Kappe, Blumen oder Bänder, langer oder kurzer Schleier, blieb jeder Braut nach Geschmack überlassen. Selbst die Hose als Teil der »Trauungstoilette« wurde möglich. Wen diese Vielfalt verwirrte, konnte sich in eine TRACHTENHOCHZEIT, die immer mehr »in« wurde, flüchten. Die Braut- und die Trachtenkonfektion konnte und kann mit allem aufwarten.

Im Prinzip sind wir heute wieder da, von wo aus sich das weiße Brautkleid als *»Sonderform«* entwickelt hat: Jede Braut zieht zu ihrer Hochzeit ihr »gutes Kleid« an – oder was sie dafür hält.

MARION WIDMANN

Brautkleid,
München, 1986.

Brautkleid,
Siegfried Oselka/Meisterschule für Mode München, 1985
Münchner Stadtmuseum.

Literatur

Martha Bringemeier, Die Brautkleidung im 19. Jahrhundert, in: Gerda Schmitz (Hrsg.), Martha Bringemeier, Mode und Tracht. Beiträge zur geistesgeschichtlichen und volkskundlichen Kleidungsforschung, Münster 1985[2].

Katalog: Madeleine Ginsburg, Wedding Dress 1740–1970 (Victoria and Albert Museum), London 1981.

Eva Nienholdt, Kostümkunde. Ein Handbuch für Sammler und Liebhaber (= Bibliothek für Kunst- und Antiquitätenfreunde, 15), Braunschweig 1961.

Pauline Stevenson, Bridal Fashions, London 1978.

B

Brille

Im offiziellen Mitteilungsblatt des »Hauptverbandes Deutscher Optiker-Vereinigungen«, der »Deutschen optischen Wochenschrift« (ab 1915; abgekürzt Dow) beschäftigten sich von der Mitte der 20er Jahre an auffällig viele Beiträge mit der amerikanischen Brillenmode: neidvoll, besorgt, gehässig. Neid erregte, daß es den Kollegen in den Vereinigten Staaten gelungen war, die Damenwelt von der Attraktivität ihrer Kreationen zu überzeugen. *»Man kann beinahe von einer amerikanischen Brillenmode bei den Frauen reden; die Brille gehört bei ihnen zur Kleidung, und vielleicht in Erkenntnis der Tatsache, daß die Frau keinesfalls auf die Brille verzichten kann und darf, hat sie ihre Kleidung und Frisur geändert.«* Kritisch wird vermerkt, daß zahlreiche deutsche Frauen Augengläser ablehnen – unsinnigerweise, denn: *»Eine Frau, die eine moderne Brille trägt, wird auf einen vernünftigen und gebildeten Mann einen weit günstigeren Eindruck machen, wie eine Frau, die aus Eitelkeit mit ihrer Fehlsichtigkeit sozusagen halb blind in der Welt herumirrt.«* (Dow 1926).

Selbstbildnis mit Brille (Detail),
Anton Graff, 1804.

Jerry Hall,
um 1975.

Doch nicht nur im eigenen Lande hatten die US-Optiker Erfolg. Mit Besorgnis verfolgten die deutschen Firmen den anwachsenden Import der hochelastischen verschiedenfarbigen Brillengestelle aus Zelluloid, jenem Kunststoff, der damals neben Horn und Schildpatt als geschmackvoll galt, wogegen Metallbrillen verpönt waren. Die Vertreter einheimischer Hersteller, so klagte man, würden oft abgewiesen, da sich zahlreiche Geschäftsinhaber bereits mit amerikanischen Produkten eingedeckt hatten. Zudem fand mancher potentielle Kunde überhaupt nicht mehr den Weg zum Fachhandel, sondern kaufte eine wohlfeile Brille bei Woolworth, dessen Kaufhauskette sich 1926 in Deutschland zu etablieren begann.

Trotz des vielstimmigen Lamentos aber warb ungerührt die Baseler Polyoptic-AG von 1926 an in schöner Regelmäßigkeit in der Dow für amerikanische Brillen: *»In Härte und Elastizität unerreicht!«*

An Vorschlägen zur Überwindung der Krise mangelte es nicht. Die Schaufenster sollten attraktiver gestaltet werden, desgleichen die Werbeanzeigen in den Zeitungen. Manche Firmen nahmen die Herausforderung an, indem sie mit eigenen Zelluloidbrillen aufwarteten: *»Die elegant aussehende, sehr kleidsame WK-Gesellschaftsbrille, wasserhelles Zelluloid, mit leichter schwarzer Kachierung«* pries Willy Köppen, Rathenow, 1927 an. Andere wollten auf eine Änderung der Mode setzen: *»Die Mode der Zelluloidbrille dauert schon viel zu lange, man denke nur an die in den letzten Jahren ständig wechselnden Herren- und Damenmoden in der Bekleidungsbranche.«* (Dow 1925). Der Autor des Beitrags plädierte für die Propagierung der randlosen Brille. Diese sog. Glasbrille, eine Wiener Erfindung aus dem Anfang des 19. Jahrhunderts, hatte kein weitreichendes Interesse gefunden, und die Idee ihrer werbemäßigen Aufwertung war durchaus umstritten. Die Optiker und ihre Angestellten, so lautete der Vorschlag, sollten selbst Glasbrillen tragen und ihre Kunden auf die Feuergefährlichkeit des Zelluloidgestells hinweisen. Ein anderer Autor wies in der Dow 1929 unverfroren auf die Zerbrechlichkeit der randlosen Augengläser hin; dies gereiche dem Optiker zur Belebung des Geschäfts.

Nicht überall freilich fand die optische Industrie Amerikas so willige Abnehmer. In England beispielsweise waren Zelluloidgestelle nahezu un-

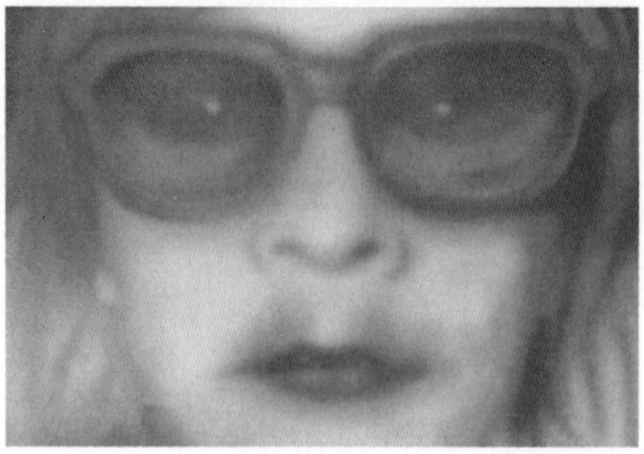

ACID-Heads,
Foto-Übermalung,
Uwe Göbel, München, 1982.

Schmuckbrille,
Anfang 1950er Jahre.

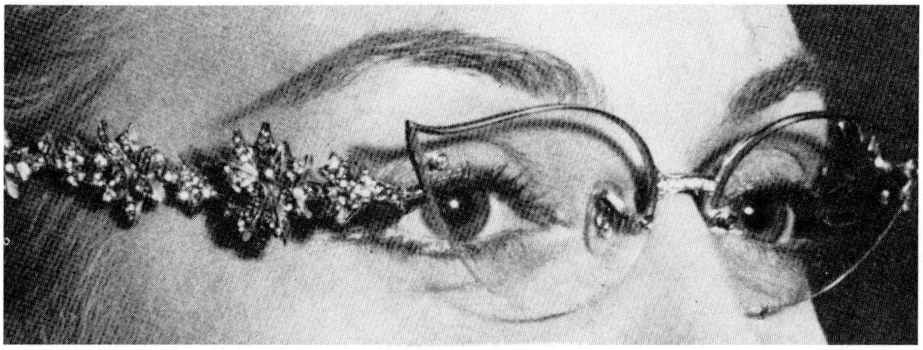

verkäuflich. Einem Dow-Bericht von 1928 zufolge galten dort Schildpattbrillen als modern, die z. T. aus Deutschland eingeführt wurden. Daneben stießen, anders als in Deutschland, randlose Brillen auf das Interesse der Engländer, und allmählich kamen Lorgnetten (Brillen am Stiel) in Mode.

Paris wiederum schielte gern nach den Vereinigten Staaten. Dort hatte sich 1924 die Firma Kirks Brothers eine extravagante Idee patentieren lassen: farbige Fassungen der runden Gläser in Formen von Herzen (für Verliebte), Pik-As (für Skatspieler), Kleeblatt (für Landwirte) usw. Paris importierte nicht, sondern baute nach. Ein Deutscher schrieb zürnend in der Dow: *»Die Brille als optisches Präzisionsinstrument ist doch eine viel zu ernste Angelegenheit, als daß man sie durch derartige Mätzchen gleich Ohrringen und Armbändern zu Modeartikeln macht.«*

Diese Äußerung kam um etliche Jahrhunderte zu spät. Entweder gefiel sich der biedere Mann in der Rolle des einsamen Kämpfers gegen Windmühlen oder er hatte sein Fachblatt nicht gründlich gelesen. Aus den aktuellen Beiträgen der Dow hätte er entnehmen können, daß das optische Gewerbe seine *»Präzisionsinstrumente«* durchaus als *»Modeartikel«* anzupreisen bestrebt war, und aus den historischen Aufsätzen, daß die Brille seit langem als chices Accessoire galt.

Freilich, diese Entwicklung brauchte ihre Zeit. Mit den frühesten Modellen war in modischer Hinsicht wenig Staat zu machen. Der Besitz von Augengläsern förderte nicht das Aussehen, sondern hob das Ansehen. Nur wer der Schrift kundig war, bedurfte der technischen Lesehilfe, und so überrascht es nicht, daß die mittelalterlichen Portraits von Brillenträgern allesamt ältere Angehörige des hohen geistlichen Standes zeigen. Vor der Brille kam die Lupe, die mit der Hand über die Zeilen geführt wurde. Um 1270 ist dafür die Bezeichnung »Beryll« geläufig, was beweist, daß zunächst dieser Halbedelstein zum Vergrößern in Gebrauch war. Daher rührt unser Wort »Brille«.

Wann diese erfunden wurde, wissen wir ziemlich genau. Der Dominikaner Fra Giordano da Rivalto sagt um 1300, es sei noch keine 20 Jahre her. Welchem seiner Landsleute der Geniestreich gelang, verrät er uns nicht. Viele Historiker mühten sich erfolglos, dieses Rätsel zu lösen. War es vielleicht gar Papst Johannes XXI., der Augenarzt auf dem Stuhl Petri, der gebürtige Lissabonner, der auf der Grundlage der Berechnungen des Arabers Ibn Al-Haiham (10./11. Jh.) und seines englischen Zeitgenossen Roger Bacon am Ende des 13. Jahrhunderts die erste Brille konstruierte? In Italien dürfte es jedenfalls geschehen sein, denn dort wurden Brillen erstmals seriell hergestellt. Venedig erläßt 1284 seine erste Brillenmacherordnung für das Produktionszentrum Murano, also Jahrhunderte vor Paris, Nürnberg und Regensburg. In Italien wurde auch die erste Darstellung eines Klerikers mit der Brille auf der Nase gefunden: ein Fresko von 1352 in Treviso.

Diese Nietbrille, bei der zwei gestielte Einzelgläser durch einen Niet zusammengehalten wurden, hielt sich bis zum Ende des 15. Jahrhunderts. Noch in der »Schedelschen Weltchronik« (Nürnberg 1493) sehen wir einen Arzt mit diesem Brillentyp abgebildet, obwohl bereits die metallene oder lederne Brille aus einem Stück

Brillenwerbung,
L'Illustration, 1939.

B

Französische Lithographie, um 1800.

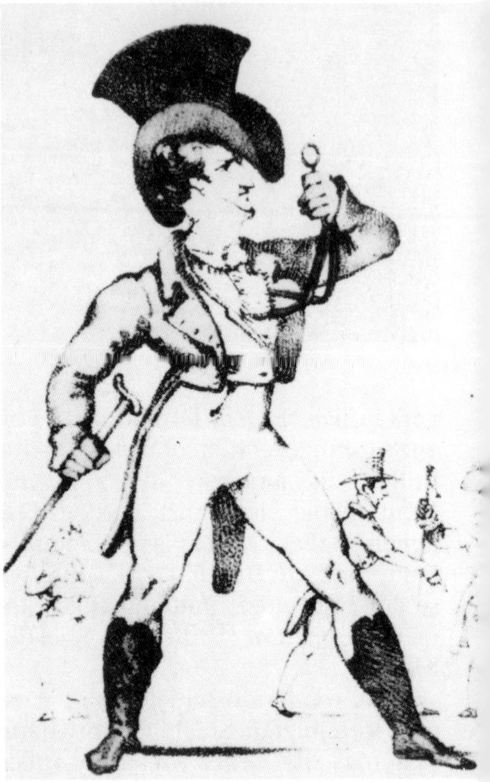

kreiert worden war, bei der ein bügelförmiger Steg die beiden runden Fassungen der Gläser verband.

Eine Frau mit einer derartigen Brille malte erstmals der Niederländer Geertgen tot St. Jans in Gestalt der hl. Anna.

Es fällt auf, daß viele der lesend oder schreibend Dargestellten die beiden mittelalterlichen Brillentypen mit der Hand vor die Augen halten, während andere sie auf der Nase balancieren. Die Befestigung der Brille im Gesicht ist ein Problem, das sich vom Anbeginn bis ins 20. Jahrhundert stellte. Im 16. Jahrhundert schnallte man sie sich mit Riemen um den Kopf oder band sie mittels Fäden an den Ohren fest. Andere Lösungen waren das Befestigen an oder unter der Kopfbedeckung. Die Schläfenbrille mit ring- oder spiralförmigen Bügelenden ist wohl Anfang des 18. Jahrhunderts in London aufgekommen. Damals hatte ein Engländer bereits eine Ohrenbrille aus Schildpatt kreiert, die sich aber im Perückenzeitalter nicht durchsetzen konnte. Der Zwicker (Kneifer, Klemmer) scheint auch nicht gehalten zu haben (was er versprach). In England in den 40er Jahren des 19. Jahrhunderts erfunden, wurde er sogleich von den Franzosen aufgegriffen – Lepage, Paris, gestaltete die Gläser oval – später folgte Deutschland. Die respektlos »Nasenquetscher« genannte Kreation wollte auch nicht so recht sitzen. Das beweisen die gängigen Kalauer von seinem Sturz in den Suppenteller sowie die unentwegten Verbesserungsvorschläge. Die Nostalgiewelle hat den Kneifer wiederbelebt; es ist zu hoffen, daß sich sein ehedem gestörtes Verhältnis zur Nase mittlerweile gebessert hat.

Nach dem Gesagten, das doch nur einen kleinen Ausschnitt aus der Brillengeschichte darstellt, möchte man meinen, kein Mensch habe jemals ohne besondere Not seiner Nase eine Brille aufgebürdet. Weit gefehlt! Im 13. Teil der Allgemeinen Encyclopädie der Wissenschaften und Künste von J. S. Ersch und J. Gruber (Leipzig 1824) schrieb der Haller Professor Th. Schreger: *Zu den jetzt unter Jünglingen nur zu häufigen und augenverderblichen Modethorheiten gehört das Brillentragen bei reiner, voller Sehkraft.«* Solche Attitüden sind nicht neu. Sie reichen vom spanischen Hofe des 18. Jahrhunderts bis heute. Die Sorge um die Augen freilich ist überflüssig, da die reinen Accessoires wohl stets mit Fensterglas versehen waren.

Das Tragen der Brille um ihrer selbst willen zeigt eine neue Einstellung: Das Attribut des Gebildeten war zum Statussymbol und Modeartikel geworden. Geändert hatte sich

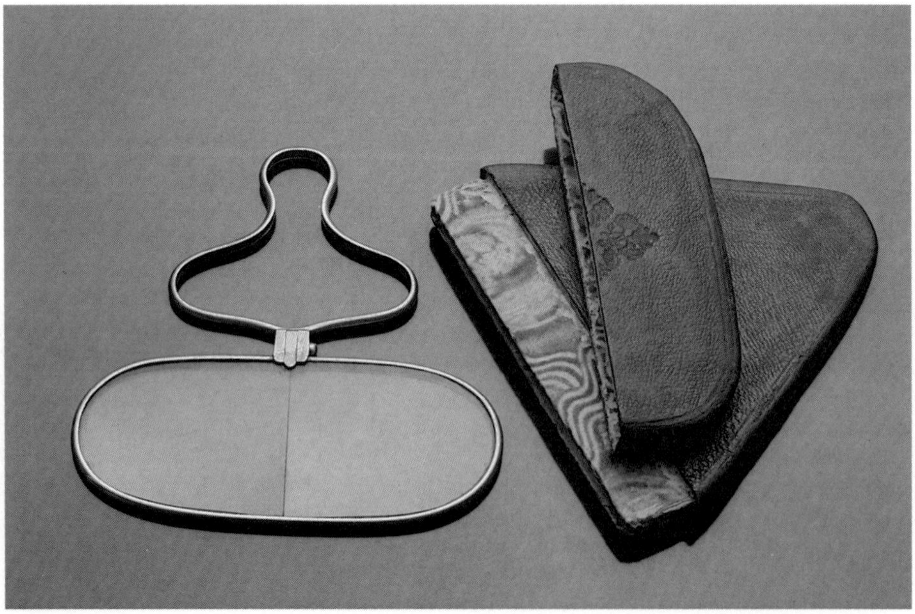

Leseglas,
Mitte 19. Jahrhundert.
Münchner Stadtmuseum.

Brille und Etui,
um 1850.
Münchner Stadtmuseum.

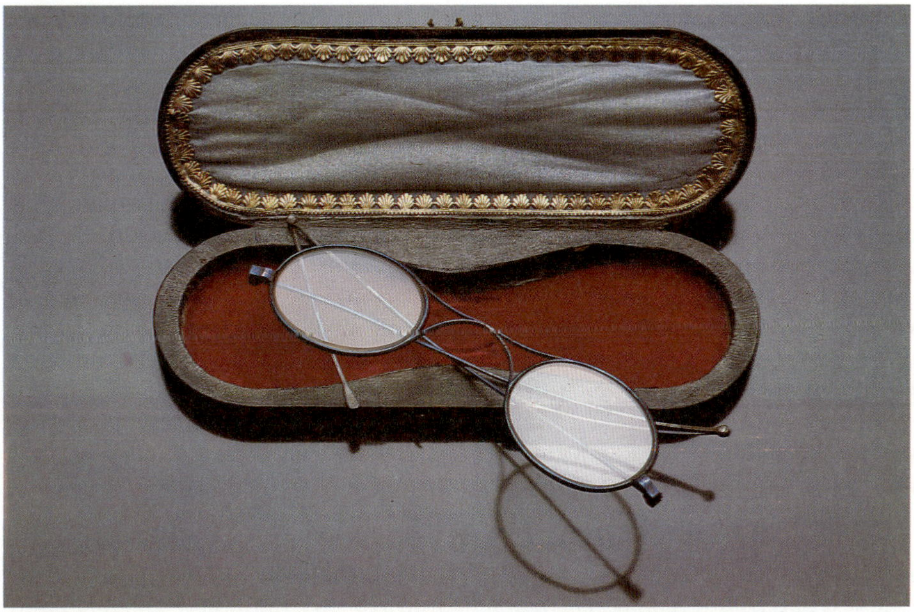

auch die Einstellung zum Alter: *»Bonjour lunettes, adieu filettes«.*

Unter Tragen muß nicht das mehr oder weniger unbequeme Balancieren auf der Nase verstanden werden. Man trug das Einglas an einem Gold- oder Silberkettchen um den Hals, an einem verzierten Knopf, ja sogar auf dem Fingerring. Die im 18. Jahrhundert aufgekommenen Lorgnons, Stiel- und Springlorgnetten und scherenförmigen Augengläser waren meist luxuriös ausgestattet; mit Edelmetall und Edelsteinen wurde nicht gegeizt. Freilich, verzierte Brillen kennen wir bereits aus dem 16. Jahrhundert. Dabei handelt es sich jedoch lediglich um Meisterstücke, die nicht allgemein verfügbar waren. Zudem hatten die damaligen Brillenbesitzer keinerlei Ambitionen, sich als »Trendsetter« für Moden zu gerieren. Erst die feine Gesellschaft des Rokoko machte das Augenglas zum Schmuckstück, das nicht nur dem besseren Sehen, sondern auch dem gesellschaftlichen Umgang dienlich war. Trefflich charakterisiert Ruth Klein diesen »erweiterten« Gebrauch der Brillen: *»Das Lorgnon mit Anmut und Eleganz kritisch und distanzierend vor die Augen zu heben, um das Gegenüber anerkennend, herausfordernd, herablassend oder mißbilligend zu mustern, und es schließlich wieder mit einer Andeutung von Langeweile fallen zu lassen, war eine Kunst, die besonders im Rokoko von den Gesellschaftslöwen beider Geschlechter in allen Nuancen beherrscht wurde.«*

Auch das vielbespöttelte Monokel (*»Scherbe ins Jesicht jetreten«* sagt der Preuße), später bevorzugtes Augenglas von Diplomaten und Offizieren, ist eine Schöpfung des 18. Jahrhunderts. Baron Philipp von Stosch gilt als Vorreiter dieser Mode.

Mit der »Empirebrille« – groß, kreisrund, mit Horngestell – saßen die Augengläser wieder auf dem männlichen Nasenrücken auf. Im Biedermeier wiederum galten die ovalen, schmalen Gläser als kleidsam. Erst im frühen 20. Jahrhundert kehrte die »Empirebrille« zurück. Verantwortlich für den erneuten Griff zur runden Horn- oder Schildpattbrille war vor allem das Vorbild der englischen und amerikanischen Mode. In der Dow 1915/16 schrieb ein Berliner Optiker einen Artikel über diesen Brillentyp, für dessen Wiederbelebung er einen weiteren Grund entdeckt haben will: Die rund und starkrandig gebliebene Jagdbrille wurde von Angehörigen höherer Gesellschaftsschichten demonstrativ als Straßen- und Hausbrille getragen. Dies habe in modischer Hinsicht stimulierend gewirkt.

Die Damenwelt war noch immer nicht durchgängig für die Brille gewonnen. Das eingangs zitierte La-

B

mento von 1926 fand in der Dow 1940 seine Fortsetzung. Die Optiker sollten, so lautete eine Anregung, unter dem Motto *»Mit schöner Brille ein schöneres Gesicht«* eigene *»Frauenschaufenster«* gestalten. Noch heute beobachten die Verkäufer, daß manche Frau eher verschämt ein Optikergeschäft betritt, nicht in der Vorfreude auf die Auswahl eines Schmuckstücks, sondern unter dem Zwang, einen körperlichen Makel eingestehen zu müssen. Dabei scheuen Industrie und Fachhandel weder Mühen noch Kosten, die Frauen zum Erwerb ihrer modischen Brillenkreationen zu ermuntern.

Der erfolggewohnte, selbstbewußte, sportive Mann mit seiner Jaguarbrille (von Atryo: *»Jaguar. Die Brille. Der Mann. Das Auto. Ein Lebensstil«*), der Porschebrille (von Carrera – Markenzeichen auch für Skibrillen in modischen Farben) oder der Alain Delon-Lunette (*»Gemacht für Persönlichkeiten, die mitten im Leben stehen, die wissen, was sie wollen«*) ist für jede Gelegenheit gerüstet. Die Dame hingegen bedarf eines ganzen Arsenals an Brillen, etwa die farbigen Saphira-Brillen aus Italien: eine in »klarem Rot« zum Schottenlook in Rot und Blau, eine cognacfarbene zum Paisleystoff in erdigen Tönen usw. Solche Angebote wirken vergleichsweise bieder angesichts der extravaganten Idee, ein Stoffstückchen des Abendkleides in das Brillengestell einzufügen. Dies ist gewissermaßen die individuelle Variante nach dem Vorbild des Missoni-Modells aus Mailand, in dessen Bügel Stückchen der berühmten Wirkware gegossen sind.

Das aufwendigste der periodischen Werbehefte ist – neben Rodenstocks SEHEN – das SILHOUETTE JOURNAL COUTURE. Hier wird nicht plumpe Reklame für Augengläser gemacht, hier wird vielmehr Mode in Fotos von höchster Raffinesse präsentiert, werden Top-Couturiers mit ihren Kreationen vorgestellt – wobei die vorwiegend weiblichen Mannequins selbstverständlich die jeweils passenden Silhouette-Modellbrillen tragen. So viele hübsche junge Damen mit schwachen Augen? Aber nein, in den Gestellen sitzt nur dünnes Fensterglas. Daß eine Brille die Pupille unschön vergrößern oder verkleinern kann, das wissen die Produzenten wohl – und eben von diesem Gedanken gilt es abzulenken: *»Besser sehen – besser aussehen!«*

Zur schönen Kleidung gehört die schöne Brille – das suggerieren die Journale der optischen Spitzenerzeuger; aber sie greifen nicht allzu weit. Machen wir die Gegenprobe anhand von Modezeitschriften: Kaum ein Mannequin trägt eine Brille. Diesem Prinzip kamen zeitweise sogar Krankenkassen entgegen, die bei »beruflicher Indikation« die Kosten für Kontaktlinsen voll übernahmen.

Eine gewisse Ausnahme stellt die Präsentation von Frisuren dar, bei der es in manchen Fällen (auch) darum geht, zu demonstrieren, daß eine bestimmte Zurichtung des Haars für Brillenträger geeignet ist. In der BRIGITTE 25/85 zeigen 60 Mannequins Frisuren, von denen immerhin acht Brillen tragen. Ganz aus dem Rahmen fällt die *»Geschichte mit Rahmenhandlung: Kathrins modischer Durchblick«* in der BRIGITTE 18/85. Kein professionelles Mannequin, sondern die einschlägig begabte und tatsächlich kurzsichtige Redakteurin K. Behrens ließ sich mit acht ihrer insgesamt 19 Brillen ablichten. Die Gestelle sind giftgrün, himbeerrosa oder apricotweiß-geflammt, stammen aus Paris, Mailand oder New York und werden selbstverständlich nur zur jeweils sorgfältig ausgewählten Kleidung getragen. Wie gesagt: Dies ist die Ausnahme. Denn im allgemeinen gilt: Ein Mannequin braucht keine Brille. Und auch kein Showstar. Wer aus der Reihe tanzt, fällt auf – wer auffallen will, tanzt aus der Reihe und trägt, dem ungeschriebenen Gesetz zum Trotz, auffällige Augengläser, die schließlich zur persönlichen Note werden. Paradebeispiele sind Elton John und Nana Mouskuri.

Sonnenbrillen jedoch sieht man öfters auf Modefotos. Das ist nur möglich, weil das allgemeine Bewußtsein grundsätzlich zwischen der farblosen Sehhilfe und dem getönten Glas unterscheidet. Beim Brillenträger assoziiert man eher: kurzsichtig, mit einem Fehler behaftet; beim Sonnenbrillenträger eher: modebewußt, weltläufig – niemand denkt hier primär an überempfindliche Augen, also an einen Mangel. Und doch ist die Sonnenbrille natürlich zunächst nichts anderes als eine Schutzvorrichtung. Sie bewahrt vor Geblendetwerden, sie gehört ins Handschuhfach des Au-

Brillen einer Münchnerin, 1931, 1951, 1939. Münchner Stadtmuseum.

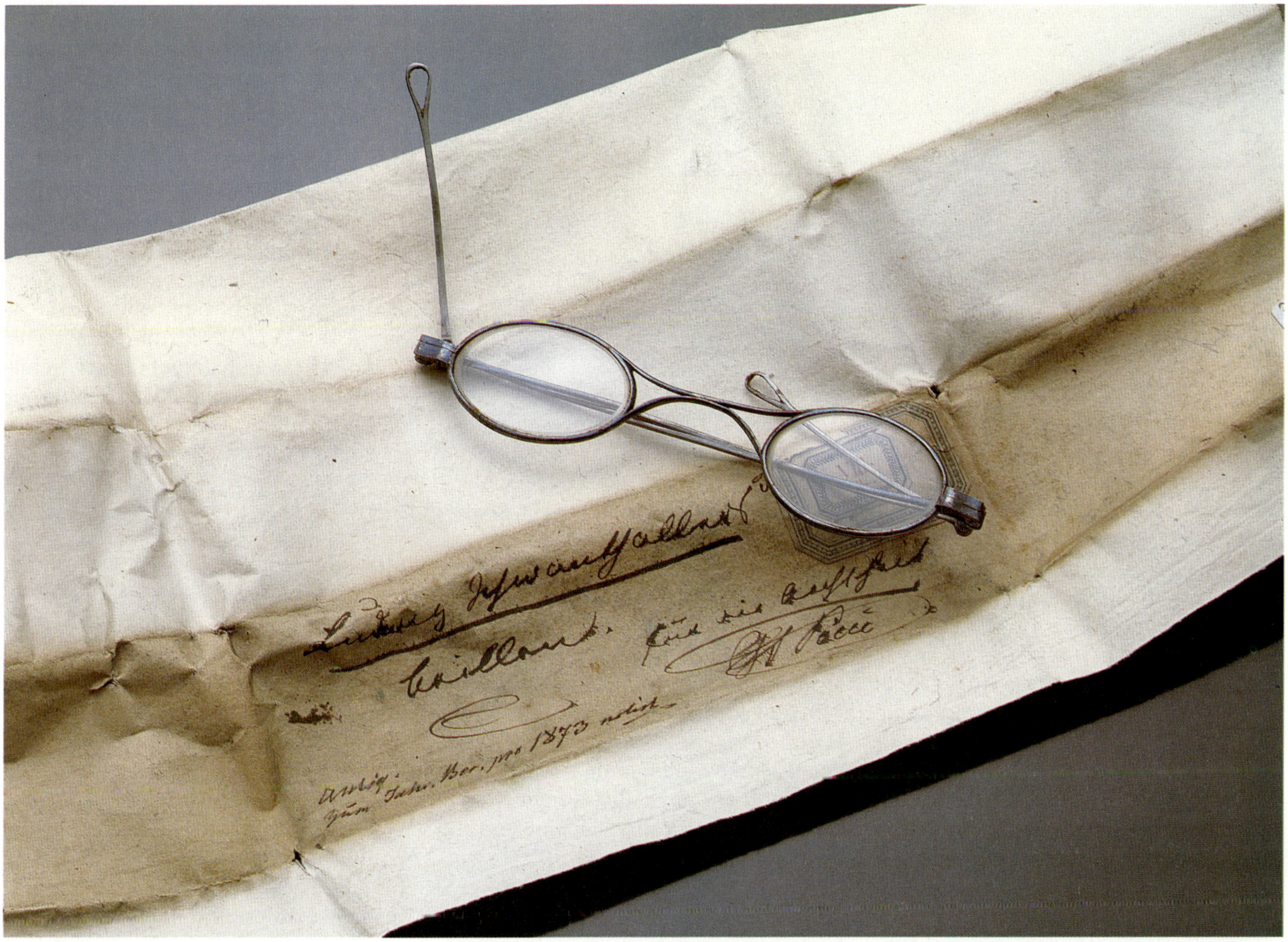

Brille Ludwig Schwanthalers
(mit Bestätigung von Graf Pocci),
München, um 1840/45.
Münchner Stadtmuseum.

tofahrers. So ist es bezeichnend, daß sich die optische Technik verstärkt zu einem Zeitpunkt der Entwicklung getönter Gläser widmet, da die Motorisierung und das »Sporting« zunahmen. *»Autobrillen«* bot die Frankfurter Firma MERZ in der Dow 1915/16 an, *»Reisebrillen«* DUNKER, Rathenow, in den 20er Jahren, wobei es sich um eine auf- und niederklappbare Zusatzbrille handelte, deren Gläser nicht gefärbt, sondern mit dünner grüner Seide übersponnen waren. Dieses Klappsystem hatte bereits 1824 Kitchener erfunden; sicher war es günstiger als die Kreation von beiseite-klappbaren *»Doppelbrillen«*, wie sie Richardson 1797 aufbrachte. Man kann in der Geschichte der Sonnenschutzbrille noch weiter zurückgehen. Bald nach der Erfindung der Brille gab es Versuche der grünen Färbung, und der Urahn scheint Kaiser Nero zu sein, der sich in der Arena einen Smaragd vor die Augen praktizierte (womit nicht gesagt sein soll, daß alle Sonnenbrillenträger die legitimen Nachkommen eines nachweislich Verrückten sind, wiewohl der Verdacht im Einzelfall aufkeimen kann).

Die Schutzfunktion der Sonnenbrille ist eine doppelte: Schutz vor gleißendem Licht, Schutz vor unerwünschten (Ein-)Blicken. Hinter gedunkelten Gläsern kann man sich verstecken, kann sehen, ohne allzu genau gesehen zu werden. Die gealterte Garbo trat nur noch mit Sonnenbrille

B

Sonnenbrille, 1983.
Münchner Stadtmuseum.

an die Öffentlichkeit. Nicht das von den Jahren gezeichnete Gesicht sollte das Publikum erblicken, sondern das Bild von der Legendär-schönen bewahren.

Nichts zu verbergen hatte Audrey Hepburn, als sie, knapp über 30, Anfang der 60er Jahre in den Filmen FRÜHSTÜCK BEI TIFFANY und CHARADE die modische Riesenbrille trug. Dabei handelte es sich freilich nicht um eine Innovation. Bereits 1950 vermerkt Ruth Klein: *»Das riesige Format der Sonnenbrille steht in einem pikanten Gegensatz zu den zarten und lieblichen Gesichtern der Trägerinnen.«* Als Zeugin der ersten Nachkriegsjahre sei sie ausführlicher zitiert: *»Seit 1946 gehört das Modell nach der letzten Mode zur Sommerausstattung jeder eleganten Frau; man sieht die gefärbten Gläser in Gestellen aus mannigfachen Materialien wie Galalith, Horn, Celluloid usw. und in allen möglichen Farben und Formen. So gibt es z.B. Brillen, bei denen der äußere Rand der Einfassung festonartig in kleinen Bögen geschwungen ist, so daß sie wie stilisierte Blumen wirken, oder Brillen, deren Fassung kariert ist. Neuerdings bevorzugt man besonders dunkle Gläser; in einer seltsamen Anwandlung von Askese verbergen die Frauen ihr Beseelt-Schönstes, ihre beste Waffe für Flirt und Koketterie, die Augen.«* Diese Schlußbemerkung läßt den Hinweis ratsam erscheinen, daß diesen Text eine Frau verfaßt hat. Das totale Verbergen der Flirtwaffen stand damals noch bevor: die verspiegelten Sonnenbrillen. Es fällt auf, daß R. Klein die Sonnenbrille als Accessoire der Dame darstellt. Mittlerweile haben die Männer diese Form des Versteckspiels für sich entdeckt. Kein Spiel ohne Risiko: Das Unkenntliche reizt die Neugier, aber die Enttarnung kann zur Bloßstellung werden.

Auch die fescheste Brille wird einmal abgenommen. Wohin damit? Nun, auch dafür ist stilvoll gesorgt. Nicht nur die Brille selbst ist der Mode unterworfen, sondern auch das Etui. Nur bei der Springlorgnette waren Brille und Gehäuse unzertrennlich, wobei dieses noch eine zusätzliche Funktion haben konnte, etwa wenn eine Uhr eingebaut war. Alle anderen Brillen aber brauchen Behältnisse. Das Aluminiumetui kam Anfang der 20er Jahre aus der Mode. Die von Herren (und Damen mit Bubikopf) getragene Diplomatenbrille verschwand im Etui aus Saffianleder mit Silberzunge, Wiener Modell. Für Schreibtisch und Nachtkästchen bot 1920 eine Offenbacher Metallwarenfabrik offene Ablagegestelle an: Messing, hochglanz vernickelt. Das Metallklappetui ließ sich die Firma R. Kuhn 1924 patentieren.

Die sicherste Art, die nur kurz abgenommene Brille nicht zu verlegen, ist, sie an einer Kette oder einem Band vor der Brust baumeln zu lassen. Das ist nicht neu; man denke an das Bildnis der Caroline Herschel (1759–1848) mit umgehängter Schläfenbrille. Heute sind dafür Schnüre in grellen Farben gefragt.

EDGAR HARVOLK

Literatur

Ruth Klein, Lexikon der Mode. Drei Jahrtausende europäischer Kostümkunde, Baden-Baden 1950.

Gerhard Kühn/Wolfgang Roos. Sieben Jahrhunderte Brille (= Deutsches Museum. Abhandlungen und Berichte 36. Jg., H. 3), München 1968.

Wolfgang Münchow, Geschichte der Brille, in: Der Augenarzt Bd. VII, Leipzig 1966, 475–540.

William Poulet, Die Brille. Bd. 1: Atlas zur Geschichte der Brille mit Einschluß der Contactlinse, Bonn-Bad Godesberg 1978; Bd. 2: Kunst und Brille durch fünf Jahrhunderte, Bonn-Bad Godesberg 1978; Bd. 3: Die Kröner Akten, Bonn-Bad Godesberg 1980.

Hans Reetz, Bildnis und Brille, Oberkochen 1957.

Firma Carl Zeiss, Oberkochen/Württ./Marwitz & Hauser, Stuttgart (Hrsg.), Beiträge zur Geschichte der Brille. Sammlung wissenschaftlicher Aufsätze und Berichte über die Brille und ihre Geschichte, Stuttgart 1958.

» Da Swann ein wenig schlechte Augen hatte, mußte er sich dazu verstehen, eine Brille aufzusetzen, wenn er zu Hause arbeitete, und sich, wenn er in Gesellschaft ging, ein Monokel einzuklemmen, das ihn weniger entstellte. Das erstemal, als sie eins in seinem Auge sah, wußte sie sich vor Freude nicht zu lassen: »Bei einem Mann finde ich das unbeschreiblich schick! Wie famos dir das steht! Du siehst aus wie ein richtiger Gentleman. Es fehlt dir nur ein Titel« setzte sie mit einer Nuance des Bedauerns hinzu. «

Marcel Proust, Auf der Suche nach der verlorenen Zeit

Bubikopf

Der Zopf ist ab! Freiwillig läßt die Frau der 20er Jahre ihre langen Haare, die bisher als der natürliche Schmuck überhaupt galten, abschneiden. Das Schönheitsideal der Frau und die Mode ändern sich radikal.

Im Mittelalter wurden der Frau als Strafe, per Gerichtsbeschluß die Haare abgeschnitten. Die kurzen Haare waren ein Zeichen für die Bestrafung und wiesen sie als Verurteilte aus. Ansonsten fielen Frauenhaare nur noch anläßlich der Entscheidung, Nonne zu werden. Sie weihte Maria ihre Haare. Nun wird auf dem Altar der Mode geopfert.

Seigneur de Brantôme wäre mit diesen Schönheitsvorstellungen nicht einverstanden gewesen. Sein Ideal einer vollkommen schönen Frau legte er im 16. Jahrhundert in einem 30 Punkte umfassenden Katalog fest. Zu den Haaren sagte er, daß sie lang und dünn sein müßten. Jedoch das kurze Haar für die Frau kam. Die Französische Revolution machte es möglich.

Genannt wurden diese Frisuren *»à la sacrifié«* oder *»à la victime«*. Ein wichtiges Charakteristikum dieser modischen Haartracht ist der freie Nacken, ein zur damaligen Zeit gewohnter Anblick beim öffentlichen Spektakel der Enthauptung. Um den Hals trugen die Frauen dann noch ein blutrotes Tuch, so daß der Eindruck eines Gangs zur Guillotine vollkommen war. Die kürzeste Haartracht, *»à la Titus«*, die zu Beginn des 19. Jahrhunderts auch noch getragen wird, erntete den vehementesten Widerspruch. 1813 veröffentlichte D. Rothe de Nugent ein Buch mit dem Titel »Anti-Titus oder kritische Betrachtungen über die Frisur der Frauen im 19. Jahrhundert«. Hierin plädierte er für die Rückkehr zu einer feminineren Haartracht.

Dieses Buch erwies sich als unnötig. Die Kurzhaarperiode überlebte die Revolution nur um wenige Jahre. Bevor die geschnittenen Haare wieder wuchsen, trugen die Frauen schon Perücken. Mit Perücken konnten sie auch verschiedene Haarfarben ausprobieren. Von einer Madame Taillen beispielweise wird berichtet, daß sie mehrere Male am Tage ihre Haarfarbe wechselte. Frauen höherer Gesellschaftsschichten zeigten am Vormittag ihr eigenes Haar, am Nachmittag und am Abend trugen sie Perücken.

Das kurze Haar – der Bubikopf – der 20er Jahre ist vor allem Ausdruck einer grundsätzlichen Veränderung der Stellung der Frau in der Gesellschaft. Einerseits ist er Teil des neuen »sachlichen Frauentyps«, der sich im Garçonne-Stil kleidet, andererseits ist er Ausdruck der Frau, die ihren Platz in der männlich dominierten Berufswelt fordert. Stil und Ideologie lassen sich – wie meistens – nicht eindeutig trennen.

Zum Garçonne-Stil (Garçonne ist die »Verweiblichung« von Garçon = Knabe, also Knäbin) gehören außer den kurzen Haaren Hemdblusen, Kleider ohne Taille, Jacketts und dann auch noch die Hosen. Dieser Stil orientiert sich an der Herrenmode. Das Korsett, mit dem Brust und Taille betont wurden, findet keine Verwendung mehr. Die schmale Frau mit schmalen Hüften und flacher Brust, der krasse Gegensatz zu vorher, paßt in die neue »Herrenmode«.

In dieser, der des Mannes ähnlichen Kleidung betritt die Frau die

»Lotte am Scheideweg«,
Karikatur, Karl Arnold, 1925.

B

Junge Engländerin,
Die Dame, 1926.

Firma oder das Kontor, um »ihren Mann zu stehen«. Diesmal sollen weniger die offenkundigen weiblichen Reize, als Fachkenntnis und Engagement eine Rolle spielen. Die »gleichberechtigte Frau« (seit 1918 wählt sie) fordert ihren Platz in der Berufswelt, besonders in der der Angestellten. Der Anteil der Frauen gegenüber den gesamten Berufstätigen steigt zwar nur von 34% (1907) auf 36% (1935), jedoch finden Verlagerungen statt. Die Bereiche »häuslicher Dienst« und »Landwirtschaft« sind rückläufig, die Anteile der Arbeiterinnen und Selbständigen steigen unwesentlich. Der Anteil der Angestellten wächst jedoch um 219%.

Ein mögliches Beispiel für eine solche Angestellte könnte »Sonja« im Gemälde von Christian Schad sein. Der Künstler lernt Sonja, eine Sekretärin, im Romanischen Café in Berlin kennen. Das Bild entsteht 1928. Im »kleinen Schwarzen« sitzt sie alleine am Tisch. Mit Zigarette – sie raucht eine amerikanische Marke –, Lippenstift, Puderdose und Bubikopf verkörpert sie die selbständige »kühle Frau«. Die Männer im Hintergrund – links Max Hermann Neisse mit abstehendem Ohr und rechts Felix Bryk – sind als Individuen unwichtig. Sie beziehen sich nicht auf die junge Frau. Als rahmende Repoussoirfiguren unterstreichen sie eher deren Selbständigkeit und Eigenständigkeit.

Überzeichnet werden dagegen die Züge der intellektuellen Frau von Otto Dix. Auch er lernt sein Modell, Sylvia von Harden, in Berlin im Romanischen Café kennen. Als asexuell und vermännlicht malt er die Journalistin. Er stattet sie mit den Attributen des Mannes – dem Monokel und der Zigarette – aus. Durch die Überzeichnung von Kinn und Händen wird sie zu einer männerverachtenden Emanze. Die Farbe Rot im Kleid, die durch das Rot des Hintergrundes noch betont wird, läßt die Assoziation »Blut« und »Kampf« zu. Besonders die Mundpartie, die rotvioletten Lippen und der halbgeöffnete Mund geben die Frau vampirhafte Züge.

Als Schreckensvision könnte ein solches Bild der Kulturkritik der 20er Jahre vorschweben, die überall Symptome für die Gefahr wittert, daß Frauen die Kommandostellen der Gesellschaft im Sturm übernehmen könnten. So geben auch Karikaturen

Modebericht,
Die Dame, 1926.

dieser Zeit derartigen Sorgen Ausdruck. Solche Ängste werden auch in der weiblichen Modewelt artikuliert. Ein Artikel von Sir Galhad in der DAME verkündet, daß die Zukunft der *»Amazone«*, dem *»Platinzeitalter«* gehöre.

Allerdings mißfällt nicht nur der Kulturkritik die Art wie sich die Frauen gebärden. Leserbriefschreiber in SCHERLS MAGAZIN (Berlin 1932) beschweren sich, daß das Wort Typ allen ein Dorn im Auge sei. *»Das ist es was wir satt hatten: den Typ, die Verwischung des eigenen Ichs! Wir wollen auf einem Ball nicht mehr hundertfünfzig Mädchen sehen, die so tun, als ob sie Ariane oder Fräulein Julie wären. Wir haben es satt, daß die Mädels Mannequins fremder Gestalten sind.«*

Die kurzen Haare auf dem Kopf machen aus dem »Mädel« noch lange kein »Mannequin«, auch keine Revolutionärin. Mit der Bubikopfmode ging gleichzeitig eine viel wichtigere Veränderung einher: Die Frauen probieren nicht nur aus, wie sich Monokel und Hosen tragen, sondern streben auch nach Erfolg im Beruf. Damit treten sie in Konkurrenz zu den Männern.

Der »bob«, wie die Kurzhaarfrisur in Amerika genannt wird, ist dort besonders 1926 populär. Die amerikanische Variante stellt jedoch eine lieblichere Form des Bubikopfes dar.

Und heute . . .

Es scheint, der Zopf bleibt ab und zumindest in dieser Saison feiert der Bubikopf ein come-back.

MARGARETE GRÖNER

Sonja, Christian Schad, 1928.

Literatur

Frauenalltag und Frauenbewegung im 20. Jahrhundert. Materialsammlung zu der Abteilung 20. Jahrhundert im Historischen Museum, Frankfurt, Bd. II, (Dezernat für Kultur und Freizeit), Frankfurt 1980.

Ursula von Kardoff, Mehr als nur den bubi im Kopf: Aufregende Frauen der zwanziger Jahre – heute besucht, in: Zeit-Magazin, Nr. 19 (1. Mai 1981), 6–24.

Katalog: Otto Dix – Menschenbilder. Gemälde, Aquarelle, Gouachen und Zeichnungen. 3.12.1981–31.1.1982 (Galerie der Stadt Stuttgart), Stuttgart 1982.

Katalog: Christian Schad. Ausstellung 28.6.–24.8.1980 (Staatliche Kunsthalle Berlin), Berlin 1980.

Helmut Lethen, Neue Sachlichkeit 1924–1932, Stuttgart 1975.

Richard Sorson, Fashions in Hair. The first five Thousand years, London 1980.

Bürger und Angestellte

»Nach 1830 wird die Herrenbekleidung immer weniger zeremoniell und förmlich; sie bekommt etwas beinahe Familiäres, etwas von sans façon, das unsere Väter nicht kannten. Das weiße Ziertuch tritt an die Stelle der schwarzen Satinkrawatte; die langen Hosen kommen sogar bei Hofe zu Ehren und verdrängen Kniehosen und Seidenstrümpfe; und die kostbaren Teppiche, die nur die sanfte Berührung des zartesten Schuhwerks kannten, müssen sich nun den schweren Tritt der Stiefel gefallen lassen.

. . . Die gegenwärtigen Tendenzen des Zeitalters sind extravaganten Neuerungen oder gar einer erneuten Hinwendung zur Eleganz nicht gerade günstig. Ginge es nur nach der Kleidung, wäre mittlerweile die Gleichheit der Männer Wirklichkeit geworden. Den Mann von Welt erkennt man nicht mehr am Luxus der Spitzen, an seinem Degen oder an der Erlesenheit der Stoffe, sondern an seinen Manieren und seinen Handlungen; und die Mode ist heutzutage eher eine Sache der Reinlichkeit denn zur Schau gestellten Überflußes. . . . Die Revolution bewirkte ganz allgemein eine Reduzierung und Vereinfachung in der Bekleidung und führte dazu, daß die Oberteile kürzer wurden; heute halten sie sich an das unauffällige und bescheidene Mittelmaß, das so charakteristisch für eine Zeit ist, die Veränderungen fürchtet und den häuslichen Herd großen gesellschaftlichen Ereignissen vorzieht. Nichts an der Mode von 1853 ist wirklich bemerkens- und erwähnenswert: Der Sinn steht nach Bequemlichkeit und nicht nach Prachtentfaltung. Auch der Salonlöwe ist nach 1848 verschwunden; seine Karikatur mit Monokel und gelben

B

Bürgerliche Kleidung,
Italienischer Mode-Kupferstich,
um 1798.

Handschuhen kann man heute schon in Antiquitätensammlungen finden. . . . Es findet sich in der Geschichte kein Gegenstück zu dem besonderen Stempel, den das 19. Jahrhundert der Mode aufgedrückt hat. In den vorangegangenen Jahrhunderten, als noch der Hof ihre Gesetze diktierte, zeigte die Mode mit verläßlicher Beständigkeit die Züge ihrer Epoche und hing nur von der Laune des Souveräns oder seiner Favoritin ab. Bei einer historischen Bestandsaufnahme der damaligen Kostüme ergeben sich lange Perioden von 20, 30 Jahren, in denen keine wesentlichen Veränderungen in den Schnitten zu bemerken sind. Samt, Atlas, Federn, Gold und Spitzen fanden für beide Geschlechter gleichermaßen Verwendung. In unseren Tagen hat die Mode – ganz im Einklang mit der Politik – das vornehme Wesen zugunsten einer ständigen Erneuerung in Acht und Bann getan. Wenn aber heute eine Mode nach zwei oder drei Jahren bereits hoffnungslos veraltet ist und lächerlich wirkt, so verdankt sie dies auch nicht mehr dem Hof, sondern der Handel ist es, der den andauernden Wechsel der Formen und Schnitte durchsetzt – und der damit Tausende von Schneidern, Hutmachern, Kaufleuten und Künstlern aller Art nicht nur ins Brot setzt, sondern sie in kurzer Zeit zu Wohlstand und Ansehen gelangen läßt.« Diese Passagen sind einer kleinen Schrift entnommen, die ursprünglich 1854 in einer der meistgelesenen italienischen Modezeitschriften der Zeit, dem CORRIERE DELLE DAME veröffentlicht wurde. In seiner unaufgeregten, verständigen Art beweist der anonyme Verfasser sicheres historisches Gespür und rückt einige der wesentlichsten Merkmale der neuen bürgerlichen Uniform ins Licht – so etwa die entscheidende Trennung der männlichen und der weiblichen Mode (mit dem Votum der ersteren für Einfachheit und Kontinuität bei Formen und Farben sowie in der Wahl des Materials); oder die Aufweichung der strengen Regeln, die für jeden gesellschaftlichen Anlaß die Kleidung bis ins Detail vorschrieben. Ja, seine Überlegungen führen sogar in soziologische Dimensionen, wenn er in Handel und Industrie die neuen bestimmenden Mächte der Mode erkennt und in Ansätzen sogar die präzisen gesellschaftlichen und ideologischen Konnotationen des neuen Kleidungsstils zur Sprache bringt: Bekenntnis zu Gleichheit und Demokratie im Bunde mit Konservatismus, Arbeitsethik und Öffnung der Klassen. Der Dandy ist eine aussterbende Spezies, auch wenn er während des ganzen Jahrhunderts immer wieder mit wechselndem Erfolg das Recht des Mannes auf Eleganz einfordern wird. Von dem Augenblick an, da sich das Bürgertum als Elite fühlt und als solche anerkannt wird – im Falle Frankreichs unter Louis Philippe – erhebt es auch seinen Stil zur allgemeinen Norm. Seit etwa 1835 beklagen die Pariser Modezeitungen den bereits zur zwingenden Vorschrift gewordenen Brauch, bei festlichen Anlässen schwarze Kleidung zu tragen – also praktisch dieselbe, die auch bei der Arbeit Verwendung fand. So liest man z. B. im JOURNAL DES DAMES ET DE LA MODE vom 15. Februar 1837: *»On ne porte, à vrai dire, que des couleurs sombres, soit au bal, soit en soirée ou à la promenade; ce sont le seules nuances adoptées, et le noir l'emporte encore sur toute autre couleur. Un habit de drap noir entièrement doublé de soie et à bouton de soie; un pantalon collant en casmir noir, un gilet de satin broché noir sur noir, voilà le costume de soirée le plus distingué«.*

»Distinktion«: Hier haben wir das Zauberwort, den Schlüssel zu allen Ausdrucksformen der Bürgerlichkeit. Nur eben: Was für eine Distinktion (und man halte sich vor Augen, daß »Distinktion« zu deutsch »Unterscheidung« heißt), wenn andererseits die Kleidung alle Merkmale einer Uniform aufweist? – Aber gerade in der Kunst, diesen Widerspruch zu versöhnen, besteht ja die eigentliche Funktion der Mode – wie es Georg Simmel schon 1895 in seinem Aufsatz ZUR PSYCHOLOGIE DER MODE formulierte: *»(Die Mode) genügt einerseits dem Bedürfnis nach sozialer Anlehnung, insofern sie Nachahmung ist; sie führt den einzelnen auf der Bahn, die alle gehen; andererseits befriedigt sie aber auch das Unterschiedsbedürfnis, die Tendenz auf Differenzierung, Abwechslung, Sichabheben, und zwar sowohl durch den Wechsel ihrer Inhalte, der der Mode von heute ein individuelles Gepräge gegenüber der von gestern und morgen gibt, wie durch den Umstand, daß Moden immer Klassenmoden sind, daß die Moden der höheren Schicht sich von denen der tieferen unterscheiden und in dem Augenblick verlassen werden, in dem diese letztere sie sich aneignen. Die Mode ist eine besondere unter jenen Lebensformen, durch die man einen Kompromiß zwischen der Tendenz nach sozialer Egalisierung und der nach individuellen Unterschiedsreizen herzustellen suchte. In dieses Grundwesen der Mode ordnen sich die einzelnen psychologischen Züge ein, die wir an ihr beobachten.«*

»Distinktion« – Definition eines Status durch Unterscheidung: Das ist also wohl ganz allgemein eine der Aufgaben der Kleidung. Warum aber macht das Bürgertum sie zu ihrem alleinigen Zweck und drängt alle ihre anderen Funktionen – insbesondere die ästhetische des Schmucks – in den Hintergrund? – Nun, während die Aristokratie sich auf Standesprivilegien stützen konnte und aus ihnen ihr Selbstbewußtsein zog, hatte das Bürgertum nichts dergleichen; bzw. es hatte nichts als sich selbst, worauf es seinen Führungsanspruch hätte gründen können: Es mußte sich aus sich heraus als Elite konstituieren. Das dunkle Gewand des Bourgeois steht damit für einen doppelten Akt der Distinktion: Unterscheidung nach außen, Identitätsstiftung und Differenzierung nach innen. Einerseits also Abgrenzung gegen den Adel, den man als herrschende Klasse abgelöst hat: die Ablehnung von Luxus, Zierat und allem verschnörkelten Wesen, der Abscheu vor allem, was nur entfernt an Frivolität oder Ausschweifung erinnerte und stattdessen die bürgerlichen Werte: Arbeit, praktische Vernunft und kalkulierender Verstand, Umsicht und Common sense, Ordnung und Verläßlichkeit.

Andererseits freilich ist eben Bürger nicht gleich Bürger, und innerhalb des Bürgertums gibt es nicht nur Einkommensunterschiede, sondern auch

Bildnis Antoine Mongez
und seine Frau Angélique,
Jacques Louis David, 1812.

besondere, voneinander unterschiedene »Kulturen«. Ob aber Angestellte oder Freiberufler, Bankiers, Industrielle oder Lehrer: Alle sind sie Bürger. Keine leichte Aufgabe also für die Mode, wenn die Kleidung sowohl die Besonderheit von »Stand« und »Kultur«, wie die gemeinsame Klassenzugehörigkeit ausdrücken können soll. Hier nun erweist sich erst wahrhaft die Schlüsselrolle der »bürgerlichen Distinktion«: Indem sie die Einfachheit zum Kriterium macht, stiftet sie als Chiffre des Allgemeinen die Einheit in der Verschiedenartigkeit, wobei sie noch dem bescheidensten Angehörigen der Klasse »Präsentabilität« verleiht und ihn von den »Unterschichten« abhebt. Dazu kommt, daß man als Adeliger geboren sein muß, während man zum Bourgeois werden kann; auch dies wohl ein Grund für den bürgerlichen Mann, sich des dekorativen Mehrwerts der Kleidung restlos zu entäußern und ihn ganz und gar seiner »besseren Hälfte« zu übereignen. Dem Bürger nämlich ist die Kleidung nicht nur ein »äußeres Zeichen« – sie »konstituiert« ihn zu allererst als solchen.

Auf dieser Linie liegt die Analyse von Edmond Goblot, der in einem Aufsatz von 1925 darstellt, wie im letzten Jahrhundert die Mode ihren ganzen Ehrgeiz in das Unternehmen zu setzen scheint, den Menschen aus Fleisch und Blut in eine steife Marionette zu verwandeln; wie sie ihm ein Gewand im wahrsten Sinn des Wortes »auf den Leib schneidert«, ein Gewand, das dem Körper vollständig anliegt; welch sorgfältige Mühe sie darauf verwendet, Rüschen und Falten zu beseitigen – bis sie ihm am Ende eine Art sich zu geben und sich zu bewegen aufgezwungen hat, die hart an der Grenze zum Unnatürlichen liegt: *»Le bourgeois moderne affecte dans son costume une austérité, un ascetisme, un quasi-jansenisme qui ne reprond pourtant à aucune doctrine morale, à aucun mépris des jouissances de la vie, à aucun renonçement aux vanités du monde. Il y a cependant une élégance masculine, plus subtile encore et plus étudiée que celle des femmes. Elle s'appelle correction. On dit d'un homme bien mis qu'il est très correct.«*

Wenn die »Erscheinung« nicht mehr nur Außenseite und Oberfläche ist, sondern absoluter Spiegel des Wesens, dann wird begreiflich, welche Bedeutung nun den »Manieren« zuwächst. Die Mode allein wäre leicht zu kopieren – würde sie nicht in ein allgemeines System des »guten Tons« integriert, das die Quintessenz der bürgerlichen Erziehung darstellt und das subtile Spiel der Differenzen erneuert: Es entzieht sich der Improvisation und wird so zur Hürde, die der Kandidat, der sich um Aufnahme in die Gesellschaft der Bürger bemüht, zu überwinden hat: *»La correction exige plus de recherche et de raffinement que l'élégance. Il est difficile d' être bien mis quand on s' interdit tout ornement, de mettre une note personelle dans un costume qui ne souffre aucune varieté, d'être inimitable, en imitant fidèlement, par la seule perfection de la coupe et de l' adjustement. S' habiller devient un art subtil et savant. Le parvenu s' habille souvent mal, plus souvent encore trop bien«.*

Und die Frage des »Übertritts« in eine andere Klasse, des »gesellschaftlichen Aufstiegs« – sie kommt genau hier, auf dem Gebiet des »Bon ton« zum Austrag und zur Entscheidung. Eins der berühmtesten Beispiele für eine literarische Gestaltung des Themas ist Guy de Maupassants Bel-Ami (1885). Schon auf den ersten Seiten

Ein »rentier« mit königlichen Bezügen und ein »rentier« mit Bezügen der Ständeversammlung, Honoré Daumier, aus: La Caricature, 1834.

des Buchs fällt ein Satz, der als Motto über dem ganzen Roman stehen könnte: *»In Paris, siehst du, darfst du eher kein Bett als keinen Frack haben.«* (»A Paris, il vaudrait mieux n' avoir pas de lit que pas d' habit«.) Höchst aufschlußreich ist dann auch die Schilderung des Helden, wie er im Begriffe steht, der ersten Einladung seines Lebens Folge zu leisten, zunächst recht unglücklich ob seines Aufzugs, der ihm mehr schlecht als recht zu sein scheint: passable, aber eben keine Lackschuhe, ein billiges Hemd und zu weite Hosen: *»Langsam stieg er die Stufen empor, mit klopfendem Herzen und voller Bedenken. Vor allem fürchtete er, lächerlich zu wirken. Plötzlich erblickte er einen Herrn in großer Abendtenue vor sich, der ihn anschaute. Sie waren einander so nahe, daß Duroy zurückwich. Dann blieb er starr vor Staunen: Das war er selbst im Bild eines hohen, bis zum Boden reichenden Spiegels, der auf dem Absatz der ersten Etage eine galerieartig lange Perspektive eröffne-*

te. Freude durchzuckte ihn, daß er soviel besser aussah, als er geglaubt hatte. Zu Hause besaß er nur einen kleinen Rasierspiegel, der ihm nicht die ganze Figur zeigte, und da er die einzelnen Teile seines improvisierten Aufzugs nur schlecht gesehen hatte, so übertrieb er dessen Mängel und dachte verzweifelt, er werde einen grotesken Eindruck machen. Aber nun hatte er sich im Spiegel nicht einmal erkannt, hatte sich für einen anderen gehalten, für einen Herrn aus der Gesellschaft, den er auf den ersten Blick ganz ausgezeichnet, ganz famos fand. Und jetzt, wie er sich sorgfältig betrachtete, kam er zum Schluß, daß er sich wirklich anständig präsentiere.« Aber die Korrektheit der Kleidung ist nur der erste Schritt. Tatsächlich beginnt er schon im Augenblick darauf zu posieren – *»wie ein Schauspieler beim Studium einer Rolle. Er lächelte sich zu, reichte sich die Hand, versuchte Gebärden und Gefühlsausdruck: Erstaunen, Freude, Zustimmung, nuanciertes Lächeln und Augensprache, um den Damen Bewunderung und Verlangen anzudeuten.«*

Nicht lange, und die Thematik bringt ein eigenes literarisches Genre hervor. Tristan Bernard schildert in seinem Roman MÉMOIRE D'UN JEUNE HOMME RANGÉ (1899) mit ironischer Distanz und nicht ohne Spott die überzogene Bedeutung, die den bürgerlichen Werten gerade vom Parvenu beigelegt wird. Der einzige, der diese Werte wirklich ernst, ja auf pathetische Weise wörtlich nimmt, ist der Protagonist des Buches, Sohn eines reichen Kaufmanns, der von dem Ehrgeiz besessen ist, die Tochter eines Bankiers zu heiraten, der seinerseits am Rande des Bankrotts steht. Bald schon aber muß er erkennen – oder besser: er bekommt es zu spüren, ohne daß ihm eine Erkenntnis dämmert – wie innig die Privilegien des Standes und jene des Geldes zusammenhängen und daß sie bei Bedarf untereinander austauschbar sind.

Symptomatisch schon der Beginn des Buches: *»Während seiner ganzen Jugend schwankte Daniel Henry zwischen der Verachtung für die Vorschriften der Mode und vergeblichen Anläufen, ihnen Genüge zu tun. Jahre seines Lebens verschwendete er an den Traum, diese unerreichbaren Phantome zu erringen: einen eleganten Hut, einen perfekt sitzenden Kragen, eine gut geschnittene Jacke. Aber selbst die exklusivsten Stücke, so herrlich und verführerisch sie sich im vornehmen Rahmen des Geschäfts ausnahmen, wurden gewissermaßen, sobald sie mit Daniel Henry in Berührung kamen, von der Krankheit der Vulgarität befallen.«* Ganz im Gegensatz zu ihm behält aber der Finanzmann seine Ausstrahlung bürgerlicher Respektabilität und Wohlanständigkeit auch dann, wenn er auf wenig wohlerzogene Weise eine Bahnfahrt zum Schlafen nutzt: *»M. Vouraud schlief die ganze Zeit. Daniel betrachtete ihn. Er war schon eine respektable Erscheinung. Rock und Hose maisfarben aus schlichtem, aber erstklassigem Stoff. Dazu ein weißes Gilet und weiße Gamaschen. Die Kappen seiner Schuhe waren annähernd rechtecktig und Daniel, der sie im Geist mit seinen Halbstiefeln verglich, verwünschte den Schuhmacher Schaffler in der Rue d'Hauteville, der so wenig mit der Zeit ging, daß er immer noch spitze Schuhe herstellte.«*

Innerhalb der bürgerlichen Welt gibt es einen Bereich, worin die komplexe Problematik des »gesellschaftlichen Aufstiegs« auf einen einzigen Punkt zusammenschnurrt und zur einfachen Frage der »Karriere« wird: Die Rede ist von jener Schicht, die alle Merkmale einer »Klasse in der Klasse« aufweist – der »Kategorie« der Angestellten. Für die Kurzcharakteristik, die wir in diesem Rahmen nur geben können, werden wir uns im wesentlichen auf den Roman LES EMPLOYÉS stützen – ein Werk, das Honoré de Balzac 1844 verfaßte, nachdem er drei Jahre zuvor bereits eine Studie mit dem Titel PHYSIOLOGIE DE L'EMPLOYÉ veröffentlicht hatte. Auch hier bleibt Balzac seiner Gewohnheit und literarischen Methode treu: gründliche Vorarbeiten, eine umfangreiche Materialsammlung und Informationen »aus erster Hand« – und das in dem historischen Augenblick, da die künftigen WHITE-COLLAR-WORKERS ihre ganze gesellschaftliche Macht und Bedeutung erhalten und ihre Zahl in den »modernen« Bürokratien und Verwaltungen sich vervielfacht. Der Roman vereint den schärfsten Blick auf die Wirklichkeit mit sicherem historischem Urteil; seine Komposition besticht durch den dauernden Wechsel von Beschreibung und Reflexion, von Sittenschilderung und Analyse der Alltäglichkeit. Außer den eigenen Erfahrungen benutzt Balzac hauptsächlich zwei Quellen: Die Informationen über die Ministerien und ihrer Hierarchien samt den entsprechenden Verhaltensmustern entnimmt er dem Werk MOEURS ADMINISTRATIVES (1825) von Ymbert, der – was die Authentizität verbürgt – selbst ein ehemaliger Bürovorsteher ist; für die Charakterisierung der »Typen« hingegen hält er sich an Henry Monnier – ebenfalls Ex-Ministerialbeamter und Autor einer Schrift mit dem Titel SCÈNES DE LA VIE BUREAUCRATIQUE (1835). Es muß nicht eigens hervorgehoben werden, daß das Werk Balzacs aufgrund seiner Genauigkeit und »hohen Auflösung« seinerseits zu einer wichtigen historischen Quelle wurde und noch vielen späteren, soziologischen Analysen Material und Anregungen lieferte.

Die Handlung des Romans ist so einfach wie exemplarisch: zwei Beamte, ein freigewordener Posten und der daraus sich entspinnende Machtkampf, der von beiden Seiten ohne Rücksicht auf Verluste geführt wird. Dabei rührt die Spannung nicht zuletzt daher, daß die Rivalen unterschiedlichen gesellschaftlichen Verhältnissen entstammen und auch auf verschiedene Weise von ihren Ehegattinnen unterstützt werden. Man darf keinesfalls vergessen, daß für das berufliche Fortkommen der Angestellten lange Zeit ihre gesamte »Lebensführung« ausschlaggebend war, und daß nicht nur sie selbst, sondern ebenso ihre Familien sich der »Stellung« gewachsen zeigen mußten. In Ministerien oder Banken existierten über das Privatleben der Angestellten regelrechte Dossiers, denen für den Aufstieg in der Hierarchie entscheidende Bedeutung zukam; und wären sie nicht für verfassungswidrig erklärt worden, es gäbe sie wohl noch heute.

Sorgsame Geheimhaltung der eigenen Einkünfte und Ausgaben und ein Lebensstil, den man sich eigentlich nicht leisten kann; ständig neue Intrigen und das alltägliche Elend: Dies ist der Hintergrund, vor dem die einzelnen Charaktere ihre Physiognomie gewinnen, und es ist vielleicht nicht uninteressant, sie anhand einer kurzgefaßten »Kostümanthologie« vorzustellen – besonders, wenn man weiß, daß Balzac das Verfahren, das die Physiognomik fürs Gesicht entwickelt hatte, auf die Kleidung übertrug und daß ihm jeder einzelne Zug und jedes Detail als Ausdruck der Persönlichkeit galt.

Zunächst das Portrait des Protagonisten – das vom Glück verlassenes Musterbeispiel eines Verwaltungsbeamten: *»Rabourdin pflegte einen großen blauen Gehrock zu tragen, eine weiße Krawatte, eine Robespierreweste, schwarze Beinkleider ohne Stege, grauseidene Strümpfe und ausgeschnittene Halbschuhe. Um acht Uhr morgens war er bereits rasiert und hatte seine Tasse Kaffee getrunken. Mit der Pünktlichkeit einer Normaluhr ging er von Hause fort. Seinen Weg zum Ministerium nahm er stets durch dieselben Straßen, und das alles so genau und so abgemessen, daß man ihn für einen auf dem Wege zu seiner Gesandtschaft befindlichen Engländer halten mußte.«*

Als nächstes der Ränkeschmied von Generalsekretär, graue Eminenz des Ministeriums. *»Sein Aussehen? – Er war das Überbleibsel eines schönen Mannes. Clément des Lupeaulx war 1,70 Meter groß. Er hatte einen ganz netten, kleinen Bauch. Seine Haut glühte in der Rosenfarbe des Wohllebens. Seine Gesichtszüge waren verlebt. Er trug einen gepuderten Tituskopf und eine elegante Brille. Seine Hand war mollig wie die einer älteren Frau, nur ein wenig zu eckig; es war die Hand eines Satrapen. Der Fuß war fein geformt. Nach fünf Uhr nachmittags trug des Lupeaulx immer durchbrochene Strümpfe, Halbschuhe, schwarze Beinkleider, dazu eine Kaschmirweste, ein unparfümiertes Taschentuch, eine goldene Uhrkette, den königsblauen Rock mit ziselierten Knöpfen und seine Orden. Des Morgens ging er in knarrenden Stiefeln und grauen Hosen. Sein ganzes Aussehen glich mehr dem eines schlauen Rechtsanwaltes als dem eines Ministers«.*

Herr von Rhomberg,
unbekannter Künstler, 1849.
Münchner Stadtmuseum.

Dann der vierschrötige, subalterne Bürokrat: *»Baudoyer trug einen kornblumenblauen Anzug mit gelben Knöpfen, eine gemsfarbene Weste, graue Beinkleider und eine Krawatte von gleicher Farbe. Er hatte große, schlecht beschuhte Füße. Seine Uhrkette war mit einer Menge alter Uhranhängsel geschmückt, unter denen er 1824 die amerikanischen Goldkörner aufbewahrte, die im Jahre VII der Republik modern waren.«*

Ziemlich verbreitet ist der Typus des Angestellten, der sich einmal zu Höherem berufen fühlte und nach wie vor – wenngleich heimlich – an seinem Traum festhält. Im tiefsten Innern bleibt er überzeugt, in Wahrheit ein Künstler zu sein, und wenigstens in der Kleidung bringt er dies auch zum Ausdruck – wie der Unterchef du Bruel: *»Er kleidete sich mit der Nachlässigkeit eines Theaterschriftstellers;*

Bildnis Alois Specht,
Josef Hauber, 1821.
Münchner Stadtmuseum.

morgens trug er Kniehosen, Halbschuhe mit Gamaschen, eine moderne Weste, einen olivenfarbenen Gehrock und eine schwarze Krawatte. Abends trug er einen eleganten Anzug, er wollte als Gentleman auftreten.« – oder wie Bixiou, der Lebemann: *»Was seinen Anzug betraf, so hatte er nur den Ehrgeiz, nicht lächerlich zu wirken, und vielleicht war er der einzige aus dem ganzen Ministerium, an dessen Haltung und Kleidung man nicht unmittelbar den Beamten erkannte. Er trug elegante Halbschuhe, schwarze Beinkleider mit Stegen, eine Phantasieweste und eine hübsche blaue Jacke, seine Halsbinde war immer das Geschenk einer Grisette, einen Hut von Bandoni und Handschuhe von dunklem Kalbsleder.«*

Eine Erwähnung wert ist auch der Bürovorsteher M. Phellion, der seine rechtschaffene Karriere in der Provinz durch die Versetzung nach Paris belohnt sieht: *»Herr Phellion sah aus wie ein nachdenklicher Schafsbock, er hatte ein mit Pockennarben bedecktes, aschfarbenes Gesicht, dicke, hängende Lippen, hellblaue Augen. Er war etwas über mittelgroß. Er war an sich so eigen, wie es ein Geschichts- und Geographielehrer sein muß, der vor jungen Damen unterrichtet. Er trug schöne Wäsche, ein plissiertes Jabot, eine ausgeschnittene Weste von schwarzem Tuch, die die von seiner Tochter gestickten Hosenträger sehen ließ, eine Diamantnadel im Hemd, eine schwarze Jacke und eine blaue Hose. Im Winter trug er einen nußbraunen englischen Kutscherrock mit dreifachem breiten Kragen. Er hatte einen mit Blei beschwerten Stock, den ›die tiefe Einsamkeit einiger Straßen in seinem Stadtviertel‹ notwendig machte.«*

Die Aufzählung ließe sich unschwer fortsetzen. Wenn aber die Angestellten – voran die Beamten der öffentlichen Verwaltungen – im Grunde nicht voneinander unterscheidbar sind und einander gleichen wie ein Ei dem anderen, dann liegt dies nicht so sehr an den Äußerlichkeiten der Kleidung, als vielmehr an der Luft, die sie atmen: Die Atmosphare, in der sie leben, hat etwas von Internatsschule oder von Kaserne. Die Arbeit steht an der Stelle der Schulaufgaben, die Bürovorsteher vertreten die Lehrer, und wir finden all die Sticheleien, Eifersüchteleien und Rivalitäten, die ein Klima erzwungenen Zusammenlebens hervortreibt; jenes Klima, worin die ganze kleine und kleinliche Pathologie des Alltagslebens so prächtig gedeiht und giftige Blüten treibt.

Zum Abschluß soll eine andere Interpretation nicht unerwähnt bleiben, die die bürgerliche Kleidung – von ihrer allerdistinguiertesten Form bis zu dem Minimum, das noch die geringste gesellschaftliche Stellung erfordert – gewissermaßen »adelt«, indem sie in ihr die bequeme »Maske« sieht, die es auf einfache Weise erlaubt, der Gesellschaft den obligaten Tribut an äußeren Formen zu zollen. In eins damit soll sie dem Individuum eine um so größere und wesentlichere innere Freiheit gewähren. Doch bringt diese Deutung unter Umständen für den Einzelnen weit größere Gefahren mit sich, als die einfache Gleichsetzung von Erscheinung und Wesen. Setzt sie doch eine »verborgene Tiefe« voraus – und was man zunächst für deren schützenden Schleier gehalten hat, stellt sich am Ende nur allzuleicht als Zwangsjacke heraus. Auch der steifste Kragen schützt nicht immer den Kopf, den er stützt. Gerade die deutsche Literatur – man denke an einen Roman wie DIE BUDDENBROOKS von Thomas Mann – hat virtuos diese verborgenen Widersprüche und latenten Konflikte aufgespürt und dargestellt, die sich im Falle der Krise als Krankheit und manifestes Leid offenbaren. Wenn man die Einseitigkeit der Übertreibung nicht scheut, konnte man es zugespitzt so formulieren: Das Unbewußte, das Freud entdeckte, nistete genau in den Revers der grauen, bürgerlichen Uniform.

ISABELLA PEZZINI

Literatur

Anonimo, Storia delle Mode (1854), Mailand 1981.
Honoré de Balzac, Die Beamten, in: Ders., Volksvertreter, Zürich, Diogenes-Verlag, 1977, 163–500.

B

Roland Barthes, Système de la Mode, Paris 1967.
Edmund Goblot, La barrière et le niveau – Etude sociologique sur le bourgeoisie française moderne (1925), Brionne 1984.
Siegfried Kracauer, Die Angestellten – Aus dem neuesten Deutschland, Frankfurt a.M., Suhrkamp-Verlag, 1971.
Georg Simmel, Zur Psychologie der Mode – Soziologische Studie, in: Ders., Schriften zur Soziologie, hrsg. v. H.-J. Dahme/O. Rammstedt, Frankfurt a.M. 1983, 131–139.

Angestellte auf einem
Werbefoto der Firma Hertling, 1985.

C

– Carmen · Culs

C

Carmen

Durch ihre Blicke und leidenschaftlichen Bewegungen, vor allem aber durch die Beschreibung ihrer Kleidung kennzeichnete Prosper Mérimée

Abendkleid »Carmen«,
Meisterschule für Mode,
München, 1985.
Münchner Stadtmuseum.

seine Heldin. Der Schriftsteller, der Zigeunern ebenso vorurteilsvoll

(*»Die Zigeuner tragen die Schuld; sie haben sie so erzogen«*) wie männlich fasziniert (*»Meine Zigeunerin . . . war von seltsamer, wilder Schönheit«*) gegenüberstand, beobachtete immer wieder sehr genau die »Auftritts«-

Kleider Carmens: *»Sie hatte Jasminblüten im Haar . . . war schlicht, fast ärmlich gekleidet und ganz in Schwarz . . . ließ die Mantilla, die ihr Haupt bedeckte, zur Schulter gleiten.«* – *»Sie hatte einen sehr kurzen roten Rock an, der weißseidene Strümpfe mit mehr denn einem Loch sehen ließ, und niedliche Schuhe von rotem Leder, mit feuerroten Bändern gebunden. Die Mantilla hatte sie zurückgeschlagen, um ihre Schultern und einen großen Akazienstrauß vorn im Hemd zu zeigen«*. Ihre Mantilla schlang sie um ihren Kopf *»derart, daß nur eines ihrer großen Augen zu sehen blieb«*. – *»Sie trug ein mit Flittern übersätes*

Faschingskostüm,
Firma Diringer,
München, um 1905.

Tambourin,
Deutschland, um 1950/55.
Münchner Stadtmuseum.

Kleid, blaue Schuhe, wiederum mit Flittergold, und, wo es nur anging, Blumen und Borden«. – *»Sie selber war prächtig gekleidet, einen Schal um die Schultern, einen goldenen Kamm im Haar, ganz und gar in Seide.«*

Diese Männerphantasie im Spanien-Verschnitt von 1845 entsprang zwar einem einzelnen Kopf, fand aber durchaus – versehen mit zusätzlichen Ingredienzen wie Andalusien und Mandoline, Wildheit und Schwermut, Hexe und Diana, ein interessiertes Publikum. Sie entsprach der unbewußten männlichen Wunschvorstellung von der Frau als FEMME FATALE. Ihre äußerlichen Kennzeichen (weiß, rot, schwarz, golden, Seide, Spitze, Mantilla, Schal, Kamm, Fächer und Schulter) wurden zum Rezept, mit dem Frauen diesen Vorstellungen auch zu entsprechen suchten. So zeigte die Zeitschrift LE CONSEILLER DES DAMES 1847, gleich am Anfang ihres Erscheinens, als Vorschlag für Ballgarderoben neben einem reinweißen Kleid (die Frau als Engel!) eine (den Männern?) mit dem Fächer winkende Ersatz-Carmen in schimmerndem Schwarz, Gold und Rot, mit Spitzenmantilla und roten Blumen. Ganz ähnlich war auch das Erfolgsrezept

Souvenirfächer (Detail),
Spanien, um 1890.
Münchner Stadtmuseum.

einer »spanischen Tänzerin« aus Irland mit Künstlernamen LOLA MONTEZ, die König Ludwig I. von Bayern 1848 über Blumen, Samt und schwarze Spitze stürzen ließ. Auch Kaiserin Eugénie von Frankreich tat einiges für die Verbreitung der »Spanien-Mode« – vielleicht weil die gesellschaftsbestimmende Dame, nach Worten einer Zeitgenossin jedoch *»kleiderverrückte Kokotte«*, selbst Spanierin war. Sie soll in Frankreich das spanische Bolero eingeführt haben. Künstler wie Emil Waldteufel, Hofballkomponist Napoleons III., und besonders Emanuel Chabrier mit seiner ESPANA-RHAPSODIE von 1883, trafen mit ihren Stücken die betörend parfümierte Kastagnetten-Sehnsucht der eleganten Welt. Die wohl bedeutendste »Hommage à Carmen« lieferte allerdings Georges Bizet 1875. Das theatererfahrene Librettistenduo Meilhac und Halévy benützten Mérimées Novelle, filterten daraus die dramaturgisch verwertbaren Effekte und fügten einige weitere an. Bizet schuf dazu eine schillernd zwischen Dur und Moll schwankende, dramatische Musik, welche die Oper zu einem Welterfolg werden ließ. Dazu trug aber in nicht geringem Maße auch die Figur seiner Heldin bei. Zahlreiche Kritiker beurteilen heute noch die handlungstragende Mezzosopranistin gleichwertig nach ihren stimmlichen wie darstellerischen Qualitäten und attestieren dieser oder jener Künstlerin aufgrund der angeführten Kriterien, eine *»gute«* oder eine *»leidenschaftslose«* Carmen zu sein. Die wichtigste Aufgabe für Kostümbildner ist daher, die »Leidenschaft« in der Gestaltung der Auftrittsrobe des jeweiligen Stars zu unterstreichen – legten doch die Textdichter, die den Geschmack des Publikums genau kannten, Carmen in ihrer berühmten Habanera die verheißungsvollen Worte in den Mund: *»Die Liebe von Zigeunern stammt!«*

Zahlreiche Verfilmungen des Themas – von Chaplins Version 1915 über Produktionen der 20er Jahre, Premingers Carmen Jones von 1954 bis hin zu Sauras Carmen von 1983 – zeigen das beständige Interesse, das diesem Thema entgegengebracht wird. Natürlich waren auch Frauen fasziniert. Der Mythos von Freiheit und dämonischer Macht, welche die Zigeunerin über Männer ausübt, reizte sie, sich einmal selbst als Gitana zu versuchen: Tambourins und Fächer wurden mit tanzenden oder singenden Carmencitas bedruckt, und in Kostümverleihen erhielt man Spanierinnen. 1924 zollte die Zeitschrift Elite der Mode der »spanischen« Schals ihren Tribut und zeigte schwarze und weiße Fransentücher mit Blumen, die um dämonisch blickende Damen geschlungen waren und dabei jeweils eine Schulter frei ließen. Die Dame stellte in ihrem ersten Novemberheft 1924 ein Modell aus schwarzem Samt und weißer Spitze von Hermann Gerson in Berlin vor: Das Mannequin steht rückenfrei in Tanzpose und spielt mit einem großen Fächer. Das von ihm vorgeführte spanische *»Stilkleid«* wird in der Bildunterschrift als *»besonders eigenartig«* bezeichnet. Im zweiten Herbstmodenheft der Dame, ebenfalls 1924, sieht man die Schauspielerin Sinaida Korolenko mit den bekannten Requisiten. Fächer, Mantilla und Blumenrock, nackte Schulter, Zigarette und unergründlicher Blick ins Grenzenlose suggerieren der noch zögernden Leserin: Auch du kannst Carmen sein!

Des Interesses der Männer können sich dabei die Frauen im Carmen-Look stets sicher sein, signalisiert er doch ungezügeltes »Verlangen«, auch Provokation: *»Hätte sie nur Furcht gezeigt«*, schrieb Mérimée, *»hätte sie mich um Gnade angefleht! Nichts; dies Weib war ein Dämon«*. So lassen Wunschvorstellungen beider Geschlechter immer wieder neue Carmens entstehen – wie 1983 in Sauras Film. 1985 rauschte ein attraktives, dunkelhäutiges Mannequin in enger, schulterfreier Abendrobe der Meisterschule für Mode (München) über den Laufsteg: Das Modell hieß Carmen und war aus schwarzem Samt, roten Seidenvolants und Glitzersteinen. Und schon 1982 zeigten im Faschings-Sonderheft von Neue Mode auch Fotograf und Werbetexter, worauf es in Spanien ankommt: *»Zur Feier des Tages hat sich der Matador ganz in Gold gehüllt und genießt die bewundernden Blicke der schönen Frauen. – Lolita«* (sprich Carmencita) *»erobert die Herzen der Männer im Handumdrehen«* (ganz in Rot mit Rüschen) *»und macht, wo sie auftaucht, mit ihrem Fächer immer viel frischen*

Schauspielerin Sinaida Korolenko im spanischen Kostüm, Die Dame, 1924.

Wind«. Da sind sie, die alten Rezepte und bewährten Requisiten, die schon Mérimée verwendet hat – heute offenbar wieder als Bedürfnis, das auch Hellmuth Karasek im Spiegel vom 12. September 1983 konstatierte: *»Die puritanische Seite der Latzhosenkultur, bei der alle in Urschuhen daherwatscheln und gesund ist, was reizlos macht, wird durch ›Carmen‹ herausgefordert. Diese Alternativ-Gesinnung hat so lange (mit gutem Grund) gepredigt, daß Galanterie Lüge sei, die nur der Verführung dient – bis da offenkundig wieder eine gewisse Sehnsucht entstanden ist«*. Na also – Eviva Espana!

ANDREAS LEY

Literatur

Hellmuth Karasek, Carmen – Traum der absoluten Liebe, in: Der Spiegel, Hamburg, 12.9.1983.

Prosper Mérimée, Carmen, erstmals Paris 1845, hier: Diogenes-Taschenbuch, Zürich 1983.

Theatergarderobe von Hermine Bosetti
und Eva Gebhardt,
München, um 1910.
Münchner Stadtmuseum.

C

Modefoto, 1985.

»Culs«

»Keinen oder einen schlechten Hintern haben ist immer ein ästhetisches Unglück«, konstatierte 1878 einer der geistreichsten Gelehrten Deutschlands, Friedrich Theodor Vischer, in einem Aufsatz über Mode. Und schließlich mußte er es wissen; rühmen ihn doch heute noch manche unserer Lexika als *»Ästheten«*.

Mit diesem Satz ist ein Thema angestimmt, das seit dem 17. Jahrhundert oftmals Gegenstand literarischer oder bildnerischer Kunst geworden ist. Ohne die Vorreiterrolle der frühneuzeitlichen Aktmalerei geringschätzen zu wollen (man denke an Baldungs Hexen!) – mit Verlaub: Vornehmlich Barock und Rokoko gebührt Dank für die Wiederentdekkung eines Körperteils, dessen Anmut zu lobpreisen die alten Griechen nicht müde wurden. Nun war er wieder da – der weibliche natürlich. Ihm galt die Aufmerksamkeit von Meistern der erotischen Malerei. Ob Rückenakt, ob Bade- oder Schlafzimmerszene, ob klyzomanisches oder flagellantisches Bild – er stand im Zentrum, auf ihm ruhten mit Wohlgefallen die Blicke der Voyeure, die in den Darstellungen des 18. Jahrhunderts oftmals in das pikante Arrangement einbezogen wurden. Das »galante« Zeitalter beließ es nicht bei busengrapschenden Schäfern, wiewohl um die weiblichen Brüste eine regelrechte Hymnendichtung sich rankte. Man kann einem Fréderic Challe (1748–1808) wahrlich nicht vorwerfen, daß er seinen Pinsel zu selten zur Wiedergabe formschöner weiblicher Oberkörper eingesetzt hätte, aber sein Gemälde DER VERGLEICH, das als Kupferstich von J. Bouillard und J. B. M. Dupréel unter

Suzanne,
Daniel Tixier,
Paris, Salon de 1898.

die Leute kam, zollt den rückwärtigen Rundungen doch höchste Achtung. Nacktbadende Damen messen sich mit einer Statue der Venus Kallipygos, und man darf sagen, daß sie bei dem Vergleich nicht schlecht wegkommen. Sicherlich standen Pariserinnen Modell, deren Clunes so manches rühmende Wort erfahren haben. So lesen wir im LEIBDIENER DER SCHÖNHEIT, einem Ratgeber des Jahres 1747: *»Ein perfect schön Weibes=Bild muß haben ein Engelländisch Gesicht, einen Deutschen Leib, und einen podex aus Paris.«* Was man sich unter solcher Perfektion vorstellte, erfährt man an anderer Stelle: *»Inzwischen hält man die vor schöne Arschbacken, die ihren rechten Sitz haben, nicht allzu hoch stehen, auch nicht uneben schlimm sein, wie bei lahmen Leuten, denen das Hüftbein aus ist, einander sein gleich, nicht herausbühlen, wie ein Erker, auch nicht allzu fett und groß, daß man darauf tanzen möchte, doch auch nicht zu dürr und spitzig, daß man damit Löcher in die Bänke sitzen könnte; sondern etwas rund, fein, untersetzt, hart, prallig, daß es fein klitscht, wenn man darauf schlägt, fein glatt und weiß.«*

Der Wiener Mediziner Oskar F. Scheuer verfaßte im 1930 erschienenen BILDER-LEXIKON SEXUALWISSENSCHAFT den Artikel GESÄSS (NATES). Er spricht von dessen *»Rolle bei der sexuellen Anlockung des Mannes«*, versteht nur allzu gut, *»warum es so viele Individuen gibt, auf welche die Hinterbacken eines Weibes sinnlich stärker einwirken als der schönste weibliche Busen«* und meint daher: *»Kein Wunder, wenn die weibliche Mode das Bestreben zeigte, außer dem Busen auch die Hüft- und Gesäßgegend durch die Kleider schärfer zu akzentuieren. Es sei nur an die sog.*

C

›culs de Paris‹ und andere Luftbeutel und Kissen erinnert, die das G. oft zu geradezu riesenhaftem Umfang anschwellen ließen.«

In der Tat: Eingedenk der Tatsache, daß besagtes G. stets eines der bevorzugten Objekte sexueller Männerphantasien bildete, mußte die fashionable Dame auf Mittel und Wege sinnen, auf welche Weise sie es – je nach der Mode – am geschicktesten verbarg oder hervorkehrte. Seiner Betonung, ja Überbetonung dienten Polster, die das Kleid aufbauschten; daher die Bezeichnung BOUFFANTEN für diese Einlagen, die zur Ausstattung der Kleider am Hofe Ludwigs XIV. gehörten. Im 18. Jahrhundert verschwanden die Linien wieder unter gewaltigen Rockgebilden. In den 80er Jahren aber kehrte die Mode der rückwärtigen Polsterung zurück. Sie blieb nicht auf Frankreich beschränkt. Über die Wiener Dame lesen wir in dem Buch GALANTERIEN WIENS, ihr Wuchs sei *»vortrefflich, und die beiden ungeheuren Polster, die sie Bouffanten hießen, und die am Ende dieser geschmeidigen Schnürmaschine angebracht sind, damit sie die Hintertheile vervollkommnen, machen seine Feinheit noch auffallender.«*

Auspolsterungen von Körperpartien kommen in der Geschichte der Mode immer wieder vor. Man denke nur an die »pads« vor den Bäuchen, mit denen Engländerinnen – wie früher ihre spätmittelalterlichen Geschlechtsgenossinnen – um 1793/94 gleichsam scheinschwanger einherwandelten. Zu dieser Zeit hatte in Frankreich eine gegenläufige Bewegung eingesetzt. Kein Korsett, keine Polster, weder vorn noch hinten – den Busen galt es zu betonen. Dem dienten gewagte Dekolletés und die hohe Taille, von der das Chemise weich und weit herabfiel, den Körper um-

»Langtry«-Tournure, 1877.

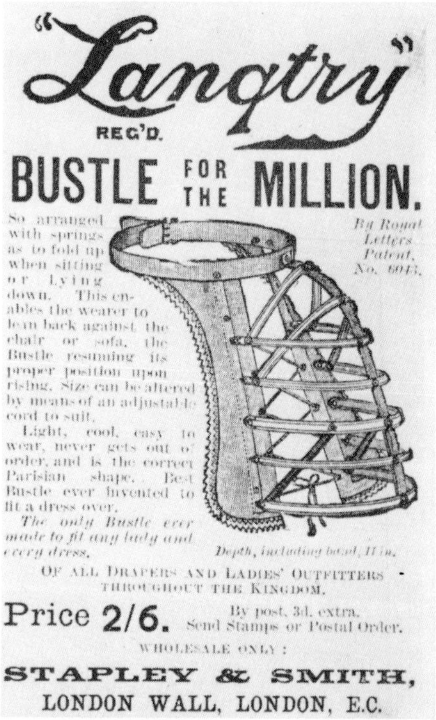

Abstammungslehre – Entwicklung der Tournure, Karikatur, Ulk, 1883.

Tournure,
um 1880/85.
Münchner Stadtmuseum.

Hüftformer,
um 1875–1885.
Münchner Stadtmuseum.

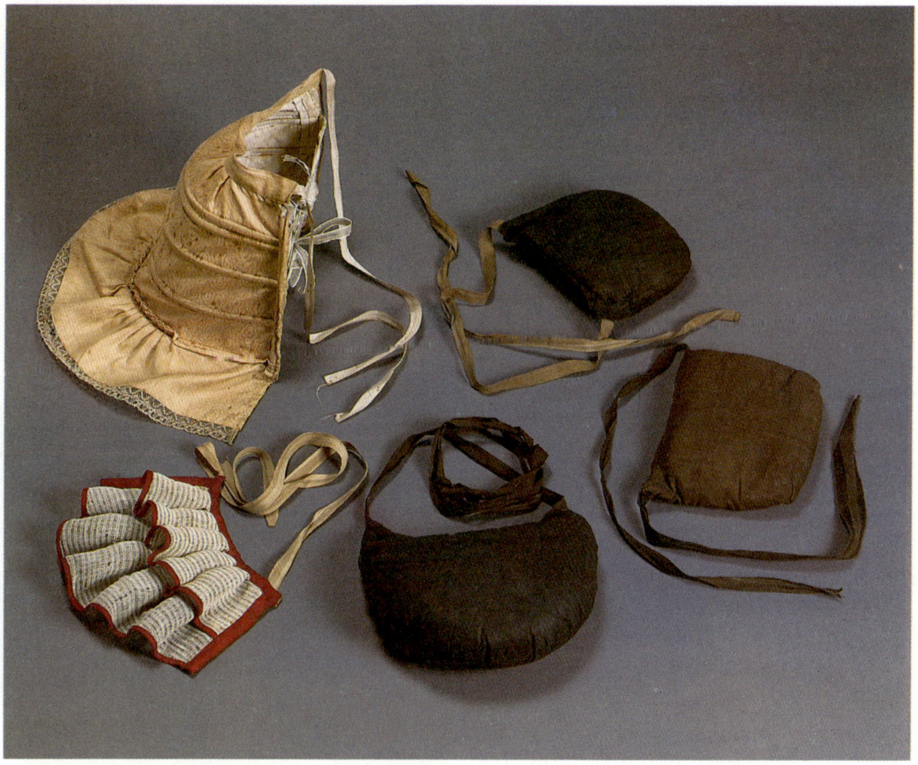

spielend, ohne seine Formen zu unterstreichen. Wenn man dem englischen Karikaturisten James Gillray glauben darf, funktionierte dies allerdings nur bei Windstille. Was die linke seiner drei GRAZIEN IM STURM (1810) dem Betrachter präsentiert, ist ein ganz und gar unartifizielles, reichliches Doppelpolster aus Fleisch und Blut.

Das 19. Jahrhundert rekapitulierte zunächst das Korsett und den weiten glockenförmigen Rock. In seiner Schrift VERNÜNFTIGE GEDANKEN ÜBER DIE JETZIGE MODE (1859) wetterte Vischer gegen die Krinoline. Eins seiner vielen Argumente ist sehr männlich: *»Wir möchten hier noch etwas anmerken; es ist ein zarter Punkt, den wir schwer in das bestimmte Wort zu fassen vermögen. Es gibt gewisse plötzliche Schwenkungen im weiblichen Gang, recht merklich kokett, und doch braucht die Dame noch lange keine Kokette zu sein, um mit dieser furchtbaren Waffe die Männerherzen schockweise zu erobern. Kennern brauchen wir nicht zu sagen, daß sie nur im Vorübergehen, im Abgehen, daß sie nicht von der Vorderseite, sondern von der Rückseite sich präsentieren; die Spanier legen ungeheuren Wert darauf, haben einen eigenen Namen dafür, der uns entfallen ist, und flüstern gern einer vorübergehenden Schönen ein Wort der Bewunderung zu, um zum Dank eine solche Lazertenbewegung als Augenschmauß zu bekommen. Wie sollte in einer Krinoline diese reizende Schwenkung, Schwankung, Wackelung möglich sein? Es würden nur einige Reife in unorganische, geometrische Drehung versetzt.«*

Zehn Jahre später kam mit der sog. Tournüre die Neuauflage des Gesäßpolsters. Außerhalb von Paris nannte man sie CUL DE PARIS. Der Begriff CUL DE CRIN weist auf die Füllung dieses Kissens mit Roßhaar. Daneben gab es korbartige Gestelle, die mit einem Gürtel um die Hüfte geschnallt wurden. *»Best Bustle ever invented«* pries 1877 die Londoner Firma STAPLEY & SMITH an: *»The correct Parisien shape«* sei mit dem Modell LANGTRY zu erzielen, dieses sei (dem Anschein zum Trotz) *»light, cool, easy to wear«*, was damals offenbar ein Problem darstellte. Renoir hat mit seinem Gemälde DIE PARISERIN 1874 dieser Mode ein Denkmal gesetzt.

Gern wurde der Bausch mit einer

Schleife, mit Spitzen oder anderen Verzierungen ausgestattet. Vischer, der die Tournüre grundsätzlich begrüßte, schimpfte drauf los: *»So mit Fingern auf jene Stelle weisen, das geht denn doch über den Spaß. Die Natur, ja die erlaubt sich mitunter, dort ein Ornament anzubringen, daß man so recht hinsehen muß; sie setzt einigen Vierfüßlern und vielen Vögeln einen Prachtschwanz an, sie färbt einigen Affen zwei betreffende nackte Flächen schön zinnoberrot oder himmelblau, sie dreht dem Pinscher zwei niedliche gelbe Wirbelchen hin in Quittenform, aber Donnerwetter! muß ihr denn der Mensch, muß ihr gerade das Weib solche Witze nachmachen? Einmal habe ich Unglaubliches gesehen, und zwar an einem bildschönen Weib und in höllisch noblem Salon (ich mag gar nicht sagen, wie nobel, man könnte sonst meinen, ich wolle dick tun): da saß mitten in diesem Gebausch ein zierliches Röschen just auf – nun, ich frage, ob ein Mensch die Ideenassoziation in sich unterdrücken kann, die – unter Anderem auch von den Gesetzen der Nachbarschaft und des Kontrastes geleitet wird – ei pfui Teufel! So schnell scheint übrigens die eintretende Besinnung von diesem Vor- oder eigentlich Hinterposten nicht lassen zu wollen. Noch immer hat dortherum der anzügliche, fürwitzige, wunderfitzige Kobold Mode etwas zu nesteln und zu besteln, kann wie eigensinnige Kinder die Finger nicht davon lassen, will nicht begreifen, daß man dort lieber nichts tut, als nicht höchst taktvoll und behutsam.«*

Diesseits aller Vischerschen Ideenassoziationen darf festgehalten werden: Von einer Zurschaustellung der natürlichen Körperlinien kann bei den beschriebenen Modeerscheinungen kaum die Rede sein. Der Ausfall

Gesellschaftskleid,
Salon A. Corbay-Wenzel,
Paris, um 1885.
Münchner Stadtmuseum.

Scherzpostkarte, 1900.

in Hüfthöhe war zu jäh, der Rock in der Regel um die Beine nicht eng genug, so daß die künstliche Aufblähung allenfalls eine optische Orientierungshilfe darstellte. Der von der Natur benachteiligten Dame kam dies gewiß sehr entgegen. Die Krinoline überdeckte ohnehin alles Unvorteilhafte gnädig, und der CUL DE PARIS war bekanntermaßen mehr Schein als Sein. Daß dabei auch die zierlichsten Geschöpfe aussahen, als litten sie an Steatopygie, war ein gefundenes Fressen für die Karikaturisten.

Die Meinung der Zeitgenossen scheint hinsichtlich der Tournüre durchaus geteilt gewesen zu sein. Übertreibungen sind freilich immer lächerlich, das gilt nicht zuletzt für die Kleidung. Komisch wirkt auch, wer eine Mode meint mitmachen zu müssen, die er sich von seinem Körperbau her nicht leisten kann. So brach mit dem 20. Jahrhundert eine schlimme Zeit an für die satthüftigen, fettsteißigen Damen, eine gute wiederum für die Spötter. Blix brachte 1911 im SIMPLIZISSIMUS eine POIRET IN MÜNCHEN betitelte Karikatur. Es geht hier also um Kleider für schlanke Frauen, denkbar ungeeignet für jenen Typ der ausgeuferten Matrone, den Blix darstellt. Verzweifelt versucht die Schneiderin Maß zu nehmen, aber das Band reicht um die gewaltigen rückwärtigen Formationen nicht annähernd herum.

Auch bei Hosen, namentlich bei hautengen Jeans und Hot Pants, ist die bescheidene Form der Fülle vorzuziehen. Eigentlich gab es im gesamten 20. Jahrhundert nur einmal eine gesäßbetonende Mode: die enganliegenden Kleider bald nach dem II. Weltkrieg. Man war sich einig: So wie M. M. wackelte keine mit ihrem – nennen wir ihn »Cul de Hollywood«. Aber das ging rasch vorbei. Den Audrey-Hepburn-Doubles war jegliche Art von Üppigkeit unerwünscht, und erst recht den Twiggy-Fans. In mitfühlender Rückschau gedenken wir der pubertierenden Teenager jener Zeit, die Tag für Tag mit nacktem Entsetzen das unaufhaltsame Anschwellen ihrer weiblichen Rundungen registrierten.

Zum Schluß noch einmal ein Blick in Scheuers Auslassungen: *»Doch ist ein kleines G. ebenso unschön wie ein zu großes.«* Aber, aber! Äußerungen persönlicher Vorlieben sind in einem Essay wie dem eingangs zitierten von Vischer am Platz, jedoch nicht in einem Lexikonartikel. Immerhin räumt Scheuer uns einen gewissen Spielraum ein: Jeder, wie er's mag. Wer sich über das Angebot informieren will, hat heute keine verstohlene Seitenblicke mehr nötig. Er kann seine Augen in den Isarauen weiden, im Englischen Garten, am Grunewaldsee. Da gibt es kugelige und flache, fette und kindliche, blasse und braune, hin und wieder sogar tätowierte. Aber schnell ist die Fleischbeschau zu Ende, spätestens dann, wenn der frische Herbstwind die Blätter durch die Alleen und die nackten Hintern in die Hosen treibt.

EDGAR HARVOLK

Literatur

Elizabeth Ewing, Dress and Undress. A history of women's underwear, London 1978.
Eduard Fuchs, Illustrierte Sittengeschichte vom Mittelalter bis zur Gegenwart, 3 Bde. u. 3 Erg.Bde., München 1909–1912.
Oksar F. Scheuer, Gesäß (Nates), in: Bilder-Lexikon Sexualwissenschaft, Wien/Leipzig 1930, 300–302.
Friedrich Theodor Vischer, Kritische Gänge, Bd. 5, hrsg. v. Robert Vischer, 2. verm. Aufl., München 1922.
Friedrich von Zglinicki, Kallipygos und Äskulap. Das Klistier in der Geschichte der Medizin, Kunst und Literatur, Baden-Baden 1972.

Modeillustration, 1875.

D

- Dandy
  Sonja Delaunay
  Demi-Monde
  Diwan-Frau
  Druckknopf

D

Dandy

Wieviel Tinte und wieviel Scharfsinn sind nicht schon an diesen Typus verschwendet worden, der nicht aufhört, die Gemüter zu beschäftigen und immer neue Interpretationen und Deutungen hervorzubringen. Tatsächlich offenbart der Dandy in der widerspruchsvollen Einheit von Absolutem und Ephemerem etwas vom Wesen der Mode selbst. Als seine Ära gilt für gewöhnlich das 19. Jahrhundert, und man läßt sie mit dem Beginn des unseren zu Ende gehen. Aber leicht kann man auch später und bis heute – vor allem in den Jugendmoden – »Dandyhaftes« erkennen. Schwieriger ist es schon, den Begriff des Dandy systematisch zu fassen, ihn eindeutig gegen andere »Typen« abzugrenzen und über Transformationen und Akzentverschiebungen Klarheit zu erlangen. Ein Abstand von wenigen Jahren, eine Betrachtung aus der Perspektive eines anderen gesellschaftlichen Milieus – und schon ändert sich die Definition, ja, vermag sogar ins krasse Gegenteil umzuschlagen. Man hat den Dandy mit äußerster Schlichtheit und mit totaler Extravaganz, mit vollkommener Selbstbeherrschung und mit zügellosester Ausschweifung, mit extremen Individualismus und mit dem Kult der Gemeinschaft identifiziert. Die Gestalt, die wir vor uns haben, ist also so vielschichtig wie mehrdeutig.

»Dandy«, Gavarni, um 1845.

Eines immerhin zeichnet sich ab: daß durch alle verschiedenen und gegensätzlichen Interpretationen hindurch der »Typus« erhalten bleibt, ist ein Indiz dafür, daß wir es tendenziell mit etwas zu tun haben, was man vielleicht als »totale« Mode bezeichnen könnte. Das soll heißen, daß Kleidung und Verhalten nur Oberfläche, makroskopischen Aspekt, Niederschlag darstellen; daß sie nicht bloß eine äußerliche Form darstellen, sondern Ausdruck der Seinsweise eines Menschen, einer Gruppe, im äußersten Fall einer Generation sind.

Doch halten wir uns an die Reihenfolge. Wie entsteht der Dandy, dieser, wie Baudelaire sagt: ». . . *dernier éclat d'heroïsme dans les décadences . . . un soleil couchant; comme l'astre qui décline . . . superbe, sans chaleur et plein de mélancolie«?* Der Ausdruck taucht zuerst um 1815 auf. Das Wort selbst gilt als englisch, aber

George Brian (Beau) Brummel, um 1820.

es leitet sich – so jedenfalls eine Vermutung – vom französischen Verb »se dandiner« her, das einen wiegenden Gang bezeichnet.

Im Littré ist es folgendermaßen definiert: *»Homme recherché dans sa toilette«* – also nicht wesentlich anders, als im ausführlicheren und differenzierteren Petit Robert: *»Homme qui se pique d'une supreme élégance dans sa mise et ses manières«*. Der Typus, den das Wort bezeichnet, hat seine historischen Vorläufer in gewissen jugendlichen Schwärmern für

Raffinesse und Originalität Ende des 18. Jahrhunderts: den MAKKARONIS in England (die so genannt wurden, weil die »Grand Tour« nach Italien notwendige Voraussetzung für die Aufnahme in ihrem Kreis war), und die französischen LIONS (mit denen die Tradition der hochexklusiven Zirkel beginnt).

Aber der eigentliche Ahnherr des Dandy ist George Brian Brummel (geboren 1778 in London), der niemand geringeren als den künftigen König Georg IV. in seinen Bann zog und damit auf die exklusive, geschlossene Gesellschaft der englischen Aristokratie Einfluß gewann. Er lieferte ihr – das ist, war er selbst doch Bourgeois, nicht ohne Pikanterie – ein Modell der Identität und Selbstzelebration.

Die typische Tenue des BEAU war dem Anschein nach sehr einfach. Scaraffia rekonstruiert sie 1982 so: *»Ein blauer Rock über der Taille geknöpft und hinten in zwei knapp bis zum Knie reichende Schößen auslaufend, wurde mit einer cremefarbenen, leicht anliegenden Hose kombiniert, die in schwarzen Stiefeln mit hellen Stulpen steckte. . . . Die Krawatte – leicht gestärkt, um eine perfekt modellierte Fältelung zu erreichen – setzte mit ihrem strahlendem Weiß einen kräftigen Akzent in diesem diskreten Erscheinungsbild.«*

Das Geheimnis lag gerade darin, mit dem allergrößten Aufwand ein Höchstmaß an Einfachheit zu verwirklichen. Es gibt dazu einen schier unerschöpflichen Schatz von Anekdoten – etwa darüber, daß der BEAU (er erhob sich morgens ziemlich spät) einen Großteil des Nachmittags daran verwandte, unter seinen vielen Krawatten die passende auszuwählen und sie perfekt zu binden; oder die schöne Geschichte von den drei TAILLEURS, die nötig waren, ein Paar Handschuhe für ihn anzufertigen. Die Synthese von größtmöglicher Zurückhaltung und äußerster Eleganz, die mit großer Sorgfalt ins Werk gesetzt wurde, prägte im übrigen Brummels ganzen Lebensstil: Berühmt geworden sind das kostbare Sèvre-Porzellan für seine ausgesuchten Erfrischungen, sowie die Sammlung von Tabatieren: einziges Andenken an vergangenen Glanz, das er sich in der Zeit des freiwilligen Exils gestattete. Die Poetik des Details, die Zärtlichkeit für die Einzelheit, die dem alltäglichen Verwendungszusammenhang entzogen und mit normativ-totalisierender Bedeutung besetzt wird einerseits, und andererseits die Fähigkeit, ein harmonisches und unwiederholbares Ganzes

Bildnis eines jungen Gentleman, Daguerreotypie, um 1845.

zu schaffen, die Kleidung zu einem »Original« zu machen, als handelte es sich um ein Kunstwerk: Das gehört zum wichtigsten an dem Erbe, das der BEAU der ganzen Mode und ihrer Ideologie vermacht hat. Und natürlich seinen Nachahmern und Epigonen, deren Namen ja alle mit irgendwelchen Details verbunden sind, die für ihre Persönlichkeit und für ihren Stil stehen: so die schwarze Satinkrawatte (anstelle der obenerwähnten weißen) und die goldglänzenden Messingknöpfe bei dem Comte Alfred d'Orsay; die Kamelie im Knopfloch und die blaßgelben Handschuhe bei Eugène Sue; so verbindet sich mit Baudelaire die schwarze, die – wie er sagte – einer trübseligen und trostlosen Zeit einzig angemessene Farbe; so gehören später zu Oscar Wilde die provozierenden grünen Nelken im Knopfloch und die scharlachroten Westen; zum Comte Robert de Montesquieu schließlich die unvermeidliche weiße Schärpe und die einzigartige Kollektion von Krawatten.

Aber das wirklich Besondere an Brummel war eben nicht so sehr die Kleidung, als vielmehr die Tatsache, daß es ihm gelang, einem (wie man heute sagen würde) »soziokulturellen Typus« Gestalt und Ausdruck zu geben: Aus diesem Grund wurden sein Geschmack, sein Verhalten, seine Requisiten, wurde seine ganze Existenz Maßstab und Vorbild für Generationen von ENFANTS DU SIÈCLE. Die äußerlichen Imitationen, die Deutungen und Interpretationen blieben freilich vom Wandel des Geschmacks nicht unberührt und standen eine Zeitlang unter dem Einfluß der Romantik, um später in den Sog von Décadence und Ästhetizismus zu geraten. Wichtiger ist deshalb wohl ein Anderes: Das Beispiel Brummels

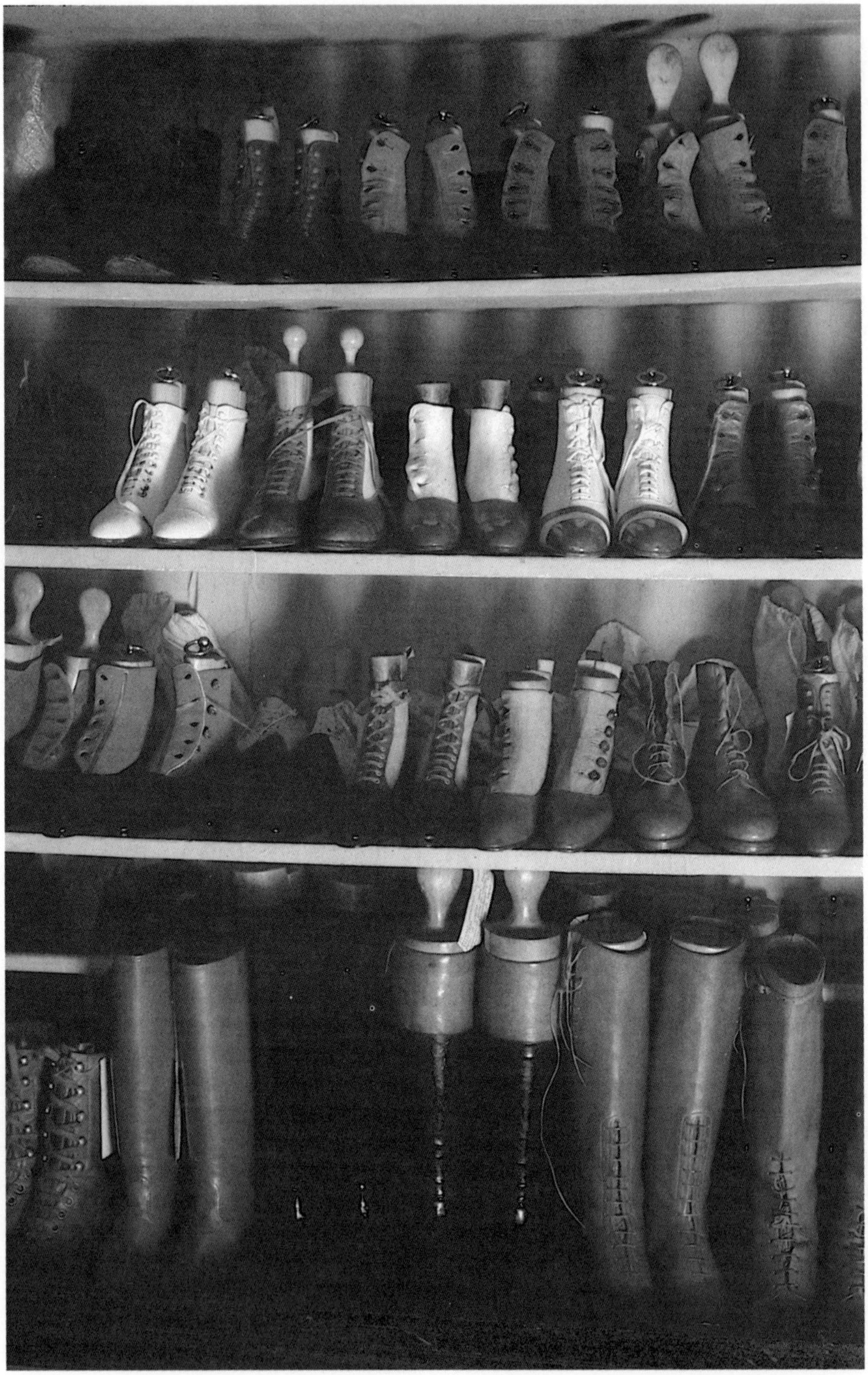

Schuhschrank Gabriele d'Annunzios (1863–1938), Villa Vittoriale, Gardone.

Hausmantel Gabriele d'Annunzios (1863–1938), Villa Vittoriale, Gardone.

wurde Anlaß (und blieb Herausforderung) für das Bemühen, dieses ganze Universum der Sitten, des Verhaltens und der Moden auch theoretisch zu durchdringen und zu begreifen, einen Bereich, dessen außerordentliche Wichtigkeit und Bedeutung in jener Epoche des Niedergangs der alten, in sich geschlossenen Stände und Kasten zugunsten der offenen sozialen Klassen besonders deutlich spürbar und erlebbar wurde. Einer Zeit, in der die Gunst oder der Zufall der Geburt eine immer geringere Rolle spielten, in der der Einzelne als seines Glückes Schmied galt und immer stärker allein auf sich gestellt war, wenn es darum ging, seinen Platz in der Welt zu bestimmen.

Während der »Dandyismus« als Lebensform zusehends weitere Kreise zog und – jeweils unter dem Banner irgendeines bekannten Namens – in Clubs (der berühmteste war wohl der JOKEY) und Kaffeehäusern (in Paris u. a. im CAFÉ DES ANGLAIS und – natürlich – im CAFÉ DE PARIS) seine Zentren fand, nahm die Theorie immer deutlichere Gestalt an und schlug sich in Romanen, Zeitungs- und Zeitschriftenartikeln, sowie auch in eigenen Abhandlungen und Traktaten nieder, die immer größere Verbreitung fanden. Sogar der große Balzac trug sich mit dem Plan eines umfangreichen TRAITÉ DE LA VIE ÉLÉGANTE – worin dem Dandyismus allerdings eine scharfe Abfuhr erteilt wird: *»Le Dandy est une hérésie de la vie élégante. En effet le Dandysme est une affectation de la mode. En se faisant Dandy, un homme devient un meuble de boudoir, un mannequin extrêment ingénieux qui peut se poser sur un cheval ou sur un canapé, qui mord ou tete habilement le bord d'une canne; mais un être pensant? . . . jamais. L'hom-*

me qui ne voit que la mode dans la mode est un soit. La vie élégante n'exclut ni la pensée, ni la science, elle les consacre«. Dabei – die Karikaturisten haben es klar erkannt – trägt Balzac's Hang zur Eleganz selbst durchaus dandyhafte Züge, und es zeugt sogar von extremem Dandytum, wenn er – um 1830 – eine THÉORIE DE LA DEMARCHE, einen TAITE DES EXCITANTS MODERNES, eine PHYSIOLOGIE DE LA TOILETTE und eine PHYSIOLOGIE GASTRONOMIQUE verfaßt.

Das Problem liegt wohl darin, daß man – trotz der konstitutiven Bedeutung einer strengen Befolgung selbst auferlegter Regeln – Dandy ist und nicht werden kann. Es ist Barbey d'Aurevilly, der mit seiner scharfsinnigen Schrift BRUMMEL ET LE DANDISME (1845) den Grund legt zu einer Philologie des Dandy. Indem er mit Nachdruck die Unnachahmlichkeit des echten Dandy betont, erhebt er ihn über die bloßen Zufälligkeiten der Mode. Es ist das Charisma einer inneren Überlegenheit, das in der vollkommenen Stimmigkeit der Kleidung seine treue Spiegelung erfährt, und das bedeutet nichts geringeres als die absolute Übereinstimmung von »schöner Seele« und ihrer Erscheinung, von Inhalt und Form.

Baudelaire greift in LE PEINTRE DE LA VIE MODERNE (1863) diesen Gedanken auf. Er beginnt mit der Feststellung, den Dandy habe es seit jeher gegeben (für die Antike nennt er etwa Caesar und Catalina als Beispiele), um dann detailliert den zeitgenössischen Typus zu zeichnen: *»L'homme riche, oisif, et qui, même blasé, n'a pas d'autre occupation que de courir à la piste du bonheur; l'homme élévé dans de luxe et accoutumé dès sa jeunesse à l'obéissance des autres hommes, celui enfin qui n'a pas d'autre profession que l'élégance, jouira toujours, dans tous les temps, d'une physionomie distincte, tout à fait à part«.* Wichtig ist ihm auch die moralische Dimension; er betont, daß für den Dandy weder Liebe noch Geld Selbstzweck seien: Wenn es denn etwas gebe, was ihm heilig sei, dann der Kult des Selbst und all dessen, was irgend mit Kunst zu tun hat. Die äußere Erscheinung und die hygienischen Praktiken hingegen sollen als Disziplin zur Stärkung des Willens und zur Erziehung des Geistes verstanden werden: *»Le dandysme n'est même pas, comme beaucoup de personnes peu réfléchies paraissent le croire, un goût immodéré de la toilette et de l'élégance matérielle. Ces choses ne sont pour le parfait dandy qu'un symbole de la supériorité aristocratique de son esprit. Aussi, à ses yeux, épris avant tout de distinction, la perfection de la toilette consiste-t-elle dans la simpliçité absolue . . . C'est avant tout le besoin de se faire une originalité, contenu dans les limites extérieures de convenanççes.«*

Es bleibt uns gerade noch der Raum anzumerken, daß auch die letzten Großen, denen der Ehrentitel Dandy zuteil wurde und unter denen in Italien Gabriele d'Annunzio herausragt, der Zweieinigkeit von Leben und Kunst die Treue hielten – wobei allerdings die Einfachheit immer stärker in den Hintergrund trat und einem ins Extrem getriebenen Ästhetizismus weichen mußte, der sich ständig an der Grenze zum Morbiden bewegte. Ein exemplarisches Beispiel dafür ist der Held von D'Annunzios IL PIACERE, Andrea Spirelli, ein enger literarischer Verwandter übrigens von Des Esseintes aus Huysmans A REBOURS.

Vielleicht ist zum Schluß eine weitere Anmerkung nicht ohne Interesse. Paradoxerweise ist es nämlich so, daß genau die Werte und Ideale individueller Selbstverwirklichung, die die Theoretiker des Dandyismus gegen die Gefahr der Vermassung, die ihnen von Demokratie und Modernität auszugehen schien, ins Feld führten – wie etwa die »Distinktion« –, im Endeffekt ausgerechnet von demjenigen annektiert wurde, der der Mode gerade das Grab schaufelte, dem Prototyp der Uniformität: dem Bour-

Graf Wilhelm von Redern, um 1830.

geois. In diesem Sinne kann man sagen, daß der Dandy für das Recht des Mannes auf all das kämpfte, was – wenigstens der Absicht nach – für ein ganzes Jahrhundert ausgemerzt werden sollte. Auch deshalb ist der Dandy die Galionsfigur der zeitgenössischen Mode. Er hat sie in gewissem Sinne erfunden, und er hat sie in glänzender Manier auf den Begriff gebracht: als Aussöhnung der Gegensätze und als Streben nach der Synthese von Individuellem und Allgemeinem.

ISABELLA PEZZINI

Literatur

Honoré de Balzac, Jeunes, Paris, »La Pléiade«.
Jules Barbey d'Aurevilly, Du dandysme et de G. Brummel (1845), in: Jeunes romanesques complètes, Paris, »La Pléiade«.
Charles Baudelaire, Le peintre de la vie moderne (1863), in: Jeunes complètes, Paris, »La Pléiade«.
George Bryan Brummel, Le Costume grec et romain depuis l'invasion de Rome et les principes du costume appliqués à le tenue d'aujourd'hui, New York 1932.
Gabriele D'Annunzio, Il Piacere, 1889.
Marylène Delbourg-Delphis, Masculin singulier. Le dandysme et son histoire, Paris 1985.
Karl-Joris Huysmans, A rebours, 1882.
Roger Kempf, Dandies, Paris 1977.
Guiseppe Sceraffia, Dizionerio del dandy, Bari 1982.

Cape und Anzug,
Luciano Soprani,
Mailand, 1985/86.

D

Sonia Delaunay

Sonia Delaunay (1885–1979) hat etwas Ungewöhnliches erreicht: In ihrer Person ist der Gegensatz von Kunst und Leben aufgehoben.

Die 1885 in der Ukraine geborene Sonia wuchs im bildungsbürgerlichen Haus der Adoptiveltern Terk, mit denen sie mütterlicherseits verwandt war, in St. Petersburg auf. Mit der westlichen Kultur verbunden, erlaubten sie dem jungen Mädchen, in Deutschland an der Karlsruher Kunstakademie, die zu der Zeit die Münchner an Bedeutung übertroffen hatte, zu studieren und als Zwanzigjährige nach Paris zu reisen. Zwischen 1905 und 1910 konnte Sonia Terk vor Ort die künstlerischen Explosionen ihrer Epoche erleben: die Kunst der Fauves und die der Kubisten. Als sie selbst künstlerisch zu arbeiten begann, nahm sie diese Einflüsse auf, und es kam noch etwas anderes hinzu, die Tradition der russischen Heimat, die Volkskunst der Ukraine: *»Um 1911 kam mir die Idee, für meinen gerade geborenen Sohn eine Wiegendecke aus Stoffresten zu nähen, eine jener Decken, die ich bei den Bauern in Rußland gesehen hatte«.*

Der Maler Robert Delaunay, den sie 1910 in Paris geheiratet hatte, machte sie überdies mit einer weittragenden Farbtheorie vertraut, mit der Kenntnis vom Simultankontrast der Farben und dem Wissen, daß Farben durch andere, benachbarte, ihren Ton und ihren Charakter verändern (daß also jede Farbe etwas von der Gegenfarbe ihres Umfeldes annimmt).

Aber Sonia Delaunay theoretisierte nicht, sie operierte eher intuitiv, wenn sie die Farbflächen einmal hart, einmal weich – ohne trennende Konturen – aufeinanderstoßen ließ. 1913/14 malte sie nicht nur großformatige Bilder, die von diesem Simultankontrast der Farben bestimmt waren, sondern sie nähte sich auch »simultanistische« Kleider, die sogar im sensationsgewohnten Paris für Aufsehen

Sport- und Nachmittagskleidung und bemalter Citroën, Sonia Delaunay, 1925.

Sonia Delaunay, 1926.

und Faszination sorgten. Von diesen Kleidern – sie sind uns in Fotografien überliefert – und der Art, wie sie getragen wurden, ist die Aufbruchstimmung der Vorkriegszeit, die künstlerische Verve des Pariser Lebens abzulesen. Fantastisch gewandet besuchten die Delaunays allwöchentlich den Bal Bullier auf dem Montparnasse. Tango tanzend führten sie die Kunst unters Volk.

Im Mercure de France vom 1. Januar 1914 beschrieb Guillaume Apollinaire einen solchen Auftritt: *»Nehmen wir zum Beispiel ein Kostüm von Monsieur Delaunay . . . ein roter Mantel mit blauem Kragen, rote Sokken, schwarzgelbe Schuhe, schwarze Hosen, ein grünes Jackett, eine hellblaue Weste und eine winzige rote Krawatte. Und hier die Beschreibung eines Simultan-Kleides von Madame Delaunay-Terk: violettes Kostüm mit einem breiten violetten und grünen Gürtel, unter der Jacke des Kostüms eine Korsage, die in verschiedenfarbige kräftige, zarte und verblichene Farbfelder aufgeteilt ist, auf denen Altrosa, Orangerot, Nattierblau und Scharlachrot sich miteinander verbinden«.* Und kurz darauf, im Februar 1914, widmete Blaise Cendrars sein Gedicht Sur la robe elle a un corps (Auf dem Kleid trägt sie einen Leib) Sonia Delaunay im Simultan-Kleid.

Nach dem I. Weltkrieg (während dieser Zeit hatte Sonia Delaunay bereits ein Mode-Geschäft in Madrid geführt) war es im Pariser Künstler-Kreis um die Delaunays vor allem Tristan Tzara, mit dem sie sich in dem Bemühen einig war, alle Formen der Kunst zu verbinden und darüber hinaus auch in den Alltag eindringen zu lassen. Tzara schrieb Gedichte, denen

Film-Ausstattung für »P'tit Parigot«, Sonia Delaunay, 1926.

Sonia Delaunay Bewegung und Farbe gab, indem sie die Verse auf Kleiderstoffe drucken ließ. Auch Joseph Delteil, Philippe Soupault und der chilenische Dichter Vincente Huidobro wurden Autoren solcher ROBES-POÈMES. Louis Aragon dagegen komponierte kleine Texte für Herrenwesten, die er selbst entwarf und die Sonia Delaunay farbig gestaltete. 1922 entstanden ihre ersten »Simultanschals«, kontrastfarbige Seiden- und Wolltücher mit geometrischen Mustern, die das wichtigste Accessoire in ihren Kollektionen werden sollten – auf dem hier wiedergegebenen Foto von 1926 trägt Sonia Delaunay einen solchen Schal; 1923 gab ihr ein Seidenfabrikant aus Lyon den ersten Auftrag zu »Simultanstoffen«; 1924 übernahm sie selbst die Herstellung von Stoffen und die Fabrikation bestickter Wollmäntel wie ihn kurz darauf auch die Filmdiva Gloria Swanson trug (heute bewahrt das MUSÉE HISTORIQUE DES TISSUS in Lyon ihre interessantesten Kreationen auf).

Im März 1924 fand, organisiert von dem Sammler Laurent Monnier, im Pariser Hotel CLARIDGE eine Wohltätigkeitsveranstaltung zugunsten russischer Emigranten in Frankreich statt. Auf dem Programm stand eine Modenschau, die drei Stadien der Mode – Vergangenheit, Gegenwart, Zukunft – vorführte. Sonia Delaunay hatte die »Mode der Zukunft« entworfen; Joseph Delteil dazu das Gedicht LA MODE QUI VIENT geschrieben, das ein Rezitator in einem Delaunay-Kostüm aus Karton vortrug, während Mannequins, mit Delaunay-Stoffen drapiert und vier Männer in Pappkostümen der Künstlerin auf der Bühne defilierten. Alle Teilnehmer scharten sich am Ende so um den Rezitator, daß sich Stoffe und bemalter Karton zu einem abstrakten Farbmuster zusammenschlossen. Auf der großen Pariser EXPOSITION INTERNATIONALE DES ARTS DÉCORATIFS von 1925 präsentierte Sonia Delaunay gemeinsam mit dem Couturier Jacques Heim, der für die folgende Zeit das Exklusivrecht auf ihre Stoffentwürfe und Modelle besaß, eine eigene Abteilung: die legendär gewordene BOUTIQUE SIMULTANÉE. *»Ihr Erfolg war groß«,* schrieb kürzlich Danielle Molinari, *»selbst in akademischen Kreisen. So wurde Sonia 1927 von Mitgliedern der philosophischen und naturwissenschaftlichen Fakultät an der Sorbonne zu einem Vortrag eingeladen mit dem Thema ›Der Einfluß der Malerei auf die Kunst der Kleidung‹«.*

Bis 1929, als die Weltwirtschaftskrise zur Schließung des Modegeschäfts führte, aber auch noch in den 30er Jahren arbeitete Sonia Delaunay, deren Entwürfe bis heute kommerziell ausgewertet werden, für die Mode-Industrie und eine reiche Pariser Klientel. Sie entwarf nicht nur Stoffe und Kleider-Kollektionen, Accessoires und Inneneinrichtungen, sondern auch Bühnenkostüme und Film-Dekors (so 1926 die Ausstattungen für LE VERTIGE von Marcel Herbier und P'TIT PARIGOT von René le Somptier). 1925 konnten die Pariser über eine besondere Attraktion aus dem Delaunay-Atelier staunen: Ein nach einem Stoffmuster der Künstlerin bemalter Citroën B 12 fuhr durch die Straßen und es entstiegen ihm Mannequins in Delaunay-Kleidern.

In der Mode wurde Sonia Delaunay mit einem gleichbleibend konstruktivistischen Design sehr erfolgreich: Der Mode drückte sie einen neuen Stempel auf – und der Kunst verhalf sie zu einem Ausflug in die Mode.

MARINA SCHNEEDE

Literatur

Katalog: »Robert Delaunay, Sonia Delaunay«, (Museé d'Art Moderne de la Ville de Paris), Paris 1985.

Bernard Dorival, Sonia Delaunay. Leben und Werk, München 1980.

Katalog: Danielle Molinari, Sonia Delaunay, in: Delaunay und Deutschland, (Staatsgalerie moderner Kunst im Haus der Kunst), München 1985/86.

»Demi-monde«

Der Ausdruck »demi-monde« – mindestens seit Ende des Kaiserreichs, vielleicht aber auch schon länger, Synonym für eine elitäre Sphäre in der zwielichtigen Welt der bezahlten Liebe – findet nach 1855 durch den gleichnamigen Roman von Alexandre Dumas d. J. (1824–1895) in den allgemeinen Sprachgebrauch Eingang. Eine »Demi-mondaine« ist eine Prostituierte mit Prestige, eine Art Renaissance-Kurtisane, die allein und in ihrem eigenen Haus arbeitet. Durch die wirkungsvolle Protektion, die sie genießt, wird sie selten von der Polizei belästigt – besteht doch ihre sorgfältig ausgewählte Kundschaft aus lauter einflußreichen Persönlichkeiten: Aristokraten, Angehörigen der bürgerlichen Oberschicht, Größen aus der Finanz- und Industriewelt. Sie ergreift nie selbst die Initiative, und da sie es sich erlauben kann, wählerisch zu sein, hegt sie die Illusion, sich hinzugeben. Manchmal gewährt sie, wenigstens für gewisse Zeit, einem einzigen Liebhaber ihre ausschließliche Gunst.

Meist handelt es sich um Mädchen oder Frauen mit Bildung: gescheiterte Künstlerinnen, junge Geschiedene; immer aber besitzen sie von Natur aus Klasse und Talent.

Sie leben in Wohnungen, die mit geschmacklosem Luxus eingerichtet sind und in den elegantesten Vierteln der großen Städte oder der mondänsten Bade- und Kurorte liegen; zahlreiche dienstbare Geister stehen – unter der Aufsicht eines nahen Verwandten – zu ihrer Verfügung.

Die »Grande horizontale« – so genannt, um sie von den »agenouillées«, dem weiblichen Publikum der Nachtlokale zu unterscheiden – widmet die meiste Zeit und Sorgfalt auf die Pflege ihrer Toilette. Ihr Tag beginnt um vier Uhr nachmittags mit einer Spazierfahrt in der Kutsche, um ein Pferderennen oder die Vernissage einer Ausstellung zu besuchen; setzt sich abends im Theater – mit Vorliebe bei einer Premiere – fort, um im Restaurant oder im Haus von Freunden beschlossen zu werden. Während der Woche empfängt sie regelmäßig ihren ziemlich gemischten Bekanntenkreis.

Der große Erfolg der KAMELIENDAME – im Jahr 1848 erschienen – bezeugt das morbide Interesse, das ein solcher Typ Frau hervorruft. Diese Neugier wird mit großem psychologischen Einfühlungsvermögen im Roman selbst beschrieben, und zwar bei der Schilderung des Andrangs vornehmer Frauen, die alle, unter dem Vorwand, der Versteigerung beizuwohnen – zur Wohnung der armen Margherite Gautier strömen, in Wahrheit aber allein getrieben von der Begierde, einmal bei *»einer von jenen«* einen Blick in die Intimsphäre werfen zu dürfen, und glücklich, die vielen *»eleganten Berühmtheiten des*

Das Negligé,
Nicolas Maurin, 1830.

Lasters« endlich *»aus der Nähe sehen«* zu können. Diesen neiden sie nicht nur *»den dreisten Prunk ihrer Schönheit und ihres Schmuckes«* sondern auch, *»vielleicht im tiefsten Herzen, die leicht errungenen Genüsse«.*

Während des zweiten Kaiserreiches erfindet die Aristokratie, um sich von »demi-monde« und »parvenus« abzugrenzen, die Etikette, die dafür ein unfehlbarer Raster sein soll. Bald gibt es eine Fülle von Lehrbüchern des »savoir vivre«: die Schicklichkeit des Betragens, der Sprache, der Kleidung – alles wird in Rechnung gestellt, wenn es darum geht, ein Individuum einzuschätzen. Verzicht auf übertriebene Gestik, eine gedämpfte Stimme, Gemessenheit in den Bewegungen und Einfachheit in der Kleidung: das alles ist nötig, um »comme il faut« zu sein.

1862 schreibt E. de Serieul: *». . . So wie ein einziges Wort genügt, eine Herkunft zu verraten, und eine zwielichtige Vergangenheit und Gegenwart zu enthüllen, so vermag wohl auch ein Stück Spitze an der falschen Stelle, ein Volant, eine Feder, ein Armband oder Ohrring . . . die gesellschaftliche Stellung offenzulegen. So manche Affektiertheit in der Kleidung bezeugt genauso fehlende Eleganz, wie gewisse Ausdrücke mit einer distinguierten Sprache unvereinbar sind«.*

L'ILLUSTRATION
JOURNAL UNIVERSEL
PRIX DU NUMÉRO: 75 CENTIMES
SAMEDI 5 FÉVRIER 1881
PRIX D'ABONNEMENT
BUREAUX, 13, RUE SAINT-GEORGES, PARIS

Szene aus dem Drama »Nana« von Zola, L'Illustration, 1881.

E. Feydeau geht 1866 sogar noch weiter, indem er behauptet, daß bei der »demi-mondaine«, für die ihre Toilette einzig und allein das konkrete Zeichen ihres erotischen Marktwerts darstellt, *»alles überspannt und übertrieben ist . . . sogar der Livree des Personals mangelt es an Geschmack. Empfiehlt die Mode, Blumen auf dem Hut zu tragen, dann wird sie sich nicht mit zwei oder drei Rosenknospen begnügen, sondern nach einem ganzen Strauß begehren. Alles ist bei ihr ins Extreme getrieben – der weite oder der enge Schnitt der Röcke, die Farbe der Stoffe und die Form der kleinsten Accessoires. Ihre Parfüms sind aufdringlich, ihre Schuhe zu eng und die Handschuhe anliegend über jedes Maß . . .«.*

Und dennoch ist gerade sie es, die die neuen Moden lanciert, welche dann auch von der feinen Gesellschaft übernommen werden – freilich in vereinfachter und abgemilderter Form, um die Distinktion aufrecht zu erhalten.

Die berühmteste unter den Abenteurerinnen der Zeit, die am meisten diskutierte, beachtete und nachgeahmte, war ohne Zweifel die »Schöne Italienerin«, die »Göttliche Comtesse«, die »Herrscherin ohne Reich«. – Virginia Oldoini, die auch Nicchia genannt wird – toskanische Marquise, verheiratet mit Clemente Verasis,

Contessa Castiglione als »Königin von Etrurien«, um 1858/60.

Graf von Castiglione, von dem sie sich scheiden läßt, nachdem sie ihm ein Kind geschenkt hat – lebte seit 1856 in Paris. Zu ihren Verehrern zählten neben Viktor Emmanuel II. und Napoleon III. Bankiers, Aristokraten und Künstler. Sie aber war nicht nur eine hochangesehene Hetäre wie ihre Zeitgenossinnen Paiva, Cora Pearl und Margherita Bellanger, sondern spielte auch eine Rolle im diplomatischen Spiel und den politischen Machenschaften von Graf Camillo Cavour, die anscheinend unentbehrlich waren, um ein *»geeintes Italien zu schaffen«* – Machenschaften, die größer waren als sie. Typisch für sie waren die frischen Blumen, mit denen sie oft ihr Kleid oder ihre Frisur schmückte, sowie die ungewohnten Farbzusammenstellungen, mit denen sie experimentierte, wie etwa die Kombination von Gelb mit Rosa. Beim Schmuck neigte sie zu Übertreibungen – zuweilen funkelten sogar die Zehen ihrer zierlichen Füße. Ihre

Die Schauspielerin Clara Ward,
Paris, 1898.

Kleider – besonders die für die Maskenbälle in den Tuilerien, von denen uns zahlreiche Gemälde erhalten sind – waren in ganz Europa berühmt, erregten immer Aufsehen und manchmal Skandale. Anläßlich eines solchen rechtfertigte sie sich einmal selbst in ihrem Tagebuch: *»Diese bösartigen Frauenzimmer sind so weit gegangen, zu behaupten, ich trüge buchstäblich keine Unterwäsche und verwendete für meine Haut das alte moiré. Welch ungeheuerliche Infamie! Alle Zeitungen sind voll davon, in allen Salons Diskussionen ohne Ende, besonders im Haus der Baroneß von Rothschild«* – deren Gatten die schöne Nicchia erfolgreich in Versuchung geführt hatte. Vergeblich bezichtigte man sie der Unmoral, als sie bei den weißleinenen, Ton in Ton bestickten, keuschen Gebirgen an Aussteuerwäsche eine Wendung hin zum Erotischen bewirkte, indem sie nämlich die

Diner-Szene,
Figaro Illustré, 1892.

Entkleidungsszene,
Le Panorama,
Paris 1899.

Mode der farbigen Seidenbettücher lancierte – mit einer persönlichen Vorliebe für schwarz, grün und violett – und die Leibwäsche aus schwarzem Atlas erfand – des Reizes gewiß, der von der Unterwäsche einer sich entkleidenden Frau auf den Mann ausgeht. So kommt neben der verführerischen, gemusterten, aber selbstverständlich noch langen Unterhose das Nachthemd mit »Entredeux« verziert und mit strategisch richtig placierten Transparenzen versehen vor. Mit Blick auf eben dieses Hemd erteilt M. D'Aincourt den Rat, man solle den Mädchen ein solches Kleidungsstück noch nicht einmal zu beschreiben wagen, *»da das zarte Schamgefühl dieser Seraphe respektiert werden muß«*, aber man möge nicht vergessen, *»es ihrer Aussteuer hinzuzufügen. Sie werden es nicht sofort tragen, aber doch nach einiger Zeit . . . und seinen Wert begreifen«.*

DORETTA DAVANZO POLI

Literatur

M. D'Aincourt, Etudes sur le Costume féminin, Paris 1883.
Grazietta Butazzi, Cent' anni fa la moda, Milano 1981.
A. Corbin, Donne di piacere. Miseria sessuale e prostituzione nel XIX secolo, Milano 1985.
Alexandre Dumas, La signora delle camelie, Milano 1981.
P. Glynn, Pelle a pelle. L'erotismo nell'abbigliamento, Roma 1982.
R. del Lungo, Spogliare la nonna, Cortona 1981.
M. Mazzucchelli, La contessa di Castiglione, Milano 1957.
P. Perrot, Il sopra e il sotto della borghesia. Storia dell'abbigliamento nel XIX secolo, Milano 1981.
E de Serieul, Le diable rose, Paris 1862.

Gesellschaftskleid,
Maison Worth,
Paris, um 1885.
Münchner Stadtmuseum.

Die »Diwan«-Frau

Im Zeitraum zwischen 1870 und 1880 und insbesondere im letzteren Jahrzehnt nimmt die weibliche Mode – jenseits aller Veränderungen in der Linie und Struktur der charakteristischen Merkmale der Kleidung – Züge von übertriebener Zurschaustellung an. Sie verliert dabei die äußeren Merkmale der schamhaften Grazie, die für die Spätromantik typisch waren. Da der Geschmack für die »aristokratische Einfachheit« und die »Strenge der Zurückhaltung« durch Lockerung der sozialen Kontrolle schwindet, tauchen neue Modelle auf, die die überschwengliche Auffälligkeit, die opulente Fülle der »Neureichen« und der »demi-monde« propagieren. Trotz der Verteidigung durch die Verfechter des »guten Tones«, werden einige »Mesalliancen« immer häufiger, und sogar die Eleganz der Hautevolee, jene kostbare Eleganz der Pariser Haute Couture, versündigt sich oft durch Überladung und Farbeffekte von schreiendem Kontrast.

Ein signifikantes Anzeichen bei dieser Suche nach Zeichen von wirtschaftlicher Bedeutung, die sich in der Kleidung ausdrücken, wird in der weiblichen Mode durch Verwendung von schweren Seidenstoffen geboten, die gleich oder ähnlich von der Art her denen sind, die man bei der Raumausstattung und bei Wandverkleidungen benötigt.

Die Neuigkeit wird eigens durch den Schriftsteller Stephane Mallarmé verkündet, der 1874 praktisch ganz allein als Herausgeber und Redakteur der Zeitschrift La dernière Mode fungiert und mit einem weiblichen Pseudonym von adeligem Flair – Marguerite de Ponty – seine Artikel zeich-

D

Interieur, 1870.

Interieur, um 1880.

Die Sängerin Agnes Sorma, um 1895.

net, das als sicherer Zugang zum bourgeoisen Publikum gilt. Da er nach nicht einmal acht Ausgaben gezwungen ist, die Herausgabe einzustellen, kann Mallarmé darüberhinaus am 4. Oktober des gleichen Jahres verlauten lassen: *»Hier sind nun die Damaststoffe für die Raumausstattung, die mit Grazie getragen werden . . . Ein großer Schneider will vor Jahresende die herrlichen Kleider im Stile Ludwigs XIV. wieder präsentieren, für die anscheinend die kostbaren, verzierten Stoffe geschaffen worden sind, die ganz plötzlich aus den großen Fabriken in den Schaufenstern der Modelabors gelandet sind«.*

Es handelt sich um gemusterte Stoffe, im allgemeinen auf Atlasgrund, als Nachahmung – wenn auch nur in fabrikmäßiger Ausführung – der Damast- und Brokatstoffe des 16. Jahrhunderts. Von französischer Provenienz, wurden sie auf dem italienischen Markt als Damast und Brokat aus Lyon verkauft und vielleicht tatsächlich in jenen berühmten Manufakturen hergestellt. Sie sind in den letzten zwanzig Jahren des 19. Jahrhunderts *»en vogue«* – und ihre Beliebtheit bleibt bei Abendkleidern noch bis in die ersten Jahre unseres Jahrhunderts.

Auch wenn man nicht über genaue Angaben verfügt, so darf man leicht davon ausgehen, daß ein Unterscheidungsmerkmal dieser Stoffe der hohe Preis aufgrund der Garn- und Bearbeitungsqualität sein sollte, so wie auch ihr Erfolg ganz deutlich mit der prunkhaften Wirkung – so wie ein mit Wandteppichen ausgeschlagener Salon – und mit der Erinnerung an eine glänzende Vergangenheit verbunden ist in diesen Jahren, in denen die Bourgeosie krankhaft nach Wiederaufleben mystischer Strömungen trachtet, weil sie nach Wurzeln und kulturellen Rechtfertigungen sucht. Am 24. Februar 1879 informiert die Zeitschrift MARGHERITA darüber, daß die italienische Königin bei einem Empfang im Quirinalspalast in Rom *»in zartrosa Lyoneser Brokat mit smaragdgrünem Blumenmuster aus schwerem Atlas erschien.«* Auch das Königtum bemäntelte sich demnach mit dem prunkhaften Blendwerk, das eigens für die Neureichen geschaffen zu sein schien. Der Wandbehang-Effekt, auf den man anspielte, wurde noch durch weitgehende Verwendung von Besatz aus Fransen, Galonen, Knopfeinlagen für Verschnürungen und Troddeln verstärkt, so daß aufbewahrte Exemplare uns praktisch bestätigen, daß kein Unterschied im Gebrauch bei Kleidung und Raumausstattung gemacht wurde.

Der vielleicht verwirrendste Aspekt eines derartigen Verhaltens hinsichtlich der Kleidung scheint tatsächlich der überraschende Gleichklang zwischen einigen weiblichen Kleidungsstücken – und zwar den luxuriösesten darunter – und den Salonausstattungen jener Zeit – wie Vorhänge, Sessel und Diwane – zu sein. Es wird dabei nicht vergessen, daß ab dem dritten Jahrzehnt des 19. Jahrhunderts der eigentliche Künstler für Innenräume nicht mehr der Kunsttischler sondern der Tapezierer ist. Die ausschlaggebende Wirkung für einen Raum wird durch das Merkmal Stoff und Bespannung gegeben, mit dem auch Türen, Kamine, Toilettentische, Tische und Tischchen »verkleidet« werden, wobei die Bortendekoration nie fehlt.

Diese Besatzdekoration feiert ihren wahren Triumph im Zweiten Kaiserreich und bis zum Ende des Jahrhunderts, und stellt damit – wie Nadine Gasc sagt – *»eines der Zeichen der Zustimmung für die von der Bourgeoisie propagierten Werte dar«.*

Einer der besten Kenner der Wohnkultur des 19. Jahrhunderts und der »Stimmung«, Mario Praz, zeigt die Analogie zwischen prunkhaften Räumen, die gegen die Außenwelt abgeschirmt und abgeschlossen sind, und einer weiblichen Präsenz, die voll und ganz auf das Zurschaustellen von Kleidungsmerkmalen ausgerichtet ist, indem er auf Salons anspielt, *»wo das Rot quasi sprechend wird, wie die Unterröcke in rotem Flanell, die die Frauen zu jener Zeit trugen, und die eine glühende und unterdrückte Leidenschaft suggerieren.*

In jenen Räumen können die runden Formen der Zwiebel und der Glocke eines Petroleumlichtes leicht psychoanalytische Bedeutung in der Form bekommen, daß die übertriebene Rundung der weiblichen Figur . . . die eigentliche unbewußte Parodie des absichtlich ignorierten und von Konventionen unterdrückten Geschlechtes erscheinen mag. . . .«

Zu diesen Beobachtungen gesellt sich eine neue Form der »Entdekkung« der Natur am Ende des 19. Jahrhunderts, die ins Gewächshaus und in den Wintergarten führt und darüber hinaus noch zu einer Flut von Pflanzen und Blumen in den Zimmern, im Halbschatten von schweren Vorhängen, fast ein kontrastierender Wunsch, sich von der wahrhaftigen Natur zu isolieren und sie gleichzeitig einzubalsamieren, um sie in den häuslichen Wänden, sogar mumifiziert unter den Glasglocken zu halten. Gleichzeitig finden wir in der weiblichen Mode ein wahrhaftes »Aufblühen« von natürlichen Elementen – Blumen, Früchten, Schmetterlingen, Vögeln – als Stickerei, in Fransen oder Schnecken, aufgemalt, tatsächlich einbalsamiert und auf den Stoff

Abendkleid,
Felix Breveté,
Paris, um 1905.
Münchner Stadtmuseum.

D

oder auf den Hut appliziert, Elemente, die häufig die weibliche Kleidung bis in die frühen Jahre unseres Jahrhunderts in einladende Gärten und Fruchtschalen verwandeln.

GRAZIETTA BUTAZZI

Literatur

Katalog: Nadine Gasc, Des Dorelotiers aux Passementiers (Musée des Arts Décoratifs), Paris 1973.
Mario Praz, La filosofia dell'arredamento, Milano 1964.

Druckknopf

Zur bedeutendsten aller Fertigfabrikationen hatte sich zwischen 1899 und 1914 die Druckknopffabrikation entwickelt. Ihr Anfang baute sich auf dem bekannten Annähdruckknopfverschluß der damaligen Jahre auf, da dieser begann, als Kleiderverschluß an Stelle von Haken und Ösen Verwendung zu finden. Da er aber in der Herstellung infolge Handarbeit zu teuer und auch nicht zuverlässig war, versuchten verschiedene Industrielle neue Druckknopfformen herzustellen; ihnen allen blieb ein dauernder Erfolg versagt. Erst die Ausstattung des Druckknopfes mit der charakteristischen PRYMSCHEN DOPPELFEDER aus Bronze, die außer Rostfreiheit ein sanftes Öffnen und Schließen des Druckknopfes gewährleistet, die PRYMSCHE Herstellungsart des Druckknopfes auf der von der Firma erfundenen und konstruierten Patentdruckknopfmaschine, der eine bis dahin unerreichte Gleichmäßigkeit und Zuverlässigkeit des Produktes zu verdanken war, ergaben im Jahre 1904 jene erste und bleibende Druckknopfform, die unter Markenbezeichnungen wie PRYMS ZUKUNFT und 555 sich in allen in- und ausländischen Absatzgebieten durchsetzte.

Die Prymsche Druckknopfherstellung erreichte im Juni 1914 eine Tagesleistung von rund 70000 Gros. Die Totalherstellung im Geschäftsjahr 1913/14 betrug rund 19,3 Millionen Gros mit einem Verkaufswert von mehr als 6 Millionen Mark.

aus: Franz Willens, Prym. Geschichte und Genealogie, Wiesbaden, Guido Pressler, 1968, 354f.

Anzeige für Druckknöpfe,
Die Praktische Berlinerin, 1910.

Mode mit Druckknöpfen,
Uwe Göbel für Bogner,
München, 1982.

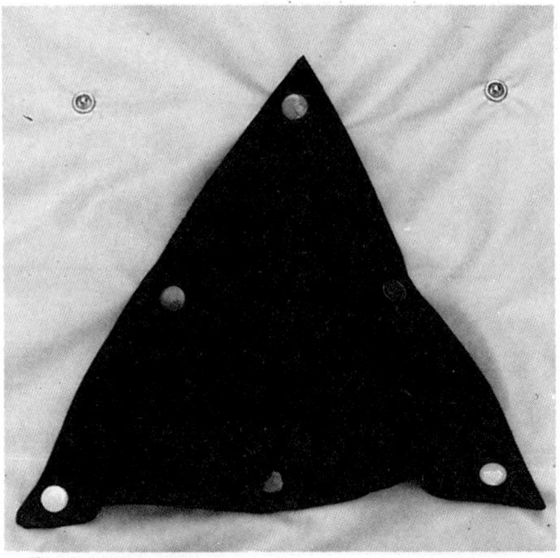

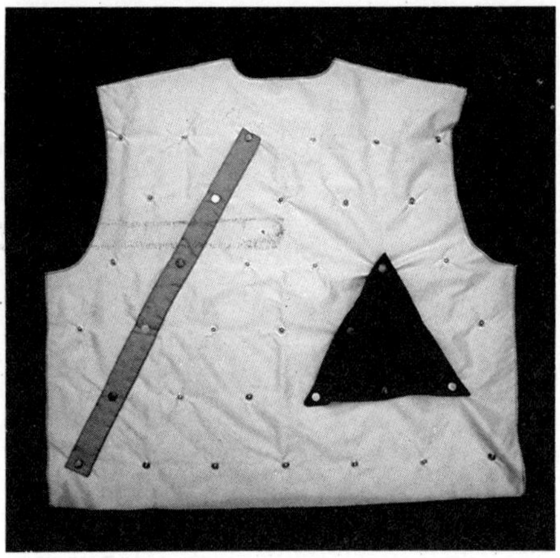

E

– Engel · Englische Schneiderei

E

Der Engel

Damenkleid, um 1850. Münchner Stadtmuseum.

Im dritten Jahrzehnt des 19. Jahrhunderts bildet sich auch in der Mode ein Frauenbild heraus, das, wenn es denn schon die vollkommenste Schöpfung des romantischen Menschen sein soll, so doch sicher auch der Ausdruck seiner Neurosen ist. Von allen weiblichen Eigenschaften, die die bürgerliche Gesellschaft an der Frau preist, ist die wichtigste die Scham. In ihrem Namen wird in den 20er und 30er Jahren über dem weiblichen Körper das Monument des Kleides errichtet. Während es alle Hinweise auf den Körper tilgt, als wäre jede physische Anspielung ein Sakrileg, steigert es in Wahrheit den sexuellen Stimulus jeder verborgenen Einzelheit ins Sublime.

Die eskalierende Entwicklung, die zu Beginn des Jahrzehnts durch die glockenförmige Erweiterung des Rocks eingeleitet worden war, führt nach 1825 zur Erweiterung der Ärmel an den Schultern; im folgenden Jahrzehnt wird sich diese Tendenz zur »Einhüllung« verstärken, und die Frau wird sich vollständig einer Eiform einbeschreiben, von der sich nur die Taille und die Fußspitzen abheben. Auch der Kopf – durch die Krempe des Capote, die das Gesicht verbirgt, mit einer Aureole versehen – trägt zu diesem Effekt der unnatürlichen Vergrößerung bei.

Die Motive für die Verwirklichung dieser Struktur liegen in der Erfordernis, die Eigenschaften des fraulichen Gemüts zu spiritualisieren und ihre Nichtzugehörigkeit zur Sphäre des Körperlichen gründlich Ausdruck zu verleihen. Der Körper, dieser unreine Teil, der soviel Vollkommenheit verletzen und verunreinigen könnte, wird verborgen, negiert, verschwiegen. Das Verlangen nach der Frau nimmt schizophrene Züge an: *»Die Schönheit, jede Art Schönheit, ist nicht einfach, jedem zugänglich, auf den ersten Blick zu begreifen; und es gibt jenseits der gewöhnlichen Schönheit eine andere, für die es der Initiation bedarf und zu der man langsam mühevoll emporsteigt wie auf den Stufen eines Tempels oder eines heiligen Berges. Der Wollüstige, der die Schönheit erkennt und sie kostet, ist ihre Geißel; er profaniert sie mit seiner Huldigung; sein Streben geht nur danach, sie in den Schmutz zu ziehen und zu trüben . . .«*, heißt es da, z. B. 1834.

Die Ausstellung hat dem »Engel« einen ihrer Themenbereiche gewidmet, um diesen ambivalenten Versuch einer Sakralisierung der weiblichen Gestalt zu belegen und sichtbar zu machen: Ein Engel ist die Frau wegen der Eigenschaft ihres Herzens und Gemüts, die sie innerhalb von Haus und Familie entfalten muß, aber auch wegen der geforderten Immaterialität, die sie über alle Niedrigkeiten der menschlichen Existenz – das körperliche Begehren inbegriffen – erheben soll. In vollkommener Übereinstimmung mit dieser Vergegenständlichung der männlichen Ideologie trennt das Kleid mittels der engen Taille den »unreinen« Teil des Körpers (den die progressive Erweiterung des Rocks von den 30er bis zu den

Ballkleid, Salon Albert Franck, Frankfurt/M., um 1860 (Foto 1912). Münchner Stadtmuseum.

60er Jahren des 19. Jahrhunderts verstärkt zu exorzieren fortfährt) von dem edleren Teil, der Büste. Der Gürtel, der die Taille zuschnürt (in den 30er Jahren sehr hoch und mit starken Metallfibeln versehen), evoziert die Vorstellung eines erstickenden Bisses und ist ein Kommentar zum romantischen Zusammenklang von Schönheit und Tod.

Auch das Körperideal gleicht sich dem Kanon der Immaterialität und der Sakralität an mit einer Beimengung ständiger Mahnung an das Tod-Phantasma des romantischen Zerbrechlichkeitssadismus: Schlankheit, blutleeres Gesicht, »engelhafte« Farben wie Blond und das Blau der Augen – das sind die physischen Erfordernisse einer – spirituellen und kranken – Anmut, die das Repertoire der Tugend verkörpert, die der idealen Frau notwendig zugehören.

Die negierte Anziehungskraft des Körpers steigert und verschärft naturgemäß das Begehren. *»Je weiter sich die mit der Sexualität verbundenen Zonen und Objekte aus dem Gesichtskreis und aus dem Bereich des Diskurses entfernen, desto mehr dringen sie in die Einbildungskraft ein, erfüllen sie und ergreifen von ihr Besitz . . . Und von nun an wird das Kleid gerade dort, wo es anliegt oder sich wieder-aufbauscht, wo es potentiell als Verbot, Verteidigung, Hindernis und Verzögerung existiert, seiner erotischen Funktion am besten gerecht, und zwar gerade mittels seiner Funktion der Schamhaftigkeit.«*

Der Kult um die weibliche Schamhaftigkeit, der die Verbreitung hygienischer Praktiken wie Bäder und Waschungen innerhalb des Bürgertums verhindert, verwehrt diesem auch die

Capote, um 1835/40. Münchner Stadtmuseum.

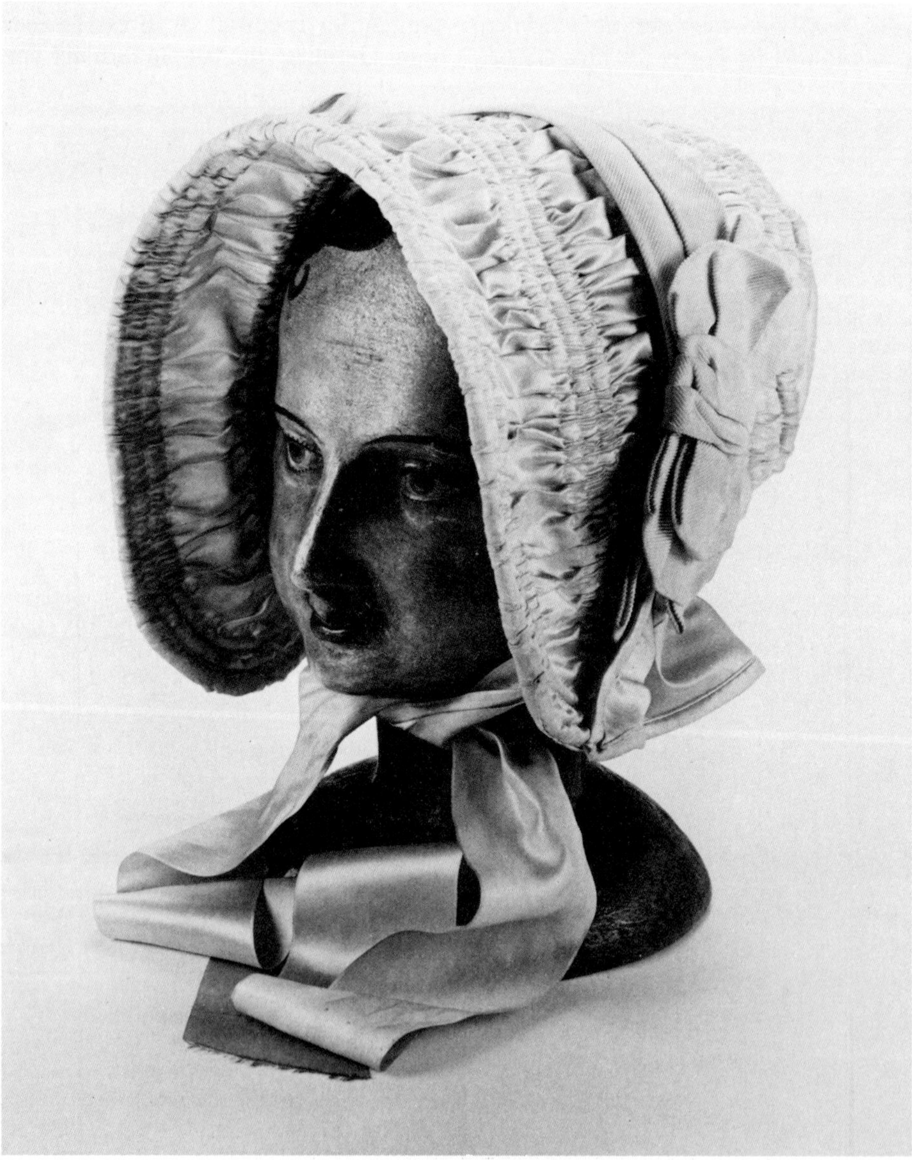

Capote, um 1850. Münchner Stadtmuseum.

Tüllspitze, Amalie Rieder, Augsburg, 1881. Münchner Stadtmuseum.

Freuden des Geruchs und verketzert den Gebrauch aller intensiveren Essenzen und Düfte. Die Sakralität der Weiblichkeit wird ergänzt durch das Bild der Frau als Blume: Sie ist wie ein schlanker, empfindlicher Blumenstengel in der großen Blüte der Krinoline, und so ist es ihr auch gestattet, sich – wie eine Heilige oder eine Jungfrau – mit Blumen zu schmücken und deren zarte Düfte anzunehmen. *»Sie soll Rose, Veilchen oder Lilie sein, keinesfalls aber darf sie an eine Katze erinnern oder gar nach Moschus duften; Blumenimagines lösen diejenigen ab, die dem Zyklus des Fleisches entnommen sind. Und innerhalb des Pflanzenreiches richtet sich die Einbildungskraft auf die unschuldigen Wiesen- oder Gartenblumen, sicherlich noch nicht auf die sinnverwirrende Exotik der Lianen, der exotischen und der fleischfressenden Pflanzen.«*

Die Ethik und Ästhetik des »Engels« wird in der zweiten Hälfte des Jahrhunderts durch Frauenzeitschriften mit hoher Auflage verbreitet; diese richten sich an ein kleinbürgerliches Publikum, das unablässig zur Tugend, Freundlichkeit und Bescheidenheit angehalten wird. Als Belohnung für so viele Opfer am Ende des Wegs das Bild der »distinguierten Dame» und »perfekten Hausfrau«, dem jedermann nacheifern kann. Es erschien eine Flut von Anstandsbüchern (von hohem und weniger hohem Niveau), die die lernbegierigen Damen der Gesellschaft lehrten, wie sie die Gäste zu unterhalten und die Dienerschaft zu behandeln hätten, während sie den andern die Kunst der Blumenarrangements und des Stickens beibrachten, vor allem aber lehrten, einfach zu sein und nicht mehr scheinen zu wollen, als man ist. In

Handarbeitsmuster, Amalie Rieder, Augsburg, 1881. Münchner Stadtmuseum.

Schürze, Anfang 19. Jahrhundert. Münchner Stadtmuseum.

Pauline und Eveline Schoppe,
Julius Schoppe, 1838.

den 70er und 80er Jahren verläßt nämlich das Bild der »Engelhaften Frau« die Paläste der vornehmen Viertel und liefert ein Verhaltensideal für breitere gesellschaftliche Schichten. *»Einer unabhängigen Grande Dame mit berühmten Namen wird vieles nachgesehen; aber junge Bürgerstöchter werden gut daran tun, sich von dem Wettstreit des Luxus und der Eitelkeiten fernzuhalten, der ihnen am Ende doch nichts bringen würde als Leid und Enttäuschung.«*

GRAZIETTA BUTAZZI

Literatur

Alain Corbin, Pesthauch und Blütenduft. Eine Geschichte des Geruches, Berlin 1984.
Philippe Perrot, Il sopra e il sotto della borghesia, Mailand 1982.
Charles-Augustine de Sainte-Beuve, Voluttà, o. O. 1834.

Englische Schneiderei

Wie in vielen anderen Ländern auch, formierte sich in England schon im 14. Jahrhundert eine eigene Schneiderzunft, aber erst viel später erlangte die englische Schneiderei ihren internationalen Ruf für Qualität und hervorragende handwerkliche Verarbeitung. Unter den frühesten Erzeugnissen, den Meisterbüchern der Schneiderei, gibt es keine englischen Beispiele. Vermutlich existierten sie zunächst nur in handschriftlicher Form, sowie in einigen erhaltenen deutschen Schneiderbüchern aus dem 16. Jahrhundert. Das älteste gedruckte Schneiderbuch, das bekannt ist, ist das 1580 in Spanien verlegte LIBRO DE GEOMETRIA PRACTICA Y TRACA des Juan de Alcega. Spanien erlebte damals seine Blütezeit. Auch das französische Schneidermeisterbuch, LE TAILLEUR SINCÈRE von Le Sieur Benoist Boullay (Paris 1671), erschien, als Ludwig XIV. sich auf dem Höhepunkt seiner Macht befand.

Keines dieser Bücher, auch keines der anderen Beispiele des 16. und 17. Jahrhunderts, lieferte irgendeine Anleitung oder Information über die Herstellung von Schnittmustern oder den Zuschnitt. Ihr Hauptaugenmerk lag auf der Darstellung der sparsamsten Methode, verschiedene Schnittmuster auf Stoffen verschiedener Breite auszulegen. Obwohl es manchmal Angaben über das Maßabnehmen und das Zusammensetzen der Teile gab, so waren sie doch nie sehr detailliert. In seiner Abhandlung L'ART DU TAILLEUR in der Enzyklopädie DESCRIPTIONS DES ARTS ET METIERS (1769), kritisiert M. de Garsault den »Tailleur Sincère«: *»Le tout sans aucune explication. Les habits de son temps ne ressemblient pas à ceux du notre: ainsi on ne peut tirer grand profit de ce livre«.* Und sogar er lieferte, trotz des Versuchs, einen detaillierten Abriß der Schneidertechniken zu geben, keine Angaben, wie man Schnittmuster macht. Dafür gibt es eine Liste von 19 Maßen für die Herstellung eines Anzugs mit Illustrationen, die die zu vermessenden Körperteile zeigen. Vielleicht erhielt er diese grundlegende Information von Pariser Schneidermeistern, deren Namen er in seiner Einführung sorgfältig an-

Schneider,
Geometria practica y traca,
Juan de Alcega, 1580.

Dress Coat and Waistcoat,
England, um 1760.
London, Victoria & Albert Museum.

gibt. Anscheinend haben sie ihm aber (obwohl sie ihm viele Auskünfte, die er brauchte, zukommen ließen) gewisse Einzelheiten des Schnittmusterzeichnens vorenthalten.

Dieser entscheidende Aspekt ihrer Arbeit war ihr Berufsgeheimnis, das nicht verraten werden durfte. Um sich selbst beruflich abzusichern, schienen Schneider ihre Schnittmuster und deren Herstellungsmethoden eifersüchtig gehütet zu haben.

Im Jahr 1887, nachdem die englischen Schneider ihre Kunst auf die höchste Stufe der Vollkommenheit gebracht hatten, beschreibt E. B. Giles die Bedeutung und Wertschätzung eines Satzes verläßlicher Schnittmuster: *»Glücklich der Schneider, der gutsitzende Schnitte besaß; sie waren für ihn ein gehütetes Berufsgeheimnis. In Kontrakten wurde manchmal festgelegt, daß der Meister seinen Gesellen eine Kopie aushändigen muß, aber dies geschah unter der Bedingung strengster Geheimhaltung. Diese Schnittmuster wurden als so wertvoll angesehen, daß sie oftmals als Vermächtnis vom Vater auf den Sohn übergingen«.* Die beschränkten Schneidertechniken des 18. Jahrhunderts und davor verließen sich in beträchtlicher Zahl auf Freihand- und Augenmaß-Entwürfe, die zu verschiedenen Standards des Zuschnitts führten und endlich auch die Bedeutung zeigten, die ein Satz »gutsitzender« Schnittmuster hatte. Die unverrückbaren Standards des guten Sitzes waren vielleicht verantwortlich für die große Aufmerksamkeit, mit der man sich der Eleganz und der Form widmete und weniger dem Sitz. Erst im 19. Jahrhundert wurde die Technik so verbessert, daß akkurater Sitz als selbstverständlich angesehen wurde und so zum Gütezeichen des engli-

The Tailors Guide,
C. Compaing and L. Devere,
London, o. J. (um 1870).

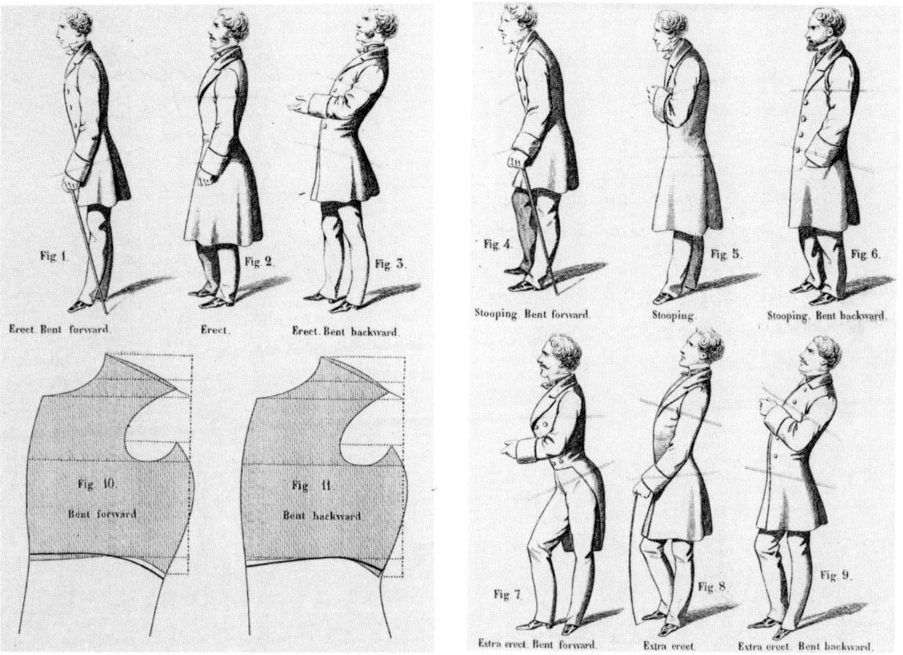

schen Schneiderhandwerks wurde.

Am offensichtlichen Fehlen jeglicher bedeutenden Weiterentwicklung in den Schneidertechniken war vielleicht der traditionelle Schnitt der Männerbekleidung seit dem 17. Jahrhundert schuld. Trotz veränderter Moden wurden Männermäntel nach wie vor aus zwei Vorder- und zwei Rückenteilen gemacht – ohne Taille oder Unterarmnähte. Der Mantel war immer noch wie ein Wams des 17. Jahrhundert geschnitten – mit Vorderteilen, die an den Seiten mit den Rückenteilen durch eine gekrümmte Naht verbunden waren. Diese Naht reichte von den Achseln bis in Taillenhöhe in die Nähe der rückwärtigen Mittelnaht. Mit so weit zurückgesetzten Seitennähten und ohne Taillennaht konnten die Vorderteile des Mantels nur locker über dem Brustkorb hängen, was lange Falten von den Schultern abwärts warf.

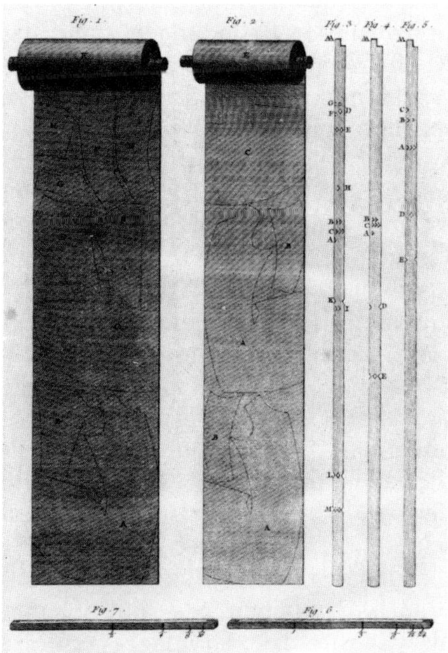

L'Art du Tailleur,
M. de Garsault, 1769.

Die Schneider entwickelten einiges Geschick darin, auf verschiedene Art diesem Problem Herr zu werden. Die wirkungsvollste Methode war das Bügeln. M. de Garsault betont dies besonders in seiner L'ART DU TAILLEUR: *»Die Kunstfertigkeit des Schneiders besteht vor allem im richtigen Zuschnitt und im Bügeln. Letzteres gibt dem Gewand die dauerhafte elegante Form, die es haben sollte. Diese empfindliche Operation kann je nach Ausführung über guten oder schlechten Sitz entscheiden. Sie kann einen guten Zuschnitt verderben und einen unzureichenden Schnitt verbessern«.* Dies war jedoch nur mit Wollstoffen möglich. Ihre Herstellung war Mitte des 18. Jahrhunderts immer noch Großbritanniens wichtigster Manufakturzweig. Ein breites Angebot von Tuch in mittlerer und guter Qualität trug in Verbindung mit einem im Vergleich zu den meisten europäischen Ländern höheren Lebensstandard dazu bei, teurere Kleidung zu tragen. Die Expansion der englischen Mittelklasse und ein bestimmtes Maß an sozialer Mobilität ermutigte einen ansehnlichen Teil der Gesellschaft, sich modisch zu kleiden.

In ihrem Buch THE CUT OF MEN'S CLOTHES 1600–1900 bemerkte Norah Waugh, daß *»die englischen Schneider gegen Ende des 18. Jahrhunderts in der Herrenmode führend wurden, weil ihre lange Praxis und das Gefühl für die Feinheit des Stoffes ihr Können bestimmten«.* Dabei bezieht sie sich hier mehr auf die Geschicklichkeit beim Bügeln als beim Zuschneiden.

Ende des 18. Jahrhunderts scheint das Schneiderhandwerk an einem Scheidepunkt in Bezug auf Technik und Machart angelangt zu sein. Wahrscheinlich suchten englische und kontinentale Schneider und Zuschneider, angespornt durch die Erfordernisse der Mode der 1790er und frühen 1800er Jahre, gleichzeitig nach

The Tailors Guide,
C. Compaing and L. Devere,
London, o. J. (um 1870).

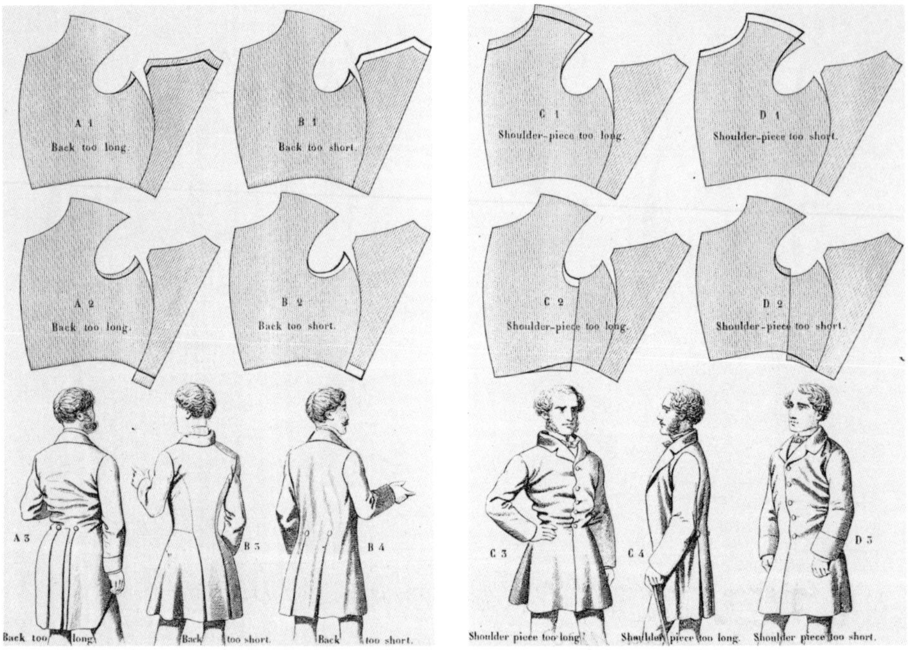

besseren Methoden, um einen besseren Sitz zu erzielen. In England war das eine *»Übergangszeit, weil ländliche Stile langsam in Konkurrenz mit dem höfischen Gewand als der modebestimmenden Kleidung traten. In der Volksmeinung gilt Beau Brummel als Schöpfer der damaligen Herrenmode. Er war jedoch mehr ein gewandter Interpret als ein ausgesprochener Innovator. Im frühen 19. Jahrhundert war sein Einfluß als »arbiter elegantiarium« beträchtlich. Ihm wird die Verwandlung der zunächst nachlässig behandelten Jagd- und Reitkostüme in einen klaren, modischen Anzug zugeschrieben, weil er auf guten Sitz und tadelloser Erscheinung bestand. Diese Ausstattung wurde im frühen 19. Jahrhundert zur Standardausrüstung für Männer«.*

Mäntel und Kniehosen verlangten nach enganliegendem Sitz, um die natürlichen Proportionen abzubilden. Dies offenbarte die Grenzen des Schnitts für einen Mantel im Stil des 18. Jahrhunderts. Unschöne Falten erschienen um die Taille herum, ebenso auf Brust und Rücken. Auch die hohe Taille konnte das nicht verhindern. Obwohl sie nicht lange in Mode blieb und im frühen 19. Jahrhundert immer mehr nach unten wanderte, *»wird die Taille, wie zu beobachten, ziemlich lang und weiter als normal«*. Eine tiefer angesetzte Taille zusammen mit enganliegendem Sitz schuf dem Schneider weiterhin Probleme, die zwischen 1810–20 akut wurden, weil da die Taille fast die Hüften erreicht hatte, was noch mehr Falten verursachte als früher. Das Problem war den Kleidermachern wohl klar und sie versuchten mehrere Lösungen es zu verhindern. Golding macht in seinem 1818 publizierten Buch THE TAILOR'S ASSISTANT diesen Vorschlag: *»Von der Taille wird verlangt, daß sie sich eng zuknöpfen läßt. Das hat eine große Faltenbildung in den Hohlstellen über der Hüfte zur Folge. Daher ist es üblich und erscheint notwendig, daß ein Stück – etwa zwei Drittel vom Vorderteil – herausgenommen werden muß«*. Mit anderen Worten: Er nahm einen »fish« oder einen Abnäher heraus und machte fast eine Taillennaht. Weiter bemerkt er: *»Einige schneiden im Vorderteil herum, aber mir erscheint das unnötig«*. Taillennähte verdanken ihre Entstehung mehr einem Fehler als einer Absicht, und Golding ist ein gutes Beispiel für den Konservativismus, den Schneider im ersten Viertel des 19. Jahrhunderts entwickelten. Neuerungen im Schnitt waren nicht die einzigen Veränderungen, die damals stattfanden. Der Zwang, das Problem des guten Sitzes zu bewältigen, rief weniger konservative Kleidermacher auf den Plan, die andere Techniken probierten, und so ihre Kunstfertigkeit verbesserten. An der Spitze dieser Erfindungen stand das Maßband und das Winkellineal, das für das neue System, Schnittmuster zu machen, gebraucht wurde. Die Erkenntnis von der Notwendigkeit, korrekte anatomische Regeln bei der Vermessung zu benutzen, bildete die Grundlage des neuen Systems. Damit kombiniert war die Anwendung der Geometrie bei der Übertragung dieser Maße auf das Schnittmuster. Größeres Verständnis für Anatomie brachte die Einführung der proportionalen und direkten Maßsysteme. Aus diesen hatten sich bis zur 2. Hälfte des 19. Jahrhunderts drei unterschiedliche Methoden herausgebildet, die auch im 20. Jahrhundert gebräuchlich blieben. Sie sind bekannt als »Chest«, das »Shoulder«- und das »Direct«-Maßsystem. Sobald diese

Systeme ein für alle Mal festgelegt waren, war es möglich geworden, sich auf Details zu konzentrieren, z.B. Techniken bei der Fertigstellung und die Entwicklung einer geschickten Verwendung von Polstern und Versteifungen, was die Gesamterscheinung der Kleidung beträchtlich aufbesserte.

Dieser Artikel hat den Fortschritt, den englische Schneider innerhalb von hundert Jahren machten, sehr summarisch beschrieben. Die Überfülle an Literatur über dieses Thema zeigt die Revolution, die die neuen Meßsysteme mit sich brachten und die Bereitwilligkeit, mit der sie aufgenommen wurden, auch wenn es anfänglich Schwierigkeiten mit dem Verständnis gab. Im 18. Jahrhundert entstand das Bewußtsein, daß England eine Tradition des hohen Qualitätsstandards im Kleidermachen hatte, aber der Ruf der überragenden Handwerkskunst und des unübertrefflichen Sitzes kommt aus der 2. Hälfte des 19. Jahrhunderts, als es all das Wissen gab, das diesen Sitz und die vollendete Fertigstellung für alle Kleider garantierte. Allerdings wäre das Kleidermachen auf diesem hohen Niveau ohne wirtschaftlichen Anreiz nicht möglich gewesen. Das 19. Jahrhundert war ein Zeitalter des Wohlstandes und eines Anwachsens der mittleren Gesellschaftsschichten, die Kleidung von guter Qualität brauchten, um ihren finanziellen Erfolg und ihre soziale Stellung zu vervollständigen.

Zusammenfassend muß man sagen, daß das 20. Jahrhundert einen permanenten Abstieg des Gewerbes weniger an Qualität als an Quantität gebracht hat.

George Dines, der Managing Director von GIEVES schrieb 1949 über

Morning Jacket and Frock Coat, 1871.

E

die Auswirkung der beiden Weltkriege auf die Maßschneiderei: *»Es ist recht zweifelhaft, ob die Mehrheit der spezialisierten Schneider in den Jahren zwischen den Weltkriegen zu ihrer Geschäftsbasis, wie sie vor 1914 bestand, zurückkehren konnten. Großenteils war dies das Ergebnis . . . des ersten Weltkrieges, einer Zeit, in der nur wenige Lehrlinge ins Einzelmaßgeschäft gelangten. Ferner wurde während dieser Zeit deutlich, wie das amerikanische Konfektionssystem von einer großen Zahl britischer Hersteller übernommen wurde. Bald waren sie in der Lage, Anzüge und Mäntel so hervorragend zu fertigen, daß die ›neuen Armen‹ vom Preis zum Kauf solcher Kleider verführt wurden. Umgekehrt gaben die ›neuen Reichen‹, die keine Erfahrungen im Tragen von Kleidern der besten britischen Maßschneider hatten, diesen keine Aufträge . . . Das Ergebnis war der Anfang vom langsamen Abstieg.«* Ferner, fährt er fort, zeigten die Schneider keinen besonders starken Geschäftssinn. So hätte sich der Niedergang vielleicht aufhalten lassen durch die Änderung jener Methoden, die ihnen, weil sie zu zeitraubend waren, das Geschäft verdarben. Er hält es für durchaus denkbar, den Herstellungsprozeß durch den Einsatz arbeitsteiliger Teams unter Beibehaltung der Qualität beschleunigen zu können. Bis zu einem gewissen Umfang findet dies seit den 1960er Jahren statt. Neue Firmen wie BLADES und TOMMY NUTTER setzten zwar die besten Traditionen der Maßschneiderei fort, legten aber besonders Wert auf den modischen Entwurf, um die modebewußten jungen Männer in London anzusprechen. In seinem Buch DRESS OPTIONAL schrieb Rodney Bennett (England): *»1962 startete Rupert Lycett Green mit* BLADES. *Er war am Design interessiert und wollte Design-Ideen in die Maßschneiderei der Top-Klasse bringen«.* Eine ähnliche Bemerkung wird in der ESQUIRE 20TH CENTURY ENCYCLOPEDIA OF MEN'S FASHIONS über Tommy Nutter gemacht. *»Nutters Geschäftsidee ist, seine Kunden mit den hohen Ansprüchen der Savile Row zu bedienen, wobei er der klassischen Schneiderkunst eine frische Note gibt«.*

Beide Firmen haben die Folgen der gewaltigen Steigerung der Lebenshaltungskosten seit den 1970er Jahren überlebt, weil sie auf den Druck von finanziellem und sozialem Wandel vorbereitet waren.

Blades ging in den gemeinsamen Besitz der OMC-Gruppe und von Ginza Yamagataya in Tokio über. Man stellt sowohl Maßanzüge als auch Kleidung von der Stange her. Diese Anpassung hat sich als höchst nützlich erwiesen. Das letzte Jahrzehnt brachte nämlich mit dem Eintritt der Haute Couture ins Herrenausstattungsgeschäft – in Konkurrenz zur Konfektion und Maßschneiderei – einen ernstzunehmenden Gegner. Seit der »Pfauenrevolution« der 1960er Jahre hat sich die Männermode ständig weiterentwickelt. Die Mode der 1980er Jahre kombiniert Stil und Technik auf neue und erregende Weise, wie man es seit den 1960er Jahren, als der Stil die Technik dominierte, nicht mehr gesehen hatte. Auch das Interesse des Gewerbes selbst wuchs. Man bezog wichtige neue Kleidungsartikel mit ein, ebenso die ganze Palette der Accessoires. All diese Trends können auch an der ständig wachsenden Zahl von Modemagazinen für Männer abgelesen werden. Welchen Effekt dieser Boom auf die Maßschneiderei haben wird, ist schwer zu sagen. Auf lange Sicht haben wohl jene Firmen die größte Überlebenschance, die diversifizieren und mit Konfektion ihre Maßanzugateliers unterstützen. Der gute Ruf der Britischen Maßschneiderei lebt weiter, und ein treuer Kundenstamm bevorzugt immer noch diese Art von Kleidung und kann sie auch bezahlen. Bedenklich ist hingegen, daß es nicht genügend Nachwuchs gibt, um Kontinuität zu garantieren.

AVRIL HART

Literatur

Rodney Benett, Dress Optional, 1967.

George Dines (Einl.), The Modern Tailor Outfitter and Clothier, 3 Bde., 1949.

M. de Garsault, Descriptions des Arts et Metiers: L'Art du Tailleur, 1769.

E. B. Giles, The History of the Art of Cutting in England, 1887.

Katalog: Avril Hart, English Men's Fashionable Dress (V & A), London 1983.

Ingeborg Petraschek-Heim, Tailor's Masterpeice-books, in: Costume 3 (1969), 6–9.

O. E. Schoeffler (Hrsg.)/William Gale, Esquire 20th Century Encyclopedia of Men's Fashions, McGraw Hill 1973.

David Seward, The Wool Textile Industry 1750–1960, in: Geraint Jenkins (Hrsg.), The Wool Textile Trade in Britain, Kap. 3.

Norah Waugh, The Cut of Men's Clothes 1600–1900, 1964.

F

– Fächer
Faschismus und Mode
Feminismus
Femme Fatale
Fetisch
Fotografie und Mode
Frau, agressive!

F

Fächer

Seinen heute gebräuchlichen deutschen Namen übernahm der Fächer (von lat. focare – anfachen) von einem Gerät, das zum Anfachen des Feuers verwendet wurde. Erst gegen Ende des 18. Jahrhunderts setzte sich diese Bezeichnuung allgemein gegen regionale Ausdrücke wie Wendelin (von frz. éventail), Waier (ndt.: Weher) oder Waderl durch.

Obwohl schon in der Antike von den am Mittelmeer ansässigen Völkern verwendet und im Mittelalter als liturgisches Gerät (Flabellum) benutzt, erlangte der Fächer in Europa erst mit Beginn der Neuzeit seine besondere Bedeutung als modisches Accessoire. Aus fürstlichen Inventaren sind seit dem 14. Jahrhundert – und von da an immer häufiger – kostbar geschmückte Fächer bekannt, die nicht nur zum Fächeln, sondern auch zum Vertreiben der Fliegen oder zum Abhalten der Hitze des Kaminfeuers dienten. Königin Elisabeth I. von England ist für diese frühe Zeit als besondere Liebhaberin luxuriöser Fächer zu nennen.

Die Erscheinungsformen des Fächers sind unterschiedlich. Neben dem fast nur in Italien gebräuchlichen FAHNENFÄCHER, der wie ein kleines Fähnchen aussieht, und nur wenig Wind erzeugt, wurden HANDSCHIRME mit einem fest an einen Griff montierten Blatt verwendet. Am häufigsten waren FEDERWEDEL von exotischen Federn, die an einem oft reich gezierten Griff befestigt waren. Der ungestielte FALTFÄCHER, ursprünglich eine japanische Erfindung, kam im 16. Jahrhundert über Portugal und Spanien von China nach Europa. Durch die Möglichkeit des Zusammenklappens und Öffnens ist er nicht nur der praktischste, sondern auch der interessanteste unter den Fächertypen. Er setzte sich allmählich gegen die Fähnchen, Handschirme und Wedel durch und war im 18. Jahrhundert, dem eigentlichen Jahrhundert des Fächers, die allein herrschende Fächerform.

Der Faltfächer besteht aus einer unterschiedlichen Anzahl von übereinanderliegenden flachen Stäben, deren oberster und unterster meist besonders geschmückt sind und die am unteren Ende durch einen durch

Fächer, um 1795.
Münchner Stadtmuseum.

Dame mit Fächer, Fabrik-Journal, 1796.

Fächer, England (?), um 1790. Münchner Stadtmuseum.

sie hindurchgeführten Dorn zusammengehalten werden, während sie sich am oberen Ende auseinanderschieben lassen. Dabei wird das auf die oberen Stabenden geklebte Fächerblatt sichtbar, das je nach Zeit und Mode einen mehr oder weniger langen Teil der Stäbe überdeckt und mehr oder weniger breit ist und damit den immer zwischen einem Viertel- und einem Halbkreis liegenden Öffnungswinkel des Fächers bestimmt. Neben den reich geschmückten Stäben bietet das Blatt des Faltfächers erst eigentlich die Möglichkeit zu bildlichem Schmuck – aber auch zu all den anderen Einfällen, die Fächergestalter im Laufe von zwei Jahrhunderten ersannen.

Das feinste Material für Fächerblätter war das Leder ungeborener Ziegen, die sog. SCHWANENHAUT, während einfachere Fächer Blätter aus Papier hatten. Im späten 18. Jahrhundert ist in Deutschland und Frankreich Seide häufiger anzutreffen als Schwanenhaut. In der Regel besteht das Fächerblatt aus zwei aufeinandergeleimten Blättern, zwischen die die Stäbe geschoben werden; nur englische Fächer haben oft eine einfache Montierung, bei der die Stabspitzen auf der Rückseite sichtbar bleiben. Das Einteilen des Fächerblattes in die Falten war eine Arbeit, die erst nach dem Bemalen mit Geschick und Sorgfalt ausgeführt werden mußte. Die Malerei wurde von Fächermalern, die gelegentlich mit Porzellanmalern und Miniaturmalern identisch waren, in haltbaren Gouachefarben ausgeführt, auf die besonders am Rand des Fächerblattes noch reiche Vergoldung gesetzt wurde. Nur die besseren Stücke zeigen eine vollkommen bemalte Rückseite, die meisten begnügen sich mit Vignetten und einem Randmuster, das immer gröber als das der Vorderseite ausgeführt ist. Im 19. Jahrhundert bleibt die Fächerrückseite meistens unbemalt. Für die Stäbe war Perlmutt das kostbarste Material, gefolgt von Schildpatt und Elfenbein. Reichste Aussäge-Arbeit, Schnitzerei, Gravur, Versilberung und Vergoldungen in verschiedenen Farbtönen sowie Malerei waren die Dekortechniken, mit denen das Fächergestell geschmückt wurde. Für die Dekoration der Deckstäbe, die Außenansicht des Fächers, wurden besonders im 18. Jahrhundert bewunderungswürdige Lösungen gefunden, während sich auf den übrigen Stäben reichhaltige kleine Bildwelten entfalten, die erst im geöffneten Zustand des Fächers sich als zusammenhängendes Ganzes erkennen lassen. Die

F

Fächer, Frankreich oder Spanien, um 1830. Münchner Stadtmuseum.

Nana Risi (Detail), Anselm Feuerbach, 1861. München, Neue Pinakothek.

Holzstäbe, die besonders seit dem Ende des 18. Jahrhunderts für bedruckte Papierfächer Verwendung fanden, bleiben undekoriert. Eine Sonderform des Faltfächers ist der BRISÉE- oder TEIL-FÄCHER, der kein Blatt hat, sondern am oberen Ende nur von einem Bändchen gehalten wird und dessen Stäbe so breit sind, daß sie sich im geöffneten Zustand noch leicht überdecken. Auch diese Form zeigt reichen Schmuck durch Malerei und Aussägearbeit.

Frankreich war ab der Mitte des 17. bis zum Ende des 18. Jahrhunderts das Zentrum der Fächerherstellung. Die Stäbe wurden im Gebiet der Oise hergestellt und dekoriert, die Blätter wurden in Paris gemalt und auf die Gestelle montiert. Um die Mitte des 18. Jahrhunderts lebten etwa 150 Fächermacher in Paris, kurz vor der Revolution arbeiteten in ganz Frankreich etwa 6000 Fächermacher für ca. 50 Fabriken. Andere Länder wie England und Holland, die ebenfalls eine bedeutende Fächerproduktion besaßen, bezogen einen großen Teil der Gestelle aus Frankreich oder aus Ostasien.

Umfang und Größe, Material und Gestaltung des Fächers wechselten so

Briséefächer,
um 1820.
Münchner Stadtmuseum.

Fächer,
Paris, Mitte 19. Jahrhundert.
Münchner Stadtmuseum.

schnell wie die Mode selbst. Der hier zu betrachtende Zeitraum nach 1786 umfaßt noch das Ende der eigentlichen Ära des Fächers. Im 18. Jahrhundert erfuhr der Fächer als Luxusgegenstand die reichste Ausstattung, gleichzeitig aber auch – in einfacheren Ausführungen – seine weiteste Verbreitung. Königin Marie-Antoinette liebte und sammelte kostbare Fächer, – Fächer gehörten aber auch zumindest zum Sonntagsstaat einer jeden Bürgerin und wurden zum Spaziergang, zum Tanz und zu Veranstaltungen mitgeführt. Nicht nur wegen der schnell wechselnden Mode besaßen viele Damen eine ganze Reihe von Fächern, sondern auch, weil sie außer dem Straßenfächer zu verschiedenen Anlässen besondere Fächer wie Ballfächer, Trauerfächer, usw. hatten.

Die Themenvielfalt, die vor allem auch das aktuelle Tagesgeschehen berücksichtigte, charakterisiert die Fächer des ausgehenden 18. Jahrhunderts wie in keiner anderen Epoche. Die Mehrheit früherer und späterer Fächer ist mit mythologischen, Genre-, Liebes- und Hochzeitsdarstellungen oder Blumen geschmückt. Die erste Fahrt der Montgolfière, die alle Welt in eine Begeisterung für die Luftfahrt versetzte, fand 1784 ebenso wie die Erstürmung der Bastille 1789 ihren Niederschlag als Fächer-Illustration. 1786 inseriert der Wiener Fächerfabrikant und -händler LÖSCHENKOHL im »JOURNAL DES LUXUS UND DER MODEN« u. a. Rätsel-Fächer, Zauberer-Fächer *»dieser Fächer enthält ein Spiel, mit dem sich eine ganze Gesellschaft nach der beygefügten Erklärung unterhalten kann«, »Fächer zur geheimen Sprache der Liebe vermittelst welcher sich Personen in einer Gesellschaft unterreden können, ohne von anderen bemerket zu werden«* und

F

Elfenbein-Briséefächer
mit zugehöriger Schachtel.
Wien, letztes Viertel 19. Jahrhundert.
Münchner Stadtmuseum.

Fächer, um 1890.
Münchner Stadtmuseum.

Drei Elfenbein-Briséefächer.
München oder Erbach um 1870/80.
Münchner Stadtmuseum.
(Abb. Mitte)

Fächer,
Ende 19. Jahrhundert.
Münchner Stadtmuseum.

Federfächer (Detail), Südamerika,
Ende 19. Jahrhundert
Münchner Stadtmuseum.

Fächer, München, um 1886 (?)
Die Darstellung bezieht sich wahrscheinlich
auf den Tod König Ludwigs II. im Starnberger See.
Münchner Stadtmuseum.

»Ha! In einem Lande, wo man Torte mit dem Messer ißt und wo die Prinzen falsches Deutsch reden und wo es als eine verliebte Handlungsweise auffällt, wenn ein Herr einer Dame den Fächer aufhebt, in einem solchen Lande ist es leicht, hochmütig zu erscheinen, Tom!«

Thomas Mann,
Die Buddenbrooks

Zwei Federfächer,
Ende 19. Jahrhundert.
Münchner Stadtmuseum.

Fächer, Ende 19. Jahrhundert.
Mainfränkisches Museum Würzburg.

F

À une Première,
(nach G. Schachinger), 1887.

auch solche, mit denen man erraten kann, *»in welchem Orte sich ein Freund, Geliebter oder jemand anderer aufhält.«* Die Lust auf Neues erstreckt sich auch auf die Form des Fächers, so wird z.B. der zusammenschiebbare Teleskop-Fächer erfunden, oder ein Brisée-Fächer mit Lorgnon an den Deckstäben, vor dem im »JOURNAL DES LUXUS UND DER MODEN« im März 1786 gewarnt wird, er sei *»mehr eine Fabrik-Spekulation und Tändeley als zum wahren Gebrauche nütze.«* In Italien entwickelte sich nach den Ausgrabungen in Pompeji ein POMPEJANISCHER STIL für Fächer, bei dem das Blatt in drei streng gerahmte, rechteckige Bildfelder eingeteilt wurde, mit antikischen Darstellungen und Ornamenten. Auch sehr sorgfältig gemalte Fächer mit Ansichten berühmter Kunststätten oder der Vesuv-Ausbrüche wurden in dem klassischen Reiseland hergestellt und von Reisenden gerne als kostbares Souvenir oder Mitbringsel gekauft.

Mit der klassizistischen Fächermode wurde nicht mehr wie im Rokoko eine Darstellung über das ganze Blatt ausgebreitet, sondern meistens drei kleine Szenen in Medaillons nebeneinander geordnet. In derselben Anordnung wurden auch im Ovalumriß ausgeschnittene kleine Drucke auf Fächerblätter oder Brisée-Gestelle aufgenäht bzw. -geklebt. Hierbei handelt es sich meistens um Farbdrucke in Punktiermanier auf Seide oder Papier, häufig nach Vorlagen in der Art F. Bartolozzis. Spielende Kinder und Mutter-und-Kind-Szenen sind neben Romanfiguren die häufigsten Themen. Gegen Ende des 18. Jahrhunderts wurden statt des üblichen Fächers gerne grün bespannte kleine Schirmchen als PARASOL-FÄCHER oder KNICKER mitgeführt, deren Dächlein abknickbar war, um auch vor schrägem Sonnenlichteinfall zu schützen. Im Unterschied zum gewöhnlichen Schirm hat dieses Schirmchen keine Speichen, sondern wird wie ein RADFÄCHER um den eigenen Radius herum aufgespannt und erhält durch geschwungene Deckstäbe die leichte Wölbung. Die immer sparsamere Malerei auf Fächern wird zunehmend von Pailletten begleitet, bis sie sie nach 1800 schließlich ganz ersetzen. Die nun bedeutend kürzer gewordenen Fächer zeigen auf den zartfarbenen Seidenblättern überreichen, glitzernden, aufgenähten Pailletten-Dekor in Lambrequinform. Der Farbklang zarter Töne mit reichem Gold entspricht den Modefarben der Zeit, wie sie auch für Kleider und Inneneinrichtungen bevorzugt wurden. Am kürzesten werden die Fächer in ihrer Brisée-Form zu Beginn des 19. Jahrhunderts. Etwa ein Jahrzehnt lang ist ausschließlich dieser winzige Fächer

Dame mit Fächer und Makartbouquet.
Anonyme Photographie, um 1880.

F

Briséefächer,
auf der Rückseite Ball-Inschriften,
München (?), 1904.
Münchner Stadtmuseum.

Mode, dessen einzelne Stäbe meist von hellem, gelbem Schildpatt sind. Der Dekor besteht aus ausgesägten Blumen- und Rankenornamenten, manchmal von kleinen Malereien begleitet. Entsprechend dem Geschmack der Zeit, die dabei war, die Gotik wiederzuentdecken, zeigen die späteren Briséefächer (um 1820) im Umriß und im Sägemuster gotisierende Formen. In den Jahren um 1825–1835 spielten Fächer keine große Rolle, um jedoch bald darauf eine Renaissance im großem Umfang zu erleben.

Paris ist wie schon im 18. Jahrhundert wieder das Zentrum der Fächerherstellung und Pariser Fächerfabrikanten legten Mustersammlungen nach Fächern des 18. Jahrhunderts an und fertigten Fächer im Stil des Rokoko, dessen Epoche mit der Blütezeit der Fächer zusammenfällt. Schäferpaare im nachempfundenen Stil des 18. Jahrhunderts schmücken ebenso wie dem vergangenen Jahrhundert abgeschaute mythologische Inhalte der Antike erneut die Fächerblätter. Man scheute sich jedoch nicht, zur Herstellung der historisierenden Fächer auch neue Techniken zu verwenden. So wurden die Fächerblätter der mittleren Qualität in großer Menge mit Lithographien bedruckt, die nachträglich handkoloriert wurden. Die Blätter wurden auf Elfenbeinstäbe mit durchbrochenem Dekor montiert, der bereits maschinell hergestellt werden konnte. Üppige vergoldete Ranken auf Blatt und Gestell sowie der um die Jahrhundertmitte aufkommende Bügel, an dem meist noch eine große Seidenquaste hängt, geben diesen Neu-Rokoko-Fächern ein prächtiges Aussehen.

Eine sonderbare Form des Faltfächers kam um die Mitte des 19. Jahrhunderts auf, bei der an jeder Stabspitze ein einzelnes Blatt von festem Papier mit unterschiedlich gebogtem Ovalumriß befestigt war. Beim Zusammenklappen des Fächers schieben sich die einzelnen Blätter übereinander, im geöffneten Zustand wird meistens eine über mehrere der sich stark überschneidenden Blätter hinweggeführte gemalte oder gedruckte Darstellung sichtbar. Ein wehender Federbesatz an den oberen Blatträndern erhöht gelegentlich noch die auffallende Wirkung dieses Fächertyps.

In der zweiten Hälfte des 19. Jahrhunderts wird der Fächer ziemlich groß und schwer, da die Stäbe lang und breit sind, und er in der Regel bis zum Halbkreis geöffnet werden kann. Die Malerei tritt hinter der reinen Materialwirkung zurück. Die Blätter sind häufig von schwerer Atlasseide, sparsam oder gar nicht bemalt oder ganz von Spitze eigens für den Fächer angefertigt. Das Monogramm der Fächer-Besitzerin, nicht selten unter einer Adelskrone, wird in der zweiten Hälfte des 19. Jahrhunderts bis in das 20. Jahrhundert hinein zum wichtigen Element des Fächerdekors. Von Ranken umspielt nimmt es oft das Zentrum des Blattes ein. Von Messing aufgelegte oder in Elfenbein geschnitzte Monogramme auf den Deckstäben sind der einzige Dekor vieler Brisée-Fächer. Eine Gruppe von Elfenbein-Briséefächern, zum Teil aus Münchner Werkstätten, zeigt auf dem vorderen Deckstab reiche Schnitzerei in Hochrelief. Innerhalb des geschnitzten Blumenschmucks blieb das zukünftige Besitzermonogramm als Bosse stehen, die dann nach den Wünschen des Käufers vollendet wurde. Einen Fächer dieser Art verehrte Ludwig II. der bekannten Münchner Hofopernsängerin Josephine Schefzky.

Gegen Ende des 19. Jahrhunderts erfreute sich der Fächer erneut großer und allgemeiner Beliebtheit. Zur

Fächer mit Portraits des deutschen und des österreichischen Kaisers und Militärs des 1. Weltkrieges, Wien 1915. Münchner Stadtmuseum.

Balltoilette durfte er nicht fehlen. Briséefächer wurden nicht nur als Ballheft verwendet – es gab solche, in deren Deckstab ein Bleistift immer griffbereit aufgehoben werden konnte –, sondern sie wurden auch in den Tanzstunden mit der Bitte um Erinnerungssprüche herumgereicht. Ebenso war es Mode, auf ganz schlichten, hölzernen Briséefächern eine Autographen-Sammlung anzulegen und besonders in München entstanden – als Erweiterung dieser Idee – die Künstlerfächer, deren einzelne Stäbe nicht nur vom Namenszug, sondern gleich mit einem kleinen Ölgemälde von Künstlerhand dekoriert sind. Um die Jahrhundertwende kamen auch Federfächer wieder zahlreich auf, die bis zum Erscheinen des Faltfächers der häufigste Fächertyp in Europa waren. Weiße Straußen- oder Marabufedern waren als Ballfächer beliebt, Jagdfächer waren aus Uhu- oder Adlerfedern. Prächtige Abendfächer waren mit bunt schillernden, zu Mustern arrangierten, exotischen Federn besetzt.

Mit verbilligten Druckfarben wurden um die letzte Jahrhundertwende Fächer auch als Reklamefächer und als Souvenir-Geschenke nutzbar gemacht. Die Genfer Exposition Nationale von 1896 gab ebenso einen Fächer heraus wie 1905 die Direktion des Münchner Schauspielhauses zur Erinnerung an die Schiller-Feier. Wagner-Freundinnen konnten bedruckte Fächer mit Opern-Motiven und dem Aufdruck *Bayreuth-Parsival* mit heimnehmen.

Als Accessoire der Damentoilette spielt der Fächer nördlich der Alpen seit den 30er Jahren keine Rolle mehr. Nur zur Ergänzung von Faschingskostümen ist er – meist in billigster Ausführung – noch in Gebrauch. Hier sind es vor allem bunt gefärbte lange Straußenfeder-Wedel oder billige japanische und chinesische Importfächer, die nicht nur das Kostüm vervollständigen, sondern in der Hitze der Ballsäle Kühlung verschaffen und damit ihren eigentlichen Zweck erfüllen.

Auch wenn der Fächer heute nicht mehr benutzt wird, hat er doch noch immer seine ganz bestimmte Wirkung und Ausstrahlung, die sich Modehäuser bei der Schaufensterdekoration und bei Mode-Aufnahmen nach wie

Feria-Fächer,
Spanien, 50er Jahre.
Münchner Stadtmuseum.

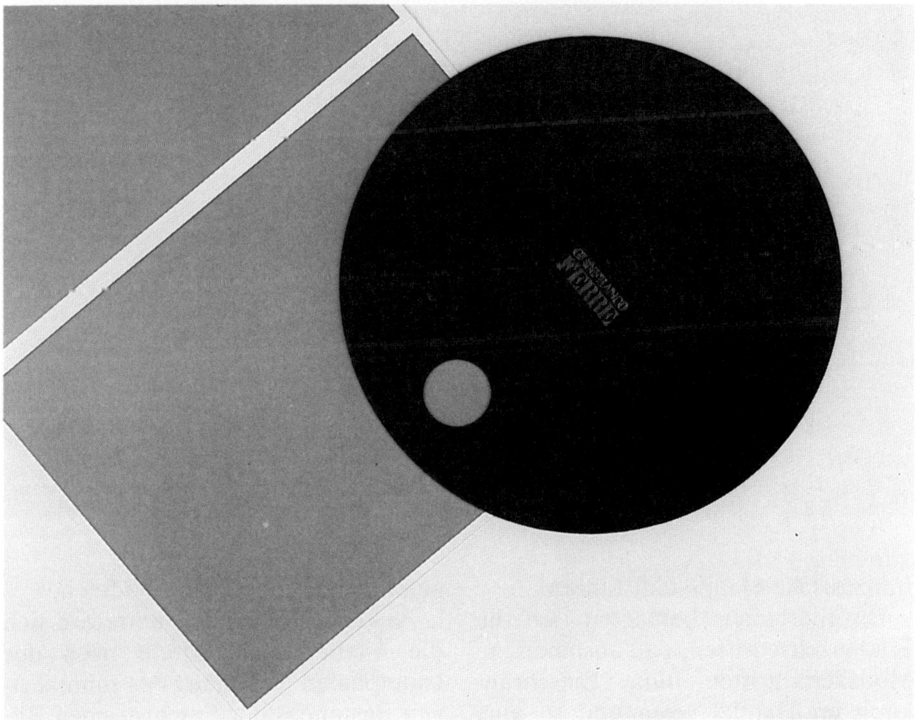

Kunststoff-Fächer,
Gianfranco Ferré,
Mailand, 1985.
Münchner Stadtmuseum.

vor zunutze machen. Wann immer das Elegante, Besondere und Weibliche herausgestrichen werden soll, stehen Fächer – auch in den Schaufenstern von Juwelieren und Parfümerien – als Symbol dafür. 1985 gab das Mailänder Modehaus Ferre für die Besucher seiner Herbst-Modeschau einen Reklamefächer in ganz neuer Form heraus: eine kreisrunde biegsame Plastikscheibe mit einem Grifloch für den Daumen, an dem sie gleich einer Palette gehalten wird und geschwungen werden kann. Die meisten Besucher überzeugten sich alsbald fächelnd davon, daß diese elegante neue Fächererfindung auch in Bezug auf die Brauchbarkeit nichts zu wünschen übrig läßt.

ELISABETH HELLER-WINTER

Literatur

Mary Gostelow, A Collector's Guide to Fans, London 1976.
Annaliese Ohm, Art. ›Fächer‹, in: Reallexikon zur Deutschen Kunstgeschichte, Stuttgart 1972.
Susan Major, Fächer, München 1981.
G.W. Wooliscroft Rhead, The History of the Fan, London 1910.

»Unsere Zeit hat jene schönen, weiblichen Blüten nicht mehr entwickelt, die die großen Jahrhunderte geziert haben. Der Fächer der großen Dame ist zerbrochen. Die Frau hat nicht mehr zu erröten, nicht mehr boshaft zu sein, nicht mehr zu flüstern, zu kichern, sich zu verbergen, sich zu zeigen. Der Fächer dient nur noch dazu, sich zu fächeln, und wenn eine Sache nichts anderes mehr ist, als was sie wirklich ist, dann ist sie zu nützlich, um noch Luxus zu sein.«

Honoré de Balzac,
Die Frau comme il faut

F

Titelblatt, die neue linie, Januar 1938.

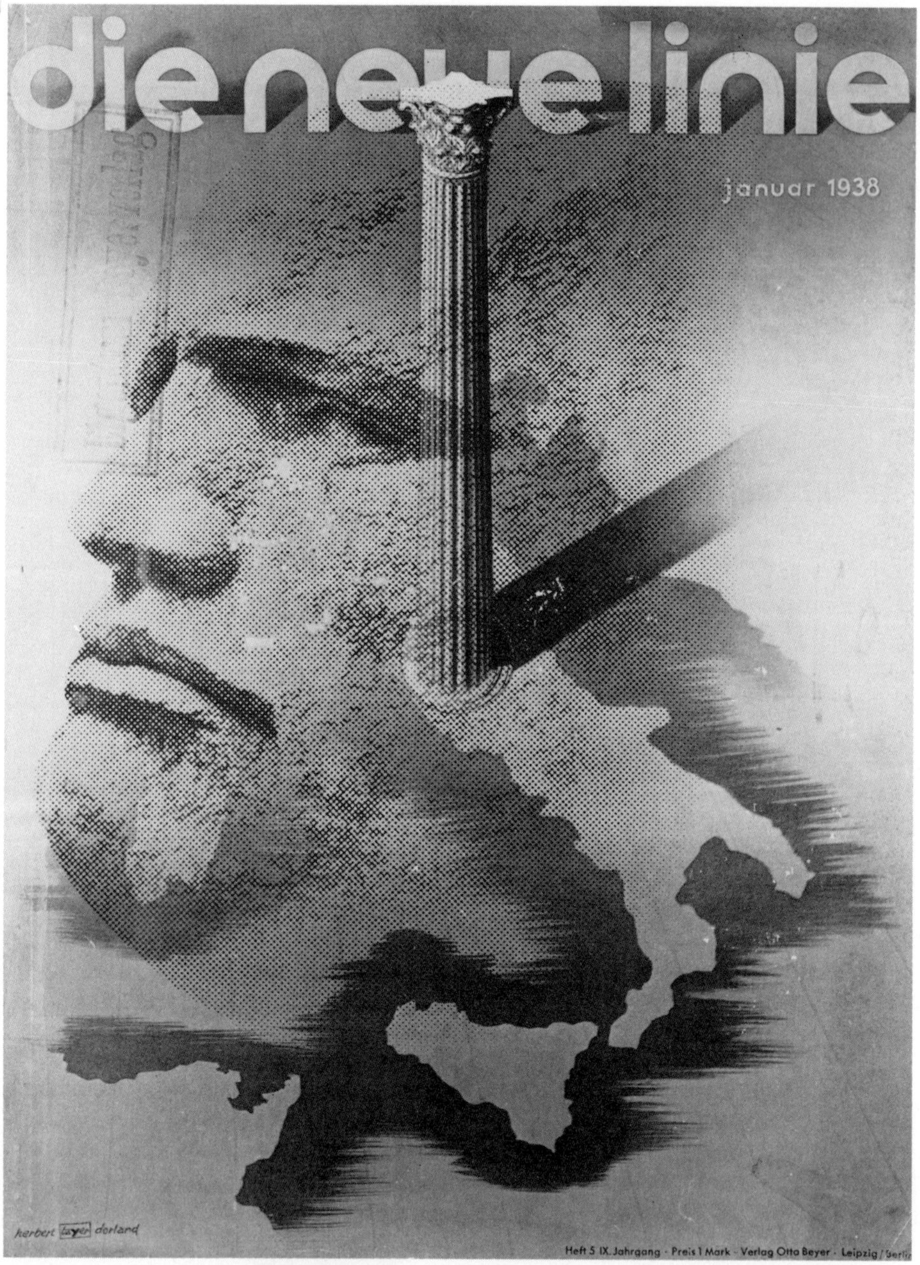

Faschismus und Mode

Während des Faschismus in Italien wurde die Mode zu einem der engagierten Themen für die Aktion und die Propaganda des Regimes. Eine konkrete Auswirkung war die Schaffung eines Ente Nazionale della Moda in Turin im Jahre 1932, dessen spezifische Kompetenzen im Juni 1936 durch eine Reihe von Gesetzesverordnungen abgeändert und vervollkommnet wurden, die ihm die Kontrolle und Regelung bei der Kreation und der Verbreitung von Modellen zur Schaffung einer »italienischen« Mode erlaubten. Aus propagandistischer Sicht wurde dies zu einer heiklen Frage, da einerseits der patriotische Appell, italienische Produkte vorzuziehen, Punkte berührte, die mit den ideologischen Leitgedanken der Partei zusammenhingen. Andererseits ging es darum, den Modekonsum zu erhöhen und zu stärken, wobei der faschistischen Vorstellung von der Frau als kinderreicher Mutter und tüchtiger, bescheidener Hausfrau offen widersprochen wurde.

In welchem Maße beeinflußten daher die Direktiven der Faschistischen Partei konkret die Kleider, die von den Frauen Italiens nach 1932 getragen wurden? Man kann nicht sagen, daß die Unterscheidungen, die vom Faschismus beabsichtigt waren, leicht festzustellen sind. 1935 hätten die Wirtschaftssanktionen und die daraus entstehende Welle der Feindschaft gegenüber den sanktionierenden Ländern zu einem kompletten Abbruch der Kontakte zu Paris und London führen sollen. In Wirklichkeit haben wir zahlreiche Anzeichen dafür, daß nur wenig patriotisches Empfinden bei einigen Schneidern bestand, die weiterhin zu Modeschauen in die französische Hauptstadt fuhren.

Darüberhinaus beklagten sich die Frauenzeitschriften, daß ausländische Modezeitschriften ohne Einschränkung im Handel seien und so eine gefährliche Konkurrenz bildeten.

Aus diesem Grunde entfernte sich die »italienische« Mode nach der triumphalen Eröffnung des zehnjährigen Bestehens der Faschistischen Revolution in keinster Weise von den Linien der europäischen Mode. Ein gewisser Provinzialismus, der in den Jahren nach 1935/36 stärker zum Tragen kam, war mehr auf das Unbehagen der Schneider zurückzuführen, die zwanghaft und um jeden Preis »Italienisches« produzieren sollten, als auch auf die immer ausgeprägtere kulturelle Isolierung Italiens.

Unter den neuen Themen erwies sich die Richtung für die nationalistischen Bedürfnisse am passendsten, die sich mit dem Wiederaufleben mystischen Gedankengutes befaßte, und die so stark in der europäischen Mode der 30er Jahre vertreten war. Es ist kein Zufall, daß diese Richtung, die sich in einer ständigen Forderung nach Inspiration bei italienischer Kunst und Geschichte konkretisierte, das Leitmotiv für alle Vorschläge hinsichtlich einer italienischen Mode in der ersten Hälfte des Jahrhunderts bildete. Bei der ersten vom ENTE TORINESE veranstalteten Modenschau im Jahre 1933 machte das »revival« bereits eine beträchtliche Tendenz aus: Das Mailänder Tagblatt IL CORRIERE DELLA SERA berichtete von Schneidern, die nach ihren Angaben beträchtliche Zeit in verschiedenen Bibliotheken verbrachten auf der Suche nach *»historischen Angaben über die Entwicklung der Kleidung, nach alten illustrierten Publikationen, Miniaturen und Sammlungen von Drucken«*.

Ein weiteres Inspirationselement, auf das die Schneider ständig hingewiesen wurden und das sie verfolgen sollten – wobei eventuell einige geglückte französische Weiterverarbeitungen ins Gedächtnis gerufen wurden –, war die Tracht. Auch das Königshaus wurde für die Mode mobilisiert: Neben den Eröffnungen der offiziellen Modenschauen, bei denen niemals ein illustres Mitglied des Königshauses fehlen sollte oder bei Veranstaltungen in Reitstadien und Theatern verschiedener Städte, bei denen die großen Namen der Aristokratie immer auftauchten, wurde für die Tracht ein außergewöhnliches Mannequin gefordert: So läßt sich die Prinzessin von Piemont in Neapel in einer Reihe von wunderschönen

Donna Fascista, die neue linie, Januar 1938.

Abendkleider, Ventura, Mailand und Battilocchi, Rom, die neue linie, Januar 1938.

Trachten fotografieren, die die Journalistin Brunetta gleichzeitig zu neuen »Modeideen« inspirierte.

Die Vorliebe für Tiroler Kleidung, die sich bei der eleganten Gesellschaft in aller Welt nach 1930 durchsetzte, war auch in Italien weit verbreitet – das geht bis zu Strickjacken und Kindersöckchen – obwohl dagegen harte Vorwüfe wegen mangelnder italienischer Charakteristik fielen: *»Daß die italienischen Frauen wie österreichische Bäuerinnen herausgeputzt auf die Straße in unseren Städten gehen sollen, dies ist eine höchst lächerliche und immens dumme Sache, um nicht noch Schlimmeres zu sagen«,* schrieb die Zeitschrift PER VOI SIGNORA im Dezember 1936.

Die Unterzeichnung des STAHLPAKTES mit Deutschland schwächte die Strenge der nationalistischen Haltung ab. Und so gab eine andere Zeitschrift GIOIA zu Ehren der bayerischen Bräute, den italienischen Frauen Anleitung, ihre Hütchen mit den gleichen Motiven zu besticken wie auf dem bayerischen Kopfputz.

Das faschistische Thema par excellence blieb die weichere und weniger maskuline, weibliche Silhouette, die Ende der 20er Jahre propagiert wurde. Das zeitliche Zusammenfallen mit der Regierungskampagne für mehr Geburten (1927 hielt Mussolini seine berühmte HIMMELFAHRTSTAGSREDE) eignete sich gut dazu, die Abgrenzungstendenzen zur internationalen Mode wirksam darzustellen. Die italienische Frau sollte von sich aus diese neue Idee der Frau verkörpern, es sei denn, sie wollte die Schuld eines mangelnden Patriotismus auf sich laden. Die faschistische Aufgabe, die italienischen Frauen davon zu überzeugen, nicht mager sein zu wollen, beruhte auf drei wesentlichen Punkten der geheimen Überredungswelle, die sich über die Italienerinnen in den 30er Jahren ergoß: Die südländische Schönheit ist rundlich, die magere Frau gefällt dem Mann nicht und sie kann keine gesunden Kinder für das Vaterland zur Welt bringen. Darüberhinaus stand die Entdeckung der »südländischen« Schönheit in der Mode in einem internationalen Zusammenhang. Und wenn Zeitschriften 1937 empfohlen, möglichst viel Busen zu zeigen, so begann der Büstenhalter 1936 in Amerika seinen Siegeszug. In Italien pries man den weiten Rock bei Tages- und Abendkleidern, um die Taille und die Brust hervorzuheben, sogar Coco Chanel hatte in ihren letzten Vorkriegskollektionen Modelle mit Wespentaillen und Glockenröken, die so ungewöhnlich für sie waren.

GRAZIETTA BUTAZZI

Literatur

Katalog: 1922–1933, Vent'anni di Moda Italiana, Milano 1980.

»Ah, ça ira . . .«, um 1790.

Feminismus

»Sie war immer gleich gekleidet; sie trug eine lose schwarze Jacke mit tiefen Taschen, die sie mit allerhand Papieren, den Zeichen einer riesigen Korrespondenz, vollgestopft hatte; unter der Jacke kam ein kurzes Wollkleid zum Vorschein. Die Kürze dieses einfachen Kleidungsstückes diente Miß Birdseye dazu, den Eindruck zu erwecken, als sei sie eine Frau der Praxis, als wünsche sie, ihre Handlungsfreiheit zu dokumentieren. Selbstverständlich war sie Mitglied der ›Liga für kurze Röcke‹; sie gehörte nämlich jeder Liga an, die zu irgendeinem Zwecke gegründet worden war.«

Es gibt offenbar einen engen Zusammenhang zwischen der Emanzipation der Frau und ihrer Art sich zu kleiden, ihrem Bedürfnis und ihrer Forderung nach einem Gewand, das dem Körper seine Freiheit läßt und ihn nicht nach einem vorgegebenen Modell formt. Tatsächlich handelt es sich um einen utopischen Wunsch, der am Ursprung jeder Frauenbewegung anzutreffen ist. So wurde etwa von den Vorkämpferinnen des amerikanischen Feminismus THE RATIONAL DRESS MOVEMENT ins Leben gerufen; dessen »dress« freilich, eine Art Hose und ein knielanger Rock, wurde nur von einer Handvoll Frauen – es mögen um die hundert gewesen sein – wirklich getragen. Trotz ähnlichen Initiativen in England, und obwohl die militanten Anhängerinnen leidenschaftlich und engagiert für ihre Ideale stritten, kam ein Kontakt oder gar Dialog mit der Welt der Mode nicht zustande, und der Bewegung blieb ein sichtbarer Erfolg versagt. Erst in unserem Jahrhundert griff die Mode die Forderungen auf, die von kämpferischen, non-konformistischen Frauen (aber u.a. auch von fortschrittlichen Ärzten) erhoben wurden.

»Das Wort ›Vermännlichung‹ ist, in Ansehung der Frau, kaum das rechte, und der praktische, die Toilette entlastende, dabei oft weiblich sehr reizvolle ›Bubenkopf‹ hat mit der tendenziösen Haarschur der frühen Rechtlerinnen nicht das geringste mehr zu tun . . . Der Vorgang, so läßt sich sagen, läuft auf eine Art von beiderseitiger Vermenschlichung hinaus, die Kameradschaft ermöglicht.« Mit Zustimmung und Sympathie schildert Thomas Mann (1925), was sich ihm wohl als Abschluß einer Entwicklung darstellt. Die Mode hat die Forderungen nach Reform und Erneuerung aufgegriffen – sie hat die *»Tendenz«* eliminiert. Von solcher Art nun scheint die Beziehung zwischen Feminismus und

Modeillustration, Journal de la Mode et du Goût, 1790.

Mode tatsächlich zu sein: Zu Beginn Feindseligkeit und Ablehnung auf beiden Seiten – die Bewegung kämpft für die freien Körper, gegen Einengung und Disziplinierung durch die Kleidung; die Mode ihrerseits pocht auf Eleganz und demonstriert die Häßlichkeit der alternativen Kreationen. In der Folge Aufnahme bestimmter Neuerungen durch die Mode; kritische Wachsamkeit und Wiederaneignung von seiten der militanten Frauen. Der ganze Prozeß – von den Anfängen des Feminismus bis zur »Befreiung« der Mode – dauert nicht weniger als siebzig Jahre. Er fällt in die Zeit der härtesten Kämpfe: um das Wahlrecht und den freien Zugang zu allen Berufen.

Die Mode begleitet die Übernahme einer selbstverantwortlichen Rolle in

F

Louise Brooks, um 1925.

Femme moderne,
S. Chompré, um 1925.

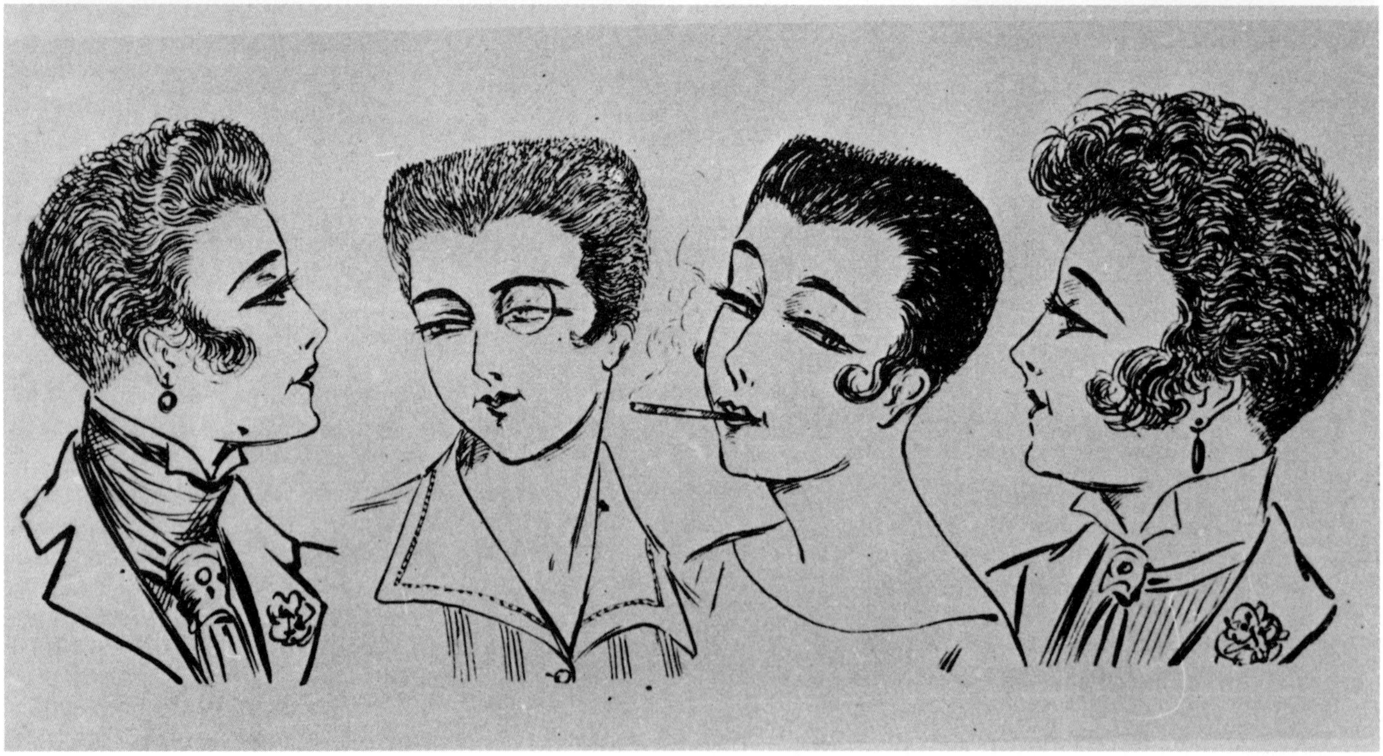

Damenfrisuren,
Le Capillartiste, 1925.

der Gesellschaft durch die emanzipierte Frau; sie beweist feines Gespür für die gewandelten Lebens- und Verhaltensweisen insbesondere im Bereich der Sexualität – und sie reagiert darauf mit betont erotischen Kreationen, die sicher ganz und gar nicht im Sinne der RATIONAL DRESS-Bewegung sind. Der Film ist ein treuer Spiegel des Zeitgeistes, und Hollywood kreiert in den 20er und 30er Jahren eine stilisierte, eine Kinoversion des neuen Lebensgefühls, trägt so zu einer massenhaften Verbreitung und zu seiner Popularisierung bei. Und es sind nicht nur aufreizende »Pagen« in »schamlosen« ultrakurzen Kleidern, die auf die Leinwand kommen, sondern durchaus auch »Damen« in Hosen (*»very glamorous«*) – man denke an Marlene Dietrich, um nur eine zu nennen. Greta Garbo und Katherine Hepburn tragen Hosen auch im Privatleben. Alles in allem: die lange ersehnte, die endlich errungene Freiheit. Und doch: Als Anfang der 70er Jahre ein neuer, radikaler Feminismus das Licht der Welt erblickt, da geht es zunächst wieder um die Kleidung, und – natürlich – wiederum auf »tendenziöse« Art. Die »Abschaffung des BHs« war die erste, spektakuläre Aktion der Frauen, die aufgebrochen waren, sich neue Bereiche zu erobern und neue Möglichkeiten der Selbstverwirklichung zu erproben. Ein Film von Jean-Luc Godard hatte es auf verschlüsselte Weise vorweggenommen. In UNE FEMME MARIÉ (1964) gibt es eine Szene, worin Mascha Meril mitten auf der Straße, umflutet von Großstadtverkehr, einen bekannten Werbeslogan zur Schau stellt: *»Halt' die Welt an mit deinem Madenform«* (eine Büstenhaltermarke).

Die Mode hatte damals etwas, man möchte sagen: Bevormundendes, be-

Paris, 1968.

sonders in dem Weiblichkeitsklischee, das den Frauen aufgedrängt wurde; es herrschte eine Steifheit, in der keine Spur mehr von der Freiheit der 20er und 30er Jahre zu finden war. Natürlich ist ein BH nicht so beengend wie ein Korsett: Die weibliche Rüstung war nur zum Teil wiedererstanden, und es ist wohl ganz allgemein so, daß auch in Zeiten der Reaktion und Restauration der ursprüngliche Zustand niemals völlig wiederhergestellt wird. Aber es ist bezeichnend, daß die Befreiungsbewegung gerade an den Kleidern ansetzt, die die greifbare Fesselung darstellen und eine erstickende dazu. Darum: *»Ins Feuer mit den Büstenhaltern«.*

In den folgenden Jahren wurde man nicht müde zu erklären (und vor allem den Frauen klarzumachen), es habe sich dabei um eine symbolische Geste gehandelt und nicht um den Einsatz eines politischen Kampfes. Wieder – wie in der Vergangenheit bei den Hosen oder den kurzen Haaren – stand der Verlust der Weiblichkeit als Drohung im Raum, die Angst, die Anziehungskraft für das andere Geschlecht zu verlieren. Doch der Feminismus der 70er Jahre hat seine eigene Mode entwickelt, die einige Jahre lang eine echte Alternative zu derjenigen darstellte, die der Markt diktierte.

Spontaneität, ein ungezwungener, natürlicher Körper, ein striktes Nein zu allen Zwängen. In der Kleidung ist damit die Zeit der SABOTS gekommen, der Blumenröcke, der bestickten Blusen, der langen, weiten und bequemen (aber farbigen) Hemden; die Zeit auch für Folkloristisches aus aller Welt, aus Europa wie aus Asien, aus Afrika wie aus Lateinamerika – und mit mehr oder weniger gutem Geschmack zusammengestellt und kombiniert. Es ist ein Stil, in dem sich Phantasie und Kreativität, Sinnlichkeit und Sinnenfreude auszudrücken vermögen – der aber auch einfach nur schlampig wirken kann. Daneben die charakteristischen Kleidungsstücke der 70er Jahre: Jeans mit ausgestelltem Bein, die letzten Überbleibsel der Mini-Mode, Dreivierteljacken. Und dann, fast über Nacht, sind Großmutters Klamotten plötzlich wieder »in«.

Alte Schränke, Truhen, Speicher werden geplündert, second-hand-Läden schießen aus dem Boden – eine »Weiblichkeit«, die abgetan und vergessen schien, zeigt sich in neuer, jugendlicher Blüte; und sie ist »akzeptabel«, weil sie nicht der herrschenden Mode entspricht oder von ihr diktiert wird: Spitzenkrägen, Pelzmäntel, Kleider aus leuchtender Seide. Damit einher gehen die neuentdeckte Leidenschaft für alten Schmuck sowie die neue Begeisterung für Schals und Schärpen.

Sorella d'Italia, 1977.

Aber das vollzieht sich durchaus in Übereinstimmung mit den »ideologischen« Phasen der Frauenbewegung. Die reine Lehre der Anfänge mit ihrer Strenge und Kompromißlosigkeit machte im Lauf der Jahre einer immer flexibleren Einstellung Platz – einer »kompromißlerischen« Haltung auch gegenüber dem Bedürfnis nach Eleganz und den »Einflüsterungen« der Mode. So stellt Susan Brownmiller resigniert fest: *»It was probably inevitable that the anti-makeup forces should lose. We are bucking to much of history«.* Fast scheint es, als wäre dies der unvermeidliche Gang der Dinge – von der totalen Verweigerung zur Wiedervereinnahmung. Unzweifelhaft reicht die Beziehung der Frau zu dem Selbst-Bild, das die Mode zu repräsentieren vermag, viel tiefer und ist viel komplexer, als daß sie durch ein einfaches ideologisches Verdikt aus der Welt zu schaffen wäre. Andererseits hatte der Feminismus seinerseits keine unmittelbare Wirkung auf die Mode. Einige Jahre lang koexistierten die beiden »Welten«, ohne daß es irgendwelche Berührungspunkte gegeben hätte. Dann kam die Mode wieder in Mode, stieß auf breites Interesse, faszinierte, begeisterte, verführte – und machte auch vor gesellschaftlichen »Bewegungen« der 70er Jahre nicht halt. Diesmal hatte sie nicht so sehr einzelne Elemente aufgegriffen, als ein Verhalten und einen Lebensstil: Sie schrieb die Freiheit der Wahl auf ihre Fahnen und setzte sie marktgerecht um als Freiheit des Konsums.

Die Mode der 80er Jahre kennt keine Diktate oder kategorischen Imperative: Man ist morgens die Karrierefrau (im perfekt sitzenden Kostüm),

Im Arbeiterjugendzentrum,
Bielefeld, 1985.

abends die große Verführerin; man kleidet sich als perfekte »sportswomen« wie als klassische Dame – *»Bon Chic, Bon Genre«;* als Rockfan oder als junge Lady. Die Modelle sind da, sind verfügbar, aufgereiht und hingebreitet – man braucht nur zu wählen. Nichts ist verborgen, alles wird ausgestellt und hergezeigt. Das ist vielleicht das wichtigste Ergebnis des Feminismus, die Unmöglichkeit, die Modelle – die vorgefertigten Futterale des weiblichen Körpers – zu verbergen. Andererseits besteht natürlich die Gefahr, daß die repressiven Tendenzen, die heute in der Luft liegen und die wieder auf eine Glorifizierung der »Weiblichkeit« hinauszulaufen scheinen, dazu führen, daß besinnungslos und hektisch den neuesten, den aktuellsten, den prestigeträchtigsten Kreationen nachgejagt wird – und darüber ganz die Freiheit vergessen wird, die darin liegt, alle zur Verfügung zu haben. Und doch bleibt die Hoffnung, daß gerade daraus ein Begriff von Weiblichkeit und Mode erwächst, der nicht mehr so starr auf die Idealbilder fixiert ist.

BIA SARASINI

Literatur

Susan Brownmiller, Feminity, 1984.
Henry Games, Die Damen aus Boston, Frankfurt a.M., Ullstein, 1984.
Thomas Mann, Über die Ehe (1925), in: Gesammelte Werke, Bd. 10, Frankfurt a.R., Fischer, 1974.

F

Die Femme fatale

In einem heute noch grundlegenden Essay hat Mario Praz aus der Literatur des 19. Jahrhunderts den Typus der »Femme fatale« als Verkörperung einer *»despotischen und grausamen«* Weiblichkeit herausgearbeitet. In der Lektüre und kritischen Analyse von Autoren, denen dabei eine Schlüsselrolle zukommt – von Algernon Ch. Swinburne (1837–1909) über Prosper Merimée (1803 – 1870) und Gustave Flaubert (1821 – 1880) bis hin zu Gabriele D'Annunzio (1863 – 1939) – kristallisieren sich eine ganze Reihe von Elementen heraus: die Wollust des Bösen und damit die Frau als dessen verführerische Inkarnation; die krankhafte und transgressive sexuelle Besessenheit; die Verschmelzung von »erotischem Ideal« und »exotischem Ideal« mit der Frau als Objekt der wildesten Begierden und grausamsten Phantasien – insgesamt ergibt sich so das Bild einer zerstörerischen und Verderben bringenden Frau, die auch ihrer körperlichen Beschaffenheit nach zu einer schicksalhaften Liebe bestimmt ist.

Praz selbst hebt hervor, daß der Entdeckung einer weiblichen *»Fatalität«* in der Kunst der Entwurf eines *»homme fatale«* vorangeht – der »Byronische Held«, der Mann, der zerstört, was er liebt. Diese Bemerkung ist auch in unserem Zusammenhang nicht ohne Interesse, weil sie den Verdacht bestätigt und nährt, die »Femme fatale« sei eine Schöpfung des Mannes, sei seinen Träumen und seinen Ängsten bezüglich der weiblichen Sexualität und seinem sadomasochistischen Verhältnis zu ihr entsprungen.

In einem Diskurs über Mode geht es vor allem darum, herauszuarbeiten, wie – Ende des letzten und Anfang unseres Jahrhunderts – das Bild der perversen und »fatalen« Frau, das in Literatur und Kunst der zweiten Hälfte des 19. Jahrhunderts eine so große Rolle spielte, durch Modeschöpfungen konkrete Gestalt annahm und sich in der gesellschaftlichen Realität vervielfältigte. In der Folge kam dieser »Typus« nicht nur in der Populär- und Trivialliteratur vor, sondern wurde durch die Mode so sehr zu einem Massenphänomen, daß sich am Ende Kraft und »Aroma« der ursprünglichen Attribute ganz und gar verflüchtigten.

Will man verstehen, wie es zu dieser Identifikation von Wirklichkeit und literarisch-künstlerischer Schöpfung kommen konnte, muß man die Veränderungen in der Frauenmode nach dem Verschwinden der Krinoline Ende der 60er Jahre des 19. Jahrhunderts ins Auge fassen und insbesondere klar sehen, daß diese Veränderungen nicht zuletzt in dem neuen Verständnis weiblicher Identität gründen, das in den letzten Jahrzehnten des Jahrhunderts entwickelt wurde. Das Verschwinden der Krinoline hatte in den 70er Jahren die Modellierung von Hüften und Büste bewirkt: ein definitiver Bruch mit der anmutigen und zerbrechlichen, ins Engelhafte und Sakrale stilisierten Weiblichkeit, wie sie sich zwischen den 20er und 60er Jahren herausgebildet hatte. Unter den vielen männlichen Stimmen zur Verteidigung der Krinoline hatte Gautier die zweideutige und erregende Erotik auf den Begriff gebracht, die aus der Negation des Körpers resultierte. *»Diese Masse reicher Stoffe dient dem Oberkörper und dem*

Pariserin, 1914.

Kopf als Piedestal – jetzt, wo die Nacktheit nicht mehr gestattet ist, die einzig wichtigen Teile«.

Es liegt auf der Hand, daß die neue Linie – neben dem Schock über die Veränderung – eine Neubewertung und Umorientierung der weiblichen Erotik bedeuten mußte. Dies wird noch deutlicher, wenn man folgende Elemente in Rechnung stellt: die starke Vergrößerung des Ausschnitts Mitte der 70er Jahre; die teilweise oder völlige Nacktheit der Arme zu bestimmten Anlässen (Bälle) und Jahreszeiten; Frisuren, die allmählich immer mehr durch Locken und Kringel an Hals, Schultern und Stirn aufgewertet wurden und die Vorstellung ein ständig von Auflösung bedrohten Masse evozierten; und – last but not least – Unterwäsche, die nach dem Körper modelliert war, um die enganliegende PRINCESSE-Linie nicht zu kompromittieren.

In den 70er und den 80er Jahren ist die Entwicklung der Unterwäsche in Richtung auf eine Steigerung der erotischen Wirkung bereits in vollem Gange.

Der Übergang von einem aristokratischen Frauentyp von durchscheinender Immaterialität zu einem vollkommen anderen, üppigen und etwas vulgären Typ scheint uns zunächst von der Identifikation mit der »Femme fatale« wegzuführen; in Wirklichkeit freilich verweist dieser Übergang auf eine der Quellen, aus denen der neue »Typus« sich speist und bringt uns zurück zur Frau als Zerstörerin des Mannes, seines Willens und seines Erfolges (und in der bürgerlichen Gesellschaft ist der ökonomische Ruin gleichbedeutend mit dem physischen Tod): Kurz – es ist die Rede von der Kurtisane.

Die großen Kurtisanen des Alter-

Schwarze Braut,
Siegfried Oselka,
München, 1985.
Münchner Stadtmuseum.

F

Abendkleid,
Meisterschule für Mode,
München, 1985.
Münchner Stadtmuseum.

Abendkostüm,
Salon Tilde Baumann,
München, 1939.
Münchner Stadtmuseum.

tums hatten die erotischen Phantasien der Schriftsteller der romantischen décadence genährt und die triumphierende Halbwelt des ausgehenden 19. Jahrhunderts muß aus der Kultur der Epoche Glanz und Magie geschöpft haben, steht doch *»die Herrschaft der großen Horizontalen in genauer zeitlicher Korrespondenz zu dem der Femme fatale in Literatur und Kunst«.*

Zahlreich bezeugt ist die Wichtigkeit der »Kokotte« für das Lancieren neuer Moden und neuer Gewagtheiten, ebenso wie die Begehrlichkeit (die der geheuchelten Gleichgültigkeit mindestens gleichkam), mit der diese sündhafte Welt betrachtet wurde, wo auch immer sie ans Licht der Öffentlichkeit trat. Die soziale Integration in der zweiten Hälfte des 19. Jahrhunderts erlaubt in der Öffentlichkeit Vermischungen zwischen »Gesellschaft« und Randgruppen, die wenige Jahrzehnte vorher undenkbar gewesen wären. Darauf ist viel von jener Dreistigkeit zurückzuführen, jenem Luxus ohne Maß und Ziel, die die Frauenmode zwischen 1870 und 1890 charakterisieren. Die »Kokotte« und die »Dame«, die dieselben Örtlichkeiten und dieselben Schneider frequentieren, scheinen in einem Wettstreit begriffen, der die sichtbaren erotischen Reize der Bekleidung vervielfältigt; beide sind inzwischen, jede in ihrem Bereich, zu »Statussymbolen« der ökonomischen Macht des Mannes geworden.

Im Großbürgertum lockern sich die Anstandsregeln für die verheiratete Frau und lassen Freiräume für sexuelle Abenteuer, die den vorangegangenen Generationen unbekannt waren. Wir zitieren nach Perrot die Beschreibung eines Gebärdenspiels, das zum Repertoire der »Femme fatale« zu gehören scheint. *»Ein junges, reizendes Geschöpf, das auf dem Diwan Siesta hält . . muß imstande sein, zu ihrem Vergnügen und Zeitvertreib mit den eigenen Pantöffelchen zu spielen. Sie wirft sie, eines nach dem anderen, mit einer energischen Bewegung des nackten Fußes in die Luft, fängt sie dann, ohne sie mit den Händen zu berühren, mitten aus dem Flug mit der Spitze des großen Zehs wieder auf, streift sie über, und das Spiel beginnt von vorne. Fallen die Pantöffelchen aber zu Boden, so wird es genügen, einen gefälligen Freund, der wohlweislich zur Stelle ist, zu bitten, sie wieder aufzusammeln. Mir wurde von einer Kreolin mit schönen schwarzen Augen berichtet, die – aus Faulheit oder Menschenverachtung – ihren Gatten, einen ernsthaften Mann, zu diesem neckischen Spielchen abgerichtet hatte«.*

Das Pantoffelspiel transponiert das *»Spiel mit der Grausamkeit«* der *»Femme fatale«* in ein bürgerliches Ambiente – jenes Spiel, das zu den wirksamsten Waffen der Hetäre gehörte: Über Cora Pearl sagte man, sie habe ihre Pferde besser behandelt als ihre Liebhaber. Im übrigen konnte in einer Zeit, die noch keine wirksame Behandlung der Geschlechtskrankheiten kannte, die Umarmung der Kurtisane ebenso tödlich sein, wie die von Herodias oder Kleopatra, wie viele der Schöpfer der *»Femme fatale«* sehr wohl wußten. In dem von Feydeau geschilderten bürgerlichen Milieu spielt die schöne Kreolin mit ihren Pantoffeln wie ein junges Tier: noch eine Transposition aus der wollüstigen Welt der *»belle dame sans merci«*, worin die Assoziation von Frau und (Raub-) Katze ständig präsent ist. Dies ist eins der Motive, die man im Auge behalten muß, betrachtet man das immer stärkere Vorherrschen des tierischen Elements auf der Ebene des Dekors: bei den Haaren, bei den Kleidern, bei den Schuhen, beim Schmuck – um einmal vom großen Muff und den Pelzhüllen zu Beginn unseres Jahrhunderts zu schweigen.

Der Inhalt der literarisch-künstlerischen Werke, die Propagierung eines Frauenbildes, das das Schema von Braut – Ehefrau – Mutter außer Kraft setzte, legt Zeugnis ab von *»der Existenz einer kollektiven Neurose, die sich in einer schwindelerregenden Anziehung durch die weibliche Sexualität und einer gleichzeitigen krankhaften Angst vor ihr äußerte«* – Damit wäre eine Veränderung des bürgerlichen Sexualverhaltens in Zusammenhang zu bringen, die im Zeichen der Suche nach immer raffinierteren Lüsten steht. *»So wie sich in den 70er Jahren unseres Jahrhunderts erotische Bilder, Schallplatten, Lektüren und Gadgets entwickelt und sich im ganzen Gesellschaftskörper ausgebreitet haben, so sind unleugbar in den letzten Jahrzehnten des vorigen Jahrhunderts . . .*

Coco Chanel
Foto Man Ray,
um 1930.

F

Abendrobe,
um 1890.
Münchner Stadtmuseum.

– wenigstens in der Mittelschicht und im Kleinbürgertum – Geschmäcker, Phantasmen und Techniken aufgetaucht, die einer aristokratischen Erotik vergangener Zeiten zugehören«.

Corbin konstatiert in derselben Zeit die Entwicklung des Freudenhauses als Ort einer verstärkten Suche nach Erotik und sieht die Wurzeln dieses Phänomens in der verbreiteten Gewohnheit des Ehebruchs: *»Was die Klienten suchen, ist die Frau des anderen . . . Auf der Ebene des Begehrens handelt es sich um eine echte Mutation, die ihrerseits die Verände-*

Abendcape,
Heinz Schulze-Varell,
München, 1962.
Münchner Stadtmuseum.

rung des weiblichen Sexualverhaltens bei einem beträchtlichen Teil des städtischen Bürgertums bestimmte«.

Immer stärker tendiert also die bürgerliche Frau dazu, sich mit den Heldinnen der Dekadenzliteratur und ihrer Abfallprodukte zu identifizieren und durch ihre Kleidung einen Typus zu verkörpern, der möglicherweise die Frustrationen der Braut – Gattin – Mutter kompensiert. Seit etwa 1850 wird die S-Form zum Dreh- und Angelpunkt der endgültigen Veränderung: Gegen Ende des Jahrhunderts hatten die beiden romantischen Schöpfungen des »Byronischen Helden« und der *»belle dame sans merci«* zu einer Verherrlichung der Androgynität geführt, die auch in die Komposition des »modischen« Frauenbildes einfloß. Auch D'Annunzios Heldinnen leben vom Reiz der Ambivalenz, und nie verleiht ihnen der Dichter üppige Formen.

Ein weiteres Element der Komposition ist das Begriffspaar dunkles Haar – Blässe; läßt sich diese durch Schminke erreichen, so gehört jenes hingegen zur Populärversion der »Femme fatale«: die Zigeunerin Carmen, wie sie Bizet 1875 auf die Bühne brachte. Es kristallisiert sich so ein Frauenbild heraus, das fast zum »Markenzeichen« der Zeit um die Jahrhundertwende wird: Die großen Augen »verschlingen« das durchscheinende Gesicht, das durch die dunkle Krempe des Huts überschattet oder durch den an den Haaren befestigten Schleier mit dem Flair des Geheimnisvollen umgeben wird; die Haare sind hochgesteckt und durch Tüllpolster aufgebauscht, weil zum – nach wie vor maßgebenden – präraffaelitischen Schönheitsideal die Fülle des Haares notwendig gehört; den ephebenhaft biegsamen Körper umgeben enganliegende Gewänder, die vorzugsweise in den Farben sowohl des mystischen wie des wirklichen Todes – weiß und schwarz – gehalten sind; um den Körper windet sich die Feder- oder Pelzboa und besiegelt den Eindruck eines gefährlichen und faszinierenden Tieres; die Sprache (mehr oder minder anspruchsvollen Romanen entlehnt) besteht aus kurzen lakonischen Sätzen von dunkler Bedeutung. Es ist die »Blume des Fleisches«, wild und pervers, die ihre soziale Integration in die Welt der Frau unter anderem auch den ersten Kinostars verdankt.

Als Hollywood ihn aufgreift, wird der »Mythos der Femme fatale« in den »Sirenen des Kinos« noch einmal seine suggestive Kraft entfalten, und es findet sich sowohl die verführerische Androgynität wieder: Greta Garbo – als auch die perverse Lust, die aus dem Leiden des Mannes gezogen wird: Marlene Dietrich. Der Glamour der Kleidung ist von dem »fatalen« Typ der beiden Schauspielerinnen nicht wegzudenken; in seinen wesentlichen Zügen gehört er einer Modeepoche an – den 30er Jahren –, in der vor allem in den Abendtoiletten das Modell der Circe wiederaufersteht.

GRAZIETTA BUTAZZI

Abendrobe,
Maison Angelie Gerstl,
München, um 1900.
Münchner Stadtmuseum.

Literatur

P. Bade, Femme Fatale. Images of evil and fascinating women, (Mayflower Books) o. O. 1979.

Alain Corbin, Donne di piacere, miseria sessuale e prostituzione nel XIX secolo, Mailand 1985.

P. Perrot, Il sopra e il sotto della borghesia, Mailand 1981.

M. Praz, La carne, la morte e il diavolo nella letteratura romantica, Florenz 1966.

Abendkleid,
Heinz Schulze-Varell,
Berlin, 1935.
Münchner Stadtmuseum.

F

Lady's Feet,
Domenico Gnoli, 1969.

Fetisch

»Die erotische Anziehung, die von der Person der Mutter ausging, gipfelte bald in der Sehnsucht nach ihrem für einen Penis gehaltenen Genital. Mit der erst spät erworbenen Erkenntnis, daß das Weib keinen Penis besitzt, schlägt diese Sehnsucht oft in ihr Gegenteil um, macht einem Abscheu Platz . . . Aber die Fixierung an das einst heißbegehrte Objekt, den Penis des Weibes, hinterläßt unauslöschliche Spuren im Seelenleben des Kindes . . . Die fetischartige Verehrung des weiblichen Fußes und Schuhes scheint den Fuß nur als Ersatzsymbol für das einst verehrte, seither vermißte Glied des Weibes zu nehmen«. – »Man überblickt jetzt, was der Fetisch leistet . . . Er bleibt das Zeichen des Triumphes über die Kastrationsdrohung und der Schutz gegen sie, er erspart es dem Fetischisten auch, ein Homosexueller zu werden, indem er dem Weib jenen Charakter verleiht, durch den es als Sexualobjekt erträglich wird. Im späteren Leben glaubt der Fetischist noch einen anderen Vorteil seines Genitalersatzes zu genießen. Der Fetisch wird von anderen nicht in seiner Bedeutung erkannt, darum auch nicht verweigert, er ist leicht zugänglich, die an ihn gebundene sexuelle Befriedigung ist bequem zu haben. Um was andere Männer werben und sich mühen müssen, das macht dem Fetischisten keine Beschwerde . . . Bei der Einsetzung des Fetisch scheint . . . ein Vorgang eingehalten zu werden, der an das Haltmachen der Erinnerung bei traumatischer Amnesie gemahnt. Auch hier bleibt das Interesse wie unterwegs stehen, wird etwa der letzte Eindruck von dem Unheimlichen, Traumatischen als Fetisch festgehalten. So verdankt der Fuß oder Schuh seine Bevorzugung als Fetisch – oder ein Stück derselben – dem Umstand, daß die Neugierde des Knaben von unten, von den Beinen her nach dem weiblichen Genital gespäht hat . . .; die so häufig zum Fetisch erkorenen Wäschestücke halten den Moment der Entkleidung fest, den letzten, in dem man das Weib noch für phallisch halten durfte.«

Soweit Sigmund Freud. Natürlich benötigen wir nicht das Zeugnis des Fetischisten, um uns über die Bedeutung klar zu werden, die Füßen, Schuhen und Intimwäsche im Bereich von Erotik und Sexualität immer schon zukam oder beigelegt wurde; die Kulturgeschichte liefert in dieser Hinsicht Beispiele und Belege in Fülle.

So etwa standen in den Kanons weiblicher Schönheit die kleinen Fü-

Der Handschuh (3),
Max Klinger, 1881.

Der Handschuh (10) u. (5),
Max Klinger, 1881.

ße stellvertretend für eine enge Vagina und dementsprechend im Brennpunkt der Aufmerksamkeit. Und nicht nur der Aufmerksamkeit: In China wurde bis ins Jahr 1902 eine Operation praktiziert, die DUFTENDER LOTOS hieß: Dabei wurden die Zehen – nachdem man sie unbarmherzig gebrochen hatte – unter die Fußsohle gebogen. Danach blieb der Fuß jahrelang eng mit Bändern umwickelt, um am Ende der Behandlung die Länge von zehn Zentimetern und nicht mehr zu überschreiten. Ein nicht-deformierter Fuß gereichte der Frau zur Schande und Unehre, galt er doch einem physischen Mangel gleich und ließ darauf schließen, daß die Frau ihrem Gatten nicht die gebührende Lust bereite. Dichter und Schriftsteller sangen das Lob der Stummelfüße in den höchsten Tönen, und viele Fachleute behaupten, dieselben hätten auch in der Praxis der Liebeskunst eine herausragende Rolle gespielt. Der verringerten Auflagefläche der Füße ist außerdem der langsame »watschelnde« (darum bisweilen ENTENGANG genannte) Gang mit wiegenden Hüften zu verdanken, der als hochgradig erotisch galt. Chinesische Gemälde zeigen in Darstellungen des Liebesakts hüllenlose Frauenkörper mit deutlich sichtbaren, ja hervorgehobenen Geschlechtsorganen – niemals jedoch einen nackten Fuß.

Auch in der westlichen Kultur war der »zierliche Fuß« stets ein Gegenstand des Begehrens, und viele Frauen trugen (und tragen nach wie vor) extrem enge Schuhe mit überhohen Absätzen, womit sie fast eine Art »Chinesinneneffekt« erzielen.

F

Der Begriff des Fetischs im engeren Sinne meint einen materiellen Gegenstand, der in der erotischen Liebesbeziehung die Position des Gegenübers einnehmen kann. Im äußersten Fall wird die Stellvertretung zum totalen Ersatz und schließt die Anwesenheit eines realen Partners aus; das Verlangen und der Trieb erreichen dann oft eine solche Intensität, daß zum Zweck ihrer Befriedigung auch die Grenzen des Erlaubten überschritten werden. Das führt etwa dazu, daß in Hotels »korridorweise« Schuhe gestohlen werden, oder auch zu den bekannten Diebstählen von Slips und Strümpfen in den einschlägigen Geschäften. Daneben gibt es freilich sexuelle Beziehungen, die sich durchaus zwischen realen Partnern abspielen, aber fetischistische Komponenten aufweisen: Eine Frau soll es bitteschön schon sein, nur muß sie schwarze Seidenstrümpfe oder Samthandschuhe tragen.

R. von Krafft-Ebing führt in seiner Psychopathia Sexualis (Verirrungen des Geschlechtslebens) zahlreiche Fälle von Schuhfetischisten an; einige Beispiele: *»X., Kleriker, 50 Jahre alt. Derselbe erscheint zeitweise in Bordellen unter dem Vorwand, ein Zimmer im Hause zu mieten, läßt sich in ein Gespräch mit einer Puella ein, wirft lüsterne Blicke nach ihren Schuhen, zieht ihr einen aus, osculator et mordet caligam libidine captus; ad genitalia denique caligam premit, eiaculat semen semineque eiaculato axillas pectusque terit, kommt aus seiner wollüstigen Ekstase zu sich, bittet die Besitzerin des Schuhs um die Gnade, ihn einige Tage behalten zu dürfen, und bringt ihn dann, höflich dankend, nach der ausbedungenen Zeit zurück . . .*

X. in New York ist des Straßenraubes angeklagt . . . Einmal machte er einen Versuch, einen Schuh vom Fuß eines Dienstmädchens zu entwenden, ein andermal hatte er seiner Schwester einen Schuh aus dem Schlafzimmer entwendet. Im Frühjahr wurden zwei Damen auf offener Straße die Schuhe von den Füßen gerissen. Im August verließ X. in der Frühe sein Haus, um in sein Geschäft als Buchdrucker zu gehen. Einen Augenblick darauf entriß er einem Mädchen auf der Straße einen Schuh, entfloh, lief in seine Druckerei, wurde dort wegen Straßenraubs verhaftet . . . Entlassen, stahl er seiner Frau, während sie schlief, wieder Schuhe . . .

Der Patient ist ein feingebildeter, hochachtbarer Herr und Vater von vier gesunden Kindern, die aus einer äußerst glücklichen Ehe stammen. ›Früh schon‹, sagte er, ›lange vor meiner Pubertät, besaß ich eine Vorliebe für häusliche Beschäftigungen, weibliche Spiele und selbst Kleidung, obwohl ich es hinsichtlich des letzteren nur bis zum Tragen von Mädchenschuhen brachte . . . Als ich älter wurde, wuchs meine Vorliebe für weibliche Kleidung, da ich aber keine Schwestern hatte, so bestand meine ganze Befriedigung darin, daß ich Romane las, die von einer Frau handelten usw. Ich verfaßte mehrere Erzählungen unter dem Titel: ›Abenteuer in der Krinoline‹ und schrieb noch andere Novellen ähnlichen Inhaltes. Sie wurden gedruckt und reißend abgesetzt.‹ . . . Mit 21 Jahren trug er selbst Korsetts, die er über alles liebte, und obwohl er sich mehrere Jahre sehr eng schnürte, schien er doch in seiner Gesundheit keine Beeinträchtigung erlitten zu haben . . . Nach seiner Verheiratung trug er kein Korsett und auch sonst keine Frauenkleidung (mit seltenen Ausnahmen), bis zwei Kinder ihn von seiner Potenz überzeugten. Zu dieser Zeit begann unser Patient, den Versuchungen, die ihn überall verfolgten, nachzugeben und verfiel wieder in das alte Laster. Aber ich will ihn selbst reden lassen: ›Ich kaufte mir, sagte er, ›ein Paar sehr elegante, hohe Damenschuhe mit französischen Absätzen, die mir anfangs so eng saßen, daß ich hinken mußte‹. Diese Stiefel trug er bei schönem Wetter offen auf der Promenade, indem er die Beinkleider hochhob, um die Absätze zeigen zu können. Bei schlechtem Wetter pflegte er jene Stiefel einmal in der Woche anzuziehen und sie vor einem großen Spiegel zuzuknöpfen.«

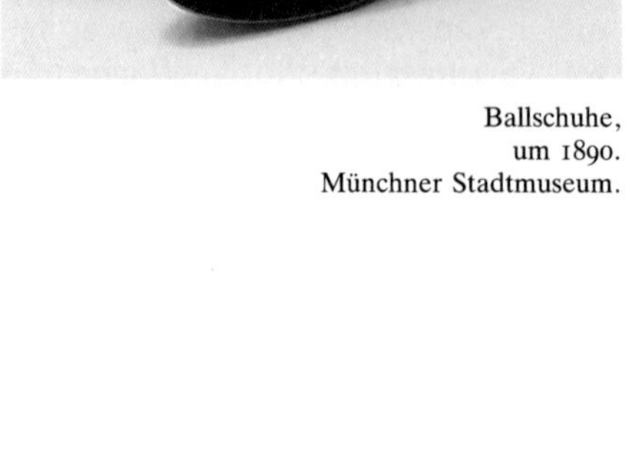

Ballschuhe,
um 1890.
Münchner Stadtmuseum.

Ein 38jähriger Mann – *»Vererbung günstig«*, heißt es bei Krafft-Ebing – beschreibt seine *»Idealfrau«* folgendermaßen: *»Sie muß elegant gekleidet sein, am liebsten in einen Abendmantel, ziemlich hohe Absätze und niedrige Schuhe haben, die entweder offen, so daß der Spann sichtbar wird, oder nur durch einen einzigen Riemen oder ein Band geschlossen sein. Die Rockränder müssen genügend gehoben sein, um mir den Anblick der Füße und eines nicht zu geringen Anteils der Knöchelgegend zu gestatten, aber durchaus nicht etwa bis zum Knie oder darüber, denn dann wird die Wirkung sehr gering. Wenn ich auch oft eine geistvolle oder schöne Frau bewunde-*

Dame mit Kater,
Farbstich, 1910.

»Deinen »Atlasschuhen«, deinen reizenden Seiden-Füßen unterwerfe ich meine gewaltige Freude, meinen Genius und mein Schicksal.«

Charles Baudelaire

re, so üben doch sexuell keine anderen Teile eine wirkliche Anziehung auf mich aus als ihr Bein vom Knie abwärts und ihr Fuß . . . Verhältnismäßig wenige Frauen haben ein Bein oder einen Fuß, der schön genug ist, um mich ernsthaft und nachhaltig zu erregen; wenn dies indes der Fall ist, oder ich das mutmaße, so scheue ich keinen Zeitverlust und keine Anstrengung, unter ihren Fuß zu kommen, und ich erwarte dann mit ängstlicher Spannung, mit der größten Energie getreten zu werden.«

Um zum Fetisch zu werden, muß ein Gegenstand so »aufgeladen« sein, muß ihm so hoher Wert beigemessen werden, daß er »heilig« wird; das heißt, daß sich um ihn herum ein Kultus mit festen Regeln und regelmäßig zelebrierten Ritualen bildet. Ein weiteres wichtiges Moment bildet die Komplizenschaft der Frau, die in die Handlung eintreten kann, indem sie die Rolle derjenigen übernimmt, die weder weiß, noch wahr haben will, daß ihrem Geschlecht der Penis mangelt.

Nun ist zwar Fetischismus im strengen Sinn ein fast ausschließlich auf Männer beschränktes Verhalten, aber in einem weiteren Verständnis ist ihm auch die Frau unterworfen und gibt ihm Nahrung. In ihrem Verhältnis zur Kleidung vollzieht sie bereitwillig den Akt der Fetischisierung selbst und wird zur Puppe. Mehr noch: Um der möglichen Ausweitung und Vervielfältigung der Lüste willen, gestattet ihr Körper Ersetzungen, Verschiebungen, Anspielungen und fördert so die psychischen Variationen der Sexualität.

Betrachtet man die Kleidung in ihren einzelnen Bestandteilen, so drängt sich der Schluß auf, daß zwischen Körper und Psyche eine Bezie-

F

hung fetischistischer Art besteht. Die Kleider treten an die Stelle des Körpers; sie sind das Versprechen der Lust, die er gewähren wird, sie erhöhen seinen Reiz und rücken ihn gleichzeitig in die Ferne. Das »anatomische Schicksal«, das doch das Festeste und Unveränderlichste am Individuum darstellt, wird den verschiedenartigsten Begierden und den allerunglaublichsten Illusionen assimiliert.

Die unangenehmen Wahrheiten verschwinden. Was bleibt, ist die Hoffnung in die Metamorphosen.

FRANCESCA MOLFINO

Literatur

Sigmund Freud, Eine Kindheitserinnerung des Leonardo da Vinci, Studienausgabe, Bd. 10, Frankfurt a. M., S. Fischer Verlag, 1969, 87–159.
Ders., Fetischismus, Gesammelte Werke, Bd. 14, Frankfurt a. M., S. Fischer Verlag, 1948, 311–317.
R. von Krafft-Ebing, Verirrungen des Geschlechtslebens (frei bearb. v. Dr. med. Alexander Hartwich), Zürich 1937[3].

Der HANDSCHUHZYKLUS von Max Klinger offenbart, zu welchen Phantasien und Träumen ein Handschuh Anlaß geben kann. Diese Folge aus 10 Blättern entsteht 1878 als Federzeichnung, zwei Jahre später überträgt er sie in Radierungen. Der Titel lautet nun PARAPHRASE ÜBER DEN FUND EINES HANDSCHUHS, wobei der Künstler die einzelnen Blätter selbst mit Titeln versah. Allerdings gibt es zwei verschiedene Versionen innerhalb der Reihenfolge der einzelnen Blätter: Im folgenden wird die für die Öffentlichkeit bestimmte, im Gegensatz zu der den Eltern zugedachten, besprochen.

Die ersten beiden Blättern zeigen eine reale Handlung, während die folgenden acht Blätter in die Phantasiewelt der Ängste und Wünsche, der Bedrohung und des Glücks führen.

In den ersten beiden Blättern – betitelt mit ORT und HANDLUNG – wird der Betrachter mit dem Geschehen vertraut gemacht. ORT ist der »Skatingring« in Berlin. Hier trifft sich die elegante Welt zum Rollschuhlauf. Neben verschiedenen Personengruppen, unter anderen ein gestürztes Mädchen, das die Aufmerksamkeit der Umstehenden auf sich lenkt, stellt sich der Künstler mit seinem Freund Max Prell links im Bild dar. HANDLUNG zeigt die Aktion: Max Klinger hebt den Handschuh einer Dame auf, die rollschuhlaufend entschwindet. Seine Tat geschieht so heftig, daß er dabei den Hut verliert. Die Dame ist als eine Brasilianerin identifizierbar, die zu jener Zeit durch ihre Schönheit und ihren graziösen Lauf das allgemeine Interesse erregt. Die Frau entschwindet, zurück bleibt das »objet trouvé«, der Handschuh.

Der Handschuh (2), Max Klinger, 1881.

Amateurfoto, 1951.

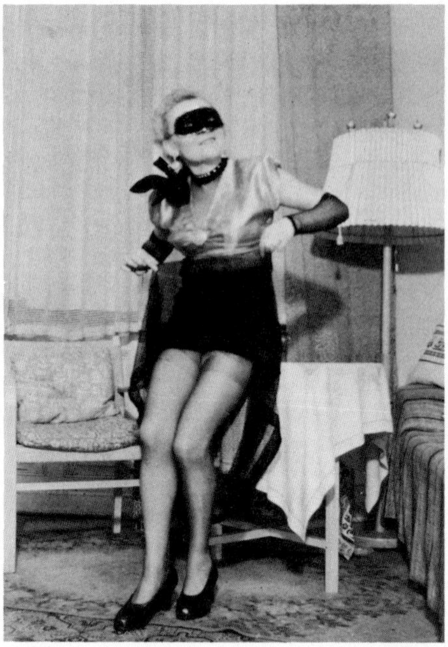

Die folgenden acht Blätter zeigen die Phantasien und Träume, die der gefundene Handschuh auslöst. In WÜNSCHE, dem dritten Blatt, ist die Besitzerin des Handschuhs in unerreichbare Ferne gerückt. Das »objet trouvé« liegt direkt vor dem verzweifelten Mann, der seinen Kopf in den Händen verbirgt. Im nächsten Blatt RETTUNG droht der Handschuh noch im Meer zu entschwinden. Der Mann im Boot fischt ihn vor dem Versinken auf. Die Frau taucht nicht mehr auf, von nun an wird sie völlig durch den Handschuh als »fetischhaften Ersatz« vertreten.

Nachdem der Handschuh gerettet ist, beruhigen sich die Gefühle, ebenso wie das Meer: Blatt fünf TRIUMPH und Blatt sechs HULDIGUNG bergen keine Gefahr. In einer geöffneten Muschel (Blatt 5) fährt der Handschuh über stilisierte Wellen. Von Wellen, die sich in Rosenblüten brechen, wird er dann (Blatt 6) umspült. Auf einem sicheren Platz, einem altarähnlichen Felsen, liegt er von zwei Lampen umgeben.

Die Ruhe währt jedoch nicht lange. Ein im Alptraum sich windender Mann (Blatt 7) wird von Morpheus auf zwei Hände aufmerksam gemacht, die sich nach dem Handschuh strecken. Aber nicht nur sie sind an dem »objet trouvé« interessiert, sondern auch Krokodile recken ihre Köpfe nach dem Handschuh und bedrohen ihn. Im achten Blatt RUHE liegt der Handschuh auf einem schmiedeeisernen Tisch. Wieder thront er erhöht. Jedoch trügt die »Ruhe«, denn unter einem Vorhang aus Handschuhen erkennt man ein Krokodil. Die angekündigte Gefahr wird in der ENTFÜHRUNG (Blatt 9) durch ein fledermausähnliches Wesen Wirklichkeit. Vergeblich suchen ihn zwei Hände, die Fensterscheiben durchstoßen, zu halten. Die Folge endet in einer offenen Vision. AMOR, heißt das Blatt. Der Handschuh ist von Rosen und einem Putto umgeben, den Symbolen der Liebe. Der Putto hat seinen Pfeil aus der Hand gelegt und zeigt dem Betrachter den Rücken. Sein Pfeil trifft nicht. In der Realität findet die in den Phantasien angedeutete Liebe keine Entsprechung. Klinger kehrt nicht mehr auf die Rollschuhbahn zurück. Der Handschuh wird nicht zurückgegeben. Die Liebe bleibt Wunschvorstellung.

MARGARETE GRÖNER

Sandaletten,
Lord John & Lady Jane,
München, 1975.
Münchner Stadtmuseum.

Literatur:

Karin Mayer-Pasinski, Max Klingers graphischer Zyklus »Ein Handschuh« (1881), in: Pantheon 34 (1976), 298–334.
Hans-Georg Pfeifer, Max Klingers Graphikzyklen. Subjektivität und Kompensation im Klingerschen Symbolismus als Parabelentwicklung zu den Anfängen der Psychoanalyse (= Gießener Beiträge zur Kunstgeschichte), Gießen 1980.
Jean Bertrand Pontalis, Objekte des Fetischismus, Frankfurt a.M. 1972.

Fotografie und Mode

Wenn die Mode eine kurzlebige und flüchtige Kunst sein soll, dann ist es die Fotografie, die sie einfängt und verewigt. Die Fotografie enthüllt unverfälschter, als eine Beschreibung oder eine Zeichnung, die Silhouette eines Kleides, den Faltenwurf, die Gesamtwirkung von Toilette und Accessoires. Während die Zeichnung mehr das, was »in Mode ist« darstellt, vermag die Fotografie ein unwiderlegbares Panorama der wirklich getragenen Kleidung zu sein: Wie kann man auch besser den Erfolg des Neuen erkennen, als beim Anschauen von Fotoalben, und dabei einen Eindruck gewinnen, was die Unterschiede sind in der Akzeptanz dieser oder jener Mode durch die bürgerlichen Frauen, und die Vielfalt der Typen jener sozialen Gruppe, die nicht von der momentan dominierenden Mode betroffen sind. Das lehren vor allem die Porträts der Hofdamen, die auf jede Koketterie verzichten und damit die Aufmachung der Vergangenheit beibehalten haben, oder auch die Abbildungen von Hauspersonal, von Dienstmädchen und Ammen, denen man eine Uniform aufzwingt, und von Bäuerinnen und Arbeiterinnen, deren grobe Kleidung jenseits der Mode steht.

Ohne allgemein die Beziehung von Mode und Fotografie darzustellen, soll hier nur auf drei verschiedene Dokumentgruppen, die unschätzbare Informationen über die Jahre von 1860 bis 1915 bieten, hingewiesen werden: Vom bloßen Zeugnis, das die Porträtfotografie geliefert hat, zur Suggestion der Mode, die das Bild der Modezeitschriften bietet, und schließlich bis hin zur »unmittelbaren« Konstatierung durch die Reportage, sind es ganz unterschiedliche Blicke – wohlwollend oder ironisch, neugierig oder routiniert, ungezwungen oder kritisch – die drei Fotografengenerationen auf die Mode ihrer Zeit geworfen haben . . .

Während der zweiten Hälfte des 19. Jahrhunderts hat die Fotografie nach und nach Malerei und Zeichnung verdrängt, weil sie auf direktem Wege zu einem bestimmten Ziel gelangt: Ähnlichkeit und Genauigkeit.

Weil die Fotografie weit weniger Aufwand erfordert, konnten sich nun auch soziale Schichten, die sich das bisher nicht leisten konnten, ein Porträt von sich selbst anfertigen lassen, angefangen von den billigen Formaten der einfacheren Familien bis zu den gepflegten großen Fotografien der »professional beauties« des englischen Adels. Was für eine Vielfalt! Dies erklärt nicht nur die Riesenanzahl solcher Porträts, sondern auch die Vielfalt der dargestellten sozialen Schichten. Der Hintergrund und die Versatzstücke sind dürftig und oft gleich (ein Polsterstuhl, ein Plüsch-

Unbekannte Dame,
Camille de Silvy, um 1860.
Münchner Stadtmuseum.

Unbekannte Dame,
Camille de Silvy, um 1860.
Münchner Stadtmuseum.

vorhang oder das Stück einer Balustrade); der Abgelichtete präsentiert sich in konventioneller Pose und Umgebung: autoritäre Väter, angeberische Söhne, kokette, junge Mädchen oder zuvorkommende Mütter mit schnuckeligen Kindern . . . Eine Botschaft, die einen unendlich berührt, offenbart uns den prätentiösen Charakter der Kleidung nach den Regeln der Epoche: Ähnlich aufgespießten Schmetterlinge in ihren Glaskästen offenbaren die Frauen ihre schönste Aufmachung. Meistens haben sie im Sonntagsgewand den Fotografen aufgesucht und tragen ein Kleid mit hohem Kragen und langen Ärmeln; manchmal haben sie den Hut aufbehalten, ihre Handschuhe anbehalten und ihren Kaschmir-Schal (oder dessen Imitation) umgelegt; die Fotografie zeigt uns, wie Frauen eben diesen Schal falten und auseinanderfalten. Denn damals gab es eine wahre Passion für Kaschmir-Schals, von denen wir auch durch die Artikel in Modezeitschriften erfahren und durch die große Zahl von Schals, die aus dieser Zeit erhalten sind. Als ein getreuer Spiegel der Sitten informiert uns die Fotografie sogar mit kurzer Verzögerung entsprechend der sozialen Kategorie und finanziellen Möglichkeiten des Dargestellten über das allmähliche Verschwinden des Schals oder seiner Ablösung durch die VISITE (eine Art Paletot mit Ärmeln, die den Schal ersetzt) gegen 1875, die aber im Material, dem Kaschmir-Stoff nämlich, gleich bleibt.

Die Faszination für Toilette ist besonders bei den Fotografen DISDERI, NADAR, MAYER ET PIERSON, BOISSONAS ET TAPONIER spürbar. Die Accessoires einer Toilette bereichern ein offizielles Porträt; mit dem dekorativen Reichtum des Kostüms sollen in-

Kaiserin Eugenie von Frankreich, aus einem Fotoalbum der Kaiserin Elisabeth von Österreich, um 1855. Von Parish Kostümforschungsinstitut.

Prinzessin Marie von Hohenzollern, aus einem Fotoalbum der Kaiserin Elisabeth von Österreich, Ende 1850er Jahre. Von Parish Kostümforschungsinstitut.

szenierte Porträts Luxus, Autorität, Prestige und Verführung darstellen.

Zu der Zeit ist die Gräfin Castiglione eines der ständigen Modelle der Fotografen. Die berühmte Porträtserie (Metropolitan Museum, New York), aus dem Studio Mayer et Pierson stellt eindrucksvoll die Exzentrizität dieser aristokratischen Italienerin dar, die Napoleon III. den Kopf verdrehte. Ein narzistisches Unternehmen, aber vor allem auch eine Serie von »Kleiderporträts«, ist dieses Album: Die stolze Gräfin Castiglione steht als Modell in oft unbequemen Posen: Sie steigt auf einen Hocker, um den weiten Wurf ihres Rocks zu zeigen oder die Drapierung eines Schals, und offenbart gar ihre Fesseln, um die besondere Schnürung ihres Stiefels vorzuführen . . . Die Fotografie ist eine Art illustriertes Inventar der sämtlichen Reize und Koketterien der Dame. Die Fotografie ist ein Zusatzinstrument zum Spiegel, den die Gräfin als so unerbittlich empfand, daß sie ihn aus ihrem Appartement am Place Vendôme entfernen ließ, als ihre Schönheit vorüber war.

Der große Vorzug der Porträtalben ist, daß sie zum Vergleich einladen, daß sie eine große Palette innerhalb einer Familie oder innerhalb eines Milieus bieten; wie z.B. die große Anzahl an Fotografien, die die Kaiserin Elisabeth von Österreich sammelte. Auf ihnen kommen alle Mitglieder des Hofes vor: die kaiserliche Familie bis hinunter zur Dienerschaft und daneben eine Auswahl ausländischer Persönlichkeiten, sowie Frauen, die wegen ihrer Schönheit oder Eleganz berühmt waren. Die Bilder der Kaiserin, die L. Angerer gemacht hat, geben uns einen kleinen Einblick in ihre Garderobe: von den »Roben à falbalas« für offizielle Anlässe bis zu ihren sportlichen Kostümen, für die sie eine Vorliebe hatte, so wie jenes Amazonen-Kostüm mit »Trilby-Hut«, welches die Kaiserin trug, um ihren Hund Shadow spazieren zu führen. Der Fotograf hat manchmal seine vornehme Kundin gebeten, sich mehrere Male im selben Kostüm fotografieren zu lassen: Zum Beispiel saß die Kaiserin um 1863 im Stadtkostüm mit Hut und Augenschleier Porträt, nicht mit Häubchen, was eine gewagte Neuheit war. Dieser Volant aus Spitze und Taft diente dazu, den Nacken zu verbergen. Das verrät uns die Rückenansicht vom selben Modell. In dieser Serie von Prominentenfotografien begegnet man auch Marie, der Schwester der Kaiserin und Ex-Königin von Neapel, spätere Herzogin von Gaeta, deren oft sehr elegante Toiletten die Koketterie, die man dieser bedeutenden Dame von Welt nachsagte, widerspiegeln. Die Prinzessin von Metternich, allein, nachdenklich oder zusammen mit ihrem Mann, dem Botschafter von Österreich in Frankreich, trägt ein helles Kleid mit ovaler Krinoline, im unteren Teil des Rocks eine Reihe von senkrechten Streifen. Hier hat die Fotografie, wenn man ihr andere Dokumente dieser Zeit entgegenstellt, einen unersetzlichen Wert: Diese schlichte Robe ist eine Kreation von WORTH, dessen Originalentwurf Diana de Marly in den Worth-Alben des VICTORIA AND ALBERT MUSEUM in London identifiziert hat . . .

Wenn diese Jahre den Erfolg der Porträtfotografen kennzeichnen, muß man zugeben, daß nicht alle dasselbe Talent hatten. Ein Fotoatelier, das zu einem einzigartigen Zeugnis von Moden und Sitten werden soll, nimmt seinen Aufschwung: das Atelier NADAR. Seinen Nacheiferern REUTLINGER, später auch MANUEL oder TALBOT, ist es nicht gelungen, den Geschmack ihrer Kundschaft mit solcher Sicherheit zu treffen. Der Archivbe-

Kaiserin Elisabeth von Österreich,
Franz Hanfstaengl, 1859.
Münchner Stadtmuseum.

Unbekannte Dame,
Disdéri, um 1860.
Münchner Stadtmuseum.

Lamartine,
Nadar, um 1860.
Münchner Stadtmuseum.

stand des Ateliers Felix und Paul Nadar, einschließlich der Register und Fotoplatten, klärt uns auf über die Treue mancher Kunden, und besonders der Frauen, die wiederkommen, um Porträt zu sitzen, wenn ihr Vorrat an Bildern erschöpft ist, oder wenn die Garderobe, die sie auf einem älteren Porträt tragen, aus der Mode gekommen ist.

Die Gräfin Greffulhe, die »Grande Dame« ihrer Epoche, erscheint z.B. in einer Robe von Worth aus schwarzem Samt, bestickt mit großen weißen Lilien. Die Aufnahmen suggerieren die Verse, die der Dichter Robert de Montesquion der Gräfin widmete: *»Schöne Lilien, die mit ihren schwarzen Blütenstempeln schauen . . .«*. Die zwei von Nadar ausgeführten Posen sind sowohl die Inszenierung einer Attitude als auch einer Robe, von der man Vorder- und Rückseite sehen kann, da sich die Gräfin in einem großen Drehspiegel betrachtet.

Nach 1914 nimmt das Interesse für Ganzporträts ab, zugunsten von Brustbildern. Die Kleider trägt man jetzt kürzer, und vielleicht haben die Frauen festgestellt, daß ihre Beine nicht immer fotogen sind? Fotografie als Vermittler von Mode gibt es nur noch in Modezeitschriften. . .

Anscheinend haben eine ganze Zeit lang die Autoren der Bildbeilagen der Zeitschriften die Genauigkeit ihrer

Jerôme, Bruder von Napoleon I.,
Disdéri, um 1860.
Münchner Stadtmuseum.

Napoleon und seine Tochter Clothilde,
Disdéri, um 1860.
Münchner Stadtmuseum.

graphischen Darstellung einfach nur von der Fotografhie übernommen. So kann die minuziöse Art eines Illustratoren wie SANDOZ erklärt werden, der für verschiedene Zeitschriften Gouachen lieferte, die in Grautönen wirklichkeitsgetreu Toiletten von WORTH und ROUFF darstellten. Die Blätter wurden wiederum von qualifizierten Reprographen umgesetzt. Während man zuvor meist nicht erkennt, ob die Zeichnungen fiktive Vorschläge dieses oder jenen Künstlers sind, findet man jetzt richtige Kleider. Wir haben zum Beispiel jenes Mantelet von WORTH identifizieren können, das heute im BROOKLYN-MUSEUM aufbewahrt wird. Es erscheint auf einer der Illustrationen, die Sandoz für ein Cover von HARPER'S BAZAAR gemacht hat. Die Titelillustrationen zeigen meist ein Bild »en situation«: einen Salon für eine junge Dame im Ballkostüm, einen romantischen Park für ein Winter-Mantelet. Oft findet man eine zusätzliche Zeichnung mit dem selben Modell im Inneren der Zeitschrift, aber aus einer anderen Perspektive und ohne Dekor. Vom Fototechnischen her gibt es zwei Möglichkeiten: Entweder wird das betreffende Kleid inszeniert, wahrscheinlich mit einigen künstlerischen Freiheiten, oder es wird zu der Möglichkeit gegriffen, die Silhouette im allgemeinen zu verändern, indem die Kontur verfeinert

F

Die Anprobe,
Fotografie um 1865.

und einige Details retouchiert werden; diese Version, gezeichnet und aquarelliert, ist die Vorlage zum endgültigen Stich; man kann also Gouachen von SANDOZ, die im MUSÉE DE LA MODE ET DU COSTUME aufbewahrt sind und die Umschläge für die Zeitschriften HARPER'S BAZAR und QUEENS, für die er viel gearbeitet hat, gegenüberstellen.

Mit dem Fortschritt der Lichtdruckverfahren kann man bald Fotografien sehr leicht reproduzieren. Die wichtigsten Modezeitschriften, angefangen mit LA MODE PRATIQUE bis zum Magazin LES MODES, bieten eine reichhaltige Ikonographie. Beispielhaft ist die Entwicklung der Zeitschrift LES MODES, die 1901 entstanden ist. Neben einem farbigen Umschlag, meistens der Abdruck einer Fotografie, findet man in den Seiten dieses Mode-Journals eine große Anzahl von Schwarz-Weiß-Fotos, die die Modelle weniger Modehäuser – oft von zweitrangiger Bedeutung – illustrieren, die in dieser Zeitschrift eine Art »Leitmotiv« bilden: BOURNICHE, CAÜT, BUZENET, BOUÉ, RIVAIN . . .

Man könnte meinen, daß einige Modezeitschriften vertraglich an diese Modehäuser gebunden waren und regelmäßig ihre Kreationen abdruckten: In HARPER's BAZAR findet man auf der Titelseite sehr oft Kleider von WORTH, meistens mit Hüten von VIROT oder Frisuren von LENTHÉRIC.

Dagegen werden in der Presse selten Fotos der Kleider von POIRET abgebildet. Die wunderbare Serie von Toiletten, von Steichen 1911 fotografiert und in der Zeitschrift ART DE DÉCORATION abgedruckt, ist eine Ausnahme: Warum? In Wirklichkeit scheint Poiret nämlich die Zeichnung und den Stich dem Foto vorzuziehen; die Grafik aus der spitzen Feder von Paul Iribe und Georges Lepape, denen Poiret die Verantwortung dafür übertragen hat, die Kreationen des Hauses für alle Werbeschriften umzusetzen, sind der Beweis für eine besondere Ästhetik des Striches und der Farben, die eine Verwandtschaft zum japanischen Holzschnitt hat. Die damalige Fotografie ließ eine solche Art von Stilisierung nicht zu: Die Arbeiten von Steichen spielen dagegen mit den Nuancen von tiefem Schwarz und blassem Grau, die sich in einem zarten clair-obscur spiegeln. Die Bewegungen bleiben in der Schwebe und suggerieren ein »Zittern« des Bildes, wodurch das Material der Kleider cremig und flüssig erscheint, und die Volumen durch Licht und Schatten modelliert werden. Wenig geschätzt ist zu dieser Zeit der fotografische Kontext. Der neue Geschmack bevorzugt eine Repräsentation der Mode, die aus Vignetten mit klaren Linien und starken Farben besteht, die das Relief aufheben. Ihren großen Erfolg verdanken die beiden luxuriösen Modezeitschriften von COSTUMES PARISIENS dem Umstand, daß Stil und Illustration bewußt nostalgisch und retrospektiv sind und Fotografie dabei ganz ausgeschlossen bleibt. Die Modefotografie in den französischen Modezeitschriften ist dazu verurteilt, ein Dokument ohne großen künstlerischen Wert zu sein: Die Fotos zeigen konventionelle Dekors, prosaische Mannequins, oft mit uninteressanten Kleidern, deren Reiz durch die Banalität der Beleuchtung noch verringert wird und eine statische und langweilige Umrahmung und ein ebensolches Layout. Die am meisten gefragten Studios sind REUTLINGER, TALBOT und MANUEL. Einmal mehr wird die am besten gelungene Serie NADAR zugeschrieben: ein Komplex großartiger Fotos der Kleider von JEANNE LANVIN. Auf ihnen wird die gewagte Schlichtheit der Kleider von LAVIN noch überhöht durch die Klarheit der Inszenierung von Raum und Licht und dem erfinderischen Blick des Fotografen. Auch wenn die Fotografie 1914 einen wich-

Schnürsenkelverkäufer,
Eugene Atget, um 1905.

Modelle von Poiret,
Eduard Steichen, 1911.

tigen Teil der Bilder in den Modezeitschriften stellt, sind dabei die Möglichkeiten der Fotografie auch nicht annähernd ausgeschöpft. Nach dem Krieg sollten zwei unterschiedliche Stile erkennbar werden, der »Piktoralismus«, für den die Fotografien des BARON DE MEYER ein exzellentes Beispiel bieten und den »Geometrismus«, eine Tendenz, die von HOYNINGEN-HUENE und SCAÏONI entwickelt wurde.

Die Aufgaben des Fotografen ist es, ein Schilderer der künstlerischen Schöpfungen, der Ereignisse und der Sitten seiner Zeit zu sein: Durch die Fotoreportage gewinnt man häufig eine gute Anschauung über die gerade gängigen Moden. Auch wenn sie manchmal das Ergebnis eines speziellen Auftrages ist, ist die Fotoreportage zu jener Zeit jedoch mehr ein individueller Schritt, nicht allzu eng einem konventionellen Stil oder einem Code der Präsentation verpflichtet. Die Erkundungen des Fotografen werden von einer sozialen und gleichzeitigen ästhetischen Freiheit begleitet; heute findet man in diesen Dokumenten, diesen damals manchmal als marginal empfundenen Serien, eine wahrhafte Spiegelung der Moden vergangener Zeiten.

Über Tracht und ländliche Kleiderstile kann uns nichts besser unterrichten, als die Amateurfotografien und die Ansichtskarten der Belle Epoque. Eine Menge von Informationen vom anderen Ende des sozialen Spektrums erhalten wir durch die Fotografien, die im Schloß FONTAINEBLEAU am 24. Juni 1860 aufgenommen wurden. Sie halten die Angehörigen des Kaisers und der Kaiserin während eines Familienausfluges fest: ein Zeugnis der Eleganz des Kaiserhofes und ein viel wertvolleres und spontaneres Zeugnis, als die oft ungenauen oder nachempfundenen Erzählungen in den Memoiren der Zeitgenossen . . .

Am Beispiel einer Fotografie der Familie Murat läßt sich noch etwas anderes sehr gut zeigen. Diese Aufnahme wurde anläßlich eines Familientreffens um 1865 auf der Vortreppe des Pariser Hauses der Familie aufgenommen. Sie zeigt naturgemäß Menschen unterschiedlichsten Alters, die zur selben Zeit in derselben Gesellschaftsschicht – der aristrokratischen auch in diesem Fall – lebten und die ganz unterschiedlich gekleidet waren. Die in der Mitte sitzende Frau trägt eine gepflegte Garderobe, die aber ein bißchen aus der Mode ist: Sie trägt einen Hut, der die Stirn frei läßt, den Nacken bedeckt und mit Spitzenbändern unter dem Kinn gebunden ist; dazu ein Rüschen-Kleid. Andere, junge Frauen, ganz »à la mode«, tragen »Trilby-Hüte« in die Stirn gedrückt, und Knoten mit einem »Catogan«-Band und dazu Kleider mit konischen Röcken, ohne Volants, mit Spitzen und Applikationen; die etwas reiferen Frauen tragen Rüschen aus schwarzer Chantilly-Spitze zu einer würdigen und gepflegten Garderobe: Sie wird auf runden Röcken aufgelegt, als Stola drapiert oder als leichtes Cape über die Schultern gelegt. Die Dame der Gruppe mit der schlichtesten Eleganz trägt dazu jedoch einen gestreiften Rock mit ovaler Krinoline (der letzte Schrei), eine kurze, nicht enganliegende Jacke, ein »saute-en-barque«, auf dem ein kecker, kleiner Kragen sitzt, eigenartigerweise zusammen mit einer Kette aus dicken Perlen. Diese Garderobe ohne Pomp wird von einem Hut mit Krempe, Schleier und Feder vervollständigt. Die Männer der Familie, die ebenfalls verschiedenen Generationen angehörend, tragen Hüte (vom flachen Strohhut über den runden Hut bis zum einfachen Schiffchen) und die unterschiedlichsten Anzüge. Man spürt eine ungekünstelte, aristrokratische Haltung.

Unabhängig von den familiären und gesellschaftlichen Ereignissen beschreibt die Fotografie die Szenen des täglichen Lebens, die die Kleidung in ihrem Kontext darstellen, zum Beispiel jene Serie von stereoskopischen Ansichten, die wahrscheinlich für den Handel hergestellt wurden. Sie illustrieren die gesellschaftlichen Aktivitäten des Bürgertums im Second Empire und erinnern dabei an die »Konversationsstücke«: In einem Salon unterhalten sich zwei Frauen, andere sind dabei, mit ihren Kavalieren eine Quadrille zu tanzen, durch die Fenster eines Restaurants erblickt man eine Gesellschaft eleganter Frauen mit ihren Tischherren. Oder man ist Zeuge bei der Anprobe eines Hochzeitskleides, bei der Hochzeit selbst,

Sammlerpostkarte,
um 1910.
Münchner Stadtmuseum.

man beobachtet das Paar in der Intimität und im Hausgewand, die Frau mit ihrem Rüschenhäubchen bei der Arbeit, den Mann im Morgenmantel und mit Schlafmütze beim Zeitungslesen . . .

Die eindrucksvollsten Fotografien stehen der Karikatur nahe: Eine junge Frau in einer riesigen Krinoline steigt, assistiert von zwei auf Stühlen stehenden Freundinnen, in ihr Kleid. Auf anderen Fotografien sieht man Krinolinen, die als Hasenställe verwendet werden oder noch besser, als Schandkorb, um die Männer darin einzusperren!

Während diese Tendenz in den späteren Jahren abnimmt, findet man in der Belle Epoque wieder eine große Anzahl von Fotoreportagen, und zwar besonders von Pferderennplätzen; die großen Fotografen, die sich durch diese Art von Reportage profilieren, sind die Brüder SEEBERGER. Der Vorgang des Fotografierens scheint für sie eine zweite Natur zu sein: Wo auch immer sie sich befinden, werfen sie einen aufmerksamen und scharfen Blick auf die Aufmachung, auf die Attituden und die kleinen Eitelkeiten der mondänen Schicht, der sog. »Crème«. Viele ihrer Fotoreportagen stammen von Plätzen, die gerade en vogue sind: Regelmäßig sind sie beim Polo auf Schloß BAGATELLE und bei den Pferderennen, und besonders bei der »Grande Semaine«, die die Pariser Saison Ende Juni beschließt. Das Objektiv hält die Parade der Sommerkleider fest, die unumgänglichen und mit Federn geschmückten Hüte und die Sonnenschirme, die von perfekt behandschuhten Frauen getragen werden. Mit einem lächelnden Gleichmut ertragen sie die unbequemen Korsetts, die Stiefeletten mit den hohen Absätzen und die Hitze der sonnigen Juninachmittage . . . Einige von ihnen haben kokette und außergewöhnliche Frisuren, engzulaufende Röcke, oder manche tragen Hosenröcke – der Skandal der »Saison« von 1911 – nach denen sich die Zaungäste umblicken! Da viele dieser Frauen sog. Damen der Gesellschaft sind, fragen die Reporter, die diese Fotos zur Illustrierung der Gesellschaftsspalten in ihren Zeitungen publizieren wollen, üblicherweise jedes Mal nach der Genehmigung, um so jegliche Unschicklichkeit zu vermeiden.

Trotz allem haben diese Fotografien einen naiven und spontanen Charakter. Dieser Aspekt der Fotografie ist seit dem Erscheinen von Amateurfotografen wichtiger geworden und ist auch in den sehr bekannten englischen Fotografien, die die Besuche König Edwards VII. bei verschiedenen Familienmitgliedern illustrieren, vorhanden. Diese Aufnahmen unterliegen einem lockeren Ritual: Die Schloßbewohner und ihre Gäste sind gemütlich in Korbsesseln um den Souverän gruppiert und beenden gerade eine Unterhaltung oder »Teaparty« auf dem Rasen ihres Domizils. Die Herren tragen bequeme Sakkos und manchmal einen flachen Strohhut, die Damen üppige Kleider und Hüte, aber ohne die Extravaganz der Toiletten, die auf den Rennplätzen von Longchamp oder Chantilly fotografiert werden . . .

Es wäre nicht gerecht, diesen kurzen Überblick über fotografische Quellen ohne Erwähnung anderer systematischer Reportagen abzuschließen: zum Beispiel die Pariser Fotografien von ATGET, der die Handwerker und kleinen Gewerbe der Pariser Straßen dargestellt hat, und uns damit ein Zeugnis der Kleidung einer bescheideneren Schicht überliefert; oder die während der »Belle Epoque« en masse hergestellten Ansichtskarten, die die Arbeiterklasse darstellen, oder kleine Romane illustrieren, wobei sie uns die Neuheiten der Mode zeigen und – wenn es das Thema erlaubt – einen Blick auf die Schätze der waghalsigen Dessous öffnen.

Zu den Feiertagen schickte man sich gegenseitig eine große Anzahl von Ansichtskarten, die glückliche Kinder und junge Frauen in feschen Garderoben zeigen . . . Oft noch unentdeckt oder verschollen sind die Fotoarchive der Modebranche, die bestimmt eine große Anzahl Fotos enthalten; man denkt z. B. an jenes Album von 1895, das im MUSÉE GALLIERA aufbewahrt ist, und das Fotografien von Kleidern enthält, die von Schneidermannequins getragen werden: Man findet Modelle von ROUFF, REDFERN, RAUDITZ . . . Der wichtigste

Hans Feurer fotografiert Mode, München, 1979.

Bestand dieser Art, der erhalten ist, findet sich in den Alben des Hauses WORTH, die dazu dienten, die Produktion des Hauses für die Nachwelt zu dokumentieren, und es zugleich ermöglichen sollten, das Copyright zu verteidigen. Diese wahre Fundgrube von Hunderten von Aufnahmen illustriert minuziös jedes Modell, das während der Belle Epoque im Hause entstanden ist. Wenn dieser Bestand eines Tages näher erforscht wird, wird er einer der wertvollsten Belege für die Aktivitäten eines der wichtigsten Pariser Modehäuser dieser Zeit und dessen Potential an Kreativität sein.

Tausende von Dokumenten, oft unerforscht, bieten uns die drei erwähnten Quellengruppen für die Mode von 1860 und 1914. Beginnend mit der Porträtfotografie bis hin zu Modezeitschriften und Modereportagen, ist die fotografische Erfassung des Themas einer der reichhaltigsten Kommentare über die Geschichte der Mode, den man sich vorstellen kann.

GUILLAUME GARNIER

F

Josephine Baker, 1926.

Frau, aggressive!

Der Typus der aggressiven Frau läßt sich folgendermaßen charakterisieren: »*N. is as decisive and aggressive about what she wants in bed as she is in everything else. For a man like me it is a new and exciting experience to just lie back and have a woman take care of things.*«

Selbst die gängigsten Medien gestehen heute der Frau ihren Anteil an Initiative in der Begegnung mit dem Mann und ein genauso aktives sexuelles Benehmen zu. Sie stellen ein allgemeines Verhalten fest, das hauptsächlich vom amerikanischen Weiblichkeitsbild bestimmt ist. Auch die Kleidermode, Spiegel des Habitus, hat in ihrem visuellen Ausdruck seit Mitte der 70er Jahre die Signale der sexuellen Befreiung der Frau und der feministischen Aggressivität aufgenommen. Bei den Mailänder Modeschauen der PRÊT-À-PORTER DESIGNER tauchte Ende der 70er Jahre ein neuer Frauentyp auf: groß wie ein Mann, stark, breite Schultern, männliche Schuhe, hartes, energisches Gesicht, ganz kurze Haare, entschlossener Gang. Die wichtigsten Zeichen der traditionellen erotischen Botschaft – die Haare, der Busen, die Hüften, die Taille, die Beine – wurden getilgt durch das Aufkommen der breiten Schultern, das Übereinandertragen von Kleidungsstücken, die Länge der Röcke, das Fehlen von Absätzen, durch Hosen und das Tragen von Schwarz und anderen strengen Farben. Die Männer reagierten mit Angst und Abscheu: Die Feministinnen konnten noch als lästige, häßliche und schlampige Emanzen ohne Schminke abgetan und gebannt werden. Aber diese aggressive Frau, mit dem harten, undurchdringlichen, männlichen Gesicht, in dem der blutrote Strich des stark geschminkten Mundes in ironischer Anspielung auf früher leuchtete, diese, von den Modezeitschriften propagierte Frau war zu sehr bewußt zweideutig und selbstsicher. Im Gedächtnis, in der männlichen Vorstellung, rief sie andere, genauso beängstigende Erscheinungen hervor: die gespenstische Juliette Greco, aus den Trümmern des Krieges erstandene Muse des Existentialismus, und die Dark-Ladies der Filmwelt. Die aggressive Frau, die willkürlich mit den Männern umspringt, deren Leben ohne Gewissensbisse zunichte macht und gegen die gesellschaftlichen Konventionen rebelliert, hat ihre Vorläuferinnen in einigen exaltierten, perfiden, beherrschenden und unzähmbaren Filmgestalten wie Scarlett O'Hara in VOM WINDE VERWEHT (1939) oder wie Bette Davis in OF HUMAN BONDAGE (1934), JEZEBEL (1938), THE LITTLE FOXES (1941) bis hin zur verblüffend erfolgreichen Alexis Colby in der Fernsehserie DENVER. Alexis ist so boshaft und skrupellos wie schön und superelegant: Im Vergleich zu den vorgenannten Filmheldinnen hat sie aber eine zusätzliche, sehr aktuelle Eigenschaft, nämlich: Karrierefrau zu sein, an der Spitze eines großen Finanzimperiums, die den Männern eine gleichwertige Gegnerin ist, auch ihrem Ex-Ehemann, dem Chef des Konkurrenzunternehmens.

Bedeutet die Tatsache, daß die Karrierefrau, die aggressive Frau all-

Modell,
Gianni Versace,
Mailand, 1986.

Lederensemble,
Gianni Versace,
Mailand, 1984.

F

Pullover,
Modell Krizia,
Mailand, 1983.

gemein akzeptiert wird, aber auch eine echte gesellschaftliche Gleichberechtigung der Geschlechter?

Selbst in den fortschrittlichen westlichen Ländern, in denen man neue Verhaltensmuster erprobt, scheint diese Gleichberechtigung noch fern.

In den 80er Jahren scheint aber (nach Jahrhunderten) die Frau zumindest die absolute Freiheit erreicht zu haben, sich zu kleiden und zu verkleiden, ganz wie es ihr gefällt, je nach Laune und Tageszeit. Ohne Zurückhaltung kann sie ihre ganze Kreativität und Phantasie einsetzen. Sie kann im Büro und auf Sitzungen mit anderen Personen von Macht und Einfluß als Mann auftreten, als FEMME FATALE abends, oder im Schlafzimmer, als Königin der Nacht und Traumfrau bei mondänen Anlässen, sportlich am Wochenende und im Urlaub, als Punkerin und Protestlerin in der Stadt und in intellektuellen Diskussionszirkeln. Für diese wandelbare, selbstbewußte und selbstsichere Frau lancieren die italienischen, japanischen und amerikanischen Modemacher alle nur denkbaren Kreationen. Männliche Mäntel und Jacken aus strengen Stoffen, klar und einfach im Schnitt (ARMANI, VERSACE 1984, KRIZIA 1981); luxuriöse Stickereien wie für eine orientalische Prinzessin (KRIZIA 1985), Zartes und Neoromantisches für Verführungen (VALENTINO 1986 und im allgemeinen die französischen Modeschöpfer). Das freiere, anti-erotischere und intellektuellere Frauenbild wird von den Japanern vorgeschlagen. REI KAWAKUBO (der auch für COMME DES GARCONS Entwürfe macht), vergeistigt den weiblichen Körper durch strenge, schichtenreiche und abstrakte Formen: Flache Schuhe, keine Schminke, Triumph der Farben Schwarz und Grau. Die Kleider von ISSEY MIYAKE sind aus akkurat ausgesuchten, den Körper umfließenden Stoffteilen gemacht, die ihn frei lassen und sich ihm anpassen. Da sie aus verschiedenen Bestandteilen sind, fallen sie kontrolliert, in der Art, wie es sich der Designer vorgestellt hat: Das Endergebnis sieht für jede Person, die es trägt, anders aus. Im Gegensatz dazu bestehen manche seiner Kleider aus Silikon- oder Weidenkorsetts, die die Kraft des weiblichen Körpers umschließen und zum Ausdruck bringen, so wie es früher die Kleider der Krieger taten.

ALESSANDRA MOTTOLA MOLFINO

Literatur

Katalog: A New Wave in Fashion. Three Japanese Designers. (The Arizona Costume Institute des Phoenix Art Museum), Phoenix 1983.

Leonard Koren, New Fashion Japan, Tokio 1984.

A. Penny, How to Make Love to A Man, New York 1981.

G

– Gangster Look · Gay movement · Graffiti

G

Gangster Look

»Als die Amerikaner Herrenkleidung in kaum glaublichen Mengen in England bestellten und die Schneider der Bond Street gezwungen waren, ihre Schnitte dem amerikanischen Geschmack mit seiner Vorliebe für lange Sakkos und Überweiten anzupassen, da kam etwas ausgesprochen Subtiles nach Amerika: der männliche Stil. Während der Renaissance war für Franz I. Florenz die absolute Autorität in Sachen Beinkleidung, das England des 17. Jahrhunderts äffte den französischen Hof nach und vor 50 Jahren orderten die deutschen Gardeoffiziere ihre Zivilkleidung in London. Männerbekleidung – das Symbol der Macht, die der Mann innehaben muß und die von Geschlecht zu Geschlecht weitergegeben wird.« – Man muß nicht in der goldenen Ära des Jazz gelebt haben, um die typischen Kleider der Amerikaner und insbesondere der New Yorker wiederzuerkennen, die Fitzgerald da 1982 beschreibt. Das Kino, dem die Rolle eines kollektiven Gedächtnisses zugewachsen ist, hat den nachfolgenden Generationen ihr unversehrtes Bild bewahrt, und zwar sowohl in der aristokratischen Ausprägung der High Society als auch in ihrer Gangsterversion. Und diese letztere hat am Ende sogar die Oberhand behalten, hat in der Erinnerung die normale bürgerliche Kleidung von damals verdrängt und wurde zum Klischeebild des Stils der Epoche. Wer aber ist der Gangster? – Und wie kleidet er sich?

Um darauf eine Antwort zu finden, hält man sich am besten an die »klassischen« Filme, die Anfang der 30er Jahre Themen und Bildersprache des Genres festlegten: LITTLE CAESAR (1930), THE PUBLIC ENEMY (1931), SCARFACE (1932). Alle handeln sie von Aufstieg und Fall eines Gangsters: Rico (Edward G. Robinson), Tom Powers (James Cagney) und Tony Camonte (Paul Muni). Auch sind in allen drei Filmen die Helden katholische Einwanderer, deren größte Angst darin besteht, für immer zur Armut und der aus ihr folgenden Ohnmacht und Einflußlosigkeit verurteilt zu sein. So ereilt sie denn unvermeidlich auch ein ähnliches Schicksal: Rico und Tony Camonte werden auf offener Straße von Maschinenpistolensalven durchsiebt, und Tom Powers, der als Sterbender auf den Stufen des mütterlichen Hauses im Stich und allein gelassen wird.

Asphalt-Cowboy auf der Jagd nach Erfolg, echter Profi des Großstadtlebens und ständig vor heikle Entscheidungen gestellt, von denen sein Leben abhängen kann: So entwickelt der Gangster einen eigenen Sinn für alle Zeichen des Erfolgs und im besonderen für die Kleidung. Deren Stil zu analysieren bedeutet darum auch nicht, den Film an Kriterien zu messen, die ihm äußerlich wären, sondern hat im Gegenteil seinen Grund in der immanenten Struktur der Gangsterstories selbst. In THE PUBLIC ENEMY geben Tom und Matt ihr erstes Geld für Maßanzüge aus; Rico in LITTLE CAESAR und Tony Camonte in SCARFACE sind äußerst darauf bedacht, daß jedermann ihre funkelnagelneue Kleidung gebührend würdigt. Dieser fällt dann auch eine entscheidende Rolle bei Auseinandersetzungen mit zweifelhaften Freunden, mit Geliebten oder mit Familienangehörigen zu: Tony versucht sogar bei seinem Vater Eindruck zu schinden, indem er mit seinen neuen Hemden prahlt – *»für jeden Tag eines«*. Ebenso legen die Bosse Wert darauf, daß auch ihre Jungs wie aus dem Ei gepellt aussehen – demonstrieren sie doch damit, wie gut die Geschäfte gehen. Geltungssüchtige Zurschaustellung ist also das »immanente« Element, das die Kleidung mit Bedeutung auflädt: Sie wird zum Zeichen des errungenen gesellschaftlichen Status – eine typische Differenzierungsform aufsteigender sozialer Klassen. Aus welchen Bestandteilen besteht nun die so mühsam erkämpfte »Schale«? Und wie nimmt sie sich im Ganzen aus? Jedenfalls im Kino, wo häufig die Erscheinung zum Wesen wird (so wie der Schauspieler zur dargestellten Rolle). Man könnte sagen, daß es sich um eine »Wucherung« handelt: Die bürgerliche Uniform wird aufgebauscht und übertrieben.

Schnitte und Formen vor allem: Doppelreiher, wattierte Schultern, lange Sakkos – und alles überbetont. Das Gilet ist obligatorisch und meist ebenfalls doppelreihig; die – manchmal gestreiften – Hemden in grellen

Edward G. Robinson
und James Cagney
in »Smart Money«, 1931.

Kontrastfarben; auffällige Krawatten – zuweilen aus PAPILLON; fast alle haben ein Ziertuch in der Tasche, aber kaum weniger häufig findet sich eine feine Schleife. Dazu der unvermeidliche Hut: ein breitkrempiger Borsalino mit dunklem Band. Auch Schmuck darf nicht fehlen: Ringe, Krawattennadeln, Goldketten. Und schließlich die Stoffe: kostbar und teuer, versteht sich, zeigen sie oft

Paul Muni
in »Scarface«, 1932.

starke Kontraste in Dessins und Farben (Streifen und Punkte, hell-dunkel); mitunter freilich überwiegen dunkle Töne bei Anzug, Hemd und Krawatte. Die Wirkung ist stets die eines ins Auge springenden, vulgären Reichtums – überdeutlich herausgestellt und sofort erkennbar. Mit einem Wort: Kleider und Charaktere sind von der Art, die die Gefahr einer Verwechslung mit der Aristokratie gar nicht erst entstehen läßt, die ja zur selben Zeit ebenfalls auf der Leinwand erscheint (Cary Grant und Gary Cooper gehören zu den bedeutendsten Darstellern in diesem Bereich).

Stellt man die jeweiligen Typen nebeneinander, dann ist der Unterschied unverkennbar. Die Kluft des Gangsters ist hoffnungslos prätentiös und schlecht geschnitten (schließlich hat er auch keinen Schneider in der Bond Street). Aber die sozialen Faktoren – so sehr sie ins Auge springen – reichen allein nicht hin, die Eigenart des GANGSTERSTILS zu erklären. Man muß außerdem die Beziehung zwischen Kleidung und – wenn man so sagen kann – »Charakter« der Gestalten ins Auge fassen. Der Gangster ist gewalttätig, einer, der den anderen seinen Willen aufzwingt, mit einem Wort: ein TOUGH GUY ist. Und der Boss einer Gang ist selbstredend der »toughste« von allen, aber er muß seinen Leuten auch ständig klarmachen und beweisen, daß er es ist, der die Macht und das Sagen hat. Kurz: Er ist ein Ausbund von »Männlichkeit« – wenn man unter Männlichkeit Macht und Stärke versteht.

Die Kleidung freilich spricht eine andere, eine zweideutige Sprache. Vor allem durch die übertriebene Fülle von Elementen: die Blume, der Hut, die Handschuhe, die auffälligen Stoffe. Der Gangster, dieser TOUGH GUY, ist ein Mann des Schmucks – das rückt ihn in eine bedenkliche Nähe zum Femininen. Und interessanterweise tauchen auch in den Stories der Filme ähnliche Elemente sexueller Ambiguität auf. Die übertriebene Bindung Ricos (E. G. Robinson) an seinen besten Freund, die tiefe Verachtung Tom Powers (J. Cagney) für die Frauen, die inzestuöse Beziehung zwischen Tony Camonte (P. Mundi) und seiner Schwester. Im übrigen zieht sich gerade der Frauenhaß durch fast alle Gangsterfilme durch. Es ist, als fänden in der aufdringlich-übertriebenen Kleidung der maßlose Ehrgeiz, der Machtwille und die unstillbare Gier, die zur Persönlichkeit des Gangster gehören, ihren sichtbaren Ausdruck. Ganz und gar nicht verwunderlich also, daß die sexuelle Identität verschwommen und nicht deutlich ausgeprägt ist.

Selbstverständlich macht auch die Gestalt des TOUGH GUY Veränderungen und Entwicklungen durch. Ende der 30er Jahre gibt ihr Humphrey Bogart in THE BIG SLEEP (1941) ein neues Image: Die Kraft kommt nun eher aus der Erfahrung, aus schon gemeisterten Situationen als aus Anmaßung und Gewalttätigkeit. Und die Kleidung ist wie geläutert. Die Elemente sind fast gleich geblieben, der Hut, die Farbkonstraste – aber sie sind unaufdringlich, geschmackvoll arrangiert. Bogey ist ein TOUGH GUY mit Stil.

BIA SARASINI

G

Gay Movement

Am Anfang waren zwei braune, mehrfach gestopfte lange Strümpfe, an denen ich mittels einer komplizierten Vorrichtung unentrinnbar befestigt war.

Ich erinnere mich noch gut: Ich stand morgens früh in der noch eisigen Küche auf einem Hocker und meine Mutter schob über meine ausgestreckten Arme ein sog. Leibchen: ein kurzes, bis unter den Nabel reichendes, engmaschiges Kittelchen, das hinten mit kalten Knöpfen ausgestattet war – eine Mischung aus Kettenhemd, Zwangsjacke und Büßerkutte. Am unteren Ende des Leibchens baumelten zwei breite Gummibänder, die bis zu den Oberschenkeln reichten und in je einen Metallclip mündeten.

Meine Mutter drehte mich mit dem Gesicht zur Wand, knöpfte das Leibchen auf dem Rücken zu, drehte mich dann wieder herum, rollte die langen braunen Strümpfe nach oben und klemmte sie, nicht ohne Ziehen und Zerren, zwischen die Clips. Ich war bekleidet.

Das Leibchen mit den Ziehharmonikastrümpfen, das ich während meiner Kindergartenzeit um 1950 trug, hat sich wie eine dicke Unke in meiner Erinnerung breitgemacht. Die anderen Kleidungsstücke muß ich mir mühsam aus den hinteren Ecken zusammensuchen. Da ist ein kakaobrauner, handgestrickter Pullover mit Zopfmuster, ein dunkelrotes Flanellhemd mit schwarzen Karos und eine kurze Lederhose mit ebenfalls ledernen Hosenträgern, die auf der Brust durch einen Steg miteinander verbunden waren. In der Mitte des Steges thronte ein ovales Relief aus Horn, das den Kopf eines röhrenden Hirsches zeigte. Das Kunstwerk fiel aber schon bald aus der Fassung. Auch Uhu® konnte nicht verhindern, daß es nach einigen Wochen ganz verloren ging. Zurück blieben ein leerer Rahmen und harte Klebstoffreste.

Ein Kleidungsstück gab es jedoch, das zumindest in der Erinnerung, den dominierenden Platz des Leibchens streitig machte: nämlich eine weite, aber beinlose Unterhose aus hellblauer Wolle, die nicht nur am Bauch, sondern auch in der Leistengegend durch eng anliegende Gummibänder gesäumt war. Ich kam mir in dieser Pumphose, die vermutlich aus einem mütterlichen Pullover verfertigt war, wie der Sarottimohr vor, den ich in einem Schaufenster in unserer Straße häufig bestaunte, und der über lange Jahre mein Bild vom Orient als einem geheimnisvollen Märchenland bestimmte. So wurde diese blaue Unterhose zu einem ersten großartigen, festlichen, ja erhabenen Ornat.

Als Jugendlicher besaß ich zwei Kleiderschränke; der eine stand neben meinem Klappbett, der andere, geheime, war in meinem Kopf. In dem einen lagen karierte Kniestrümpfe, weiße Söckchen, kurze Bleylehosen, später anthrazitfarbene Anzüge von C & A und gerippte Unterwäsche. In meinem imaginären Schrank hing die weiße und weite Kutte der Dominikaner samt schwarzem Predigermantel. Daneben strahlten jene gottesdienstlichen Gewänder, die in der Franziskanerkirche meines Heimatortes jedes Jahr am Fest des Märtyrers Stephanus am Altar getragen wurden: Casula, Dalmatica, Tunicella, Pluviale – alle aus blutroter Seide und mit goldenen Litzen. Auf dem Schrankboden, halbverschnürt, lag die ehrfurchtheischende Garderobe des Cabaret-Sängers Aristide Bruant. Ich hatte sein Bild als Dreizehnjähriger in einer Toulouse-Lautrec-Ausstellung in Köln gesehen und war tief beeindruckt von Bruants breitrandigem Hut, seinem mächtigen Paletot und dem lässig um den Hals geschlungenen, langen, roten Schal.

Nach dem Abitur trat ich in einen Mönchsorden ein, wohnte jedoch nicht in einem Kloster, sondern mit anderen Studenten des Ordens in einem Wohnheim in einer Universitätsstadt. Die Motive meines Eintritts waren (das wurde mir allerdings erst später klar) nicht religiöser, sondern ästhetischer Natur. Ich wollte endlich meinen imaginären Kleiderschrank aus dem Kopf herausnehmen, um fortan, mit großartigen Gewändern behangen, mein Leben feierlich zu zelebrieren. Da ich mir den Sarottimohr schon lange abgeschminkt hatte, und das kleinbürgerlich-katholische Milieu, in dem ich großgeworden war, keine Gedanken an Varietékünstler verschwendete, wählte ich das offensichtlich am einfachsten zu erlangende feierliche Gewand: das mönchische.

Der Umzug des Kleiderschranks vom Kopf in die Realität schlug gründlich fehl. Der Orden war, als ich 1966 in ihn eintrat, von heftigen Krämpfen geschüttelt; die einen nannten es Todeskampf, die anderen Geburtswehen; wahrscheinlich waren es nur Blähungen. Für die Jungen im Orden war damals der Habit Symbol finsterster Reaktion. Wer auf sich hielt, gab sich studentisch-salopp. Ich war in einem Dilemma. Einerseits wollte ich mithelfen, die alte Ordnung der alten Männer zu erschüttern, andererseits wollte ich aber auch, die Hände in den Ärmeln der Kutte verschränkt, in mönchischer Prozession psalmodierend durch halbdunkle Kirchen schreiten, bestaunt von der Gläubigen Schar.

Ich mußte mich zu Kompromissen bequemen. Meine bevorzugte Alltagskleidung während meiner ersten zwei Jahre im Orden bestand aus einer braunen, etwas altväterlichen Hose samt reversloser Trachtenjacke, einigen Nyltesthemden und dunklen Krawatten, einem grauen Rollkragenpullover und einem gürtellosen, weit geschnittenen, schwarzen Popelinemantel.

Einige Male im Jahr kam ich allerdings – bei feierlichen Gottesdiensten und offiziellen Ordensveranstaltungen – in den Genuß der Ordenstracht, der, wie ich fand, mir einzig gemäßen Kleidung. Meine Lust überspielte ich vor den gleichaltrigen Klerikern mit einem ironisch-süffisanten Augurenlächeln, in der Hoffnung, sie würden meinen Auftritt im geistlichen Gewand als Parodie der Alten werten.

Im Frühsommer '68 bemächtigten sich meiner Phantasie, heftig und fortwährend, eine Flut homosexueller Bilder und Vorstellungen, die alles andere aus meinem Innern verdrängten und die sich nicht mehr, wie früher, einfach zur Seite schieben ließen. Ich merkte: Ich war schwul. Damals nannte ich diesen vorerst quälenden Zustand ›homophil‹ und hielt mir zum Trost Leonardo und Michelangelo vor Augen. Mein gesunder Menschenverstand sagte mir, daß es in meiner Stadt und sicher auch unter den Studenten eine Reihe junger Männer geben müßte, die ähnliche Tagträume hatten wie ich. Aber wo diese Männer zu finden waren, kriegte ich leider nicht heraus.

An einem Nachmittag im August '68 schlich ich mit heißen Lenden und scheuem Blick durch das Wallraff-Richartz-Museum in Köln, bekleidet mit einer weiten, dunkelgrauen Flanellhose, einer hellgrauen Trevirajacke, einem Nyltesthemd und einer schwarzen, silbergepunkteten (und mit eigener Hand gebundenen) Fliege. Plötzlich tauchte ein junger Südländer neben mir auf in hellblauem T-Shirt und verwaschener, rosa Leinenhose. Ich sah ihn an, und er sah mit merkwürdig durchdringendem Blick zurück. Mir wurden die Knie weich. Ich entfloh, blieb im Nebenraum wieder stehen, er kam nach, wir kreisten scheu um ein paar freistehende Plastiken, bis wir uns mit einem heiseren *›Hallo‹* gegenüberstanden. Ich weiß noch sehr genau, daß ich in diesem Augenblick Angst davor hatte, andere Besucher könnten etwas Negatives über mich denken, weil ich mit einem solch gammligen Menschen sprach. Zehn Minuten später hatte ich hinter einer der Stellwände des Graphikkabinetts den ersten, wenn auch nur kurzen, homosexuellen Kontakt meines Lebens; die Fortsetzung folgte stehenden Fußes auf der Museumstoilette.

Am nächsten Tag zeigte mir der Junge einige schwule Bars, die ich von nun an fast täglich besuchte. Eine markante Zäsur. Ich lernte dort in den folgenden Monaten nicht nur andere Schwule kennen, sondern auch mir neue Kleidungsstile. Bei meinen ersten Barbesuchen hatte ich das Gefühl, als schaue man mitleidig-lächelnd auf mich, weil ich mich mit den ungeschriebenen Kleiderordnungen nicht auskannte. Umgeben von lauter Sarottimohren stand ich hilflos herum in meinem Leibchen.

Nach einigen Monaten begann ich, meine Kleidung zu verändern. Ich kaufte mir eine enge, schwarze Stretchhose, ein noch engeres, ebenfalls schwarzes Pullöverchen und blondierte mein braunes, damals schon etwas schütteres Haar, das ich anschließend mittels einer Brennschere optisch zu vervielfältigen versuchte. Der Reiz der Ordenstracht nahm mit einem Mal rapide ab. Ich orientierte mich jetzt hinsichtlich meines Kleidungsstils meist an gleichaltrigen schwulen Freunden. Einer von ihnen übernahm eines meiner Ordenskleider und funktionierte es zu einem bodenlangen, offenen Mantel um. Zur gleichen Zeit kaufte ich mir eine enge, hochgeschlossene, indische Brokatjacke mit eingewebtem Blütenmuster. In diesen Kostümen vergnügten wir uns nachts in einer Bar in Amsterdam und tanzten auf einer von unten erleuchteten Tanzfläche heftig zur Melodie von ›In-a-gadda-davida‹.

In den Jahren '69–'70, so scheint es mir wenigstens in der Rückschau, war ich eine Mischung aus Hippie und klassischer Tunte. Von den Hippies hatte ich das Bunte und Exotische übernommen, von den Tunten das Ordentlich-Akkurate. Heute wundere ich mich sehr über den Gleichmut, den sowohl meine Familie als auch mein Orden angesichts der plötzlichen Wandlungen in meiner äußeren Erscheinung an den Tag legten.

Ich war in Aufbruchstimmung. In ihr schwang Übermut mit, aber auch Angst und beide wechselten einander in rasanter Folge ab. Der modisch-ästhetische Bodensatz der Jahre um '70: lange Haare, ein Schnauzer, der in Hunnenart bis zum Kinn reichte, Brillen verschiedenster Farben und Formate, Bundeswehrknobelbecher, ein schwarzes Cape, ein Priesterkäppchen aus Seide (samtgefüttert), ein knallgelber Rollkragenpullover, ein Borsalino, eine Uhrkette, ein Russenkittel, enge Hosen mit gewaltigem Schlag, Make-up. Zu meiner privaten

G

Modegeschichte jener Jahre gehören auch die Kleidungsstücke, die ich demonstrativ in Kleidersäcke wohltätiger Organisationen verbannte: meine Anzüge, Fliegen und Krawatten, meine Unterhemden und meine Schlafanzüge. Ich habe damals viel gefroren, sowohl im Bett als auch in winterlichen Parks bei nächtlicher Partnersuche.

1970 lernte ich einige WG's kennen. Ich begann, ausgefranste Jeans zu tragen. Mein mittlerweile schulterlanges Haar schnitt ich mir selbst; Leute, die zum Friseur gingen, waren für mich miefige Kleinbürger. In den nächsten Jahren wuchsen die Konflikte zwischen mir und meinen geistlichen Vorgesetzten. 1974 trat ich aufatmend aus dem Orden aus und begann, als freier Rundfunkautor zu arbeiten. Mein Bedürfnis nach Pathos hatte unterdes abgenommen. Ich orientierte mich nun am Männlichkeitsideal der neu entstandenen schwulen Kneipenkultur in den Großstädten. Meist trug ich Jeans, manchmal Lederjacke und Stiefel. Ich ließ mir einen kurzen Vollbart wachsen und trug auch die Haare wieder kurz geschnitten. Mehrfach in der Woche ging ich in ›Lederkneipen‹, hatte allerdings nur selten das Bedürfnis, mich perfekt zu uniformieren.

'77–'78 erreichte mich die Latzhosenwelle. Ich erstand ein monströses, dunkelbraunes Exemplar in einem Fachgeschäft für Berufskleidung. Mein nun rustikales Erscheinungsbild wurde gekrönt durch ein rotes Flanellhemd von Woolworth, Hush-Puppies und einen üppigen Rauschebart. Bald aber war der Bart wieder kurz und die Hose wurde nur noch für gröbere Arbeiten aus der Ecke geholt.

19. Februar '86. Bei Durchsicht der Schränke: Ein weißes Leinenhemd, sehr lang, kragenlos, vor fünf Jahren auf dem Flohmarkt erstanden, seit zwei Jahren nicht mehr getragen. Ein brauner Tweed-Anzug mit Weste, der einer gründlichen Änderung bedarf. Mehrere gestreifte Baumwollhemden aus Boutiquen, in ständigem Gebrauch. Eine Motorradjacke, seit meinem Body-Building eine Nummer zu klein. Zwei enge Jeans, gut erhalten, aber für meinen momentanen Geschmack zu unbequem, weil zu eng. Mehrere weite Bundfaltenhosen, sehr geliebt und viel getragen. Boxershorts, die im letzten Sommer meinen Leib für ein paar Wochen umhüllten, bis ich wieder reumütig zu den gewohnten Slips zurückkehrte. Eine weite, graubraune Lederhose, momentan mein Lieblingskleidungsstück. Eine ganze Kollektion weitgeschnittener Pullover. Ein neuer, blauer Wintermantel. Mehrere lange Schals, in einem Karton neun Wollmützen. Außerdem: zwei lange Unterhosen, zwei Schlafanzüge, eine Menge Socken, hauptsächlich weiße; ein Trainingsanzug. Das alles zu ordnen überlasse ich den Historikern.

In der Retrospektive, auf ein paar Seiten zusammengedrängt, im Zeitraffer, wird Lebensgeschichte schnell zu einem atemberaubenden olympiareifen Slalom.

Das Alltagsleben aber, das, wenn man gerade mittendrin steckt, sich in Zeitlupentempo fortbewegt, schafft ganz eigene Erfahrungen. Ich weiß nicht, wieviel Zeit ich in meinem Leben mit den Fragen verbracht habe: Was ziehe ich heute an? Oder: Soll ich mir ein bestimmtes Kleidungsstück kaufen oder nicht?

Hinter diesen Fragen steht ein Zaudern, und dahinter ein früh eingepflanztes Pflichtgefühl meiner Kleidung gegenüber. Liegend und hängend schaut sie mich vorwurfsvoll an, als ob sie sagen wolle: *»Wenn du uns jetzt verstößt für etwas Schönes und Neues – bitte, tue es nur; aber wisse: es ist unmoralisch«.* Und so halte ich, von der neuesten Mode träumend, alten Unterhosen und Socken die Treue, obwohl sie schon längst Form und Farbe verloren haben und betrete Textilgeschäfte und Boutiquen meist nur mit schlechtem Gewissen. Bereits mein Leibchen und meine langen, braunen Strümpfe gehörten ursprünglich meiner älteren Schwester und wurden von mir aufgetragen. Meine orientalische Hose hatte schon meiner Mutter Brust geziert, und selbst ein lindgrünes Meßgewand, das ich bei kindlichem Priesterspiel trug, war zuvor ein Plisseerock. Ich leide unter einem tiefsitzenden, textilen Teller-leer-essen-Syndrom. Jede Faser bekommt bei mir ihr Gnadenbrot, und sei es als Schuhputzlappen.

Kleidung und die Psychopathologie des Alltagslebens!

Hier, wo ich aufhöre, fängt Mode erst richtig an, interessant zu werden.

GÜNTER FRORATH

Graffiti

Graffiti-Botschaften an öffentlichen Orten gab es schon immer. Künstler wie Jean Dubuffet ließen sich von ihnen anregen; Fotografen halten sie als Zeitdokumente fest. Als einer der ersten veröffentlichte der französische Fotograf George Brassaï, Freund und Fotograf Picassos, seine auf Streifzügen durch Paris gesammelte Ausbeute: 1957 waren Brassaïs Fotos anonymer Graffiti im MUSEUM OF MODERN ART in New York und im INSTITUTE OF CONTEMPORARY ART in London ausgestellt und 1960 erschien sein Buch mit dem Titel GRAFFITI, das manchem die Augen öffnete für die Botschaften am Straßenrand. In den letzten zehn Jahren haben Graffiti eine ungeahnte Aufwertung erfahren: Zunächst (und immer wieder) als krimineller Akt abgestempelt, fanden sie Eingang in die Kunstszene und im Sommer 1985 in Mode-Kollektionen.

Die erstaunlichste Karriere auf dem Graffiti-Feld hat der Amerikaner Keith Haring gemacht. Als er im November 1982 vor Gericht gestellt wurde – man hatte ihn beim Malen in einer New Yorker U-Bahn-Station gefaßt –, hatte er seine erste große Einzelausstellung in einer New Yorker Galerie. Und zur selben Zeit forderte ein Kunstkomitee der Stadt New York denselben Keith Haring auf, ebenjene U-Bahn-Station künstlerisch und für Geld zu bemalen, die er zuvor kostenlos, aber in krimineller Weise »beschmiert« hatte. Ebenfalls im Jahr 1982 nahm Keith Haring als Vertreter der amerikanischen Graffiti-Bewegung an der DOKUMENTA 7 in Kassel teil.

Weniger begünstigt ist Harald Naegeli, der SPRAYER VON ZÜRICH, der von 1977 bis 1979 unerkannt seine phantasievoll-ironischen, schwarzen

»Hautmode«,
Ruben Torres,
Paris, 1972.

Strichmännchen auf öffentliche Gebäude der Bankmetropole sprühend gezeichnet hat: *»Poesie contra Beton«* (Frankfurter Rundschau, 30. September 1980). Bei der Polizei der Stadt gingen 200 Anzeigen gegen den Unbekannten wegen Sachbeschädigung ein. Erboste Bürger setzten 3000 Franken »Kopfprämie« für denjenigen aus, der den Sprayer von Zürich dingfest machen konnte. Im Mai 1979 wurde Harald Naegeli zum erstenmal festgenommen. Im Januar 1981 verurteilte ihn das Bezirksgericht Zürich wegen Sachbeschädigung in 179 Fällen zu einer Freiheitsstrafe von sechs Monaten auf Bewährung. In der Berufungsverhandlung im Juni 1981 verschärfte das Züricher Obergericht das Urteil auf neun Monate Haft ohne Bewährung. Außerdem wurden rund 125000 DM von ihm zur Beseitigung des »Schadens« verlangt. Begründung des Gerichts: *»Der Angeklagte hat es verstanden, über Jahre hinweg und mit beispielloser Härte, Konsequenz und Rücksichtslosigkeit die Einwohner von Zürich zu verunsichern und ihren auf unserer Rechtsordnung beruhenden Glauben an die Unverletzlichkeit des Eigentums zu erschüttern.«* 1984/85 hat Harald Naegeli in der geschlossenen Haftanstalt Winterthur seine Strafe abgesessen.

Für viele – diesseits und jenseits des Atlantik – sind und bleiben Graffiti ein Zeichen von Destruktivität und Vandalismus, Ausdruck sozialer Anarchie und Kriminalität, wie beispielsweise für die Stadt New York. Bürgermeister Ed Koch hat 6,5 Millionen Dollar zur Wahl 1982 bewilligt und in den folgenden Jahren jeweils rund 6 Millionen Dollar, um Graffiti zu verhindern, bzw. zu beseitigen: Noch spitzere Zäune wurden um die Eisenbahndepots gezogen, mehr Bahnpolizei angestellt, mehr Deutsche Schäferhunde, die auf das deutsche Kommando »Faß« reagieren, abgerichtet. Ed Koch ist der Meinung, daß Graffiti die Fahrgäste einschüchtern und vom Gebrauch der ohnehin defizitären U-Bahn abhalten.

Ob Kunst oder Krimi: Graffiti ist die bemerkenswerteste authentische Bildaussage, mit der Amerika in den

Subway Drawing, Keith Haring, New York, 1984.

letzten fünfzehn Jahren auf sich aufmerksam gemacht hat. Begonnen hat es um 1970 mit einer Art Kinderspiel: Teenager aus den New Yorker Stadtteilen Bronx und Brooklyn, durchweg Schwarze und Puertoricaner, nutzten die neue Erfindung der Farbsprühdose, um ihre triste Umgebung einzufärben. Sie beginnen mit elf und hören mit sechzehn Jahren auf zu »schreiben«, dann nämlich, wenn sie – vor dem Gesetz als Erwachsene behandelt – zu Gefängnisstrafen verurteilt und in den Verbrecheralben geführt werden können. Unterschiedlichste Stil- und Schreibarten wurden erfunden – von optisch auffälligen »tags«, Signets, eigenen Zeichen, bis zu den »Masterpieces«, die Bemalung ganzer Züge, die Teamarbeit erfordert. Einer der beiden »Whole Trains« war der berühmte CHRISTMAS-TRAIN der inzwischen legendären Graffiti-Gruppe FABULOUS FIVE.

Keith Haring hat nie einen U-Bahn-Waggon besprüht. Doch als er die Graffiti-Bewegung der Subways wahrnahm – er war 1978 von Pittsburgh nach New York gekommen und hatte sich an der SCHOOL OF VISUAL ARTS eingeschrieben –, brach er sein Studium ab und arbeitete auf seine Weise im Untergrund. Er hielt nach gerade nicht kommerziell genutzten Reklameflächen, die mit schwarzem Papier überklebt sind, in den Subway-Stationen Ausschau – dort brachte und bringt er mit schnellem Kreidestrich seine Szenerien an. Keith Haring hat seine eigene Bildwelt entwickelt – piktogrammartig: *»Geboren in dem Jahr, als der erste amerikanische Erdsatellit ins All geschossen wurde, ist er aufgewachsen mit den TV-Stars Bugs Bunny und Batman, großgeworden mit Videorecordern und -spielen, Computern und Mikroprozessoren. In diese bedrohte und bedrohliche Welt sendet er seine Botschaften, zeichnet sich Konflikte und Betroffenheit von der Seele: Am Tag, als John Lennon erschossen wurde, erfand er den Hund, der durch den Körper eines Menschen springt, ›Zeichen für das Loch im Geist der Menschen, für das Loch in deren Gedanken und Hoffnungen‹.«*

Mit seinen aggressiven Strichmännchen ist Keith Haring heute präsent im New Yorker Untergrund wie in der internationalen Kunstszene, die seine Bilder teuer handelt. Er kassiert, was er, auch für seine Nonprofit-Arbeit im Untergrund, braucht und setzt einen Teil der Erlöse poli-

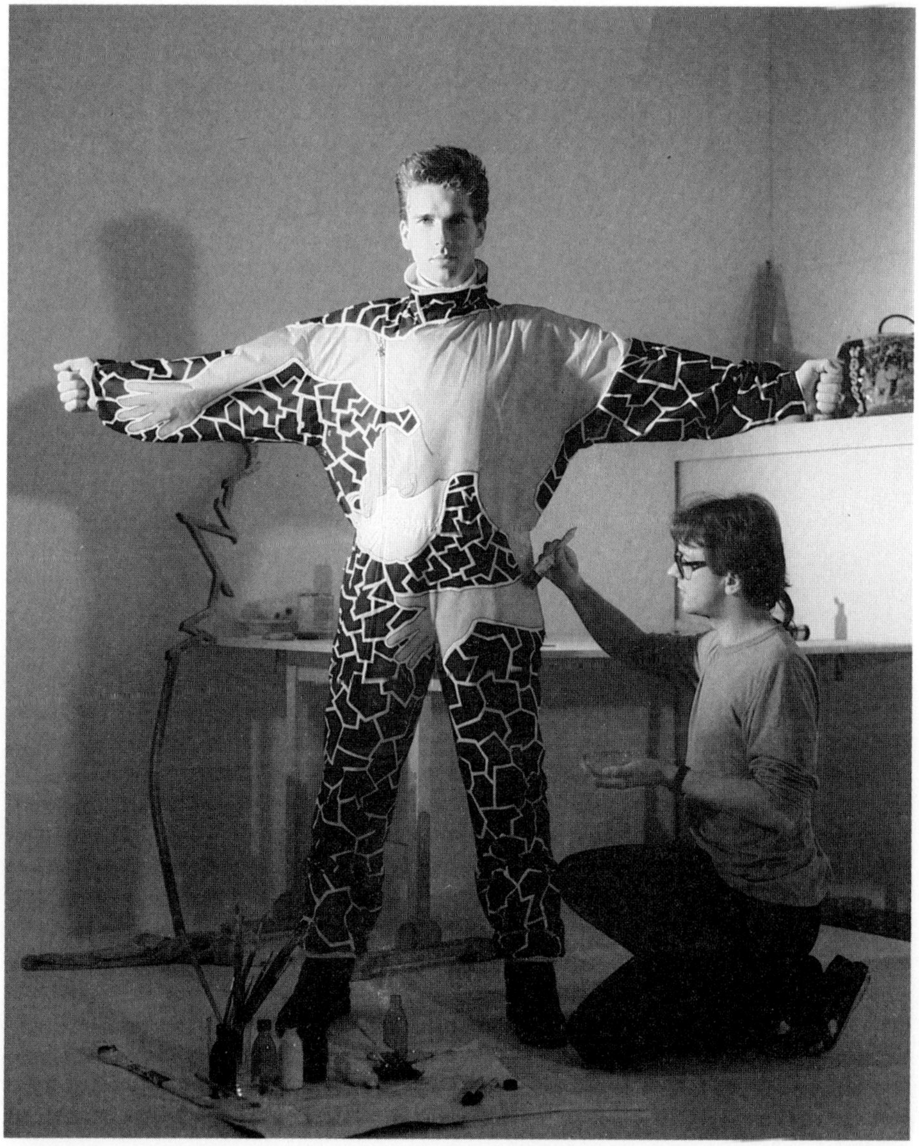

»Umarmung«,
Body Art,
Wilfried Forster für Bogner,
München, 1985.

tisch ein: Haring gehört der amerikanischen Friedensbewegung an.

Und was hat das alles mit Mode zu tun? Keith Harings Impuls ist ein sozialer. Er will mit seiner Kunst unter die Leute gehen; er will auch, daß sie sie benutzen. Dazu bedient er sich der Transportmittel Kleidung und Mode: Er führt *»in New Yorker U-Bahn-Stationen seine Strichmännchen zum Nulltarif aus und bietet jede Menge Klein-Kunst an: Plakate, Buttons, Aufkleber für alle Fälle, Schiebermützen, T-Shirts für 20 und Sweat-Shirts für 30 Dollar das Stück. So lustwandeln seine Fans mit dem kläffenden Köter auf dem Rücken, einem strahlenden Baby oder einer Schlange auf der Brust, die sich neonrosa durch ein giftgrünes Robotermännchen windet.«*

»Mir gefällt Kunst, die herumläuft, denn Kleidung macht Kunst menschlicher«, sagt Haring beinah kunstkritisch und handelt danach. Für die Ende 1983 von der Zeitschrift STERN initiierte Aktion KUNST AM KÖRPER, die Mitte 1984 dort unter dem Titel WENN KÜNSTLER IHREN BILDERN BEINE MACHEN veröffentlicht wurde, ließ Keith Haring Anzug und Rock aus Leder in Shocking-Pink schneidern und ging mit dem dicken schwarzen Filzstift darüber: eine der ersten Anregungen für die kommerzielle Graffiti-Verwertung im Mode-Bereich.

Zu seiner Ausstellung in der Galerie Paul Maenz in Köln im Mai 1984 hat er nicht nur Bilder in der Galerie aufgehängt, sondern auch – statt eines Kleiderentwurfs – eine Körperbemalung vorgenommen und Kunst für alle hergestellt: Fotos haben festgehalten, wie er mit Kreide aufs Pflaster zeichnet, Besucher des Kölner Doms mit seinen großformatigen Szenerien in Erstaunen versetzt.

1985 dann ersann Keith Haring für Vivienne Westwood, Londons-Punk-Designerin, den GRAFFITI-LOOK. Auch so entsteht Mode: aus verbotener Subkultur kommend, nobilitiert durch den Kunstbetrieb und schließlich kommerziell popularisiert.

MARINA SCHNEEDE

»Umarmung«,
Body Art,
Wilfried Forster für Bogner,
München, 1985.

Literatur

Marie Hüllenkremer, Keith, der Wunderknabe, in: art 2.
Henry Geldzahler, Art in Transit. Subway Drawings by Keith Haring, New York 1984.
Annegret Großkopf/Fatima Igramham, Wenn Künstler ihren Bildern Beine machen, in Stern 26 (1984).

H

– **Haarmoden**
Handschuhe
Handtasche
Haut
Haute Couture Parisienne
Heimchen am Herd
Held
Vom Höfling zum Bürger · Hut

H

Marc Liotard de la Servette,
J. E. Liotard, 1755.
Genf, Musée d'Art et d'Histoire.

Haarmoden

Nackt bis auf das »Feigenblatt«, bleibt dem Menschen noch Haut und Haar zum Schmuck. Das lange, sanft gewellte Haar von Botticellis meerumschäumter Venus strahlt Schönheit und Erotik aus.

Erst der Verlust des Haarschmukkes bedeutet Verlust der Schönheit und der Ehre. Im Mittelalter wurde mancherorts das sich eines Vergehens schuldig gemacht habende Weib kahlgeschoren, das heißt, der Ehre und Schönheit entblößt, an den Pranger gestellt. Beim Eintritt in das Kloster entsagt die Nonne dem letzten weltlichen Mittel weiblicher Eitelkeit, dem langen Haar.

Die Gestaltungsweise des Haares kann – allein, ohne die unterstützende Kleidung – Auskunft über Seelenzustand, Alter und Typ des Trägers, seine soziale Stellung und seine Einstellung zu Politik und Umwelt geben. Auch kann die Frisur durchaus über das »Wahre« hinwegtäuschen helfen.

Größte politische Aussagekraft wurde der Frisur zur Zeit der Französischen Revolution, 1789–1792/95, zuteil. Anhänger des alten Regimes hielten starr an der weiß gepuderten Zopf- oder Haarbeutelperücke, Zeichen royalistischer Gesinnung, fest. Revolutionäre dagegen trugen – als Signal ihres Bruchs mit erstarrten Sitten – das eigene, ungepuderte Haar seitlich und hinten lang strähnig herabhängend, während es am Oberkopf kurz abstand. OREILLE DE CHIEN, zu deutsch »Hundeohren« nannte man charakteristisch die Seitensträhnen. Andere fortschrittlich und modisch Gesinnte trugen den englischen HEDGEHOG CUT (»Igelschnitt«), bei dem das Haar rundum kurz geschnitten und abstehend war und nur eine Haarpartie im Nacken hinunterhing. Die Frisur war weiß gepudert, was zwischen dem Alten und Neuen vermittelte und ihr eine gewisse Extravaganz gab. (Sie erinnert an so manche, heute moderne Frisur). Nicht nur der Revolutionär trug diese Frisuren, sondern auch sein weibliches Pendant. Das JOURNAL DES LUXUS UND DER MODEN konnte nicht umhin, die weibliche Erscheinung als *»andro-*

Dame mit »Coiffure à la Titus«, Modekupfer, um 1810.

Merveilleuse mit »Coiffure Chinoise«, Modekupfer, um 1819.

Bildnis der Tochter, C. J. Heinrich Kretschmar, 1834.

gyn« (zwitterhaft) zu bezeichnen, und das im Jahr 1792!

Was als Ausdrucksmittel politischer Gesinnung begonnen hatte, die Mode nahm es auf, schon damals.

Die kurze TITUSFRISUR um 1800 – eine Herrenfrisur, die jedoch vereinzelt auch von Frauen getragen wurde – war schließlich Höhepunkt weiblichen Modemutes. Die Reaktion blieb nicht aus. Nach 1815 kehrte die Dame zu kunstvollen Arrangements zurück. Mehr an Püppchen als an menschliche Wesen erinnern die Porträts des Biedermeier. Große Schlaufen und Spiralen aus Haarteilen sind asymmetrisch oder fächerförmig auf den Köpfen arrangiert und mit Strohblumen,

H

Herrenfrisuren, 1838.

Damen-Schaufensterkopf,
um 1925.
Münchner Stadtmuseum.

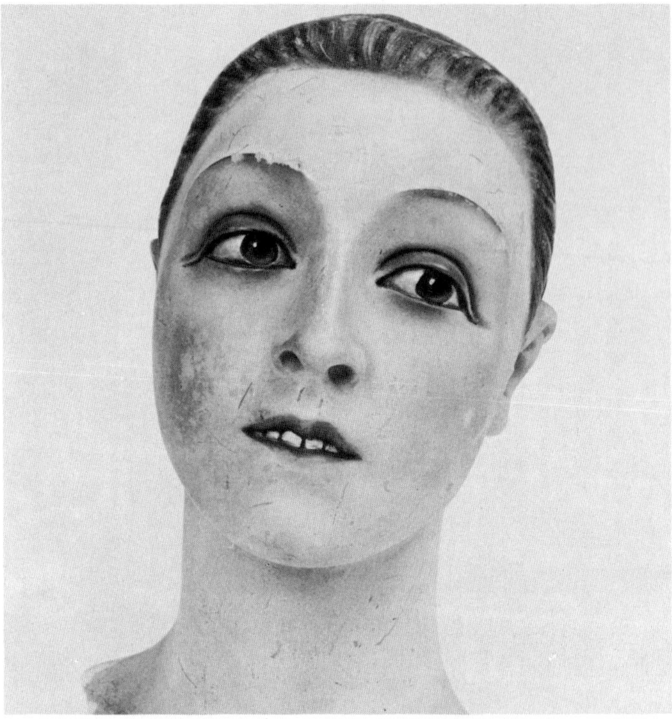

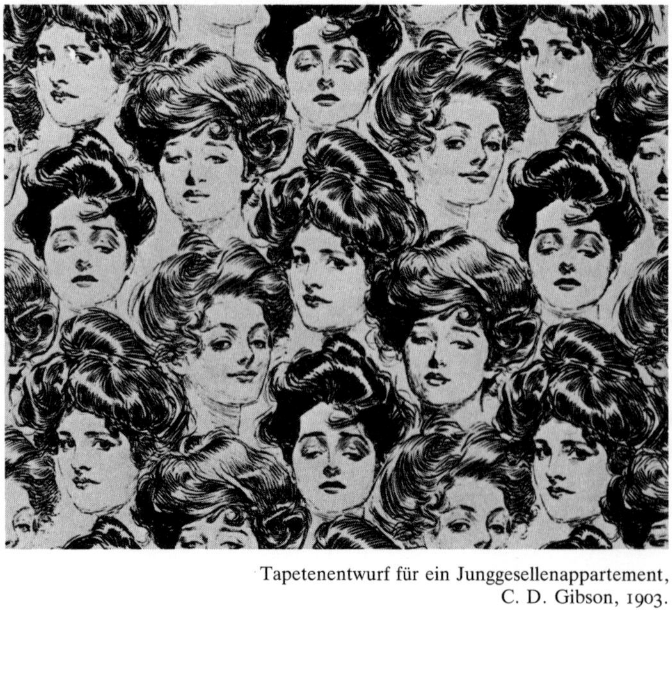

Tapetenentwurf für ein Junggesellenappartement,
C. D. Gibson, 1903.

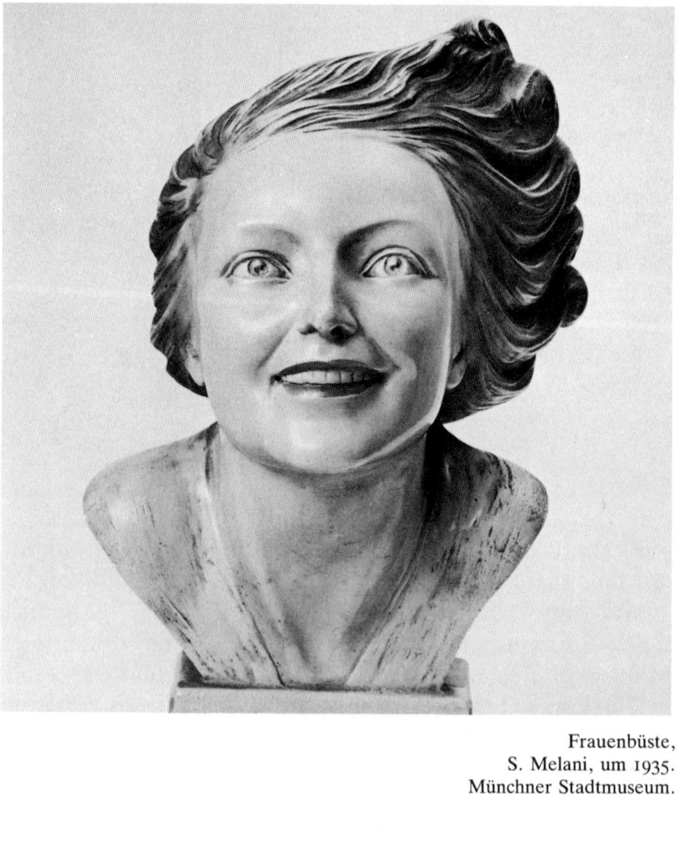

Frauenbüste,
S. Melani, um 1935.
Münchner Stadtmuseum.

Perlen oder Federn verziert. Die Extravaganz schien kein Ende zu nehmen.

Im Spätbiedermeier frisierte man liebliche, biedere Zopfschnecken und Vogelnester am Hinterkopf und über den Ohren Stöpsellocken.

Damenhafter wurde es wieder in den 1850er Jahren, zur Zeit der Krinoline, als Kaiserin Eugénie von Frankreich Vorbild weiblicher Eleganz war. Das Haar wurde nun in einem weichen Bogen zu einem großen Nackenknoten, dem CHIGNON, arrangiert. Verfolgt man die Kostümgeschichte, stellt man eine erstaunliche stilistische Einheit von Kleidung und Frisur fest. 1869–1875, zur Zeit der Turnüre, wurde – gleichsam als Pendant der rückwärtigen Rockaufbauschung – das Haar am Oberkopf hoch aufgetürmt und fiel von da in Roll- oder Stöpsellocken tief in den Nacken hinunter. Die Frisur kam selten ohne falsche Haarteile oder, wie beim Rock, ohne Drahtpolster, aus. In den 1880er Jahren gefielen sich junge Mädchen mit Stirnfransen, die jedoch bei der Mama auf Ablehnung stießen und die Bezeichnung Simpelfransen erhielten, *»als eines Simpels entsprechende Verdunkelung der Stirn«*.

Und mit welcher Frisur präsentierte sich der Begleiter der Dame im 19. Jahrhundert?

Im frühen Biedermeier hatte auch seine Frisur einen verspielten Charakter. Das Haar war gekräuselt und über der Stirn gebauscht »à la Franz Schubert«. Im Spätbiedermeier dagegen war es am Oberkopf glatt und individuell gescheitelt und nur die gerade die Ohren bedeckenden Spitzen gekräuselt. Danach entwickelte sich die Herrenfrisur zu größerer Strenge und Kürze. Vervollständigt wurde das patriarchalisch autoritäre Bild des Mannes durch den hochgezwirbelten ES IST ERREICHT-Bart, nach dem Vorbild Kaiser Wilhelm II.

Im 20. Jahrhundert war die Frisur des Mannes bis in die 1950er Jahre kein wesentliches Thema mehr. Ganz anders bei der Frau: Der I. Weltkrieg hatte, besonders in Deutschland und Österreich, den Bruch mit einer langen politischen Tradition gebracht. Dadurch waren alte Werte und Sitten, besonders viele, die das Leben der Frau betrafen, überkommen. Sowohl ihre Stellung in der Gesellschaft als auch ihre eigene Auffassung vom Leben änderte sich. Zu dem neuen aktiven Lebensstil der Frau paßten nicht mühsam zu pflegendes, langes Haar und zeitraubende Frisuren. Nur so ist zu erklären, daß von Millionen Frauen in wenigen Jahren der Bubikopf, der eigentlich nur einer Laune entsprungen war – angenommen wurde. (In Coco Chanels Memoiren ist zu lesen, daß sie die Idee des kurzen Haares von einer Freundin, die sich aus Liebesprotest das Haar abschnitt, 1916/17 übernommen habe.) Dennoch gab es massive Vorbehalte gegen den Bubikopf, vor allem von offizieller Seite. Die evangelische Kirche bezeichnete den Bubikopf als *»undeutsch«*, und die Marinedienststelle legte den Damen des Offizierskorps nahe, daß der Bubikopf für sie unstatthaft sei. In Japan wurde kurzes Frauenhaar als staatsfeindlich erklärt, und in China sowie auf den Philippinen eine Steuer auf den Bubikopf angeregt, wie die VOSSISCHE ZEITUNG berichtet. Der Bubikopf war mehr als nur eine Modefrisur, er war Zeichen der Emanzipation der Frau. Reine Mode dagegen waren weiße Bubikopfperücken oder stark gelacktes Haar »à la Josephine Baker« für die mondäne, turbulente Ballnacht.

Künstlerfrisur (Elly Ney), 1956.

Frisur mit »Schmachtlocke«, Amateurfoto, 1958.

»Sex Pistols«, 1977.

Das Haar blieb kurz, auch wenn die 30er Jahre eine Rückbesinnung auf frauliches, sanft gewelltes Haar brachten – die distanzierte Schönheit einer Greta Garbo Vorbild wurde.

In den 50er Jahren spielte die Frisur mögliche Varianten des Frauenbildes durch: Die Frau als »rassiges« Sexsymbol trug kurzes, dunkles, stark gewelltes Haar, die Kindfrau einen süßen Pferdeschwanz, der sportliche Typ das Haar glatt und äußerst kurz und die Intellektuelle strähnig schulterlanges Haar.

Eine all diese typisierenden Züge vereinheitlichende Frisur entstand in der in der Zeit von 1959 bis etwa 1962 modischen Farah-Diba-Frisur. Kaum ein weibliches Wesen, das diese Frisur nicht getragen hätte. Sie stellt – ebenso wie die damalige Kleidung – eine modische Übergangsphase zu der jugenddominanten Mode nach 1963 dar.

Andere Frisuren, andere Aussagen, auch beim Mann. In den 50er Jahren frisierten Halbstarke und James-Dean-Anhänger das Haar – mit Hilfe von Brillantine – zu einem »reißerischen Enten-Po«. Dagegen legten Bill-Haley- und Elvis-Presley-Fans das Haar gekonnt zu einer »Schmachtlocke« in die Stirn. Frisuren, mit denen der Träger nicht zuletzt gegen die angepaßte, wenig individuelle Haarmode der Väter revoltierte.

Einen verklärenden, fast schon wohlwollenden Blick auf diese 50er Jahre warfen Väter und Mütter zurück, als die Beatles 1964 zum Schock der Älteren wurden. Und war es nicht ebenso, als fünfzehn Jahre später die bunten Hahnenkämme der Punks und kurz danach die Skinheads auftauchten? Letztere schockieren bewußt durch die Häßlichkeit ihres glatten Schädels und zeigen durch ihr Äußeres Verachtung gegenüber Bestehendem, die bis hin zu gewalttätiger Rohheit reichen kann. Bei den wenigen, denen eine Glatze steht, ist sie Ausdruck ihrer Persönlichkeit (Skinheads sind erst auf der Suche nach derselben).

In der Zwischenzeit ist der Herr im Damenfriseursalon selbstverständlich geworden.

In den 70er Jahren saßen Er und Sie zur Dauerwelle nebeneinander und trugen Afro-Look. Heute zeigen sie sich in frech zerzaustem, kurzem, wie »zufällig hingeschütteltem« Haar, das in Wirklichkeit mit Wet-Gel und extrastarkem Lack »auf Position« gehalten wird. – Auch das ist vielsagend.

Die Mode, auch die Haarmode, nimmt Impulse von außen auf, verarbeitet sie, macht sie tragbar und demokratisiert sie.

INGRID LOSCHEK

Literatur

Max von Boehn, Die Mode. Eine Kulturgeschichte vom Barock bis zum Jugendstil, München 1986[3].

Richard Corson, Fashions in hair. The first 5000 years, London 1977.

Ingrid Loschek, Mode im 20. Jahrhundert. Eine Kulturgeschichte unserer Zeit, München 1984[2].

Chris Steele-Perkins/Richard Smith, The Teds, London 1979.

Ruth Turner Wilcox, The Mode in Hats and Headdresses, New York/London 1959.

Handschuhe

Der Handschuh ist ein Bekleidungsstück, das die maßgerechte Form der Hand und der Finger hat, im Gegensatz zum Fausthandschuh (Fäustling), der nur den Daumen artikuliert, und dem fingerlosen Handschuh der Damen. Er kann aus Stoff oder Leder, aus Wolle gestrickt oder auch, wie beim Panzerhandschuh, aus Metall sein. Seine geachtete Stellung in der Gesellschaft belegt eine ganze Reihe französischer und deutscher sprichwörtlicher Redensarten: den Fehdehandschuh hinwerfen oder aufnehmen, jemanden mit Samthandschuhen anfassen, wie Hand und Handschuh sein und viele andere mehr.

Der Marschall Richelieu (Großneffe des Kardinals) erzählt 1729, daß

Dame mit Handschuh, Carolus Duran, 1869.

Dame mit Handschuhen, Costume Parisien, 1808.

»alle Handschuhe aus Taft und mit feinem Leder gefüttert und von gleicher Farbe wie der Pelzkragen oder das Gewand sind. Man trägt kaum noch Damenhandschuhe, dafür aber viel häufiger gewebte Handschuhe aus weißem Garn für den Sommer, und aus weißer Seide für den Winter.« Ab 1790 verschwand der Seidenhandschuh wieder für eine geraume Zeit, weil ein Arzt behauptete, daß Seide die Haut austrockne.

Der große Spezialist für Stoffhandschuhe war im Ersten Kaiserreich der Couturier Leroy. Die von ihm vorgeschlagenen Modelle haben Goldnähte und sind mit Girlanden aus Pailetten und mit bunten Blumenfederstickereien verziert. Die elegante Dame wechselte sie mehrmals am Tag, und die Kaiserin Josephine, die nie zweimal das selbe Paar trug, verbrauchte mehr als tausend im Jahr, sowohl solche aus Leder, wie auch solche aus Seide. Der Kammerherr, der sich immer in ihrer Nähe aufhielt, hatte die einzige Aufgabe, ihr auf einem Silbertablett ein neues Paar anzubieten, wenn immer sie bloße Hände hatte. Man weiß aus den Rechnungsbüchern von Leroy, daß ein Paar reichverzierter Handschuhe bis zu vierzig Francs Germinal kosten konnten.

Während der Restauration wurden Glacé-Handschuhe mit galanten Kupfern bedruckt. Aber nur die Damen der Bourgeoisie waren nach ihnen verrückt, die wahrhaft Vornehmen bevorzugten zurückhaltendere und diskretere Sujets.

Ende des 19. Jahrhunderts, während der ersten Jahrzehnte des 20. Jahrhunderts und praktisch bis zum II. Weltkrieg war es Brauch, daß eine Frauenhand im Freien stets von einem Handschuh bedeckt war: kurze Glacé-Handschuhe untertags, weiche Wildleder- oder Sämisch-Handschuhe, die bis zur Schulter reichen und am Handgelenk geknöpft werden am Abend. Fingerlose Halb-Handschuhe wurden bald nur noch von älteren Menschen getragen.

Der Beginn des 20. Jahrhunderts brachte eine unendliche Vielzahl von Handschuhen. Sie müssen stets bis

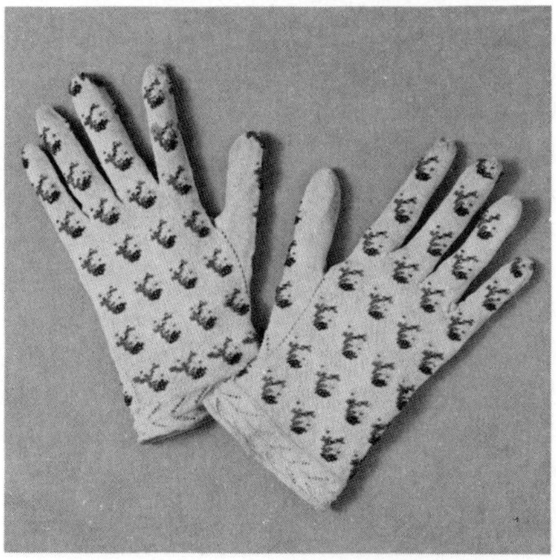

Handschuhe, um 1830. Münchner Stadtmuseum.

zum Saum des Ärmels reichen, ob er nun kurz oder lang ist. Man stellte Handschuhe aus feinem Wildleder, aus Antilopenleder zu eleganten Kleidern, aus hautfarbenem Ziegenleder zu Abendanlässen her. Wer keine Handschuhe trug, konnte auch keine Bildung haben: So wachte eine Aufseherin am Tor von Mädcheninstituten und -pensionaten darüber, daß die Zöglinge Handschuhe angelegt hatten, die auch zugeknöpft waren.

Um 1920 erlebten bestickte Handschuhe, die auch schon zur Zeit der Kaiserin Eugenie sehr beliebt waren, eine neue Blüte. Die breiten Revers, die denen der Stulpenhandschuhe in der Länge ähneln, sind mit handgestickten Kettenstichmotiven verziert, die man auch auf Beuteln und Taschentüchern findet. Erst ab 1925 etwa begann man kurze Handschuhe zu tragen, unabhängig von der jeweiligen Länge der Ärmel: eine Mode, die von Ehrenjungfrauen beibehalten worden ist. Lange Handschuhe aus sehr weichem und hellem Sämisch-Leder waren am Handgelenk gefältet, die Armreifen wurdem – wie früher die Ringe – darübergestreift.

Handschuhe, um 1860.
Münchner Stadtmuseum.

Lebhafte Farben kennzeichnen die 30er Jahre: lebhaftes blaugefärbtes Leder, ein grelles Grün oder ein Rot zum Sportkostüm, Antilopenleder in Gelb, Granat, Blau oder Dunkelgrün für den Nachmittag. Manchmal ist das Revers mit Persianer besetzt, auch Robbenfell wird empfohlen. In der vom Mai/Juni 1947 datierten Ausgabe der VOGUE lesen wir: *»Die Farbe, die bei den Kleidern der Frühjahrskollektionen so sehr fehlt, revanchiert sich stattdessen bei den Handschuhen. Für den Vormittag sind sie strohfarben, natur oder zimtfarben, für den Nachmittag oder Abend zeigen sie die zartesten Pastelltöne in den kühnsten und unerwartesten Nuancen.«*

In den 50er Jahren drangen die großen Modehäuser in diesen Bereich ein, zum Beispiel HERMES, MOLYNEUX und SCHIAPARELLI; auch Stilisten wie Lionel Legrand und Roger Fare tragen zu den Kreationen bei. Courrèges ist im Jahre 1966 einer der wenigen Couturiers, der auch die Accessoires ihrer Kollektionen selber entwarf: Zu seinen weißen Ensembles gesellten sich kurze Handschuhe im gleichen Ton.

Die Massenkonfektion ersetzt das Leder durch Plastik. Nach einer Zeit totaler Abstinenz, während der sich nur gestrickte Wollhandschuhe und gefütterte Lederhandschuhe für den Winter behaupten konnten, geht die gegenwärtige Tendenz wieder hin zu stärkerer Klassizität in der Wahl der Materialien und der Formen. Der Handschuh bleibt ein Accessoire, das für einen eleganten Auftritt unabdingbar ist. Die am häufigsten getragenen Farben sind für den Winter: Schwarz, Bordeaux, Mauve und Kastanienbraun, für den Sommer: Weiß und Hell-Beige. Die Stilisten, die im Auftrag der großen Modehäuser arbeiten, liefern als einzige originelle und kühne Krea-

Anzeige, 1917.

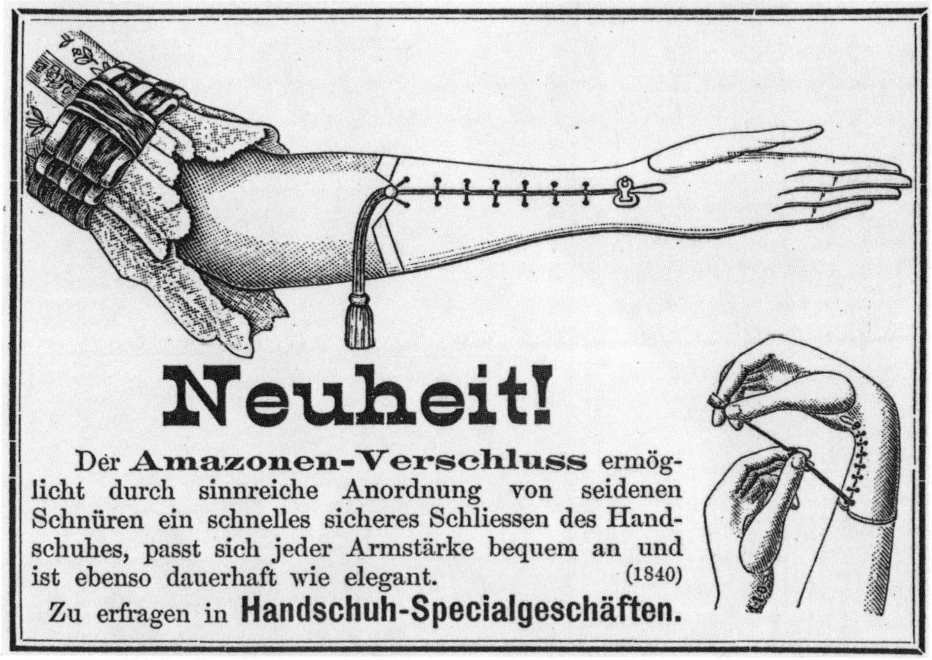

tionen. Seit einigen Jahren haben die fingerlosen Halb-Handschuhe ein bescheidenes Comeback bei der Jugend.

Es sei erwähnt, daß es auch funktionelle, für bestimmte Zwecke hergestellte Handschuhe gibt, die nicht weniger ästhetischen Ansprüchen genügen. Für den Reitsport und andere Sportarten stellt man gelöcherte Lederhandschuhe her oder auch solche, bei denen Leder mit gestrickten Teilen kombiniert ist. Es ist fast schade, daß bloße Hände auf der Straße nicht mehr als eine vermeidbare Nachlässigkeit angesehen werden außer wenn es kalt ist.

ANNIE SAGALOW

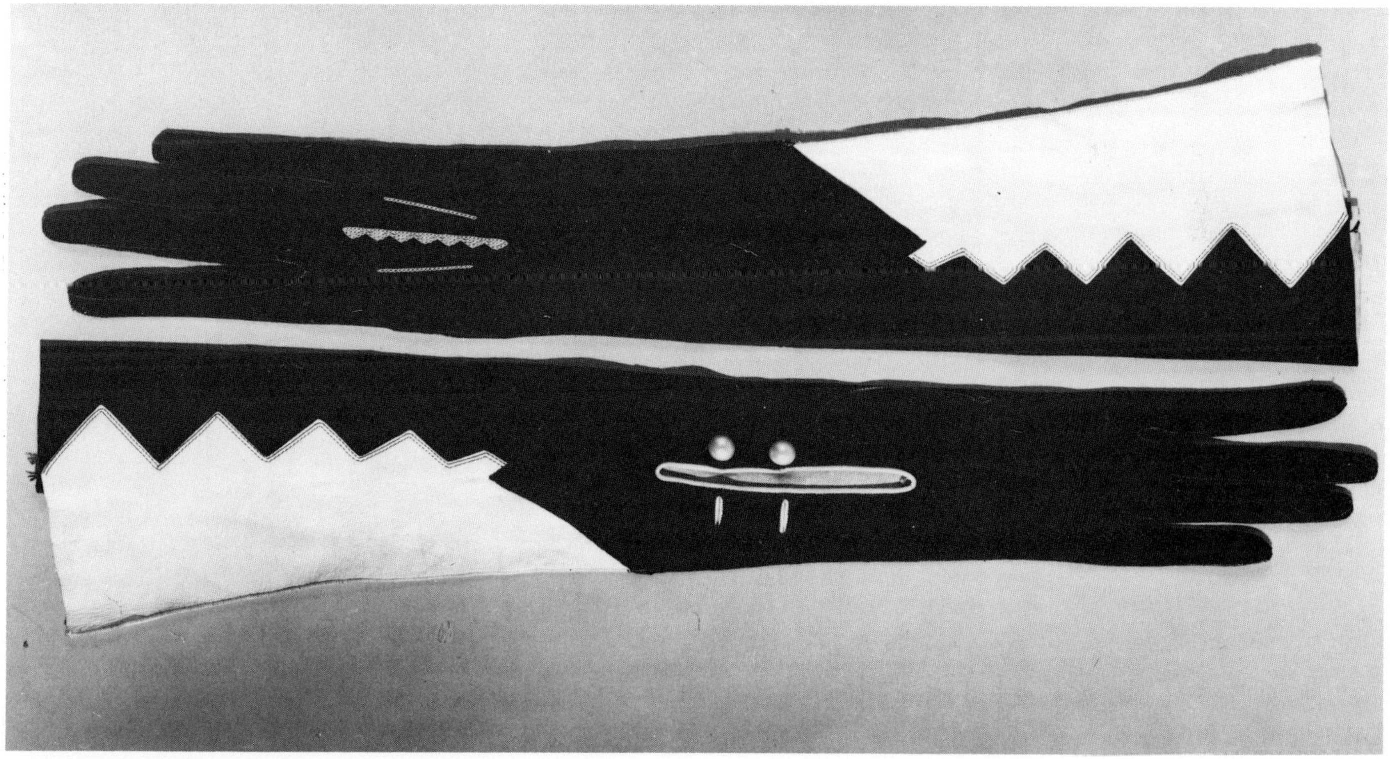

Handschuhe,
um 1925,
Münchner Stadtmuseum.

H

Handschuhe,
um 1930.
Münchner Stadtmuseum.

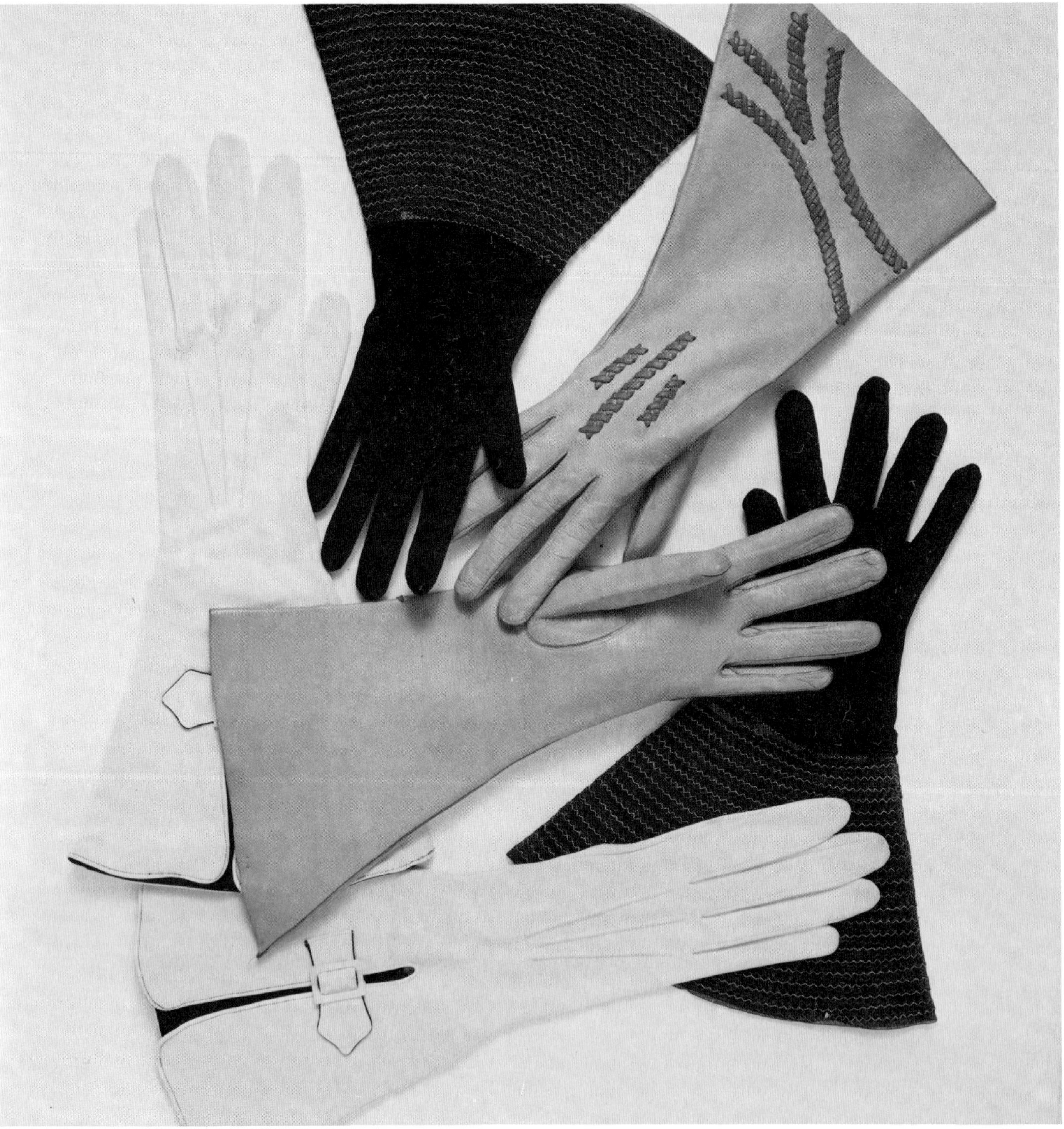

Skin Two Nr. 5,
London, 1986.

H

Dame mit Handtasche,
Journal des Dames, 1798.

Handtasche (1820–1920)

Die Handtasche, die heute ein unentbehrliches Accessoire ist, hat keine besonders lange Geschichte. Im Mittelalter benutzte man höchstens Börsen oder am Gürtel befestigte Geldbeutel, wenn man die Dinge, die man bei sich trug, nicht direkt an den Gürtel hängte. Im 16. Jahrhundert erhielt die Männerkleidung Taschen und in den Kleidern der Frauen ließen sich unter den weiten Röcken mit all den Wulsten und Reifen leicht Leinentaschen verbergen, in denen man die wichtigsten Dinge mit sich tragen konnte. Dadurch war eine Handtasche überflüssig.

Selbst um 1795 wurden die Taschen in der Männerkleidung beibehalten, woran sich bis heute nichts geändert hat. Die Kleider der MERVEILLEUSES (Modedamen) hingegen wurden plötzlich fast durchsichtig und fallen von der Hüfte gerade bis zum Boden. Man kam nun auf kleinc Taschen mit einem Zugband, die man am Handgelenk trug oder am Gürtel festmachte. Es waren Strickbeutel, Täschchen oder BALANTINES, die so genannt wurden, weil sie an einer Kordel baumelten. Manchmal haben sie das Aussehen von Säbeltaschen, wie sie die Militärs trugen, aber meistens sind sie aus weichem Material.

Um 1820 entstand die Handtasche, die einen Knopf-Verschluß aus Metall hatte, an den Ecken mit Sphinx-Köpfen verziert und an einer Kette befestigt war, die ein wenig an die früheren Almosenbeutel erinnert, vielleicht eine vage romantische Erinnerung an die Vergangenheit. Zwei oder drei Jahre lang wurden sie aus Seide hergestellt, aus über Karton gespannten Seiden- oder Lederschnüre, mit Metallnägeln beschlagen oder bestickt.

Abendtasche, Marie Zwengauer,
München, um 1928/30.
Münchner Stadtmuseum.

Handtasche,
um 1924/25.
Münchner Stadtmuseum.

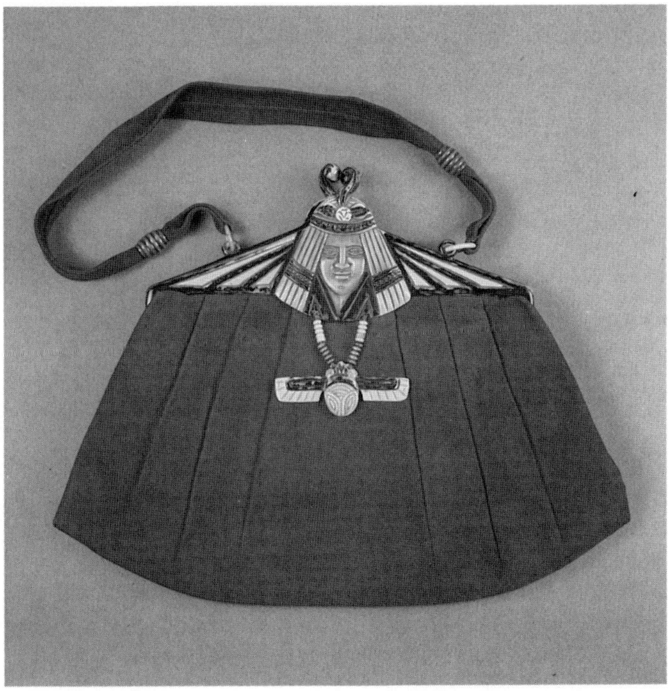

Die Handtasche von damals ist klein. Sie wurde aus verschieden geformten steifen Schalen gefertigt, die abgerundet und an den Seiten breiter werdend, gepolstert waren. Am Boden spitz zulaufend, wurde sie in die Form eines Achtecks gebracht, das an eine Jakobsmuschel erinnert, und mit Extrabälgen am Boden und in den Ecken verstärkt. Es gab auch Handtaschen aus Velours oder aus Perlen. Um 1830 kamen aus Kaschmir angefertigte auf. Die Handtaschen kamen allerdings mit der stürmischen Rückkehr der weiten Röcke mit den Innentaschen wieder aus der Mode.

Die Rundungen der Krinoline, später die der TOURNURE, die Weite der Glockenröcke der Jahre um 1895 und sogar das MODERN STYLE-Kleid mit seiner Kurvenlinie konnten in ihren Taschen all die kleinen Dinge weiblicher Intimität verbergen. Damit lie-

Perltasche,
Ende 19. Jahrhundert.
Münchner Stadtmuseum.

Schminktasche,
um 1925.
Münchner Stadtmuseum.

H

»Pompadour«,
um 1825.
Münchner Stadtmuseum.

ßen sie der eleganten Dame die Hände frei, um ein Taschentuch, einen Fächer oder einen Sonnenschirm zu halten, die damals unentbehrliche Accessoires waren.

Bis 1910 wurde die Handtasche nur während der Reise benutzt, oder um eine Handarbeit mit sich zu tragen. Für die Reise war sie aus Leder und hatte die Form einer Satteltasche, mit einem festen Metallbügel. Die Tasche für die Handarbeit war aus Stoff oder Stroh nach Anleitung von Modezeitschriften selbstverfertigt. Dort wurde auch erklärt, wie man Handtaschen für andere Zwecke anfertigen könne: Handtaschen fürs Theater, Fächertaschen oder Toilettentaschen, die schon 1873 viele Anhängerinnen fanden. Die eisenperlenbestickten Velourstaschen und die mit Glasperlen bestickten Leinwandtaschen kamen aus der Mode.

Zwischen 1878 und 1880, als die Kleidung sich dem Körper mehr anschmiegt, erschienen wieder winzige Täschchen, die mit den Fingerspitzen an einer kleinen Kette gehalten oder am Sonnenschirm festgemacht werden konnten, und die sog. POMPADOURS (sac-manchon). Die klare, einfache Silhouette kehrte zurück, inspiriert von der des Ersten Kaiserreiches. Die Couturiers erhoben sie ab 1908 und besonders 1910 zur herrschenden Mode. Dieses Jahr war auch das des triumphalen Comebacks der Handtasche. Von da an, sollte sie nicht mehr verschwinden. Viele Handtaschen ähnelten großen Börsen aus Stoff oder Perlen mit einem festem Verschlußbügel, oder wurden wie die Strickbeutel des Directoires geschnürt. Sie haben unten Fransen aus Perlen oder Troddeln und man trug sie an einer Kette oder Kordel. Andere sind größer, geometrischer,

Handtasche,
um 1930.
Münchner Stadtmuseum.

mit Stoff bezogen, für den Abend reich bestickt oder aus goldfarbenem Leder, in Bordeaux oder Schwarz, passend zum Reisekostüm oder Reisemantel. Die Fabrikanten brachten immer neue Materialien heraus. Die Werbung förderte den Verkauf. Die Handtasche war kein reines Gebrauchsobjekt mehr, sondern wurde ein Konsumartikel.

In den 20er Jahren triumphierten die klaren, schlichten Kleider und die sehr einfachen Dessous. In diesen Jahren entwickelte sich auch die Benutzung der Handtasche für die aktive Frau, die von den Unterröcken und Innentaschen befreit war. Mit den kleinen Handtaschen, die mit Perlen oder Pailletten bestickt oder aus goldenen oder silbernen Kettengliedern gewirkt sind, entstand eine leicht modernisierter, auf die Restauration zurückgreifender Typus. Abendtäschchen wurden an einer kleinen Kette getragen. Es gab größere, in Form von Etuis, die man unterm Arm oder an einem flachen Riemen trug. Durch das Muster der Lederprägung und die geometrischen Stickereien legten sie Zeugnis vom Vordringen der abstrakten Kunst ab. Nach einem wechselhaften Jahrhundert für die Handtasche, ist sie nun ein unentbehrliches Accessoire, ein Kunstobjekt und ein Spiegel der Mode einer Epoche.

MADELEINE DELPIERRE

H

Haut

»Die Mode erfaßt den ganzen Menschen«, stellt R. König zu Recht fest. Er folgert: *»Demnach sind auch jene Darstellungen der Mode ungenügend, die sich einfach als Kostümkunde oder Kostümgeschichte auffassen.«* In der Tat: Modisches Bewußtsein drückt sich nicht nur in der Gewandung und deren schmückendem Zubehör aus, sondern in der Präsentation des ganzen Körpers. Wer sich nicht außerhalb der gesellschaftlichen Normen stellen will, muß auf seine Gesamterscheinung achten: von Kopf bis Fuß, mit Haut und Haar. Eine modisch gekleidete Frau mit pickeligem Gesicht und ungereinigten Fingernägeln, ein modisch gekleideter Mann mit schmutzig-verfilztem Haar und ekelerregendem Körpergeruch – das ist kaum vorstellbar. Wer in der Wahl von Kleidung und Schmuck Sorgfalt walten läßt, wird auch die Körperpflege nicht versäumen.

Dabei versteht sich, daß besonderer Bedacht den unbedeckt präsentierten Körperteilen gewidmet wird, also in der Hauptsache dem Gesicht, ferner auch den je nach der Kleidung freibleibenden Partien. Als beispielsweise der Rocksaum seinen Weg nach oben antrat, galt die Aufmerksamkeit den weiblichen Beinen in mehrfacher hinsicht: Form, Enthaarung, Farbe. Dem sonnengebräunten Gesicht der Minirockträgerin müssen die Beine entsprechen, die entweder gleichfalls gebräunt oder in farbige Strumpfhosen geschlüpft sind.

Die Hautfarbe war und ist Modesache. Obschon der Trend neuerdings eher gegenläufig ist, gilt Bräune noch immer als ideale Tönung des Teints. Wer nicht sonnengebräunt ist, wird als krank oder als langweiliger Stubenhocker abqualifiziert. Die dunkle Haut signalisiert einen Hauch von Verwegenheit. Wer blaß aus dem Urlaub heimkehrt, riskiert bespöttelt zu werden. Um der vermeintlichen Blamage zu entrinnen, kann man das Versäumte im Gesichtssolarium des Flughafens oder mit Hilfe einer Bräunungscreme ein wenig wettmachen. Aber es geht ja keineswegs nur um die Gesichtsfarbe. »Nahtlose Bräune« am ganzen Körper ist gefragt. Diesem Wunsch kam der 1972 angebotene sonnendurchlässige Piz-Buin-Suntex-Bikini entgegen. Das sicherste Mittel ist natürlich das textilfreie Sonnenbad. Ein verregneter Sommer gilt nicht als Ausrede. Die Solarien – zuhause oder im Bräunungsstudio – haben Hochkonjunktur, ebenso die Hautärzte.

»Da gibt es keine Frage: Wer schön gebräunt ist, sieht einfach besser aus. Und die Wirkung auf andere Menschen ist oft verblüffend. Gebräunt sein – das steht für Optimismus, für Dynamik, für Attraktivität.« Dies verkündete die Zeitschrift CARINA in ihrer Septemberausgabe 1985. Und damit die Leserin dem Ideal entsprechen kann, werden Tips für rasche und langanhaltende Bräunung verraten: *»Schneller braun mit Rubbelcreme«* und *»Die billigste Nachbräun-Kur«. »After-Sun« lautet das magische Wort.* CARINA reflektiert auf die Furcht, die im Sommer erworbene Urlaubsfarbe zu verlieren: *»Wenn Sie Ihre Haut jetzt richtig pflegen, wird man Sie auch im Herbst noch beneiden. Carina sagt Ihnen, worauf es ankommt!«* CARINA ist eine Meisterin in der Kunst des Beschwichtigens. *»Die Wahrheit über die Bräune aus der Tube«* ist, daß Selbstbräuner entgegen anderslautenden Warnungen nicht nur unschädlich, sondern *»ausgesprochen hautfreundlich«* sind. *»Sonnenschäden? Dagegen gibt es was«;* Mittel wie Bio Repair von BIODROGA und Night Repair von ESTÉE LAUDER *»wirken Wunder«.* Die Natur läßt sich laut CARINA sogar *»überlisten«* mithilfe der Bestrahlung: *»Mit einer halben Stunde Sonnenbank in der Woche frischen Sie Ihre Bräune noch einmal auf.«*

Etwas kühler ging die Juni-Augabe von BURDA-MODEN das heiße Thema an. Unter dem Titel *»Braun werden und lang so bleiben«* werden Ratschläge fürs Sonnenbad erteilt; vorherrschender Tenor: Vorsicht! Die abgebildeten Damen hantieren mit Sun-Sticks und Cremes, über die Doppelseite räkelt sich eine Sonnenanbeterin im knappen Bikini, die das Traumziel erreicht hat: Braun; brauner geht's nicht.

Was den Damen recht ist, ist den Herren billig. Was nicht heißt, daß die Mittel billig sind, die das Magazin DER MANN in seiner Juli/August-Ausgabe 1985 anpries. Das Sortiment reicht von der Self Tanning Cream für das *»Bräunen ohne Sonne«* (übrigens: to tan heißt gerben) bis zu schützenden und das Braunwerden beschleunigenden Präparaten. Im Sommer 1984 hatte DER MANN die Bräunungspille Oro Bronzo getestet und bedingt empfohlen. Hat der Kult um den braunen Teint seinen Höhepunkt erreicht?

Jahrhundertelang war das umgekehrt. Brauner Teint galt als vulgär, als Abzeichen des arbeitenden Menschen. Die Dame war blaß. Sie vermied ängstlich, Gesicht und Hände (der übrige Körper war beim Ausgang ohnehin bkleidet) den Sonnenstrahlen auszusetzen, wobei große Hüte, Schleier, Sonnenschirme und Handschuhe dienlich waren.

Doch damit nicht genug. Bereits

Sonnen- und Luftbad,
Die Frau als Hausärztin,
Stuttgart, 1908.

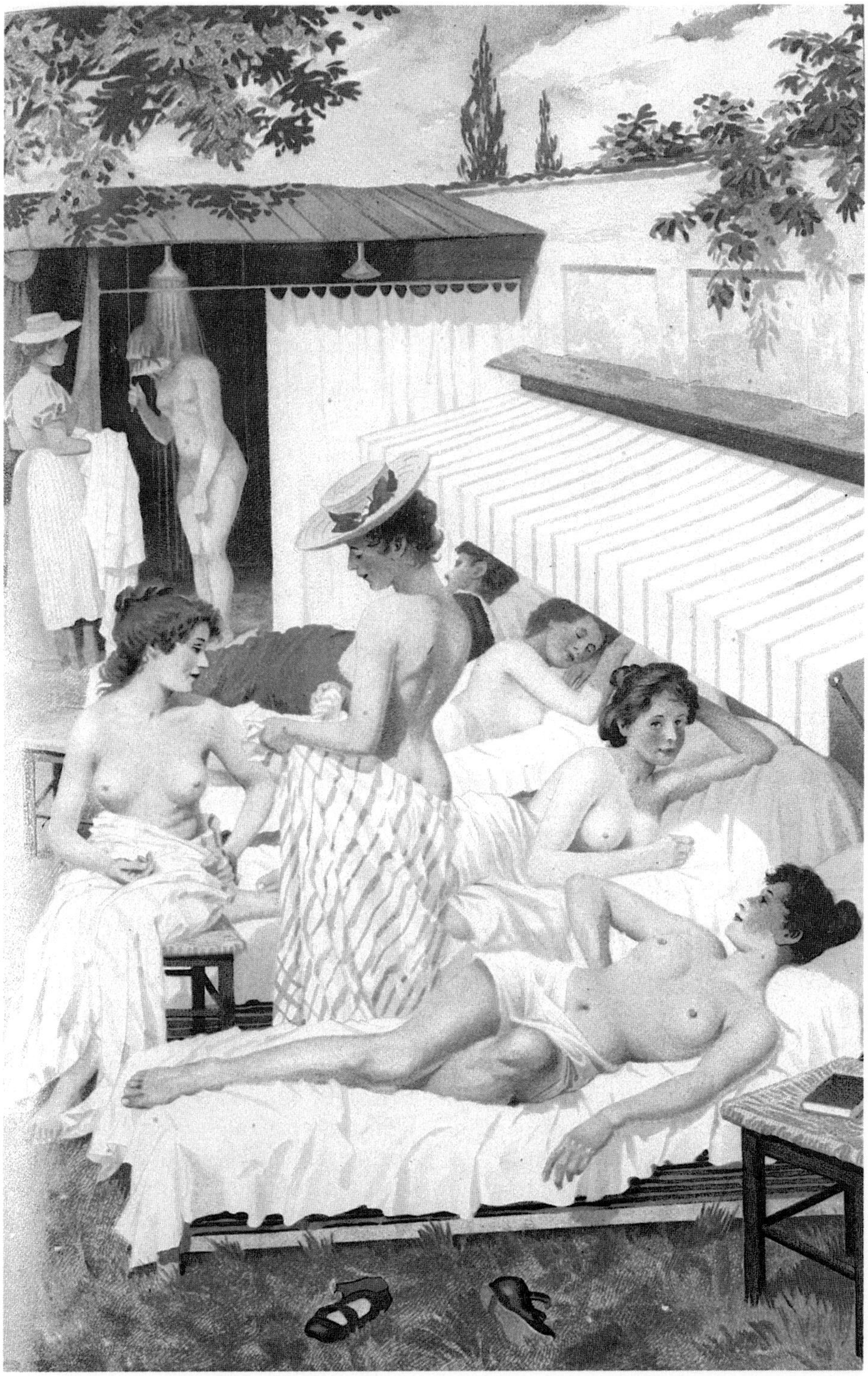

Amaranthes zählt in seinem Frauenlexikon (1715) gebräuchliche *»köstliche Wasser, Tincturen, Pomaden, Sälblein, Pulver, Olitäten«* auf, die der Dame zu einer glatten und weißen Haut verhelfen sollten. Die Rezepturen lesen sich abenteuerlich. Da gibt es etwa eine Gesichtscreme, die neben anderen Ingredienzien auch *»gekochtes Mark von zerknickten Hammel-Füssen«* enthält. Das *»Schminckwasser der Großherzogin von Florenz«* besteht aus einer Vielzahl von Weißmachern, darunter junges weißes Hühnerfleisch, weißer Weinstein, Brösel von Weißbrot, weißes Lilienwasser, Bleiweiß und Ziegen- oder Eselsmilch. Dunkle Schönheitspflästerchen setzten reizvolle punktuelle Kontraste. *»Seynd klein und grosse von schwartzen Taffet in allerhand Figuren ausgeschnittene Flecklein, so das Frauenzimmer in das Gesicht oder auch auf die Brüste zu kleben pfleget, um ihre Haut dadurch weißer und beliebter zu machen.«* Mithilfe der Lippenpomade kam Farbe ins bleiche Gesicht: *»Ist ein aus süssen Mandel-Oel, frischen Hammel-Talg und rother Ochsen-Zunge über dem Feuer abgekochtes und unter einander vermischtes Sälblein, dessen sich das Frauenzimmer, so schöne rothe und gelinde Lippen haben will, zu bedienen pfleget.«* Schließlich wurden die Wangen rot gefärbt. Dazu dienten die aus Spanien oder Frankreich importierten »Bezetten« (»Spanische Schminkläpplein«), gefärbte Baumwolltüchlein. *»Hierbey gehet öffters Betrügerey mit vor«,* bemerkt Amaranthes. Schlechte Farben *»zernagen die Haut der zarten Gesichter.«*

Über das allzu kräftige Röten des Gesichts mokiert sich die Malerin Vigée-Le Brun. Ihre Schilderung führt in das Paris kurz vor der Revolution:

H

»Hundstage«,
M. Berger, 1882.

»Auf der einen Seite des Boulevards, da wo sich jetzt das Café Turc befindet, bot sich den Blicken ein Schauspiel dar, das mich oft zu hellem Lachen reizte. Eine ganze Reihe von alten Frauen hatte sich dort aufgepflanzt; sie saßen ernst auf ihren Stühlen und hatten sich die Wangen derart rot gefärbt, daß sie ganz wie Puppen aussahen. Nur Frauen hohen Ranges durften sich damals schminken, und diese Damen wollten sich nun ihres Vorrechtes in seinem ganzen Umfang erfreuen.« Was diesen Anblick so lächerlich machte, war der Umstand, daß die rote Schminkfarbe nicht wie ein modernes Make-up wohldosiert und sorgfältig über das Gesicht verteilt, sondern als kräftiger runder Fleck auf die blassen Wangen gesetzt wurde. Der Vergleich mit weißen Nymphensittichen drängt sich hier unwillkürlich auf.

Die bleiche Gesichtsfarbe blieb noch lange modern. Einschlägige Schriften wie Carl Maifelds DREISSIG GEHEIME MITTEL, DIE ATTRIBUTE DER SCHÖNHEIT UND DER JUGEND DES WEIBLICHEN GESCHLECHTES ZU ERHÖHEN (Wien 1849) erteilten Ratschläge für die Bleichung und gegen die »Schäden« der Bräunung, z.B. Ziegenmolke mit Salpeter, Zitronenmilch, Schmierseifen und Schwefelpasten.

Mit dem Aufkommen des Sports als gesellschaftsfähigem Hobby änderte sich das. Die radelnde und skifahrende Frau wurde zwangsläufig sonnengebräunt.

1985 erreichte, wie es scheint, der Bräunungswahn seinen Höhepunkt. Nun wird wiederum die pfirsichfarbene Haut propagiert. Ein wenig mag die Vernunft zur Trendwende beigetragen haben, mehr noch die Erkenntnis, daß die Elastizität der Haut an einem Übermaß an Sonneneinwirkung leidet, was zu frühzeitiger Faltenbildung führt. Die neue Hautmode aber braucht andere Effektpuder und Make-ups; und so läßt sich unschwer erraten, in wessen Interesse und auf wessen Betreiben die Wende hauptsächlich eingeläutet wurde.

Neben dem Bräunungskult gab es jedoch stets eine Vorliebe für die pastellfarbene Gesichtshaut. Als 1984 der Schönheitsfleck sein erneutes Comeback feierte, handelte es sich nicht um eine Neuauflage der barockzeitlichen MOUCHES, sondern um winzige hellbraune Pünktchen, die selbstverständlich nur auf heller Haut zur Geltung kommen. Umgekehrt wird auch jetzt nicht die jähe Renaissance der Bleichgesichter anbrechen, nachdem einige Modepäpste – darunter Lancetti, Rom – Anfang 1986 das porzellanfarbene Gesicht zum Ideal erklärt haben. BRIGITTE, wieder einmal hautnah an den nackten Tatsachen, gab gleichzeitig (Nr. 3/86) erneut Ratschläge für das Sonnenbad: *»Ein so knackig brauner Busen ist hübsch anzusehen und ein Grund, sich auch oben ohne bescheinen zu lassen.«*

Teintmoden und Schminkmoden kommen und gehen – was bleibt, ist der Wunsch nach einer jugendlich straffen Haut. Läßt sich das Altern auch nicht aufhalten, so will man doch die Spuren der Jahre so gut wie möglich verwischen. Dieser menschheitsalte Wunsch hat so manchen bildhaften Ausdruck gefunden. Am bekanntesten sind der Jungbrunnen – man denke an das Gemälde L. Cranachs von 1516 – und die Altweiber- (bzw. Altmänner-)Mühle, 1440 erstmals als Fastnachtsspiel belegt und seit 1600 in der populären Druckgrafik verbreitet. Aber Falten, Hängebacken und Tränensäcke lassen sich nicht wegmalen. Doch gibt es Möglichkeiten des Vorbeugens und der zumindest temporären Beseitigung solcher Alterserscheinungen. Da wird grimassiert und massiert, geklopft, gebürstet und gesalbt, werden Masken und Kompressen aufgelegt, werden Injektionen verabreicht, wird schließlich chirurgisch korrigiert.

Wer Rat sucht, der findet genügend einschlägige Literatur. Vor der Spritze und dem Skalpell, vor der Schönheitsfarm und der Klinik steht die Haustherapie, stehen vor allem die vorbeugenden Maßnahmen. Allgemeine Lebensregeln werden erteilt, die frühzeitiges Erschlaffen der Haut verhindern helfen: Die Warnung vor Ausschweifungen jeglicher Art, insbesondere dem übermäßigen Genuß von Zigaretten und Alkohol, vor allzu ausgiebigen Sonnenbädern (UV-

Anzeige, 1911.

Strahlen!), die Empfehlung von viel Bewegung in frischer Luft, ausreichendem Schlaf sowie von überlegtem Gebrauch von Bad und Dusche, Seife und Schaum. So riet etwa Anna Fischer-Dückelmann in ihrem noch heute bekannten Buch DIE FRAU ALS HAUSÄRZTIN (Erstausgabe 1901) Anfang unseres Jahrhunderts zu sparsamsten Waschungen: *»Wer keine Luftbäder im Freien nehmen kann, wie die meisten Städter, der mache wenigstens morgens beim Ankleiden, möglichst bei offenen Fenstern, ein Luftbad von zehn Minuten und beschränke die Wasseranwendungen auf Gesicht, Hals, Hände, Geschlechtsteile und wenn nötig (beim Barfußgehen) auch auf die Füße.«* Zur *»Erhaltung eines guten Teints«* empfiehlt sie *»weiches Fluß- oder Regenwasser.«*

Über Masken und über Packungen schreibt A. Fischer-Dückelmann nichts. Dabei ist diese Methode keineswegs neu. Durch die Aufzeichnungen der Gräfin Larisch wissen wir, daß sich die junge Kaiserin Elisabeth von Österreich die Geschmeidigkeit ihrer Haut nicht nur durch warme Olivenbäder zu erhalten bemühte, sondern auch durch nächtliche Gesichtsmasken mit rohem Kalbfleisch oder saisonweise mit Erdbeeren. Guske bemerkte zu dieser Art der Behandlung: *»Die Fruchtpackung gehört zu den besonderen Vitaminspendern. Sie erfrischt die Haut in überraschendem Maße und wirkt durch ihren Gehalt an Vitaminen pflegend und hautglättend. Verwenden Sie aber kein angefaultes Obst. Gleichzeitig sollten Sie bei Erdbeeren an die mögliche allergische Reaktion denken.«* Außer Erdbeeren nennt Guske noch Pfirsiche und Tomaten. Auch die Behandlung mit Frischfleisch ist noch bekannt. Die Bonner Kosmetikerin Asta Poppelsdorf stellte 1955 eine Methode vor, die gegen Fältchen, durchscheinende Äderchen und Großporigkeit helfen sollte. Das Fachblatt für Parfüm und Seife veröffentlichte eine Beschreibung der Behandlung. Sie *»beginnt mit einer Gesichtsmaske, die aus feingemahlener Kalbsleber oder Kalbsmilz besteht. Diese Maske wird auf Gesicht und Hals verteilt und bleibt dort unter der dauernden Nebelbildung eines Ozongerätes etwa 10 Minuten. Dann wird der Fleischbrei abgenommen und durch zwei hauchdünne Rindfleischscheiben ersetzt. Zum Schluß wird das*

H

Anzeige, 1911.

Gesicht mit einer Hamamelispackung bedeckt, ebenfalls unter Einwirkung des Ozongerätes, und dann die Haut mit lauwarmem Wasser abgewaschen.« Andere Masken werden aus Quark, Hefe, Mandelkleie, Gemüse (Gurken, Karotten) oder Sauerteig – um nur einige zu nennen – gefertigt. Bemerkenswert ist, wie Olga Tschechowa und Günter René Evers in ihrem in den 50er Jahren so erfolgreichen Buch FRAU OHNE ALTER die Rezeptur der Eimaske einleiten: *»Verehrte Freundin, stellen Sie sich folgende Situation vor: Sie haben den ganzen Tag viel gearbeitet, sind abgespannt und freuen sich nun auf Ihre abendliche Ruhe. Da ruft um fünf Uhr ein guter Freund von Ihnen an! Er möchte heute Abend mit Ihnen ausgehen, zuerst eine Première besuchen und hinterher mit Ihnen hübsch speisen. In Begeisterung sagen Sie spontan Ja, dann aber schauen Sie in den Spiegel – und bereuen. Denn der Tag voll Hetze, Hast und Ärger hat seine Spuren hinterlassen. Nur ausgiebiger Schlaf könnte sie tilgen, doch dazu ist keine Zeit, um halb acht Uhr müssen Sie fertig sein. Und – Sie wollen doch auch schön sein, ganz besonders schön für ihn. In diesem Fall, in dem die Nerven schon leicht zu zittern beginnen, schlage ich Ihnen vor . . .«* – eine Blitzkur! Erst die *»belebende Eiweißmaske«*, dann die *»glättende Eigelbmaske«*, die, genau genommen, Mayonnaisemaske heißen müßte, und im Nu sind die Krähenfüße verschwunden.

Über derlei Lektüre wollen wir die Herren nicht aus den Augen verlieren. *»Genieren Sie sich nicht, auch mal mit einer Gesichtsmaske herumzulaufen«*, rief 1985 DER MANN ihnen forsch zu. Die durchblutungsfördernde *»Aufmunterungsmaske«* empfahl das Blatt *»gegen Ermüdungserscheinungen im Gesicht nach nächtelangen Konferenzen.«* So ist er eben, der Mensch der Nachkriegszeit: rund um die Uhr aktiv, dynamisch, rastlos, und doch auf gutes Aussehen bedacht, die Herren ebenso wie die Damen. Blitzkuren sind gefragt; Time is Money. Die *»Frauenzimmer«* des Amaranthes und die müßigen Damen der Vigée-Le Brun – gibt es sie denn überhaupt noch? Ich denke doch; sie sind unsterblich.

Aber auch die Unsterblichen altern. Dann kommt der Zeitpunkt, wo die Maskeraden, die blitzartigen ebenso wie die langwierigen, nichts mehr ausrichten. Die Waffen der Haustherapie sind stumpf geworden, nun muß der Arzt den Kampf gegen die Falten aufnehmen. Da gibt es die einfachere Methode der »Unterspritzung« gleichsam eine Art Auspolsterung, die allerdings immer wieder aufgefrischt werden muß. Ursprünglich verwendete man Paraffin, das sich jedoch als gesundheitsgefährdend erwies, später Wismut, Silikon, Kollagen. Da gibt es ferner die *»Softlaserbehandlung gegen Falten«* und die *»Asiatische Tiefenschälkur gegen Akne und große Poren« . . .* Und dann wird die Schlacht gegen die Runzeln mit dem Skalpell geführt. Was erschlafft, wird gerafft: Vom »Face-Lifting« ist die Rede, der vielbespöttelten Methode. Mit Vergnügen erinnert sich der Cinephile an das pantomimische Kabinettstück Chaplins, der in seinem Film EIN KÖNIG IN NEW YORK (1957) ein mißglücktes Lifting zum besten gibt. Der Effekt dieser Szene erhöht sich wohl nicht zuletzt dadurch, daß es ein Mann ist, an dem die Gesichtsraffung vorgenommen wird. Heutzutage ist das ja keineswegs mehr so ungewöhnlich. Dennoch lassen sich auch in unserer Zeit noch mehr Frauen als Männer liften.

Schneidrzik schrieb 1970: *»In den USA gehört der Gang zum kosmetischen Chirurgen schon fast genauso zum Alltag einer Frau wie der Gang zum Friseur. Viele Frauen geben es unumwunden zu, daß sie sich gelegentlich ›raffen‹ lassen. Glücklicherweise läßt auch bei uns die Scheu vor kosmetischen Eingriffen immer mehr nach. Man weiß inzwischen, daß kosmetische Eingriffe wirklich keine Konzession an die Eitelkeit sind. Gerade die Amerikaner haben auch hier wieder eine bahnbrechende Aufklärungsarbeit geleistet. Das renommierte Johns-Hopkins-Hospital ließ z. B. alle Patienten, die eine kosmetische Operation wünschten, vor dem Eingriff von einem Psychiater untersuchen. Dabei stellte es sich heraus, daß bei 70 % seelische Störungen bestanden. Sie waren bei männlichen Patienten sogar noch schwerwiegender als bei weiblichen. Bei fast allen Patienten besserten* *sich diese Störungen nach dem erfolgten Eingriff.«* Zwei Daten zum Schluß dieses Abschnitts. Das erste Face-Lifting wurde von dem Berliner Chirurgen Jacques Joseph während des I. Weltkriegs durchgeführt; Patientin war eine 48jährige Frau. Die erste Schönheitsfarm gründete Elizabeth Arden 1934 in Amerika.

Haben wir uns bis jetzt nur mit der optischen Wahrnehmung der Haut befaßt, so sind nun einige Bemerkungen über die Wahrnehmung ihres Geruchs am Platz. Wonach man riecht, das ist Modesache, und auch wo man duftet, denn Duftstoffe wurden nicht nur auf die bloße Haut aufgetragen, sondern auch auf Teile der Garderobe und Accessoires wie etwa Handschuhe, Pantoffel, Taschentücher und Fächer.

Anzeige, 1959.

Riechstoffe gelten als sozialer Indikator. Wer sie in übertriebenem Maße verwendet, wer billige oder »unmoderne« gebraucht, verstößt gegen eine gesellschaftliche Norm. Wie rasch solche Moden wechseln, mag man am Beispiel von Moschus und Ambra ersehen: Kaum in Mode gekommen, galten sie gegen Ende des 18. Jahrhunderts als geschmacklos, geradezu als Erkennungszeichen der gealterten Kokotte – und dann waren es wiederum die Lieblingsdüfte der Kaiserin Josephine.

Man riecht nach Seife, Eau de Toilette, Parfüm – oder nach keinerlei Duftstoffen, was vor der Mitte des 19. Jahrhunderts kurzzeitig favorisiert wurde. *»Der zarte Majorangeruch, den die Jungfrau aushaucht, ist lieblicher, berauschender als alle Parfüms von Arabien«,* heißt es in dem Buch LES PARFUMS ET LES FLEURS von Auguste Debay (Paris 1846), und weiter: *»Man muß so behutsam mit den Parfüms umgehen, daß man beim Riechen lebhaft nach ihnen verlangt.«* Der französische Historiker A. Corbin, dessen aufsehenerregendem Werk PESTHAUCH UND BLÜTENDUFT diese Zitate entnommen sind, stellt bedauernd fest: *»Eine Geschichte der Parfümerie kann hier nicht geschrieben werden – das Thema böte Stoff genug, um mehrere Bände zu füllen!«* Und zweifellos würden die Männer in diesen Bänden keine geringere Rolle spielen als die Frauen.

Daß es sich beim Parfüm um ein erotisches Lockmittel handelt, ist eine bekannte Tatsache, der heute in gewissen Werbeanzeigen auf ungemein deutliche Weise Rechnung getragen wird. Ein Beispiel aus dem Magazin

H

Aus der Werbebroschüre
einer Schönheitsfarm, 1985.

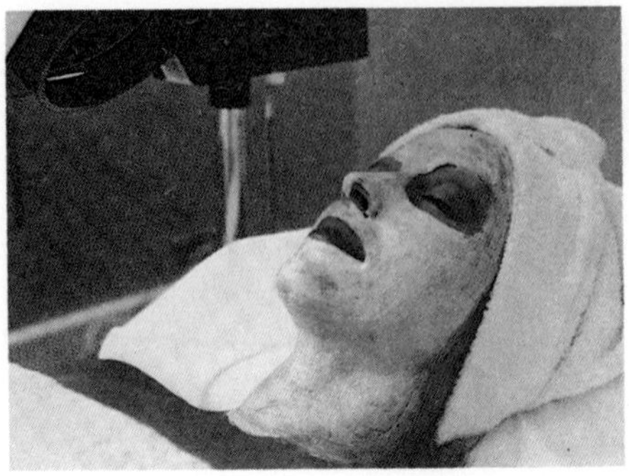

Der Mann von 1985: *»Leichter verführen lassen sich selbst zurückhaltende Frauen mit dem markanten Duft von Derringer-Herrenlinie.«* Diese Annonce war bestimmt am rechten Platz in einer Zeitschrift, die 1984 den Beitrag *»Wie reißt man Frauen richtig auf?«* zum besten gab.

Als abschreckendes Beispiel zitiert Der Mann den Sänger René Kollo, der unverfroren zugab: *»An meine Haut kommt nur Wasser und Seife und zwar die, die gerade da liegt, wo ich gastiere.«* Unglaublich! Hinterwäldler oder Rebell, möchte man da fragen. Immerhin kann die Phalanx der Verweigerer auf einen prominenten Vorkämpfer verweisen. Kein geringerer als Hemingway vertrat die Ansicht, ein Mann habe *»verdammt nochmal nach nichts zu riechen als nach Mann.«*

Wenden wir uns zum Schluß noch einmal dem optischen Aspekt zu. Wer zeigt wann und wo wieviel und welche Stellen seiner Haut? Ein ganzes Fragenbündel.

Überblicken wir daraufhin die letzten 200 Jahre, so fällt als erstes die Chemisenmode des ausgehenden 18. und beginnenden 19. Jahrhunderts ins Auge. Kam das Vorbild des antikisierenden Kleides auch aus England, so war es doch den Französinnen vorbehalten, daraus jenen Stil zu entwikkeln, den Max v. Boehn etwas übertrieben als *»nackte Mode«* charakterisierte. Leichte, helle, fast durchsichtige Stoffe fielen leicht über den Körper, die Gürtung hoch über der Taille betonte den Busen, dessen oberer Teil ebenso wie die Schultern und die Arme unbedeckt waren. Die Porträts der Bankiersgattin Hamelin von Jacques Louis David und der »Reine du Directoire«, Madame de Récamier von François Gérard sind beredte Zeugnisse der neuen Körperbewußtheit. Nun sind leider nicht alle Damen derart wohlgeformt, und so geraten solche Einblicke nicht immer zum Augenschmaus. Der schlagfertige Fürst Talleyrand (1754–1838) hat einer Anekdote zufolge angesichts einer tief dekolletierten, aber allzu fülligen Dame auf die Frage eines Ballbesuchers *»Haben Sie so etwas schon einmal gesehen?«* geantwortet: *»Seit ich entwöhnt wurde, nicht mehr.«*

»Nackte Mode« ist, wie gesagt, eine überzogene Formulierung. Daß Frau Hamelin in einen Gazeschleier gehüllt im Garten der Tuilerien promenierte und eine Hannoveranerin 1801 wettete, *»sie würde, nur mit Hemd und Halstuch bekleidet spazieren gehen, ohne daß man es bemerken würde«*, daß also vereinzelte exzentrische und geltungsbedürftige Damen dadurch schockieren wollten, daß sie am hellichten Tage öffentlich die für den häuslichen Bereich und exklusive Abendgesellschaften bestimmten Kleider vorführten, mag hier und da vorgekommen sein. Aus derartigen Vorfällen läßt sich kein korrektes Bild der damaligen Mode gewinnen. Auch ist R. Königs Behauptung, die Chemisenkleider seien *»voll durchsichtig«* gewesen, ist in dieser Verallgemeinerung nicht haltbar, da in der Regel darunter Trikots getragen wurden, die freilich oft fleischfarben gewesen sein sollen. Daß die tief dekolletierten Kleider nicht dem normalen Ausgang dienten, ist selbstverständlich. In den kühleren Jahreszeiten hätte man gefröstelt, in den heißen Monaten sich die Haut gebräunt, was es ja damals um jeden Preis zu vermeiden galt.

Das großzügige Dekolleté spielte vom Zweiten Rokoko an wiederum eine wichtige Rolle, aber auch hier nicht bei der Alltagskluft von Frau Jedermann, sondern bei der Kleidung für bestimmte gesellschaftliche Anlässe. Das völlig schulterfreie Kleid – neuerdings auch als Brautmode propagiert – ist eine jüngere Erscheinung. Das fest eingearbeitete Mieder, das die Träger überflüssig macht, kennen wir von den New Look-Kreationen Diors kurz nach dem II. Weltkrieg.

Das ist das A und O jeglicher Mode: Jeder muß wissen, was er anzuziehen und wo er auszuziehen sich erlauben kann. Das gilt nicht nur für den Oberkörper – manche Minirock- und Hotpants-Trägerin präsentierte Beine, die . . . – und es gilt nicht nur für Frauen. Man denke etwa an die Hälse älterer Männer; da wünscht man sich den hohen Kragen und das Halstuch zurück. Zwar gäbe es den gnädig bedeckenden Rollkragenpullover, aber die Etikette schreibt nun einmal vor, daß öffentliche Auftritte unbedingt in Hemd und Krawatte zu absolvieren sind.

Es gibt einen ästhetischen und einen moralischen Aspekt bei der Beurteilung von textilarmer Kleidung. Daß letzterer *»nur die Marotte einer kleinen Sekte religiöser Eiferer darstellt«*, wie R. König formuliert, mag man bezweifeln; und seine Attacke gegen *»christlich vermittelte Abscheu gegen den nackten Körper«* ist einseitig, wie ein Blick auf den schiitisch »bekehrten« Iran lehrt.

Es gibt Moden des An- und Auskleidens, die von Spitzencouturiers diktiert werden, es gibt andere, die sich auf einmal einbürgern, ohne daß man die Ursprünge je rekonstruieren könnte, und die ebenso jäh wieder verschwinden, wie sie gekommen sind.

Wieviele Jahre ist es her, daß die weiblichen Teenager im Hochsommer ihre Bluse rafften und vorne verknoteten, auf daß die Welt ihre nackten Bäuche wahrnehme? Die gesellschaftsfähige Nabelschau hatten Mitte der 60er Jahre Modeschöpfer durch runde Ausschnitte im Kleid ermöglicht. Seitliche Ausschnitte gaben die Hüften frei. Ein später Nachhall dieser seitlichen Einblicke läßt sich heute noch auf durchaus nicht exklusiver Ebene (Versandhauskatalog) feststellen. Um 1968 gab es wieder einen TRANSPARENT-LOOK; Saint Laurent, Cardin und andere Modehäuser brachten durchsichtige Blusen auf den Markt.

Dann – endlich – kam Rudi Gernreichs topless Badeanzug, der von der Côte d'Azur aus seinen Siegeszug antrat. König meint: *»Diese Mode wird beschränkt bleiben auf die jungen Frauen und auf gewisse Gelegenheiten.«* Im übrigen will König *»die einseitig erotische Bewertung des ganzen Phänomens zurückweisen und statt dessen seine emanzipatorische Bedeutung betonen.«*

Gewisse Gelegenheiten – darum geht es nicht nur bei »Oben-ohne«. Vor wenigen Jahren verwies ein Münchner Professor eine Studentin im Suntop mit Spaghettiträgern des Hörsaals mit dem unwiderlegbaren Hinweis, hier sei keine Badeanstalt. Was sich den Augen des wackeren Mannes wohl in einer Münchner Badeanstalt dargeboten hätte?

EDGAR HARVOLK

Literatur

Alain Corbin, Pesthauch und Blütenduft. Eine Geschichte des Geruchs. Aus dem Französischen von Grete Osterwald, Berlin 1984.
Franz Guske, ABC der Kosmetik, Leipzig 1969[11].
René König, Menschheit auf dem Laufsteg. Die Mode im Zivilisationsprozeß, München/Wien 1985.
Ludmila Kybalová/Olga Herbenová/Milena Lamarová, Das große Bilderlexikon der Mode, Berlin/München/Wien 1975[2].
Ingrid Loschek, Mode im 20. Jahrhundert. Eine Kulturgeschichte unserer Zeit, München 1984[2].
Willy Erich Josef Schneidrzik, Kosmetische Chirurgie. Sinn und Unsinn der Schönheitsoperationen, Düsseldorf/Wien 1970.

Haute Couture Parisienne

Die Haute Couture wurde vor über 100 Jahren in Paris geboren als der Brite Charles-Frédérik Worth 1858, zusammen mit seinem schwedischen Partner Bobergh, in der Rue de la Paix ein Modehaus gründete, das in der Folgezeit dann über die ganze Modewelt herrschen sollte.

Zunächst unterschied sich das neue Schneideratelier in nichts von den zahlreichen anderen im Paris jener Zeit. Für Frauen, die mit der Mode gehen wollten, war es fast eine Verpflichtung, sich an Schneiderinnen zu wenden, die »à facon« waren. Ihre Kundinnen brachten die Kleiderstoffe selbst mit. Dann wurde die Form und die Extras nach Modestichen aus populären Zeitschriften oder Alben herausgesucht. In anderen Fällen wurden die Modelle zu Hause angefertigt – entweder durch die Hausherrin selbst oder durch eine Hausangestellte. Die Inspirationen konnte man reichlich aus Zeitschriften- und Zeitungsillustrationen beziehen.

Eine Konfektion im heutigen Sinn gab es praktisch noch nicht. Dagegen gab es einen großen Markt für getragene Sachen, der den Bedarf all jener Frauen deckte, die sich weder eine Schneiderin leisten noch die Kleider selber nähen konnten.

Man neigt dazu, Worth ziemlich viele Erfindungen auf dem Gebiet der Mode zuzuschreiben. Tatsächlich hat er sich – ohne notwendigerweise ein »Erfinder« im eigentlichen Sinn zu sein – zu Recht den Titel des Begründers der Haute Couture verdient. Und zwar schon allein deshalb, weil er es verstanden hat, drei wichtige Neuerungen (die voneinander abhängen) durchzusetzen: Im Unterschied zu den Schneiderinnen »à façon« stellte er selbst den Stoff und das Zubehör für seine Kreationen bereit. Er verfügte bald über Stoffe, die von den Lyoner Seidenherstellern eigens für ihn entworfen und gewebt wurden. Die Gestaltung der Mode wird so zu einem homogenen Vorgang, der ganz der ästhetischen Vorstellung des Couturiers begründet liegt. Eine größtmögliche schöpferische Freiheit wird möglich.

Lebende Mannequins, SOSIES (Doppelgänger) genannt, führten den

Modegeschäft um 1795, Weltausstellung, Paris, 1900.

Ballkleider 1867, Weltausstellung, Paris, 1900.

Kundinnen die aktuellen Modelle vor. Das war dann auch die Geburtsstunde der jahreszeitlich gebundenen Kollektionen. Die Modelle reflektierten nun die schon angesprochene »ästhetische Vorstellung« des Modeschöpfers. Diese hat allerdings nur für einen begrenzten Zeitraum Gültigkeit, und sie schlägt sich in den typischen Details – der Handschrift des Couturiers – nieder. Der Modeschöpfer der Haute Couture entfernte sich immer weiter vom Kunsthandwerker, um immer mehr ein reiner Künstler zu werden.

Der große Couturier gibt seinen Werken eine Identität dadurch, daß er ein, sein Markenzeichen – gewebt oder gedruckt – hinzufügt. Dieses Etikett (bei Kleidern sitzt es auf einem Innenband im Oberteil) gewann zwischen 1850 und 1870 zunehmend an Verbreitung. Durch die graphische Gestaltung und die Eigenschaft als Namensschild und durch beigefügte oder eben weggelassene Zeichen wurde es zu einem Symbol von größerer oder kleinerer Distinktion. Um 1900 hatte die klassische Eleganz der englischen Buchstaben auf den Schildchen von CALLOT und DOUCET keine andere Konkurrenz, als den vornehmen Stil derjenigen von WORTH und ROUFF, die ganz schlicht und einfach die Unterschrift dieser Couturiers wiedergaben. Damit unterstrichen sie den Charakter der Einzigartigkeit und Unverwechselbarkeit der Kreation, die damit – ähnlich wie Gemälde – ein »Produkt der Schönen Künste«, ein Kunstwerk werden.

Der Vollständigkeit halber darf nicht unerwähnt bleiben, daß die Haute Couture ohne den ungewöhnlichen Reichtum der Pariser Gesellschaft des Zweiten Kaiserreichs nicht hätte überleben können. Der Aufstieg der Bourgeoisie und der Reichtum der neuen Aristokratie waren die beiden entscheidenden Faktoren. Dieses neue Patriziat – geradezu begierig darauf, ihren Reichtum zu demonstrieren – war allerdings im Namen von Seriosität und Respektabilität gezwungen, gedeckte Anzüge (in Grau- und Schwarztönen) zu tragen. Es mußte also seine Prahlsucht an prächtigen Stadthäusern, an Kunstsammlungen, an Equipagen und an – ihren Frauen (rechtmäßige Gattinnen und/oder Mätressen) stillen.

Diese Frauen waren die potentielle Kundschaft der Friseure, der Juweliere und der Couturiers. – Und sie waren sich der Rolle, die sie in dieser Epoche spielten, voll bewußt – einer Epoche, in der in der Verführung das einzige Mittel für sie lag, über die Konkurrenz zu siegen.

Für diese Frauen schuf Worth komplette Garderoben. Er ging dabei von einfachen Formeln aus, die er durch eine Unzahl von Variationen erweiterte. Der damals favorisierte Stil dekorierte die Krinoline mit kompliziertesten Drapierungen, fallenden Stoffen, Fransen, usw. Eines der großen Talente des Couturiers war die unablässige Vermehrung der Kombinationen.

Der Couturier wurde nun zwar von den Schneiderinnen imitiert – sie erlangten aber niemals seine Berühmtheit. So war es in Zukunft der Couturier, der seine ganz persönliche Vorstellung von Mode und der »richtigen« weiblichen Silhouette den Kundinnen diktierte. Er wurde zum Protagonisten und bewirkte durch seine Ideen und durch seine Autorität Veränderungen der Mode (des Geschmacks?). Ein bezeichnendes Beispiel dafür: 1867 entschied Worth,

Näherinnen eines Couture-Salons, Paris, 1901.

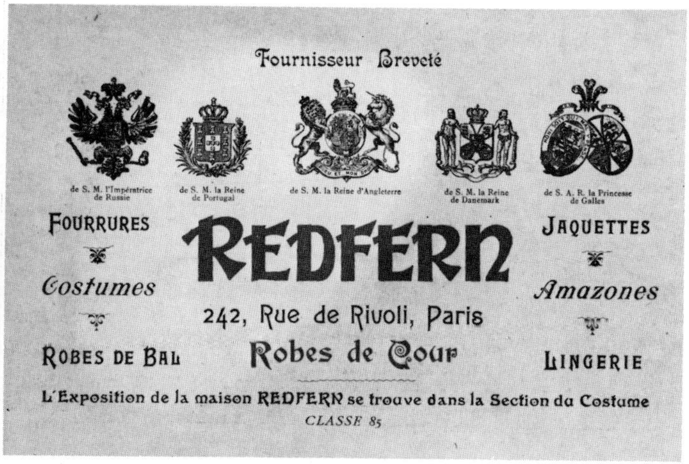

Firmenwerbung, 1900.

nunmehr der Krinoline überdrüssig, daß sie durch etwas Neues ersetzt werden müsse. Die konische Silhouette wurde durch das Kleid mit Tournüre abgelöst – das Kleid, bei dem der geraffte Rock auf der Rückseite einen Wulst bildet, also das Hinterteil der Trägerin betont. Im Nu wurde diese Neuigkeit von den Damen der Gesellschaft aufgegriffen.

Die beiden anderen grundlegenden Bedingungen für den Erfolg der Pariser Haute Couture waren zum einen die überragende Qualität der meist von Frauen ausgeführten Handarbeit. Diese Frauen, MIDINETTEN genannt, arbeiteten für einen lächerlich geringen Lohn. Die andere Bedingung war das sehr früh ausgeprägte, starke Zusammengehörigkeitsgefühl der Couturiers und ihrer weiblichen Kolleginnen. Sie schlossen sich bald in einer Art »Innung« zusammen. Die nach und nach aufgestellten Statuten dieser Innung definierten die Aufnahmebedingungen. Die Mitgliederzahl war in den 20er Jahren ziemlich groß – heute sind es nur noch ungefähr 20. U. a. haben sie folgenden Kriterien zu genügen: Es müssen mindestens zwei Kollektionen pro Jahr angefertigt werden, wovon jede mindestens 75 Modelle umfassen muß, die mindestens 45mal pro Jahr vorgeführt zu werden hat. Das Atelier muß mehr als 20 Angestellte beschäftigen. Die zweitgenannte Bedingung wurde geändert, weil ein großer Teil der Modehäuser heute nicht mehr als zwei oder drei Mannequins ständig beschäftigen kann. Früher verfügte jedes Haus über eine ganze Equipe. Diese Mannequins wurden MANNEQUINS DE CABINE genannt. Heute werden Top-models für die »rituellen« Vorführungen für die Presse im Januar und Juli verpflichtet. Die übrige

Stickerin eines Couture-Salons, Paris, 1901.

H

Firmenwerbung, Georges Lepape, um 1911.

Zeit wird ein Videoband dieser Pressemodenschauen präsentiert.

Die bemerkenswerte Expansion der Pariser Haute Couture in der Dritten Republik (1870–1939) vollzog sich hauptsächlich in drei Etappen – durch die drei großen Weltausstellungen, die in Paris 1900, 1925 und 1937 stattfanden.

Auf der Weltausstellung 1900 war eine Halle für die Haute Couture reserviert, in der die Modehäuser dann auch zahlreich vertreten waren. Die auf Wachspuppen mit geschminkten Gesichtern und Glasaugen gezogenen Kleider sollten Szenen aus dem Leben der Aristokratie nachstellen. Eben diese Art der Präsentation macht ein anderes Mal deutlich, wie stark das Lebendighalten eines leicht anachronistischen Luxus zur Mode gehört.

Auch die ausländische Kundschaft – mit und ohne Titel – hatte einen wichtigen Anteil an der Blüte der Pariser Modesalons. Die typische Kundin begab sich bei ihrem Parisaufenthalt unverzüglich in das Zentrum der Mode: in die Rue de la Paix und an den Place Vendôme. Dort nämlich befanden sich in allernächster Nachbarschaft die drei großen Modehäuser PAQUIN, WORTH und DOUCET. Jedes dieser Häuser unterschied sich vom anderen durch eine eigene, entschlossen vertretene Ästhetik: Madame Paquin schätzte den neoklassischen Stil. Sie zögerte deshalb nicht, Künstler wie Paul Iribe oder Léon Bakst mit dem Entwurf für bestimmte Roben zu beauftragen, die sie dann in ihren Ateliers ausführen ließ (ihr Gatte, der Bankier Isidore Paquin, stand finanziell hinter den Unternehmungen seiner Frau). – Die Brüder Worth, Söhne des 1895 verstorbenen Gründers, hatten sich die Aufgaben geteilt: Gaston war der Geschäftsführer, während sich Jean Philippe um die künstlerische Leitung kümmerte (und sich dabei ganz im traditionell-prächtigen Stil des Hauses bewegte). – Jacques Doucet, Erbe einer Wäschefabrik, versuchte mit seinen Roben die pastellene Harmonie des 18. Jahrhunderts wieder aufzugreifen. Spitzen und Stickereien verzierten die »teagowns« und die verführerischen Negligés, denen seine Hauptarbeit galt. Die anderen Sterne am Firmament der Pariser Haute Couture während der Belle Epoque waren die Schwestern CALLOT, Mme Chériut, die das Haus RAUDNITZ leitete, LA FERRIÈRE, ROUFF und REDFERN, dessen Spezialität Schneiderkostüme waren.

In dieser Epoche konnte keine andere Metropole Paris den Vorrang streitig machen. Eine Ausnahme stellte der Spanier Fortuny dar, der dann aber bald nach Venedig übersiedelte. Er hatte mit seinen Roben (DELPHOS) wieder Bewegungsfreiheit und den lockeren Fall der Stoffe in die Mode eingeführt. Diese Linie wurde aber erst durch Paul Poiret zum neuen »Leitmotiv«. Poiret kreierte als erster die für die Belle Epoque so typische Robe mit der S-Form. Dabei wird die Büste und das Hinterteil durch ein entsprechendes Korsett stark betont.

1908 wurde diese künstliche Linie durch eine mehr gestreckte Silhouette abgelöst, die POIRET, LANVIN und PAQUIN inizierten: Die Büste ist nun eher bescheiden, die Taille hoch, Hüften und Beine wirken unter den eng geschnittenen Röcken schmal – Anklänge an das Directoire sind nicht zu verkennen. Im Gegensatz zu der üppigen, voll erblühten Frau von 1900 ließ man sich nun auf das Ideal der jungen, sehr schlanken Frau festlegen (Raoul Dufy entwirft für Poiret Stoffe mit fröhlichen Mustern).

Neben dieser gewissermaßen »ästhetischen Revolution« vermachte Poiret der Pariser Haute Couture vier Grundsätze: Man muß die Aktivitäten eines Modehauses auch auf andere Bereiche der Gestaltung weiblicher Eleganz und des Lebensstils ausdehnen (Poiret kreierte das Parfum ROSINE und eröffnete das Einrichtungsgeschäft MARTINE). Und weiter: Die gesellschaftliche Stellung, die Persönlichkeit, die Beziehungen und die Feste des Couturiers sind maßgeblich am Ruf seines Hauses beteiligt (Poiret wurde 1911 mit seinem Kostümfest TAUSEND-UND-EINE-NACHT mit einem Schlag zu einer vielbeachteten gesellschaftlichen Größe – Couturiers wurden fortan nicht mehr als simple Lieferanten behandelt). – Drittens: Angesichts des drastischen Rückgangs an potenten Pariser Kunden muß die Haute Couture ihr Ansehen im Ausland vermehren, um so an neue Kunden zu kommen (bereits 1911 unternahm Poiret diese »Goldsuche« auf einer für ihn triumphalen Reise durch Osteuropa; 1913 dann auf einer Reise durch die Vereinigten Staaten – und trotzdem gründete als erster PAQUIN eine Filiale im Ausland – nämlich 1911 in London). – Schließlich: Die Kreationen müssen vor der Konkurrenz und vor Imitatoren geschützt werden. Es enstand das »Copyright« für Kleidung, das durch das KOMITEE ZUM SCHUTZ DER PARISER KREATIONEN überwacht wird (dieses Komitee hatte Poiret selbst ins Leben gerufen, nachdem er auf seiner Reise durch die Vereinigten Staaten Kopien seiner eigenen Kleider zu sehen bekommen hatte).

Die Weltausstellung 1925 wollte einen Überblick über das dekorative Kunstschaffen jener Zeit geben. Die großen Häuser der Haute Couture waren im PAVILLON DE L' ÉLÉGANCE versammelt, wo sie ihre spektakulärsten Produktionen auf stilisierten Mannequins zeigten. Die Wirkung war zwar sehr »sophisticated«, aber nicht künstlich.

Erstaunliche Neuerungen in der Haute Couture zeigten sich in der Art und Weise wie die einzelnen Häuser ihre Kreationen präsentierten. Während die Häuser WORTH, DOUCET (seit 1925 DOEUILLET-DOUCET), PAQUIN und CALLOT die Rolle der immer noch verehrten Altmeister spielten, setzte POIRET, dessen Niedergang bereits begonnen hatte, auf den möglichen Erfolg einer Ausstellung auf drei Booten, die an der Seine festgemacht hatten.

Die wirklichen Stars dieser Jahre waren JEANNE LANVIN, JENNY, CHANEL und JEAN PATOU. Auch die Lage dieser Modehäuser in der Nähe des Rond-Point des Champs-Elysées oder im Umkreis des Faubourg Saint-Honoré zeugt von der Verlagerung des Hauptquartiers der Modeschöpfer. – Jeanne Lanvin zog vor allem junge Frauen und deren Töchter an. Die jungen Mädchen trugen die ROBES DE STYLE, die einen romantischen Kompromiß zwischen den vereinfachten Formen des ART DÉCO und den Kleidern mit Reifröcken des 18. Jahrhunderts darstellen sollten. Die drei anderen Häuser schrieben eine viel strengere Eleganz vor – ganz zutreffend auch »hartherziger Chic« genannt. Während Jenny ihre geradezu abstrakten Futteralkleider mit geometrischen Stickereien überzog, stritten sich Chanel und Patou um das Verdienst, eine »gereinigte« Mode kreiert zu haben – eine Mode, die dem modernen Leben entsprechen sollte. Chanel präsentierte feine Jerseys und strenge, schwarze Futteralkleider, Patou Tennisensembles und Sportgarderoben, die für die GARÇONNES gedacht waren.

Was an den Haute Couture-Kreationen dieses Jahrzehnts am meisten auffällt, ist die strenge Unterscheidung zwischen Abend- und Tageskleidern. Fast alle Couturiers – mit Ausnahme von LANVIN und POIRET – verwendeten auch beim Abendkleid die Idee des kurzen Futteralkleides (FOURREAU). Die sehr reichen Stickereien mit Perlen und Pailetten in geometrischen Mustern geben diesen, sonst eigentlich sehr uniformen Kleidern die besondere Note. – Die Tages- und Sportkleider zeigten keinerlei Konzessionen an das Malerische. In dieser Epoche der Frauenmode sollte suggeriert werden, daß die Frau nur eine flache, eine zweidimensionale Silhouette habe. Die Kleider waren absolut schlicht.

Kopisten versuchte man dadurch zu entmutigen, daß man sehr viel Wert und Sorgfalt auf Details legte. Nichtsdestotrotz machten in Paris eine ganze Reihe versteckter Kopierwerkstätten auf, die auf folgende Weise arbeiteten: Während der Präsentationen bestellte ein »Einkäufer« eines der großen ausländischen Warenhäuser unter dem Vorwand, sie studieren zu wollen, Prototypen von Kleidern der Kollektion. In Wirklichkeit vermietete er sie dann an die genannten Ate-

Abendkleider von Regny, Rauch und Blatt, Internationale Ausstellung für Kunst und Technik, Paris, 1937.

H

Abendkleid,
Marcelle Alix, 1947.

liers weiter. Dort wurde das Kleid einigen qualifizierten Schneiderinnen anvertraut, die ganze 24 Stunden Zeit hatten, das Kleid zu zerlegen, seine Machart herauszufinden und es dann wieder zusammenzunähen. Häufig waren diese »schwarz« arbeitenden kleinen Schneiderinnen selbst Angestellte der großen Pariser Modehäuser, die sich auf diese Weise ihren Lohn aufbesserten. Ab und zu wurde eines dieser Ateliers entdeckt und polizeilich geschlossen, um dann – ganz in der Nähe – wieder aufzumachen. Ihr Gedeihen – sie hielten sich bis Ende der 50er Jahre – wurde wesentlich durch drei Faktoren befördert: das Prestige der Haute Couture, die Mängel der Schutzvorrichtungen und durch den Anreiz eines zusätzlichen Gewinns für die qualifizierten Arbeiterinnen der Modehäuser, die in der Regel unterbezahlt waren.

Die Wirtschaftskrise von 1929 hatte die Lage der Pariser Haute Couture nicht drastisch verändert. Sie schien jedenfalls weniger betroffen gewesen zu sein als einige ihrer begüterten Kunden. Auch wenn bestimmte Häuser (JEAN PATOU z.B.) in diesen Jahren einer harten Probe unterzogen oder gar gezwungen wurden, ihre Pforten zu schließen (POIRET, AUGUST ABERNARD), so hat doch die Mehrzahl dieser Firmen ihre finanzielle Lage durch den Vertrieb von Parfüms sogar noch verbessert. Die »alten« Häuser wie WORTH oder PAQUIN bestanden unbeschadet weiter.

Drei Phänomene kennzeichnen diese Zeit: Zum einen die Verlagerung der Haute Couture in die Gegend der Champs-Elysées. Zum anderen machen Frauen in der an sich von Männern beherrschten Branche Karriere (POIRET war »out«, Doucet und Jean Patou waren 1929 bzw. 1936 gestorben): ELSA SCHIAPARELLI, NINA RICCI, ALIX (Grès), MADELEINE VIONNET, LANVIN und CHANEL.

Coco Chanels nicht endenwollender Erfolg basierte auf einer strengen Eleganz, bei der Schwarz dominierte – höchst kultiviert und bestenfalls durch ein paar barocke Schmuckstükke, modische Colliers oder Armbänder belebt. Ihre schärfste Rivalin war Elsa Schiaparelli, die Hohepriesterin des Surrealismus, mit dem ihr eigenen Witz, Spott und einem Hang für schreiende Farben (»shocking pink«). Ab 1935 standen ihre Kollektionen unter einem bestimmten Thema, das an der Grenze zur Anekdote angesiedelt war und vor Ideen und Überraschungseffekten nur so sprühte. Sie ließ sich durch die Commedia del'Arte inspirieren, durch die Astrologie, den Zirkus, durch Musik und die Antike – oder sie beteiligte ihre Freunde Dali, Cocteau und Bérard an den Kreationen der surrealistischen Kleider und Accessoires. Es entstand ein Kostüm mit Schubladen statt Taschen, ein toller Hut in Form eines Schuhs oder beunruhigende Handschuhe mit goldenen Etiketten. – Eine ganz andere Welt erforschte Madeleine Vionnet: Sie bevorzugte eine harmonische Verschmelzung von Formen und Körperrhythmus. Mit ihrer Leidenschaft für den technischen Aufbau der Kleider, suchte sie nicht nach modischen Themen, sondern nach einer zeitlosen Mode. Die nüchterne Klarheit ihrer Tageskleider verbirgt einen meisterlichen technischen Schwierigkeitsgrad, und ihre Abendroben spielen mit schräg verlaufenden Stoffen, deren Sitz die Haltung der Trägerin berücksichtigt. – Die Couturière Alix (Grès), die auch eine begabte Bildhauerin war, komponierte ihre ersten Abendkleider von zeitloser Eleganz aus drapiertem Jersey als

Abendkleider,
Lanvin und Balenciaga, 1947.

Abendkleid,
Balmain,
um 1956.
Münchner Stadtmuseum.

In diesem Jahr 1937 werden eine Anzahl neuer Häuser eröffnet: JACQUES FATH, JACQUES GRIFFE, BALENCIAGA, JEAN DESSÈS. Auch während des Krieges bewahrte sich die Haute Couture ihre Lebensfähigkeit, obwohl VIONNET und CHANEL ihre Tätigkeit einstellten, JACQUES HEIM Paris wegen seiner jüdischen Abstammung verlassen mußte, SCHIAPARELLI es vorzog, nach New York zu gehen und ALIX (Grès) große Schwierigkeiten hatte. Die Sicherstellung der Textilzuweisungen – es herrschte Rohstoffknappheit! – wurde von der schon erwähnten Innung bzw. ihrem

Abendkleider in Nationalfarben,
Balmain, 1957.

Beschwörung eines hellenistischen Neoklassizismus. – Zum letzten: Die Herstellung von Konfektion nach Entwürfen großer Couturiers löste als Novum in der Welt der Haute Couture einen Skandal aus. Es war Paul Poiret, der wegen seines ständigen Geldmangels gezwungen war, ein Angebot zum Entwurf von Konfektionskleidung anzunehmen. Seine Schöpfungen wurden in den großen Kaufhäusern wie dem PRINTEMPS im Jahre 1933 vorgeführt und zu relativ bescheidenen Preisen zum Verkauf angeboten. Lucien Lelong dagegen – ganz Geschäftsmann – erweitert sein Modehaus eben um eine Konfektionsabteilung.

Im widersprüchlichen Zusammenhang mit der VOLKSFRONT wurde die INTERNATIONALE AUSSTELLUNG FÜR KUNST UND TECHNIK von 1937 organisiert. Die Haute Couture, die stark vertreten war, drapierte eine Auswahl von Roben über große Gipsmannequins und erreicht so einen im weitesten Sinne surrealistischen Effekt. Lediglich Schiaparelli entschied sich dafür, ihre nonkonformistischen Kleider über eine Wäscheleine zu hängen.

H

Abendkleid,
Paquin, 1947.

Kostüm,
Chanel, 1960.
Münchner Stadtmuseum.

Tagescomplet,
Dior, 1958.
Münchner Stadtmuseum.

Präsidenten Lucien Lelong überwacht. Er konnte es auch verhindern, daß die noch bestehenden Modehäuser nach Berlin verlegt wurden. Die segensreiche Rolle, die Lelong spielte, erhielt geradezu ihre Weihe durch das THÉÂTRE DE LA MODE, einer 1945 gestarteten Werbekampagne, die die ausländischen Märkte, die im Krieg verloren gingen, zurückerobern sollten. Ungefähr 60 Kleider reisten auf kleinen Puppen – etwas verstiegen dekoriert – um die ganze Welt. Es war ein wichtiges Kollektivunternehmen: Alle Hüte, Schuhe und sonstigen Accessoires wurden von Pariser Modistinnen, Schuhmachern und Putzmacherinnen gefertigt.

Das entscheidende Ereignis dieser Pariser Renaissance war aber die Eröffnung neuer Modesalons: PIERRE BALMAIN und CHRISTIAN DIOR (alte Kollegen aus dem Studio von Lucien Lelong). Beide kreierten ihren eigenen Stil im eigenen Haus – einen Stil, der schnell allgemein akzeptiert war. Die langen Toiletten von Balmain wurden NEW FRENCH STYLE (1946) getauft; den weiten Röcken von Dior gaben die amerikanischen Journalisten den Namen NEW LOOK (1947).

Von nun an ist der Begriff Konfektion (PRÊT-À-PORTER), d.h. der Vertrieb durch Boutiquen, keine »Schande« mehr. BALMAIN, DIOR und FATH vertrieben ihre Schöpfungen in Paris und in New York. BALMAIN eroberte außerdem schon Anfang der 60er Jahre Afrika, Nord- und Südamerika, Thailand und Japan. Das Unternehmen LES COUTURIERS ASSOCIÉS soll den Absatz der Pariser Kreationen im Ausland fördern helfen.

In den Jahren 1945–1965 hatte die Couture also wieder ihre wirtschaftliche Blüte erreicht. Bei den Modeschauen, zu denen prominente Kritiker und die großen Einkäufer wieder ihre Plätze eingenommen hatten, herrschte fieberhafte Geschäftigkeit. Jede Saison brachte kleine Veränderungen in der Silhouette der Kleider und nur BALENCIAGA beschritt einen richtungsweisenden Weg – darauf aus, die Architektur der Kleider in ihrer Gesamtheit zu überdenken.

Diese Atmosphäre allgemeiner Bequemlichkeit, Routine, miteingerechnet: das Älterwerden der einzelnen Modeschöpfer hätte zu einer allmählich immer langweiligeren Epoche des Modebetriebes führen können – doch drei »junge Wölfe« brachten neuen Schwung. Alle drei hatten eine klassische Ausbildung genossen: Es ist die Rede von Cardin (bei Paquin und Dior), Courrèges und Paco Rabanne (beide bei Balenciaga). Die von ihnen erdachte Formensprache stellte eine resolut moderne, optimistische und dynamische Vision der Pariserin der 60er Jahre vor. Sie waren der

Mantel, Lanvin, um 1960/62.
Münchner Stadtmuseum.

Kleid mit Mantel, Courrèges, um 1965.
Münchner Stadtmuseum.

Überzeugung, daß die Kleidung ein perfekt durchstrukturiertes Ganzes sein sollte. Ihre Kleider waren »mini«, um mehr Bewegungsfreiheit zu lassen und um den Körper zu zeigen. Die Stoffe waren häufig synthetisch, weil in einer modernen Welt nur moderne Produkte am Platz sind. Weiß dominierte meist, da Weiß Freude und Gesundheit signalisiert. Natürlich wirkte dieser Stil im traditionellen Kontext der Pariser Haute Couture besonders revolutionär. COURRÈGES setzte dem Ganzen noch das i-Tüpfelchen auf, indem er beschloß, einige Saisons lang (1964–65) nur PRÊT-À-PORTER-Kollektionen zu zeigen, da er die Haute Couture für einen Anachronismus hielt. Die gegen Ende der 60er Jahre präsentierten Kollektionen waren farblos – die Haute Couture hatte einen empfindlichen Schlag erhalten.

Und heute? Einige Namen wie CHANEL haben ihr Prestige behalten. Andere Häuser haben im Laufe der letzten Jahre regelmäßig Aufmerksamkeit erweckt wie z. B. SAINT-LAURENT oder CARDIN. Dennoch scheint es im allgemeinen so, daß der Witz, die Frechheit und zu einem guten Teil auch der Reiz der heutigen Mode eine Leistung der Entwerfer der PRÊT-À-PORTER-Kleider ist.

Dennoch ist die aktuelle Haute Couture insgesamt ziemlich zuver-

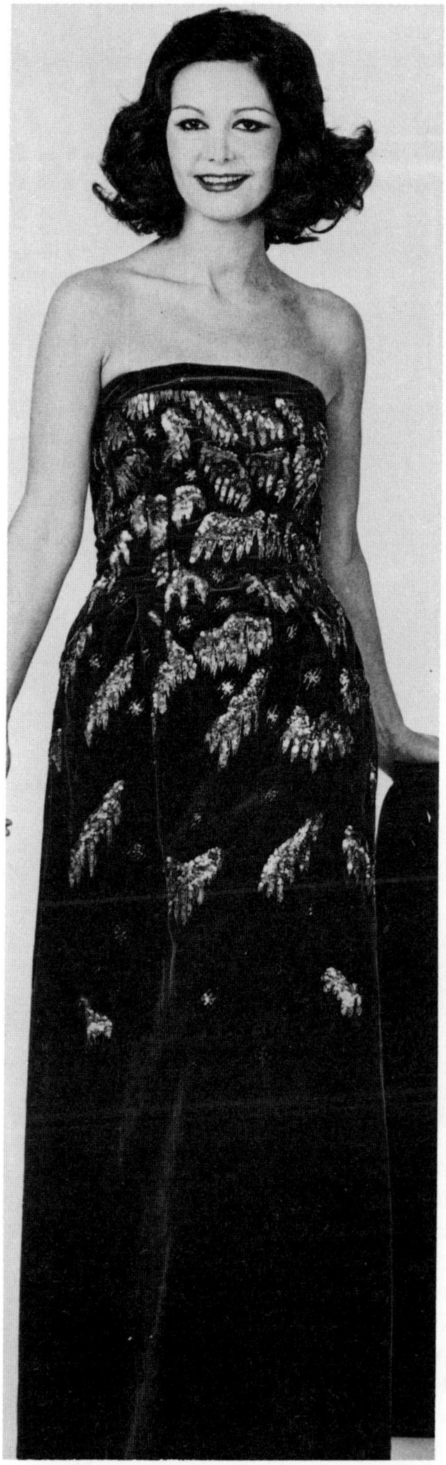

Abendkleid, Dior, um 1958.
Münchner Stadtmuseum.

Cocktailkleid,
Patou, 1978.

sichtlich. Die Präsentationen der Kollektionen sind stets überlaufen von Journalisten, Redaktricen und anderen »Insidern«. Worin besteht denn noch immer der Reiz der Haute Couture? Zum einen hat sie ein großes Maß an Prestige durch Parfums erworben (die damit verbundene Einnahmen können auch unverkäufliche Kollektionen »auffangen«). Zum anderen: Einige Modehäuser haben noch eine genügende Anzahl von Kundinnen, die das Florieren einer Haute Couture-Abteilung sichern. Diese Kundschaft kommt meist aus dem Ausland, vor allem aus den Vereinigten Staaten, aus Nordafrika und dem Vorderen Orient. Die Pariser Haute Couture ist also in einem erheblichen Maße von einem günstigen Dollarkurs abhängig. – Schließlich: Das Signum HAUTE COUTURE, PARIS hat auch heute noch einen guten Klang. Die Dynamik der »Innung« (zur Zeit ist Madame Grès dort Ehrenpräsidentin, während Jacques Mouclier amtierender Präsident ist) hängt natürlich auch vom Durchschnittsalter der Mitglieder ab; PER SPOOK und LECOANET-HÉMANT sind z.B. erst unlängst dazu gestoßen. Und vor allen Dingen werden jetzt nicht nur Couturiers, sondern auch Entwerfer von PRÊT-À-PORTER aufgenommen. Und deren Vitalität und Dynamik sollten eigentlich die Zukunft sichern . . .

GUILLAUME GARNIER

H

Kücheninterieur,
Martin Dröling d. Ä., (1752–1817),
Staatliche Kunstsammlungen Kassel.

Heimchen am Herd

Die zirpende Hausgrille, jahrhundertelang der gute Geist am Herd des Hauses, wird verdrängt. Ein neues »Heimchen am Herd« begegnet uns nun: in Kochschürze und mit Topflappen. Funktion und Bedeutung des »Heimchen am Herd« ändern sich.

Das Heimchen, die Brüder Grimm geben die lateinische Bezeichnung »gryllus domesticus« (= Hausgrille) an, gilt nach dem Handwörterbuch des Aberglaubens als *»Personifikation des Hausgeistes«*. Die magischen Fähigkeiten, die dem Heimchen zugeschrieben werden, können sowohl positiver, als auch negativer Natur sein. Das Heimchen hält sich vorzugsweise am Herd auf. Vor allem in Hochzeitsbräuchen spielt es eine wichtige Rolle: Die Frau, die als Braut neu in einen Haushalt kommt, muß versuchen, die Hausgeister für sich zu gewinnen. So bringt sie dem Heimchen Opfer, indem sie beispielsweise Geld oder bunte Bänder in den Räumen, Kammern, Badestuben und Ställen verstreut. *»Thut sie dass nicht, so hat sie nirgend Glück oder Gedeyen zu*

La couture,
D. Chodowiecki,
um 1786.

erwarten«, erklärt Paul Einhorn 1649. Damit aber nicht genug: Gleichzeitig muß sich die Braut auch noch von dem Hausgeist ihres Elternhauses lösen. Die Geldspende des Verlobten kann man als ein Versöhnungsopfer zur Befriedigung des Heimchens (= Hausgeistes) interpretieren. Die Pflege des Heimchens bringt Glück und Segen über das Haus.

Der holzgefeuerte Herd der großen Haushaltsfamilie ist der Ort des Heimchens, des guten Hausgeistes. Gleichzeitig gehört er seit jeher zum Wirkungsbereich der Frau. Eine Veränderung des Zuständigkeitsbereichs der Frau tritt mit dem 19. Jahrhundert, dem bürgerlichen Zeitalter, ein. Umfaßten die Aufgaben der Frau früher sowohl Hausarbeit als auch ausserhäusliche Arbeit, so schränkt sich der Tätigkeitsbereich der bürgerli-

Die Stickerin,
um 1830.

chen Frau auf Haus, Herd und Kinder ein.

Ende des 18. Jahrhunderts werden Frauen durch ihren Hausstand und den daraus folgenden Rechten und Pflichten charakterisiert, wie Karin Hausen in ihrer Untersuchung feststellt. Eine neuartige Bestimmung der Frau läßt sich – ihrer Meinung nach – zu Beginn des 19. Jahrhunderts nachweisen. Anstelle der Standeszuordnungen treten universale Kriterien: Von nun an sei die Frau von Natur aus für den häuslichen Bereich prädestiniert, der Mann dagegen für den öffentlichen.

Die Einschätzung der Frau als dem schwachen, dem Manne untergeordneten Wesen wird von pädagogischer Seite unterstützt und wissenschaftlich fundiert. Jean-Jacques Rousseau folgert aus der Körperhaltung der Frau im Geschlechtsverkehr, von der er annimmt, daß sie passiv und schwach sei, ihre untergeordnete Rolle. Aus diesem angeblichen Naturgesetz zieht er die Konsequenz, daß die Frau dazu geschaffen ist, zu gefallen und sich zu unterwerfen. Die Frau sei die natürliche Ergänzung des Mannes. Diese auf die Biologie reduzierte Erklärung für die Eigenschaften der Frau findet sich in Lehr- und Handbüchern des 19. Jahrhunderts wieder. Anleitungen wie EIN GUTES MÄDCHEN, EINE GUTE GATTIN, MUTTER UND HAUSFRAU ZU WERDEN von Johann Ludwig Ewald (1827) verleihen dieser Auffassung Ausdruck.

Aber nicht nur als angeblich wissenschaftlich fundiert kommt diese Einschätzung der Aufgaben der Frau unters Volk. Auch in der Poesie findet sie ihren Ausdruck. In Schillers GLOCKE wird die neue Weiblichkeit wie folgt beschrieben: *»Der Mann muß hinaus ins feindliche Leben«* und *»drinnen waltet die züchtige Hausfrau«.* Sie *»herrscht weise im häuslichen Kreise«.*

A l'école de cuisine, 1887.

H

Die Revolution am häuslichen Herd,
1873–1909.

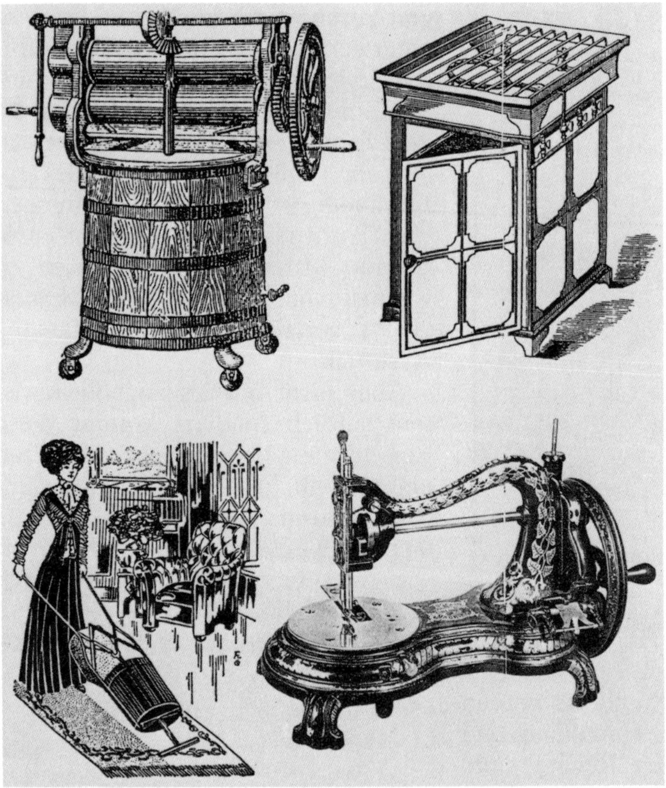

Winterhüte,
Die Praktische Berlinerin, 1910.

Praktische Putzmacherei.

Das Aufarbeiten vorjähriger Winterhüte.

Weitere Anregungen zum Aufarbeiten unmoderner Hüte werden auch in den nächsten Heften erscheinen.

Moderner Hut mit Rinichelnick, aus einem vorjährigen Rembrandthut gearbeitet.

Die Zeit rückt immer näher, wo wir unsere Mottenschränke öffnen, die Wintersachen wieder hervorholen und prüfen, was erneuerungsbedürftig ist, was aufgefrischt werden muß oder was unverändert weiter getragen werden kann. Da sind es zunächst die Hüte, die uns Sorgen machen. Das Material ist vielleicht noch gut erhalten, der Aufputz verwendbar, aber die Fasson hat sich überlebt, scheint uns unkleidsam; da wollen wir nun helfend eingreifen, wollen zeigen, wie leicht es bei einigem Geschick und vernünftiger Wahl ist, einen vorjährigen Hut umzugestalten.

Es handelt sich zunächst darum, aus der Fülle der neuesten Modelle die Form herauszufinden, die sich am besten aus der früheren herstellen läßt. Wir haben als Beispiel einen Toque vom vergangenen Winter gewählt, der sich in einen Topfhut umwandeln läßt. Der Toque — aus dunkelblauem Samt — war, wie auf unserer Abbildung ersichtlich, mit Pelz verbrämt und mit einer Schnalle verziert.

Stellen wir nun das Pariser Modell eines Topfhutes dagegen, so staunen wir, genügt reichlich. Da die Krempe gedeckt wird, so schadet ein kleiner Nuancenunterschied nichts. Man entferne den Pelz und die Schnalle und bürste den Hut sorgfältig aus. Wenn der Samt schon etwas schadhaft und verknittert ist, so empfiehlt es sich, den ganzen Toque aufzutrennen und aufzubügeln. Das Verfahren zum Aufbügeln von Samt ist folgendes: Das heiße Bügeleisen wird steif aufgestellt und ein nasses Tuch darüber gelegt, so daß ein starker heißer Dunst aufsteigt. Dann zieht man das zu bügelnde Samtstück so dicht daran vorbei, wie es möglich ist, ohne das nasse Tuch zu berühren, und tut das so lange, bis der heiße Dampf die zerdrückten Fäden des Samts wieder aufgerichtet hat.

Samtkrempe, an den Toquehut anzusetzen.

Der Toque wird nun über der alten Grundform neu drapiert, wobei man nur die früher etwas nach rückwärts gezogenen Falten mehr gerade stellt. Hierauf schneide man nach obenstehender Vorlage die Grundform der Krempe aus, belege sie auf beiden Seiten mit Samt und nähe auf die obere Fläche eine Silberspitze. Danach wird die Krempe mit festen Ueberfangstichen rundherum auf dem Hut befestigt. Die Verbindung wird durch ein 18 cm breites, straff gespanntes schwarzes Libertyband gedeckt. Links sitzt ein Rosettentuff, der in der Mitte eine kleine Schleife aus Silberspitze trägt. An Stelle

Schürzen,
Ullstein-Album für Wäsche, 1921.

Zeichnung,
Heinrich Zille, um 1914.

Die Frau, die ausschließlich für das Haus und den Herd zuständig ist, betritt nun die Küche. Die weiße Schürze umgebunden, waltet sie »betriebsam« und »emsig« im Haushalt. Sie leitet die Dienstboten an und erzieht die Kinder.

Die Trennung von Arbeits- und Wohnstätte weist der Frau im bürgerlichen Haushalt diese Funktion zu. Von nun an ist sie für den Bereich »Innen« (= Haushalt) und der Mann für das »Außen« (= öffentliches Leben) zuständig. Der Ausdruck »Heimchen am Herd« gilt nur für die Bürgersfrau mit ihren spezifischen Eigenschaften. Sie verwaltet, bewahrt und betreut das Vorhandene. Im 19. Jahrhundert gelten diese Charakteristika als selbstverständlich und als den Frauen angemessen. Die Frauen, die sich gegen eine solche Festlegung wehren, werden als »Blaustrümpfe« bezeichnet und außerhalb der gesellschaftlichen Normen und Regeln gestellt. Die negative Bedeutung, die dem Ausdruck heute beigemessen wird, hat ihre Wurzeln in der bürgerlichen Familie des 19. Jahrhunderts.

Eines der bürgerlichen Dogmen, das die Frauen noch heute einschränkt, besteht gerade in dieser Reduzierung auf das Hegen, Pflegen und Empfangen. Denn daraus folgt, daß sie für die Berufstätigkeit nicht geeignet sind. Die Mädchenerziehung sieht zwar das Stricken und Sticken vor, jedoch dient es der Ausbildung des Schönheitsempfindens, keinesfalls beruflichen Zwecken.

Mit der selbstgenähten, weißen Schürze, dem gehäkelten Topflappen und der bestickten Sonntagstischdekke präsentiert sich nicht nur die Fertigkeit der Hausfrau, sondern diese Dinge sind Eigentum eines funktionierenden bürgerlichen Haushaltes. Diese »Signa« sind es auch, die dem Wandel der Mode unterliegen.

Als Gattin und Repräsentantin des Hauses kann (und konnte) sich die Frau der Oberschicht »feinen Handarbeiten« widmen. In ihrer freien Zeit, die sie durch bezahlte Hausarbeit gewinnt, fertigt sie die fragilen Spitzen und Bordüren. Je komplizierter und feiner ihre Arbeiten sind, die sie dann zur Schau stellen kann, desto mehr werden sie zu Renommierstükken für den beruflich erfolgreichen Ehemann. Denn sie sind ein Gradmesser für die freie Zeit der Frau. Bei der Zubereitung des »Fünf-Uhr-Tees« legt die Dame des Hauses noch ein winziges Schürzchen an. Ein Detail, das Aufmerksamkeit verlangt.

Diente die Grille – das Heimchen am Herd – als guter Geist für Haus und Hof, so dient die Hausfrau des bürgerlichen Zeitalters als »Heimchen am Herd«, als guter Geist dem Ehemann und Vater, dem unumschränkten Herrn der Familie.

Im 20. Jahrhundert werden die Dienstboten immer mehr durch technische Geräte ersetzt. Der Kühlschrank, die Waschmaschine und der Staubsauger, diese drei Dinge gehören zu den Anschaffungen nach dem II. Weltkrieg. Die Einbauküche, das Helferlein von Bosch, darf selbstverständlich nicht fehlen. Da *»Bosch weiß, was Frauen wünschen«*, wird auch prompt die Spülmaschine noch dazu geliefert.

Längst hat MEISTER PROPER die Hausgrille, das ursprüngliche Heimchen, vertrieben. Es verschwindet endgültig aus dem hygienischen Haushalt. Nur im Märchen lebt es noch als Helferlein in der Not. In PINOCCHIO warnt das Lispel-Heimchen vor den Gefahren des Lebens. Und wie warnen die technischen Helferlein heute das »Heimchen am Herd«? Ein rotes Signallicht leuchtet auf, wenn die Technik nicht mehr will.

MARGARETE GRÖNER

Literatur

Gisela Eilers/Hubertus Fischer/Barbara Kiefer/Gerd Voogd/Jörg Siebenmark, Dein Haushalt, das unbekannte Wesen, in: Wechselwirkung 17 (17.5.1983), 10–25.

Georg Hahn/Angelica und Friedrich Götz/Brigitte Marder, Kinder, Küche, Kleider. Historische Texte zur Mädchenerziehung, Wien 1982.

Handwörterbuch des deutschen Aberglaubens, Bd. 3, Berlin/Leipzig 1930/31.

Andrejs Johansons, Das Heimchen am Herd. Reprint from Scand-Slavica, Tomus VII, Copenhagen 1961.

Monika Simmel, Erziehung zum Weibe. Mädchenbildung im 19. Jahrhundert, Frankfurt/a.M. 1986.

Ingeborg Weber-Kellermann, Die Familie. Geschichte, Geschichten und Bilder, Frankfurt/a.M. 1976.

Praktisches für die Küche, Burda-Moden, 1978.

H

Napoleon als siegreicher General,
A. J. Gros, 1796.

Der Held

Unter den Veränderungen, die die Französische Revolution zur Folge hatte, ist zumindest eine, die in keiner Geschichte der Mode fehlt und der eine entscheidende Wirkung auf die Männermode zugeschrieben wird: das Aufkommen und die Durchsetzung der langen, nicht anliegenden Hosen anstelle der hautengen Kniehosen. Die ersten, die die langen Hosen zu »ihrem« Kleidungsstück machten, waren die Freiwilligen der Republikanischen Armee; man nannte sie darum auch die SANSCULOTTEN, und als solche sind sie in die Geschichte eingegangen. In der langen Periode der Kriege und politischen Wirren, die der Französischen Revolution folgte, fiel der Uniform in zunehmenden Maße die Aufgabe zu, sowohl die gesellschaftliche wie die individuelle Stellung kenntlich zu machen und mitzuteilen: Sie bezeichnet die Zugehörigkeit zu einer Gruppe, zu einer der kämpfenden und/oder rivalisierenden Parteien. In einer Hinsicht führt das zu einer Nivellierung, indem das Individuum einer abstrakteren Einheit untergeordnet wird (dem Korps, dem Heer, der Monarchie, der Republik), auf der anderen Seite markiert gerade die Uniform genauestens die Position des Einzelnen innerhalb des jeweiligen Ganzen.

So sehr auch die militärische Hierarchie nur die gesellschaftliche – bloß in rigiderer Form – reproduziert, so bewahrt sie dieser gegenüber doch eine wesentliche Autonomie: Sie beruht auf der Würdigung individueller Verdienste und Leistungen, die sie nach Kräften fördert und unmittelbar durch sichtbare Zeichen anerkennt und belohnt. Das Heer und der Krieg bieten jedem seine Chance. Selbst der ärmste Teufel und Hungerleider kann es zu etwas bringen – sofern er bereit ist, sein Leben in die Waagschale zu werfen.

Das leuchtende Vorbild ist Napoleon: glänzendes Beispiel und lebender Beweis für die Möglichkeiten des Aufstiegs, die Heer und Krieg bieten. Er wird zum Archetypus und Modell, auch des literarischen Helden, der das 19. Jahrhundert beherrscht. Ein Held in Uniform, wie sich von selbst versteht; wenn Napoleon auch für die Einfachheit seiner Kleidung bekannt war, so ist doch der mit einer blau-weiß-roten Kokarde geschmück-

König Maximilian I. von Bayern,
unbekannter Künstler, um 1820.
Münchner Stadtmuseum.

te Dreispitz von seinem Bild ebenso wenig wegzudenken wie die Jakke aus blauem Tuch und die – am Bund von einer bestickten Schärpe gehaltenen – weißen Hosen in den hohen, schwarzen ENGLISCHEN STIEFELN.

Was sich nicht ändert, sind die traditionellen französischen Farben. Sie sind aber auch das einzige, was Bonaparte aus der Vergangenheit übernimmt; vor allem als er 1804 – anläßlich seiner Kaiserkrönung – an die Neuestaltung und Reglementierung der amtlichen, der militärischen und der zivilen Kleidung geht. Tatsächlich ist er bei den Feierlichkeiten am 2. Dezember jenes Jahres der einzige, der die Tracht seiner Vorgänger unverändert übernimmt: die weiße Satin-Tunika mit Goldfransen und den prächtigen, gold-bestickten und mit Hermelin gefütterten Krönungsmantel aus purpurnem Samt. So macht er einen Anspruch auf Kontinuität geltend, den er in Wirklichkeit längst eingelöst hat.

Prinz Karl von Bayern,
Joseph Kellerhoven, München, 1813.
Münchner Stadtmuseum.

Von solch außerordentlichen Anlässen einmal abgesehen, wurden damals (und nicht nur in Frankreich) die offiziellen Reglements nicht gerade penibel befolgt, sondern im Gegenteil recht phantasievoll interpretiert, so daß immer neue Versuche ihrer strengeren Durchsetzung unternommen wurden. Die großen militärischen Unternehmungen Frankreichs bis zur

H

Die Atlantiküberflieger Bellonte und Costes, L'Illustration, 1930.

letzten Schlacht und endgültigen Niederlage Napoleons bei Waterloo markieren den Höhepunkt der militärischen Mode. Die Uniformen werden immer aufwendiger und unpraktischer. Es herrscht ein Klima allgemeiner Euphorie, und der WIENER KONGREß (1814) scheint mehr eine Gelegenheit zu Prachtentfaltung und Wettstreit der Moden als irgendetwas sonst gewesen zu sein. Und er gipfelt ja auch – *»der Kongreß tanzt«* – in einem denkwürdigen und unvergessenen Ball. Bis zu diesem Zeitpunkt gilt England mit seiner kultivierten Einfachheit als führende Nation in Sachen Eleganz. So sind etwa die hohen, übers Knie reichenden ENGLISCHEN Stiefel recht allgemein verbreitet. König George IV, dessen »dandyistische« Jugendsünden nicht vergessen sind, läßt sich – so wird berichtet – heimlich Musterexemplare aller existierenden Uniformen schicken.

Rudolph Valentino, Filmfoto, 20er Jahre.

Die augenfälligsten Elemente der Uniformen – Schulterklappen, Borten, Stickereien, Pelzbesätze (am verschwenderischsten in dieser Hinsicht: die Husaren) – bleiben nicht ohne Einfluß auf die Frauenmode und auf die Zivilkleidung im allgemeinen. So ist es in Wien, wo übrigens seinerzeit der Empire-Stil ohne Einschränkung übernommen wurde; so ist es in Paris, wo man für Kosaken und Tataren schwärmt; ihre wuchtig gewölbte Brust, ihre weiten Hosen und die kleinen Hüte mit Kapaunenfedern finden bald Echos und Entsprechungen in der Mode. Binnen kurzem sind die pludrigen Kosakenhosen mit der engen Taille auch in England groß in Mode, wo die BRITISH LIFE GUARDS schon seit 1820 beim Fechten die Arme nicht mehr hochbringen, und wo die Manie der Militärmode ihren

H

Die Gattinnen der Atlantiküberflieger Bellonte und Costes nach deren Ankunft in New York, L'Illustration, 1930.

absoluten Gipfelpunkt 1837 erreicht, dem Jahr der Krönung Königin Victorias mit der großen Parade im Hyde-Park.

In Frankreich beschränkt sich zu dieser Zeit Louis Philippe, der BÜRGERKÖNIG darauf, die Uniformen der Nationalgarde zu erneuern. Bis ungefähr 1835 trifft man im Straßenbild von Paris noch auf die Offiziere des Kaiserreichs mit ihrer blauen Redingote, hochgeknöpft und mit der roten Borte an der Knopfleiste; aber auf halben Sold gesetzt wie sie sind, stellen sie eher lebende Fossilien als Helden dar.

Nach 1848 beginnt eine neue Periode kriegerischer Auseinandersetzungen. Kaiser Franz Josef wird nun zum Inbegriff der Eleganz. Im Habsburgerreich ist auch in Friedenszeiten die Uniform von allergrößter Bedeutung (was zwei Ausstellungen der letzten Jahre reichlich dokumentiert haben: THE IMPERIAL STYLE; FASHIONS OF THE HABSBURG ERA, New York, MOMA 1979–80 und UNIFORM UND MODE AM KAISERHOF, Wien, KUNSTHISTORISCHES MUSEUM, 1983). Dies erhellt allein schon die große Menge und verschwenderische Ausstattung der Uniformen für jeden nur denkbaren offiziellen Anlaß und für jeden Dienstgrad – vom Kaiser und den Erzherzögen bis zu den Leutnants. Mitte des Jahrhunderts veranlaßt der Krimkrieg Preußen, Russen und Franzosen zu einer weiteren wichtigen Veränderung: der Einführung der TUNIQUE anstelle des HABIT. Als die Elegantesten und »Schneidigsten« gelten zu der Zeit die Husaren.

In Italien betritt mit Garibaldi ein neuer Typ des Nationalhelden die Bühne: wahrhaft volksnah, mit romantischem Einschlag. Seine Art sich zu kleiden ist in erster Linie durch die Wechselfälle seines Lebens bestimmt; erst nachträglich wird daraus eine Uniform: das »schicksalsschwere« rote Hemd, der graue Umhang über den Schultern und der kleine runde Hut mit nach oben weisender Feder.

Tatsächlich ist es zu einem Gutteil die Ausstrahlung der Uniform, die den Mann zum Helden macht – sei er nun Berufssoldat oder einfacher Einberufener. Die Uniform ist (durch die Rangabzeichen und Auszeichnungen) sichtbares Zeugnis vergangenen und durch die Zugehörigkeit zu einem bestimmten Heer, das stets schon als solches heldenhaft ist Unterpfand künftigen Heldentums. So bedeutet allein das Tragen der Uniform bereits Ehre und Anerkennung; dennoch ist es nicht nur ihr Stoff, aus dem die Helden sind – denn ein Held zu werden bedeutet, aus der Anonymität (und Uniformität) herauszutreten und eine Tat zu vollbringen, die die Norm sprengt und hinter sich läßt. Der Held ist der Mann des Übermaßes, und seine Kleidung soll – das ist zumindest das Klischee, das sich herausbildet – genau den Umschlag vom Gewöhnlichen ins Außergewöhnliche sichtbar machten.

Häufig ist der Held ein anderer, als er zu sein scheint; daher seine Affinität zur Verkleidung, zu Maske und wehendem Mantel. Seine ausgeprägte Identität, die des formalen Status' gar nicht bedarf, den die Kleidung verleiht, macht ihn paradoxerweise zu

Fünffacher Weltmeister Phil Read, 1971.

einem, der sich beständig wandelt. Das machen sich im Zeitalter der Massenkommunikation die zunutze, denen am Image und der Popularität des Helden gelegen ist: in Italien etwa Anfang des Jahrhunderts Gabriele D'Annunzio – wenn auch auf ästhetizistisch-elitäre Art. Dafür erzielt später der Diktator Benito Mussolini eine um so größere Breitenwirkung. Er wird von der offiziellen Propaganda (vor allem in den Wochenschauen), aber auch in zeitgenössischen Filmen, in einer Vielzahl von Kostümen präsentiert: als Soldat, Flieger und Sportsmann, aber auch als Arbeiter oder Bauer: Hauptsache heldenhaft. Unter dem Einfluß des Kinos macht der literarische Held eine Metamorphose durch. Die physische Erscheinung des Schauspielers spielt eine immer größere Rolle – die Kleidung tritt in den Hintergrund. Das neue Bild des Helden ist das des Stars.

ISABELLA PEZZINI

Literatur

AA. VV., Elégance militaire, London 1955.
AA. VV., Les plus beaux uniformes d'Emope, Paris 1967.
AA. VV., The Imperial Style: Fashions of The Habsburg Era, MOMA, New York 1979–1980 (Rizzoli distr.).
AA. VV., Uniform und Mode am Kaiserhof, Wien 1983.
Onner Caldrese, Garibaldi, Milano 1982.
Henry Defontaine, Du costume civil officiel et de l'uniforme militaire des officiers à le cour . . . depuis 1804 à nos jours, Paris 1908.

Vom Höfling zum Bürger

Es war wohl J. C. Flügel, der folgenden, so treffenden Ausdruck zur Bezeichnung der Veränderung prägte, die den vielleicht wichtigsten und bedeutendsten Wandel in der Männermode überhaupt darstellt – Folge sowohl wie sichtbares Zeichen des Übergangs von der aristokratischen zur bürgerlichen Gesellschaft: *»Die Männer verzichteten auf ihr Recht auf die glänzendsten, prunkvollsten, exzentrischsten und raffiniertesten Formen des Schmucks, traten es ganz und gar an die Frauen ab und machten so aus der männlichen Bekleidung eine der nüchternsten und schmucklosesten Angelegenheiten. Aus der Perspektive der Schneiderei wird man dieses Ereignis als den ›Großen Verzicht‹ des männlichen Geschlechts betrachten müssen . . . Der Mann gab den Anspruch auf Schönheit auf und war nur noch darauf bedacht, praktisch zu sein«.* Dieser Wandel vollzog sich im letzten Viertel des 18. Jahrhunderts bis in die ersten Jahrzehnte des 19. Jahrhunderts, in denen er dann abgeschlossen war; in diesen Jahren geschieht etwas viel Grundlegenderes als eine Trendwende auf der Ebene der Bekleidung: Es bildet sich ein neues Bild des Mannes heraus, das durch eine strukturelle und inhaltliche Veränderung der Kleidermode erreicht wird. Der Gegensatz zwischen den prächtigen, mit Farbe und Schmuck überladenen Gewändern des hohen Adels und der nüchternen und einfachen Bekleidung des Bürgers zeigt uns paradigmatisch, wohin die Sache auch in der Mode laufen wird; das Modell des Höflings sollte konterkariert werden. Beschreibungen und Beispiele der Männermode des 18. Jahrhunderts, ihrer raffinierten und glänzenden Eleganz, die am französischen Hof entwickelt und von der Aristokratie ganz Europas übernommen worden war, finden sich in jeder historischen Darstellung der Mode. Wichtiger ist aber der Prozeß, der zur Bildung einer Elite führte, die, derweil sie von Privilegien lebte, die längst allen Inhalts entleert waren, die Regeln der Etikette – und damit der Kleidung und des Benehmens – zum sichtbarsten ihrer Privilegien machte. Der Wandel von einer Feudalaristokratie zu einer Hofaristokratie, der in Frankreich unter der Herrschaft Ludwigs XIV. seinen Abschluß fand, brachte eine veränderte Identität des Königs mit sich: Der aristokratische – oder Hofkönig, wie N. Elias Ludwig XIV. und seine Nachfolger bezeichnet – hatte aufgehört, »le roi chevalier« zu sein. Mit dem Sonnenkönig vollzieht sich die

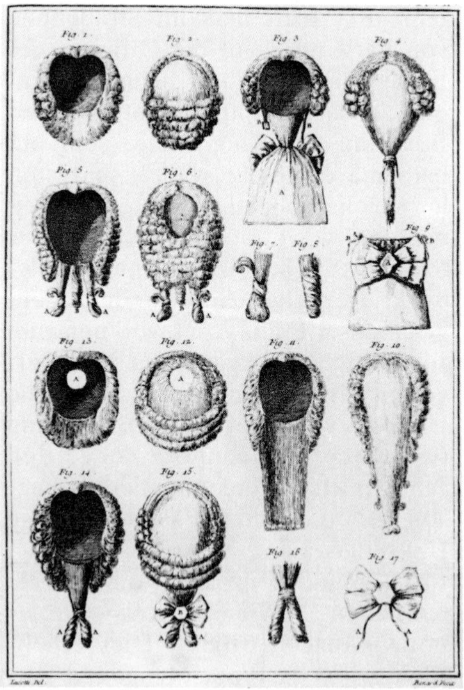

Perücken, 1751–1766.

La Grande Toilette,
Moreau d. J.,
um 1777.

Zentralisierung des Adels an einem einzigen Ort – dem Hof des Königs – und seine Unterwerfung unter ein vorgegebenes Verhaltensschema – die Etikette. Als Zeichen der königlichen Gunst bedeutet sie eine privilegierte Lebensweise und ist doch gleichzeitig eine Verpflichtung ohne Möglichkeit der Abweichung, weil außerhalb des »Establishments« die Legitimation des Standes erlischt. *»Erst zu jener Zeit begann . . . die Schaffung der aristokratischen Gesellschaft, und erst seit damals setzte sich mit all seinen Eigenschaften der Menschentypus durch, der dann zum Modell wurde«.* Die Stellung des Adels innerhalb der monarchischen Struktur konkretisiert sich auf ambivalente Weise: Einerseits ist da das Bedürfnis des Königs, seine Macht gegen jedes Autonomiestreben des Adels zu konsolidieren, andererseits *»die Tendenz, den Adel als eine vom König unabhängige und ihm dienstbare Kaste zu erhalten, aber wohl unterschieden von den anderen Schichten und mit spezifischen Verhaltensformen, als die einzige dem König angemessene und unentbehrliche Gesellschaft«.* Innerhalb dieser streng geschlossenen Elite entwickelt sich eine höfische »Kultur«, die sich von jedem anderen Milieu durch einen besonderen Gebärden-, Konversations- und Kleidungscode unterscheidet. Gerade weil die Kleidung, die sich später in Opposition zum höfischen Schema herausbildete, vollkommen entgegengesetzte Eigenschaften aufweist, soll hier das Ideal herausgearbeitet (und zu den strukturellen und handwerklichen Merkmalen der Kleidung in Beziehung gesetzt) werden, der Haltung und des Auftretens des »Grandseigneurs« (und nach ihm einer ganzen Gesellschaft des »guten Tons«) bestimmte. Die Gestik orientierte sich an den Bewegungen des Tanzes und erforderte ebenso wie der Tanz der Aristokratie – das Menuett – eine strenge Disziplin in den Bewegungen des Kopfes, des Körpers, der Arme und der Beine. Speziell die Gliedmaßen charakterisierten das männliche Erscheinungsbild: die Arme wurden,

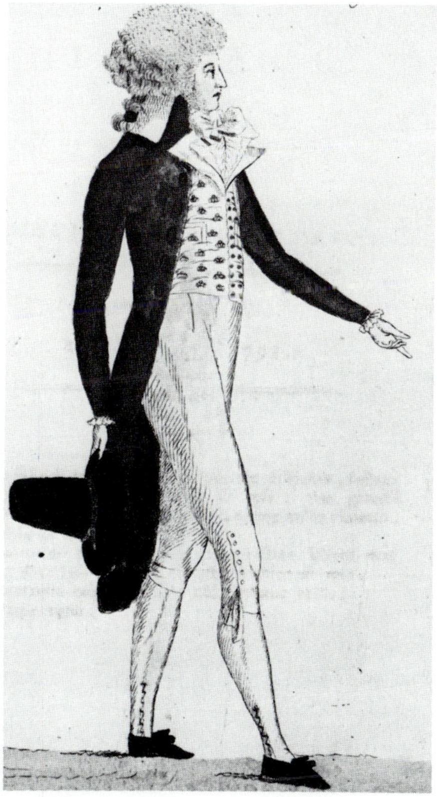

Herrenanzug,
Giornale delle Nuove Mode
di Francia e d'Inghliterra, 1791.

Herrenweste,
um 1800.
Münchner Stadtmuseum.

Herrenweste,
um 1780.
Münchner Stadtmuseum.

H

Herrenweste,
um 1780.
Münchner Stadtmuseum.

Herrenanzug,
Corriere delle Dame, 1814.

unterstützt durch den hohen und engen Schnitt von Ausschnitt und Ärmel, analog zur Tanzhaltung vom Körper abgespreizt; die Beine in anliegenden Seidenstrümpfen waren vom Knie an abwärts sichtbar: Auf sie konzentrierte sich, wie bei den Frauen auf die Brust, der sexuelle Reiz der Kleidung.

In diesen äußeren Merkmalen faßte sich, da er von Standes wegen produktive Tätigkeit nicht kannte, das gesellschaftliche Verhalten des höfischen Menschen zusammen. Es sei darüber hinaus auf ein weiteres wesentliches Merkmal dieser »absolutistischen« höfischen Gesellschaft hingewiesen, das im Verlauf des 17. und 18. Jahrhunderts das traditionelle Verhältnis zwischen den Geschlechtern tiefgreifend veränderte. Es betrifft die Stellung der Frau, deren gesellschaftliche Geltung bei Hof fast so groß war wie die des Mannes; daraus erwuchsen ihr neue sexuelle Freiheiten, z.B. was die ehelichen Pflichten betrifft. Die Analyse der Bekleidungsmodelle bis zur Mitte des 18. Jahrhunderts läßt auf eine »Identitätskrise« des Mannes schließen, von der die Krise der Ehegemeinschaft nur ein Bestandteil ist: die runde und glockige Form des Rockes, in der viele Modehistoriker Anklänge an die weibliche »Silhouette« mit ihrer engen Taille über den weiten Reifen wahrgenommen haben; die zarten Farben der Stoffe; die Vorliebe für gestickte oder gewebte Blumendekors; und nicht zuletzt die weiße gepuderte Perücke (die sich in der weiblichen Mode weit weniger durchsetzte) – fast eine Preisgabe aller Attribute von Jugend und männlicher Kraft.

Das italienische Phänomen des Cicisbeismus, das gerade in der aristokratischen Gesellschaft weit verbreitet war, bietet eine weitere Veranschaulichung der Krise des Mannes, in der sich bereits Anzeichen jener »Selbstbeherrschung« und »Selbstdisziplin« erkennen lassen, die die bürgerliche Gesellschaft so stark geprägt haben.

Es wird in der Geschichte der Mode noch andere Perioden geben, in denen einer Entwicklungsphase der weiblichen Bedingungen eine ausgeprägte Entmännlichung entspricht (denken wir an die 20er Jahre oder an unsere eigene Zeit), und es bestätigt sich so die These von Baudrillard: *»Die ganze Gesellschaft verweiblicht sich in dem Maße, wie die Frau aus ihrer Diskriminierung heraustritt«.* Im folgenden werden wir an die Ausführungen über die Mode des Höflings in der Weise anknüpfen, daß wir dieje-

Werbung für Herrenkleidung, 1868.

H

Herrenanzug, 1780er Jahre.
London, Victoria & Albert Museum.

Herrenanzug, 1790er Jahre.
London, Victoria & Albert Museum.

nigen Elemente ins Licht rücken, die vom »Großen Verzicht« am einschneidendsten betroffen wurden und sich dabei so grundlegend verändern, daß jenes Modell (des Höflings) sich auflöst. Wie Flügel bemerkte, besteht die erste Konsequenz in einem Verschwinden von Farben und Schmuckelementen – ein Abstandnehmen also von jenem effeminierten Prunk, der den Höfling ausgezeichnet hatte. Die neue Tendenz geht dem Aufstieg des Beau Brummel mit seinem unfehlbaren Geschmack vorher: Als die Modezeitschriften erste Berichte über den sich vollziehenden Wandel bringen – wir sind im Jahr 1786 und man preist Kleidung ohne Stickerei wegen ihrer größeren Eleganz, sowie die dunklen Farbtöne – ist der Beau gerade erst dem Kindesalter entwachsen.

Dennoch verdanken wir ihm die definitive Kreation des neuen Männerbildes, und zwar in einer Perfektion, die es zum Ideal werden ließ. Es bezeichnete den Übergang vom Alten zu Neuem und zeigte dem Bürgertum, worauf es zu setzen hatte: auf Distinktion. Eine Distinktion durch strenge Farben – blauer Frack über hellen Beinkleidern, Hemd und Krawatte blendend weiß und leicht gestärkt, dazu blank polierte Stiefel: So verweist sie auch auf die neuen militärischen Uniformen, vielleicht ohne daß dies dem Beau Brummel bewußt war. Der erste grundlegende Wandel betraf also die Materialien – von den gemusterten Seiden zu Wollstoffen in nüchternen Farben; hinzu kommt eine Veränderung der Formen hin zu größerer Rationalität in der Kleidung, freilich auch zu einer entschiedeneren Hervorhebung männlicher Stattlichkeit: der Übergang von den weiten, steif ausgefütterten Röcken zur Vertikalität des Fracks, der am Ende nur noch die Brust bedeckte,

Herrenanzug, um 1895.

Hosenträger,
um 1800.
Münchner Stadtmuseum.

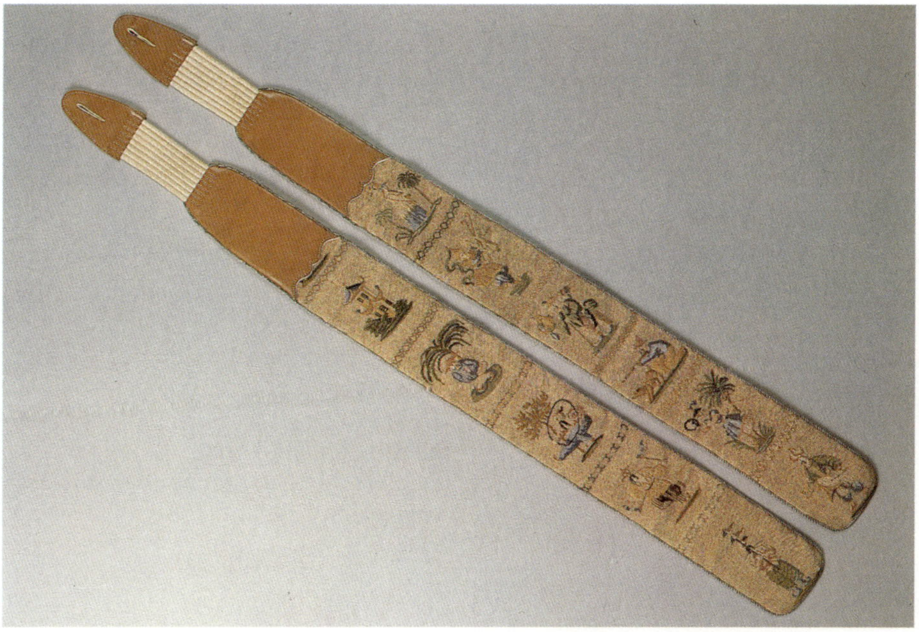

sowie der andere, langsamere, von den knielangen Beinkleidern zur Hose. Der gesellschaftliche Hintergrund des großen Verzichts ist sicherlich komplex, und es sind darin Fermente und Stimuli wirksam, die die ganze Epoche kennzeichnen, in der die Transformation sich vollzieht. Es liegt auf der Hand, welch herausragende Rolle die Kritik an einer Gesellschaft, die auf Ungleichheit begründet war, sowie die Begeisterung für die egalitären Forderungen der Aufklärung bei der Übernahme eines Bekleidungsschemas gespielt haben, das in scharfem Gegensatz zur gesellschaftlichen Differenzierungsfunktion der Kleidung steht. Dazu gesellt sich der starke Einfluß Englands bezüglich der Gesellschaft, der Kultur und Lebensart, der während des 18. Jahrhunderts in einigen Ländern Europas zu eine regelrechten Anglomanie führte. Die Veränderungen der Männermode, die dann im bürgerlichen 19. Jahrhundert kulminierte, waren in England schon in der ersten Hälfte des 18. Jahrhunderts und auch innerhalb der Aristokratie in Gang gekommen. Bedeutsam für die Zukunft ist an der englischen Entwicklung, daß sie Elemente der volkstümlichen Kleidung einbezieht; sie steht damit im Widerspruch zur Dynamik der Verbreitung der Mode, die bis zu diesem Augenblick immer von oben nach unten erfolgt war, kommt dabei aber einem Bedürfnis entgegen, das sich in den gebildeten Klassen immer stärker bemerkbar macht – nämlich die Zeichen gesellschaftlicher Ungleichheit in der Kleidung zu eliminieren. Die Abstammung zweier Grundbestandteile der Bekleidung – des Fracks und der Redingote – von volkstümlichen Vorbildern wird inzwischen von keinem Modehistoriker mehr bestritten, in England beschwört man seit den 30er Jahren des 18. Jahrhunderts die Gefahr, daß man auf Grund der Kleidung die Herren nicht mehr von ihren Dienern unterscheiden könne. Die Entscheidung, sich an der Kleidung, vor allem der ländlichen Bevölkerung zu orientieren, ist im Zusammenhang mit einer nostalgischen Sehnsucht nach Natur und ländlichem Leben zu sehen. Das ist Reaktion einerseits auf Hektik und Verpflichtungen des Hof- und Großstadtlebens, andererseits, jedenfalls, was den französischen Adel angeht, auf die erzwungene Entfernung und Entfremdung von der eigenen Erde durch die Zentralisierung. Elias, der die Auswirkungen der »Kurialisierung« der Aristokratie untersucht, erblickt in der Mode der »Schäferei« bereits den Beginn romantischer Empfindsamkeit: *»Die Bedeutung dieser Idealbilder des ländlichen Lebens für die höfische Gesellschaft des Ancien Régime illustriert die Funktion dieses verlorenen Zeitalters als Gegenbild zu den Zwängen und Defiziten der Gegenwart . . . Zahlreiche Ideen dieser Art und vor allem die Idealisierung eines Lebens im Einklang mit der Natur spiegeln – zunächst in höfisch-aristokratischen Kreisen und im 18. Jahrhundert teilweise in den bürgerlichen und intellektuellen Eliten – die Zerstörung der natürlichen Lebenszusammenhänge wider, die der wachsenden gesellschaftlichen Differenzierung und Integration verpflichtet sind; sie werden dann im 19. Jahrhundert als Grundmotive der bürgerlich-romantischen Mentalität wieder aufgenommen«.* In England, dessen ländliche Aristokratie freilich eine andere Geschichte und gesellschaftliche Funktion hatte, eröffnet sich diesen Träumereien der Ausweg ihrer sanften Verspätung oder auch der Ausweg, ländliche Feste und »Masquerades«, die ein mythisches Arkadien

Hosenträger,
um 1820–1860.
Münchner Stadtmuseum.

wieder erstehen lassen, zu veranstalten. Die Welle der historischen Romane und der Ritterromane (sowie das Interesse, auf das sie stießen) fügte einer bereits in Nostalgie schwelgenden Sensibilität neue Zwischentöne hinzu; sie trug so sicherlich dazu bei – wenngleich in geringerem Maße als die »Heldenhaftigkeit« der napoleonischen Ära – der männlichen Bekleidung jenen Inhalt, moralischer Intransingenz und mannhafter Entschiedenheit zu geben, die sie unmittelbar zur wahren Uniform der bürgerlichen Ideologie machte. Das signifikanteste Faktum ist die Beseitigung der erotischen Eindeutigkeit, die die Mode des 18. Jahrhunderts charakterisierte. Als jedes äußere Zeichen von Verweiblichung weggefallen ist, werden auch die Gliedmaßen als ihr stärkstes Ausdrucksmittel in weiten, röhrenförmigen Ärmeln und Hosen versteckt. Kraft und Tugend des »heldenhaften« Mannes werden durch den Brustkorb symbolisiert, der in den ersten 30 Jahren des 19. Jahrhunderts durch mehrere, übereinandergezogene, enganliegende Gilets hervorgehoben, später dann durch die Verbreiterung der Schultern und den locker fallenden Schnitt der Jacke nun mehr angedeutet wird. Auch in der Männermode des 19. Jahrhunderts ist also jene Einimpfung des sexuellen Schuldgefühls am Werk, von der die weibliche in solchem Maße heimgesucht wird. Auch für den Mann wird das Gewand eine vom Körper unabhängige Form, die es ermöglicht, *»sich von ihm zu distanzieren, ihn zu verlassen und seine peinliche und störende Präsenz zu vergessen«.*

GRAZIETTA BUTAZZI

Literatur

Katalog: A. M. Annas, The elegant Art of movement, in: »An elegant Art, Fashion und Fantasy« in the Eighteenth Century« (Los Angeles County Museum of Art), Los Angeles 1983.
B. Baines, Fashion Revivals from the Elizabethian Age to the present day, London 1981.
Sydney D. Barney, Clothes and the Man, London 1953.
Norbert Elias, La società di corte, Bologna 1980.
Ders., Über den Prozeß der Zivilisation, Frankfurt a.M. 1969.
J. C. Flügel, Psicologia dell'Abbigliamento, Mailand 1982.
P. Perrot, Il sopra et il sotto della borghesia, Mailand 1981.

Hut

Der Hut – Schutz und Putz für den Kopf – erscheint in der Geschichte der Bekleidung relativ spät. Kommt er bei den Männern etwa im 12. Jahrhundert auf, wird er von Frauen erst gegen Ende des 18. Jahrhunderts getragen. Eine Ausnahme bilden die großen Männerhüte aus Filz, die seit dem Ende des Mittelalters von Frauen zu Pferd, bei der Jagd und unterwegs getragen wurden.

Der Hut entsteht in Frankreich um 1775 aus der Haube, die das komplizierte Gebäude der weiblichen Frisur krönte, unter Hinzufügung eines festen Schirms. Mit seiner weichen Kalotte, ist er eine Kreation der Putzmacherinnen, die sich mit allem beschäftigen, was eine Frau auf dem Kopf oder am Hals trägt. Um 1787 wird die Kalotte hart und zylindrisch, kombiniert mit einer breiten Krempe über einer kurzen, vollen Frisur. Im Jahr

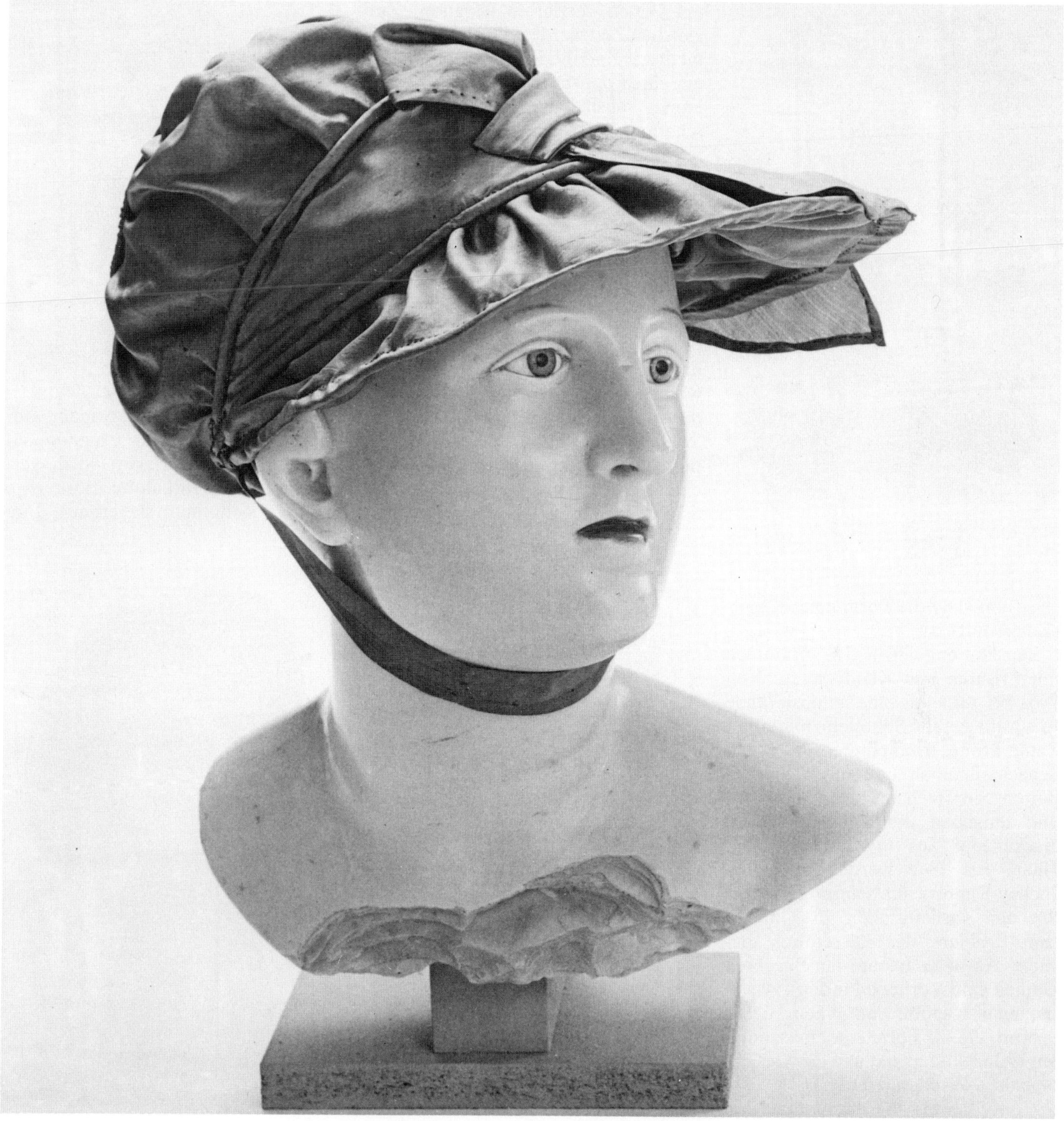

Damenhaube,
um 1805.
Münchner Stadtmuseum.

H

Damenhüte,
Corriere delle Dame, 1824.

1791 nimmt er die Form eines Kegels (Zuckerhut) an.

Der Hut entwickelt sich zusammen mit Frisuren und Kleiderstilen. Von 1794 bis 1811, als eine antikisierende Frisur die gerade Silhouette mit hoher Taille krönt, triumphieren die engen Schachtelhauben und niedrigen Kapotten. Sie sitzen auf dem Hinterkopf und umgeben den Chignon, einen Nackenzopf aus meist künstlichem Haar. Bis 1802 werden bevorzugt Jockey-Kappen mit Schirm getragen, die die Karikaturisten zu Unrecht zum Emblem des Directoires machen. Ab 1804 haben die eleganten Damen eine Vorliebe für den INVISIBLE, eine Kapotte mit einem tiefen Schirm, die die Form eines horizontalen Halbzylinders hat und das Gesicht beinahe vollständig verdeckt.

Von 1812 bis 1839 sieht man den mit Perlen verzierten Chignon. Zur gleichen Zeit werden die Hutkapotten niedriger und die Krempen schmaler, um einen optischen Ausgleich zu den immer ausladenderen Röcken zu schaffen. Bis 1819 werden die Kalotten immer höher. Anschließend, bis etwa 1825, trägt man eine Art Zylinder aus Stoff mit einer kleinen, gewellten Krempe oder einen Turban in Form eines Baretts, vielleicht aus romantischer Sehnsucht nach fernen Ländern. Ab 1825 dreht sich alles um die Krempe, die immer übertriebenere Ausmaße annimmt. Mit Bändern unterm Kinn zusammengebunden, werden sie um 1829 nach unten gegen die Wangen gedrückt. Damit wird die Wiederauferstehung der echten Kapotte angekündigt. 1833 taucht sie mit einem fischbeinverstärkten, großen Schirm, der das Gesicht wie einen Strahlenkranz einrahmt, wieder auf. Im Jahr 1840, als der Chignon auf den Hinterkopf verlagert wird, verschwindet die Hutkalotte. Von 1840 bis 1845 sieht man sie erneut. Ihre

Karikatur,
Fliegende Blätter, 1905.

Dame mit Schutenhut,
Museum der Eleganten Welt, 1836.

Schutenhaube,
um 1855.
Münchner Stadtmuseum.

Modeplakat,
Martin und Walter Lehmann,
Berlin, um 1910.
Münchner Stadtmuseum.

dominierende Linie ist die Waagrechte, bevor sie dann mehr und mehr nach hinten geschoben wird, um so die Stirn frei zu machen. Um 1864 wird der Chignon so voluminös, daß er einen kleinen Teller bildet. Diese Form wird bis 1869 beibehalten. Von 1869 bis 1895 herrscht eine Kurzhaarmode vor. 1869 trägt man einen kleinen, flachen, ovalen Hut, der weit nach vorne in die Stirn gerückt wird. 1872 hat er wieder eine Kalotte, allerdings von geringerer Höhe, und er wird, egal, ob er vorne oder hinten sitzt, gegen den Chignon gedrückt, der jetzt selbst die englische Länge überbietet. Im Jahr 1880 ist es eine Art Nonnenhäubchen, das auf die nach hinten gekämmten Haare in die Nähe des Chignon gesetzt wird, wenn es nicht gar durch eine höchst voluminöse Kopfbedeckung vom Typ MUSKETIER verdrängt wird. Von 1885 bis 1889 trägt man, zusammen mit den KLAPPSTÜHLEN, die das Hinterteil der Robe hervortreten lassen, kegelstumpfförmige Zylinder oder einen spitzen BIBI, der auf dem Haar

Damenhut-Ausstellung,
Firma Rudolph Hertzog,
Berlin, 1913.

H

Damenhut, Vogue, 1910.

Hut, Agnès, Paris, 1939.

H

Cocktailhut,
Salon Friedl Stauber-Stendl,
München, 1954.
Münchner Stadtmuseum.

thront, das aufgelöst und über dem Scheitel wieder zusammengeführt wurde. Diese Modewelle behauptet sich bis 1895, konzentriert sich aber zunehmend auf diesen kleinen Teller, der mit Schmetterlingsflügeln aus Perlen oder Pailletten verziert wird.

Zwischen 1895 und 1910 schlagen auf fülligem Haar die verschiedensten Kopfbedeckungen die kühnsten Volten. Ihnen allen ist ein Überfluß an Dekor gemeinsam. Vor allem flache Strohhüte (CANOTIER), kleine gequetschte Samthütchen (TOQUE), große asymmetrische Barette, CAPELINES mit gewellter Krempe, Dreispitze im Stil Louis XV., Schäferhüte POMPADOUR, schmiegsame CHARLOTTES (Apfelkuchen), passen ihre Krümmungen der S-Linie an, die der MODERN STYLE den Frauen ab 1898 aufzwingt. Im Jahr 1907 erhält der Hut ein eindrucksvolles Volumen, um dann 1910, die sich an der Mode des Ersten Kaiserreiches orientierende Kleidersilhouette wie ein Pilz zu krönen. Zwischen 1911 und 1929 soll der Hut die Stirn bedecken; seine Formen variieren jedoch. 1911 strebt seine Ornamentik gen Himmel. 1915 wird die Kalotte noch weiter gestreckt, um so den Chignon zu verbergen. 1916/17 wird der Kampf zwischen dem Höherwerden und dem Abflachen der Kalotte nicht entschieden. Zwischen 1919 und 1924 wird der Kopf bis unter die Augenbrauen unter dem weiten, ovalen Schirm der großen Schaubenhüte (CAPELINES) versteckt. Die vom Kubismus beeinflußte Mode der kurzen Haarschnitte und die geradlinigen Kleider der »roaring twenties« zwischen 1925 und 1927 werden von einem glockenförmigen Hut und, von 1928 bis 1929, von einer kleinen enganliegenden Kappe ergänzt.

Während der 30er Jahre provoziert die Rückkehr zur Weiblichkeit die Mode, kleine Hütchen zu tragen, die die Stirn freilassen und schief auf einer Seite sitzen, wie die Schiffchen der Soldaten. 1937 kehren die senkrechten Linien zurück und behaupten sich während der beiden folgenden Jahre. 1940 werden die AFFENHÜTCHEN oder PILLENDOSEN – Miniaturkopfbedeckungen – frech auf das in den Nacken gekämmte Haar gesetzt.

Von 1940 bis 1944 hindert die Stoffknappheit die Frauen daran, ihre Garderobe zu erneuern. Ihre Sehnsucht nach Phantasie befriedigen der von Paulette lancierte Turban, das große, romantische Barrett und die Kapotte im Stil der Restauration. Von 1945 bis 1960 erlebt der Hut in der Verbindung von neuer Fraulichkeit und großem Raffinement eine letzte Blütezeit. Kleine Canotiers, Tamburins, spitze Toques, abgerundete Schiffchen, deren Umrisse mit den Haarlocken verschmelzen, große breitkrempige Hüte (CAPELINES) oder Kegelhüte nach Art der Tonkin-Hüte – sie alle rivalisieren um die Eleganz. Von 1958 bis 1960 verliert der Hut an Höhe und Volumen. Er versucht sich den neuen, wie aufgepumpt wirkenden Frisuren anzupassen, die schließlich das Vorspiel zu seinem Untergang werden. Es sieht ein bißchen so aus, als ob die Frauen an dieser Vervollkommnung ihrer Erscheinung mit Hilfe nostalgischer Tendenzen wieder Geschmack gewännen.

Von Rose Bertin, der »Modeministerin« der Königin Marie-Antoinette, zu Paulette, deren Glanz verblaßt ist, vorbei an Herbault, der den großen Damen des Premier Empire die Hüte aufgesetzt hat, und Caroline Reboux, die die Haute Couture geschaffen hat, gibt es unzählige Modeschöpfer, die mit Einfallsreichtum und Geschicklichkeit jedem Gesicht eine der Mode entsprechende Kopfbedeckung verpaßt haben.

MADELEINE DELPIERRE

Damenhut,
Salon Berta Häusler,
München, 1949.
Münchner Stadtmuseum.

Vernissagengäste, 1984.

H

H.R.H. The Princess of Wales, 1984.

I

– Ideologie ’68
Illustrationen
Italian Look

I

Ideologie '68

Uniformhemden, Blue Jeans, Eskimojacken. Zuweilen eine Baskenmütze. Und natürlich Pullover, Sweat-shirts, Schals. An den Füßen Halbstiefel oder Schnürschuhe nach Art der Clarks. Eine echte Uniform, die Uniform der revolutionären Armee. Modell: CHE GUEVARA. Tendenziell eine Unisex-Uniform, auch wenn die Mädchen Miniröcke, Folklorekleider, Afghanenjacken trugen. Das war das Erscheinungsbild der 68er und so präsentierten sie sich bei Protestveranstaltungen, in Fabriken und Universitäten. Ein eindeutiger, kohärenter, klar definierter Stil, voll im Einklang mit den hochfliegenden und weltverändernden Ideen, die der »politischen Bewußtwerdung« einer ganzen Generation junger Bürgersöhne und -töchter voranleuchtete. In dem Projekt einer Umwälzung alles Bestehenden wurde die Kleidung Teil einer ethischen Wahl, der allgemeinen Ablehnung der Konsumgesellschaft. Natürlich schlagen so globale Parteinahmen leicht ins Zwanghafte um – so geschehen – als der utopische Elan kein Betätigungsfeld und keinen adäquaten Ausdruck in der Wirklichkeit fand. Da wurden dann die kleinen Grundsätze oft zum einzigen Kitt, der die zerfallenden Gruppen zusammenhielt. So die Kleidung. Darüber sollte man aber nicht vergessen, wie provozierend und fröhlich der neue Kleidungsstil zunächst war, der sich über alle Konventionen und Gesetze des Marktes hinwegsetzte und wieviel Übermut noch in der (scheinbaren) Beseitigung der erotisch verführerischen Komponente der Kleidung steckte. Auch wenn durch die folgenden Entwicklungen der Zwang und die Ideologisierung stärker hervortraten und alles andere überdeckten.

Selbstverständlich hatte '68 viele Gesichter – auch in der Mode. Neben dem revolutionären gab es den Folklorestil und die verspielte, sinnliche Hippiemode. Vereint in der gemeinsamen Ablehnung der bürgerlichen Gesellschaft, entdeckten die verschie-

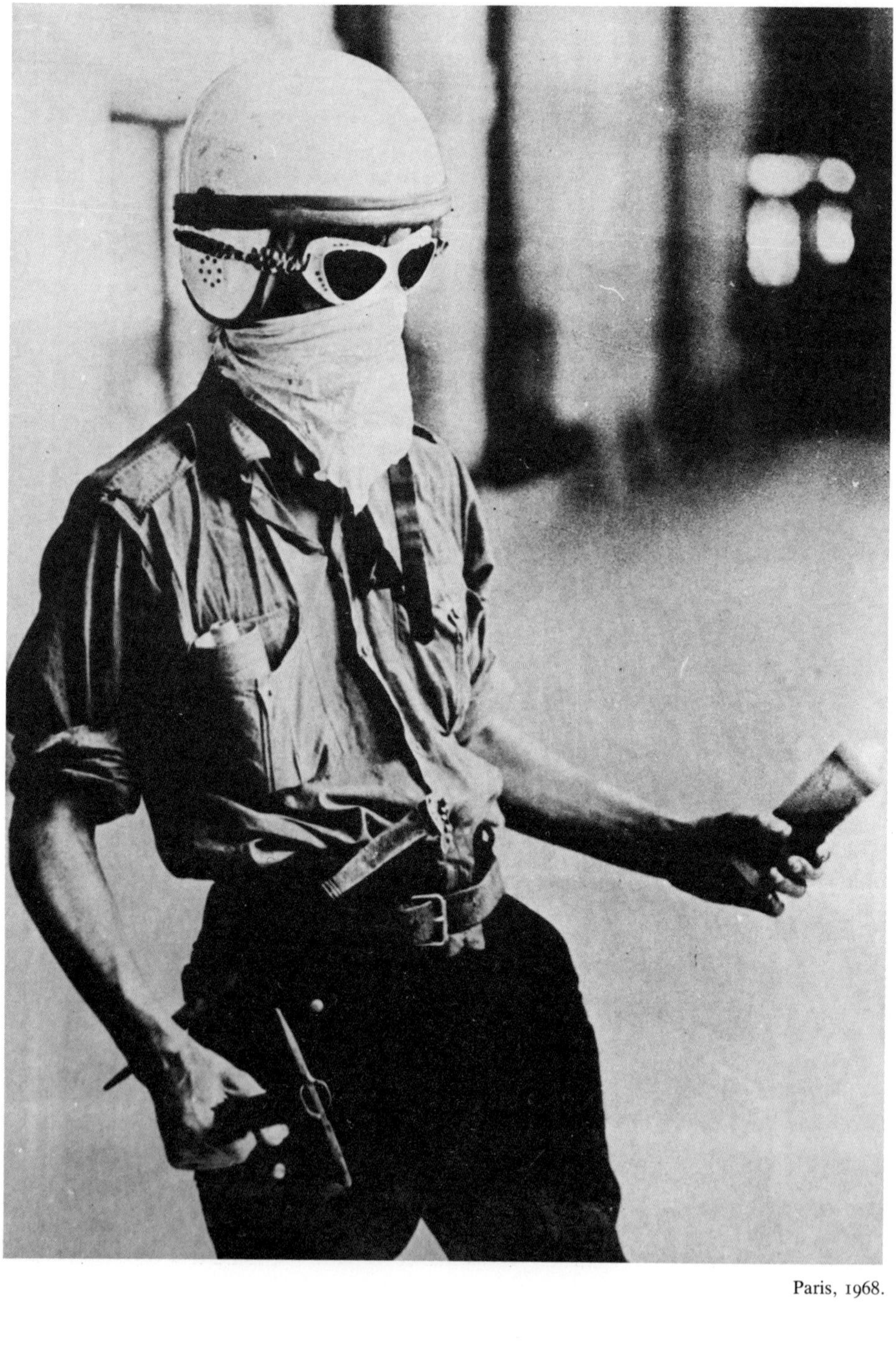

Paris, 1968.

Paris, 1968.

denen Jugendkulturen das beinahe unerschöpfliche Arsenal der gebrauchten, der second-hand-Kleider. Sie kreierten so eine Vielfalt von Stilen, lancierten Moden. Ende der 60er Jahre: Das war in der Tat die magische Zeit der Moden »von der Straße« – die Diktatur der großen Modeschöpfer schien für immer vorbei. Die Mode entstand »an der Basis« und entlehnte dem Zeitgeist die Forderungen nach Gleichheit und Gleichberechtigung.

Für kurze Zeit verzichteten selbst die wohlhabendsten Damen auf Schmuck, Abendkleider, kostbare Stoffe. Gefragt waren unedle Materialien, »objets trouvés«, Gags und ausgefallene Einfälle: alles um die Zugehörigkeit zu einer gemeinsamen, einer Welt der Jugend zu bezeichnen.

Sieht man genauer hin, handelt es sich hier um eine wichtige und ganz neue Anwendung der Prinzipien der Mode. Ziel war die Gleichheit, nicht soziale Differenzierung. Das bedeutete eine große Vielzahl von Formen, die jedoch durch immaterielle Mittel (Farben, Schnitte) oder jedenfalls auf erschwingliche Weise (Baumwolle statt Seide, Samt und Cashmere) erreicht wurde. Gewissermaßen eine Art Gegenprobe: Kunstfertigkeit und Phantasie, das Spiel der Zeichen und Formen im Dienst eines Traums von der Gleichheit. Utopie? Das Projekt einer neuen Welt, und am Ende doch bloß die Reproduktion der Unterdrückung? 1968 läßt sich nicht auf eine einfache Formel bringen; es bleibt ein Stachel im Fleisch. Man soll sich darum auch nicht über das Statement wundern, das Valentino, der berühmte italienische Modemacher, in einem Interview abgab: *»1968? habe ich gar nicht zur Kenntnis genommen.«*

BIA SARASINI

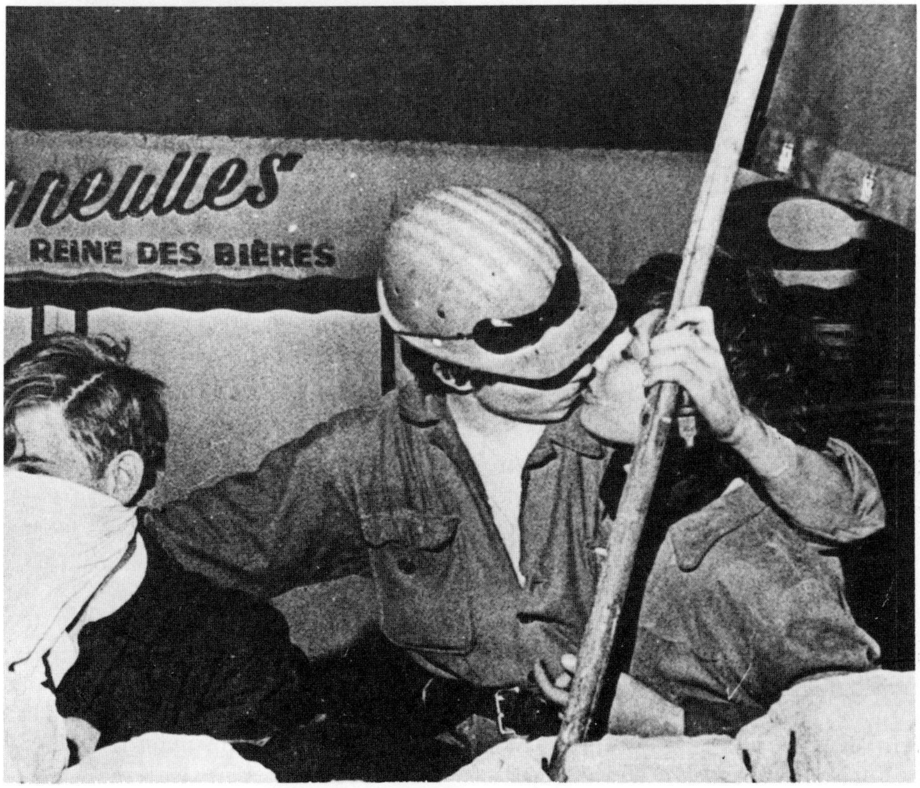

Paris, 1968.

Illustrationen

Die Mode fand über Stecher wie Callot, A. Bosse oder Cochini oder über Maler und Illustratoren wie H. Vernet, Gavarini, Lepape, Marty oder Barby Eingang in Kunsthandwerk und künstlerische Darstellung. Modezeichnungen werden gewöhnlich unter kunsthistorischen Aspekten wie dem Verhältnis von gestochener Vorlage und Reproduktion und nicht unter spezifisch modehistorischen Gesichtspunkten betrachtet. Angesichts einer Zeichnung eines Mannes oder einer Frau in der Kleidung einer be-

I

Modeillustration,
Corriere delle Dame, 1842.

stimmten Epoche, kann man sich die Frage stellen, was eine Modeskizze von der Studie eines Genremalers unterscheidet. Anders gesagt: Was unterscheidet eine Zeichnung Watteaus für die GALERIES DES MODES von 1786 von einer Frauenstudie für eines seiner Bilder? Ist es die Genauigkeit der Bekleidungsdetails, die die Modeskizze auszeichnet? Allerdings haben die Kreideportraits am Hofe der Tudors oder Valois' dann die gleiche Qualität. Diese PORTRAITS EN MODE, die zu Beginn des 17. Jahrhunderts wie Pilze aus dem Boden schießen, sind von der Genauigkeit gestochener Kostümserien, die ebenfalls in Mode kommen. Andererseits wird jede flüchtig auf ein Blatt hingeworfene Figur schnell als Modezeichnung katalogisiert, was besagt, daß das Genre keine exakte Definition zu besitzen scheint. So bezeichnet man die erhaltenen Kostümskizzen für Hoffestlichkeiten des 17. und 18. Jahrhunderts gewöhnlich als Modezeichnungen. Sie blieben in großer Anzahl erhalten. Zu ihnen gehören z.B. jene von Inigo Jones für die Maskenbälle des Hofes von Karl I. von England oder diejenigen von den Ballettaufführungen am Hofe Ludwigs XIV. und Ludwigs XV. von Gissey, Berain, und Boquet. Viel seltener sind Beispiele für die gehobene Alltagskleidung, von denen trotz allem einige Beispiele existieren, etwa die Serie von Kleidern des Hofstaats von 1778–1784, die in Paris aufbewahrt werden. Diese Figuren sind mit Bleistift gezeichnet und aquarelliert, auf Papier im DIN Format A4. Die Gesichter sind ausdruckslos, die Hände hängen passiv, von den Röcken halbverdeckt herunter. Als Besonderheit zeigt eine von ihnen zwei Möglichkeiten zur Verzierung der Rockschöße des Kleides. Viele haben handschriftliche Erläuterungen. Indem die Zeichnungen dem Entwerfer der Bortenwirkerei des Königs, Charles Germain de St. Aubin, zugeschrieben waren, wurden

Modeillustration,
Costume Français,
um 1810.

I

Modeillustration,
Le Chic de Paris,
um 1905.

sic, unfrisiert auf die Mode von 1787, in den drei Cahiers de grandes Robes d'Etiquette de la Cour de France und zwar in der Folge d'Estnauts und Rapillys der Galeries des modes reproduziert.

Im 19. Jahrhundert wird dieses Genre der Zeichnung immer häufiger, ausgelöst durch die rasche Entwicklung der Konfektionswarenhäuser, die sich mit ihren Modellen an die Zeichenateliers wenden. Das trifft auch für bestimmte Modehäuser zu. Das M.M.C. besitzt 500 Aquarelle von diesem Typ, die die Periode von 1855–1872 abdecken. Sie stammen von Mme Ghys, Hofschneiderin für Kleider und Mäntel, die sie 1879 dem Museum zum Geschenk gemacht hat. Auf der Rückseite dieser Entwürfe, die zuweilen weder Namen noch Datum tragen, finden sich manchmal weitere Bemerkungen: Angaben und Erläuterungen zu den Maßen der Kunden. Manche sind adressiert und frankiert, denn die Skizzen konnten wie normale Geschäftsbriefe an Kunden oder befreundete Schneider verschickt werden. Die meisen sind von Charles Vilatte signiert; der Rest von Léon Sault. Es ist eine Serie von Profilen und Dreiviertel-Profilen, die eine Gruppierung erlauben. Die Nummern auf der Rückseite scheinen einer chronologischen Folge zu entsprechen. Mit der Entstehung der Haute couture wird die Zeichnung für den Verkauf immer wichtiger. Einige Häuser schicken ihren Kunden kleine Lithographien auf Pauspapier, mit Modellen ohne Kopf und Arme.

Im 20. Jahrhundert binden die Modehäuser die Zeichner, die dann anonym bleiben, exklusiv an sich. Dies wird als Studio bezeichnet. Die Zeichnungen in den Alben sind nun numeriert und jedes Modell trägt einen Namen. In den 20er Jahren erinnern die Modellnamen an die Titel von Kupfern der Gazette du bon ton, wie z.B. elle plaît (sie gefällt) oder promenade au bois (Waldspaziergang). Manchmal werden dieselben Namen im nächsten Jahr umverteilt. Erst ab 1950 wählt man für jedes Jahr einen bestimmten Stil: große Theaterheldinnen, Naschwerk, Telefonzentralen etc., wobei stets ein bis zwei Nummern für die Markennamen des Hauses reserviert werden, z.B. Joy und Amour amour bei J. Patou. Bestimmte Skizzen legt der Couturier zurück und läßt sie ausführen. Die aquarellierte Zeichnung wird noch durch beigefügte Stoffmuster vervollständigt, die zur Information für Ateliers und Kunden dienen. Neben einer Version auf Pauspapier mit dem Musterschutzzeichen, werden die Modelle im 20. Jahrhundert von allen Seiten fotografiert, um so zum Musterschutz angemeldet werden zu

I

Modeplakat,
Louis Oppenheim,
Berlin, 1912.

können. Heute wird in zunehmenden Maße mit Fotokopien in mehr oder weniger reduzierter Ausführung gearbeitet. Der Stilist verbessert sie mit der Hand, und es kann gut sein, daß die Originalzeichnung zugunsten ihrer diversen Vervielfältigungen verschwindet.

Für eine raschere Verbreitung vereinfachen die Zeichner und Verleger die Figuren. Bereits La Mésangere verwendet für die Tafeln des Journal des dames et des modes eine Partie von Posen aus dem Jahre 1801 wieder, die er im Geschmack der Zeit umgekleidet hat.

Die Grenze zwischen Zeichnung und Druckgraphik ist manchmal fließend. Dank der Schnellithopresse drucken sich die Zeichner um 1870 Serien von Köpfen und Händen, die dann – ein wenig unaufrichtig – mit der Hand ergänzt werden. Von nun an geben die Zeichner auch Lithoserien heraus, die genauso wie die Zeichnungen aussehen. So publiziert Léon Sault 1866 L'Aquarelle-mode, eine Sammlung, die per Abonnement verkauft wird und in 52 Ausgaben pro Jahr erscheint. Louise Latham, eine Mitarbeiterin von L'Art de la Mode, versucht 1883 ein Album-Journal unter dem Titel Dernière Mode herauszubringen.

Bis etwa 1860 begnügen sich die Modezeitschriften mit Stahlstichen und Lithographien, die außerhalb des Textteils ein genau im Format gemaltes Aquarell minuziös wiedergeben. Diese wunderschönen Tafeln halten sich bis ungefähr 1920. Zu dieser Zeit haben Jules David im Moniteur de la mode, oder die Schwestern Colin, für die Mode illustrée, die Modes vraies etc., nicht zu vergessen Sandoz in der Revue de la mode und Gonin im Journal des demoiselles ihre großen Triumphe. Die nicht allein auf Mode spezialisierten Zeit-

Modeplakat,
Carl Moos,
Schweiz, 1919.

Modeillustration,
Le Livre de la Mode a Paris,
um 1923.

Modeillustration,
Le Livre de la Mode a Paris,
um 1923.

Modeillustration,
Le Livre de la Mode a Paris,
um 1923.

Modeillustration,
Le Livre de la Mode a Paris,
um 1923.

schriften gehen als erste daran, Abbildungen in den Text zu streuen. Zwar sind sie im CHARIVARI von 1850 noch recht schlecht integriert, aber das trifft schon für die Holzstiche, die die Seiten der 1860 gegründeten MODE ILLUSTRÉE füllen, nicht mehr zu. Jetzt wird auch das große Format für die französischen Modejournale eingeführt, als Übernahme von den Berliner Journalen VICTORIA (1851) und DER BAZAAR (1855).

Wie bei den beigegebenen Stichen sind auch hier bestimmte Figuren in Szene gesetzt, andere geben einfach die Kleider wieder. Die Zeichner der Journale machen ihre Skizzen bei den Couturiers. So lassen sie sich nachher in eine Komposition integrieren. Nehmen wir als Beispiel eine Skizze, die Anaïs Colin Toudouze bei Mme Bréaut-Castel gemacht hat, deren Modelle gewöhnlich auf kolorierten Tafeln in LA MODE ILLUSTRÉE abgebildet sind. Dank der technischen Möglichkeiten der Reproduktion, bemächtigen sich die kleinen Modefiguren mit ihrem delikaten Strich der Textseiten. Paul Méras und Erté sind darin überragende Meister. Die Modezeichner zwischen 1920 und 1963 sind Berühmtheiten, wie die großen Künstler, die der Mode zusätzliche Ausstrahlungskraft verleihen. Erté, Kostümbildner am Theater, arbeitet mit HARPER'S zusammen und Berard, Vertés oder Lila de Nobili mit VOGUE. Es ist die Epoche von Künstlern wie Pages, Bouët-Williaumez,

I

Eric, Bouché und Gruau, die zu den Couturiers und Modisten gehen, um dort die Mannequins für die wirkungsvollste Silhouette posieren zu lassen. Selbst die mittelmäßigeren Zeitschriften FEMME DE FRANCE und L'OFFICIEL haben Mitarbeiter wie Roger Rouffiance, der den selben scharf zupackenden Strich, ein wenig weicher vielleicht, wie die anderen hat. Die Spezialnummer der französischen VOGUE vom Januar 1945 ist in dieser Beziehung beispielhaft. Der Umschlag stammt von Berard und die Reportagen sind von Blossac, Delfau, Benito, Gruau etc. Willaumez verläßt VOGUE aber im Jahre 1950 und Bouché stirbt 1963. Das ist beinahe schon der totale Niedergang der inspirierten Zeichnung. Es scheint, als würde heute, vielleicht aus reiner Retromanie heraus, ein wiederauferstandenes Interesse für diese Kunst existieren; Beweis für diese Welle ist zum Beispiel das Erscheinen von LA MODE EN PEINTURE, einem Magazin, das eine Reihe von Illustrationen von Haute Couture- und Konfektions-Kollektionen bringt, die alle dem Bleistift und dem Pinsel zeitgenössischer Künstler entstammen.

Die Wahl eines oft mittelmäßigen Bildträgers bestätigt den häufig so vergänglichen Charakter der Modezeichnung. Die raschen Skizzen auf Schmierpapier von Anaïs Toudouze oder die Entwürfe der Couturiers auf Zeitungspapier, das verknittert und von Nadeln durchstochen wird, bezeugen dies. Jene Zeichner des 19. Jahrhunderts, die Karton verwenden, folgen damit dem Vorbild der Entwerfer für die Bortenindustrie, deren Vorlagen Bestand haben mußten. Auch im Gebrauch des Pauspapiers wird die technische Seite sichtbar, die von der Arbeitsweise der Fayencen-

Modeillustration, Très Parisien, 1931.

Modeillustration,
Très Parisien, 1932.

macher übernommen ist. Die Idee einer Illustration auf Pauspapier wird in den Jahren 1925 bis 1936 sogar auf den Seiten der Zeitschrift TRÈS PARISIEN übernommen. Die Tafeln sind in Wirklichkeit nur Drucke, vermitteln aber den Eindruck einer Originalskizze.

Die »Pause« ist ein weiterer Abschnitt bei der Vervielfältigung; Jean Dulac (P. Brissaud, 1929) erklärt, wie P. Brissaud *»eine Skizze direkt zu Papier bringt, dann mit Hilfe einiger Pausen die Details präzisiert oder verbessert und der letzte, so erhaltene Einfall auf die ursprüngliche primitive Skizze zurückgepaust wird.«*

Die für den Stecher bestimmte Zeichnung ist im 18. Jahrhundert aus lavierter brauner Tusche im Format der Tafel; häufig ist auch schon die Umrahmung mit angegeben. So ist es der Fall bei den Vorlagezeichnungen von Desrais und Leclerc für die GALE-

Plakat,
Eugen M. Cordier,
München, um 1955.

I

Illustration, Gruau, L'Officiel, Oktober 1955.

RIE DES MODES. Die vom Stecher gemachten Legenden und Erläuterungen stehen nicht immer auch auf den Zeichnungen, und die von den Koloristeuren gewählten Farben entsprechen auch nicht immer den angegebenen. Häufig wird nämlich die gleiche Farbe für alle sechs Blätter eines Heftes benutzt. Serien von schöner Qualität existieren auf Büttenpapier, aber die gewöhnlichen Stiche begnügen sich mit vergilbter Schablonenkolorierung in Rot, Grün und Blau. Die Zeichnungen für das CABINET DES MODES von 1785 sind einfach mit Bleistift ausgeführt, während diejenigen für das JOURNAL DES DAMES ET DES MODES aquarelliert wurden. Im Laufe des 19. Jahrhunderts verschwinden Tusche und Aquarell immer mehr. An ihre Stelle rückt die Tinte, die wegen ihrer schwarzen und grauen Kontraste in den 20er Jahren besonders beliebt war. Manchmal werden Farbstifte benutzt, zum Beispiel im Fall von E. J. Wimmer. Ab den 50er Jahren teilen sich Deckfarben, farbige Tinten und der Filzstift die Gunst der Stilisten.

Die Geschichte des Stichs und insbesondere die des Modestichs, wird durch mehr oder weniger statthafte Nachdrucke markiert. Um juristischen Nachstellungen zu entgehen, und um mit dem Papier und dem Stich Geld zu machen, sind alle Vorgehensweisen möglich. 1787 reproduziert Tutot aus Lüttich die Tafeln des MAGASIN DES MODES NOUVELLES in verkleinertem Maßstab. Dasselbe macht auch das JOURNAL DER MODEN, das sogar den Hut einer Figur mit einem Kleid einer anderen Tafel kombiniert! Es werden auch zwei Figuren auf einer Platte zusammengefaßt. Diese ökonomische Vorgehensweise ist sehr verbreitet. Zum Beispiel bei LAST NEWEST FASHIONS und DIE WIENER ELEGANTE, wo es Abbildungen in der Art von Ausschneidebögen für Puppen gibt: mit Röcken, Oberteilen und Kopfbedeckungen ohne Köpfe. Der häufigste Prozeß ist die Verkleinerung in einer vergröberten Fassung auf die Formate der Almanache. Diese zwischen 1780 und 1835 weit verbreiteten Geschenkartikel benutzten Modestiche als Vorlage und schneiden sie nach Gutdünken für Serien mit Köpfen für Gruppen unter verschiedenen Titeln zurecht z. B.: BEKLEIDUNG VON PARIS, VON BERLIN ODER LEIPZIG, MODE VON 1786 etc. Chodowiecki und Riepenhausen machen daraus eine Spezialität. In Frankreich bringen Stecher und Coiffeure Serien heraus, die Verkleinerungen bereits erschienener im Quart-Format sind. Dieser Brauch setzt sich mit der Zeit immer weiter durch und so erscheinen manchmal einige Monate oder sogar Jahre veraltete Stiche, da sie Nachstiche eines unbekannten Vorbilds sind. Auf diesem Weg könnte die französische Mode um 1806 in Italien verbreitet worden sein. Hin und wieder sind die Verleger aber auch ganz ehrlich. So heißt der Titel einer Sammlung FRANZÖSISCHE MODE ODER BILDGESCHICHTE DES KOSTÜMS IN FRANKREICH vom August 1818 – einer Auswahl von Modellen aus den ersten Zeitschriften der Hauptstadt vom November 1820 bis zum Juli 1821. Jetzt versteht man den Titel, den sich eine Zeitschrift im Zweiten Kaiserreich gibt, erst richtig: MODES VRAIES. Wahrhaftige Mode!

FRANĆOISE TETART-VITTU

Literatur

Anne Buck/Harry Matthews, Pocket guides to fashion, ladies pocket books published in England 1760–1830, in: Costume 18, 1984, 35–58.

Marie J. Ghering van Ierlant, Anglo french fashion 1786, in: Costume 17, 1983, 64–77.

Raymond Gaudriault, La Gravure de mode féminine en France, Paris 1983.

Katalog: Madeleine Ginsburg, An Introduction to fashion illustration (Victoria & Albert Museum), London 1980.

William Packer, Dessins de mode Vogue 1923–1983, Paris 1983.

Katalog: Eduard Joseph Wimmer-Wisgrill, Modeentwürfe 1912–1927 (Hochschule für angewandte Kunst), Wien, Januar/Februar 1983.

Modeillustration,
Wilfried Forster,
München, 1983.

I

Modell, Krizia, Mailand, Frühjahr/Sommer 1984.

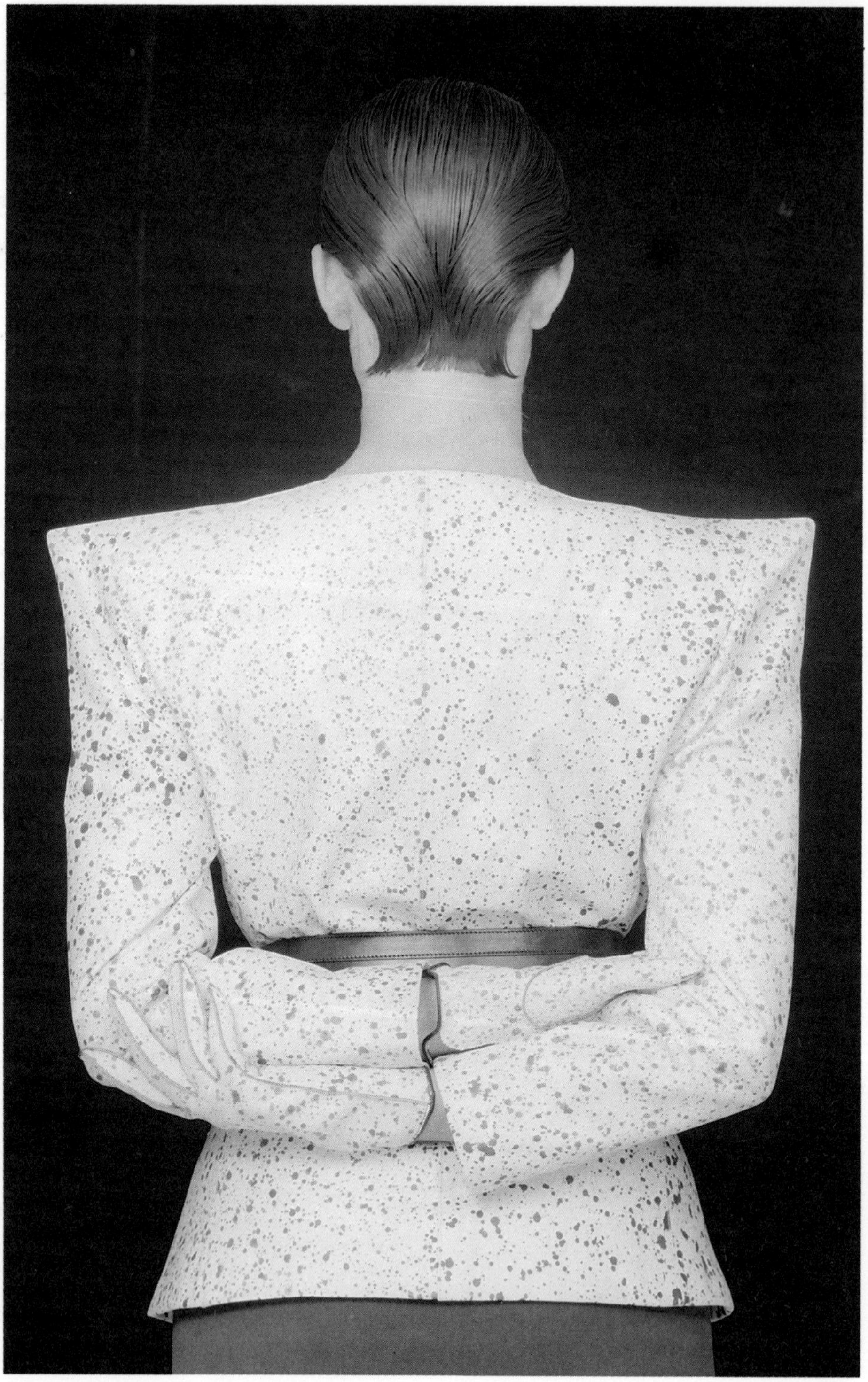

Italian Look

Anfang der 70er Jahre erleben wir ein neues Phänomen in der jüngeren Geschichte der Mode: Das exklusive Kleidungsstück der Haute Couture – fast immer aus Frankreich oder Italien – erfüllt nicht mehr seine Rolle als Statussymbol der ökonomischen Macht und der Eleganz. Wer sich ein Image finanzieller Macht und Eleganz geben und sich gleichzeitig vom gesellschaftlichen System und seinen Werten, die '68 entweiht worden waren, distanzieren will, findet in der neuen italienischen Haute Couture von der Stange die Antwort auf seine Bedürfnisse. Als erste tragen nämlich die Italiener dieser Nachfrage Rechnung. Sie wird von den Frauen und Männern gestellt, die eine Alternative zur obligatorischen, traditionellen Entscheidung zwischen Haute Couture und platter Fertigkonfektion suchen.

Diesc Alternative wird von einer neuen Figur in der Modewelt, nämlich vom Modestilisten, angeboten. Mehr noch als Kleider kreiert er ein äußerst genaues und differenziertes Frauen- oder Männerbild, das seinem persönlichen Stil entspricht. Der Modestilist ist vor allem eine Mischung zwischen dem Modedesigner und dem Couturier, obwohl er normalerweise weder im klassischen Sinne entwirft, noch von Hand nähen läßt. Er schöpft eine Produktion von Klasse, die aber auch eine Serienproduktion ist. Es sind Kleidungsstücke, die mit kostbaren, häufig neuen Stoffen und jahrhundertealtem handwerklichen know-how realisiert werden und ästhetisch das Niveau der Haute Couture erreichen, aber erweitert sind um hervorstechende neue Akzente. Obgleich in Serie produziert, sind sie

Abendkleid,
Krizia,
Mailand, 1981.

teuer und vielleicht leichter identifizierbar als Kreationen der Haute Couture, auch wenn Markenzeichen oder Signatur vielleicht fehlen. Der Modestilist hat also das Konzept MADE IN ITALY, immer schon ein Sinnbild für gute Stoffe, hervorragende Verarbeitung und »guten Geschmack«, jedoch auch für eine gewisse kulturelle Beschränkung, durch die Idee des ITALIAN LOOK ersetzt, Statussymbol einer neuen wirtschaftlichen Macht, die sich der gesellschaftlichen Implikationen der Mode bewußter ist und einen deutlich internationalen Charakter hat. So finden Europäer, Amerikaner oder Japaner beiderlei Geschlechts, die seit 1975 zwischen dem Wunsch nach einer radikalen Veränderung und dem zähen Festhalten an den wirtschaftlichen Errungenschaften schwanken, im ITALIAN LOOK die Lösung ihres Dilemmas: reich zu sein und dies durch eine elegante Kleidung zeigen zu wollen und gleichzeitig die nötige Distanz zu den traditionellen Werten des Reichtums und seiner Eleganz zu halten. Es ist nämlich kein Zufall, daß sich der ITALIAN LOOK zum ersten Mal im Bereich der sportlichen und der Freizeitkleidung zeigt. Das beste Beispiel sind die MISSONIS, die schon Ende der 60er Jahre Stricksachen, bis dahin Symbole der Zweckmäßigkeit und des CASUAL, in ungekannter Eleganz entwarfen und teuer verkauften. Wenn allein schon die Freizeitkleidung ein Symbol des Wohlstands ist, dann ist Ende der 70er Jahre ein Pullover von MISSONI erst recht ein Statussymbol.

Die MISSONI-Kreationen weisen eins der drei wichtigsten Erfolgsmerkmale des ITALIAN LOOK auf: Sie sind aus traditionellen oder neuen Stoffen von hoher Qualität, die mit beachtlicher Kreativität und Phantasie angefertigt wurden. Man denke an die unglaubliche Zartheit und Vielfalt der Farbschattierungen, die MARIO VALENTINO oder ARMANI dem Leder verliehen haben, an die Kreativität, mit der VERSACE, KRIZIA oder ENRICA MASSEI die Stoffe bearbeiten, an die Art, in der LAURA BIAGIOTTI den Cashmere verwendet, an die Geschmeidigkeit der untraditionellen Materialien, aus denen FERRAGAMO seine Schuhe verfertigt.

Ein weiteres Merkmal, das den Erfolg des ITALIAN LOOK ausmacht, ist

I

Kollektion, Missoni,
Mailand, Herbst/Winter 1985/86.

Kollektion, Versace,
Mailand, Herbst/Winter 1983/84.

die Schneidertechnik nach alter Tradition: die angewandte Sorgfalt und Überlegung, um einen Ärmelansatz weicher, einen Rock kleidsamer zu gestalten oder eine Schulter mit mehr Profil zu formen. Eine Jacke von ARMANI ist sofort identifizierbar, gleichgültig, wer sie trägt, und ist Ausdruck eines Lebensstils. Ein Kleid von FERRÉ ist das Ergebnis einer gekonnten Mischung von Schichten, Räumen und Farben; es erscheint einfach, obwohl es ein Produkt vieler komplexer Schneidertechniken ist.

Diese italienische Fähigkeit, mit Formen, Räumen und Farben zu »spielen«, hat in der jahrhundertealten Geschichte der Ornamente ihren Ursprung – von den Intarsien in polychromem Marmor über den broschierten Samt aus der Renaissance bis hin zum sizilianischen Marzipan. Sie ist das dritte wesentliche Merkmal des ITALIAN LOOK, der nicht uniform oder stereotyp ist, wie es etwa der Look in England mit den Blazers, in Österreich mit dem Loden oder in den USA mit den Jeans sein mag. Er ist vielmehr vielgestaltig, nicht nur, weil er sich an den gesamten Markt und alle Bereiche der Kleidung wendet, sondern hauptsächlich, weil er sich durch alle möglichen geschichtlichen Perioden und Schauplätze inspirieren läßt. Dabei wird das Original nicht sklavisch kopiert, sondern vielmehr mit Phantasie und Ironie umgewandelt. Es entsteht eine neu gestaltete Kopie durch die Veränderung der Formen und Proportionen, durch den Gebrauch von Farben und Stoffen, die noch nie in dieser Art verwendet wurden und durch die Geschicklichkeit, Elemente aus anderen Zeiten, die für andere Zwecke bestimmt waren, in die Alltagsformen einzubauen. ARMANI zeigt eine Samuraifrau im Wohnzimmer, VERSACE präsentiert Metallstrick und Leder in Art des Kreuzritters für die Freizeit des sportlichen Jugendlichen, oder bedeckt die nackten Schultern von Frauen in langen Kleidern mit kurzen Lumberjacks aus Leder im Stil der Halbstarken. KRIZIA kleidet ihre eleganten Damen mit plissierten Meßgewändern wie aus dem 17. Jahrhundert oder setzt auf das Haupt ihrer SPACE WOMAN einen Hut, der einem Federico von Montefeltro würdig wäre. FERRÉ kleidet den nackten Torso der Nachtfrau mit männlichen Westen, oder setzt spazierenden Damen große Flügel aus dem 13. Jahrhundert auf den Rücken. BIAGIOTTI entwickelt für die Frau eine MISE À LA ROI SOLEIL in Cashmere. Die MISSONI haben die Antithese des Mythos der Mode durch Kleidungsstücke für alle Tage und für die Freizeit kreiert, in denen man die Eleganz und Kostbarkeit eines sündhaft teuren Stücks findet, das sonst nur wenige im Alltag hätten tragen können.

Der Modestilist produziert nicht (Ausnahmen sind MISSONI, KRIZIA u.a.), sondern beschränkt sich darauf, ein Bild zu schaffen, Stoffe und Farben auszuwählen oder zu erfinden für die eigene signierte Kollektion wie auch für viele andere, die für einen größeren Markt bestimmt sind und das Markenzeichen ihrer Hersteller tragen. Es gilt also zu unterstreichen, daß die Vitalität und der Erfolg des ITALIAN LOOK nicht nur mit dem Modestilisten zusammenhängen, sondern auch mit den alten handwerklichen Fähigkeiten der Weber, Kürschner, Schneider und Schuhmacher, die im Laufe der letzten Jahrzehnte in die industrielle Fertigung eingeflossen sind. Der Modestilist hat eine anregende Funktion, weil es ihm nicht nur auf die Qualität der Rohstoffe ankommt, sondern weil er stets neue Verarbeitungen der traditionellen Stoffe verlangt und zu Experimenten mit noch nie verwendeten Materialien und neuen Produktionstechniken auffordert. Es ist zu beachten, daß die italienischen Rohstoffe und italienische Arbeitskraft nicht nur für die Herstellung der eigenen Mode dienen. Ein großer Teil des französischen LUXUS-PRÊT-A-PORTER wird in Italien produziert, wie auch viele wertvolle Stoffe, die von europäischen und amerikanischen Modemachern verwendet werden.

Die italienischen Modestilisten haben die handwerklichen und industriellen Fähigkeiten, die in Italien auf dem Bekleidungssektor schon vorhanden waren, angeregt und haben im Zusammenspiel mit diesen ein komplexes System von Kreation, Produktion und Distribution ins Leben gerufen, das für den Erfolg des ITALIAN LOOK fundamental ist. Dank einer für Italien neuen Fähigkeit, nämlich der der Verkaufsförderung, hat sich der Erfolg des ITALIAN LOOK in den letzten Jahren gefestigt. Selbst noch in den 70er Jahren hatten die Modeschauen und -vorführungen privaten Charakter, fanden 'mal in Florenz, 'mal in Mailand (Walter Albini stellte als erster 1972 in Mailand fünf Kollektionen für verschiedene Häuser vor) in Hotels oder in »show rooms« statt, ohne spezielle Vermarktungsstrategien, die es den Käufern und Journalisten erleichtert hätten, das gesamte Angebot zu sehen. Schon im Jahre 1975 präsentiert fast die gesamte HAUTE COUTURE, die Rang und Namen hat ihre Kreationen in Mailand, der europäischen Stadt par excellence. Sie besaß schon die notwendigen Infra-

Abendkleid, Armani,
Mailand, Herbst/Winter 1986/87.

strukturen für den Transport und für die Unterbringung der Tausenden, die damals schon in der Modebranche tätig waren. 1977 wird der Verband ENTE MILANO ALTO MODA PRONTA gegründet. Zwischen 1978 und 1979 legt er die Modeveranstaltungen und die Termine der diversen Vorstellungen in Mailand und Florenz fest, so wie man 1967 vereinbart hatte, daß die HAUTE COUTURE ausschließlich in Rom, die PRÊT-A-PORTER nur in Florenz zu unterschiedlichen Terminen vorgestellt werden sollten. In Mailand präsentieren sich MODIT, MILANOVADEMODA und andere Modeschöpfer – also die Crème des ITALIAN LOOK, die zu festen Terminen (im März und Oktober für die Frau, im Januar und Juli für den Mann) und in denselben durch den Verband koordinierten Räumlichkeiten des Messepavillons (für die Männermode hat man noch keinen festen Ort bestimmt) aus der Modevorführung eine Show, ein wahres Happening machen. In Florenz stellen die großen Bekleidungsfirmen aus, die qualitativ vielleicht weniger, aber wirtschaftlich umso mehr von Bedeutung sind, und bei denen der Firmenname mehr zählt als der des Modedesigners. In Mailand wird nur die Damen- und Herrenmode vorgestellt, in Florenz ist die Spezialisierung und Differenzierung größer: es führen vor PITTI UOMO, PITTI BIMBO, PITTI CASUAL, PITTI CASA, PITTI FILATI. In Como, seit Jahrhunderten für die Herstellung von Seidenstoffen bekannt, und in Biella, berühmt für die Produktion wertvoller Wollstoffe, präsentieren seit neuestem die Textilfirmen gemeinsam zweimal jährlich den Käufern aus aller Welt die Neuheiten für die nächste Saison. Die Veranstaltungen heißen IDEACOMO und IDEABIELLA. Diese organisierte

I

Mantel, Ferré,
Mailand, Herbst/Winter 1985/86.

Interaktion zwischen Kreativität, handwerklicher Fertigkeit, industrieller Produktion, Vertrieb und Vermarktung hat mit den Jahren das Panorama der italienischen Mode um eine Vielzahl neuer Namen bereichert. Einige sind, wie MOSCHINO, um das »Andersartige« bemüht, andere, wie LUCIANO SPRANI, experimentieren gekonnt mit extrem künstlichen Materialien, und es gibt auch die, die schon seit Jahren für die Bekleidungsindustrie arbeiten, wie auch SOPRANI oder GIORGIO CORREGGIARI, und schließlich die wirklich Neuen wie der 26jährige ENRICO COVERI.

In der Vielzahl der Stile, Richtungen und Signaturen bestätigt sich der vielgestaltige Charakter des ITALIAN LOOK, der prädestiniert zu sein scheint, alle Sektoren der Bekleidung zu erreichen und verschiedene Niveaus des internationalen Markts zufriedenzustellen.

CHIARA GIANNELLI BUSS

Literatur

Maria Vittoria Alfonsi, Leaders in Fashion, Bologna 1983.
Silvia Giacomoni, L'Italia della moda, Milano 1984.
Colin McDowell, McDowell's Directory of Twentieth Century Fashion, London 1984.
Adriana Mulassano, I Mass-Moda. Fatti e personaggi dell' Italian Look, Firenze 1979.
Pia Soli, Il genio antipatico. Creativita e tecnologia della moda italiana, 1951/1983, Milano 1984.

J

– Jeans
Les Jeunes filles en fleurs
Journal des Luxus und der Moden
Jumper

J

Jeans,
um 1978.
Münchner Stadtmuseum.

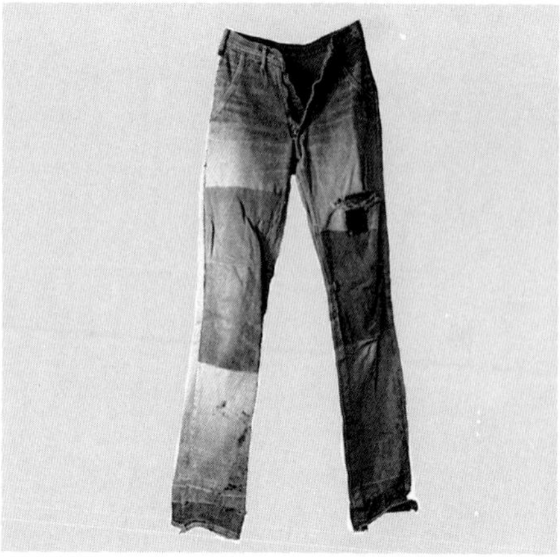

Jeans

Die Jahre zwischen 1970 und 1980 kann man als das goldene Jahrzehnt der Jeanskleidung bezeichnen. Die Bürger der BRD kauften mehr Jeans als andere Hosen, mehr als 40 Millionen Paar – ein Markt von 1,5–2 Milliarden DM. Etwa die Hälfte dieser Jeans waren »Blue Jeans«, also indigogefärbte Baumwollhosen, die restlichen aus Cord oder anderen Stoffen. Eine fast unübersehbare Zahl von Hosenmarken teilte sich diesen Kuchen.

Die Namen der Fabrikate klingen für ein so biederes Produkt wie Hosen recht abenteuerlich: MARSHAL, MUSTANG, BRONCO, LUCKY STAR, PIONEER, RIFLE usf. Beherrscht wurde – und wird – dieser Markt jedoch von nur drei Firmen, dem internationalen Marktführer LEVI STRAUSS & CO., San Francisco, seinem schwächeren US-Konkurrenten BLUE BELL mit der Marke WRANGLER und der einzigen großen deutschen Firma HERMANN in Künzelsau mit der Marke MUSTANG. Die Masse der kleinen Marken stellt ihre Hosen nicht selbst her, sondern bezieht sie aus Lohnschneidereien oder Billiglohnländern wie Taiwan oder Hongkong; erst durch Vertrieb und Werbung werden sie zur Marke. Freilich lassen auch die amerikanischen Konzerne nicht in der teueren BRD schneidern: BLUE BELL läßt die WRANGLER für Europa in Spanien, Schottland oder auf Malta fertigen, wo das Lohnniveau am niedrigsten ist.

Der Vertrieb dominiert – und mit ihm die Imagepflege. »Blue Jeans« herzustellen ist schließlich nichts Geheimnisvolles: Ein derber Baumwollstoff (Denim), den in Europa nur sehr wenige, sehr große Webereien herstellen, wird mit künstlichem Indigo gefärbt, das aus der Fabrikation eines einzigen deutschen Chemieunternehmens stammt – bei sauberer Verarbeitung und halbwegs wohlgeratenem Schnitt dürfte es schwierig sein, wirkliche Unterschiede zwischen den Produkten auszumachen. Die Käufer jedenfalls machen welche, besonders die jungen, die »ihrer« Marke meist auf Dauer treu bleiben. Das Markenbewußtsein der Kunden muß geschaffen und gepflegt werden.

Grundlage aller Jeanswerbung, also der Herstellung des Markenbewußtseins, ist die Geschichte dieser Hosen. Als einfacher, chronologischer Ablauf taugt sie freilich nicht für die Vermarktung, darum wird die Geschichte in Geschichten aufgelöst, in Sagen und Mythen. Eine davon ist die vom einsamen Auswanderer Levi Strauss, der 1850 mit einem Packen Zeltleinwand unter dem Arm in San Francisco von Bord ging, dann aber nicht Zelte oder Wagenplanen aus dem Stoff schneiderte, sondern Hosen für die Goldgräber aus dem nahegelegenen Sacramento, die strapazierfähige Beinkleider benötigten.

Weil einem von ihnen häufig die Taschen von den Gesteinsproben ausgerissen wurden, kam Levi auf die Idee, die besonders beanspruchten Nähte mit Kupfernieten zu verstärken. Die seitdem fast unzerstörbaren Hosen entwickelten sich zu einem Verkaufsschlager, Strauss mußte eine Fabrik bauen, wurde reich, etc. etc.

Tatsächlich wanderte Levi (Löw) Strauss mit seiner Mutter Rebecca und zwei Schwestern 1847 aus Oberfranken nach Amerika aus. In San Francisco gründete er schließlich ein Haushalts- und Kurzwarengeschäft, das sich gut entwickelte. Wenn er auch schon Bekleidung herstellte, Blue Jeans im heutigen Sinne waren nicht darunter. Die erfand 1873 ein aus Polen eingewanderter Schneider, Jacob Davis, der Canvas-Hosen mit Nieten verstärkte. Strauss erwarb einen 50%-Anteil am Patent und organisierte, unter Davis' Leitung, die Serienproduktion. Darauf beruht sein Verdienst. 1873 also schlug die Geburtsstunde der Jeans, nicht 1850, wie LEVI STRAUSS & CO. noch heute auf ihre Hosen druckt.

Der Stoff, aus dem die Hosen sind, ist allerdings weit älter. Denim, sein Name, ist eine Verballhornung des französischen SERGE DE NÎMES, der Herkunftsbezeichnung für einen kräftigen Baumwollstoff in Köperbindung, der in Europa seit dem 17. Jahrhundert für strapazierfähige Kleidungsstücke verarbeitet wurde, z. B. für deutsche Hafenarbeiter. JEANS ist ebenfalls eine Herkunftsbezeichnung (»nach Genueser [Geanes] Art«); das damit bezeichnete Gewebe entspricht etwa dem DENIM.

Angesichts der Tatsache, daß die Verbreitung von »Jeans«-Anzügen im Westen der USA schon lange vor 1873 bezeugt ist, darf man das Erstgeburtsrecht der Strauss'schen Hosen in Zweifel ziehen. Die Firma ist ledig-

Jeans,
um 1978.
Münchner Stadtmuseum.

lich die älteste noch existierende Jeans-Produzentin und die erste, die ihre Produkte mit Kupfernieten verstärkte.

Das bescherte ihr im Zeitalter der Massenfertigung, wo das »Echte« gefragt ist, einen uneinholbaren Vorsprung vor der Konkurrenz. Zwar konnten die Amerikaner schon im späten 19. Jahrhundert OVERALLS und PANTS (Latzhosen und enger geschnittene Modelle für Reiter, besonders Cowboys) im Versandhaus bestellen, aber diese Produkte waren namen- und damit geschichtslos. Die US-Konkurrenten LEE (seit 1911) und BLUE BELL'S WRANGLER (seit 1948) trachteten wohl auch danach, ihren Produkten den Beigeschmack des Echten zu verleihen, indem sie die Glorie des Wilden Westens für die Werbung bemühten, aber nur für LEVI'S konnte man mit Originalfotos aus Goldminen und vom Eisenbahnbau belegen, daß sie »dabei« gewesen waren. Im übrigen verzichtet auch die Herstellerfirma der urwürttembergischen Jeans aus Künzelsau nicht darauf, den (Wilden) Westen der USA für die eigene Werbung auszuschlachten.

Bis zum Ende des II. Weltkrieges waren Blue Jeans überwiegend ein Stück Arbeitskleidung. Die sich entwickelnde Freizeitgesellschaft in den USA verlangte nach angemessener Kleidung und die Jeans im Pants-Stil boten sich an, weil sie immer wieder mit dem verklärten, angeblich freien Leben der Cowboys in Verbindung zu bringen waren. Hier liegt wohl auch die Wurzel für die Gleichung: Freizeit = Freiheit, mit der später die Jeanskäufer der westlichen Welt motiviert wurden. Einstweilen gab es nur in den USA das große Geschäft mit Freizeitkleidung zu machen. So wurde die

J

Marke Wrangler nicht mehr als Arbeitshose, sondern schon als Freizeittextil kreiert. Gleichzeitig wurden Erwachsene, Jugendliche und Kinder angesprochen, so daß um 1955 Blue Jeans ein Standard-Kleidungsstück des US-amerikanischen Nachwuchses darstellten, der sie seither nicht mehr ausgezogen hat.

Der US-Markt erwies sich als (fast) unbegrenzt aufnahmefähig; die Umsätze der Hersteller wuchsen ins Gigantische: L. Strauss & Co. setzte 1945 10 Mill. $ um, vor allem im Westen der USA, 1960 48 Mill. $, 1969 schon 250 Mill. $, 1979 dann 2 Mill. $ nur in den USA, in aller Welt sogar 3 Milliarden.

Die Aufwärtsentwicklung von Blue Bell verlief ähnlich günstig; der Konzern besaß 1974 128 Jeans-Fabriken und Lager auf der ganzen Welt. Auf geringerem Niveau, aber genauso erfolgreich, agierte die Firma Mustang. Wurden 1948 noch 300 »Röhrles-Hosen« nach US-Vorbild zusammengeschneidert, so waren es 30 Jahre später 4 Millionen Paar (Blue Jeans, Cordjeans und andere).

Auch in der BRD eroberten Jeans den Markt von der praktischen Seite her. Seit 1954 verkauft sie das Versandhaus Neckermann; über Jahre hinweg wurden sie unter Betonung des Gebrauchswerts angepriesen: *»Eine praktische, unentbehrliche Mehrzweckhose, die von Tag zu Tag mehr Freunde gewinnt.«*

Bald schon nahm der Freizeitaspekt an Bedeutung zu. Von Anfang an werden, wie in den USA, alle Altersstufen angesprochen; für Jungen gibt es Cowboy-Hosen, für weibliche Teenager Girl-Hosen. Älteren Jahrgängen bietet man »zünftige Nietenhosen« an. Es gab also nicht die eine »Jeans-Generation«, die in den 60er Jahren ihren Protest u.a. durch Jeanstragen artikulierte.

Werbeanzeige, Levi Strauss & Co., San Francisco, um 1890.

Zur Erklärung des Massenphänomens Jeans wid man nach anderen Gründen, jenseits des Protestes, suchen müssen. Es hatte sich ja gezeigt, daß Blue Jeans vor allem wegen ihres Gebrauchswertes erworben wurden. Damit liegen sie schon immer in einem säkularen Trend, denn unsere Kleidung entwickelt sich seit Jahrzehnten auf das Ziel möglichster Pflegeleichtigkeit bei ebensolcher Zweckmäßigkeit hin. Seit Hausfrauen kein Personal mehr haben, sondern selbst mitverdienen, ist diese Entwicklung eine gesellschafftliche Notwendigkeit. An Jeans als ehemaligen Arbeitshosen stören weder Flecken noch Flikken und vor allem verdanken wir ihnen die Freiheit von der Bügelfalte.

Parallel zu diesem Trend verläuft eine Bewegung zu zwangloser und informeller Bekleidung; die Verwendungsbreite unserer Kleidungsstücke ist längst nicht mehr so beschränkt wie früher, als für bestimmte Anlässe jeweils unumgänglich ein bestimmtes Kleidungsstück vorgeschrieben war. Folgerichtig ist seit dem letzten Krieg ein Rückgang der Großkonfektion (Anzüge, Kostüme) zu bemerken, legere Kombinationsartikel (Pullover, Hosen, Jacken) werden immer beliebter. Jeans passen gut zu dieser Tendenz, denn in recht weit gesecktem Rahmen verleihen sie ihrem Träger das Gefühl, in den meisten Situationen ziemlich richtig gekleidet zu sein.

Untrennbar verbunden mit den legeren Kleidungsstücken ist eine lokkerere Körperhaltung. Die heutige Art zu sitzen – häufig genug auf dem Boden – verlangt entsprechende Kleidung, die lässige Körperhaltung setzt lässige Textilien voraus, denn Haltung und Kleidung bedingen einander. Das gilt vor allem für Freizeitkleidung, deren Bedeutung auf dem Textilmarkt seit langem ununterbrochen steigt. Mit Jeans wird heute eindeutig »Freizeit« verbunden. Die Haupt-Jeans-Saison liegt denn auch

Goldgräber in Kalifornien, um 1890.

Marlon Brando, Filmfoto, 1953.

kurz vor der Urlaubszeit. Fast 70% aller Jeanskäufe werden von März bis Juli getätigt.

In einer Befragung von 1969 erwarteten Frauen von der Mode der Zukunft mehr Sportlichkeit, mehr Unisex, mehr Körperlichkeit, weniger alterstypische Formen, Eigenschaften also, die auf Jeans bestens passen. In der Tat besteht zwischen der Verbreitung des Hosentragens bei Frauen und der Verbreitung der Jeans eine deutliche zeitliche Parallelität. Noch 1960 wird in der Zeitschrift TWEN gestritten, ob Frauen überhaupt Hosen tragen sollen, und die erste Frauenhose, die NECKERMANN anbot, war die erwähnte GIRL-HOSE. Freilich ist das Hosentragen noch immer Sache vor allem der jüngeren und schlankeren Frauen, da die Schönheitsfehler der deutschen Frauen *»um die Hüften herum«* liegen. Dieser Sachverhalt gilt besonders für Jeans, die seit 1970 vorwiegend hauteng (»knackig«) produziert und in der Werbung bewußt als zweite Haut auf idealem Körper präsentiert werden. Eine Marktanalyse kommt sogar zu dem Schluß, daß Jeans den *»sozial tolerierten Exhibitionismus«* darstellen. Die Körperbetonung und damit die große Nähe enger Jeans zu einem Signal mit sexueller Stimulationswirkung wirken sich daher negativ auf ihre Tragbarkeit für Frauen mit alters- oder konstitutionsbedingten Figurproblemen aus. Noch in den 70er Jahren bevorzugten diese Frauen außer Haus Rock und Pullover, obwohl Dreiviertel aller Frauen Jeans zur Hausarbeit trugen. Erst in der Freizeit akzeptieren auch die von unseren derzeitigen ästhetischen Normen benachteiligten Frauen im vollen Umfang die populären Jeans. Die Männer haben es da leichter und tragen auch mit Bauch und Jahren Jeans ungleich häufiger. Selbst junge Mädchen finden Jeanstragen bei älteren Herren (ab 40) viel schicker als bei altersgleichen Frauen, ein Indiz für feste Rollenbilder.

Einige der genannten Faktoren (Lässigkeit, Jugendlichkeit, Körperlichkeit) lassen sich unter einen Begriff summieren, der einen Hauptgrund für die Jeanswelle bezeichnet: die »Amerikanisierung« der Welt. Wie alle machtpolitisch dominierenden Staaten der Vergangenheit (Spanien, Frankreich, England) besitzen die USA schon seit dem Ende des I. Weltkriegs, besonders seit dem des II., den stärksten kulturellen Einfluß. Alle Staaten, die den USA politisch und ökonomisch auf dem amerikanischen Weg folgten, übernahmen früher oder später auch Elemente des AMERICAN WAY OF LIFE: Sprachstil, Hamburger, Autobahnkreuze und Blue Jeans. Letztere gab es aber massenhaft erst in dem Moment für den Rest der Welt, als die Grundnachfrage des amerikanischen Binnenmarktes befriedigt war. Mit dem Know-how langjähriger Produktion, unerschöpflichem Kapital und dem Mythos der echten, weil amerikanischen Jeans, konnte danach der Weltmarkt erobert werden. Für Europa war dieser Moment 1968 gekommen, als die US-Konzerne hier richtig Fuß faßten, Werke und Lager gründeten. Es dürfte kein Zufall gewesen sein, daß zu diesem Zeitpunkt Blue Jeans in den Modezentren Paris und London ganz offiziell als Mode für junge Leute propagiert wurden. Die »Jeans-Welle« war da, daß sie zur Springflut auflief, lag am hohen Stand, von dem aus sie gestartet wurde und an der Summierung der langfristigen Entwicklungstendenzen in der Kleidung europäischen Stils. Mit Protest oder gar Freiheit, wie uns die kreativen Köpfe der Werbebranche mit gutem Erfolg eingeredet haben, hat das alles ursächlich nichts zu tun; der Protest bestand nach 1970, der Werbung der Hersteller zufolge, ohnehin nur noch im Vollzug wechselnder Jeans-Moden: Die Freiheit war in die Hosen gegangen.

Anzeige, 1972.

WOLF-DIETER KÖNENKAMP

Literatur

Wolfgang Brückner, Levi's in Franken, in: Jeans. Beiträge zur Mode- und Jugendkultur, Tübingen 1985, 44–46.

Elke Dettmer, Levi Strauss, San Francisco: Blue Jeans als amerikanisches Symbol, in: Jeans. Beiträge zur Mode- und Jugendkultur, Tübingen 1985, 47–97.

Wolf-Dieter Könenkamp, Jeans-Mode und Mythen, in: Jeans. Beiträge zur Mode- und Jugendkultur, Tübingen 1985, 99–179.

Ders., Norm und Bedürfnis in der Kleidung, in: Umgang mit Sachen. Zur Kulturgeschichte des Dinggebrauchs, hrsg. v. K. Köstlin und H. Bausinger, Regensburg 1983.

Les jeunes filles en fleurs

Bevor die »teleskopische« Linie und die Innovationen von Poiret der weiblichen Mode eine entscheidende Wende zur Emanzipation, wenigstens, was die Kleidung angeht, gaben, entwickelte sich zwischen Ende des 19. Jahrhunderts und den ersten Jahren unseres Jahrhunderts eine Tendenz, die auf Duftigkeit der Stoffe und der Kleidung ausgerichtet war und deren Farbtöne häufig weiß und zarte Pastelltöne waren, so als ob sich die Frau plötzlich in eine Frühlingswolke aus schneeweißen Blütenblättern verwandeln wollte.

Diese Mode bedeutete nur äußerlich einen Umsturz des Typs der FEMME FATALE, der mit Schwarz und perverser Symbolik in Verbindung gebracht wird, da sie mit verwirrendem und »lasterhaftem« Schlüssel jene Elemente der finsteren Ambiguität wieder aufnimmt, die ihre Ausstrahlungskraft ausmachten und für die die falsche Naivität eine wichtige Komponente ist.

Bei Proust finden wir die Assimilation von Weiß mit dem Tod *». . . und ich sehe unter ihnen, blaß wie ein blühender Baum in der Landschaft, eine weiße Frau im Brautkleid . . . den Tod auftauchen«,* schreibt er in einem Brief, und seine Blumen-*»Spiele«,* die mit Melancholie vermischt sind, wiederholen immer das Motiv der weißen Farbe: die Weißdornbüsche der Kindheit, die Apfelbäume der Normandie und die *»beaux poiriers en fleurs«* des ALBUM DE LA MÉLANCHOLIE.

Dieses besondere Moment der weiblichen Mode findet bei ihm tiefen Widerhall und zahlreiche Entsprechungen: Odette de Crécy ist seit ihrem ersten Auftreten nur ein Farbfleck – rosa und perlfarben – *»en robe de soie rose avec un grand collier de perles«,* ist da, um sich, nun Frau Swann geworden, als *»une dame en blanc«* zu zeigen, von der Marcel das Antlitz unter einem kleinen seidenen Sonnenschirm *»comme sous le reflet d'un berceau de glycines«* in Erinnerung hat.

Und Odette verbindet in ihrer Ausstrahlung und ihrer Lebensgeschichte jene botticellihaften Züge, die Swann ebenso wie die ästhetisierenden Kreise seiner Zeit verzauberten, die vom präraffaelitischen Einfluß berührt waren, mit den »Unreinheiten« der Halbwelt: ihre gleiche Passion für Blumen »en satin«. Odette eifert damit fast der DAME AUX CAMÉLIAS nach, die aber im Gegensatz zu dieser in der guten Gesellschaft ihren Platz hat. Noch eine Synthese von unklaren und ausgesuchten Komponenten, die das Bild der Frau um die Jahrhunderwende formen, und die dabei mit leichten Stoffen und zarten Tönen das bittere Gift der *»belle dame sans merci«* verlieren. Der besondere Geschmack ihrer Eleganz nähert sich dem Untergang mit diesem höchst übertriebenen Stil, der, eingehüllt in Luftigkeit und Leichtheit – entsprechend der Aufmachung, die Finsternis und Geheimnis ausstrahlte – der Kleidung außergewöhnliche Personifizierungseigenschaften verleiht, so daß sie allein schon eine ansonsten nicht existierende Gestalt verkörpert, es sei denn, nur in modischen Erscheinungen, wie Proust's Odette.

Nicht zufällig bezeichnete James Laver die elegante Atmosphäre der oberen Gesellschaft in Europa zu Beginn unseres Jahrhunderts als *»ewigen Frühling«* (perpetual summer), von dem die weibliche Mode eine Vorstellung vermittelte.

Was die Modezeitschriften angeht, so war das Schlüsseljahr für die neue Huldigung an die Weiblichkeit »en fleurs« das Jahr 1900. Es wurde quasi die genaue Chronologie aufgezeichnet, die sich in der Mode beim Übergang von den GAY NINETIES zum EDWARDIAN AGE abzeichnete, laut einer Beschreibung von englischen Autoren.

Die Zeitschrift LA MODA ILLUSTRATA vom 7. Juni 1900 wiederholte für die Leserinnen, daß *»die Mode plötzlich vom übertriebenen Eingeschnürtsein, von der strengen Linie zur weichen Linie und Duftigkeit«* übergewechselt sei, und fügte kurz danach (am 28. Juni) hinzu, daß sogar die Röcke der Tailleurs *»ausgestattet sind wie Empfangsroben, mit Durchbruchstickereien, Stickereien, Applikationen von Spitzen über durchsichtiger Seide«.* Und die Pariser Zeitschrift LA MODE ARTISTIQUE stellte im Juni 1902 *»le triomphe des robes floues, plein d'un charme délicat«* fest und widmete ihnen eine Proust-ähnliche Huldigung: *»Il y a une sorte de mélancholie et une distinction exquise dans ces robes fragiles . . .«* – es werden dabei die neuen Farben angegeben: mauve, orchidée, mandarin.

Die Materialien, sowohl Stoffe wie auch Dekoration, entsprachen der Blüte des *»ewigen Frühlings«,* wie man der bereits zitierten LA MODA ILLUSTRATA entnimmt bezüglich des Wandels im Besatz *»mit Schnüren, flachen Bändern in Gold und Silber«,* noch nach dem Geschmack des 19. Jahrhunderts zu etwas komplett Neuem: *»ganz leicht und durchsichtig – der Besatz von heute imitiert Spitzen und Stickereien . . .«* (10. Mai 1900) und bei den Stoffen *»die Stoffe für einfache Mäntel und Kleidung für den täglichen Gebrauch sind weich, leicht*

J

Sommerkleid,
um 1908/10.
Münchner Stadtmuseum.

Sommerkleid,
um 1900/05.
Münchner Stadtmuseum.

und sehr hell, so als ob sie für Ballkleider dienen müßten«.

Diese Mode, offensichtlich für Gartenfeste gedacht, machte tatsächlich nicht Halt beim milden Frühling, sondern versuchte, die weiße Erscheinung der Blume, die ein illusorisches Leben hat, weil sie schnell verblüht, auf die winterlichen Härten zu übertragen. So hält Odette/Madame Swann, die ihre exquisite Weiblichkeit in den kalten Farbtönen des Todes noch nuanciert, im Pelz *»ses mains et ses épaules frileuses despairaissant sous le blanc et brillant tapis d'un immense manchon plat et d'un collet, tous deux d'hermine«.*

Zwischen 1908 und 1909 war mit dem Durchbruch der Linie der neoklassischen Inspiration und dem Beginn des orientalischen Einflusses, der mit Poiret verbunden ist, die letzte Modeerscheinung des 19. Jahrhunderts *»à l'ombre des jeunes filles en fleurs«* für immer gelöscht. Jedoch nicht, bevor nicht endgültig das Element der weiblichen Mode der BELLE EPOQUE einer Huldigung unterzogen wurde, das mehr als jedes andere diese verkörpert und sie umfaßt: LA ROBE D'INTÉRIEUR oder TEA-GOWN, das eine englische Schriftstellerin als *»this garment of mystery«* definierte, ist in der Garderobe von Madame Swann das beschwörendste Kleidungsstück, das im Fließen der Seide, des Musselins und der Spitzen sich mehr mit der präraffaelitischen Ästhetik und höchsten Huldigung der engelhaften und verteufelten Weiblichkeit, die sich daraus ableitete, verbindet. In der VERLORENEN ZEIT Prousts erscheint Odette oft in diesen Kleidern *»de crêpe de Chine blanche comme première neige, parfois aussi dans un des ces long tuyantages de mousseline de soie, qui ne semblaient qu'une janchée de*

Abendkleid,
Salon Max Schulze,
München, um 1900.
Münchner Stadtmuseum.

pétales rose ou blancs . . .«

Wie in dem besonderen Ausdruck der Mode jener Zeit und darüberhinaus, ist die Wirkung des TEA-GOWN streng mit den Stoffen und Farben verbunden, denen die Frau die Gabe des *»le même air frileux qu'aux roses qui pouvaient y rester à côte d'elle, malgré l'hiver, dans l'incarnat de leur nudité comme au printemps«* verdankt. Als Proust sein Werk, das er dem *»ewigen Frühling«* des alten Europa gewidmet hatte, beendete, war die ROBE D'INTÉRIEUR bereits aus der Mode, und Madame Swann war vielleicht die einzige, die sie noch trug, so als ob sie Zauber und Erinnerungen und das Erstaunen der jüngeren Generationen stimulieren wollte: *»Madame Swann, n'est-ce pas, c'est toute une époque?«*.

GRAZIETTA BUTAZZI

Literatur

Principessa Bibesco, Al ballo con Marcel Proust, Palermo 1978.

Elizabeth Ewing, History of 20th century Fashion, London 1974.

Philip Kolb (Hrsg.), Correspondance de Marcel Proust 1902–1903, Paris 1976.

Costanza Pasquali, Proust, Primoli, La moda, otto lettere inedite di Proust e tre saggi, Roma 1961.

Journal des Luxus und der Moden

Im Jahr 1986 ist der zweihundertste Geburtstag einer bemerkenswert erfolgreichen Zeitschrift, der ersten bedeutenden, deutschen Modezeitschrift, zu feiern. Dabei sollte das JOURNAL DER MODEN eigentlich erst ein Jahr später erscheinen, doch fürchtete sein Herausgeber F. J. Bertuch, daß ihm das Pariser CABINET DES MODES, dessen baldiges Erscheinen angekündigt war, potentielle Abonnenten rauben könne. Er bewies sicheren Geschäftsinstinkt, als er daher im TEUTSCHEN MERKUR im November 1785 – gerade als tatsächlich die erste Nummer des CABINET DES MODES erschien – ankündigte *»In Ansehung der französischen Moden wird ausser den Berichten unserer eigenen Correspondenten, das Beste und Interessanteste, was das obgedachte Pariser Cabinet des Modes, wenn es noch zu Stande kommt, liefert, unserem Journale einverleibt, so dass unsere Leser dasselbe völlig entbehren können.«*

Im Januar 1786 erschien dann in Weimar das JOURNAL DER MODEN HERAUSGEGEBEN VON F. J. BERTUCH UND G. M. KRAUS MIT AUSGEMALTEN UND SCHWARZEN KUPFERTAFELN, dem von da an ein über 40jähriger Erfolg beschieden sein sollte, wie ihn keine andere deutsche Zeitschrift der gleichen Zeit hatte. Die Abonnentenzahl wuchs ständig; es wurde auch in Frankreich, Holland und England gelesen, andere deutsche Zeitschriften druckten Auszüge und ganze Aufsätze daraus ab.

Das lesebegeisterte 18. Jahrhundert besaß eine ganze Reihe von Frauenzeitschriften, die mit Themen zur «hohen Literatur«, den Künsten, aber auch Handarbeiten und Haushaltsführung den Damen von Stand Bildung und Unterhaltung boten. In Almanachen wurden auch Modekupfer abgedruckt, doch konnten sie – bei jährlichem Erscheinen – nicht rechtzeitig genug über alle Modewandlungen informieren. Der 1758 in Erfurt erschienenen, frühesten deutschen Modezeitschrift NEUE MODE- UND GALANTERIE-ZEITUNG ODER: UNENTBEHRLICHES HANDBUCH, FÜR ALLE DIEJENIGEN, WELCHE IN DER GALANTEN WELT UND DEN GESELLSCHAFTEN VON GUTEM GESCHMACK ERSCHEINEN WOLLEN war eine Lebensdauer von nur einem halben Jahr beschieden.

So blieb es Friedrich Justin Bertuch (1741–1822), dem Geheimen Kabinettssekretär und Schatullenverwalter des Weimarer Großherzogs Carl August und einem der wichtigsten und erfolgreichsten deutschen Verleger seiner Zeit vorbehalten, eine lebensfähige Modezeitschrift zu begründen. Das JOURNAL war nur eine von vielen Zeitschriften, die in seinem Verlagshaus erschienen, wenn auch eine der bekanntesten und beliebtesten. Wesentlich für den Erfolg des Journals waren nicht zuletzt die kolorierten Kupferstiche, die das Neueste in der Mode – von schlanken jungen Damen mit Grazie getragen – besser als sie alle noch so beredten Beschreibungen vorführen konnten.

Zunächst hatte sich Bertuch in der Hoffnung, den berühmtesten zeitgenössischen deutschen Illustrator für sein Unternehmen gewinnen zu können, an Chodowiecki gewandt. Dieser lehnte jedoch mit der Begründung ab, er habe *»so wenig Hang zu dergleichen Arbeiten als die Moden sind.«* So bleibt die Arbeit fast allein bei dem Maler und Kupferstecher Georg Melchior Kraus (1733–1806), der bis zu seinem Tode auch Mitherausgeber war. Nach einer Lehre bei Johann Heinrich Tischbein d. Ä., einem fünfjährigen Studienaufenthalt in Paris und weiteren Reisen, hatte Kraus sich in Weimar niedergelassen, wo er 1776 der erste Direktor der FÜRSTLICH FREYEN ZEICHENSCHULE wird. Die Gründung dieser Schule

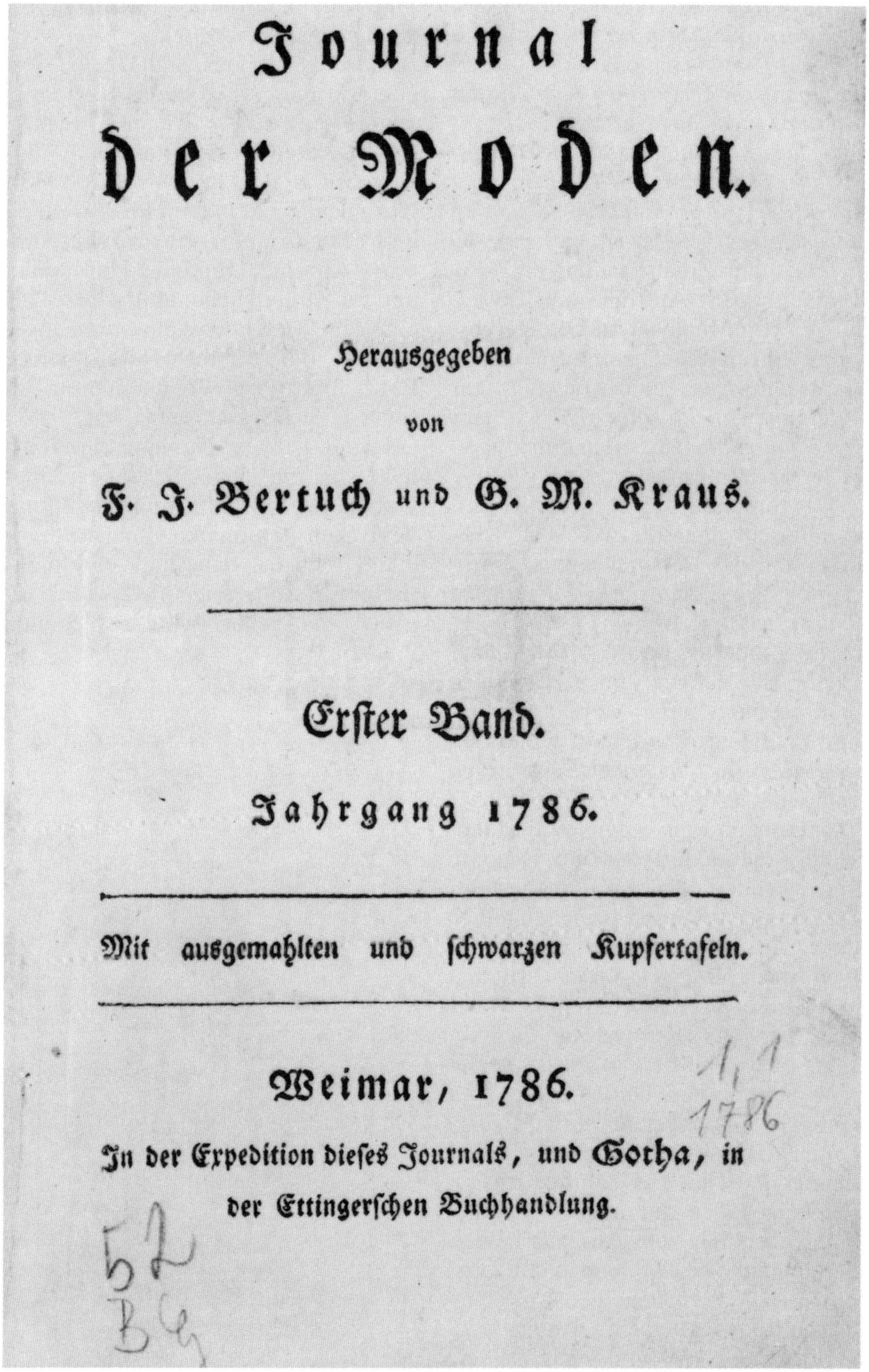

Journal

der Moden.

Herausgegeben

von

F. J. Bertuch und G. M. Kraus.

Erster Band.

Jahrgang 1786.

Mit ausgemahlten und schwarzen Kupfertafeln.

Weimar, 1786.

In der Expedition dieses Journals, und Gotha, in der Ettingerschen Buchhandlung.

Titelblatt,
Journal (des Luxus und) der Moden, 1786.

hatte Bertuch angeregt, der später zahlreiche Schüler der Anstalt als Zeichner, Kupferstecher und Koloristen in seinem Verlag beschäftigte. Es ist anzunehmen, daß die Kupferstiche bis ins erste Jahrzehnt des neuen Jahrhunderts von Kraus' Hand sind – nach den Zeichnungen der auswärtigen Korrespondenten. Es findet sich kaum ein Stich, dessen Zeichnung plump oder mißlungen wäre, im Gegenteil – die zarte Eleganz der Gesten, besonders auch bei mehreren einander zugewandten Personen, die liebevolle Behandlung der modischen Details und die sorgfältige Illuminierung auch der Stoffe verraten einen berufenen Meister seines Fachs. Nach Kraus' Tod betreuen verschiedene tüchtige, aber künstlerisch nicht gerade hervorragende Maler, Zeichner und Buchillustratoren den Kupferteil des Journals.

Bertuch wollte mit seinem Journal nicht nur eine Marktlücke gewinnbringend nutzen, sondern mit einigem Idealismus auch volkswirtschaftliche Erziehung übermitteln. Im allerersten Heft der Zeitschrift greifen die Herausgeber in einer *»Einleitung«* die Frage auf: Ist Luxus schädlich oder nützlich? *»Wenn Luxus im Grunde allen Staaten unentbehrlich ist, so wird doch auch sogar sein Mißbrauch, großen weit weniger gefährlich als kleineren. Der Grund davon fällt in die Augen. Der Vornehme und Reiche der hochleben will, braucht eine Menge geschickter Leute zu den Bedürfnissen seines Luxus. Hat der kleine Staat, in dem er lebt, diese Menschen nicht selbst, so verleitet ihn der Hang, die Vorzüge seines Vermögens und Rangs zu zeigen, die Gegenstände seines Genusses in der Fremde zu suchen, und das Geld, welches er nicht bey seinen Mitbürgern als Lohn ihrer Dienste*

J

und Arbeiten anwenden kann, geht zu dem Ausländer. Einem großen Staate hingegen, der all diese Gegenstände selbst hat, schadet es nichts, wenn auch hundert reiche Verschwender, durch ihren thörichten Luxus zu Grunde gehen. Ihr Geld bleibt im Staate, und befördert nur lebhaften Umlauf. Eben so wahr ist der Satz: je mehr in einem Staate Geschmack und schöne Künste blühen, je weniger wird ihm auch übertriebener Luxus gefährlich. [. . .] Weit entfernt dem Geiste der Wollust, der Weichlichkeit und Verschwendung den Weg zu bahnen, und ihn zu empfehlen, hoffen wir vielmehr, sollen unser Journal und künftige Arbeiten über Luxus und Moden, unsere Leser nicht allein durch das interessante Tableau, das sie ihnen von Zeit zu Zeit davon liefern, sehr angenehm unterhalten, sondern auch durch die allgemeinere Übersicht, die sie davon bekommen, diese ungeheure Ebbe und Fluth richtiger berechnen lehren, und manches hundert oder tausend Livres, das für Mode-Puppen und unnütze Models ausgewandet wäre, in Teutschland zurückzuhalten.«

Mit der Erscheinungsform als monatliche Blätter, möchten die Herausgeber *»nur immer zeitig genug Nachrichten, genaue Beschreibung, Farbe und Zeichnung von jeder neuen Mode und Erfindung, so wie sie in Frankreich, England, Teutschland und Italien erscheint, in welchem Zweige von Luxus es sey«* liefern, und zwar zu den Themen: *»1) weibliche und männliche Kleidung 2) Putz 3) Schmuck 4) Nippes 5) Ammeublement 6) alle Arten von Tisch- und Trinkgeschirre 7) Equipage 8) Häuser- und Zimmer-Einrichtung und Verzierung 9) Gärten- und Landhäuser.«* Eine verkaufsfördernde Idee ist die *»Expedition«* des Journals, die sich *»erbietet . . ., jedem Liebhaber, der ausführlichern Unterricht von irgend einer Mode und Erfindung in obigen 9 Artikeln fordert (da man von den kleinen Kupfern des Journals nicht mehr erwarten wir, als was sie leisten können) dieselben nebst genauer Zeichnung im Großen, oder ein Model nach Maaßstabe, so daß darnach gearbeitet werden kann, zu liefern.«* Ferner übernimmt die *»Expedition«* auch Aufträge und Bestellungen von Modewaren. Die Herausgeber bitten die Leser auch eigene Beobachtungen beizutragen *»zur Vollkommenheit eines Faches, das vorher noch nie wissenschaftlich bearbeitet worden ist.«*

Der Einleitung folgen im ersten Heft ein Bericht über die weibliche Kleidung und das Versprechen *»Die Musterung der ganzen, männlichen Tracht werden wir im Februar liefern.«* Außerdem wird *»Etwas über Englische Moden«*, über *»Schmuck und Nippes«*, neue Möbel, Garten- und Landhäuser berichtet. Unter den *»vermischten Nachrichten«* werden englische Jagdstiefel, ein englischer Damenschuh, ein englischer Handschuh, die neuesten Hüte, Knöpfe und *»Mode-Fuhrwerke«* vorgestellt. Daß er auch Klatsch bringt, nämlich über die *»Priesterinnen der Venus vom ersten Range zu Paris«* verteidigt er nach Leserbriefprotesten im März-Heft so: *». . . daß gerade diese es sind, die jeder Mode in Paris ihr Daseyn geben«* und betont: *»Wir sind Geschicht-Schreiber des Luxus, nicht seine Priester.«* An Abbildungen sind dem ersten Heft vier Kupferstich-Tafeln beigegeben, auf denen Coiffuren, eine vollständig zum Ausgang bekleidete Dame, verschiedene in den *»vermischten Nachrichten«* genannte englische Modedetails, ein eben erfundener *»Ballon-Ofen«* und schließlich ein sorgfältig koloriertes *»Muster von dem neuen französischen Frühjahrszeuche«* abgebildet sind. Jedes Heft des Journals wird durch das sogenannte *»Intelligenz-Blatt«* ergänzt, das Inseraten vorbehalten ist. Es finden sich u. a. Anzeigen eines Hof-Uhrmachers, eines Hof-Juweliers, der Preis-Courant einer Tapetenfabrik, Anzeigen für eine Harmonika und für Kupferstiche, und zuletzt – als einzigem Mode-Artikel – für Kunstblumen der fürstlich privilegierten Blumenfabrik zu Weimar, deren Besitzer F. J. Bertuch selbst war.

In der Februar-Nummer des Journals wird ein langes Schreiben eines Unbekannten zur Einführung einer deutschen Nationalkleidung, die vor allem schlicht, dauerhaft und praktisch sein soll, abgedruckt und zugleich die geharnischte Ablehnung

Dame »im englischen Rocke«, Journal des Luxus und der Moden, September 1786.

dieser Vorschläge durch eine Leserin, der die Herausgeber die anonymen Vorschläge zu einer Stellungnahme zugeschickt hatten. Die Leserin bezieht sich dabei auf die Einleitung der Herausgeber, durch die sie gelernt habe, daß Luxus notwendig und wohltätig sei. In der Dezember-Nummer des ersten Jahrgangs verwahrt sich Bertuch gegen Kritiker, die dem Journal vorwarfen, seine Leser zu sehr zum Kauf französischer Luxuswaren anzuregen, und verweist auf seine Definition des Luxus als der *»mächtigen Triebfeder der Industrie, der Künste, der Erfindungen und des Geschmacks, kurz des größten Theils der menschlichen Thätigkeit.«* Außerdem glaubt er, durch sein Journal nicht nur manche Leserinnen zu kleinen modischen Verbesserungen angeregt zu haben, die diese selbst ausführen konnten und so nichts gekostet haben, sondern auch deutsche Putzmacherinnen durch seine Mode-Informationen aus Paris in Stand gesetzt zu haben, dasselbe zu verfertigen, so daß die Kundinnen bei ihnen und nicht bei den durchziehenden Pariser MARCHANDES DE MODES kaufen konnten. *»Geschmackvolle und schöne Form unserer Kleidungen und anderer Bedürfnisse kostet, wenn wir sie selbst zu fertigen und anzugeben wissen, nicht einen Heller mehr als schlechte, und doch war dieß das einzige Zaubermittel wodurch uns Frankreich sich so lange zinßbar machte . . . Es ist wenigstens ein Hauptzweck unseres Journals, teutsche Industrie mehr zu heben, zu empfehlen, und unsern Großen das Vorurtheil zu benehmen, daß nur das, was uns das Ausland liefert, schön sey.«* Als Unternehmer erkennt Bertuch richtig, daß mit »Deutschtümelei« im Nationalkostüm nichts zu gewinnen war, sondern nur durch eine verbesserte eigene Industrie die ausländischen Importe verringert werden konnten. In den deutlichen Ausführungen zum Ende des ersten Jahrgangs ist wohl die Erklärung zu erblikken für den erweiterten Titel: JOURNAL DES LUXUS UND DER MODEN, den das Journal mit Beginn des Jahres 1787 erhielt und die längste und wichtigste Zeit seines Bestehens führte.

»Robe à la Turque«,
Journal des Luxus und der Moden,
Juli 1786.

Mit oft witziger, auch spöttischer Feder greift das Journal die interessantesten Moden seiner Zeit auf. Politische Moden werden dabei nicht ausgespart. Während der Revolution läßt der Pariser Korrespondent durchaus seine Sympathien für die neuen Ideen in die Modeberichte mit einfließen, bleibt dabei aber stets königstreu. Die Kleidermoden werden von den Korrespondenten in Paris, London und deutschen Städten detailliert besprochen, gelobt oder kritisiert, die Übertreibungen mit Ironie abgelehnt. Auch die modischen Auswüchse von Sitten und Gebräuchen werden ernsthaft – meist kritisch – besprochen, so z. B. die *»Neuste Mode-Experimental-Physik der französischen Damen,«* oder die neue Mode, immer mehr Hunde zu halten, die durch die französischen Glaubensflüchtlinge eingeführt worden sein soll, oder die Unart des deutschen Provinz-Adels, das städtische Bürgertum mit *»Er«* statt mit *»Sie«* anzureden. Die Abhandlung *»Ueber Thier-Magnetismus, Somnambulismus und Desorganisation, als Moden«* stieß damals sicherlich auf sehr großes Interesse.

Einer (fiktiven?) jungen Frau Amtmännin, die in einem im Journal abgedruckten Brief ihre nerövsen Zufälle, sowie ihre Hoffnung auf Heilung durch den Magnetismus schildert, rät Bertuch zu glücklicher Liebe als dem *»schönern und leichteren Wege«*, dem überempfindsamen Herzen Beruhigung zu verschaffen.

Der Leserkreis des Journals fand sich in den gebildeten und wohlhabenden Schichten, wobei man aber vermuten muß, daß längst nicht alle Leser finanziell im Stande gewesen wären, alle Vorschläge zur Gartenverschönerung und zur eleganten Wohnungsausstattung auch immer gleich auszuführen.

Auch die vorgestellten Ballkleider, kostbaren Uhren und Möbel und die teuren Equipagen werden von vielen Abonnenten nur in den Heften bewundert, nicht aber gleich gekauft worden sein.

Das Gefühl, informiert zu sein über das, was die vornehme Welt bewegte, war vielen Anlaß genug das JOURNAL DES LUXUS UND DER MODEN zu abon-

Deutscher und französischer Reiter,
Journal des Luxus und der Moden,
August 1786.

nieren. Die Geistesgrößen der Zeit urteilten nicht nur freundlich über das Journal. Wieland schrieb 1802 *»Die Zeitung für die elegante Welt und das Modenjournal sind beinahe die einzigen, die einen starken Absatz haben, weil sie auf die Eitelkeit, Frivolität und Anekdotensucht unseres Publikums fundiert sind. Aber welcher Mann von Gefühl und Ehre wird von den Lastern und Thorheiten seines Zeitalters leben wollen?«* Herder – obwohl gelegentlich Mitarbeiter – schimpfte: *»Verderbliche Modejournale, die durch stets veränderten Aufwand die häuslichen Wohlstand untergraben, und wie sie das Gemüth eitel machen, so der Gesundheit, der Moralität und aller bessern Zweckhaftigkeit schaden, sie zertrümmere der echte griechische Geschmack!«*. Goethe nennt vom Jahrgang 1795 das erste Heft *»mager«*, das zweite *»albern«* und das dritte *»wahres Nichts«*. Ganz anders sieht dies seine Mutter, in der man wohl – trotz ihres Alters – eine typische Leserin des Abonnentenkreises vermuten darf. Ihr muß er die sehnlichst erwarteten Journale regelmäßig nach Frankfurt schicken.

1790 übertrug Bertuch die Redaktion des Journals dem Weimarer Gymnasialprofessor, Schriftsteller und Altertumskenner, Carl August Böttiger, der vermehrt literaturkritische und kulturhistorische Beiträge aufnahm. Später kamen regelmäßige ausführliche Theater- und Musikbesprechungen dazu. Bertuchs Sohn Carl übernahm die Schriftleitung 1804 und änderte 1813 den Titel in JOURNAL FÜR LITERATUR, KUNST, LUXUS UND MODE. Nach 1815 wird das Journal immer literarischer, ab 1823 schließlich biedermeierlich-beschaulich und langweilig, der Modeteil verliert an Bedeutung und Originalität. Unter einem letzten neuen Titel JOURNAL FÜR LITERATUR, KUNST UND GESELLIGES LEBEN – die Mode fehlt nun ganz im Titel – ging das Journal 1827 ein.

Dem Historiker erweist es sich immer wieder – besonders in seiner Glanzzeit vom Jahre 1786 bis zur Jahrhundertwende – als erstaunlich vielfältig und ertragreiche Fundgrube zur vornehmen Alltagskultur der Goethezeit.

Unter dem Begriff Modezeitschrift werden allgemein nicht nur die Zeitschriften, die ausschließlich Kleidermode vorstellen, verstanden, sondern auch die früher und heute viel zahlreicheren Blätter, die außer der Kleidermode auch andere Moden, wie z. B. Frisuren und Körperpflege, aber auch Wohnungseinrichtung, Gartengestaltung oder schönen Hausrat zeigen. Auch diejenigen Frauenzeitschriften, die mit Beiträgen zur Haushaltsführung oder zur Familie hauptsächlich bilden oder unterhalten wollen, haben und hatten einen oft umfangreichen Modeteil und können in einem erweiterten Sinne als Modezeitschriften bezeichnet werden. Außerdem werden noch die Fachblätter für Schneider und selbstschneidernde Laien zu den Modezeitschriften gezählt. Für den Modehistoriker kann es indessen gleichgültig sein, ob er den Modeteil eines Handelsblattes oder eines Unterhaltungsblattes oder eine reine Modezeitschrift betrachtet, denn die Modenachrichten waren – solange sie sich ausschließlich an ein gehobenes Publikum richteten – bei einem Unterschied von höchstens wenigen Wochen überall gleich aktuell. Ab dem Ende des 19. Jahrhunderts muß allerdings beachtet werden, daß die von Zeitschriften gezeigten Modelle zwar zeitgleich, aber doch von ganz verschiedenen Schichten getragen werden. Zunehmend wird erschwingliche Konfektionsmode vorgestellt, die von ihren Käufern ohne weiteres einige Jahre lang getragen werden kann.

Der Bedarf und das Interesse an Modezeitschriften, die in Frankreich und in Deutschland heute ein Drittel aller Zeitschriften ausmachen, lassen sich an den langen Listen der in den letzten 200 Jahren erschienenen und 'mal recht bald, 'mal erst nach rühmlich langer Zeit wieder verschwundenen Modezeitschriften ablesen. Für den deutschen Sprachraum wurden von Lore Krempel bis 1932 (ohne Anspruch auf Vollständigkeit) 449 Titel gezählt, dazu 196 englische und 356 französische, worin die wenigen schon vor 1786 erschienenen Modeblätter enthalten sind.

Das schon erwähnte Cabinet des Modes, durch das Bertuch sich veranlaßt gesehen hatte, sein Journal früher erscheinen zu lassen, hielt sich bei zweimaliger Änderung des Titels bis 1793. Ein Jahr später wurde in London von dem Stuttgarter Kupferstecher Heideloff in Verbindung mit den Damen der Aristokratie die Gallery of fashions mit sehr schönen Kupfern herausgegeben, die die Lükke der durch die Revolution eingegangenen französischen Modezeitschriften ausfüllte und der englischen Mode zur Vorherrschaft verhalf. An deutsche Damen, denen das Journal der Moden wohl zu intellektuell war, richtete sich das Archiv weiblicher Hauptkenntnisse für diejenigen, jedes Standes, welche angenehme Freundinnen, liebenswürdige Gattinnen, gute Mütter und wahre Hauswirthinnen seyn und werden wollen, das in Leipzig von 42 deutschen Frauen herausgegeben wurde. Koch- und Backrezepte, eine Abhandlung über das Brot und seine Herstellung und hygienische Ratschläge gehören zu seinem Inhalt. Das Schminken wird abgelehnt, da die meisten Schminkmittel für die Haut schädliche Bestandteile enthalten, doch vertreibt die Damengesellschaft eigene Kosmetika, die sie als unschädlich empfiehlt. Erst im 5. Heft kommt sie etwas sauertöpfisch zu den Moden, die man wohl rechtfertigen müsse, wenn sie *». . . die Gebrechen und Fehler unseres Körpers erträglich zu machen angewendet werden.«* Das 1791 ebenfalls in Leipzig erscheinende Journal für Fabrik, Manufaktur, Handlung und Mode, das von den Beiträgen her eher ein Handelsblatt ist, bringt allmonatlich auch ein koloriertes Modekupfer mit ausführlicher Beschreibung und oft eine weitere Tafel mit Mode-Accessoires wie Schmuck, Fächer, Schuhschnallen, Handarbeitskörbchen oder neuen Erfindungen, Möbeln, Zimmerdekorationen und Equipagen. Den besonderen Reiz dieser Zeitschrift machen aber die jedem Heft beiliegenden *»Natürlichen Muster neuer Zeug-Fabrik-Artikel«* aus, nämlich zwei bis vier echte, kleine aufgeklebte Stoffpröbchen, die in Material und Beschaffenheit ausführlich beschrieben sind. Preis, Hersteller und Maße sind ebenfalls genannt. Auch das 1795 gegrünete Berlinische Archiv der Zeit und ihres Geschmacks möchte Kundinnen gewinnen, indem es unter der *»Kunstgeschichte des Tages«* die Mode einschließt: *»Ihr der alles huldigt, nahen auch wir uns mit einer monatlichen Ehrerbietung und mögten gern ihre wandelbaren Gestalten in den schnellvorüber gehenden Augenblicken ihrer Ruhe haschen und niederzeichnen. Zu diesem Behufe wird jedem Stück unserer Zeitschrift eine Kupfertafel beigefügt.«* Aus den Modezeitschriften des 19. Jahrhunderts hebt sich die Pariser La Mode (1829–1855) heraus, die mit hohen Auflagen einen bedeutenden Einfluß auf das gesellschaftliche Leben ausübt, auch die Politik verfolgt, und 1830 Balzac zu ihren Autoren, Gavarni zu ihren Illustratoren zählen konnte.

Eine sonderbare Erscheinung war 1848 die Wiener allgemeine Damenzeitung für Frauenleben und Häuslichkeit, für Kunst, Mode, Geselligkeit und Unterhaltung, die noch im selben Jahr als Österreichischer Nationalgardist und konstitutionelle Staatsbürgerblätter für das Volk und aus dem Volke, und Organ für die Angelegenheiten der Nationalgarde und schließlich als Österreichischer Soldatenfreund. Zeitschrift für militärische Interessen weitergeführt wurde. Der Herausgeber bekannte versteckt, daß er sich mit Mode befaßte, solange er sich mit Politik nicht befassen durfte.

Eine Reihe von Spezial-Zeitschriften brachte das 19. Jahrhundert hervor, u.a. zu den Themen Herrenmode, Kindermode, Wäschemoden, Korsettmoden, Frisuren, gegen Ende des Jahrhunderts hatten auch die Reform-Anhänger eigene Modeblätter.

Die Zeitschriftentitel wurden im Laufe des 19. Jahrhunderts bis ins 20. Jahrhundert immer zahlreicher und richteten sich an ein von Alter, Stand und Bildung her immer differenzierteres Publikum, bei gleichzeitig steigenden Auflagen. Im deutschen Sprachraum ragen im 20. Jahrhundert Die Dame (1912–1943) und die neue linie (seit 1929), die auch in Künstlerkreisen gelesen wurde, als besonders anspruchsvoll heraus. Modeschauen und gewaltige Schaufensterfronten in den Städten, Warenhauskataloge, bebilderte Hochglanzprospekte und Fernseh-Modeschauen konnten Modejournale nicht ersetzen und taten ihrer Beliebtheit keinen Abbruch.

ELISABETH HELLER-WINTER

Literatur

Martha Bringemeier, Ein Modejournalist erlebt die Französische Revolution, Münster 1981.
Gerda Buxbaum, À la mode, Dortmund 1983.
Annemarie Kleinert, Die frühen Modejournale in Frankreich, Berlin 1980.

Lore Krempel, Die deutsche Modezeitschrift, München 1935.
Christina Kröll, Journal der Luxus und der Mode, Dortmund 1979.
Hanspeter Ortner, Wortschatz der Mode, Düsseldorf 1981.

Jumper

Jede Zeit schafft sich ihre Kleidung. War zu Beginn des 20. Jahrhunderts die Bluse die typische wirkliche Uniform, so ist es heute der JUMPER. Damals, als die Frauenemanzipation ihre ersten greifbaren Erfolge hatte, bedeutete die Bluse als loses, bequemes Kleidungsstück stärkste Revolution in der Mode. Nach der Eingezwängtheit der fischbeingestützten Taille kam sie wie eine Erlösung, und nur weil sie symbolisch für die Zeit war, weil sie innerem und äußerem Bedürfnis entsprang, war ihr Siegeszug ohne gleichen und bedeutete einen Wendepunkt in der Geschichte der Mode. Erst im JUMPER, zu deutsch Springer, der von den amerikanischen Turnern zu uns kam, erwuchs der Bluse starke Konkurrenz. Das war im Frühjahr 1920. Plötzlich tauchte er auf, und genau wie damals die Bluse verbreitete er sich mit überraschender Schnelligkeit. Es gab kaum ein Kostüm ohne JUMPER, und die große Mannigfaltigkeit in der Ausführung dieser Schlupfbluse prägte tatsächlich der Mode einen charakteristischen Stempel auf. Bis auf den heutigen Tag. Denn als es vor zwei Jahren hieß, der JUMPER wäre passé, war dieses Totsagen nicht sein Ende. Im Gegenteil. Er erwachte in anderer Form zu neuem Leben, und in Verbindung mit dem kurzen Rock entstand das JUMPERKLEID, der für die hygienische Forderung und für die Ansprüche an das Schönheitsideal der Frau von heute charakteristische Anzug. Und er ist noch lange nicht am Ende seiner Entwicklung. Nicht nur zum Sport und für die Vormittagsstunden aus den wollenen Stoffen des Alltags, auch am Nachmittag aus Seide, Samt und Brokat regiert der JUMPER, und sogar viele Abendtoiletten entlehnen seine beliebte Form. So gibt es schon JUMPERKLEIDER in Gold und Silber, gestickt mit Perlen, Steinen und Pailletten. Kein Material ist zu kostbar für solch einen Liebling der Mode, der sicherlich noch lange die Gunst unserer Generation genießen wird, aber nur so lange, bis er von einer anderen Form, geboren aus neuen Bedürfnissen und Forderungen, abgelöst wird.

JOHANNA THAL

aus: Die Dame Heft 7, Dezember 1925, 14.

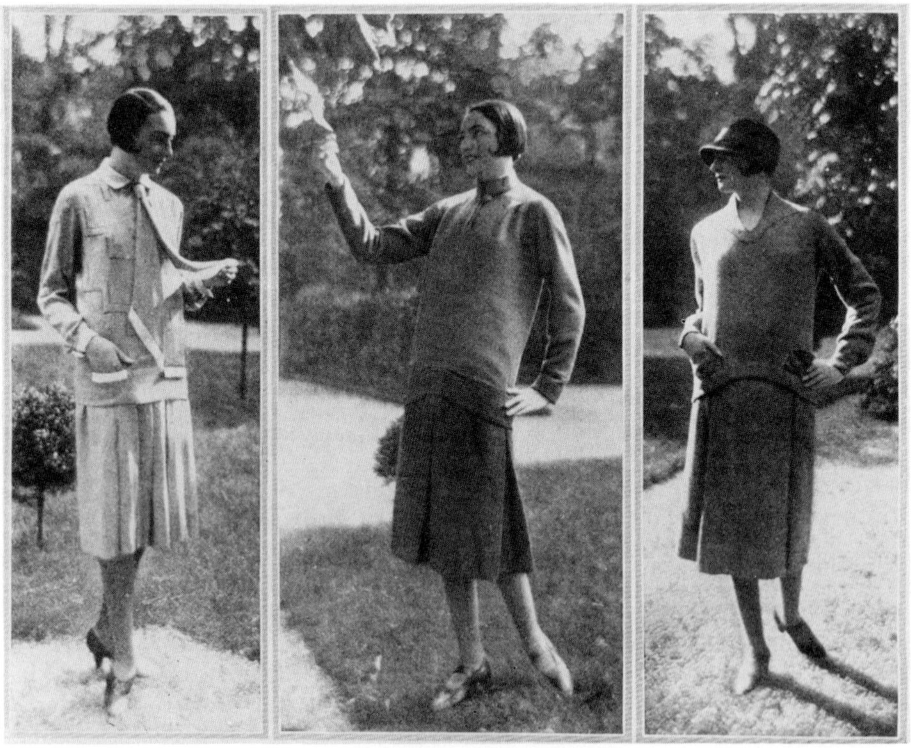

Jumperkleider,
Die Dame, 1925.

K

– Kaufhaus
Kino-Mode
Klassizismus und Freiheit
Kleiderordnungen
Kleider-Sprache
Kleidung im Fernsehen
Kleidung und Politik
Gustav Klimt
Knopf
Körperkultur
Korsett
Krawatte
Künstler-Selbstdarstellung

K

Kaufhaus Au Bon Marché, Paris, 1883.

Kaufhaus

Weltgeschichtliche Veränderungen erwachsen nicht selten aus lapidaren Anstößen, deren Lösung gewissermaßen einem Schneeball gleicht, der eine Lawine in Gang setzen kann. Eine solche Lawine hat auch Nathan Israel, der Urvater des bekannten Kaufhauskonzerns in Deutschland und später auch in den USA, mit einer faszinierenden Idee im Textilgewerbe ausgelöst und damit in den letzten zwei Jahrhunderten der Demokratisierung der Mode einen gewaltigen Aufschwung verschafft.

Mit der preußischen Reformbewegung, initiiert unter dem Druck der Französischen Revolution, erhielten die ehemaligen Schutzjuden preußisches Staatsbürgerrecht. Damit wurden geistige, finanzielle und kaufmännische Kräfte freigesetzt, die während ihrer tausendjährigen Unterdrückung auf engstem Betätigungsfeld kompensiert worden waren. Den Schutzjuden waren bis dahin lediglich zwei Berufsmöglichkeiten geöffnet: für eine kleine Gruppe der privilegierte Zweig des Geldverleihens und für die Mehrheit bestenfalls der unergiebige Trödelmarkt mit bescheidener Flickschneiderei.

Nathan Israel, im Trödelhandel gereift, eröffnete bereits 1815 ein Kurzwarengeschäft in Berlin, dessen Prinzip lediglich in der Zusammenfassung aller für das Schneiderhandwerk notwendigen Utensilien bestand. Hunderte von Schneidern, Tausende von Weißnäherinnen und noch mehr Hausfrauen fanden hier auf kleinstem Raum vom Knopf bis zur Nadel, vom Stoff bis zu Posamenten alles für die Arbeit Notwendige zu niedrigen Preisen. Mit einem Gang zu N. Israel konnten zeit- und geldraubende Einkäufe in Einzelfachgeschäften entfallen. Der Erfolg dieser Idee dokumentierte sich an rasch aufeinanderfolgenden Umzügen in größere Häuser und bevorzugtere Standorte. In einem halben Jahrhundert wuchs aus der »Urzelle« des Kaufhauses ein Imperium, das nun ein ganzes Straßenkarree in der Nähe des Berliner Rathauses erfaßte.

Herman Gerson erweiterte zwar diese Idee 1848 in dem ersten Bau eines Kaufhauses, in dem es das erste »Universalangebot unter einem Dach« gab, doch der dann letzte Schritt zu den Warenhauspalästen wurde wiederum von Israel, Tietz und Wertheim zum Ende des 19. Jahrhunderts vollzogen. Ein berauschendes Kauferlebnis wurde nach übereinstimmender Aussage zeitgenössischer Kunden geschaffen, das vom Entree bis unters Dach kaufpsychologisch wie ein Theater zelebriert wurde.

Das »Geld lag auf der Straße«, N. Israel hat es mit seinem kaufmännischen »know how« aufgehoben. Er hat mit der räumlichen Konzentration der »tausend kleinen Dinge« zugleich aber auch den Markt motiviert, wonach Geld und Zeit nun mit Gleichheitszeichen verbunden wurden und die Kauflust mit dem steigenden Angebot eskalierte. In der Ärmlichkeit des jüdischen Trödels hatte er den Erfahrungsreiz des Aussuchens und Anpassens – gewissermaßen mit einer Art Altkonfektion – gewonnen; ein weiterer genialer Schritt war nun der Weg in die Konfektion.

Zwei Probleme standen einem schnellen Durchbruch der Konfektion jedoch im Wege. Zum einen war es trotz der Aufhebung aller Zunftzwänge nicht leicht, die Schneiderkundschaft in eine Kaufhauskundschaft umzuwandeln. Jedem nicht maßgeschneiderten Stück haftete der Ruf

K

Konfektions-Ausstellung,
Kaufhaus Rudolph Hertzog,
Berlin, 1909.

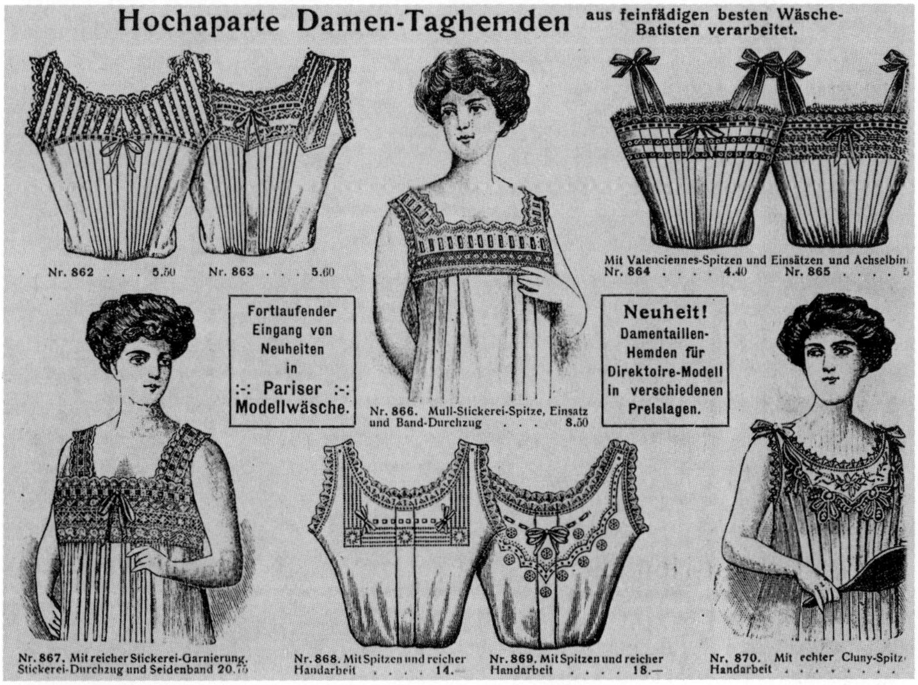

Damen-Hemden,
Kaufhaus Roman Mayr,
München, 1910.

der Minderwertigkeit an. Das zweite Problem lag in der Effizienz der Masse; nur bei größeren Stückzahlen und stark erweiterter Kundschaft konnten die Vorteile der industriellen Fertigung zu Buche schlagen.

Nathan Israel beschränkte sich deshalb auf den weniger sichtbaren Teil der Kleidung, die Unterwäsche, bei der die menschliche Eitelkeit noch nicht den erotischen Dessous erlag, sondern am Preis orientiert war. Daß die Unterwäsche dennoch paßte, wurde wohlwollend registriert.

1836 folgten die Gebrüder Mannheimer seinem Beispiel mit den ersten seriengefertigten Mänteln; auch hier war die Prämisse der hautengen Körpermaße noch nicht so stark gefordert. Deshalb besaß D. Levin den wirklichen Mut, als er den letzten Schritt zu konfektionierter Kleidung tat; seit 1840 entwickelte er die modellgerechte Damenoberbekleidung. Auf ihn gehen die ersten Festlegungen von Schnittmustern nach Körpergrößen zurück.

Zwar spottete der Volksmund noch lange über den »Anzug von der Stange«, bei dem alles »Jacke wie Hose« sei; doch wer seine Mode vorrangig am Geldbeutel orientierte, der erlebte mit der zunehmenden Perfektionierung und Differenzierung der Konfektion auch einen wohltuenden Demokratisierungseffekt der Mode. Die industrielle Fertigung der Stoffe förderte im wechselseitigen Rhythmus die Massenverarbeitung in der Konfektion und dadurch den Massenverkauf im Warenhaus.

HARALD BROST

Literatur:

Harald Brost/L. Demps, Berlin wird Weltstadt, Stuttgart 1981.

K

Kino-Mode

Kleidung definiert sich als ein System textiler Objektivationen, die soziokulturelle Zusammenhänge sichtbar machen und interpretieren. Sie wird auf dem Körper arrangiert, um die Blicke auf sich zu ziehen. – Film wird gemacht, um gesehen zu werden und dabei die Blicke kontrolliert anzuziehen. Treffen das System Kleidung und das Medium Film aufeinander, verstärken sie sich gegenseitig.

Es ist wohl kein Zufall, daß die Verbreitung des Kinos zeitgleich mit neuen Vertriebsformen für modische Kleidung stattfindet: in den 10er und vor allem 20er Jahren. Wurde zuvor die Haute Couture-Mode einem geschlossenen Kundinnenkreis in exklusiven Modevorführungen präsentiert, so wurden die Modeschauen nun einem größeren Kreis Schaulustiger zugänglich gemacht und damit »demokratisiert«, wie die sozialdemokratische Presse wohlwollend kommentierte. Wichtiger war jedoch, daß auch Zeitungen mit hoher Auflage Modeseiten und -beilagen herausbrachten. Damit vergrößerte sich der Kreis der modebewußten Frauen im Deutschland der 20er Jahre. Ihre Motivation entsprang der Abgrenzung innerhalb gesellschaftlicher Schichten, die durch die Berufstätigkeit im Dienstleistungsbereich, die mit Publikumsverkehr verbunden war, notwendig wurde.

Charles Eckert zeigte am Beispiel

Greta Garbo
in »Grand Hotel«, 1932.

Wallace Beery und Joan Crawford
in »Grand Hotel«, 1932.

früher Hollywood-Produktionen, wie wichtig die Spielfilme als Vermittler für den Absatz modischer Artikel wurden. Teilweise wurden Firmenmarken direkt in Szene gesetzt; oder es wurden spezielle, als modisch geltende Filmkostüme kreiert, die vor Anlaufen des Streifens in den Kinos in Auftrag gegeben, mit seinem Erscheinen als Kollektion präsentiert wurden (WALDMANN-SYSTEM).

Dieses System der Vermarktung von Filmkostümen wandte sich in den USA zunächst an betuchte Kundinnen. Es erreichte seinen Höhepunkt mit der Eröffnung einer Kette exklusiver CINEMA-FASHION-Läden Mitte der 30er Jahre. Die Vermarktung wirkte auf die Filmproduktion zurück: Auf Druck der Industrie wurden bevorzugt »moderne« Themen mit »moderner« Ausstattung verfilmt. Berühmte Kleider verlangten danach, von berühmten Stars getragen zu werden.

Frauen lernten sich als Teil eines Ensembles zu verstehen, zu ihrem Typ zu finden. Ihre Erscheinung, ihr Verhalten und die Gegenstände in ihrer Umgebung sollten zusammenpassen. – Objektivationen wie Kleider erhalten dadurch eine Bedeutung: Sie werden Bedeutungsträger der Eigenschaften und Verhaltensweisen ihrer Träger. Diese Art der Ensemblebildung bedarf der Vorbilder und will geübt sein.

Hier liegt neben der direkten ökonomischen Funktion die Hauptbedeu-

Veronica Lake, 1943.

Dorothy Lamour, 1944.

K

tung bei der Darstellung von Kleidung im Film – im klassischen Spielfilm –, dessen Handlung und Ausstattung in der jeweiligen Gegenwart stattfindet. Er ist das Spielfeld, auf dem Kleider, Haltungen, Gesten, Handlungen und Eigenschaften einander zugeordnet werden. Filmkostüme nehmen auf den aktuellen Stand der Mode und die Möglichkeiten der Träger(innen), Kleidung als Zeichen zu entschlüsseln, Bezug. In einem zweiten Schritt wird das System der Bekleidung in das System des Filmkostüms transformiert. Im Verlauf dieser Verwandlung lädt sich das Kostüm mit zusätzlicher, den Erfordernissen des Films entsprechender Bedeutung auf. Diese durch den Film verursachte semantische Aufladung wirkt schließlich in einem dritten Schritt wieder auf das Kleidungsverhalten „draußen“ zurück.

Wie wird nun Kleidung als Kostümierung im Film verwendet? Das Film-Kostüm bestimmt durch Schnitt und Material den Körperausdruck des Protagonisten, genauso wie im realen sozialen Kontext Vorstellungen der Gesellschaft über Haltung und Gestik geschlechtsspezifischer sozialer Gruppen durch die Art der Kleidung bis an die Haut der Individuen herangetragen werden.

Auf dieser Grundlage dient das Kostüm ganz allgemein als Mittel zur Charakterisierung der Protagonisten. Film zeigt zeitliche und räumliche Ausschnitte. Die Informationen, die in der Realität das Verstehen ermöglichen, sind ausgespart. Komplexe, menschliche Beziehungen müssen also durch andere Hilfsmittel dargestellt werden, besonders dann, wenn wie im Stummfilm die Medien der Darstellung beschränkt sind.

Besonders bei weiblichen Charakteren, denen im patriarchalischen Kino die Möglichkeit der Selbstdarstellung durch Handlung nur begrenzt offensteht, wird das Filmkostüm zum wichtigsten Medium der Selbstdeutung.

Kostüm kann zum vorausdeutenden Zeichen innerhalb der Filmhandlung werden; auf der narrativen Ebene werden die schon zuvor durch Kleidung konnotierten Aussagen dann bloß noch eingelöst. So kann eine Protagonistin als »gut« oder aber als »bad girl« via Kleidersprache inszeniert werden, auch wenn die Erzählung dieser Charakterisierung zu widersprechen scheint.

Diese grundlegenden Einsatzmöglichkeiten des Filmkostüms sind in den verschiedenen bekleidungsgeschichtlichen und filmhistorischen Phasen unterschiedlich konturiert.

Die Bedeutung, die der Kleidung durch den Film verliehen wird, ändert sich dabei jeweils mit: In den 20er Jahren wird in der Bekleidung der Typ »Neue Frau« propagiert: die nach amerikanischem Vorbild modellierte, durchtrainierte, aktive, kesse und junge Frau.

Analog dazu werden im Spielfilm in sich geschlossene Frauentypen dargestellt; das Filmkostüm unterstützt dabei die Erzählung ungebrochen. Die

Joan Crawford und Jack Carson in »Mildred Pierce«, 1945.

Filmhandlung wiederum setzt Kleidungsteile, Accessoires, Orte, Eigenschaften und Gefühle zueinander in Bezug und gibt den Dingen eine Bedeutung. Der Stummfilm ist auf diese Eindeutigkeit angewiesen, aber auch noch Tonfilme wie GRAND-HOTEL präsentieren zwei gegensätzliche Frauentypen wie die russische Tänzerin – »unmoderne« Frau – und die Stenotypistin – »neue Frau« – nach diesem Muster.

Im Tonfilm der 30er Jahre dient das Kostüm aber nicht mehr so holzschnittartig der Beschreibung. Der Dialog bietet nun Differenzierungsmöglichkeiten. Kostüm als Kleidung der Stars steht jetzt für Repräsentation, Üppigkeit, für Hollywood. In Deutschland nimmt das 1933 gegründete INSTITUT FÜR DEUTSCHE MODE Einfluß auf die Gestaltung der Filmkostüme und schneidert am mädchenhaft-fraulichen, nordisch-reinen Charakter der Protagonistin des frühen Nationalsozialismus mit.

In den 40er Jahren – Frauen sind seit der zweiten Hälfte der 30er Jahre massiv ins Erwerbsleben eingeplant und werden darüberhinaus im Kriegseinsatz gebraucht – wird ein Frauentypus protegiert, der dem Weiblichkeitsideal der frühen 30er Jahre widerspricht: breite, an den Schultern gepolsterte Kostümjacken zu gerade geschnittenen, kurzen Röcken, beides aus unifarbenem, rauhem (Uniform)Stoff, signalisieren Stärke, Durchsetzung und kompetente Tüchtigkeit, gepaart mit Sparsamkeit. *»Aus zwei mach' eins«* – so fordern Modezeitschriften ihre Leserinnen wieder zum Umarbeiten auf. Dem Film, vor allem dem deutschen Revuefilm, fällt jetzt die Aufgabe zu, widersprüchliche Anforderungen an die Frauen – erwerbstätig zu werden und mütterlich-weiblich zu bleiben – ästhetisch zu integrieren. Die weiblichen Protagonisten befinden sich in einer Art Dauer-Metamorphose: Ein Kostum wird unversehens zum nächsten. In nur einem Kleidungsstück können diese widesprüchlichen Aspekte zeitgemäßer Weiblichkeit zur Synthese gebracht werden, wie z.B. in der Schlußszene von FRAU NACH MAß.

Im Hollywood-Film der SCHWARZEN SERIE jedoch wird der Wechsel von einem Filmkostüm ins nächste nicht als ein Vorbild an vielseitiger Verwendbarkeit der Protagonistin inszeniert, sondern durch den Verlauf der Handlung als gefährliche Möglichkeit vorgestellt: Maskerade wird zum Mittel der Charakterisierung einer Protagonistin als »böse«.

Marilyn Monroe, Lauren Bacall und Betty Grable in »How to Marry a Millionaire«, 1953.

K

In den 50er Jahren, als Kriegsheimkehrer Frauen von den qualifizierteren Arbeitsplätzen verdrängt haben und ein Frauenüberschuß da ist, verzeichnen die Mode-Kommentatoren eine *»verwirrende Vielfalt«* sich immer rascher ablösender Mode-Linien: Neben dem 1947 von Dior vorgestellten New Look (miederartiges Oberteil, bauschiger, materialreicher, wieder längerer Rock) gibt es mittlerweile schmalere, von der Mode der 40er Jahre inspirierte Strömungen wie H-, X-, Y-Linie. Der Spielfilm bringt in diese Vielfalt in bislang nicht gekanntem Maße Ordnung: Formale Modeströmungen werden im Film den weiblichen Rollen auf den Leib geschneidert. Das Filmkostüm integriert nicht mehr verschiedene Aspekte von Weiblichkeit, sondern grenzt in sich geschlossene Frauentypen scharf gegeneinander ab. Paradebeispiel ist der deutsche Arztfilm Dr. Holl: Die mädchenhaft-hilflose, um ihre Krankheit nicht wissende Angelika, präsentiert in pastellfarbenen, weich fallenden Stoffen – Variationen des New-Look – hat die Heiratsrolle; die kompetente, ältere, alles durchschauende Helga wird – gekleidet in strenge, schmale Kostüme oder Mäntel – ihrer Bestimmung als ledige, Verzicht übende Berufstätige zugeführt. Diese Zuordnung modischer Kleidung zu je verschiedenen, nebeneinander existierenden Personengruppen wird schließlich auch Schlüssel zum Verkauf der Ware Mode nach Zielgruppen.

Das klassische patriarchalische Erzählkino hat sich seither teilweise aufgelöst oder ist wenigstens durch starke Gegenströmungen relativiert worden.

Zum Verhältnis von Tagesmode und Filmkostüm, wie es sich bis heute gestaltet hat, sei darum abschließend nur in aller Kürze gesagt: Die Bekleidungsgeschichte der 60er und 70er Jahre ist zunehmend geprägt durch eine Ausdifferenzierung nach Subkulturen einerseits (dem entspricht filmgeschichtlich die Ausrichtung der Spielfilme nach spezifischen Zielgruppen, insbesondere Jugend-Gruppierungen) und dem Versuch herrschender Mode andererseits, »Oppositionellem« dadurch den Boden zu entziehen, daß es »vermodet« und so integriert wird.

Die neuerliche Verbreitung des Genres Tanzfilm, speziell für die Zielgruppe der 10- bis 15jährigen Konsum- und Aufstiegsbereiten produziert, scheint darauf hinzudeuten, daß, unterstützt vom Film, eine Vereinheitlichung verschiedener Trends in Richtung auf eine geschlossenere Modepräsentation sportlicher Kleidung vollzogen wird. Vielleicht ist durch veränderte gesellschaftliche Kräfteverhältnisse die Umdeutung oppositioneller (Kleidungs-)Zeichen via Vermodung nicht mehr nötig.

KAREN ELLWANGER

Literatur

Hermann Bausinger, Funktionen der Mode in unserer Gesellschaft, in: Sindelfinger Jahrbuch, Bd. 13, 1971.
Richard Dyer, Stars, British Film Institut, 1979.
Charles Eckert, The Carole Lombard In Macy's Window, in: Quarterly Review of Film Studies, 3. 1. 1978, 1–21.
Karen Ellwanger/Eva-Maria Warth, Weiblichkeit und Maskerade. Eine Untersuchung zu Form und Funktion von Kleidung als Zeichensystem im Film, in: Frauen und Film, Heft 38, 1985, 58–71.

Klassizismus und Freiheit

Der neoklassizistische Stil der Frauenmode, der gewöhnlich als Empire bezeichnet wird, gehört zu den wesentlichen Charakteristika der napoleonischen Ära. Deshalb gibt es dazu umfangreiches Bildmaterial, das mittlerweile ebenso verbreitet ist, wie gewisse Anekdoten über seine Freizügigkeit, die fehlende »Prüderie«, etc. Dennoch wird häufig nicht in voller Tragweite begriffen, in welchem Maße sich damals die Lebensart der Frauen im Vergleich zu »Vorher« und »Nachher« geändert hat, noch gibt man sich ausreichend Rechenschaft über seine kurze Dauer – eben gemessen an seinem Bekanntheitsgrad und gemessen an dem Wissen, das die späteren Generationen über diese Mode bewahrten. Auch Nichtfachleuten und selbst denen, die nicht den geringsten Begriff von der Geschichte der Kleidung haben, tritt die Empire-Mode in ihren wesentlichen Merkmalen unmittelbar vor Augen.

In seiner signifikantesten Gestalt mit hoher Taille und »antik« drapiertem Haupt war dem neoklassizistischen Stil eine Lebensdauer von ca. 25 Jahren beschieden – von 1795/96 bis ca. 1821/22. Aber schon 1815 hatte er viel von seiner Qualität verloren. Setzt man diese kurze Dauer ins Verhältnis zur Heftigkeit der Reaktion (um sich letztere zu vergegenwärtigen, genügt es, eine Modezeichnung, ein Kleid oder ein Bildnis von 1815 mit einem zehn Jahre späteren zu vergleichen), dann wird deutlich, auf welche Feindschaft die plötzliche Liberalisierung der weiblichen Kleidung im gesellschaftlichen Kontext stieß. Die Beziehung zwischen Gewand und Verhalten, die Furcht, eins könne das andere bedingen – in dem Sinn, daß

Point de Conversation,
L. L. Boilly,
um 1801.

gesellschaftlichen Erdbebens, das Frankreich erschüttert hatte und das das »establishment« in ganz Europa zu bedrohen schien. Es ist also kein Wunder, daß dieses »Idealbild« so schnell wie möglich beseitigt wurde. Die Rückkehr zur Entstellung der natürlichen Formen vollzog sich in wenigen Jahren und wurde in den folgenden Jahrzehnten allmählich nicht nur immer ausgeprägter, sondern auch immer stärker glorifiziert.

komplexe Kleidung die Haltung beeinflusse und umgekehrt – war stets ein Kriterium angesichts der weiblichen Mode. Die Reaktion der Gesellschaft war jedesmal um so entschiedener, je mehr die modischen Lösungen eine ungezwungene Haltung zu ermutigen schienen. Ein anderes Moment, das ein bezeichnendes Licht auf die Wirkung der strukturellen Inhalte der neoklassizistischen Mode wirft, ist ihre überaus rasche gesellschaftliche Verbreitung: Davon zeugt auch die Tatsache, daß sich in der Regionalkleidung vieler Gebiete Zentraleuropas – besonders im alpinen Bereich – die Kleiderformen mit hoher Taille erhalten haben. Sicherlich drängt sich dem Bild zuerst der sichtbare ästhetische Unterschied zu jenen Kleidern auf, die noch wenige Jahre vorher über weite Reifen ausgebreitet wurden, aber das Neue an dieser Mode reicht weiter: Sie beseitigte die Verwendung entstellender Gerüste – Reifen und Stangenkorsetts –, vor allem aber machte sie der völlig unnatürlichen Zurichtung der weiblichen Figur ein Ende, die den Schwerpunkt sexueller Anziehung auf die gewaltsam zugeschnürte Taille legte, wie es dann wenige Jahre später erneut geschehen sollte.

Eine weitere skandalträchtige Neuerung war die Verwendung von extrem leichten oder sogar von transparenten Stoffen, wie dem Musselin, die fast ohne Unterwäsche getragen wurden. Ärmel, die gerade eben den Schulteransatz bedeckten und tiefe Ausschnitte vervollständigten ein Frauenbild von gewagter Schamlosigkeit. Es galt als schlagendes Beispiel für den Sittenverfall im Gefolge des

Mädchenkleid,
um 1807/15.
Münchner Stadtmuseum.

Abendkleid im Directoire-Stil, um 1910. Münchner Stadtmuseum.

Man darf dabei freilich nicht außeracht lassen, daß der Einfluß der neoklassizistischen Mode im 19. Jahrhundert höchst virulent blieb und schließlich zu ihrer neuerlichen Propagierung führte: im Gegensatz zu anderen »Revival-Tendenzen«, freilich nicht im Sinne von Nostalgie oder als Ideologie einer Klasse, sondern als wichtiger Schritt in der Entwicklung der Frauenbekleidung hin zu mehr Rationalität und zu weniger Ausgrenzung. Immer mehr Hygieniker, Ärzte, Ästheten und Moralisten geißelten seit Mitte der 60er Jahre die Auswüchse und Gefahren von Krinoline und Schnürleib und beschworen die Klassizität. Die Ergebnisse zeigen sich an zwei Fronten.

Auf der einen Seite stehen viele Modeformen, die von der Frisur bis zu den Schuhen – auf nicht immer nachvollziehbare Weise – sowohl die griechische Antike wie das 1. Kaiserreich zitieren und jedenfalls zur Veränderung der Krinoline führen. Man kann in diesem Fall zwar nicht von einer wirklichen Entwicklung sprechen, da die Entstellung der weiblichen Figur bestehen bleibt; man muß aber festhalten, daß zwischen 1864 und 1869, dank der Orientierung am 1. Kaiserreich – die durch den Einfluß des Schneiders der Kaiserin, C. F. Worth, unzweifelhaft auch am französischen Hof unterstützt wurde – die kuppelförmige Krinoline, die die Frau im Mittelpunkt eines Kreises hielt, dessen Radius größer war, als die Länge des Arms, sich zu einer Eiform hin entwickelte, worin die Position der Frau peripher war und die wenigstens einigermaßen freie Bewegungen ermöglichte.

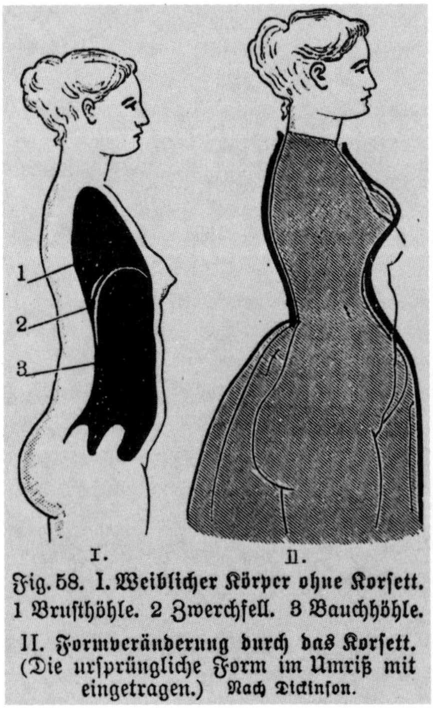

Weiblicher Körper ohne und mit Korsett, Die Frau als Hausärztin, Stuttgart, 1908.

Auf der anderen Seite stehen Diskussionen und Vorschläge, die von der Intelligenz und von radikalen politischen Zirkeln ausgehen und eine Reform der Frauenbekleidung fordern. Ihre Erfolge werden in den letzten zwanzig Jahren des 19. Jahrhunderts in den »ästhetischen« oder »reformierten« Modellen sichtbar.

Die Forderungen und Resolutionen zur Reform der Frauenbekleidung – besonders zahlreich in den deutschen und angelsächsischen Ländern – eröffneten zum ersten Mal den Prozeß gegen die Damenbekleidung als Symbol der erzwungenen Passivität der Frau in der Gesellschaft und ihrer ausschließlichen Funktion, Status und Reichtum zu repräsentieren. Sie lieferten aber auch die ersten wirklichen Beispiele von Alternativen zu den herrschenden Modetrends. Es sind Kleider mit fließenden Linien ohne Hervorhebung der Taille, bei denen der Stoff von der Brust oder Schulter weich nach unten fällt. Bei den Vorbildern schwankt man zwischen den neoklassizistischen Formen und jenen des Mittelalters, denen die Gunst des Präraffaelismus gehörte. Diese Modelle, deren Blütezeit in die 90er Jahre fällt, schaffen den Rahmen für das große Empirerevival im ersten Jahrzehnt unseres Jahrhunderts. In diesem profiliert sich als Neuerer Poiret, der Schöpfer einer vertikalen Linie ohne Korsett, und zur gleichen Zeit

Abendkleid im Poiret-Stil,
Adolph Schober,
München, 1913.
Münchner Stadtmuseum.

Reformkleider,
Die Frau als Hausärztin,
Stuttgart, 1908.

kleidet Fortuny die High-Society der Epoche in klassische, aus dem CHITON und aus dem DELPHOS abgeleitete Modelle. Setzt man die Entwicklung des neoklassizistischen Stils der Frauenmode des ausgehenden 18. Jahrhunderts mit seinen unerhörten Forderungen nach Freiheit und nach Einklang von Körper und Kleidung in Beziehung zur Chronologie der Ereignisse, die die Beteiligung der Frauen an der Französischen Revolution markieren, dann zeigen sich frappierende Übereinstimmungen.

Die Tendenz, die künstliche, von Reifen und »Paniers« bestimmte Linie aufzugeben, geht auf die letzten Jahre des Ancien Régime zurück: Das fast vollständige Verschwinden des Reifrocks läßt sich auf das Jahr 1786 datieren. In den selben Jahren trifft man auf einen Modestand, der den strengsten und formalsten Modestandards Kreationen von »Negligés« entgegenstellt, sowie auf eine Art von Kleidung, die sich durch größere Einfachheit der Linienführung auszeichnet: einteilige Kleider (»chemise«) oder solche mit kurzen Jäckchen, die der Kleidung des einfachen Volkes entstammen. Das sind die Jahre, in denen die weibliche Mode sich in Kleidung und Accessoires von der Männerbekleidung anregen läßt. Diese Tendenz der Vermännlichung verschwindet um 1795–1796, und die Linien der Mode orientieren sich an den neoklassizistischen Formen.

Gehen wir nun zur historischen Chronologie über, die die Frauen an die Revolution bindet, so sehen wir zwischen 1789 und dem ersten Halbjahr 1793 eine Entwicklung, deren Etappen etwa durch den »Marsch« auf Versailles, die Veröffentlichung der FRAUENRECHTE von Olympe de Gouges, sowie der Blüte zahlreicher Frauenvereine mit Aktivitäten im politischen und im sozialen Bereich, markiert werden. Zwischen Juni und Oktober 1793 werden den Frauen die politischen Rechte wieder entzogen und die Auflösung der Frauenvereine angeordnet. Der wichtigste und bezeichnendste aller gegen die Frauen gerichteten Schritte fällt in den Mai 1795, als den Frauen die Teilnahme an politischen Versammlungen verboten wird.

Die Opposition gegen die Frauenbewegungen von seiten der radikalen Strömungen und einiger Anführer der Revolution, darunter Robespierre, hatte triumphiert, und die Frau wird auf ihre familiäre Rolle zurückgewiesen. Mit dieser Wende, ist man versucht zu sagen, verbindet sich der Erfolg der großen, modischen Gewagtheit im Namen der klassischen Antike, der unerhörten »Offenherzigkeiten« der MERVEILLEUSES und der Schönen des Direktoriums, fast als handle es sich um eine Herausforderung, eine Provokation innerhalb des einzigen Bereiches, nämlich der Mode, in dem die bürgerliche Gesellschaft sich bereitfindet, der Frau allen Glanz und Flitter zu überlassen.

Die Restauration der traditionellen Weiblichkeit kann man mit Beginn der 20er Jahre als beendet ansehen. Dieser Prozeß der Rückeroberung ging allerdings nur langsam vonstatten, und erste Anzeichen machten sich bereits zu Beginn des 19. Jahrhunderts bemerkbar. Schon der Besuch des türkischen Botschafters in Paris und der ägyptische Feldzug hatten der klassischen Einfachheit orientalische Elemente hinzugefügt, die sich vor allem in schmückenden Komponenten zeigten: Auf den napoleonischen Feldzug geht die Begeisterung für den Turban zurück, die auch die

Überkleid, Mariano Fortuny,
Venedig, um 1910/20.
Sammlung Lieselotte Höhs, Venedig.

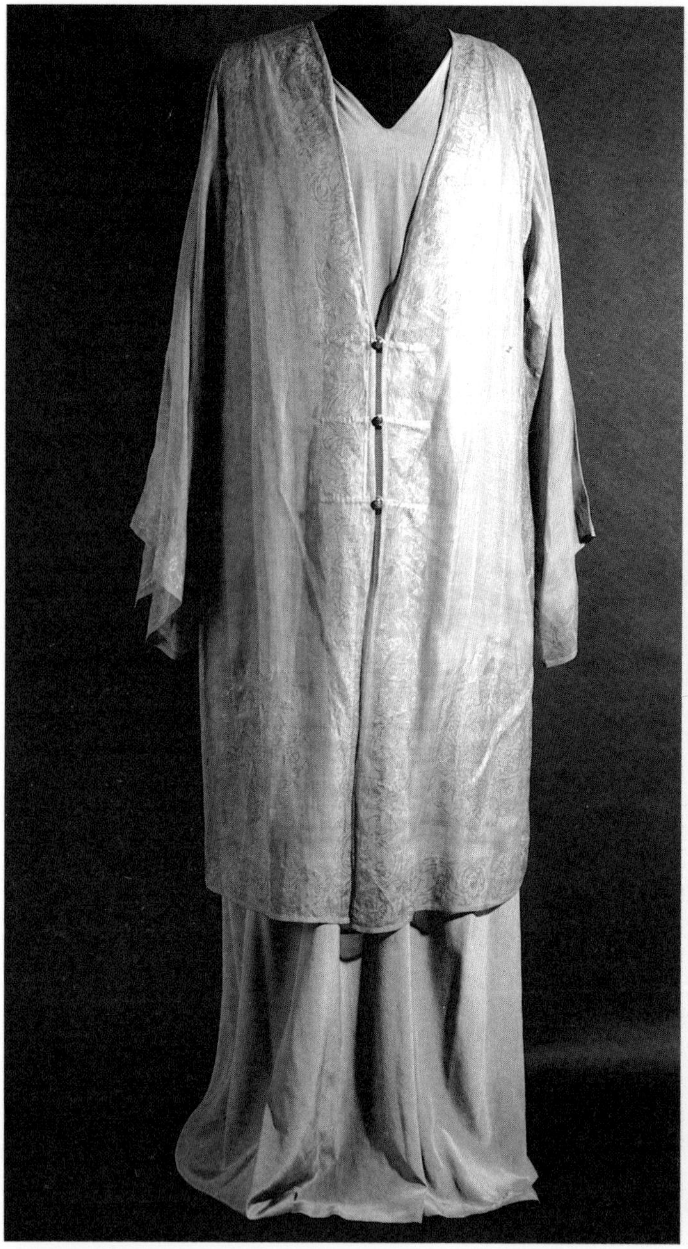

Kleid »Delphos“, Mariano Fortuny,
Venedig, um 1910/20.
Sammlung Lieselotte Höhs, Venedig.

Mode der Restauration allgemein kennzeichnete – der erste Widerspruch zur klassischen Ausrichtung. »Revival«-Motive im Zusammenhang mit dem Aufkommen einer romantischen Sensibilität führten in die Mode historische Bezüge zum Rittertum im »Troubadour«-Geschmack ein, die weiter dazu beitrugen, das klassische Ideal zu kontaminieren. Das große »tableau vivant« der Kaiserkrönung lieferte – mit seiner Herausstellung von Motiven aus Mittelalter und Renaissance – Anregung für die folgenden Gegentendenzen zum klassischen Stil – ermutigt und gefördert gerade vom Hof, dem an der Schaffung einer »imperialen« Mode gelegen war, die eine andere Vergangenheit beschwor als die eben überwundene mit ihren Gefahren. Das Direktorium hatte sich übrigens auch im Bereich der Kunst für eine Orientierung am französischen Mittelalter stark gemacht, welches sowohl von der Kultur des Ancien Régime als auch vom revolutionären Klassizismus geringgeschätzt worden war. Anstöße zu einer »Troubadour«-Mode fanden sich jedoch schon auf den Tafeln der GALÉRIES DES MODES ET COSTUMES FRANCAISES DESSINÉS D'APRÈS NATURE (1778), die den Prunk und die modischen Neuerungen unter Ludwig XVI. glorifizierten. Tatsächlich erschienen hier die ersten »Koller« aus gestärkter Spitze, die später »à la Medici« hießen und das Vorbild abgaben für die »cherusques«, welche bei der theatralischen Kaiserkrönung eine Hauptrolle auf den Schultern der Frauen spielten; ebenso erschienen hier die »à la Gabrielle« genannten und ans 16. Jahrhundert gemahnenden Ärmel, die dann in den letzten Jahren des Konsulats wieder auftauchten, um die Blöße der Arme zu bedecken. Sogar der Kaschmirschal in Form einer langen, drapierten Schärpe, der – einer Überlieferung zufolge – von den siegreichen Generälen des Ägyptenfeldzugs nach Frankreich gebracht wurde, vermählte sich mit dem mittelalterlichen Geschmack und verband orientalische und nostalgische Bezüge in einem einzigen Kleidungsstück, in dem sich so die Merkmale und Verleugnungen der neoklassizistischen Mode zu Beginn des 19. Jahrhunderts zusammenfassen ». . . *die teuren Schärpen beweisen den Kavalieren, auf dem Ball und auf der Promenade, universellen Geschmack. . . . Seit 1800 verbinden sie sich mit dem Kleid à la grecque und nehmen die Form eines langen Schals an, der jene ersetzt.«* Neben Beschwörungen der Tradition – denen die Mode des 19. Jahrhunderts ihre charakteristischsten Kompositionen verdankt – erschienen andere, die die Frauen, als Athenerinnen oder Vestalinnen gekleidet, zu ihren Pflichten als Braut/Mutter rufen. 1802 veröffentlichte das JOURNAL DES DAMES ET DES MODES die Skizze (Nr. 390) einer knieenden und ins Gebet vertieften Frau; mitten unter Turbanen und Hüten erscheint ein nonnenhafter Kopfputz mit Schleiern und Bändern; die Hüte »all'enimma« schließlich verbergen das weibliche Gesicht vor den Blicken und eröffnen die Reihe der romantischen »capots«.

Napoleon, dieser Kleinbürger mediterraner Abkunft, versteht unter Weiblichkeit – von den notwendigen körperlichen Reizen einmal abgesehen – mütterlichen Schutz und Geborgenheit; im übrigen ist die Frau Privateigentum des Mannes. Indem er seinen Einfluß auf die zahlreichen weiblichen Mitglieder der Familie Bonaparte geltend machte, führte Napoleon höchstpersönlich Regie bei der Restauration der Mode unter dem doppelten Zeichen von Prunk und Züchtigkeit. Die Aussprüche, die ihm zugeschrieben werden, vom berühmten gegen die Indezenz der Toiletten »à la Diane« gerichteten *»que le temps de la Fable était passé et que le Règne de l'Histoire commençait«* des ersten Konsuls bis hin zur Bemerkung von der *»Erholung des Kriegers«* sind, wenn sie vielleicht auch nicht wirklich von ihm stammen, so doch sicher ganz in seinem Geiste und in seinem Sinne.

Von der ersten Frau des Kaiserreichs, Josephine, und von allen anderen Frauen – Gemahlinnen und Geliebten – der napoleonischen Helden wurden Unterwerfung, Liebreiz, mondäner »Stil«, sowie prunkvolle und stets variierte Eleganz verlangt: eine Oase der Erholung für die Männer, deren Größe und Ruhm des Landes zu mehren oblag. Der »petit corporal« rühmte sich, niemals längere Zeit mit einer Frau gesprochen zu haben – und hat doch wirklich genug Frauen besessen und fasziniert. Sein Ressentiment gegen die Intellektuellen hielt der Gereiztheit die Waage, mit der er auf eine Frau reagierte, die mehrere Male dasselbe Gewand trug.

GRAZIETTA BUTAZZI

Literatur

Quintin Bell, On Human Finery, London 1976.

François Boucher, Histoire du Costume en Occident de l'antiquité à nos jours, Paris 1965.

Katalog: Rachele Farina, Le francesi prendono la parola; donne e rivoluzione francese, in: »Esistere come donna«, Milano 1983.

Raymond Gaudriault, La gravure de mode feminine en France, Paris 1983.

Katalog: Henri Jacoubet, Le genre troubadour et les origines françaises du Romantisme, Paris 1929, in: F. Mazzocca, Neoclassico e troubadour nelle miniature di Giambattista Gigola (Museo Poldi Pezzoli), Mailand 1979.

Raymonde Sée, Le costume de la Révolution à nos Jours, Paris 1929.

K

Kleiderordnungen

Kleidung war in früheren Zeiten – in heute kaum mehr vorstellbarem Maße – wesentlicher Ausdruck für persönlichen Status, für Rang, Stand und Vermögen. Kleider machten tatsächlich Leute, man wurde auf Grund der Kleidung gesellschaftlich eingestuft und klassifiziert. Gleichzeitig beherrschte alle Schichten der Wunsch nach gesellschaftlichem Aufstieg, nach Gleichstellung mit der nächsthöheren Standesgruppe, was nach langem, zähem Ringen den Patriziern auch tatsächlich gelang. Der Anspruch auf gesellschaftliche Besserstellung wurde am augenfälligsten durch die Kleidung zum Ausdruck gebracht. Wenn dann die Übereinstimmung von Geburts- oder Berufstand mit der äußeren Erscheinung nicht mehr gewährleistet schien, mußten Ordnungen erlassen werden, um das gesellschaftliche Gefüge zu stützen und zu sichern.

Obwohl die Obrigkeit, Fürst, Landesherr oder Stadtregiment die Kleidervorschriften erließen, sind die Kleiderordnungen aber auch Spiegel und Ausdruck einer Gesellschaft und für ein sich wandelndes Selbstverständnis. Anlaß waren sowohl wirtschaftliche, wie standespolitische und moralisch-ethische Gesichtspunkte, denen im Lauf der Jahrhunderte einmal mehr, einmal weniger Bedeutung eingeräumt wurde.

Die ersten mittelalterlichen Kleiderordnungen wurden im 13. Jahrhundert in den spanischen Königreichen Aragon und Kastilien und in Frankreich unter Ludwig IX. dem Heiligen und unter Philipp IV. dem Schönen erlassen. Mitte des 14. Jahrhunderts folgte auch Deutschland. Der Grund für dieses plötzliche Einsetzen der Kleiderordnungen ist vielleicht darin zu sehen, daß die Bürger der durch Handel reich gewordenen Städte nach vermehrter Anerkennung und Angleichung an den Adel auch in der Kleidung suchten.

Im 14. und 15. Jahrhundert war der Schnitt der Kleidung vielfach Inhalt der Kleiderordnungen.

Mit dem Durchbruch der aus Italien kommenden bürgerlichen Mode, die auch vom Adel übernommen wurde, verliert ab dem 15. Jahrhundert der Schnitt der Kleidung für die rangmäßige Einstufung mehr und mehr an Bedeutung, dafür wird die Kostbarkeit der Stoffe und der Pelze wichtig.

Die spanische Mode mit ihren strengen Gewandformen, mit Halskrause und Reifrock wurde im 16. und Anfang des 17. Jahrhunderts Vorbild für die Kleidung, zunächst in den katholischen Ländern, später auch in protestantischen Territorien. In dieser Zeit bis zum Ende des 17. Jahrhunderts geben fast alle Kleiderordnungen religiös-moralische Gründe für ihre Edierung an. Hoffart und Luxus sind Todsünden, die die Bestrafung Gottes nach sich ziehen werden, deshalb muß im Interesse aller dem wüsten, eitlen Treiben Einhalt geboten werden. Es ist die Zeit der flammenden Kanzelreden eines Abraham a Santa Clara (1644–1709).

Im 17. und 18. Jahrhundert bestimmten Frankreich und der französische Hof die Mode in Europa.

Der Reifrock verschwand, das Dekolleté rückte in bis dahin ungeahnte Tiefen trotz aller Verbote, mit denen Papst Innozenz IX. 1591 den Anfang machte. Die Perücke, das Pudern und der Degen wurden Bestandteil der Kleiderordnungen. Auch die Länge der Schleppe bestimmte wieder, am französischen wie am burgundischen Hof des 14. und 15. Jahrhunderts, die Stellung der Dame.

Im 18. Jahrhundert wurde die Macht der Städte zunehmend von den umliegenden Territorien gebrochen, der Landesvater befahl als Souverän allen seinen Untertanen, ständisches Denken als Motor der Gesetzgebung in Bezug auf die Kleiderordnungen erlahmte.

Parallel hierzu und keineswegs als Gegensatz, wie die ausführlichen Erlasse des 17. Jahrhunderts zeigen, setzte seit dem ausgehenden 16. Jahrhundert die Idee des Merkantilismus – vereinfacht formuliert, der Importdrosselung und Ausfuhrsteigerung – mehr und mehr die Richtlinien für die Kleidervorschriften.

Diesen gesetzlichen Eingriff in das, was wir heute als Privatleben betrachten, kann man nur verstehen, wenn man sich die so ganz andere Lebensauffassung der damaligen Zeit vor Augen führt. Der Kaiser, König, Landesherr oder die Stadtobrigkeit handelte in dem Bewußtsein, für alle Abhängigen vor Gott verantwortlich zu sein, und zwar nach dem Modell des Hausvaters, der für alle unter seinem Dach Lebenden bis zur geringsten Magd Sorge zu tragen, aber auch teilweise für ihre Verfehlungen einzustehen hatte. Oberstes Gebot also war es, eine gute Ordnung aufrechtzuerhalten und alle der Aufsicht anvertrauten Menschen vor Schaden, Unbedachtsamkeit und Sünde zu bewahren.

Es ist immer wieder festgestellt worden, daß die Kleiderordnungen nicht eingehalten wurden. Diese Feststellung erscheint etwas zu kategorisch. Zunächst ist zu bemerken, daß alle Gesetze und Regeln, gleich welcher Art, in der Vergangenheit wie in der Gegenwart übertreten werden, ohne daß man deshalb von einer generellen Nichtbefolgung sprechen könnte. Aus diesem Grund kam es natürlich auch ständig zu Verstößen gegen die Kleiderordnungen, wie sehr deutlich aus den Berichten und Protokollen der mit der Aufsicht und Bestrafung der Delinquenten beauftragten Institutionen hervorgeht.

Außerdem gab es die Möglichkeit, die Kleidervorschriften zu umgehen, denn vielfach waren ererbte oder verschenkte Kleider oder Schmuckstükke von den Bestimmungen ausgenommen. Damit wurde eine »unstandesgemäße Tracht« aus Achtung vor Althergebrachtem sanktioniert.

Die Strafen für die Vergehen gegen die Kleidervorschriften waren verhältnismäßig gering. Es gab weder Gefängnis- noch Prügelstrafen, stattdessen wurden Geldstrafen verhängt oder die Konfiszierung des ärgerniserregenden Kleidungsstückes angeordnet. Häufig mußten auch nur die zu reichen Verzierungen der Kleider, wie Seidenbänder, Borten, Tressen und Spitzen abgetrennt werden, ohne daß das ganze Kleid eingezogen wurde.

Die Französische Revolution setzte den Schlußpunkt hinter die Entwicklung des seit dem Mittelalter sich ständig fortbildenden, ständisch gegliederten Feudalsystems und war Voraussetzung für den Weg in die heutige Massengesellschaft. Dieser Wandel wurde aber nicht zuletzt durch den Absolutismus, bzw. das Bestreben des absolutistischen Herrschers vorbereitet, die Mitglieder aller Stände in den theoretisch rechtlich gleichmachenden Rang von Untertanen hinabzudrücken. Die Folge der Kleiderordnungen, die den einzelnen Gesellschaftsgruppen Art und Wert der Kleidung je nach gesellschaftlicher Bedeutung vorschrieben, endete daher auch mit dem ausgehenden 18. Jahrhundert.

VERONIKA BAUR-CALLWEY

Literatur

Veronika Baur, Kleiderordnungen in Bayern vom 14. bis zum 19. Jahrhundert (= Miscellanea Bavarica Monacensia, Neue Schriftenreihe des Stadtarchivs München 62), München 1975.
Liselotte Constanze Eisenbart, Kleiderordnungen der deutschen Städte zwischen 1350 und 1700. Ein Beitrag zur Kulturgeschichte des Bürgertums (= Göttinger Bausteine zur Geschichtswissenschaft 32), Göttingen 1962.
Gertrud Hampel-Kallbrunner, Beiträge zur Geschichte der Kleiderordnung mit besonderer Berücksichtigung Österreichs (= Wiener Dissertationen aus dem Gebiet der Geschichte, hrsg. von H. Fichtenau, A. Lhotsky und E. Zöllner), Wien 1962.
Erika Thiel, Geschichte des Kostüms. Die Mode von den Anfängen bis zur Gegenwart, Wilhelmshaven 1980.

Kleider-Sprache

Künstler, wenn sie Menschen darstellen, machen etwas von ihnen sichtbar, indem sie sich mit besonderem Nachdruck der Mimik, der Gestik, der Körpersprache, der Kleidung widmen. Und auch der Sprache der Kleider: Lange vor aller Verhaltensforschung und -theorie haben sie herausgefunden, daß die Haltung und die Art des Umgangs mit Kleidung mittelbar außerordentlich viel mitteilen über psychische Verfassungen wie

Untitled,
Cindy Sherman, 1983.

über gesellschaftliche Rollen. In ihren bildlichen Darstellungen sind Künstler auf diese spezifische Kommunikationsweise besonders angewiesen, da hier der ansonsten wichtigste Teil der Kommunikation, die Sprache, entfällt.

Reden erzeugt zumeist eine Atmosphäre von Sachlichkeit und Disziplin. Aber während wir reden, gehen wir auf eine aufschlußreiche Weise mit unserer Kleidung oder mit Accessoires um, Übereinstimmung oder Gegensatz signalisierend: So bestimmen Kleidung und der Umgang mit ihr die Bewertungsrichtung des Gesprochenen. Erst im Zusammenwirken von Rede, Gestik, Mimik, Kleidung entsteht Kommunikation. Im Wissen dieser Tatsache haben Künstler, die uns Menschen – sozusagen in einer Gesprächspause – vorstellen, seit jeher zur Charakterisierung die

K

Untitled,
Cindy Sherman, 1980.

Untitled,
Cindy Sherman, 1983.

Kleidung als Verständigungsmittel eingesetzt.

Tatsächlich funktionieren diese Verständigungsmittel zum größten Teil nur unbewußt, und sie sind historisch bedingt. Ihr Bedeutungsgehalt will entziffert sein. Kleidung und Gestik geben dem Gleichgesinnten ein Zeichen, ein Signal der Zugehörigkeit; Außenstehende, Mitglieder anderer sozialer Gruppen und Nachkommen sind vom unmittelbaren Verständnis ausgeschlossen. So bedeutete zum Beispiel Weißhaarigkeit am französischen Hof des 18. Jahrhunderts nicht Altsein oder Altern wie heute, sondern Alterslosigkeit: Puder und Perücke sollten die Lebensstufen bewußt nivellieren.

K

Untitled,
Cindy Sherman, 1983.

Untitled,
Cindy Sherman, 1983.

In der Kunst der Gegenwart werden die Mitteilungsformen des Körpers und der Kleidung vor allem dort aufgegriffen und eigens zum Thema gemacht, wo Künstler ihren eigenen Körper als Ausdrucksträger benutzen. Die Künstler der Body Art filterten zu Beginn der 70er Jahre aus der Körpersprache des Alltags eine Kunst-Sprache heraus, in der Gesten und Bewegungen, das ganze körperliche Repertoire zu einem Alphabet oder zum mechanischen Ritual wurden. Die Inszenierung vor Publikum, die Performance, und die Inszenie-

K

Untitled,
Cindy Sherman, 1983.

rung vor der Kamera (Jürgen Klauke, Klaus Rinke, Friederike Pezold, Urs Lüthi u. a.) wurden neue mediale Mitteilungsformen, die auf der ästhetischen Systematisierung der Körper- und der Kleidersprache basierten. Stets ging es darum, deren Eigensinn bewußt zu machen, ging es – in den Worten von Jochen Gerz – darum *»daß die Leute nicht daran erinnert werden, wie die Mona Lisa aussieht oder wie Delacroix gemalt hat, sondern daß sie daran erinnert werden, wie sie heißen, wo sie herkommen, was ihnen passiert«*.

Die in diesem Zusammenhang heute bemerkenswertesten Arbeiten stammen von der 32jährigen Amerikanerin Cindy Sherman. Sie inszeniert sich selbst und nur sich selbst vor der Kamera: nicht um Selbstporträts zu schaffen, sondern um in wechselnder Verkleidung, in wechselnden Haltungen und Posen, in wechselnden Bild- und Beleuchtungskonstellationen Porträts von menschlichem Verhalten wiederzugeben.

Stets verwandelt sie sich vollkommen. Sie wird zum Vamp, der sich im knappen Spitzenunterrock vor einem imaginären Betrachter räkelt, zum Seelchen im rosa Bademantel, das neben dem Telefon liegend auf einen Anruf wartet, zur hoffnungslos dreinblickenden, aufgedunsenen Schlampe mit wirr toupiertem Haar. Mit dem Instrumentarium der alltäglichen weiblichen Selbstinszenierung rekonstruiert Cindy Sherman Verhaltensweisen und Charaktere; Titel (ihre Aufnahmen werden lediglich numeriert) kann sie durchaus entbehren: Gestik, Frisur, Make-up, Kleidung sprechen genau genug. So macht sich Cindy Sherman Erfahrungen aus dem Alltag zu eigen, um mit der Übersetzung ins Foto Mitteilungen über die Menschen an die Menschen zu formulieren.

»Ich muß mir«, sagte Cindy Sherman 1985, *»bei der Vorbereitung jeder einzelnen Figur darüber im klaren sein, wogegen ich angehe; daß die Leute nämlich unter dem Make-up und den Perücken nach jenem gewis-*

sen gemeinsamen Nenner suchen werden, nach dem Erkennbaren. Ich versuche, andere dazu zu bringen, etwas von sich selbst wiederzuerkennen«. Nicht die Wiedererkennbarkeit bekannter Typen, nicht die changierende Wiederholung bekannter Gesten ist das Ziel, sondern die differenzierende Beobachtung auf den Betrachter hin, dessen weitgehend unbewußter Umgang mit Gestik und Kleidung angesprochen ist.

Cindy Sherman spielt, und darin liegt der Unterschied zur Schauspielerin, keine Rollen. *»Nie habe ich das Gefühl, diese Person zu sein«,* sagt sie. Sie schlüpft vielmehr für einen Moment in eine fremde Haltung, so ein Spannungsfeld zwischen der eigenen Identität und dem Anderen aufbauend; das Dargestellte und sich selbst will sie auf ein und dasselbe Foto bringen: Niemals soll die Transformation der einen auf Kosten der anderen Person gehen.

Von 1977 bis 1981 verkörperte Cindy Sherman ausnahmslos Klischee-Figuren, Klischee-Haltungen des Films in kleinformatigen Schwarzweiß-Fotos: UNTITLED FILM STILLS nannte sie sie. *»Jeder kann meine Arbeiten verstehen, ohne Kunst- und Filmgeschichte studiert zu haben«,* sagt sie – nur ins Kino muß er gegangen sein. Von 1980 an ging die Künstlerin dazu über, in Farbe zu fotografieren. Frauen aus der Mittelschicht waren nun Thema ihrer postergroßen Werke. Statt realer Kulissen verwendete sie Diaprojektionen als Hintergrund, und langsam verlor die Umgebung völlig an Bedeutung. Wichtig waren nur noch der Mensch und seine Haltung, sein Gesichtsausdruck. Mit Mimik, Kleidung und ausgetüftelter Beleuchtung gelangen ihr beunruhigende Momentaufnahmen kleinbürgerlicher Existenz. *»Ich will«,* sagt Cindy Sherman, *»daß der Betrachter meiner Bilder einen Kloß im Hals bekommt«* – keine Vertraulichkeit, kein Einverständnis mit dem Betrachter ist das Ziel, nie werden die dargestellten Verhaltensweisen denunziert. Ein Bildausschnitt wird präsentiert – nicht nur um der Konzentration willen, sondern auch: um das fiktive Moment daran deutlich zu machen.

Die *»costume dramas«* (Kostümdramen), wie Peter Schjeldahl die letzten Arbeiten von Cindy Sherman nennt, sind beim Experimentieren mit einem Kleiderfundus entstanden, den ihr ein Modeschöpfer zur Verfügung gestellt hatte. Schjeldahl findet in diesen Fotos – schon allein wegen ihrer Größe: bis zu 2,50 m Höhe – ein theatralisches Grundmoment und im Theater, Ursprung der Performance, die ästhetische Grundlage der Arbeiten Cindy Shermans und ihrer Avantgarde-Generation. *»In den ›costume dramas‹ legt Cindy Sherman ihre ästhetischen Karten auf den Tisch: Wir sollen wissen (und in der spiralisierenden Komplexität des Theatralischen weiß sie, daß wir wissen, daß sie weiß), daß sie eine Schauspielerin spielt, die ihrerseits eine Rolle spielt . . . Make-up, Kostüme und Beleuchtung scheinen auf fiktive Sehlinien und Distanzen abgestimmt – auf die letzten Eckplätze der entferntesten Balkone. Wir befinden uns inmitten der Kraftfelder von Vorführungen, die nicht für uns bestimmt sind – und eben diese Empfindung ist für uns bestimmt«,* beschreibt Schjeldahl.

Cindy Sherman spielt eine Schauspielerin – das ist eine der vielen Verwandlungen, die aus der Grunderkenntnis möglich sind, daß Kleidung und Körpersprache eine Einheit bilden. Natürlich geht auch die Modefotografie von dieser Erkenntnis aus, sie verfolgt jedoch einen anderen Zweck, den nämlich, bestimmte Kleidungsstücke wirkungsvoll anzupreisen und nicht – wie Cindy Sherman – über Zusammenhänge aufzuklären.

Cindy Sherman beobachtet genau: einerseits die Wirklichkeit, andererseits die durch die Medien vermittelte Wirklichkeit. Mit Gestik und Kleidung rekonstruiert sie zeittypisches Verhalten (zum Beispiel der 50er und 60er Jahre), das, verstärkt durch Beleuchtung und Aufnahmetechnik, Hinweischarakter auf die Historie hat und gleichzeitig deren Virulenz vermittelt. Und zeigt sie zeitgenössisches Verhalten vor, so wird dessen Zeitgebundenheit offenbar. Hier liegt die Bedeutung der Shermanschen Arbeit, weit über den Kunstbereich hinaus: Indem sie ihren eigenen Körper zur Demonstration einsetzt, gibt sie – über den Voyeurismus – die Einsicht in die Ausdrucksmittel menschlichen Verhaltens frei.

MARINA SCHNEEDE

Literatur

Katalog: »Cindy Sherman. Photographien« (Westfälischer Kunstverein), Münster 1984.

Anja Lösel, Cindy Sherman – traurig, verletzlich, aggressiv, in: art 12, 1985, 116f.

Peter Schjeldahl/Els Barents, Cindy Sherman, München 1984. 14 Interviews, in: Kunstforum, Bd. 24 (= Themenheft Performance), 1977, 89–139.

K

Blake Carrington,
Serie Denver, 1986.

Kleidung im Fernsehen

I Im Medium Fernsehen scheint momentan ein Aspekt der Präsentation von Kleidung und Mode immer mehr im Vordergrund zu stehen: Die Metamorphose von Dingwelt in Warenwelt, die kaum verhüllte Absicht der Vermarktung gezeigter Produkte. Vorgeschobenster Posten dieser Entwicklung sind die salonfähig – tauglich fürs Abendprogramm – gewordenen, amerikanischen Fernsehserien.

So sind Denver und Dallas, auch hierzulande Dauerbrenner, aufgrund ihrer aufwendigen Ausstattung immer wieder gut für journalistische Betrachtungen. Insbesondere Denver macht durch die Höhe seines Kostümetats (dem Modedesigner Nolan Miller stehen dafür 18000 Dollar pro Folge zur Verfügung: der höchste Kleidungsausstattungsbetrag für eine Serie in der Fernsehgeschichte; bei Dallas werden nur 3000 Dollar pro Folge ausgegeben) in Verbindung mit einem ausgefeilten System der Vermarktung der in der Serie gezeigten Kleidung von sich reden.

Jeff und Fallon,
Serie Denver, 1986.

Im Kontext der Veränderung der deutschen Medienlandschaft ist auch in der Bundesrepublik Deutschland eher noch mit einer Verstärkung dieser Tendenz zu üppiger Ausstattung einerseits und deren Verwertung auf dem Modemarkt andererseits zu rechnen: Die Anpassung an die kommerziell organisierte, amerikanische Fernsehstruktur geht Hand in Hand mit einer Angleichung im inhaltlichen Bereich; serielle Unterhaltungsprodukte – seien es amerikanische Importe oder Eigenproduktionen nach amerikanischem Vorbild – bestimmen zunehmend auch das deutsche Programmangebot.

II In den amerikanischen Fernsehserien durchdringen sich Erzählung und Werbung heute auf mehreren Ebenen:

- Die Serie wird für Werbespots unterbrochen.
- Rahmenhandlung und Werbespots sind aufeinander bezogen (Werbespots nützen die Chance, Lösungen per Produkterwerb anzubieten, wo die offene Erzählhandlung – ihres Seriencharakters wegen – nie zu einem Punkt kommen, nie Versprechungen endgültig einlösen kann).
- Gängige Markenartikel werden in der Rahmenhandlung optisch günstig plaziert (Kontrakte per product placement).
- Neue Produkte werden speziell für eine Serie gestaltet – insbesondere Kleidung samt den zugehörigen Accessoires – und vermarktet.

Dieser letztgenannte Punkt verdient besondere Aufmerksamkeit; am Beispiel der »Denver-Serie« soll das fortgeschrittenste System der Vermarktung kurz skizziert werden: Kostümdesigner Miller modellierte seine Dynastie (= Denver) – Kollektion zum Tragbaren um; quer über die USA verstreut sind jetzt die veralltäglichten, doch trotzdem mit den klischierten Insignien des Luxus versehenen Roben der Denver-Protagonisten für eine breite Käuferschicht zugänglich gemacht. Eine breite Palette ansehnlicher Produkte, zum Denver-Stil als Teil eines Gesamt-Ensembles gehörig, wird daneben vertrieben (Schmuck, Unterwäsche, Innendekoration etc.). Die Kreation des Parfums »Krystel« legt nahe, daß darüber hinaus die Sinnenwelt der Zuschauer/Käufer im olfaktorischen Bereich à la Denver durchgeformt werden soll.

Auch in der Bundesrepublik werden nach anfänglichem Zögern Denver-Mode-Attribute zum Kauf angeboten.

Die aggressive Vermarktung von Fernseh-Serien-Mode ist längst zur ernstzunehmenden Konkurrenz für »freie« Modeschöpfer geworden – allen die Geschmacklosigkeit des Denver-Pomps beschwörenden Stimmen

Joan Collins mit Begleiter, 1986.

der wenigen überlebt habenden Haute Couturiers zum Trotz.

III Die Verflechtung von Serienerzählung und Warenvermarktung hat Tradition in amerikanischen Serien. Neu und auffallend ist allerdings die herausragende Rolle, die Kleidung heute in diesem Zusammenhang spielt – die letzte Entwicklungsstufe des Genres »Soap-Opera« wird hier augenfällig.

Die Geschichte der Soap-Opera (Seifen-Oper) geht zurück auf die 30er Jahre; (Seifen-)Firmen sponserten – zunächst im Radio – Serien, die dann im Gegenzug mit Werbeeinschüben der Geldgeber durchsetzt werden mußten.

Größte Popularität war den Soap-Operas dann im Fernsehen der 50er Jahre beschieden. Zielpuplikum für die damals ausschließlich morgens und nachmittags ausgestrahlten Serien waren Hausfrauen; die Verbreitung der Serienprogramme erfolgte nicht zufällig in einer Phase, in der das Leitbild einer Re-Privatisierung der Frau zur Hausfrau massiv propagiert wurde, nachdem noch in den 40er Jahren viele Frauen eine Position in Öffentlichkeit und Erwerbsleben innegehabt hatten. Zum Thema des Melodrams der 50er Jahre wurde Innenraum und Häuslichkeit.

Gratifikation fanden die Zuschauerinnen darin, sich in der geschönten Verdoppelung des eigenen Lebens auf dem Bildschirm mit fiktionalen »positiven« Familienmitgliedern zu identifizieren.

Zuvor der Alltäglichkeit enthobene Stars wurden folgerichtig von den Film- und Fernsehzeitschriften in ihrer eigenen häuslich-familialen Umgebung gezeigt; zur selben Zeit gingen in den USA, zehn Jahre später dann in der Bundesrepublik Deutschland die Kinobesuche zurück.

Fernsehen wurde zum Außenweltersatz. Das in den Serien gezeigte Lebensstil-Vorbild mußte für den außerhäuslichen Austausch mit Berufskolleginnen stehen; der Werbeteil zwischen den Serien-Stücken für das Flanieren »draußen«: Der Fernseher kam als Warenkatalog, als Corso ins Wohnzimmer.

Die konservativen Werte der 50er Jahre, die Aufteilung der Welt in einerseits zur munteren Häuslichkeit geratenen Privatsphäre als Domäne der bürgerlichen Vorort-Frau und andererseits in Öffentlichkeit als Handlungsraum des Mannes konnten die gesellschaftlichen Veränderungen der 60er und 70er Jahre, konnten Jugendprotest und Frauenbewegung nicht überstehen. So lief auch die traditionelle Soap-Opera mit ihrer thematischen Ausrichtung auf ein überlebtes Frauenbild, ihrem schon durch die Sendezeit selektierten Publikum und ihrer relativ billig produzierten, ewig gleichen Machart langsam tot.

Ein erster Versuch der Neugestaltung des Genres war die Sexualisierung der Nachmittagsserien; der zweite, entscheidende Schritt dann die Verlagerung der Soap-Opera ins Abendprogramm.

Flankiert wurde dieses Experiment mit enorm erhöhten Produktionsinvestitionen in einzelne Serien. Diese, in den späten 70er Jahren äußerst erfolgreich vollzogene Umstrukturierung (Geburtsstunde von Dallas, später Denver) hatte zur Folge, daß seither Frauen und Männer, die beide potentiell einen Arbeitstag hinter sich haben, zum Zuschauerstamm zählen, thematisch eine Verschiebung zugunsten einer Einbeziehung des Geschäftslebens zu beobachten ist und schließlich die höheren Budgets eine Darstellung der (fiktionalen) Oberschichtswelt erlauben.

IV Die neue Aufbereitung der Fernsehserien für den Abend hatte für die Art und Weise der Inszenierung von Kleidung, ja, für den Stellenwert, der

Jeff und Fallon I.,
Serie Denver, 1986.

K

Kleidung und Mode überhaupt seither beigemessen wird, weitreichende Konsequenzen:

- Erstens kann Kleidung aufwendiger produziert werden.
- Dies bildet zweitens die Basis für die Möglichkeit, durch Kleidung statt der adretten Freizeit-Lässigkeit der Vorort-Hausfrauen nun, der veränderten Zuschauerstruktur gemäß, gesellschaftliche Bereiche dort durch Ver-Modung zu ästhetisieren, wo heute die Konflikte schwelen (von geschlechtsspezifischer Berufskarriere über zunehmende soziale Distinktion bis zu neuesten Konzentrationsprozessen des Kapitals).
- Schließlich wird Kleidung durch die Verlagerung des Spiel-Raums der Serien in die Gefilde der fiktionalen Oberschicht eher als Mode-Vorbild wahrgenommen, dem es lohnt, nachzueifern.

Mode bei DENVER und DALLAS verdoppelt nämlich weder (klein-) bürgerliche Lebensstile im Sinne einer Down-To-Earth-Wardrobe, noch zeigt sie, genaugenommen, die von herrschenden Gruppierungen tatsächlich getragene Kleidung, sondern visualisiert die Vorstellungen der Mittelschichten von Oberschichts-Kleidung: opulent, aber noch nahe genug am Geschmack der Zuschauer, um als Garant die potentielle Nähe des vielleicht doch irgendwann mit Händen zu greifenden Aufstiegs zu dienen.

Die im Fernsehen heutzutage gezeigte Kleidung verdoppelt so eine Funktion von Mode, die in Zeiten ökonomischer Krisen immer an Bedeutung gewinnt: Sie saugt die Wünsche nach Veränderung des Bestehenden, die Hoffnung auf Verbesserung durch Neues auf und entschärft sie durch Ästhetisierung.

V Wie sieht nun die vom Serienprogramm des Fernsehens in den Blickpunkt der Aufmerksamkeit gerückte und so erfolgreich vermarktete Kleidung konkret aus? Als Beispiel soll wieder DENVER herangezogen werden:

Zunächst fällt auf, daß sich die weiblichen Charaktere weitaus häufiger als ihre männlichen Partner umziehen: drei bis vier Mal pro Folge, zudem werden Kleidungsstücke fast immer nur einmal getragen. Immer noch wird also eine Affinität von Weiblichkeit nahegelegt, während Männer weniger stark über Kleidung definiert und charakterisiert werden, allenfalls soziale Unterschiede werden – dezent – vor Augen geführt (Repräsentanten der Oberschicht tragen zweiteilige »europäische« Anzüge, während die Geschäftsleute der nächst niedrigeren sozialen Schicht überkorrekt im Dreiteiler mit Weste präsentiert werden). Allen Frauenfiguren gemeinsam ist, daß sie äußerst gepflegt und diszipliniert gezeigt werden; die Ausdifferenzierung nach und das »Passen« der Kleidung zu Tageszeit, Etikette, Frisur und Schminke scheint unabdingbar.

Einzelne Nebenfiguren – Frauencharaktere der Töchtergeneration – tragen hemdartig weite oder mädchenhaft verspielte Kleidung: Zitate der 70er-Jahre-Mode, die hier interessanterweise mit sozial eher untergeordneter Stellung konnotiert sind – Versuch einer Deklassierung der Kleidung bestimmter, teils »fortschrittlicher« Frauenkreise.

Die Kleidung der sozial mächtigen weiblichen Hauptfiguren der Müttergeneration hingegen mutet ganz anders an: Der Schnitt der Kleider wirkt einerseits straff konturiert, in der Leibesmitte ist die Silhouette meistens scharf durch einen Gürtel unterteilt, die Schultern sind breit. Andererseits ist das Material in glänzenden königlichen Farben (»Denver-Blau«) und fällt weich schmeichelnd, die Konturen des Schnitts wieder zurücknehmend. Der Busen ist betont; die Röcke enden kurz unterm Knie.

VI Forscht man in der Kostümgeschichte nach Vorbildern für diesen Stil, so dechiffriert man ihn schnell als Mixtur von Versatzstücken sowohl der 40er als auch der 50er Jahre: den gegensätzlichen Stilisierungen der starken, effizienten, mit breiten Schultern Machtansprüche anmeldenden, in der Kleidung jedoch eher strengen und sparsamen (Stoffknappheit) Frauen der Kriegs- und Nachkriegszeit einerseits – der mütterlich-jugendlichen, sanften, tüchtigen, in die stoffreichen Varianten des NEW-LOOK gehüllten bzw. in schmale, körpermodellierende Kostüme gesteckten Frauen der restaurativen Ära des Weiblichkeitswahns andererseits. Ebenso interessant wie die Anleihen aus den 40er/50er Jahren sind Modeausprägungen jener Zeit, die nicht als zitatfähig empfunden werden: So werden aus den 40er Jahren die gepolsterten Schultern (Zeichen für Stärke) und die kniekurzen Röcke (Produkt der Stoffknappheit, aber auch Zeichen für Sexualisierung der Beine, für Bewegung, Mobilität, Aufstieg und Abstieg) zitiert, nicht aber die rauhen, glanzlosen, eher störrisch fallenden Stoffe (Zeichen für Verzicht und Unverbindlichkeit). Auch hochgestecktes Haar (in den 40er Jahren nahezu ein Muß als Ergänzung zum Berufs-Kostüm) wird kaum als Charakterisierung der Denver-Damen verwendet, ist doch die Hochsteckfrisur in den Spielfilmen der 40er

Jahre als Zeichen für unerotische Konzentration auf die Arbeit verwendet worden – den Heldinnen wurden vor einem Kuß die Haare gelöst.

Aus den 50er Jahren wird die statuarisch wirkende Modellierung des Körpers (Taille) zitiert – nicht jedoch die starre, erotisch Distanz schaffende Unterwäsche. Tiefer Ausschnitt und Betonung des Busens (Sexualität, Mütterlichkeit), fließende Stoffe (Weichheit, Fülle), werden zum Baustein innerhalb der Dynastie Mode – nicht aber die Länge der Röcke (Züchtigkeit) und der dazu gehörige Stopp-Schritt (Bewegungslosigkeit).

Auffallend ist auch, daß reine New-Look-Zitate (die in den 50er Jahren für Mädchenhaftigkeit und Nicht-Berufstätigkeit standen) bei Denver nicht zu sehen sind, sondern eher Anleihen bei den Modelinien für die elegante, berufstätige, ledige Dame gemacht werden.

VII Besonders in Auge springen muß jedoch, daß in der Denver-Serie der – massenhaft vor allem in den 50er Jahren ausgeprägte und erlernte – Code des Umgangs mit Kleidung (was muß ich wo tragen?), der eine klare Sprachunterscheidung zwischen Privatheit (neue Hauskleidung) und Öffentlichkeit (Handschuhe, Hut, Kostüm) geprägt hat, bewußt gesprengt wird.

Ein Baby für Krystle, Serie Denver, 1985.

Vor allem die weiblichen Charaktere der Serie verwenden Kleidungszeichen so demonstrativ diffus, daß die Absicht, eine Durchdringung von Privat- und Öffentlichkeitsphäre ins Bild zu setzen, unübersehbar ist: Alexis beispielsweise trägt Handschuhe auch bei Kontakten mit ihren Söhnen im Wohnbereich; Unternehmungen Krystels, die offensichtlich draußen spielen, werden oft keine entsprechenden Attribute wie Handschuhe, Handtasche, Mantel zugeordnet: Frauen können eben ihre Angelegenheiten nicht auseinander halten. Blake hingegen, wenn auch er nicht sehr deutlich dem narrativ nahegelegten Wechsel der Bereiche die visuellen Zeichen anpaßt, bleiben durch die Verwendung von Krawatte (Geschäft, auch: Einschätzung privater Beziehungen als geschäftsrational) bzw. Hausjoppe (zu Hause, auch: freundschaftliche Nähe) doch Reste einer Differenzierung.

VIII Welche Konsequenzen hat nun diese – mit Hilfe der Handlungen und Eigenschaften der Protagonist/innen /en inszenierte – Aufladung der Denver-Mode mit einem Ensemble semantischer Assoziationen, mit »Bedeutung«?

Frauen, die Denver-Mode kaufen, ziehen sich damit auch eine bestimmte Interpretation ihres Berufslebens an. Durch die Art der Kombination der Epochen 40er und 50er Jahre, vor allem aber durch die Sprengung eines

Bobby und Pam, Serie Dallas, Karikatur, 1986.

Öffentlichkeit und Privatheit strikt trennenden Codes bietet Denver-Kleidung Synthesemuster für die von vielen Frauen als unvereinbar erlebten Wirklichkeitsbereiche (Beruf – Kinder; Karriere – private Beziehungen; Durchsetzungsfähigkeit – »weibliche« Attraktivität etc.). Die bei Denver ins Licht gerückten Synthesen entpuppen sich jedoch als Scheinlösungen, die Konflikte berufstätiger Frauen ästhetisieren und so entschärfen. Die Zurücknahme der Privat/Öffentlich-Opposition nämlich, das Nicht-Auseinanderhalten verschiedener Ebenen wird in der Serie als eher weibliche Eigenschaft inszeniert; der Handlungsspielraum von Frauen wird zwar erweitert, aber zugleich denunziert.

Für den Zugang zu einem öffentlich-privaten Mischbereich muß gleichzeitig ein hoher Preis bezahlt werden: die immer weitgehendere gesellschaftliche Durchdringung ehemaliger, den Frauen zugeordneter Privatsphäre auf der einen Seite (jedes Zimmer im Carringtonschen Haus wird zum Repräsentationsraum, es gibt keine Möglichkeit des Rück-

K

zugs), die unverhohlene Offenlegung privater Motive bei öffentlichen Transaktionen ohne auch nur den Versuch einer Rechtfertigung im Sinne einst bürgerlicher Ideologie auf der anderen (Alexis als von Privat-Interessen gelenktes Biest).

Dieser Tendenz zu einem privat-öffentlichen Mischbereich liegt jedoch eine reale gesellschaftliche Entwicklung zugrunde, die Männer und Frauen gleichermaßen betrifft: Durch den geschlechtsspezifisch inszenierten Umgang mit Kleidung in der Serie wird sie zur »Lösung« für Frauenprobleme umgedeutet.

Insofern ist der »Sinn«, den Denver-Kleidung ausdrückt, ganz auf der Höhe der Zeit. In diesem Zusammenhang scheinen – auf den zweiten Blick gesehen – die im Zusammenhang mit DENVER ins Gerede gekommenen Mode-Vermarktungsstrategien eher zweitrangig, die Distribution von Interpretation neuester gesellschaftlich-ökonomischer Entwicklungen hingegen unserer ungeteilten Aufmerksamkeit wert.

KAREN ELLWANGER/
EVA-MARIA WARTH

Literaturliste

Hans Borchers; Soap Operas im Amerikanischen Fernsehen, in: Englisch-Amerikanische Studien 4 (1985), 693–698.

Karen Ellwanger, Seminarpapiere = im Rahmen der von 1982–1986 an der Universität Osnabrück und der Hochschule der Künste, Berlin, abgehaltenen Veranstaltungen zu Geschichte und Theorie von Bekleidung (unveröff. Manuskripte).

Eva-Maria Warth, Forschungsbericht über den Stand der Soap-Opera-Forschung, 1986 entstanden im Rahmen des am Seminar für Amerikanistik, Universität Tübingen, laufende Projekts über »Denver«.

Kleidung und Politik

Die Kleidung spielt als Standessymbol und durch ihre volkswirtschaftliche Relevanz natürlich eine bedeutende politische Rolle.

Kleidung kann die Macht ihres Trägers signalisieren. Schon bei Naturvölkern unterscheidet sich der Häuptling von den einfachen Stammesangehörigen durch seinen besonderen Schmuck. In den Monarchien trägt der Souverän bei offiziellen Anlässen ein bestimmtes Gewand, dessen Form und Farben symbolische Bedeutung haben. Bei den Römern war die Farbe Purpur über Jahrhunderte hinweg Ausdruck der Stärke. Blau steht für Frankreich, und zwar während der Republik als auch im Königreich. Das königliche Blau wurde zum »nationalen« Blau, das z. B. in den Ziviluniformen wiederkehrte.

Monarchen, Kaiser und Fürsten verteilen Ehren- und Dienstlivreen an ihren Hofstaat, um damit die Zugehörigkeit zu ihrem Haus sichtbar zu machen. Im Mittelalter war das eine einfache Replik der Farben ihres Wappens, aber mit der Zeit wurden die Livreen komplizierter – besonders ab dem 16. Jahrhundert, als sich das Hofleben organisierte und Regeln gab. Ohne festgelegte Farben zu haben, zeichnen sich die Livreen jedoch immer durch bestimmte Formen aus. Das ist die Geburtsstunde der höfischen Kleidung. Die Schleppen, die

Entwurf für die Amtskleidung des Volksvertreters, Jacques-Louis David, 1794.

Stickereien und, im 18. Jahrhundert, die großen Reifröcke prägen das Bild der den Souverän umgebenden Etablierten, vor allen Dingen bei Zeremonien, die dadurch einen rituellen Charakter bekommen.

Um die revolutionären Ursprünge seines Regimes zu verwischen und um es nahtlos an die alte Monarchie anzubinden, gab es für Napoleon kein geeigneteres Mittel, als die Wiederherstellung eines Hofes mit seiner Person im Zentrum. Seine Regeln, seine Uniformen und Kleider waren von der vorausgegangenen Tradition inspiriert worden.

Ist der Souverän durch die Vielfalt und den Umfang seiner Geschäfte gezwungen, seine Gewalt zu delegieren, so delegiert er zugleich seine Insignien an Vertreter. So haben in Frankreich die Justizbeamten die roten Roben des Mittelalters beibehalten. Sie sind die Reminiszenz einer althergebrachten Tracht, und durch ihre Farbe ein Zeichen der Staatsgewalt.

Im Frankreich zur Zeit des Ancien Regime waren Uniformen nicht gang und gäbe; sie hatten vielmehr einen religiösen Charakter, der sich aus dem Gottesgnadentum der Monarchie erklärte. Bei der Weihe und Salbung des Königs bestand die Königsrobe aus einer Tunika und einer Dalmatika, die an die Gewänder des Subdiakons und des Diakons erinnern, und aus dem Mantel, der an die Stelle der Kasel des Zelebranten trat.

Die Trachten der Ritterorden, deren Großmeister fast immer der Souverän war, bestanden im allgemeinen aus einem Mantel, der, zumindest im Fall des Ordens vom Heiligen Geist, an den Königsmantel erinnert. Die Bediensteten und subalternen Hofbeamten der königlichen Schlösser trugen die Königslivree. Sie wurde bei jedem neuen Regierungsantritt und manchmal auch während einer Regierungszeit geändert.

Unter Ludwig XIV. wurde die Livree endgültig blau mit roten und weißen Tressen, also die drei Farben, die schon während der vorangegangenen Regentschaften Frankreichs Nationalfarben wurden.

Erst die Französische Revolution hatte den Ziviluniformen eine andere Bedeutung gegeben, indem sie den Autoritätspersonen ein äußeres Zeichen ihrer Würde gab, ein Zeichen, das dem Bürger Respekt vor dem Magistrat abverlangte, aber auch vor dem Träger selbst. Durch die Verfassung vorgeschrieben, waren sie im Directoire in der Öffentlichkeit zu sehen, erschienen im Empire immer häufiger und breiteten sich dann über alle europäischen Reiche aus. Das nunmehr eingeführte Prinzip wurde von den nachfolgenden französischen und ausländischen Regierungen angenommen und entsprechend der jeweiligen Neigung zu Symbolen, Herrschaftszeichen und Prunk mehr oder weniger aufwendig gepflegt.

Kleidung kann genausogut das Gegenteil bedeuten, nämlich eine Opposition gegen die herrschende Macht, oder sie kann zumindest eine andersartige politische Meinung akzentuieren. Am Beginn der Revolution zeigten z.B. Männer von Adel mit ihren schwarzen Kniehosen ihre Trauer über den Untergang des Ancien Regime. Während der Restauration drückten die Reserveoffiziere

Entwurf für die Amtskleidung des Gesetzgebers, Jacques-Louis David, 1794.

Entwurf für die Amtskleidung des Richters, Jacques-Louis David, 1794.

Entwurf für französische Bürgerkleidung, Jacques-Louis David, 1794.

K

Kopfbedeckungen
als Zeichen politischer Gesinnung,
A. Zampis, 1848.
Historisches Museum der Stadt Wien.

(DEMI-SOLDES) ihre Verbundenheit mit Napoleon mit einem langen Gehrock (REDINGOTE) aus.

Die SANS-CULOTTES stellten ihre revolutionären Ideen mit ihren Matrosenhosen, ihren Jakobinerjacken und roten Mützen zur Schau. Später zeigen die INCROYABLES, neureiche Stutzer, ihre monarchistische Gesinnung durch langes Zottelhaar, einen Frack mit enormen Schößen, ein Halstuch unmittelbar unterm Kinn und einen Stock in der Hand.

Aus volkswirtschaftlichen Gründen machen sich auch Regierungen Gedanken über die Kleidung. Vom Mittelalter bis zum 17. Jahrhundert lösten in Frankreich und im gesamten übrigen Europa eine Vielzahl von Kleiderordnungen einander ab. Sie waren im Endeffekt alle wirkungslos, weil sie das Ziel hatten, den Unterschied zwischen den einzelnen gesellschaftlichen Schichten aufrechtzuerhalten und daneben die Gesamtausgaben für Kleidung einzuschränken dies vor allen Dingen, wenn ausländische Mächte daraus einen Vorteil zogen.

Mit dem Edikt von 1632 wurde in Frankreich versucht, das Tragen von Spitzen ganz zu untersagen, da die schönsten aus Italien und Flandern kamen. Letztlich fand Colbert, Minister Ludwig XIV. die Lösung des Problems. Er gründete eine Luxusspitzenindustrie, die bald eine bedeutende Rolle innerhalb der europäischen Produktion spielte. Ein anderer Minister Ludwig XIV., Louvois, verbot unter dem Druck der alteingesessenen Textilfabrikanten die Einfuhr bemalter Stoffe nach Frankreich, da sie sich zu gut verkauften und damit diese traditionelle Industrie bedrohten. Als Napoleon Bonaparte an die Macht kam, fand er die Luxusindustrien von der Revolution ruiniert vor. Die Seidenmacher aus Lyon schenkten ihm, um ihn für ihr Schicksal zu interessieren, ein Gewand aus rotem Velours, das er sein »Lyoneser Gewand« nannte. Damit entsprach er ihrem Anliegen und verfolgte ein anderes Ziel, wie wir bereits gesehen haben. Schon während des Konsulats hatte er den Grundstein zu einem Hof gelegt, der sich, sobald er Kaiser war, ganz beachtlich entwickelte. Was eine prächtige Hofhaltung angeht, war sein Erfolg vollständig. *»Diese Anordnung war in der Tat leicht zu befolgen«,* schrieb die Herzogin d'Abrantès in ihren Memoiren. In seinem Kampf gegen Musselinstoffe aus Indien und Kaschmirschals, die über England importiert wurden und deshalb aus der französischen Mode verbannt werden sollten, hatte er hinge-

Arbeiteraufstand in Paris,
Gavarni, 1848.

Les Dames de la Halle partant pour aller chercher le Roi à Versailles le 5 Octobre 1789. Paris, Musée Carnavalet.

gen weniger Glück. Durch einen respektablen Schmuggel, der auch vor seiner Residenz nicht halt machte, wurden diese Pläne durchkreuzt. Zumindest gelang es Napoleon, die Produktion von Schleierleinwand in Saint-Quentin anzuregen. Dieser Stoff diente zur Herstellung der weißen Kleider, die damals sehr in Mode waren.

Vor allen Dingen unterstützte er mit seinen Aufträgen Ternaux, einen großen Textilindustriellen, in der Herstellung eines französischen Kaschmirschals. Er setzte sich auch für Oberkampf ein, der in Frankreich den Textildruck vorantrieb. Ihm und auch Ternaux verlieh er später das Kreuz der Ehrenlegion. Diese Industrie hat schnell das Aussehen der Massen verändert, indem sie ihr farbige Kleidung für wenig Geld anbot.

Ganz wie sein Onkel, führte auch Napoleon III. einen prächtigen Hof. Er unterstützte Worth, den Begründer der Pariser Haute Couture. Auf dessen Betreiben hin bat er die Kaiserin, Roben zu tragen, die sie nicht besonders mochte und die sie daher ihre *»politische Garderobe«* nannte. Aber sie brachte den Produkten aus Lyon größtes Renommée ein. Heute noch müssen die Frauen der Staatschefs die Rolle des mondänen Mannequins spielen, denn sie sind von den Couturiers quasi beauftragt, die Haute Couture aus Paris gut zu vertreten, da diese eine wichtige Rolle im Außenhandel des Landes spielt.

MADELEINE DELPIERRE

Gustav Klimt (1862–1918)

Gustav Klimt gehört zu den Wegbereitern der modernen Kunst. Zeitgenosse von Edvard Munch, steht er, historisch gesehen, zwischen Hans Makart und Egon Schiele. Der Höhepunkt seines künstlerischen Schaffens fällt mit der Blütezeit der WIENER SECESSION zusammen, der er seit ihrer Gründung 1898 – fünf Jahre lang – vorstand. Daß er auch mit der WIENER WERKSTÄTTE, wenngleich nur indirekt, verbunden war, ist weniger bekannt. Es scheint, als ließe sich die-

K

ser Zusammenhang mit Hilfe der Tätigkeiten von Josef Hoffmann und Kolo Moser rekonstruieren.

Beide, Hoffmann wie Moser, waren bestrebt, mit ihrem Amtsantritt 1899 an der Wiener Kunstgewerbeschule (derselben, an der 1876 Gustav Klimt als Vierzehnjähriger aufgenommen worden war) die konservative Tradition zu durchbrechen und zeitgenössische Künstler an dieser Entwicklung teilhaben zu lassen. Nicht nur hier, mehr noch in der von Moser und Hoffmann 1903 gegründeten WIENER WERKSTÄTTE war ein Künstler wie Gustav Klimt, mit beiden befreundet (Hoffmann hatte mit ihm 1902 gemeinsam den Raum für den Beethoven-Fries gestaltet), von Anfang an unentbehrlich: Er teilte wie kaum ein anderer ihre Absichten einer umfassenden ästhetischen Erneuerung und er dachte dabei nicht nur an die Kunst, sondern auch an die Anwendung in allen Bereichen des Kunstgewerbes, Stoffe und Mode eingeschlossen.

Wenn auch, wie Angela Völker vermutet, das Kleiderentwerfen für Klimt nur Episode blieb, so sind doch die Auswirkungen, zumindest die seiner 1906 publizierten Entwürfe, noch nicht hinreichend untersucht worden. Es ist anzunehmen, daß Klimt mit seinen Kleiderentwürfen der WIENER WERKSTÄTTE Impulse gegeben hat, lange bevor – 1911 schließlich – die Mode-Abteilung dort gegründet wurde, in einer Zeit also, in der die Kleider-Reformbewegung zwar immer noch diskutiert wurde, in ihrer künstlerischen Ausprägung aber bereits als gescheitert galt.

1906 stellte die Zeitschrift DEUTSCHE KUNST UND DEKORATION eine ganze Kleider-Kollektion vor, die Klimt entworfen hatte. Die Fotos

Margarethe Stonborough-Wittgenstein, Gustav Klimt, 1905. Bayerische Staatsgemäldesammlung.

stammten von ihm selbst; wie Schnappschüsse anmutend – in der Landschaft aufgenommen, nicht im Atelier – erinnern sie nicht im entferntesten an die starre Pose der gleichzeitigen Mode-Fotografie. Vorgeführt wurden diese Modelle (Haus-, Sommer-, Konzert-Kleider) mit selbstverständlicher Anmut von Emilie Flöge, der Lebensgefährtin Gustav Klimts, die zusammen mit ihren beiden Schwestern in der Wiener Mariahilferstraße 1 c, in der sog. Casa piccola, einen großen, 1903 von der WIENER WERKSTÄTTE ausgestatteten Modesalon betrieb. In diesem Geschäft, das mit seiner originellen und extravaganten Mode als Vorläufer der WIENER WERKSTÄTTE-Mode gilt, wurden die Kleider nach Klimts Entwürfen ausgeführt.

Im Gegensatz zu den nur wenige Jahre zuvor entstandenen Kleidern von Henry van de Velde ist hier eine größere Leichtigkeit und Eleganz des Entwurfs, eine wohl spezifisch wienerische Form der Kleidererneuerung zu beobachten. Angela Völker sieht in Klimts Entwürfen *»eine gelungenere Synthese zwischen Theorie und Praxis . . . als bei früheren Versuchen, wohl auch, weil hier einmal Künstler und Modeschöpferin, nicht schneiderische Dilettantin, zusammengearbeitet haben. Klimts Kleider nehmen, trotz der offensichtlichen Anleihen an deutschen Vorbildern, modische Anregungen auf und setzen sie bewußt ein: den hohen Kragen, breite Volants und zart gefältelte Rüschen, die kaskadenartig herabfallen. Leichte, gemusterte Stoffe, Volants und Rüschen, mit geometrischen Ornamenten verzierte, spenzerartige Oberteile und sehr enge Ärmel sind in den strengen Kompositionen van de Veldes oder Behrens' nicht zu finden. Sie widersprechen im Grunde genommen der Vorstellung von Materialaufrichtigkeit und Konstruktionsbetonung . . . Andererseits sind sie aber ästhetisch befriedigender, weil sie dem Typus der Trägerin – Emilie Flöge – entsprechen.«*

Für sich selbst schuf Klimt weite, bequeme Kleidung. Fotos aus der Zeit um 1905, die M. Nähr aufgenommen hat, zeigen ihn im Garten und im Atelier (an der Wiener Josefstädterstraße) in einem langen blauen Malerkittel mit bestickter Passe, der an rumänische Bauernhemden erinnert. Aus dem Malerkittel entwickelte er für sich und seinen Freund Hermann Bahr auch andere lange, weite Hemdkleider: *»Das Hemdkleid als Symbol für Unabhängigkeit und Ungezwungenheit, als Inbegriff für modische Freiheit und persönliche Note«*, wie Traude Hansen 1984 in ihrem Buch über die WIENER WERKSTÄTTE-Mode schrieb.

Auf einigen der Aufnahmen von Nähr ist neben Klimt Emilie Flöge in einem wohl ebenfalls von ihm entworfenen, sehr weiten, gestreiften Hemdkleid zu sehen, das an orientalische Kaftane denken läßt. Ebenso einfach und raffiniert zugleich ist das weich fallende, lange Hemdkleid geschnitten, das Emilie Flöge 1910 auf dem Foto trägt, das sie mit Gustav Klimt in einem Ruderboot auf dem Attersee zeigt. Auffallend hier wie auch an dem schwarz-weißen, seidenen Morgenrock im Kimonostil, den Klimt getragen hat, sind die Stoff-Dessins, die zumeist aus der WIENER WERKSTÄTTE stammten.

»Wie bei den späten von Hoffmann für die Primavesis entworfenen Hausmänteln ist hier der Gedanke an Mode gänzlich ausgeschaltet. Ausschließlich für den nichtöffentlichen Gebrauch bestimmt, haben sie wohl auch keinen programmatischen Charakter und sind vielleicht deshalb konsequenter als die publizierten Kleider«, meint Angela Völker in ihrem Artikel KLEIDERKUNST UND REFORMMODE IM WIEN DER JAHRHUNDERTWENDE.

Einfachheit in Schnitt und Form ist das Hauptmerkmal der Klimtschen Kleiderentwürfe – in seiner Malerei findet man das Gegenteil: einen hohen Grad von Stilisierung und Kostbarkeit. Bauelemente für die Kleidung in seinen erlesen anmutenden Frauenporträts fand Klimt in seiner eigenen wertvollen Sammlung alter chinesischer und japanischer Kostüme, die 1945 beim Brand der Flögeschen Wohnung in Wien zugrundeging.

Klimts Frauenporträts vom Jahrhundertbeginn erhalten ihre Anziehungskraft nicht zuletzt durch die hinreißende Schönheit der Roben. *»In diesen Kleidern verborgen liegt die spezifische Aura der Dargestellten; die den Körper verhüllenden Kleider enthüllen die Seelen«*, schrieb Emil Pirchan 1956 in seiner Klimt-Monographie.

Als erstes programmatisches Bildnis kann das 1902 entstandene, ganzfigurige Porträt von Emilie Flöge gelten, das sich heute im HISTORISCHEN MUSEUM der Stadt Wien befindet. Es zeigt, welche Rolle dem Kleid zugewiesen wird: Es legt einen Panzer der Unnahbarkeit um die Frau. Das Kleid stützt die Überhöhung der Person in Haltung und Geste. Emilie Flöge konnte sich mit diesem Porträt so wenig anfreunden wie Margarethe von Stonborough-Wittgenstein mit dem ihren (heute NEUE PINAKOTHEK, München), das sie auf den Speicher ihres Hauses verbannte. Die Dominanz der Kleider machte die Personen sich selbst fremd.

K

Tatsächlich war es nicht Klimts Sache, die individuellen Züge der Dargestellten herauszuarbeiten. Vielmehr ist sein Interesse abzulesen, das Frauenbild der Wirklichkeit zu entrücken. Im Wechsel und im Kontrast zwischen Flächigkeit und Tiefendimension, Ornament und naturalistischer Abbildung – im Porträt sind nur Gesicht und Hände durchmodelliert – hebt er Körperlichkeit auf, bindet er die Figur in sein flächig-ornamentales Bildkonzept. Der Wirklichkeit werden so hochartifizielle Gegenbilder konfrontiert. Mit seiner *»naturalistischen Stilisierung«* (Werner Hofmann) bildet Klimt den Gegenpol zur gleichzeitigen Literatur – Traum und Wirklichkeit in der Kunst um 1900.

MARINA SCHNEEDE

Literatur

Traude Hansen, Wiener Werkstätte Mode, Wien 1984.
Christian M. Nebehay, Gustav Klimt. Sein Leben nach zeitgenössischen Berichten und Quellen, München 1976.
Emil Pirchan, Gustav Klimt, Wien 1956.
Katalog: Traum und Wirklichkeit – Wien 1870–1930, (Historisches Museum der Stadt Wien), Wien 1985.
Angela Völker, Kleiderkunst und Reformmode im Wien der Jahrhundertwende, in: Ornament und Askese, Wien 1986 (im Satz).

Knopf

Schon die Germanen der Bronzezeit benutzten den Knopf als Verschluß ihrer Kleidung wie Funde aus dem Jahre 500 v. Chr. beweisen. Diese, den heutigen Manschettenknöpfen ähnelnden Doppelknöpfe bestanden aus zwei durch einen Steg verbundene Scheiben. In der nachfolgenden Eisenzeit wurden auch Knöpfe aus gerollten Lederriemen getragen, die durch eine Lederschlaufe gezogen wurden. Unter römischem Einfluß ließ die Fibel – das Äquivalent der heutigen Brosche – den germanischen Knopf in den Hintergrund treten.

In der Mitte des 14. Jahrhunderts begann man wieder Knöpfe zu verwenden, nachdem heimkehrende Kreuzritter über die mit mehreren Knöpfen zu schließende Kleidung der Türken berichteten. Die bis dahin unbekannte Knopfreihe fand ihre ausufernde Form in den eng zusammenstehenden, sich fast berührenden Bronzeknöpfen. Ohne Knöpfe wäre die hautenge Jacke (Schecke) der Männer und die abnehmbaren Ärmel der Frauen nicht möglich gewesen.

In den folgenden Jahrhunderten wurden je nach Moderichtung viele oder wenige Knöpfe getragen; doch bestimmte weniger die Anzahl als der Wert der Knöpfe das Ansehen des Trägers. In der Renaissance und dem Barock dienten sie als Schmuck und vor allem zur Repräsentation. Wer es sich leisten konnte, trug teilweise mit Edelsteinen besetzte Silber- und Goldknöpfe. In der Zeit des Rokokos bevorzugte man neben sehr kunstvoll gearbeiteten Knöpfen reich bestickte Seidenknöpfe.

Am Ende des 18. Jahrhunderts und Anfang des 19. Jahrhunderts gab es Knöpfe mit antikisierenden Motiven. Die Figuren und Szenerien wurden z.B. aus geschnitztem Elfenbein auf Emaillegrund, in Gold gefaßten Mosaiksteinchen oder Silber erstellt oder als Miniatur gemalt. Berühmt waren die englischen Wedgwoodknöpfe

Wedgwood-Knopf, England, Ende 18. Jahrhundert, Museum Lüdenscheid.

mit weißen Kameen auf blauem Porzellangrund, eingerahmt durch einen Goldrand oder geschliffenen Glassteinchen. Gleichzeitig gab es mit Aufkommen der Industrie für den weniger betuchten Teil der Bevölkerung maschinell hergestellte Knöpfe. Die Metallknöpfe waren glatt, graviert oder erhaben gestanzt. Beliebt waren Knöpfe aus facettenartig geformten Stahlkugeln. Neben diesen Metallknöpfen wurden im 19. Jahrhundert auch viele, zum größten Teil schwarze Posamentknöpfe getragen.

Von wenigen Ausnahmen abgesehen, trug nur der Mann Knöpfe. Erst im letzten Drittel des 19. Jahrhunderts bemächtigten sich auch die Frauen der Knöpfe. Sie sahen darin ein Zeichen der Gleichberechtigung, was von vielen mißbilligt wurde. So schrieb ein Zeitgenosse: *»Im Sommer 1877 war es, als ob die Damen einen Anfall von Knöpfmanie bekommen hätten. Sie übergossen ihre Trachten, besonders die Kleider und die Oberstücke, mit Knöpfen, nicht dutzendweise, nein grosweise, nicht zum Nutzen, sondern zum Putzen!«*

Man trug Perlmuttknöpfe, Stoffknöpfe oder Metallknöpfe in den ver-

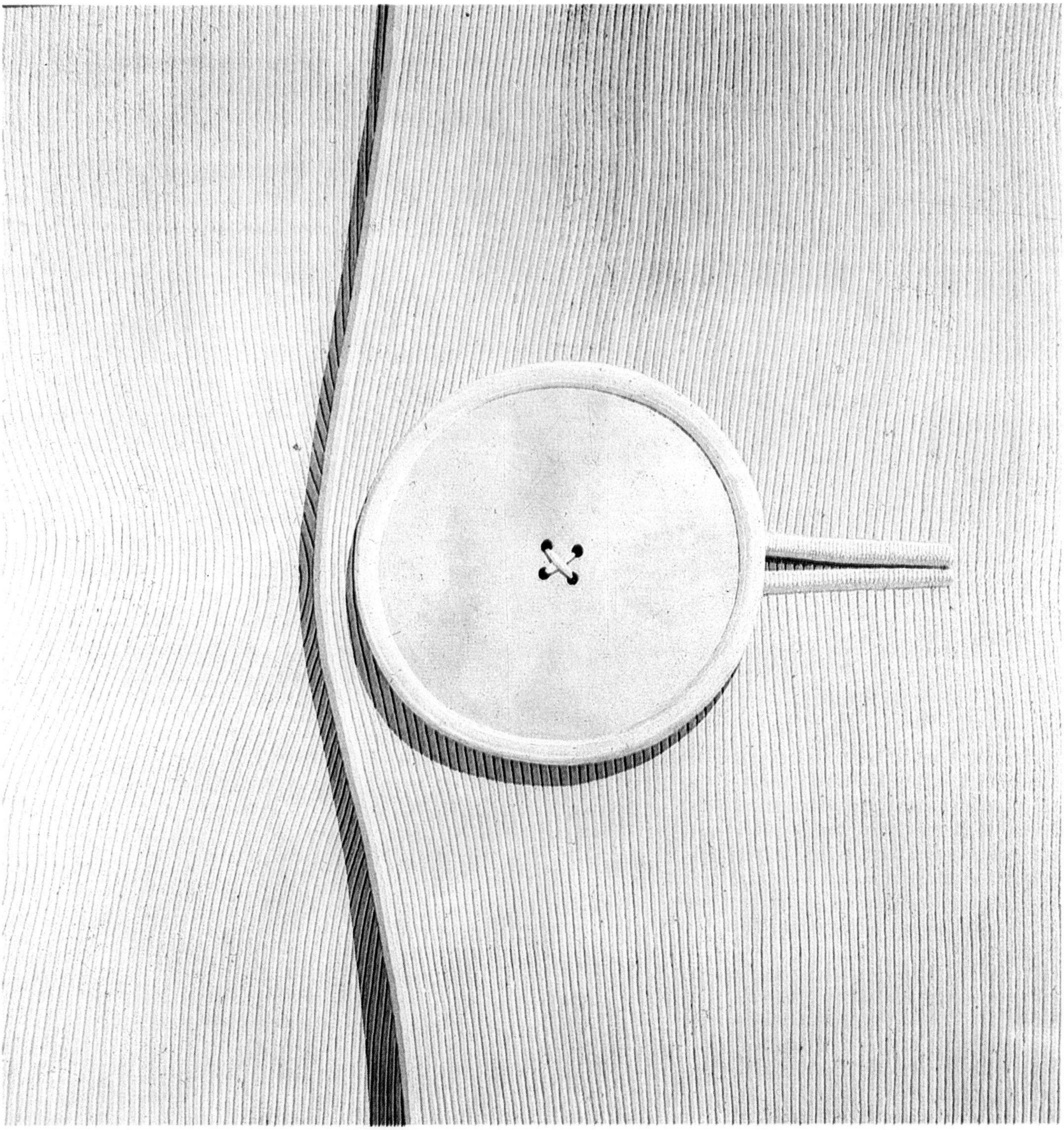

Knopf,
Domenico Gnoli, 1969.

K

Musterbuch,
um 1900.
Museum Lüdenscheid.

schiedenen Farbnuancen oder mit Einlagen, z.T. sogar mit Lithografien. Da man inzwischen nicht nur aus allen natürlichen Rohstoffen, sondern auch aus einigen Kunststoffen Knöpfe fertigte und alle technischen Möglichkeiten an den Knöpfen ausprobierte, war der Stil dieser Jahre sehr vielseitig.

Eine einheitliche Gestaltung zeigte sich erst wieder nach der Jahrhundertwende. Zu den Jugendstilkleidern wiesen die Knöpfe eine stilisierte, in sich geschlossene pflanzliche oder geometrische Ornamentik auf. Nicht nur an der Garderobe, sondern

Steinnußknöpfe,
30er und 40er Jahre.
Sammlung Hochrhein,
Bochum.

Knopfkarten,
um 1935/38.

Knöpfe,
Loris,
Bologna, 1976.

Knöpfe,
Loris,
Bologna, 1976.

auch an Handschuhen, Schuhen und Gamaschen waren Knöpfe zu sehen.

An der Kleidung der 20er Jahre wurden nur wenige, dafür aber große, farbkräftige, dem Art Déco verpflichtete Knöpfe getragen. Die auf der runden Fläche des Knopfes angebrachten, zum Kreis kontrastierenden, geometrischen Formen wurden oft so plaziert, daß sie durch den Knopfrand angeschnitten wurden. Aus dieser Formenvielfalt entstanden neben dem runden Knopf nun auch quadratische und dreieckige. Der in beliebige Formen zu gießende Kunststoff begünstigte individuelle Knopfformen ebenso wie die Fertigung von Knöpfen mit Löchern. Neben den Art-Déco-Knöpfen kamen in den 30er Jahren verspielte, z.T. mit Bildmotiven geschmückte Knöpfe und Filigranknöpfe auf.

Begründet durch wirtschaftliche Aspekte und durch fehlende Anregungen aus der Kunst, wurden vor und während des II. Weltkriegs schlichte, aus billigen Materialien gefertigte Knöpfe hergestellt, darunter viele Uniformknöpfe. Einige dieser Uniformknöpfe wurden auch noch nach dem Krieg verkauft, wenn auch mit Bildmotiven überdruckt, um die erhöhten Initialen unkenntlich zu machen. Schmückende Ausnahmen bildeten Knöpfe – in Eigeninitiative hergestellt – aus farbigem, um einen Holzkern gewickeltem Telefondraht oder handbemalte Holzknöpfe.

Die 50er Jahre brachten eine Vielzahl von Knöpfen der unterschiedlichsten Stile. Als zeitgemäß gelten die mit Andeutung an ein Dreieck unregelmäßig gerundeten Knöpfe. Kostüm und Clubjacke wurden bevorzugt mit goldfarbenen Metallknöpfen geschlossen. Teilweise fanden die noch aus den 30er Jahren stammenden Schablonen bei der Knopfherstellung Verwendung.

In den 60er Jahren trug man wenige, aber große, funktionell anmutende Knöpfe. Sie waren dickrandig und leicht knöpfbar.

Im folgenden Jahrzehnt kann man kaum von einem einheitlichen Stil sprechen. Neben überladen gestalteten Knöpfen wurden auch, besonders für Konfektionsware, schmucklose, für Annähmaschinen genormte Knöpfe gefertigt.

In den letzten Jahren fallen Knöpfe in leuchtenden Farben, mit wilden Mustern, aber in schlichten geometrischen Formen auf. Außerdem ist zu beobachten, daß Knöpfe wieder als schmückender Bestandteil der Kleidung angesehen werden.

Der Knopf wurde durch die Jahrhunderte aus allen erdenklichen Materialien hergestellt, z.B. aus Schildpatt, Jet, Haar, Pappmaché, Bein, Bambus, Holz, Steinnuß, Leder, Horn, Stoff, Perlmutt, Keramik, Glas, Metall und Kunststoff. Gemessen wird der Knopf nach seiner Form und Größe meist in englischen »Linien« (1 Linie = 0,635 mm). Außerdem wird er nach seinem Verwendungszweck eingeteilt. So gibt es z.B. Knöpfe für Mantel, Uniform, Weste, Hose, Hemd, Kostüm, Kleid und Bluse, Wäsche und, heute nicht mehr gebräuchlich, für Schuh und Handschuh.

Knopf, Loris, Bologna, 1976.

NICOLE SCHÜRMANN

Literatur

Ola Alsen, Der Schmuckknopf zu Ausgang des 18. Jahrhunderts, in: Berichte aus dem Knopfmuseum Heinrich Waldes, H. 1–4, 1919.

Ingrid Loschek, Mode im 20. Jahrhundert. Eine Kulturgeschichte unserer Zeit, München 1978.

Sally C. Luscomb, The Collector's Encyclopedia of Buttons, New York 1967.

Hans Mützel, Vom Lendenschurz zur Modetracht, Berlin 1925.

Körperkultur

Im Jahre 1893 trat im Varietätentheater TROCADERO in Chicago ein junger Mann auf, den die Plakate und Programmzettel als *»The Perfect Man«* ankündigten. Das Engagement in dem von dem berühmten Showmanager Ziegfield geleiteten Haus war der vorläufige Höhepunkt in der Karriere des aus Deutschland stammenden Eugene Sandow. Lediglich in enge Seidenshorts gekleidet trat er in das Spotlight der im übrigen unbeleuchteten Bühne und ließ die wohlentwikkelten Muskeln seines bronzierten Oberkörpers spielen. Seine Posen als klassischer Ringer oder Diskuswerfer und als Rodinscher DENKER beein-

Weihnacht,
Fidus, vor 1908.

druckten die Zuschauer. Wenn er gar Klaviere stemmte oder seine Brust mit einer Planke bedecken ließ, über die drei Pferde getrieben wurden, rief er Begeisterungsstürme hervor. Von den Damen der Chicagoer Gesellschaft wird berichtet, daß sie nach den Vorstellungen in die Garderobe des jungen Mannes drangen, um gegen Bargeld seine Muskeln betasten zu dürfen. Fünf Jahre zuvor hatte das Landgericht München den vom Volksmund als »Kohlrabi-Apostel« bezeichneten Maler Karl Wilhelm Diefenbach und dessen Schüler Hugo Höppener, genannt FIDUS, wegen groben Unfugs mit 25 Mark Geldstrafe, ersatzweise fünf Tagen Haft bestraft. Die beiden Maler, die in einem Steinbruch bei Höllriegelskreuth lebten, sich vegetarisch ernährten und eine natürliche Lebensweise predigten, waren bei einem gemeinsamen Licht- und Luftbad ohne Bekleidung beobachtet und angezeigt worden. Trotz ihrer Unterschiedlichkeit werfen beide Vorkommnisse ein höchst bezeichnendes Licht auf das Verhältnis, das die damalige Gesellschaft – egal ob diesseits oder jenseits des Atlantiks – zum menschlichen Körper hatte. In der schummrigen Atmosphäre der Varietäten- und Revuetheater, unter dem Mantel des Sensationellen und des Ästhetischen galten nahezu unbekleidete Körper – seien es nun die von Stars oder unbekannten Tänzerinnen – als vorzeigbar. Ansonsten war die Körpersphäre weitgehend tabu. Dies drückte sich nicht zuletzt in der damaligen Kleidung aus: Knöchellange Röcke, Hüte mit Schleiern, Schnürstiefel und Handschuhe bei den Frauen sowie Gehröcke, Hemden mit Vatermörderkrägen, steifen Brüsten und Manschetten bei den Männern verhüllten, was nur zu verhüllen war. Weniger bei den Frauen, wohl aber bei den Herren war es gegen Ende des 19. Jahrhunderts geradezu ein Unglück, über einen erkennbar jugendlichen und sportlichen Körper zu verfügen. Wer Karriere machen wollte in der guten Gesellschaft, mußte gesetzt aussehen und eine gespreizte Würde an den Tag legen. Wie sich der Dichter Stefan Zweig später erinnerte, legten sich deshalb viele Männer einen Vollbart, ein *»leichtes Embonpoint«* und einen gemächlichen Gang zu.

Gegen Ende des 19. Jahrhunderts revoltierte die solcherart verdrängte Jugend gegen die Vorherrschaft des Alten in der Gesellschaft. Der JUGENDSTIL setzte neue künstlerische und gestalterische Akzente in erklärter Abwendung vom vorherrschenden Historismus. Die JUGENDBEWEGUNG versuchte, dem als kalt, kopflastig und erstarrt empfundenen Lebens- und Erziehungsstil einen anderen entgegenzusetzen, der um die Begriffe »Spontaneität«, »Naturverbundenheit« und »jugendliche Gemeinschaft« zentriert war. Die jungen

Wettlauf,
Lithographie,
Sascha Schneider, 1905.

K

Junge Sizilianer,
Photographie,
W. von Gloeden, vor 1908.

Leute, die nach einem von Schule und Elternhaus – sprich den Erwachsenen – zumindest teilweise unabhängigen Leben strebten, fühlten sich vielfach der sogenannten Lebensreformbewegung verpflichtet, deren Anhänger, zu denen auch die Maler Diefenbach und Fidus gehörten, eine umfassende Reform der zunehmend von Industrie und Technik geprägten Lebensweise forderten. Allen diesen Bewegungen gemeinsam war eine neue Begeisterung für den menschlichen Körper. Die »Körperkulturbewegung« entstand.

Sie fand ihren Ausdruck unter anderem in der Gründung zweier Zeitschriften: 1901 erschien zum ersten Mal KRAFT UND SCHÖNHEIT, das Organ des DEUTSCHEN VEREINS FÜR VERNÜNFTIGE LEIBESZUCHT, der später in den VEREIN FÜR KÖRPERKULTUR umgewandelt wurde. Zwei Jahre später gab Karl Vanselow unter dem Titel SCHÖNHEIT die zweite Zeitschrift heraus, die unter bewußter Anknüpfung an die Turn- und Sportbewegung des 19. Jahrhunderts für die Ausbildung der Körperkraft zu *»Formenschönheit«* und zu *»kerniger Gesundheit von Leib und Seele«* eintrat. Als Mittel hierzu wurden neben körperlichen Übungen vor allem Licht- und Luftbäder sowie die Nacktkultur angepriesen. Für die Apologeten der Nacktheit war nicht der unbekleidete, sondern der nach der Mode der Zeit bekleidete Körper abzulehnen. Dabei verwiesen sie immer wieder auf die gesundheitsschädigenden Wirkungen beispielsweise des Korsetts und der engen, hochgeschlossenen Kleidung überhaupt. Die Anhänger der neuen Körperkultur erkannten in der zeitgenössischen Mode das Produkt einer kranken Gesellschaft, die sich immer weiter von der Natur entfernt und zu Ausschweifungen wie üppigen Mahlzeiten, Alkohol- und Tabakgenuß sowie ungehemmter Sexualität Zuflucht genommen habe. *»Heute macht der Schneider den Menschen, nicht . . . die Körper- und Geisteskultur«*, klagte 1906 Heinrich Pudor in seinem KATECHISMUS DER NACKTKULTUR. Der deutliche, antizivilisatorische Affekt innerhalb der Körperkulturbewegung verband sich bei einer völkisch gesinnten Gruppe mit rassistischem Gedankengut. Der sicherlich radikalste Vertreter dieser Richtung war der Österreicher Jörg Lanz-Liebenfels, der als einer der Ideengeber Adolf Hitlers gilt. Für ihn waren die Mode

In Einsamkeit,
Photographie,
Herdis Duphorn,
vor 1908.

Im Garten Eden,
Photographie,
Hanni Schwarz,
vor 1908.

»Jugendliche Gestalt mit schön geformtem Rücken und guter Haltung«, Die Frau als Hausärztin, 1908.

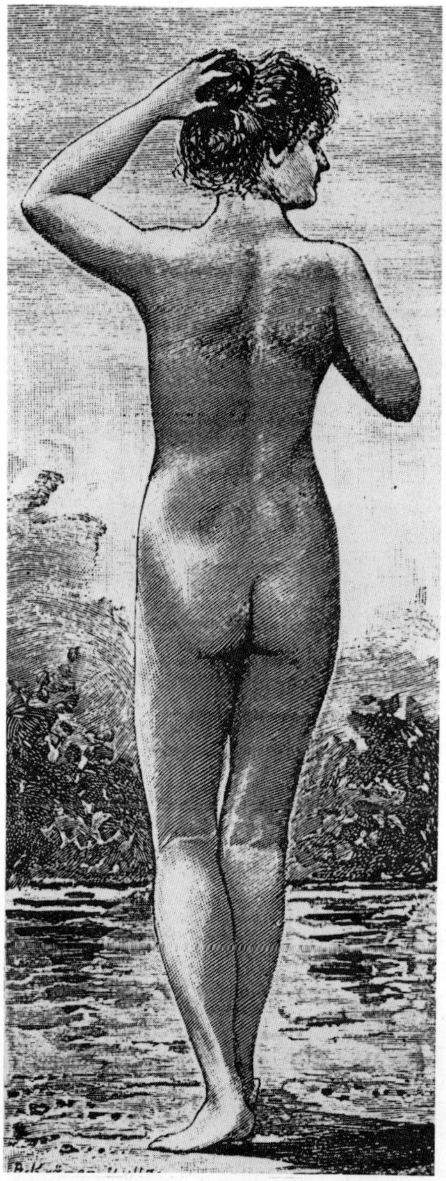

und das Schneiderhandwerk Erfindungen der dunkelrassigen *»Tschandalen«*, deren Beschreibung dem gängigen Klischee vom *»Juden«* entsprach. Körperlich den *»Hellrassigen«* unterlegen, hätten jene sozusagen aus erotischem Futterneid die Verdammung des menschlichen Körpers herbeigeführt, wie sie sich auch in der zeitgenössischen Mode ausdrücke.

Die Körperkulturbewegung war indes keinesfalls nur eine Angelegenheit des deutschen Kulturraums. Als Reaktion gegen die Leibverachtung der viktorianischen Zeit war sie beispielsweise auch in England oder den Vereinigten Staaten anzutreffen. In den USA erschien etwa im Jahre 1898 – unter anderem stimuliert durch das Auftreten Eugene Sandows – die Zeitschrift PHYSICAL CULTURE, deren Motto lautete: *»Schwäche ist ein Verbrechen. Sei kein Verbrecher!«* Überall in der westlichen Welt entstanden damals Trainingssysteme, von denen das des dänischen Ingenieurs J. P. Müller in Deutschland sehr bekannt wurde. Um Muskeln und innere Organe durchzubilden, empfahl der dänische Athlet täglich 15 Minuten Körperübungen bei geöffnetem Schlafzimmerfenster. Unter dem Stichwort *»Zimmergymnastik«* wurde das System Müllers, unter anderem, im 1910 in großer Auflage erschienenen GROSSEN ILLUSTRIERTEN SPORTBUCH der Männerwelt ans Herz gelegt. Es sei Zeit, so hieß es darin, dem Gerede vom sog. häßlichen Geschlecht ein Ende zu machen. *»Sicherlich, jene schwächlichen, jungen Greise mit gekrümmtem Rücken und jene monströsen Männergestalten mit gedunsenen Gesichtern und Riesenbäuchen können niemand zur Bewunderung hinreißen. Aber diese Gestalten sind auch nur die degenerierten Vertreter des männlichen Geschlechts, nicht schon durch Sport gepflegte ästhetische Musterbilder.«* Unter Bezugnahme auf die Veröffentlichung des Arztes Dr. Wendel WIE WIR DIE MANNESSCHÖNHEIT . . . WIEDERGEWINNEN wurde die These vertreten, daß der Mann von Natur aus schöner sei oder zumindest sein müßte als das sog. schöne Geschlecht, gegen das vor allem die zu schmalen Schultern und die relativ kurzen Beine sprächen.

»Lufthütte«, Die Frau als Hausärztin, 1908.

»Gut gebaute Brust«, Die Frau als Hausärztin, 1908.

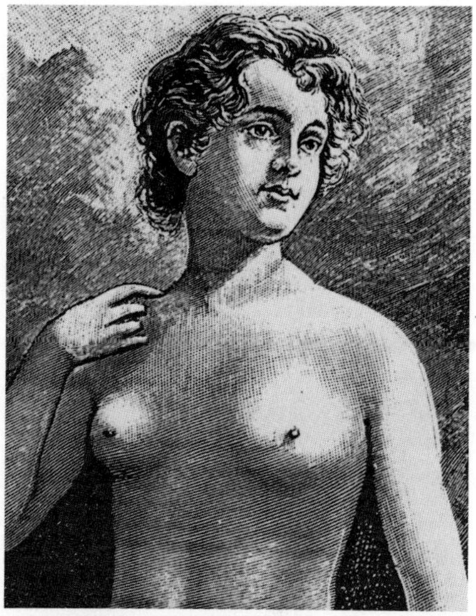

Mit dem Ende des I. Weltkriegs setzte sich das neue Idealbild vom menschlichen Körper, wie es sich seit dem Ende des 19. Jahrhunderts entwickelt hatte, endgültig durch. Hans W. Fischers 1928 erschienenes Buch KÖRPERSCHÖNHEIT UND KÖRPERKULTUR führte dazu aus: *»Wenn wir uns heute Bilder angeblich schöner Men-*

Preisträger einer Schönheitskonkurrenz, Wien, 1903.

Gymnastikübungen in »antiker Pose«, Berlin, um 1928.

Schwergewichtsboxer Phil Scott
vor Medizinstudenten,
London, 1925.

Gymnastik im »Labananzug«,
Berlin, um 1928.

Ernie Philips und Betty Weider, 1965.

Bodybuilder,
um 1965.

K

schen, insbesondere Frauen, ansehen, wie sie . um die Jahrhundertwende selbst gute Zeitschriften beherrschten . . ., so empfinden wir sie durchweg als kitschig; sie widern uns an durch ihre Faulheit, ihren Mangel an Muskulatur und Schnellkraft . . .«. Weiter stellte der Autor fest: *»Heute hat sich die Sachlage geändert. Die jüngere männliche Generation legt Wert auf eine Erscheinung von muskelkräftiger Eleganz; sie nähert sich durch sportliches Training wieder dem athletischen Ideal der Griechen. Diese Bewegung hat die Frauen mitgelockt. Auch sie entdecken den Sport, der den Körper stählt und schmeidigt . . .«.* Einen starken Antrieb zur verstärkten sportlichen Betätigung mögen viele Frauen in der damaligen Mode gesehen haben. Die Rocklänge war vom Knöchel bis zum Knie gerutscht und machte erstmals die Beine zu einem sichtbaren Teil der Gesamtsilhouette, die überdies deutlich schlanker war als einige Jahre zuvor.

Bodybuilding, 1986.

Denjenigen Frauen, die sich durch körperliche Übungen für die neue Mode bereit machen wollten, zugleich aber den damals häufig befürchteten vermännlichenden Tendenzen des Sports entgehen wollten, bot sich die Gymnastik an. Durch sie sollte – in den Worten einer ihrer Propagandistinnen – erreicht werden, daß die deutsche Frau das Versprechen hielt, *»das das junge deutsche Mädchen gibt«.* Das von der amerikanischen Ärztin Bess M. Mensendieck entwickelte Gymnastiksystem war ganz besonders im Sinne eines »corriger la nature« angelegt. Es sollte nicht nur helfen, angeborene Schönheit zu erhalten, sondern auch körperliche Unzulänglichkeiten zu beseitigen. Freilich, die meisten Gymnastiklehrerinnen, die sich häufig mit einem geradezu priesterlichen Zauber umgaben, hätten sich strikt dagegen verwahrt, darauf reduziert zu werden. Für sie war Gymnastik das der Frau angemessene Mittel, um Körper, Geist und Seele harmonisch auszubilden. Viele von ihnen waren zudem davon überzeugt, der Nation einen besonderen Dienst zu erweisen, indem sie gesunde und ebenso arbeits- wie gebärfähige Frauen heranbildeten. Trotzdem wurde den zahlreichen Gymnastikschulen gelegentlich vorgeworfen, sie huldigten einem Schönheitskult, der letztlich Selbstzweck sei. Schon 1920 hieß es dazu in der MÜNCHNER MEDIZINISCHEN WOCHENSCHRIFT: *»Falsche Ziele der Leibesübungen sind die Ausbildung des Körpers als Selbstzweck oder Schönheitskult. Ein Volk, das seine Kinder lehrt, daß das Individuum nur um seiner selbst willen da sei oder daß der Kultus der Schönheit der höchste Daseinszweck sei, richtet sich selbst zugrunde.«*

Das Spannungsverhältnis zwischen einer im Sinne des Volksganzen funktionalisierten und einer auf das Individuum bezogenen Körperkultur blieb auch während des Nationalsozialismus bestehen. In bewußter Wendung gegen den *»Modewahnsinn«* der Zeit hatte Adolf Hitler schon 1924 in MEIN KAMPF gefordert, die menschliche Eitelkeit von der Kleidung weg *»auf einen schönen, wohlgeformten Körper«* zu lenken. Auf diese Weise sollten jene gesunden und rassebewußten Menschen herangezogen werden, auf die er seine Politik zuschnitt. In der Stimulierung persönlicher Eitelkeit lag aber auch die Gefahr eines allzu privaten Verhältnisses zum eigenen Körper. Im Jahre 1936 betonte deshalb der nationalsozialistische Pädagoge und Philosoph Alfred Baeumler: *»Der Leib ist ein Politicum – das ist die erste Forderung, die wir aus dem Volksgedanken zu ziehen haben.«* An anderer Stelle meinte er: *»Es genügt heute nicht mehr, den alten*

Damen-Bodybuilding, 1986.

Spruch von einem gesunden Geist in einem gesunden Körper im Munde zu führen. Das kann allzuleicht individualistisch, unpolitisch verstanden werden.« Vor diesem Hintergrund betrachtet kann es nicht verwundern, daß sich das Körperideal der NS-Zeit streng auf die Erfordernisse von Arbeits- und Wehrfähigkeit bei den Männern und Gebärfähigkeit bei den Frauen ausrichtete. Das von Presse und Film propagierte Männerbild entsprach dem sehnigen, eher asketisch wirkenden »Kämpfertyp«. Das weibliche Schönheitsideal wurde durch das, vom BUND DEUTSCHER MÄDEL gewählte Motto *»Straff, aber nicht stramm – herb, aber nicht derb«* charakterisiert.

Die Ästhetisierung des Körpers erreichte im Dritten Reich einen Höhepunkt. Gerade weil sich die Körperkultur zu dieser Zeit mit spezifisch nationalsozialistischen Anschauungen verbunden hatte, geriet sie nach 1945 bei vielen in Mißkredit. Außer in der DDR, die sich auf die sehr starke Körperkulturbewegung innerhalb der Arbeiterschaft berufen konnte, wurde schon der Begriff in Deutschland kaum noch verwendet. Eine Ausnahme stellte dabei die »Freikörperkulturbewegung« dar, die allerdings ihre lebensreformerische und oft auch völkische Ideologie mehr und mehr ablegte. Das seit etwa zehn Jahren zunehmend populäre Fitneßtraining und Bodybuilding hat mit dieser Tradition nichts gemein. Dies trifft vor allem auf das Bodybuilding zu, das neuerdings auch von Frauen betrieben wird. Dieser Form des Körpertrainings, das von den USA nach Deutschland kam, ist jede missionarische Tendenz fremd. Unverkennbar im Vordergrund steht vielmehr ein stark narzißtisch gepräger Ästhetizismus. In einer amerikanischen Publikation heißt es dementsprechend: *»Der Bodybuilder arbeitet von Anfang an mit sich selbst als Medium, ganz ähnlich wie Praxiteles, Phidias oder Michelangelo mit Bronze oder carrarischem Marmor gearbeitet haben – er bringt Material in eine bestimmte, idealisierte Form, beseitigt Mängel und zwingt eine Idee in eine Form.«* Anders als bei der Körperkulturbewegung finden sich im Bodybuilding nur sehr begrenzt zivilisationskritische Unterströmungen. Körper und Mode beispielsweise stehen nicht mehr in Opposition zueinander. Im Gegenteil: Der Bodybuilder präsentiert seinen an Hanteln und Kraftmaschinen in die gewünschte Form gebrachten Körper wie ein Stück Haute Couture, die sich deutlich abheben soll von der Konfektion der Durchschnittskörper.

FRANZ SONNENBERGER

Literatur

Arthur E. Imhof (Hrsg.), Der Mensch und sein Körper. Von der Antike bis heute, München 1983.
Reinhard Klooss/Thomas Reuter, Körperbilder. Menschenornamente in Revuetheater und Revuefilm, Frankfurt a. M. 1980.
René König, Menschheit auf dem Laufsteg. Die Mode im Zivilisationsprozeß, München 1985.
Wolfgang R. Krabbe, Gesellschaftsveränderung durch Lebensform. Strukturmerkmale einer sozialreformerischen Bewegung im Deutschland der Industrialisierungsperiode, Göttingen 1974.
Ludwig Pallat/Franz Hilker, Künstlerische Körperschulung, Breslau 1926.

K

Die Korsettprobe,
P. A. Willi, um 1790.

Korsett

Das Korsett, das 1715 im übrigen noch nicht unter diesem Namen bekannt war, sondern vielmehr SCHNÜR-BRUST, SCHNÜR-LEIB, SCHNÜR-MIEDER oder auch GORGENTINE genannt wurde, ist heute verschrien als gewissermaßen – Folterinstrument für Mädchen und Frauen. Wer erinnert sich nicht an die Szene in VOM WINDE VERWEHT (1939), in der Scarlett O'Hara/Vivien Leigh unter Aufsicht ihrer »Mammi« in ihr Korsett gezwängt wird – mit der strengen Auflage, weder jetzt, noch auf dem Fest, für das sie sich zurecht macht, irgendetwas zu essen. *»Wer schön sein will, muß leiden!«* und *»diese Weiber . . .«* denkt man unwillkürlich schaudernd-amüsiert.

Es macht dann aber doch stutzig, wenn ein Herr Salzmann im Jahre 1788 in einer Preisschrift ÜBER DIE SCHÄDLICHKEIT DER SCHNÜRBRÜSTE . . . lakonisch bemerkt: *»Ich hatte Gelegenheit nicht nur mehrere, wirklich durch Schnürbrüste veränderte, weibliche und männliche Leichen mit anderen . . . zu vergleichen.«* Männliche!? – Er beschreibt im folgenden ganz exakt diese Veränderungen: *». . . werden erst die weichen Theile unter der Brusthöhle zusammengezogen, und die im Unterleib enthaltenen Eingeweide, in den sehr beweglichen unteren Theil der Brusthöhle heraufgeschoben . . .«* Das bedingte dann u.a. eine *»Schnürfurche von oben nach unten im Dreieck der Rippen unter dem Brustbein«*, weil *»die Schnürbrüste just die umgekehrte Form der Brusthoehle geben sollen, die ihr die Natur gab.«* Die Brust werde eng, die Brustdrüsen *»leiden«*; es gäbe hohe Schultern; Schwangerschaften würden *»schwierig«*, Totgeburten seien häufig; die Brustwarzen würden zum Säugen ungeeignet; die Häufigkeit von Brustkrebs nehme zu. Solcherart mißgestaltete Personen treffe man eigentlich überall an, besonders aber in Holland, von wo aus sich diese »Mode« dann immer weiter verbreitet habe. Und das Schnüren von Kindern war überall bekannt! *»Ich weis Familien, wo aus vielen Kindern der schönste aus Vorliebe unter allen allein geschnürt, und dadurch auch allein bucklicht wurde.«* Bucklig zu werden, das war nämlich, nach Salzmann, das unausweichliche Schicksal aller *»Mannspersonen, die*

Zeichnung,
N. Morin, um 1830.

Korsett, 1890.

K

Korsett,
Warners Rust-Proof, um 1900.

Aus: Die Auster, 1903.

stark und anhaltend in ihrer Jugend geschnürt worden.« Auf das Schnüren von Mädchen wurde in höheren Kreisen – ganz entgegen unserer heutigen Vorstellung davon – manchmal sogar verzichtet: Salzmann kennt *»edle Mütter genug, die nie den Körper ihrer Tochter einer Schnürbrust aussetzen, weil ihr Rang und Vermögen sie über das Glück, was von der Form des Körpers beym schönen Geschlecht abhängt, erhebt.«*

Salzmann kommt nun – nachdem er die Schädlichkeit für beide Geschlechter so drastisch beschrieben hat – zu einem eigenartigen Schluß: *». . . So dispenziere man doch weniger grausam ein für allemal unser Geschlecht von der unverdienten und die Mannheit entehrenden Folter der Schnürbrust.«* – Das geht nicht ganz so schnell, wie man glauben könnte, da Personen, die lange geschnürt waren, ungeschnürt – *»zusammenfallen«*, d.h. weder aufrecht stehen noch sich mehr bewegen können.

Die Französische Revolution habe, so wird an anderen Stellen berichtet, den Reifrock, den Stöckelschuh und auch die Schnürbrust weggefegt. Nun, ganz so radikal konnte dies aus dem angeführten Grund nicht geschehen sein. Und man trifft auch später – hier 1790 – noch auf Schilderungen wie folgende: *»Die Gräfin (Skawronski) war sanft und hübsch wie ein Engel; ihr Onkel, der berühmte Potemkin, hatte sie mit Reichtümern überhäuft, von denen sie indes keinen Gebrauch machte. Es gehörte zu ihrem Glück, auf dem Divan ausgestreckt ohne Korsett und in einen großen schwarzen Pelz gehüllt, zu liegen.«*

Das Chemisenkleid der Napoleonischen Ära verlangte eigentlich kein Korsett, aber man darf versichert sein, daß genug Damen trotzdem eines trugen – so wie z.B. *»die Berlinerinnen zum Trikot griffen, um die obligate Blöße mit den Zephyrn des zweiundfünfzigsten Grads der Breite etwas in Einklang zu bringen.«* Nicht jede Frau war von der Natur so gesegnet, daß ihr Dekolleté ohne Unterstützung das bot, was es bieten sollte. Ein Brustband oder ein leichtes Korsett aus Seide, das so leicht war, *»daß man gar nicht merkte, wenn man es anhatte, und dabei hielt es den Körper*

Reklame, 1910.

Modell Illa Knina,
Macmillan e Dowidot, 1949.

doch wunderbar zusammen«, war das mindeste.

Die Korsetts, die bisher von Schneidern oder Schneiderinnen gemacht wurden, wurden etwa ab 1815 (dem Datum, das man später als den Beginn des Biedermeiers bezeichnen würde) von KORSETTIERES angefertigt, die sich damit als eigener Berufszweig etablierten. Die Mode forderte nämlich ab 1810 wieder verstärkt Korsetts im eigentlichen Sinn. Ab etwa 1820 kann man von einer eigentlichen Korsettindustrie sprechen, in Deutschland erst ab etwa 1848. Das Korsett wurde bis 1845, als die Nähmaschine erfunden wurde, im Ganzen gewebt. Die geforderte Stütze erhielt es durch Holz- oder Fischbeinstäbe, später durch Stahlfedern oder Gummistäbe. Teure und raffinierte Korsetts wurden aus Paris bezogen. Man darf aber nicht vergessen, daß die einfache Frau ihr Korsett entweder selbst herstellte oder – gar keines trug.

Kaiserin Elisabeth von Österreich (1837 – 1898) besaß als Fünfzehnjährige – zur Zeit der Krinoline – in ihrer Aussteuer vier normale und drei Reitkorsetts. Sie war bekannt für ihre »Wespentaille«; sie muß sich – auch beim Sport – so stark geschnürt haben, daß sich die preußische Kronprinzessin Viktoria wunderte: *»Sie scheint furchtbar eng geschnürt zu sein und das ist bei einer so herrlichen Figur sicher nicht notwendig.«*

Das Korsett erreichte bis 1877 eine Form, die *»unbiegsam von der Kehle bis über die Hüfte«* reichte. Die Tournure hatte die Krinoline abgelöst. Sie, die auch respektlos CUL DE PARIS genannt wurde, forderte ebenfalls das Korsett. Nach der Jahrhundertwende kam dann noch eine neue Form des Korsetts auf. Diese SANS VENTRE zwang Bauch und Hüfte weg und den ganzen Oberkörper zu einer S-Form. So blieb er bis zum I. Weltkrieg bestimmend. Das Strumpfband fiel zugunsten des Strumpfhalters, der nun am Korsett befestigt wurde, weg.

Auch im 19. Jahrhundert waren Mediziner, »Volkshygieniker« und auch Frauen selbst gegen das Korsett Sturm gelaufen. Es gab genug Vorschläge: das Bloomer-Kostüm (um 1855), das Reformkleid, das Reformkorsett (in Aufbau und Schnitt einem Trachtenmieder vergleichbar), das Reformleibchen, das Brustband, etc. – diese Ideen griffen aber erst später in abgewandelter Form.

Und der Mann? War er im 19. Jahrhundert zur Vernunft gekommen? Es steht zu befürchten – nein. Das Korsett des feschen Leutnants (bis 1914!) ist schon fast Legende. Woher hätte er – und auch der modische Herr des Biedermeiers – seine zierliche Taille hergenommen? Zeichnungen vom »vorher« und »nachher«, von mit Bauch-»Gürtel« und ohne, sind uns ebenso überliefert, wie Werbungen für den sog. TANGO-GÜRTEL (1914).

Das ehemalige Korsett teilte sich nun in Hüfthalter, Strumpfhalter und

Werbung, 1925.

Werbung, L'Illustration, 1944.

K

Büstenhalter. Aus dem Einteiler war ein Mehrteiler geworden. Die elastischen Chemiefasern machten es möglich auf Stäbe und Verschlüsse weitestgehend zu verzichten.

Hüfte war zwischen den großen Kriegen nicht gefragt. Erst der NEW LOOK nach dem II. Weltkrieg brachte sie zurück und mit ihm das Korsett, das GUÊPIÈRE – ein Zweiteiler aus BH und Mieder, der eben die Hüfte betonte.

Das KORSELETT, der Einteiler, den die reifere Frau heute noch trägt, kam 1949 auf. Die Firma TRIUMPH bot dieses CORSELET bald *»ohne Stäbe«* (die anderen müssen also wieder welche gehabt haben!) an – für die berufstätige Frau. Denn auch sie hat ihre Figur zu formen: *»Durch Jahrtausende hindurch geübt, gefallen zu müssen, sind sie allmählich Meisterinnen geworden in der Kunst des corriger la fortune und der Fähigkeit, sich so zu präsentieren, daß das männliche Auge mit Wohlgefallen auf ihnen ruhe. Wie sollten sie sonst zu Ehemännern, Dreizimmerwohnungen, Pelzen und sonstigen Annehmlichkeiten des Lebens gelangen?«*

Und heute? Nach einer Zeit, in der bei vielen Frauen selbst der BH gefallen ist, ist das Korsett wieder da. Da wird wieder ’mal ein ehemaliges »Darunter« zu einem »Darüber«. Es wird sichtbar getragen und demzufolge aus optisch reizvollen Stoffarten oder auch aus Leder gefertigt. – Und das Korsett darunter, Strümpfe und Strapse sind auch wieder da – aber wohl nicht für Frauen gedacht, die sich ihre Dreizimmerwohnung und ihren Pelz (wenn sie meinen, einen zu brauchen) – durch eigene Arbeit zu beschaffen gedenken.

MARION WIDMANN

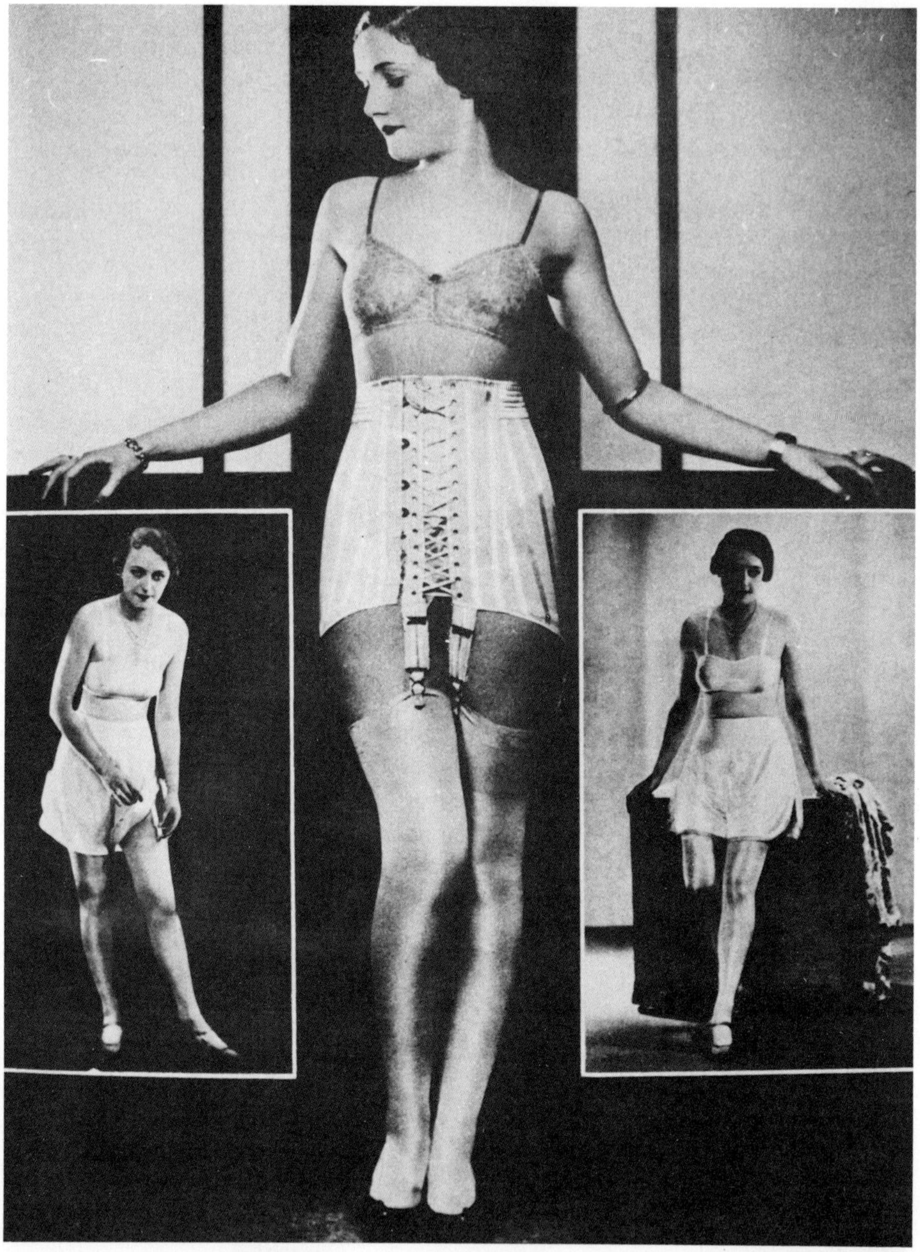

Hüftgürtel
und Büstenhalter, um 1930.

Jayne Mansfield, 1966.

Anzeige, 1986.

Mieder,
Rudi Gernreich, 1965.

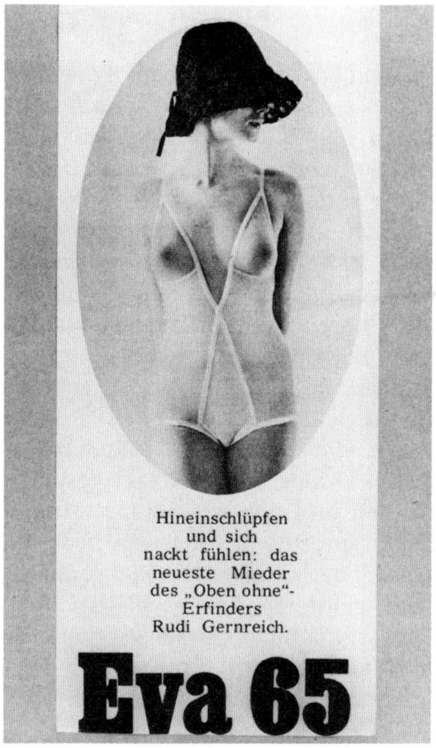

Werbung für den
Büstenhalter »Playtex«, 1961.

»Wie stellen Sie sich zur Antikorsettbewegung, Herr Leutnant?« – »Damens habe ich allerdings lieber ohne Korsett! Aber für Leutnants bleibts unentbehrliches Möbel!«

Lustige Blätter, Berlin 1903

Literatur

H. Hauff, Moden und Trachten. Fragmente zur Geschichte des Costüms, Stuttgart/Tübingen 1840.

J. J. Jenny, Unhygienische Moden, in: Ciba Zeitschrift 87, 1943, 3050–3059.

Paul M. Rosenberg, Die deutsche Korsettindustrie. Eine volkswirtschaftliche Studie (Diss.), Stuttgart 1909.

Salzmann, Über die Schädlichkeit der Schnürbrüste. Zwey Preisschriften durch eine von der Erziehungsanstalt zu Schnepfenthal aufgegebene Preisfrage veranlaßt, Leipzig 1788.

Brigitte Stamm, Auf dem Weg zum Reformkleid. Die Kritik des Korsetts und der diktierten Mode, in: Ekkhard Siepmann (Hrsg.), Kunst und Altag um 1900 (= Werkbund-Archiv Jahrbuch 3), Berlin 1978, 117–1178.

K

Selbstbildnis (Detail),
Ferdinand Georg Waldmüller, 1828.

Krawatte

In meinem Leben haben Krawatten immer eine Rolle gespielt, auch wenn ich in den letzten Jahren das Haus ebenso häufig ohne, wie mit Krawatte verlasse. Als besitzschaffender Mensch – ich werfe nichts weg – sind noch fast alle Krawatten meines Lebens vorhanden. An ihnen kann ich die Phasen meiner Halsschmückungen rekonstruieren. Als Schüler und Student trug ich Querbinder, genauer gesagt BUTTERFLY's, Schleifen also, deren vier Seitenflügel durch einen festen Doppelknoten exakt gespannt werden und sich wie Schmetterlingsflügel spreizen. Ehrensache, daß ich sie selber band und keine genähten oder gelöteten Fertigschleifen trug. Die schmalflügelige Fliege habe ich nicht gemocht und trage sie auch heute zum Smoking nicht.

Den Schleifen folgte über Jahre eine modische Phase: Ich trug alles, was schick und neu war. Da hängt sie noch, die inzwischen verblaßte CHAMPAGNER ROSÉ, das Krawattenereignis der 50er Jahre: Ihre Neonfarbe bekam bei Kunstlicht eine ungemein kitschige Leuchtkraft. Und daneben die naturalistische Palme vor hawaiblauem Himmel, nach dem Koreakrieg bescherten die Amerikaner uns diese Südseemotive. Die vielen kleinen Seepferdchen als Streumotiv auf dunkelblauem Grund erinnern an die Jugendjahre des Fernsehens. Ich habe in den 60ern Krawatten getragen, die nur fünf Zentimeter breit waren und Anfang der 70er die Überweiten mit gut zwölf Zentimeter breiter Spitze, die fast wie eine Schürze auf dem Bauch lagen.

Aus der Zeit, als ich Chefredakteur einer Frauenzeitschrift war, stammen die Krawatten italienischer und französischer Modehäuser. Ein Gemälde mit Fasan und Herbstblättern auf schwerer Seide von HERMÈS in Paris, selten zu tragen, aber schön anzuschauen, oder das unwahrscheinliche Barockblau der Krawatte von ROBERTA DI CAMERONI aus Rom, die ich aus Angst vor Flecken nur zwei- oder dreimal getragen habe. Diese Angst bestimmte einen zehnjährigen Lebensabschnitt, in dem ich fast ausschließlich Strickkrawatten trug. Es war die Zeit meiner systematischen Freßjahre, in der ich die merkwürdige Affinität zwischen einfarbigen Seidenkrawatten und Saucen, Fleischsäften wie Eigelb entdeckte. Zwischen ihnen besteht eine magische Anziehungskraft, die mehr ist als das Naturgesetz vom freien Fall der Flüssigkeit. Und die Tücke des Objektes will es, daß die Flecken dort plaziert werden, wo man sie später weder im Knoten noch mit einer Weste verbergen kann. Inzwischen kenne ich alle Möglichkeiten, mit denen ein Salatblatt Öl schleudern, Spargelsaft mit Butter tropfen oder ein Krustentier rötliche Flüssigkeit spritzen kann, doch wenn mich die Lust übermannt, werde ich immer wieder unvorsichtig. Da lobe ich mir die Strickkrawatten, denen das alles nur wenig ausmacht. Was trocknet und krustet, kann man aus den Maschen kratzen, Fett oder Flekken mit Rändern sieht man nicht.

Rollkragen habe ich nur sporadisch getragen und die Parole *»Die Phantasie an die Macht«* vom Pariser Mai 1968 mit Blumenkrawatten wörtlich genommen. Ich habe nie Jeans getragen, nie Latzhosen und nie das offene Hemd und den nackten Hals der Revolution. Wenn ich heute ohne Krawatte aus dem Haus gehe, dann ist das eine Altersbequemlichkeit. Dann glaube ich auf einmal dem anonymen Schreiber aus dem vorigen Jahrhundert, der da unter Krawattenträgern Zweifel säte: *»Der kleinste Zwang gegen den Körper ausgeübt, wirkt auch beinahe immer auf den Geist zurück. Wer vermag anzugeben, bis auf welchen Punkt ein mehr oder weniger gestärktes und eng zusammengezogenes Halstuch im Stande ist, die Sprünge der Phantasie zu fesseln und die Gedanken zu ersticken?«*

Ob sich das Wort »Cravate« von Kroate ableitet oder Kroate von »Cravate«, darüber sind sich die Modeforscher nicht einig. Das vom Balkan stammende Reiterregiment der Kroaten, das 1660 als Leibwache des Sonnenkönigs in Paris einzog, brachte Halsbinden mit, die mit Troddeln und Quasten verziert waren und vom

Herrenkragen,
20er Jahre,
Münchner Stadtmuseum.

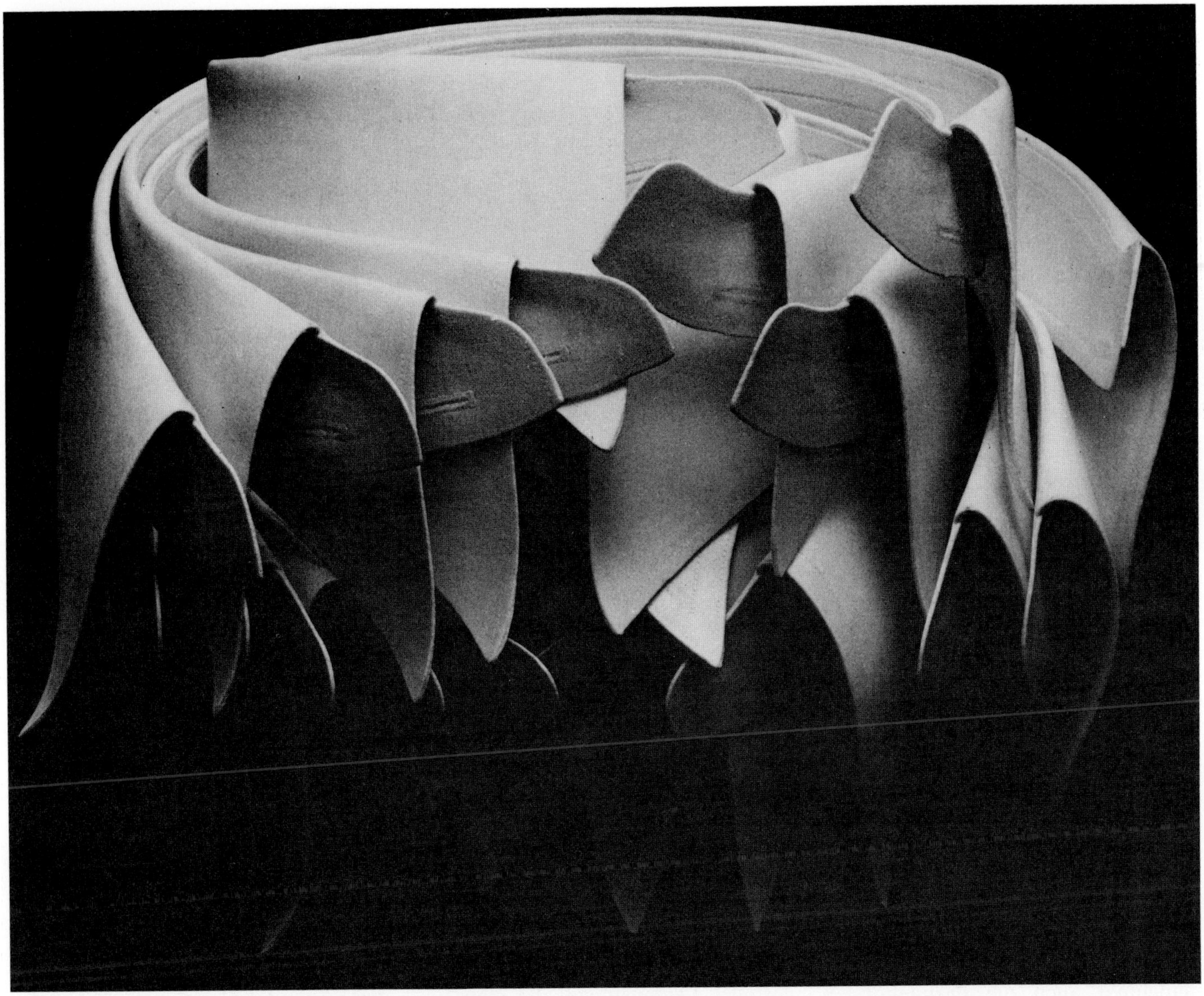

Adel wie von Bürgern als modischer Effekt übernommen wurden. Voltaire schrieb später darüber: *»Die Offiziere trugen Krawatten aus Spitzen, die nur mit einem ziemlichen Aufwand an Zeit und Mühe vorschriftsmäßig angebracht werden konnten. Die Prinzen aber, die sich in größter Hast für die Schlacht hatten anziehen müssen, schlangen die Krawatten nur nachlässig um den Hals. Diese Mode kam alsbald in Paris auf als Cravate de Steinkerques, und sie wurde auch von den Damen übernommen.«* Bei Hof wurde das Amt eines »Cravatiers« eingeführt, der Morgen für Morgen dem König in einem Korb die elegantesten Krawatten präsentierte.

Aus der Halsbinde mit flatternden Enden entwickelte sich ein immer differenzierteres, weißes Tuchgebilde, das den Hals bis zu den Ohren umschloß und so umfangreich wurde, daß der Hals fast dicker als der Kopf war. Die französischen Revolutionäre reagierten krawattenfeindlich, es verschwanden die Halsbinden und

K

Krawatten,
um 1910.
Münchner Stadtmuseum.

manchmal auch die dazugehörigen Köpfe. Man trug den offenen Kragen, doch je mehr die Guillotine arbeitete, um so fester wickelten die Jakobiner ihre Hälse in Tücher ein.

Die Krawattenmode des beginnenden 19. Jahrhunderts war ganz auf Halsschutz eingestellt. Die Halsbinden reichten bis unter die Ohren. Der Hals war um und um mit Leinen bandagiert, darunter trug man stark gesteifte Leinenstücke, die man Vatermörder nannte. Sie drückten das Kinn nach oben, machten das Kinn hochmütig und den Hals starr. Manchmal wurden in diese Arroganzpakete auch noch kleine Kissen eingebunden. Offiziere im Feld waren durch diese Krawatten behindert, konnten sie doch nur nach vorne schauen.

In England hatte Beau Brummel, der König der Dandies die Kunst des Krawattenschlingens perfektioniert. Sein Grundsatz: *»Sauberes weißes Leinen und zwar eine Menge davon.«* Täglich verbrauchte er mindestens ein Dutzend dieser Leinenkrawatten, bis ihm der richtige Knoten geglückt war. Diese Verpackungskunst des männlichen Halses fand in Honoré de Balzac ihren Systematiker. 1827 veröffentlichte er DIE KUNST EINE KRAWATTE

Steck-Krawatten,
um 1900.
Münchner Stadtmuseum.

ZU BINDEN, die erste Anweisung mit Abbildungen für die verschiedenen Knoten und Schleifen wie À LA ROMANTIQUE, SENTIMENTALE oder GASTRONOMICA. Warum diese Krawatte, deren Zipfel wie ein Schnauzbart herabhingen, so hieß, hat der Dichter nicht erklärt – dagegen deutlich gemacht, was ein Mann an Krawatten braucht: *»Schließlich darf ein Mann, der viel auf Reisen ist und einigermaßen auf sich hält, nicht verabsäumen, sich mit einer eigenen Schachtel zur regelmäßigen Aufbewahrung seiner Krawattenkollektion zu versehen. Diese Schachtel muß entweder mit verschiedenen Fächern oder einem doppelten Boden ausgestattet sein und in folgenden Dimensionen gehalten: ein und einen halben Fuß Länge, sechs Daumen Breite und ein Fuß Tiefe. Diese Schachtel soll enthalten: 1. wenigstens ein Dutzend glattweiße Krawatten. 2. Ebensoviele weiße Krawatten mit Karos, Streifen oder Tupfen. 3. Ein Dutzend Foulardbinden und zwar ebensoviel einfarbige als gemusterte. Mindestens drei Dutzend Leinenkragen. 6. Zwei Kragen mit Fischbeineinlagen. 7. Zwei schwarze Seidenkrawatten. 8. Ein kleines Bügeleisen.«*

Aus dem modischen Streckverband um den Hals entwickelte sich der PLA-

Krawatten,
um 1975.
Münchner Stadtmuseum.

K

Krawatte mit Etui,
L. van Hees,
München, 1980.
Münchner Stadtmuseum.

STRON, den der Krawattenkenner um Gottes Willen nicht mit dem FOUR IN HAND verwechseln darf. Das war ein frühviktorianischer, brustbedeckender Langbinder, den der kutschenfahrende Gentleman trug, wenn er vierspännig, die *»Leinen in der Hand«* fuhr. Der PLASTRON ist dagegen eine Halsbinde, bei der die beiden Enden nach vorne über einen doppelten Knoten gelegt sind und durch eine Krawattennadel festgehalten werden. Er wurde zum ersten Mal 1888 auf der Silberhochzeit des ältesten Sohns der Queen Victoria zum Gehrock getragen, eroberte sich die feudalen Rennplätze, bekam in England den Namen ASCOT, zu dem der graue Zylinder nicht fehlen durfte. Heute trägt man den altväterlichen PLASTRON, wenn überhaupt noch, zum Cutaway.

In Paris hatte sich Charles Baudelaire die größte aller bisherigen Schleifen um den Kragen mit den hohen Ecken geschlungen: Die LAVALLIÈRE flatterte im Wind der Romantik und wurde Kennzeichen der Bohème. Aus diesem Monstrum machte der Marquis d'Orsay einen Knoten mit langen Enden: den Langbinder, den wir heute als KRAWATTE bezeichnen.

In England waren es Cricketspieler, die in Cambridge studiert hatten, sehr wahrscheinlich die Gründer des feudalen I ZINGARI CRICKET CLUBS, der heute noch existiert, dem bisher drei englische Könige angehört haben und dessen Mitgliederzahl sich auf zwanzig beschränkt. Die Herren hingen sich ein Bekenntnis um den Hals, das ihrer eintönigen Kleidung einen leuchtenden Farbfleck gab.

Für Männer ausgesucht werden Krawatten aber immer noch in der Überzahl von Frauen. Die Krawattenhersteller wissen es genau: 65 Pro-

Krawatte,
Werbegeschenk der Flugschule Bremen, 1986.

zent aller bunten Binder werden von Frauen gekauft und ihren Männern, Freunden oder Söhnen mitgebracht. Bei weiteren 15 Prozent dieser modischen Transaktion ist der Mann in Begleitung einer Frau, die seine Wahl beeinflußt oder zumindest begutachtet. Und nur 20 Prozent aller Krawattenträger sind so emanzipiert, daß sie sich ihren Halsschmuck selber aussuchen und kaufen.

Die Farben guter Krawatten sind nie schreiend, sie dürfen lebhaft sein und kühn kombiniert, die innere Harmonie verlieren sie nie. Schauen Sie sich daraufhin die FIBRI NOBILI der italienischen Krawattenmacher wie TINO COSMA, HUBERT, ALTEA oder PROCHOWNIK an, die seidenen Jacquards und Brokate mit floralen Designs und zarten Lüstereffekten sind so wunderschön wie sündhaft teuer. – Gute Krawatten werden noch immer mit der Hand geschnitten und mit der Hand genäht, und die kostbarsten Seidenkrawatten sind die handbedruckten, die älteste und kunstvollste Stoffdruckmethode. – Bei den gemusterten Krawatten mit gewebtem und nicht gedrucktem Muster sind die Streifenkrawatten am beliebtesten und augenfälligsten. In englischen Clubs entstanden, gehören sie modisch zum Blazer und da der Blazer der häufigste Partyanzug geworden ist, haben sich Streifendessins wie heraldische Motive wieder ihren festen, unübergänglichen Platz in der Krawattenwelt erobert. – Trägt ein Mann Tupfen, so ist er eigenwilliger als ein Streifenträger. Warum sagen die Psychologen nicht. Er ist aber auch modisch gut beraten, denn Tupfen oder Punkte beißen sich mit keinem Hemden- oder Anzugdessin und sie sind nie deplaziert, weder beim Sport, noch beim Geschäftsanzug, noch bei der Abendkleidung. Für alle Muster gilt, je distinguierter der Mann, desto kleiner das Muster seiner Krawatte.

ULRICH KLEVER

K

Künstler-Selbstdarstellung

Salomé, bürgerlich Wolfgang Cilarz, liebt in der Kunst und im Leben Kostüme, Masken, Posen, sagt dazu: *»Gäb's die alltägliche Performance nicht, dann würden wir in einer sehr grauen Welt leben.«* Salomé geht im goldenen Kunststoff-Anzug zur Eröffnung seiner Ausstellung in die Berliner Galerie Raab: *»Ein bißchen Las Vegas, Show muß schon sein«*, ist seine Meinung. Salomé blättert 2000 Mark für ein schwarzes Abendkleid hin, weit der Rock, tief das Dekolleté, die Puffärmel golden, *»stülpt sich eine schwarze Perücke über, steigt – ein kleiner Stilbruch muß sein – in seine Reitstiefel und geht ins ›Exil‹, als das Berliner In-Lokal seine Wiedereröffnung feiert. Salomé, exzentrisch, legt sich ›so zwischendurch und aus Lust‹ einen weißen Fuchs um seine knochig schmalen Schultern. Er hat deren drei«*, schrieben Annegret Großkopf und Fatima Igramhan 1984 in dem STERN-Artikel WENN KÜNSTLER IHREN BILDERN BEINE MACHEN.

Das Schmuckbedürfnis von Künstlern und ihre auffällige Erscheinungs-

Der weiße Traum,
Verschmelzungen,
Vollrad Kutscher,
Frankfurt/M., 1980.

weise sind über die Jahrhunderte Bestandteile der Künstler-Anekdoten. Von Jan Gossaert (1478–1534) heißt es, er sei zum Einzug Kaiser Karls V. in Rom in einem phantastischen Papierkostüm erschienen, womit er wie kein anderer die Aufmerksamkeit des Potentaten auf sich lenkte. Damit hatte er – bewußt oder unbewußt – die Taktik des Deinokrates aufgegriffen, der, wie bei Vitruv nachzulesen, um Zugang zu Alexander dem Großen zu gewinnen, als nackter Herkules verkleidet vor dem Herrscher erschienen war. Von Zeuxis (5. Jh. v. Chr.) berichtet Plinius, er habe seine Sonderstellung als bekanntester Maler in Olympia zur Schau gestellt, indem er seinen Namen in goldenen Buchstaben in seine Gewänder gewirkt trug.

»Daß Sodoma (1477 – 1549) tatsächlich ein Snob war, lehrt schon seine Garderobe«, schrieben Margot und Rudolf Wittkower und fuhren, Vasari zitierend, fort: *»Um nichts kümmerte er sich so sehr wie um aufwendige Kleidung, gestickte Mäntel, mit Gold verzierte Umhänge, die üppigsten Hüte, Halsbänder und ähnlichen Tand,*

Der weiße Traum,
Verschmelzungen,
Vollrad Kutscher,
Frankfurt/M., 1980.

Is that a gun in your pocket . . .
(Pair of trousers),
Polly Hope, London, 1986.

K

Aktion,
Maria Lassnig,
Wien, 1984.

alles Zeug für Possenreißer und Scharlatane«.

Daneben gab es immer den als unauffälligen Bürger lebenden Künstler, der sich – wie etwa Guido Reni (1575 – 1642) – vornehm-schlicht und besonders zurückhaltend kleidete.

Verhalten sich die goldglitzernden Salomé und Sodoma oder Markus Lüpertz als Dandy und Jörg Immendorff im Lederlook typisch wie Künstler? Oder so wie der Bürger sich seit jeher die Extravaganzen des Künstlers vorstellt? Oder ist eher der bürgerlich-korrekte Auftritt eines Guido Reni, eines René Magritte oder Wassily Kandinsky charakteristisch? Eines Werner Büttner oder eines Albert Oehlen, die im Anzug der feinen, grauen, immer unauffälligen Art ihren Geschäften nachgehen?

Zu generalisieren ist weder das eine noch das andere. *»Das Bild des Künstlers ist weder ein ideologisches noch ein soziologisches Paßfoto. Wäre es das, hätte der Künstler – als Sozialfall oder als Superstar – schon längst seinen banalen Ort auf unserer gesellschaftlichen Stufenleiter gefunden. Gewiß ist er das eine wie das andere, aber er kann auch Arbeiter sein oder Ingenieur, Denker oder Schausteller, Priester oder Clown, aber auch alles das zusammen«,* so beschrieb Werner Hofmann 1978 *»das schlechthin Ungreifbare der künstlerischen Existenz«.*

Was die Künstler, wenn sie sich ausstatten, von anderen unterscheidet, ist, daß sie es, weil Ästhetik ihr Beruf ist, entschiedener und bewußter tun, sei es, indem sie auffällig abweichen vom Üblichen, sei es, indem sie dieses Abweichen betont verweigern, womit sie den Eindruck bürgerlicher Anpassung erwecken. In jedem Fall schwimmen sie nicht mit im Strom der Mode, sondern sie treffen individuelle Entscheidungen in der Erkenntnis, daß sie, die nichtentfremdete Arbeit leisten, mit ihrer Person und mit ihrer Erscheinungsweise in der Öffentlichkeit für das Werk und seine Intentionen stehen: Werk und Habit des Künstlers kommen aus einer Quelle.

Manchen erschreckt die Erkenntnis dieses Zusammenhangs und er versucht, sich zu verbergen – im grauen Anzug oder mit grauer Mütze. *»Die Mütze von Gerz ist knapp oberhalb der Augenbrauen so ›situationiert‹, daß ihre ›Krempe‹, heruntergeklappt – jederzeit und mit einem Griff – das Gesicht fast bis zur Oberlippe schützend verdeckt, gleichwohl durch einen – vorsorglich eingelassenen, im normalen Zustand nicht sichtbaren – Schlitz den Blick aber freiläßt«,* hieß es 1980 bei Gabriele Schultheiß in einem Text über Arbeiten von Jochen Gerz. In der Ausstellung ART-HATS

Kleid,
Ben Vautier für Castelbajac, 1984.

Vogelmensch,
Eun Nim Ro, 1984.

hat Gerz 1983 seine Mütze ausgestellt, womit sie als Kleidungsstück ausgedient hatte.

Künstler gehen – wie einige andere Menschen auch – von dem Wissen aus, daß Kleidung nun einmal das deutlichste Angebot an die Mitmenschen ist, sich zu identifizieren, sich kenntlich werden zu lassen – und sie handeln danach. Von den unzähligen – zaghaften oder auch auftrumpfenden – Mützen- und Kappenträgern (man denke an Wolf Vostell oder an Ernst Fuchs), die gerade die Kopfbedeckung benutzen, um sich erkennen zu lassen, muß hier nicht weiter die Rede sein. Nur von einem noch: vom *»Künstler mit dem Hut und dem Hasenfell auf dem Revers«*, der mit seinem Habitus Furore gemacht hat, *»wahrscheinlich weil dieser Aufzug als ein freimütiges Eingeständnis verstanden wurde, zur Zunft derjenigen zu gehören, die das Volk immer schon als kostümierte Narren und Ganzjahreskarnevalisten verdächtigte«* (Bazon Brock).

In der Hochschule für Angewandte Kunst in Wien hat Joseph Beuys 1983 in einem Gespräch auf die Frage, wieso er den Hut nie abnähme, geantwortet: *»Soll ich ihn runternehmen? Das mach' ich eigentlich nur für Kinder . . . Im Krieg war ich Flieger, und da hatte ich einen Schädelbasisbruch, und ich hatte eine eingedrückte Schädelplatte. Seit der Zeit war ich immer ein bißchen empfindlich am Kopf. Dann hatte ich eine Weile eine Mütze mit einem Schild. Und als ich diese ersten Aktionen, diese Theatersachen gemacht habe . . . da hatte ich das erste Mal rein zufällig einen Hut, und als ich diese Aktion gemacht hatte, da hatte ich den Eindruck, ich muß so bleiben, wie ich bin. Ich muß eigentlich immer so bleiben, wie ein Pferd ist – ein Pferd zieht sich* *ja auch nicht jeden Tag was anderes an, oder ein Elefant, der hat ja immer denselben Anzug an! Ich wollte mich eigentlich in so ein Naturwesen verwandeln . . . Ich wollte also immer dasselbe haben – so wie ein Hase Ohren hat, wollte ich einen Hut haben. Ich wollte also andauernd dasselbe Bild haben in der Aktion, wie ein Tier, das sich auch in seiner Kleidung nicht verändert. Ein Hase ist kein Hase mehr, wenn er keine Ohren hat – da habe ich gedacht: Der Beuys ist kein Beuys mehr, wenn er keinen Hut hat!«*

Man sieht: Die auffällige, die abweichende Bekleidung des Künstlers ist nicht notwendigerweise aufgesetzte Attitude oder bloßes Markenzeichen (wenngleich sie dazu werden kann). Der Beuys'sche Hut war mehr, nämlich ganz persönliches Symbol für das Streben nach der Einheit von Geist und Natur. Es kommt hinzu, daß der Hut aus Filz aus jenem Material war, das für Beuys, weil es isolierende Funktion hat, Energien bewahrte, also geistige Kraft – wiederum symbolisch – zusammenhielt.

Auf die Frage, wieso er keine neuen Hüte aufsetze, sagte Beuys in jenem Gespräch in Wien: *»Doch, ich ziehe immer einen neuen an! Den hier habe ich jetzt ungefähr ein halbes Jahr. Wenn der zwei Jahre alt ist, dann wird der auch ärmer, dann schwitzt der durch, dann wird der fettig, wird unappetitlich, und dann nehm ich den nächsten – aber immer denselben . . . Das ist ein Hut, der wird in einer ganz kleinen Werkstatt gemacht in England, die haben auch – das wird man vielleicht später einmal in der Geschichte hören – den Hut von Lord Nelson gemacht, so einen Dreispitz. Und die haben auch den Hut von Wellington gemacht, der bei Waterloo gegen Napoleon siegte, einen flachen mit zwei so Seitenspitzen. – Es ist eine kleine Werkstatt, die machen auch noch Feuerwehrhüte. Ich bin zufällig auf diese Firma gekommen, ich hab' mal irgendwo in London eine Aktion gemacht, da hab' ich den gesehen, hab' gedacht, das könnte der Hut sein, der am ähnlichsten ist demjenigen, den ich vorher hatte. Und seit der Zeit hab' ich nur noch diesen.«*

Direkter als der Hut hat die Fliegerweste, von der Beuys mehrere Ausführungen hatte und die er ständig trug, mit seiner Vergangenheit zu tun. Während des II. Weltkriegs wurde er als Sturzkampfflieger ausgebildet; bei einer Abfangaktion versagte, von einem russischen Geschütz getroffen, der Höhenmesser, so daß das Flugzeug notlanden mußte. Tataren entdeckten Beuys *»in einer völligen Einöde oben am Flaschenhals der Krim«* in den Trümmern der JU 87 und pflegten den zumeist Bewußtlosen etwa acht Tage lang, bis ein deutsches Suchkommando die Überführung in ein Militärlazarett veranlaßte.

Dieses Erlebnis ist als die wohl wichtigste Erfahrung in die weitere Arbeit von Joseph Beuys eingegangen: Die Eindrücke, die er während dieser Tage in der russischen Steppe, in einer fremden Landschaft, unter fremden Menschen mit ihrer mongolisch-slawischen Mentalität aufgenommen hatte, wirkten fort.

Wiederholt hat man auf die zahlreichen Berührungspunkte zwischen dem Gebaren von Beuys und dem der Schamanen hingewiesen. Äußeres Kennzeichen der Schamanen ist ihre Tracht, die bei den einzelnen Völkern verschieden aussieht, aber nie auf den wichtigsten Teil, die Mütze, verzichtet. Erst durch das Anlegen der Tracht überschreitet der Schamane den profanen Raum und rüstet sich, mit der geistigen Welt in Beziehung zu treten.

Am Beispiel Beuys wird besonders deutlich, daß die Kleidung des Künstlers – hier der Hut, die Weste, das Stück Hasenfell – selbst ein Teil des künstlerischen Werkes sein kann, genauer: den gleichen Intentionen entspringt wie das Werk. Nicht die Bemühung um hervorstechende Besonderheit führt zur auffälligen Kleidung, sondern die konsequent auf die gesamte Erscheinungsweise übertragene künstlerische Intention. Dabei entstehen neue Kleidungssymbole, die sich von den bekannten – zum Beispiel Schärpen und Epauletten – durch ihren spezifischen und subjektiven Inhalt unterscheiden und deshalb nicht übertragbar sind.

MARINA SCHNEEDE

Literatur

Katalog: »Das Bild des Künstlers« – Selbstdarstellungen (Hamburger Kunsthalle), Hamburg 1978.

Martin Warnke, Hofkünstler. Zur Vorgeschichte des modernen Künstlers, Köln 1985.

Rudolf und Margot Wittkower, Künstler – Außenseiter der Gesellschaft, Stuttgart 1965.

– Tamara de Lempicka · Lingerie

L

Tamara de Lempicka

»Die zeitgenössische Umwelt wird eindeutig vom mechanischen und industriellen Objekt bestimmt; diesem unterwerfen sich langsam die Brüste und Rundungen der Frau, die Früchte, die weiche Landschaft«, schrieb Fernand Léger 1922 programmatisch. Léger entwickelte sein Menschenbild von der Maschine her, er wollte den Menschen des neuen Zeitalters malen, die neue Klasse der Industriearbeiter, der technischen Menschen, die, ebenso funktionstüchtig und schön wie seine Maschinen, Elemente einer neuen Gesellschaft sein sollten.

Aus zwei Quellen speiste sich im wesentlichen die ins Art Déco führende französische Kunst der 20er Jahre, eine *»bei aller Modernität zutiefst bürgerlich-mondäne Angelegenheit«* (Paul Maenz). Légers Menschenbild war die eine Quelle – die Kubisten der zweiten Generation kehrten aufatmend zur Welt des Sichtbaren zurück, die sie ins Bild-Dekor umsetzten –, die andere Quelle waren geheimnisvolle, alte Kulturen, die der Kunst Anfang der 20er Jahre ein neues Formenarsenal zuführten.

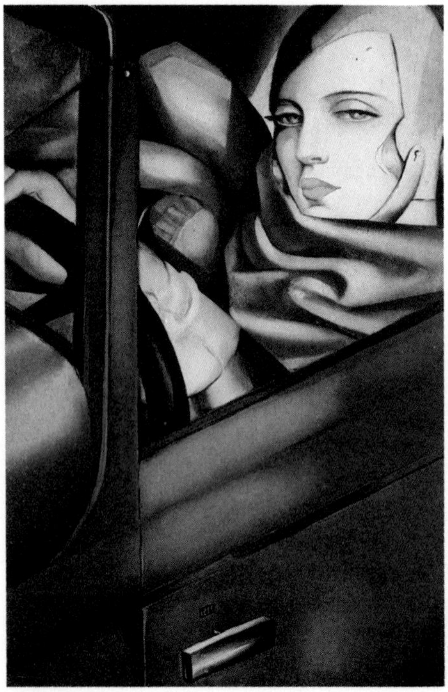

Selbstportrait,
Tamara de Lempicka,
Paris, 1925.

1922 entdeckte Howard Carter das Felsengrab des ägyptischen Königs Tut-ench-Amun, eine wissenschaftliche Sensation, die die Öffentlichkeit wie kaum eine andere je bewegt hat; es wurde vom *»Fluch der Pharaonen«* geraunt, und Mumienfunde verursachten das bekannte Grauen. Die unmittelbare Folge war, daß Gold, Lapislazuli und Ocker Modefarben, Sonnenscheiben, Skarabäen, geometrische Strahlenbündel zu Dekorationsmotiven wurden.

Noch größeres Interesse, weil mit Menschenopfern verbunden, erregte die Entdeckung eines anderen versunkenen Reiches, das der Inka. Nachdem Colonel Fawcett 1925 im brasilianischen Urwald verschwunden war und auch die Suchexpedition Peter Flemings nicht wieder auftauchte, wucherte die Phantasie. *»Sie zaubert sich«,* wie Paul Maenz 1974 in seinem Buch Art Déco schrieb, *»magische Riten, im Dschungel versunkene Diamantenstädte, tanzende Göttinnen in Tempelhallen, über denen Totem und Tabu wachen. Kakteen werden schick und lösen die Salonpalme ab, Bergkristall, Jade, brasilianischer Onyx kommen in Mode. Indianische Muster inspirieren die ›Dessinateurs‹, Zickzack, Streifen und stilisierte Schlangen sind ›en vogue‹. Die aztekische Stufenpyramide beeindruckt Ost wie West . . . Damen aus Bronze, Glas und Porzellan tanzen und turnen, mit und ohne Gong, mit und ohne wehende Schleier.«* 1925 gab die große Pariser Exposition des Arts Décoratifs et Industriels dem neuen Stil, dieser frappierenden Mischung aus Dschungel und Technik, Léger und Expeditionsromantik, den Namen: Les Arts Décos.

Doktor Boucard,
Tamara de Lempicka,
Paris, 1929.

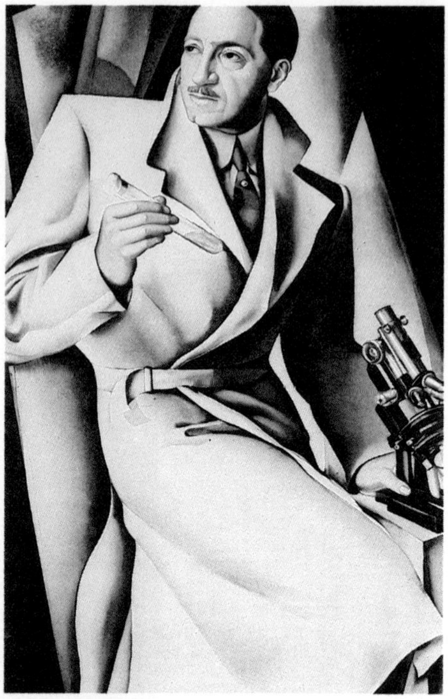

Es kommt hinzu, daß der Pariser Gesellschaft mit den russischen und den polnischen Emigranten bewahrend-konservative Kräfte zuwuchsen, die Geschmack und gepflegte Repräsentation über alles schätzten und die individualistischen Reste der alten Gesellschaft perfekt zu bedienen wußten. Eines dieser Talente war Tamara de Lempicka, um 1930 eine europäische Berühmtheit, später vergessen und 1977 in der West-Berliner Ausstellung der Kunst der 20er Jahre wiederentdeckt.

Bereits 1923 nahm die 21jährige Tochter wohlhabender polnischer Eltern an einer der großen Pariser Ausstellungen, am Salon der Unabhängigen, teil; in Mailand hatte sie im

Jahr darauf ihre erste Einzelausstellung. In Paris heiratete Tamara Gorska den polnischen Aristokraten Lempitzky; nach der Trennung heiratete sie 1934 den ungarischen Baron Kuffner. Im Paris der 20er Jahre gab Tamara de Lempicka in Fragen des Geschmacks und der Eleganz den Ton an. Selbst mondän bis in die Fingerspitzen, hatte sie auch ihr Umfeld modisch gestalten lassen: Das doppelgeschossige Atelier in der Rue Méchain war von ihrer Schwester Adrienne Gorska, einer bekannten Innenarchitektin, konstruktivistisch eingerichtet worden, mit viel Chrom, kühl und nüchtern – ein sachlich-kontrastreicher Fond für ihre elegante Erscheinung.

Mit ihren Frauenporträts, in denen kubistische und neusachliche Strömungen mit dem mechanisierten Menschenbild eines Fernand Léger verschmelzen, hat Tamara de Lempicka der exaltiert-modischen Gebärde ihrer Zeit ein Denkmal gesetzt: Frauen in isolierter Exklusivität, schmachtend-unerlöst im Dschungel der Großstadt.

Modisches Bewußtsein und demonstrative Eleganz treten in diesen Bildern überdimensional in den Vordergrund. Indem die Figuren selbst zu Funktionen der Mode erstarren, zeigen sie weniger ein neues Frauenbild als vielmehr, von heute aus gesehen, eine fatale Abhängigkeit von der sie domestizierenden Modeindustrie.

Unfreiwillig entlarvend erfüllte Tamara de Lempicka ihre Aufträge; in den Kreisen der europäischen Hocharistokratie galt es als schick, sich von ihr malen zu lassen. So porträtierte sie König Alfons von Spanien und Königin Elisabeth von Griechenland. Eines der faszinierendsten Bildnisse ist das ihrer Freundin Mme Boucard. Hier wird präzise Auskunft erteilt über die Welt, in der diese Frau gelebt hat: eine Welt des Luxus und der unbefriedigten Wünsche. Eine mondäne Madonna im silbergrauen Abendkleid, das rote, pelzbesetzte Cape als kostbarer Rahmen um die Figur drapiert. Aber Eleganz und Raffinement der Erscheinung können nicht über die Einsamkeit, die innere Leere der Dargestellten – der Gesichtsausdruck müde und melancholisch – hinwegtäuschen.

Tamara de Lempicka befriedigte einen Teil der Pariser Gesellschaft, indem sie deren Lebensgefühl auf den Nenner brachte, und sie zeigte zugleich die darin liegenden Widersprüche auf. Das sprechendste Beispiel für die Komplexität der Bildaussage ist das Porträt der Duchesse de la Salle von 1925. Versehen mit den Insignien von Herrschaftsporträts (Säule, Treppe, Vorhang), trägt sie ein raffiniert einfach geschnittenes Reitkostüm, das schmucklose Hemd geöffnet, die Haare modisch kurz – eine moderne, sportliche und zugleich »herrscherliche« Frau mit männlichen Zügen. Aber da gibt es den Widerspruch, ausgedrückt in der skeptisch geneigten Haltung des Kopfes. Der, den Betrachter mißtrauisch fixierende Blick signalisiert eine Verletzlichkeit, die diesem Frauenbildnis – bei aller modischen Attitude – eine bestürzende Präsenz gibt.

Im JUNGEN MÄDCHEN IN GRÜN von 1927 (heute im CENTRE POMPIDOU, PARIS) ist die schmachtend-melancholische Pose einziges Thema: Herzflimmern in steif-klirrend flatternden Stoffbahnen und künstlich abgespreizter Gestik. *»Der enthüllte erotische Apparat der Figur«* macht deutlich, daß sie, wie Matthias Eberle meinte, *»im Grunde ein industrielles Produkt ist und demselben Widerspruch unterliegt, der jede Ware kennzeichnet: dem Widerspruch zwischen Verlockung und Versagen. Wie diese ist auch sie mit modischen, verkaufsfördernden Reizen ausgestattet, auch sie repräsentiert eine ästhetisch-erotische Verhaltensform, die ihre Verdinglichung, ihre durch die Industrie geprägte Künstlichkeit eher verdeutlicht als verbirgt . . . Die gefühlsmäßige, sinnliche Identifizierung mit diesen Figuren, zu der sie als Sirenen der Konsumgüterindustrie herausfordern, würde den Betrachter in Abhängigkeit von genau dem System bringen, dessen Teil sie sind. Ihre Melancholie ist Ausdruck ihrer Nicht-Erlöstheit, das heißt, einer Existenz, die sich mehr oder minder bewußtlos mit dem System arrangiert hat, seine Vorzüge genießt und doch unter dessen entindividualisierendem Zugriff leidet.«*

Kunst und Mode im Frankreich der

Madame Boucard,
Tamara de Lempicka,
Paris, 1931.

L

Jeune fille en vert,
Tamara de Lempicka,
Paris, 1925–1935.

20er Jahre am Beispiel der Tamara de Lempicka: Auf die von Léger gestellte Frage nach der Vereinbarkeit von klassischem und zeitgemäß mechanischem Ideal sind diese Porträts eine dekorativ verspielte Antwort. In der langen Reihe der »manichini« und der Roboter stehend, werden Menschen hier als modebewußte Repräsentanten eines ästhetisch-erotischen Verhaltensmusters vorgeführt, das sich, entpersönlicht, in das dekorativ-ornamentale System der ARTS DÉCOS nahtlos einfügt.

Unterderhand gerät das künstlerische Werk in eine neue Rolle. Tamara de Lempicka entwirft keine Kleidung (wie etwa Sonia Delaunay), und sie bildet sie auch nicht nur ab. Vielmehr nobilitiert sie mit den Mitteln der Überhöhung und der Monumentalisierung ein von der Mode definiertes Menschenbild. Indem sie aber nicht nur Mode zum Bildinhalt macht, sondern auch mit der Bildsprache, mit ihren stilistischen Möglichkeiten direkt auf die modischen Vorlieben – Stichwort: ART DÉCO – reagiert, gliedert sie das künstlerische Werk selbst dem Trend der Zeit ein: der Ausdruck aktueller Begierde als Objekt der Begierde. Das Bild antwortet auf Mode und wird darüber selbst zur Mode.

MARINA SCHNEEDE

Literatur

Victor Arwas, Art Déco, London 1980.
Matthias Eberle (Eing. v.), Tamara de Lempicka, Mailand/München 1978.
Paul Maenz, Art Déco, Köln 1974.
Katalog: Tendenzen der zwanziger Jahre, Berlin 1977, Kap. 4, 156–159.

Lingerie

Als im 19. Jahrhundert die Vielschichtigkeit der Liebesbeziehungen und ihrer Verstrickungen erforscht und beschrieben wird, als das Hauptinteresse der Romanschreiber sich auf die Geheimnisse der weiblichen Seele richtet – da wächst auch die Bedeutung und die Verschiedenartigkeit der Leibwäsche. Je näher man der Entdeckung eines lebendigen und pulsierenden Subjekts kommt und die Verstrebungen von Korsett und Krinoline, die es gefangen hielten, entfernt werden, desto wertvoller und zahlreicher werden die Dessous und eröffnen Erotik und Lust einen Raum. Es ist ein Raum der Intimität und der Transparenz, in dem alle Entzückungen und Freuden anwesend sind, allerdings eher als Ahnung denn als Wirklichkeit: So ist er der Ort der Illusionen und des Triumphs der Imagination. Die schönste, die Traumunterwäsche ist aus Seide, und Seide spricht für sich selbst: Sie findet überall Anklang und weckt jedermanns Leidenschaft. Zuweilen wird Seide mit Pelz kombiniert und steigert für den Mann die Lust der Berührung und der möglichen Zärtlichkeit. Greta Garbo bestand bei den Kostümen zu ihren Filmen stets auf der – sündteuren – Seiden-»Lingerie«: um der Lust willen, die einzige zu sein, die sie zu Gesicht bekam, und weil sie meinte, daß dadurch ihr Gang sich vorteilhaft verändere. Die Seidenunterwäsche, dieses Symbol des Luxus und der Erotik, verspricht der Frau geheimnisvoll, sublim und wertvoll bis zur Unerreichbarkeit zu sein, wenn sie ihren Körper verhüllt. Sich kleiden und entkleiden, locken und sich verbergen, in eine zweite Haut schlüpfen – das war (und ist?) die weibliche Seinsweise. Der andauernd sich vollziehende Übergang zwischen Bedeckung, Verschleierung und Enthüllung enthüllt seinerseits, daß »die Frau« als bloßer Widerpart eines starken Geschlechts – eine Einstellung, die sie übernommen hat und sich auch danach be-

Pyjama, Firma Grünfeld, Berlin, um 1930. Münchner Stadtmuseum.

Nachthemd, um 1935. Münchner Stadtmuseum.

Nachthemd, um 1938/40. Münchner Stadtmuseum.

L

nimmt – gar nicht anders sein konnte als geheimnisvoll, flüchtig und ungreifbar. Oder wie Derrida es ausdrückt: *»Die Weiblichkeit gibt es nicht, weil die Frau sich entzieht und sich selbst entzieht«*. Die oft beschworene Komplementärität der Geschlechter ist in Wahrheit ein Komplott: Mann und Frau verständigen sich in ihrer eigenen Weise darauf, die unerträgliche Angst vor dem Mangel, der fehlenden Befriedigung zu vermeiden.

In der THEOGONIE, einem Werk, in dem der griechische Dichter Hesiod (um 700 v. Chr.) die Fülle der griechischen Götterwelt beschreibt, ordnet und deutet, bedeckt die Göttin Athene das erste weibliche Menschenwesen mit einem bunten Schleier und einem silbrig weißen Gewand. Aber *»ihr Schleier verbirgt keinen Gott, keinen Dämon, aber auch keinen Menschen – er verbirgt nichts, weil die Frau nämlich kein Inneres hat, das zu maskieren wäre . . . die erste Frau in der ›Theogonie‹ ist ihr eigener Schmuck – sie hat keinen Körper. Alles geschieht, als würde der Text der ›Theogonie‹ davor zurückschrecken, ihr einen solchen zu verleihen,«* führt N. Loreaux 1984 in LES ENFANTS D'ATHENA aus.

Das Zitat soll daran erinnern und noch einmal veranschaulichen, bis zu welchem Grade der Schleier tatsächlich das Symbol der Weiblichkeit ist. Er gehört notwendig zum Brautkleid, wie die Strümpfe, die Unterkleider, die Höschen, die Nachthemden eben den Zweck haben, die Nacktheit zu verschleiern. Wir finden in unserem Gedächtnis zahllose Striptease-Szenen – vom Kabarett bis zur Filmsequenz. Eine dauernde Wiederholung von Gesten und Haltung, die einzig zu dem Zweck erfunden scheinen, im Geist die Szene immer wieder zurückzuspulen und von vorne beginnen zu lassen, als wäre sie neu und als wüßte keiner, was er entdecken wird. Selbst die Psychopathologie belegt, wie sehr die Intimwäsche das weibliche Ideal repräsentieren kann. R. von Krafft-Ebing häuft Falldarstellung auf Falldarstellung von Fetischisten, die auf Wäsche fixiert waren. Im Haus eines

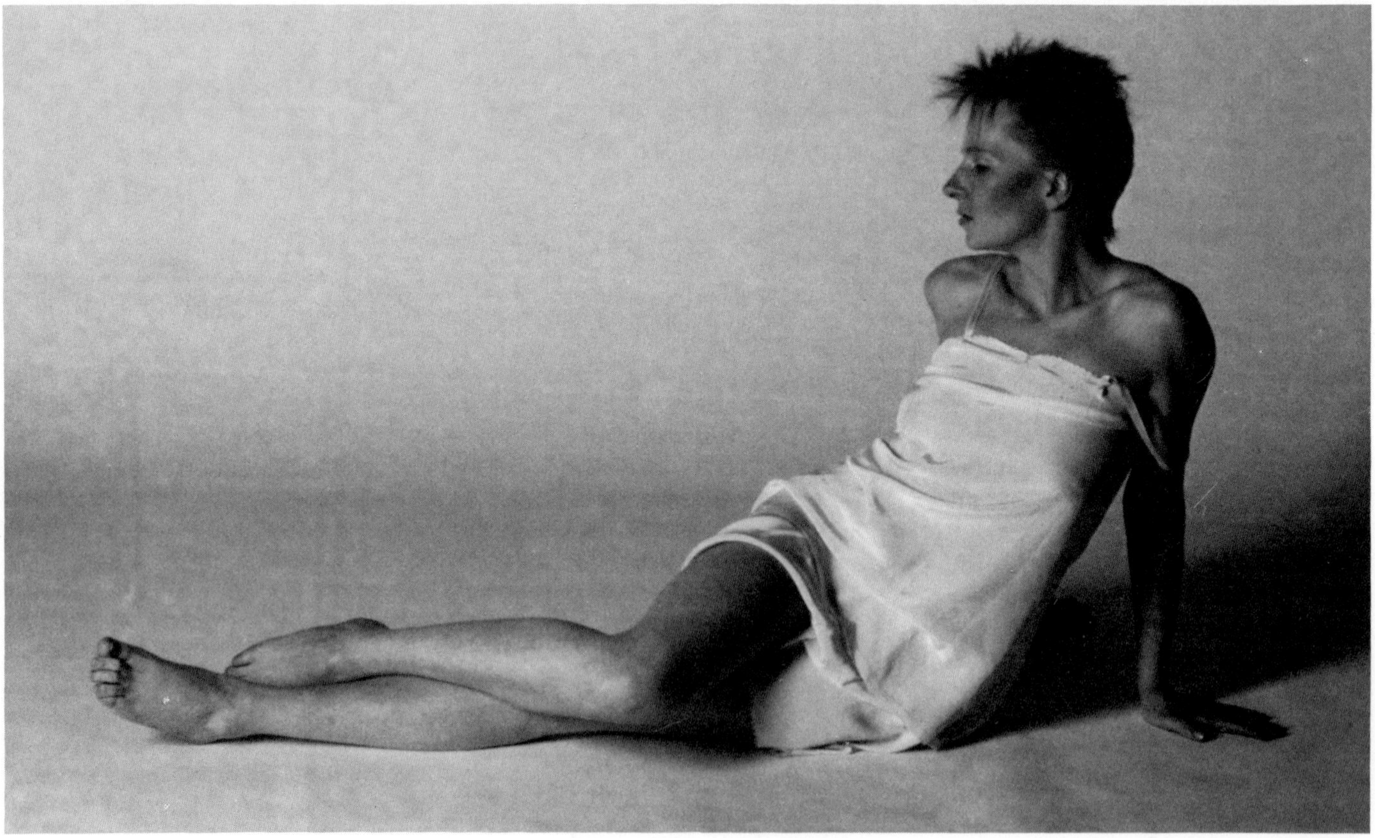

Garnitur,
um 1930.
Münchner Stadtmuseum.

Nachthemd,
Firma Janet Reger,
London, 1985.
Münchner Stadtmuseum.

Büstenhalter,
Firma Janet Reger,
London, 1985.
Münchner Stadtmuseum.

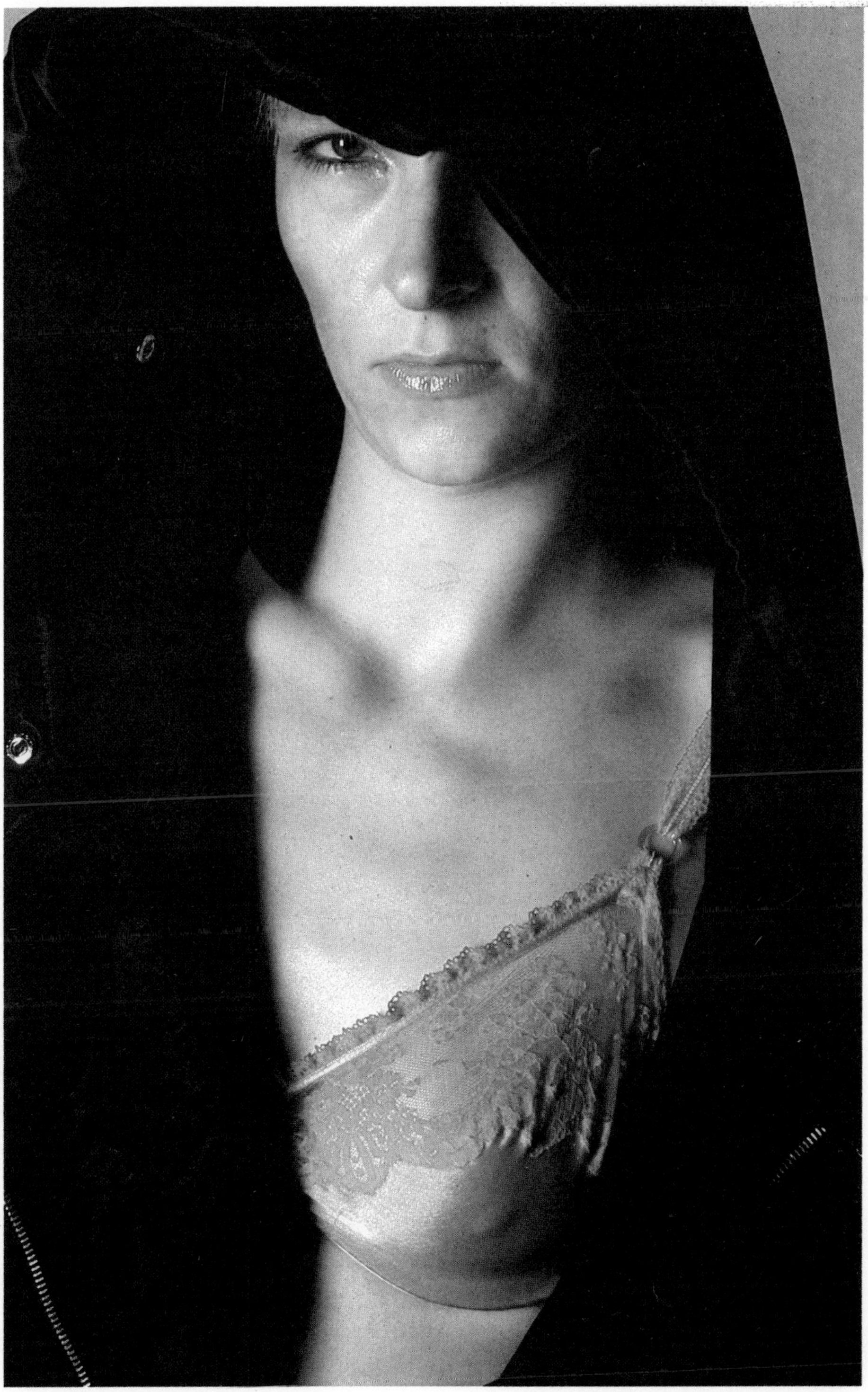

45jährigen Schuhmachers wurden 300 Wäschestücke gefunden: Unterkleider, Unterhöschen, Nachthauben, Strumpfhalter – alles gestohlen. Ein junger Metzger hatte sich durch den Kauf von Wäsche in den finanziellen Ruin gestürzt; bei seiner Verhaftung trug er Korsett, Strümpfe, Strumpfhalter und ein Frauenunterhemd. Ein 36jähriger Wissenschaftler hatte eine besondere Vorliebe für spitzenbesetzte Batistunterkleider, hauchdünne Unterröcke und Seidenstrümpfe. Ein 37jähriger Verkäufer bekam schon eine Erektion, wenn er sich den Kopf einer alten häßlichen Vettel mit Nachthaube nur vorstellte. Ein anderer Verkäufer, 29jährig, wurde in ei-

L

ner Pariser Straße verhaftet, weil er sich einigen in Seide gekleideten Damen auf eine Weise genähert hatte, die diese an einen Taschendieb denken ließen. Frauen interessierten ihn nur, wenn sie Seidenkleider trugen, und abends bestand sein größtes Vergnügen darin, Seidenunterkleider anzulegen, bevor er zu Bett ging. Das bedeutete ihm mehr als die Liebe selbst der schönsten Frau der Welt. *»Es ist bezeichnend«* – schließt Krafft-Ebing, *»daß gerade in unserer Zeit die weibliche Unterwäsche einen nie gekannten Grad von Raffinesse erreicht hat, und es ist klar, daß dies nicht allein dem Geschmack der Frauen zuzuschreiben ist, sondern wahrscheinlich in weit höherem Maße den Wünschen der Männer. In den großen Städten kann man beobachten, daß unter den Menschen, die vor den Schaufenstern der Fachgeschäfte stehen bleiben, die Zahl der Männer die der Frauen überwiegt.«* In den letzten Jahren sind die Hüllen der Unterwäsche weniger verborgen, der Körper der Frau ist nackter oder die Nacktheit kleidsamer. Das Geheimnis der Weiblichkeit hat sich immer weiter nach innen verschoben. Ein sonnengebräunter, ein von der Bräune bedeckter Körper zeugt von Gesundheit, Jugend und Schönheit. Runzeln und Falten dürfen nicht sein; Zellulitis und Dehnungsstreifen sind verpönt. Erlaubt und gebilligt sind Schönheitskorrekturen der Brust und im Gesicht. Ein weiteres Mal verwandelt die Substanz sich in Erscheinung.

GRAZIETTA BUTAZZI

Literatur

Prudence Glynn, Skin to Skin. Eroticism in Dress, London 1982.

E. Lemoine Luccioni, La robe, Paris 1983.

N. Loreaux, Les enfants d'Athena, Paris 1984.

A. Müller, Verwirrungen des Geschlechtslebens, Rüschlikon 1964.

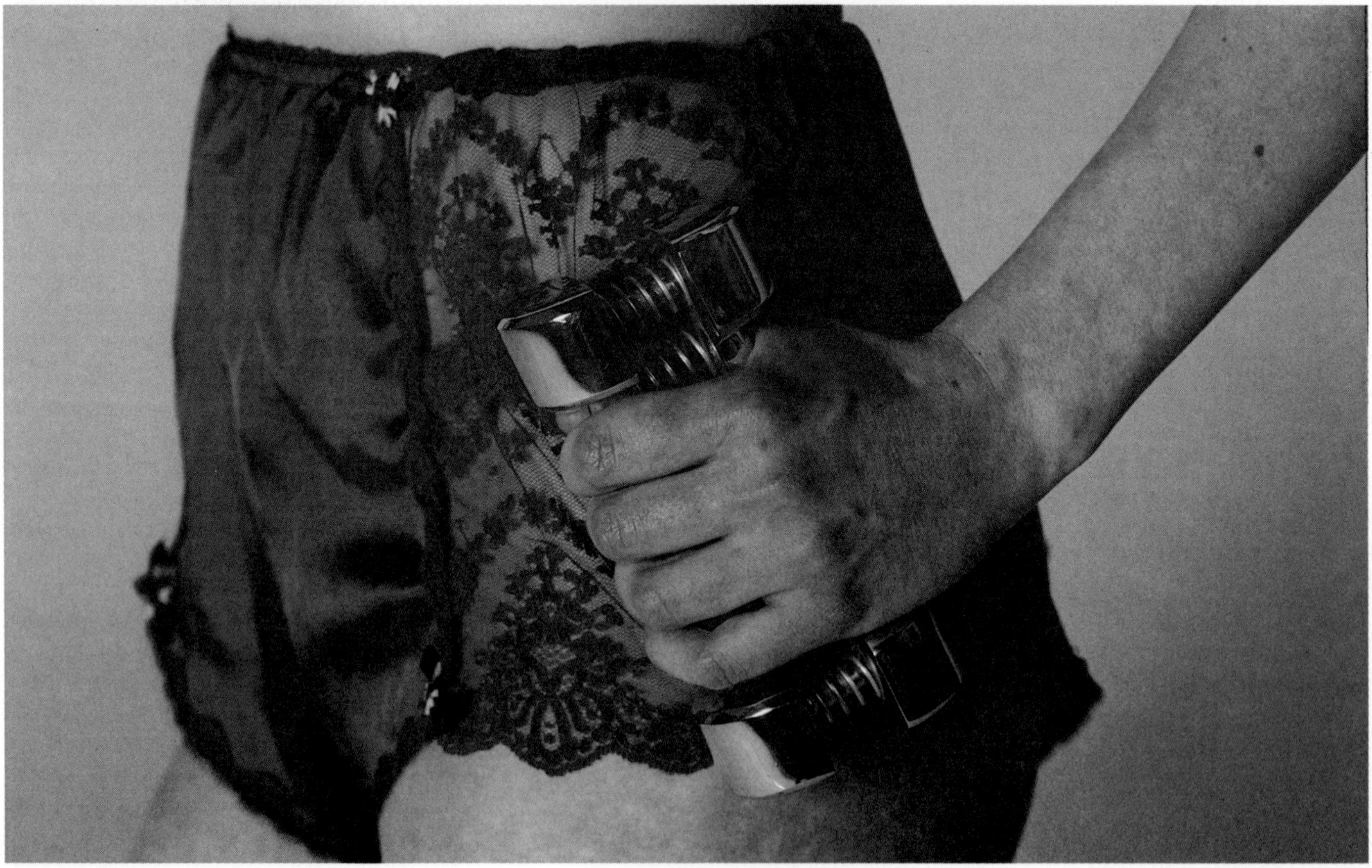

Unterhose,
Firma Janet Reger,
London, 1985.
Münchner Stadtmuseum.

M

– Männliche Elemente in der Frauenmode
Hans Makart
Make up
Mann der 80er Jahre
Vom Militärischen zum Zivilen
Mode
Models
Mode in der surrealistischen Kunst
Modeplakate
Musikszene

M

Männliche Elemente in der Frauenmode

Die aufklärerischen Ideen eines Voltaire und eines Montesquieu, die den Verstand verherrlichen und auf eine radikale Veränderung der Kultur abzielen – einer Kultur, die aus ihrer aristokratischen Isolation heraustreten und sich in den Dienst der Gesellschaft stellen soll –, bewirkten wesentliche Veränderungen in der Mode vor dem Ausbruch der Französischen Revolution. Einen nicht unerheblichen Anteil hatte daran auch der Einfluß Rousseaus mit seiner Forderung nach einer Rückkehr zur Natur und zur Einfachheit der Sitten.

Der Trend zur Vereinfachung der Formen, der aus England kam und wohl durch den nachhaltigen Eindruck der großen archäologischen Entdeckungen verstärkt wurde, fiel in Paris – auch am Hof Marie Antoinettes – auf fruchtbaren Boden. Was aber die Zeit unmittelbar vor der Französischen Revolution am stärksten charakterisiert, ist die ungewohnte maskuline Komponente in der Frauenmode. Die schwelende Glut des entstehenden Feminismus züngelte überall von Amerika bis Europa vereinzelt empor und wurde durch die Französische Revolution vollends entfacht; mit dem CAHIER DE DOLÉANCES DES FEMMES, das von Mlle De Kéralio der GESETZGEBENDEN VERSAMMLUNG vorgelegt wurde, trat der Feminismus an die politische Öffentlichkeit. Allerdings kam er so verfrüht und stieß auf so wenig Verständnis, daß Olympe de Gouges, die Verfasserin einer DÉCLARATION DES DROITS DES FEMMES, von Robespierre persönlich zur Guillotine verurteilt wurde.

Dame im Redingote, 1790.

Die Erziehung der Frau – der man die Begierde nach Bildung als Laster anrechnete –, die bis dahin den Klöstern oblag oder bei höherer gesellschaftlicher Stellung durch Hauslehrer erfolgte, begann nun zum Problem gemacht zu werden, freilich nicht sehr ernsthaft. So wurde doch selbst in Venedig, wo schon 1740 ein TRAKTAT ÜBER DIE ERZIEHUNG DER FRAUEN erschienen war, selbst nach der Unterrichtsreform von 1774, kein öffentliches Erziehungssystem für die Mädchen eingerichtet.

Die einzig mögliche Form des Protests, die der Frau blieb, war das Tragen männlicher Kleidung und männliche Accessoires: Es ist dies die einzige Möglichkeit, den Gegensatz, der zwischen ihren Ansprüchen und ihrer wirklichen Lage besteht, sinnfällig auszudrücken.

Zur selben Zeit entstanden die ersten Frauenzeitschriften und sie widmeten sich nicht nur der Mode, sondern auch der Literatur und dem gesellschaftlichen Klatsch. Es ist aufschlußreich, die Entwicklung der unkonventionellen Neuerungen im Medium ihrer Berichterstattung zu verfolgen.

Sarah Bernhardt, 1876.

LA DONNA GALANTE ED ERUDITA (Die galante und gebildete Frau) er-

Jacke, Krizia, Mailand, 1986.

Strandanzug,
Salon Tilde Baumann,
München, 1930.
Münchner Stadtmuseum.

schien in Venedig nach einer französischen Vorlage, dem Pariser CABINET DES MODES, dem in übersetzter Form auch viele Beiträge entnommen wurden. In einer Nummer aus dem Jahr 1786 ist zu lesen: »*Mit aller Kraft versuchen jetzt die Frauen, den Männern gleich zu werden; männlichen Beschäftigungen zugetan, kleiden sie sich auch wie die Männer, mit dem Unterschied freilich, daß sie nur die Kleider und Manieren übernehmen, deren die Männer sich schon wieder entledigt haben. Diese tragen den langen Redingote mit drei Krägen nicht mehr, nun kleidet er die Frauen. Die Uhren der Männer sind nunmehr mit einer einfachen Kette versehen: bei den Frauen findet sich daran eine große Menge an Bijoux. Bei unseren Elegants ist es der letzte Schrei, mit den Händen in den Taschen oder frei schwingenden Armen zu flanieren, die Frauen halten einen zierlichen Spazierstock in Händen; ihre Haare sind sehr tief gebunden und bilden einen großen Knoten,*

Damenbekleidung,
Rational Dress Society, 1896.

während die Männer sie geflochten oder zum Schwanz gebunden tragen. Auch die anderen männlichen Beschäftigungen werden von den Frauen ganz und gar übernommen: Sie widmen sich ihnen mit derselben Entschlossenheit und Ausdauer wie die Männer . . . Bei früheren Gelegenheiten versuchten die Frauen ausschließlich in Dingen der Seele und des Gemüts mit den Männern zu wetteifern, sind doch Seele und Gemüt das eigentlich frauliche Element; die Wissenschaften und die Künste überließen sie den Männern. Heute sind Chemie, Physik und Botanik Gegenstand ihres Interesses und ihrer Studien.« – Im weiteren Verlauf prophezeit derselbe Artikel den Frauen, die sich gründlich mit diesen Wissenschaften befassen wollen, eine unglückliche Zukunft. Wenn sie auf *»jenem Nachahmungstrieb, der sich ihrer bemächtigt hat«*, beharrten, würden sie *»dazu gebracht, die Liebe nur mehr aus den Romanen zu kennen . . . wie die Engländerinnen, die ihre Zeit damit zubringen, allein und Tom Jones . . . oder Young stets griffbereit zur Hand durch die riesigen Londoner Parks zu spazieren.«*

Die der Zeitschrift beigefügte Zeichnung zeigt eine Frau *»mit einem Männerredingote bekleidet . . . offene Ärmel à la marinière«* und wird folgendermaßen kommentiert: *»Diese Details zeigen, daß die Frau, die hier in der ganzen Pracht der neuesten Mode abgebildet ist, das alte Gewand der Männer imitiert . . . indem sie einen Redingote mit drei Krägen trägt . . . in der Hand einen Spazierstock oder eine andere Petitesse; die Haare zum Catogan geordnet; die beiden Uhren mit Edelsteinen überladen; Schuhe mit flachen Absätzen; und dazu ein Herrengilet.«*

Marlene Dietrich,
um 1935.

In der folgenden Ausgabe der Zeitschrift heißt es: *». . . tragen die Frauen . . . an ihren Kleidern ›en chemise‹ (d.h. Kleider aus einem Stück, leicht und bequem wie große Hemden) . . . einen Kragen wie an einem Herrenfrack . . . Einige tragen einen breiten Gürtel, der vorne fixiert wird und dem Gürtel der Schweizer Garde nachempfunden ist.«* In den folgenden Jahren lesen wir im MAGASIN DES MODES NOUVELLES, daß die Frau weiterhin *»une large veste . . à revers, chemise coupée comme celle des hommes avec jabot et manchettes«* trägt. Die Zeitschrift konstatierte in Frankreich wie

Abendkleid im Redingote-Stil, um 1890. Münchner Stadtmuseum.

Tailleur, um 1910. Münchner Stadtmuseum.

Ski-Anzug, Ottawa, um 1922. Münchner Stadtmuseum.

in England dieselben Tendenzen; aus ihren Artikeln und Vignetten spricht Staunen und Ironie.

La donna galante ed erudita merkte 1787 an: *»Selbst wenn wir bis auf die Antike zurückgehen, können wir uns keines einzigen Falles entsinnen, wo die Mode der Frauen der der Männer gleich gewesen wäre . . . heute gibt es, mit Ausnahme der Beinkleider, die noch nicht den Platz der Röcke eingenommen haben . . . lauter Ähnlichkeiten zwischen den beiden Geschlechtern.«* Eine Karikatur von Dongez, die 1788 in einem galanten Almanach Le trottoir du Permesse erschien, zeigt eine junge Frau, die mit langer Jacke, Federhut und einem vorne offenen, aufgeplusterten Beinkleider überdeckenden Rock bekleidet ist; sie trägt folgende Unterschrift: *»La jeune et charmante Emilie, / d'un homme endossant la mise«.*

Auf völlig unvorhersehbare Weise führte die Revolution zu einer neuen Betonung der weiblichen Formen, die für das ganze 19. Jahrhundert kennzeichnend bleiben sollte, wenn auch die Schnitte ungefähr im Zehnjahres-Rhythmus wechselten. Erwähnenswerte Ausnahmen sind der schwarze Zylinder, der 1804 von den Londonerinnen als Kopfbedeckung getragen wurde, oder die skandalträchtigen Extravaganzen einer George Sand. Ende des 19. Jahrhunderts jedoch, als die feministische Bewegung erste Erfolge erzielte (1872 wurde in Genf einstimmig die gleichberechtigte Zulassung beider Geschlechter zum Universitätsstudium beschlossen, und 1878 wurde in Paris der erste internationale

Kongreß zu den Frauenrechten abgehalten, der einer fast hundertjährigen Tradition des Kampfes einen Status gab), erwachte in ihrem Gefolge erneut das Bedürfnis, den Mann auch äußerlich, auch in der Kleidung herauszufordern. Die Kleidung nahm folgerichtig männliche Züge an. Inzwischen hatte sich eine neue industrielle Arbeitswelt herausgebildet, die eine tiefgreifende Veränderung im Leben der Frau bewirkte. Immer notwendiger wurde es, die Fesseln der ewigen Puppenrolle, die man ihr zugewiesen hatte, abzustreifen, um stattdessen ihre eigene Persönlichkeit, ihr Recht auf bürgerliche, gesellschaftliche und politische Gleichheit zu behaupten und durchzusetzen.

So sehen wir sie also über dem Glockenrock Gilet und Jacke von männlichem Schnitt tragen, vorne geknöpft, mit geraden Schultern, engen Ärmeln und – zuweilen – mit Krawatte. Dieses Complet, das anfänglich TROTTEUR genannt wurde, eben weil der Rock einen bis dahin ungewohnten Bewegungs- und Handlungsspielraum gewährte, erhielt später die Bezeichnung TAILLEUR, und zwar wegen seines speziellen Schnittes, den anzufertigen nur der Herrenschneider in der Lage war.

Werbung,
Mademoiselle, 1953.

Pyjama (Tea Gown),
Paul Poiret, 1924.

Die »Sportbegeisterung« jener Tage, die auch vor den Frauen nicht haltmachte, wirkte in dieselbe Richtung und führte ebenfalls zu substantiellen Neuerungen in der Mode – für sportliche Betätigung braucht man einfach funktionellere und praktischere Kleidung.

Denken wir an die Radfahr-»Uniform«, wie sie von der amerikanischen RATIONAL DRESS SOCIETY empfohlen wurde: lockere, am Knie gebundene Hosen; eine weich anliegende, lange Jacke mit Schalkragen, GIGOT-Ärmeln und Gürtel; auf dem Kopf ein Strohhut; wollene Strümpfe und Schuhe mit niedrigen Absätzen an den Füßen.

Dreißig Jahre später werden die Hosen (nach einem flüchtigen Zwischenspiel 1911 als JUPE CULOTTE) wieder auftauchen, wenn auch offensichtlich verändert, lang und weit, mit männlich geschnittenen Sakkojacken; sie werden zu sportlichen Anlässen oder einfach in der Freizeit getragen.

Die Emanzipation der Frau hatte durch ihre aktive und realitätsbezogene Rolle im Weltkrieg Fortschritte gemacht; sie konsolidierte sich in den

Kostüm, Ferré,
Mailand 1984/85.

folgenden Jahrzehnten und spiegelte sich naturgemäß auch in der Art, sich zu kleiden. Die Kleidung wird praktischer und zwangloser, manchmal werden diejenigen Elemente besonders betont, die für die männliche Kleidung typisch sind, z.B. die steifen Formen und die übertrieben quadratischen Schultern, die man nach 1940 trug.

Endlich gelangte die Frau in den gerade erst hinter uns liegenden 70er Jahren dahin, zum Beweis der absoluten, unbestreitbaren Gleichberechtigung der Geschlechter, Tag und Nacht, überall und zu jeder Gelegenheit (fast) ausschließlich Hosen zu tragen, die damit vom männlichen Kleidungsstück par excellence, fast Symbol der Männlichkeit selbst, zu einem der vielen Teile der Unisexmode werden.

DORETTA DAVANZO POLI

Literatur

A. Black/M. Garland, Storia della moda, a cura di M. Contini, Novara 1981.
J. Grand Carteret, Les Elégances de la Toilette, Paris o.J.
Doretta Davanzo Poli, La moda nella Venezia del Settecento, in: »La donna galante ed erudita«, hrsg. v. C. De Michelis, Venezia 1983, 329–339.
M. Gambier, Destini di donna del Settecento veneziano, in: »La donna galante ed erudita«, hrsg. v. C. De Michelis, Venezia 1983, 313–328.
R. Levi Pisetzky, Il Costume e la moda, Torino 1978.
Dies., Storia del costume in Italia, Bd. 4/Bd. 5, Mailand 1968/69.

Hans Makart (1840–1884)

Niemals zuvor und niemals danach stand ein bildender Künstler mit allen seinen Lebensäußerungen so im Mittelpunkt des öffentlichen Interesses wie Hans Makart. Eine Wiener Institution war er; eine ganze Periode, die Zeit von 1869 bis 1884, wurde nach ihm benannt.

In der Gründerzeit dominierte der pompöse Lebensstil reichgewordener Bürger und prunkliebender Parvenüs. In den sog. besseren Kreisen überbot man sich bei Festen, die reichlich gefeiert wurden, an Pracht des Arrangements, Üppigkeit der Tafelrunden, Aufwand der Roben. – Das Leben, ein Fest! – In Hans Makart fand die Bourgeoisie einen Künstler, der ihre Illusionen vom aristokratischen Leben verwirklichte; sie machte Makart zum absoluten Herrscher in allen Fragen der Kunst, des Geschmacks und nicht zuletzt der Mode. Alles, was ihn umgab, wurde nachgeahmt. Sein Name bürgte für Überhöhung; er selbst wurde Mode: *»Große Radhüte, mit Blumen und Federn ringsum besteckt, hießen ›Makart-Hüte‹. Das tiefe Rot des Samtes nannte man ›Makart-Rot‹. Reiche Spitzengarnierungen wurden an die nach seiner Art komponierten Kleider aufgenäht und breit um die Schultern gelegt: der ›Makart-Kragen‹. An die Brust steckten sich die Damen eine eigens gezüchtete ›Makart-Rose‹. Und diese wandelnden Makart-Porträts saßen bei Sacher . . . und verzehrten viele süße ›Makart-Baisers‹.«*

Makarts Atelier in der Gußhausstraße nahe der Karlskirche galt schon bald nach seiner Ankunft in Wien als Höhepunkt des neuen Dekorationsstils; es avancierte in den 70er Jahren zu einer weltbekannten

Rosa Schaffert,
Wiener Vorstadt-Mädel,
Karriere als Makart-Modell,
Photographie, um 1873.

Sehenswürdigkeit. Viele ausländische Besucher ließen es sich etwas kosten, das Atelier auch außerhalb der offiziellen Öffnungszeiten – jeden Nachmittag zwischen vier und fünf Uhr – sehen zu können. Das Atelier befand sich im Neubau, den Makart 1872 an die vom Kaiser überlassene Bleibe angeschlossen hatte. 127000 Gulden soll die Einrichtung dieses fürstlichen Prunkraumes gekostet haben, der Arbeitsstätte, Salon und Festsaal zugleich war. Der mit einem offenen Sparrendachstuhl geschlossene Raum veränderte sein Aussehen fast nie. Er erhielt nur wenig Licht durch das nach Westen gerichtete Fenster in der Frontseite des Hauses; das Nordfenster blieb ständig verhängt. Während gewöhnlich eine Langwand von einem Riesengemälde Makarts bedeckt war, verteilte sich entlang der anderen Seiten ein verwirrender Reichtum an Materialien und Stoffen, der die Wände völlig überzog.

Makarts Kunst – das Atelier kann als seine originellste Schöpfung gelten – war eine Ausstattungskunst von so spontaner wie naiver Unmittelbarkeit. In der dekorativen Gestaltung einer theaterhaften Scheinwelt, deren Regisseur und Hauptdarsteller der Künstler selbst war, wurde das Atelier zur Bühne, und seine Kostümfeste, gesellschaftliche Ereignisse ersten Ranges, waren Inszenierungen des Lebens.

Der Wunsch nach Kostümierung war ein allgemeines Zeitphänomen: Maskerade des Daseins. Im Kostüm ließen sich die Sehnsüchte nach ästhetischer Entrückung sublimieren – der Kostümkult war auch in Wien die Droge der Zeit. Das Stellen LEBENDER BILDER, vor allem auch von Makart-Bildern, gab Gelegenheit, aus einer Realität zu fliehen, die mit Börsenkrach und dem finanziellen Ruin vieler Familien belastet war.

Makart, Sohn eines Aufsehers im Salzburger Schloß Mirabell, wuchs in Bewunderung der fürstlichen Hofhaltung mit der Sehnsucht des Kleinbürgers auf, diesen Lebensstil zu seinem eigenen zu machen. Auch im Alltag ging er meistens kostümiert; er trug, wie Zeitgenossen berichten, ein selbstentworfenes, dunkles Samtgewand, Pumphosen und bis zum Knie reichende Stulpenstiefel. Er besaß eine riesige Kleiderkammer, aus der nach seinem Tod 1884 fast 200 Kostüme zum Vorschein kamen, einen Fundus, aus dem er selbst Kostüme für die Gäste seiner Feste aussuchte, aber auch die Stoffe für die Roben auswählte, die die Damen auf seinen Bildnissen trugen.

Makart hat zahllose Kleider selbst entworfen. Elemente seiner Kostümarchitektur waren die Wespentaille, farbenprächtige Stoffe, die schwer und faltenlos fielen, Röcke, die bodenlang waren und zumeist eine Schleppe hatten, die am unteren Saum reich ornamentiert und vielfach plissiert war. Die Beine, ganz verdeckt, kamen aber indirekt durch den engen Schnitt des Kleides, der die Bewegung der Oberschenkel erkennen ließ, zur Geltung. *»In ihrem Widerspiel von Verpackung und Enthüllung ist die Fassadenerotik der Gründerzeit die Travestie einer heidnisch-mythologisch motivierten Enthüllungszeremonie, ein feierlich-kühler imaginärer Striptease.«* Die Verhaltensregeln, die diese Mode widerspiegelt, entsprechen dem *»Ideal der vornehmen Haltung«*.

Das abgebildete Makart-Kleid, das sich früher in der Modesammlung der Stadt Wien befand, im II. Weltkrieg aber verlorenging, dürfte – mit den Girlanden aus Seerosen, Blättern und Seegras am Rocksaum – um 1880 auf einem der Kostümbälle in Makarts Atelier getragen worden sein. Um dieselbe Zeit ist das heute in der NEUEN PINAKOTHEK in München aufbewahrte Porträt, DIE FALKNERIN genannt, entstanden. Vom Aufwand des Kostüms und der vitalen Ausstrahlung der Frau her entsprach es nicht nur dem Geschmack des FIN DE SIÈCLE, sondern auch den verdeckten Lustgefühlen der Nazizeit. So wundert es nicht, daß Hermann Göring das Bild seit 1937 besessen hat.

Das Bild DIE FALKNERIN steht durch das im Renaissancestil gehaltene Kostüm der Dargestellten in engem Zusammenhang mit Makarts größtem Ausstattungsauftrag: der Inszenierung des Festzugs, der 1879 anläßlich der Silberhochzeit des österreichischen Kaiserpaares in Wien veranstaltet wurde. Für die Ausstattung wählte Makart verschiedene Stile: Im Stil der deutschen Renaissance konnte sich das Wiener Bürgertum in jene Epoche zurückversetzen, in der die bürgerliche Kultur ihre Hochblüte erreichte. Die Künstler kleidete Makart im Stil der Rubenszeit, sich und die Zunftgenossen wie selbstverständlich mit dem großen Vorbild gleichsetzend.

Nahe Makarts Atelier wurde eigens eine Schneiderwerkstatt eingerichtet, in der Hunderte von Fahnen, Standarten, Kostümen auf Kosten der Stadt angefertigt wurden, die Makart auch im Detail auf ihre historische Korrektheit hin überprüfte. Für das Fußvolk wurden Filz und Theaterstoffe verwendet, während sich das Gefolge der gehobenen Gesellschaft wie gewohnt von den besten Schneidern der Stadt in Samt, Seide, Brokat und Spitzen einkleiden ließ. Augenzeugen berichten, wie Makart, von seinem Rivalen Anselm Feuerbach als *»Schneiderprofessor«* apostrophiert, bei Schwierigkeiten in der Herstellung der von ihm entworfenen Renaissance-Gewänder – darunter waren auch genaue Kopien aus Dürers TRIUMPHZUG MAXIMILIANS I. – selbst zur Schere griff.

Im Festzug ritt der Inszenator Makart, angetan mit einem dunkelblauen Samtgewand und riesengroßem, federverzierten Rubenshut auf einem Lippizaner als einer der letzten – stürmisch umjubelt – über die Ringstraße: festlich inszenierte Apotheose seiner selbst. So wurde denn auch der Begriff für das ganze Unternehmen zum Synonym für die Epoche: MAKARTFESTZUG.

MARINA SCHNEEDE

Literatur

Katalog: »Aspekte der Gründerzeit« (Akademie der Künste), Berlin 1974.
Richard Hamann/Jost Hermand, Gründerzeit, München 1971.
Katalog: Hans Makart, Triumph einer schönen Epoche (Kunsthalle Baden-Baden), Baden-Baden 1972.
Emil Pirchan, Hans Makart, Wien 1954.
Katalog: »Traum und Wirklichkeit - Wien 1870–1930« (Historisches Museum der Stadt Wien), Wien 1985.

Make up

Fast schon Legende ist der Ausspruch Marilyn Monroes, sie habe keine Hemmungen, ihren entblößten Körper den Kinobesuchern der halben Welt darzubieten – wohl aber ihr Gesicht: Mit nacktem Gesicht könne sie noch nicht einmal einem einzigen Mann gegenübertreten. – Das geschminkte, »bekleidete« Gesicht ist eine Oberfläche, die allen Wechselfällen der Mode ausgesetzt ist; so hat es als integrierender Bestandteil teil an der sich verändernden Kleidung. Zusammen mit dem Kleid bildet es eine kohärente stilistische Einheit.

Gehen wir der Etymologie des Wortes »Kosmetik« nach, so finden wir, daß es vom griechischen »Kosmos« abstammt. Im Lateinischen wird »Kosmos« sowohl durch »ordo« als auch durch »mundus« wiedergegeben. Es gibt also so etwas wie eine Verwandtschaft oder eine innere Be-

Werbung,
Elizabeth Arden, 1935.

M

Werbung, 1979.

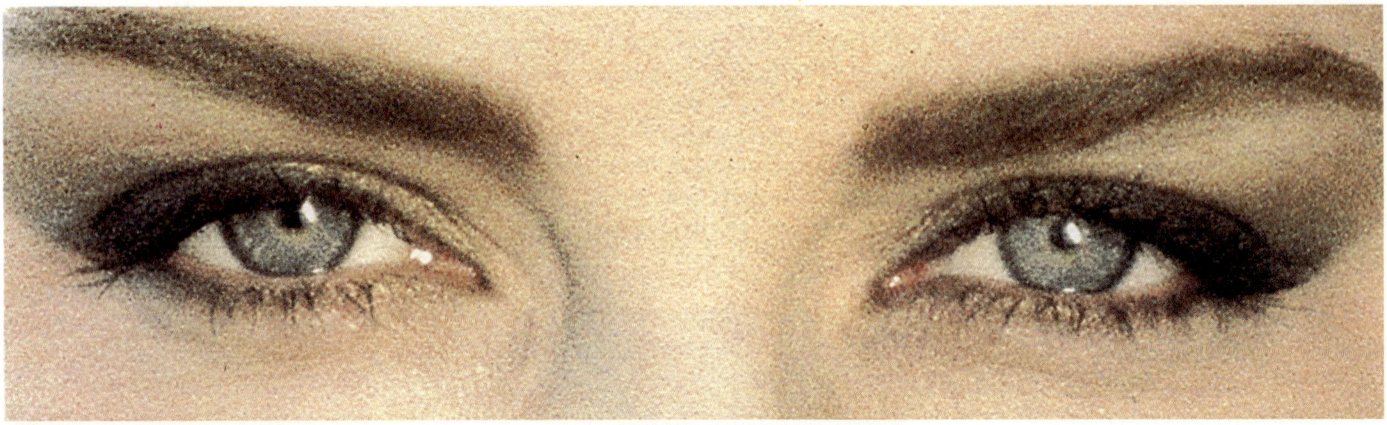

ziehung zwischen Ausdrücken wie Ordnung, Welt, Kosmetik. Sich zu schminken wäre dann die Tätigkeit, die das Gesicht »in Ordnung bringt«, bevor es den eitlen Ansprüchen der Welt ausgesetzt wird.

Als Teil der Mode drückt das geschminkte Gesicht zwei gegenläufige Tendenzen aus: die Nachahmung eines Modells mit hohem gesellschaftlichem Prestigewert (und damit den Wunsch, sich in kollektiver Gleichheit zu verlieren), aber auch die Sehnsucht nach individueller Differenzierung, der Traum, als einzigartig und besonders anerkannt zu werden. Ist doch das Gesicht genau das Sichtbare, worin das Unsichtbare sich zeigt und »zum Ausdruck findet«, wie es die alte Wissenschaft der Physiognomik bezeugt. Das Verfahren der Physiognomik bestand in einer präzisen Bestandsaufnahme des Gesichts, das in einzelne Bereiche zerlegt wurde; ihrer differenzierenden Methodik genügten minimale Unterschiede und Abweichungen, um Leidenschaften, moralische Eigenschaften oder geheime Laster zu entdecken. Die morphologische Zerlegung in einzelne Bereiche setzte z.B. den oberen Teil des Gesichts, der im allgemeinen als Sitz der Geistigkeit angesehen wurde, dem unteren Teil als Sieg der Instinkte und Triebe entgegen. Es handelt sich dabei um eine Topologie, die im modernen Empfinden noch durchaus lebendig ist; man braucht nur an Juliette Gréco zu denken, erklärte Muse des Existenzialismus, die ausschließlich die Augen akzentuierte und den Mund »verdrängte«, wohingegen Marilyn Monroe gerade den Mund durch einen intensiven Farbton zu dominierender Geltung brachte und so den Rest des Gesichts praktisch zum Hintergrund degradierte.

Das Gesicht ist also nicht nur das Äußere, worin das Innere sich offenbart, sondern es ist seinerseits das Ergebnis von Einflüssen, die auf es eingewirkt haben. Auf seiner Oberfläche malen und fixieren sich jene Leidenschaften und Werte, die eine Gesellschaft in einem bestimmten Moment favorisiert. Es reflektiert die Art und Weise, wie eine Kultur sich selbst denkt, die Haltung, die sie den eigenen Symbolen gegenüber einnimmt.

In der kontinuierlichen Evolution der symbolischen Systeme, die den Raum des Gesichts durchqueren, läßt sich – schon im alten Rom und bis in die neuesten Nummern der VOGUE – das Widerspiel zweier entgegengesetzter Tendenzen ausmachen. Es handelt sich auf der einen Seite um die Tendenz, das Lob der manifesten Künstlichkeit zu singen, als wäre sie eine Art Metasprache und dazu bestimmt, rückhaltlos die Bedeutung des Symbols zu offenbaren; auf der anderen Seite hingegen um naturalistische Techniken, die es sich angelegen sein lassen, jede Spur des Künstlichen zu tilgen und die so die Illusion verdoppeln, indem sie sie leugnen. Diese Tendenzen werden an einer Theorie der Schönheit durchschaubar. So legitimiert z.B. Ovid, als er den »cultus« als Werkzeug der Ordnung und Zivilisation preist, die Kosmetik als die Verbesserung der Natur selbst. Und dennoch bleibt auch Ovid in den Grenzen des Naturalismus befangen, insofern er die Kosmetik nur in dem Maße auszeichnet, in dem sie die Natur vervollkommnet, nicht aber als ihr mögliches Substitut: Die Natürlichkeit ist das Endziel der Kosmetik, nicht das Artefakt: *»ars faciem dissimulata iuvat« (Sofern sie sich selbst verleugnet, verschönt die Kunst das Gesicht)«.*

Erst Baudelaire lobte die Kosmetik als Gegennatur: *»La peinture du visage ne doit pas être employée dans le but vulgaire, inavouable, d'imiter la*

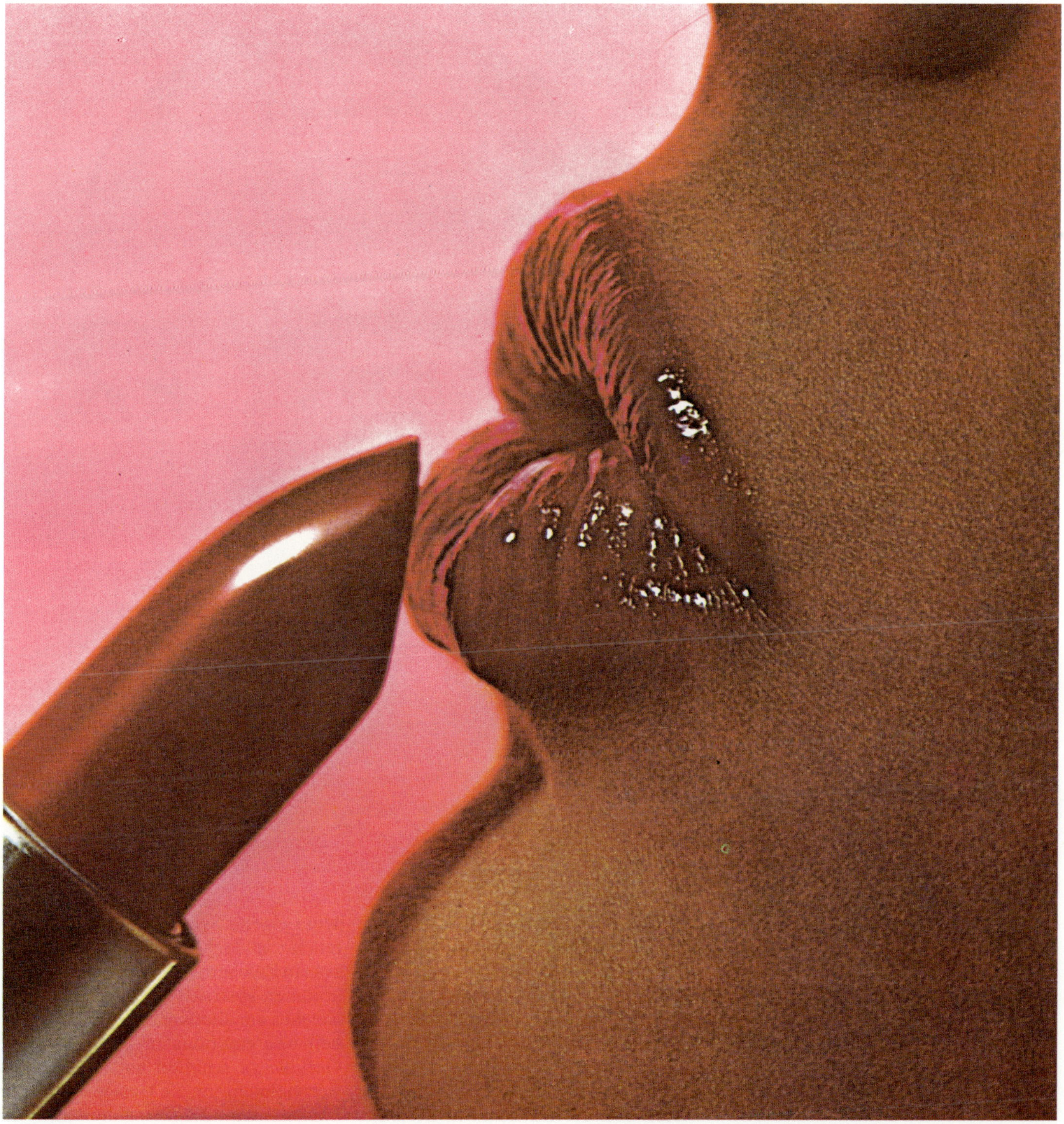

Werbung, 1979.

M

Schaufensterkopf,
um 1930.
Münchner Stadtmuseum.

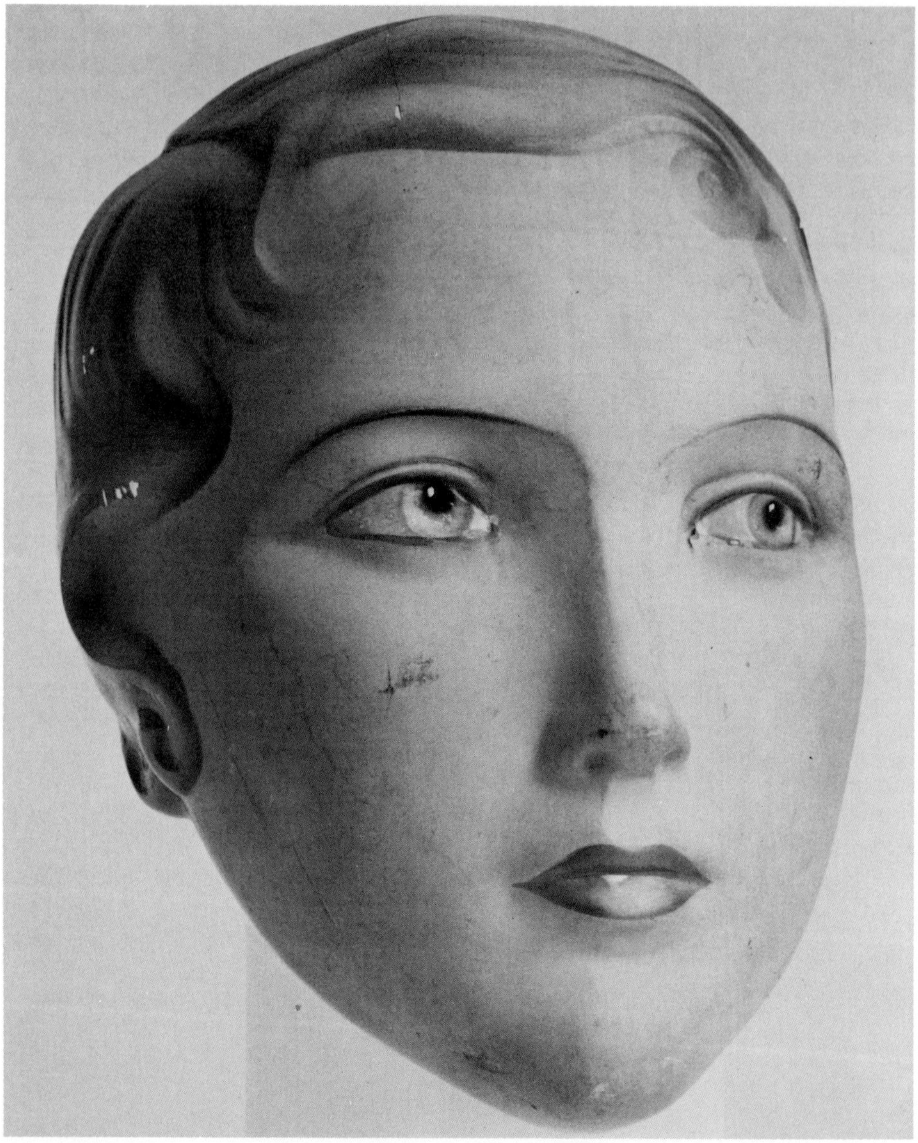

belle nature . . . Le maquillage n'a pas à se cacher, à éviter de se laisser deviner; il peut, au contraire, s'étaler, si non avec affection, au moins avec une espace de candeur«.– »Nur das Artifizielle nähert sich dem Vollkommenen«, erklärt Ende des Jahrhunderts Max Beerbohm in einer Lobrede auf den Untergang des Viktorianischen Zeitalters, und er jubelt: *»Die Tage der heiligen Einfalt sind wahrhaftig gezählt . . . Wir sind bereit für die neue Zeit des Artefakts.«* Und weiter: *»Artefakt ist die Energie der Welt, und die Kraft der Frau liegt in der Sorgfalt der gemalten, zinnoberrot schraffierten Maske aus Lack und Puder.«* Im September 1913 bringt Michail Larionov die Moskauer Passanten aus der Fassung, als er sich auf den KUZNECKIJ MOST mit einem Gesicht präsentiert, das mit geometrischen, farbigen Hieroglyphen bemalt ist. Er und Il'Ja Zdanevic sind Vorkämpfer für eine absolut antinaturalistische Kosmetik; in dem Manifest WARUM WIR UNS BEMALEN schreiben sie: *»Die Frauen in der Stadt beschränken sich darauf, die Natur und die Erde zu imitieren. Unser konstruktiver Geist ist nicht an die Erde gefesselt«.* Die russischen Futuristen, wie schon Beerbohm, bringen ein wichtiges Prinzip der Kosmetik zur expliziten Geltung: die Aversion gegen alles, was spontaner Ausdruck der Gefühle wäre, der für schal, wo nicht gar für ungehörig gehalten wird. Das geschminkte Gesicht ist ein Symbol, dessen einziger Inhalt darin besteht, seine eigene Symbolhaftigkeit mitzuteilen – ist doch das Make-up als Ganzes ein Zeichensystem, das einem vollkommen abstrakten Gesetz gehorcht, welches am allerwenigsten mit Schönheit und emotionalem Ausdruck der Gefühle zu schaffen hat. Es handelt sich vielmehr um ein Gesetz, das einer immanenten Logik gehorcht: Es

La bonne école,
um 1786.

Schaufensterkopf,
um 1930.
Münchner Stadtmuseum.

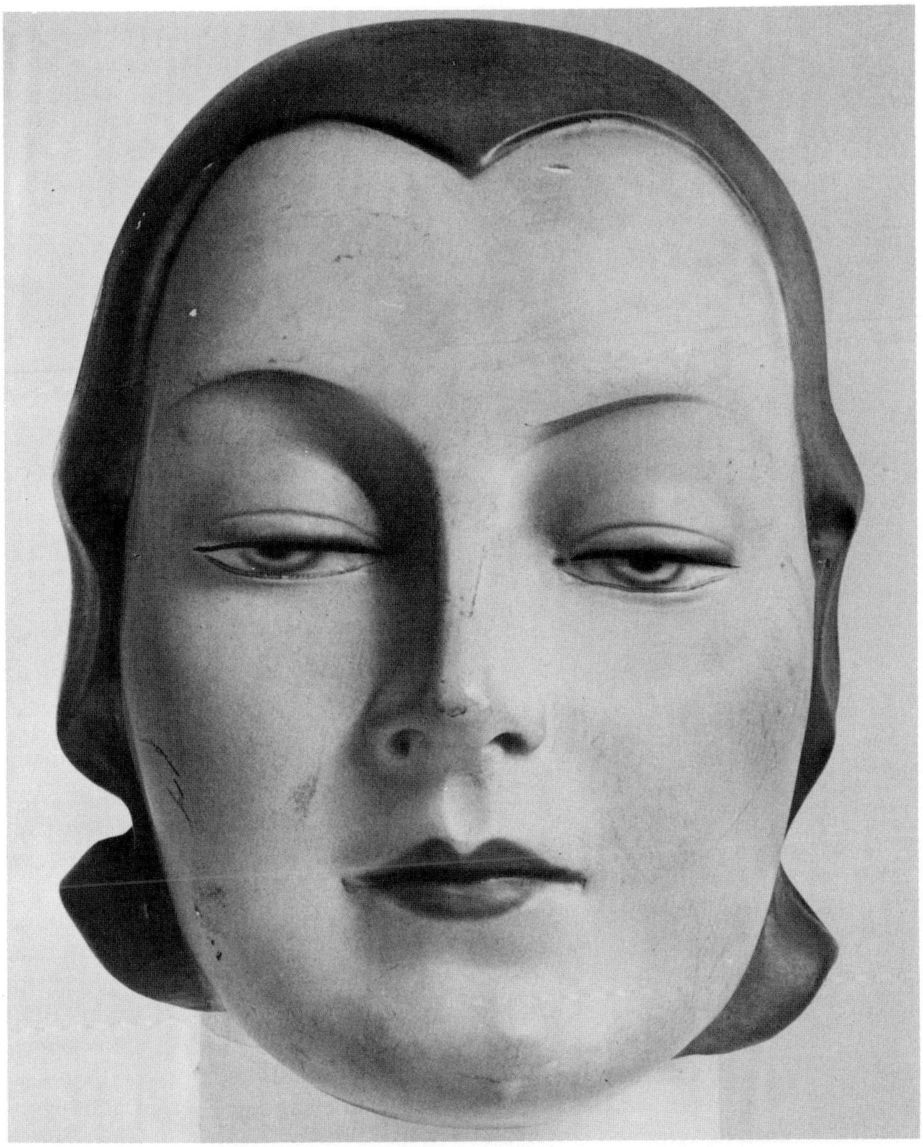

Beim Schminken,
Heinrich Zille,
um 1910.

macht aus dem Gesicht ein absolut tautologisches Zeichensystem.

Gerade als provokatives Paradoxon treibt das geschminkte Gesicht der Futuristen in Wirklichkeit nur ein immanentes Gesetz des Make-ups an seine surrealen Grenzen. Larionov sagte: *»Unser bemaltes Gesicht ist wie das Kreischen der Tram, wie die trunkenen Klänge des großen Tango . . . Wir bemalen uns, weil das gewaschene Gesicht uns abstößt, weil wir das Unbekannte bekannt machen wollen«.*

Der erste Akt des Schminkens ist rein negativ, ist ein Auslöschen und Eliminieren. Baudelaire nennt in diesem Zusammenhang das Reismehl als probates Mittel, jeden Fleck und jede Spur von Natur von der Haut zu tilgen, bis das Gesicht statuarischen Charakter erhält und zu einer »abstrakten Größe« geworden ist. Im Grunde ist der Gesichtspunkt, unter dem Baudelaire die Kosmetik betrachtet, reiner Ausdruck seines Schönheitsideals, wie es uns etwa in der Ode an DIE SCHÖNHEIT entgegentritt: *»Je suis belle, o mortels! comme un rêve de pierre«.*

Eine Frau mit perfektem Make-up bedarf keines ausdrucksvollen Gesichts. Im Gegenteil – der Gesichtsausdruck durchkreuzt den Effekt der Schminke, und das Make-up behindert seinerseits die spontane Beweglichkeit des Gesichts und gibt ihm häufig den Ausdruck unauslotbarer Leere. Im Mittelalter erzielte man einen Effekt leidenschaftsloser, weiblicher Bescheidenheit, in dem man die Augenbrauen ganz beseitigte und den Haaransatz an Schläfen und Nacken zurückverlegte. So entstand das stren-

Damen-Reisenecessaire mit Schmink-Utensilien, Deutschland, um 1725. Münchner Stadtmuseum.

Frisierumhang, um 1900. Münchner Stadtmuseum.

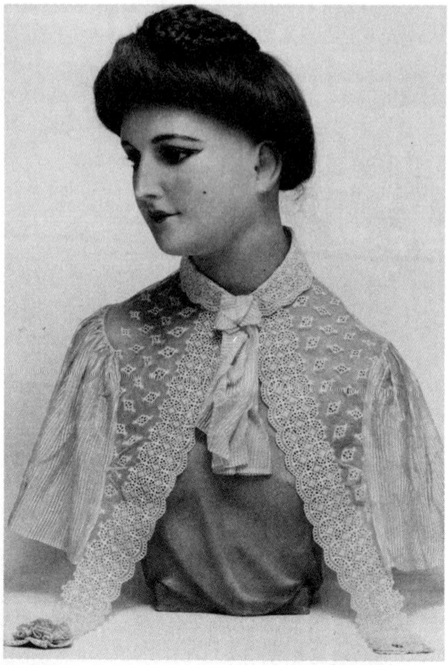

ge, reine Oval der gotischen Jungfrauen, das wir noch heute in den Gemälden von Memling, Pisanello oder van Eyck bewundern. Um den Ausdruck naiven Staunens und kindlicher Unschuld zu erzeugen, der selbst bei Kindern nur selten anzutreffen ist, gestalteten fast bis auf unsere Tage die Frauen ihre Augenbrauen als feine, dünne Bögen, die kaum noch eine Beziehung zum darunterliegenden Muskel unterhalten. Die dichten Augenbrauen der 80er Jahre offenbaren in diesem Sinn eine Trendumkehr: Das Make-up soll der positiven Wertschätzung einer machtvoll sich zu Wort meldenden Subjektivität Ausdruck geben.

Die erste Hälfte unseres Jahrhunderts jedoch meißelte an einer weiblichen Physiognomie, die vom stummen Zeichen der Indifferenz bestimmt war. Den Gesichtern, die für alle Schattierungen der Leidenschaft, für die Zerstörungen durch die Zeit und die Spuren der eigenen Geschichte empfänglich waren, stellten sich die versiegelten Gesichter der Kosmetik entgegen, in denen jede Spur der Wirklichkeit beseitigt war. Das geschminkte Gesicht verrät keine Anatomie, kein Alter, keine Emotionen. So sagt Geneviève Oliver, Mannequin und Philosophin, 1974 in einem Artikel in den CHRONIQUES DE L'ART VIVANT: »*Comme un coup de peinture finit d'assassiner un mur, le fond de teint achève le traitement, lisse une deuxième peau . . . l'étale comme une toile, une page vierge, une matière brute qu'une nuage de poudre vient affiner, lui redonner texture ›sensible‹ et fragile: un simulacre de vie, en somme*«.

Besteht der erste Akt des Schminkens im Eliminieren und Auslöschen, so der zweite in einer »Reinskription«: Dem unbeschriebenen Blatt wird ein Trugbild des Lebens eingeschrieben, und man verpaßt dem Gesicht eine andere, eine »Gelegenheits«-Physiognomie. In der ersten italienischen Nummer von VOGUE, die im Januar 1982 erschien und ausschließlich der Schönheit gewidmet war, findet sich eine Typologie von Gesichtern für jede Gelegenheit und Lebenslage: Make-ups, die nicht nur mit Farbe, Stoff, Art des Kleides zu kombinieren sind, sondern auch mit den unterschiedlichen Anlässen: ein romantisches Week-end in Paris, ein

Costa, Josef Seché, München, um 1930. Münchner Stadtmuseum.

Schminktäschchen, um 1925. Münchner Stadtmuseum.

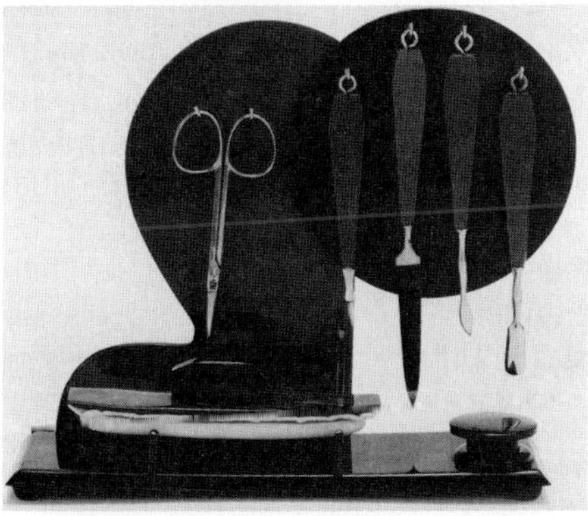

Manicure, um 1925/30. Münchner Stadtmuseum.

Urlaub in den Bergen, die Einladung zu einem großen Ball. In diesem Sinn enthält das Make-up durchaus ein kreatives Potential und könnte eine Art von Spiel ermöglichen, und so der Frau die Lust und das Vergnügen gewähren, sich in eine andere, ja sogar in viele andere zu verwandeln. Die russischen Futuristen sagten: *»Wir bemalen uns für eine Stunde; die Veränderung unserer Empfindungen erneuert beständig unsere Malerei. Unser Gesicht ist wie eine Landschaft, die eine andere Landschaft verschlingt.«* Das Make-up würde also für die Frau zu einer Möglichkeit, vielseitig zu sein; es gäbe ihr die Möglichkeit, spielerisch Masken gemäß der Pluralität ihrer Identitäten zu erfinden. Aber das Theatralische, das dem Schminken naturgemäß innewohnt, enthüllt noch etwas anderes: Nämlich den Versuch der Frau, hinter der Maske der Vielfältigkeit und hinter dem irisierenden Staub des Puders das inkonsistente Pharmakon eines Körpers vorzutäuschen, der ihr nicht gehört. Das Ritual des Schminkens und Abschminkens, diese symmetrische und entgegengesetzte Prozedur zeigt nichts als die Hinfälligkeit des weiblichen Gesichts »sans cesse à refaire«. Es enthüllt, daß es die *»unbegreifliche Wandelbarkeit«* ist, die das Verführerischste an der Frau ausmacht, *»die Wahrnehmung und das Bewußtsein der ständigen Metamorphose«*, wovon der Protagonist von D'Annunzios IL PIACERE in bezug auf die begehrte Frau spricht.

Die Haut, sei sie nun weiß oder gebräunt, muß jedenfalls stets eine unkörperliche Substanz sein – Licht und Transluzenz ganz und gar. Sie muß die unsichtbare Folie sein, von der sich die symbolische Polarität von Auge und Mund in ihrer ganzen expressiven Kraft abheben kann. Dennoch ist auch die Haut nicht ohne Ausdrucksmöglichkeit. Gerade ihre Reinheit, ihr feines Korn ist Träger von Bedeutung: von Rasse, Gesellschaftsklasse, Gesundheit, Jugend. Die Damen und galanten Herren Ende des 18. Jahrhunderts pflegten sich das Gesicht – und auch die Haare – zu pudern, um jenes erhabene Weiß zu erzielen, das das Zeichen ihres gehobenen Standes war. Im Freien bedeckten sie, um die vornehme Blässe zu bewahren, das Gesicht mit Masken. Reichten jedoch selbst das enge Korsett und die Abschirmung vor dem Sonnenlicht nicht aus, um das

M

Model's beauty secrets, 1977.

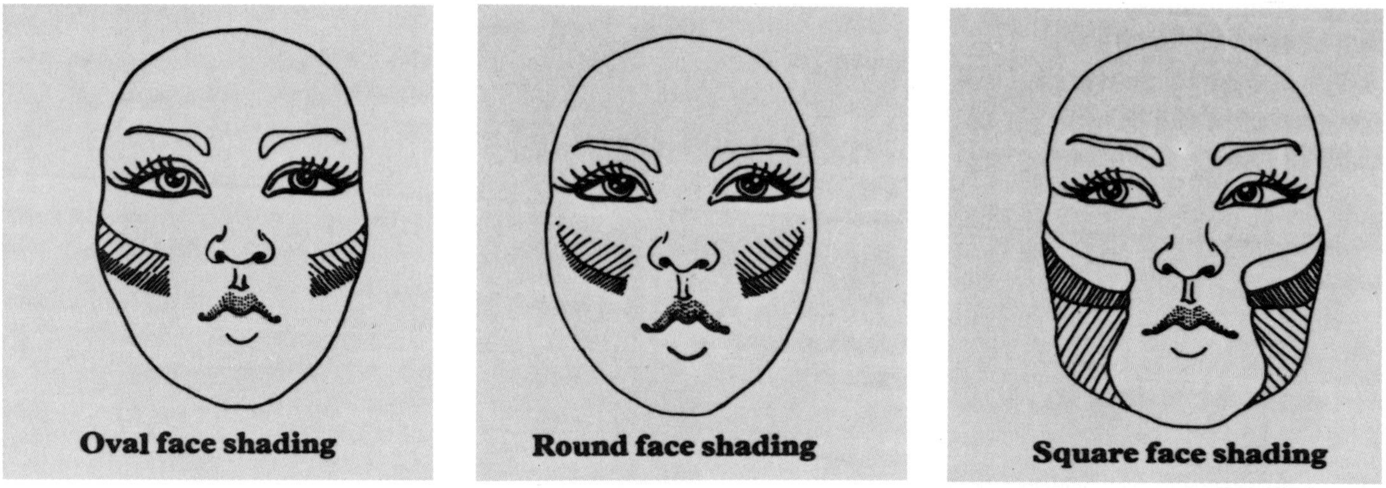

gewünschte Resultat zu erhalten, dann – so wird berichtet – ging man so weit, den Damen der Zeit kleine Dosen von Arsenik zu verabreichen.

Es ist schwer, den genauen Zeitpunkt zu bestimmen, von dem an der blasse Teint bei den Männern aufhört, Ausdruck gesellschaftlicher Überlegenheit zu sein; fest steht aber, daß die weiße Haut für die Frau fast bis zu den 60er Jahren unseres Jahrhunderts ein Privileg blieb, bis sich das braungebrannte »Californian girl« und der internationale Jet-set, der der Sonne bis in die letzten Winkel der Erde nachjagt, als Vorbild durchsetzten und etablierten. Ob blaß oder gebräunt, weiß oder schwarz – das geschminkte Gesicht muß sich stets eigenständigen ästhetischen Regeln der Kosmetik, einem rigorosen formalen System unterwerfen. Es gibt in der Tat einen aufs strengste geregelten chromatischen Zusammenhang zwischen der Intensität des Make-ups der Augen und dem der Lippen. Ein Regelsystem, das Künstler und Kunsttheoretiker wie z. B. Cesare Lomazzo nur zu gut kannten. Leonarde da Vinci behauptete in seinen Ausführungen über die Farbe, daß von zwei identischen weißen Farbtönen derjenige im dunklen Umfeld heller wirke und umgekehrt: *»Das Schwarz wird sich als dunkler erweisen, das sich in einem Umfeld von hellerem Weiß befindet . . . Und so werden sich alle Farben verhalten, die von ihren genauen Gegenfarben umgeben sind.«* Auf der mit Reismehl überpuderten Haut *»macht«* sagt Baudelaire – *»die schwarze Umrahmung den Blick tiefer und eindrucksvoller; sie gibt dem Auge noch entschiedener den Anschein, ein offenes Fenster ins Unendliche zu sein.«*

Interessanterweise ist in Baudelaires LOB DES SCHMINKENS im wesentlichen bereits vieles von dem enthalten, was später im Gesicht der Stummfilmdiva zur Vollendung gelangt. Als Gemälde und Schrift in einem, beides von unwahrscheinlicher Künstlichkeit, besteht das Gesicht der Diva aus zwei Teilen: dem Weiß der Leere, des unbeschriebenen Blattes, und dem den Augen vorbehaltenen – wie eingeschriebenen – Schwarz. Die weiße Unschuld des Gesichts (als Auslöschung aller bestehenden Züge und Spuren des Erlebten) steht in einem spannungsgeladenen Kontrast zum unergründlichen und verfänglichen Geheimnis der dunklen Augenseen. Im Stummfilm konzentrieren sich alle weiblichen Reize im Zauber des Blicks – des »Medusa-Effekts«, der auf gewisse Weise schon in den Gemälden Klimts in Erscheinung tritt.

Zwischen den Kriegen wird die Filmdiva zum leuchtend-immateriellen Gespenst mit lichtdurchfluteten Gliedern. Ein geradezu süchtiger Mißbrauch von Reismehl auf Gesicht und Körper, Lamékleidern, platinblond gefärbten Haaren und Metall- und Spiegelgeweben macht sie zu einem durchscheinenden Wesen ohne Gestalt. Der Einsatz von Weichzeichnern verstärkt noch die Verdrängung des Körpers, als wäre das, was wir sehen, kein Geschöpf aus Fleisch und Blut.

Die göttliche Diva mit dem schneeig-einsamen Antlitz weicht der Hollywood-Schönheit mit ihrem stets zugekleisterten Honiggesicht, falschen Wimpern und Fingernägeln und dem Lippenstift in der Farbe des

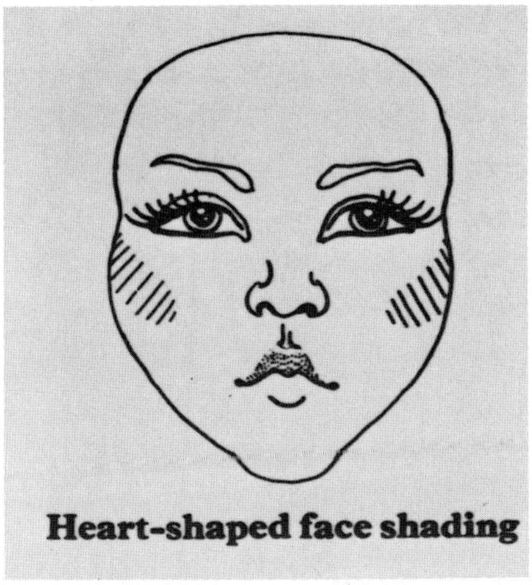

Nagellacks. In dem Augenblick, da dieses Frauenbild als Soldaten-Pin-up seine Apotheose erfährt, wird das Wort von den weiblichen Reizen zum Synonym nicht nur eines durch anliegende Gewänder, atemberaubende Schlitze und bleistiftdünne Absätze üppig in Szene gesetzten Körpers, sondern auch, und mindestens genauso, zu dem einer schrillen Übertreibung der Kosmetik.

Stets unterhielt die Mode enge und kontinuierliche Beziehungen zur Welt des Films. Die filmische Typologie der Gesichter ist inzwischen Gemeingut: Die Physiognomie »paßt« zur Rolle und so manche Rolle wurde speziell für ein bestimmtes Gesicht geschaffen. Das Schönheitsideal der Leinwand findet ein vervielfältigtes Echo in den Seiten der Modejournale. In der Zwischenkriegszeit und bis weit in die 50er Jahre propagiert VOGUE den Typus der stolzen, unnahbaren Göttin. Noch in den frühen 60er Jahren atmen die Modelle von VOGUE Frigidität und Rätselhaftigkeit aus und sind über die Begierde und Korrumpierbarkeit des Fleisches erhaben. Zwar stecken die Mannequins zu dieser Zeit in nüchternen, strengen Tailleurs, aber ihr Make-up konstituiert sich nicht nur als ein ästhetisches Gebilde mit Eigenwert, sondern es denunziert geradezu die eigene Künstlichkeit und macht sie sichtbar. Das Gesicht ist nur Träger und Untergrund dieser Repräsentation. *»Die Schminke hatte durch die vielen Farbschichten tatsächlich ein spürbares und nicht unbeträchtliches Gewicht«*, erinnert sich das Fotomodell Benedetta Barzini an diese Zeit, *»dann die Augen hinter einem Stacheldraht falscher Wimpern, und die Unmengen von Haarnadeln für die sieben Toupets, die trotzdem nicht halten wollten. Ich erinnere mich an die grandiose Ironie eines – ernstgemeinten – Kompliments von Pablo, dem Maskenbildner: ›You don't look natural!‹ Das Gesicht von einem Modell war nur das Rohmaterial, und das Ziel war eine Art von Unerreichbarkeit. Das wahre Gesicht interessierte keinen; alle wollten die makellos präsentierte Illusion.«*

Ungeschminkt: Das war das neue Gesicht, war das Markenzeichen des Feminismus in den frühen 70ern. Was aber das Wesentliche betrifft, ändert sich nichts am Prinzip der Wissenschaft des Schminkens: Es ändert sich Erscheinung und äußerliches Zeichen. Schließlich gab es nicht nur den Feminismus, sondern auch die 68er Bewegung und eine bestimmte Art Autorenfilm, die eine »Andere Frau« entdeckten. VOGUE und andere Frauenzeitschriften versuchen sich anzupassen und lassen in stärkerem Maße das »Gesicht von der Straße« zu Wort, bzw. ins Bild kommen. Die Künstlichkeit verliert in diesem Fall aber nur ihren metalinguistischen Wert, sie bezeichnet nicht mehr ihre eigene Symbolhaftigkeit, sondern macht sich unsichtbar. Und die Anstrengung, natürlicher als die Natur

Puderquasten,
um 1910/20.
Münchner Stadtmuseum.

Make up,
Lancaster,
Linea Italiana, 1969.

zu sein, treibt die Künstlichkeit gerade auf die Spitze.

Seit Ende des 19. Jahrhunderts ist das Schminken zu einer Philosophie des Schminkens geworden, und seine Funktion besteht nicht mehr darin, den (Eigen-) Wert eines Gesichts ins rechte Licht zu setzen, sondern dem Gesicht primär einen bestimmten Wert zu geben: den (Prestige-) Wert der gerade herrschenden Mode. Das modisch geschminkte Gesicht ist ein ganz und gar gesellschaftliches Gesicht: Es gehört in die Zirkulationssphäre der Zeichen, Siglen, Symbole, Markierungen. Das weibliche Gesicht wird zur leeren Fläche einer Einschreibung von Zeichensystemen, die bis zum II. Weltkrieg alle zehn Jahre und danach immer häufiger wechseln. Nur noch zu einem geringen Teil ist das Gesicht eine Wirkung des Spiegels und durch das Spiel der Metamorphosen modelliert. Es wird zum reinen Zeichen, das seinen Sinn von den anderen Zeichen empfängt, die seinesgleichen sind und es zirkulieren lassen. In der Septembernummer 1985 von VOGUE ITALIA stehen folgende Sätze über Lidschatten: *»Für Aufsehen wird das Elysian-blue zu schwarzen Kleidern sorgen; auch das grelle Rosa wird seine Wirkung nicht verfehlen . . Aber zum absoluten Schlager wird vielleicht das Nofretete-Grün. Ein Grün wie aus einem Film von Cecil de Mille oder für ein Satinkleid von Rita Hayworth. Ein echtes Hollywoodgrün eben!«* Das geschminkte Gesicht verweist – als Mimikry, Zitat, Beschwörung, Plagiat – auf andere Zeichen, aufs Kleid, die Accessoires, einen Film oder andere Gesichter – nie aber enthält es in sich auch nur ein Körnchen Wirklichkeit. Die Kette der Signifikanten bringt eine endlos sich reproduzierende Kette von Verweisungen hervor, die sich (wenigstens dem Anschein nach) nie zu einem Zwangsschema fügt und zusammenschließt, in das die Frau gepreßt werden könnte. Aber wie groß ist in Wahrheit der Freiraum, der ihr gewährt wird? – und in welchem Maße ist er de facto ein Spiel-Raum?

Werfen wir zum Abschluß einen Blick auf die Gegenwart, auf die 80er Jahre. In Modejournalen, im Kino, auf Parties und Empfängen, auf der Straße schälen sich zwei Grundmuster oder Leitbilder heraus: die ultrafeminine Frau und die Androgyne ohne den geringsten Anflug von Make-up. Männliche Strenge und exotische Weiblichkeit mit Gold, Seide, orientalischen Reminiszenzen, Kunst und Natur. Das Gegensatzpaar von Perversion und Reinheit. Die ganze Vielfältigkeit der möglichen Welten der Mode und Kosmetik, aufgeboten, um den vielfältigen Bedürfnissen und Wünschen der Frau von heute entgegenzukommen. Und dennoch: Die androgyne Welle mit ihrer verführerischen Zweideutigkeit und die schrille Überbetonung einer hoch aufgeladenen aktiven Erotik (wenngleich ohne die marktschreierisch bunte, verschnörkelte Kleidung von seinerzeit) haben im Grunde einen gemeinsamen Nenner: Das eigentliche »geschminkte Gesicht« ist heute der Körper der Frau im ganzen. Im Spiel des Sehens und Gesehenwerdens wird der ganze Körper zum Gesicht. Nichts liegt da ferner als die sog. »Engelhafte Frau« mit ihrem Körper, der unter dem Aufwand von Krinolinen, Kuppelröken, Handschuhen, Schirmen und Fächern zur Gänze verschwand. Heute rückt der Körper ins Rampenlicht: Er ist ein Produkt der Kosmetik, wird zu Diäten, gymnastischen Übungen, Massagen angehalten, muß chirurgische, chemische, kosmetische Eingriffe und Umgestaltungen über sich ergehen lassen. Es werden ihm Masken vorgeschrieben wie gebräunte Haut, Enthaarung, Art und Verhältnis von Exhibition und Verhüllung. Die Agressivität dieses Körpers wird durch die immer größere Aufmerksamkeit gesteigert, die die Haute Couture der Eleganz der Unterwäsche angedeihen läßt. Ein Zeichen-Körper, der in seiner absoluten Künstlichkeit zum »Wert-an-sich« wird. *»Heute, in den 80er Jahren«* – behauptet Susan Brownmiller in FEMININITIV –, *»darf das Make-up gar nicht mehr ›natürlich‹ aussehen. Stolz feiert die Frau die Fälschung«.*

PATRIZIA MAGLI

Der Mann der 80er Jahre

In den 80er Jahren haben die Männermode und die Produkte zur männlichen Körperpflege einen Umsatz erreicht, der in den früheren Jahrzehnten undenkbar gewesen wäre. Die berühmtesten Modeschöpfer entwerfen heute mit demselben Anspruch und denselben hohen Verkaufserwartungen Kleider und Produkte für beide Geschlechter. Selbst noch vor wenigen Jahren wäre Werbung mit männlicher Nacktheit, wie etwa die stark erotischen Plakate für Jeans von VALENTINO oder für Emporio von ARMANI, die man 1985 auf den Häuserwänden in vielen italienischen Städten sehen konnte, undenkbar gewesen und wären gewiß nicht toleriert worden. Was ist mit dem Mann der 80er Jahre passiert?

Nach zwei Jahrhunderten hat der

Herrenweste,
Modell, R & B Couture, Wolfgang Rottler,
München, 1986.
Münchner Stadtmuseum.

Mann der Konsum- und Wegwerfgesellschaft Geschmack gefunden an Farben, an der Phantasie von extravaganten Formen, an exzentrischen Details, am Dekorativen, an den Pfauenfedern eben, dem Sex Appeal, der diesmal auf beide Geschlechter zielt.

Man fragt sich, ob diese Freiheit des sich Kleidens und Verkleidens eine wahre Befreiung von den Zwängen, von der Leugnung des eigenen Ichs, der eigenen Sexualität und des eigenen »Andersseins« bedeutet; Befreiung von der grauen Uniform, die sich der Bourgeois in den ersten Jahrzehnten des 19. Jahrhunderts auferlegt, und die er unverändert nahezu bis heute getragen hatte.

Nach zwei Jahrhunderten ist sich der Bourgeois also selbst abtrünnig geworden. Der Held der Arbeit hat also auf sein strenges, moralistisches, sexuell unterdrücktes Image verzichtet?

Eine wahre Veränderung und Befreiung von den Geschlechterrollen, die die Gesellschaft des 19. Jahrhunderts festgelegt hatte, ist wahrscheinlich noch sehr fern. Der Mann befindet sich aber in einer Krise. Es stimmt, daß die Konsumgesellschaft diese Rollen abgebaut, seziert und auch ironisiert hat: Sie hat die Führungsschicht in eine Vielzahl von gesellschaftlichen Figuren gespalten und eingeteilt, die verschiedene Bedürfnisse und eine verschiedene Kaufkraft haben.

Die Super-Bosse kleiden sich noch beim exklusiven Schneider und die Führungskräfte mit den alten grauen und blauen Uniformen, die sie von den Angestellten der City geerbt haben. Die Yuppies kaufen Kleidung, die durch Signierung und extravagante Details persönlich gestaltet wurde. Die Künstler und Intellektuellen tra-

Anzug,
Jeffrey Banks, 1985.

M

Jackett,
Ellis Flyte,
London, 1985.

gen Jeans und Jacken aus englischem Tweed, die Freiberufler (Architekten, Fotografen und Schauspieler) eine freiere und ungezwungenere Kleidung mit exzentrischen Farben und Schnitten.

Jeder von ihnen hat außerdem das Recht, seinen eigenen Look den verschiedenen Situationen anzupassen. In einer Zeit, in der das Bild das stärkste und universellste Kommunikationsmittel ist, scheint es jedem unbedingt notwendig, sich entweder ein eigenes Image oder das einer Gruppe zuzulegen (oder bestensfalls zu erfinden). Die Selbstdarstellung kann sogar für einen Mann von Bedeutung im Laufe des Tages sehr unterschiedlich sein: von den Stunden der Arbeit zu den Stunden des Sports, des Amusements und des Luxus.

Die Mode hat die neuen gesellschaftlichen Verhaltensweisen, die in den 60er und 70er Jahren keck zum Vorschein kamen, kodifiziert und gebändigt. Die Modeschöpfer, die in den 70er Jahren die elegante Fertigkonfektion ersannen, hatten in ihren Kreationen der Rebellion der Jugendlichen und der Frauen, dem Nonkonformismus der sozialdemokratischen und unbürgerlichen Ideen Rechnung getragen.

In den 70er Jahren versuchte die Mode vor allem Verhaltensweisen und Seelenzustände aller Klassen auszudrücken. Die weibliche Aggressivität und der weibliche Protest führten zur Aneignung typisch männlicher Kleidungsstücke, der Neid der Männer gegenüber der neuen »phallischen« Frau oder gegenüber der Unbefangenheit der jungen Rebellen in ihrer Kleidung führten zurück zum Farblichen und Verspielten in der Herrenmode. Durch diese Erweiterung und Neuerung eroberte die Modeproduktion viel größere Märkte als es der HAUTE COUTURE mit ihren elitären Schöpfungen bisher gelungen war, indem sie das Erscheinen neuer Zielgruppen und potentieller Verbraucher nutzte. Als es deutlich wurde, daß die alten sexuellen Rollenklischees sich auflösten, wurde die Unisex-Mode lanciert, der besonders G. ARMANI universell zu Eleganz verhalf.

Die Mode spielt heute mit beißender Ironie mit Themen wie »der Mann als Objekt« und stellt in den Bildern der Werbung zum ersten Mal den männlichen Akt, den Mann als Verführungsobjekt, die Körperpflege, die Kosmetika, die Parfums vor. Gleichzeitig zeigt das Kino mit dem Hauptdarsteller von AMERICAN GIGOLO (1983) eine männliche Version der Kameliendame. Die Rebellion der Jugendlichen gegen die strenge, formale Kleidung, ihre Gegenmode bestehend aus sportlichen Stücken wie

Anzug,
John Galliano,
London, 1985.

CASUALS, T-Shirts, Anoraks und Jeans regte die Designer zur Schöpfung von Lederkleidung erotischer, rebellischer und männlicher Ausstrahlung, von Pullovern und sportlichen Kleidungsstücken an.

Die Mode hat die Jacken der TEDDY BOYS, die Schals, die Parkas, die Pullover der 68er Studenten, die breiten Gürtel und die Metallverschlüsse der Fanatiker der Rock-Musik wiederentdeckt und in einer Konsumversion angeboten. Raffiniert und praktisch hat die Mode die Kleidung der gewaltlosen Jugendlichen aufgenommen: die Vorliebe der Hippies und der »Blumenkinder« für den Folk; die orientalischen Elemente der Krishnas und Sannyiasins, und heute die asexuellen spielerischen oder tragischen Provokationen der Punks. Durch die Rebellion der »emanzipatorischen Minderheiten« und durch die Forderung nach gesellschaftlicher Anerkennung von Seiten der Homosexuellen, der Transvestiten und der Transsexuellen hat die Männermode wieder zu dekorativen, phantasievollen und farbigen Elementen gefunden. Zum ersten Mal seit dem 18. Jahrhundert findet man in der Männerkleidung wieder Pastellfarben wie rosa, hellgelb, himmelblau oder kräftige Farben wie rot und violett, sowie kostbare Stickereien und Schmuckelemente. MISSONI hat schon Ende der 70er Jahre allen Männern seine bunten Pullover und Jacken vorgeschlagen; VERSACE seine bestickten Seidenwesten in gelben, braunen und blauen Tönen oder in gemusterten Stoffen. Der amerikanische Designer STEPHEN SPROUSE hat 1985 mit langen Jacken in Rosa, Pfefferminzgrün und Gelb Erfolg, die man über schwarzen, enganliegenden Overalls trägt (ohne Hemd oder Krawatte) oder über neo-

Jackett,
Culture Shock,
London, 1985.

M

modernen oder mit »Graffiti« bemalten T-Shirts.

Idole aus der Szene der Rock-Musik wie Mick Jagger, David Bowie und Michael Jackson provozieren das Publikum mit phantasiereicher, sexuell zweideutiger Kleidung: Spitzenhandschuhe und -strümpfe, weibliches Make-up, militareske Dekorativa.

Nachdem in den letzten Jahren mit so viel Enthusiasmus gesellschaftliche Phänomene interpretiert wurden und mit fast allen Konventionen der Kleidung gebrochen wurde, haben die Mailänder Designer der klassischen Männermode die Interpretation der gesellschaftlichen Rebellionen und der neuen Freiheiten den jüngeren Modeschöpfern, vor allem den Engländern und Amerikanern überlassen.

Die teuren Prestigekreationen sind für ein Männerpublikum gedacht, das noch fest in den klassischen gesellschaftlichen, familiären und ökonomischen Rollen verankert ist. Nur wenige Details verraten mit subtiler Raffinesse die Sehnsüchte und inneren Krisen des Karrieremannes. Klassische gestreifte Doppelreiher und große, mit Pelz gefütterte Mäntel rufen Erinnerungen an die feste, noch unbedrohte Macht der »Gründerväter« des 19. Jahrhunderts wach. Sie finden ironische Anhänger auch in der Rockmusik-Szene, in Stars wie dem »Gentleman« Bryan Ferry oder der Gruppe SPANDAU BALLET. Die raffinierten Details der bestickten Westen, die Wiederkehr des Fracks oder des Smokings erinnern an den Dandy und den Mann der 20er und 30er Jahre. Aber die jungen englischen Modeschöpfer (die beliebtesten sind JOHN GALLIANO und SCOTT CROLLA) lancieren andere, ironischere, nostalgische Kreationen. Sie sind inspiriert von der außerordentlichen Vielfalt, die die exzentrischen, NEW-EDWARDIAN-Jugendlichen auf den Straßen Londons zur Schau tragen, vor allem von den ungewöhnlichen Jackenstoffen (Damast, bunte Seiden, zerknittertes Leinen und Moiré-Seide).

Immer häufiger erscheint in den Bildern der Modezeitschriften und der Werbung der Mann melancholisch versunken in der einsamen Betrachtung seiner Eleganz und Schönheit. Bei der heutigen Krise und Fragwürdigkeit der bürgerlichen als auch der anti-bürgerlichen Werte scheint fast die Pflege des eigenen Körpers viele Sicherheiten ersetzt zu haben.

»Die gesamte Mode und Werbung färbt das Bild der autoerotischen Liebe und ihrer direkten Ausforschung so: Ihr seid verantwortlich für Euren Körper, betont ihn, setzt ihn ein – nicht nach dem Lustprinzip, sondern nach den Signalen, die durch die Massenmodelle gespiegelt und vermittelt werden, und nach einem Organigramm des Prestiges . . . Die narzistische Verführung wird dem Körper oder Körperteilen und deren Objektivierungen, deren Gesten und dem Spiel von Zeichen und Markierungen zugeteilt.«

Für die Jugendlichen zwischen 16 und 25, die aus den verschiedensten gesellschaftlichen Schichten stammen, ist die Kleidung ein Lebenszweck geworden. Sie geben ihr ganzes Geld dafür aus. Die Suche nach dem eigenen Look schafft nicht nur Unterschiedsmerkmale von Gruppen, sondern ist heute eine wichtige Aufgabe und Verpflichtung für die Jugendlichen geworden. Es bilden sich sogar wahre »Mode-Groupies«. Gestern noch fühlte man sich auf Rock-Konzerten stark und einig, heute wird dieses Gefühl durch das Zusammensein mit Leuten des gleichen Looks vermittelt.

Ist das eine Freiheit, eine Knechtschaft, oder eine Zuflucht?

ALESSANDRA MOTTOLA MOLFINO

Literatur

G. Baudrillard, Der symbolische Austausch und der Tod, Mailand 1979.

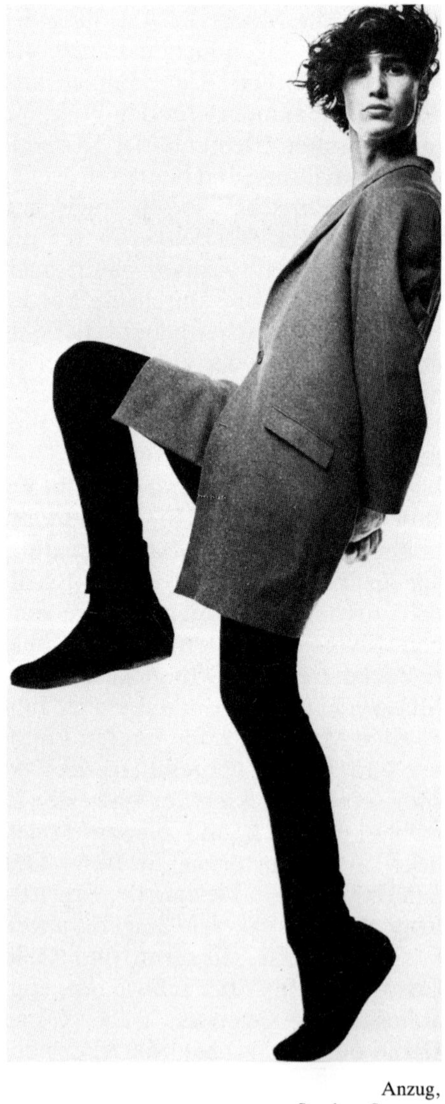

Anzug,
Stephen Sprouse,
New York, 1985.

M

Vom Militärischen zum Zivilen

Der große Wandel in der männlichen Mode an der Wende vom 18. zum 19. Jahrhundert bedeutete ein Ende der Bekleidungsprivilegien und der Unterschiede des Ancien Régime. Außer den schon an anderer Stelle gewürdigten sozialgeschichtlichen und kulturellen Gründen kamen in diesem Wandel auch militärische Einflüsse zum Tragen, gehörten doch zum Bild Europas, die großen, mobilen und ortsungebundenen Heermassen, deren Kleidung eine perfekte und lückenlose Reglementierung erfahren hat. Die Erfordernisse eines anstrengenden, von körperlichem Einsatz und ständiger Übung gekennzeichneten Lebens, wie das des Soldaten, prägen die Entwicklung der männlichen Mode im 18. Jahrhundert – sogar in ihrer semiotischen Qualität, die sich mit der Idee der Gleichheit verbindet. Die Verbindung zwischen ziviler und militärischer Kleidung kann man jedoch noch weiter in die Vergangenheit zurückverfolgen, jedenfalls wenn wir den Herrenüberrock/Frack mit einer Art von Jacke in Zusammenhang bringen, wie sie bei Soldaten in Gebrauch war. Der 30jährige Krieg gab den entscheidenden Anstoß für die Wende in der Herrenbekleidung im 2. Viertel des 17. Jahrhunderts, eine Wende, die möglicherweise von den Reihen der in Europa kämpfenden Soldaten überhaupt erst ihren Ausgang genommen hat. Zur Menge an Wechselbeziehungen zwischen Zivilkleidung und militärischer Uniform trägt die Gewohnheit der Offiziere bei, dieselbe Art von Kleidung innerhalb und außerhalb des Heeres zu tragen, bzw. nach Uniformvorschriften die Alternativen zwischen militärischer und ziviler Be-

Einzug Napoleons in Berlin, Meynier, 1806.

Österreichische Regimentsuniform in Italien, 1799. Mailand, Civica Raccolta Stampe »A. Bertarelli«.

Österreichische Regimentsuniform in Italien, 1799. Mailand. Civica Raccolta Stampe »A. Bertarelli«.

Incroyable, Horace Vernet, 1810–18. Mailand, Civica Raccolta Stampe »A. Bertarelli«.

kleidung. Im einen wie im anderen Fall war die Dekorierung so strukturiert, daß sie sich sowohl der militärischen wie der zivilen Kleidung anpassen ließ. Ein Beispiel dafür ist die Dekorierung mit Tressen, die, wie die Stiche von Bonnart dokumentieren, in den letzten Jahren des 17. Jahrhunderts sehr verbreitet waren und in den 50er und 60er Jahren des 18. Jahrhunderts in massivster Weise wiederaufleben: Nach de Garsault (1769) waren sie sogar das verbreiteste Schmuckelement in der männlichen Mode. Darüber hinaus sei an die Luxusverbote, die die Gold- und Silbertressen während des ganzen 18. Jahrhunderts betreffen, erinnert.

Der starke Farbkontrast von Kragen, Aufschlägen und Ärmelstulpen zur Grundfarbe des Stoffes einerseits, andererseits die verschiedenen Farben von Gilet, Beinkleidern und Frack sowie von Stoff und Futter bezeugen, immer noch auf der Ebene des Dekors, ein andauerndes Wechselverhältnis zwischen dem Code der Uniformen und seiner Übernahme in die Zivilbekleidung. Selbstverständlich wurde diese Beziehung seit Beginn der 90er Jahre noch intensiver, als die Ereignisse in Frankreich und das Prestige zunächst der »Armée«, später dann auch der alliierten Heere, der Männermode wahrhaft martialische Züge verleihen. Es steht jedenfalls außer Frage, daß der napoleonischen Ära in diesem Sinn eine entscheidende Bedeutung zukommt. Napoleon selbst rühmte sich in seinem Exil in St. Helena, das Leben in Italien verändert zu haben: *»Die Soutane* (d.h. der Überrock mit weiten Schößen), *die modische Kleidung der Jugend, wurde von der Uniform abgelöst. Statt den Frauen zu Füßen zu liegen und ihr Leben zu vertändeln, verbrachten sie nun ihre Zeit auf den Reitbahnen, in den Waffenkammern, auf den militärischen Übungsplätzen«.* Aber es gibt noch mehr Veränderungen, auch ohne daß Napoleon sie erwähnt: etwa den Zweispitz, der schon unter Ludwig XVI. in Mode, in der napoleonischen Ära zum Bestandteil der Zivilkleidung wurde, als er als »un hommage rendu à l'armée« verstanden werden konnte. Oder das Beispiel der Kunst der neuen Stockhaltung: *»Wichtig ist, daß man den Stock . . . nicht verwendet, um sich beim Gehen darauf zu stützen und seine Gebrechen zu lindern, sondern ihn hoch zu halten, leicht an die linke Schulter gelehnt, als würde man Wachdienst versehen«,* wird 1807 empfohlen.

Kostüm aus grauem Wehrmachtsstoff, München, 1946. Münchner Stadtmuseum.

Der Einfluß der Uniform auf die Zivilkleidung erweist sich als noch viel größer, wenn wir sie unter dem Gesichtspunkt einer Modifizierung von Formen und Schnitten betrachten. Diese ergab sich einerseits aus der Angleichung an die Erfordernisse der körperlichen Beweglichkeit, andererseits aus dem angehäuften Erfahrungsschatz und neuerworbenen Fertigkeiten im Bereich der Schneiderei. Zum ersten Punkt, der vor allem wegen der Lösungen interessant ist, die zu den wesentlichen Merkmalen des Fracks geführt haben, sei an die schon im 17. Jahrhundert in einigen europäischen Heeren verbreitete Gewohnheit erinnert, beim Marschieren und Reiten die Schöße der Röcke hinten hoch zu knöpfen, eine »Linie«, die die extrem engen Schöße des Fracks in den 90er Jahren des 19. Jahrhunderts vorwegnahm und auch jene Modifikationen, die zu einem engeren Anliegen von Jacke und Beinkleid, einer Verkleinerung der Ärmelaufschläge und einer Verkürzung der Weste führten (alles Merkmale der Mode der letzten Jahrzehnte des 18. Jahrhunderts als Folge der Einführung neuer Gewehre). Noch bedeutsamer waren die Fortschritte in den Verfahren der Konfektionierung, ohne die die Herstellung von immer größeren Mengen von Uniformen in verschiedenen Schnitten und Ausführung nicht möglich waren. Auch die ENZYKLOPÄDIE von Diderot und d'Alembert dokumentiert 1773 die Konfektionierung von militärischen »Justaucorps« in drei Größen: groß, mittel und klein. Nach der Eroberung Italiens durch Napoleon wurde das französische Heer, das über 100000 Mann stark war, in Italien direkt vor Ort neu ausgestattet, jedes Regiment hatte pro Soldat zwei Uniformen zu stellen.

Übrigens ist auch nach dem letzten Weltkrieg ein Einfluß des Militärs auf die Bekleidungsindustrie festgestellt und mit den Bedürfnissen derjenigen in Zusammenhang gebracht worden, die jahrelang eine Uniform getragen und sich an gewisse Regeln der Genauigkeit und des Dekors in der Kleidung gewöhnt hatten. Es scheint mir demnach gerechtfertigt, jene Tendenzen in der Männermode bis zu Beginn des 19. Jahrhunderts, die Sauberkeit, Zurückhaltung und Exaktheit in den Mittelpunkt stellen, auch mit der übertriebenen Sorgfalt in Zusammenhang zu bringen, die jedem Soldaten für seine Uniform als Symbol des Vaterlandes abverlangt wurde.

GRAZIETTA BUTAZZI

Literatur

Jacques Brosse/H. Lachouque, Uniformes et Costumes du Ier Empire, Paris/Brüssel/Montreal 1972.

Grazietta Butazzi, Il Frac. Note di moda maschile settecentesca in rapporto con l'abbigliamento militare, in: »Rassegna di Studi e di Notizie (Castello Sforzesco), Milano 1984/85 (im Druck).

Raffaele Ciampini, Napoleone, Turin 1945.

Martin Ellenhange, L'Uniforme Militaire et le Costume Civil, in: »Actes du ler Congrés Internactional d'Histoire du Costume«, Venezia 1952, 77–86.

F. A. de Garsault, Description des Arts es Métiers, l'Art du Tailleur, o. O. 1769.

R. Tremelloni, Storia dell'industria italiana contemporanea, Turin 1947.

M

Mode

Das Überraschendste, was sich gegenwärtig über Mode sagen läßt, ist wohl die Behauptung, daß man sich bisher nicht genug mit der Mode beschäftigt hat. Natürlich gibt es eine Reihe großartiger Veröffentlichungen über Mode als kulturgeschichtliches Phänomen, und es gibt auch einige Ansätze, eine Theorie der Mode zu erarbeiten. Aber diese Untersuchungen faßten Mode und ihre sozialen Manifestationen als ein, wenn auch beachtliches Phänomen unter vielen anderen sozialen Phänomenen auf; die bisherigen Untersuchungen konnten noch nicht voraussetzen, daß der sich bereits vollziehende Übergang unserer Wirtschaftsgesellschaften in Kulturgesellschaften »Mode« zum vorherrschenden Steuerungsmechanismus der Gesamtgesellschaft werden läßt.

In groben Zügen wiedergegeben soll diese Behauptung etwa folgendes besagen: Kulturelle Phänome gewinnen eine immer größere Bedeutung – nicht nur in dem Sinne, daß immer mehr Menschen in Museen strömen oder den Kulturtourismus einem Sonnenbadurlaub vorziehen. Vielmehr wird die Kultur als Produktivkraft immer bedeutsamer – in zweierlei Hinsicht: Zum einen macht etwa die Musikbranche der Bundesrepublik Deutschland mehr Umsatz als die Bekleidungsindustrie; zum anderen werden aber auch für Produkte wie Autos, Möbel und Kühlschränke Gestaltungsaspekte wichtig, die man mit dem herkömmlichen Stigma, bloße modische Spielerei zu sein, nicht mehr abtun kann. Kulturelle Phänomene werden für die Wirtschaft bedeutsam, weil der Absatz der Wirtschaftsgüter von kultureller Motivation wesentlich mitbestimmt ist. Der wichtigste kulturelle Faktor ist die Unterscheidbarkeit von Objekten (also auch von Wirtschaftsgütern) nach Gesichtspunkten, die nicht in erster Linie von ökonomischen oder funktionellen Zwängen vorgegeben werden. Insofern Mode immer schon auf Unterscheidungskriterien beruhte, die weder ökonomisch noch funktionell erzwungen wurden, sondern kulturellen Werten entspringen, kommt der Mode als einem System des menschlichen Differenzierungsvermögens Beispielhaftigkeit zu. Und von dem Differenzierungsvermögen hängt ja schließlich unsere Fähigkeit ab, dieser Welt in all ihren Gegebenheiten überhaupt Bedeutung zugestehen zu können. Bedeutung entsteht nur durch Unterscheiden.

Die Mode ist nicht mehr bloß modisch. Daß man bis vor kurzem die Mode für modisch halten konnte, ist verständlich, weil die Unterscheidungskriterien des Entwurfs, des Schnitts, der Verarbeitung, des Materials von Saison zu Saison wechselten. Aber den Wechsel der Tage im Kalender hält man ja auch nicht für modisch. Tage, die wie jeder andere Tag vergehen, wechseln mit ereignisreichen Tagen, anhand derer wir unseren Lebenslauf strukturieren; eine solche Struktur zu entwickeln ist um so wichtiger, als das gesamte Leben ja nur aus der ewigen Wiederholung gleicher Zeitzyklen besteht; so ist das auch mit der Mode. An den saisonal auffälligen Veränderungen bilden wir die Ereignishaftigkeit des Modewandels aus. Der Wechsel der Differenzierungskriterien setzt diesen Wandel nicht zur bloßen, belanglosen Beliebigkeit herab. Er ist vielmehr die Voraussetzung für den Aufbau einer Ereignisstruktur. Daß die Modeerscheinungen wechseln, gibt ihnen gerade ihr Gewicht; denn in Kulturgesellschaften kommt es darauf an, möglichst keine unwiderruflichen Handlungskonsequenzen zu provozieren.

Die alten Wirtschaftsgesellschaften und Klassengesellschaften provozierten von Zeit zu Zeit unwiderrufliche Ereignisse wie Kriege, um eine Ereignisstruktur aufzubauen. Eine Kulturgesellschaft kann derartige Steuerungsversuche nicht mehr akzeptieren. Sie vermittelt alle Konflikte zwischen Individuen und Gruppen über die kulturellen Differenzen; das sind Unterscheidungsmerkmale im Erscheinungsbild oder in der Sprache, im Ritual oder den Verhaltensmustern und Werturteilen.

Mode machen anstatt Krieg, mit Musik die Welt für sich begeistern anstatt mit Gewaltdrohungen: Die Japaner scheinen in dieser Hinsicht am meisten gelernt zu haben; heute haben sie umfassender die Welt für sich gewonnen als je zu Zeiten der großkaiserlichen japanischen Waffenherrschaft im Pazifik. Die Kulturgesellschaft mit ihren unüberbietbaren Differenzierungsformen sichert die Zukunft, indem sie Bedeutung schaffende und Werte stiftende Kräfte freisetzt, die nicht auf die herkömmliche Weise zerstörerisch sind und dennoch Veränderungen ermöglichen!

Denn darum geht und ging es alle Zeit: Wie ist Veränderung anders möglich als durch Zerstörung? Eben durch Kultur, wie sie vor allem auch die Mode repräsentiert. Mode wird nicht gemacht, sie entsteht . . .

Immer wieder interessiert die Frage, ob man Moden machen kann. Einer weit verbreiteten Auffassung zufolge setzen sich zweimal pro Jahr führende Modemacher zusammen,

Schülerarbeit,
Irmgard Knott,
München, 1956.
Münchner Stadtmuseum.

um mehr oder weniger verbindlich festzulegen, was in der kommenden Saison als dominierender Modetrend zu gelten hat; ja, man glaubt sogar zu wissen, daß der Modewandel ausschließlich aus kommerziellen Interessen durch das Diktat der Modemacher willkürlich provoziert werde. Es ist aber bisher noch nie nachweisbar gewesen, daß solche Diktate durchsetzbar gewesen wären, selbst dann nicht, wenn man in diese Durchsetzung sehr viel Geld investierte (historische Beispiele, die das Modediktat eines Herrschers oder einer Gruppe belegen, können für die generelle Betrachtung heutiger Vorgänge vernachlässigt werden).

Auch eine andere beliebte Behauptung, daß bestimmte Modemacher ihren Kunden immer ein paar Monate voraus seien – daß sie also eine besondere Gabe hätten, zukünftige Entwicklungen aufzuspüren und mit entsprechenden Angeboten für ihren Geschäftserfolg ausnutzen, führt nicht weiter. Es bliebe ja bei dieser Antwort die Frage offen, wie denn solche Trends in den Erwartungen so vieler unterschiedlicher Menschen entstünden. Dafür läßt sich der Hinweis auf den viel beschworenen Zeitgeist als Erklärung dieses Phänomens nur bedingt in Anspruch nehmen; denn was ist der Zeitgeist und wie entsteht er, ja, wie setzt er sich durch?

Nein, Mode wird nicht gemacht, sie entsteht als ihre eigene Geschichte. Für diesen Vorgang ist in erster Linie der Neuigkeitswert der jeweils jüngsten Saisonmoden wichtig. Die künstlerisch-gestalterischen Erfindungen oder besser die Setzungen von Modemachern irritieren durch ihre Neuigkeit, das heißt durch ihre Unvertrautheit unsere Wahrnehmungen und damit auch unsere klassifizierenden Urteile. Mit jeder Neuigkeit wandeln sich, rückwärts gewandt, unsere Wahrnehmungen und Urteile über das, was wir (durch Gewöhnung) ziemlich sicher gekannt zu haben glauben.

Modewandel läßt sich immer nur im Nachhinein feststellen. Die Mode der 50er Jahre, wie wir sie heute als typisch empfinden, weil wir sie gegen die Mode der 40er oder der 60er Jahre absetzen, sieht ganz anders aus, als sie für Menschen gegeben war, die sich in den 50er Jahren modisch kleideten. Aus der Tatsache, daß wir retrospektiv gut begründet Modetrends feststellen können, schließen wir, daß diese Trends auch prospektiv feststellbar sein müßten; denn Trends zu dominierenden Modeerscheinungen hat es ja immer gegeben (wie historia docet) und wird es deshalb immer geben. Die vielen Zeitgenossen, die sich den vielen, auf sehr unterschiedliche Weise jeweils neuen, modischen Setzungen anschließen, versuchen also durch ihre Entscheidung für zumeist einen der neuen Vorschläge selber trendbildend zu wirken. Das scheinbar bloße modische Spiel von Anpassung und Abweichung läßt sich als Versuch verstehen, schon in der Gegenwart auf etwas einzuwirken, was sich erst zukünftig als das dominierende Erscheinungsbild dieser Gegenwart tatsächlich eruieren lassen wird. Die Zukunft verstehen solche Zeitgenossen gleichsam »natürlich« als das Andere der Gegenwart und Vergangenheit. Das Angebot der jeweils neuesten Setzungen vermuten sie als das Potential, aus dem sich dieses andere Erscheinungsbild (aber auch Verhaltensweisen, Sprachformen, ja Lebensformen) entwickeln wird.

Jeder Mensch hat in einem gewissen Umfang an historischen Sachverhalten nur insofern Interesse, als er durch die Kenntnis historischer Prozesse glaubt, auf die Zukunft schließen zu können, also auf das, wie man in Zukunft die jetzige Gegenwart als eine Vergangenheit bestimmen wird. Auf dieses spätere Urteil will man mit seinen Entscheidungen und Handlungen Einfluß nehmen. Die jeweils neuen Setzungen der Modemacher werden als zukünftige Erscheinungsbilder der Gegenwart verstanden und ausprobiert. Hinter diesen Entwürfen einer zukünftigen Vergangenheit steckt die Erfahrung, die fast alle Menschen zumindest in den vergangenen einhundert Jahren gemacht haben: mit sich selbst nicht übereinzustimmen, wenn sie Fotografien aus früheren Lebensabschnitten betrachten: *»Wie ich da aussehe, das ist ja kaum zu glauben, weil ich damals gar nicht gewußt habe, wie ich von heute aus einmal wirken würde«.*

Die Selbstkonfrontation – und das ist im Foto vor allem die Konfrontation mit dem eigenen Erscheinungsbild – verlagern wir in einen zukünftigen Augenblick, von dem wir auf unsere gegenwärtige Erscheinung zurückblicken werden. Auf das, was uns dann entgegentreten wird, wollen wir Einfluß nehmen mit unserer Entscheidung für jeweils eine gegen jeweils viele andere Angebote der Moden. Aber was wir wollen ist eines, was daraus wird, ein anderes. Der unleugbare Wandel der Moden ist nicht kalkulierbar. Wir haben zwar die Freiheit, uns zu entscheiden, werden dann aber doch in Erscheinungsbilder vereinnahmt, von denen sich weder wir noch die Modemacher etwas träumen ließen. Das eben macht den Modewandel so interessant.

BAZON BROCK

Models

»Du bist Aphrodite, Circe, du bist Cleopatra, die Sphinx, Marylin Monroe, die Garbo – was du willst, auf jeden Fall aber bist du göttlich . . .« – Man kann sich vorstellen, daß Muhammed Ali (zumindest eine Nebengöttin duldend) mit solchen Tiraden

Ines de la Fressange, Modell Chanel, 1986.

verunsicherte Partnerinnen aufmöbelte. Die Aufforderung zur Identifizierung mit derart 150prozentigen Weiblichkeits-Superlativen dient jedoch »nur« dazu, das Ego eines angehenden Mannequins auf Vordermann zu bringen.

Dieses Psychotraining – zumeist erteilt von Ex-Mannequins, die den Laufsteg mit dem Schreibtisch einer Modell-Agentur vertauscht haben – ergänzt die Gymnastik- und Tanzkurse, bei denen noch unerfahrene Langbeine ihre Vorführkörper beherrschen lernen und hilft ihnen bei der Metamorphose vom hübschen Mädchen zur verführerischen, jedoch unnahbaren Göttin der Laufstege.

Bis zu dieser elitären Weise der Präsentation hat die Mode einen weiten Weg zurückgelegt – seitdem Heinrich IV. (1553–1610) seiner Gattin Maria de Medici »französisch gekleidete Püppchen« überbringen ließ und damit die Modepuppen einführte. Sie waren die Ahninnen der späteren MANNEQUINS, die nun für die nächsten Jahrhunderte genäht, weidengeflochten, holzgeschnitzt, aus Draht geformt und sich mehr und mehr menschlicher Lebensgröße annähernd als Botschafterinnen französischer Mode europäische Königs- und Fürstenhäuser bereisten, bis sie gegen Ende des 18. Jahrhunderts durch die neu aufkommenden, handlicheren Modezeichnungen abgelöst und zu Schneider- und später Schaufensterpuppen degradiert wurden.

Mitte des 19. Jahrhunderts brachte der erste Couturier der Modegeschichte, Charles Frédéric Worth (1825–95) mit jungen Mädchen Bewegung in die Präsentation seiner Modelle. Allerdings ließ er sie enganliegende, schwarze Tuchanzüge tragen, um die Wirkung seiner Kreatio-

Iman,
Modell Miyake, 1986.

nen nicht durch menschliche Individualität zu beeinträchtigen. Die Mädchen, die er wie die Holzpuppen Mannequins nannte, durften gleich diesen leblosen Figurinen keine eigene Persönlichkeit zeigen.

Bis Lady Duff-Gordon – unter dem Pseudonym »Lucile« Couturière in Paris – 1907 die verkaufsfördernde Wirkung eines hübschen Körpers in natura entdeckte, steckten die meist aus der Unterschicht stammenden Mädchen in ihren schwarzen Hüllen. Auch PROBIERDAMEN genannt, wurden sie nicht viel besser als Sklaven behandelt und erst mit der Entwicklung der Modefotografie in den 20er und 30er Jahren und der zunehmenden Verbreitung der Berufstätigkeit der Frau gewannen sie an sozialem Status.

Heute lohnt sich das Überwechseln in die seit den 50er Jahren olympischen Regionen eines Mannequin-Egos nicht nur für das Mädchen, sondern auch für ihren Agenten und den Modemacher, in dessen Kreationen sie ihre Schau abzieht. Dem Mannequin winken pro Kollektionsvorführung je nach Können und Nachfrage zwischen 800 und 2500 Mark, an denen ihr Agent mit satten Prozenten beteiligt ist. Für die Modeschöpfer trägt die Investition in ein Super (teures)-Mannequin, das auch noch aus einem zusammengeschnippelten Fummel eine Sensation macht, reiche Früchte. Die atemberaubenden Bewegungsschauspiele dieser Mädchen verfehlen ihre umsatzfördernde Wirkung aufs Journalisten- und Einkäufervolk nie.

Für die Akteurinnen auf dem Laufsteg ist, was so leicht und angeboren aussieht, harte Arbeit. Jeder Effekt muß sitzen. Die Stars unter ihnen verausgaben sich wie Bühnenstars, auch für sie ist der Kontakt mit dem Publikum unbedingte Notwendigkeit für die Karriere. Denn nur, wem es gelingt, die Blicke aller vom ersten Erscheinen der Fußspitze bis zum letzten lockenden Rundblick vor dem Abgang auf sich (und damit auf das Kleid) zu lenken und nicht mehr loszulassen, arbeitet im Interesse der Modeschöpfer und wird engagiert.

Der Mittel, die Spannung zu Beginn der Vorführung und in Enthusiasmus am Ende der Schau zu verwandeln, sind viele. Unbedingte Voraussetzung aber ist die Suggestion, die Größte, die Schönste, die Beste zu sein, mit der die Agenten ihre Gladiatorinnen päppeln.

Die Tricks, auch das Modevolk von diesen Qualitäten zu überzeugen, beherrschen die dunkelhäutigen Vertreterinnen der Laufsteg-Zunft am spielendsten.

Sie haben am schnellsten heraus, die phantastisch geschminkten Augen über die normalen Sterblichen zu ihren Füßen gleiten zu lassen, so daß keiner weiß, ob der glitzernde Blick ihm gilt (aber jeder wünscht, er möge ihm gelten). Der Ratschlag eines Agenten zur Variation eines Augentricks: *»Greif' dir einen der Narren (denn: vergiß nicht, du bist die Göttin, Baby), die da unten sitzen, heraus und fixier' ihn, als wolltest du ihn fressen – und jeder Blick wird dir folgen, um zu sehen, ob du ihn fressen wirst, oder nicht.«*

Der Mund zeigt entweder den Ausdruck der unbeugbar-arroganten Majestät, mit der Marie-Antoinette zum Schaffot schritt, oder aber er lächelt.

Dieses Lächeln hat dann jedoch nichts mit liebenswürdiger Freundlichkeit gemeinsam, es gleicht eher einem lautlosen Fauchen: Exotisches Mysterium spielt um millimeterperfekt gemalte Lippen . . . die Verheißungen von Tausend-und-einer-Nacht, gepaart mit den Erfrischungen eines Eisbergs.

Die Schultern schlenkert man wie ein locker surfender, kalifornischer Sunny-Boy (sehr empfehlenswert für Sport- oder Strickmodelle) oder man kann sie spielen lassen wie ein Dschungeltiger *(»Aber nicht rollen, Baby, wir sind hier nicht beim ›sterbenden Schwan‹«)*.

Kleider vorführen ist wie Kleidermachen – jedes Zuviel ist ein Weniger. Die Stars wackeln nicht mit den Hüften, sie biedern sich nicht an. Sie kennen die Dosis ihrer exaltierten Bewegungen genau, wissen exakt, wieviel wovon die Faszination ausmacht. Ihre zelebrierte Arroganz wird angebetet, für ihre lächelnde Verachtung fressen ihnen die Fotografen aus der Hand!

Iman,
Modell Mugler, 1986.

Toben sie aber, die Röcke schwenkend, den letzten Effekt aus dem Kleid, das sie vorführen, herausholend, zu lärmender Discomusik über den Laufsteg, dann reißt's auch den mäkeligsten Modekritiker erst mal vom Stuhl.

Am Abend nach den Schauen (während der großen Kollektions-Präsentationen in Mailand, Paris, Düsseldorf oder New York werden die gefragtesten Mädchen für oft sechs oder mehr verschiedene Vorführungen am Tag gebucht) sinken die Tigerinnen, Sphinxen und Göttinnen dann total erschöpft ins Bett – um ein Kilo leichter und um einige Tausender reicher.

Perfektionsarbeit ist Schwerstarbeit . . . Und ewig lockt das Weib – zum Ruhme der neuen Kollektionen.

ANGELICA MANN

Literatur

Simone Bergmann, Make-up, Ravensburg 1981.

Norman Parkinson, Norman Parkinson Lifework, London 1983.

Nicole Parrot, Mannequins, Bern 1982.

Francesco Scavullo/Sean Byrnes, Scavullo Women, New York 1982.

Mode in der surrealistischen Kunst

»Das Problem der Schuhe«, schrieb René Magritte, *»zeigt, wie die barbarischsten Dinge durch die Macht der Gewohnheit akzeptiert werden. Dank dem ›Roten Modell‹ wird einem klar, daß die Vereinigung des menschlichen Fußes mit einem Lederschuh in Wirklichkeit auf eine monströse Gewohnheit zurückgeht.«*

Was immer die Surrealisten anpackten, es galt, die »Macht der Gewohnheit« zu brechen. – Wo an Normen menschlichen Zusammenlebens gerüttelt wird, stehen sogleich auch Kleidung und Mode zur Disposition. Und so haben sich die Surrealisten darüber besonders viele (bildnerische) Gedanken gemacht.

Magrittes Gemälde DAS ROTE MODELL von 1937, in dem Füße zu Schuhen und Schuhe zu Füßen werden, ist eine Warntafel. Sie weist auf den verderblichen Einfluß hin, den gesellschaftliche Übereinkünfte auf menschliche Beziehungen ausüben können: die Macht der Dinge, die Macht der Konventionen, die Macht der Gewohnheiten auf den Menschen, exemplifiziert an einem Kleidungsstück.

Oder Magrittes Bild HOMMAGE À MACK SENNETT von 1934: Dem im Schrank hängenden Kleid hat sich ein Körper eingeprägt, der prall und voller Versprechen hervorquillt. Transparente Verhüllung wird aufgedeckt als eine Technik der Enthüllung; Bekleidungspraktiken werden als doppelbödig entlarvt.

Im bildnerischen Umgang mit Kleidungsstücken manifestiert sich besonders deutlich Magrittes permanentes Aufmucken gegen alltägliche Selbst-

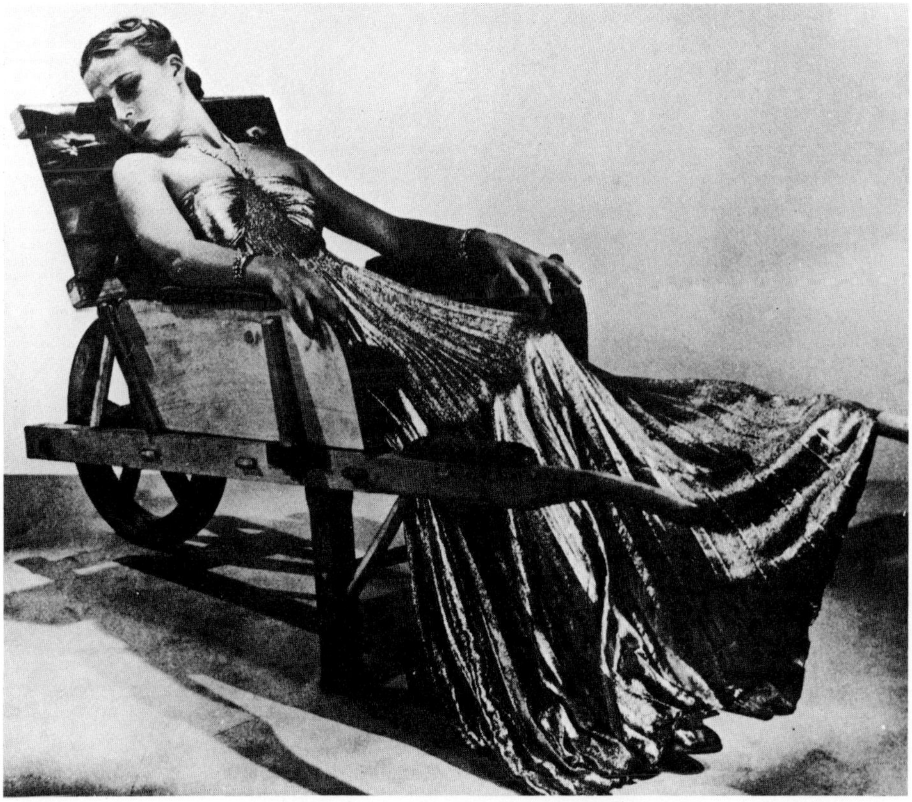

Fauteuil,
Oscar Dominguez, 1937.

verständlichkeiten. Sein Mittel ist einerseits die Anthropomorphisierung der Gegenstände (der Schuh als Fuß, das Kleid als Körper), andererseits die Kombinatorik, nämlich Vereinigung eigentlich nicht zusammengehöriger Realitätselemente. Die Augen auf der von Magritte entworfenen Krawatte sind nicht aufgedrucktes Muster, sondern tatsächlich als Augen zu lesen: Die auf das modische Accessoire gerichteten Blicke werden zurückgeworfen; nun blickt die Krawatte.

Während Magritte die Gegenstände vermenschlichte, entindividualisierte er die Personen, auch dies mit den Formen der Kleidung. Der Mann mit dem Bowler, der in vielen seiner Bilder auftritt – mal mit einem Apfel vor dem Gesicht, mal mit einer Taube, mal abgewandt mit einem Botticelli-Zitat auf dem Rücken – vermittelt nur die eine Absicht: sich unsichtbar zu machen, ohne Stil und ohne Eigenschaften zu sein.

Einerseits zogen die Surrealisten die Gewohnheiten, wie sie sich im Umgang mit der Kleidung äußern, in Zweifel; andererseits interessierten sie Kleidungsstücke als Objekte, die sich zur Neudefinition durch den Einsatz fremder Materialien eigneten, wobei häufig die enge Verbindung zwischen Körper und Kleidung als eine unauflösbar-erotische zum Ausgangspunkt genommen wurde.

Max Ernst schmückte in Die Einkleidung der Braut von 1939 die Figuren mit Tierfedern und -fellen so aus, daß Mischwesen entstanden; die Metamorphose wird eingeleitet durch Kleidungsstücke von majestätischer Würde. Dorothea Tanning deutete im Selbstporträt Der Geburtstag von 1942 ihr zwiefaches Wesen durch phantastisch kombinierte Ausstattung an; mit dem seidenen, üppig-aufwendigen Renaissance-Gewand im oberen Teil stellte sie sich in die lange Tradition der Venusbilder, und mit dem wurzelbedeckten Rock bekundete sie ihre Erd- und Naturverbundenheit.

In diesem Zusammenhang ist eine der merkwürdigsten surrealistischen Erfindungen zu erwähnen, das Klei-

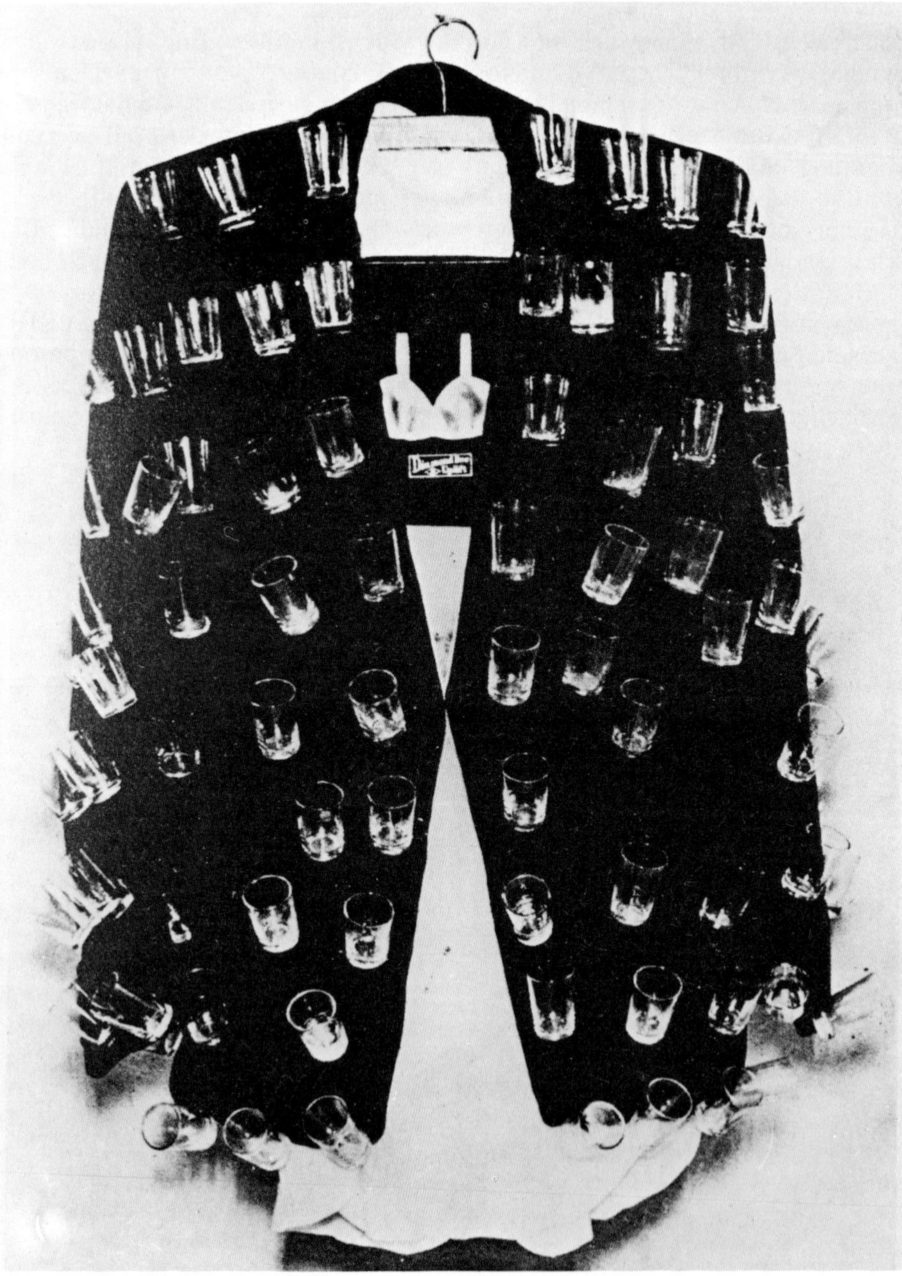

Veston aphrodisiaque,
Salvador Dali, 1936.

Tag und Nacht des Körpers, Salvador Dali, 1936.

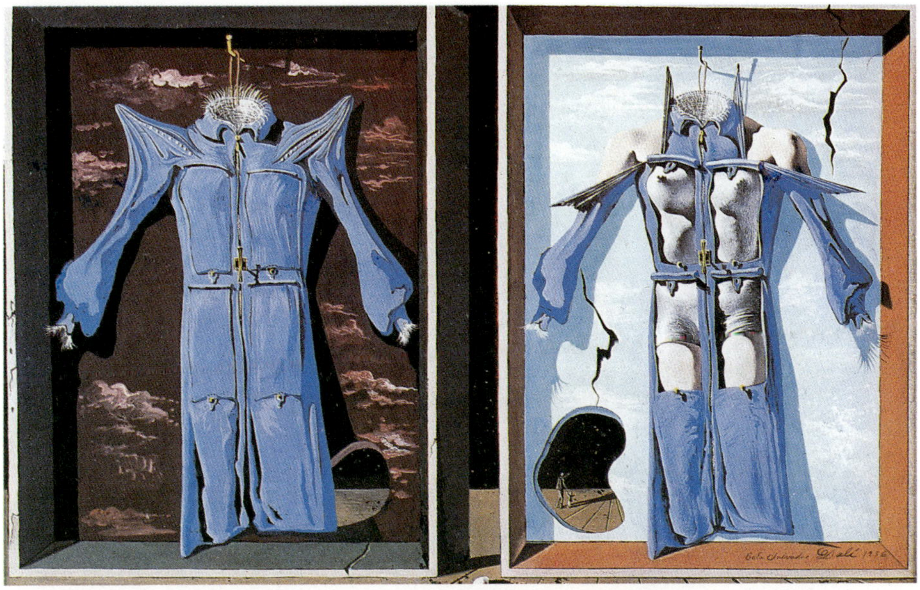

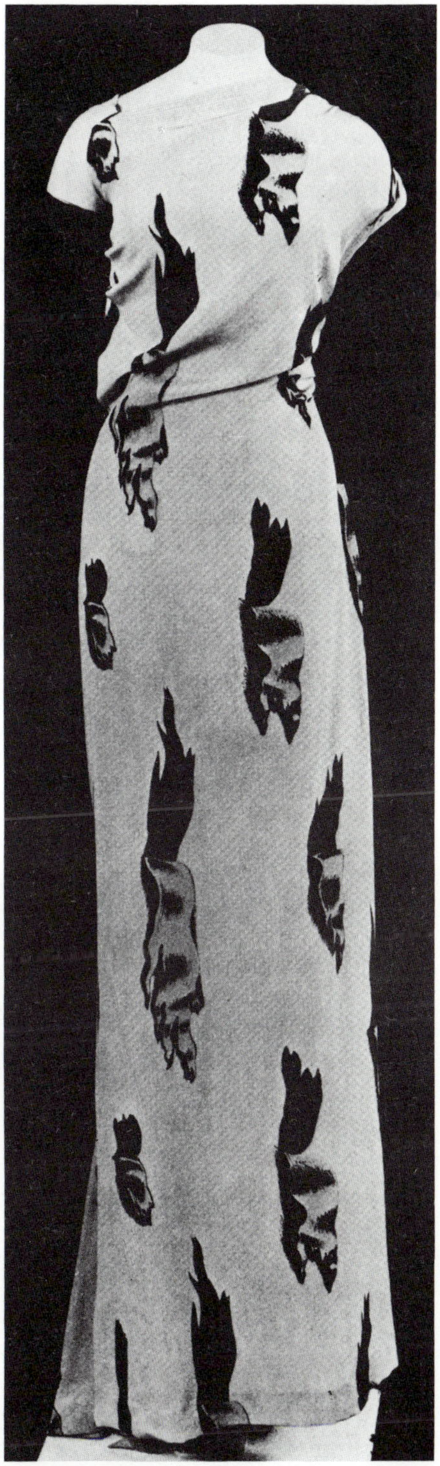

Das zerrissene Kleid, Elsa Schiaparelli, Entwurf Salvador Dali, 1937.

dungsstück auf Salvador Dalis Gouache TAG UND NACHT DES KÖRPERS von 1936. Körper und Schultern kann man entblößen, indem man Teile des Kleides wie Markisen und Rollos betätigt. Wo das Kleidungsstück in Haut übergeht, wo es Hülle oder Mantel, ja sogar Kleiderablage, Schrank oder Fenster wird, bleibt im unklaren, soll im unklaren bleiben; Körper und Kleidung gehen eine Symbiose ein. Durch die Öffnungen des Kleides werden weibliche Formen sichtbar, die erotische Sensationen verheißen – ähnlich wie in Magrittes HOMMAGE À MACK SENNETT.

Keiner der Surrealisten hat sich so intensiv mit Kleidung und Mode befaßt wie Salvador Dali. In den 30er und 40er Jahren schuf er unzählige Illustrationen für die angesehensten Modezeitschriften (TAG UND NACHT DES KÖRPERS zum Beispiel war von HARPER'S BAZAAR initiiert), pflegte er persönlichen Umgang mit bekannten Pariser Couturiers. *»Die tragische Konstante des menschlichen Lebens«*, sagte Dali später, *»äußert sich in der Mode; gerade deshalb habe ich gern mit Mademoiselle Chanel, mit Madame Schiaparelli zusammengearbeitet. Ich wollte zeigen, daß der Einfall, sich zu kleiden, sich zu verkleiden, nur die Konsequenz des Geburtstraumas ist. Da es das erste ist, bleibt es auch das fürchterlichste von allen Traumata, die der Mensch durchleben kann. Die Mode ist ebenfalls die tragische Konstante der Geschichte. In ihr sieht man jedesmal den Krieg kommen, wenn man die Zeitschriften und die Paraden der Mannequins betrachtet, die wahrhaftige Würgeengel sind«.*

Tatsächlich betätigte sich Dali auch als Modemacher: 1937 entstanden bei Elsa SCHIAPARELLI DAS ZERRISSENE KLEID und 1938 der SCHUHHUT – beide nach seinen Entwürfen.

In den 30er Jahren standen Objekte im Zentrum surrealistischen Interesses. Nach Lautréamonts Leitsatz (*»schön wie das zufällige Zusammentreffen einer Nähmaschine und eines Regenschirms auf einem Seziertisch«)*

M

Der Geburtstag,
Dorothea Tanning, 1942.

wurden ursprünglich nicht zusammengehörige Gegenstände miteinander kombiniert. *»Das Vorhandensein und der Umlauf solcher Objekte«,* schrieb Dali, *»wetteiferten mit dem nützlichen und praktischen Objekt mit einer Heftigkeit, daß man glaubte, an einem Kampf wütender Hähne teilzunehmen, bei dem das normale Objekt meistens gerupft herauskam«.*

Eines der beliebtesten Ausgangsobjekte war der Schuh, beliebt wegen seines Fetisch-Charakters. Immer neuen Verwandlungen wurde er unterzogen. Dali beschrieb sein Schuh-Objekt von 1932 so: *»In einem Damenschuh, mitten in einer exkrementfarbenen Knetmasse, steht ein Glas lauwarmer Milch. Der Mechanismus besteht darin, ein Stück Zucker, auf das man einen Schuh gemalt hat, in die Milch zu tauchen, um die Auflösung des Zuckers und in Konsequenz auch die des Schuhbildes in der Milch zu beobachten. Mehrere Zutaten ... vervollständigen das Objekt, zu dem auch eine Schachtel mit Reservezukkerstücken gehört und ein Speziallöffel, der dazu dient, Schrotkörner im Innern des Schuhs umzurühren«.*

Meret Oppenheim schuf in ihrem Objekt Ma Gouvernante von 1936 sozusagen ein »Schuh-Gericht«. Auf silberner Platte wird ein Paar Damenschuhe serviert, zusammengeschnürt wie ein Backhuhn, die hohen Absätze als Schenkel, mit adretten Papiermanschetten versehen. Auch in dem Objekt Le Couple – die Kappen altmodischer Damenschnürstiefel sind so ineinandergearbeitet, daß sie zusammengewachsen erscheinen – hat Meret Oppenheim *»das mit den meisten realistischen Kräften belastete Objekt«* (Dali) wieder aufgegriffen.

Dali, auf einem Foto von 1932 einen Schuh seiner Frau Gala auf dem

Kopf balancierend, hat mehrfach seine besondere Beziehung zu diesem Teil der Bekleidung beschrieben: *»Mein ganzes Leben lang sind Schuhe ein Objekt intensiver Beschäftigung für mich gewesen. Ich bin in meinen surrealistischen und ästhetischen Forschungen so weit gegangen, daß ich geradezu eine Art Gottheit aus ihnen gemacht habe. Im Jahr 1936 gelangte ich dazu, sie auf den Kopf zu setzen. Elsa Schiaparelli schuf diesen Hut, den Mrs. Daisy Fellowes in Venedig einführte«*. Auf dem oft abgebildeten Foto trägt Dalis Frau Gala diesen Schuh-Hut von SCHIAPARELLI.

Als die surrealistischen Objekte 1936 zum erstenmal in einer großen Überschau in der Pariser Galerie von Charles Ratton zu besichtigen waren, zeigte Dali eine seiner berühmtesten Verwandlungen eines Kleidungsstücks, die APHRODISISCHE JACKE. Beschrieben hat er sie selbst so: *»Smokingweste mit Likörgläsern bedeckt, die ›Pfefferminz‹ enthalten, einen Likör, der, wie es scheint, mit unerklärlichen aphrodisischen Kräften ausgestattet ist. Diese Weste hat den arithmetischen Vorteil paranoisch-kritischer Kombination und Zahlenspiele, heraufbeschworen durch die anthropomorphe Situation der Gläser ... Die aphrodisische Weste erhält ihren Platz in der Kategorie der ›Denkmaschinen‹. Sie kann bei bestimmten, sehr nächtlichen Spaziergängen, in sehr starken, sehr langsam rollenden Maschinen (damit die Flüssigkeit in den Gläsern nicht vergossen wird), während bestimmter, sehr ruhiger Nächte und bei sehr großen Gefühlskompromissen getragen werden«*.

Den Höhepunkt surrealistischer Auseinandersetzungen mit den Objekten täglichen Umgangs bildete Anfang 1938 die INTERNATIONALE AUSSTELLUNG DES SURREALISMUS in der Pariser GALERIE DES BEAUX-ARTS, von Marcel Duchamp konzipiert, von André Breton und Paul Eluard organisiert, von Dali und Max Ernst technisch geleitet, von Man Ray beleuchtet. Im Vorhof wurde der Besucher von Dalis REGENTAXI empfangen: Ständiger Regen berieselte die Insassen des Wagens, den Chauffeur mit Haifischkopf und die Blondine im Abendkleid, über deren Gesicht und Körper lebende Schnecken krochen. *»In der Ausstellung bildete die Malerei nur den Hintergrund für eine üppig wuchernde Objektkunst ... Vieles entstand spontan während der Einrichtung der großen Schau – ein gewaltiges Reservoir an Ideen, die das bildnerische Vokabular des Surrealismus erweiterten«*, schrieb Willy Rötzler 1972.

Das Personal bestand aus Schaufensterpuppen, die von den Surrealisten aufs ausgefallenste kostümiert waren. Man Rays Puppe war auf dem Kopf geschmückt mit Tonpfeifen und irisierenden Kugeln; Wolfgang Paalen kleidete seine Figur in Moos und Pelz und zierte ihr Haar mit einer Fledermaus; Teelöffel bekleideten Dalis Puppe; Tanguy versah das Gewand seiner Figur mit Spindeln.

Marcel Jean, der selbst eine als Nymphe ausgestattete Puppe beigesteuert hatte, berichtet, daß vor allem Massons Kreation bewundert wurde, *»der den Kopf seiner Puppe in einen Käfig gesetzt hatte: Sie war mit schwarzem Samt geknebelt und trug an der Stelle des Mundes ein Stiefmütterchen; abgesehen von einem mit Glasaugen besetzten Slip hatte die Figur keinerlei weiteren Schmuck an sich«*.

Die Ausstellung von 1938 demonstrierte noch einmal in aller Breite und höchst phantasievoll das Bemühen der Surrealisten, Kleidung und Alltag durch absurd anmutende Kombinationen in ein völlig neues Licht zu rücken. Die Absurdität aber war kein Selbstzweck. Sie diente vielmehr dazu, die »Macht der Gewohnheit« in Zweifel zu ziehen, unterbewußte Zwänge und Sehnsüchte auszuleuchten und neue Möglichkeiten bewußten Umgangs mit den Gewohnheiten zu initiieren. Die Surrealisten hielten sich dabei an keines der überkommenen Gesetze, ja sie machten Kleidung gegen diese Gesetze. Radikaler als die Surrealisten war bis dahin niemand mit Kleidungsstücken umgegangen; genauer als sie hatte bis dahin niemand den erotischen und den Fetisch-Charakter von Kleidungsstücken ins Blickfeld gerückt.

Dennoch: Kein Experiment – auch das surrealistische – scheint extrem genug, um nicht von der Mode aufgesogen zu werden. Vieles von dem, was in der Surrealisten-Ausstellung von 1938 gerade gegen modisch Gefälliges angearbeitet hatte, sprang sogleich auf die Pariser Mode über.

MARINA SCHNEEDE

Literatur

Robert Descharnes, Dali. Sein Werk – sein Leben, Köln 1984.
Ders., Salvador Dali, Köln 1974.
Katalog: »Salvador Dali – Retrospektive 1920–1980« (Centre Georges Pompidou), Paris 1979/80.
Willy Rotzler, Objekt-Kunst, Köln 1972.
William S. Rubin, Dada und Surrealismus, Stuttgart 1972.

Modeplakate

Zwischen Information und Verführung bewegen sich die Absichten des Werbenden. Der Gebrauchsgraphiker, der im besten Fall ein Künstler ist, stellt sich den Erfordernissen und versucht die Aufgabe zu lösen. Und da er in unserem Falle »tote« Dinge anpreist, Textilien, die erst durch den menschlichen Körper zum Leben erweckt werden, können ihm Menschenbilder gelingen, die weit über ihren direkten Anlaß und Zweck hinaus, die Funktion von Ideal- oder Leitbildern übernehmen. Die Multiplikation dieser Bilder durch Druck, eine hohe Auflage und weitgestreute Publizität an öffentlichen Orten, vor allem im Straßenbild, vermag ihnen eine große, fast »demagogische« Popularität zu verleihen.

Sicher mag das Gesagte für das Modeplakat nur bedingt gelten, denn anders als vergleichsweise beim politischen Plakat, dessen Aussage eigentlich nur noch durch die Karikatur als äquivalentes Medium begleitet und gestützt wird, findet die Popularisierung von Mode schlechthin in der einschlägigen Presse, d.h. in den illustrierten Journalen statt; und es besteht die Frage, inwieweit und ob überhaupt das Plakat als Gattung per se darüber hinaus eine eigene und unverwechselbare Bildsprache entwickelt.

Continental Pneumatic, unbekannter Entwerfer, Österreich-Ungarn, um 1900. Münchner Stadtmuseum.

Die Antwort kann nur bejahend sein. Ein Blick auf runde 80 Jahre Plakatkunst kann die Behauptung belegen, daß das Modebild als Plakat eine eigene Qualität besitzt und somit eine spezifische Bildsprache – unter welchen stilistischen Vorzeichen auch immer – kultiviert wurde.

Bekleidung ist zunächst eine Ware und unterliegt den Gesetzen der Produktwerbung wie andere Artikel auch. Jedoch unterscheidet sich die Modewerbung zunächst aber dadurch von der Werbung für Produkte (denken wir an Haushaltsgeräte, Lebensmittel oder Waschmittel), daß hier der Mensch nicht nur als Vermittler des Produkts *(»ich nehme nur . . .«)*, sondern quasi als das Produkt selbst erscheint, indem vom Betrachter her eine Identifizierung mit dem gezeigten Modeartikel je intensiver stattfindet, desto gekonnter und suggestiver die Bildsprache ist. Vielleicht ist hier am deutlichsten ein wichtiger Unterschied zum Modefoto spürbar – ein Unterschied, der zugleich die Eigenständigkeit des Plakats, seine besondere Chance als Bildmedium hervorhebt: Die Mode wird im Plakat nicht von Modellen vorgeführt, sondern es sind die Menschen selbst in ihrer Totalität, es ist vor allem der auf einen gemeinsamen Nenner gebrachte Typus.

Radfahr-Bahn, Johann Vincenz Cissarz, Deutschland, 1897. Münchner Stadtmuseum.

Zur Verdeutlichung vielleicht: der Typus des Bergsteigers oder des Skiläufers. So sehr fotografische Bilder (aus alpinistischen Zeitschriften etwa) den daran Interessierten bekannt und vertraut sind, gestaltet der Graphiker mit eben auch dieser Bilderwelt im Kopf ein neues, ein eigenes Bild, dessen »Machart« (Perspektive, Beleuchtung) oft im älteren Plakat die Abhängigkeit von der Fotografie nicht verleugnen kann, dessen Aussage aber, über den Moment hinaus, in das allgemein Gültige geht.

Die Wintersportplakate von Carl Moos und Carl Kunst gehören wohl zu den gelungensten Beispielen aus der Münchner Plakatschule so um das Jahr 1910.

Werbung für Mode ist in dieser fruchtbaren Frühzeit mehr die Werbung für das Bekleidungsgeschäft, den Maßschneider und Sportausstatter, also für den Handel mit Mode. Für das Produkt, besser für das Markenfabrikat (LBO-Strümpfe, Klepper-Regenbekleidung, Diolen-Kunst-

PKZ,
Ludwig Hohlwein,
München 1908.
Münchner Stadtmuseum.

Isidor Bach,
Carl Kunst,
München, um 1905.
Münchner Stadtmuseum.

Hermanns & Froitzheim,
Julius Klinger,
Berlin 1910/11.
Münchner Stadtmuseum.

Stiller,
Lucian Bernhard,
Berlin, 1908.
Münchner Stadtmuseum.

fasern, Benger Ribana-Badeanzüge) wird erst zunehmend ab den späten 20er Jahren und konzentriert ab den 50ern geworben.

Modeplakate im engeren Sinn sind diese für Handel oder Produkt direkt werbenden Plakate, gleichgültig, wel-

Cafe Plendl,
Ludwig Hohlwein,
München, 1911.
Münchner Stadtmuseum.

Sommer in Deutschland,
Ludwig Hohlwein,
München, um 1935.
Münchner Stadtmuseum.

Obersky,
Julius Klinger,
Berlin, 1912.
Münchner Stadtmuseum.

che Art von Kleidung sie empfehlen: Herren- und Damenkonfektion, Abend- und Festkleidung, Sport- und Reisekleidung, Kindermode, Bademode, Unterwäsche, Miederwaren und Strümpfe, Zubehör wie Hüte, Krawatten, Handschuhe und Schuhe.

Zu den Modeplakaten im weiteren Sinn können wir jedoch alle diejenigen Plakate zählen, deren Werbezweck zwar ein höchst unterschiedlicher ist, deren bildliche Darstellung aber verschiedene Aspekte des Menschenbildes beinhaltet.

Sehen wir von den in der Frühzeit der Plakatwerbung gebräuchlichen allegorischen (Frauen-)Gestalten ab; diese sind, ob reichlich, leicht oder überhaupt nicht bekleidet, eher unirdische, göttliche Wesen aus dem unerschöpflichen Fundus der Antikenrezeption als das, was unter dem Menschenbild verstanden werden sollte. Wie ehemals Prometheus in der Mythologie den Menschen das Feuer brachte, so präsentierten verführerisch nackte oder schleiergewandete Schönheiten die Neuheiten des elektrischen Lichtes oder des Fahrrades. Da nun aber auch auf die angewandte Kunst jenes Gesetz der Geschichte zutrifft, daß – wie Fritz Schachermeyr formulierte – sich alles *»in Abfolge und gleichzeitigem Nebeneinander abspielt«*, können wir das allegorische als das herkömmliche und überholte, das realistische, manchmal sogar naturalistische Menschenbild als das neue, zukunftsweisende benennen. Ganz irdisch sind dann die Fahrradplakate der Jahrhundertwende, darunter jenes berühmte des Johann Vincenz Cissarz aus dem Jahre 1897: Szenen wie im »wirklichen Leben«, voller Wirklichkeit und Kokétterie im Umgang mit dem neuen Gerät, dessen Präsentation und Popula-

M

Klida,
Julius Ussy Engelhard,
München, 1927.
Münchner Stadtmuseum.

risierung auch modische Innovationen hervorrief.

Am Beispiel der Fahrradplakate läßt sich höchst anschaulich verdeutlichen, was außer der direkten Bekleidungswerbung noch ein Modeplakat sein kann: Es ist das Plakat jedweder Werbekategorie mit der bildlichen Dominanz des zeittypischen Menschenbildes.

Modeplakate dieser zweiten Kategorie sind diejenigen aus der Gruppe Fasching und Karneval, die für solche Bälle werben, wo Gesellschaftskleidung ein Muß ist. Julius Ussy Engelhardt (1883–1964), auch Illustrator von Automobil- und Modezeitschriften (»Elegante Welt«), hat als einer der bedeutendsten Münchner Plakatkünstler zwischen den beiden Weltkriegen für Mode- und Filmbälle Plakate entworfen, die die glitzernd mondäne Eleganz und das Lebensgefühl dieser »goldenen« 20er Jahre besser illustrieren als die »primären« Modeplakate.

Wenn es um die bildliche Vermittlung der Ware Bekleidung geht, sind die »klassischen« Darstellungsmethoden der künstlerischen Plakatgraphik älterer und neuerer Zeit in gleicher Weise verbindlich wie bei anderen Werbeaufgaben:

- die sachliche Darstellung eines Modeartikels
  (der berühmte Stiller-Schuh von Lucian Bernhard, 1908)
- die sachliche Darstellung, verbunden mit der humoristischen Note
  (die Krawatten für Hermanns & Froitzheim in Berlin von Julius Klinger, um 1910)
- die Pflanzen- und Tierallegorie, die auf die Darstellung des Werbegegenstandes weitgehend verzichtet
  (das Modehaus »Vier Jahreszeiten« in München von Ludwig Hohlwein, um 1913; Seiden-Grieder in Zürich von Hans Erni, 1947)
- die humoristisch-karikierende und zugleich abstrahierende Darstellung
  (Henry Ehlers' Bamberger & Hertz-Plakate, um 1930)
- das realistische Bild in der Vermittlung eines bestimmten Ambiente; Garderobe in Verbindung mit Dienstpersonal, Autos, Sportszenen, Hotels, edlen Pferden, Schif-

M

fen, Expreßzügen und Flugzeugen (die Scherrer-Plakate von Ludwig Hohlwein, 1907/08; Carl Moos' Plakate für Herren- und Sportausstatter, um 1910; die Plakate für La Rinascente von Leopoldo Metlicovitz, um 1913 und Borsalino von Marcello Dudovich, 1911)

Die Reihenfolge ist willkürlich und ohne qualitative Bewertung. Die zuletzt genannte Möglichkeit ist wohl die populärste und ermöglicht uns Heutigen mehr als die anderen Darstellungsweisen, wie durch ein Fenster in eine untergegangene Welt hineinzuschauen. Auch hier zeigt sich die zumindest doppelte Funktion des Plakats: künstlerisches Produkt wie Zeitspiegel zu sein.

Und wenn wir das letztere suchen, so ist es das Menschenbild in den Moden der jeweiligen Zeit, von vorgestern über das Gestern zum Heute. Die Modeplakate der zweiten Kategorie zeigen uns die elegante Garderobe der Café- und Barbesucher, die Kosmetikwerbung preist das modische Ideal (J. U. Engelhard, Klida, 1927). In der frühen Zeitschriftenwerbung, die oft direkt korrespondierend mit den Titelbildern erscheint, finden wir Musterbeispiele von zeittypischer Kleidung (die Harper's-Plakate von Edward Penfield, um 1900). Modische Aktualität spricht aus den Zigarettenplakaten; Reise-, Sport- und Badcmoden sind sprechende Bildmotive in der Fremdenverkehrswerbung: Mensch, Kleidung, Landschaft, die durch Schnelligkeit, Luxus und Eleganz erzeugte Atmosphäre, ein überzeugendes Ambiente, dessen wichtigste Bestandteile die jeweils modernen Verkehrsmittel – Automobile, Schiffe, Expreßzüge und Flugzeuge – sind (die Londoner Verkehrswerbung von André Edouard Marty, 1931). In der Automobil- und Fahrradreklame wird mit voller Absicht das herrschende Lebensgefühl derjenigen vermittelt, an die sich als potentielle Kunden die Werbung richtet.

Das ehemals Unaussprechliche und nicht Vorzeigbare, das »Darunter«, haben gute Plakate nur in leichter Ironisierung darstellen können (Corsets-Obersky von Julius Klinger, 1912). Schon in den 50er Jahren gerät die Unterwäsche und Strumpfreklame langsam aus dem Trivialen heraus und erst die Enttabuisierung des nackten Körpers in der Gegenwart konnte ohne Scheu »hautnahe« Bilder schaffen (besonders für Jeans). Die Gefahr, in – als pornographisch zu beschreibende – Randzonen abzugleiten, ist vorhanden, die der Verführung durch Mode steht die durch provokante Nacktheit gegenüber (Trigema Tennis-Serie, 1977, Arwa-Strumpfreklame, um 1976).

VOLKER DUVIGNEAU

Literatur

Josef und Shizuko Müller-Brockmann, Geschichte des Plakates, Zürich 1971.

Maßkleidung,
Gerd Grimm,
Bundesrepublik, um 1955.
Münchner Stadtmuseum.

Lee Cooper,
Hans Feurer,
Schweiz, 1982.
Münchner Stadtmuseum.

Helanca,
unbekannter Entwerfer,
Bundesrepublik, um 1965.
Münchner Stadtmuseum.

Bestandskatalog: Das frühe Plakat in Europa und den USA. Bd. I Großbritannien, USA, 1973, Bd. II Frankreich, Belgien, 1977; Bd. III Deutschland, 1980, Berlin (Gebr. Mann).
International Poster Annual, St. Gallen/Stuttgart, seit 1948.
Graphis Posters, Zürich (W. Herdeg, The Graphis Press), seit 1973.
Katalog: Plakate in München 1840–1940 (Münchner Stadtmuseum), München 1975, 1978².
Katalog: Zwischen Kaltem Krieg und Wirtschaftswunder – deutsche und europäische Plakate 1945–1959 (Münchner Stadtmuseum), München 1982.

Musikszene

30 Jahre ist die Rockmusik inzwischen alt und immer noch gehört sie, bei allem Wandel der Stile und Geschmäcker, voll und ganz zur Jugendkultur und ist aus ihr nicht wegzudenken. Sie liefert den Jugendlichen die Moden und gibt Aufschluß über die aktuellen Trends. Nie ist die Rockmusik einfach nur Musik, sowenig wie ihre Interpreten nur Musiker sind: Der Einfluß reicht tiefer, die Wirkung ist komplexer. Die Auftritte der Rockbands, ihre spektakulären Shows vermitteln stets eine visuelle Botschaft, eine »message«, in der Musik, Kleidung und Verhalten zusammenwirken, um ein bestimmtes »feeling« zu erzeugen.

Gerade wegen der Langlebigkeit des Rock und seiner inneren Kontinuität ist es allerdings schwierig, die Stile zu periodisieren, Einteilungen und Kategorisierungen vorzunehmen. Der Einfluß Bill Haleys umfaßt einen Zeitraum von 25 Jahren, von Rock Around the Clock (1954) bis zu seinem Tode 1981. Langlebige Gruppen wie die Rolling Stones haben verschiedene »Perioden« durchgemacht und ihren Stil variiert; der Rythm & Blues der 60er Jahre erlebt eine unerwartete Renaissance.

Das ist kein Hindernis dafür, daß sich einige Grundmotive deutlich abheben, denn der Rock kreist um wenige, elementare Themen, die in Musik und Kleidung gleichermaßen Ausdruck finden: Sex, Gewalt, Äußerungen gesellschaftlichen Unbehagens oder die Beschwörung von Lust und Reichtum; dazu einfache, aber suggestive Stilisierungen des Männlichen und des Weiblichen. So einfach und unmittelbar die Themen, so komplex ist der Stil, der sich aus ihnen speist, ein Amalgam aus einer ganzen Reihe

Bill Haley, 1958.

Rock and Roll,
Münchner Illustrierte, 1954.

Rockmusiker, 1986.

The Rolling Stones, Schallplattenhülle, 1976.

von Elementen und Motiven: die Lust an der Show und an Showeffekten, der Wunsch der Interpreten, als Sexsymbole zu gelten, sowie eine Vielzahl von Details, die Abstände und Unterschiede markieren. Anders ausgedrückt: Die Rockmusik ist immer aufdringlich und ein wenig vulgär, aber sie vermag ein kompliziertes und raffiniertes Zeichensystem hervorzubringen.

Doch versuchen wir, einige Tendenzen herauszuarbeiten, die sich seit den 60er Jahren abzeichnen, einer Zeit, da der Rock seine klassischen Vorbilder bereits gefunden hatte: Chuck Berry, Little Richard und Elvis Presley. Musikalische Vorbilder, gewiß, die aber ebenso Kleidung und Verhalten beeinflussen. Mit ihnen stellt sich die Rockmusik eindeutig unter das Zeichen des Exzesses und der Überschreitung, freilich nicht ohne daß sich auch entgegengesetzte Tendenzen bemerkbar gemacht hätten; diese Dichotomie hat sich bis heute erhalten: zwischen Respektabilität und Unverfrorenheit, zwischen Begeisterung – entfesselter Energie – sexueller Provokation und Selbstbeherrschung – Wohlerzogenheit.

Nach der finsteren Zeit Ende der 50er Jahre, als der kleinbürgerliche Konformismus die Oberhand zu behalten schien (man denke an Interpreten wie Frankie Avalon), waren es die Beatles, die den Rock auf den »rechten Weg« zurückbrachten. Sie gaben dem Lebensgefühl einer Jugend in Gärung und Aufbruch Ausdruck, faßten es in Worte, in Musik und in Bilder.

In den 60er Jahren finden wir eine Aufsplitterung des Rock (oder Pop). Es ist sinnlos, hier die abgestandene Diskussion über die Stil- und Gattungsunterschiede wieder aufzugreifen, die die zwei Worte bezeichnen, er wird heterogener und vielstimmiger; dies nicht zuletzt unter dem Einfluß gesellschaftlicher und kultureller Entwicklungen, die auch in der Musik Ausdruck finden: die Bewegungen für Bürgerrechte und Meinungsfreiheit, die Psychedelikwelle, sowie die sich in den Vereinigten Staaten entwickelnde Hippie-Kultur. Sexuelle Freizügigkeit, Spontaneität, Meditation und Bewußtseinserweiterung durch Drogen; die Verheißung einer besseren, friedvolleren, glücklicheren Welt: Das sind die wesentlichen Elemente des Weltbildes der Hippies und ihres Versuchs, eine neue Lebensform zu verwirklichen. Das ist zu-

The Rolling Stones,
Schallplattenhülle, 1976.

gleich die Botschaft, die sie vermitteln wollen. Ihre Kleidung ist bunt, fröhlich, häufig glitzernd; gleichzeitig führt sie, dank eines florierenden second-hand-Marktes, zum Wiederaufleben der verschiedensten Stile – vom Country and Western-look bis zur Mode des Viktorianischen Zeitalters. Bei vielen Bands und Stars der damaligen Zeit kann man gar nicht von einer Bühnenkleidung im eigentlichen Sinne sprechen; diese ist eher eine »exemplarische« Form (grellere Farben, noch fließendere Gewänder) der Kleider, die alle tragen. Die 70er Jahre bringen das Scheitern und Ende der Hippie-Utopie: Zu sanft für die rauhe Wirklichkeit, zu blauäugig gegenüber gesellschaftlichen Gegensätzen und Auseinandersetzungen, so blieb sie in den Veränderungen und Umwälzungen, die zu den 80er Jahren überleiteten, auf der Strecke. Auch die Rockszene verändert sich, wobei einige Mechanismen sich verfestigen und konsolidieren. Das »Star«-System wird weiter ausgebaut und perfektioniert: Den Zuhörern wird ein Image verkauft und immer stärker kommen sie nur noch als Konsumenten in Betracht. Kaum mehr scheint zu zählen, was doch einmal das Wesentliche war, der Kontakt und Austausch mit dem Publikum. Was ehemals eine Sache des Instinkts und der Intuition, des »feeling« war, wird nun durch ausgeklügelte Strategien erreicht. Und selbstverständlich bleibt der Sex im Brennpunkt der Aufmerksamkeit: So produziert sich David Bowie auf der Bühne in einer Art, die »an der Grenze« zum männlichen Transvestismus liegt; und Mick Jagger feilt an seinem Image als zweideutiges Objekt der Begierde.

Die eigentliche große Neuheit ist die Punk-Ästhetik, die sich um die Mitte der 70er Jahre durchzusetzen beginnt. Abstoßend, aufbegehrend, anarchistisch (oder besser händelsüchtig). Die Industrie ist von Anfang an mit dabei, macht glänzende Geschäfte und riesige Umsätze, obwohl die neue Ästhetik direkt in der neuen Jugendrebellion gründet und in ihr verwurzelt bleibt und damit in der Ablehnung jeglicher Autorität, sei es der des Staates oder der der Mode.

Und heute? – bietet sich ein einigermaßen verwirrendes Bild, bestehen die verschiedenartigsten Tendenzen nebeneinander: Transvestismus, Androgynität, Glamour-Eleganz, Sado-Maso, ironischer Sex.

Madonna, das neue amerikanische Rockidol, überfrachtet ihre Kostüme bis zum Exzeß mit Zeichen, Zitaten, Anspielungen und kreiert einen Stil, der nurmehr für die Bühne bestimmt zu sein scheint – weit jenseits aller Tragbarkeit. Büstenhalter, Mieder, Spitzen, Risse und Schlitze in den Kleidern; ostentativ schlechter Geschmack jedes der Stücke, die sie am Leibe trägt – und doch wird ihr Stil – clever vermarktet – von unzähligen Heranwachsenden imitiert, und so findet, was sich ausschließlich für die Bühne zu eignen schien, doch seinen Weg in die Welt, erhält die Funktion, Non-Konformismus zu signalisieren und den Abstand zur Welt der Erwachsenen zu bezeichnen. Auf diese Weise bleibt die Rockmusik, oder besser: die Rockkultur für die Jugend unverzichtbar: Ihrem Drang nach Unterscheidung und Abgrenzung, ihrer Kampfansage an herrschende Modelle und Moden bietet der Rock den nötigen Rückhalt und liefert Anti-

Rock-Magazin, 1986.

M

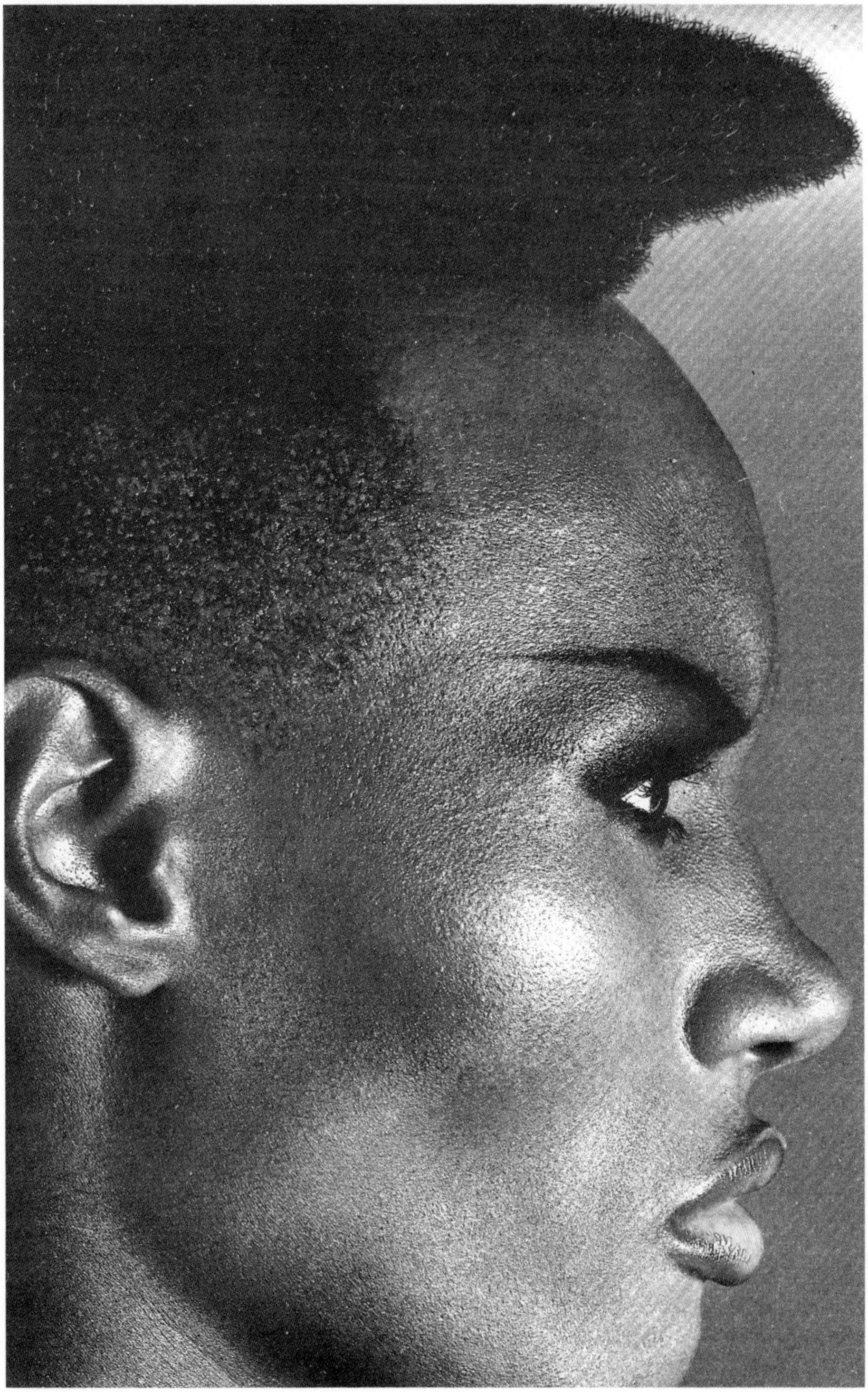

Grace Jones,
Werbung Citroen, 1985.

Modelle und Identifikationsmuster. Die Beziehungen zwischen Rock und Mode (»offizieller Mode«, versteht sich) können darum auch nur unterirdischer Art sein – sind in Wahrheit aber eng genug. Ein ständiger Austausch, über den beide Seiten strenges Stillschweigen bewahren; ein Beispiel ist etwa die Folklore-Welle in der Haute Couture Ende der 60er Jahre. Heute allerdings stellen sich die Dinge etwas anders dar. Dies hängt zusammen mit einem allgemeineren Phänomen, an dem Mode und Musik gleichermaßen partizipieren: die wachsende Bedeutung einer »Bildkultur«, die durch die universelle Verbreitung des Fernsehens ermöglicht und gefördert wird. Die Wechselwirkungen zwischen Mode und Musik werden nun in manchen Fällen zu einer regelrechten »kommerziellen Komplizenschaft«; Modeschöpfer konfektionieren den »Look« von Interpreten und Bands und vervielfältigen so die parallelen Märkte. Andererseits greift »die Mode« wie eh und je Anregungen der »Gegen«- und »Alternativ«-Kulturen auf und verwandelt sie sich an. Bezeichnend ist in diesem Zusammenhang die Veränderung, die bestimmte Elemente der Punk-Ästhetik – die Frisur, die dunklen Brillen, das Schwarz als einzige »totale« Farbe – durch ihre »modische« Vereinnahmung erfahren haben. Und die Wirkung dieser Elemente? Bei den Punks das verwahrloste, subversive, bedrohliche Erscheinungsbild; in der Mode: ein raffinierter, abstrakter, stilisierter »Look«.

BIA SARASINI

N

– Nationalkostüm · New Look

N

»Teutsche Tracht«,
Allgemeine Moden-Zeitung,
Leipzig, 1815.

»Altdeutsche Tracht«,
Allgemeine Moden-Zeitung,
Leipzig, 1815.

Nationalkostüm

Die Wurzeln der Bestrebungen nach einem deutschen Nationalkostüm, die sich im späten 18. Jahrhundert zeigten, reichen zurück bis ins 17. und gar ins 16. Jahrhundert, in die Zeit also, in welcher der französische Hof in Europa die entscheidenden Impulse für die Gestaltung der modischen Kleidung gab. Gegen diese Einflüsse wehrten sich in Deutschland nicht wenige kritische Stimmen, deren Tonfall stark polemisch und antifranzösisch war. So schreibt Johann Michael Moscherosch, ein Prediger gegen den Sittenverfall seiner Zeit, um 1640: *»Dann sobald kan nicht eine Wälsche närrische Gattung aufkommen, daß ihr ungerathene Nachkömmlinge nicht sobald dieselben müst nachäffen und fast alle viertel Jahr ändern; . . .«* Gegen die Reize französischer Mode ließ sich mit Worten freilich noch nie etwas ausrichten. Im späteren 18. Jahrhundert traten neben die bekannten Klagen zusehends wirtschaftliche Gesichtspunkte als Folge einer bestimmten politischen Orientierung der damaligen Staaten, des »Kameralismus«, der auf dem Glauben an den wirtschaftlichen Segen der Selbstversorgung, an die möglichste Erschließung neuer Finanzquellen und auf dem Streben nach großen Aus- und kleinen Einfuhren beruhte.

In diesem Zusammenhang kommt den »Kleiderordnungen« eine wichtige Rolle zu. Mit ihrer Hilfe hatten Obrigkeiten seit dem späten Mittelalter versucht, den Kleideraufwand der Gesellschaft je nach den einzelnen Geburtsständen (z.B. Adel, Bürger, Bauern) unterschiedlich zu regeln, mit nur geringem Erfolg. Im 18. Jahrhundert setzte sich aus den Prinzipien des Kameralismus heraus die Auffassung durch, daß es für den Staat lohnender sei, seinen Untertanen Kleidungsfreiheit zu gewähren, statt wie bisher jedem Stand Stoffe, Schnitt und Zutaten seines Gewandes vorzuschreiben. So notiert Bergius 1770: *»Man hält daher die Kleiderordnungen vor schädlich, und nimmt den Grundsatz an, daß man einem jeden die Freyheit lassen soll, Kleidungen zu tragen, welche er will, wenn nur keine ausländischen, sondern inländische Waaren darzu genommen werden.«* Ein Patriot also, wer durch Kleiderluxus die Ökonomie seines Vaterlandes förderte.

Eine Konsequenz dieser Wirtschaftspolitik war der Gedanke eines verbindlichen Nationalkostüms, und so setzte – ausgerechnet – der verschwenderische Hof des Schwedenkönigs Gustav III. Adolf diesen Gedanken in die Tat um, indem er eine Tracht vorschrieb, die der welschen Überfremdung nationale Eigenheiten entgegensetze und das Geld für aufwendige Kleidung im Lande halten sollte.

»Altdeutsche Tracht«, Allgemeine Moden-Zeitung, Leipzig, 1815.

Vorschlag für eine deutsche Nationaltracht, Ferdinand Flor, Lübeck, 1813.

Vorschlag für eine deutsche Nationaltracht, Ferdinand Flor, Lübeck, 1815.

Die propagierte Frauenkleidung zeigt freilich wenig Original-Schwedisches, sie kann ganz offenbar die Blutsverwandtschaft mit der Zeitmode nicht verleugnen. Anders hingegen die Männerkleidung: Die Schnitte von Wams und Hosen wirken alter- und damit eigentümlich. Es war wohl kein Zufall, daß dieser historisierende »Look« der Zeit Gustav II. Adolf (1594–1632) entstammte. Krünitz' Enzyklopädie schreibt dazu: *»Sie ist aus dem Costüme Gustav's Wasa, eines der glorwürdigsten Stifter der Nation, genommen.«*

Das schwedische Beispiel entzündete die Diskussion in Deutschland. Im »JOURNAL VON UND FÜR DEUTSCHLAND« stand 1785 zu lesen, *»daß wir Deutschen in Kleider=Tracht, Umgang und Sitten, sclavische Nachahmer der Franzosen sind und daß wir dadurch nicht nur täglich sichtbarer an Originalität und Gepräge verlieren, sondern auch, daß diese Nachahmung der Ausländer einen unserer Moralität, unsern Finanzen und unserer Handels=Bilanz gleich schädlichen Luxus bey uns immer allgemeiner macht.«* Als Heilmittel dagegen empfiehlt der Autor eine *»National=Kleidung«*, weiß aber leider den Weg ihrer Durchsetzung nicht anzugeben. Die Einführung einer solchen Kleidung auf dem Verordnungswege war nämlich auch den Schweden nicht gelungen. Krünitz schreibt: *»Ich erinnere mich nicht, von den Wirkungen, welche die Einführung einer National=Kleidung in Schweden gehabt hat, schon etwas gelesen zu haben.«*

Eine Generation später, als durch

N

die Herrschaft Napoleons die Entwicklung eines deutschen Nationalgefühls beschleunigt wurde, erhielt auch die Forderung nach einem Nationalkostüm neue Aktualität. Mit flammenden Worten verwahrte sich Friedrich Ludwig Jahn (der TURNVATER) gegen jede fremde Einmischung in deutsche Angelegenheiten, die nur *»fremde Ziersucht über den Rhein bringt, die unsere Augen bethört und die Herzen mit Tand füllt.«* Das sollte die DEUTSCHE VOLKSTRACHT ändern; wohlfeil, allgemein verwendbar und dauerhaft sollte sie sein – und auch noch schön. Kein Fremder sollte sie tragen dürfen, aber *»gewisse Stände und Staatsbeamte«* durch *»Nebendinge«* (Gold, Silber, Stickerei, Federn) ausgezeichnet werden. Auch die einzelnen Altersstufen des weiblichen Geschlechtes (Mägdchen, Dirnen, Jungfrauen, Frauen und Matronen) sollten durch verschiedenfarbige Bänder kenntlich gemacht werden. Es blieb beim Vorschlag, niemand folgte Jahn.

Günstiger sah es aus, als im Taumel der Befreiungskriege (1813/14) wiederum eine Nationalkleidung für die Deutschen gefordert wurde. 1814 tritt J.J. von Willemer mit der Schrift »VON DEN VORZÜGEN EINER NATIONALTRACHT. EIN WORT AN DEUTSCHLANDS FRAUEN« an die Öffentlichkeit. Er fordert, nun schon nicht mehr originell, Abkehr von der geschmacklichen Orientierung an Frankreich, stattdessen Rückbesinnung auf deutschen Sinn und deutsche Kleidung. Auch hofft Willemer, daß sich die deutsche Frau wieder mehr um Haus und Familie kümmere, wenn ihr erst durch die Nationaltracht die Beschäftigung mit ständig wechselnden Moden unmöglich gemacht werde.

Auch Ernst Moritz Arndt verlangte 1814 zur Feier des Jahrestages der Völkerschlacht bei Leipzig eine *»teutsche Tracht«,* von der er sich eine förderliche Wirkung auf das Gemeinschaftsgefühl der Deutschen versprach.

Von den Entwürfen verschiedener Frankfurter Schneider zum selben Anlaß sind Abbildungen erhalten geblieben; die letzten wurden 1815 publiziert. Allen ist gemeinsam, daß sie sich eng an die Linie der Frauenkleidung des herrschenden Empire halten, gelegentlich verfremdet durch protestantisch-düstere Farben und einige Ärmelpuffen, die wohl Erinnerungen an die Dürerzeit darstellten. Andere Entwürfe zeigen Elemente der spanischen Mode des 16. Jahrhunderts. Die Nationaltracht für Männer stellt ein ebenso seltsames Konglomerat aus Dürerzeitlichem (Barett), Modisch-Zivilem (Hosen) und einem Waffenrock dar, letzterer mit auffallend gepufften Schultern – ohne Frage *»stattlich, ernst und würdig«.* Dauer oder nur zeitweise größere Verbreitung war diesen Versuchen, eine Nationalkleidung zu kreieren, nicht beschieden. Der Alltag nach 1815 ließ nationalistische Euphorie bald verstummen.

Alle Nationalkostüme des 18. und frühen 19. Jahrhunderts besaßen ihre Vorbilder in Kleidern herausragender Epochen der jeweiligen Geschichte. Was in Schweden die Zeit Gustav Adolfs war, den Deutschen die Dürerzeit, war für ein französisches Beispiel unter Ludwig XVI. das Kostüm der Zeit Heinrichs IV. (1553–1610). Auch dieser Versuch, über eine Nationalkleidung das Nationalgefühl zu stärken (und politisch zu benutzen), scheiterte.

Im Zuge des Kriegsausbruchs 1914 geht es auch in der Mode noch einmal

Urlaubsfoto,
Schwaz, 1897.

gegen Frankreich. Eine Frauenzeitschrift (»NEUE FRAUENKLEIDUNG UND FRAUENKULTUR«) ruft dazu auf, *»den deutschen Frauen eine deutsche Kleidung zu schaffen«* (deutschem Wesen, deutscher Kultur und Kunst entsprechend). Mit dem Appell war aber die Werbung von Abonnenten verknüpft. Oftmals stehen halt prosaische Motive hinter den propagierten hehren Idealen. Das zeigte sich beim Kameralismus und das gilt auch für den Kapitalismus, dessen liebstes Kind die Mode ist.

Während Jahn und andere eine Kleidung für die ganze (Sprach-)Nation vorgeschlagen hatten, war in einem einzigen Fall mit »Nation« nur ein Teil des Ganzen gemeint: Bayern. Ebenfalls im Jahr 1814 hatten sich *»mehrere Damen«* an König Max I. Joseph gewandt mit einer »DENKSCHRIFT BAYERISCHER FRAUEN WEGEN SCHAFFUNG EINER ANSTÄNDIGEN, FÜR JEDES ALTER PASSENDEN NATIONAL KLEIDUNG«. Absicht der Damen war, *»durch strenge Erfüllung jeder häusli-*

Anzeige,
Firma Johann Georg Frey,
München, 1912.

chen Pflicht« ihren Männern an die Seite zu treten, die mit Waffen *»für die Erhaltung des Thrones und des angebetheten Regentenstammes«* kämpften. Zu jener Pflicht sollte auch das Tragen der Nationalkleidung gehören, die kleiderordnungsartig die Stände unterschied, wie bei Jahn. Das Originelle an dieser Kleidung waren jedoch die Grundfarben Hellblau/Silber (für fürstliche Personen) und Hellblau/Weiß für die übrigen: die bayerische Fahne als Kleidungsstück. Ansonsten unterschied sich das Kleid wohl nicht sehr von den Frankfurter Vorschlägen; es wird als eine Tunika beschrieben, deren Ärmel *»auf altteutsche Art . . . gepuft«* sein sollten. Künstler, die in ihrer Mehrzahl als Ausländer bezeichnet werden, sollten die Nationalfarben nicht anziehen dürfen, aber auch die dienende Klasse nicht; Stubenmädchen, Köchinnen, Küchen- und Hausmägde wurden auf Riegelhaube, Spenzer und Schürze verwiesen. Die Damen machten feine Unterschiede: Die

N

Urlaubsfoto, 1923.

Kleidung, *»welche den Baierischen Frauen eigenthümlich angehört«*, sollte zwar *»das Gefühl des National Werthes beleben und erhalten«*, aber ganz offensichtlich nur bei Personen von Stand. Der Vorschlag gelangte nicht zur Ausführung.

Zur gleichen Zeit entwickelte sich im österreichisch-bayerischen Alpengebiet ein Kleidungsstil für Männer, der wohl mit größerem Recht eine Nationaltracht genannt werden kann als jeder der beschriebenen Versuche. Die Bewohner des Berglandes – Holzknechte, Bergbauern und Jäger zumeist – trugen damals eine praktische Kleidung aus grauem Loden, eine kragenlose, kurze Joppe und eine lederne Hose. Jäger sollen es gewesen sein, die das Grau der Joppe mit einem grünen Stehkragen und grünen Ärmelapplikationen aufputzten. In dieser Form verbreitete sich das Gewand, von Tirol ausgehend, um 1820 im Raum Miesbach-Tegernsee und von dort aus um die Jahrhundertmitte im ganzen bayerischen Oberland. Eine ähnliche Entwicklung vollzog sich zeitgleich in Österreich, wo Erzherzog Johann (1782–1859) die Landwehr schon 1808 in Grau-Grün uniformieren ließ. Der Erzherzog, der seinen Wohnsitz in der Steiermark genommen hatte und sich sehr für Land und Leute interessierte, trug die Kleidung der Bergbewohner selbst auf der Jagd oder bei ähnlichen Gelegenheiten, was ihre Verbreitung nachhaltig förderte.

Auf bayerischer Seite avancierten Lodenjoppe und kniefreie Lederhose zur Jagdkleidung von Mitgliedern des Hauses Wittelsbach. Wegbereiter waren hier Herzog Maximilian von Bayern (1808–1888), der spätere Prinzregent Luitpold und Prinz Ludwig (später Ludwig III.). Gewiß übernahmen die hohen Herrschaften zuerst nur aus Nützlichkeitserwägungen die praktischen, bodenständigen Kleidungsstücke während ihrer Gebirgsaufenthalte. Sie wußten aber womöglich auch die Folge zu schätzen, daß die »Wittelsbachische Freizeitkleidung« von weiten Teilen der bekanntermaßen königstreuen Bevölkerung des Oberlandes übernommen wurde, bis sie als Erkennungszeichen des Bergbayern schlechthin diente. Obwohl auch König Maximilian II. gern jagte, gehörte er nicht zu den Tracht-Vorbildern. Aus politischen Gründen, zur bewußten Hebung und Festigung eines bayerischen Nationalgefühls, förderte er jedoch das Bewahren der einheimischen Trachten allgemein. In diesem Zusammenhang kommt allerdings der Trachtenpflege durch Beispiel »von oben« die größere Bedeutung zu. So wirkt von Erzherzog Johann über Herzog Max bis zu F.J. Strauß das Trachttragen allemal als Vorbild für die männliche Bevölkerung – und als ein Ausdruck jovialer Volksverbundenheit wie sonst nur noch Kinder- oder Hundestreicheln.

Auf der Frauenseite entspricht jener Tracht das DIRNDL, ein »irgendwie« österreichisch-bayerischer Typus eines Kleides für alle Gelegenheiten, oder besser: eines an einem Leibchen befestigten Rockes. Es entstand während der zweiten Hälfte des 19. Jahrhunderts im Salzkammergut und in der Tegernseer Gegend, wohl nicht zufällig in frühen Zentren des Tourismus.

Der gutbürgerliche Tourist des späten 19. Jahrhunderts verlebte gern seine Sommerfrische in (Ober-)Bayern. Die ihm ursprünglich scheinende Landschaft, die beeindruckenden »Naturmenschen« darin, verkörperten so recht das Gegenbild zu den rasch emporgekommenen Metropolen des industrialisierten deutschen

Touristinnen in Tegernsee, 1937.

»Trachten«-Werbung, 1985.

Nordens (Sachsen nicht zu vergessen!). »Ursprünglichkeit«, also Trachttragen, Bräuche vorführen und die Demonstration einer gewissen »echt bayerischen« Derbheit, verkam ziemlich rasch zur bezahlten Dienstleistung an Sommerfrischlern. Die Perfektionierung und Konfektionierung des Angebots für die Nachfrage des Massentourismus reduzierte die Lebensweise des Älplers auf ein jederzeit kenntliches Ensemble von Markenzeichen: Lederhosen, Gamsbart, Biertrinken, Schuhplatteln, Raufen, »Fensterln« – auf geht's!

Gleichzeitig mit der Entwicklung des Bayern-Tourismus wuchs auch die Begeisterung für die »Bayerische« Kleidung, die »Gebirgs- und Volkstrachtenvereine« mit Namen wie ALMENRAUSCH und EDELWEIß schossen aus dem Boden, in Franken, Schwaben, ja sogar in Berlin und Wien, wo es in den 20er Jahren ein Dutzend Schuhplattl-Vereine gab. Bayern wurde in der Vorstellung der Leute langsam, aber unaufhaltsam dem attraktiven und bekannten Oberbayern gleichgesetzt. Dazu trug auch die einseitige Selbstdarstellung Ganzbayerns durch oberbayerische Symbole bei. So ist es wenig verwunderlich, wenn heute die Öffentlichkeit unter BAYERISCHER TRACHT in der Regel die oberbayerische Gebirgstracht versteht.

Da außerdem für den internationalen Reisestrom in der BRD Bayern das beliebteste Ziel darstellt, liegt es nahe, den Gedanken konsequent zu Ende zu bringen: Oberbayern ist Bayern und Bayern ist Deutschland – zumindest für ausländische Touristen.

Belege für die Richtigkeit dieses Modells lassen sich finden. Ob es die Hostessen bei der Olympiade 1972 waren, die, in elf verschiedene bayerische Trachten gesteckt, die Medaillen überreichten, oder das weibliche Personal deutscher Pavillons auf Weltausstellungen, das seine Dienste im tragbaren Trachtentrümmer-»Dirndl« verrichtete: Deutschland ist Bayern, ist Trachtenland. Lediglich das SCHWARZWALDMÄDEL, vor allem am Bollenhut der Gutachtaler-Tracht zu erkennen, vermag noch die ausschließliche Präsenz des bayrisch-deutschen Dirndl-Fräuleins zu verhindern.

So haben wir Deutschen es doch noch zu einer Nationalkleidung gebracht, an der uns das Ausland erkennen soll. Für Sie das Dirndl und für Ihn, populär bezeichnet, Sepplhose, Trachtenjacke, Tirolerhut und Maßkrug. Der solcherart zum Oberbayern stilisierte deutsche Mann trägt damit immerhin – das sei zu seinem Troste vermutet – die zivilere Variante der zwei denkbaren National-Trachten; die historische Alternative hätte vielleicht gelautet: Preußischblau!

WOLF-DIETER KÖNENKAMP

Literatur

Bernward Deneke, Beiträge zur Geschichte nationaler Tendenzen in der Mode von 1770–1815. Eine Studie zur deutschen Volkstracht von 1814/15 mit besonderer Berücksichtigung der Verhältnisse in Frankfurt, in: Schriften des Historischen Museums Frankfurt a. M. 12, 1966, 211–252.
Friedrich Ludwig Jahn, Deutsches Volkstum, Leipzig 1940 (zuerst 1810).
Paul Ernst Rattelmüller (Hrsg.), Dirndl, Janker, Lederhosen. Künstler entdecken die oberbayerischen Trachten, München ca. 1970.

New Look

NEW LOOK war die Bezeichnung und Taufname für eine neue Mode, die am 12. Februar 1947 geboren wurde, und die bis 1954 dauerte. Es war ein raffinierter Stil, bei dem jedes Detail ein Pinselstrich war für ein sehr weibliches und luxuriöses Bild der Frau. Er war diskret in seiner Originalität und perfekt in der Auswahl der Accessoires, ein Couture-Stil ganz eigenen Charakters, der alle praktischen Bereiche der Mode mobilisierte. Es war eine Epoche schöpferischer Explosion. Mit wahrer Lust wurde die Verwendung einer Vielzahl von Materialien wiederentdeckt, die Künstlern und Handwerkern während der Kriegsjahre nicht zur Verfügung standen.

Der NEW LOOK hat seine Wurzeln in den späten 30er Jahren, obwohl mit ihm der Name Christian Dior verbunden bleibt. Rochas nahm mit seinen wallenden Kleidern und den enganliegenden FORREAUX die Mode der Nachkriegszeit vorweg. Im Jahre 1942 brachte er Kostüme heraus, die den Namen GUÉPIÈRE bekamen, in Anspielung auf die Wespe (frz. »guêpe«), die in der Mitte so stark eingeschnitten ist, daß es aussieht, als bestünde sie aus zwei Hälften. Um die Silhouette dieser »Wespentaille« zu modellieren, bedurfte es der Unterstützung von Korsetts. Ein berühmtes Foto von Horst für eine VOGUE-Ausgabe von 1939 zeigt das Schnüren eines Korsetts von Detolle an einem prächtigen Frauenrücken. All dies kündigte bereits den kleinen BALCONNET an, den Rose Lebigot 1947 für die Kollektion von CARVEN kreierte. Eine ungewöhnliche Vorwegnahme des SIRENENSTILS findet man in einem Abendkleid von Patou aus dem Jahre 1939. 1946 ist ein Jahr des Übergangs, in dem sich ringelnde, drapierte oder auch geschlitzte FOURREAUX mischten mit weiten Kleidern, die umhüllt wurden von dunklen, aber mit zarten Farben gefütterten Capes. Neuankömmlinge wie FATH (1944) und BALMAIN (1945) traten in Erscheinung und zeigten ihr Talent.

So hat sich ein Modephänomen wiederholt, das es ähnlich schon einmal gegeben hatte: In den Jahren 1912–1913 wurden gewisse Elemente der ART DÉCO-Mode vorweggenommen. – Und wie beschrieben, entwikkelte sich der NEW LOOK der Jahre nach dem II. Weltkrieg schon 1938/39 – also auch vor dem Krieg, schlummerte dann neun Jahre lang, ehe er, als nun wieder Frieden einkehrte – genau wie damals ART DÉCO die wiederauflebende Modewelt revolutionieren konnte.

Das Jahr 1947 ist ein besonderes Datum, an dem sich das Talent eines Mannes namens Christian Dior und das Kapital des vorausblickenden Geschäftsmannes Marcel Boussac zusammenfanden. DIOR bereitete seine erste Kollektion mit Hilfe von 85 Mitarbeitern im schönen Gebäude in der Avenue Matignon vor. Am 12. Februar 1947 sahen die Fachleute zum ersten Mal eine geschlossene Kollektion, die von amerikanischen Modejournalisten den Namen NEW LOOK bekam. In der amerikanischen VOGUE hatte diese erste Kollektion ein enthusiastisches Echo. Sowohl ihre Originalität wird gerühmt, als auch der Umstand, daß alle Modelle auf demselben Stil beruhen. Nach den Jahren des Elends war Paris wieder ein Modezentrum. Die Couture symbolisierte den neuerlangten Reichtum. Ein einziges Kleid benötigte mehrere Dutzend Meter Stoff und die Stickereien in Handarbeit kosteten bis zu 400000 Francs (das entspricht heute 15000 Francs).

In diesen sieben Jahren gab es zwei Tendenzen. Zunächst den Stil LIANE mit enganliegenden FOURREAUX-Kleidern. Das reinste Beispiel ist die SIRENE-Kollektion, die MARCEL ROCHAS 1950 präsentierte. Diese enge, lange, schlängelnde Silhouette erinnert an den scherenschnittartigen Stil der BELLE EPOQUE.

Die andere Linie heißt COROLLE. Sie umfaßt Abendkleider aus besticktem Tüll und Satin mit gewaltigen, schwingenden Röcken, mit gerundeten Oberteilen, die an die Hofkleider des 18. Jahrhunderts und an die Krinolinenmode des Second Empire erinnern. DIOR und BALMAIN glänzten mit luxuriösen Kleidern. Nur noch historische Reminiszenz waren die »epochalen« Kleider BALMAINS, SCHIAPERELLIS und DESSÈS aus dem Jahr 1948. Sie waren die Laune einer Saison und haben nicht stilbildend gewirkt.

Die Elemente des NEW LOOK sind folgende: Die Schultern wurden abgerundet und somit »natürlich«; sie

Nachmittagskleid,
Christian Dior,
Jardin des Modes, 1947.

N

standen ganz im Gegensatz zu den starken Polstern, die während des Krieges die Silhouetten von Jacken und Mänteln bestimmt hatten. Damals sollte mit diesen Polstern die Umhängetasche am Herunterrutschen gehindert werden. Jetzt trug die Frau ihre Tasche wieder in der Hand. – Die »Wespentaille« versuchte auf 54 cm zu kommen – eine geradezu magische Marke für die Frau des New Look. – Die Hüfte wurde durch perfekte eingenähte Schöße und bei Abendkleidern durch mehrteilige Unterröcke betont. – Der Rock wird lang und damit zum Gegenstand einer »Minirevolution«. Er provozierte erregte Kämpfe unter den Modebewußten. Ein Hilfskomitee zur Verteidigung des kurzen Rockes entstand. Insgesamt gesehen beweist das eine herrliche Vitalität, die die schwierigen Zeiten überdauert hat. Während der ganzen 50er und auch noch zu Beginn der 60er Jahre bildete die Rocklänge die große Streitfrage einer jeden Kollektion. Zwar mißt sie nach Zentimetern, konnte aber umgerechnet auch für den kommerziellen Erfolg ausschlaggebend sein.

Mantel,
Jacques Fath,
Vogue, 1948.

Auch wenn viele Couturiers wichtige Stücke zum Gesamtbild des New Look beitrugen, ragten doch drei Figuren heraus, die die Bewegung gewissermaßen ins Leben gerufen hatten: Fath, Balmain und Dior. In diesem Triumvirat war Fath, der als erster, und zwar 1944, debütierte, der am meisten amerikanisierte. Im Jahr 1948 fertigte er für einen New Yorker Konfektionär zwei Kollektionen pro Jahr. Für die Amerikaner hingegen war er derjenige, der ihnen den French Look brachte. Er war einer der wenigen französischen Modeschöpfer, der völlig unabhängig war, ohne jeden Teilhaber; gleichermaßen ein Virtuose der Eleganz, als auch die führende Persönlichkeit bei festlichen Anlässen. Balmain war einer der Eckpfeiler dieser Pariser Renaissance. Er schuf den Typ der Pariserin der 50er Jahre und gab ihr 1953 den Namen Jolie Madame, was zugleich der Name eines Parfums war, das er im selben Jahr herausbrachte. Luxus, Ruhe, Struktur und Subtilität sind seine herausragenden Kennzeichen.

Die New Look-Frisuren wurden

markiert durch die Ablehnung der hohen Frisuren der Kriegszeit und standen in einem ausgewogenen Verhältnis zu den Kleidern. Es waren die »kleine Köpfe« mit kurzem, gelocktem Haar oder mit diskretem Knoten, die sehr wohl zu den BIBIS paßten, zu den kleinen technischen Meisterleistungen, die die Pariser Modistinnen da vollbrachten. (Man bemerke die Analogie zwischen dieser Frisur und den gepuderten »kleinen Köpfen« des Louis XV., wo schon einmal der Stil einen merklichen Einfluß auf diese Mode hatte.)

Der NEW LOOK umgab sich mit einem ganz besonderen Duft. Wie die üppigen Blütenbroderien der Cocktail- und Abendkleider wirken die Parfums aus Aldehyden und Chypre. Im Jahr 1947 wurde ein Ensemble von einem Dutzend Parfums kreiert, von denen MISS DIOR von Dior, L'AIR DU TEMPS von Nina Ricci und ROBE D'UN SOIR am bekanntesten wurden. In diesem Jahr gab es überhaupt die meisten Kreationen. Diese ganze Harmonie wurde durch die wunderbaren Mode-Zeichnungen von Bérard, Vertés, Tom Keogh und vor allem Gruau eingefangen; daneben Eric, der hauptsächlich für Amerika arbeitete. Die Mode vertraute sich auch den Objektiven so sachkundiger und wählerischer großer Photographen wie Irving Penn und Avedon an.

Nachmittagskleid,
Robert Piguet,
Vogue, 1948.

Während jener privilegierten sieben Jahre bot die Mode ein geschlossenes subtiles Bild mit neuen Erfindungen, manchmal auch drolligen Einfällen, in denen sich die Frauen zu einem heiteren Wiederaufblühen nach den Kriegswirren finden konnten.

Drei Faktoren führten um die Mitte der 50er Jahre einen totalen Wechsel des Stils herbei. Entscheidend war der Abgang von zwei Talenten, die den Ruhm des NEW LOOK begründeten. Fath, schon länger krank, starb 1954 mit 42 Jahren. Wenig später, im Jahre 1957, folgte ihm Christian Dior.

Eine wirkliche Weiterentwicklung fand ab 1954 durch den Wechsel statt, als Mademoiselle Chanel zurückkehrte und mit ihrer ersten Kollektion die gesamte Modewelt in Erstaunen versetzte. Ganz ihrem Stil treugeblieben, ging sie auf eine Silhouette zurück, die mit derjenigen unvereinbar war, die die letzten Jahre beherrscht hatte; ihre Vorahnungen inspirierten im Jahr 1955 BALENCIAGA zur Tunika-Robe, mit einer Silhouette voller

Cocktailkleid,
Cristobal Balenciaga,
Vogue, 1947.

Klarheit, einer fast mönchischen Geradlinigkeit und zum ersten ENSEMBLE-BLOUSON. Die ständig sich erneuernden Ideen eines talentierten Modeschöpfers ließen DIOR im Jahre 1954 die H-LINIE herausbringen, von den Amerikanern mit dem Namen

N

Abendkleid,
Marcel Rochas, 1947.

FLAT-LOOK versehen, der dann 1955 die A-LINIE folgte. Das entscheidende Moment war aber der Aufstieg einer neuen Generation von Modeschöpfern mit klassischer Ausbildung und erfinderischem Geist.

Pierre Cardin eröffnete sein eigenes Haus im Jahre 1953, nachdem er bei Paquin gelernt und sich bei Schiaparelli den letzten Schliff geholt hatte. 1954 war es der Erfolg der BALLONKLEIDER und 1955 das Tweed-Kostüm mit großem Kragen, der einen Wechsel einleitete.

Hubert de Givenchy, der Erbe von GRANDS, präsentierte 1952 seine erste Kollektion, nachdem er bei FATH, ROBERT PIQUET, SCHIAPARELLI und BALENCIAGA gearbeitet hatte. Seine Sackkleider, seine DOS-BLOUSANTS und seine Ballonkleider machten Modegeschichte.

Guy Laroche markierte 1957 mit einer Kollektion, in der Kleider mit dem »Weihwasserkessel-Dekolleté« und perlenbestickte, von der Jahrhundertwende inspirierte Kleider triumphierten, die weitere Abkehr vom NEW LOOK.

Yves Saint-Laurent, nach dem Tode Diors verantwortlich für die neuen Kollektionen, setzte diese Entwicklung mit seiner am 30. Januar 1958 vorgestellten TRAPEZLINIE fort.

Die Ära des NEW LOOK war 1954 zu Ende, eine Seite im Buch der Mode wurde umgeblättert.

FABIENNE FALLUEL

O

– Off-Mode

O

Off-Mode

Was gestern Avantgarde, Off, Trend, »in« war, ist morgen »out«. Dann taugt es nach einer zeitlichen Schonfrist (sie beträgt zur Zeit noch ein bis zwei Jahrzehnte) gerade noch zum Zitat. Auch Kreativität ist dem Kreislauf der ewigen Wiederkehr unterworfen.

Zum gegenwärtigen Zeitpunkt überschlagen sich die modischen Trends des »Neuen«. Die Grenzen zwischen Establishment und Alternativ-Szene haben sich verwischt. Die bis zu den frühen 80er Jahren noch gewissenhaft »funktionierenden« Trennungen zwischen der stilbildenden Haute Couture und dem jeweiligen Subkultur- oder Underground-Styling sind aufgehoben. »In« sein ist »out« und umgekehrt, oder, um anschaulicher zu werden, der karrierebeflissene junge Angestellte in ADIDAS-Shorts und T-shirt ist genauso »in« wie die Punk-Lady mit Netzstrümpfen, Leder-Mini und zu Berge stehender Gel-Frisur.

Es geht offensichtlich nicht mehr um die modische Demonstration einer klassenspezifischen Zugehörigkeit, es geht heute in schonungsloser Strategie um die möglichst perfekte Inszenierung des Selbst. Ob schrill oder verhalten-elegant, ob exotisch oder klassisch, ob sportlich oder romantisch – Ziel ist das optimale Körperdesign, ist die narzißtisch verabsolutierte Präsentation des Äußeren. Jeder sein eigener Star, jeder bemüht, sich den »touch«, oder, »alt«-deutsch, die Aura der Einzigartigkeit zu verleihen, und sei es auch nur in der Nuance der dezent brillantenbesetzten Sicherheitsnadel auf der Jeans-Jacke von Calvin Klein.

Nachdem die provokative Ästhetik des PUNK, der letzten revolutionären Jugend-Bewegung seit den 60er Jahren, Anfang 1980 salonfähig geworden, sachte in die marktträchtigen Geleise des domestizierten NEW-WAVE geglitten war, sind Grenzüberschreitungen, Tabuverletzungen endgültig absurd geworden. 1976 war PUNK in London explodiert als aggressiv-exhibitionistische Kult-Ästhetik eines Lebensgefühls der Ohnmacht und des Überdrusses angesichts der immer lückenloseren Manipulation der gesellschaftlichen Umwelt. Terror unter Einsatz des eigenen Körpers, gerichtet gegen den Konsumterror. Die Waffen: eben die Utensilien jener Konsumgesellschaft, alle greifbaren und am liebsten die banalsten: Sicherheitsnadel und Büroklammer. Geleitet von einer anarchistisch-nihilistischen Anti-Haltung gegen alles und jeden formten sich diese Jugendlichen zu martialisch ausstaffierten (Leder, Nieten, gen Himmel starrende Hahnenkammfrisuren, Springerstiefel, kunstvoll zerrissene Röhren-Jeans) Kunstwerken des Protests um.

Punk benützte das vorhandene Arsenal aller bis dahin verfügbaren Accessoires der Subkultur wie der etablierten Kultur, vereinnahmte die leopardengemusterten Hosen der 50er Jahre, die Ben-Sherman Hemden und schmalen Schlipse der 60er Jahre, Armeehosen, Parka und Plastiksandalen

Brautkleid »Zarenbraut«,
Siegfried Oselka,
München, 1986.
Münchner Stadtmuseum.

Brautkleid »Zarenbraut«,
Siegfried Oselka,
München, 1986.
Münchner Stadtmuseum.

O

Kleid, Günther Schmalor,
München, 1982.
Münchner Stadtmuseum.

Pullover, Günther Schmalor,
München, 1982.
Münchner Stadtmuseum.

der 70er und Ketten, Nieten und Lederkluft der Rocker-Inventare. Genau dieses, als ästhetischer Schock gemeinte Vorgehen des unbekümmerten Zitierens, inspirierte die etablierte Kulturszene, ja revolutionierte sie in gewisser Weise sogar. Die Mode-Designer begriffen zwei Dinge: zum einen die sich ergebende Fülle neuer Kombinationsmöglichkeiten mit Hilfe von Zitaten aller benützbaren historischen und aktuellen Stile, zum anderen das entstehende Potential für Selbstdarstellung, den Kult des »Ichs« in jedweden vorstellbaren grellen und dezenten Variationen.

Und siehe da, der in der »gezähmten« Fassung präsentierte Stil-Cocktail weckte ein Massenbedürfnis. Die Lust an der Show überkam eine große Menge von Leuten, junge wie ältere. Die Generationen verbündeten sich im Eifer um »Styling« des eigenen Körpers. Keiner etwa der Mode verachtenden ehemaligen Apo-Generation, der Mitte der 80er Jahre noch langhaarig, bleich-schmuddelig, mit hängenden Schultern und rachitischem Rückgrat durch die Gegend schliche! Muskelgestählt, braungebrannt, körperbewußt, das sind Minimalforderungen an Männer wie Frauen, ob alternativ oder saturiert. Die neuen Zauberformeln lauten: Erfolg, Stil, Geschmack, Körper, Sinnlichkeit, Zärtlichkeit, Erotik. Keine Rede mehr von Veränderung der gesellschaftspolitischen Verhältnisse. Eine »neue« Klassik als Synthese aller nur denkbaren Stilmittel bahnt sich an. Die Avantgarde als kleiner elitärer Kreis von Modemachern, Künstlern und Designern für eine gleichfalls exklusive Minderheit existiert nicht mehr. Heute trifft Avantgarde den Geschmack der Masse. Jeder ein potentieller Bohémien. Oder auch

Kleid, Günther Schmalor, München, 1982. Münchner Stadtmuseum.

Pullover und Shorts,
München, 1982.
Münchner Stadtmuseum.

nicht. Nur ein Gebot erscheint absolut: Gestalte deinen Körper.

Deshalb kann Avantgarde heute so aussehen: Gestreiftes Baumwoll-Männerhemd als Rock getragen, die Ärmel vorne lose miteinander verschlungen (Katherine Hamnett). Dazu ein zweites, quergestreiftes Hemd, über das ein über der Brust kreuzweise geschnürtes Leibchen getragen wird. Darüber ein boleroartiges Samtjäckchen.

Oder so: Mit Eisennägeln gespickter, langer, weiter Mantel nebst ebenso stacheliger Kopfhaube.

Oder so: Clowneske Gamaschenschuhe, Mantel mit unsinnig langen Ärmeln, die die Hände bedecken, möglichst »armselig« ohne Kragen geschnitten, sich unten extrem weitend. Assoziationen an Lumpensammlerinnen sollen geweckt werden.

Oder so: An ein Kleid, oben schmal und klassisch gearbeitet, wird in der Taille das »Tutu« der Ballerina angesetzt, der Rock darunter jedoch enganliegend weitergeführt, bis er »spanisch« in drei Reihen von Volants endet. Zwei bis drei Stile an einem Kleidungsstück zu verschmelzen – wenn nicht noch mehr –, ist die Spezialität von »LE WUNDERKIND« Jean Paul Gaultier.

Avantgarde ist natürlich auch das: Vier Trachten- und Folkloreröcke übereinander zu tragen, dazu fünfreihige Perlenketten und mindestens zwei Goldbroschen mit dem eigenen Konterfei zu kombinieren.

Oder die Art, in der der Tunesier Azzedine Alaïa hautenge Kleider mit möglichst vielen Schlitzen, Löchern und Schnürungen auf nackter Haut entwirft – Huldigung der Erotik des weiblichen Körpers.

O

Avantgarde zeigt sich unter anderem im Schmuck aus Plastilin, in den ein Paar Glasaugen eingearbeitet sind; Motto *»I only have eyes for you«* (Anna Schröder) – oder in den als Zierde um den Hals zu tragenden »Bilderrahmen« des Schmuck-Designers Otto Künzli.

Und nicht zuletzt ist die »neue« Vielfalt der Herrenbekleidung avantgardistisch zu nennen: rosafarbene Seidenjacketts, weit geschnittene, lässige Leinenanzüge, Hüte, Krawatten, Schmuck in beliebigen Formen und oft leuchtenden Farben. Extravaganzen sind erwünscht.

Ab und zu laufen die Männer auch bereits in Röcken oder Hemden-Kleidern über den Laufsteg.

Um das schier unerschöpfliche Kaleidoskop der modischen Kleidungsvorschläge abzurunden: Auch Jeans sind avantgardistisch, immer noch, desgleichen – neuerdings – Trachtenanzüge und der klassische Burberry. (Wenn man ihn mit Spitzenhandschuhen und grünen Strähnchen im Haar verbindet.)

Ein Moment allerdings darf am »Stil der Avantgarde« nie fehlen: das der transparent gemachten Inszenierung, des künstlich-kunstvollen Arrangements der Zitate.

Wie vermittle ich welches Image am Perfektesten, heißt die Schlüsselfrage der avantgardistischen Mode.

Das Roulette der Masken des »Ich« dreht sich zur Zeit auf Hochtouren. Wo es zum Stillstand kommt, gebiert es den NEUEN STIL – vielleicht.

EVA KARCHER

Literatur

3. Avantgarde-Modemesse, Modeperspektiven, 22.–26.3.1986, Gespräch mit der Veranstalterin Claudia Langer.
Ernst Fuchs, Die Frau in der Karikatur, München 1926.
Ders., Illustrierte Sittengeschichte der Neuzeit, Bd. 2: Die galante Zeit, München 1906.
Männer-Vogue, 1–4, München 1986.
Katalog: Schock und Schöpfung – Jugendästhetik im 20. Jahrhundert, Stuttgart 1986.

Mantel, Michael Ody, München, 1984. Münchner Stadtmuseum.

Herrenanzug, München, 1978. Münchner Stadtmuseum.

O

Cape, Michael Ody,
München, 1984.
Münchner Stadtmuseum.

P

– Parfüm und Erotik
Pelz
Paul Poiret
Popmusik und Mode
Produktionskunst
Pullover
Punk

P

Parfüm und Erotik

Die französische Mode des 18. Jahrhunderts – ein einziger Rausch der Sinne, süchtig nach immer neuen Erregungen und Stimulantien, dabei streng auf die Wahrung und Unterstreichung gesellschaftlicher Unterschiede bedacht – diese Mode scheint mit ihren prächtigen und kostbaren Gewändern, dem betäubenden Ambraduft der Puder und der frechen Schamlosigkeit der Schminke weniger ein Ausdruck echter Erotik zu sein, als vielmehr die unaufhörliche Anstrengung, den Tod zu bannen und die Furcht vor ihm zu verdrängen.

Die Aufklärung und die von England aus sich durchsetzende industrielle Revolution breiteten in ganz Europa einen grauen Schleier von Produktivität und von Betriebsamkeit über die Exzesse des aristokratischen Narzißmus. In eins damit trat das Kölnischwasser seinen Siegeszug an: ein einfacher Aufguß von ätherischen Ölen (Zitrone und Bergamotte, sowie »petitgrain« – aus Blättern und Zweigen des Bitterorangenbaums gewonnen) und Aromen, das die französischen Soldaten während des Siebenjährigen Krieges in Deutschland kennenlernten und in die Heimat mitbrachten. 1792 erhielt es von Muhleus den Markennamen COLOGNE 4711, und als solches wurde es und blieb bis heute ein »Klassiker«. Fast gleichzeitig brachte Yardley 1770 das legendäre ENGLISH LAVANDER auf den Markt, ein Produkt auf der Basis von Lavendel, Bergamotte, Zitrone u.a. Kölnischwasser und Lavendel: Das sind die zwei Säulen in der Welt der »dezenten« Düfte – der *»Parfümerie in Grau«*. Es sind zwei Parfümtypen, die »frisch« und »sauber« riechen, deren Duft sich schnell verflüchtigt und die – last but not least – keinen Gedanken an Körperlichkeit und Erotik aufkommen lassen. So unterstreichen sie den Eindruck von Fleiß, Besonnenheit und Zurückhaltung, auf den der Mann des 19. Jahrhunderts – der moderne »Held der Arbeit« – Wert legte. Die dezente Duftnote vervollständigt das Bild gediegener Ehrbarkeit, steigert Glaubwürdigkeit und Respektabilität des »Biedermanns«.

In diesem grauen Paradies der Wohlanständigkeit, das der sich opfernde »Held des großen Verzichts« errichtete, war die Frau der vitale Gegenpol, vertrat die Ansprüche des Lebens und der Erotik und ließ eine Reihe von Reizen spielen, die um so verführerischer waren, je züchtiger sie sein mußten. Die olfaktorische Erotik der sinnlich betörenden Düfte freilich blieb der Frau ebenso verschlossen wie dem Mann. Auch sie mußte sich dem EAU DE COLOGNE bequemen, dessen »weibliche« Version – das JEAN MARIE FARINA mit blumiger Note – ROGER & GALLET 1806 auf den Markt brachten. Höchstens wird ihr noch der Part der »unschuldigen Blume« und damit ein einfacher, zarter Duft nach Rosen, Veilchen, Tuberosen zugestanden: So soll sie das aristotelische Prinzip der Einheit von Tugend und Schönheit exemplifizieren, den Männern das duftende Alibi ihres Begehrens liefern und selbst die absolute Schönheit der Natur »en fleur« verkörpern.

An der Wende vom 19. zum 20. Jahrhundert kommt es, vor allem in Frankreich, zu einem regelrechten »Parfümboom«: Es wird die sublime Kunst wiederentdeckt, sich mittels eines Parfüms darzustellen, sich zu profilieren oder einfach nur zu gefallen. Die organische und anorganische Chemie hatte in der 2. Hälfte des 19. Jahrhunderts erstaunliche Fortschritte gemacht, und einige »romantische« Chemiker sahen darin die Chance, durch synthetische Produkte die entwertete und zerstörte Natur künstlich wiedererstehen zu lassen. Das Nitrobenzen mit dem Bittermandelgeruch, dessen synthetische Darstellung dem Deutschen E. Mitscherlich gelungen

Parfumerie Pinaud et Meyer,
Paris, L'Illustration, 1870.

Behälter für Herrenkosmetikartikel, Firma W. A. Fischer, Frankfurt/M., um 1920.

war, wird um 1870 auch industriell hergestellt; Sir W. Perkin gelingt die Synthese des nach frischem Heu duftenden Kumarins, und um 1890 erscheinen die ersten synthetischen Moose, der künstliche Veilchenduft, die Ester mit ihren intensiven, fruchtigen Aromen sowie die Aldehyde, die sich vorzüglich eignen, den Blumenkompositionen die Schwere zu nehmen.

Im Reich der Wohlgerüche beginnt eine neue Ära. HOUBIGANT bringt 1910 das frische QUELQUES FLEURS auf den Markt, das ebenso wie ROSE JACQUMINOT von COTY Aldehyde enthält. 1921 dann erblickt, dank der Nase des Parfümeurs Ernest Beaux, das legendäre CHANEL No. 5 das Licht der Welt, das zum großen Vorbild der modernen Aldehyd-Parfüms mit Blumenbouquet wurde.

Die unparfümierte Frau habe keine Zukunft – dekretiert Paul Valéry Anfang des Jahrhunderts. Das Parfüm wird zum beinahe mythischen Ausdruck einer sich in immer stärkerem Maße Geltung verschaffenden weiblichen Persönlichkeit. In der Kunst der Verführung sind Kleidung und Parfüm aufeinander bezogen, steigern sich gegenseitig.

Die Verketzerung der Körperlichkeit weicht – zumindest in den gebildeten Kreisen Europas – einer allgemeinen Lust an Selbstdarstellung und Selbstausdruck.

1919 unterstreicht GUERLAIN den erotischen Appeal seiner Kreationen MITSOUKO (erster Vertreter einer ganzen Familie schwüler Chypre-Parfüms mit maliziösem Pfirsichakzent) und SHALIMAR (das die Reihe der orientalischen Parfüms, deren sinnlicher Reiz durch die Süße der Vanille gesteigert wird, mitbegründet) durch Flakons aus Baccarat- und Lalequekristall. Nicht zu vergessen: ARPÈGE von LANVIN, das 1927 die Familie der blumigen Aldehyd-Parfüms mit holziger Grundnote begründet; PATOU mit seinem JOY von 1930, erster Vertreter einer Familie von Parfüms mit Blumenbouquet, in denen Rose, Maiglöckchen und Jasmin unangefochten dominieren; ORIGON von COTY mit der gekonnten Kombination von schwüler orientalischer Note und heiterem Orangenblütenduft; MY SIN von LANVIN (1925); LIÙ von GUERLAIN (1929); SHOCKING von SCHIAPPARELLI (1935).

Diese Phase schöpferischer Kreativität mündet in der 2. Hälfte des 20. Jahrhunderts in eine industrielle Produktion im großen Maßstab. Der Traum von Schönheit und Lust, der dem Parfüm innewohnt, ergreift von immer breiteren Schichten Besitz. Sich zu parfümieren wird zur alltäglichen Gewohnheit, und für das Konsumverhalten werden Werbung und Imagepflege in den Massenmedien wichtiger als die »Ausstrahlung« des Parfüms selbst.

Weiterhin gehören Mode und Par-

Parfumwerbung, Die Dame, 1930.

P

Kosmetikwerbung,
Ludwig Hohlwein,
München, 1924.

füm zusammen und die enge Verbindung beider bleibt die Grundlage der Glaubwürdigkeit eines Parfüms. In Italien hat man die kommerzielle Chance, die darin liegt, erkannt und weiß sie weidlich zu nutzen. Kaum ein Modeschöpfer, der nicht einem Parfüm seinen Namen geliehen hätte – man denke an VALENTINO, KRIZIA, ARMANI, VERSACE, CAPUCCI, FERRÉ, BASILE, LANCETTI etc. – Die Franzosen, die sich zu lange auf ihren Lorbeeren und ihrer historischen Vormachtstellung ausgeruht hatten, waren auf diese Entwicklung nicht vorbereitet.

Zunehmend verwandelt sich der Traum von der Lust in einen Traum von Reichtum und damit rücken die Parfüms auch in die Nähe des Schmucks: Folgerichtig lancieren CARTIER und VAN CLEEF & ARPELS in den 70er Jahren ihre eigenen Parfüms.

Die Frau, deren Ansprüche immer höher werden, wird von der Industrie umworben, die ihr »jeden Wunsch von den Augen abliest« und sie von der Pubertät an mit Parfüms aller Art eindeckt.

Aber auch in der Welt des Mannes haben sich tiefgreifende Veränderungen vollzogen. Die Veränderung der Geschlechterrollen, das definitive Verschwinden des PATER FAMILIAS, die neue sexuelle Freiheit der Frau (die sich das Recht nimmt, auch im Bereich der Erotik selbst zu bestimmen), der zunehmende Streß, dem der Mann in der modernen Gesellschaft unterworfen ist (weniger Freiräume, Hast und Unruhe des Lebens, verstärkter Leistungsdruck, fehlende Bestätigung seiner Männlichkeit im allgemeinen) – all das bewirkt eine tiefe Verunsicherung des Mannes, der ein beinahe grenzenloses Bedürfnis nach Surrogaten der Männlichkeit entspricht.

So wird »der Mann der 80er Jahre« zur vielversprechenden Zielgruppe und potentiell zum »Großen Konsumenten«. Die Kosmetikindustrie läßt es sich angelegen sein, ihm die Illusion heiler Männlichkeit zu suggerieren: einerseits sportliche Eleganz (POLO von RALPH LAUREN und DENIM von ESTÉE LAUDER, die mit ihrer würzigen Fülle die Atmosphäre eines englischen Landsitzes heraufbeschwören), andererseits ein Macho-

Parfumwerbung,
Madame, 1956.

P

Parfumwerbung,
Chanel, 1986.

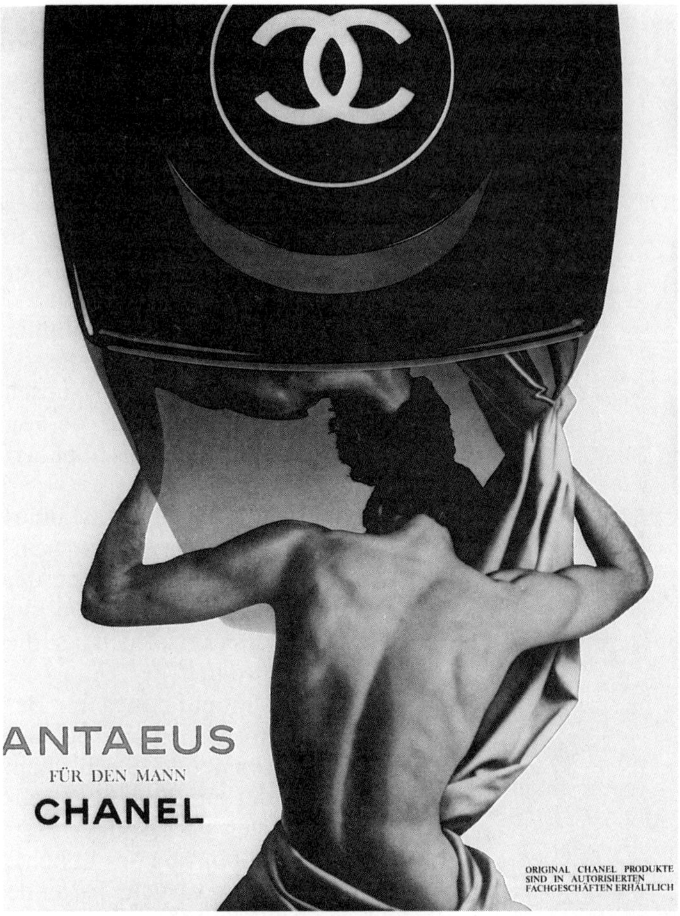

Parfumwerbung,
Jean-Louis Scherrer,
um 1980.

Parfumwerbung,
Guy Laroche, 1986.

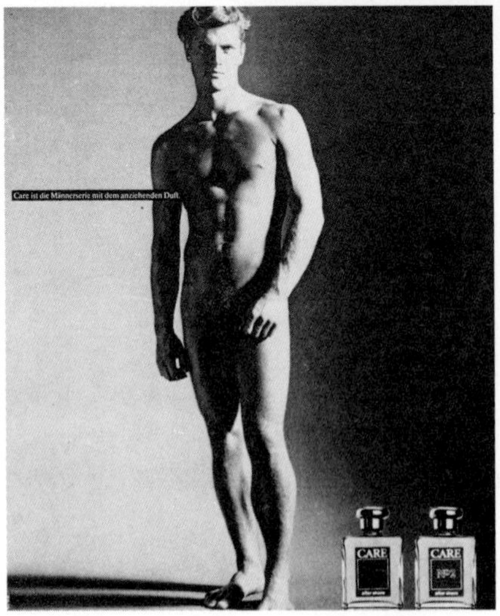

Parfumwerbung, 1986.

Parfumwerbung,
Karl Lagerfeld, Paris, 1982.

Parfumwerbung,
Guy Laroche, um 1983.

Parfumwerbung,
Gianni Versace, 1986.

Image (DRAKKAR-NOIR von GUY LAROCHE ist das Paradebeispiel). Doch der Mann der 90er Jahre – eingeschworen auf den Mythos von Jugend und Effizienz – geht darüber hinaus: In der Kleidung hält er sich, um stets en vogue und »in« zu sein, an die jungen »Namen«; im Hinblick auf den Körper hat er den (kosmetikfeindlichen) Männlichkeitswahn überwunden und ist weitgehend bereit, der Schönheitspflege ihren Tribut zu zollen. Körperpflegeserien wie BIOTHERM, ARAMIS von ESTÉE LAUDER, PACO RABANNE oder ROCKFORD von ATKINSONS sind ein deutliches Zeichen, daß die männliche Identität in stürmischer Entwicklung begriffen ist.

FABIO CARMIGNANI

Literatur

S. Arctander, Perfume and Flavour Materials of natural Origin, 1960.
A. Corbin, Le miasme et la jonquille, Paris 1982.
M. Lichtenberger, Due gocce di profumo, Milano 1984.
E. Maple, The Magic of Perfume, Wellingborough 1973.

P

Pelz

Jahrtausende ist es her, daß sich der Mensch ein Fell mit Tierkopf überstülpte, um zu imponieren oder abzuschrecken. Indes, das Imponieren mit edlen Fellen erhielt sich über all die Jahrhunderte.

Auch ohne Modeschöpfer und Werbung war edles Rauchwerk als Statussymbol und Schmuck bei Vornehmen begehrt. Das Leopardenfell zeichnete hohe Würdenträger im ägyptischen Altertum aus und Hermelin zierte Krönungsmäntel bis in die jüngste Vergangenheit. Die wärmende Funktion überließ man dem Schaffell, in das sich Hirten und Bauern hüllen durften.

Qualität und Quantität des Kleidungsaufwandes, besonders bezüglich der Felle, waren seit dem Mittelalter je nach Stand durch Luxusgesetze und Kleiderordnungen geregelt. Das Verbotene war oft eine Sünde wert und manch eitle Trägerin kam an den Pranger. War man vom Tragen des edlen Rauchwerks ausgeschlossen, so wollte man sich doch den Anschein des Privilegierten geben, wofür es bereits im späten Mittelalter Gewebe gab, die »wie Pelz« aussahen.

Die Aufhebung der Kleiderordnungen durch die Französische Revolution und die soziale Gleichheit vor dem Gesetz hoben das Prestigedenken keineswegs auf. Selbst im so bürgerlichen Biedermeier avancierte mancher Schneehase zum königlichen Hermelin, mit schwarz eingefärbten Streifen, um dem Wunsch, »etwas Besseres« zu scheinen, zu genügen.

Während des II. Weltkriegs und

Marat, um 1790.

Comte de Turenne, Jacques-Louis David, 1816 (Carlsberg Glyptothek, Copenhagen).

kurz danach wahrten Pelze mit Doppelnamen, wie Biber-Lamm, Seal-Kanin oder Ozelot-Lamm, den Schein des Nicht-Vorhandenen. Die Betonung dabei lag auf dem ersten Wort, während das zweite, nur leise und verschämt gemurmelt, den wahren Pelz verriet. Auch in unseren modedemokratischen 80er Jahren gilt nur zu oft: *»Nur im Nerz ist man jemand«*.

So erfüllen – je nach Brieftasche – Haute Fourrure oder Pelzkonfektion den Traum vieler Frauen und versuchen dem Gleichheitsprinzip Genüge zu tun. Denn, so der Soziologe René König, *»die Frau ist das demokratischste Wesen. Was die Dame der Oberschicht besitzt, die Kleinbürgerin will es haben und macht es nach«*.

Der stets hoch begehrte Pelz diente über Jahrhunderte der Fütterung und Verbrämung von Kleidungsstücken. Noch keine 200 Jahre ist es jedoch her, daß der »Mantel mit Außenpelz« in die Mode eingegangen ist.

Illustration aus La mode artistique, 1902.

Wahrscheinlich im kalten Winter von 1809 tauchten die ersten Außenpelzmäntel für Damen, »Witzschouras«, in der Pariser Gesellschaft auf. Über ihre Herkunft – Rußland oder Polen – ist man sich nicht im klaren. In beiden Ländern hatte Pelz eine große Tradition und zu beiden hatte Napoleon I. zu jener Zeit Kontakte. Aber wohl weniger politische Konstellationen, als vielmehr die Mode leistete dem Außenpelzmantel die nötige Starthilfe. Die geraden Hemdkleider um 1800 – Chemisen aus feinstem Musselin – erlaubten und erforderten zugleich einen anliegenden, bodenlangen Mantel, der alle Körperteile bedeckte und erwärmte. Der Innenpelz blieb noch für einige Zeit dominierend. Die umhangartigen Stoff-Pelissen des 18. Jahrhunderts wurden durch anliegende »Redingotes«, die mit Feh (Eichhörnchenfell), Otter oder Marder gefüttert waren, abgelöst. Außerdem übernahmen die Damen aus der Herrenmode die Vorliebe für den Muff. Man hat sich darunter keinen Muff in heutiger Dimension vorzustellen, sondern eine »Riesenrolle« aus Silber-Bär oder Sibirischem Fuchs, in dem nicht nur sämtliche unentbehrlichen Utensilien Platz fanden, sondern nicht selten das Schoßhündchen mit gewärmt wurde. Als weiteren Pelz gab es Anfang des 19. Jahrhunderts die »Palatine«, eine kragenartige, vorne jedoch tief herabhängende Stola, für die brauner Marder bevorzugt wurde. Und im Frühjahr schlang die Schöne eine Pelzschlange, die Boa, um den edlen Hals.

Aber nicht nur die Damen griffen in jenem strengen Winter von 1809 zum Außenpelzmantel, sondern auch die Herren. Aber ihre Erscheinung wird als so ungewöhnlich geschildert, daß ihre Träger auf der Straße heftig beschimpft und zum modischen Nachgeben gezwungen wurden.

Im Biedermeier findet man um 1830 Ballkleider mit breitem Hermelinbesatz um Dekolleté, Ärmel und Saum. Mitte des vorigen Jahrhunderts, zur Zeit der Krinoline, gehörte eine mit Pelz gefütterte und verbrämte Schoßjacke oder ein solcher Umhang, auch mit Außenpelz, in die Garderobe jeder bürgerlichen Frau.

Anläßlich der ersten Weltausstellung in London im Jahre 1851 wurden Rang und Wichtigkeit des Pelzes in der Kleidung in einer eigenen großen Abteilung demonstriert. Im Ausstellungskatalog versicherte die kanadische HUDSON'S BAY COMPANY, einer der Hauptaussteller, daß *»die Arktik als unerschöpfliches Jagdgebiet anzusehen«* sei. – Noch war die diesbezügliche Ausbeutung im vollen Gange. – Kanada belieferte den Markt mit Fellen von Waschbär, Biber, Chinchilla, Seehund und Wolf. Ein anderer großer Aussteller sowohl für Felle als auch für Pelzmode, die Firma NICHOLAY aus London, stellte Astrachan, das Fell kirgisischer Lämmer, groß heraus und lancierte den Persianerkragen am Herrenmantel. Die meist bestaunte Besonderheit war eine Überkleidung aus Affenpelz. Wildkatzen dagegen fanden noch kein so großes modisches Gefallen wie fünfzig Jahre später. 1866 gelang es, die borstigen Grannenhaare des Seehundfelles zu entfernen, ohne das weiche Unterfell zu zerstören. Damit begann die Beliebtheit und das Massensterben der Seehunde.

P

Pelzentwurf,
Erté, 1918.

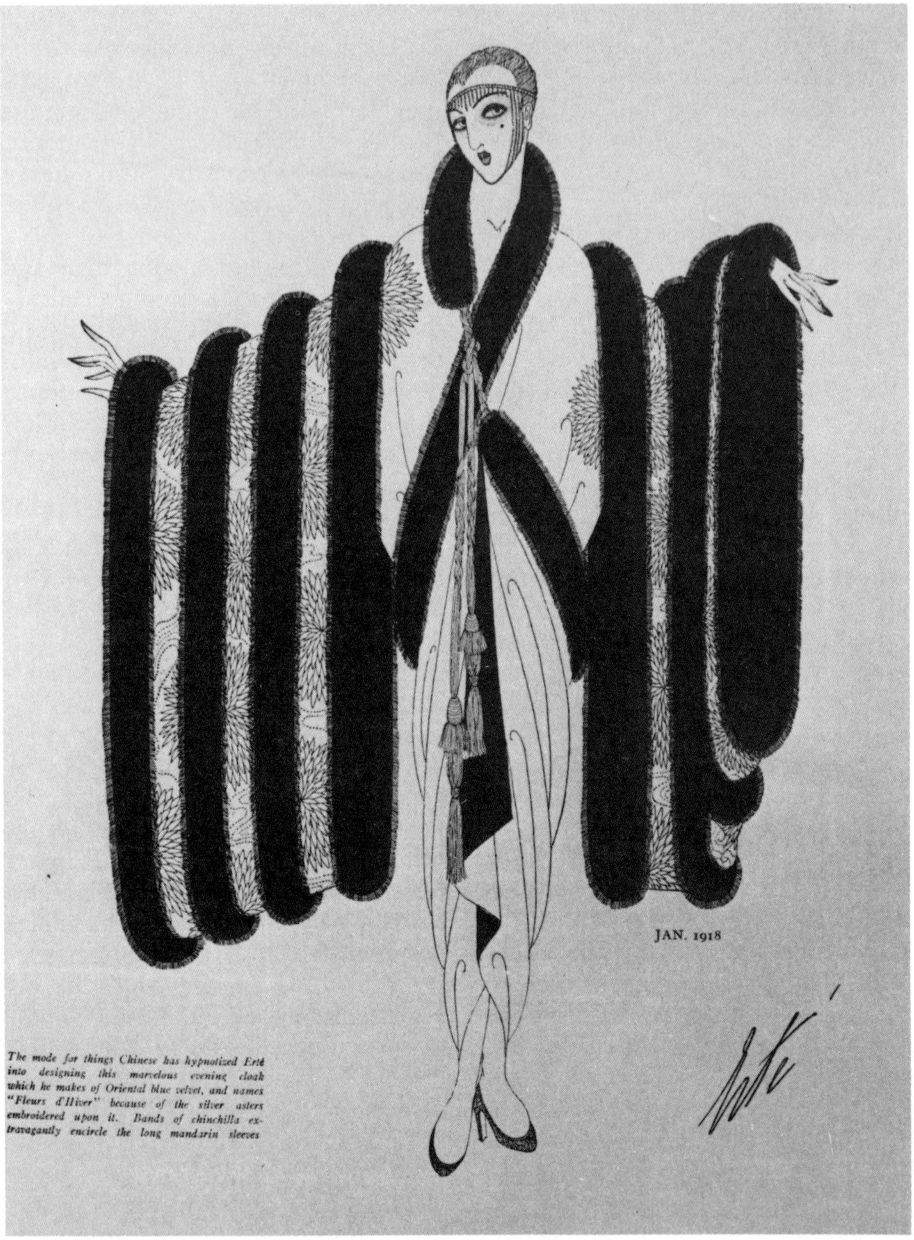

Eine Mode von sehr seltsamer Eleganz stellte in den 1880er Jahren die Vorliebe dar, Hüte, Muffs und Mäntel mit ganzen Tieren, einer Katze, einem kleinen Äffchen, ja sogar einer ausgestopften Maus, die sich auf der Schulter eines Abendkleides tummelt, zu verzieren.

Der Höhepunkt extravaganter Pelzmode fand zweifelsohne an der Jahrhundertwende statt. Bodenlange Mäntel, voluminöse Stolen, ausladende Krägen und überdimensionale Muffs aus Zobel, Hermelin, Opossum, Seal, Feh oder Ozelot findet man nicht nur auf Fotos, sondern werden auch ausführlichst in Gazetten beschrieben. Sarah Bernhardt, die gefeierte französische Schauspielerin, heißt es, fuhr in einer offenen Karosse durch Paris, von Kopf bis Fuß in Chinchilla eingehüllt, und das im Juli!

Der Herr der Belle Epoque stand dem keineswegs nach, nur trug er Zobel, Nerz, Otter oder Persianer etwas dezenter nach innen gekehrt und signalisierte das Darunter mit dem breiten Pelzkragen. Treffend sprach man vom »Geh-« oder »Stadtpelz«.

Der englische Arzt und Kostümforscher W. C. Cunnington konnte nicht umhin, die Sucht nach modischen Extravaganzen der Jahrhundertwende als «pathologisch« einzustufen. Für die Bourgeoisie galt es allerdings, Prestige und Privilegien zu verteidigen.

Der Kürschner, den Wünschen der Kunden nachkommend und neue Bedürfnisse weckend, wurde zum »Haute Fourrurier«. Auch die Haute Couture witterte das Geschäft mit dem Pelz. MADAME PAQUIN und JACQUES DOUCET waren die ersten Grands Couturiers, die um 1900 auch Pelzmode kreierten.

Um die Wünsche des finanziell schwächeren Mittelstandes zu dekken, bildete sich die Pelzkonfektion aus. Ihr kam die Erfindung der Pelznähmaschine im Jahr 1900 zugute. Man begann, in Kaufhäusern Pelzabteilungen einzurichten. Skunk (Stinktier), grauer Feh, Maulwurf, bestimmte Marderarten, Bisam und Kaninchen wurden zu »Pelzen für alle«.

Weniger als Luxus, sondern als »Zweckkleidung« bis hin zur »Sport-

Paulette Goddard, 1936.

Pelzentwurf,
American Album of Fur Novelties, 1920.

kleidung« wurden dagegen jene ersten Herren-Außenpelzmäntel empfunden, die mit der Erfindung des Autos aufkamen. Denn die Fahrt in den noch durchwegs offenen Coupés – als *»Sport«* bezeichnet – konnte zur eisigen Sache werden. Mit dem neuen sportlichen »Image« aber kamen neue Felle ins Pelzbild, zottige, struppige Pelze, wie Bär, Waschbär, Wolf, Ziege oder Schaf gewannen als »Autopelze« an Prestige.

Die große Pelznachfrage ließ um 1900 erstmals sowohl zukünftige Versorgungsschwierigkeiten als auch die Ausrottung bestimmter Tierarten er-

P

Entwurf von Pierre Mourgue
für Nina Ricci, 1937.

kennen. So wurden schon vor dem I. Weltkrieg Biber in Skandinavien, Oppossum in Australien, Seehund auf den Pribiloff-Inseln, Zobel in Rußland, Chinchillas in Südamerika und ganz strikt seit 1911 Seeotter geschützt. Auch die Aufzucht bestimmter Pelztiere wurde bereits erfolgreich – wenn auch noch in bescheidenem Umfang – praktiziert: Chinchilla seit 1903, Karakulschafe (für den sog. Persianer) seit 1907 in Südwestafrika, Silberfüchse und Nerze in Kanada und Norwegen. Ein Kapitel, das bis heute von divergierenden Meinungen und Emotionen durchdrungen ist.

Was den Fellhändlern und Kürschnern frühzeitig ihr Verantwortungsbewußtsein weckte, war jedoch bei der Verbraucherin, selbst in den späten 60er Jahren, noch nicht ins Bewußtsein gekommen. Nur so ist folgende, heute nicht mehr vertretbare Aussage in einem Buch über Pelze zu erklären: *»Tiere passen auf ihr Fell eben nur soweit auf, als es dabei um ihre – Haut geht. Ein wahres Glück also, daß solch traumschönes Pelzwerk nicht länger auf Krallenpfoten und Schwimmflossen durch Wälder, Steppen und Gewässer zieht, sondern nunmehr auf perlonschimmernden Klasse-Beinen vorüberwandelt. . . . «*

Da die Vernunft nicht ausreichte, mußten Gesetze Angebot und Nachfrage regeln. 1973 wurde das Washingtoner Artenschutzgesetz ratifiziert. Es enthielt ursprünglich 10, heute bereits 51 Paragraphen. Weder Kürschner noch gekrönte Häupter oder Filmstars können sich heute in der westlichen Welt leisten, einen Ozelot oder Seal zur Schau zu tragen. Die verunsicherte Pelzkäuferin wird mit der Tatsache beruhigt, daß 92 % aller Felle von Zucht- bzw. Weidetieren stammen und diese artgerecht aufgezogen werden. – Luxus und Prestige, auf welchem Gebiet auch immer, verlangen ihren Preis.

Was in den 50er Jahren das Chinchilla-Jäckchen der High Society bedeutete, war der Persianer- oder Nutriamantel der neuen bürgerlichen Wohlstandsgesellschaft – ein Symbol. Indes, Chinchilla und Persianer sind »out«, das heißt, letzter ist wieder im Kommen.

Die 60er Jahre – Mary Quant, Hippies und Understatement – brachten eine neue Einstellung zum Pelz. »Fun Furs« hieß die Devise. Billigpelze, lila, blau oder grün eingefärbt und zu lustigem Patchwork zusammengesetzt, untergruben die bislang erstarrte Ehrfurcht vor dem Pelz. Selbst Elizabeth Taylor zeigte sich in einem Mini-Pullover-Kleid aus querverarbeitetem Kaninchenfell. Zottelpelze paßten zum Image des Ungepflegten. Wer es sich leisten konnte, trug echten Nerz in Himmelblau und querverarbeitet.

Entwürfe für Sommerpelze, 1940.

Trotz hoher Zuchterfolge ist das Material teuer geblieben und die Qualitätsunterschiede sind groß. Bei »dem« Pelz unserer Tage, dem Nerz, muß man mit Preisunterschieden zwischen 35 und 525 Dollar pro Fell rechnen, wobei etwa 50 Stück pro Mantel veranschlagt werden müssen. Die Bundesrepublik Deutschland liegt an der Weltspitze im Fellverbrauch. Jeder zweite Erwachsene nennt ein Bekleidungsstück aus Fellwerk sein eigen. Männersache ist zumeist das »brave« Lamm, während nur wenige Herren Langhaariges nach außen sträuben.

Den italienischen Pelzmoden bescheinigt man größte Eleganz, gepaart mit modischem Design, doch die deutsche Mode ist auch hier stark im Aufholen. Das Alter der Pelzträgerin ist wieder angestiegen, denn wenn schon Pelz, ist Qualität gefragt. Der Mittelstand neigt zum »guten Stück«, während die zeitbewußte Frau auch teure Pelze mit betont modischer, individueller Verarbeitung wählt (das »Entstehungsjahr« darf durchaus sichtbar sein), denn für sie darf Pelz keineswegs spießig wirken.

Modell von Valentino, 1969.

Teenager tragen lieber Mäntel aus Plüsch oder Kunstpelz in Grün oder Pink mit lustigen gelben Tupfen. Kunstpelz (ein chemisches Produkt, das die Umwelt auf seine Weise belastet) will zum Glück nicht mehr Echtes imitieren, sondern ist eigenständig geworden.

Und zum Wärmen? Zum Wärmen gibt es Steppmäntel, ausgerüstet mit teuren Daunenfedern bis hin zum billigen Synthetikgespinst.

Und der Schein des Elitären, Dauerhaften, Individuellen und Gediegenen? Ihn vermittelt allein der Pelz. Das Bewußtsein für manche Frau des Mittelstandes einen Nerz, für jene der Oberschicht einen teuren Nerz zu haben, zählt. Für jene, die Pelz begehren, ist er Statussymbol geblieben, allein das »Fell-Bewußtsein« hat sich geändert.

INGRID LOSCHEK

Literatur

Elizabeth Ewing, Fur in Dress, London 1981.
Effi Horn, Pelze. Qualitäten, Eleganz, Prestige, München 1968.
Rudolf Kinzel, Pelze, Hannover 1976.
Ruth Turner Wilcox, The Mode in Furs, London 1951.

P

Abendcape,
Fendi, Rom, 1971.

Paul Poiret

Obwohl er immer wieder betonte, er sei der einzige Künstler unter den Couturiers, hat er sie nicht erfunden, die *»Kunst zum Anziehen«*. Seine Lehrmeister Jaques Doucet und Gaston Worth – und vor ihnen andere – sahen ihre Creationen ebenfalls als Kunstwerke. Was bei Poiret jedoch auffällt, ist die Eindeutigkeit mit der er eine sich abzeichnende neue Richtung in der stets sich wandelnden Mode pointierte: den Übergang vom geschwungenen, glockig fließenden Schnitt der Jahrhundertwende zu einer geraden, schmalen Fasson. Außergewöhnlich ist auch die Selbstverständlichkeit, mit der er die großen Künstler seiner Zeit als Kollegen, seine Kleider als OBJETS D'ART und die Trägerinnen seiner exklusiven Modelle als Statistinnen für eine theatralische Inszenierung seiner eigenen Person ansah. Diese elitäre Vorstellung von Mode behielt er bis zu seinem Tode bei – Jean Philippe Worth beurteilte ihn und seine Kleider dagegen als »vulgär«.

Paul Poiret, geboren 1879 als Sohn eines Tuchhändlers, zeigte kaum Interesse für das elterliche Geschäft. Seine künstlerischen Neigungen wiederum unterstützte sein Vater nicht. Im Schirmgeschäft eines Freundes hatte er sich seinen Lebensunterhalt zu verdienen. Nebenbei fertigte er jedoch Modeskizzen und bot sie bei den damals bekannten Häusern WORTH, REDFERN, DOUCET, PAQUIN oder bei ROUFF an, als er diesen Salons Schirme lieferte. Jaques Doucet engagierte ihn als Zeichner und förderte seine Liebe zum Theater. Im Jahr 1900 konnte er sogar ein Kostüm für Sarah Bernhardt entwerfen. Nach einer Affaire mit einer Kundin wurde er von Doucet entlassen, weil er für die Dame auch selbständig Modelle machte. So wechselte er 1901 zu Gaston Worth über. Da er immer wieder sowohl künstlerische als auch persönliche Auseinandersetzungen mit seinen Auftraggebern hatte, eröffnete er 1904 seinen eigenen Salon. Mit hervorragend gestalteten Schaufenstern, einigen prominenten Kunden und un-

Abendkleid im Poiret-Stil, Marie Braun, München, um 1913. Münchner Stadtmuseum.

Poiret-Moden, 1911.

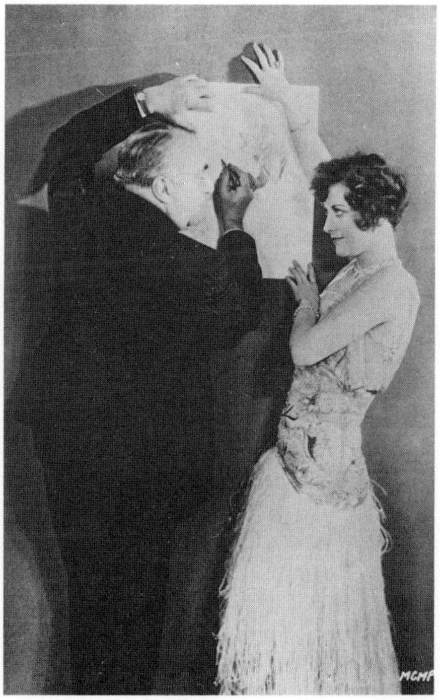

Paul Poiret und Joan Crawford, um 1924.

P

Widmung Poirets an eine Kundin,
Les Robes de Paul Poiret, Paris, 1908.

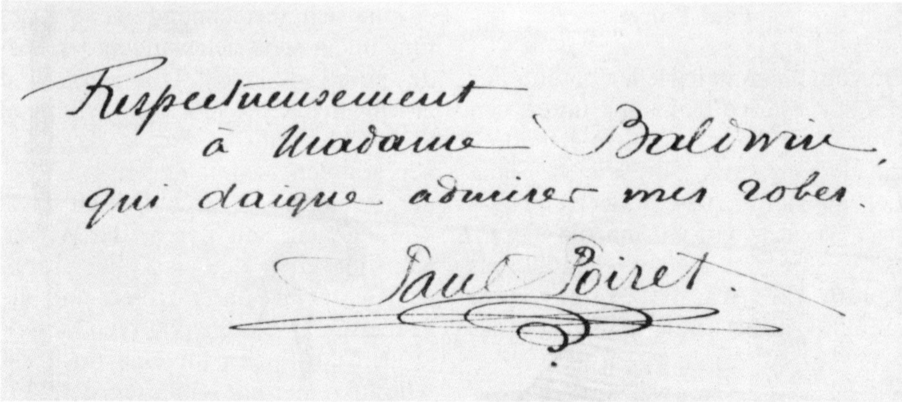

gewöhnlichen Einfällen erregte er die dringend benötigte Aufmerksamkeit.

Poiret wird auch heute noch gerne – nach seinen eigenen Worten – *»Befreier der Frauen vom Korsett«* genannt. Dieser Vorstellung darf man nicht unkritisch gegenüberstehen. Seine um 1908 lancierte, für die damalige Zeit revolutionäre Modelinie – DIRECTOIRE oder spätes EMPIRE – eines locker und schmal über einen schlanken Frauenkörper fließenden Kleides erforderte nämlich zur Verwirklichung seiner künstlerischen Idee ebenfalls ein Korsett. Die neue lange Form schnürte zwar Büste und Taille nicht mehr so stark ein wie früher, preßte aber Bauch und Rückseite, Hüften und Oberschenkel ebenfalls zu einer von der Natur kaum jemals vorgegebenen Silhouette. Nur eine solche Gestalt entsprach Poirets Intentionen. Denn trotz reformerisch-emanzipatorischer Gedanken gehörte er, wie Angela Völker 1985 in ihrem Buch WIENER MODE UND MODEFOTOGRAFIE schreibt, in erster Linie zur Haute Couture. Seine Entwürfe hatten keinen modeunabhängigen Charakter im Sinne der deutschen Reform- und Künstlermode der damaligen Zeit. Dies zeigt eindeutig sein HUMPELROCK von 1910, bei dem die Saumweite so schmal bemessen war, daß die Damen darin kaum mehr gehen konnten. Ein späteres Beispiel dafür ist sein sog. LAMPENSCHIRMROCK, eine, am Saum durch einen eingearbeiteten Reifen weit von der Hüfte abstehende Tunika.

Sein Interesse für orientalische Elemente in der Kleidung dokumentierte bereits 1908 die Zeichnung eines grü-

Abendkleid-Entwürfe,
Zeichnung Louis Strimpl, 1913.

Abendkleid,
Paul Poiret, 1914.

nen ornamentierten Mantels in Les robes de Paul Poiret von Paul Iribe. Als jedoch 1909 Diaghilew und sein genialer Bühnen- und Kostümbildner Léon Bakst mit dem Ballet Russe in Paris ein elitäres Publikum begeisterten, intensivierte Poiret in seinen Entwürfen die starke Farbigkeit. Er stilisierte mit goldfarbenen Stoffen, Turbanen, Federn und Haremspantoffeln die Frauen zu märchenhaften Traumfiguren – zu Statistinnen in einem Theater, in dem er selbst Regisseur und Hauptdarsteller war. 1911 gab er sein damals berühmtes Fest 1002 Nächte, bei dem alle Gäste »persisch« erscheinen mußten. Solche Inszenierungen beeinflußten auch die Modezeichner. So stellte Louis Strimpl in der Gazette du Bon Ton Weihnachten 1913 drei Abendkleidentwürfe im Stil von Poiret in einer Szenerie der Anbetung der Drei Könige vor. Einer von ihnen erinnert in Kleidung und Haltung stark an den verkleideten Poiret auf seinem 1002-Nächte-Fest. Im selben Heft zeichnete Georges Lepape Poirets Abendkleid mit Lampenschirm-Tunika Le Collier Nouveau. Jede »Neuheit« von Poiret wurde von einer gewissen Schicht der Modewelt und der Presse begeistert aufgenommen. Dabei war es nicht entscheidend, ob ein Kleid bequem war, denn Poiret sah seine Modelle als tragbare Kunst. Die außergewöhnliche Stimmung der Zeit vor dem I. Weltkrieg und ein Kreis von Künstlern wie Modigliani, Fortuny, Derain oder Dufy unterstützten seinen Erfolg. Er selbst verbreitete seine Entwürfe erstmals mit Modefotos – Edward Steichen nahm die meisten seiner Modelle auf – und mit Modeschauen auch außerhalb Frankreichs. So übten seine Kreationen zum Beispiel auf die Entwürfe der

P

WIENER WERKSTÄTTE oder ehemals bekannter Couturiers wie der Münchner Hofschneiderin Marie Braun starken Einfluß aus.

1914 wurde Poiret zur Infanterie eingezogen. Seine besondere Aufgabe für einige Jahre war dort, eine Uniform zu entwerfen, die weniger Stoff brauchte als die vorhandene. Nach seinem Militärdienst stellte er 1919 in Paris wieder eine Schau vor, exotisch und glitzernd wie seine Défilés vor 1914. Aber die Wogen der orientalischen Phantasien schlugen nicht mehr so hoch – die Welt hatte sich verändert. Dem zunehmenden Verlangen nach einfacherem Schnitt folgte die Forderung nach perfekter Ausführung. Die Frauen wollten ihre Kleider selbst tragen und nicht von ihnen getragen werden. Poiret konnte sich als Künstler, als der er sich sah, mit diesen Wandlungen nicht identifizieren. Seine Kleider blieben extrem ausgefallen und – was früher nicht auffiel – schlecht genäht. Kunst bedeutete für ihn nicht Handwerkskunst, sondern Theatralik. Außerhalb dieses Bereiches war Poiret durchschnittlich. Mit der Entdeckung des Tut-ench-Amun-Grabes 1922, Filmen wie Fritz Langs DAS WEIB DES PHARAO oder mit Rudolfo Valentino als SCHEICH der Paramount (seine Frau war Kundin bei Poiret), mit der großen Pariser Kolonialausstellung 1924 oder mit Musik wie PERLEN DER KLEOPATRA von Oscar Straus entstand noch einmal eine Stimmung der Vorliebe für orientalisch Bizarres in der Mode. In ihr konnte Poiret letzmalig seine extravaganten Vorstellungen von Künstler-Kleidung verwirklichen: Die amerikanische VOGUE zeigte im Juli 1924 seine Hosenanzüge aus kostbarem Material und empfahl sie als Negligé oder Tea-gown.

Tages- und Abendkleider, Les Robes de Paul Poiret, Zeichnung Paul Iribe, Paris, 1908.

Im Jahre 1925 unternahm er erneut eine große Modenschau-Tour nach Amerika – doch seine Modelle wurden vom dortigen Publikum jetzt als affektiert empfunden.

Er versuchte, sich umzustellen: Die Zeitschrift ART, GOUT, BEAUTÉ brachte 1927 und 1928 mehrere Tages- und Abendkleider in vereinfachter Form. Aber nun fiel Poiret nicht mehr auf neben Couturiers wie Paquin, Patou und Lelong. Wirtschaftliche Schwierigkeiten und seine Unfähigkeit, sich den neuen Verhältnissen anzupassen, ließen seinen Erfolg schwinden. 1929 schrieb er seine Autobiographie, die 1930 unter dem Titel EN HABILLANT L'ÉPOQUE erschien. Trotz mancher Hilfsangebote von Kaufhauskonzernen, Filmgesellschaften und Freunden in den 30er Jahren verhinderte seine mangelnde Selbstdisziplin immer wieder einen Neubeginn. Verbittert starb der ehemalige KÖNIG DER MODE 1944.

Coco Chanel, die sagte, daß Mode vergehe, Stil aber bleibe, war nahezu altersgleich mit Poiret. Schon während des I. Weltkrieges erkannte sie jedoch das neue Bild der Frau in einer

Nachmittagskleid, Paul Poiret, 1927.

Abendkleid mit Tunikarock,
Paul Poiret,
Zeichnung Georges Lepape, 1913.

sich wandelnden Gesellschaft. Sie erfand das KLEINE SCHWARZE, ein unaufwendiges Abendkleid, und das dreiteilige Complet von Rock, Jacke und Bluse in einer bequemen, leichten und praktischen Fasson. Dieser Stil sollte für die Zukunft bestimmend werden. Modeschöpfer müssen, wie Silvia Bovenschen 1984 in ihrem Beitrag DER TOD IST DIE AUFERSTEHUNG – ÜBER DIE LISTEN DER MODE schreibt, Antizipatoren sein. *»Sie müssen aus den bestehenden Moden, ohne die Formgesetze der Mode zu mißachten – denn die Mode hat Formgesetze –, Impulse aus fast allen Bereichen aufnehmen. Der beginnenden Veränderung von Lebensstilen, dem Verhältnis von sakralen und profanen Momenten, der Entwicklung der Wissenschaften, den politischen Trends, die Technologie, dem Sport und der Kunst müssen sie Aromastoffe abgewinnen, die eine stimmige Komposition des Neuen begünstigen. Jeden Irrtum bezahlen sie mit ihrem Untergang«.* Poiret hat mit seiner Vorstellung von künstlerischer Theatralik in der Mode die Epoche vor dem I. Weltkrieg bestimmt. Doch sobald eine Mode verbreitet ist, ist sie keine Mode mehr. Dies hat Paul Poiret übersehen.

ANDREAS LEY

Literatur:

Paul Iribe, Les Robes de Paul Poiret racontées par Paul Iribe, Paris 1908.

Georges Lepape, Les Choses de Paul Poiret vues par Georges Lepape, Paris 1911.

Diana de Marly, The History of Haute Couture 1850–1950, London 1980, 81–97.

Irving Penn/Diana Vreeland, Inventive Paris Clothes 1909–1939, New York 1977, 14–35.

Paul Poiret, En habillant l'époque, Paris 1930.

Caroline Rennolds Milbank, Couture – The great fashion designers, London 1985, 74–87.

P

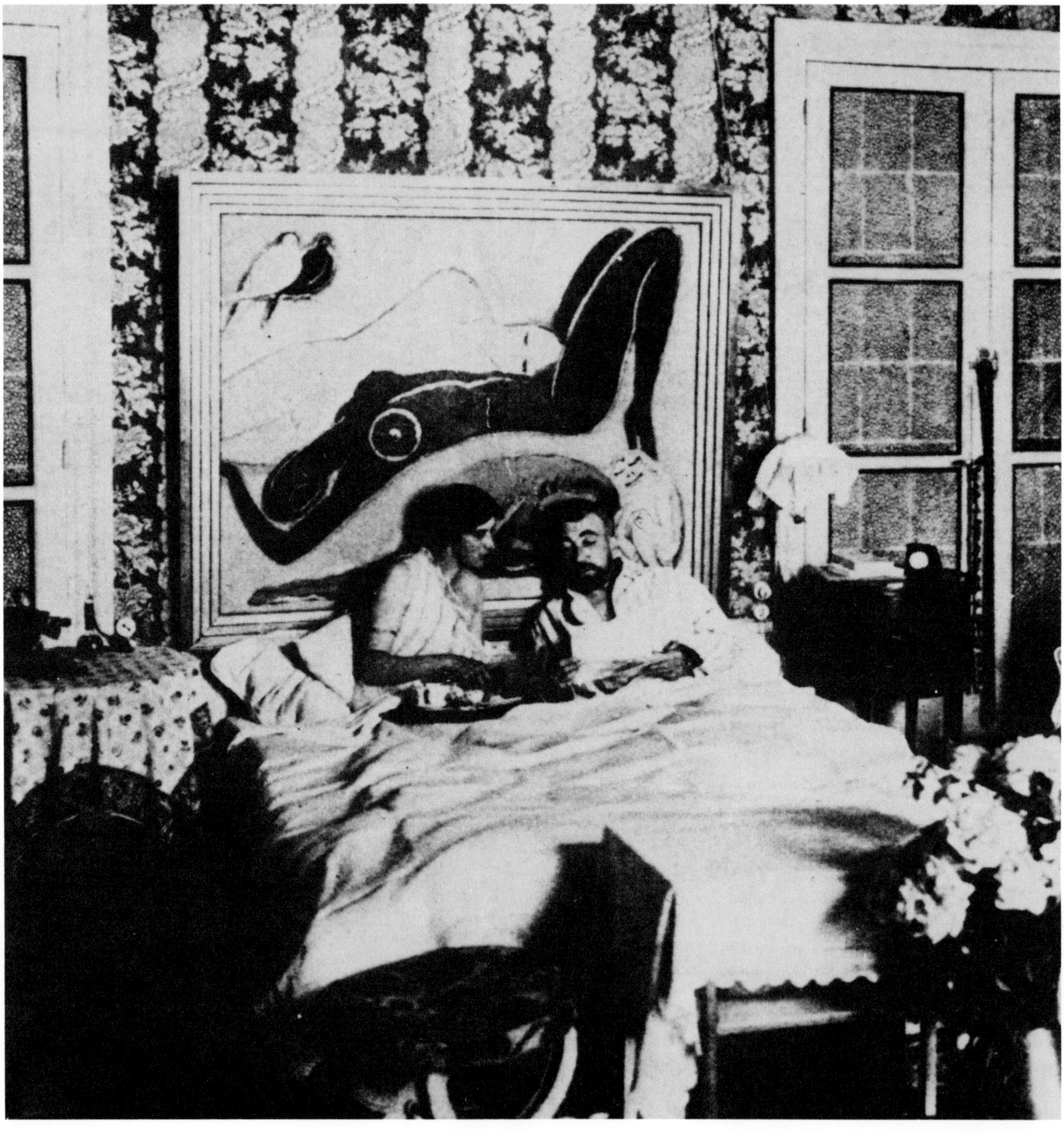

»Herr und Frau Poiret«,
Der Querschnitt, 1932

Pop-Musik und Mode

Pop-Musik ist seit der Kreation des Rock'n Roll 1954/55 in ihrer jeweils aktuellen Stilrichtung immer die Musik Jugendlicher gewesen, also der 14–24jährigen. Als Kristallisationspunkt jugendlichen Selbstverständnisses förderte Pop-Musik gleichzeitig die Entstehung neuer Varianten der jugendlichen Teilkultur, die sich aufgrund gesellschaftlicher Veränderungen in den entwickelten westlichen Industriegesellschaften gebildet hatte – allen voran in den USA. Zu diesen Veränderungen zählte vor allem die schwindende Bedeutung des Elternhauses bei der Persönlichkeitsbildung des Nachwuchses, an ihre Stelle trat in den letzten 30 Jahren mehr und mehr die Gruppe der Gleichaltrigen. In einer solchen Gruppe lassen sich psychosoziale Bedürfnisse, etwa nach Anerkennung und Selbstdarstellung, besser befriedigen als in der Familie. »Jugendkultur« als Ensemble von Symbolen (Musik, Mode, Verhaltens- und Redeweisen) findet hier statt, wird geformt zwischen den Polen von »Dazugehören« (zur Altersgruppe) und »Abgrenzen« (von Älteren). Die relative Vereinheitlichung der Symbole bietet dem Jugendlichen seelische Stabilität, erleichtert ihm Identifikation. Das große Gewicht, das modische Kleidung in der Lebensführung Jugendlicher besitzt, ist darauf zurückzuführen, daß Kleidungsstücke als symbolträchtige Objekte den nötigen Identifikationsnachweis sinnfällig erbringen. Entscheidend ist also bei Gegenständen der Jugendkultur, und damit auch der Kleidung, nicht so sehr der Gebrauchswert, sondern der soziale Aspekt, der »Geltungswert«.

Leider erwies sich das »Dazugehören« als ausnutzbar und eine rege Wirtschaft dekretierte schon bald, wann denn eine(r) »dazu«-gehörte: *»We dance the greatest and we dress the latest«* – damit hatte Bobby Rydell 1960 (in SWINGIN' SCHOOL) die zeitlose Erkennungsmelodie der jugendlichen Teilkultur angestimmt.

Die Musikindustrie sprach ihre Zielgruppe genau so unverblümt an (SWEET LITTLE SIXTEEN, Chuck Berry 1958) wie die Textilhersteller, die eher vom TEENAGER sprachen, wenn sie ihre unwiderstehlichen Botschaften an die Jugendlichen richteten, womit sie eine identifizierbare Gruppe zwischen Kindern und Erwachsenen schufen. Zahllose Musiktitel luden gleichfalls zu Identifikation (und Erwerb) ein: ALMOST GROWN (Ch. Berry 1959, Berrys Musik drehte sich vorwiegend um »school« u. ä.), A TEENAGERS ROMANCE (Ricky Nelson 1957) u. a. m.

In dem Moment, wo in der Jugendkultur ein neuer Trend sichtbar wird, nehmen die einzelnen jugendkulturellen Sektoren gern Bezug aufeinander. Das erhöht den Wiedererkennungseffekt, den Motor modischer Verbreitung bei Musik wie bei Kleidung. So kennt man nicht nur Pop-Songs, die sich auf Kleidung beziehen, sondern auch Textilien, die nach Modetänzen o. ä. heißen (z. B. SLOP-HOSEN).

Für diese gegenseitige Durchdringung von Musik und Mode gibt es zahlreiche Beispiele. Hier eine Titelauswahl: BLUE SUEDE SHOES (Carl Perkins 1956), WHO WEARS SHORT SHORTS? (The Royal Teens 1957), FROM BOBBY SOX TO STOCKINGS (Frankie Avalon 1957). Ein weiteres Exempel, gleichzeitig Beleg für die prompte Reaktion der Unterhaltungsindustrie auf die »Teenager-Kultur« führt A. Shaw an: *»Im Herbst '55 ... schlug ich Plattenproduzenten eine Rhythmus-Ballade mit dem Titel Dungaree (= Jeans)-Doll vor. Schon der Titel kennzeichnet, daß ich versuchte, auf die Kleidungsmoden bei den Teenagern zu sehen, die doch immer mehr zum wichtigsten Kundenkreis wurden«.*

Jugendliche Teilkultur findet sich in der Ablehnung von Erwachsenen-Moden. Die Hauptsache ist, daß man anders aussieht. So betrachtet, kommen die Rock'n Roll-Sänger als modische Protagonisten kaum in Frage. Bei Auftritten trugen sie noch lange die herkömmliche, feierliche Bühnenkleidung, wie im ersten Pop-Musik-Film AUẞER RAND UND BAND (1956) zu sehen ist: B. Haley und die COMETS im dunklen Anzug, THE PLATTERS gar im weißen Smoking. Auch Elvis Presley zeigt in einem Bericht von einem seiner Auftritte (1956) wenig Abweichung: *»Sein Körper – im modischen Gabardine-Anzug, schwarzem Hemd mit weißer Krawatte – schwingt rhythmisch in den Bewegungen einer Entkleidungstänzerin.«* Auf Plattenhüllen erscheint er – showmäßig, aber nicht jugendlich – in Goldlamé oder selbst im Frack.

Die Funktion der Musikstars bei der Verbreitung von »fads«, den gerade aktuellen Modedetails, ist allerdings nicht die Führung, sondern die Bestätigung der Fans entweder durch ähnliche Kleidung oder, was wichtiger ist, die imitierbare Präsentation eines Lebensstiles aus Musik, Verhalten und auch Aussehen. Die Musiker müssen ihren Zuhörern Mut zur Abweichung machen. Und auf diese Weise hat die Pop-Musik der 50er Jahre zur jugendlichen Mode von weiten Sakkos, Schnürsenkel-Krawatten, Wildlederschuhen und Entenschwanz-Frisuren bei Jungen, von Petticoats unter schwingenden Rök-

P

Elvis Presley,
um 1956.

Peter Kraus, um 1958.

leicht auszumachende Kerngruppe der sog. Halbstarken in der Bundesrepublik Deutschland der 50er Jahre. Für die Medien waren sie die Verkörperung der »Jugend von Heute« und des Rock'n Roll – also des Bösen an sich.

In den 50er Jahren gehörten in den USA Blue-Jeans so sehr zur Ausstattung Jugendlicher, daß die Pop-Musik der Zeit häufig darauf Bezug nimmt. Den BLUE JEAN BOP (*»It's the Bop, which is done in dungarees . . .«*) spielte G. Vincent 1957, Larry Williams sang 1958 in BONIE MORONIE die Zeile: *»She's rock'n rolling with her Blue Jeans on«* und Jimmy Clanton 1962 VENUS IN BLUE JEANS. Der Name der schwarzen Gruppe BOB-B-SOXX AND THE BLUE JEANS besteht – spielerisch verfremdet – nur noch aus »Textilien«.

Die Verbreitung der ENTENSCHWANZ-Frisur ist ohne das Vorbild der Rock'n Roll-Stars nicht denkbar, da sie diese Haartracht in Ausschließlichkeit vorführten. In dieser Hinsicht konnten sich Schüler und Studenten auch am leichtesten von den befremdlichen Rock'n Roll-Fans absetzen. Jener Personenkreis kultivierte eher einen Exis(tentialisten)-Look aus Hose und Rollkragenpullover (möglichst schwarz), kurzen, nach vorn gekämmten Haaren und traurigen Augen, der auch besser zum COOL JAZZ in der Kellerkneipe paßte.

Ein deutscher Beitrag zum ansonsten internationalen Jugendstil der 50er Jahre sei noch erwähnt: der PETER-KRAUS-COLLI, ein parallel gestrickter Pullover mit Fledermausärmeln und farbig abgesetztem Umlegekragen, benannt nach dem deutschen

ken, engen Pullovern und ebensolchen wadenlangen Hosen nebst Pferdeschwänzen bei Mädchen beigetragen. Musik und Mode sind ja nicht Ursachen von Veränderungen in der Lebenswelt Jugendlicher, sondern nur der symbolische Ausdruck davon – in beliebigen Formen.

Deutlicher fixierbar im Wechselspiel zwischen Musik und Kleidung sind die Sänger, die sich in der Motorrad-Rebellen-Rolle eingerichtet hatten, mit der Marlon Brando (in DER WILDE) 1953 reüssiert hatte. Gene Vincent, Eddie Cochran und Tommy Steele traten zeitweilig gerne in der dabei unumgänglichen schwaren Lederjacke vor ihr Publikum. Kleidung und Musik standen nicht in einem ursächlichen Bezug zueinander, aber Sänger und Zuhörer identifizierten sich gleichermaßen mit dem Rebellen-Image. Diese Motorrad- (bzw. Moped-) Rebellen waren die optisch

Jugendklub, Wien, 1958.

Die »Beatles«, 1962.

Elvis-Imitator. Dem Pullover war modisch noch weniger Erfolg beschieden als dem Namensgeber musikalisch.

Die wichtigste Musikgruppe der 60er Jahre, die Beatles, begannen ihre Karriere 1962/63 als Kopien von Gene Vincent, in schwarzen Lederjacken mit Entenschwanz. Aber schon 1964 erschienen sie als »gute Jungs« in identischen Anzügen mit Hemd und Krawatte – nur die Frisuren waren etwas seltsam. Auch Mitglieder der Rolling Stones ließen sich im selben Jahr in Anzug und Krawatte für ihr zweites Album fotografieren. Dies blieb bis 1969 bei englischen Beat-Musikern der Bühnen-Look, selbst bei Gruppen, die für ihr rabiates Verhalten bekannt waren, z.B. The Who. Stilistische Elemente waren enge Hosen ohne Umschlag, Sakkos mit Stehkragen oder kragenlos, spitze Schuhe mit hohem Torero-Absatz. Gruppen mit Blues-Orientierung zeigten sich auch in Jeans und Lederjacke. Pauschal gilt, daß das Aussehen von Musikern und Publikum weitgehend übereinstimmte, nicht, weil die Stars blind imitiert wurden, sondern weil die Popmusik, zumindest zeitweilig, von der Identifikation mit dem Star lebt (*»Einer von uns«)* – das tut dem Fan seelisch und dem Musiker finanziell gut.

Im London der 60er Jahre konnte die enge Symbiose von Pop-Musik und von Mode im Pop-Design auf der boutiquenbepackten, beatdurchdröhnten Carnaby-Street räumlich erfahren werden. Ein wichtiges Element der Mode war die Feminisierung der Männerkleidung durch laute Farben und Muster, ja sogar Rüschen und Spitzen. In den USA wurde dieser modische Wandel treffend als Peacock-Revolution bezeichnet. In der zweiten Hälfte dieses Jahrzehnts fand sich auf beiden Seiten der Rampe der *»Dedicated Follower of Fashion«* (The Kinks 1966). Zur gleichen Zeit erhielten Mode und Musik starke Einflüsse aus der Hippie-Subkultur. An diesem Beispiel zeigt sich sehr deutlich, daß beide nur Teile der jeweiligen Jugendkultur sind, in ihren Formen abhängig von den Einstellungen und Befindlichkeiten, die die Gestalt dieser Kultur prägen. Das Gewicht, das z.B. der Orient für die Hippies besaß, schlug sich musikalisch wie modisch nieder, in Sitarklängen und wallenden Gewändern. Auf der anderen Seite fand sich in jeder Zeit die grün-blaue Tristesse der Atomwaffengegner, des studentischen Protests und der Vietnam-

»Beat«-Mode, 1964.

»Nur Samstag Nacht«, 1977.

Kriegs-Gegner (die es natürlich unter Hippies wie »Normalen« ebenso gab). Hier dominierte die instrumentale Bescheidenheit von Phil Ochs und Bob Dylan. Gitarre und Mundharmonika in der Musik entsprachen Jeans und Parka als modische Leitfossilien. Eine Führungsrolle bei der Verbreitung modischer Elemente kommt der Musik/den Musikern in den 60er Jahren eindeutig nur bei der Haartracht der männlichen Jugendlichen zu. In Verbindung mit der anfänglichen Ablehnung der Beatmusik durch Erwachsene kam den langen Haaren eminente Bedeutung beim Ausdruck der Identifikation mit dieser Musikrichtung und der Abgrenzung von der Elterngeneration zu. Zwar hatten die Beatles ihre Mop-Köpfe anfangs nur quasi als Markenzeichen kreiert, aber bald stand diese Frisur für Beat schlechthin.

In der Rockmusik zwischen 1965 und 1975 wurden Themen angeschnitten, die später auch für die Mode relevant wurden. So singt Mick Jagger 1970 in dem Film Performance den Song Memo from Turner, eine Auflistung von Monstrositäten, von denen einige in der Jugend-Musik-Kultur immer wieder zitiert werden: Mord, Sado-Maso-Neigungen, Homosexualität, Wahnsinn. Die Rolling Stones selbst sind schon in den 60er Jahren Wegbereiter eines beliebten Spiels gewesen, des Transvestismus. *»Are you a boy or are you a girl«* fragten schon 1965 die Bostoner Barbarians, aber von Mick Jagger über die Disco-Queens Amanda Lear und Grace Jones bis zum schillernden Boy George, fallen die Antworten nicht immer deutlich aus. Grace Jones ist auch eine derjenigen, die, wenn es dem Image nützt, dem Leder-Fetischismus huldigt (vgl. ihre LP Warm Leatherette), wohl im zwanghaften Bemühen, längst zerbrochene Sexualtabus vor Publikum noch einmal auszubeuten. Der Transvestismus und der Sadomasochismus, vereint in einer fröhlichen Pop-Show, feiert(en) im Musikfilm The Rocky Horror Picture Show bemerkenswerte Erfolge. An den Auslagen mancher Korsettgeschäfte ist abzulesen, daß bestimmte, längst abgelebt geglaubte Details abendländischer Kleidung sich wieder steigender Beliebtheit erfreuen, wenn sie nur schwarz und »verrucht« sind.

Um die Mitte der 70er Jahre entwickelten sich zwei entgegengesetzte Zweige der Musikkultur Jugendli-

Pop Gruppe »The T.V.'s«, London, 1982.

cher: Disco und Punk. Beide beeinflußten bis heute nachdrücklich die Mode, beide sind aber auch brauchbare Beispiele für das Vermögen der Unterhaltungsindustrie, als deren Element auch Teile der Textilbranche in ihrer formalen Betriebsamkeit verstanden werden müssen, subkulturelle ästhetische Trends in ihrem Potential zu erkennen und erfolgreich zu modischen Wellen aufzubauen. Das Prinzip des Medienverbunds ist mittlerweile ausgereift, ein neuer Trend wie Disco wurde durch Filme wie SATURDAY NIGHT FEVER 1977, GREASE 1978, Platten, Kassetten, Musikzeitschriften und Boutiquen gleichzeitig popularisiert.

Das Disco-Kostüm muß im Licht der Spots und Stroboskope Effekt machen. Bevorzugte Materialien sind daher Satin und Gewebe mit Lurexfäden, etc. Aussage einer 19jährigen über Disco-Kleidung: *»Wenn du in der Disco kein Mauerblümchen sein willst, sondern echt 'ne Nummer, dann mußt du mit der Mode gehen. . . . Du gehörst nur zur Szene, wenn du bekleidungsmäßig auf dem laufenden bist.«*

Trotz John Travoltas weißem Anzug mit schwarzem Schillerkragen-Hemd in SATURDAY NIGHT FEVER, der sicher einen Trend setzte, scheinen die Anforderungen an das männliche Discopublikum in modischer Hinsicht nicht so groß zu sein.

Was für die Discowelle die totale Kommerzialisierung der Musik und ihres Ambiente war, das war für die Punk-Subkultur die Reduktion des gigantomanen Superstar-Rock auf Harmonien, die jede Straßenecken-Band spielen konnte. Die Konsequenz aus der erreichten Distanzlosigkeit von Musiker und Publikum war die Übereinstimmung im Kleidungsstil. Die Kleidung war eine provokative Collage von Elementen anderer Jugendstile und wiederverwendeten »bürgerlichen« Kleidungsstücken. Die Presse reduzierte PUNK jedoch musikalisch auf »Drei Akkorde« und illustrierte ihre Berichte gerne mit dem an sich raren ästhetischen Extrem *»Sicherheitsnadel in der Backe – Hundehalsband um die Gurgel«*. Dabei kamen die englischen Punkmusiker durchaus ohne die Schock-Elemente aus, die in den Medien ausschließlich präsentiert wurden, ohne durchbohrte Wangen, ohne Ketten, und ohne schrill gefärbtes Irokesenhaar.

Es ist jedoch auch darauf hinzuweisen, daß mittlerweile clevere Geschäftsleute wohlbedachten Gebrauch von Subkultur-Theorien betreiben. Das jedenfalls wird dem Manager der Punktband SEX PISTOLS, Malcolm Mc Laren, nachgesagt, der gleichzeitig eine Boutique in Londons Modestraße King's Road betrieb. Sei-

Pop-Gruppe, 1985.

Pop Gruppe »Fritz Brause«, Bochum, 1986.

ne Freundin Vivienne Westwood, eine Modedesignerin, soll ihm bei der Stilisierung des Punk hilfreich zur Seite gestanden haben. Das Resultat, ein *»Amalgam von Leder, Ketten, Schnallen, Reißverschlüssen und Fetzen, ließ Teile von London aussehen wie eine New Yorker Homo-Bar nach einer Explosion«* (Herman).

Die allzu provozierenden Elemente des Punkstils mußten freilich entschärft werden, um in die allgemeine Mode eingehen und dort jugendliche Akzente setzen zu können. So wird Kleidung zum deutlichsten Ausdruck des Jugendkultes, da man sich mit ihr »Jugend« wenigstens als Symbol kaufen kann. Das gilt wohl auch für die Punkfrisur, die sich eine oberpfälzische Fürstin neuerdings von einem teuren Figaro auf den Kopf montieren läßt.

Die Textilbranche hat die Mechanismen der Entstehung und Verbreitung modischer Elemente in jugendlichen, musikorientierten Teilkulturen längst klar erkannt. 1980 warb eine Hosenfirma mit dem Aufmacher *»Tweans freuen sich über Punks«* und hielt mit ihrer mittlerweile bestätigten Begründung für diese Euphorie nicht hinter dem Berg: *»Sie sind der Anfang für Millionen neuer Kundenwünsche.«*

Der Bewußtseinsgrad auf der »Szene« ist nicht minder hoch, man weiß mittlerweile um den Unterhaltungswert des eigenen Gebarens und genießt das einkalkulierte Echo:

»I am a poseur and I don't care
I like to make people stare
Exhibition is the name
Voyeurism is the game . . .«

(X-RAY SPEX 1978)

WOLF-DIETER KÖNENKAMP

Literatur

Gary Herman, Rock'n Roll Babylon, New York 1982.
Werner Mezger, Discokultur. Die jugendliche Superszene, Heidelberg 1980.
Klaus Plaumann, The Beat Age. Die frühen Tage des Rock in Deutschland und Großbritannien. Ein Bilderbuch von Klaus Plaumann, Frankfurt 1978.
Arnold Shaw, Rock'n Roll. Die Stars, die Musik und die Mythen der Fünfziger Jahre, Reinbek 1978.

Produktionskunst

»Der Genius unserer Zeit sind Hosen, Jacken, Busse, Flugzeuge, Eisenbahnen, herrliche Schiffe – welch ein Zauber, welch unvergleichlich große Epoche der Weltgeschichte!« Diese Sätze, 1913 von Michail Larionoff und Natalia Gontscharowa formuliert, lenken den Blick zurück auf den Zivilisationsenthusiasmus der italienischen Futuristen und den Blick nach vorn auf die russische Revolutionskunst.

Als im Oktober 1917 in Rußland die Revolution ausbrach, schlossen sich ihr zahlreiche Künstler der Avantgarde an; ihnen wurde die Teilnahme an der Umgestaltung der Gesellschaft zugesichert. Zumal die Konstruktivisten beeinflußten die Konzepte der neuen Lehr- und Forschungsanstalten zur künstlerischen Kultur (Wchutemas, Inchuk); sie wirkten an der Agitationskunst mit (z.B. Unowis Witebsk), und sie prägten die Diskussionen um den Gebrauchswert der Kunst im Leben nachhaltig. Der Weg der Künstler führte in Übereinstimmung mit den revolutionären Zielen in die Produktion. Wer an der Autonomie der Kunst festhielt, emigrierte (Gontscharowa, Larionoff, später auch Kandinsky); nur Kasimir Malewitsch, der seine experimentelle Recherche (*»Laboratoriumskunst«*) fortsetzte, blieb in der UdSSR. Jene, die die Kunst ins Leben einführen, die konstruktivistische Ästhetik in die Produktion integrieren wollten, sind es, die in diesem Zusammenhang unter dem Stichwort Mode und Bekleidung – interessieren.

Frauen wie Varvàra Stepànova und Ljubòv Popòva gehörten so selbstverständlich zu den PRODUKTIVISTEN wie Aleksandr Ròdčenko und Wladimir Tatlin. Das Selbstbewußtsein der russischen Frauen beruhte – früher als in den westlichen Ländern – auf praktizierter Gleichberechtigung, zumindest auf kulturellem Gebiet. In keinem anderen Land, weder in Frankreich noch in Deutschland oder Amerika, hatten Frauen einen so großen und entscheidenden Anteil am künstlerischen Geschehen wie in Rußland – und das bereits vor der Oktoberrevolution, die ihnen politisch die Gleichberechtigung brachte.

Die Künstler, die – wie El Lissitzky – in der Revolution eine Befreiung von jener Sklaverei sahen, *»in der einige kleine Gruppen Luxus für eine begrenzte Gesellschaftsschicht produzierten«*, hofften, daß jetzt, *»wo alle für alle arbeiten . . . alles, was entsteht, Kunst ist«*. Diese Künstler wollten die Elementarformen, die sie im Tafelbild entwickelt hatten, auf alle Gegenstände der Umwelt übertragen und so – im Sinne der Revolution – auf die Gesellschaft einwirken.

Schon die Futuristen und ihre Anhänger im vorrevolutionären Rußland begriffen Kleidung nicht als beliebiges Objekt der Umwelt, sondern als

Theaterkostüm,
Entwurf Ljubov Popova,
1921/22,
(Nachschöpfung Erika Hoffmann-Koenige, 1979)

Theaterkostüm,
Entwurf Ljubov Popova,
1921/22,
(Nachschöpfung Erika Hoffmann-Koenige, 1979).

Lebensraum, der nach einheitlichen, rationalen Stilprinzipien zu formen war. Analog verstand sich der KONSTRUKTIVISMUS als künstlerische Methode, auch Objekte des Alltags wirklich funktionell zu schaffen – folglich auch die Kleidung. Sie sollte zweckmäßig und hygienisch sein, einfach und bequem zu tragen, aus wenigen Grundelementen bestehen, in verschiedenen Materialien für verschiedene Gelegenheiten kombinierbar und deshalb für die Massenproduktion geeignet sein.

Die Gestaltung der Kleidung schien den KONSTRUKTIVISTEN wegen des alltäglichen und massenhaften Gebrauchs ein besonders wirksames Mittel zur Veränderung des kleinbürgerlichen Bewußtseins. Die herkömmliche Mode galt den KONSTRUKTIVISTEN – darin waren sie zum Beispiel einem Henry van de Velde verwandt – als ein *»Resultat der Willkürherrschaft der Warenproduktion und des bürgerlichen Individualismus, ein Synonym für Unzweckmäßigkeit, Luxusproduktion und überflüssigen Dekor«*.

So forderte Nadèžda Lamànova, die 1919 die Leitung der staatlichen WERKSTÄTTEN FÜR MODERNE BEKLEIDUNG übernahm, *»solche Kleidungsstücke zu schaffen, die in sich das künstlerische Gefühl für die Form, das unserer Epoche eigen ist, mit den rein praktischen Bedürfnissen unserer Tage vereinen. Im Gegensatz zur westeuropäischen Mode, die sich in Abhängigkeit von kommerziellen Erwägungen verändert, müssen wir unserer Bekleidung Erwägungen der gesellschaftlichen Hygiene, Bedürfnisse des Arbeitslebens, usw. zugrunde legen. Es genügt nicht, einfach bequeme Bekleidung zu schaffen, es sind neue, objektiv begründete Wege nötig, die eine richtige Kombination der küstlerischen Elemente der Bekleidung mit*

Tageskleid,
Entwurf Alexandra Exter,
1924,
(Nachschöpfung Erika Hoffmann-Koenige, 1979).

Tageskleid,
Entwurf Ljubov Popova,
1922/23,
(Nachschöpfung Erika Hoffmann-Koenige, 1979).

den Formen und Bestrebungen der entstehenden neuen Lebensweise gewährleisten«.

Für Nadèžda Lamànova, älteste der um 1920 schöpferisch im Modebereich tätigen Frauen ergab sich, da Funktion, Stoff, Modell einander bedingen sollten, die einfachste, geradlinig rechteckige Form des Kleides als Ideal. Dieser Grundschnitt war jeder Bewegung der arbeitenden Frau, jedem Stoff, jeder Figur, anzupassen. Dem traditionellen russischen Hemd verwandt und gleichzeitig für die billige Serienfertigung geeignet, konnte es überdies mit Farbstreifen, Stickereien und Applikationen individuell variiert werden. Lamànova reduzierte das Hemdkleid aufs äußerste, indem sie zwei gerade Stoffbahnen aneinandernähte, die mit stark-farbigen senkrechten Streifen bemalt waren und in Hüfthöhe von einem farbigen Gürtel gehalten wurden. Das hemdartige Futteral, ein Grundschema – gleichzeitig auch in Paris entdeckt –, das zwar wenig Stoff und Verarbeitung erfordert, aber um so mehr Geschmack und Phantasie bei der Wahl des Materials, der Farben und der Accessoires, ist bis heute Bestandteil des Moderepertoires geblieben.

Auch Aleksandra Èkster (1882–1949) hatte bis zur Emigration 1924 ihre künstlerische Arbeit ganz in den Dienst der neuen Erfordernisse gestellt: Sie hatte zusammen mit ihren Schülern in Kiew Entwürfe für die Bemalung verschiedener Propaganda-Dampfer auf dem Dnepr ebenso wie Textil- und Kleiderentwürfe gemacht. Dabei ging sie wie Nadèžda Lamànova von größtmöglicher Einfachheit aus: *»Kleidungsstücke für den Massengebrauch sollten aus ganz einfachen geometrischen Formen bestehen wie aus einem Rechteck, einem Quadrat oder einem Dreieck; der in*

P

Kostümentwürfe,
Varvàra Stepànova, 1922.

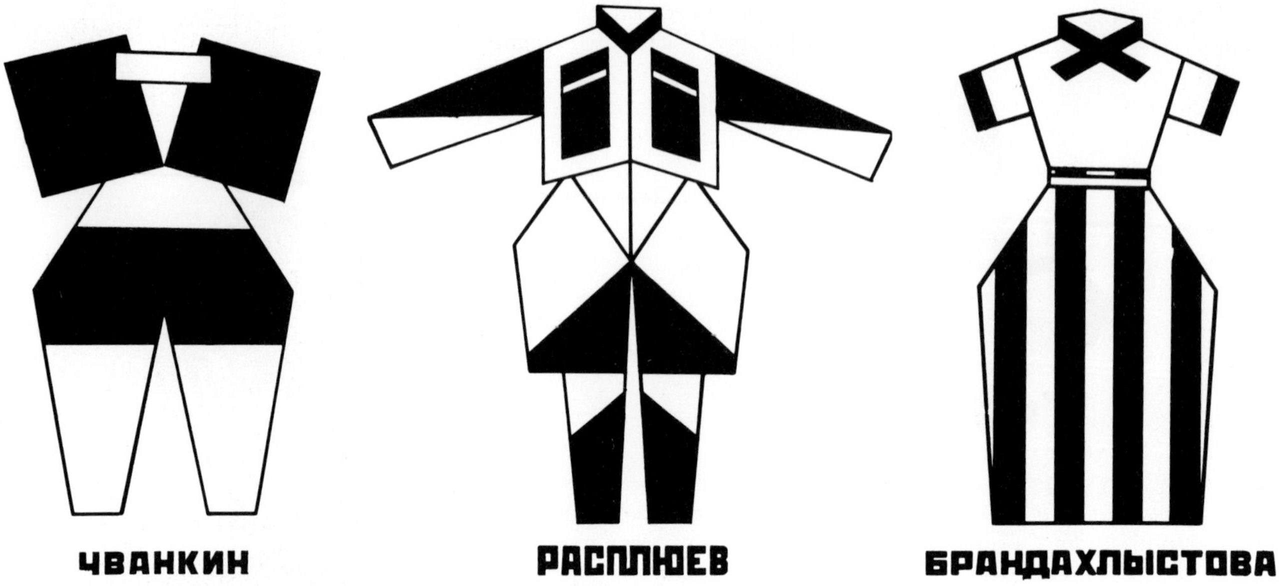

sie hineingelegte Rhythmus der Farbe verändert die Gleichförmigkeit maximal«.

Die beiden Frauen, die 1923/24 durch ihre Arbeit an Kleidungs- und Textilentwürfen für die Erste Staatliche Textilfabrik in Moskau die Gebrauchskunst der nachrevolutionären Zeit in der Sowjetunion am nachhaltigsten beeinflußt haben, waren Ljubòv Popòva und Varvàra Stepànova. 1925, als sie mit ihren Textilentwürfen auf der großen Exposition Internationale des Arts Décoratifs et Industriels Modernes in Paris vertreten waren, wurden sie von der Kritik als *»genial«* gefeiert.

Ljubòv Popòva (1889–1924), bis 1920 hauptsächlich mit Malerei befaßt und – im Vergleich zu Aleksandr Ròdčenko und seiner Lebensgefährtin Varvàra Stepànova – kaum an der gesellschaftlichen Organisation der Kunstszene beteiligt, hatte danach nicht nur für den Bereich des Theaters die konsequentesten Lösungen – zum Beispiel den berühmt gewordenen Arbeitsanzug für Schauspieler (Prosodeshda) – gefunden, sondern auch rational durchdachte und zugleich elegante Modevorschläge gemacht. Einige Kleiderentwürfe, deren Ziel es offensichtlich war, den Menschen aus seinem Milieu herauszuheben, fallen durch kühne Farbkombinationen auf, so zum Beispiel ihr Kleid mit großen Farbkreisen auf weißem, damals hochmodischem Voile. Hier wird der Zwiespalt deutlich: Direktiven für den Massengebrauch zu schaffen und andererseits das Gefühl für Individualität und Aktualität zu seinem Recht kommen zu lassen.

Von allen führenden Mitgliedern der russischen Avantgarde, die Anfang der 20er Jahre zum Industriedesign überwechselten, war Varvàra Stepànova (1894–1958) die einzige, die in Gebrauchsgraphik ausgebildet worden war; deshalb war besonders ihr die Schwierigkeit bewußt, beim Entwerfen vom *»Nachahmen und Nachbilden der Natur«*, vom Organischen wegzukommen und die *»Geometrisierung der Formen«* durchzusetzen. Sie wußte, daß die Künstler als Gestalter industrieller Massengüter Kenntnisse über die Technologie des Produktionsprozesses erwerben mußten. Gleichsam als Programm der Künstler-Gruppe formulierte sie: *»Es gibt keine Bekleidung schlechthin, sondern nur eine Bekleidung für eine bestimmte Funktion in der Produktion. Der Weg der Gestaltung geht von der Aufgabenstellung zur materiellen Realisierung«.*

So heißt es auch in ihrem berühmt gewordenen Artikel Der Anzug des heutigen Tages – das ist die Produktionskleidung: *»Von den Besonderheiten der Arbeit, für die er bestimmt ist, zum System des Zuschnitts. Ästhetische Elemente sind durch den Produktionsprozeß des Nähens des Anzugs selbst zu ersetzen. Zur Erläuterung: dem Anzug keine Verzierungen hinzufügen, sondern die Nähte,* *die für den Schnitt gebraucht werden, verleihen dem Anzug seine Form. Die Nähart des Anzugs, seine Steppnähte, u. ä. offen zeigen, wie all das auch bei der Maschine klar und deutlich ist. Es gibt keine provinziellen Heimwerkernähte mehr, die industrielle Nähmaschine ist da; sie industrialisiert die Herstellung des Anzugs und beraubt ihn des geheimnisvollen Zaubers der individuellen Handarbeit des Schneiders.«*

Varvàra Stepànova unterschied in ihren Schriften deutlich zwischen der *»Produktionskleidung, dem Arbeitsanzug, der sich von Beruf zu Beruf und von Produktion zu Produktion«* verändern muß, der *»Spezialkleidung, die genauer definierte spezifische Anforderungen stellt und einen bestimmten Apparatur-Teil im Anzug besitzt«* wie die Kleidung der Chirurgen, Piloten, Feuerwehrmänner und der Sportkleidung. Der Sportlerdreß solle *»unbedingt grelle Unterscheidungsmerkmale«* aufweisen, *»die eine Mannschaft von der anderen abheben, wie etwa Zeichen, Embleme oder Form und Farbe des Anzugs. Die Farbe des Sportanzugs ist in diesem Fall einer der wirksamsten Faktoren, weil sportliche Wettbewerbe in einem großen Raum ablaufen und Schausportfeste eine ungeheure Zuschauerzahl besitzen«.* Die von ihr dem Artikel in LEF 1923 *»als Projekte für Sportkleidung«* beigefügten *»Prototypen von Anzügen für Fußballmannschaften«* – dreifarbige, einfarbige mit Emblem auf der Brust, zweifarbig gestreifte Trikots – sind immer wieder reproduzierte Entwürfe der sowjetrussischen Produktionskunst.

Bis heute aktuell geblieben ist ein Kleidungsstück, an dem Varvàra Stepànova um 1925 mitgearbeitet hat: der von Aleksandr Ròdčenko (1891–1956) wie ein Monteuranzug entworfene Overall mit Lederstreifen an den großen Taschen der Hose und des Oberteils wie auch an den Verschlußblenden. Ròdčenko, der sich *»Künstler-Ingenieur«* nannte, trug dieses Kleidungsstück, das perfekt zu seinem Image paßte, demonstrativ auf verschiedenen Fotos der 20er Jahre – auch noch auf dem von M. Kaufmann aufgenommenen von 1929.

Wohl der konsequenteste Vertreter der Produktionskunst war Wladimir Tatlin (1885–1953); auch er beschäftigte sich mit Fragen der Kleidung

Varvàra Stepànova, 1925.

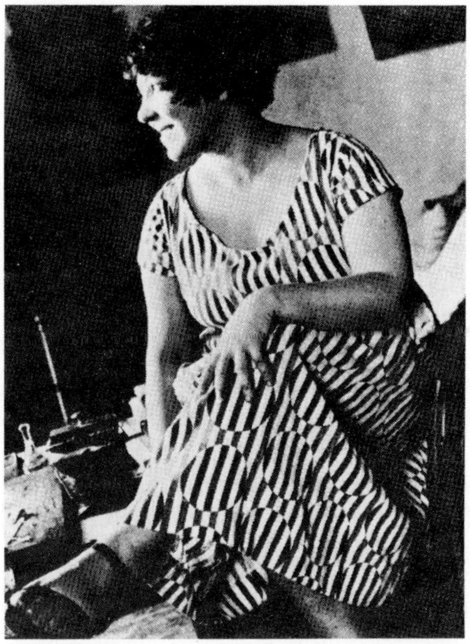

Ein von ihm entworfener Arbeiteranzug und Mantel, *»der 1924 in* KRASNAJA PANORAMA *(= Rotes Panorama) veröffentlicht und kommentiert wurde, zeichnet sich durch seine wissenschaftlich erarbeiteten und ökonomisch begründeten Formen aus. Der Mantel war so gearbeitet, daß er die Wärme besonders gut hielt, der Schnitt so berechnet, daß er die Bewegungen nicht hemmte«.* Zwei austauschbare Futter

Entwürfe zu Sportkleidung, Varvàra Stepànova, 1923/24.

sollten dafür sorgen, daß er dem wechselnden Klima jederzeit angepaßt werden konnte. Er bestand aus drei Teilen, die bei Verschleiß einzeln zu ersetzen waren. Dieser Arbeiteranzug wurde am INSTITUT FÜR KÜNSTLERISCHE KULTUR in Leningrad (INCHUK) entwickelt und im Industriebetrieb KLEIDUNG-LENINGRAD produziert.

Tatsache war, daß eine solche industrielle Produktion Ausnahme blieb. Es fehlte an quantitativen wie qualitativen Möglichkeiten, an Maschinen, ausgebildeten Arbeitskräften und Rohstoffen, so daß die meisten Frauen ihre Kleider noch lange selbst nähen und Ersatzstoffe wie Decken und Tischtücher verwenden mußten. Die Künstler publizierten ihre Entwürfe immer wieder in den verschiedenen Zeitschriften in der Hoffnung, daß auch die bescheidene Schneiderin oder die selbst nähende Frau sie anwenden könne, unterstützt von beigegebenen einfachen Schnittmustern, die zugleich Empfehlungen für geeignete Stoffe enthielten.

Ljubòv Popòva starb 1924, Aleksandra Èkster emigrierte im selben Jahr, und Varvàra Stepànova wandte sich anderen künstlerischen Bereichen zu. Nur knapp drei Jahre also arbeiteten Popòva und Stepànova in der Entwurfsabteilung der ERSTEN KATTUNDRUCKFABRIK in Moskau an Druckmustern und Schnittmodellen. Von ihren Entwürfen ist kaum etwas erhalten (einige Objekte befinden sich in der SAMMLUNG E. MOURINOV/D. SARBIANOV in Moskau); die Kleider waren handgenähte Einzelstücke, Prototypen sozusagen; in Serie sind sie nie gegangen. Den von den Theoretikern der Produktionskunst vorgesehenen Platz des Konstruktionsingenieurs konnten die beiden Künstlerinnen sowieso nicht einnehmen, weil die dafür notwendige Arbeitsteilung in der sowjetischen Textilindustrie zu diesem Zeitpunkt noch nicht realisiert war. Erst Mitte der 30er Jahre entstand eine moderne, mechanisierte Bekleidungsindustrie.

Die Breitenwirkung war den Entwürfen in dem Land, für das sie entstanden waren, versagt. Mehr als fünfzig Jahre später allerdings wurden sie von einem bundesrepublikanischen Textilbetrieb wieder aufgegriffen. Erika Hoffmann-Koenige, Chefstilistin von VAN-LAACK in Mönchengladbach, ließ Ende der 70er Jahre einige Entwürfe von Popòva, Lamànova und Èkster in jeweils fünfzig Exemplaren herstellen. Die nachgeschneiderten Kleider waren 1980 die Sensation einer Ausstellung über russische Avantgarde, die im LOS ANGELES COUNTY MUSEUM OF ART ihren Ausgang nahm. Erika Hoffmann-Koenige sieht in den Entwürfen der russischen Künstlerinnen, *»deren unbedingte Konsequenz noch heute entzückt und schockiert«,* nicht Mode, sondern *»das schlechthin neue Kleid – als gültiger Typus nach absolut gesetzten, technisch-wissenschaftlichen Prinzipien konstruiert«.*

MARINA SCHNEEDE

Literatur

Hubertus Gassner, »Von der Utopie zur Wissenschaft und zurück«, in: »Kunst in die Produktion! – Sowjetische Kunst während der Phase der Kollektivierung und Industrialisierung 1927–1933«, hrsg. v. Neue Gesellschaft für Bildende Kunst Berlin (West) in der Akademie der Künste, Berlin 1977, 51–101.
Erika Hoffmann-Koenige, »Russische konstruktivistische Kleidung: auch eine Utopie?«, in: »Künstlerinnen der russischen Avantgarde/Russian Women-Artists of the Avantgarde 1910–1930«, Köln 1980, 46–52.
Katalog: »Von der Fläche zum Raum/From Surface to Space – Russland/Russia 1916–24«, Köln 1974.
Sophie Lissitzky-Küppers, El Lissitzky, Dresden 1967.
Varvàra Stepànova, »Kostjum segodnjasnego dnja – prozodezka (Der Anzug des heutigen Tages – das ist die Produktionskleidung)«, in: LEF 2, Moskau 1923.

Pullover

Das Geburtsjahr des Pullovers ist offenbar unbekannt. Immerhin wissen wir über seinen Ursprung zweierlei mit Gewißheit: Er entsteht als Kleidungsstück der Unterschicht, und er entspringt dem Erfindungsgeist eines Bewohners der Britischen Inseln. Diese Gewißheit ziehen wir aus den vielen Namen von durchwegs angelsächsicher Herkunft, mit denen er traditionellerweise bezeichnet wird. Der gebräuchlichste – eben Pullover – ist nichts anderes als die Beschreibung der Art und Weise, wie man ihn anzieht: über – Kopf und Schultern – ziehen.

Auch andere Namen, die heute nur mehr als seine Synonyme Verwendung finden, sind in ihrer ursprünglichen Bedeutung mit schweren und wenig angesehenen manuellen Tätigkeiten verknüpft: JUMPER etwa bezeichnete zunächst ein ungeknöpftes und also über den Kopf gezogenes Kamisol, wie es bei Matrosen und Fischern im Gebrauch war; LUMBERJACK ist das amerikanische Synonym

Pullover,
Stephanie Göbel,
Southport, 1985.
Münchner Stadtmuseum.

des gebräuchlicheren WOODSMAN, zu deutsch Holzfäller; SWEATER schließlich evoziert nicht nur unmittelbar die Vorstellung eines schweren Kleidungsstückes zum Aufnehmen des Schweißes, sondern ist darüber hinaus ein Slangausdruck für unermüdliche Arbeiter. Diesseits des Ärmelkanals ist auch das französische CHANDAIL proletarischer Herkunft, in die sich die Düfte der Küche mischen; der Ausdruck leitet sich nämlich von dem Ruf *»(mar)chand d'ail«* ab, mit dem die fahrenden Händler aus der Normandie, die traditionellerweise ein Leibchen aus grober Wolle trugen, ihren Knoblauch anpriesen.

Was sind nun die wesentlichen Merkmale, die einen Pullover zum Pullover machen? – Es handelt sich um ein gestricktes Kleidungsstück, das den Oberkörper bedeckt und bis zu den Hüften reicht, an denen es mit einem elastisch-gerippten Bund anliegt; in Rippen gestrickt sind auch die Bündchen am Handgelenk, die ein Rutschen der Ärmel verhindern.

Wichtigste Aufgabe des Pullovers ist es, den Körper vor den Unbilden der Witterung zu schützen. Unter Menschen entstanden, die an die Arbeit unter freiem Himmel gewöhnt waren, wurde er deshalb von den Sportsleuten Ende des letzten Jahrhunderts übernommen und erfreute sich wachsender Beliebtheit. Der Pullover hat dabei freilich in Schnitt, Farben, Qualität, in der Wahl des Garnes und der Gewebeart eine angemessene

P

Pullover,
Egon Kuhn,
Krefeld, 1985.
Münchner Stadtmuseum.

Veränderung erfahren.

Nach der Meinung der Kulturhistoriker wurde der Pullover um 1890 zum Bestandteil der modischen Ausstattung der SPORTSMEN, und zwar als modische Ergänzung zu den KNICKERBOCKERS, jenen weitgeschnittenen Hosen, die kurz unter dem Knie enden. Der Pullover hatte anfangs einen hohen Kragen, so daß der Hals bedeckt war, und die Athleten auch bei schlechtestem Wetter keinen lästigen Schal brauchten. Als erste verwendeten ihn die Radfahrer. 1894 eleminieten die Golfspieler, die den Launen von Wind und Wetter weniger ausgesetzt waren, den hohen Kragen und ersetzten ihn durch den Polokragen. Golfplätze waren Ende der 20er Jahre auch Schauplätze eines ungeheuerlichen Skandals: Frauen wagten, Pullover zu tragen! Der JUMPER wurde zum vielleicht exzentrischsten Kleidungsstück der englischen Frau: formlos, weit, tief herabgezogen, die Hüften gänzlich bedeckend, und – Gipfel der Provokation – mit V-Ausschnitt. Nicht lange, und man sah in überall: in der Stadt, auf dem Land, auf den Sportplätzen. Im PUNCH, dem satirischen Londoner Blatt, verging keine Woche, ohne daß nicht mindestens eine Karikatur den JUMPER und das ununterbrochene Stricken in Autobus, U-Bahn, Zug und Büro aufs Korn nahm. Den Höhepunkt des Ruhms erreichte das Modell JAZZ, das von einem Ehemann folgendermaßen beschrieben wird: *»Rechtecke, Kreuze, Halbkreise, Rhomben und Kleckse, in heillosem Chaos übereinander, ineinander und durcheinander, in grellen Farben und aus Shetlandwolle.«*

Bis zum Aufkommen der Chemiefasern Ende der 40er Jahre gehören zum Pullover – wie selbstverständlich– Wolle und tierische Fasern.

Pullover,
Günther Schmalor,
München, 1984.

Marilyn Monroe,
Alfred Eisenstaedt, 1956.

Golfspielerinnen,
L'Illustration, 1924.

The Prince of Wales,
J. St. Helier Lander,
um 1922.
Leeds City Art Galleries.

Shetland, Merino, Lambswool, Kashmir, Mohair, Angora und Kamelhaar waren die Bestandteile. Die Einführung der Kunstfaser vervielfältigte Verschiedenartigkeit und Menge der Produktion und machte einen Massenkonsum in einer Gesellschaft möglich, die über immer mehr Freizeit verfügte und die Lust an zwangloser Kleidung entdeckte.

Während der Markt sich erweiterte, wuchs Italien in den 60er Jahren zum führenden Hersteller heran, der in der Lage war, für jede Saison neue, phantasievolle, modische Modelle für jeden Geldbeutel anzubieten. Immer schon war nämlich der Erfolg des Pullovers nicht nur auf seine Bequemlichkeit gegründet, sondern auch darauf, daß er im Vergleich zu anderen Kleidungsstücken wenig kostete. Bewegungsfreiheit, Wärme und niedriger Preis ist allen Rennern unter den Pullovern gemeinsam: dem schwarzen Pullover von Juliette Greco, die in einer »Spelunke« von St.-Germain-

P

Pullover, um 1925.
Münchner Stadtmuseum.

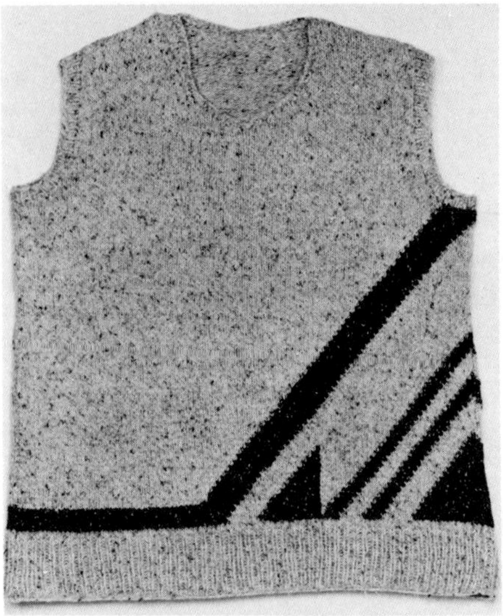

des-Prés Préverts Lieder singt, dem »extra-large« Pullover von Marilyn Monroe und Brigitte Bardot, dem Pullover mit geradem Kragen der glorreichen Beatles, dem Matrosenjumper von Hemingway.

»Die Phantasie an die Macht« blieb 1968 bloße Utopie. Was den Pullover anbetraf, wurde die Parole greifbarer und unbedingte Realität. Die aufgewühlten Gefühle jener Epoche wurden auch durch die Kleidung ausgedrückt: Zusammen mit den Jeans wurde der Pullover zum Symbol des linken Protests. Aber deshalb war er noch lange nicht von einer Seite monopolisiert. Im Gegenteil, seine kommunikative Kraft ist so groß, daß er in eben jenen Jahren auch zum Ausdruck von Protesthaltungen unter umgekehrtem Vorzeichen diente, wie eine scharfsinnige Analyse des Pullovers von Valéry Giscard d'Estaing zeigt: *»Für ihn begann alles mit einem Pullover, den er in der Metro trug. Dieser Pullover machte Geschichte. Dieser Pullover war unverschämt, eine Herausforderung an alle Systeme der Mode. Ein Manifest der Unabhängigkeit und des Dandytums. Keine Spur von Vernachlässigung an jenem Pullover. Im Gegenteil: ein Hauch von Askese. Ein mönchisches, colbertistisches Arbeitsgewand. Mit einem Wort: ein Pullover der Rechten.«*

Heute, nachdem die politischen Leidenschaften der Jugend eingeschlafen scheinen, hat der modische Pullover Namen und Aussehen gewechselt: Er heißt Sweatshirt und besteht aus einem Trikotgewebe mit plüschartiger Innenseite. Dessen ungeachtet aber ist er weiterhin unbeirrbar das bequeme Kleidungsstück, das er immer war, und es wird sowohl von jenen getragen, die damit die Zugehörigkeit zu irgendeiner sozialen Gruppierung signalisieren wollen, als auch von denjenigen, denen das persönliche, individuelle Erscheinungsbild wichtiger ist als die offiziellen Modekanons.

PAOLO LOMBARDI

Punk

»Schau Dich nicht um, die Sex Pistols *kommen . . . . . . ein Quartett stachliger und rotziger Jugendlicher . . . und sie spielen weißen Punk-Rock im Stil der 60er Jahre so unbedarft, wie man ihn heute nur spielen kann, was schon wieder ganz bewußt wirkt,«* heißt es 1976 im New Musical Express.

In dieser frühen Kritik der Sex Pistols spricht Neil Spencer von »Punk Rock«, aber er benutzt den Ausdruck so, als suche er nach einer Definition. Das Wort war von Amerika importiert worden, um Bands zu charakterisieren, die ein straßenkämpferisches, brutales und oft ledermännisches Image hatten. Im Jahr 1976 adoptierte die Musikpresse das Wort »Punk Rock«, als es darum ging, eine neue Gattung britischer Musik zu beschreiben. Die Übernahme stimmte: Äußerlich und klanglich mochte er anders sein, aber auch der Britische Punk-Rock kam von der Straße und war eine Reaktion auf die Musik, die von entrückten, millionenschweren Rockstars gemacht wurde.

»Ich hasse Hippies und ihre Welt. Ich hasse langes Haar . . . Ich möchte das ändern, damit es lauter Rockbands gibt wie wir«, tönte dann auch Johnny Rotten folgerichtig im selben Jahr.

Die Energie des Punk-Rock entstand aus der Verbindung von Haß und Wandel. Allein aus dieser Haltung schufen sich die »Sex Pistols« ihren Namen. Titel wie Texte ihrer Songs waren kalkulierte Provokation. Mit ihrem Ruf, agressiv zu sein, enttäuschten sie vermutlich weder den Gastgeber einer Talkshow noch die Zuschauer: *»Eine Pop-Gruppe schokkierte Millionen von Zuschauern mit den schmutzigsten Sprüchen, die man je im Britischen Fernsehen gehört hat . . . An die 200 aufgebrachte Zuschauer riefen den »Mirror« an. Ein Mann war so wütend, daß er in seinen teuren Farbfernseher trat,«* berichtete der Daily Mirror.

Gewalt charakterisierte ihre Auftritte. Geräte und Instrumente der anderen Bandmitglieder oder ein allzu zurückhaltendes Publikum waren Zielscheibe ihrer Attacken.

Im November 1976, als The Clash im ICA spielten, wurde einem Mädchen das Ohr abgebissen. Während die Sex Pistols eine anarchische Haltung einnahmen, hatte der Haß auf

Besucher des Vortex Club, London, 1977.

die Gesellschaft von THE CLASH mehr Substanz. In ihrer sozio-politischen Interpretation von Punk-Verweigerung und -Anarchie stimmte die Band mit vielen zeitgenössischen Kritikern überein, die spürten, daß dies die Musik der Generation von Arbeitslosengeldempfängern war, die hoffnungslos in ihren Sozialenwohnungsbau-Gettos lebten.

Punk-Rock als spontanen Ausdruck einer vom Leben enttäuschten Jugend zu betrachten, wäre zu einfach. Schaut man die Karriere der SEX PISTOLS an – die die Bewegung auf den Nenner brachten – wird klar, daß dies nicht ganz der Fall ist. Ihre Geschichte demonstriert die Bedeutung, die Kleidung beim Punk hat. Jeder sprach über die Aufmachung, so daß die Kleidung Synonym und Symbol für Punk wurde.

»Punk startete als Finte – ein Blitzen in Malcolm McLarens Auge, eine Möglichkeit, die Musikbranche zu erschüttern und ein bißchen Wirbel zu machen,« hieß es 1986 im Rückblick.

Seit den frühen 70er Jahren verkauften Malcolm McLaren und Vivienne Westwood selbstentworfene Kleider in ihrem Laden auf der King's Road. Der Laden änderte seinen Namen mehrere Male – LET IT ROCK (1971), TOO FAST TO LIVE, TOO YOUNG TO DIE (1972 – als Anspielung auf *»Live fast, die young«*, einem auf James Dean gemünzten Subkulturspruch) – und 1974 endlich SEX, und man verkaufte Kleider, die auf Fetischistenmode zurückgingen. Aus SEX wurden die SEX PISTOLS. McLaren war einverstanden, eine bereits zur Hälfte formierte Band zu managen und rekrutierte dazu Johnny Rotten als Lead-Sänger. Er war Stammkunde im SEX und schaute ganz einfach richtig aus.

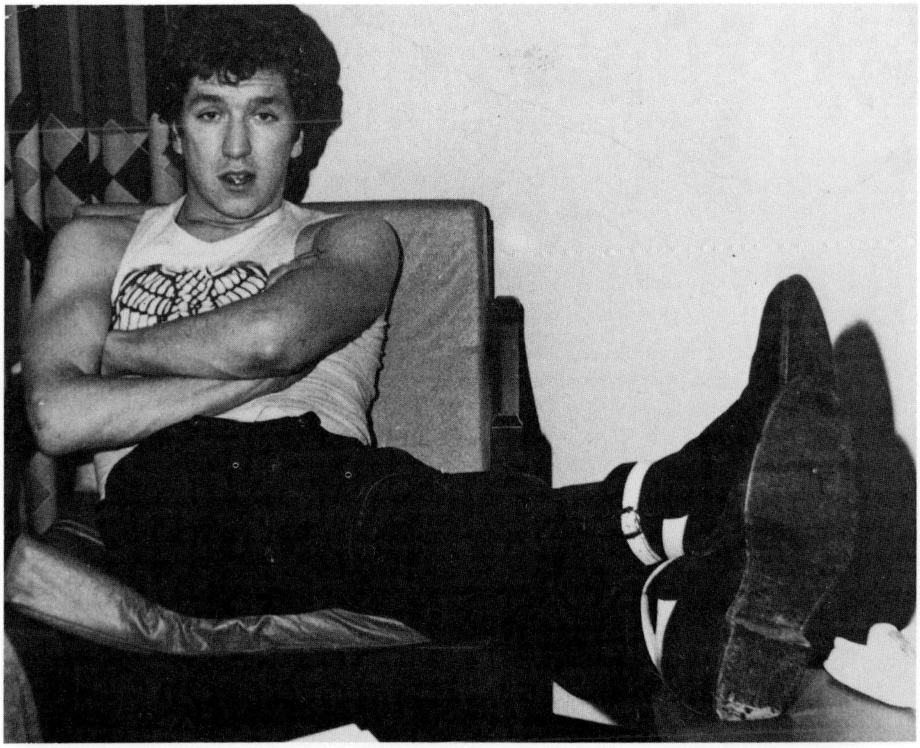

Steve Jones, Sex Pistols, Liverpool, 1977.

Presseberichte aus dem Jahr 1976 beschreiben, wie die Bands gekleidet waren: *»Rotgefärbte Stachelhaare, totenbleich geschminkte Gesichter, Metallstücke hängen an den Ohrläppchen, dürre Hosenbeine, rote Westen, schwarzer Schlips und Sicherheitsnadeln.«* In dieser Beschreibung Johnny Rottens sind nicht nur die Kleider, sondern auch der Schmuck, die Haartracht und das Make-up typisch für die ersten Punk-Bands. Einige Bands trugen noch anarchischere Varianten, aber gleichzeitig zeigen einige Photos auch eine ganz konventionelle Aufmachung.

Mitte der 70er war die Punk-Haartracht besonders innovativ. Wegen der späteren Extravaganzen in Schnitt und Farbe, sind die Erinnerungen daran oft falsch. Stachelhaar (da es

Conceptual Chic,
Zandra Rhodes,
Vogue, 1977.

noch kein Haargel gab, machte man es mit Zuckerwasser) war zwar populär, aber bei den Bands überhaupt nicht allgemein üblich. Keiner trug langes Haar, aber viele hatten einen ganz normalen, kurzen Haarschnitt. Glattes, glänzendes Haar war unerwünscht: Die Protagonisten des Punk freuten sich über ihr ungepflegtes Haar genauso wie über ihre Akne. Färbemittel wurden zunächst nur für kleinere Haarpartien benutzt.

Für den Punk-Look waren natürlich genauso die Gefolgsleute der Bands zuständig, besonders bei The Bromley Contingent. Schwarzgefärbtes Haar mit gelegentlichem Orange oder Wasserstoffblond und einem dramatischen, schwarzen Make-up waren Kennzeichen aller Punk-Treffs.

»Ihr Gesicht ist kreideweiß und ihre Augen schwarzgeschminkt, was den Gesamteindruck eines Skeletts ergibt, das eine orangefarbene Astro-Turf-Perücke trägt. Sie trägt ein schwarzes Hundehalsband und Nieten-Armbänder. Ihr T-shirt ist garniert mit Eisenketten und Reißverschlüssen und verkündet in bluttriefenden Lettern die Botschaft ›Destroy‹ (Zerstöre). *Von der Taille abwärts ist die Haut durch schwarzes PVC ersetzt.«* schreibt Vogue 1977.

Mehr Treffpunkte, mehr Bands und der wachsende schlechte Ruf machten Punk Rock und Punk Look zum gesuchten Artikel. 1977 änderte Sex seinen Namen in Seditionaries. Die Ladenfront veränderte ihr Aussehen: statt Metallgrill und kruden Plastiklettern jetzt mattes Glas und ein Namensschild aus Messing. Mehr aus dem kulturellen Kontext heraus, den sie ja mitgeschaffen hatte, als in bloßer eklektischer Interpretation anderer Systeme, waren Vivienne Westwoods Seditionaries Kleider noch mehr »total look« als frühere Entwürfe. Sado-Maso-Brutalo-Anzüge (bondage), übersät mit Reißverschlüssen und häufig mit Beinfesseln, wurden getragen mit Lendentüchern aus Frottée und großen, schwarzen Stiefeln. Die Sunday Times weiß dazu: *»Sie haben was mit Spannung zu tun – die Leute glauben, sie würden durch sie behindert, stimmt aber gar nicht.«*

Nicht nur der Clan der Pistol-Fans, sondern auch Leute, die einfach Punkrocker sein wollten, kauften ihre Sachen bei Sex/Seditionaries. Ende 1976 gab es überall im Lande praktizierende Punks und Fans. *»Ein neuer Teenager-Spleen zeigt sich. Und es ist kein hübscher Anblick,«* moniert der Daily Mirror im Jahr 1976.

Kleider und Haartracht der Jugendlichen in diesem Bericht sind ziemlich konventionell. Das ungewöhnliche Make-up jedoch (ein Stern über einem Auge und schwarze Farbstempel) illustrierte, daß die Teenager tatsächlich Teil eines neuen Spleens waren.

Funktionelle Gegenstände, die nicht eigentlich schön waren, wurden als Anti-Schmuck getragen: eiserne Ketten, Sicherheitsnadeln, Baby-Schnuller. Das gleiche Prinzip herrschte bei den Kleidern. Kleidungsstücke wurden absichtlich zerrissen und mit Sprüchen und Slogans bemalt. Die Gallery of English Costume in Manchester hat so ein Hemd in ihrer Sammlung: Die ursprüngliche Besitzerin hat wohl nicht gewußt, wie nahe ihre Kreation der gelöcherten Sex T-shirts kam. Punk Rock verwüstete die Musikindustrie, hatte aber auf die Modebranche keinen entsprechenden Soforteffekt. Eine bemerkenswerte Ausnahme bildete Zandra Rhodes' »Conceptual Chic Collection.« Zandra Rhodes stellte Fragen, die die Umkehrung aller herrschenden Einsichten über effektvolle Kleidung bedeutete, ganz im Sinne des Punk.

»Warum können unsere Augen nicht dazu gebracht werden, eine strategisch plazierte Träne so zu sehen, wie eine gestickte Blume, eine Sicherheitsnadel als so wertvoll wie eine Perle? Warum muß ein Ärmel eingenäht sein – wenn er angesteckt viel amüsanter aussehen kann?« fragt sich Zandra Rhodes 1983.

Die Präsentation dieses »Conceptual Chic Dress« in Vogue im Jahr 1977 verdankt dem Punk allerdings sehr wenig. Das Modell hat den feuchtschwülen Ausdruck der späten 70er Jahre, langes, wallendes Haar, trägt Riemensandalen für den Abend.

Ironischerweise wurde der Einfluß des 1976er Punk Look auf die Haute Couture erst sichtbar, als sich der ursprüngliche Punk geändert hatte. Um 1978/79 war die militante Kraft der Sex Pistols, die zunehmend Probleme hatten, und die provokante Andersartigkeit von 1976 verschwunden. Gescheite Kritiker berieten bereits über den nächsten Trend. Wieder war es Malcolm McLaren, der genau eine Stimmung einschätzte, und seine Verbindung mit »Bow Wow wow« und Adam Ant war kennzeichnend für die Entwicklung des neuen Trends der »New Romantics«. Die »New Romantic«-Gruppen polarisierten die Effekte, die Punk Rock in Musik und Mode gebracht hatten. Die Plattenindustrie kehrte zurück auf das angestammte Gebiet der gigantischen Aufnahmeverträge und Superstars:

Punker,
London, 1983.

P

Die Modeindustrie paßte sich unverzüglich an und war vom neuen Trend angesteckt.

In diesem Zusammenhang ist bemerkenswert, wie McLaren »New Romantics« machte. Vivienne Westwoods Kleider, die nunmehr unter dem Namen »World's End« verkauft wurden, erschienen erstmalig in Vogue Anfang 1981. Auch ihre folgenden Kollektionen wurden mit Beifall aufgenommen. Sie wurde Gegenstand vieler Artikel, und die verunglimpfenden Töne der Sunday Time aus dem Jahre 1978 waren verstummt. Von den bolivianischen Bauern von 1982 bis zur »Punkature collection« von 1983 wurde Vivienne Westwood als wichtiges, originelles Talent gewürdigt. Ihre Unfähigkeit, dieses Talent zu artikulieren, wurde zu einer Art Erkennungszeichen, sowohl in Interviews, als auch in den Bemerkungen zu den Kollektionen:

»P-P-punk – at – ure
Punk – pu – pu – punkature
Looking – Looking – Looking
Like a Hobi, medi – evil
Yeah my medi – evvil hobo girl
Check it out – check it out
Yeah! Inside out! Back to front«

Es gab eine Parallele zwischen diesem Spiel mit Stellung und Sinn von Worten und Vivienne Westwoods Haltung gegenüber ihren Kleidern. ansichten über Kleidung wurden auf den Kopf gestellt. Die »Buffalo girls« trugen Büstenhalter aus Satin über ihren Kleidern, aus Decken von Vim-Dosen wurden Knöpfe für »Cardigans« (Strickjacken).

Vivienne Westwoods Prinzipien hatten ihren Unterbau von der Punk-Attitude, auch wenn sie jetzt durch die Grandezza der Haute Couture verfeinert wurden.

Gleichzeitig mit der Vereinnahmung der »World's End«-Kleider vom Modeestablishment erschien in den Vogue-Heften eine andere, ebenfalls dem Einfluß von Punk zuzuordnende Innovation. Plötzlich trug man kurzes Haar. Haargels und Haarschaum sorgten für den besonderen Pfiff. Der Effekt war zwar entschärft, aber der Vorgänger dieser Frisur war die ursprüngliche, stachelige Haartracht des Punk.

Zu der Zeit war Punk aber schon wieder anders. Bands, in schwarzes Leder gekleidet, mit hingeschmierten Slogans auf dem Rücken und mit Eisenketten behängt, versuchten so dem Punk die Treue zu halten. Paradox genug, aber mit diesem bewußten

Punker,
London, 1983.

Eintreten für Punk stehen sie im Gegensatz zum heroischen Geist von 1976.

Die Haartracht war der spektakulärste Weg, um »Punk« auszusehen. Das Irokesenbüschel der »Bow Wow wow« wurde geradezu zum Abzeichen des Punk, und abenteuerlich konstruierte Gebilde tauchten in den verschiedensten Farben auf. Das sind jene Punks, deretwegen London-Touristen auf die King's Road gehen. Ihre Porträts bilden nun an jedem Ansichtskartenstand neben der Königlichen Familie die Quintessenz des Londontourismus.

Punk von 1986 ist in einem Zustand, der im krassen Gegensatz zu seinen Anfängen steht. Die Musik und der ganze Look sind inzwischen steril geworden. – Charles Shaar Murray stellt 1986 im NEW MUSICAL EXPRESS fest: *»Punk ging es wie seinem Vorgänger Hippie. Sie verließen den Fleischwolf der Industrie mit reduziertem Geschmack, der sich auf eine einfache Formel bringen ließ: kurze Haare, noch kürzere Haare, kürzere Songs, schmissige Graphik; sein rotziger Auftritt, die echte Wut, der nervenzerfetzende Lärm, der politische Gehalt – alles das wurde geschickt entfernt.«* Brenda Polan formulierte das schon 3 Jahre früher im GUARDIAN so: *»Z. B. Punk: Ihn haben die Entwerfer, Stylisten und Hersteller, die die Straßenstile für den Massenkonsum genießbar machen, verschluckt, durchgekaut, mit Weichmachern versetzt und wieder herausgewürgt.«*

Punk hatte keinen unmittelbaren Effekt auf das universelle Modebewußtsein, wie das dann die »New Romantics« taten. Indirekt könnte »New Romantics« der Weg gewesen sein, den Straßenkampf-Punk für den großen Markt schmackhaft zu machen. Das Aussehen war wichtiger Bestandteil der Punk-Philosophie, aber die Haltung gegen alles und jeden zu sein, machte ihn für den Markt unbrauchbar. Ähnlich bestimmte das Aussehen auch die Person des »New Romantic«, und all die lieblichen Bänder, Korkenzieherlocken und Rüschchenhemden waren als Look für die Konsumgesellschaft annehmbar. Seit den frühen 80er Jahren wurde britische Musik und Mode mit dem Wort »Straße« als Erkennungsmelodie in Verbindung gebracht.

Punk-Mode,
München, 1984.

Jeans-Werbung, 1986.

Das beste Beispiel für diese Verbindung ist vielleicht das T-shirt. 1983 zeigte Katherine Hammnet ihre großen, weißen T-shirts mit kühnen, fettgedruckten Sprüchen aus schwarzen Lettern. 1984 übernahm der Manager von FRANKIE GOES TO HOLLYWOOD diese Idee für die Promotion seiner Band. Man hatte das Gefühl, daß in diesem Sommer jeder ein »Frankie Says«-T-shirt trug. Vivienne Westwood und Malcolm McLaren waren aber längst berühmt dafür, T-shirts auf diese Weise einzusetzen: nicht nur als Kleidungsstück um seiner selbst willen, womit es schon mehr wäre als nur ein Accessoire, sondern um eine persönliche Aussage damit zu machen.

Punk mag zwar von Stylisten und Designern verwässert worden sein, aber sowohl um seiner selbst willen, als auch wegen der beschriebenen Stil-Diversifikationen ist es Thema der Kostümgeschichte, das einer Untersuchung wert ist.

ROSEMARY HARDEN

Literatur

Zandra Rhodes/Annne Knight, The Art of Zandra Rhodes, 1983.
World's End. Punkature Collection programme notes, 1983.

Q

– Mary Quant
Quellen der Kostümforschung

Q

Mary Quant

Den MINI-ROCK führte die junge Engländerin Mary Quant in die Mode ein. Sie war noch völlig unerfahren und unbekannt in der Branche, als sie bereits 1955 in Chelsea einen kleinen Modeladen, den BAZAAR, eröffnete. Da sie keine Kleider nach ihren Vorstellungen zum Wiederverkauf fand, begann sie aus billigen Stoffen und nach einfachen abgewandelten Schnittmustern ihre Modelle selber zu schneidern. Erst wenn sie ein paar Kleider verkauft hatte, konnte sie neue Stoffe erwerben. 1962 wurden Mary Quants Kreationen zum ersten Mal in VOGUE vorgestellt. Damals galt die junge Engländerin als vielversprechendes Nachwuchstalent auf dem Modesektor. Drei Jahre später, 1965, wurde ihr MINI-SKIRT (Minirock) zum Modeschlager auf der ganzen Welt, und ihre erste Amerika-Tournee schlug wie eine Bombe ein. In zwölf verschiedenen Städten ließ sie dreißig Modelle von superschlanken Mannequins, zu Pop-Musik tanzend, vorführen.

Mary Quant hatte den Mut zu einer Mode, die verrückt und unbeschwert genug war, die Jugend zu begeistern. 1966 erhielt sie für ihre Verdienste um den englischen Modeexport den ORDER OF BRITISH EMPIRE, zu dessen Verleihung im Buckingham Palace sie im Minirock erschien. Ihre kleine Boutique entwickelte sich bald zu einer großen Firma mit einem Jahresumsatz von über einer Million Pfund. Sie belieferte Geschäfte auf der ganzen Welt nicht nur mit ihren Kleidern und Mänteln, sondern auch mit MARY-QUANT-MAKE-UP, MARY-QUANT-STRUMPFHOSEN, und MARY-QUANT-ACCESSOIRES. Obwohl die Engländerin die Mode genauso revolutionierte wie einst Dior mit seinem NEW LOOK, sprach niemand von ihren Kreationen als HAUTE COUTURE. Was Mary Quant anbot, war Top-Mode für die Masse. Ihre Schöpfungen sollten nicht elitär, sondern populär sein. Mary Quant machte Mode für alle.

Mary Quant, Foto, vor 1968.

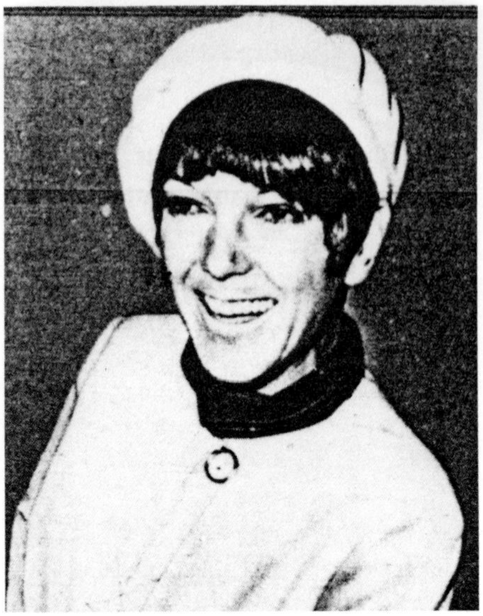

Entwürfe für Minikleider, Mary Quant, 1969/60.

Modell, Mary Quant, Mitte 60er Jahre.

INGRID LOSCHEK

Literatur:
Ingrid Loschek, Mode im 20. Jahrhundert, München 1978.
Mary Quant, Quant by Quant, London 1966.

Quellen der Kostümforschung

Als Quellen der Kostümforschung sind zunächst die Originalkostüme selbst mit dem Kleidungszubehör und den Accessoires der Vergangenheit zu nennen. Aus dem Altertum hat sich vor allem metallenes Kleidungszubehör wie Nadeln, Fibeln, Gürtelschließen sowie die lederne Fußbekleidung erhalten. Abgesehen von Teilen von Krönungsornaten und kirchlichen Gewändern haben aus dem Mittelalter nur wenige Gewänder und diese in einem sehr zerfallenen Zustand die Zeiten überdauert. Erst vom Ende des 16. Jahrhunderts an ist eine größere Zahl von Originalkostümteilen erhalten. Das 18. und 19. Jahrhundert können durch zahlreich erhaltene vollständige Kostüme und Einzelteile gut belegt werden. Doch handelt es sich bei den erhaltenen Stücken überwiegend um die Festkleidung der weiblichen Oberschicht, die seltener als andere Kleidung umgearbeitet und aufgetragen wurde. Staatsroben, Gala- und Festtagskleidung – auch solche des

Mannes – wurden sorgfältig aufbewahrt und oft schon zu Lebzeiten vererbt. Galakleider von Kaiserinnen und Königinnen, deren Stoffe allein schon Kostbarkeiten waren, wurden auch an Kirchen gestiftet und u. a. zu Paramenten umgearbeitet.

Da der Bestand erhaltener Originalkostüme insgesamt erhebliche Lücken aufweist, kommt den bildlichen Quellen eine besondere Bedeutung zu. Die Darstellung des Menschen in der Plastik, Glasmalerei, Graphik, auf Miniaturen und Gemälden zeigt immer auch mehr oder weniger deutlich seine Kleidung und das Zubehör. Trachten- und Schnittmusterbücher (Rißbuch, Meisterstückbuch oder Musterbuch genannt), Modekupfer, Kostüm- und Modezeichnungen, Modefotos und Modekarikaturen geben detaillierte Auskunft über die Bekleidung der Vergangenheit.

Neben den bildlichen Quellen sind literarische Quellen wie Reisebeschreibungen, Schilderungen von Völkern und Volksgruppen oder auch Einzelpersonen, Sitten-, Stamm- und Tagebücher und Chroniken für den Kostümforscher oft aufschlußreich. Exakte Details gehen aus Kleiderordnungen, Nachlässen und Modeberichten in Almanachen und Journalen hervor. Eine Idealisierung oder sonstige subjektive Verfremdung der Kostümdarstellung muß bei der Auswertung bildlicher oder schriftlicher Quellen immer berücksichtigt werden. Vor allem ist zu beachten, daß die Kleidung der Oberschicht in Originalen wie in schriftlicher und bildlicher Darstellung weit besser dokumentiert ist als jene der Bauern, Handwerker, Bediensteten und Arbeiter.

INGRID LOSCHEK

Kostüme, Accessoires, Modezeitschriften und Entwürfe, um 1780–1930.
Münchner Stadtmuseum.

Q

Modehefte 50er und 70er Jahre.
Münchner Stadtmuseum.

R

– Rauchen
Reformkleider
Reisegepäck
Rollentausch

R

Rauchen

Die erste Zigarette rauchten wir in der neueingerichteten Raucherecke des Schulhofes. Wer in diesem streng definierten Raum rauchte, zeichnete sich durch »Klassenzugehörigkeit« aus (ab der 10. Klasse durfte geraucht werden). Aus Kostengründen drehten wir die Zigaretten meist selbst. Gleichzeitig war damit natürlich ein bestimmtes Image verbunden – die Gelassenheit des Intelektuellen. Indem wir rauchten, unterschieden wir uns von den »Kleinen« und gehörten zu den »Großen«, den »fast-erwachsenen« Schülern. Wir waren »in«, die Jüngeren waren »out«. Rauchen in der Oberstufe war selbstverständlich.

Summerhill's antiautoritäre Erziehung und die Errungenschaften der 68er Studentenrevolte hatten die strikten Verbote gelockert. Ganz selbstverständlich rauchten wir auch auf der Straße, im Wirtshaus und im Café. Zwanzig Jahre vorher wäre ein solches Verhalten undenkbar gewesen.

Die Zigarette beweist sich heute, nach ungefähr 100 Jahren serieller Produktion – in Deutschland wurde die erste Cigaretten-Manufaktur 1862 in Dresden eröffent –, als die Rauchware Nummer Eins des 20. Jahrhunderts. Ist im 17. und 18. Jahrhundert noch die Pfeife das herrschende Rauchgerät, so kommt zu Beginn des 19. Jahrhunderts die Zigarre hinzu, die dann von der 2. Hälfte des Jahrhunderts an mit der Zigarette konkurriert, die heute zu 90% den Markt beherrscht.

Die spanischen Eroberer lernen von den Indianern den Gebrauch der Friedenspfeife. Bei Hofe in Europa mutiert dieses Ritual der Friedenspfeife zum Tabakskollegium. Von »rauchen« ist in dieser Zeit noch nicht die Rede: Die Nebel der Pflanze Nicotinia werden getrunken oder geschlürft. Das Wort »Rauchen« setzt sich nach Wolfgang Schivelbusch erst im Laufe des 17. Jahrhunderts im allgemeinen Sprachgebrauch durch. Bis dahin spricht man von »Rauchtrinken« oder »Tabaktrinken«.

Zu Zeiten Friedrich Wilhelms I. (1713–1774) ist es noch nicht üblich, bei Tisch zu rauchen. Um jedoch trotzdem in Gesellschaft rauchen zu

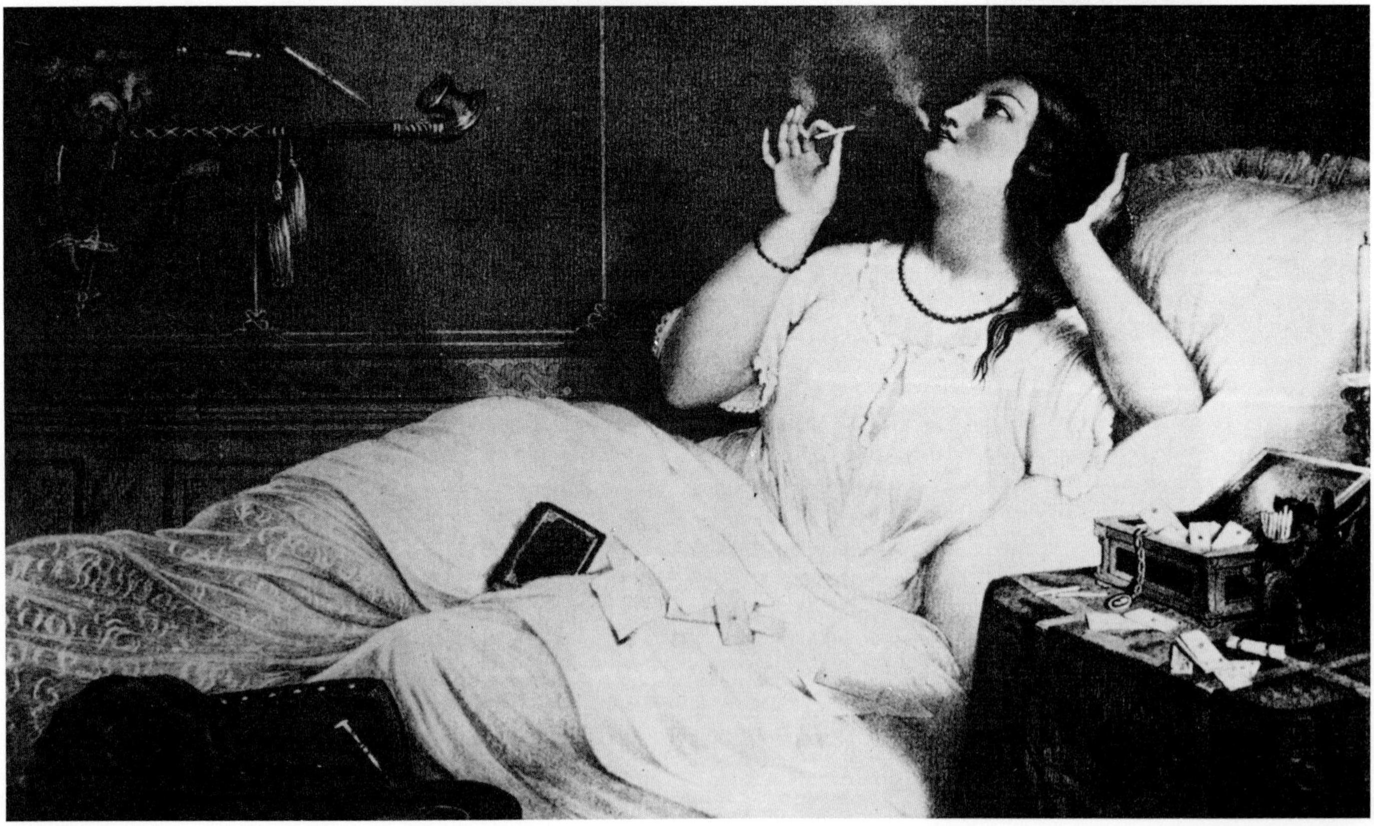

Emanzipierte Wienerin,
F. Leybold, um 1855.

Raucher,
Journal Universel, 1844.

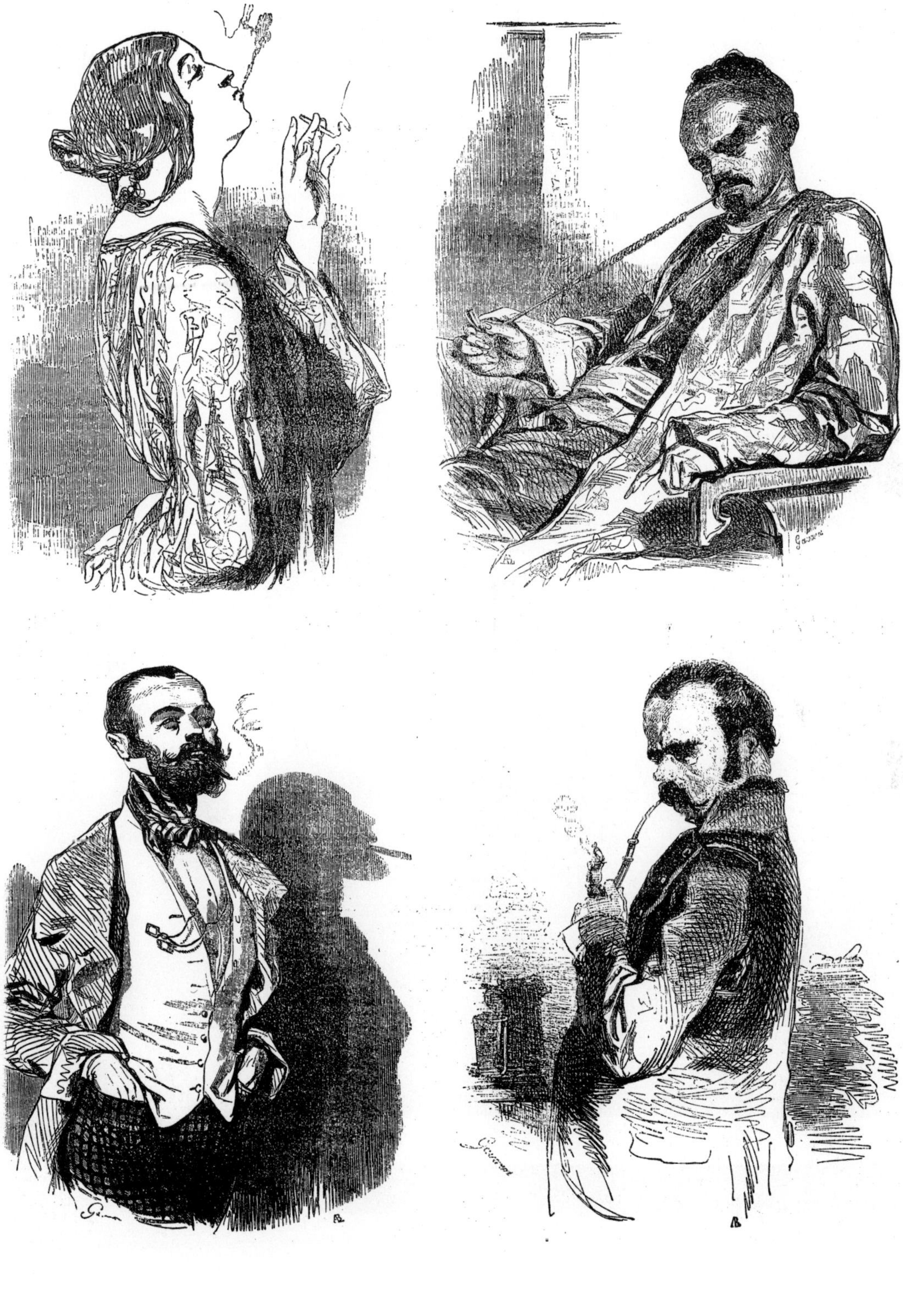

Zigarettenplakat, Deutschland, um 1900.

Maria Bard, 1926.

Die Zigarette, 1926.

Zigarette, 1986.

Egon Erwin Kirsch,
Rudolf Schlichter, um 1928.

Georges Simenon, 1966.

Churchills Stern,
Erich Schilling, 1942.

Bundespräsident Walter Scheel
mit dem Bürgermeister von Prien, 1974.

R

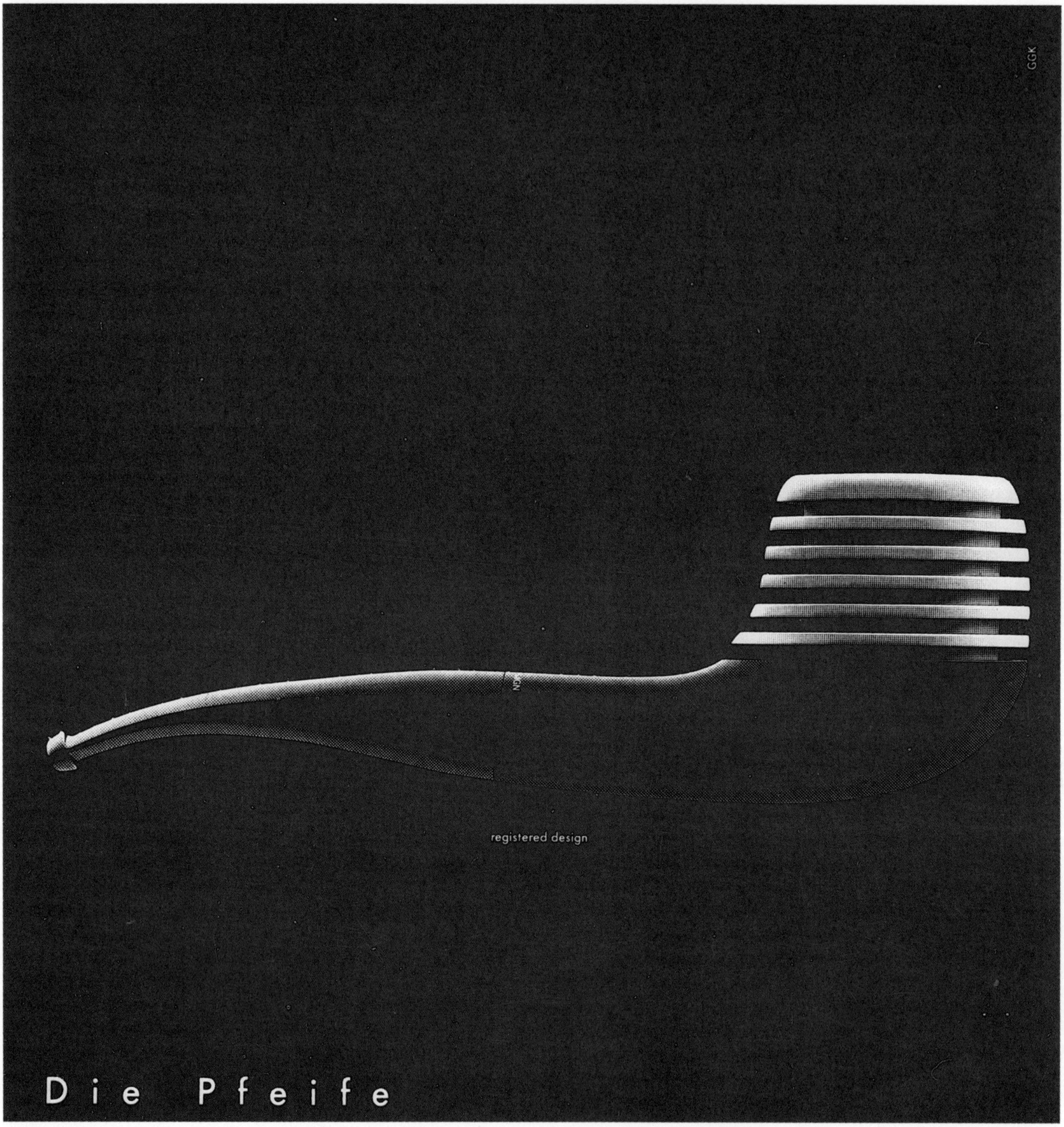

Pfeifenwerbung 1984.

können, initiiert er ganz spezielle Tabakskollegien. Die Damen und Herren erscheinen in Hofkleidung – da Etikette herrscht – und rauchen Pfeife. Die Lust des Monarchen wird so zum höfischen Ritual.

Über hundert Jahre später praktiziert Bismarck eine modifizierte, europäische Form der Friedenspfeife bei den Verhandlungen in Versailles. Er ersetzt die Pfeife durch Zigarren, die jedem Verhandlungspartner angeboten werden. Er schätzt die beruhigende Wirkung der »Havanna«. Die Zigarre böte ihm die nötige Muße und Zeit, sich die richtigen Worte zu überlegen: Sie beschäftige die Hand, verschaffe psychische Entspannung, gewähre Ablenkung und stimme versöhnlich.

Das Rauchritual, zunächst nur bei außergewöhnlichen Angelegenheiten praktiziert, wird imitiert. Da das Rauchen sich nun getrennt von bestimmten Anläßen vollzieht, nicht mehr situationsgebunden ist, kann es für bestimmte Gesellschaftsschichten Mode werden. »Raucherclubs« sind beispielsweise besonders in England im 18. Jahrhundert in Mode. Zwanglose Konversation und die beruhigende Wirkung der Pfeife werden bei diesen Treffen geschätzt.

Für Frauen wird das Rauchen erst mit der Zigarette Mode. Obwohl Frauen auch zu adeligen Rauchgesellschaften zugelassen sind, bleibt diese Tätigkeit bis ins 19. Jahrhundert eher eine exklusive Angelegenheit der Männer. Der rauchenden Frau nimmt sich die Karikatur an. Zwischen dem 17. und 19. Jahrhundert finden die verschiedensten Arten, die Frau mit Zigarre und Pfeife zu verhöhnen, Verbreitung.

Etwa zur gleichen Zeit, im deutschen Vormärz, dient die Zigarre, die erst später zu einem Statussymbol der Unternehmer wird, als eine Art von revolutionärem Erkennungszeichen. Der zigarrenrauchende Brecht knüpft an diese Tradition aus dem 19. Jahrhundert an. Erst nachdem 1848 den Deutschen gestattet wird, auch auf der Straße zu rauchen, setzt sich langsam auch die rauchende Frau durch.

Die »moderne Frau« der 20er Jahre, sportlich, in Hosen, mit kurzen Haaren und einer Zigarette in der Hand, wird zum nachahmenswerten Ideal. In Mode kommen nun die Accessoires, die »Art Déco-Zigarettendose« aus Email und der außergewöhnlich lange Zigarettenhalter. Zur gertenschlanken Dame gehört die Zigarette, die nun für die Männerwelt ein Symbol des Weiblichen wird. Schon ihre äußere Erscheinung gibt zu Assoziationen Anlaß: Umhüllt von weißem Zigarettenpapier, schlank und leicht, das sind ihre Attribute, Merkmale, die auch auf den weiblichen Idealtyp dieser Zeit Anwendung finden. Der Wiener Literat Paul von Schönthan schreibt: *»Sie gehört zu Sekt, zu Hasardspiel und Liebe, zum Leichtsinn, zur Sünde, zur Poesie des Genießens, ihr aromatischer, duftender, sich in zarten Ringen und Wölkchen verflüchtigender Nebel ist das Parfum der Boudoirs.«*

Als Kulturphänomen unterliegt das Rauchen den jeweiligen Sitten und Gebräuchen, es folgt den verschiedenen Moden. Daraus ergeben sich die Arten, wann und wo, wie in welcher Gruppe, Schicht oder Klasse geraucht wird. Die jeweiligen Rauchutensilien begleiten diese Moden. Das Zigarettenetui beispielsweise brauchte man für die Zigaretten, die man lose oder in einfacher Verpackung am Kiosk kaufte. Als zeitraubenden Vorgang dagegen würde man heute das Umfüllen in diese oft künstlerisch gestalteten Behälter bezeichnen. Das Zigarettenetui verschwindet nach dem II. Weltkrieg. Die Handelspackung beherrscht den Markt.

Die ganz spezifischen Eigenschaften der Zigarette heute, die schon durch die Verpackung deutlich werden, sprechen ganz bestimmte Rauchergruppen an. Das Image der Marke – ob es nun die GAULOISE ist, die den legeren Künstlertyp anspricht, oder die MARLBORO, die zum kernigen Mann paßt – korrespondiert mit der Imagepflege der Raucher. Die Damenzigarette, die überlange, schlanke, war nur kurze Zeit in den 70er Jahren in Mode. Heute wird eher die Zigarette aus der Packung mit den Goldbuchstaben bevorzugt.

Nach dem Motto: *»Es war schon immer etwas teurer einen besonderen Geschmack zu haben«* kommt die Pfeife mit dem Porsche-Design (280,– DM) erst in der entsprechenden Umgebung zur Geltung. Der Zeichencharakter der Rauchware ist konstitutiv für das Milieu, in welchem sie dann Mode wird.

Die Zigarette befriedigt nicht nur den täglichen Nikotinbedarf des Rauchers, sie stellt auch den Staat zufrieden: Immerhin waren es 1985 ungefähr 14,5 Milliarden Mark, die dem Staatshaushalt aus der Tabaksteuer zuflossen.

Und in Zukunft . . . Die Anti-Nikotinkampagne aus den Vereinigten Staaten greift auch auf die Bundesrepublik über. Anregungen und Vorschläge, das Rauchen in der Öffentlichkeit verstärkt einzuschränken, kommen, wie der SPIEGEL (Nr. 10, 3. März 1986) schreibt, von allen Fraktionen: So kann zum Beispiel das totale Rauchverbot in den Schulen Wirklichkeit werden. Überzeugende

R

Forschungsergebnisse und vermehrtes Körper- und Umweltbewußtsein sind einige der Gründe für solche Maßnahmen.

MARGARETE GRÖNER

Literatur:
Robert Carpen, Die weiße Kette. Roman der Cigarette, München 1955.
Egon Caesar Conte Corti, Die trockene Trunkenheit. Ursprung, Kampf und Triumph des Rauchens, Leipzig 1930.
Hans Neuerburg (Hrsg.), Altes und Neues über die Zigarette. Ein Streifzug durch die merkwürdige Geschichte, Köln 1938.
Der Raucher. Illustrierte Wochenschrift für Raucher. Unterhaltung für Raucher – Unterhaltung für Raucherinteressen, Augsburg 1930.
Wolfgang Schivelbusch, Das Paradies, der Geschmack und die Vernunft. Eine Geschichte der Genußmittel, Frankfurt 1983, München 1981.
Der Spiegel, »He, machen Sie die Zigarette aus«. 10 (10.3.1986), 250–264.
Verein deutscher Volksheilkunde (Hrsg.), Die Frau und das Rauchen, Bd. 17, Nürnberg 1938.

Reformkleider

Die Reformkleidbewegung war die Reaktion auf die herrschende Mode des späten 19. Jahrhunderts und der Jahrhundertwende, die durch die Pariser Haute Couture bestimmt wurde. Vor allem die Häuser WORTH, DOUCET, PAQUIN, ROUFF und REDFERN legten die Silhouetten fest, diese wurden dann offizielle europäische Damenmode.

Die uneingeschränkte Herrschaft der Pariser Modemacher wurde schon im späten 19. Jahrhundert, verstärkt um 1900, vielfach in Frage gestellt. *»Berechnende Geschäftsleute bestimmen über die Erscheinung der gesamten civilisierten Frauenwelt, deren Aussehen sie ganz nach ihrem Belieben verändern. Wie ein Gärtner, der alle Bäume seines Gartens zu Figuren schneidet, formt man uns in einem Jahr zur Kugel, im nächsten zur Spindel, und dies in desto schnellerem Wechsel, je besser es der Findigkeit des Geschäftsmannes gelingt, seine Neuheit einzuführen. Irgend eine gemietete Straßenschönheit, die die unerhörte Neuheit eines Kleides oder Hutes wie eine Selbstverständlichkeit zu tragen versteht, sitzt plötzlich vor einem Boulevardkaffee, das Publikum steht verblüfft, es spottet, verurteilt, um sofort das Unerhörte nachzuahmen und sich am Ende dafür zu begeistern. Im aufgeklärten neunzehnten Jahrhundert hat sich dies unwürdige Schauspiel am häufigsten wiederholt, und Frauen der würdigsten Art haben sich nicht gescheut, ihre Rolle darin zu übernehmen.«* Diese Kritik brachte Anna Muthesius 1903 in ihrer Veröffentlichung DAS EIGENKLEID DER FRAU vor.

Um 1900 propagierten die Pariser Stylisten eine schmale Silhouette: *»Zu den schlank herabfallenden Röcken . . . bilden die . . . Taillen einen auffallenden Gegensatz. Selten hat man so viele Sorgfalt auf ihre Ausarbeitung verwendet wie jetzt, . . . – Modelieblinge sind die Prinzeßrobe und die Gürteltaille, deren kurzer Schoß unter dem Rock verschwindet. Miedertheile, mehr oder minder breite Gürtel, Faltentheile garnieren die Taille. Die jetzige Mode fordert . . . eine Menge duftigen und seidenen Stoffes. Jene bei jedem Schritte in Wellen- und Schlangenlinien wogenden Garnituren geben den heutigen Toiletten im hohen Grade jenen Reiz, den das unübersetzbare Wort ›frou-frou‹ ausdrückt, das leise Rascheln und Knistern der Seide, das graziöse Wallen und Bewegen der Stoffe.«*

Die äußerst schmale Taille wurde dabei durch das »Gerade-Front-Kor-

Offizielle Mode,
Modekupfer, 1900.

Gerade-Front-Korsett, 1900.

sett«, auch »SANS VENTRE« genannt, erzwungen. Das Körperprofil war S-förmig: der Oberkörper weit vorgeschoben, Bauch und Becken durch das verlängerte Korsett zurückgedrängt und das Gesäß somit stark betont. Die Mode präsentierte die Frauen vor allem als Geschlechtswesen.

Die Modemacher ignorierten bewußt die sich verändernde Situation der Frau im fortschreitenden Industrialisierungsprozeß. Die wirtschaftlich gut gestellte Frau hatte, stellvertretend für den Mann als Haushaltsvorstand, die Aufgabe übernommen, zu konsumieren und zu repräsentieren. Ihre Kleidung wurde im Hinblick auf diesen Zweck gestaltet.

Thorsten Veblen sah daher um die Jahrhundertwende Mode als *»demonstrative Verschwendung«,* da die Unterwerfung unter die Mode ein ständiges Eliminieren von noch brauchbaren Gegenständen zur Folge habe.

Das propagierte Frauenbild stand in krassem Gegensatz zur Realität des Alltags der meisten Frauen. Weibliche Berufstätigkeit war längst notwendig geworden. Zum einen reichte oftmals in der unteren und mittleren Angestellten- und Beamtenschicht der Verdienst des Mannes nicht mehr aus, eine Familie zu ernähren, zum anderen hatte die industrielle Fertigung hauswirtschaftliche Tätigkeit, wie Weben und Anfertigung von Kleidung, Vorbereitung und Konservierung von Nahrungsmitteln, ersetzt und somit der Frau einen Teil ihrer produktiven Tätigkeit im Haushalt genommen. Die Zahl der berufstätigen Frauen stieg in Deutschland von 1882 bis 1895 um 18,7 % und von 1895 bis 1907 um 44 %.

Erste Ansätze für eine Reform der Frauenkleidung gab es schon seit 1850. Amerikanische Frauenrechtle-

R

Reformkleid,
um 1902/05.
Münchner Stadtmuseum.

Reformkleid,
um 1900.
Münchner Stadtmuseum.

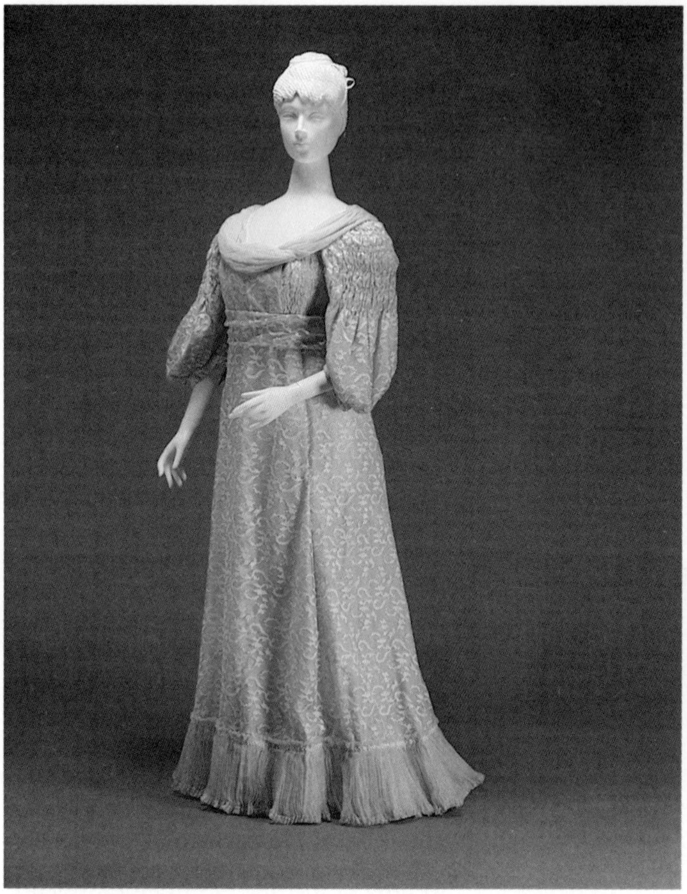

rinnen schufen eine Tracht, die zu körperlicher Bewegungsfreiheit führen sollte. Diese Kleidungsstücke gingen als »amerikanisches« oder »BLOOMER-KOSTÜM« in die Geschichte ein. Die Malervereinigung der Präraffaeliten und später das »ARTS-AND-CRAFTS-MOVEMENT« in England unter der Führung von William Morris berücksichtigten bei ihren Erneuerungsbestrebungen des menschlichen Gebrauchsgutes auch die Frauenkleidung. Die Hemdkleider, die die Präraffaeliten entwarfen, waren durch italienische Vorbilder der Frührenaissance angeregt. Das ARTS-AND-CRAFTS-MOVEMENT griff auf den Kontinent über und fand breite Anhängerschaft in den Metropolen.

Die erste bedeutende Kritik an der Mode erfolgte von seiten der Medizin und richtete sich gegen das Tragen des Korsetts. Namhafte Mediziner wandten sich gegen den Mißbrauch dieses *»Marterinstruments«* und erinnerten an die Schönheit des ungeschnürten, weiblichen Körpers, wie er in der Kunst der Antike verherrlicht worden war.

Auch engagierte Frauenrechtlerinnen äußerten Kritik an der herrschenden Mode. 1896 diskutierten sie auf dem INTERNATIONALEN KONGREẞ FÜR FRAUENWERKE UND FRAUENBESTREBUNGEN in Berlin die Reform der Frauenkleidung. Sie verdammten das *»Marterinstrument Korsett«* und die *»Straßenkehrmaschine Rock«*. Sie forderten die anwesenden Frauen zur Bildung einer VERSUCHSANSTALT FÜR VERNÜNFTIGE FRAUENTRACHT auf. Im Oktober des gleichen Jahres kam es in Berlin zur Gründung des VEREINS FÜR VERBESSERUNG DER FRAUENKLEIDUNG. Dieser versuchte unter dem Motto *»gesund–praktisch–schön«*, die Frauenkleidung zu reformieren; er forderte Vereinfachung der Unterbekleidung und Entlastung der Hüften, sowie Erhaltung der natürlichen Form des Körpers, freie Gestaltung des Obergewandes in Anlehnung an die Mode, Verkürzung des Straßenkleides.

Der Kritik der Mediziner und Frauenrechtlerinnen schlossen sich Jugendstilkünstler wie Henry van de Velde, Alfred Mohrbutter, Richard Riemerschmid und Peter Behrens an; van de Velde wurde ihr Wortführer. Bei der ersten Ausstellung künstlerischer Reformkleider in Krefeld im Jahre 1900 bezeichnete er die Reformierung der Frauenkleidung als die *». . . Besitznahme des letzten Feldes . . ., das der Kunst noch zu erobern blieb . . .«* Sein Angriff richtete sich gegen die Mode und ihre Vertreter, deren einziges Ziel es war, *». . . für jede Saison ein Kleider-Muster zu erfinden, das sich so sehr von dem Schnitt der Kleidungen der letzten Saison unterscheidet, daß die Sklavinnen der Mode gezwungen sind, ihre Garderobe bei jeder Jahreszeit zu erneuern.«*

Van de Velde forderte zur künstlerischen Hebung der Frauenkleidung: 1. Anwendung des *»richtigen allgemeinen Konstruktionsprinzips«*, d.h. einen Entwurf, der seinen Verwendungszweck durch entsprechenden Schnitt und passendes Material erkennen lasse; 2. Verdeutlichung der Konstruktion durch Betonung der Nähte; 3. Materialbetonte Entwürfe, die den Stoff als weiches, lebendiges Material wirken ließen; 4. Anwendung des Ornaments als *»eigenes organisches Leben«,* das das Material und die Schnittechnik der Kleidung hervorhebe; 5. Beachtung des *»moralischen Elementes«* in der Kleidung, eine Verarbeitung, die Figur und Gestalt der Trägerin betont, ohne dabei ihre *»körperliche Individualität«* bloßzustellen; 6. persönliche Gestaltung

Hauskleid,
Peter Behrens, 1901.

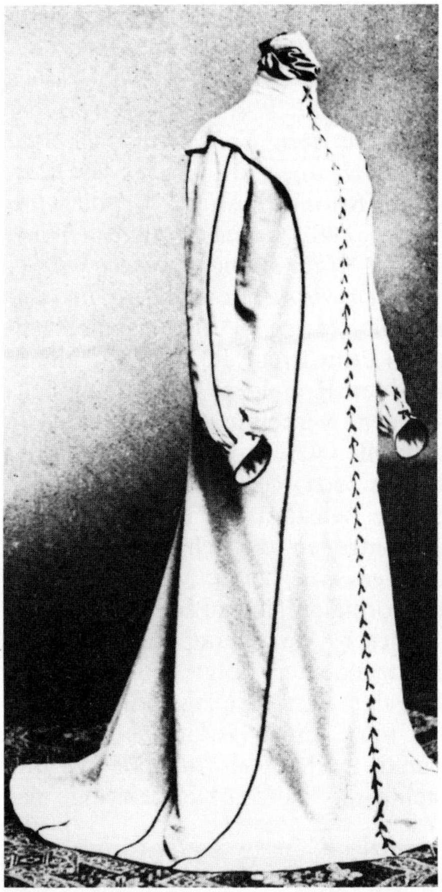

Hauskleid,
Peter Behrens, 1901.

Reformkleid-Entwürfe,
Alfred Mohrbutter, um 1880.

Straßenkleid, Richard Riemerschmid, 1900. Städtische Galerie im Lenbachhaus, München.

der Kleidung; der Künstler sollte nur solange mitarbeiten, bis die Frau eine eigenständige Lösung des Kleidungsproblems erreicht habe und sich somit von der Mode lösen könne.

Van de Velde reflektierte mit diesen Grundsätzen das zentrale Anliegen des neuen Stils um 1900, alle Bereiche des Lebens künstlerisch zu durchdringen, durch Vernunft, Logik, Schönheit und Moral adäquate Gestaltungsprinzipien für die Architektur, das Kunstgewerbe und die Frauenkleidung zu finden. Er hob damit die Gestaltung der Frauenkleidung in den Bereich künstlerischer Aufgaben und integrierte das Reformkleid in das Gesamtkunstwerk des Jugendstils.

Die Krefelder Ausstellung wurde ein großer Erfolg. An ihr nahm auch Riemerschmid teil: *»Richard Riemerschmid in München stellt zwei Kleider aus. Ein solches für die Straße aus violett-grauem Wollstoff . . . in einem eigentümlichen Schnitt. Hier ist eine Revolution, eine Abweichung vom Althergebrachten versucht worden. Ob es gelungen ist, ob diese lange spitzige Schnebbe, die sich von der Taille bis zum Knie herabzieht, und der durch einen Knopf oben geschlossene Brustüberschlag Beifall findet . . . gern von einer unserer Damen auf der Straße getragen werden würde, möchten wir diesen selbst zur Beurteilung überlassen.«* Auch in sieben weiteren Entwürfen, die wohl alle anläßlich der Krefelder Ausstellung entstanden, verneinte der Künstler die offizielle, von Paris diktierte Mode. Dieser setzt Riemerschmid durchaus eigene künstlerische Kleidvorstellungen entgegen, die sich auch qualitativ auf dem von van de Velde geforderten formalen Niveau befinden.

Dieser Ausstellung künstlerischer Reformkleider folgten weitere in Dresden 1901, Leipzig 1901 und Berlin 1902. Einen zusätzlichen Höhepunkt der Reformkleidbewegung stellte das Reformkleidfest dar, das 1903 in Berlin stattfand. Den Clou des Abends bildete dabei ein Festzug von einhundert Damen in Reformkleidern.

Der Forderung van de Veldes nach Eigenverantwortung im Entwurfsprozeß ihrer Kleidung schlossen sich nach 1900 immer mehr Frauen an. Anna Muthesius, die Frau des Architekten Hermann Muthesius, ist in diesem Zusammenhang besonders hervorzuheben. In ihrem Buch Das Eigenkleid der Frau von 1903 appellierte sie an die Frauen, mode-unabhängige Kleidung zu wählen, die ihre jeweiligen körperlichen Vorzüge hebe und etwa vorhandene Nachteile mildere. Das Ergebnis solchen Bemühens bezeichnete sie als *»Eigenkleid«*, ein Begriff, der die Ablösung des künstlerischen »Reformkleides« andeutet.

Trotz der erfolgreichen Ausstellungen und vielseitigen Aktivitäten gelang es den Anhängern der Reformbewegung nicht, ihre Kleidentwürfe

»Das Reformkleid ist vor allem hygienisch und erhält den Körper tüchtig für die Mutterpflichten«. – »So lange Sie den Fetzen anhaben, werden Sie nie in diese Verlegenheit kommen«. Karikatur, B. Paul, Simplizissimus, 1904.

»Ah, Frau Huber, Sie tragen ja auch Reformkleider.« – »Dös glab' i', i' werd' mir meine Figur doch net mit an Corsett verderben . . .« Karikatur, H. Riss, Simplizissimus, 1903.

in einer breiten Öffentlichkeit durchzusetzen. Das Reform- oder Eigenkleid konnte zwar das von Paris bestimmte Modesystem bedrohen, seine Hersteller verfügten jedoch nicht über die wirtschaftliche Kraft und die notwendige Organisation, um den offiziellen Modeapparat ernstlich zu gefährden. So wurde das Reform- oder Eigenkleid entweder als Selbstäußerung von emanzipierten Frauen getragen, als Symbol ihres neuen Selbstverständnisses, oder aber es erregte als reines Kunstgewerbeobjekt das Interesse der gehobenen Mittelklasse. Wenn auch begrenzt in der Wirkung, hatten die Reformer hiermit doch einen entscheidenden Beitrag zur vernünftigen und humanen Gestaltung der Frauenkleidung geleistet.

BRIGITTE STAMM

Literatur

Mittheilungen des Vereins für Verbesserung der Frauenkleidung 1–3 (1897–99).

Alfred Mohrbutter, Das Kleid der Frau, Leipzig 1904.

Anna Muthesius, Das Eigenkleid der Frau, Krefeld 1903.

Heinrich Pudor, Die Reformkleidung, Leipzig 1904.

Brigitte Stamm, Das Reformkleid in Deutschland, (Diss.), Berlin 1976.

Erika Thiel, Künstler und Mode, Berlin 1979.

Henry van de Velde, Die künstlerische Hebung der Frauentracht, Krefeld 1900.

Reisegepäck

1837 begann die 64jährige Regierungszeit von Königin Victoria von England. Im selben Jahr fuhr in Frankreich die erste von einer Dampflokomotive gezogene Eisenbahn. Im selben Jahr kam ein junger Mann mit Namen Louis Vuitton aus seinem Heimatdorf im französischen Jura nach Paris – zu Fuß.

Hier begann er, in einem Beruf zu arbeiten, der heute nicht nur als solcher nicht mehr existiert, sondern dessen Bezeichnung aus dem französischen Wortschatz verschwunden ist: als »Layetier«. Aufgabe eines Layetiers war es, das Gepäck der reichen, vornehmen Gesellschaft zu packen, wenn diese auf die oft wochen- oder monatelangen Reisen in den Süden oder in die berühmten Badeorte dieser Zeit fuhren. Es gab damals berühmte Layetiers, Louis Vuitton wurde der bekannteste und als solcher schließlich zum persönlichen Layetier von Kaiserin Eugénie, der Gattin Napoleons III. berufen.

1854 eröffnete Louis Vuitton sein eigenes Geschäft. Er hatte berühmte Kunden – und eine Idee.

Er ersetzte die damals üblichen unförmigen Gepäckkisten durch leichte, mit Metallreifen stabilisierte, rechteckige Truhen, die mit Leinen bezogen waren. Die alten Gepäckkisten waren geeignet, auf die Kutschen geschnallt zu werden. Louis Vuittons neue Koffer aber waren so geformt, um in die Gepäckwagen der neu aufgekommenen Eisenbahnen platzsparend gestapelt zu werden. Die »VUITTONS« wa-

Reisetasche,
um 1850/60.
Münchner Stadtmuseum.

R

Koffer, 1. H. 19. Jahrhundert.

Koffer mit gestreiftem Leinenbezug, 1876.

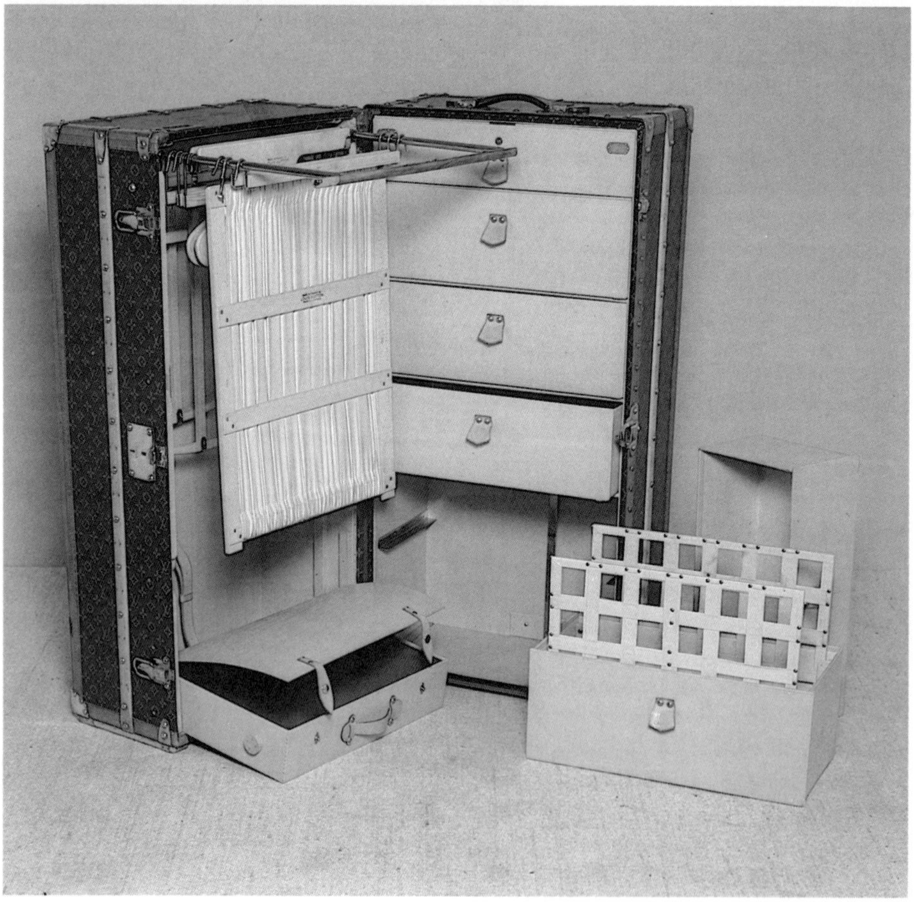

Schrankkoffer,
Vuitton, 1875.

Plakat,
Chalon, 1908.

Hutkoffer,
Vuitton, 1900.

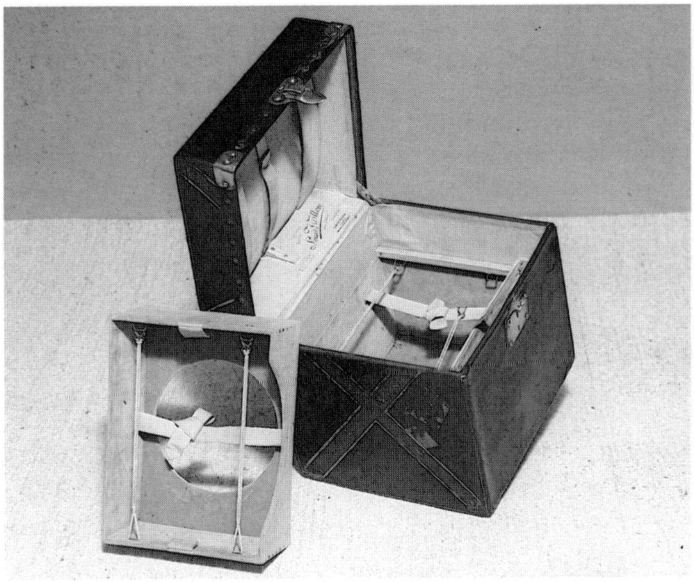

Reisegepäck,
Vogue, 1924.

Schuhkoffer mit Putznecessaire,
Vuitton, Paris, um 1910.

Reisegepäck,
Vogue, 1922.
(Bild Mitte l.)

Tea Case,
Vuitton, 1926.

ren praktisch und elegant zugleich. Sie waren die idealen Reisebegleiter und wurden in den Familien von Generation zu Generation weitervererbt.

Mehrfach änderte Louis Vuitton das Dessin seines Leinenbezuges, immer im Kampf mit der Konkurrenz, die das jeweils neueste Louis Vuitton-Muster kopierte. Aus seiner Praxis als Layetier heraus entwickelte Louis Vuitton immer neuere, perfektere Gepäckstücke. Er wurde zum Hoflieferanten des Zaren Nikolaus von Rußland und von König Alphonse XII. von Spanien.

Bereits 1860 hatte Louis Vuitton seine eigene Fabrik gegründet in Asnières nahe Paris. 1885 eröffnete Louis' ältester Sohn Georges die erste Auslandsniederlassung in London. Die Welt veränderte sich in diesen Jahren, vor allem was die Möglichkeit der Überwindung von Entfernungen anbetraf. In Amerika wurde 1869 die erste transkontinentale Eisenbahnstrecke eröffnet. Der Orient-Expreß verkehrte ab 1889 zwischen Paris und Konstantinopel mit einer Durchschnittsgeschwindigkeit von 48 km/h. Louis Vuitton erhielt auf der Weltausstellung in Paris (für die der Eiffelturm errichtet wurde) eine Goldmedaille für seine Kreationen.

Die Erholungs- und Bildungsreisen Anfang des 19. Jahrhunderts wurden abgelöst durch die Faszination der Geschwindigkeit und die Exotik der Entdeckungsreisen in fernere Länder: 1873 schrieb ein Kunde Louis Vuittons namens Jules Vernes einen Bestseller »In 80 Tagen um die Welt«. Die Firma Louis Vuitton – seit 1900 von Sohn Georges geführt – realisierte immer ausgefallenere, gleichzeitig immer funktionellere Gepäckstücke.

Modefoto, 1960.

Alain Delon mit Vuitton-Koffer, 1969. (Bild unten)

Eines der fünf Automobile, die an der Rallye Paris – Peking teilnahmen, wurde mit wasserdichten Louis Vuitton-Koffern ausgerüstet, um die Durchquerung von Flußläufen zu erleichtern. Die Louis-Vuitton-Koffer hielten zwar dicht, die Zündung des Autos aber fiel im Wasser aus. Spezielles Leichtgewicht-Gepäck wurde für die Ballonfahrer entwickelt – es wurde das Gepäck der Flugreisenden von heute.

Als 1914 an den Champs-Elysées das neue Louis Vuitton-Geschäft in Paris eröffnet wird, mit 1200 Quadratmetern das größte seiner Art in der Welt, gab es längst Louis Vuitton-Dépendancen in New York, Bangkok, Buenos Aires.

In den »VERRÜCKTEN« 20er Jahren reiste die große Welt mit 50 bis 100 Gepäckstücken. Louis Vuitton belieferte die Mistinguette, Coco Chanel, Aga Khan, den Milliardär Gulbenkian.

1927 überquert Charles Lindbergh den Atlantik in 33 Stunden. Für die Rückreise in die Staaten – die er per Schiff antrat – orderte er bei Louis Vuitton zwei Koffer.

1931 bestiegen die ersten Mutigen die Flugzeuge des *Golden Ray* von Paris nach London mit den modernen Leichtgewicht-Koffern von Louis Vuitton.

1954, genau 100 Jahre nach der Gründung der Firma, zieht diese von den Champs-Elysées in die vornehme Avenue Marceau.

Bis zum heutigen Tag wird das Louis Vuitton-Hartgepäck von Spezialisten in derselben Weise handgefertigt wie im letzten Jahrhundert. Das 1890 erfundene, fünfzackige, aufbruchsichere Schloß funktioniert auch heute noch. Jeder Käufer eines Louis Vuitton-Hartgepäcks erhält seine private Code-Nummer, mit der er alle seine Gepäckstücke öffnen kann. Was nicht zu verbessern ist, wird im Haus Louis Vuitton über Generationen hin beibehalten.

EDITH HARTL

Literatur

J. H. Lartigue, 125 ans de Louis Vuitton et l'Époque, 2 Bände, Paris 1980.
Henry L. Vuitton, La malle aux souvenirs, Paris 1984.

Rollentausch

Eine männliche und eine weibliche Person gehen aufeinander zu, tauschen die Kleider und bewegen sich augenscheinlich unverändert voneinander weg. Mit seiner Fotosequenz REIN/RAUS von 1975 hat der Kölner Künstler Jürgen Klauke (geb. 1943), so Peter Gorsen, eine *»Visualisierung*

R

Self Performance, Jürgen Klauke, 1972.

der sexuellen Zwischenstufen, des anonymen Niemandslandes zwischen dem männlichen und dem weiblichen Sexualsystem« geschaffen. In einer Art Versuchsanordnung führte er aufs Sinnfälligste einen Prozeß vor, der die Identität beider Geschlechter in Frage stellt und vor allem am überkommenen bürgerlichen Sexualklischec rüttelt, das Männlichkeit und Weiblichkeit normativ trennt und dabei jede Ambivalenz negiert.

Klaukes Fotosequenz REIN/RAUS, in einer Zeit entstanden, in der man sich gerade daran gewöhnt hatte, daß Männer auch lange Haare tragen und Schmuck anlegen, wies nachdrücklich auf das Bedürfnis nach Überschreitung der Grenzen zwischen den Geschlechtern hin, das 1974 bereits in der Luzerner Ausstellung TRANSFORMER – ASPEKTE DER TRAVESTIE manifest geworden war.

Jürgen Klauke war in dieser Ausstellung mit der Foto-Serie einer Self-Performance von 1972 vertreten, in der er mit ausgeprägt phallischen Formen der plastisch nachgebildeten weiblichen Brüste und mit einem selbstgefertigten Brautkleid – alles andere als eine naturalistische Übernahme dieses Kleidungsstückes – eine hermaphroditische Zwischenstufe seiner selbst hergestellt hatte. Die Fetischfunktion dieser transvestitischen Kleidung war augenscheinlich wichtiger als die optische Täuschung. Hier liegt der Unterschied zu den Kostüm-Transvestiten und den modischen Mitläufern: Die Metamorphose findet nicht statt; Kleider- und Körper-Make-up fungieren nicht als äußerliche Uniform, die man beliebig an- und ausziehen kann, *»sondern sie schmiegen sich dem authentischen ambisexuellen Ausdrucksbedürfnis an . . . Die maskulinen Körperzeichen und Geschlechtsmerkmale kommen bei Klauke, Lüthi . . . als ihrer Effeminierung widerstrebend, als Widerstände der Manipulation ins Bild; nicht werden sie für eine perfekte Kopie des weiblichen Phänotyps auch ästhetisch amputiert. Da eine Täuschung nicht beabsichtigt wird, ist die unperfekte, ›dilettantische‹ Nachahmung des weiblichen Antagonisten ästhetische Absicht«* (Peter Gorsen).

Die Künstler im Bereich der ästhetischen Travestie gehen immer von der eigenen Person, von den eigenen Erfahrungsmöglichkeiten aus. Klauke hat einmal dazu gesagt: *»Es sind grundsätzlich Themen, die mich betreffen, meine Umgebung, Dinge, mit denen ich lebe, Dinge, mit denen ich effektiv zu tun habe, die ich kenne«.* Es geht ihnen darum, *»die eigene Person, deren Bezugsrahmen nur sie selbst sein kann, in einem kreativen Prozeß auszuloten«* (Jean-Christophe Ammann). Das ästhetische Produkt, von Affekten, von Wünschen, von Ängsten zeugend, ist Ausdruck einer Suche nach der eigenen Identität, die für diese Künstler nicht eindeutig mitgegeben ist. Daher oft die Zerlegung in zwei Ichs, daher die Ausstattung mit Symbolen: Transvestismus nicht als Show, sondern als existenzieller Diskurs.

Schonungsloser in der Selbstdarstellung, offen provokant in der Travestie ist der in Zürich lebende Urs Lüthi (geb. 1947). Ähnlich wie Jürgen Klauke behandelt auch er Probleme der Identität, Probleme des effeminierten Mannes. Hier kann jedoch die inszenierte Selbstdarstellung hinter der Fassade des hervorgekehrten Selbstbewußtseins nicht die Todesfurcht verbergen: In jedem seiner Fotos sind Isoliertheit und Einsamkeit Hauptthemen.

Self Performance,
Jürgen Klauke, 1972.

Spielerischer als Klauke und Lüthi ging Luciano Castelli (geb. 1951) mit den Möglichkeiten der Travestie um. Für ihn bedeutete Travestie weniger Formulierung einer Position zwischen den Geschlechtern als vielmehr die expressive Verschmelzung beider. Fotografierte Selbstinszenierungen von 1973 zeigen ihn mit lockig langem Haar, mit tiefem Dekolleté, mit Pelzstola, in angespannten und relaxten Posen vor dem Spiegel. Der Körper und dessen Staffage sind wie bei Klauke und Lüthi Träger der Travestie.

Körper und Bekleidung haben, wie man weiß, ästhetische Dimensionen, formale und expressive: der Körper als Zeichenträger. Die formalen und die expressiven Qualitäten dieser Zeichen sind im kulturgeschichtlichen Verlauf immer wieder verändert worden. Aber was entscheidender ist: Aus ihnen sind geschlossene, in sich stimmige Systeme entwickelt worden, die erlernbar und an anderer Stelle anwendbar sind. Darauf fußte Luciano Castelli Anfang der 70er Jahre (heute arbeitet er im Bereich der Malerei). Er zog sich das Kostüm FRAU an und identifizierte sich so augenscheinlich – punktuell und probehalber – mit dem gesellschaftlich vermittelten Frauenbild. Und die Tatsache, daß ihm das Kostüm »paßte«, bewies, daß es nicht nur der Frau angehören kann, daß es nicht geschlechtseigen ist, sondern gesellschaftlich vermittelt. Ihrer funktionalen Aufgabe entzogen, wurden Strumpfhalter und Nylonstrümpfe, Rüschen und Schlangenleder als fixe Signale apostrophiert und als Fetische bloßgestellt.

Die männliche Usurpation einiger, nach bisherigen Traditionen der Frau vorbehaltener Attribute (Schmuck, lange Haare, etc.) hat natürlich nicht zur generellen Effemination geführt, sondern hat vielmehr Traditionen als solche gekennzeichnet und die präfixierten Attribute frei verfügbar gemacht. Lange Haare zum Beispiel haben endgültig ihren Geschlechtsbezug verloren.

Daß die künstlerische Travestie – man denke auch an Mick Jagger und David Bowie – an der Bewußtwerdung und der Liberalisierung im Verlauf der 70er Jahre entscheidend beteiligt war, steht außer Frage. Mittlerweile beginnt sich die Meinung durchzusetzen, daß es weniger den puren Mann und die ideal-weibliche Frau als vielmehr Mischungsverhältnisse gibt: Individuen mit jeweils verschieden stark ausgeprägten männlichen und weiblichen Eigenarten. *»Die starre Zuordnung von Erscheinungsweisen, Eigenschaften und Fähigkeiten auf Grund der jeweiligen organischen Geschlechtszugehörigkeit liefert dagegen nur ein fiktives Porträt der menschlichen Sexualität«* (Peter Gorsen).

MARINA SCHNEEDE

Literatur

Jürgen Klauke, Fotosequenzen 1972–1980, Frankfurt a.M. 1982.
Katalog: Transformer – Aspekte der Travestie (Kunstmuseum), Luzern 1974.
Katalog: Urs Lüthi (Museum Folkwang), Essen 1978.

R

Self Performance,
Jürgen Klauke, 1972.

S

– Sack und Trapez
Schirm
Schmuck, Jugendstil
Schmuck, 19. Jahrhundert
Schmuck, Neue Tendenzen
Schuhe
Schwarz in der Frauenmode
Schwarz in der Männermode
Second Hand
Sexbombe
Spitzen
Sportkleidung
Stoff als Statussymbol
Stock

S

Sack-Linie,
Christian Dior, 1957.

Sack und Trapez

Der New Look (1947) findet weiteste Verbreitung. Trotz der scheinbar schnell wechselnden, jede Saison sich ändernden Schnitte bleibt er (zusammen und abwechselnd mit der Bleistiftlinie, die von einem schlauchartigen Rock bestimmt wird) ein Klassiker der 50er Jahre.

Selbstverständlich sind alle Blicke auf Paris als der Hochburg des »arbiter elegantiarum« gerichtet, dennoch kann auch die neu entstandene italienische Haute Couture beachtliche Erfolge verzeichnen. In der Tat findet 1951 im Haus des Conte Giambattista Giorgini die erste historisch gewordene Modenschau statt, auf der die ruhmreichsten Namen der italienischen Schneiderkunst vertreten sind: von Simonetta bis Fabiani, von Carosa bis Schuberth und Fontana, von Veneziani bis Marucelli und Pucci. Zu einem nicht unbeträchtlichen Teil handelt es sich um die großen Namen des italienischen Adels. Dies ist anfänglich sicherlich von entscheidender Bedeutung für den internationalen Erfolg ihrer Kreationen.

Anfang der 50er Jahre ist die Frauenkleidung im wesentlichen durch zwei Haupttypen des Rocks geprägt: dem weiten, gekräuselten Tellerrock mit Falbeln versehen einerseits, zum anderen durch den engen, relativ einfachen, vorn und hinten oder an den Hüften durch Einsätze verzierten Rock, der entweder geschlitzt ist oder vom Knie an abrupt weiter wird. Ins Jahr 1954 fällt die Wiedereröffnung des Salons von Chanel, die ihre berühmten Tailleurs lanciert, ihre fließenden, um den Körper drapierten Gewänder. Pucci erfindet die anliegenden Hosen aus Elastik-Seide und Dior die H-Linie in Anspielung auf

H-Linie,
Christian Dior, 1954.

Y-Linie,
Yves Saint Laurent
für Dior, 1958.

Trapez-Linie,
Pierre Cardin, 1958.

die Bombe, die in eben diesem Jahr zum ersten Mal zur Explosion gebracht worden ist. 1956 bis 1957 ist die Y-Linie im Gespräch, Maggy Rouff propagiert den Luftballon, Marucelli die Rispe und Dior den Sack.

Es gibt aber auch Absetzbewegungen von der offiziellen Mode der Couturiers. Vor allem die Jugend empfindet diese Mode nicht mehr als bindend und identifiziert sich lieber mit anderen Strömungen, die sich allmählich herausbilden. Da gibt es etwa im Dunstkreis des Existenzialismus mit seinem »Pathos des konkreten Lebens« die weiten Pullover und langen Militärjacken über formlosen Hosen. Aus der Kleidung der amerikanischen Studenten werden die Jeans bzw. Rock-mit-Hemdbluse-Kombinationen übernommen. Auch die infantilen, karierten Kleidchen der B. B. machen Furore; Mary Quant wagt die ersten schüchternen Schritte ihrer Karriere und in der Londoner Carnaby Street wird das erste Geschäft für Teenager eröffnet. Mit dem Sack Diors werden im Grunde bloß diese jugendlichen Fermente, die Lust am Bequemen und Einfachen, auch von der Haute Couture übernommen. Es vollzieht sich eine Abkehr vom allzu Auffälligen, das mittlerweile als vulgär empfunden wird, und man kehrt zur raffinierten Einfachheit und einfachen Raffinesse zurück: Die Frau, ihrer Rolle als Sexsymbol überdrüssig, verzichtet auf die Betonung der Kurven und verbirgt sie lieber in klaren und geradlinigen geometrischen Formen.

Keine Frau kann sich darum der Faszination des Trapezes entziehen, das 1958 von Saint-Laurent propagiert wird, der zu dieser Zeit noch für das Haus Dior arbeitet: Es handelt sich um ein einfaches Kleid ohne Gürtel, das von den schmalen Schultern an sich nach unten hin allmählich erweitert; es bezeichnet den Beginn einer neuen Ära, in der Vielfältigkeit und Bequemlichkeit zu den Leitbegriffen der Mode werden; gleichzeitig damit wird das Dogma ihres notwendigen Wechsels entmythologisiert.

DORETTA DAVANZO POLI

Literatur

AAVV, Alta moda, grandi abiti da sera degli anni '50/'60, Venezia 1984.
G. d'Assailly, Les 15 Revolutions de la mode, Paris 1968.
A. Bonny, Les Années 50, Paris 1982.
A. Bottero, Nostra Signora la Moda, Milano 1979.
B. Giordani Aragno, Progetto e stile creatori della linea italiana, Roma 1982.
J. Peacock, Fashion sketchbook 1920–1960, London 1977.
J. Robinson, Arte e moda nel'900, Novara 1976.

S

Schirme

Zu allen Zeiten hat der Mensch versucht, sich mit Hilfe einer handlichen, tragbaren und mobilen Vorrichtung vor Sonne und Regen zu schützen. Je nach Epoche oder Land hatten die Schirme verschiedene Bezeichnungen: Das deutsche Wort SCHIRM hat zwei Präzisierungen: SONNENSCHIRM (frz. ombrelle) und REGENSCHIRM (fr. parapluie); auf Englisch ist das Wort vom Lateinischen UMBRA, Schatten machen, abgeleitet. UMBRELLA bedeutet aber im Gegensatz dazu den Regenschirm, während der Sonnenschirm PARASOL heißt. In Frankreich taucht das Wort PARAPLUIE im 17. Jahrhundert auf. Leider erlauben die graphischen und plastischen Darstellungen dem Historiker nicht, zu entscheiden, zu welchem Zweck die Schirme getragen wurden, als Sonnen- oder Regenschutz. In der GROSSEN ENZYKLOPÄDIE von Diderot findet sich eine erste Unterscheidung zwischen dem Parasol (Sonnenschirm) und dem Parapluie (Regenschirm). Von ersterem wird gesagt, daß er mit Seide, der andere dagegen mit Wachsleinwand bespannt sei.

Dame mit Stockschirm, Journal des Luxus und der Moden, 1795.

Zwei Damen im Ausgehkostüm, Petit Courrier des Dames, 1858.

Zur Zeit der Renaissance erreicht der in Italien schon allgemein gebräuchliche Sonnenschirm im Gepäck Katharina von Medicis Frankreich. Eine weitere Neuheit ist das Erscheinen des Regenschirms. Wenn auch der Ausdruck PARAPLUIE noch nicht in Gebrauch ist, existiert der Gegenstand jedoch schon in Beschreibungen der Jahre 1578 und 1611. Diese mobilen und individuellen Schutzvorrichtungen sind stark mit soziologischer Symbolik aufgeladen und spiegeln die aufeinander folgenden Moden wider. Anfangs werden die Schirme von Dienern getragen, um hohe Würdenträger zu schützen, ein Brauch, der in Afrika und Asien noch immer aktuell ist. Zu einer Demokratisierung des Sonnenschirms kommt es erst, als dieser allgemein verfügbar und, nun selbst getragen, leichter und handlicher, geworden ist. In Wirklichkeit haben auch schon in der Antike die schönen Römerinnen, die um ihren Teint fürchteten, die eigentlich den Honoratioren vorbehaltenen Sonnenschirme getragen. Dies belegen einige Mosaiken.

Chronologisch gesehen, gibt es den Sonnenschirm also schon länger als den Regenschirm. Er wurde in den sonnenreichen Gegenden, wie im Mittleren und Fernen Osten, in Afrika, der Wiege der frühen Zivilisationen, erfunden und dort zuerst benutzt. Dann erreicht seine Verbreitung das südliche Europa, wie wir durch ein sizilianisches Mosaik aus dem 4. Jahrhundert v. Chr. erfahren. Während der ganzen Antike schien man den individuellen Sonnenschirm für die Frau gekannt zu haben, der manchmal von einer Dienerin getragen wurde. Er muß relativ leicht und handlich gewesen sein, denn seine Verbreitung war schließlich von der Lösung der technischen Probleme abhängig. Er ging darum, Systeme zu finden, die immer weniger sperrig und leichter wurden, dazu immer handlicher, was letztendlich das Aufspannen und Zusammenklappen ermöglichte. Beim Sonnenschirm waren diese Probleme ziemlich schnell gelöst, dagegen gab es beim Regenschirm Schwierigkeiten, die vom notwendigerweise wasserdichten Material herrührten. Erst zu Beginn des 18. Jahrhunderts schienen sie bewältigt. Der Schutz vor dem Regen spielte lange Zeit keine Rolle, da sich die Oberschicht in Sänften und später in Kutschen fortbewegte. Das Volk schützte sich mit Leinwand und zeigte sich ohnedies gegenüber Schäden, die

Modekupfer,
Corriere delle Dame, 1818.

Les Heures du jour,
A. Devéria, um 1830.

an ihrer nicht besonders teuren Kleidung entstand, unempfindlich. Der Filzhut, der 1622 von Tabarin erfunden wurde, ist eine Art Südwester und könnte, was oft diskutiert wurde, der direkte Vorfahre des PARAPLUIE und des GARDE COLLET gewesen sein, die man im Winter zum Schutz gegen Regen und im Sommer gegen die Sonnenstrahlen trug. In einem Inventar der Garderobe Ludwigs XIV. von 1673 liest man, daß dem Hof folgendes zur Verfügung steht: *»Elf Sonnenschirme aus mehrfarbigem Taft und drei Regenschirme aus Wachsleinwand, seidengefüttert, mit Gold- und Silberstickereien.«* Die DAME BEI EINEM SPAZIERGANG AUF DEM LANDE, ein Stich von J. D. de Saint-Jean, datiert 1675, kann als erste bildliche Darstellung des Sonnenschirms einer Frau der Neuzeit angesehen werden. Dieser Sonnenschirm, bei dem der Stoff über ein Gestell von zwölf Fischbeinstäbchen gespannt ist und der eine Fransenborte hat, ist zweifelsohne zusammenfaltbar. Im Wörterbuch von Furetière, erschienen im Jahr 1684, beinhaltet die Definition von

S

Parasol zugleich auch den Terminus Parapluie. Der beschriebene Gegenstand dient zum Schutz, sowohl vor der Sonne als auch vor Regen.

Kurioserweise bringt die Benutzung des Sonnenschirms durch die Frauen den Durchbruch für den allgemeinen Gebrauch des Parapluie. Anfangs sind sie es nämlich, die es »wagen«, sich seiner zu bedienen, die Männer folgen ihnen erst um 1768. Geichwohl existieren Dokumente, die bestätigen, daß es seit 1692 Hersteller von Sonnen- und Regenschirmen gibt, die dafür eine behördliche Bewilligung erhalten. Das 18. Jahrhundert bringt den Schirm für alle, hauptsächlich dank eines klugen Industriellen, Jean Marius, der 1710 das zusammenlegbare Parapluie erfindet. Es wiegt weniger als 5 bis 6 Unzen, wird in eine Hülse gesteckt und kann in der Tasche untergebracht werden. Es wird angekündigt als *»eine neue Art von Parasol oder Parapluie«* (eine ständige Begriffsverwirrung). Eine andere, seiner von der Königlichen Akademie der Wissenschaften approbierten Erfindungen Jean Marius' ist ein rechteckiges Parapluie, das wegen seiner Form und seiner Struktur an eine Darstellung auf einem Relief im Museum von Spoleto (Split) erinnert. 1750 bringt Navarre eine neue Verbesserung mit seinem Schirmstock, wobei der Stock das Etui für den Schirm bildet. 1761 schlägt Reynard einen Schirm vor, der sich wie ein Dreieck zusammenfalten läßt und den man nach Art eines Zylinders unterm Arm trägt. Vom Jahr 1775 datiert der Schirm-Blitzableiter von Barben-Dubourg: Die Schirmspitze verwandelt sich in eine Art von Antenne, von der eine, der Form des Schirms angepaßte Kette bis zum Boden reicht. Aus Vorliebe fürs Exotische entstand für Madame de Pompadour ein seidener Sonnenschirm, der mit chinesischen Szenen auf Glimmer und Papier bemalt war. Der Schirm kam in Mode. Die Pariser trugen ihren Regenschirm sechs Monate im Jahr, obwohl sie ihn eigentlich nur zehn Tage bräuchten, wie der Italiener Caraccioli 1768 kolportierte. Die Handschuhmacher erhielten 1778 durch königliches Edikt *»das Privileg, alle Arten von Parapluis und Parasols herzustellen.«* Sie wogen damals fast zwei Kilo, waren 1,20 m lang und repräsentierten ein richtiges Familienerbstück, das von einer Generation zur nächsten gereicht wurde. Das zusammenlegbare Modell von Marius schien nicht mehr sehr verbreitet gewesen zu sein. Man braucht auch keinen eigenen mehr zu haben, denn man konnte Schirme mieten. So konnte man, z.B. für ein paar Sous einen mieten, um den Pont Neuf zu überqueren. Ein Erlaß, der das Privileg der Vermietung von Sonnenschirmen während der Sommermonate betrifft, datiert von 1769.

Während des gesamten 18. Jahrhunderts blieb der Schirm relativ klein, ganz im Gegensatz zum Volumen von Hauben und Frisuren. Er

Stadtkostüm,
La Moda, 1872.

Werbung für
Selbstöffner-Schirm, 1883.

war zusammenlegbar und die einfarbige Bespannung war mit Fransen und Spitzen verziert. Rose Bertin erfand den Miniatur-Schirm, der riesige Frisuren krönte und somit die Hände freihielt. Liebliche, anmutige Dekors verschönerten die *»kleinen gewöhnlichen Sonnenschirme.«* Der Stock blieb einfach, gerade und ohne Schmuck. Der Schirm konnte auch als Spazierstock benutzt werden, und glich somit die hohen und unbequemen Absätze aus. Es gab Vorschläge für einen gläsernen Schirm in Form einer Kuppel, Vorläufer des durchsichtigen Schirms in Glockenform aus Plastik, den 1970 Emmanuelle Kahn kreierte. Ende des 18. Jahrhunderts wurden Schirme als patriotische Abzeichen benutzt. Der große rote Schirm wurde üblich, er beschützte Händler und Fischverkäufer im Freien; diente als Standarde und sogar als Waffe. 1788 sah man weiße Schirme, 1789 grüne Schirme, 1791 rote Schirme und 1804 blaue Schirme. MUSCADINS und INCROYABLES schlenkerten die koketten Parasols hin und her und die duftigen Schirme der MERVEILLEUSES vervollständigten die allerkühnsten Toiletten. Die PETITS ABBÉS suchten unter violetten und malvenfarbigen Schirmen Zuflucht. Das Jahr 1796 brachte eine praktische Neuerung: Damit der Schirm über den Arm gehängt werden konnte, wurde am Griff eine Schlaufe angebracht. Dadurch wurde der Ring an der Schirmspitze ersetzt, durch den die Damen einen Finger steckten, um auf diese Weise den Schirm kopfüber zu tragen. Diese Gewohnheit hielt sich aber noch bis zum Ende des 19. Jahrhunderts.

DAS PORTRÄT DER FRAU VON COTTA, signiert von C. G. Schick (1802), zeigt einen kleinen Schirm mit abknickbarem Stock. Das ist bereits ein MARQUISEN-Schirm. In den 1830er Jahren veränderte sich die weibliche Silhouette durch die enormen Barettärmel und die Kapotten mit großen Krempen. Die gewölbten Schirme dieser Zeit mit ihrem großen Durchmesser ähneln den heutigen mit ihren langen geraden Stöcken, ihrer unifarbenen Bespannung, die höchstens diskret dunkel auf hellem Grund bedruckt, manchmal aus schottischem Taft ist und runde Troddeln aus Seide hat, die im gleichen Ton gehalten sind wie die Bespannung des Schirms. Ab dem Beginn des 19. Jahrhunderts verleibte sich die Bourgeoise das PARAPLUIE ein. Es wurde bald zum symbolischen Zepter des Königs Louis-Philippe, allerdings in einem leicht zynischen Sinn. Ab 1815 stellte das Haus Gruyer als erstes Schirme aus nur einem Stück her, anstelle sie wie bisher aus Teilen verschiedener Herstellung zu montieren. Dadurch beschleunigte und vergrößte sich die Herstellung. Wie häufig sie verändert und vervollkommnet wurden, zeigen uns die allein zwischen 1803 und 1815 eingereichten Patente: z.B. der Schirmstock, der Schirm mit Brille, ein zusammenklappbarer Schirm, die automatische Öffnung. Die nüchterne Restauration adoptierte einen zusätzlichen Schirm, den schwarzen Schirm ohne jede ornamentale Umrandung. Er regierte mehr als ein Jahrhundert, berühmt geworden durch den CHAMBERLAIN von 1938 aus England. Dort erschien der Schirm trotz des feuchten Klimas mit fünfzig Jahren Verspätung, um dann aber eine nicht mehr wegzudenkende Modeerscheinung zu werden: das unerläßliche Attribut der Finanzleute in der City. Um 1830 eigneten sich die französischen Dandys die englische Mode an und ersetzten den Schirm durch den Gehstock. Die Bauern auf den Märkten und Volksfesten benutzten tragbare Regenschirme und feststehende Sonnenschirme. Trotzdem der König seinen Schirm selbst trug, gab es doch nicht weniger als drei Schirme an jedem Portal, das im Schloß Fontainebleau zu den Gärten hinausführt: einen großen für den König, einen kleinen für

Nachmittagskleid,
Salon Béchoff-David,
Le Figaro Mode, 1905.

S

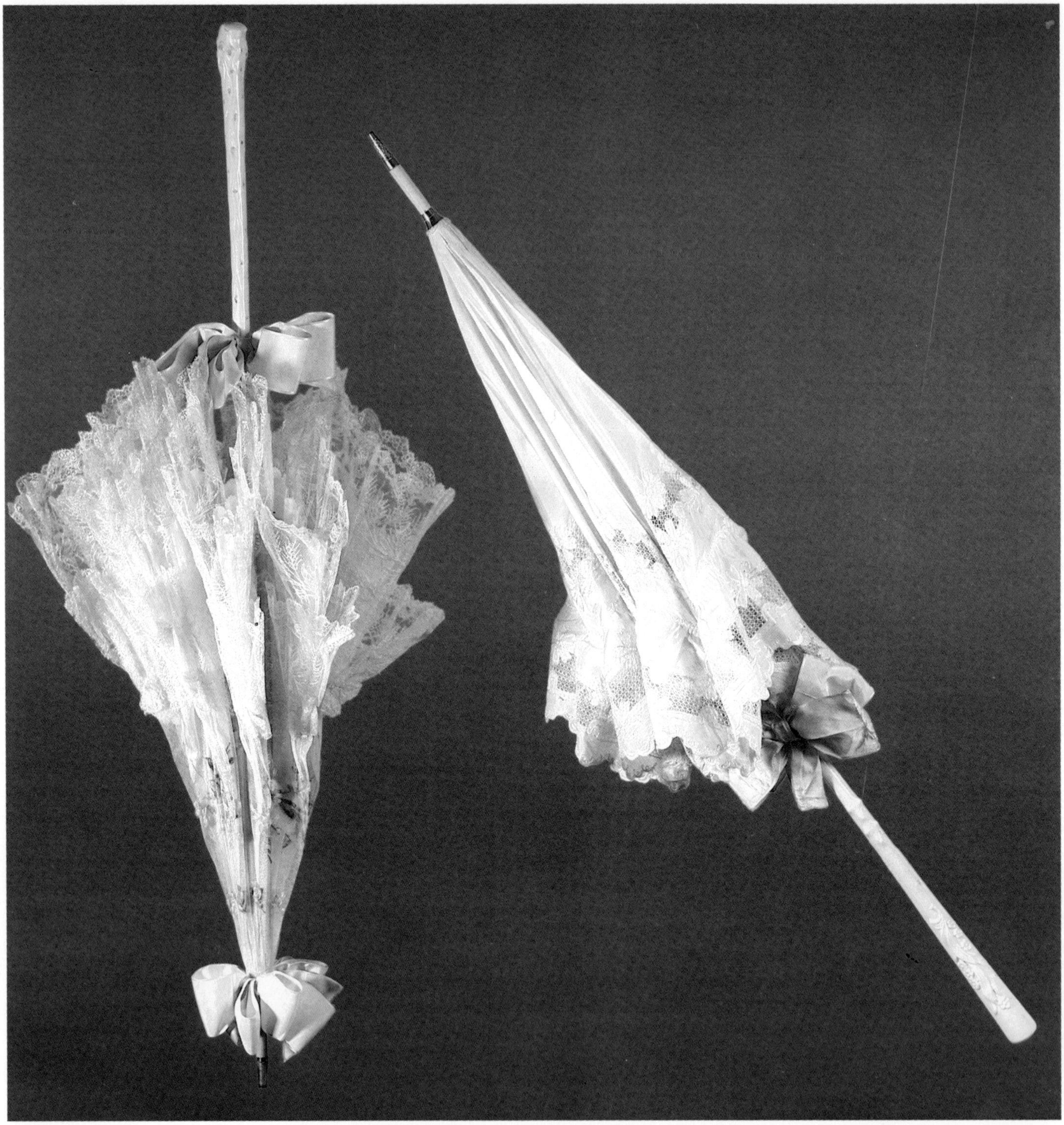

Sonnenschirme,
um 1900/05.
Münchner Stadtmuseum.

Sonnenschirme,
um 1900/05.
Münchner Stadtmuseum.

S

Das österreichische Kaiserpaar in Bad Kissingen, 1898.

die Königin und einen dritten für den Adjudanten.

Der berühmten Pariser Fabrikantin Renate Marie Cazal, gebührt das Verdienst, das Problem, den Schirm schließen und einrollen zu können, gelöst zu haben. Ihre Erfindung, ein wichtiger technischer Fortschritt, ist ein Band, an dessen Ende ein kleiner Ring befestigt ist, der zu einem an der Bespannung aufgenähten Knopf paßt: Dieses System ist bis heute in Gebrauch und hat alle mehr oder weniger einfallsreichen Vorrichtungen überlebt. 1830 trug man den MARQUISE-Schirm. Er ist klein, hat einen abknickbaren Stock und ist ausschießlich für den Wagen bestimmt, genauso wie die großformatigen VILLANELLES, die durch ein Klappsystem vertikal aufgestellt werden können. So bildet er eine Art Paravent für den Spaziergang und den Aufenthalt im Garten. Zu den glatten Stirnbändern und zu den flachen Ärmeln von 1840 passen die verkleinerten MARQUISEN-Schirme, die von einem gerafften Volant eingerahmt werden. In den darauffolgenden Jahren kehrten sie wieder zu einer mittleren Größe zurück. Von der China-Mode beeinflußt, wurden sie in Pagoden-Form mit Fransen verziert und hatten einen sehr langen geraden Stock, der wiederum, wie schon im vorausgegangenen Jahrhundert, als Spazierstock dient. Im MONITEUR DE LA MODE wurden 1844 die Schirme mit langen Fransen denen von Verdier vorgezogen. Diese bestanden aus einem Seidenstoff (Gros de Naples) und waren mit Spitzen besetzt, wodurch sie sehr oft unelegant wirkten. Die wahre Eleganz, so fährt der Artikel fort, besteht im Fortfall jeglichen Schmucks und in der Verwendung von Materialien der allerbesten Qualität: Moiré für die Bespannung und Elfenbein für den Stock. Zwischen 1850 und 1860 wird der Durchmesser der Schirme immer kleiner, bis sie ein winziges Format erreicht haben. Diese stark gewölbten Knicker (MARQUISES) waren mit größtem Einfallsreichtum verziert. So findet man Spitzen, Seidenfütterung, schottischen Taft, bedruckte Stoffe, Broschierungen, Stickereien und lange Seidenfransen. Der abknickbare Stock ist aus kostspieligem Elfenbein geschnitzt oder gedrechselt. Ein von Nadar im Jahre 1863 kreierter Schirm reproduziert den Ballon LE GÉANT, genau wie 25 Jahre früher die erste Montgolfière abgebildet wurde.

Mit dem Zweiten Kaiserreich erreicht die Schirmmode ihre größte Blütezeit. Die Knicker reduzierten ihr Format, schützten nun die lilienweißen und rosigen Gesichter der schönen Frauen, die im offenen Wagen fuhren. Es folgt eine Epoche, in der die Schirme wieder größer wurden und sich mit allerlei beluden, ja überluden. Die Spitzenvolants, Taftrüschen, langen Seidenfransen und langen gedrechselten Stöcke, die in einem Ring enden, waren wieder da. In der MODE ILLUSTRÉE von 1873 werden Schirme aus Stroh beschrieben; mit langen geraden Stöcken aus Holz, jeweils passend zum Fächer. Gleichzeitig erscheint der Schirmstock aus Jade wieder, der in geschlossenem Zustand verkehrt herum getragen wurde, wobei er durch einen an der Spitze befestigten Haken gehalten wird. Tarnfarben gehörte 1880 zur Zöllneruniform der schwarze Schirm, der in einer ebenso schwarzen Hülse steckte.

Im Lauf der letzten Jahrzehnte des 19. Jahrhunderts wurde der Schirm zunehmend Ausdruck von eitler Koketterie und verlor an Wert als Gebrauchsgegenstand. Wieder wurde er mit Volants und Fransen, mit Rüschen, Bändern und Seidenquasten überladen. Nun ist der Schirm gewölbt, und der Stiel auffallend lang. Man erkennt in ihnen den POLSTERMACHER-STIL der Tournuren dieser Epoche wieder. Schleifchen verzieren Stock und Spitze. Es wird auch der EN-CAS – (im Falle, daß) – Schirm kreiert, auch INCERTAIN genannt. Die-

Guiseppe Verdi mit Sonnenschirm, um 1895.

se Schirme konnten auch bei Regen benutzt werden und waren daher bar jeden zusätzlichen Schmuckes.

In den ersten Jahren des 20. Jahrhunderts setzte sich die Mode des FIN DE SIÈCLE fort mit ihren riesigen stark gewölbten Schirmen, mit großen, gefälteten Volants und sehr langen Stielen. Modestiche von 1903 zeigen sie überreich aufs Zarteste verziert, mit einer Bespannung aus Seide oder feinem weißen Leinen, mit Spitzen zwischen den einzelnen Segmenten. Ganz besondere Exemplare sind aus Seide, die in Aquarell- oder Gouachetechnik bemalt und haben einen Fond aus geripptem Taft. 1902 erfolgte die Rückkehr der irischen Spitze. Man tendierte zu sehr großen, stark gewölbten Schirmen mit sehr langem Stock. 1908 wurden sie mit Tierköpfen dekoriert, die Portepees trugen kleine seidene Quasten. 1910 war das Jahr der riesigen Hüte. Auch die Schirmstöcke verlängerten sich entsprechend und erreichten 1,20 m Länge. Sie sind aus spanischem Rohr oder westindischem Holz. Der Griff ist aus vergoldetem Silber und orientiert sich im Stil an den Salzflakons und Puderdosen der Zeit Ludwigs XVI. Sie wurden als OMBRELLES NÉCAISSAIRES bezeichnet. Die Bespannung konnte aus drapierter Atlasseide sein, die mit Musselin oder Tüll unterlegt wird. 1912 entwarfen die Couturiers Schirme mit zum Kleid passender Spitze und Stickerei. Sie sind von Redfern, Drecoll, Lanvin, Martial und Armand signiert. Die Stöcke sind lang und gestreckt wie Spazierstöcke. Eine Nummer der Zeitschrift FÉMINA vom März 1917, kündigte eine Neuerscheinung an: farbige Schirme aus grober Seide, Fischotter oder Marder, mit weißem Saum, lederbezogenem Stock in entsprechenden Farben, der in einer Elfenbeinkugel endigt. Die Aufsteckknöpfe für die Fischbeinspeichen sind aus Elfenbein, Perlmutter oder Koralle. Vor dem I. Weltkrieg lebte die chinesische Pagodenform noch einmal auf, der Schirmstock kam wieder, er wurde verkehrt herum an einer aufgesetzten Kugel oder einem Haken gehalten, aus denen sich später ein Knauf entwickelte. Die kleinen Hüte begünstigten die Renaissance der fast flachen Schirme, der chinesischen Parasols und orientalischen Kuppeln. Nach dem Krieg erlebten diese Moden eine Wiederkehr mit Schirmen aus Ölpapier oder mit geblümten Musselin bespannt. Der japanische Stil, begünstigt durch die Mode der kurzen Haare im Pagenschnitt, hält sich einige Zeit; aber 1921 kehren die kleinen Knicker wieder, in lebhaften Farben, mit einer Fransenborte, Seidenfäden und sogar Straußenfedern. Sie sind mit starren, dicken und kurzen Stöcken versehen. Auch den EN-CAS-Schirm sieht man wieder. 1924 gehört der flache oder abgerundete Schirm einfacher Form obligatorisch zur eleganten Garderobe. Er wird aus bedrucktem geblümten Cretonne oder aus Leinen für die Landpartie hergestellt. Auch die kleinen MARQUISE-KNICKER, die man leicht im Handschuhfach des Autos verstauen kann, sind wieder da.

Manche Lederschirme werden witzig bemalt; andere wiederum sind so winzig und klein zusammenlegbar wie die traditionellen Knicker. Ein kleiner EN-CAS-Schirm läßt sich zum Fächer zusammenlegen und paßt so in die Reise- oder Autotasche (1929). Die Schirme werden so weit verkleinert, daß schließlich nur noch der Knirps übrigbleibt. Der moderne aktive und sportliche Lebensstil zwingt dem Herrenschirm größte nüchterne Zurückhaltung auf.

Modezeichnung, Valentine Gross, 1915.

Nur im Damenschirm kann sich die Phantasie richtig austoben. Helle, lebhafte und ungebrochene Farben, geometrische oder dekorative Dessins, Streifen, Punkte, Schottenkaros, immer frohere und leuchtendere Blumen lassen die trostlosen Schirme aus schwarzem Krepp vergessen. Eine Modeerscheinung ist das Portepee, das um das Handgelenk geschlungen wird und sich in einer langen Kordel oder Riemen fortsetzt, der die Spitze mit dem Stock verbindet. Der um die Schulter gehängte Schirm verwandelt eine Frau in eine Diana auf der Jagd. Gegenwärtig sind es nur noch die Brautschirme, die auf englische Stikkerei, auf das feine Leinen und auf den zum Hochzeitskleid abgestimmten Musselin zurückgreifen.

ANNIE SAGALOW

S

Schmuckentwürfe,
Fritz Schumacher, 1899.

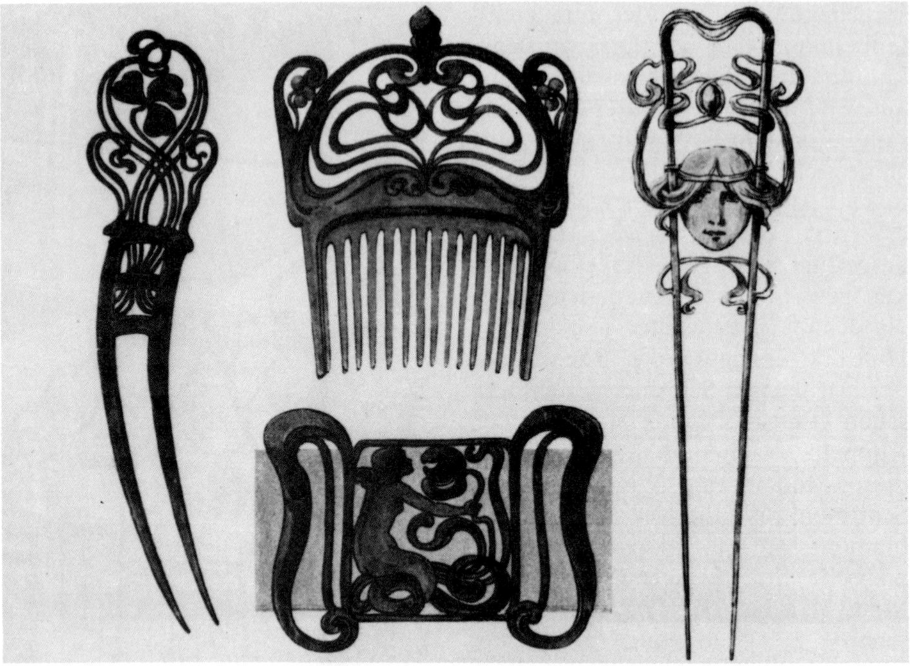

Schmuck, Jugendstil

Die Revolution des neuen Stils war nicht von den Goldschmiedewerkstätten ausgegangen. Die dem Kunsthandwerk allgemein gewidmeten Fachzeitschriften, z.B. die DEUTSCHE KUNST UND DEKORATION, befaßten sich viel früher mit dem neuen Schmuckschaffen, als es die speziellen Organe für das Goldschmiedehandwerk taten. Die Gründe ihrer Zurückhaltung waren einleuchtend: Wagte ein Goldschmied den neuen Stil, der noch nicht »Schmuckmode« war, und das Publikum nahm daran keinen Anteil, war er schnell ruiniert.

Vorsichtig setzten deshalb im Schmuckschaffen die ersten Versuche ein, an einen Stil herantastend, dessen Zeichen – die Wellenlinie – jede Kunstrichtung bald erobert hatte. In der Folgezeit kam sie jedoch oft zum modischen Schlenker, zum »Nudelstil« herunter, weil ihr zwingender symbolistischer Inhalt nicht mehr bewußt und kraftlos geworden war.

In Pforzheim hatte Emil Riester bereits 1880 seine »Schmuckentwürfe« veröffentlicht, aber die ersten Stücke nach diesen Entwürfen gelangten erst nach 1895, mehr noch nach 1897, zur Ausführung. In München entstanden erste, dem Jugenstil zugehörige Stükke um 1897 bei M.A. Nikolai und Paul Merk. 1897 – das war schon zwei Jahre nach den ersten großen Leistungen des Jugendstils, wie z.B. Hermann Obrists Stickerei PEITSCHENHIEB, in dem die Presse die Geburtsstunde des neuen Stils begrüßte. Der Bildhauer Hermann Obrist war es auch, der zusammen mit Otto Eckmann im Schmuckschaffen den neuen Stil im Sinne eines vegetabilen Floralismus entscheidend prägte. Von Obrists in München entstandenem Schmuckschaffen ist leider nur ein Entwurf in Abbildungen überliefert, aber er faßt nahezu alle Tendenzen des neuen Stils zusammen.

Der Armreifentwurf aus gebündelten Pflanzenfasern, die zu üppigen Knospen anschwellen, umhüllt von weichen, sich fleischig öffnenden Blättern, ist ein Extrem spannungsvoller Vitalität. Machtvoll drängen diese Formen voran, einer inneren Dynamik folgend. Auch der Kampf um das Kräfteverhältnis – der sich in

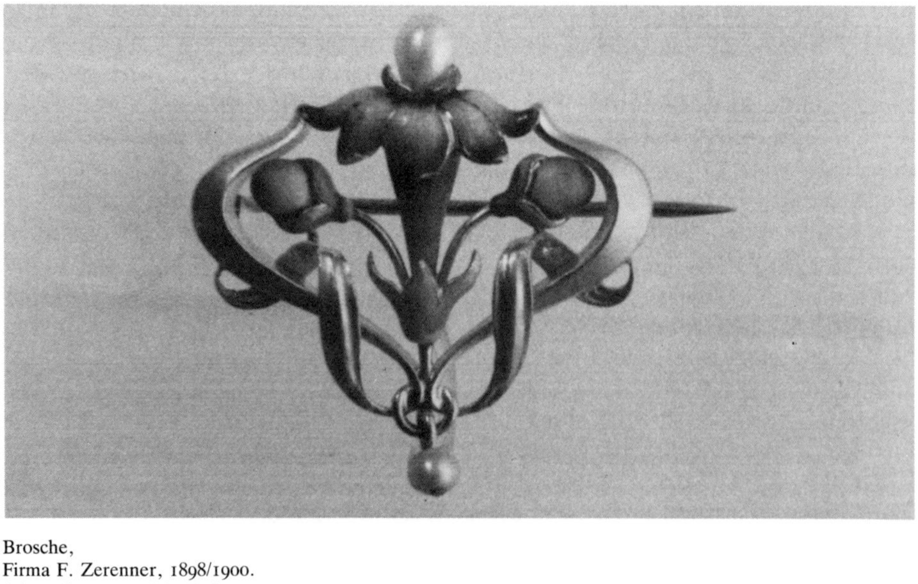

Brosche,
Firma F. Zerenner, 1898/1900.
Schmuckmuseum Pforzheim.

Anhänger »Frühlingserwachen«,
Hugo Schaper, um 1900.
Württembergisches Landesmuseum Stuttgart.

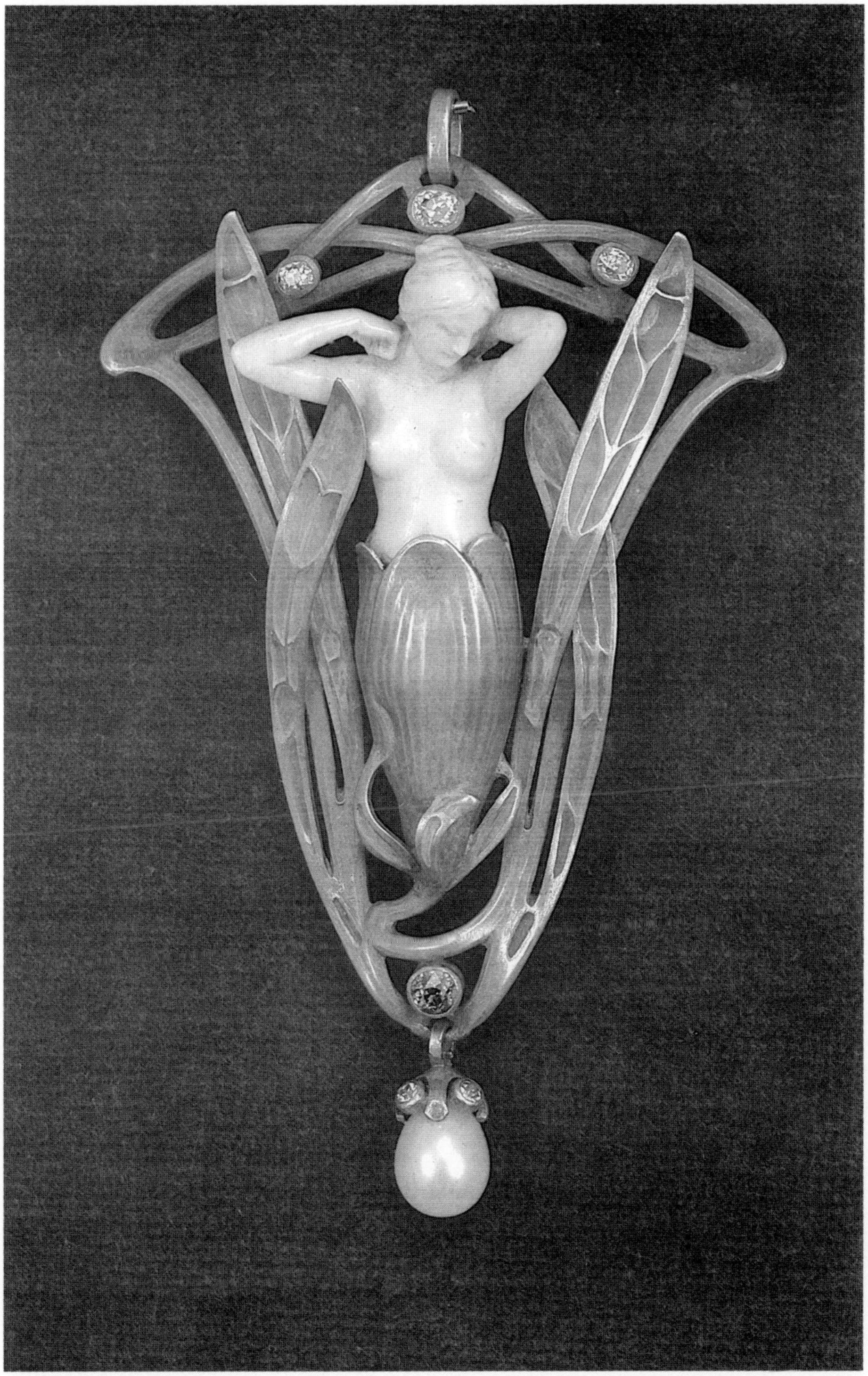

den Entwürfen zu den Nadeln abzeichnet – folgt den Gesetzen einer dramatischen Dynamik, die Obrist als *»aktive, aber passiv erlittene Kräfte«* bezeichnet. Von der Kraft eines Linienbündels niedergepreßt wird im linken Entwurf eine runde Perle. Die rechten Entwürfe zeigen die Veränderung der Kräfteverhältnisse. Entfernt bietet sich der Vergleich von Springbrunnen und Ball an.

Der geniale Auftakt, den Obrist, und auch Otto Eckmann, in München gegeben hatten, blieb im Schmuckschaffen dieser Stadt eigentlich ohne Nachhall, aber es gab andere Akzente. Karl Rothmüller z.B., Goldschmied in München, verhielt sich gegenüber dem neuen Stil vorsichtig, bis er sein Thema formuliert hatte. Es waren abstruse Stein- und Perlformen, die er in barocker Manier in seine Darstellungen der Flora und Fauna einband. Ihre Farb- und Formenpracht verschmolz mit der Metaphorik der Gesteine und hatte Anteil am Kult der Edelsteine, der gegen Endes des 19. Jahrhunderts in England wieder aufgelebt war. Dieser verstand einen geschliffenen Edelstein oder auch eine Perle nicht allein als ästhetisches Objekt, sondern auch als Träger geheimer Kräfte – Glück oder Verderben bringend, Sanftmut oder Weisheit verleihend etc. Auf geniale Weise verflocht Rothmüller den oft dämonischen Symbolismus der Steine mit dem vitalen Fließen der Wellenlinie.

Wenig ist erhalten von dem Schaffen anderer Entwerfer und Goldschmiede dieser Zeit in München. Wir wissen vom Schmuckschaffen des Karl Groß, Ernst Riegel, M. A. Nikola, Bernhard Wenig, Otto Traggy, Emmy v. Egidy, Friedrich Adler und schließlich Otto Gacks, von dem wir eine, vom Hofjuwelier Paul Merk ausgeführte, Brosche kennen. Außerhalb dieser Gruppe, z.T. auch nur kurz in München ansässig, standen u.a. Erich Erler, Theodor v. Gosen und Nikolaus Thallmayr. Doch schon kurz nach 1900 setzte sich eine latente Tendenz zur Sachlichkeit durch, vor allem im Stil der VEREINIGTEN WERKSTÄTTEN und der DEBSCHITZSCHULE.

Stärker als in München lag in Berlin die Entwicklung des neuen Stils in den Händen der Juweliere. Schon seit 1896 arbeitete z.B. der Kunsthandwerker Hermann Hirzel zusammen mit dem Juwelier Louis Werner. 1898 fand er im Schmuckmosaik zu seiner Formulierung der symbolistischen Idee, der Metapher des Teppich- oder Mosaikhaften als Zeichen der eng verwobenen Lebenskräfte. Das individuelle Material, hier der Steinchen, erfährt eine Entwertung. In der Masse aneinandergereiht, fügt es sich aber zur Einheit des Gesamten.

Mit der lyrischen Thematik Obrists und Eckmanns verknüpft ist das Hauptwerk des kaiserlichen Hofgoldschmiedes Hugo Schaper, sein Anhänger FRÜHLINGSERWACHEN: In einer Krokusblüte steht ein junges Mädchen, sein Haar ordnend. Blätter umschmeicheln den elfenbeinernen Körper. Es ist das Thema der mystischen Verwandtschaft von Mensch und Pflanze, das auch im französischen Schmuckschaffen wiederholt dargestellt wurde. Vor allem in der indischen und chinesischen Mythologie ist das Motiv der vegetabilen Seele ausgebildet, erscheint im Symbolismus aber auch in der mitteleuropäischen Literatur, z.B. bei Hugo v. Hofmannsthal, Rainer Maria Rilke und Ernst Hardt.

Auffällig war bei den Berliner Goldschmieden um 1900 die Bereitschaft, auf zu dieser Zeit ungewohnte Techniken zurückzugreifen oder sie neu zu ersinnen. Dazu zählt u.a. das Färben des Goldes, eine traditionell japanische Technik, derer sich jetzt auch der Architekt und Schmuckentwerfer Bruno Möhrung, in Zusammenarbeit mit dem Juwelier J.H. Werner, bediente. Von Otto Max Werner ist die Verwendung alten Holzes aus der Römerzeit für den Schmuck überliefert. Holz galt als Symbolträger für Werden und Vergehen, von allen Lebewesen am organischen Lebensfluß am längsten teilhabend.

Vom außergewöhnlichen Schmuckschaffen des Malers, Forstmannes und Entwerfers Wilhelm Lucas v. Cranach kann hier nur ein Stück erwähnt werden – sein ANHÄNGER MIT TINTENFISCH UND SCHMETTERLING. Über den bunten Schmetterling legt sich der quallige Körper einer Krake, deren ekelhaftes Wesen und maskenhafte Unerbittlichkeit die Schönheit und Freiheit des sonnenhaft durchglühten Falters vernichten wird. Cranach verbindet die Extreme von Tod und Leben durch das technische Raffinement, mit dem die dramatische Szene überhöht wird. Die Eleganz der Materialien ist so groß, daß die lautlose Szene beinahe ungesehen bleibt – d.h. der ästhetische Reiz überlagert die Darstellung des todbringenden Geschehens.

Die verschiedenen Formen des Symbolismus hatten weder im Schmuck noch im übrigen Kunstgewerbe lange Lebensdauer. Schon das Schmuckschaffen der Künstler der DARMSTÄDTER KOLONIE ging vom Floralismus bald über zum abstrakten Ornament, was gleichzeitig auch außerhalb dieses Kreises beobachtet werden kann. Wichtig für die Entwicklung des Schmuckschaffens ist aber die Tatsache, daß diese Künstler Entwürfe für die Schmuckindustrie lieferten, und damit für diese Epoche eine Ära qualitätvollen Industrieschmucks einleiteten. Wahrscheinlich wurde es so erst möglich, daß der Schmuck des Jugendstils eine von vielen getragene Mode werden konnte.

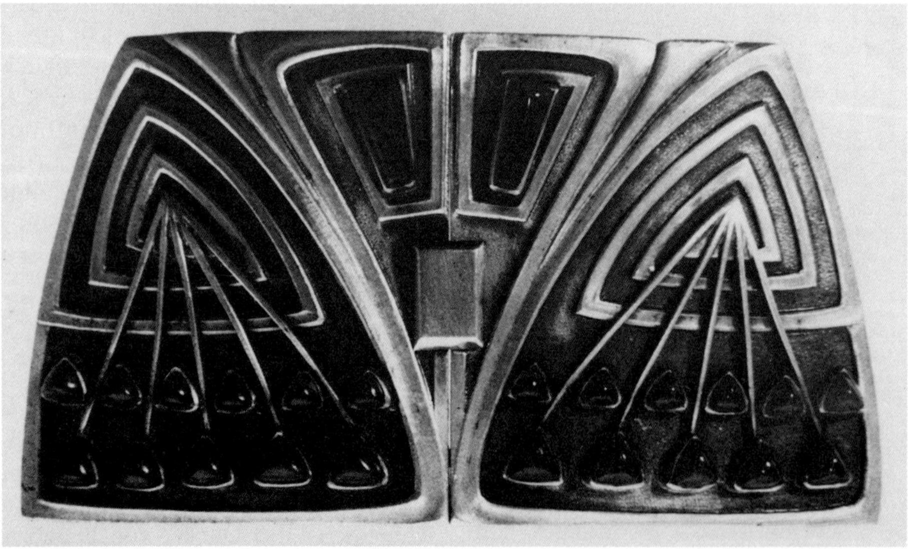

Gürtelschließe,
Patriz Huber, 1900/01.
Schmuckmuseum Pforzheim.

Eine »Demokratisierung« des Schmuckes konnte nicht Angelegenheit der mit wertvollen Materialien arbeitenden Goldschmiede sein, sondern allein der vielfältig reproduzierenden Industrie. Allerdings mußte hohe Qualität dieses Anliegen rechtfertigen, eine Forderung, die von starken Kräften in der Industrie begriffen und umgesetzt wurde. So konnte in Pforzheim – hier aus den Städten mit Schmuckindustrie herausgegriffen – eine Produktion entstehen, die mit den Namen der Künstler der DARMSTÄDTER KOLONIE auf das engste verbunden war: Joseph Maria Olbrich, Peter Behrens, Hans Christiansen, Paul Bürck, Ludwig Habich, Rudolf Bosselt, Patriz Huber.

Im gleichen Atemzug müssen auch jene Fabrikanten genannt werden, die das Angebot richtig verstanden hatten und »demokratisierten Luxus« in hohen Auflagen und größtmöglicher Qualität herstellten: Theodor Fahrner, Gebrüder Falk, Louis Fiessler, V. Mayer, Ch. W. Müller, Rodi & Wienenberger, W. Stöffler, Wild, Zerenner u.a. Sie zeigten nicht nur künstlerisches Gespür, sondern waren auch geschickte Kaufleute, wie ihre internationalen Verbindungen beweisen. Der Bedeutendste unter ihnen war wohl Theodor Fahrner, der außer den Darmstädter Künstlern einen weiteren großen Kreis bedeutender Entwerfer heranzog, u.a. F. Böres, M. Benirschke, M. Gradl, G. Kleemann, Kleinhempel, F. Morawe, J. Müller-Salem, A. Schmid, F. Wolber. Rudolf Rücklin berichtet, daß Fahrner auch selbst als Schmuckentwerfer tätig war. Ihr Schaffen für die Firma TH. FAHRNER war heterogen, geprägt von Fahrners Willen, die Vielfalt der künstlerischen Aussagen zu dokumentieren. Neben floralem und abstrakt-vegetabilem Schmuck von Habich und Kleemann standen streng geometrische Entwürfe von F. Böres, P. Huber und G. Kleemann. Erst um 1912 entstand bei Fahrner ein homogener Schmucktypus, der unter dem Namen FAHRNERSCHMUCK bekannt wurde. Gewiß stand auch dieser Schmucktypus neben anderen, aber er wurde der weitaus beliebteste.

Der FAHRNERSCHMUCK mit seinen gelegentlich am Wiener Werkstätte-Schmuck orientierten Motiven aus Blättern, Vögeln und Putten beweist, daß auch im zweiten Jahrzehnt des 20. Jahrhunderts die Poesie des Jugendstils nicht völlig verblichen war. Zeitlich folgt der FAHRNERSCHMUCK einer heftigen Reaktion auf den Floralismus, die teilweise schon durch Georg Kleemanns kurz nach 1900 entstandenen streng geometrische Stücke eingeleitet wurde. Verunsichert wurde der Stil dann erst recht durch die spröden Stücke der Pforzheimer Produktion um 1906. Von den Firmen AUWÄRTER & HEPKE, C.W. MÜLLER und O. ZAHN z.B. kennen wir aus diesen Jahren Stücke, die besonders unorganisch und gestelzt erscheinen. Nach diesen Jahren der Reaktion und fast Hilflosigkeit wurden die poetischen oder gar literarischen Stücke zur Ausnahme. Das erklärt auch die unglaubliche Beliebtheit des heiteren, literarisch unbelasteten FAHRNERSCHMUCKS, der in vielen Variationen wohl in hohen Auflagen hergestellt wurde. In die gleiche Entstehungszeit fällt übrigens auch das letzte symbolistische Juweliers-Schmuckstück der Epoche – Ferdinand Hausers berühmte MONDSTEINBROSCHE. Aber die Mehrzahl der Schmuckstücke wird nun nüchterner und einfacher in Form und Material, thematisch frei, z.T. auch konventionell, z.B. im Zuge eines Neo-Biedermeiers, einem Spiegelbild der durch den 1. Weltkrieg belasteten Zeit.

In diesen Jahren künden sich die Veränderungen im Schmuckstil in großen Schritten an. Theodor Fahrners BROSCHE MIT DEM EINHORN bildet ein Bindeglied zum Stil der 20er Jahre: Das segmentförmig aufspringen-

Brosche,
Franz Böres,
um 1905.

Collier,
Georg Kleemann (Entwurf)
/Victor Mayer (Ausführung),
1902/04.
Schmuckmuseum Pforzheim.

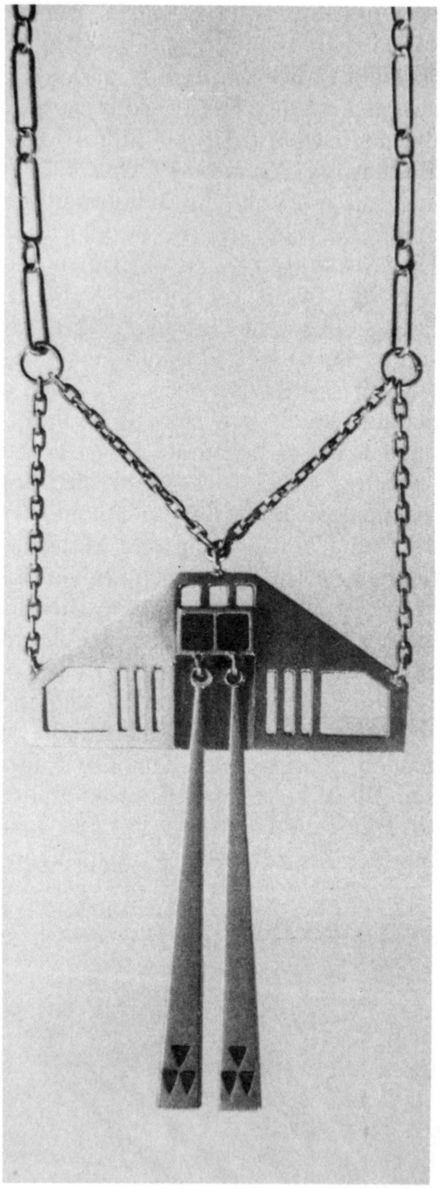

de, oben gezackte Blatt sowie die starren, von Knötchen besetzten Ranken werden zu Elementen des ART DÉCO werden und uns ebenso wie einst die Wellenlinie des Jugendstils – sowohl als schmückende Verzierung als auch als selbstständiges Ornament – überall begegnen. Bald wird sich auch der Schmuck in jenen straffen Linienbündeln präsentieren, die sich im Werk des Peter Behrens angekündigt hatten. Harte Formen werden mit weichen konfrontiert und versetzt, und die Materialien werden noch unkonventioneller, nur an ihrem erwünschten Schönheitswert gemessen werden.

Ein Blick auf Theodor Wendes GOLDENEN ANHÄNGER MIT AQUAMARIN soll den Schlußpunkt dieser Ausführung bilden. Das Werk des exzentrischen Goldschmieds erscheint in der Nahsicht merkwürdig kleinteilig – erst die Distanz offenbart den Zusammenhalt durch den großen, glasigblau leuchtenden Stein sowie den von unten aufsteigenden Segmentbogen, der ihn trägt. Die Gegensätzlichkeit von markiggroßer Form und fast knöchelhaftem Detail bestimmt das Stück. Der organische, alles mit sich reißende Linienfluß des Jugendstils liegt weit, weit zurück.

ULRIKE VON HASE-SCHMUNDT

Literatur

Sigrid Canz, Symbolistische Bildvorstellungen im Juwelierschmuck um 1900 (Diss.), Kochel am See 1976.
Ulrike von Hase, Schmuck in Deutschland und Österreich 1895–1914, München 1977, 1986[2].
Hermann Obrist, Programmatische Schriften (nach Aufzeichnungen von 1895), München 1925–26.
Wolfdietrich Rasch, Zur deutschen Literatur seit der Jahrhundertwende, Stuttgart 1967.

Schmuck, 19. Jahrhundert

Die Schmuckkunst des 19. Jahrhunderts ist durch eine große Zahl verschiedenartiger, rasch wechselnder Moden und Stilrichtungen gekennzeichnet, die zum Teil nebeneinander bestanden und sich wechselseitig durchdrangen. Die außerordentliche Vielfalt an Formen und Materialien, an Motiven und Techniken hat bisher eine eingehende Analyse des Schmuckschaffens des 19. Jahrhunderts erschwert. Doch gibt es seit einigen Jahren zu begrenzten Zeitspannen gründliche Untersuchungen; seitdem kann man einzelne Richtungen

Freundschaftsanhänger,
Deutschland, um 1800.
Münchner Stadtmuseum.

Armbänder (Paar), um 1830. Münchner Stadtmuseum.

Collier, England, um 1845.

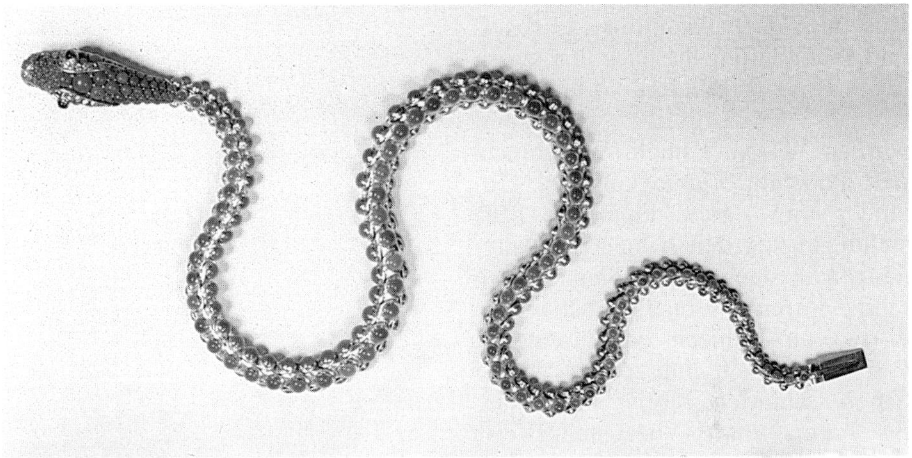

genauer definieren und mit Vorsicht eine Gesamtschau wagen.

Seit Beginn des 19. Jahrhunderts wurden die Formen auch durch die neuen rationellen Fertigungsmethoden beeinflußt. Die Produktion hatte sich weitgehend von der handwerklichen Einzelanfertigung auf die fabrikmäßige Produktion unter Ausnützung der Arbeitsteilung, der Spezialisierung und des Einsatzes von Maschinen, insbesondere von Pressen, verlagert. Die Goldschmiede fertigten handwerklich nur noch kostbare Einzelstücke für Adel und Großbürger und handelten daneben mit fabrikmäßig gefertigten Stücken für das breite Bürgertum. Der Einsatz neuer Maschinen blieb nicht ohne Einfluß auf die Schmuckformen; bevorzugt wurden solche Ornamente, die sich für eine technisierte Fertigung eigneten. Dazu gehörten im ersten Viertel des 19. Jahrhunderts die für den Klassizismus typischen Rosetten, Blattgirlanden und die flachen Elemente in geometrischen Formen. Im zweiten Jahrhundertviertel waren es insbesondere die großflächigen Rocaillen des Neorokoko mit ihren wechselnden Wölbungen und Vertiefungen, die ohne großen Aufwand gepreßt werden konnten. Ab der Jahrhundertmitte kamen aufgesetzte Ornamente, Schnallen, Blüten, Schrauben und ähnliches in Mode. Sie konnten ebenso industriell vorgefertigt werden wie die Ornamente der archäologischen Schmuckmode oder später die Verzierungen der Neorenaissance.

Schon in der zweiten Hälfte des 18. Jahrhunderts kündigte sich der Stil des Klassizismus an, der auch die ersten beiden Jahrzehnte des 19. Jahrhunderts prägte. Angeregt wurde er durch die Ausgrabungen in Herculaneum und Pompeji wie auch durch die vielgelesenen Schriften Johann Joachim Winckelmanns. *»Das Land der Griechen mit der Seele suchend«,* wurden die gebildeten Bürger Europas mit der klassischen griechischen und römischen Kunst vertraut und sahen in ihr ihre Vorstellungen von Schlichtheit und edlem Maß verkörpert. Für ihr neues bürgerliches Selbstverständnis schienen sie der angemessene Ausdruck zu sein.

Zu den weichfließenden Chemisenkleidern aus leichten, hellen Stoffen, in denen die Frauen wie griechische Statuen auszusehen versuchten, sollte auch »klassischer Schmuck« getragen werden. Doch war original antiker Schmuck zu dieser Zeit noch nicht ausgegraben worden. Daher waren die Entwerfer gezwungen, neue Formen *»in antikem Geschmack«* zu entwickeln. Diese ergaben sich aus dem Bemühen, das natürliche Verhältnis der Antike zum menschlichen Körper nachzuempfinden. Der Schmuck sollte nun leicht und flach gearbeitet sein und sich – im Gegensatz zum Brillantschmuck des 18. Jahrhunderts – den Körperformen anschmiegen. An die Stelle starkfarbiger Edelsteine traten

S

helle, durchsichtige Amethyste oder Aquamarine, die im Zusammenklang mit den leichten Kleidern ein zartes Farbenspiel entfalteten. Die Schmuckformen waren ganz einfach, meist geometrisch. Es gab Kreise, aufrechtstehende oder liegende Ovale, Rechtecke, Rhomben und Schilde, Drei-, Vier-, Sechs- und Achtecke. Anhänger und Medaillons, aber auch die Einzelglieder der Ohrgehänge und Ketten, Armbandschließen und Ringaufsätze wurden aus diesen Formen gebildet. Die Ornamente entstammten der antiken Architektur: Es waren Mäander, Palmetten und Rosetten, dazu Akanthus-, Lorbeer- und Weinblätter, die nach den klassischen Prinzipien klaren Aufbaus und strenger Proportionen kombiniert wurden. Dazu kamen Wellenband und Perlstab, Zickzackmotive, Girlanden und Vasen. Figürliche Darstellungen, zu denen man die Anregungen in den antiken Sammlungen fand, waren besonders beliebt in Form von Kameen oder Intaglios, von Elfenbeinschnitzereien oder Scherenschnitten. Motive waren häufig Freundschafts- beziehungsweise Trauerszenen in klassischer Form. Das Material des klassizistischen Schmucks war dünnes Goldblech oder feine Golddrähte, die »geflochten oder gestrickt« wurden; dazu kam als Grundmaterial von Ketten, Armbändern und Ringen menschliches Haar, das als Gefühlsträger in dieser sentimentalen Zeit besonders beliebt war. Eine bedeutende Rolle spielte auch das Eisen, das teils als Ersatz für Edelmetall, teils als symbolträchtiger Ausdruck preußisch-patriotischer Gefühle zu Schmuck verarbeitet wurde. Die feinen, häufig durchbrochenen Eisengüsse wurden durch kleine Ringe oder durch zartes Eisendrahtgewebe zu Colliers und Armbändern verbunden.

Der Klassizismus behielt seinen Einfluß bis ins fünfte Jahrzehnt des 19. Jahrhunderts, doch wurden seine Ornamente nach 1820 behäbiger und fülliger und die Anordnung häufig gedrängter. Daneben fand im zweiten Viertel des 19. Jahrhunderts die romantische Strömung mit ihrer Sehnsucht nach einer vermeintlich besseren Vergangenheit auch in der Kleidermode und im Schmuck ihren Ausdruck. Man suchte mittelalterliche Formen wieder zum Leben zu erwekken, in der Mode in Form von Halskrausen, ausladenden Ärmeln und weiten Röcken aus schweren Stoffen, im Schmuck in Form von gewichtigen Ketten, häufig mit großen Kreuzanhängern, mit gewichtig erscheinenden Broschen und – wie zur Zeit der Renaissance – vielerlei verschiedenen Ringen, die gleichzeitig die Finger zierten. Besonders beliebt wurde die Ferronière, das ist ein aus dem 15. Jahrhundert bekannter Kopfschmuck, bestehend aus einem Goldkettchen oder Band mit einem Juwel, das in der Mitte der Stirn getragen wurde. Bei der Formgebung orientierte man sich vornehmlich an der

Collier und Brosche,
Deutschland, um 1845.
Münchner Stadtmuseum.

Architektur und nicht etwa am Originalschmuck aus der Zeit der Gotik oder der Renaissance. Da finden sich Drei- und Vierpässe, verschlungene Bänder, gotische Blattmotive und auch figürliche Darstellungen.

Mit der politischen Restauration tauchten etwa ab 1830 nicht nur in der Mode, sondern auch beim Schmuck Formen des 18. Jahrhunderts wieder auf. Aus dieser Zeit gibt es – ähnlich wie im 18. Jahrhundert – Brillantschmuck in Form von Blüten und Sträußen, der häufig mit Bändern verziert ist, und dessen Steine in schweren, mit Gold unterlegten silbernen Kastenfassungen gefaßt sind. Barock- beziehungsweise Rokokoornamente kamen auch beim Goldschmuck zu neuen Ehren und verzierten die breiten Oberteile der Seidenkleider aus dieser Zeit. Häufig waren diese Ornamente emailliert und mit dunkelfarbigen Steinen, zum Beispiel Granaten, besetzt. Durch ihre Größe, durch ihre mehrfache Wiederholung auf Collier, Brosche und Ohrgehänge entfalteten sie eine lebhafte und prächtige Wirkung, die durch das Anhängen kleiner, beweglicher Kettchen mit Bommeln und Quasten – dies eine Reminiszenz an die Algerienkriege – noch gesteigert wurde. Dieser Schmuck aus der Zeit zwischen 1830 und 1850 wirkt bedeutender als er, nach Material und Arbeit, wert ist. Der Eindruck von Kostbarkeit und Volumen täuscht, denn die scheinbar schweren Ornamente sind nicht massiv, sondern wurden aus Schaumgold, einem gepreßten dünnen Goldblech, gefertigt, und erst eine Einlage von Kitt oder ähnlichem Material verlieh ihnen Festigkeit. Zur Zierde dienten nicht Rubine, Smaragde oder Saphire, sondern die billigeren Topase, Türkise und Granate sowie Korallen. Alle diese Formen aus der Zeit zwischen 1820 und 1850 bezeichnete man später als Biedermeierschmuck.

Auch die Schmuckmode der zweiten Jahrhunderthälfte wurde durch viele verschiedenartige, oft ebenfalls einander widersprechende Stilrichtungen beherrscht. Bezeichnend für die Jahre zwischen 1850 und 1870 war die Zunahme naturalistischer Formen, von realistisch dargestellten Blumen oder ganzen Blütenzweigen bis zu Früchten oder auch Tieren. Das waren um 1850 vorzugsweise Schlangen, später auch Insekten wie Bienen oder Schmetterlinge. Besonders der bedeutende Brillantschmuck dieser Zeit war naturalistisch gestaltet, und auch den, aus Brosche und dazu passenden Ohrgehängen bestehenden DEMI-PARUREN waren oft ziselierte oder farbig emaillierte Blüten oder Früchte aufgesetzt.

Zum naturalistischen Formenvokabular gehörten auch die Schnallen- beziehungsweise Schließen- und Bandmotive mit ihren vielfachen Verschlingungen und Knoten, die in immer neuen Variationen Broschen, Ohrgehänge und Armreifen dieser Zeit verzierten. Erstaunlicherweise wurden um die Jahrhundertmitte auch schon technische Motive wie Schrauben und Flansche zu Schmuckornamenten verwandt. Diese Bewegung ging von Paris aus, wurde aber – wie ein Musterbuch der Firma CARL

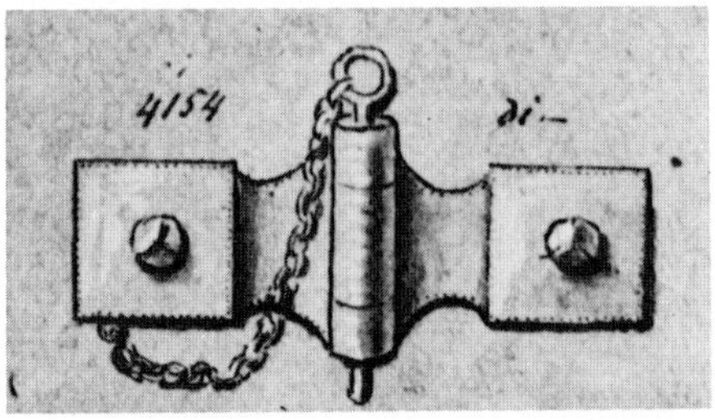

Broschenentwurf,
Firma Carl Michel,
Hanau, um 1860.

Anhänger nach Holbein-Entwurf,
Deutschland,
um 1880.

Anhänger,
Markowitsch und Scheid,
Wien, um 1885.

MICHEL aus Hanau zeigt – auch in Deutschland aufgenommen. Andere Musterbücher dieser Zeit zeigen einfache, unverzierte, schlichte Formen; diese frühe »neue Sachlichkeit« konnte sich aber nicht durchsetzen, da sie dem Schmuckbedürfnis des wirtschaftlich erstarkten Bürgertums nicht entsprach. Dagegen hatte etwa ab 1860 der von Italien ausgehende »archäologische Stil« einen durchschlagenden Erfolg und beeinflußte in starkem Maße die internationale Schmuckmode. Der römische Goldschmied Fortunato Pio Castellani (1794–1865) und seine Söhne Alessandro (1823–1883) und Augusto (1829–1913) waren die Protagonisten dieser Richtung. Ihr Schmuck war – im Gegensatz zum Klassizismus um 1800 – nicht *»antik empfunden«*, sondern beruhte auf genauer Kenntnis original antiken Schmucks, wie er in Vulci, Chiusi oder Kol-Oba inzwischen ausgegraben worden war. Dieser antike Schmuck wurde in der Firma CASTELLANI in bester handwerklicher Verarbeitung kopiert, aber auch phantasievoll variiert und befruchtete in der Folge die Entwürfe vieler anderer europäischer Goldschmiede. Ebenfalls sehr berühmt wurden auch Castellanis Schüler Ernesto Pierret (1824–1870) und Carlo Giuliano (1831–1895), der seit 1860 in London ansässig war.

Etwa ab Mitte der 70er Jahre wurde insbesondere in Deutschland die Neorenaissance der nationale Stil schlechthin, der offiziell durch Ausstellungen und Gewerbezeitungen propagiert wurde. Originalentwürfe für Schmuck zum Beispiel von Hans Holbein (1497–1545) oder von Virgil Solis (1514–1562) wurden in Vorlagewerken und in Gewerbezeitungen verbreitet und nachgearbeitet; aus ihrem Studium suchte man die alten Techniken wiederzubeleben und auch neue, eigenständige Formen in ihrem Geist zu entwickeln. Richtungsweisend war in Berlin der Hofjuwelier Hugo Schaper (1844–1915), in Wien die Firma MARKOWITSCH UND SCHEID, in Schwäbisch-Gmünd Hermann Bauer (1833–1919), der allgemein der RENAISSANCE-BAUER genannt wurde. Zu dieser Zeit gab es Anhänger mit durchbrochenen, emaillierten Schweifwerkrahmen und angehängter Perle, es gab architektonische Rahmen mit Nischenfiguren, aber auch rein figürliche Darstellungen, wie zum Beispiel den Kampf des heiligen Georg mit dem Drachen. Die Schultern der Ringe bestanden entweder aus Schweifwerkornamenten oder aus Figuren, die den Ringaufsatz zwischen sich hielten. Viele dieser Stücke sind handwerklich hervorragend gearbeitet und gelegentlich den originalen Stücken täuschend ähnlich. Noch häufiger allerdings weisen sie die für die Neorenaissance typischen Mischformen auf.

Bereits nach einem Jahrzehnt, etwa ab der zweiten Hälfte der 80er Jahre, wurde man des »Altdeutschen« müde. Die Schmuckhersteller suchten ihre Produktion durch Propagierung eines immer schnelleren Modewechsels auszuweiten; auch Schmuck mit den Ornamenten des 18. Jahrhunderts wurde jetzt wieder angeboten. Einen starken Einfluß übte zu dieser Zeit auch die japanische Kunst aus. Im Schmuck dieser Zeit finden sich viele japanische Naturformen. In der für den Historismus typischen Weise wurden alle diese Formen nebeneinander verwandt beziehungsweise miteinander verschmolzen.

BRIGITTE MARQUARDT

Literatur

Fritz Falk, Europäischer Schmuck vom Historismus bis zum Jugendstil, Königsbach-Stein 1985.
Charlotte Gere, European & American Jewellery 1830–1914, London 1975.
Peter Hinks, Nineteenth Century Jewellery, London 1975.
Brigitte Marquardt, Schmuck. Klassizismus und Biedermeier 1780–1850, München 1983.
Barbara Mundt, Historismus, Kunstgewerbe zwischen Biedermeier und Jugendstil, München 1981.
Geoffrey Munn, Castellani and Giuliano. Revivalist Jewellers of the Nineteenth Century, London 1984.

Schmuck – Neue Tendenzen

Im Volksbrockhaus von 1966 heißt es unter dem Stichwort Schmuck: *»Das Schmuckbedürfnis ist beim Menschen uralt. Außer der sozial auszeichnenden und erotischen Bedeutung hat der Schmuck oft auch magisch-zauberische, z. B.: Abwehrbedeutung (Amulette).«*

So lapidar diese Definition von Schmuck – zwischen »Schmu« und »Schmücker, Kurt (CDU)« – auch sein mag, bietet sie doch zwei wichtige Anhaltspunkte: Zum einen entspringt das Schmücken einem Bedürfnis, von dem anzunehmen ist, daß es mit zu den elementarsten gehört. Hierdurch wird der Schmuck, unabhängig von seiner formalen Gestalt, zu einem Medium, mit dem der Träger eine ganze Reihe von Aussagen vermitteln kann. Mit keinem Wort wird darauf eingegangen, was Schmuck ist, oder zu sein hat. Kein

Halsschmuck,
Marion Herbst,
Amsterdam, 1983.
Münchner Stadtmuseum.

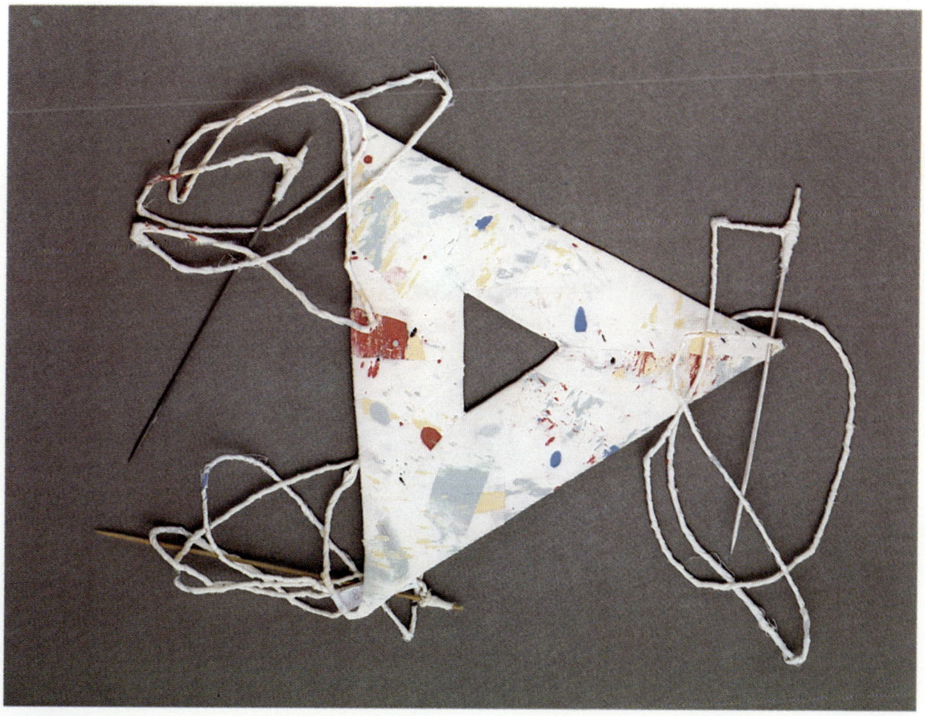

Kopfschmuck,
Lam de Wolf,
Amsterdam, 1984.
Münchner Stadtmuseum.

Wort von Ring, Brosche, Halsschmuck, Armband oder ähnlichem, geschweige denn eine Begrenzung der Dimension, des Gewichtes oder gar der Materialien. Schmuck kann alles sein. Ein entsprechend breites Angebot kann man daher auch in Kaufhäusern, Automaten, Juwelierläden, Goldschmiedegeschäften, Galerien etc. finden.

Die größte Verbreitung hat der Industrieschmuck, der zugleich eine der konservativsten Formen des Schmükkens darstellt. Sein formales Selbstverständnis ist häufig dem letzten Jahrhundert entliehen, zumindest doch um etliche Jahre zurück.

Ähnlich überkommene Formensprachen finden sich auch in dem überwiegenden Teil der teuren Juwelierläden, bei denen Karatzahl und Feingehalt weit wichtiger sind als formale und inhaltliche Qualitäten der Schmuckstücke.

Nur wenig ideenreicher präsentieren sich die vielen kleinen Goldschmiedelädchen und Hinterhofgoldschmiede, die eigene Kollektionen anbieten und/oder Auftragsarbeiten herstellen.

Weitaus mehr Vielfalt bietet da der Modeschmuck. Während er sich Mitte der 70er Jahre noch überwiegend an den 40er und 50er Jahren orientierte, hat er heute zu einer eigenen Formensprache gefunden. Ein gesteigertes Interesse an aktueller Kleidermode erfordert seine Entsprechung im Schmuck. Viele namhafte Hersteller von Mode präsentieren eine Schmuckkollektion, die unter ihrem Markennamen mitläuft. Daß die Ideen hierzu nicht allzu selten von anderer Seite kommen, spielt für die Geschäftsinteressen keine Rolle. Eine bereichernde Variante des Modeschmucks bilden eine Reihe von un-

S

Kinderschmuck,
Deutschland, 1983.
Münchner Stadtmuseum.

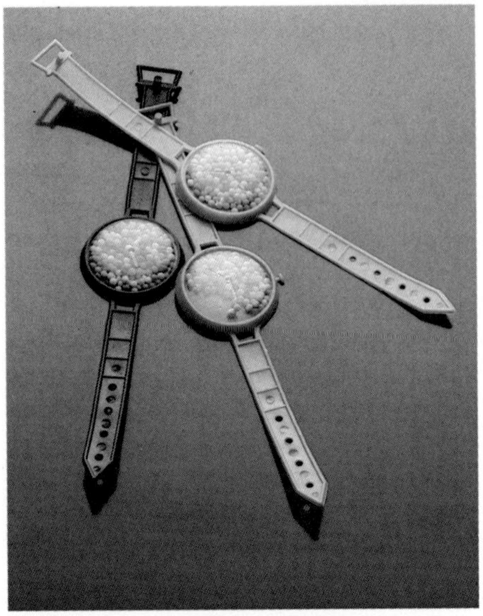

abhängigen, kleinen Modeschmuckherstellern mit eigener Kollektion und frischen Ideen (z. B.: Sabine Adam, Rudolf Schürmann).

Ähnlich phantasievoll wie der Modeschmuck zeigen sich Designer und Produzenten in der Herstellung von Kinderschmuck. Man findet hier Dinge, die auf typische Kinderbedürfnisse eingehen, wie Uhren mit Liebesperlen gefüllt, Früchte mit Brausepulverinhalt als Anhänger und ähnlich witzige und farbenfrohe Produkte. Die Verbindung von Spielzeug und Schmuck wird oft bewußt betont.

Eine Besonderheit im Bereich des Schmucks stellen die Buttons, Stikker, Aufnäher u. ä. dar. Ihre Aussage, verbal oder in leicht verständlichen Emblemen gehalten, ist jedermann sofort begreiflich. Sie läßt eine bestimmte Gruppenzugehörigkeit erkennen (Bergwachtmitglied, AKW-Gegner, Clubabzeichen, »Ich war auch schon auf dem Mount Everest«, Parteiabzeichen etc.). Manchmal kommt einem dabei die Zwangsverordnung des Dritten Reiches in den Sinn, nach der Homosexuelle mit einem rosa Winkel und Juden mit einem gelben Stern gekennzeichnet sein mußten.

Das Gebiet des künstlerischen Schmucks ist der kleinste, aber mit Sicherheit auch der wichtigste Bereich des Schmuckschaffens. Er besitzt die treibenden Elemente, um formale und inhaltliche Innovationen hervorzubringen. In den letzten 20 Jahren erfuhr dieser Bereich gewaltige Veränderungen. Allein schon die Zahl der Goldschmiede ist um ein Vielfaches gestiegen.
Mitte der 60er Jahre wurden von den Goldschmieden noch überwiegend konservative Materialien wie Gold, Silber, Edelsteine, Perlen und Email verwendet. Aufgrund der formalen Vorgabe, die das Verwenden von Steinen und Perlen mit sich bringt, begannen viele, sie nicht mehr zu verwenden. Hieraus ergaben sich vielfältige Möglichkeiten der Gestaltung. Im Zuge des Auslotens dieser Möglichkeiten, fanden allmählich neue, für den Schmuckbereich unübliche Materialien Eingang. Vor allem waren es Materialien, die auch im täglichen Leben einen gewissen Neuheitsgrad besaßen. Aus eloxiertem Aluminium arbeiteten Emmy van Leersum und Gijs Bakker Armreife (1967). Das Plexiglas hielt seinen bunten Einzug durch Arbeiten von Gerd Rothmann, Claus Bury, Robert Smit u. a. Ende der 60er Jahre.

Weitere, dem Schmuck bis dahin eher fremde Materialien wurden nach und nach als Mittel zur Gestaltung eingesetzt oder als selbständige Materialien verwendet. Gerd Rothmann arbeitete von 1973–75 eine Serie Broschen aus Stahl und vergoldetem Kupfer. Hubertus von Skal baute kleine Objekte aus Gold und Stahl (1970). Anton Czepka arbeitete fragile, satellitenähnliche Gebilde aus Stahl, z. T. lackiert; Peter Skubic fertigt seine, auf dem Prinzip der Verspannung aufgebauten Arbeiten vor allem aus Stahl. Mitte der 70er Jahre wurde vor allem in England galva-

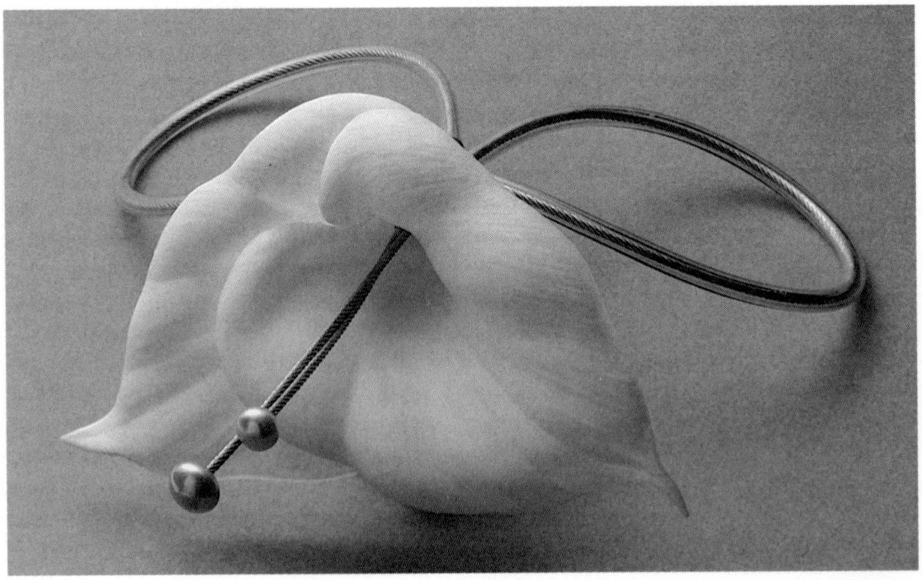

Halsschmuck,
Sabine Adam,
München, 1984.
Münchner Stadtmuseum.

Anstecknadel,
Manfred Bischoff,
München, 1983.
Münchner Stadtmuseum.

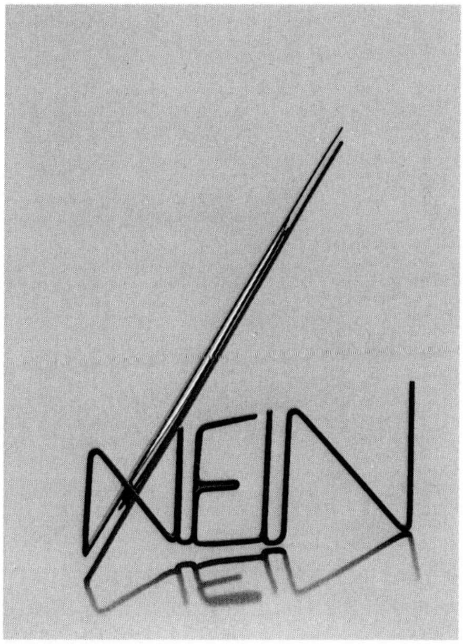

Brosche,
Horst Max Lebert,
München, 1985.
Münchner Stadtmuseum.

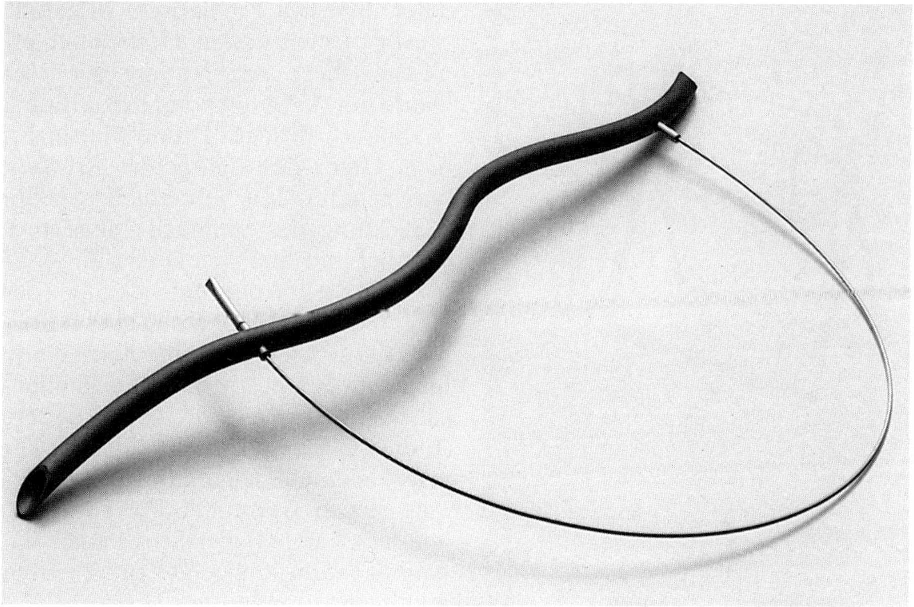

nisch gefärbtes Titan als Material eingesetzt (Eric Spiller, Catherine Manheim, Edward de Large u. a.).

Nach der Experimentierphase mit und dem Verarbeiten von solchen neuen Werkstoffen, wurden allmählich auch immer mehr Materialien eingesetzt, die uns durch den täglichen Umgang sehr vertraut, für den Schmuck aber neu sind. Teils wurden

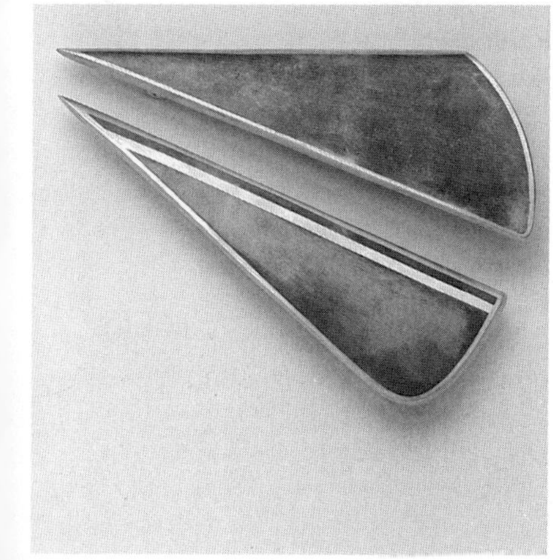

Broschen,
Marianne Schliwinski,
München, 1983.
Münchner Stadtmuseum.

diese ausschließlich, teils zusammen mit konventionelleren Materialien verarbeitet.

Mit verschiedenen textilen Materialien arbeiteten und arbeiten teilweise noch u. a. Caroline Broadhead, Marion Herbst, Doris Sacher, Lam de Wolf. Eisen wird von Jan Wehrens als ausschließliches Schmuckmaterial benutzt. Esther Knobel verwendet lackiertes Weißblech, Hermann Hermsen lackiertes Aluminium und lackierten Stahl. Gummi in den verschiedenen Variationen wird gerne benutzt, u. a. wegen seiner Dehnbarkeit (Otto Künzli, Hans Appenzeller, Frank Bauer u. a.). Ulrike Bahrs verwandte 1980 für ihre Broschen Teile von Blechspielzeug. Daniel Kruger fertigte 1978 einen Halsschmuck, an den er Pommes-Frites-Stäbchen und Absatzschoner – wie Fetische – aufreiht. Anette Rössle arbeitete einen Halsschmuck aus PVC, Gabi Dziuba Broschen aus Holz, zum Teil blattvergoldet.

Ein großer Einfluß auf diese Entwicklung ging von Holland und England aus. Es entwickelte sich – vor allem in Holland – ab Mitte der 70er Jahre eine spezielle Art von Schmuck, meist aus unedlen Materialien gefertigt, in seiner Anlage als Kleinserie gedacht und produziert. Diese auch meist preiswerten Arbeiten haben eine enge Verwandtschaft zum Bereich des Designs (Hermann Hermsen, Brian de la Cour, Paul Derrez u. a.). Einige Arbeiten zeigen auch Anlehnung an den »Ready made«-Gedanken, da eben oft auch Alltagsprodukte, ganz oder teilweise, mit kleinen Veränderungen zu Schmuck umgearbeitet wurden (Maria Hees mit einem Gartenschlaucharmreif, Otto Künzli mit Reißzweckbroschen und Postkartenbroschen u. a.).

Das Benutzen dieser „anderen" Materialien hatte nie einen Ausschließlichkeitscharakter. Große Aufmerksamkeit erregten 1977/78 die Experimente von Claus Bury im Bereich

S

Steckbrosche,
Jan Wehrens,
München, 1985.
Münchner Stadtmuseum.

der Metallegierungen und des Metallfärbens. Otto Künzli arbeitete 1976/77 streng geometrische Formen in Gold und Silber. Durch stärkeres Einbeziehen des Körpers entwickelte er 1979 eine Serie silberner Schraubbroschen, deren Befestigung sich hinter der Kleidung befand. Therese Hilbert arbeitete 1979 gesudete Silberscheiben mit ziselierter Oberfläche als Broschen und Halsschmuck. Marianne Schliwinski fertigte ab 1978 eine Serie Arbeiten aus Kupfer und Silber. Gerd Rothmann beschäftigte sich ab 1978 mit dem Abformen von verschiedenen Körperteilen in Silber und Zinn und deren Tragbarkeit als individuellste aller Schmuckmöglichkeiten. Hermann Jäger arbeitet variabel zu tragenden Halsschmuck aus Gold, Silber und Email, Reinhold Reiling strenge Formen als Halsschmuck und Broschen in Gold und Silber.

Trotz der Dominanz der formalen Strenge im künstlerischen Schmuck, entstanden immer auch Arbeiten, die eher figürlich, malerisch orientiert waren. Einen ersten Höhepunkt erreichte diese Art Anfang der 70er Jahre mit Arbeiten von Ulrike Bahrs, Barbara Cartlidge, Bruno Martinazzi u.a. Unter den figürlichen Arbeiten aus neuerer Zeit verdient besondere Beachtung der Schmuck von Esther Knobel und Manfred Bischoff.

Für die Weiterentwicklung des Schmucks von Bedeutung sind Arbeiten, die sich auf experimentelle Weise mit dem Körper und dessen Dimensionen beschäftigen. 1970 arbeitete Emmy van Leersum und Gijs Bakker experimentelle Kleidung für den Körper. Susan Heron fertigte 1969, beeinflußt durch Oskar Schlemmer, ein Spiralkostüm. Pierre Degen arbeitete mit Gegenständen wie Leitern, Tafeln, Zeichnungen etc., die er am Körper fotografiert. Jan Wehrens fertigt große Gebilde aus Eisen, die dem Träger das Gefühl des Schutzes vermitteln sollen.

Die Wiege des zeitgenössischen Schmucks liegt nicht in der konventionellen Ausbildung, d.h. in Lehre, Gesellen- und Meisterzeit. Wichtig sind die Akademien und Fachhochschulen mit ihren Professoren, deren Qualität entscheidend den Nachwuchs beeinflußt. In Deutschland gehören zu den bekanntesten die Akademie in München mit Hermann Jünger als treibender Kraft, Nürnberg mit dem Silberschmied Erhard Hössle als Professor und Pforzheim bis 1982 mit Reinhold Reiling, der großen Einfluß auf das Schmuckgeschehen hatte (Nachfolger seit 1985 Rüdiger Lorenzen). Köln ist seit 1979 durch Peter Skubic wieder in den Blickpunkt des Interesses gerückt. In Düsseldorf lehrte bis 1982 Friedrich Bekker, der durch seinen kinetischen Schmuck international bekannt wurde (Nachfolger seit 1985 Gianpaolo Babetto).

JÜRGEN EICKHOFF

Literatur

Peter Dormer/Ralph Turner, The New Jewelry, London 1976.

Gesellschaft bildender Künstler Österreichs (Hrsg.), Schmuck International 1900–1980, Wien 1980.

Katalog: Gold + Silber Schmuck + Gerät. Von Albrecht Dürer bis zur Gegenwart (Norishalle), Nürnberg, 1971.

Katalog: Jewellery Redefined. The first International Exhibition of Multi-Media. Non Precious Jewellery 1982 (British Crafts Centre), London, 1982.

Ralph Turner, Contemporary Jewelry. A Critical Assessment 1945–75, Cassell u. Collier Macmillan Publishers Ltd. 1976.

Kette mit Anhängern,
Gerd Rothmann,
München/Penzberg, 1968.
Münchner Stadtmuseum.

S

Schuhe

Schon eine knappe Übersicht über die Geschichte des Schuhwerks bringt den hybriden Charakter dieses Kleidungsstücks zum Vorschein. Er ist von der Auseinandersetzung zwischen dem funktionalen Auftrag das Gleichgewicht beim Gehen sicherzustellen und dabei den Fuß zu schützen, und der ständigen Versuchung, aus dem Schuh auch einen Gegenstand der Mode zu machen, geprägt, wobei die nützliche Seite seiner Bestimmung verborgen oder doch zumindest gemindert werden soll. Die übertriebene Vorliebe für Schnabelschuhe im 15. Jahrhundert und der Erfolg der unbequemen Schnürstiefeletten, von der Mode der 1860er Jahre zwingend vorgeschrieben, sind zwei Beispiele für die ständigen Anstrengungen hin zu einer Stilisierung und damit zur Veränderung der natürlichen Proportionen des Fußes.

Unter der Herrschaft Ludwigs XIV. erlebt männliches und weibliches Schuhwerk eine parallele Entwicklung: eine Erhöhung des Absatzes, die Stilisierung des Vorderendes, – in deren Folge es zu Exzentrizitäten wie dem FISCHSCHWANZ kam –, übertriebener Schnitt der Zunge, die sich, halbkreisförmig geschnitten und mit einer kontrastierenden Farbe gefüttert, unter die Schuhschnalle gelegt wurde. Der rote Absatz, zumindest seit dem Beginn des 17. Jahrhunderts bekannt, wird zu einem Symbol der Aristokratie.

Zu Beginn des 18. Jahrhunderts ändert sich wenig an der Form der Männerschuhe. Wenn man Unterschiede feststellen kann, wie eine Reduzierung der Absatzhöhe, und um 1720 den Übergang vom quadratischen Vorderende zu einer mehr abgerundeten Kappe, so ist die auffälligste Eigenart die der ungeheuren Vielfalt von Schuhspangen, die immer mehr zum festen Bestandteil des Schuhschafts werden.

Schuhsalon Herber, Paris, 1870.

Die Frauenschuhe, häufig mit Stickereien oder Spitzenapplikationen verziert, präsentieren ein enges Vorderende mit viereckigem Querschnitt und schauen unter dem Rock hervor. Um 1730, am Höhepunkt des Rokoko, ist ihr gebogenes Aussehen charakteristisch: Der Schaft ist aus Leder oder Stoff und wird durch einen Absatz mit mondsichelförmigem Profil getragen, der unter der Fußwölbung an der Sohle befestigt ist. Der Pantoffel mit Absatz, schon unter Ludwig XIII. für beide Geschlechter üblich, ist im häuslichen Bereich noch immer in Benutzung.

Die Stilentwicklung unter Ludwig XV. mit ihrer Beruhigung der Linien führt zu einer Vereinfachung der Form des Frauenschuhs durch eine Verniedrigung des Absatzes und einer Verbreiterung der Schuhspitze, die jetzt in einem gebrochenen Bogen ausläuft. Unter Ludwig XVI., mit dem Erscheinen der kurzen Roben, konzentriert sich das Interesse auf den Fuß, dessen Erscheinung durch das Versetzen des Absatzes verkleinert wird. Der Absatz sitzt nunmehr, deutlich abgesetzt, unter der Ferse.

Durch das Verschwinden des Fersenstücks, jenes Teils, der die Sohle an der Absatzschweifung verstärkt, tendiert das Schuhwerk zum Flacherwerden, was allerdings das Gehen erschwert. Um 1780 führt die Anglomanie den Stiefel wieder in die Stadtmode der Männer ein. Zunächst nur als Phantasieprodukt betrachtet, werden die Husarenstiefel, die sich durch einen runden Ausschnitt am Knie, der durch eine posamentierte Troddel betont wird, um die Zeit nach 1790 allgemein üblich. Zusammen mit den spitzzulaufenden Halbstiefeln bilden sie eines der Attribute der INCROYABLES.

Sandalette,
Salvatore Ferragamo,
Florenz, 1938/39.

S

Stiefeletten,
um 1830.
Münchner Stadtmuseum.

Gegen 1795, zehn Jahre nach der der kurzen Modewelle der SCHUHE À LA CHINOISE, deren Spitzen nach oben gebogen sind, kommt als wichtigste Neuheit die Sandale ohne Absatz und der Kothurn, die den Frauen die gerade herrschende Begeisterung für die Antike aufzwingt. Während des Ersten Kaiserreichs stabilisiert sich der Formenkodex mit dem kurzen Halbstiefel mit seitlicher oder frontaler Schnürung, die um 1870 durch Knöpfe ersetzt wird, und dem ausgeschnittenen leichten Halbschuh aus Stoff oder Leder, mit einer Rüsche oder einem Röschen verziert. Die Halbschuhe haben manchmal Schnürbänder, die man kreuzweise um die Knöchel wickelt.

Im Gegenzug geben die Männer den Absatz nicht auf, weder am schwarzen Halbschuh mit dekorativer Spange, der zum Hof- und Abendanzug gehört und nach dem Zweiten Kaiserreich außer Gebrauch kommt, noch am Stiefel und an der Stiefelette, die zusammen mit einer Steghose um 1820 allgemein üblich werden.

Die Garderobe von Männern und Frauen wird durch Pantoffeln, die mit Stickereien verziert sind, Reitstiefel und leichte Strandschuhe vervollständigt.

Von den großen Pariser Schuhmachern statten VIAULT-ESTÉ, PINET und HELSTERN den Hof und die Stadt mit Modellen aus, die an ihrem Etikett erkenntlich sind. Diese Sitte war schon im 18. Jahrhundert bekannt und verbreitet sich künftig allgemein. Aber die technischen Neuerungen, wie Metallösen, seitliche, elastische Zwickel im Jahre 1827, Zuschnitt, Vernähung und Nietung der Sohlen durch Maschinen im Jahr 1853 und 1860, kommen aus dem Ausland.

Zu Beginn der Dritten Republik tragen die Frauen in der Stadt Lederstiefeletten oder Gamaschenschuhe, für den Abend Halbschuhe, die mit Jet oder Halbperlen verziert sind und auf gewölbten Absätzen stehen, die ein konisch zulaufendes Profil haben, das unten schmäler als oben ist. Um 1890 erreichen diese Absätze ihre maximale Höhe.

Die Formen der Halbschuhe werden abwechslungsreicher durch die Modelle RICHELIEU und DERBY, die man oben schnürt, ALEXANDRA und CHARLES IX, die mit Schnallen verschlossen werden, und CROMWELL, bei dem die Seitenteile mit einer Spange über dem Spann und einer darunter hochstehenden Zunge zugemacht werden.

In der Stadt tragen die Männer Stiefeletten mit Schusterabsätzen aus lackiertem Leder, während die geschnürten Halbschuhe ab 1890 zunehmend beliebter werden, sowohl bei der Freizeit- als auch bei der Sportbekleidung. Die Schuhkappe kann angesetzt sein oder gerade oder halbmondförmig geschnitten, wie es die Golfmode vorschreibt. Und es tauchen sogar florale Motive unter ausgestanzten Löchern auf. Nach 1910 ist die Schuhkappe MUFLÉ wie die Schnauze einer Bulldogge formt.

Damenschuhe,
um 1830.
Münchner Stadtmuseum.

Ballschuhe,
um 1890.
Münchner Stadtmuseum.

Zwischen 1910 und 1919 lassen die immer kürzer werdenden Damenkleider, die mit Gamaschen umwickelten Fesseln oder Stiefeletten mit kubanischem Absatz, mit geradlinigem Profil und häufig mit Metallelementen verstärkt, sehen. Nach dem Krieg wird das Tragen von Stiefeletten für Männer und Frauen unmodern und zweifarbige Männerschuhe, die zuvor der Sportkleidung vorbehalten waren, werden immer häufiger auch in der Stadt getragen (daneben auch traditionellere Modelle). Außer Schuhen mit Schürze, einer neuen, vom Mokassin inspirierten Konstruktion, kommen Schuhe aus Leinen und Ledersandalen für den Sommer auf.

In den 20er Jahren ist der Schnallenschuh das bevorzugte Modell für die Frau. Dabei wird die Schnalle geknöpft, und der Absatz ist für den Abend manchmal mit Emailstücken oder Strass verziert. In den 30er Jahren kehren die ausgeschnittenen ESCARPINS, die einen hohen konisch zulaufenden Absatz haben, passend

Stiefeletten,
um 1895/1900.
Münchner Stadtmuseum.

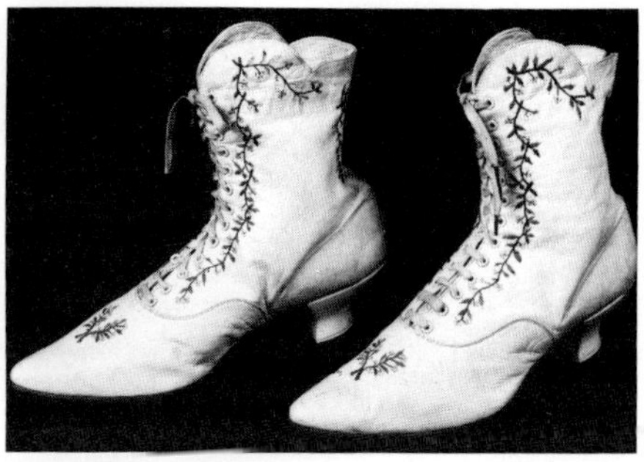

zum Gesellschafts- oder Abendkleid zurück.

Unter den Modellen der drei großen Entwerfer vom Beginn des 20. Jahrhunderts, zeichnen sich die Schuhe der Neulinge GRÉCO und VON PERUGIA durch ihre Suche nach Plastizität und einer klaren Linie aus, während die Schöpfungen von YANTORNI ein nostalgisches, altmodisches Raffinement zitieren.

Mit dem II. Weltkrieg rückt das Ende eines goldenen Zeitalters des Schuhs heran. Der Einfallsreichtum der Modeschöpfer muß durch die Verwendung von Ersatzmaterialien: Kork für die Innensohlen, geflochtene Palmfasern (Raphia) für die Schäfte, Holzspäne etc. gespeist werden.

Die Nachkriegszeit wird durch eine noch engere Zusammenarbeit der Schuhentwerfer mit den großen Modehäusern bestimmt. FATH, HEIM oder DIOR wenden sich an Adressen wie DELMAN und ROGER VIVIER. Der ESCARPIN mit hohem Absatz ist zur Zeit des NEW LOOK (1947) das elegante Schuhwerk par excellence. CHANEL verlangt 1956 nach einem niedrigeren Absatz, wobei Vorder- und Fersenkappe mit dem Rest des Schafts kontrastieren. Roger Vivier, ein unermüdlicher Entwerfer, lanciert 1959 den KOMMA-ABSATZ.

Zu Beginn der 60er Jahre geht die generelle Tendenz wieder zum spitzen Schuh mit Pfennigabsatz, dessen Durchmesser kaum größer ist als der des Stifts, der ihn hält. Er muß in der Öffentlichkeit mit einer Schutzkappe aus Gummi zur Schonung der Parkettböden überzogen werden.

1965 werden die revolutionären Minikleider von CARDIN und COURRÈGES von eckigen Schuhen mit massivem Absatz, der an der Basis breiter wird

Damenschuh-Wettspiel auf einem Ozeandampfer, um 1912.

S

Chaussures Americaines,
Ludwig Hohlwein,
München, 1909.
Münchner Stadtmuseum.

Rheinberger-Schuhe,
unbekannter Entwerfer,
Bundesrepublik, um 1959.
Münchner Stadtmuseum.

Damenschuhe,
1919–1925.
Münchner Stadtmuseum.

Sfilata Moda,
Max Huber,
Italien, 1959.
Münchner Stadtmuseum.

und von Stiefeln mit durchbrochenen Kappen begleitet, sie bringen 1968 schließlich den Durchbruch der CUISSARDES.

Neue synthetische Materialien, wie z.B. PVC u.ä., finden infolge des wirtschaftlichen Drucks auch für die Herstellung von Schuhen Verwendung. Während dies mehr für die Espadrilles und Plastiksandalen für den Strand zutrifft, wird versucht dem geschnürten Halbschuh durch die Verwendung von Schwarten- und Schweinsleder mehr Komfort zu geben. Als Beispiel sind die HUSH PUPPIES der 60er Jahre zu nennen.

Das Schuhwerk der Männer besteht im allgemeinen aus geschnürten Halbschuhen oder Mokassins, die mit einer goldenen Kette (um 1968) oder kleinen Ledertroddeln (bei WESTON, SACHA, etc.) verziert sind. Stiefeletten mit elastischen Zwickeln (50er Jahre), ferner die bequemen Slipper (60er Jahre und später) und Cowboy-

Schuhwerbung,
Firma Mercedes, 1925.

Sandaletten, 1976.
Münchner Stadtmuseum.

Stiefel oder erst jüngst die SANTIAGS (College-Schuhe), zu Blue-Jeans getragen, sie alle verfestigen das von Abenteuerfilmen und Western vermittelte Bild der Jugend. Dazuzurechnen ist auch der gewaltige Erfolg von Turnschuhen, z.B. der Marke ADIDAS.

Nach der Welle, in der Stadt barfuß zu laufen, die 1968 Ausdruck der Zurückweisung von Zwängen war, hat die Mode für junge Frauen etwas Neues gebracht. Nach den Schuhen mit dicker Sohle, hohem Absatz und viereckigem Querschnitt (1972), den mit gerollten Söckchen getragenen ESCARPINS (1978), den BALLETTSCHUHEN (1970), den »chinesischen« Schuhen aus Hirschleder oder schwarzem Samt, gibt es nun mit den Stiefeletten mit Absatz und Stulpen, die um die Knöchel trichterförmig breiter werden, ein neues Moderezept. Außerdem werden spitze Escarpins mit kurzem »Mini-Pfennigabsatz«, der ein stark konisch zulaufendes Profil mit einer breiten Basis hat, angeboten.

Auf diesem Gebiet der Mode beschleunigt sich das Tempo der modischen Veränderungen zusehends durch den Wettkampf der großen Häuser mit den weltweit bekannten Namen (ADIGE, ANDRÉ, BALLY, ERAM. . .) mit bestimmten Ateliers, die bestechend schöne Kreationen herstellen (CHARLES JOURDAN, TOKYO

Damenstiefel,
Firma Salamander, 1968.

Prinzessin Margaret
von England in Pumps, 1948.

Transvestit,
um 1974/75.

Es sei vergönnt, jetzt nach den Füßchen zu sehen. Das Stöckel hat sich erhalten, seit wir zum letzten Mal kritisch gefrevelt haben. Verständlich: Der hohe Absatz verstärkt eine Linie, die unzweifelhaft schön ist. Häufiger als beim männlichen findet man beim weiblichen Fuß den schwungvoll gehobenen, also hohl stehenden Rist (süddeutsch: Reien). Diese Wölbung weist auf elastischen Gang, auf Anlage zu rhythmischer Bewegung, zu schwebendem Tanz. Das häßliche Gegentheil ist Plattfuß. Aber ist es denn nicht besser, wenn die organische Wohlbildung sich geltend macht ohne die lügnerische, übertreibende Nachhülfe mit all ihren Beschwerden und Gefährden? Wir müßten durch Wiederholung ermüden, wenn wir diesmal wieder darauf eingehen sollten; es sei daher zum längst Gesagten nur gefügt: Längeres Tragen von Stöckelschuhen macht Affenbeine. Wir sind bereit, dies mechanisch, statisch, anatomisch, physiologisch des Näheren zu erhärten, falls nicht der correcte Schluß von selbst einleuchtet. Der starke Absatz stellt die Ferse höher, als den Vorderfuß, stellt also das Schienbein schief und nöthigt so das Kniegelenk, mit dem Oberschenkel einen stumpfen Winkel zu bilden, und mit der Zeit wird diese Stellung zur bleibenden werden. So aber hängt das Affenknie vor, da es bei diesem Thier eben nicht zum Menschen, nicht zum ganz aufrechten Stand und Gang gereicht hat.

aus: Friedrich Theodor Vischer, Wieder einmal über die Mode, Konrad Wittwer Verlag, Stuttgart 1879, 12f.

KUMAGAI, MAUD FRIZON, FERRAGAMO, GUCCI).

GUILLAUME GARNIER

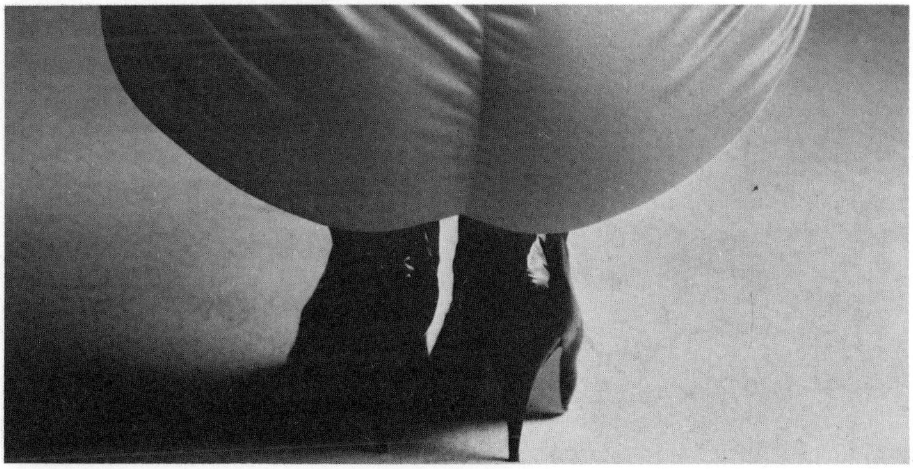

Stöckelschuhe,
München, 1984.

S

Schwarz in der Frauenmode

Zu einer prächtigen und geschätzten Farbe wird Schwarz in der italienischen Textilproduktion der Renaissance, als einige Produktionszentren, wie etwa Genua, sich darauf spezialisieren, ihm vielfältige Nuancen abzugewinnen. Für den Übergang vom 15. zum 16. Jahrhundert belegen die italienischen Chroniken und Ausstattungsverzeichnisse eine völlige Neuorientierung der weiblichen Mode, in der die Farbe Schwarz eine wichtige und privilegierte Rolle übernimmt. Dieser Wandel war dem spanischen Einfluß zuzuschreiben, der mit der glanzvollen Hochzeit zwischen Lucrezia Borgia und Alfonso d'Este (1502) und der überwältigenden, vorzugsweise in Schwarz gehaltenen Ausstattung der neuen Marchesa den Höhepunkt seiner Wirkung erreicht. Sogar das Hochzeitskleid von Lucrezia war aus schwarzem, goldverziertem, prachtvollem Samt: Eine königliche Farbe, die sich also gerade mit dem Glanz der kostbarsten Stoffe am Angemessensten verband und deshalb auch in die Sphäre der Macht Aufnahme fand. Ihrer Übernahme in die Mode Italiens verstärkte noch die neuen Akzente: Die Farbe Schwarz diente nun auch dazu, durch Kontrastwirkung die Farbe des Haars und der Haut zu besonderer Geltung zu bringen. Der Dichter Ludovico Ariosto (1474–1533) rühmte selbst an der Stelle, an der er seiner Geliebten einen Platz unter den berühmten Farben der Zeit zuweist, ihre Schönheit *»in schwarzer Gestalt«.*

Die Bedeutung und Ausstrahlung von »reichen« und edlen Stoffen, die sich mit der Farbe Schwarz verbunden hatten, werden auch in der Folge erhalten bleiben, während es als Mittel zur »Hebung der weiblichen Farben« allmählich seine Bedeutung einbüßt. In manchen Staaten wird Schwarz – gewöhnlich für den Adelsstand – sogar zur Pflichtfarbe: So wird etwa 1707 in Venedig ein Dekret erlassen, welches *»das Verbot anderer als der schwarzen Farbe für Kleidung und Gewand der adeligen Bürger«* beinhaltet.

Abendrobe, Otto Schöne,
Altenburg, um 1900.
Münchner Stadtmuseum.

In zunehmendem Maße wird Schwarz auch zur Farbe der Trauer, und vielleicht ist diese Entwicklung mit dafür verantwortlich, daß sich der Geschmack wandelte und die Motive für die Wahl der schwarzen Farbe sich änderten. Jedenfalls wird gerade durch die Zwangsdekrete erreicht, daß bei gewissen Anlässen durch die schwarze Farbe der Kleidung die Rangunterschiede offenkundig und augenfällig werden. Eben deshalb wird die Farbe in der bürgerlichen Frauenmode des 19. Jahrhunderts die Bedeutung von Wichtigkeit und »Distinktion« erhalten und den bedeutendsten gesellschaftlichen Anlässen vorbehalten bleiben.

Um 1790 spricht man bereits – synchron zur Entwicklung in der männlichen Mode – von der Modefarbe Schwarz auch für Frauen, aber das eigentliche »Revival« dieser Farbe beginnt erst mit der neoklassischen Mode. Die Ursachen dafür sind vielfältig: von der Reaktion des Bürgertums auf die zur Zeit des Direktoriums sich häufenden Gewagtheiten in der Frauenmode, über die von Napoleon unterstützten Maßnahmen zur Wiederbelebung der Produktion wichtiger und teurer Stoffe wie dem Samt, bis hin zu den Äußerungsformen der romantischen Sensibilität, der es vor allem um die dramatischen Effekte der schwarzen Farbe geht.

Das Ärgernis, das Nacktheit und Offenherzigkeit »im antiken Stil« erregten, ist uns in einer bezeichnenden Episode aus dem Jahr 1786 überliefert: *»Un soir de première représentation à l'Opéra, la Comtesse R . . ., revenue de l'émigration, entrait, entourée de mousselines légères, avec un voile à l'Iphigénie, retenu par une couronne de roses blanches. Elle avait cinquante ans. Au même instant, se*

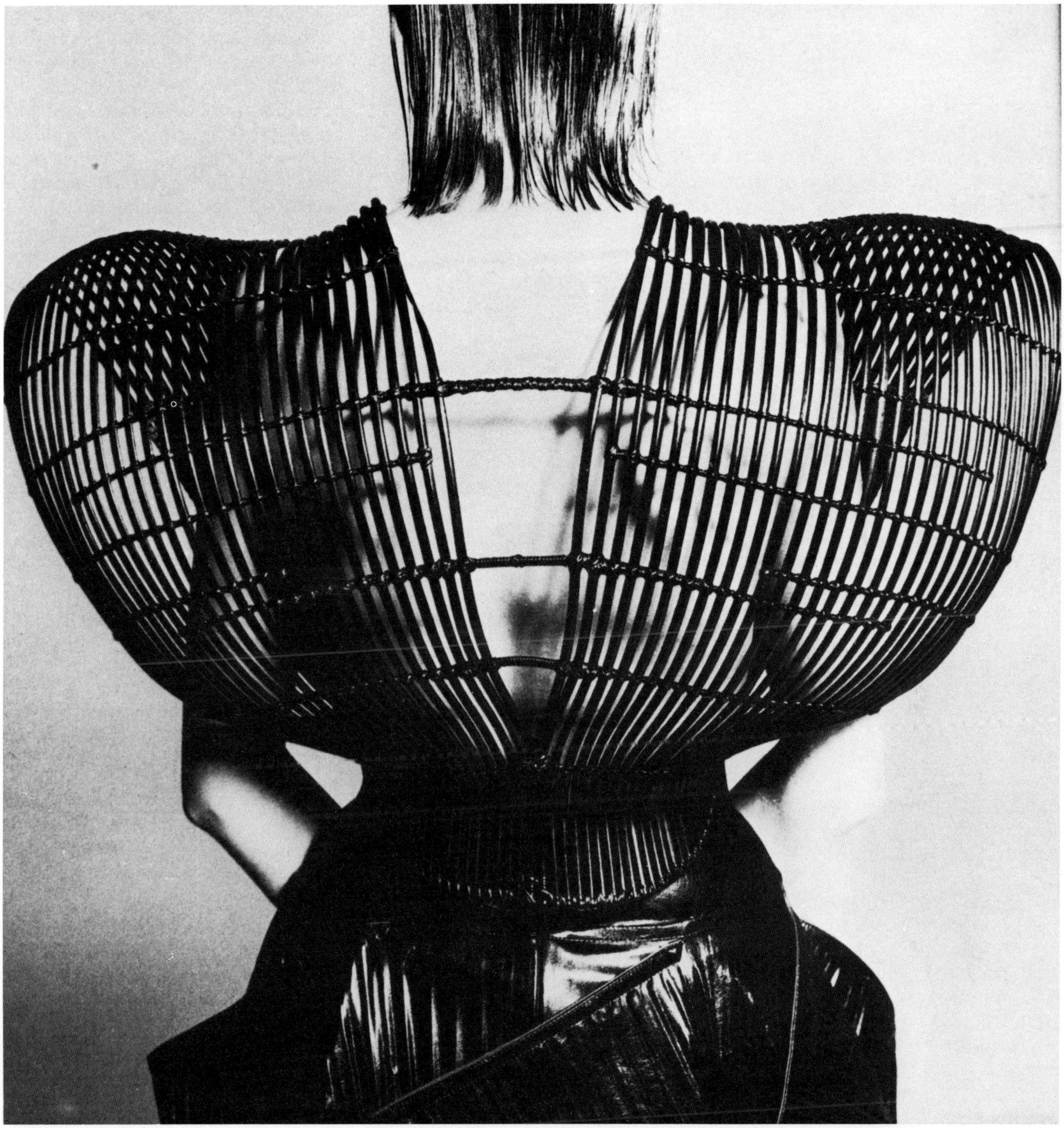

Modell,
Issey Mjyake, 1984.

S

Modell,
Skin Two,
London, 1986.

montrait dans une loge joignant l'amphithéâtre, une des jeunes femmes les plus distinguées du haut commerce parisien, Mme V . . . Elle avait une robe de velours noir montante, avec une agrafe de diaments. Le parterre applaudit à tout rompre«. – Wahr oder nicht – die Geschichte ist exemplarisch für einen bestimmten Augenblick in der Geschichte der europäischen Gesellschaft und ihrer Moden, und sie bringt zwei wichtige Momente zum Ausdruck, die sich im Laufe des 19. Jahrhunderts entfalten werden: einerseits den gesellschaftlichen Modellcharakter des Bürgertums und damit die von ihm hervor- und zur Geltung gebrachte neue Mode (dies ist seit den 90er Jahren des 18. Jahrhunderts bereits eine Tatsache), und zum anderen das Phänomen, daß – auf Kosten der Frau – das Alter immer stärker zu einem Unterscheidungskriterium wird.

Tatsächlich »reglementiert« die Gesellschaft im 19. Jahrhundert – unausgesprochen, aber streng – die Phasen des weiblichen Lebens über die Kleidung und zwar mit Hilfe der Modezeitschriften. Hatten die Modeverzeichnisse des 16. Jahrhunderts noch drei Lebensabschnitte der Frau im Verhältnis zu ihrer gesellschaftlichen Funktion gekannt (unverheiratetes Mädchen, verheiratete Frau, Witwe oder alte Jungfer), so wird die Unterteilung im 19. Jahrhundert wesentlich differenzierter. Obwohl noch immer die Gestalt der verheirateten Frau im Mittelpunkt steht – ist sie es doch, in der sich das gesellschaftliche Prestige spiegelt und der darum der größte und augenfälligste Aufwand gebührt –, wird auch ihr Leben in die 30er, 40er, 50er Jahre und weiter unterteilt, wobei der Wert des Schmucks, den man ihr zubilligt, mit dem Alter all-

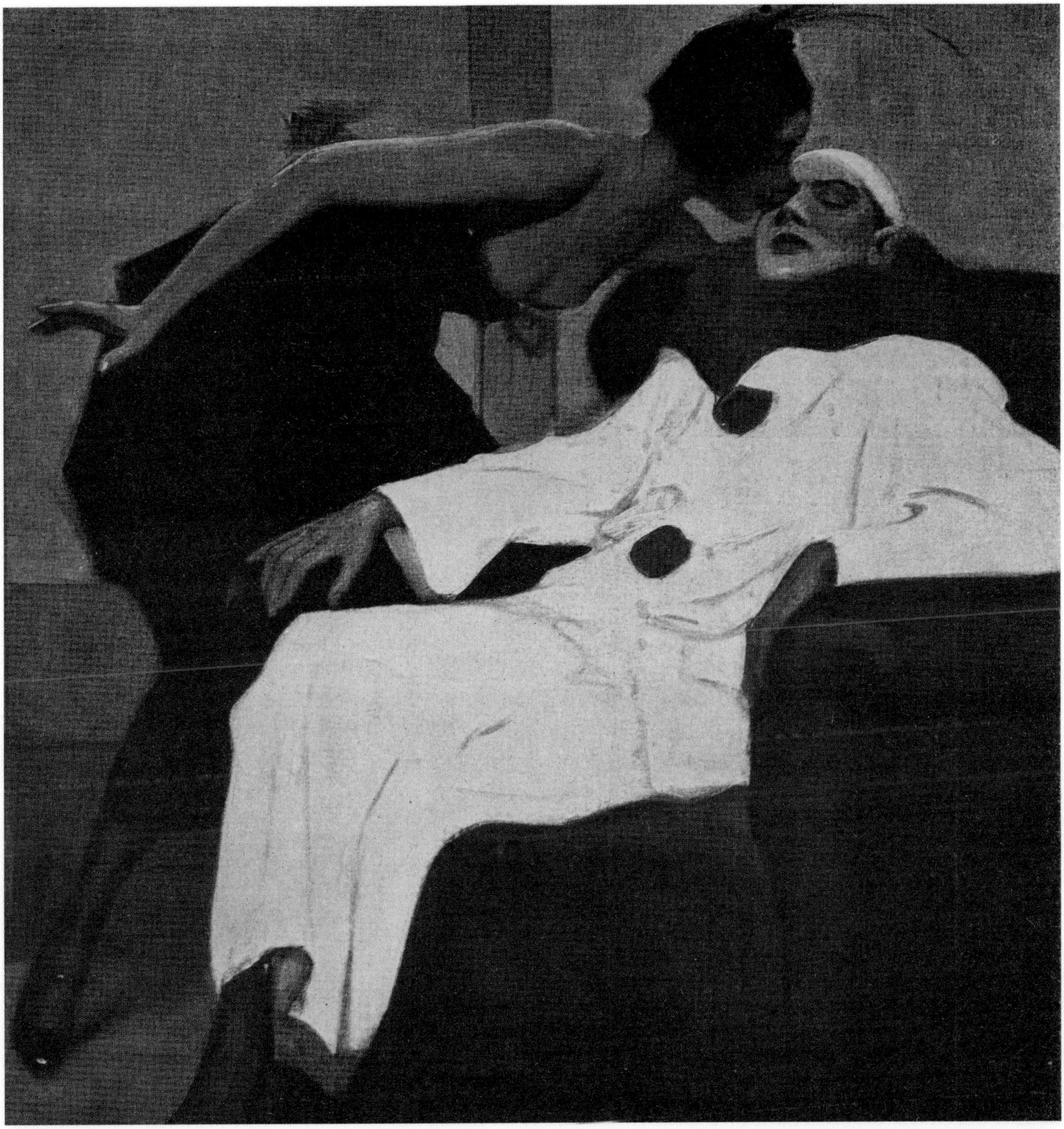

»Glück im Winkel«,
Brynolf Wennerberg,
vor 1921.

»Kleine Schwarze«,
Jenny, Très Parisien, 1932.

mählich steigt, während Farben, Dekors, Formen, die mit anderen Lebensaltern verbunden sind, ihr allmählich entzogen werden. Die Farbe wird zum hauptsächlichen Unterscheidungskriterium. Die dunkelsten Töne, darunter natürlich das Schwarz, werden zum Vorrecht des fortgeschrittenen Alters. Mehr noch als bei den anderen Farben bestätigen allerdings beim Schwarz die Ausnahmen die Regel. Man entdeckt jene Effekte wieder, die schon die Damen der Renaissance geschätzt hatten – die Steigerung der triumphierenden Farben der Jugend durch den Kon-

Strickmode,
München, 1984.

trast. Wiederum wird also Schwarz eine der Farben für die bedeutendsten gesellschaftlichen Anlässe, und immer stärker bekommt es – wegen seiner vielen möglichen Wirkungen in Verbindung mit dem Gesicht, dem Teint, der ganzen Person – den Wert einer »eleganten«, »gewagten« Farbe. Man denke etwa an die Wirkung Anna Kareninas auf dem Ball, wo die Liebe zu Wrònskij ihren Anfang nimmt: in ihrem Kleid aus schwarzem Samt *»mit dem tiefen Ausschnitt, der kräftigen und wohlgeformten Schultern wie aus altem Elfenbein enthüllte . . .«* Seit der zweiten Hälfte des 19. Jahrhunderts hat »das Schwarze« für den Abend ohne Unterbrechung Konjunktur, während sein Beitrag zur »täglichen« Eleganz in den 30er Jahren unseres Jahrhunderts durch die Intelligenz und den Einfallsreichtum einer Coco Chanel den entscheidenden Anstoß erhält. Ihr gelingt es nach 1929 – als die Bessergestellten angesichts der Masse der Arbeitslosen ihres Reichtums immer weniger froh werden – das schwarze Kleid und den weißen Kragen der Verkäuferinnen und Stenotypistinnen in »Chic« verwandeln.

GRAZIETTA BUTAZZI

Literatur

Grazietta Butazzi, Elementi »italiani« nella moda sullo scorcio tra il XV e il XVI secolo, in: Tessuti serici italiani 1450–1530, Milano 1983, 56–63.
Dies., Moda Arte Storia Società, Milano 1981.
Giuseppe Morazzoni, La moda a Venezia nel Secolo XVIII, Milano 1931.
Rosita Levi Pisetzky, Storia del Costume in Italia, Bd. 4: Il Settecento, Milano 1967, Bd. 5: L'Ottocento, Milano 1969.

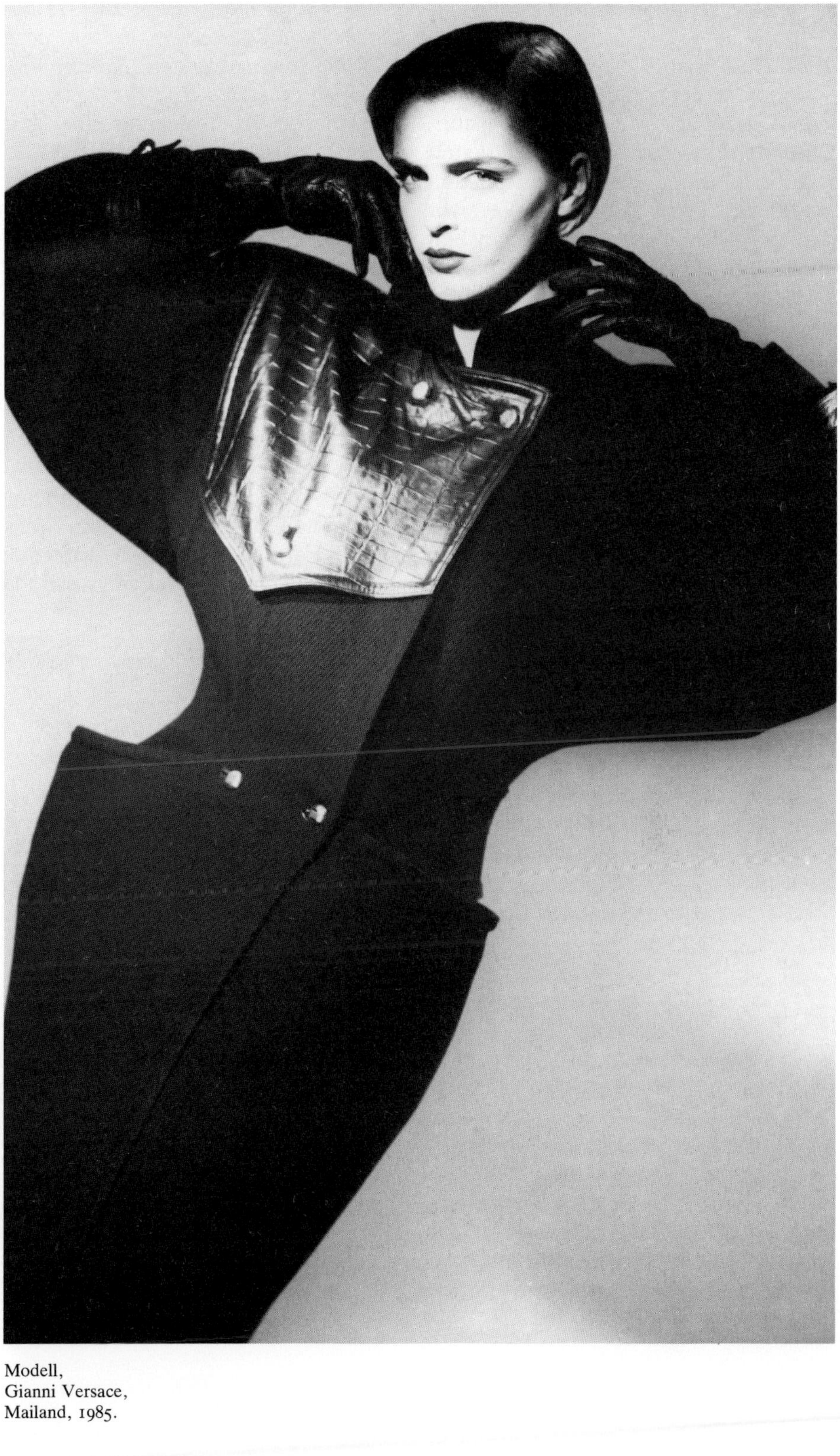

Modell,
Gianni Versace,
Mailand, 1985.

S

Schwarz in der Männermode

Betrachtet man die umfassende Umwälzung in der männlichen Mode an der Wende vom 18. zum 19. Jahrhundert, dann ist das, was am Stärksten den Unterschied dieser zwei Epochen markiert, der vollständige Verzicht auf lebhafte Farben. Sie weichen nicht nur dunklen Tönen, sondern der feierlichen Vorherrschaft des »Schwarz«, das in der zweiten Hälfte des 19. Jahrhunderts zur wirklichen, allen gesellschaftlichen Klassen gemeinsamen bürgerlichen Uniform wird. *»Oh Ornat des Überflusses und des Elends, der Taufe und Hochzeit, der Begräbnisse und Beileidsbezeugungen, der Tränen und des Lachens, für jede Gelegenheit, und gleich für Jeden! Oh moderne Maske des Totengräbers und des Gastes, des Triumphators und des Bettlers; du schwarzes Gewand meiner ersten Kommunion und meines letzten Besuchs . . .«* – rezitierte voll Überschwang eine Zeitschrift des 19. Jahrhunderts. Das Lamento reiht sich in den Chor der Klagen ein, die nicht nur von den – direkt betroffenen – Schneidern und Stoffherstellern ausgingen, sondern auch von Mode- und Frauenzeitschriften, die, unangenehm berührt, diesen harten Kontrast zur Kenntnis nehmen, der so signifikant für die Geisteshaltung des 19. Jahrhunderts bis hin zur Einstellung sexuellen Fragen gegenüber ist.

Fragt man nach den geschichtlichen Ursprüngen der nivellierenden Strenge der Farbe Schwarz, so stößt man auf einige signifikante Ereignisse, die ihre Auswirkungen auf die Mode des 18. Jahrhunderts haben. Zunächst und am wichtigsten ist da die Entscheidung der Vertreter des »Dritten Standes« zur Eröffnung der Generalstände einheitlich schwarz gekleidet zu erscheinen, um zu den prunkenden und auffallenden Kostümen des Hofes ostentativ in Gegensatz zu treten. An zweiter Stelle steht die Kodifizierung der Trauerkleidung im familiären als auch nationalen Bereich, die sich im 18. Jahrhundert präzisiert, differenziert und Personen verschiedenen gesellschaftlichen Standes dazu bringt, für lange Zeitabschnitte Schwarz zu tragen. Die Trauer forderte wenigstens während der ersten Wochen Wollstoffe *»unter Ausschluß jedes Stückchens Seide«*. Sie bringt so Stoffarten und Farbe in Verbindung,

Abgeordnete im Lichthof
des Deutschen Reichstags, 1899.

Titelblatt »Der Junggeselle«, 1925.

die im folgenden Jahrhundert zur herrschenden Praxis werden wird. Diese Trauerregeln verfestigten und institutionalisierten sich auch durch die zahlreichen Trauerfälle in höchsten Kreisen, die sich durch das 18. Jahrhundert zogen: 1735 stirbt Marianne von Österreich; 1740 Karl VI. von Österreich; eine unglückliche Verkettung von Trauerfällen trifft 1765 die europäischen Herrscherhäuser Frankreichs, Englands, Spaniens, Österreichs und Dänemarks; 1780 schließlich stirbt Maria Theresia, um nur einige der wichtigsten herauszugreifen.

Schon Mercier weist 1782 darauf hin, daß das schwarze Gewand diejenigen begünstigt, die weder Lust noch Mittel haben, das rasch wechselnde

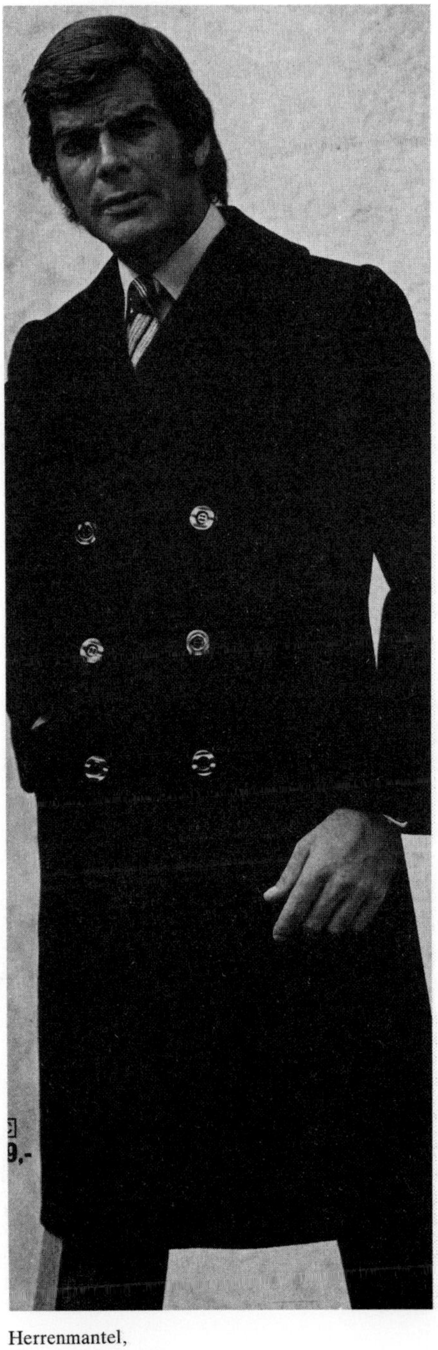

Herrenmantel,
Otto-Versand, 1972.

S

Modegraphik,
um 1846.

Jasmatzi,
Ludwig Hohlwein,
München, um 1908.

Spiel der Mode mitzumachen, und er läßt durchblicken, daß man Trauerfälle auch vortäuschen könne: *»Avec un habit noir on est vêtu, on est dispensé de suivre les modes et d'avoir des habits de couleur: on est sensé être en deuil, et quoique ce deuil soit éternel, on passe partout avec cet habillement«*. Schon hier also die Feststellung der vereinheitlichenden, »demokratischen« Kraft der Farbe Schwarz; an späterer Stelle wird dies nochmals mit Nachdruck ausgeführt: *»Les deuils de Cour, qui surviennent assez fréquemment, épargnent de l'argent aux bons parisiens: ces deuil mettent dans la société le plus grand nombre fort à son aise, et l'on diroit alors que les fortunes sont égales . . .«*

Zu ähnlichen Überlegungen führte – bei aller Verschiedenheit der Umstände – die äußerst verbreitete Vorliebe für den schwarzen Domino bei Bällen und Maskenbällen; Pietro Verri attestierte ihm *»die Möglichkeit, sich in seiner Anonymität von der schweren Bürde der Kleiderordnung zu befreien.«*

Presseball, 1933.

Die Übernahme der schwaren Kleidung durch einige – sicherlich die gebildetsten und fortschrittlichsten – Kreise der Gesellschaft wird vom Bruder Pietros, Alessandro Verri, einem Schriftsteller der Aufklärung, im Jahre 1767 bestätigt: *»Es war eine große Dummheit, ohne schwarzen Anzug zu reisen. Aus diesem Grunde mußte ich mich, in Paris angekommen, fünfzehn Tage lang verstecken«.* Das Auftauchen periodischer Publikationen zur Mode Ende der 80er Jahre des 18. Jahrhunderts macht es leichter, die Erfolgskurve der Farbe Schwarz bis zu ihrem Triumph im bürgerlichen 19. Jahrhundert zu verfolgen. Im Sommer/Herbst 1787 ist zu bemerken, daß Schwarz, das bisher nur in der schlechten Jahreszeit getragen wurde, *»weil es sich so wunderbar mit dem Morast und den Widrigkeiten der Witterung verträgt«*, nun *»mit einer Art wilder Begeisterung«* auch für die Sommermonate in Anspruch genommen wird. Ende des Jahrzehnts spricht man bereits von der »Modefarbe Schwarz«, wenn auch im Zusammenhang mit den langen Perioden königlicher Staatstrauer, die Europa getroffen haben und die sich 1790 mit dem Tod Josephs II. fortsetzten.

Zu Beginn des 19. Jahrhunderts vollzog sich der Übergang zu einem formelleren Gebrauch der Farbe Schwarz, die nun für Kleidung »gemäß der Etikette« oder für Halbgala obligatorisch wurde, während sie in der Galakleidung gerade eben erst auftauchte – freilich nicht auf die Tuchstoffe beschränkt und jedenfalls stets reich bestickt (schon unter dem Konsulat nämlich hatte das napoleonische Zeremoniell damit begonnen, den Prunk des Ancien Régime wieder einzuführen). Nach der Restauration wurde Schwarz für Gala- oder Gesellschaftskleidung immer zwingender und teilte sich für alle anderen Anlässe die Gunst mit den übrigen dunklen Farbtönen. Seine Ausweitung auf alle Momente des Tagesablaufs des Mannes datiert von der Mitte des Jahrhunderts. Laver sieht darin eine Antwort auf die rauchgeschwängerte, durch den steigenden Kohleverbrauch ständig sich verschlechternde Atmosphäre der großen Industriestädte.

Wir haben aber gesehen, daß zu diesem Zeitpunkt Schwarz schon seit vielen Jahrzehnten Modefarbe war. Es steht außer Zweifel, daß seine Durchsetzung auch der bürgerlichen Ideologie verpflichtet ist, die als »Sozialethik der Arbeit« (zu der alle Männer verpflichtet sind) anerkennt, daß wirkliche Arbeit gleichmacht. Aber auch der alte Gegensatz zur Aristokratie als der Klasse der Amoralität und des Müßiggangs bleibt nach wie vor erkennbar, selbst oder gerade weil dieselbe weiterhin uneingestandenes und unerreichbares Vorbild ist. Auch Perrot übersieht keineswegs die moralische Bedeutung dieser protestantischen, asketischen Wahl, aber er erkennt in ihr die Züge eines *»Hymnus zum höheren Ruhm der Wirtschaft und der Arbeit«.* Tatsächlich stellt im 19. Jahrhundert die Farbe Schwarz für den Bürger auch ein neues Bekleidungsprivileg dar: Es bedeutet die Bestätigung seines gesellschaftlichen Rangs und letztlich wohl auch den Stolz auf ein Modell, dem sogar die Aristokratie zu folgen gezwungen ist.

Neben diesem positiven Aspekt hat die schwarze bürgerliche Uniform durchaus auch ihre »dunkleren« Seiten: Man denke an die furchteinflößenden und schreckenerregenden Bilder vom »Schwarzen Mann«, die die Phantasie den Kinder heraufbe-

Radler im schwarzen Anzug,
Malmström, 1910.

schwört und mit den schlimmsten Drohungen verbindet. Eine vor kurzem veröffentlichte Untersuchung über ein nicht-religiöses Institut für »gefallene« Mädchen, das 1902 in Mailand gegründet wurde, bringt im Wortlaut die Zeugenaussage einer Gruppe von Mädchen aus dem Jahre 1909, worin sie über ihre Erfahrungen mit der Prostitution berichten. Hinsichtlich des »Herrn«, der in allen ihren Erzählungen auftaucht, erinnern sich einige an seine »Eleganz«, und sie verstehen darunter tatsächlich eben diese schwarze Kleidung – mit weißer Krawatte und Monokel im Auge.

GRAZIETTA BUTAZZI

Literatur

Annarita Buttafuoco, Le mariuccine. Storia di un' istituzione laice, Mailand 1985.

Penelope Byrde. The Male Image! Men's Fashion in England, 1300–1970, London 1979.

Emanuele Greppi/Alessandro Giulini (Hrsg.), Carteggio di Pietro e Alessandro Verri, Mailand 1923.

James Laver, Fashion and Fashion Plates 1800–1900, London 1943.

L. Sebastian Mercier, Tableau de Paris, Amsterdam 1782.

Philippe Perrot, Il sopra e il sotto della borghesia. Storia dell'abigliamento del XIX secolo, Milano 1981.

Rosita Levi Pisetzsky, La vita e le vest dei milanesi nel 1700. »Storia di Milano«, Milano 1959.

Second Hand

Jeder Verehrer des schottischen Schriftstellers Thomas Carlyle (1795–1881) wird – als eines der eindringlichsten Leseerlebnisse, die er diesem Autor verdankt – stets den Spaziergang über den Londoner Gebrauchtkleidermarkt in Erinnerung behalten und dazu die feierliche Elegie auf das gebrauchte Kleidungsstück: *»Welch heitere Würde in einer Garnitur abgetragener Kleider. Mit welcher Bescheidenheit gibt sie sich die Ehre! Ohne hochmütige Blicke, ohne abschätzige Gebärden, schweigend, heiter, tritt sie der Welt entgegen: sie fordert keine Achtung, noch fürchtet sie, es würde ihr keine erwiesen . . . Heilige Furcht im Herzen wanderte ich durch Monmouth Street mit ihren unversehrten leeren Hüllen wie durch einen Sanhedrin unbefleckter Geister. Schweigende Gegenstände, aber beredt in ihrem Schweigen: Zeugen und Werkzeuge vergangener Freude und vergangenen Leids, von Leidenschaft, Tugend und Verbrechen . . .«*

In diesen hochgestimmten Betrachtungen Carlyles war kein Platz für die Kundschaft dieser und ähnlicher Märkte: lauter Arme und nicht ganz so Arme, für die die Preise des Modemarktes unerschwinglich waren, bevor die industrielle Produktion von Konfektion begann. Jahrhundertelang, bis zum letzten Weltkrieg, war der Trödel also die einzige Quelle, aus der sich die ärmsten Schichten – die ja im Gegensatz zur Landbevölkerung hinsichtlich ihres häuslichen Bedarfs nicht in dem Maße autonom waren – mit Kleidern und entsprechenden Utensilien versorgen konnten. In Wirtschaft und Gesellschaft des 18. Jahrhunderts war der Verkäufer gebrauchter Kleidung eine recht schillernde Gestalt, die vom fliegenden Händler (der Käufer und Verkäufer in einer Person war) bis zum geschäftstüchtigen Schneider reichte, der die gebrauchten Kleider seiner Kunden zurücknahm und durch einfache Instandsetzungsarbeiten erneuerte – und der so Beziehungen zu jener Gesellschaftsschicht unterhielt, die nicht die schiere Armut, sondern das Verlangen nach Luxus dazu trieb, jenen Markt zu versorgen. Tatsächlich beschränkte sich der Bereich des »second-hand« weder nur auf das Elend, noch ausschließlich auf zerschlissene Kleider, sondern konnte ganz verschiedene Bedürfnisse befriedigen – man denke nur an den Kostümverleih. Schon Casanova erwähnt das venezianische *»Hauptquartier der Trödler«* im Viertel von San Pietro in Castello, wo Elegants mit leeren Taschen für wenige Dukaten die vornehmsten Gewänder leihen konnten. In einem großartigen Kapitel über das Paris des Trödels und der Altwaren zeichnet Perrot ein eindrucksvolles Bild der Zirkulation der Modeartikel und ihrer verschiedenen Irrfahrten quer durch die gesellschaftlichen Schichten: *»So macht ein Anzug von Staub einige Wochen lang in den Salons und Theatern eine glänzende Figur . . . bis ein Fleck, ein Riß oder eine etwas abgenützte Stelle seinen Besitzer dazu zwingt, ihn seinem Diener oder dem Portier zu überlassen. Dieser verkauft ihn umgehend dem Kleiderhändler, der ihn seinerseits auf dem ›Temple-Markt‹ verkauft. Der Trödel-Schneider entfernt den Fleck, flickt den Riß, frischt die Farbe auf und verpaßt dem Anzug eine neue Appretur – so schenkt er ihm eine zweite Jugend und die Möglichkeit einer neuen Karriere . . . indem er z. B. jene Schar von Männern kleidet, die oft weit ärmer sind als der Handwerker oder wohlhabende Arbeiter, die aber gar nichts wären, wenn sie nicht dieses Trugbild bürgerlicher Respektabilität – und wäre es selbst ein Hohn auf dieselbe – am Leibe trügen: der tiefverschuldete Student, der bescheidene Beamte, der kleine Krämer, der Hauslehrer, der am Hungertuch nagt und der Industriekapitän, dem der Wind ins Gesicht bläst. Ein weiteres Mal aufgebürstet (mit der Wollkratze), durchläuft derselbe Anzug erneut die Straßen des Temple, was freilich immer noch nicht sein Todesurteil bedeutet. Einige Verstärkungen aus gewöhnlichem Stoff, hier und da eine Ausbesserung . . . so könnte er vielleicht als Festtagsgewand eines Arbeiters eine letzte Inkarnation erleben – außer er*

Altkleiderverkäufer, anonymer Künstler, um 1820/30.

S

ist wirklich so zerschlissen, daß er nur mehr zu den Lumpen gerechnet werden kann: in diesem Fall erwartet ihn in der Papierfabrik eine letzte, wahrhaft radikale Metamorphose«.

Die Versorgung der Märkte in den großen Städten erfolgte häufig aus Hehlerware. Die Kleidungsstücke hatten einen so hohen ökonomischen Wert, daß sich die Anzeigen wegen ihres Verschwindens häuften und nicht selten wurden sogar Leute nur deshalb überfallen, um sie ihrer Kleider und Schuhe zu berauben. In England entwickelten sich auf dem Gebrauchtkleidermarkt exzentrische Formen der Bezahlung: so etwa der Tausch gegen ausgemustertes Geschirr (eine Zuckerdose für eine alte Jacke, oder eine Milchkanne für ein Paar Hosen) oder auch gegen Pflanzen. Zu Beginn unseres Jahrhunderts bildete in Liverpool eine Aspidistra den Gegenwert eines gebrauchten Hutes. Bis zum letzten Krieg blieb es für die weniger wohlhabenden Klassen schwierig, sich neue Kleider zu leisten, wenigstens in einem Land wie Italien, wo die Konfektionsindustrie gegenüber anderen europäischen Ländern im Rückstand war. Hier protestierte man 1941 dagegen, die Rationierung der Kleidung auch auf Produkte der Haute Couture auszuweiten, indem man die große Nachfrage nach gebrauchten Kleidern auf den einschlägigen Märkten ins Feld führte: *»Ohne die Konzession an die sogenannte wohlhabende Klasse, sich ohne Einschränkung versorgen, wird es nicht mehr möglich sein, diese Märkte zu beliefern«.*

GRAZIETTA BUTAZZI

Literatur

Katalog: Grazietta Butazzi, 1922–1943 Vent'anni di Moda Italiana (Museo Poldi Pezzoli), Mailand 1980/81.
Thomas Carlyle, Sartor Resartus, Palermo 1985.
Giacomo G. Casanova, Mémoires écrites par lui même, Bd. 3, 184–195 in: Giuseppe Morazzoni, La moda a Venezia nel Secolo XVIII, Mailand 1931.
Madeleine Ginsburg, Rags to Riches: The Second-Hand Clothes Trade 1700–1978 in: Costume 14 (1980), 121–135.
Philippe Perrot, Il sopra e il sotto della borghesia. Storia dell'abbigliamento nel XIX secolo, Mailand 1982.

Sexbombe

Gehört die Sexbombe zur Mode? Ist es legitim, in einem Diskurs über die Mode über die Sexbombe zu sprechen? Scheint diese doch eher als zu den Metamorphosen der Kleidung zu den Kulturen des Körpers zu gehören, zu den Methoden, mittels deren die Menschen auf die eigene Physis einwirken und sie modifizieren (von der Verlängerung des Schädels bis zur extremen Dehnung der Ohrläppchen). Vielleicht unterstreicht diese Nebeneinanderstellung allzusehr den leicht »monströsen« Aspekt der Sexbombe, der Frau, die – wie man früher gesagt hätte – von der Natur überreich mit Vorzügen ausgestattet wurde: Die also mehr hat und – wer weiß? – vielleicht auch mehr ist. Jedenfalls aber handelt es sich um einen Körper von verschwenderisch üppigen Formen, die durch kein Kleid zu bändigen sind. So jedenfalls bei den Prototypen, den Filmstars, die zur Verkörperung eines kollektiven Wunschbildes wurden, an dem die Frauen sich gemessen haben. Sophia Loren, Marilyn Monroe: Ihr Image ist nicht an Kleidung gebunden, sie wirken durch ihre überwältigende physische Präsenz. Auf verschiedene Weise zwar, entsprechend den unterschiedlichen schauspielerischen Persönlichkeiten – beide aber jenseits einer Vermittlung durch die Garderobe. Das hindert nicht, daß sie zu einer echten Mode Anlaß geben. Aber halten wir uns an die Chronologie.

In den 50er Jahren scheint ein Zyklus zu Ende zu gehen. Die Aufregungen des Krieges sind vorbei – nun sollen wieder Ruhe und Ordnung einkehren; jeder soll den ihm zukommenden Platz einnehmen. Besonders die Frauen, die während des Kriegs ohne Zögern für die fehlenden Männer eingesprungen waren und voll und ganz ihren »Mann« gestanden hatten. Parallel dazu hatte das Weibliche im Film immer bedrohlichere Züge angenommen. Dieser zeigte eine ruhelose, launische, gefährliche Frau – eine Frau, die explodieren konnte, die Dynamit, nein eine Atombombe war: GILDA. Der Film mit Rita Hayworth in der Hauptrolle (1946) bezeichnete eine Zäsur, den Beginn einer neuen Epoche. Als eine echte *»dark lady«*, vermag Rita/Gilda Männerexistenzen zu zerstören, und ihr Körper ist dabei ihr Instrument und ihre Waffe, ein freier, ein ungebändigter Körper, über den sie, die Frau, allein gebietet: Ein Körper, der durch ein Kleid spricht. Der symbolische Striptease – ein Handschuh ist das einzige Kleidungsstück, das tatsächlich abgestreift wird – spielt raffi-

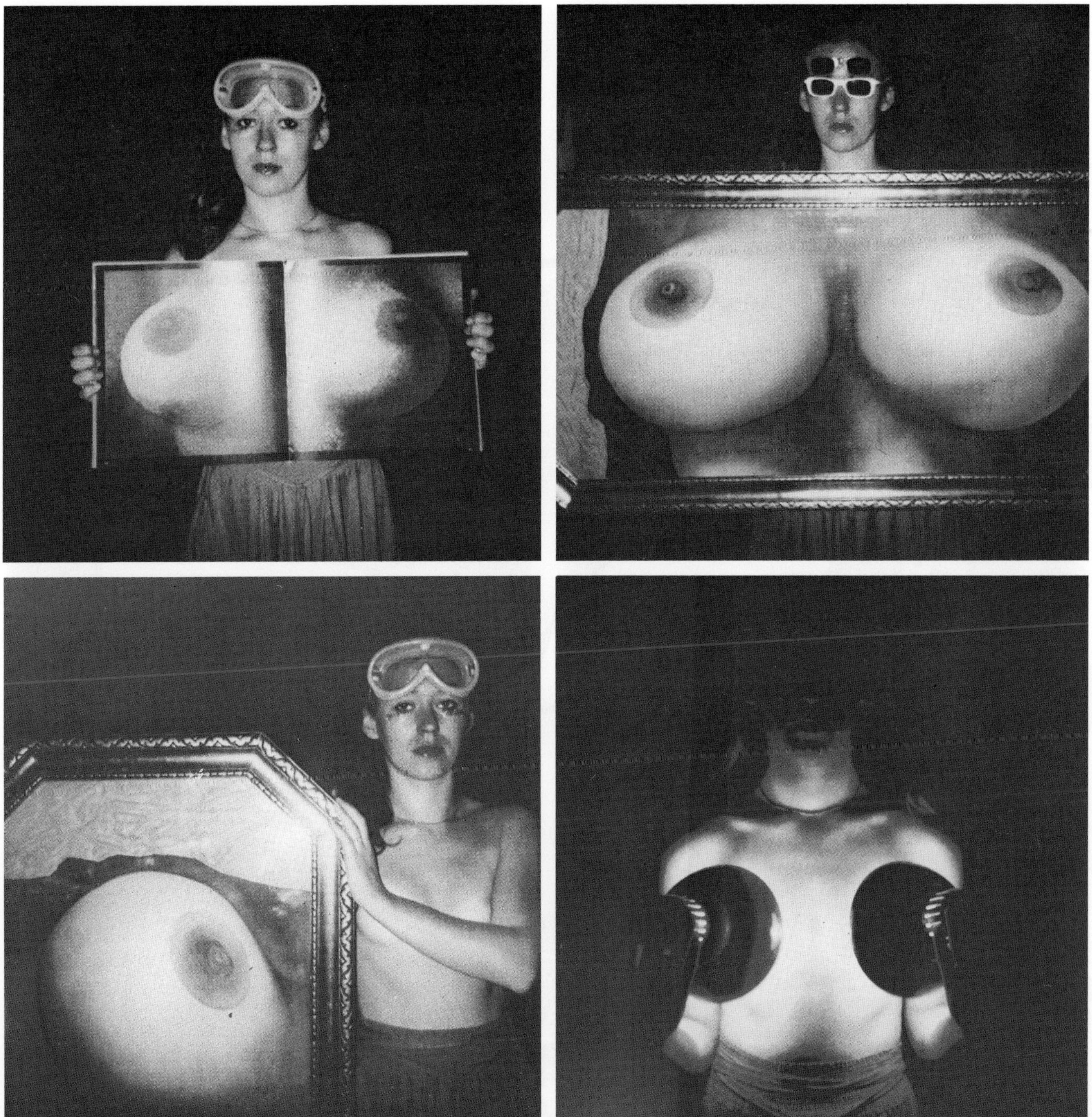

Ohne Titel,
Polaroidsequenz, 1976.

S

Schal (Detail),
Fiorucci, 1983.

Jayne Mansfield, Filmfoto, 50er Jahre.

Marilyn Monroe. 1957.

niert mit dem Kontrast von schwarzem Satinkleid und der hellen Haut von Brustansatz und nackten Schultern. Die ganze Szene – so zurückgenommen sie ist und von Rita Hayworth mit bewunderswerter Sparsamkeit in den Bewegungen gespielt – ist eminent verführerisch, und hat doch gleichzeitig etwas Erbarmungsloses, Gewalttätiges.

Der weibliche Körper, der so stolz und selbstbewußt die Szene betreten hat, läßt sich daraus nicht mehr vertreiben; so wird denn wenigstens der Sinn seiner Präsenz ins Gegenteil verkehrt. Marilyn Monroe, so rührend in ihren stets zu engen Kleidchen, wird niemals schreckenerregende Alpträume einer verschlingenden Weiblichkeit heraufbeschwörden. Naiv, vertrauenerweckend und lieb, so könnte man sie charakterisieren. Sicher ist Sophia Loren ganz anders – sie ist stark, selbstsicher und von ausgeprägter Mütterlichkeit. Dennoch haben sie eines gemeinsam: die unverhüllte sexuelle Botschaft des Körpers. Aber diese ist klar, eindeutig und ganz oh-

S

Brigitte Bardot,
Filmfoto, 1956.

Gina Lollobrigida, um 1955.

Hotel Trefler,
Josef Rudolf Witzel,
München, um 1900.
Münchner Stadtmuseum.

Diana Dors,
Filmfoto, 50er Jahre.

Sofia Loren,
Filmfoto, 50er Jahre.

ne zweideutige Anspielungen und abgründigen Hintersinn. Unschwer ließe sich die Reihe ergänzen und vervollständigen – Gina Lollobrigida, Silvana Mangano, Liz Taylor –, alle jene Stars, deren üppige Kurven den Geschmack der 50er Jahre bezeichnen (von der Ausnahmeerscheinung Jane Mansfield einmal abgesehen).

Ungewöhnlich ist ihre Beziehung zur Mode. Dieses – wie immer »entschärfte« – neue Frauenbild, das doch so wesentlich auf Körperlichkeit beruht, auf einem natürlichen, freien, ungezwungenen Körper, der ohne viel künstliche Zurichtungen zur Schau gestellt wird – dieses Frauenbild führt nichtsdestotrotz zur Aufrichtung eines Zwangssystems. Die alten Folterinstrumente treten wieder in Gebrauch, wenngleich in abgemilderter Form: Korsetts zur Erzielung einer engen Taille, regelrechte Ungetüme von Büstenhaltern zur Korrektur natürlicher Unzulänglichkeiten. Der Körperlichkeit, die auf der Leinwand zelebriert wird, entsprechen neue Gefängnisse im Alltag. Genau in diesem Sinn: Als abstraktes Modell, das für alle Frauen zur Norm wird, gehört die Sexbombe zur Mode.

BIA SARASINI

S

Mantille mit Spitzenbesatz, England, 1863.

Spitzen

Die Geschichte der Spitzenproduktion für Modezwecke steht im 19. Jahrhundert ganz im Zeichen eines Wettstreits zwischen maschineller Fertigung und Handarbeit – ein dauernder Kampf um Märkte, Marktlücken und Marktanteile.

Seit den 30er Jahren des 19. Jahrhunderts stieg der Bedarf an modischen Spitzen für Besätze und Volants ständig. Nach 1850 wurden allein für eine einzige Krinoline Dutzende Meter Spitze für die gefältelten Falbeln benötigt. In den letzten Jahrzehnten des Jahrhunderts fanden alle Arten von Spitze in der Frauenmode Verwendung, vor allem bei den weißen Sommerkleidern, Schirmen, Fächern und Handschuhen.

Die maschinelle Herstellung von Spitzen erreichte den ersten großen Durchbruch schon im 18. Jahrhundert, als mit der neoklassischen Mode die Nachfrage in die Höhe schnellte. Man produzierte einfachen Tüll, der (von Hand und/oder maschinell) mit sich wiederholenden, kleinen, geometrischen Motiven bestickt wurde: à pois-Stäbchen, Palmen- oder Zickzackmuster, die sich zu Zeiten Ludwigs XVI., des Direktoriums und des Kaiserreichs großer Beliebtheit erfreuten.

Das erste Patent für die maschinelle Tüllherstellung wurde 1764 in England erteilt. 1840 feierte Königin Viktoria ihre Hochzeit in einem Brautkleid aus maschinell gefertigter Spitze: stolzes Symbol des englischen Vorsprungs in der industriellen Entwicklung. Und bei der Londoner Weltausstellung 1851 erregten Maschinenspitzen die allgemeine Bewunderung wegen des Reichtums und der Schönheit der Motive.

Im Laufe des Jahrhunderts faßte die Maschinenspitzenindustrie in vielen anderen Gebieten Europas Fuß; neue Fabriken entstanden in Nordfrankreich (Calais), in der Schweiz (St. Gallen), in der Gegend von Wuppertal und in Sachsen. Die BARMENER SPITZEN waren eine fast perfekte Imitation der TORCHON- und MALTESER-Klöppelspitzen; sie wurden auf einer speziellen Maschine – dem RIEMENGANGSTUHL – hergestellt, einer Kombination von Flecht- und Spitzenklöppelmaschine, die 1867 in Barmen entwickelt worden war. Eine maschinelle Tüllproduktion gab es in Deutschland in Chemnitz, Dresden, Falkenstein, Flöha, Plauen, Schneeberg und Zwickau. In Dresden, Falkenstein und Plauen wurden auf Jacquard-Webstühlen auch Klöppelspitzenimitationen und gemusterte Spitzenvorhänge erzeugt. Der größte Hersteller von Gardinen war damals die SPITZEN MANUFAKTUR AG DREGUS in Dresden. Aus den von Weimann publizierten Statistiken geht hervor, daß es noch 1925 in Deutschland 27652 Vorhangfabriken gab, die 87000 Arbeiter beschäftigten.

Die Jacquard-Webstühle für Spitzen waren in Leipzig 1883 und in Dresden 1886 eingeführt worden.

Im Vogtland und im Erzgebirge waren die »gestickten Spitzen« auf Plauener Musselin (und später auf Tüll), die in Heimarbeit hergestellt wurden, seit langem ein bedeutender Wirtschaftsfaktor. Die Einführung von Stickmaschinen stieß daher auf keine Schwierigkeiten. Erfunden hat die Stickmaschine übrigens Josua Helmann aus Mühlhausen in den Jahren 1828/1829. Sie wurde zunächst in die Schweiz (St. Gallen) exportiert und 1858 in Plauen eingeführt. 1872 belief sich die Zahl der Stickmaschinen, die im Vogtland im Einsatz waren, auf stolze 1621 Stück.

F. W. Sarke schreibt über die Gardinen- und Spitzenherstellung: *»Mit der Gründung einer Niederlassung der Firma Jacoby & Co. aus Nottingham in Plauen 1880 beginnt die Bobinet-Industrie in Deutschland Fuß zu fassen. Ein Jahr später, im Jahre 1881, gelingt es, den Tüll zu besticken. Der Anfang zu der weltberühmt gewordenen Plauener Stickerei- und Spitzenerzeugung ist damit gemacht. Aus Schneeberg im Erzgebirge wird im Jahre 1885 berichtet, daß Erbstülle mechanisch hergestellt werden.«*

Die aus Deutschland kommenden maschinengestickten Tüllspitzen fanden in den 80er und 90er Jahren des 19. Jahrhunderts massenhafte Verwendung in der Mode; man bezeichnete sie als DENTELLES DE SAXE oder als PLAUEN LACE. Sie unterschieden sich fast in nichts mehr von den hand-

Sommerliches Spitzenkleid, um 1905. Münchner Stadtmuseum.

gearbeiteten Spitzen auf Netzgrund – also von den ALENÇON-, PARISER, VALENÇIENNES- oder BRÜSSELER SPITZEN. Die vervollkommneten Maschinen-Spitzen mit ihren rasch steigenden Produktionszahlen fanden ihr Absatzfeld in der Fertigkonfektionsindustrie. Diese fertigte vor allem Kleidung für die Mittelschicht und für

Abendkleid, Maschinenspitze, Irmgard Eber-Faltin, München, 1930. Münchner Stadtmuseum.

S

Spitzenwäsche,
Avenue, 1980.

Hausfrauen und gelangte im Laufe des Jahrhunderts zu immer größerer Bedeutung, bis sie schließlich ihre Produkte sogar über die großen Kaufhäuser vertrieb. Aber die Haute Couture gab sich ebensowenig geschlagen, wie die anderen Wirtschaftszweige, die von Handarbeitsspitzen lebten – von den Manufakturen bis zu den großen Handelshäusern. Sie versuchten beständig, ihre exklusive Stellung trotz der massenhaften Verbreitung von Industrieprodukten zu behaupten bzw. zurückzuerobern. So gab die Haute Couture die Parole aus, Motive und Art der Spitzen ständig zu ändern. Eine Saison lang war die schwere SPANISCHE Spitze modern, gleich darauf die duftige CHANTILLY-Spitze; Neo-Barock wechselte sich mit Neo-Rokoko ab.

Die Industrie tat sich schwer, mit diesem dauernden Wechsel Schritt zu halten, da man die kostspieligen Maschinen nicht jede Saison erneuern konnte. Dazu kam noch eine steigende Arbeitslosigkeit in den ärmsten Gebieten Frankreichs, Belgiens und Italiens, die dazu führte, daß die Herstellung der traditionellen Nähspitzen wieder aufgenommen wurde – die POINTS DE FRANCE und POINTS DE VENISE, deren maschinelle Produktion (noch) nicht möglich war. Aber die Antwort der Industrie ließ nicht lange auf sich warten und das Wort »unmöglich« gabe es nicht für die Propheten und Jünger des Fortschritts. 1881 erfand ein Deutscher – der Sachse Robert Neubauer – eine Methode, mit der auch die Nähspitzen und sogar die erlesenen, barocken POINTS DE VENISE imitiert werden konnten. Die hochentwickelten Stickmaschinen, die in der Gegend um Plauen im Einsatz waren, machten es möglich, die falschen Nähspitzen mit Zwirn oder

Abendkleid aus Maschinenspitze,
Irmgard Eber-Faltin,
München, 1924.
Münchner Stadtmuseum.

Baumwollfaden zunächst auf Seidengaze zu sticken, die im Anschluß in einem Salzsäure- oder Ätznatronbad aufgelöst wurde. Diesen »Luftspitzen« (die auch in der Schweiz, in St. Gallen, hergestellt wurden) war ein durchschlagender Erfolg beschieden – paßten sie doch genau zur eher schwülstigen und ornamentalen Mode der Belle Epoque.

ALESSANDRA
MOTTOLA MOLFINO

Literatur

B. Dietrich, Die Stickereiindustrie, die Spitzenindustrie und die deutsche Gardinenindustrie, in: Deutsche Industrie 1888–1913, Berlin 1913.

T. Frauberger, Handbuch der Spitzenkunde. Technisches und Geschichtliches über die Näh-Klöppel- und Maschinenspitzen, Leipzig 1894.

E. Glier, Die Sächsische Spitzen- und Stickereiindustrie seit 1914, Plauen 1932.

E. Ikle, La broderie mecanique 1828–1930, Paris 1931.

K. Steinberg, Die Industrie der maschinengeklöppelten Spitze zu Wuppertal-Barmen, Wuppertal 1938.

F. W. Surke, Die Gardinen- und Spitzen-Herstellung, in: Deutsche Großbetriebe, Bd. 3, Berlin 1957.

S

Tennisspielerin,
München, um 1905.

Sportbekleidung

Eine eigene Bekleidung für sportliche Aktivitäten gibt es erst seit relativ kurzer Zeit, und zwar nicht vor Beginn des 19. Jahrhunderts. Die Idee einer der Sportart angemessenen Ausstattung entspricht der Mentalität von Rekorden, vom Wettkampf und der Wiederbelebung des Olympischen Gedankens am 5. April 1896.

Tennisspielerin,
England, 1928.

Hat man einen bestimmten Sportdreß akzeptiert, ist dies auch die stille Anerkennung der Zugehörigkeit zu einer sozialen Gruppe, einem Club oder einem lokalen oder nationalen Team. Man kann es auch als eine Art von Uniform betrachten.

Eine Sportausrüstung – für welchen Sport auch immer – anschaffen zu können, ist vor allen Dingen jener sozialen Schicht vorbehalten, die über Freizeit und finanzielle Mittel verfügt.

Die gymnastische Bewegung nimmt 1811 in Berlin ihren Anfang, wo Friedrich Ludwig Jahn einen leichten Straßenanzug aus rohem Leinen, strapazierfähig und preiswert, vorführt, der auch die Bewegungen nicht hemmt. Eine Weiterentwicklung ist die SCHWEDISCHE GYMNASTIK von Peter Ludwig Ling, die auch für Mädchen gedacht ist, und an schwedischen Schulen praktiziert wird. Sie wird anfänglich nicht in einer eigenen Sportbekleidung ausgeübt.

Ab 1850 entwickelt sich diese Bewegung und öffnet sich auch den breiteren Schichten. Mit der Gründung des RACING-CLUBS 1882 wird das mondäne Athletentum englischer Herkunft in Paris eingeführt. Seine Mitglieder tragen eine ganz spezielle Tracht, die der der Jockeys entspricht und durch die Kittelbluse aus farbiger Seide charakterisiert ist. Vom Ende des 19. Jahrhunderts an folgen die Athleten schließlich dem englischen Beispiel und tragen von nun an ein leichtes Hemd, kurze Hose, Halbschuhe und Strümpfe.

Das Boxen ist vor allem ein Sport für den »Gentleman«. Es hat seine Ursprünge im Ringen, eine der Disziplinen des antiken Fünfkampfes. Die von Broughton geleitete Londoner Akademie bestimmt 1747, daß dieser Sport nur korrekt ausgeübt werden kann in Lederhandschuhen, die zunächst mit Wolle, später mit Roßhaar gepolstert werden. Aber erst um 1880, als der Boxsport immer populärer und beliebter wird, sind sie obligatorisch. Die Sportausrüstung hat das offensichtliche Ziel, die Ausübung zu erleichtern und vor allem seine Anhänger besser zu schützen.

Zu den Sportarten aristokratischen Ursprungs gehören die Pferde- und Reitsportarten. – Während des gesamten Mittelalters ist der Ritter ein komplexer Sportsmann, der durch die Jagd und die Turniere ein Training absolviert, das häufig als Vorbereitung für den Krieg dient. Das Turnier hat seit dem 14. Jahrhundert ein strenges Regelwerk, in dem es genaue

Tennismode,
Bogner,
München, 1978.

S

Amazone, Corriere delle Dame, 1851. Mailand, Civica Raccolta Stampe »A. Bertirelli«.

Cycle Women, La Grande Dame, 1895. Mailand, Civica Raccolta Stampe »A. Bertirelli«.

Bestimmungen über das Lanzenstechen, die verschiedenen Bannerschilde und Wappen gibt. Die Farben sind ein Wiedererkennungszeichen, ebenso die Helmzierden und die Helme selbst, die dann ein Element des Schutzes all jener Sportsleute werden, die einen Kampfsport ausüben, wie zum Beispiel Eishockey, Polo oder Rugby.

Im Ancien Régime gibt es für die Jagd keine eigene Tracht, mit Ausnahme einiger bestimmter Königs- oder Fürstenhäuser. Heinrich IV. führt die Mode des roten Kostüms für die Fuchsjagd ein, die bis heute in England gilt. Das französische Königshaus trägt eine königsblaue Tracht mit roten Aufschlägen. Die Frauen übernehmen einen Teil der Männertracht, um auch an dieser Aktivität teilnehmen zu können. Katharina von Medici führt im 16. Jahrhundert den Sattel mit Knauf ein; dieser ermöglicht ein Anziehen der Knie und erlaubt jetzt das Tragen der hohen Männerstiefel. Im 17. Jahrhundert übernimmt Maria von Medici den Männerrock und den Dreispitz. Im 18. Jahrhundert reiten Marie Leczenska und Marie-Antoinette »à califourchon« (rittlings), was zum Tragen der Männertracht verpflichtet. Im 19. Jahrhundert hat das Amazonenkostüm seine Form gefunden und unterliegt der Entwicklung der Mode. Seine bedeutenden Hersteller sind 1830 Human und um 1900 der berühmte Schneider Redfern. Dieser hat in seinem Atelier eine Pferdeattrappe, auf der die eleganten Damen den Faltenwurf ihres Rocks beurteilen können. Das Second Empire stellt für das Amazonenkostüm Regeln auf, die genauso streng sind, wie die der Turniere: unter dem Rock eine Hose mit Gamaschen, dazu einen hohen Hut mit Schleier oder den für Parforce-Jagden vorbehaltenen Dreispitz. Nach dem I. Weltkrieg wird die Reitbekleidung von Mann und Frau immer ähnlicher. Man trägt eine Reithose oder einen sog. Jodpour (das sind weite, an den Knöcheln abgebundene Hosen, eine Mode, die von englischen Offizieren aus Indien mitgebracht worden ist). Der Kopf wird durch eine Reitkappe geschützt, eine runde, metallverstärkte Mütze, die einen besseren Schutz, besonders bei Stürzen, gewährleisten soll.

Ballspiele, z.B. das »Ballonspiel« (jeu de paume), pflegte der Adel zum Zeitvertreib, aber auch als Geschicklichkeitsübung.

Florettfechterinnen, Moderne Kunst, 1899.

Flugzeugkleidung,
Gazette du Bon Ton, 1922.

Das Tennis, ein naher Verwandter des Ballonspiels, wird schon 1870 von einem englischen Kommandanten gespielt. Das erste Tennisturnier findet 1877 in Wimbledon statt. Wie sieht 1880 ein Tennisspieler aus? Er trägt eine lange Hose, ein gestreiftes Flanellsakko ohne Weste, ein Hemd mit Manschetten und einen weichen, genähten Kragen. Um 1900 trägt die Tennisspielerin eine Hemdbluse wie ihr Partner, eine Kreissäge und den Rock schamhaft gekürzt. 1925 wird das Spielen in Hemdsärmeln erlaubt. Der richtige moderne Dreß kommt erst 1930 auf, als die Spielerinnen in ihren Tennisschuhen Socken statt Strümpfe zu ihren kurzen Röcken tragen.

Golf und Polo, zwei Sportarten, die aus England kommen, sind heute noch kein Volkssport. Ab 1885 trägt man feste Lederschuhe zu leichten Wolljacken, sog. veste de golf. Dem Polo, das 1869 in England entsteht, verdanken wir einen neuen Beitrag zur Sportbekleidung, das »Polohemd«. Es ist aus Jersey, man knöpft es vorne und es hat kurze Ärmel. Als Schutzhelm bleibt bis 1936 der Kolonialhelm zur Erinnerung an den indischen Ursprung.

Fußball und Rugby sind zwei Mannschaftssportarten, die besonders den Teamgeist fordern. Rugby wurde ursprünglich im englischen College RUGBY gespielt. Die Bekleidung des Fußballers oder des Rugby-Spielers besteht anfangs aus einem Hemd und Knickerbockern aus Flanell, die von den holländischen, übers Knie gekrempelten Hosen inspiriert

Autosport,
Otto Lendeke, 1917.

S

G. B. Shaw vor dem Morgenbad in Funchal,
Berliner Illustrierte Zeitung, 1925.

Badekostüme,
La Joie du Foyer, 1865.

Bademode, 1983.

Fotocollage,
Uwe Göbel,
München, 1984.

Sportmode,
Bogner,
München, 1980.

Bademode, 1986.

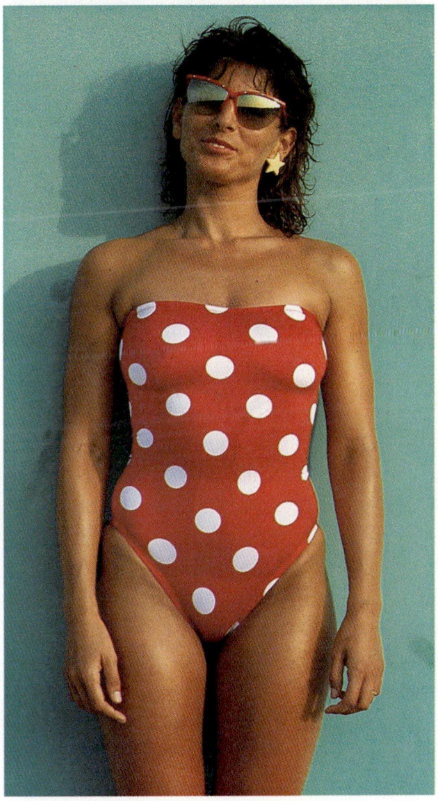

Bademode, 1983.

Gymnastik für Mädchen,
London News, 1884.

Badeanzug,
um 1910.
Münchner Stadtmuseum.

Badeanzug,
München, um 1915.
Münchner Stadtmuseum.

Badeanzug,
um 1910.
Münchner Stadtmuseum.

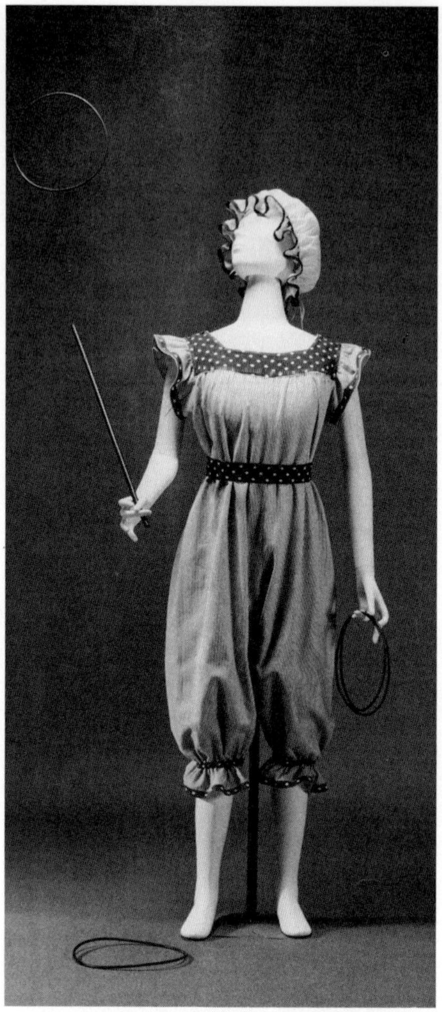

waren. Die Fußballer sind die ersten, die 1900 spezielle Sportschuhe tragen. Es sind Schnürstiefel, die auf der Sohle Stege hatten, um das Ausrutschen zu verhindern. Diese Mannschaftssportarten werden bald populär, und ihre Ausrüstung hat sich dem sehr schnell angepaßt. Anzumerken ist, daß sowohl die Schuhe als auch der Kopfschutz sehr früh schon zum Gegenstand ständiger Verbesserungen wurden. Wenn man von Sportbekleidung spricht, sollte man nicht vergessen zu erwähnen, daß die Schlachtenbummler von heute, wie im Mittelalter, die Farben und Abzeichen ihrer Mannschaft tragen.

Das Baden war schon im Mittelalter ein sehr geschätztes Vergnügen. In Paris badet man bis 1830 nackt in der Seine, bis es in diesem Jahr verboten wird. Es wird gewöhnlich der Herzogin von Berry zugeschrieben, das Baden im Meer begonnen zu haben. Es war ein großes Ereignis, als sich die Schwiegertochter Ludwigs XVIII. in Dieppe, sekundiert vom Präfekten, in einer langen Tunika und in Pluderhosen ins Wasser begibt: Es war der Beginn der Bademoden.

Der Badeanzug hat in diesen 150 Jahren die wohl spektakulärste Veränderung mitgemacht. 1890 trägt die sportliche Dame immer noch schamhaft eine Tunika und eine Pluderhose über einem CORSET DE BAIN. Dazu schwarze Strümpfe und Espadrilles am vornehmen Strand, dagegen nackte Beine am familiären Strand, in bei-

Strandmantel,
Salon Tilly Hüsgen,
München, 1938.
Münchner Stadtmuseum.

den Fällen eine große Badehaube, um die Haare zu schützen.

Das Jahr 1920 bringt einen echten Umschwung. Damen tragen nunmehr denselben Badeanzug wie die Herren. Er ist einteilig und hat keine Ärmel, da man jetzt nicht mehr nur badet, sondern auch schwimmt, und weil man braun werden wollte. Man scheut sich nicht mehr vor der Sonne, eine leichte Bräunung wird Mode. Die natürliche Folge ist das Tragen von Sonnenbrillen. 1930 erleben wir die Einführung des zweiteiligen Badeanzugs. Der »Bikini« von 1947 ist eine verkleinerte Fassung davon, und genauso explosiv wie das Bikini-Atoll, von dem er den Namen hat und wo ab 1946 die amerikanischen Kernwaffenversuche stattfinden. Die Neuigkeit der letzten Jahre ist der »Monokini«, 1965 entstanden, der nur noch aus einer Badehose besteht.

Die ersten Bergtouren macht man im 18. Jahrhundert mit warmer Bekleidung, Nagelschuhen und Brillen mit getönten Gläsern. Aber das erste Kostüm für ein solches Unternehmen schuf 1838 Henriette d'Argeville. Als Bezwingerin des Mont-Blanc trägt sie bei diesem Anlaß eine Hosenkombination, einen mit Molton gefütterten Umhang und eine Pelzkapuze. Diese Mode findet Verbreitung. Die Prinzessin Metternich berichtet in L'ILLUSTRATION vom 15. September 1860, von jenem »kleine Kostüm«, das die

Norderney (Detail),
Unbekannter Entwerfer,
Deutschland, um 1925/30.
Münchner Stadtmuseum.

Strandcomplet,
Heinz Schulze-Varell,
München, 1956.
Münchner Stadtmuseum.

Sportmode,
Bogner,
München, 1982.

Sportweste, 1980.
Münchner Stadtmuseum.

Kaiserin Eugénie bei ihrem Besuch auf dem Gletscher einführt: ein gekürzter Rock, einen zweiten geschürzten Rock und eine rote Bluse »à la Garibaldi«. Ende des 19. Jahrhunderts tragen die Männer wasserdichte Lodenmäntel, dazu Nagelschuhe und Wickelgamaschen.

Damen-Badeanzüge,
um 1930.
Münchner Stadtmuseum.

Wie bei anderen Sportarten, trägt man beim Skifahren anfänglich einen leicht veränderten Straßenanzug. Auf einer Illustration zum Roman SÉRAPHITA von Balzac (um 1860), sieht man zwei Skiläuferinnen in warmen Reisekostümen, ihre Schuhe sind mit Riemen an den langen Skiern festgebunden. Beeinflußt durch das Vorbild des norwegischen Polarforschers Nansen, tragen die Männer Blousons, die unten zugebunden werden können, weite, an den Knöcheln zugebundene Hosen und eine Schildmütze mit Ohrenklappen. Gegen 1893 wird der Schnitt der Skikleidung funktionaler. Die Stöcke haben noch keine Teller und die Skischuhe sind denen der Eskimos nachempfunden. Die Skibekleidung der Herren hat sich schneller verändert, als die der Frauen, die bis 1930 ihre gewöhnlichen Kleider tragen, um dann langsam die Hose zu übernehmen. Während des II. Weltkriegs ist der KANADIER in Mode. Diese lange Bluse aus Leder oder Leinen, mit Fell gefüttert, ist für die alpinen Sportarten ideal. Der Anorak wird ihn ersetzen. Skischuhe im eigentlichen Sinn gibt es erst seit 1900. Die Skibindung ist die erste Revolution, ihr folgt 1955 der erste Schnallenschuh und 1965 der erste Plastikstiefel.

Bei der Skibekleidung haben sich Wissenschaft und Forschung während der letzten zwanzig Jahre besonders um Verbesserungen verdient gemacht.

Der Radfahr- und Automobilsport waren zunächst mondäne Sportarten, die jeder, der etwas auf sich hielt, ausüben mußte. Als das Fahrrad und später das Automobil zu Fortbewegungsmitteln werden, haben diese Vergnügen immer mehr ihren elitären Anspruch verloren und sich einem Massenpublikum geöffnet.

S

Mit der Verbesserung des Fahrrads durch das Kugellager und die Luftbereifung im Jahr 1889, macht der Radsport an allen Höfen Europas Furore und damit auch bei der Schicht der begüterten Bürger. Bei diesem Sport tragen die Frauen Kleider, die Anlaß für anzügliche Witze gaben. Sie halten sie aber nicht davon ab, ihn im Bois de Boulogne einzuführen oder sich von Paul Nadar ablichten zu lassen. Er fotografiert sie mit ihren weiten Hosen, den BLOOMERS, und den verfeinerten Blusen und flachen Strohhüten aus der Garderobe der Männer. Aber wenn dieser Sport es den Frauen erlaubt, Kleidertabus zu brechen, können auch die Männer im bequemen Anzug, mit ungestärktem Hemd, ohne Weste oder Krawatte, mit weiter Hose, Strohhut oder Schirmmütze, je nach Jahreszeit, sich im Bois entspannen. Eine Erfindung kündigt sich bereits an: Es ist das Trikot mit einem Rollkragen, das zunächst den Profis vorbehalten ist, dann aber auch von den Amateuren übernommen wird.

Die Verbesserung des Automobils um 1900 schuf einen eleganten und kostspieligen Sport, bei dem es darauf ankam, den Fahrer vor Staub und Wind zu schützen. So entstehen kühne Silhouetten und eine malerische Ausrüstung: Die Männer tragen lange Mäntel aus Leinen oder Pelz. Auf dem Kopf eine Kappe mit Ohrenklappen, dazu Brillen mit getönten Gläsern zum Schutz der Augen, die Fassung mit Molton abgedichtet.

Ein Pariser Schneider erfindet einen »Schirm für Automobilisten«, eine Art geschlossener Mantel mit Kapuze aus kautschukbeschichtetem Leinen.

Die Damen tragen die »Staubfänger«, lange Mäntel aus imprägniertem Leinen, über den regulären Straßenkleidern. Schleier sind um die Haube gewickelt, die Brillen vervollständigen das Ganze. Diese Silhouette wurde vom damaligen Modefotografen REUTLINGER häufig festgehalten.

Ein Wettbewerb der Zeitschrift FÉMINA vom 15. August 1906 zeigt 12 Photos prominenter Frauen, getarnt durch sehr extravagante Chauffeur-Kopfbedeckungen: Pelzkappen, Kapuzen mit Sehschlitzen, Strohhüte mit Schleiern festgehalten. Die Leserin-

L'Hiver,
Genrebild, 1820.

Wintersportmode,
Bogner,
München, 1984.

S

Golfmode,
Bogner,
München, 1978.

nen sollen die dergestalt Maskierten erkennen. Der technische Fortschritt beendet um 1900 diese Aufmachung. Für die Benutzer von Automobilen wird die Bekleidung wiederum der Straßenanzug oder der Sportdreß. Das einzig typische Requisit ist um 1920 der Stulpenhandschuh, und bis auf den heutigen Tag der Autohandschuh, der an den Fingerspitzen abgeschnitten ist.

Das Vergnügen am Sport und die steigende Zahl der Aktiven braucht eine spezifische Kleidung, aber auch eine jeweilige angepaßte Ausrüstung.

Die Entwicklung des Materials ist zunächst die Leistung einiger Pioniere, dann für den Hersteller eine Notwendigkeit das Material für die Besten zu entwickeln; davon profitiert dann schließlich der Breitensport.

Die vor allen Dingen bequeme Sportkleidung hat dann während des gesamten 19. und 20. Jahrhunderts ständig die alltägliche Mode beeinflußt. Die Frauen haben die Blusen, den Hosenrock und schließlich die Hose übernommen. Die Männer verdanken dieser Entwicklung mehr Bequemlichkeit durch Polo-Hemden, Pullover, leichtere Gewebe und natürlichere Unterwäsche. Heutzutage ist die Sportbekleidung ein Teil der Alltagsmode geworden: Anorak und Stiefel trägt man nun auch in der Stadt. Während der Wochenenden symbolisiert der Trainingsanzug eine Freizeitgesellschaft, in der es erlaubt ist, Sport zu treiben, aber genausogut allen anderen Aktivitäten mit einer freieren und weniger formellen Lebensart nachzugehen.

FABIENNE FALLUEL

Stoff als Statussymbol

Schon immer hielten sich Kirche und Staat bei der Auswahl von Stoffen für Wandbehänge oder für Repräsentationsgewänder an Techniken und Muster der Vergangenheit. Das damit angestrebte prunkvolle Erscheinungsbild sollte als deutliches Zeichen einer Macht dienen, die in der entferntesten Vergangenheit wurzelte und – vielleicht noch wichtiger – die die Kraft besaß, weiter zu bestehen. Stoffe als Statussymbol haben mit wenigen Ausnahmen stets diese Funktion.

Im letzten Viertel des 19. Jahrhunderts sind zwei entgegengesetzte Phänomene zu beobachten: Einerseits planten Handwerker und Künstler die Arbeit in allen Bereichen der angewandten Künste wieder gemeinsam und führten sie auch gemeinsam aus; andererseits gab es auch reine Stoff-Kopien, orientiert an Vorbildern einer Vergangenheit, die als prunkvoll empfunden wurde; Stoffe, die dann auch einen ökonomischen Wert in Material und Verarbeitung zur Schau stellten.

In dieses Spannungsfeld trat Mariano Fortuny ein, der von 1906 bis zu seinem Tod im Jahre 1949 hochwertige Stoffe herstellte und diese ausschließlich für seine eigenen Modelle verwendete. Fortunys Schaffen stand nicht, wie das von Morris oder van de Velde, im Zeichen eines gesellschaftlich-künstlerischen Ideals. Im Gegensatz zu diesen interessierte sich Fortuny ausschließlich für die Techniken, mit denen die alten Stoffe behandelt worden waren. Diese Techniken reizten ihn aber nicht zur Nachahmung, sondern – durch systematische und gründliche Forschungen – zur Erfindung neuer, die auf verblüffende Weise den prächtigen Effekt des Ori-

»High Performance«,
Ermengildo Zegna, 1985.

ginals erreichen: So reproduzierte er mit einer bestimmten Technik die Samte auf Goldleinwand der Renaissance, in denen verschiedene Arten von Goldgeweben mittels Perlseide in den Samt eingewebt waren. Fortuny stellte also, auch wenn er penibel das Design der alten Stoffe kopierte, »neue« Stoffe her, die er dann für seine Kleider, Mäntel, Schals und Schleier verwendete. Diese waren zumeist Einzelstücke, die aber eines gemeinsam hatten: Sie richteten sich nicht nach den gängigen Modestilen ihrer Zeit, sondern sie »fielen von den Schultern« und respektierten dabei Volumen und Linie des Körpers – eben im Gegensatz zur gängigen Mode. Darin näherte sich Fortuny der Vorstellung eines van de Velde oder einer Sonja Delaunay: Künstler, die in verschiedenen Zeiten und auf verschiedene Art die Notwendigkeit sahen, den weiblichen Körper nicht in unnatürliche Formen einzuzwängen. Nicht zufällig hielt sich Fortuny vor allem für einen Maler (*»Ich habe mich für vieles interessiert, aber die Malerei war immer mein Beruf«*). Wie Sonja Delaunay in den 20er Jahren, so ließ auch Fortuny das Design des Stoffes den Schnitt des Kleides bestimmen. Seine Absicht war es aber nicht, einen neuen Begriff des Textildesigns zu kreieren, sondern er wollte ausschließlich die Kostbarkeit seiner Stoffe hervorheben, seien das die überaus feinen Plisseeatlasse bei den DELPHOS, sei es einfach der Überfluß an Seide, oder das Gold und Silber in den bedruckten Samten. Nicht zufällig ließ er sich von Materialien und Dessins der Länder anregen, die in der Vergangenheit die wertvollsten Stoffe herstellten: die arabisch-maurischen Samte des 13. Jahrhunderts, die DIASPRI (früher Typ von Damast) aus Venedig und Lucca des 13. und 14. Jahrhunderts, die Samte auf Gold- und Silberleinwand der italienischen Renaissance, die gold- und silberfarbenen Seidenbrokate aus dem Persien des 17. Jahrhunderts, die polychromen Möbelsamte des 19. Jahrhunderts.

Mehr als jeder seiner Zeitgenossen unter den großen Modedesignern von Poiret bis Dior hatte Fortuny, vielleicht gerade weil er kein Schneider war, ein Gespür für Bedürfnisse des neuen Lebensgefühls, dem die Bindungen an die Vergangenheit fehlte und das von einer großen ökonomischen Macht gestützt war. Vor allem zu Beginn des Jahrhunderts und dann nach dem I. Weltkrieg dienten die Frauen gewissermaßen als Aushängeschild für dieses Lebensgefühl.

In den Jahren zwischen 1950 und 1960 trat die Funktion des Stoffes als Statussymbol in den Hintergrund – an seine Stelle tritt der Name eines bekannten Modeschöpfers, traten als Stoffersatz die üppige Dekoration oder die Neuheit der Materialien (die dank neuer Methoden auf dem Gebiet der Kunstfaserherstellung die traditionellen ablösten); oder aber die verschiedenen Arten von Lederwaren, die zum ersten Mal in der Frauenmode eine dominierende Rolle übernahmen.

Seit Ende der 70er Jahre erleben wir eine neuerliche Blüte des kostbaren, oft auch nur teuren Stoffes, der wieder einmal keine andere Bestimmung hat, als den hohen gesellschaftlichen Status dessen zu bezeichnen, der ihn trägt. In den meisten Fällen handelt es sich um virtuose Fingerübungen und Proben kreativer Phantasie, die durch die modernsten Technologien, durch Forschung und Entwicklung in industriellem Maßstab ermöglicht werden. Sie haben wenig zu tun mit dem alten Verhältnis von Material – Kosten, Arbeitskraft – Kosten, Seltenheit – Kosten, sondern stellen vielmehr die letzte Ausprägung jener *»Verschwendung durch Luxus«* dar, dessen das Bürgertum schon Veblen im letzten Jahrhundert bezichtigt hatte. In der Folge eines Luxusbegriffs, der Ende der 70er Jahre noch »understated« sein muß, um sich – immerhin mit einem Schuß Ironie – in den 80ern üppigeren, um nicht zu sagen, exhibitionistischen Ausdruck zu verschaffen, werden ungeheure Summen an Geld ausgegeben, entweder für »traditionell-luxuriöse« Stoffe wie die handgewebte Krawatte (FERRÉ, 1984), das Seidengewand mit handgemalten Blättern nach dem Entwurf von Guttuso (TRUSSARDI, 1985), die handbestickten Gilets (VERSACE, 1983). Aufwendigste Forschungen werden für die Kreation des »travestierten Stoffes« aufgebracht, das heißt, eines Stoffes, dessen Garne zwar die herkömmlichen sind, die aber auf eine nicht herkömmliche Weise behandelt werden: Seide, die so lange gewalkt wird, bis sie aussieht wie Leinen; so stark gekämmte und gezwirnte Wolle, daß der Stoff luftig wie Baumwolle und knitterfrei wie Synthetik wird (ZEGNA, 1985) oder glänzendes Leinen, das den Anschein von Seide erweckt. Oder es werden »wertlose« Materialien verwendet, die nicht zur Familie der Textilien gehören: So kommt man zum »Nicht-Stoff«, der, weil er neu und »signiert« ist, zu hohen Preisen gehandelt wird: die Papierblusen (CORREGIARI, 1984), die nach 25maligem Waschen weggeworfen werden; die Kleider aus Papier und Kunststoff (ENRICA MASSEI, 1982); das Gummi, das wie Leder wirkt (VERSACE, 1982);

Umhang aus bedrucktem Samt,
Mariano Fortuny,
Venedig, um 1910/20.
Sammlung Liselotte Höhs, Venedig.

polierte und geprägte Nickelscheibchen an einem Seidenfaden (Versace, 1983), die die alte Goldleinwand oder das neuere Lamé ersetzen; Aal- und Schweinsleder, das traditionellere und teurere Lederarten imitiert (Krizia, 1985); bei den Strickwaren Gewebe aus Polyesterpapier (Filpucci, 1985) oder Plastikröhrchen in fluoreszierenden Farben (Burla, 1985).

Verwendet man aber Materialien, die von Hause aus wertvoll sind, wie etwa die Pelze, die heute freilich bereits für viele erschwinglich sind und darüber hinaus den Protest der Ökologen und der Alt-68er auf sich gezogen haben, dann werden sie wie Stoffe behandelt und zum Statussymbol erst dann, wenn sie geschoren oder gekräuselt, mit anderen Fasern verwoben, gefärbt oder intarsiert worden sind, so daß sie etwas anderes zu sein scheinen, als sie sind. So wird der Lammpelz schwarz lackiert (Ferré und Versace, 1985) und das Fell so behandelt, daß es Ähnlichkeit mit Kordsamt bekommt (Valentino, 1985). Das bescheidene Kaninchen schwingt sich zu den Preisen der edelsten Pelze auf, nachdem das Fell in leuchtenden Tönen rot, grün und blau gefärbt worden ist. Die Felle werden miteinander vermischt und tweedartig verwoben als handelte es sich um einen Stoff; das Leder wird bearbeitet als wäre es intensiv-farbiges Staniolpapier (Krizia, 1985).

Es ist die erkennbare Kreativität oder doch wenigstens die »Signatur« des Modeschöpfers, die diese Pelze, die nun Stoffen ähneln, zum Statussymbol der Frau machen, die es für »démodé« oder gar unintelligent hält, mit Nerzen und Zobeln zu protzen und die statt dessen für den »armen« Pelz votiert, der nun allerdings, nach so vielen Arbeitsvorgängen und bei

Schwarzer Samt,
Mariano Fortuny,
Venedig, um 1900.
Sammlung Liselotte Höhs, Venedig.

Anzug und Mantel im »Knitterlook«, Gianni Versace, Mailand, 1986.

seiner kurzen Lebensdauer, astronomische Summen kostet.

Wer sich hingegen nicht scheut, traditionellen Luxus zur Schau zu stellen, der findet bei Modeschöpfern wie Karl Lagerfeld, der über das alte handwerkliche know-how einer Firma wie FENDI verfügen kann, die wertvollsten Pelze, veredelt durch eine »Spezialbehandlung«, die Betriebsgeheimnis bleibt: der LABYRINTHISCHE oder GEFÄCHERTE PERSIANER, der blau und rosa GEWÖLKTE Biber, der PFLASTERSTEIN-MAULWURF, das SHAR-PEI-WIESEL, oder in jüngster Zeit die ARCHE NOAH, eine Art Intarsie aus Oppossum, Fuchs, Kaninchen, Nerz, Nutria und Mongolenpelzen. Und endlich haben Lagerfeld und Fendi den Pelz für Dinge verwendet, die mit ihm beinahe unvereinbar erscheinen (1985): das dekolletierte Abendkleid, der Bikini, Sonnenbrillenfassungen, bis hin sogar zur Haushaltsschürze! Natürlich ist das Ulk – es ist das Statussymbol, das sich selbst zum Besten hält.

Nicht im Handel ist hingegen die letzte Kreation von Carlo Tivoli (1985), ein Persianer-Lammfellmantel mit feinster Goldlaminierung. Diese wurde durch jene Turiner Firma ausgeführt, die auch im Auftrag der NASA für die Lackarbeiten am Shuttle verantwortlich zeichnete. Waren es nämlich noch vor wenigen Jahren lasergenähte Stücke (VERSACE, 1982), mit Computerhilfe gefärbte Wollmischungen oder vom Elektronenrechner »geschaffene« Stoffdessins, die als Statussymbole herhielten, so bleibt heute, im Entwicklungswettlauf von Mode und Technologie, auch für den Stoff nur mehr der Weltraum, um Persönlichkeiten von »wirklichem« Status von den vielen anderen zu unterscheiden.

CHIARA GIANNELLI BUSS

Literatur

D. Liscia Bemporad/A. Guidotti, Un parato della Badia Fiorentina, Firenze 1981.

W. Crane, Ideals of Art, London 1905.

G. Pent Formengo, L'Industria Italiana dell'abbigliamento, Bologna 1978, 211–236.

R. Grönwoldt, Stoffe um 1900, Krefeld 1977.

W. Morris, Textiles and Dyeing as an Art, in: Arts & Crafts Exhibitions Society Catalogues, 1888, 1889.

L. Parry, William Morris Textiles, London 1983.

N. Rothstein, The Elegant Art of Woven Silk, in: An Elegant Art-Fashion and Fantasy in the Eighteenth Century, Los Angeles 1983, 61–88.

P. Thornton, Baroque and Rococo Silks, London 1965.

G. Vial/O. Valansot, Procédés Techniques, in: Mariano Fortuny, Venise/Lione 1980, 25–27.

S

Stock

Zum wahrhaft eleganten Auftreten gehören Haltung und Gestik mindestens ebensosehr wie die Kleidung. Der SPAZIER- oder FLANIERSTOCK ist das Spielzeug, mit dem elegantes Posieren und Bewegungen zur Geltung gebracht werden können. Er gehört zu den modischen Accessoires, die heute keine Rolle mehr spielen, die aber eleganten Damen und Herren einmal unentbehrlich waren.

Als Würdezeichen der Fürsten und der Geistlichkeit fanden Stöcke und Stäbe schon früh eine kunstvolle Bearbeitung und Schmuck durch kostbare Materialien. Während des Dreißigjährigen Krieges wurde der Spazierstock als Accessoire des Herrn Mode und erst im 18. Jahrhundert gehörte er zu seiner ständigen Ausrüstung. Seine Verwendbarkeit als Gehstütze spielte dabei die allergeringste Rolle. Wichtiger war es, mit der Wahl des richtigen Stockes zur richtigen Zeit seinen guten Geschmack und die Kenntnis der Gesetze des guten Tons zu beweisen. Darüber hinaus war es vor allem der Umgang mit dem Stock, die Bewegungen, die mit ihm vollführt wurden, die die wahre Eleganz seines Trägers herausstellen sollten. Auch Damen führen im 18. Jahrhundert den Stock zu Spaziergängen mit sich. Seine beeindruckende Länge (bis ca. 1,50 m) scheint von der Schäfermode beeinflußt worden zu sein. Auf Festen gefielen sich Damen und Herren im Schäferkostüm, deren erstes und wichtigstes Requisit der bebänderte, lange SCHÄFERSTAB war. Indem sie nun am Stock spazierengingen, trugen die Damen auf der Suche nach Natur ein Stück Schäferidylle mit sich. Das gerade vor 200 Jahren erstmals erschienene Weimarer JOURNAL DES LUXUS UND DER MODEN berichtete am 1. September 1786 aus Paris: *»Der Bon Ton verlangt zum Redingote morgens auf der Promenade für die Damen einen langen Stock, nachmittags war eine leichte Badine oder ein Bambou zu tragen. Die Classification war: Cannes, Bambous, Wangees, Toncs, Racines und Vignes. Das ist die Einteilung der Stöcke durch die Etikette. Man muß sie alle besitzen, wenn man von Bon-Ton ist. In Paris gibt es ganze Gewölbe, die nichts anderes als Stöcke führen.«* L. S. Mercier betont in seinen Beobachtungen aus dem Paris der 80er Jahre des 18. Jahrhunderts, daß der Stock für die Frauen keine nutzlose Verzierung sei, sie haben ihn nötiger als die Männer, da die Verrücktheit ihrer hohen Absätze ihnen das Gehen sehr erschwere.

Dame mit Spazierstock, Französischer Modestich, 1787.

Stockknauf, München 1790. Münchner Stadtmuseum.

Herr mit Spazierstock, Französischer Modestich, 1787.

Stockknauf Büste König Ludwigs II. von Bayern, 1880er Jahre. Münchner Stadtmuseum.

Form, Material und Verwendung der Stöcke unterliegen dem Wandel der Mode, wie es bei einem Accessoire, das hauptsächlich zum Vorzeigen gedacht ist, zu erwarten ist. So verwandelt sich der bis dahin außerordentlich lange Spazierstock mit ebenfalls sehr langer Zwinge (ca. 15 cm) unter dem Einfluß der Französischen Revolution in ein martialisches Gerät, von dem das JOURNAL DES LUXUS UND DER MODEN am 12. Oktober 1791 berichtet: *»Unsere Elegants, die in oder außer der National-Garden-Uniform durchaus die Helden und Starken spielen wollen, tragen jetzt zu seidnen Strümpfen, Bänder-Schuhen, Spitzen-Cravaten, drey Reihen-Lokken auf deren Kunstbau oben ein zierliches Spitzhütchen klebt, wahre Herkules-Keulen von Stöcken. Sie heißen auch Massues (Keulen). Es sind nemlich kurze dicke knotige Knüppel von spanischer Weinrebe, die oben in der Hand am dünnesten sind, und unten sehr dick wie Keulen zugehen. Mit diesen laufen die Gecken umher, als hätten sie täglich mit Löwen und Hydern zu kämpfen; und immer brennt ihnen der Kopf. Es ist ein närrisches Völklein!«* In der Tat trugen die eleganten jungen Stutzer, die ihr Emporkommen der Revolution verdankten, und sich daher gerne »revolutionär« kleideten, Stöcke, die so kurz und so dick waren, daß ein Verdacht, sie könnten zum Promenieren oder Flanieren geeignet sein, gar nicht erst aufkommen konnte. Noch auf einem Modestich von 1800 scheint es dem Herrn, der seinen Knotenstock aufrecht am unteren Ende gefaßt hält, nicht erlaubt zu sein, ihn wie einen gewöhnlichen Stock zum Gehen zu halten. Den Dandies, die zu Beginn des 19. Jahrhunderts in der Mode den Ton angaben und auf Vollkommenheit auch in Winzigkeiten größten Wert legten, war der Stock unentbehrlich. Dieser war selbst in keiner Weise auffällig, allein das edle Material und vor allem der selbstverständliche, sichere und gekonnte Umgang mit ihm zeichnete den echten Dandy aus. Schon in dieser Zeit wurden manche Stöckchen geradezu lächerlich dünn – zum Aufstützen waren sie ungeeignet, um so besser ließ es sich mit ihnen herumspielen. *»Der Geist eines Mannes zeigt sich in der Art, wie er seinen Stock trägt«* befand Balzac, dem als Mitarbeiter eines Pariser Mo-

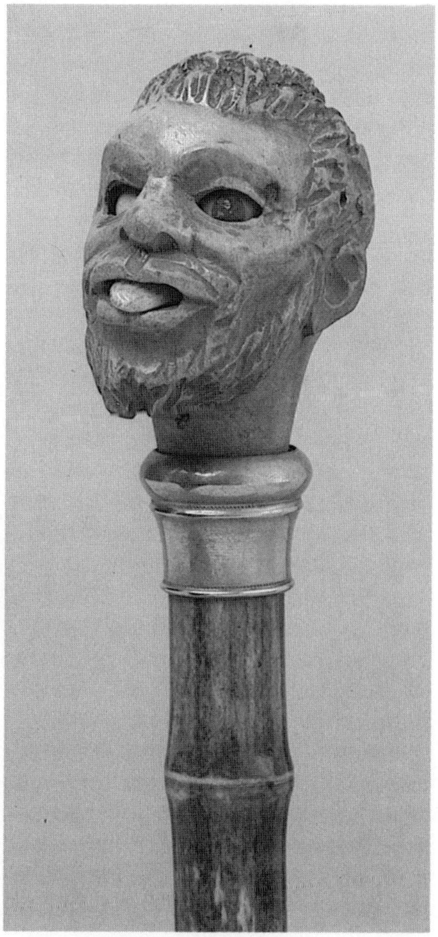

Knauf eines Automatenstockes (Negerkopf mit beweglichen Augen und beweglicher Zunge), 19. Jahrhundert. Münchner Stadtmuseum.

Reservistenstock, 1908.
Karikaturenstockgriff, um 1900.
Münchner Stadtmuseum.

Stockgriffe,
2. Hälfte 19. Jahrhundert.
Münchner Stadtmuseum.

dejournals (1830) die Bedeutung des Stockes für das Erscheinungsbild des eleganten Mannes bewußt war, und der selbst schöne Stöcke sammelte und liebte.

Das 19. Jahrhundert wurde das goldene Zeitalter des Spazierstocks, in dem für ihn in unendlicher Vielfalt neue Materialien, Schmuckformen und – im SYSTEMSTOCK – ergänzende Verwendungszwecke gefunden wurden. Das häufigste Material für den Schuß eines feinen Stockes war das teure MALAKKA-ROHR, früher SPANISCH ROHR genannt. Mit einem schön geformten Knauf, meist von Silber oder Elfenbein, einer Handschlaufe und einer Metallzwinge versehen, wurde er zum vollständigen Stock. Auch andere exotische Rohre, deren jeweilige äußere Charakteristika wie Farbe oder Blattknotenabstände für ihren Dekor bedeutsam waren, fanden ebenso wie heimische und exotische Hölzer als Stock-Schüsse Verwendung. Darüber hinaus wurden besonders zu Stöcken, die nur zum Flanieren mitgenommen wurden oder nur als Andenken dienten, massives Elfenbein, Koralle, Fischknochen, sogar Glas verwendet, oder als Überzug auf festem Kern Leder, Fisch- und Schlangenhäute, Schildpatt und buntes Papier und noch vieles andere mehr.

Stockgriffe gibt es in unterschiedlichen Formen, unter denen der gerade Knauf die früheste ist. Doppelkrükken, in Deutschland nach den aus dem Besitz Friedrichs II. zahlreich erhaltenen Beispielen FRITZKRÜCKEN genannt, und Haken bieten der Hand eine bequeme Auflage. Am Rundhaken, der mit der industriellen Herstellung der Stöcke erfunden wurde, kann der Stock auch über den Arm gehängt werden. Für die kostbarsten

Griffe kamen außer Edelmetallen auch Edelsteine und Halbedelsteine zur Verwendung. In der FABERGÉ-Werkstatt entstanden in den Jahrzehnten vor und nach der letzten Jahrhundertwende Emailgriffe, die zu den Preziosen unter den Stockgriffen zählen. Auch aus Porzellan und Glas wurden Stockgriffe gefertigt, Elfenbein und Holz wurden reich beschnitzt und eingelegt. Zierliche Flanierstöcke aus edlen Materialien brauchen keine Metallzwinge und haben daher in der Regel einen bündig gearbeiteten Absatz von Elfenbein oder Horn. Ab etwa 1830 war die figürliche Darstellung als Zierde des Griffs die Freude des Stockträgers, der nach seiner besonderen Vorliebe und für die verschiedensten Gelegenheiten wählen konnte. Mohren-, Narren-, Damen- oder Totenköpfe und Tierköpfe vor allem von Hunden und Vögeln, aber auch von Affen, Hasen und Pferden finden sich am häufigsten. Außer den KARIKATURKÖPFEN gibt es AUTOMATENKÖPFE, die auf eine Hebel- oder Knopfbewegung hin die Augen rollen und die Zunge herausstrecken oder andere Kunststücke vollführen, mit denen der Stockbesitzer Neid und Bewunderung erregen konnte. Auch Griffe mit ganz- oder mehrfigurigen Menschen- und Tierdarstellungen sind keine Seltenheit. Beliebt war auch die kleine geschnitzte Menschenhand, die einen Ast, Fisch, Ring oder Stab umfaßt oder einfach zur Faust geballt ist, oder auch das bestrumpfte Damenbein, das sich dem Liebhaber angewinkelt als Hakengriff in die Hand schmiegt.

Typische Kinder des erfindungsfreudigen 19. Jahrhunderts sind die Mehrzweckstöcke, in der Fachsprache SYSTEMSTÖCKE genannt. Sie boten der Phantasie der Hersteller ein reiches Tätigkeitsfeld, ihren Benützern jedoch nur selten einen wirklichen Vorteil. Als modisches Accessoire sind sie fast ohne Bedeutung. Eher ist es die Freude an der Spielerei, der Überraschung und dem Geheimnisvollen, die ihren Erfolg ausmachte. Die häufigste und zugleich einfachste Art des Systemstocks ist die Verwendung des Stockes als Maßstab. Die Gesamtlänge des Stockes ist seinem Besitzer bekannt und die Feineinteilung läßt sich an eingeschlagenen kleinen Stiften im Zentimeter- oder Zoll-Abstand ablesen. Häufig und schon früh bekannt sind DEGENSTÖCKE, deren Klinge am oberen herausziehbaren Stockteil befestigt und im unten hohlen Stock verborgen ist. Eine Fülle von Erfindungen widmete sich dem Stock mit verborgener Schußwaffe. Die einfachsten WAFFENSTÖCKE sind jene, deren Knäufe von Blei oder bleigefüllt sind und damit zum Zuschlagen taugen. Aber auch Praktisches wie Uhren, Schreibzeug, Teleskope, Eß- und Toilettegeräte oder Angenehmes wie Parfümbüchschen, Whiskyfläschchen, Würfelspiel und Musikinstrumente können das Innenleben eines Stockes ausmachen und seinem Besitzer im Bedarfsfall die

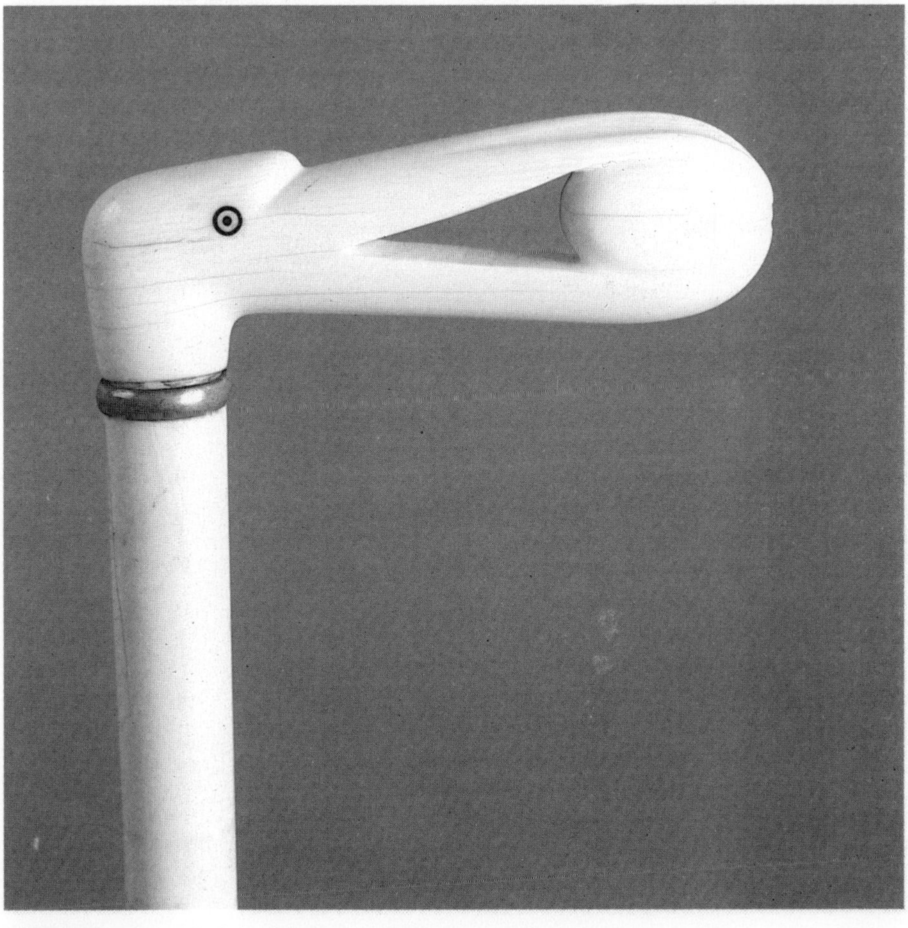

Griff eines massiven Elfenbeinstockes, um 1900. Münchner Stadtmuseum.

Aufmerksamkeit seiner Umgebung sichern. Stöcke mit verborgenem Regenschirm oder mit ausklappbarem Jagdsitz gibt es heute noch zu kaufen.

Die industrielle Fertigung von Spazierstöcken begann in Deutschland bereits im frühen 19. Jahrhundert. Selbst die figürlichen Griffe, metallgegossen oder in Elfenbein geschnitzt, wurden in großer Auswahl von Fabriken angeboten. Zola schildert den Untergang eines Pariser Stockmachers, dessen kleiner Laden durch die Konkurrenz des gegenüber neueröffneten Kaufhauses, eines der ersten von Paris, zugrunde geht: *»Hören Sie, das Handwerk ist hin! – Es gibt keinen anständigen Griff mehr. Man macht Stöcke, aber mit den Griffen ist es aus! – Wenn Sie mir einen richtigen Griff auftreiben, schenke ich Ihnen zwanzig Francs!« – Das war sein Handwerkerstolz, kein anderer Handwerker in Paris war fähig, solche Griffe zu schaffen wie er, leicht und dabei haltbar. Er schnitzte vor allem den Knauf mit bezaubernder Phantasie, wählte dazu stets einen anderen Vorwurf: Blumen, Früchte, Tiere, Köpfe, die er in einer lebendigen und freien Art behandelte. Ein Taschenmesser genügte ihm, man sah ihn den ganzen Tag lang, die Brille auf der Nase, sorgfältig das Buchsbaum oder Ebenholz bearbeiten. – »Ein Haufen Nichtskönner«, sagte er, »die sich damit zufrieden geben, Seide auf Fischbeinstäbe zu kleben! Sie kaufen ihre Griffe grosweise ein, lauter Massenware . . . und das mag verkaufen, wer will! Verstehen Sie, das Handwerk ist hin!«*

Jungbauern auf dem Weg zum Tanz, Foto August Sander, 1914.

Die fabrikmäßige Herstellung der Stöcke kam jedoch dem Bedarf dieser Zeit an großen Mengen von Spazierstöcken entgegen. Es besaß praktisch jeder Mann einen Spazierstock – und sei es nur für den Sonntag. Der Umgang mit ihm zeigte an, ob er mehr als Gehstütze oder als Stütze für das Selbstbewußtsein benutzt wurde. Mit den Ferien in gebirgigen Landschaften und der Trachtenmode kamen auch TRACHTENSTÖCKE auf, die aus heimischen Hölzern gefertigt waren und Horngriffe hatten. Die FRACKSTÖCKE der Gründerzeit und der Jahrhundertwende, in der Regel aus Ebenholz mit einem Knauf von Elfenbein oder Halbedelstein, wurden zum Theaterbesuch unter den linken Arm geklemmt und dienten sonst höchstens dem Herbeiwinken einer Droschke. Mit den ROHRSTÖCKCHEN, *»dünn wie ein Faden«* (Maupassant), konnte man nur vorsichtig den Boden stupfen. Sie waren eher für Bewegungen in der Luft geeignet und damit reiner Schmuck; Damen, selbst ganz

Karikaturenstockgriff,
Mitte 19. Jahrhundert.
Münchner Stadtmuseum.

junge, nahmen bis zum Weltkrieg zum Spaziergang einen STOCKSCHIRM oder einen leichten Stock mit. STUDENTENSTÖCKE hatten vor allem für Corps-Studenten eine besondere Bedeutung. Doch trug um die Jahrhundertwende jeder junge Mann, der seine Person ein wenig zur Geltung bringen wollte, einen Spazierstock. Er war das wichtigste Requisit des Stutzers, der ihn in möglichst auffallender und weltmännischer Manier zu tragen versuchte.

Der Spazierstock – wenn er nicht als Gehstütze verwendet wird – ist das Symbol und das Spielzeug des Müßiggangs. Mit dem Stock in der Hand kann man nicht arbeiten und es lassen sich keine Lasten tragen. Der Stock Dagobert Ducks verkündet den erfolgreichen Millionär und selbst das Stöckchen des Vagabunden Charlie Chaplin läßt sich symbolisch als Hinweis auf sein Nicht-Beschäftigt-Sein und daher Zu-Allem-Bereit-Sein deuten. Auf August Sanders berühmten Foto von drei Westerwälter Jungbauern auf dem Weg zum Tanz (1914) führen diese die persönlichkeitshebende Wirkung des entsprechend eingesetzten Spazierstocks unfreiwillig vor. Trotz der schlecht sitzenden Anzüge gewinnen die jungen Burschen für den Feiertag durch ihre stolz und gerade auf den Boden gestützten Spazierstöcke eine fast stutzerhafte Haltung.

Ein heutiger junger Stutzer braucht, um seine jugendliche Lebenslust auffallend herauszustellen, ein schnell und sportlich aussehendes Fahrzeug. Die Kunst des Stöckchenwirbelns – eine Kunst, auch wenn es unfein war – ist verloren gegangen. Doch sind es nicht nur die Aktentasche und das Auto, die das Mitführen eines Stockes heute unmöglich gemacht haben. Es ist der Wandel einer Lebensart und einer geistigen Haltung, die den Symbolen der Tüchtigkeit und der Geschwindigkeit einen höheren Stellenwert eingeräumt haben als denen des Zeithabens und des eleganten Müßiggangs wie sie ein nutzloser Flanierstock verkörpern konnte.

Stockgriff mit Musikant,
2. Hälfte 19. Jahrhundert.
Münchner Stadtmuseum.

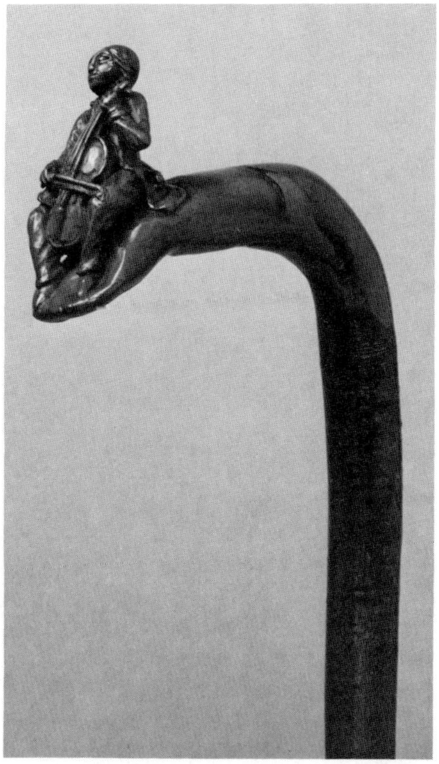

ELISABETH HELLER-WINTER

Literatur

Max von Boehn, Das Beiwerk der Mode, München 1929.

C. Dike, Les canes à système, Paris 1982.

Ulrich Klever, Stöcke, München 1980.

Ders., Spazierstöcke, München 1984.

Spazierstöcke mit Hirschhorn- und Gamskrickelgriffen,
Ende 19. Jahrhundert,
Münchner Stadtmuseum.

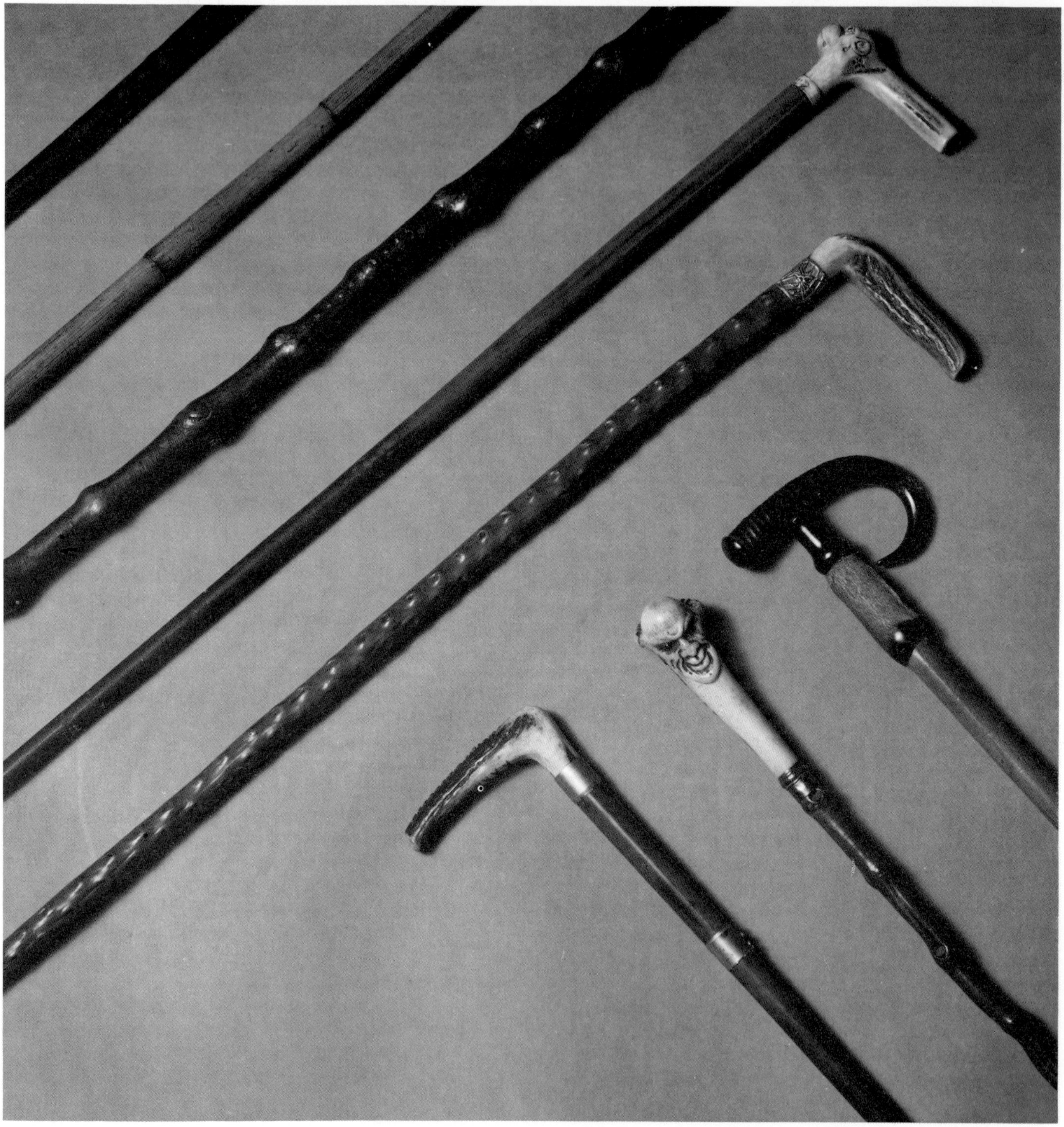

T

– **Tätowierung**
Taschentuch
Transvestismus
T-shirt

T

Tätowierung

Makabrer Kunstsinn: In Tokio gibt es ein Museum, das Häute verstorbener Männer und Frauen ausstellt, die sich am ganzen Körper haben farbig tätowieren lassen und dieses Bildgut dem Gründer der ungewöhnlichen Pinakothek, Universitätsprofessor Fukushi, testamentarisch vermachten. Gar so verwunderlich ist dies freilich auch wieder nicht, hat doch die ostasiatische Tätowierung eine anerkannte Tradition, ja gilt sogar als eine hochentwickelte Sonderform des Kunstschaffens.

In Europa wäre derlei bislang kaum vorstellbar. Zwar gibt es Wagemutige, die sich nach fernöstlichem Vorbild sog. JAPANISCHE ANZÜGE (vielfarbige Ganzkörpertätowierungen) stechen lassen, zwar gibt es Tätowierer mit künstlerischen Ambitionen und beachtlichem graphischen Können, aber die Mehrheit unserer Zeitgenossen sieht in diesem neuerdings wieder in Mode gekommenen Phänomen schlichtweg eine Geschmacklosigkeit.

Das ist nicht erst heute so. Tätowierer und ihre Kunden müssen mit dem schlechten Ruf leben, den teils die tatsächlichen Verhältnisse, teils die verallgemeinernden und diffamierenden Schlußfolgerungen in der Fachliteratur des späten 19. und frühen 20. Jahrhunderts zu verantworten haben. Ein Beispiel: Daß zahlreiche Kriminelle tätowiert waren, veranlaßte den Architekten Adolf Loos, in seiner 1908 publizierten Schrift »ORNAMENT UND VERBRECHEN« zu konstatieren: *»Wer sich tätowiert, ist ein Verbrecher oder degenerierter Adeliger.«*

Da heute niemand solche absurden Behauptungen mehr ernst nehmen würde, müssen nunmehr die pseudowissenschaftlichen »Forschungsergebnisse« in seriöserer Gewandung auftreten, was sie allerdings eher perfider macht. Von *»psychischer Labilität«* und *»Psychopathen«* sprach vor wenigen Jahren der amerikanische Dermatologe Norman Goldstein.

La Bella Angora, um 1900.

Von diesen alten und neuen Pauschalurteilen dürfen wir uns nicht das moralische Recht und die wissenschaftliche Pflicht absprechen lassen, historisch forschend einem kulturellen Phänomen nachzuspüren, das seit der Antike belegbar und in weiten Teilen der Welt vorzufinden ist.

Dabei braucht nichts vertuscht zu werden. Daß unter den Tätowierten stets viele Verbrecher, Zuhälter und Prostituierte waren, ist bekannt, und es versteht sich, daß diese Tatsache das Ansehen des Hautstichs nicht gerade gehoben hat. Das gilt auch für die am ganzen Körper tätowierten Frauen und (seltener, aber früher; seit etwa 1830) Männer, die sich in Jahrmarktsbuden begaffen ließen.

Die berühmtesten unter ihnen kennen wir von erhalten gebliebenem Werbematerial – Plakate, Postkarten, Prospekte, Zeitungsinserate –, obgleich oft nur unter ihren phantastischen Pseudonymen. Beispiele aus den Sammlungen der Abteilung Schaustellerei im Münchner Stadtmuseum sind Fotokarten von Miss Caerry *(»tätowierte Schönheit«)*, La bella Angora *(»die kunstvollst tätowierte Dame der Erde. Unstreitig die beste ihres Genres«)* sowie Miss Creola und Miss Alwanda *(»kunstvollst tätowierte Damen«)*; mit Superlativen wurde nicht gegeizt. Auf diesen Postkarten sind die – um mit Grasshoff zu sprechen – *»vom Ausschnitt bis zum Spann«* bebilderten Frauen vergleichsweise züchtig kostümiert; zum einen wollte man keine polizeiliche Konfiszierung riskieren, zum anderen sollte die Neugier auf das TATTOO an intimeren Körperpartien geweckt werden. Daß die das Werbematerial verteilenden Schlepper mit einschlägigen Versprechungen aufzuwarten wußten, läßt sich unschwer denken.

Musterblatt für Tätowierungen, Deutschland, Anfang 20. Jahrhundert. Puppentheatermuseum im Münchner Stadtmuseum.

Zur Reklame gehörte auch eine möglichst abenteuerliche Lebensgeschichte, in exotischem Ambiente angesiedelt, auf Südseeinseln oder im Orient; Berichte von Zwangstätowierungen waren nicht selten. Die Ganzkörpertätowierten gehörten zu den sog. Abnormitäten wie bärtige Frauen, Kolosse, Albinos u. ä. Ein Plakat vom Ende des letzten Jahrhunderts zeigt ein tätowiertes Paar in derartiger Gesellschaft, die mit »Dr. F. Geisslers« Amerikanischer Wunder-Phänomen-Ausstellung durch die Lande zog.

Darüber darf jedoch nicht übersehen werden, daß eine große Zahl von Menschen tätowiert war, die keineswegs zu den Außenseitern der Gesellschaft gehört. Man denke etwa an die berufsspezifischen Zeichen, die Riekke zusammengestellt hat: Hufschmied mit Hufeisen und Pferdekopf, Maurer mit Setzlot und Kelle im Blütenkranz usw. Und dann natürlich vor allem die Seeleute! Es ist bezeichnend, daß sich sowohl die erste große volkskundliche Arbeit (Spamer 1933) als auch die neueste Studie (Steusloff 1985) mit ihnen befaßt. Gelten sie doch nicht nur – neben den Soldaten – als die größte Gruppe der Tätowierten, sondern als die Vorreiter dieser im 19. Jahrhundert weite Kreise erfassenden Mode des Körperschmucks. Als ausgesprochenen Trendsetter können wir jenen Matrosen bezeichnen, der 1791 in London das vorgeblich auf Tahiti angefertigte, eine Palme darstellende Rückenbild zeigte. Daraufhin sollen zahlreiche Seeleute und Hafenarbeiter diesem Vorbild gefolgt sein.

Fest steht, daß Teilnehmer an Südseeexpeditionen tätowiert heimkehrten. Oettermann schreibt: *»Die Wiederbelebung der europäischen Tätowierung (für die es nicht einmal eine* *eigene Bezeichnung gab) geschah erst im späten 18. Jahrhundert; der Impuls dazu ging von der Südsee aus. 1769 hatte Kapitän James Cook (1728–1779) Tahiti entdeckt, das von ihm und späteren Besuchern übereinstimmend als ›irdisches Paradies‹ mit freien und unverdorbenen Menschen beschrieben wurde. Tahiti war eine ›Gegenwelt‹, und die Tätowierung erschien den Europäern als die Schrift dieser Gegenwelt. Aus Tahiti brachte Cook auch das Wort ›Ta-tau‹ mit nach England.«*

Das danach benannte TATTOO blieb keineswegs bei den sozialen Unterschichten stehen. Marineoffizieren und Mitglieder des englischen Königshauses sowie mitteleuropäischer Fürstenhäuser waren tätowiert. Nur das Bürgertum ließ sich von der Mode nicht anstecken, verachtete und bekämpfte sie; man war, wie Oettermann erklärt, *»zu sehr zukunfts- und aufstiegsorientiert, als daß man sich eine lebenslang nicht mehr zu entfernende politische Parteinahme, eine Liebes- oder Treuezeichen hätte einstechen lassen, das unter veränderten Umständen der Karriere hinderlich gewesen wäre.«*

Nicht nur die Tätowierten, sondern auch die Tätowierer selbst trugen zur negativen Einschätzung der Hautstichmode bei. Noch 1933 schreibt Spamer: *»Es dürfte kaum übertrieben sein zu behaupten, daß auch heute noch in Deutschland das Tätowiergewerbe zu neun Zehnteln mit fahrendem Volk und Schaustellertum zusammenhängt«*, also in einer sozialen Sphäre betrieben wird, die für das Establishment von vorneherein als ebenso suspekt galt wie die Kneipen und Herbergen, in denen die ambulanten Tätowierer ihre Dienste anboten.

Um den Ruf ihrer wenigen ortsfesten Kollegen war es nicht besser bestellt. Es waren häufig Männer von zweifelhafter Vergangenheit und mit zweifelhaften Methoden. So mancher Matrose ließ sich in betrunkenem Zustand von den die Hafenviertel bestreichenden Schleppern verführen und merkte erst zu spät, daß der angepriesene »Künstler« das Beutelschneiden besser beherrschte als das Hautstechen.

Andererseits gab es immer wieder ambitioniertere Tätowierer, die internationales Renommee genossen. Manche von ihnen orientierten sich am Fernen Osten. Sutherland Macdonald und Alfred South in London beispielsweise arbeiteten nach Bildern japanischer und englischer Maler, und der deutsche Tätowierer Christian Warlich besaß sogar ein originales chinesisches Musterbuch.

Warlich (1890–1964), der sich gern *»König der Tätowierer«* nannte, ist einer eingehenderen Betrachtung wert. Er war, wie ihm Spamer bescheinigte, *»nicht nur unbestritten Deutschlands bedeutendster Tätowierer, sondern genießt auch als Künstler der Tätowiernadel einen internationalen Ruf, zu dem ihm gleichermaßen technisches Können wie geistige Überlegenheit verhalfen.«* Außer dem königlichen führte er noch einen akademisch-technischen Beinamen: »PROF. ELECTRIC«; er war nämlich einer der ersten europäischen Tätowierer, der sich einen strombetriebenen Apparat – eine Erfindung seines amerikanischen Kollegen O'Reilley – aus den USA verschaffte.

Tätowiert hat Warlich schon als junger Mann, als wandernder Kesselflicker und als Matrose. 1919 ließ er sich in Hamburg nieder, eröffnete eine bescheidene Gastwirtschaft mit einem noch bescheideneren ATELIER MODERNER TÄTOWIERUNGEN. Das stete Bemühen um Vervollkommnung des Motivangebotes sowie sein Geschick im Ändern oder Entfernen von schlecht ausgeführten oder unerwünscht gewordenen Tätowierungen sprach sich rasch herum, festigte seinen Ruf. Bilder von Postkarten, Filmplakaten und aus Illustrierten dienten ebenso der Komplettierung des Repertoires wie Graphiken und Gemälde Dürers. Neben traditionellen Mo-

Tätowierung, Vorlagenalbum, Christian Warlich, 1890–1964.

Tätowierung, 1980.

tiven wie Indianer, Segelschiff oder Schlange bot Warlich immer wieder neue, teilweise mit aktuellen Bezügen, an.

Hier sind wir bei der Frage nach dem Bilderschatz angelangt. Die Palette reicht von der Initiale und dem schlichten Zeichen (Herz, Hakenkreuz) bis zur Reproduktion von Kunstwerken. Traditionelle Motive werden immer wieder variiert, Sonderwünsche von Kunden berücksichtigt, Aktuelles adaptiert – der Phantasie sind keine Grenzen gesetzt.

Tätowierungen werden teils als schierer Schmuck, teils in signalhafter Intention getragen. Neigungen und Abneigungen werden so in Beschriftungen und Bildern artikuliert, Liebe und Haß, Lust und Leid, Sehnsüchte und Rachegedanken.

»Er hatte eine tätowierte Rose auf seiner Brust, und Estelle war so verschossen in ihn, daß sie in die Bourbon-Straße ging und sich auch eine solche Tätowierung machen ließ. Ja, eine tätowierte Rose auf ihrer Brust, genauso wie ihr Kerl sie hatte.« Ein treffliches Beispiel für den auch heute wieder gelegentlich gewünschten Partnerlook ist diese Stelle aus Tennessee Williams' Schauspiel »THE ROSE TATTOO«. Eine große Rosenblüte sowie eine zwei Herzen durchrankende Rose, *»Treue Liebe«* unterschrieben, befinden sich auch in Warlichs Musterbuch. Neben solchen allgemeinen Liebeszeichen gibt es individuellere. So war es etwa um 1890 bei amerikanischen Damen Mode, sich den Namen des Verlobten stechen zu lassen.

Die Rosenblüte als Sinnbild der geliebten Frau, durchstoßen von einem Dolch als Zeichen der Schändung, von einer züngelnden Schlange als Rachesymbol umwunden – derlei Mo-

T

Tattoo,
Lal Hardy, London,
vor 1985.

tivkonstellationen gehörten einst zum Standardrepertoire der Tätowierer. Auf einem *»D. C.«* signierten Vorlageblatt in der Abteilung Schaustellerei des Münchner Stadtmuseums beispielsweise befindet sich ein auf Treuebruch deutendes Bild: Das liebbende (= von Pfeilen durchbohrte) Herz hat einen Dolchstoß empfangen; verschlungene Hände zeigen deshalb die Innigkeit der einstigen Beziehung.

Liebesbekundung, Treueversprechen und Racheschwur stammen aus der Privatspähre des Einzelnen. Überindividuelle Zugehörigkeitszeichen bilden eine zweite große Gruppe. Dazu gehören Embleme des Berufs, bekennende religiöse und nationale Symbole und Darstellungen, ausweisende Zeichen einer Mitgliedschaft. Oettermann spricht hier von *»In-Group-Erkennungszeichen«* und *»Out-Group-Stigmata«*.

Besonders eintönig erscheinen die Seemannsbilder, seien sie nun im Heimathafen oder in der Fremde erworben: Anker, Schiff, Nixe, Seemannsgrab, in *»Vom Fels zum Meer«*, immer und immer wieder. Freilich ist im Bereich der Erkennungszeichen eine gewisse Beschränkung des Repertoires unvermeidlich. Doch auch bei der Artikulierung von Wunschvorstellungen, bei der die Phantasie ihren Lauf nehmen könnte, ist das

Motivangebot oft recht bescheiden. Man kommt nicht umhin, den früheren Tätowierern und ihren Kunden ein recht begrenztes Vorstellungsvermögen zu bescheinigen. Es erschöpft sich eben immer wieder die Sehnsucht nach sexueller Ausschweifung beim nackten Mädchen, und die Abenteuerlust schrumpft zum Indianerkopf.

Mitunter werden die Zeichen auf der Haut zu Zeichen der Zeit. Die Bilderflut der Plakate und Illustrierten weckt Begierden, die mit eben diesen Bildern artikuliert werden. Auch die Tätowierten können nicht aus ihrer Haut.

Was gegenwärtig die Eintönigkeit durchbricht, ist die Tatsache, daß die Freunde der jungen, von Amerika ausgegangenen Tattoomode nicht selten individuelle Wünsche an die Tätowierer herantragen und daß diese oft mit einem stattlichen Angebot aufwarten. Der Münchner Tätowierer Fritz Rudel (»TOMMY'S TÄTOWIERSTUDIO«) verfügt beispielsweise über mehr als 2000 Vorlagen aus Amerika.

Einen *»Trend im Sommer '83«* will die AZ (Ausgabe v. 17.8.1983) entdeckt haben: *»Immer mehr Frauen lassen sich tätowieren.«* Die junge Dame, die dem Pressefotografen ihren Po mit dem kleinen blauen Schmetterling präsentierte, führt beileibe keinen exzentrischen Lebenswandel. Sie ist eine biedere Finanzbuchhalterin, die wohl kaum auf die Idee verfiele, in die Szene der »HEAVILY TATTOOES« zu gehen. Sie hat sich das Bild bewußt winzig und an einer im Alltag nicht gezeigten Körperstelle während ihres Urlaubs in Amerika anbringen lassen. Solche »Souvenirtätowierungen« sind nicht neu. Reisende und Seeleute haben mitunter ganze Sammlungen aus verschiedenen Teilen der Welt getragen.

Die Zunahme der tätowierten Frauen brachte den Fotografen Chris Wroblewski und den Londoner Tattooisten Lal Hardy auf die Idee, diesem Phänomen einen Bildband zu widmen. Das Buch trägt den Titel »TATTOO ART« und zeigt außerordentlich gekonnte Arbeiten aus England und Amerika auf weiblichen Körperteilen, von den chinesischen Schriftzeichen am Oberarm (Dennis Cokkell, London) über den Flamingo auf dem Oberschenkel (Ed Hardy, San Francisco) bis zur großangelegten Drachenszene auf dem Rücken (Jim Watson, Phoenix). Unter den Beispielen von Lal Hardy ist eine Punkfrau mit rotgefärbtem Haar, die auf der rasierten rechten Schädelhälfte ein monochromes, von der Schläfe bis hinter das Ohr reichendes Ornament trägt.

TATTOO ist in, aber auch heute gibt es natürlich erhebliche Qualitätsunterschiede. Die seriösen Tätowierer bemühen sich um die Wiedergewinnung des Renommees ihrer Arbeit, teils in Verbänden, die dem Informationsaustausch und der gemeinsamen Werbung dienen. Auf internationaler Ebene gibt es da beispielsweise die »EUROPEAN TATTOO ARTISTS ASSOCIATION« in Glasgow, auf nationaler seit rund zwei Jahren den »VEREIN PROFESSIONELLER TÄTOWIERER DEUTSCHLANDS«.

EDGAR HARVOLK

Literatur

Stephan Oettermann, Zeichen auf der Haut. Die Geschichte der Tätowierung in Europa, Frankfurt a.M. 1979.
Ders. (Hrsg.), Christian Warlich, Tätowierungen. Vorlagealbum des Königs der Tätowierer (= Bibliophiles Taschenbuch, 277), Dortmund 1981.
Ders., »Heavily Tattooed«, in: Die Wiederkehr des Körpers, hrsg. v. Dietmar Kamper/Christoph Wulf, Frankfurt a.M. 1982, 335–349.
Erhard Rieke, Das Tautuierungswesen im heutigen Europa, Jena 1925.
Adolf Spamer, Die Tätowierung in den deutschen Hafenstädten. Ein Versuch zur Erfassung ihrer Formen und ihres Bildgutes, in: Niederdeutsche Zs. f. Volkskunde 11, 1933, 1–55, 129–182.
Wolgang Steusloff, Tätowierungen von Seeleuten. Ein Beitrag zum maritimen Hautstichbild in der Gegenwart, in: Jahrbuch f. Volkskunde u. Kulturgeschichte 28, N.F. 13, 1985, 181–202.
Chris Wroblewski (Fotos)/Andy Cooper (Text), Tattoo Art. Tätowierte Frauen. Skin Fantasies on Tattooed Women, Wien 1985.

T

Taschentuch

Angesichts der praktischen Wegwerftücher aus Zellstoff, die den Anspruch unserer hygienischen Kultur beweisen, könnte man meinen, das tradierte Stofftaschentuch sei passé. Zum ordinären Schneuzen wird ohnehin kein Stoff mehr verwendet und ein Ziertuch schon gar nicht entweiht. Trotzdem! Taschentücher aller Couleur leben auch heute noch; mit der Zeit werden ihnen neue Funktionen zugewiesen. Jede Kulturphase setzt unter den gegebenen Möglichkeiten stets neue Ansprüche durch, indem die vererbten Modeaccessoires sich eben auch modisch verändern.

Die Metamorphose des Stofftaschentuchs vollzieht sich wahrscheinlich heute behutsamer, weil sein ordinärer Hauptzweck durch die Softies in toto übernommen wurde; der modische Spielraum in der Zukunft muß im Moment erst ausgelotet werden. In Berlin hat M. Kramer bei Selbsterfahrungsgruppen bislang einen Katalog von 18 Codes im Umgang mit einem textilen Taschentuch ausgemacht. Mit den verschiedenen Farben und der unterschiedlichen Art des Tragens wird wie einst im Rokoko dem gleichwertig Sensibilisierten ein stummes Signal erotischer und anderer Wünsche geboten.

Dame mit Taschentuch, zum Spaziergang gekleidet, Modekupfer, 1793.

Das auf Arbeit und Geldmachen ausgerichtete 19. Jahrhundert hatte alle modischen Umgangssprachen mit dem Taschentuch unprosaisch bis auf den Taschentuchknoten – unsere archaische Gedächtnisstütze – eingeschränkt. Zum anderen jedoch verdanken wir dem industriellen Zeitalter den eingangs erwähnten Reichtum an Formen. Wir müssen deshalb das Ziertuch, das traditionelle Taschentuch und die Softies gesondert betrachten. Trotz des gemeinsamen Urvaters werden funktionale und ästhetische Seiten so stark vom jeweiligen Zweck geprägt, daß die Dominanz längst bei den Unterschieden liegt.

Das Ziertuch oder auch Kavalierstuch realisiert modische und spielerische Effekte. Farblich häufig mit der Hauptgarderobe abgestimmt, wird es bei einer Gruppe mit teurem Parfüm getränkt, um mit individuellen Duftnoten im Geschlechterspiel zu locken; andere pflegen damit den Kult des Brilleputzens. Dies kann nur einiges an phantasiereichen Einsätzen des zum reinen Modeaccessoire avancierten Tüchleins andeuten. Es ist noch anzumerken, daß Material, Verarbeitung und Farbgebung des Ziertuchs hohen Forderungen entsprechen müssen.

Ziertuch, um 1880. Münchner Stadtmuseum.

Die Nr. 2, das herkömmliche Stofftaschentuch, das bei Männern etwas großflächiger und farblich dumpfer gehalten ist, hat sich gewissermaßen zum Schweißtuch im wörtlichen und übertragenen Sinn spezialisiert. Erregende Situationen aller Art fordern diesen versteckten und praktischen Helfer, der auch beste Dienste für Notverbände, als Kopfschutz, als Handtuch, als Einwickeltuch u. v. m. leistet.

Die wirkliche »Schmutzarbeit« vom Schneuzen bis zum schnellen Schuhputz wurde auf die Wegwerfsofties übertragen. Hygienisch verpackt, weiß, weich und billig sind die gesetzten Bedingungen. Dies wäre der aktuelle, rauh angeschlagene Stand der Taschentuchentwicklung, von der wir annehmen, daß sie in vielfältigen Variationen an Farben, Formen, Materialien u. ä. die Zukunft modisch bereichern wird.

Der historische Weg von der Urform des Taschentuchs bis heute läßt sich weit in die Antike zurückverfolgen. Das Taschentuch war zweifelsohne eine Errungenschaft der antiken Kultur gegen die tropfende Nase; bei der sozialen Bandbreite von arm und reich blieb es nicht aus, daß die einen nur einen primitiven Stoffetzen hat-

Souvenirtuch,
Spanien,
um 1900.
Münchner Stadtmuseum.

ten, während die anderen damit differenziert ihren Besitzstand anzeigten. Anläße und Umgangsformen für die Zurschaustellung der textilen Kostbarkeiten in der Öffentlichkeit gab es reichlich. Wenn wir heute das Gebärdenspiel der Fußballfans vor Augen haben, dann ist die Vorstellungskraft gegenüber einem antiken Gladiatorenkampf nicht überfordert.

In den tausend Jahren nach dem Untergang Roms müssen die europäischen Völker allem Anschein nach in einer ordinären Form des Naseputzens steckengeblieben sein, denn die dezidierten Ermahnungen des Humanisten Erasmus von Rotterdam zum mangelnden Umgang mit dem Taschentuch lassen ein abendländisches Kulturdefizit ahnen. Der Nachholbedarf wird schnell übersättigt, als man das »Facilettlein« für Geschenke der Braut an den Bräutigam entdeckt, womit sich der Fleiß und die Geschicklichkeit der künftigen Ehefrau sichtbar belegen ließ. Kirche und Staat versuchten vergeblich, den modischen Wucherungen und kostspieligen Verschwendungen in Kleiderordnungen Grenzen zu setzen. In Testamenten rangierte manches mit Kostbarkeiten überfüllte Tüchlein unter dem Erbnachlaß auf vorderstem Platz.

Das Zeitalter adliger Galanterie hat die wertvollen Tüchlein zu den »Mouchoirs de Venus« erwählt. Die gestalterische Verwendung wuchs phantasievoll bis zu den Schleifchen, die als Liebesgaben am Rock der Angebeteten befestigt werden konnten und mit Kosenamen bedacht wurden. Nach feinsten Farbtönen ausgesucht, signalisierten sie ein wenig vom metaphysischen Zustand des Besitzers. Aus jener Farbsprache ist uns überliefert, daß Rosa und Himmelblau inneren Sonnenschein versprachen; Malve hingegen verhieß Sturm und Regen, Unlust und Tränen. Man betupfte mit dem Tüchlein, das nach kostbaren Essenzen roch, dezent die Schläfen, kokettierte damit bei jedem theaterfähigen Anlaß oder trieb amouröse Spielchen, die es dem Geliebten erlaubten, den aufregendsten Verstecken am Körper nachzuspüren.

Das letzte Jahrhundert des »ancien régime« ist angefüllt mit derart gesellschaftsfähigen Narreteien im Umgang mit dem Tüchlein; besonders beliebt und auch heute noch gespielt, war das Blinde-Kuh-Spiel. Insofern mußte das Taschentüchlein repräsentationswürdig sein; nur feinste Materialien, beste Verarbeitung und edelster Besatz waren gefragt. Die Fama berichtet von kostbaren Einzelstücken, deren Preis einer kompletten Abendgarderobe nicht nachstand. Man ist in diesem Zusammenhang jedoch über die gesetzgeberische Leistung Ludwig XVI. erstaunt, der auf Anregung seiner Gattin allen obskuren Taschentuchformen ein Ende setzte und das Quadrat als einzig gültige Form dekretiert hat.

Mit der industriellen Entwicklung wird der Taschentuchluxus zeitweise auf Merkantiles eingeebnet. Der Bürger, ehedem gewohnt, zwischen Dingen für die Schauvitrine und jenen für

Einstecktücher,
um 1925/30.
Münchner Stadtmuseum.

Taschentücher,
Ende 19. Jahrhundert.
Münchner Stadtmuseum.

den Alltag zu unterscheiden, besitzt zum einen das praktische dunkle Taschentuch in größerer Stückzahl und ein paar erlesene Spitzentüchlein für den Sonntagsstaat. Gelegentlich werden Marktwünsche eingeschoben, wie sie mit den historischen Bildern der Napoleonschlachten um 1815ff beliebt waren.

Die Textilindustrie erzeugte zunehmend eine respektable Billigware, die vor allem in gemusterten Dessins aufwartete, dunkle Farben bevorzugte und an Materialien Leinen, Batist, Kunstseide und Baumwolle verarbeitet hat. Das reichhaltiger werdende Taschentuchangebot – bei sinkenden Preisen und steigender Qualität – reizte Honoré de Balzac zu einer Neubewertung des Zeitgeistes, wonach der Diebstahl von Taschentüchern nun vom Diebstahl der Ideen überflügelt wurde.

Was blieb, war der stete Konflikt, das saubere Taschentuch bei der ersten Benutzung zu verschmutzen. Die lyrische Fassung dieses Problems verdanken wir Morgenstern:

»Palmström steht an einem Teiche
und entfaltet groß ein rotes Taschentuch.
Auf dem Tuch ist eine Eiche
dargestellt, sowie ein Mensch mit einem Buch.
Palmström wagt nicht sich hineinzuschneuzen,
er gehört zu jenen Käuzen,
die oft unvermittelt-nackt
Ehrfurcht vor dem Schönen packt.
Zärtlich faltet er zusammen,
was er eben erst entbreitet.
Und kein Fühlender wird ihn verdammen,
weil er ungeschneutzt entschreitet.«

Das noblere Spitzentuch für die Abendkleidung wird noch nicht auf Maschinen gefertigt; aus Klöppelspit-

Taschentücher,
um 1930/35.
Münchner Stadtmuseum.

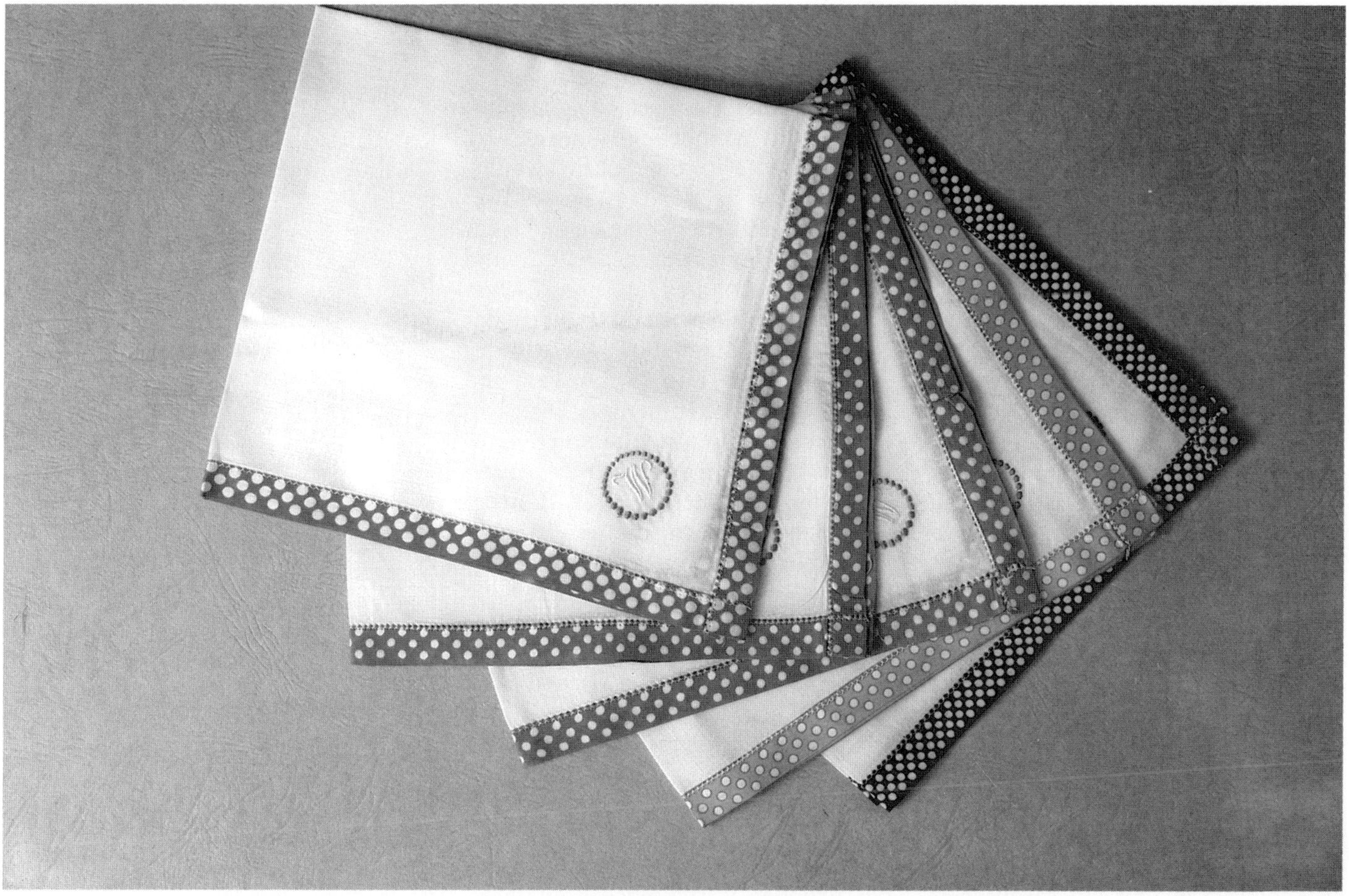

Taschentuchbehälter,
um 1880/90.
Münchner Stadtmuseum.

ze oder zartem Chiffon werden sie in handwerklicher Kunst erschaffen. Sie bleiben modisches Beiwerk, das farblich, duftend und drapierend Akzente an der Galarobe setzen soll. In solcher Gestalt war und bleibt es literaturwürdig; hierbei beansprucht jenes Liebespfand, das Indiz der Eifersuchtsszene in Othello, zweifelsfrei die Krone unter den Taschentüchern.

HARALD BROST

Literatur

Bele Bachem, Magisches Taschentuch, München 1959.
Margarete Braun-Ronsdorf, Das Taschentüchlein, Aalen o. J.
Michael Kramer, Verkleidungen, Wetzlar 1984.

»Der, welcher sein parfümiertes Schnupftuch aus der Tasche zieht, traktiert alle um und neben sich wider ihren Willen und nötigt sie, wenn sie atmen wollen, zugleich zu genießen; daher es auch aus der Mode gekommen ist.«

Kant

T

Transvestit,
München, 1982.

Transvestismus

Der römische Kaiser Caligula (12–41 n. Chr.) habe sich – so berichtet Sueton (um 70 – um 140 n. Chr.) – häufig und mit Lust in Frauenkleider gehüllt. Ein anderer Kaiser – Heliogabalus (204–222 n. Chr.) – legte Wert darauf, daß die römischen Bürger ihm als »imperatrix« huldigten: In Gold und Seide gekleidet, mit langer Schleppe, die Augen mit Bister, einer aus Holzruß hergestellten, bräunlichen Wasserfarbe geschminkt – so hielt er seinen Einzug in Rom. – Bei einigen Stämmen Nordamerikas (Dakota, Kalifornien), in Tahiti und in Brasilien hat sich eine Form des Transvestismus entwickelt, die fast der Institutionalisierung eines dritten Geschlechts gleichkommt. Allerdings bleibt dabei offen und ist nicht mit letzter Gewißheit zu entscheiden, welcher Art die sexuelle Identität dieser Transvestiten wirklich ist: Es könnte sich ebensogut um Heterosexuelle wie um transsexuelle Individuen handeln – genauso aber auch um einen Versuch, die Homosexualität zu kanalisieren und auf gesellschaftlich konstruktive Weise nutzbar zu machen. In primitiven Religionen vollzieht der Schamane die religiösen Zeremonien und kultischen Handlungen in Frauenkleidern: In solcher Gestalt verkörpert er die Macht der Fruchtbarkeit und die wiedergeborene Gottheit. Das Amt des Schamanen wird nur Auserwählten zuteil; diese erfahren ihre Berufung im Traum, durch den Ausbruch des Wahnsinns oder im Verlauf einer schweren Krankheit. Auf jeden Fall muß der Schamane, bevor er sein Amt antritt, selbst wiedergeboren werden: Auch zum Zeichen dieser Wiedergeburt trägt er Frauenkleider. Um Wohnstatt der Gottheit sein zu können, muß er durch eine »kreative Krankheit« hindurchgegangen sein und – jedenfalls metaphorisch – das Männliche und das Weibliche in einer Person verkörpern. Nur ein Schritt weiter, und wir sind bei der Gestalt des Psychoanalytikers (der seine eigene Neurose analytisch durcharbeiten und auflösen muß), bei der Freud'schen Theorie der Bisexualität und der Jung'schen Coniunctio. Der Zusammenhang springt in die Augen und bedarf keines Kommentars. Auch in den Pubertätsriten spielt der Transvestismus eine wichtige Rolle: Er ist darin der ritualisierte und ins Extrem getriebene Versuch, die gesellschaftlich aufgezwungenen und »naturgegebenen« Rollen zu sprengen und eine andere gesellschaftliche und vor allem sexuelle Identität zu verwirklichen. Genau am Übergang zwischen zwei Lebensaltern, an der Schwelle zum Erwachsenwerden eröffnet sich den Heranwachsenden die Möglichkeit, beide Geschlechterrollen durchzuspielen. Der Transvestismus ist eine Art, die Zwänge zu denunzieren, die die sexuellen Verhaltensweisen determinieren und einengen; er spottet der herkömmlichen sittlichen Werte und verkehrt die Zeichen des komplizierten moralischen und ökonomischen Systems, das die Kleider repräsentieren, in ihr Gegenteil. *»Der Transvestismus des Schamanen und seine kultische Funktion und Bedeutung können nur Bestand haben, solange ihnen in sich selbst Wert beigemessen und Ehrfurcht entgegengebracht wird. Sobald die Verbindung mit dem Heiligen sich löst und verloren geht, bleibt nichts als grotesker Mummenschanz und das erstaunliche Mißverhältnis, das der Wechsel der Kleider mit sich bringt. Mögen wir auch weiterhin Furcht empfinden – und bei vielen Menschen rührt der Transvestismus an ein ganzes Spektrum von Ängsten – so ist es doch eine Furcht, die in einem Lachen ihre Lösung findet oder finden kann. Und so wurde der Transvestit zum Possenreißer, oder die Verkleidung diente zur Bemäntelung sexueller Exzesse.«* Auf der Bühne und im Film gilt es als Beweis schauspielerischer Meisterschaft, das andere Geschlecht und damit eine andere »Natur« bis ins kleinste Detail und die unscheinbarste Geste darstellen zu können. Im Zuschauer rührt der Gedanke, daß Frauenkleider einen männlichen Geist und Körper verbergen (und umgekehrt), an archaische Erinnerungen und Ängste, doch wird er durch das Lachen am Ende reichlich entschädigt. Narrenpossen, Pantomimen und

Komödien bieten die Möglichkeit, bestimmte sexuelle Tabus zu durchbrechen. Das so häufig angstbesetzte »Rätsel der Weiblichkeit« wird auf stereotype Formeln reduziert und dem Gelächter preisgegeben; die unter Männern weit verbreitete Furcht vor der Homosexualität wird exorziert.

In der Zwischenkriegszeit entwikkelt sich eine schrillere Form des Transvestismus, die bewußt auf Wirkung hin berechnet ist – ein »Glamour-Transvestismus« sozusagen. In Deutschland und Frankreich werden zahlreiche Shows zur Gänze von Transsexuellen oder echten Transvestiten bestritten. Hier stehen nicht mehr die komischen Effekte der Travestie im Vordergrund (wobei es letztlich nie im Zweifel stand, daß es sich um verkleidete Männer handelte), sondern die Darsteller wollen »für Frauen gehalten« werden, wollen »wirklich weiblich sein« und »Die Frau« verkörpern. In diesem Sinne erklärte ein Transvestit und Mitglied der Gruppe New York Dolls: *»Ich will überhaupt niemanden darstellen, es reicht mir, der zu sein, der ich bin«.* – *»Indem er die gesellschaftlichen Geschlechterrollen und die herrschenden Überzeugungen auf den Kopf stellt und destruiert, ohne das Publikum durch die Komik zu entschädigen, transformiert und revolutioniert der transvestierte Sänger oder Schauspieler das Wesen seiner dramatischen Funktion . . . In einer Darbietung (›performance‹), worin die sexuelle Identität sich auflöst, bekommen auch die übrigen gesellschaftlichen und ästhetischen Formen eine eigenartig halluzinatorische Qualität. Aus der Vorstellung wird eine radikale Infragestellung der Geschlechterordnung, gleichzeitig aber befriedigt sie infantile und fetischistische Bedürfnisse, die zu einem wichtigen Bestandteil der Gegenwartskultur geworden sind.«* Dies ist der Fall bei einer Reihe von Rockstars – wie David Bowie und Brian Eno –, aber auch bei zahlreichen Video-clips, in denen ganz unverhüllt eine sexuelle Ambiguität in Szene gesetzt und folgerichtig jeder Unterschied zwischen den Geschlechtern geleugnet wird. Neben den phantasmagorischen Inszenierungen der Rockmusik treffen wir aber auch auf einen pathologischen Transvestismus: eine Praktik, worin ein biologisch normal gearteter Mann seine Lust aus dem Tragen von Frauenkleidern zieht, ohne daß der Besitz eines Penis zum Problem würde. Nicht selten geht das Tragen weiblicher Kleidung mit dem Wunsch einher, auch für eine Frau gehalten zu werden; in diesem Fall wechseln im Leben des Transvestiten sich einander Perioden ab, in denen er jeweils in eine männliche oder in eine weibliche Haut schlüpft. An die Stelle der sexuellen Lust, die aus dem reinen Akt des Tragens weiblicher Kleidung gezogen wird, tritt das nichterotische Verlangen, sich als Frau zu fühlen und die anderen über die eigene Identität zu täuschen. Wesentlich für die Lust des Transvestiten ist jedoch das Bewußtsein, entgegen dem äußeren Anschein in Wirklichkeit einen Penis zu besitzen; so vermag er sich als »phallische Frau« fühlen. Einer der bedeutendsten Forscher auf dem Gebiet der sexuellen Identität – Robert Stoller – begreift den Transvestismus im wesentlichen als Abwehrstruktur zum Zweck der Aufrechterhaltung eines gleichzeitig angestrebten und bedrohten Männlichkeitsgefühls. *»Nur der vermag wirklich Transvestit zu sein, der der Liebe mächtig ist und dem eigenen Penis übersteigerte Wichtigkeit beimißt.«* Zwar tragen zuweilen auch Homosexuelle Frauenkleider, aber sie ziehen ihre Lust nicht aus dem Akt der Verkleidung an sich oder aus der Vortäuschung eines anderen Geschlechts, sondern aus der Wirkung auf andere Männer, und in ihrer Verkleidung enthüllt sich ihre Verachtung der Frau. Der Transsexuelle lebt in der unerschütterten Überzeugung, eine Frau zu sein – der nur leider ein falscher, ein männlicher Körper zuteil wurde. Mittels ständiger Eingriffe, elektrischer Depilationen, Silikoninjektionen zur Erzielung rundlicher Formen, chirurgischer Entfernung der Geschlechtsorgane, versucht er sein Ziel zu erreichen: den Körper nach dem geistigen Bild zu modeln, das er immer schon in sich trug. Den Kern der sexuellen Identität bilden biologische und gesellschaftliche Faktoren zu gleichen Teilen; während aber die ersteren – die noch nicht exakt gemessen werden können – eher geringfügige und reversible Wirkungen zeitigen, sind die Auswirkungen der letzteren – repräsentiert durch das Verhalten der Eltern – kaum hoch genug zu veranschlagen, wobei der mütterlichen Pflege besondere Bedeutung zukommt. In den letzten Jahren haben sich die psychoanalytischen Schulen im wachsenden Maß dem Studium der Mutter-Kind-Beziehung und ihrer mikrologischen Analyse zugewandt. In dem dicht gewobenen Beziehungsgeflecht von aufeinander bezogenen und ineinander umschlagenden Bedürfnisse der Mutter und des Kindes mit seinen Fallgruben und Verwirrspielen meinen sie die archetypischen Muster der späteren Krankheitsbilder und Krankheitsverläufe zu erkennen.

Wir kennen aus der Geschichte berühmte Beispiele weiblicher »Transvestiten«. Da ist etwa Cristina Davies, geboren 1667, die sich im Heer des Duke of Marlborough verdingte und ihn auf vielen Feldzügen begleitete. Oder Mary Read und Ann Bonny, zwei englische Piratinnen im 18. Jahrhundert. Allerdings ist in diesen Fällen die Verkleidung nicht eindeutig einer bestimmten Persönlichkeitsstruktur zuzuordnen. Von den dominierenden Motiven her, kann man wohl auf eine Verflechtung von homosexuellen Wünschen und transsexuellen Phantasien schließen. R. Stoller vertritt die Auffassung, einen weiblichen Transvestismus gäbe es gar nicht; wo man versucht sein könnte, von einem solchen zu sprechen, handle es sich vielmehr um Transsexuelle, da die Kleidung für sie weder erotischen Wert, noch echten Fetischcharakter besitzt. Sie werden durch die Kleider nicht erregt und wollen auch nicht für Männer gehalten werden, lehnen diese vielmehr ab und beharren hartnäckig darauf, daß sie im Grunde überflüssig seien. Im Gegensatz zu den Männern verspüren transvestierte Frauen nicht den Drang, ihr wahres biologisches Geschlecht zu enthüllen, sondern sie wünschen sich einen männlichen Körper und wollen leben wie das andere Geschlecht. Dabei ist die Zahl transsexueller Frauen – solcher, die sich operieren lassen, um zu Männern zu werden – verschwindend gering. Das liegt vielleicht daran, daß – wie aus einer statistischen Untersuchung hervorgeht – zwölfmal mehr Frauen lieber als Männer geboren worden wären – als umgekehrt Männer eine weibliche Existenz vorzögen.

Offensichtlich erfreut sich der weibliche Transvestismus größerer gesellschaftlicher Billigung als der der Männer; er gilt als Marotte und wird vielleicht in letzter Instanz sogar als Tribut an die »Überlegenheit« der männlichen Kultur verstanden – oder als Reverenz vor ihr.

FRANCESCA MOLFINO

Literatur

P. Ackroyd, Dressing up, London 1979.
Robert Stoller, Sex and Gender, New York 1968.

T-shirt

Das T-shirt ist die Botschaft! Das hat der kanadische Kommunikationswissenschaftler Herbert M. McLuhan zwar nicht gesagt, aber er würde diese Behauptung wohl mit Vergnügen unterschreiben. – Das T-shirt ist ein Medium, ja, geradezu ein Massenkommunikationsmittel, das in den letzten Jahren einen Grad von Verbreitung und Wirksamkeit erreicht hat, den niemand voraussehen konnte. – Einen Radioapparat kann man abstellen, eine Zeitung muß erst gekauft werden, es braucht einen Entschluß, ins Kino zu gehen – das T-shirt aber kommt einem auf der Straße entgegen, und am Ende sieht man es auch, wenn man es nicht sehen will und noch nicht einmal bemerkt, daß man es sieht.

Es ist die Rede vom T-shirt unserer Tage, das mit Werbeslogans für die unterschiedlichsten Produkte versehen ist, mit Städtenamen, Universitäts- und Collegeemblemen, mit Comics und Comicfiguren, Konterfeis von Kino- und Showstars, politischen und religiösen Slogans, Beleidigungen, Liebeserklärungen, mit Kalauern und Wortspielen, mit Angeboten und Verweigerungen – kurz: Das T-shirt diente und dient als Träger praktisch jeder Art von Aufdruck oder Appell.

Die Ursprünge dieses wunderbaren Objekts, Kleidungsstück und Ausdrucksmittel in einem, liegen in ganz verschiedenen Bereichen. Ist das T-shirt Werbeträger für irgendein Produkt oder einen Hersteller, so kann man jene Plakate, mit denen zu Anfang unseres Jahrhunderts die »sandwich men« durch die Straßen zogen, als seine Vorläufer betrachten. Macht das T-shirt aber den Lebensstil, die Reiseziele, überhaupt den kulturellen Kosmopolitismus seines Trägers deutlich, so handelt es sich gewissermaßen um Eigenwerbung – Werbung in beiden Fällen.

Der andere Ursprung des T-shirts ist schamhaft unter anderen Kleidungsstücken verborgen: In der großen Familie der Leibwäsche ist das T-shirt eine in Amerika entstandene Nebenlinie, der ein glänzender Erfolg beschieden war. Das T-shirt leitet sich nämlich in direkter Linie vom Stammvater der Sippe ab: dem Leibchen, das unter dem Hemd zu tragen war – Angst und Schrecken ganzer Generationen von Kindern, deren empfindliche Haut den rauhen Liebkosungen der damaligen Wolle nicht gewachsen war.

In der heutigen Welt mit ihren veränderten Hygienevorstellungen, ihrem größeren Wohlstand und einem Überschuß an Baumwolle, wurde das Wolleibchen durch jenes aus Baumwolle ersetzt. – Gleichzeitig vollzog der amerikanische Pragmatismus die strategische Wendung, dieses Unterleibchen in ein »äußeres« Kleidungsstück zu verwandeln.

Einen weiteren Hinweis auf die

T-Shirt, 1985.

T-Shirt, 1985.

möglichen Ursprünge des T-shirts gibt sein Name. Auch hier handelt es sich um amerikanische Geschichte. Das »T« wäre demzufolge die Abkürzung für »training« und würde sich auf das meist weiße Leibchen ohne Mannschaftsfarben beziehen, das eben während des sportlichen Trainings getragen wurde.

Einer anderen Meinung zufolge kommt die Bezeichnung »T-shirt« daher, weil das ausgebreitete T-shirt mit seinen abstehenden Ärmeln die Form eines großen, weißen »T's« bildet.

Von den Sportplätzen und Baseballstadien zu den Schlachtfeldern: Ende der 30er Jahre wird das T-shirt zum Teil der Ausstattung der Yankees. Es gehörte dann in der Folgezeit zu jenen Moden, die von den Siegern in die ganze Welt exportiert wurden. – Auch ohne die heutigen Aufdrucke war es damals von ungeheurer Beredsamkeit: Es signalisierte

T

T-Shirt, 1983.

einen Bruch mit dem gewohnten Leben im Rahmen der familiären Autorität. Wild und gleichzeitig voller sex appeal wurden die T-shirts von einem Marlon Brando und einem James Dean in Kultfilmen wie ENDSTATION SEHNSUCHT, DIE FAUST IM NACKEN, DIE GIGANTEN oder DENN SIE WISSEN NICHT, WAS SIE TUN getragen.

Die T-shirts eroberten bald die Gunst beider Geschlechter und trugen ihren Teil zur Durchsetzung der »Casual-« und »Unisex«-Mode bei: Nachdem sie den Brustkorb und den Bizeps eines Marlon Brando modelliert hatten, brachten sie die üppigen Brüste unzähliger Pin-up-girls zur Geltung – von Diana Dors und Jane Mansfield bis zu Brigitte Bardot, von Ursula Andress bis Bo Derek.

Auch in technischer Hinsicht hat das T-shirt eine schnelle und intensive Entwicklung hinter sich. Vom Grundmodell, einer Röhre aus Stoff ohne Nähte an den Seiten und – je nach gewünschter Größe – von wechselndem Durchmesser, weiß und mit T-förmigen Ärmeln, ist man im Laufe der Zeit zu zugeschnittenen und genähten Stücken in den verschiedensten und phantasievollsten Farben und mit Ärmeln von ganz unterschiedlichem Schnitt übergegangen. Infolge dieses Wandels hat sich auch der Name geändert: Das Grundmodell wird heute als T-SHIRT BASIC bezeichnet, während seine Variationen SERAPH, ARGENTINA, KOREANA, SAINT TROPEZ, MIGUEL BOS etc. genannt werden.

Das T-shirt fand ohne Ansehen von Rasse und Ideologie in der Jugendmode der ganzen Welt Eingang. Je nach Zeit und Land mögen die Aufdrucke und damit die Botschaften wechseln, insgesamt stellt es die Quintessenz der Freizeitmode dar. Je nach Lust und Laune des Einzelnen kann es zum Objekt der Sammelleidenschaft oder des künstlerischen Ausdrucks werden. Die schneeweiße Oberfläche der Jersey- oder Interlockstoffe scheint geradezu dafür geschaffen, zu Kreationen von Zeichen, Bildern, Geschichten und Apellen zu inspirieren.

PAOLO LOMBARDI

U

- **Unterhose, weiblich**
  Unterwäsche, männlich
  Utility-Collection

U

Unterhose

Ob Hemd oder Hose, heute ist es selbstverständlich, daß sich die Unterwäsche dem Körper anpaßt, wobei Materialien wie Baumwolle, Seide oder Angora zum Wohlbehagen beitragen. Die Unterhose, die erst seit dem 19. Jahrhundert üblich wird, rundet als letztes Stück das »Darunter« ab. Von der Entwicklung dieser jüngsten Errungenschaft, die schließlich auch zum körperlichen Wohlbefinden der Frauen beiträgt, soll hier die Rede sein.

Bis ins 18. Jahrhundert besteht die Unterwäsche der Frauen aus Hemden, Korsetts und Unterröcken, eine Unterhose jedoch benutzen nur wenige. Da es verpönt ist, die Hosen zu sehen, diese jedoch zu dieser Zeit sehr lang und unter den Röcken sichtbar sind, tragen hauptsächlich alte Damen und junge Mädchen dieses Kleidungsstück. Von den strengen Sitten in Spanien berichtet Giacomo Casanova: Eine Tänzerin mußte eine Strafe zahlen, weil ihre Unterhose zu sehen war. Bei einer Vorstellung in Barcelona gibt die Primaballerina bei einer REBALTADE – einem Rückwärtssprung mit Pirouette – ihrem Reifrock einen solchen Schwung, daß das verpönte Kleidungsstück ganz und gar zu sehen ist. Wütend darüber, daß sie eine Geldstrafe bezahlen muß, zieht sie am folgenden Abend gar keine Hosen an – wovon sich das ganze Parkett bei der gezeigten REBALTADE überzeugen konnte . . .

Lithographie, N. Maurin, 1828.

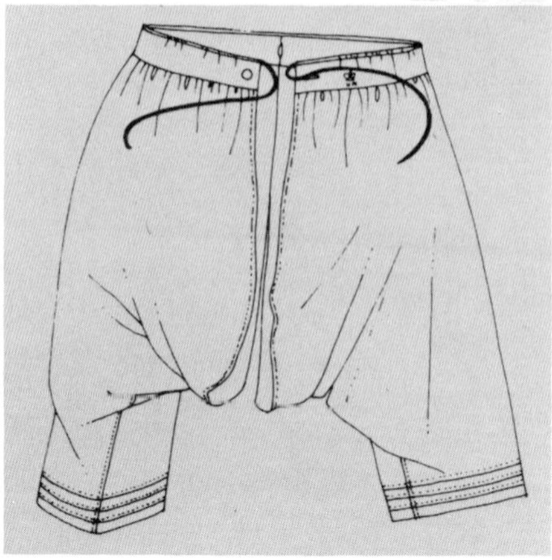

Baumwollunterhosen, um 1860.

Obwohl auch in England bezüglich der Hosen sehr strenge Sitten herrschen, schreibt die weitgereiste Lady Mary Montague 1714 ganz unverblümt: *»Der erste Teil meiner Kleidung ist ein Paar Unterhosen, sehr füllig, die bis zu den Schuhen reichen.«* Allerdings wird diese »Hosenträgerin« mit Nachsicht behandelt, da sie als Türkeireisende bekannt ist.,

Dem Connaisseur der Frauen dagegen, Giacomo Casanova, mißfällt es, wenn das weibliche Geschlecht sichtbar Hosen trägt. Mit Geringschätzung vermerkt er es, als die Dame seiner Verehrung Hosen aus Samt anzieht.

Die ersten Hosen »darunter« sind lang, weit und – aus unserer heutigen Sicht – aus sehr viel Stoff geschneidert. An den Waden oder an den Knöcheln, wo sie gebunden werden, sind oft Verzierungen, meist Spitzen, angebracht. Dies zeigt auch zum Beispiel das Gemälde von Lady Howard. Charakteristisch für diese Hosen ist, daß sie im Schritt einen Schlitz haben, der von der Taille bis zum Beinansatz reicht. Sie bestehen also eigentlich aus zwei getrennten Beinteilen, die mit einem Band um die Taille zusammengehalten werden.

Den Blicken entschwinden die Hosen erst im 19. Jahrhundert. Jetzt rei-

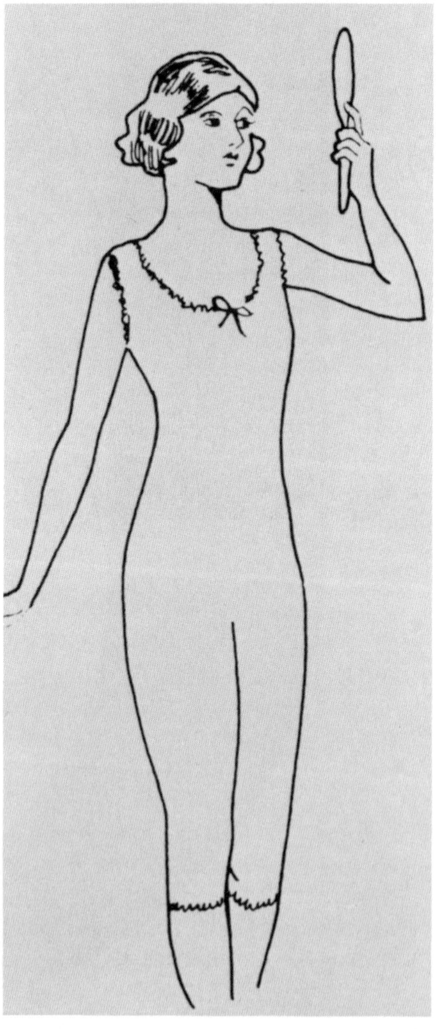

Feinstrickhemdhose, Dr. Jaeger, 1913.

Hemdhose, 1980.

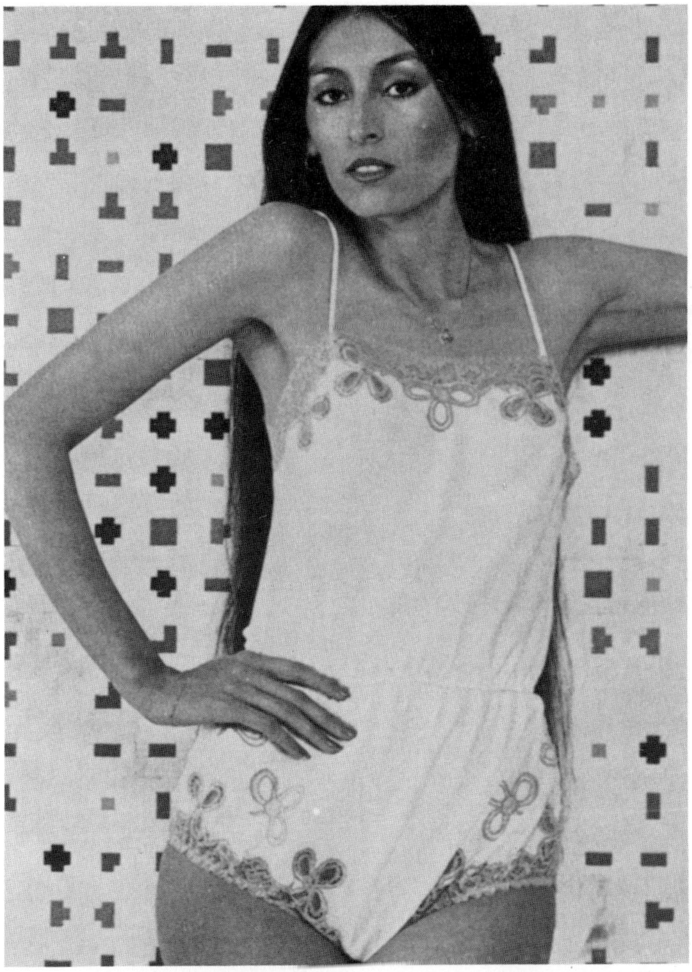

Hemdhose, 1858.

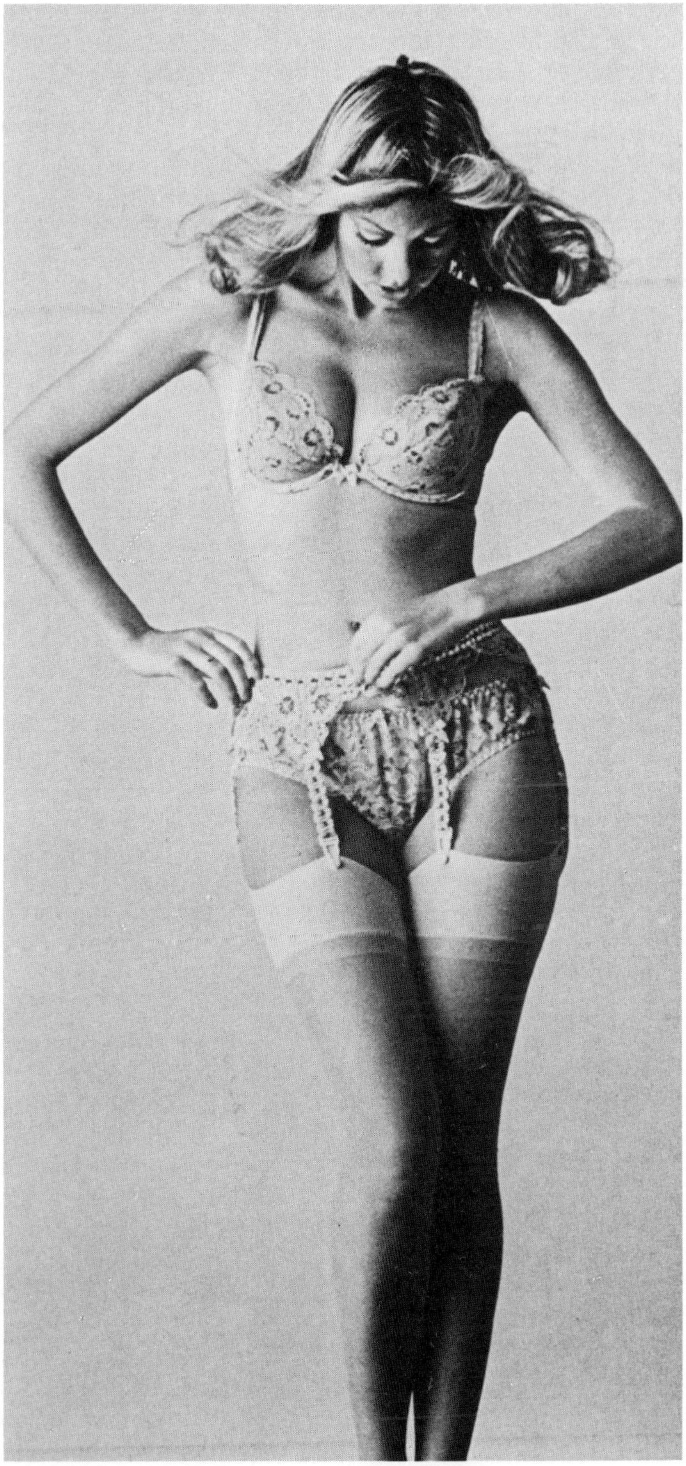

Unterwäsche und Strumpfgürtel, um 1970.

chen sie nur noch bis ans Knie und schauen nicht mehr unter den Kleidern hervor. Erst jetzt sind sie buchstäblich »Unterwäsche«. Doch selbst wenn die Hosen kürzer wurden – sind ihre Ausmaße noch immer enorm. Zu den Materialien Leinen – vor allem

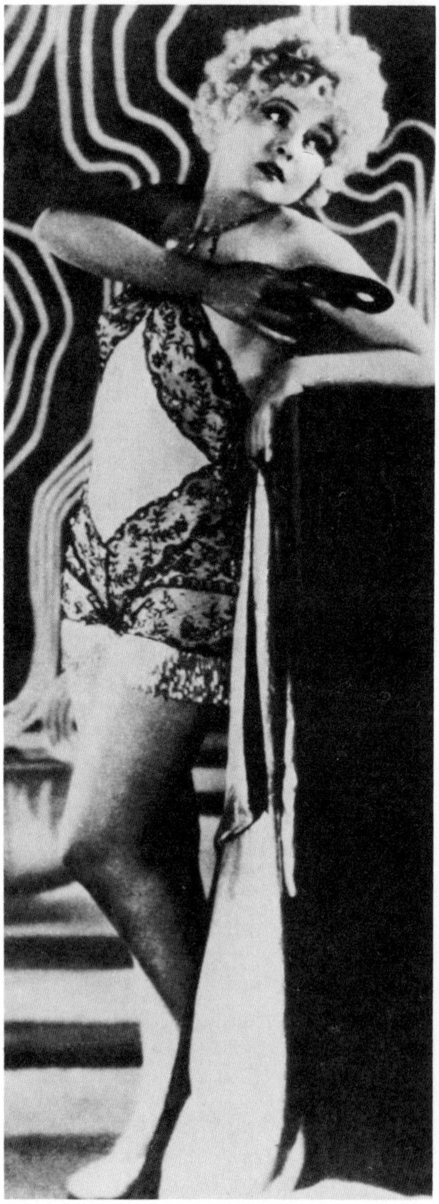

Nancy Carroll, 1928.

von den unteren Klassen gebraucht –, und Seide – für die vermögenderen Kreise – gesellt sich Mitte des 19. Jahrhunderts der Batist hinzu. Etwa gleichzeitig beklatschen die Zuschauer die Damen, die in der QUADRILLE PARISIENNE beim Cancan die Röcke heben und die Hosen zeigen. Mit Spitzen besetzt und Bändern verziert sind sie nicht mehr verpönt, sondern werden nun als erotisierend empfunden. Bis zu diesem Zeitpunkt ist die Unterwäsche weiß – als in Paris 1857 der erste rote Unterrock auftaucht, wirkt er schockierend. Je häufiger Farbe in die Wäsche kommt – mit den Anilinfarben, die gleichzeitig erfunden werden – desto reizvoller und interessanter wird die Unterwäsche.

Die Sauberkeitsvorstellungen entsprechen freilich noch nicht unserer heutigen Vorstellung. Erst im Zuge der Gesundheitsforschung kommt der Unterhose auch eine Bedeutung zu, die unseren heutigen Vorstellungen von Hygiene und Wärmeschutz näherkommt.

Im Zuge dieses neuen Gesundheitsbewußtseins wird um 1877 ein neues Wäschestück erfunden: die einteilige Unterwäsche. Hemd und Hose als ein durchgehendes Teil werden zunächst allerdings nur für Männer gemacht. Aber der Stuttgarter Zoologie- und Physiologieprofessor Dr. Gustav Jäger entwickelt in seinem Gesundheitsprogramm auch den Einteiler für Frauen. Er läßt nicht nur Korsetts aus reiner Schafwolle (1884), sondern auch Unterhosen, Hemden und Unterröcke herstellen. Besonders erfolgreich ist Dr. Jäger mit seiner Unterwäsche im Kampf gegen Rheuma.

Die Besonderheit dieser Einteiler ist, daß sie die Stoffmasse der Unterwäsche verringern, und dem Trend der Mode folgend, werden nun Hemden und Hosen hergestellt, die sich der Figur anpassen. Die Hauptentwicklung dieser HEMDHOSEN – ein *»gesunder Vorläufer des Bodysuit aus Spitze«* – fällt jedoch in die ersten Jahre dieses Jahrhunderts.

Pin-up-girl, um 1968.

Die Form der Hose paßt sich mehr und mehr dem Körper an. In den 20er Jahren erfreuen sich Crêpe de chine- und Seidenunterhosen, meistens in halblanger Form, in den »upperclasses« großer Beliebtheit. In dieser Zeit werden auch den heutigen Boxershorts ähnliche Dessous entworfen. Freilich herrscht noch nicht die heutige Vielfalt an Formen, Schnitten und Größen, jedoch liegen hier die Anfänge für die anliegende, bequeme Unterhose. Notwendig wird bequeme Unterwäsche vor allem dort, wo Frauen ihre Körperkräfte messen und die Kleidung größtmögliche Bewegungsfreiheit gewähren muß: im Sport. Aber auch der zunehmende Einsatz der Frau im Arbeitsleben trägt sicherlich zu Veränderungen bei.

Prinzipiell kann man allerdings wohl behaupten: Je bequemer und praktischer die Unterhosen sind, als desto unattraktiver werden sie vom anderen Geschlecht empfunden. Die Unterhose ohne Beinansatz, der Slip, kommt erst in den 60er Jahren auf den Markt. Zu dieser Zeit tragen die Frauen eher Feinstrumpfhosen, weniger Hüftgürtel. Nun brauchen sie die besonders wärmende Unterhose mit angesetzten Beinen, die nicht umsonst Liebestöter genannt wird, nicht mehr. Insgesamt gilt sicher: Je weniger Stoff und je mehr Spitzenbesatz, als desto reizvoller werden die Dessous empfunden.

Versandkatalog, 1986.

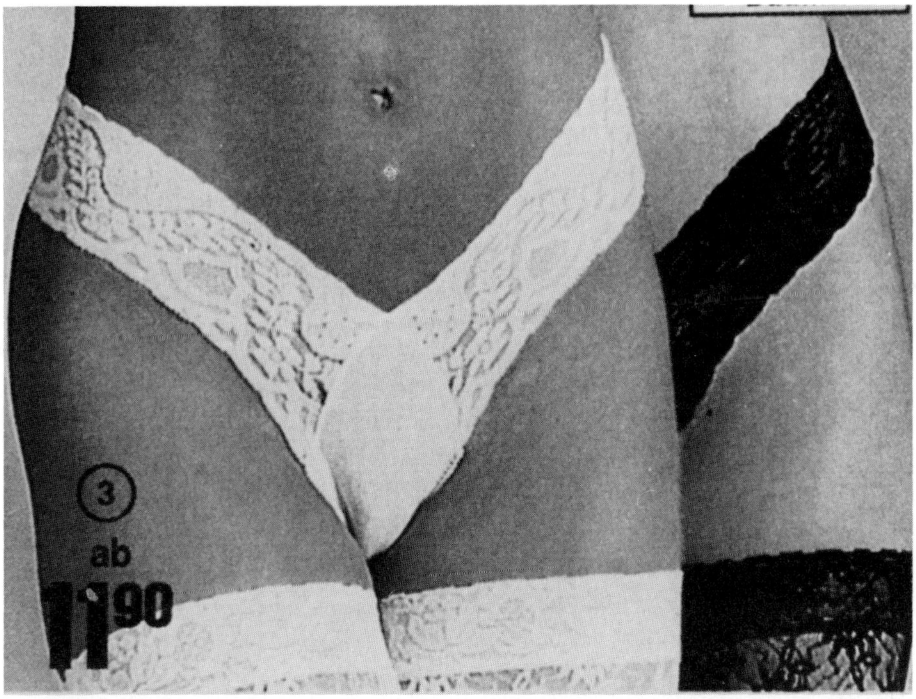

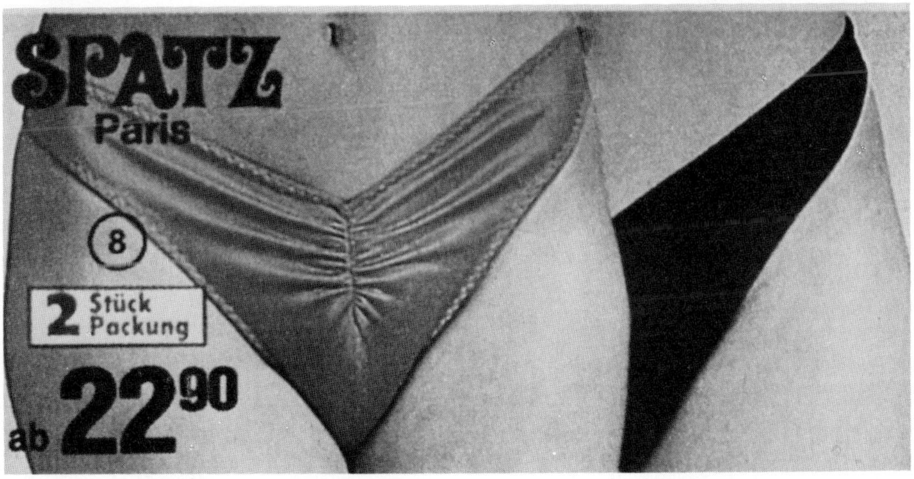

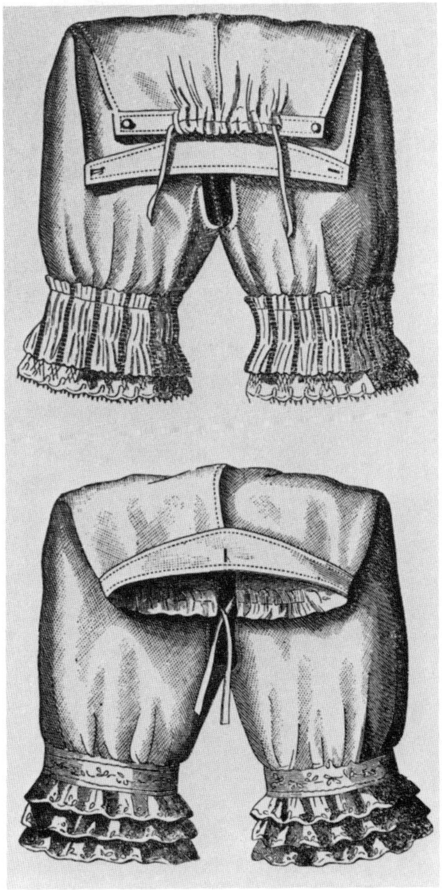

Unterhose, 1879.

Unter der heutigen Auswahl, vom Tanga- über den Panty- zum Superminispitzenslip, findet sich sowohl Erotisch-reizvolles, als auch Bequemtragbares. Abgesehen von diesen Extremen werden Unterhosen in jeder Größe, Farbe, Form und Material angeboten.

Allerdings berichtet Angelika Ricard-Wolf im Stern letzten Jahres, daß nicht nur die Firma Schiesser neuerdings ungefärbte Wäsche aus naturbelassenen Stoffen produziert, sondern daß diese Produkte vermehrt auch in den Versand- und Kaufhäusern ihre Käufer finden. Denn laut

Umfrage sind 51 % der Gesamtbevölkerung bereit, mehr Geld für Naturfaser-Textilien auszugeben.

Vielleicht wird der Pariser Spatz aus dem Versandhauskatalog trotz dieser Tendenz zum Kassenschlager in diesem Jahr?

MARGARETE GRÖNER

Literatur

Elizabeth Ewing, Dress and Undress. A history of Women's Underwear, London 1978.
Oskar Fischel (Hrsg.)/Max von Boehn (Text), Die Mode. Menschen und Moden im 18. Jahrhundert nach Bildern und Stichen der Zeit ausgewählt, München 1923.
Dies., Die Mode. Menschen und Moden im 19. Jahrhundert, München 1925.
Eduard Fuchs, Sozialgeschichte der Frau, Frankfurt a.M. 1973.
Angelika Ricard-Wolf, Gilb im Gewebe, in: Stern 47 (4.11.1985), 206.
Triumph International (Hrsg.), 75 »Triumph krönt die Figur«, München 1961.

Unterwäsche, männliche!

Ihr langer und mühseliger Weg zum Déshabillé ist zu Ende. Seit Michael Mathias Prechtls Plakat aus dem Jahr 1986 mit dem Titel Himmelfahrt einer Wasserleiche weiß man es ganz genau, was König Ludwig II. von Bayern »drunter« anhatte: Das Crescendo von Pumps, schwarzen Netzbeinkleidern und Strumpfband läuft auf ein furioses Finale von Satin und weißer Spitze zu, kostbar, schwer, bläulich schimmernd, mit Bündchenabschluß über rosafleischigem Oberschenkel, vorne eine Mittelnaht, seitlich drei Falten, über der Hüfte gebauscht. Für diese schon längst überfällige Information sollte der historisch und sonstwie Interessierte dem Künstler dankbar sein! Trotzdem wurde das Werk aus Stadtbibliotheken entfernt. Den Grund für öffentliches Ärgernis bildete erstaunlicherweise nicht eine ebenfalls dargestellte Dame in der Pose der Danae, die sehnsüchtig und unbekleidet auf den Regen wartet, sondern die bisher unaussprechliche, die Unterhose!

Dabei ruft uns dieses Kleidungsstück nur ins Gedächtnis, daß Menschen Beine haben. Sollten wir etwa immer noch im Kielwasser viktorianischer Prüderie schwimmen? Für den Geschichtsschreiber ist es jedenfalls außerordentlich bedauerlich, daß Unterwäsche stets eine erotische Assoziation begleitet. Somit befaßt er sich nicht mit dem Thema – man könnte ja glauben . . .! Vielleicht ist dies der Grund, warum es aus früheren Jahrhunderten so wenig schriftliche Zeugnisse gibt und wenn, dann über Frauen. Aus dem Jahr 1677 wird allerdings von einer etwas schlüpfrigen Komödie – The Rover von Aphra Been – berichtet, in welcher der männliche Held in einer Liebesszene das Entzücken der weiblichen Zuschauer hervorrief, weil er *»highly attractive«* in Hemd und Unterhose agierte. Im Gegensatz zum kunstvollen Knistern der Damenwäsche – natürlich für Männeraugen ausgedacht – blieb die umgekehrte Inszenierung fast bis ins 20. Jahrhundert nur fahle Prosa: Männliche Unterwäsche schützte vor Kälte und die kostbare Oberbekleidung vor dem selten gewaschenen Körper darunter (erst an der Wende vom 18. zum 19. Jahrhundert begann man, Reinlichkeit etwas wichtiger zu nehmen). Das einzige provokative »Unsichtbare« blieb – bei manchen Männern – das Korsett, das durch Taillenschnürung die Schulterlinie zur Erzeugung eines unbewußten Achtungseffektes optisch verbreiterte. Bis zum Ende des 18. Jahrhunderts, als Unter-

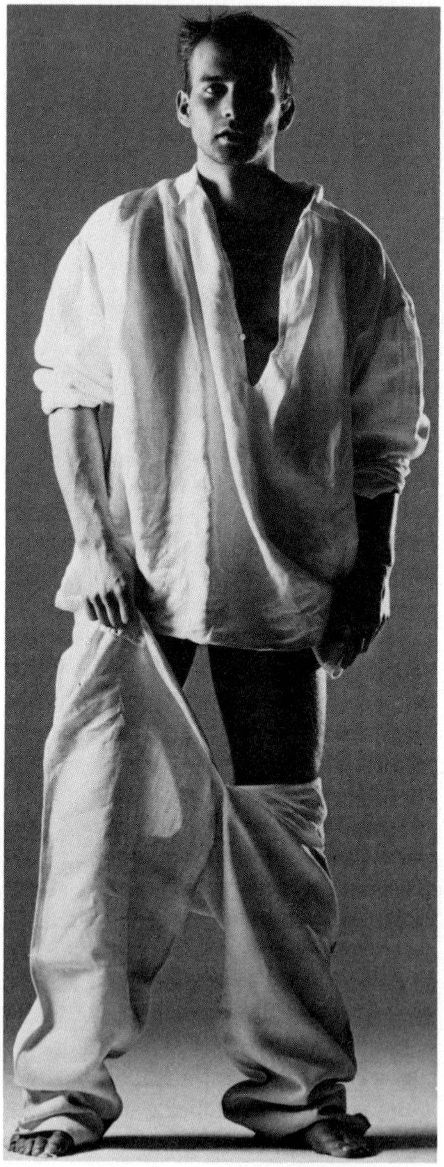

Hemd und Unterhose, Mitte 19. Jahrhundert. Münchner Stadtmuseum.

Unterhemd,
um 1900.
Münchner Stadtmuseum.

Bekleidungsratgeber für Herren,
Berlin,
um 1910.

Badeanzug,
um 1920/25.
Münchner Stadtmuseum.

hosen der Mode der Oberbekleidung wegen die Beine eng umschließen mußten – damals noch eher eine Nützlichkeitsfrage als ein erotischer Effekt –, war auch keine besondere Paßform erforderlich. Wichtigstes Accessoire blieb bis zur Mitte des 19. Jahrhunderts das Hemd. In einem Wäsche-Inventar eines Gentlemam von 1837 sind in THE HISTORY OF UNDERCLOTHES von C. Willett und Phillis Cunnington zwar 19 Tageshemden aufgeführt, jedoch nur vier Unterhosen. Ihre Bedeutung nahm auch in der zweiten Hälfte des 19. Jahrhunderts kaum zu. Die Hosenmode änderte sich zu einer weiten Fasson. Die Wichtigkeit der Beine als erotisches Symbol verschwand. Die Aufmerksamkeit rutschte nach oben: Weste und brustverhüllendes Hemd zeigten sich unter schwarzem Anzug in farbigem Schaugepränge. Auch Hosenträger – eine Erfindung des späten 18. Jahrhunderts – wurden bestickt. Unterhemden waren gewöhnlich aus Wolle gefertigt, hüftlang, hochgeschlossen und vorne geknöpft. Unterhosen reichten bis zum Knöchel, hatten vorne Knopf- und rückseitig Bandverschluß. Farbe und Muster kamen erst um 1900 in Mode – sehr viel später als bei der weiblichen Unterwäsche. So zeigt sich der Mann auf der Titelseite eines 1910 in Berlin herausgegebenen Bekleidungsratgebers für die Herrenwelt in hautfarbenen, gestreiften, eng anliegenden Unterhosen. Neu dabei ist, daß er in strammer Haltung seine ebenso stramm geformte Kehrseite präsentiert, welche bei flüchtigem Hinsehen durch die raffinierte Farbgebung als unbekleidet erscheint. Aus halbgeöffneten Augen herausfordernd über seine Schulter blickend fragt er den Betrachter: *»Was ziehe ich an?«*.

Eine Antwort gab der – interessanterweise anonyme – Herausgeber des 160seitigen Buches im Bereich der Unterwäsche auf nur sieben Zeilen. Die Bedeutung, die um diese Zeit jedoch auch einer vernünftigen Herrenunterkleidung beigemessen wurde, hätte eine weit ausführlichere Information gerechtfertigt. Nivellierung der gesellschaftlichen Klassenunterschiede – auch Männer der ehemaligen »Oberschicht« mußten jetzt arbeiten und brauchten bequeme Kleidung – sowie Sport- und Gesundheitsbewegungen ließen neue Materialien und Formen entstehen. Verschiedene Arten von Reformunterwäsche gewannen stetig an Popularität, so das kurzärmelige Unterhemd und die knielange Unterhose – auch als einteilige Kombination. Aus schweißabsorbierendem Trikot waren sie zum Beispiel für den Radsport beliebt. *»Unterhemd und Unterhose seien aus einem dem Klima entsprechenden Stoff*

64 [1922]

Cool Athletic Underwear

VALUES
On these pages you will find seasonable underwear for every member of the family. Made in a variety of fabrics, of materials selected for long wearing qualities. Every garment is designed and made for comfort and service. We have many styles in all weights and lengths of underwear.

Athletic Style
15 D 1825 Shirt
15 D 1827 Drawers
Sizes: Shirt, 34 to 46 chest. Drawers, 32 to 44 waist. State SIZE.
Price, delivered free, each 47c
An especially comfortable style for summer wear. Cool Undergarments of White Crossbar Nainsook in popular sleeveless athletic style. Well finished. Closes with pearl buttons. The knee length drawers have a double waistband; laced in the back.

Athletic Shirt and Drawers
15 D 1817 Shirt
Sizes: 34 to 46 chest measure. State SIZE.
15 D 1819 Drawers
Sizes: 32 to 44 waist measure. State SIZE.
Price, delivered free, each...... 69c
Summer weight Athletic Undergarments. Shirt is made in a flat knit elastic stitch of white Cotton. Pulls over the head. Deep elastic hem of self-material on the neck and armholes. Drawers are knee length, finished with an elastic hem. Heavy muslin waistband double stitched. Suspender straps and tie tape in back.

15D1825 15D1817 15D1827 15D1855 15D1859 15D1881 15D1819 15D1857 15D1845 15D1869 15D1883 15D1847

White Nainsook
15 D 1855 Shirt
15 D 1857 Drawers
Sizes: Shirt, 34 to 46 chest. Drawers, 32 to 44 waist. State SIZE.
Price, del'd free, each 59c
Cool, comfortable and practical are these good quality White Crossbar Nainsook Undergarments. Shirt is made in low neck, athletic, sleeveless style. Drawers have double waistband; pearl buttons. Knee length. A light weight suit of perfect fit.

Flat Knit Cotton
15 D 1845 White Shirt
15 D 1847 White Drawers
Sizes: Shirt, 34 to 46 chest. Drawers, 32 to 44 waist. State SIZE.
Price, del'd free, each...... 49c
Men's Athletic Shirts and Drawers in a fine quality white Cotton flat-knit. Strong collarette neck and finished armholes on shirt. Drawers are reinforced where the strain is greatest. A cool, roomy garment for summer wear.

Light Weight Knit
15 D 1859 Shirt
15 D 1869 Drawers
Sizes: Shirt, 34 to 46 chest. Drawers, 32 to 44 waist. State SIZE.
Price, del'd free, each 49c
Comfortable, cool and sanitary Porous Mesh Knit Cotton light weight Shirt and Drawers. Ecru. Neat collarette neck, bound front and comfortable short sleeves. Closes with pearl buttons. Drawers have cotton waistband; knee length with hem.

Genuine Soiesette
15 D 1881 Shirt
15 D 1883 Drawers
Sizes: Shirt, 34 to 46 chest; Drawers, 32 to 44 waist. State SIZE.
Price, delivered free, each $1.09
Summer weight White Cotton Genuine Soiesette Shirt and Drawers. Soiesette is a highly finished, soft, Mercerized Cotton fabric with splendid wearing qualities. Shirt is cut in popular athletic sleeveless style. Finished with pearl buttons. Drawers have double waistband; laced back; pearl buttons. Knee length.

15D1815
Athletic Shirt
15 D 1815
Sizes: 34 to 44 chest. State SIZE.
Price, delivered free, each 21c
This Men's Athletic or Running Shirt will give the utmost in comfort, service and satisfaction. Made of an elastic ribbed pure White Cotton. Ribbed collarette neck and armholes. No buttons. Just pull it over the head. A universal favorite.

190 We Pay Delivery Charges on Every Article on This Page Charles William Stores New York City

Firmenprospekt,
New York, 1922.

Badehose, München, um 1925.
Münchner Stadtmuseum.

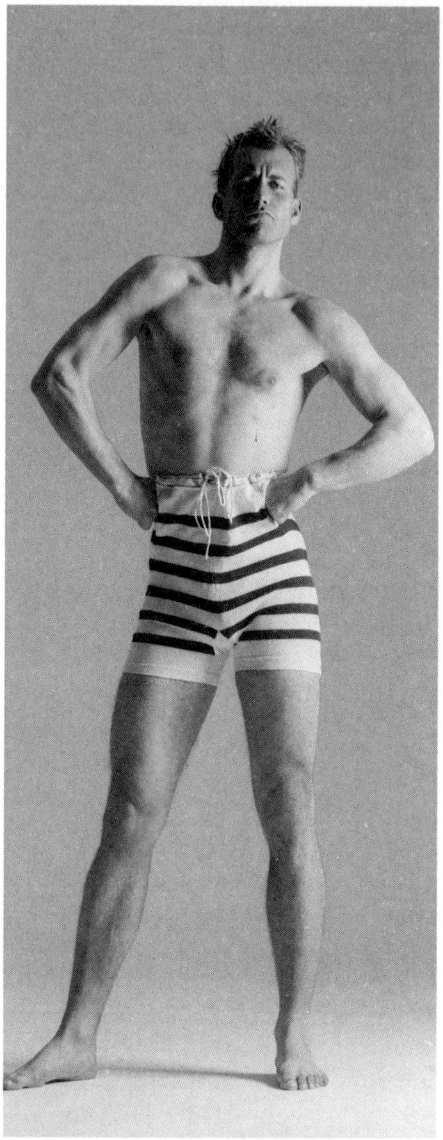

gut passend angefertigt. Poröses oder netzartig hergestelltes Unterzeug, besonders Netz-Unterjacken, werden mit Recht neuerdings bevorzugt« schrieb E. von Moltke um 1905 in seinem Ratgeber für Herrenkleidung RICHTIG ANGEZOGEN IN DEUTSCHLAND UND IM AUSLAND? Und weiter beschwor er seine Leser: *»Nie darf Unterzeug an*

Netzunterwäsche,
um 1935.
Münchner Stadtmuseum.

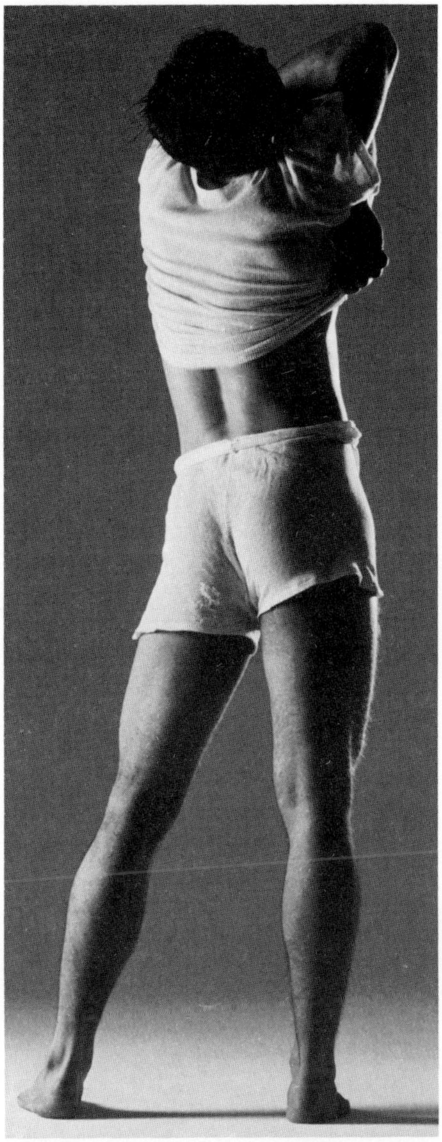

irgend einer Stelle zu sehen sein!«. Nur bei Turn- und Badekleidung war das erlaubt – männliche Unterwäsche hatte noch nicht den Stellenwert eines Déshabillé angenommen. Zwar gab es in der Zeit nach dem I. Weltkrieg eine immer größere Zahl von Wäsche-Artikeln, der Grundcharakter blieb aber beim Sportlich-Zweckmäßigen. *»Cool Athletic Underwear«* boten die CHARLES-WILLIAMS-STORES in New York 1922 an – so cool, daß im Inserat nur ein paar gezeichnete Einklemm-Falten die Männlichkeit an der Unterhose mit ansonsten *»hervorragender Paßform«* orteten. Auch die DEUTSCHE HUTMACHER-ZEITUNG, die 1930 über neue Unterwäsche-Materialien wie Netztrikot, Seide und Kunstseide berichtete, brachte eine sehr ähnliche Zeichnung einer Herren-Hemdhose. Sie forderte eine Reform der Männer-Unterkleidung und schrieb von dem schwer zu brechenden Widerstand gegen diese Bestrebungen. Das Blatt begründete seine Argumentation mit dem Hinweis auf *»Sitzmängel«* der alten Form. Auch sei die *»Kombination in ästhetischer Hinsicht einwandfreier als die Unterwäsche bisheriger Art«*.

In diesen Bemerkungen zeigt sich ein interessanter Wandel. Zum einen wird seidene Herrenunterwäsche nicht mehr als Kennzeichen für einen bestimmten gesellschaftlichen Typ angesehen, wie ihn zum Beispiel Thomas Mann in WÄLSUNGENBLUT vorstellt. Dort bekleidet sich Siegmund, *»nachdem er sich gänzlich mit einem aromatischen Wasser gewaschen«*, mit schwarzseidenen Unterhosen. Zum anderen sieht man, daß die Wäsche

Kim Hunter
und Marlon Brando,
Filmfoto, 1951.

zwei ihrer ursprünglichen Funktionen – die Körperwärme zu speichern und die Formen zu verhüllen – verloren hatte. Der Hinweis auf die »ästhetische Hinsicht« im Zusammenhang mit dem männlichen Körper macht deutlich, daß die Unterwäsche bereits einen emotionalen Hintergrund bekommen hatte. So ermöglichte es die Entwicklung neuer Färbemethoden einem breiten Kreis, die Kleidung darunter auch farbig zu tragen. *»The cult of colour in gentleman's outfitting grows apace, and we learn of even undervests, drawers, and combinations in salmon pink, sky blue, light fawn, peach, etc.«* schreibt Cunnington für die Zeit um 1929. In der Geschichte der Mode zeigt ja der Gebrauch von Farbe an der Kleidung immer das – bewußte oder unbewußte – Bedürfnis, daß das Wäschestück gesehen und bewundert werden möge. Dieser Wunsch übertrug sich zuerst auf gemusterte Pyjamas und signalfarbige Badehosen – für Unterhemden und -hosen blieb aber das »saubere« Weiß bestimmend. Nach den 40er Jahren, in denen man als Unterwäsche das trug, was man gerade hatte, wurde dem Unterhemd eine neue Bedeutung zugemessen – als es sich nämlich als T-(Trainings)shirt amerikanischer Sportler oder Soldaten vom Unter- zum Oberhemd entwickelte. Die höheren – erotischen – Weihen erhielt es später durch gut gebaute Filmschauspieler wie Marlon Brando. Eng, sauber und exhibitionistisch verhüllend zeichnete es seine Körperformen nach. Sogar in der zerrissenen Variante bildete es den atemberaubenden Rahmen für seinen nackten, muskulösen Rücken, den Kim Hunter mit ihren rotlackierten Fühlern heftigst erkundete. Doch die Unterwäsche-Hersteller mochten noch nicht

Unterhose,
Nino Cerruti, 1985.
Münchner Stadtmuseum.

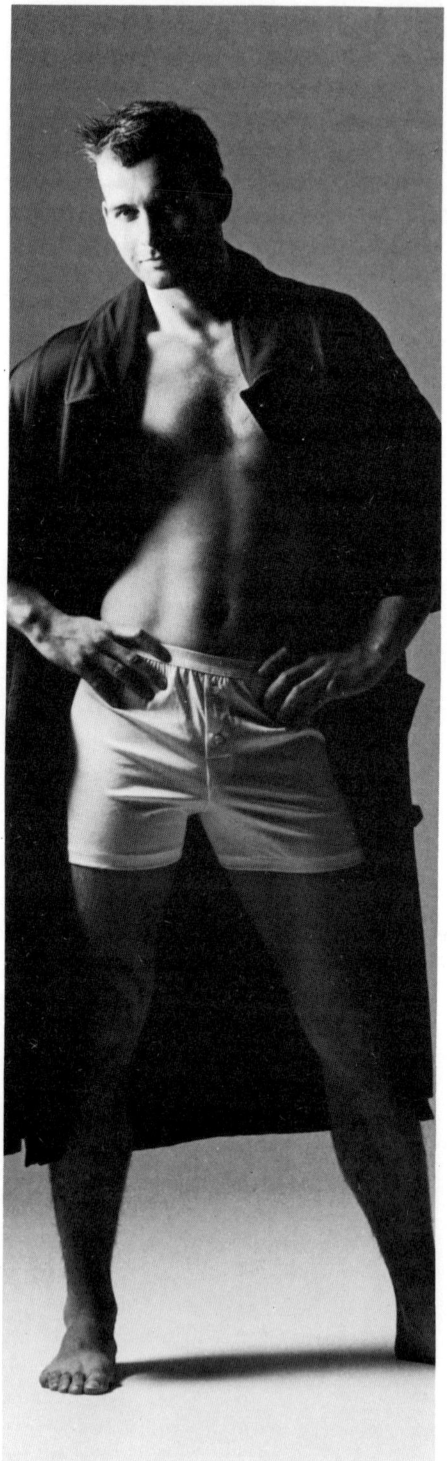

»Boxer-Short«,
Firma Eminence, 1985.
Münchner Stadtmuseum.

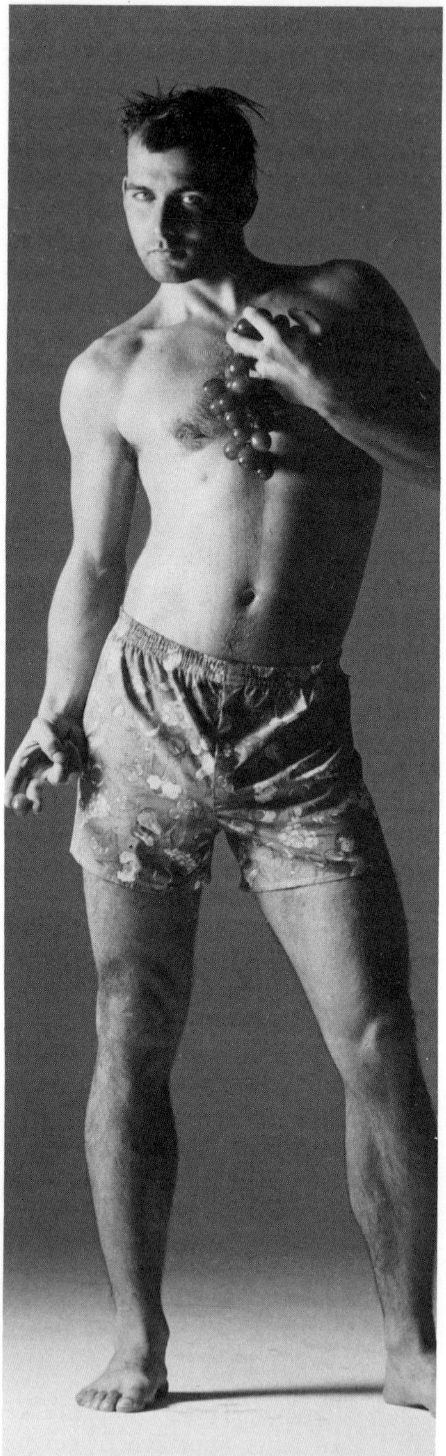

»Tanga«,
Firma Elfit, 1985.
Münchner Stadtmuseum.

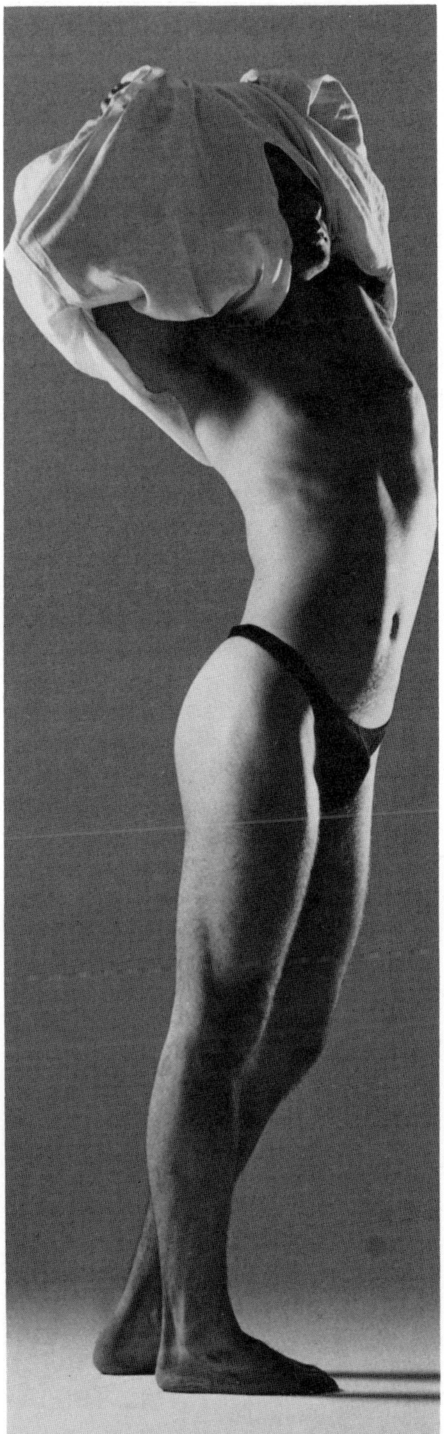

Unterhose,
Paco Rabanne, 1982/83.
Münchner Stadtmuseum.

mitmachen: Wer war schon wie Marlon gebaut – und wer empfand schon wie Kim? In den 50er Jahren blieben Unterhosen und -hemden jedenfalls nur eben dies: Doppelripp-Qualität, strapazierfähig, gutsitzend, aus kochbarer weißer Baumwolle. Erst Anfang der 60er Jahre wagte es eine Wäschefirma, Herrenunterkleidung in blau, schwarz und rot anzubieten – als Sportunterwäsche, ohne Hintergedanken, versteht sich! Doch wie ist das, wenn Männer beim sportlichen Umziehen in *»Marine, Nacht und Rubin«* erscheinen? Mit den geheimnisvollen Farbassoziationen à la KÖNIGIN DER NACHT war zweifelsfrei der Weg zum Déshabillé beschritten. Er wurde noch einmal kurz unterbrochen, als man Mitte der 60er Jahre WEGWERF-Unterwäsche aus Viledan-Vlies kaufen konnte – diese jedoch nur in einem »reinen« Weiß. Die sog. Papierwäsche bestand aus unelastischem Material, mit Gummizug an Bein und Taille. Sie ließ das unangenehme Gefühl aufkommen, in einer Zeitungswindel zu stecken. Auch erzielte das beim Hinsetzen entstehende Knistern durchaus keinen anregenden, sondern bestenfalls einen Lacheffekt. Diese Art von Wäsche hatte – in jeder Beziehung – keine lange Lebensdauer. Paßform – sprich enger Hautkontakt – wurde immer wichtiger, Farbe und Muster setzten sich mehr und mehr durch. 1968 zeigte die Firma Schiesser (MEN-FIT!!) im Prospekt des Textilhauses Beck *»Alles für den Herren«* unter der Nummer 88 bis 91 kräftig rote und blaue, leicht durchsichtige (*»Banilon porös«*), enge, die strammen Körperformen der Fotomodelle nachzeichnende *»Ski«*-Unterhosen und *»Sport«*-Jacken. Und das Kaufhaus setzte hinzu: *»Es macht Spaß, bei Beck einzukaufen. Denn*

Beck bietet eben stets, was Männer sich wünschen. (Und Frauen ihren Männern gern kaufen!) Zum Schluß noch etwas Interessantes zum Schlafen«.

Diese pikanten Assoziationen (es wurde für farbige Schlafanzüge von SCHIESSER geworben) setzen sich auf der folgenden Seite des Kataloges fort: *»Alles für den Herren von Beck – Eine Abteilung, in der jede Frau stundenlang an ›ihn‹ denken kann. Und er endlich einmal an sich selbst!«* Woran sie *»stundenlang«* bei *»ihm«* denken kann – und *»er,«* wenn er über sich selbst nachdenkt –, erklärt Prudence Glynn anhand einer 1970 von einer Londoner SUNDAY TIMES angestellten Umfrage in ihrem Buch SKIN TO SKIN – EROTICISM IN DRESS: *»The physical attributes which men imagined were most desirable to women read as follows in order of preference: muscular chest and shoulders; muscular arms; penis; tallness; flat stomach; slimness; hair (texture not length); buttocks; eyes, long legs; neck«*. Es mag hier dahingestellt bleiben, wie die Umfrage unter umgekehrten Vorzeichen ausgefallen wäre. Interessant an diesen Ausführungen und dem Text im erwähnten Werbeprospekt ist jedenfalls die Tatsache, daß Männer sich immer häufiger Zeit nahmen, sich mit ihrem Körper zu beschäftigen, daß sie Wäsche als »Lustobjekt« entdeckten und sie sich auch selbst auswählten. Dies war früher eine Domäne der Frauen. Die SUNDAY TIMES zeigte mit dem Ergebnis ihrer Befragung auch ganz klar die Richtung, in welche sich die Produktion nun erweitern sollte: tiefere Ausschnitte, kürzere Ärmel oder schmalere Träger bei den Unterhemden; hohe, die rückseitigen Rundungen weitestgehend freilassende Beinöffnungen bei den Unterhosen

Anzeige, Firma Oberpollinger, München, 1955.

(die jetzt zu SLIPS werden), und alles ganz, ganz eng! 1977 warnte Charles Hix in seinem Buch LOOKING GOOD – A GUIDE FOR MEN vor zu enger Unterwäsche: *»Tight underwear activates perspiration. Probably wearing none is better«*. Zwei Lösungen boten sich daher für dieses Problem an: mehr Material – oder noch weniger Material! Anfang der 80er Jahre begannen sich die zunächst als AMERIKANISCHE Unterhosen und später als BOXER-SHORTS (Amerika und der Sport winkten aus den 30er Jahren!) bezeichneten, turnhosenähnlichen Wäschestükke gleichberechtigt durchzusetzen. Sie brachten mit langem Bein und weitem Schnitt den Männern mehr Freiheit, aber schlechtere Paßform. Gleichzeitig bescherte nun der Modeschöpfer Paco Rabanne der Herrenwelt ein vorne tief dekolletiertes Unterhemd und eine rückseitig ebenso weit ausgeschnittene Unterhose in superelastischem Material. Der Slip nimmt im Schnitt vorne sogar männlich-anatomische Gegebenheiten auf und erzielt erst bei deren sorgfältiger Einordnung nach oben seine richtige Paßform. Ein gleiches Dessous in farbigem Lurex konnte nach Auskunft der Inhaberin einer Münchner HERRENBOUTIQUE – 1986 seit 23 Jahren am Platze – keinen allgemeinen geschäftlichen Erfolg vorweisen: Das Modell sei zwar aufregend, aber doch zu unelastisch und lege nach Mitteilung eines ihrer davon betroffenen Kunden bei Entblößung unschöne rote Druckfalten auf den entsprechenden Körperpartien frei. Ganz klar: Seit Prudence Glynns emphatischer Bewunderung der Rückseite von Björn Borg 1982 sind die Männer doch etwas verunsichert. *»Viewed from behind«* schreibt die Autorin von SKIN TO SKIN AUF SEITE 77 *»Borg reveals an almost*

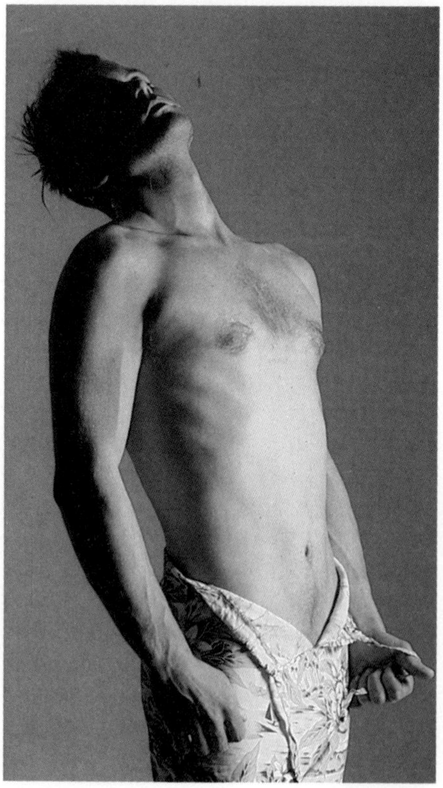

Unterhose, 1982. Münchner Stadtmuseum.

perfect physique: broad, powerful shoulders, a deep chest, a very small waist, tight, high buttocks, strong, slim legs and small feet«. Da wendet sich der Herr, der ohne diese hinreißenden Vorzüge leben muß, niedergeschlagen dem neuesten Modell von CERRUTI zu, 1985 in der nostalgischen Form von 1925 gefertigt: mit Knopfverschluß und Gummiband, aus mercerisierter Baumwolle, weit, alles bedeckend, alles überspielend, für DM 29,50. Den mutigen Männern des Jahres 1986 greifen dagegen wieder Vorreiterfirmen wie PACO RABANNE oder ELFIT unter die Arme beziehungsweise unter die Beine. RABANNE bietet ein enges Unterhemd mit nur einem Träger an, das eine Schulter und Brustseite entblößt. *»Raffinierte Nacktheit will erregen und deshalb Zeit gewinnen. Sie möchte . . . hinhalten, wie in lustvoll ängstlicher Fesselung. Die Entblößung will . . . eine innere Begehrlichkeit und einen artigen Abstand«* schreibt Hans-Joachim Hoffmann 1985 in seinem Buch KLEIDERSPRACHE. ELFIT stellt unter dem Modellnamen LE DERNIER CRI den verunsicherten Opfern zur Herstellung von Begehrlichkeit Männer-Tangas mit Sternchen in »Neon«-Farben zur Verfügung. Sie sind im erwähnten Textilkaufhaus in heiterer, artiger Abstands-Atmosphäre für DM 29,– zu haben. Da versteht es sich auch wie von selbst, daß ein Versandhaus mutlose Kämpfer, die von einer nicht ganz so hinreißenden Figur geplagt sind, mit sog. Maskulinformern unterstützt. Im Text des Kataloges TOP-BODY steht beim entsprechenden Modell BIG BOSS (DM 27,–): *»Was stellen viele Männer alles an, um interessant und attraktiv zu erscheinen? . . . Wir meinen: Was den Frauen mit dem Büstenhalter recht ist, kann dem Manne mit einem Big Boss billig sein. Heben Sie Ihre Männlichkeit doch einmal ein wenig hervor und machen Sie die Leute neugierig«*. Endlich also wehrt sich der diskriminierte Mann – dank der Unterstützung von mutigen Autorinnen wie Prudence Glynn, welche die Frauen in ihre neue Rolle als Voyeuse einweisen. Die Gleichberechtigungsprobleme wären also mit Hilfe der männlichen Unterwäsche gelöst!

ANDREAS LEY

Badehose 1983.
Münchner Stadtmuseum.

Literatur

Cecil Willet/Phillis Cunnington, The History of Underclothes, London 1951.
Prudence Glynn, Skin to Skin – Eroticism in Dress, London 1982.

U

Englische Kleidermarken, 1946–1947.

Utility-Collection 1942

Im Jahre 1942 erwarb das VICTORIA & ALBERT MUSEUM eine einzigartige Sammlung zeitgenössischer Kleider, die vom Handelsministerium bei namhaften Londoner Entwerfern in Auftrag gegeben worden waren. Diese Couturiers schufen Arbeiten, die den Regeln der »utility« (= Nützlichkeit) entsprachen. Dies wurde erstmalig 1941 von der Regierung eingeführt (und 1952 wieder aufgegeben). Zusammen mit den später folgenden offiziellen Zivilbekleidungsordnungen steckte das Programm einen engen Rahmen, an den Entwerfer und Hersteller, der vom Krieg ziemlich ausgebluteten britischen Textilindustrie bei ihrer Arbeit weitgehend gebunden waren. Neben der Rationierung wurde das System in bezug auf höchste Wirtschaftlichkeit zunehmend rigoroser. Ferner mußten Arbeitskraft, Rohstoffe und Fabrikanlagen für die vorrangige Kriegsindustrie freigestellt werden. Die 1942 eingeführten »austerity«-Bestimmungen für die Bekleidungsindustrie wirkten sich auf alle Zweige der Branche aus. Die Vorschriften waren notgedrungen streng – z. B. durfte ein Kleid *»nicht mehr als zwei Taschen, weniger als fünf Knöpfe, sechs Nähte im Rock, zwei Fächer- oder vier Bügelfalten, Stiche von 160 inch (= 4,064 m), Einschläge nur zur Fülle, keine Ornamentstiche, keine Rüschen, keinerlei Stickereien, Applikationen, Borten, Steppen, Perlenbesatz, Pailletten, Broschierungen oder Spitzenbesatz, Plisséeröcke, Schulterklappen, Schulterkragen, Stülpärmel, Blendtaschen, Schmuckknöpfe, Rutschbänder, weniger als 2 inch Saumeinschlag«* haben.

Das Handelsministerium wollte mit seinem Auftrag an die Top-Entwerfer zeigen, daß sein »utility«-Diktat nicht alle Kreativität ersticken müsse. Ferner sollte das Unternehmen beweisen, daß die Herstellung von Kleidung, die in Qualität und Schnitt erstklassig ist, zu angemessenen und fairen Preisen möglich ist. Tatsächlich waren die Vorschriften auch eine Herausforderung, die Anlaß zur Herstellung einiger eleganter, stromlinienförmiger Kleider bot, darunter natürlich die 31 Prototypen der »utility«-Entwerfer, die dem Museum übergeben wurden. Das Handelsministerium veranstaltete eine Modenschau und stellte im September 1942 eine Auswahl vor. Der folgende Auszug aus der Pressemitteilung soll diese interessante Regierungsinitiative zusammenfassen:

»Das Handelsministerium hat die zwanglose Schau organisiert, um der Presse Mäntel, Kostüme, Kleider und Blusen vorzuführen, die für uns von Mitgliedern der Gesellschaft der Londoner Modezeichner entworfen wurden. Der Vorsitzende der Gesellschaft

Stoffmuster eines Crêpe rayon, England, 1941.

ist Capt. Molyneux und die im Programm mitwirkenden Mitglieder sind Hardy Amies, Creed, Bianca Mosca, Digby Morton, Peter Russell, Victor Stiebel und Worth. Zu jedem Originalmodell aus den Schneider-Ateliers wird auch die vom Konfektionär – nach eigens für die Industrie bearbeiteten Schnittmustern und Schablonen hergestellte – Kopie ausgestellt. Die verarbeiteten Materialien sind preiskontrollierte ›utility‹-Stoffe aus Wolle, Rayon und Baumwolle. Im Stil entsprechen die Kleider den vom Handelsministerium erlassenen einschlägigen Vorschriften. Hersteller mit Erfahrung in Massenproduktion haben Schablonen für alle Größen, in denen das jeweilige Modell möglich ist, hergestellt. Alle Kostüme, die in den verschiedenen Größen gemacht wurden, wurden vom Entwerfer einzeln abgenommen. Gute Grundmusterschnitte für die einzelnen Publikumsgrößen werden jeder Firma zur Verfügung gestellt und sollten natürlich für jene Firmen von Nutzen sein, deren Entwerfer und Zuschneider aufgerufen waren.

Eine gute Größenpalette erleichtert nicht nur Vertrieb und Verkauf, sondern bietet dem Kunden größeren Komfort und macht die Kleidung haltbarer. Die Verfügbarkeit sorgfältig ausgearbeiteter Schnitte sollte dies, verbunden mit genauen Erklärungen, gewährleisten; in einer Zeit, in der die unumgänglichen Erfordernisse der Rüstungsindustrie das übliche Geschäft der Oberbekleidungsindustrie beeinträchtigt.

Wann werden die Kleider fertig sein? Ab Anfang November wird an die Läden ausgeliefert, aber die Kleider werden erst ab dem Frühjahr uneingeschränkt vorrätig sein.

Wie hoch sind die Preise? Es gibt keine Festpreise, aber alle Preise werden kontrolliert. Wie schon bemerkt, sind alle Modelle aus ›utility‹-Stoffen und liegen somit im ›utility‹-Preisrahmen. Allerdings ist es legal, die Entwürfe aus Textilien, die nicht ›utility‹ sind, herzustellen. Über die Art des für die Entwürfe zu verwendenden Materials gibt es keinerlei Auflagen. Aber verschiedene Entwürfe sind natürlich mit bestimmten Stoffen am besten auszuführen. Darauf wird in der Begleit-Broschüre zu den Schablonen hingewiesen.

Haben die Entwerfer Farbtöne und Materialien ausgesucht? Es war nicht möglich, das jeweils vom Entwerfer

Woll-Kostüm.
The Incorporated Society
of London Fashion Designers,
1942. London, Victoria & Albert Museum.

gewählte Material in Mengenlieferungen zu bekommen. Aber bei jeder der vom Entwerfer gebilligten Kopie wird die Stoffart angegeben.

Wie wird das Publikum etwas über diese Mode erfahren? Sicher werden Fotos oder Skizzen in den Zeitungen erscheinen. Die Geschäfte bekommen kleine Aushänger und Plakate, um so auf die Modelle aufmerksam zu machen. Es liegt aber nicht im Interesse des Handelsministeriums, zum Kauf von irgendeiner Art von Textilien aufzufordern.

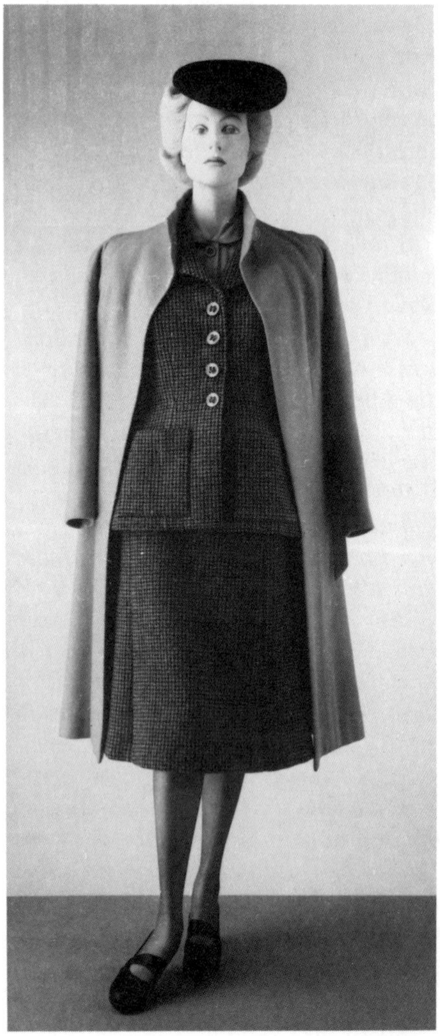

Tweed-Kostüm.
The Incorporated Society
of London Fashion Designers
for the Board of Trade,
1942. London, Victoria & Albert Museum.

Was kosten die Schablonen? Jede Schablone gilt nur für eine Größe. Für Blusen: 7 Schilling und 6 Pence, für Kostüme, Mäntel und Kleider: 10 Schilling und 6 Pence (frei Haus). Jeder Schablone liegt eine Gebrauchsanweisung bei.

Anmerkung: Der Zweck dieser Modenschau ist es, die Entwürfe der Kleidermacher vorzuführen. Daher wurde wenig Augenmerk auf die Accessoires der Mannequins gelegt. Aber vielleicht ist es von Interesse, daß auch ihre Schuhe und Strümpfe ›utility‹ sind. Alle Mannequins stehen im Kriegsdienst. Um heute mithelfen zu können, haben sie ihre Freizeit geopfert.«

VOGUE (Oktober 1942) brachte einen achtseitigen Bericht über dieses Programm. Die Lobeshymnen über die Ergebnisse dieser Liason von Modeentwerfern und Regierung klingt etwas übertrieben: *»Jetzt haben alle, ob Hausfrau oder Stehplatzinhaberin im Bus, ob Päckchenträgerin oder kinderwagenschiebende Mutter, die gleiche Chance, elegante Kleidung zu kaufen, die ihrem Leben und ihrem Einkommen angemessen ist.«* VOGUE versichert aber auch, in Übereinstimmung mit der Erklärung des Ministeriums, damit keinen Werbefeldzug zur Verkaufsförderung starten zu wollen, sondern daß die Absicht bestand, zu zeigen, daß das *»was sowieso schon Mangelware ist, wenigstens gut sein und allen gleichmäßig zustehen soll.«*

Beinahe hätte die Sammlung Großbritannien verlassen, als sich das BROOKLYN MUSEUM, New York, darum bemühte. Aber der Generaldirektor für die Zivilbekleidung, Sir Thomas Barlow, hatte das Gefühl, daß diese Sammlung als fortdauerndes

»Utility«-Mantelknopf (Metall und Plastik).
The Incorporated Society
of London Fashion Designers
for the Board of Trade, 1942.

Dokument eines wichtigen nationalen Experiments dem VICTORIA & ALBERT MUSEUM angeboten werden sollte.

Zeitgenössische Fotos, die zeigen, wie die Kleider getragen wurden, gingen an das IMPERIAL WAR MUSEUM. Es sei daran erinnert, daß dies innerhalb der »utility« ein idealistischer Versuch war, und daß es in Wirklichkeit nur wenigen Frauen gelang, die Eleganz der offiziellen Fotos und der VOGUE-Abbildungen zu erreichen. Eine andere Fotoserie (WIE SICH EINE BRITIN IN KRIEGSZEITEN ANZIEHT) – sie befindet sich ebenfalls im IMPERIAL WAR MUSEUM – gibt einen Einblick in die weniger utopische Welt dessen, was Frauen tatsächlich trugen. Einfallsreichtum plus »utility« plus auffrisierter Vorkriegskleidung ergeben in der Summe den Chic der Kriegsjahre. Diese Fotos zeigen die neuen »utility«-Kleider, die eine Frau mit ihren Bezugsscheinen kauft, wie sie sie mit ihrer Vorkriegs-Garderobe kombiniert, wie sie aus alten neue Sachen macht, wie sie ein Kostüm durch Veränderung der Accessoires so herrich-

Modellkostüm (links)
und seine Kopie als Massenprodukt (rechts), 1942.

tet, daß man es wieder tragen kann. Die Luxusindustrie arbeitete in England ziemlich langsam, zumal die Rohstoffe voll für Kriegszwecke eingesetzt wurden. Kleidung, die nicht lebensnotwendig war, hatte keine Priorität und war, neben anderen Annehmlichkeiten, zwischen 1941 und 1949 streng rationiert. Rationierung, verbunden mit einem Bezugsscheinsystem, bedeutete, daß nur mit einer vorgeschriebenen Zahl von Scheinen und einem Geldbetrag ein bestimmter Artikel gekauft werden konnte. Zuteilungsmengen konnten schwanken, waren aber nie sehr üppig. Im Jahre 1941 wurde der Textilbedarf von der Handelsbehörde auf 66 Abschnitte festgelegt (offensichtlich waren es ursprünglich Margarinemarken). Das Museum besitzt einen interessanten Rayon-Kleiderstoff aus demselben Jahr, der mit der Zahl 66 und Darstellung verschiedener Textilartikel bedruckt ist. Jeder davon ist mit einer Zahl bezeichnet, die die zum Kauf nötige Zahl von Bezugsabschnitten anzeigt. Dieser amüsante Rayonstoff gefiel Schiaparelli, und sie benutzte eine Stofflänge davon, um eine ihrer berühmten Jacken daraus zu machen.

Die UTILITY DESIGNER COLLECTION von 1942 besteht aus vier Tageskleidern, acht Kostümen, drei Blusen und sieben Mänteln. Sie kam – ohne Accessoires – direkt vom Handelsministerium ins V & A. Diese Originalentwürfe sind ungleich luxuriöser ausgeführt als die Nachbildungen für den Handel, die in der gleichen Schau im September 1942 gezeigt wurden. Als Originalmodelle führender Modehäuser sind sie alle tadellos aus Stoffen von ausnehmend hoher Qualität (sieht man von den mittelmäßigen Rayons ab) gemacht. Der Wollstoff des gelben Mantels und des Blousonkostüms ist offensichtlich von allerbester Qualität. Insgesamt gesehen wirkt die Kollektion raffiniert, aber doch lebendig, mit Modellen aus klassischen Tweeds und Streifen in ziemlich nüchternen Braun- und Grautönen, die durch andere in strahlend klarem Blau, Rot und Gelb gehoben werden. Kluger Schnitt und geniale Konstruktion – förderlich für die opti-

Spar-Halbkragen eines Woll-Jacketts.
The Incorporated Society
of London Fashion Designers
for the Board of Trade, 1942.

schen Effekte – mit Tweeds und gestreiften Wollstoffen ist einerseits wirtschaftlich und hilft andererseits die Illusion von schmalen Taillen und breiten Schultern zu schaffen. Kleine Design-Effekte, wie z.B. der Knopf mit dem »utility«-Zeichen zeigen, daß auch die strengen »utility«-Regeln Platz ließen für einfallsreiche Details – gewöhnlich war auf der Krageninnenseite ein Schildchen mit fetten schwarzen und weißen Lettern *»CC 41«* (für Civilian Clothing 1941) eingenäht. Das nähere Studium der Kleider verrät, wie genial die Entwerfer aus reinen Materialersparnisgründen stilistische Besonderheiten schufen. Die kurzen Röcke verschwenden keinen Stoff, sind minimal plissiert und nur unmerklich gebauscht. Ein sparsamer halber Kragen vollendet die Halspartie der Jacke. Der Mantel wird mit nur einem Knopf geschlossen, ist nur zur Hälfte gefüttert und hat, wie alle Jacken und Mäntel der UTILITY-COLLECTION, keine Ärmelaufschläge. Glücklicherweise rettete gerade dieser sparsame Umgang mit Stoff die Sammlung für die Nachwelt. Das Museumspersonal von 1942 war – wie bei Museumsleuten üblich – in Sorge über den zusätzlichen Platz, den diese Kleider beanspruchen würden, aber der damalige Direktor, Sir Eric MacLagen, beruhigte sie mit dem Einwand, daß *»sie als ›utility‹-Bekleidung wenig überflüssigen Stoff haben und deswegen wenig Depotraum beanspruchen würden.«*

Die »utility«-Anleitungen taten den Frauen einen großen Gefallen, indem sie jene überflüssigen, überdekorativen Besonderheiten verbannten, die so häufig das klare Grundkonzept guter Entwürfe verunklären. Die so entstandenen Kleider (und besonders die DESIGNER COLLECTION von 1942) machte starke und klar verständliche Aussagen. In der Kostümgeschichte des 20. Jahrhunderts spielen sie damit eine besondere Rolle.

VALERIE D. MENDES

V

- Henry van de Velde
- Versandhausmode
- Vom Verführer zum Verführten

V

Rückansicht einer Empfangs-Toilette,
Henry van de Velde, vor 1904.

Henry van de Velde (1863 – 1957)

So erfolgreich er mit seinen Reformbestrebungen in allen Bereichen der angewandten Kunst gewesen sei, schrieb Henry van de Velde rückblikkend in der GESCHICHTE MEINES LEBENS – eines sei ihm nicht gelungen, nämlich *»das Prinzip der vernunftgemäßen Gestaltung auf dem Gebiet der Kleidung durchzusetzen«*. Warum scheiterte van de Velde gerade auf diesem Sektor?

Als 32jähriger, kurz nach seiner Heirat, entwarf van de Velde, im Bauen Autodidakt, sein Haus BLOEMENWERF im Brüsseler Vorort Uccle, darin seinem großen Vorbild William Morris nacheifernd, der eine Generation zuvor bei seiner Heirat RED HOUSE gebaut und dafür alle Möbel, alle Details selbst konzipiert hatte.

Teekleid,
Henry van de Velde, 1900.

Als entschiedener Gegner der Nachahmung historischer Stile schuf sich van de Velde im eigenen Heim (LE FOYER) mit selbst entworfenen Möbeln, Lampen, Teppichen, Tapeten eine neue Lebensform. Die Umgestaltung ging bis in die Kleidung, bis in den Gestus der Lebensführung, in der sich der Bruch mit der Konvention und die Verwirklichung eines neuen ästhetischen Ideals ausprägten. Unterstützt wurde er dabei von seiner Frau Maria, die sich in England umgesehen, Farbsteindrucke aufgespürt, Stoffmuster und Papiertapeten von Morris beschafft hatte. Maria van de Velde entwarf selbst Tapeten, engagierte sich aber vor allem für die von ihrem Mann angestrebte Reform der Frauenkleidung. Sie trug dessen Kleider nicht nur im Hause, wo sie sich der allgemeinen Farbstimmung des Interieurs anpaßten, sondern auch zu offiziellen Anlässen.

Der Gedanke, Kleider von Künstlern entwerfen zu lassen, wurde im Frühjahr 1900 durch eine vom Krefelder Museumsdirektor Friedrich Deneken veranstaltete Ausstellung an die Öffentlichkeit getragen. An ihr nahmen unter anderen Richard Riemerschmid, Bernhard Pankok, Alfred Mohrbutter und van de Velde teil, der diesen Gedanken in Vorträgen, die er im Winter 1900/01 in Dresden, Berlin und Wien hielt, weiterverfolgte. Das Thema KÜNSTLERKLEIDER wurde einige Jahre – bis etwa 1903 – heftig diskutiert.

Henry van de Velde war der Meinung, die Mode sei *»unbeständig, treulos, kokett und von Natur aus verlogen«*, weshalb Künstler von jeher Gegner der Mode gewesen seien. Mittlerweile, so äußerte er 1900 in seinem berühmt gewordenen Krefelder Vortrag DIE KÜNSTLERISCHE HEBUNG DER FRAUENTRACHT, sähen auch andere ein, *»daß der fortwährende Modewechsel nur einen Geschäftszweck«* habe; *»auch viele Frauen sind* *zum klaren Bewußtsein der lächerlichen Rolle gelangt, die sie seit langer Zeit gespielt haben«.*

Was die Mode kennzeichnet, wollte van de Velde angehalten wissen: den Wechsel. Anders ausgedrückt bedeutet das, er wollte die Mode abschaffen.

Es schwebte van de Velde vor, die Frauenkleidung aus dem ökonomischen Interessenspiel herauszuhalten und sie nach allgemeinen ästhetischen Gesichtspunkten so zu gestalten, daß sie dauerhaften Charakter hat, darin dem Kunstwerk verwandt. Tatsächlich wollten die van de Veldes Kleidungsstücke als autonome Kunstwerke verstanden wissen. Mit der Krefelder Ausstellung schien der erste Schritt getan: *»Von heute an sind Ausstellungen von Damen-Kleidern in die Kategorie der Kunst-Ausstellungen eingereiht«,* hieß es 1900 in van de Veldes Krefelder Vortrag.

Van de Veldes Vorstellung von der zeitübergreifenden Kleidung ist allerdings eine andere als die der gleichzeitigen Reformkleid-Bewegung, die sich fast ausschließlich um hygienische und gesundheitliche Gesichtspunkte – Stichwort: Kampf gegen das Korsett – drehte. Es ging, so Maria van de Velde, zwar auch um gesündere, vor allem aber um *»schönere Gewandformen, als die Mode sie bringt . . . Logik und Schönheit!«.* Um sie durchzusetzen, müsse eine internationale Vereinigung gegründet werden von Leuten, die sich von der Mode befreien und sich *»nach eigenem Gutdünken und eigener Erfindung«* kleiden wollten. *»Diese Gesellschaft ist in Bildung begriffen, und wir werden bald Gelegenheit haben, ihr Gründer-Komitee bekannt zu geben. Dieses wird seine Führer zu wählen wissen und sodann der Mode offiziell und kategorisch den Krieg erklären können«.*

Henry van de Velde dachte sich drei Kategorien von Kleidung für die Frauen: Im Hause sollten sie sich individuell, auf der Straße, also im sozialen Gefüge ähnlich wie die Männer, einheitlicher tragen, und bei feierlichen Gelegenheiten sei von der Frau – dem Frack des Mannes entsprechend – eine Art »Zwangstoilette« anzulegen. Die Männer, deren Kleidergewohnheiten – *»im Grunde normal und konsequent«* – van de Velde positiver beurteilte, machten es vor: daheim mit dem Hausanzug bekleidet, auf der Straße einander ähnlich und bei feierlichen Anlässen gleich.

Van de Veldes Kleiderformen gingen vom Schnitt, der *»noch nicht dagewesenen Konstruktion«* und deren Verdeutlichung durch Betonung der Nähte, vom Stoff, dessen Schönheit *»in dem Spiel und dem Leben seines Faltenwurfes besteht«* und vom abstrakten Ornament aus, das als *»eigenes organisches Leben«* Material und Schnittechnik der Kleidung hervorhebe. Der Wunsch, *»Kleider mit tiefen, weichen und bewegten Falten zu schaffen, wo Licht und Schatten den berechtigten Kampf des Lebens, das der Materie gehört, auskämpfen, das ist der Kernpunkt unserer Bewegung«.*

Zeitgenossen berichten, daß von van de Veldes Kleidern, im Winter aus schwerem Samt, im Sommer aus leichten Baumwollstoffen, fast immer mit hoch angesetzter Empire-Taille oder Passe und herabwallenden Stoffbahnen, eine große Faszination ausging. Helene Nostitz 1926 in ihren Erinnerungen an die Weimarer Zeit der van de Veldes (1902 – 1914): *»Ich entsinne mich noch, wie stark mein Eindruck bei einem Vortrag war, als um das schwarze Klavier in dem hallenartigen Raum Frauen in der Tracht und mit dem Schmuck der Zeit herumsaßen, den van de Velde selbst entworfen hatte. Exotische Batikstoffe mit kleinen Halsausschnitten, meist grüne Steine an einfachen langen Ketten, dazwischen die schwarzen Anzüge der Herren«.*

Durchgesetzt hat sich weder das Künstler-Kleid noch die normative Kleiderordnung. Der unauflösbare Widerspruch des »Künstlerkleid-Ge-

Hellblaues Straßen-Kleid,
Henry van de Velde, vor 1904.

V

dankens« liegt im Wunschtraum individuell-schöner Fertigung einerseits und der angestrebten Breitenwirkung, »Hebung des Geschmacksniveaus«, andererseits. Van de Veldes Scheitern in diesem Bereich hat mehrere Gründe: Erstens ist die Idee vom dauerhaften Kleidungsstück nur in die Praxis umzusetzen, wenn die handwerklichen Voraussetzungen dafür gegeben sind; hier scheiterten die van de Veldes an den Schneidern und Schneiderinnen. Zweitens ist die Durchsetzung nur möglich, wenn die Herstellungskosten eine große Verbreitung erlauben; die individuelle Fertigung hingegen hatte so hohe Kosten zur Folge, daß die von Künstlern entworfene Kleidung nur einer kleinen Schicht begüterter Frauen vorbehalten blieb. *»Das Kleid des van de Velde«,* kritisierte denn auch die Zeitschrift WIENER MODE 1902, *»trägt einen ausgesprochenen Klassencharakter. Es ist im Hinblick auf den Lebenszuschnitt und das Toilettenbudget von Frauen exklusiver Kreise geschaffen. Dieses wallende, schleppende, faltenreiche Gewand, mit den Hängeärmeln . . . ist das Kleid der vornehmen Müßiggängerin«.*

Drittens wendet sich das Künstler-Kleid gegen den Modekommerz, mit dessen Hilfe es aber wiederum nur hätte durchgesetzt werden können. Heute wären, als ein Schritt in diese Richtung, Auflagenobjekte unter industriellen, also auch kommerziellen Kriterien produziert, denkbar. Zu Beginn des Jahrhunderts aber war die Industrie für diesen Individualismus nicht aufnahmefähig.

Und schließlich, viertens, unterschätzte Henry van de Velde seine Klientel. Die von ihm vorgeschlagene Einheitskleidung (»Zwangstoilette«) machte der alltäglichen Phantasie ein Gebiet streitig, auf dem sie sich gewöhnlich ausleben und – gestern wie heute – Frustrationen überspielen kann. Hinzu kommt: Das traditionell in unserem Kulturkreis seit Jahrhunderten angewachsene Bedürfnis der Frau, sich im Lauf ihres Lebens wiederholt in Kleidung, Haltung und Gebaren zu verändern, erfuhr nach dem I. und erst recht nach dem II. Weltkrieg – durch gänzlich neue Aufgaben und Anforderungen – eine hektische Übersteigerung, die das retardierende Moment einer von Künstlern entworfenen, dauerhaft-schönen Kleidung – über den immer wiederkehrenden Einzelfall hinaus – undenkbar machte.

Die Kleider Henry van de Veldes, faszinierend zwar, aber allzu dogmatisch und pompös, auf Stil im Leben aus, als der Stil schon abbröckelte, konnten in diesem Jahrhundert schon deshalb keinen Anklang finden, weil sie mit dem Frauenbild des 19. Jahrhunderts verbunden waren und kein neues Verständnis von der aktiven Rolle der Frau in der Gesellschaft ahnen ließen.

MARINA SCHNEEDE

Literatur

Karl-Heinz Hüter, Henry van de Velde. Sein Werk bis zum Ende seiner Tätigkeit in Deutschland, Berlin 1967.

Henry van de Velde, Das neue Kunst-Prinzip in der modernen Frauen-Kleidung, in: Deutsche Kunst und Dekoration, Bd. 10., 1902, 363–371.

Henry van de Velde, Geschichte meines Lebens, München 1962.

Maria van de Velde, Sonderausstellung moderner Damenkostüme, in: Die Kunst, Bd. 4, 1900–1901, 41–47.

Angela Völker, Kleiderkunst und Reformmode im Wien der Jahrhundertwende, in: Ornament und Askese, Wien 1986 (im Satz).

Versandhausmode

Wo ist das Maßband? Ohne es können die exakten Maße nicht bestimmt werden. Körpergröße, Brust-, Taillen- und Hüftumfang bleiben ungewiß und man kann nicht bestellen. Bis zu diesem Moment verlief die Auswahl der Versandhauskleidung in Ruhe und ohne Hektik. Zu Hause, in der gewohnten Umgebung, ohne Kaufhausgedränge und die schon fast sprichwörtlich überheizte, schlechte Luft, wurde sorgfältig aus dem Katalog ausgewählt. Man verzichtet gerne auf die ungeduldige Verkäuferin, die schon nachschaut, bevor man noch den letzten Knopf zugemacht hat.

Die Abbildungen im Katalog deuten an, wie sich die verschiedenen Teile tragen lassen. Sie inspirieren und verlocken zum Kauf. Da die Kleidungsstücke nicht anprobiert werden können, lassen Photographie und Imagination Rock und Hose so attraktiv erscheinen, daß zum Kugelschreiber gegriffen und bestellt wird. Frau und Mann stellen sich vor, wie gut das entsprechende Kleidungsstück am eigenen Leib aussehen könnte.

Diese Art Kauf birgt einen besonderen Nervenkitzel in sich, das »Abenteuer Mode« beginnt mit der Versendung der Bestellkarte. Hält das »Bild«, was es verspricht? Wird die Bluse an mir genauso aussehen

Anzeige des Versandhauses
Mey & Edlich für Damenwäsche, 1883.

wie am Mannequin? Stimmt die Farbe der Bluse im Katalog mit der der wirklichen Bluse tatsächlich überein?

Ihren Höhepunkt erreicht die Spannung, wenn der Postbote das Paket ins Haus liefert. Das Gefühl beim Öffnen des Paketes ist »wie Weihnachten,« denn natürlich hat man zusätzlich auch noch Naschwerk bestellt. Sehr schnell ist deshalb vergessen, daß das »Geschenk« von Grete Schickedanz oder Josef Neckermann zwei Minuten vorher selbst bezahlt wurde oder die Raten anlaufen.

QUELLE und NECKERMANN gehören zu den größten Versandhäusern in der Bundesrepublik.

Der Versandhandel entsteht jedoch schon während des letzten Jahrhunderts. Nachdem die Voraussetzungen dafür geschaffen sind – die Massenproduktion, sowie ein funktionierendes Geld- und Postwesen – gibt es in Europa reine Versandhandelsunternehmen. Die Post schuf dafür Voraussetzungen, indem sie 1865 die Postanweisung, 1874 das Paketeinheitsporto und 1878 den Nachnahmeverkehr einrichtete.

Die in Deutschland häufige Form des Versandhandels besteht jedoch einerseits in der Kombination von Warenhaus und Versandprinzip, andererseits der Entwicklung vom Fachversand zum Großversand mit warenhausähnlichem Angebot. Dies ist beispielsweise bei QUELLE in Fürth der Fall: Aus dem 1927 von Gustav Schickedanz gegründeten Textilversandgeschäft wird erst nach dem II. Weltkrieg ein Versandhaus mit umfangreichem Angebot. In den 50er, den sog. Gründerjahren der Bundesrepublik, expandierte dieser Betrieb zum größten Versandhausgeschäft Europas.

Die Zeit der Hochkonjunktur des Versandhandels fällt in diese Zeit und die 60er Jahre. Das Sortiment wird vergrößert; Bereiche, die vorher als nicht »versandhandelsfähig« gelten, wie beispielsweise Luxusartikel, Pelzmäntel, echter Schmuck oder lebende Vögel ebenso wie Lebensmittel kommen hinzu. Die Expansion wird spürbar am zunehmenden Umfang und

Männerfreizeitmode, Otto-Versand, Herbst/Winter 1972/73.

Hausschuhe, Otto-Versand, Herbst/Winter 1972/73.

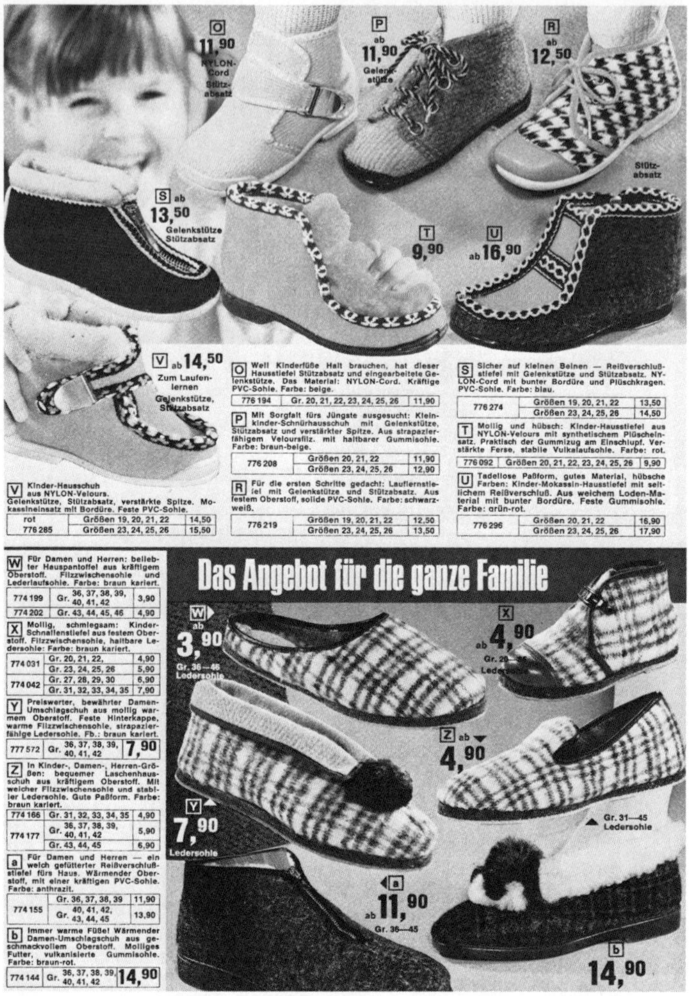

Gewicht der Kataloge. Um bei QUELLE als Beispiel zu bleiben: Die Seitenzahlen steigen innerhalb von 30 Jahren um 168,16%. Das heißt: Im Jahre 1951 umfaßte der Katalog 16 Seiten; vier Jahre später sind es bereits 120 Seiten; 1968 steigt die Seitenzahl auf 600, davon sind 283 Seiten für Textilien reserviert; im Frühjahr/Sommer 1986 umfaßt der Katalog 1051 Seiten.

Das zweitgrößte Versandgeschäft (nach der Statistik von Max Eli und Helmut Laumer, 1970), ist der 1950 gegründete NECKERMANN-VERSAND. Umsatzstärkste Warengruppe auch in diesem Haus sind lange Zeit Textilien. Jedoch macht sie schon in den 60er Jahren weniger als die Hälfte des Umsatzes aus. Machten 1954 die Textilien noch 70% des Umsatzes aus, so sind es 1961 nur noch 52% und 1968 sinkt der Anteil unter die 50%-Marke, jetzt beträgt er nur noch 48%. Dagegen nehmen andere Warengruppen wie Möbel, Hausrat und Elektrogeräte im gleichen Zeitraum ständig zu. Diese Entwicklung findet auch beim Konkurrenten QUELLE statt.

Das drittgrößte Versandhaus, der Hamburger OTTO-VERSAND, wird ebenfalls 1950 gegründet. Dieses Haus arbeitet bis 1968 ohne stationäre Vertriebe. Es stützt sich in den Anfangsjahren hauptsächlich auf Sammelbesteller, beziehungsweise nebenberufliche Vertreter. Beispielsweise arbeitete der OTTO-VERSAND mit der freiwilligen Kette A & O zusammen. Die Bestellungen wurden beim Lebensmittelhändler aufgegeben, der sie sammelte und weiterleitete. Dadurch wurde die Katalogaufla-

Spezialgrößen,
Otto-Versand,
Herbst/Winter 1972/73.

Nachthemd und Morgenmantel,
Otto-Versand,
Herbst/Winter 1972/73.

ge kleiner gehalten und der Umsatz erhöhte sich. Bis 1968 verbucht der Otto-Versand pro Katalog Bestellungen im Wert von 300,– DM bis 350,– DM. Im übrigen Versandhandel dagegen kommt auf einen Katalog eine Bestellung von rund 70,– DM.

In den 60er Jahren sind die Versandhäuser besonders für Bezieher in kleinen und mittleren Orten attraktiv. Diese Handelsform bietet eine große Auswahl zu relativ niedrigen Preisen. Denn die Käuferschicht, die nur über niedrige Einkommen verfügt, rekrutiert sich aus Arbeitern und Angestellten. Sowohl gediegene, als auch modisch »up to date« Kleidung wünschen diese Käufer. Bis die Versandhausmode jedoch aufs Land kommt, ist sie eher »out of season«.

Inzwischen folgen die Versandhäuser immer mehr den modischen Trends, obwohl natürlich immer noch konservative und solide Kleidung einen großen Anteil der Textilien ausmacht. Da nicht nur die Konkurrenz größer, sondern auch die Verkehrsverbindungen besser geworden sind und das Auto selbstverständlich geworden ist, wird die Fahrt in die Großstadt zum Großeinkauf attraktiver als die Bestellung beim Versandhaus. Selbst »Europas Größter«, der Quelleversand, erlitt Einbußen. 1984 wurden erstmals keine Ertragszahlen veröffentlicht – von zweistelligen Millionenverlusten ist die Rede.

In den 70er Jahren umwarben die Versandhäuser ihre Kunden mit *»Qualität«* und garantiert *»stabilen Preisen«* bis zum Jahresende. Heute ist es die Mode, die *»so jung, so* *frisch, so frühlingshaft«* ihre Käufer sucht.

Extravagante Mode ist eher ein Phänomen der Großstadt. Hier wirkt sie, gedeiht und treibt die verrücktesten Blüten. Denn hier ist sie ein Mittel, sich aus der anonymen Menschenmasse herauszuheben. In der Kleinstadt dagegen oder in ländlichen Gegenden, kennen sich die Menschen untereinander. Sie haben es nicht nötig durch besonders modische Signale auf sich aufmerksam zu machen. Das bedeutet jedoch nicht, daß hier kein Bedarf nach Modeneuheiten besteht. Für die Versandhäuser, deren Klientel aus diesen Gebieten stammt, heißt das eine ausgewogene Mischung aus solid-biederer und modisch-extravaganter Kleidung anzubieten.

MARGARETE GRÖNER

Literatur

Hermann Bößenecker, Die Chefin geht. Grete Schickedanz zieht sich aus dem Alltagsgeschäft des Versandhauses Quelle zurück, in: Zeit 10 (28.2.1986).

Max Eli/Helmut Laumer, Der Versandhandel. Struktur und Wachstum im internationalen Vergleich, Berlin/München 1970.

Robert Nieschlag, Die Versandgeschäfte in Deutschland, ihre volkswirtschaftlichen Funktionen und betriebswirtschaftlichen Gestaltungen, Berlin/München 1949.

Helmut Romeiß, Errichtung und Erweiterung von Versandgeschäften. Anordnung vom 10. Januar 1939, Berlin 1939.

Vom Verführer zum Verführten

»Lässig schlendert er in den Münzwaschsalon. Eine schnelle, routinierte Bewegung – das T-shirt landet in der Maschine. Einen Augenblick lang der nackte Brustkorb voll im Bild – dahinter wartende Mädchen, die aufblicken: Schnitt. Nächste Einstellung: Die Jeans wird aufgeknöpft – wandert zum T-shirt in den Waschautomaten. Er in Unterhosen, Aufregung bei den Mädchen. Unter ihren neugierigen bis lüsternen Blicken nimmt er gelassen Platz, um auf seine Wäsche zu warten.« So wird in einem Werbesport (für LEVI's Jeans) der Körper des Mannes eingesetzt, um von einem

»Voulez vous me faire l'honneur, Mademoiselle?«
H. Mounier,
um 1827/28.

Kleidungsstück zu sprechen.

Und wenn man versuchsweise die Rollen vertauschte? – Ein nur zu vertrautes Bild – die übliche Masche: eine Frau, die den Mann verführt, sich zum Objekt männlichen Begehrens macht. *»Ainsi dans la séduction, la femme est sans corps propre, et sans désire propre. Elle n'y croit pas, et elle en joue. N'ayant pas de corps propre, elle se fait apparence pure, construction artificielle où vient se prendre le désire de l'autre. Toute la séduction consiste à laisser croire à l'autre qu'il est et reste le sujet du désir, sans se prendre alle-même à ce piège. Elle peut aussi consister à se faire objet sexuel ›seduisant‹ si le désir de l'homme est celui-là . . . Pour la séduction le désir n'est pas une fin, c'est un enjieu hypothétique«.*

Den Platz einzunehmen, den das Begehren, das männliche Begehren versteht sich, vorsieht: So definiert Baudrillard, was er als »weibliche« Verführung bezeichnet, demgegenüber beruhe die »männliche« auf Taktik und Kalkül. Vielleicht ist es aber einfach so, daß sich die Geschlechter in puncto Verführung hauptsächlich durch die Wahl der Waffen unterscheiden: Wort oder Körper. Und natürlich wählt der Verführer das Wort, spinnt aus Worten den Faden der Rede, womit er sein Opfer umgarnt, bis es in einem Netz von Bedeutungen gefangen ist. Dagegen setzt die Verführerin auf das Spiel der Körper und Kleider mit seinen Anspielungen, Lockungen, Vieldeutigkeiten und den tausend Maschen, Schlingen und Verstrickungen.

Doch noch einmal zurück zum Werbefilm, zu dem verführerischen männlichen Wesen und seinem Striptease. Als die Jeans fällt, erscheint auf der Leinwand kein nackter Kör-

Werbung,
Italien, 1985.

per und auch kein banaler Slip – sondern eine richtige Unterhose, reizvoll und erotisch. Ein Mann, der das Spiel des Körpers und seiner Zeichen mitspielt, und der dabei – das muß betont werden – in der Schroffheit, der gewissen Härte seiner Bewegungen durchaus einen eigenen, einen männlichen Charakter behält. Sich den Blicken der anderen darzubieten bedeutet in diesem Werbespot nicht die totale Entmännlichung. Aber eine Entmännlichung immerhin, oder besser, um das Schema von Baudrillard aufzugreifen: Der Mann nimmt, indem er sich als Objekt eines fremden Verlangens gibt, im Verführungsspiel den Platz der Frau ein.

»Doppelter Reiz.«
Fliegende Blätter, 1905.

Diese neue Form männlicher Verführung bildet sich Anfang der 80er Jahre heraus. Richard Gere als Hauptdarsteller von Paul Schraders AMERICAN GIGOLO wird zu ihrem Prototyp und Modell. Durchaus keine nebensächliche Rolle spielt in dem Film (der sinnigerweise ausgerechnet von einem Mann handelt, der sich an Frauen »verkauft«) die Garderobe des Protagonisten, die – bis hin zu Schuhen, Hemden, Krawatten – ausschließlich von ARMANI stammt: Richard Gere/Gigolo ist nicht nur elegant – er ist modisch. Und das ist keine Wortklauberei, sondern ein gewaltiger Unterschied. Auf Eleganz verzichtete der Mann auch dann nicht, als er sich in die bürgerliche Uniform zwängen ließ; sie kam zum Ausdruck in den Stoffen und Schnitten und in schmückenden Details wie der Krawatte, dem Gilet, dem aus der Tasche lugenden Tuch. Was hingegen wirklich ferngehalten wurde, das waren die Variationen und Unvorhersehbarkeiten der Mode. Zwar gab es Schwankungen in der Länge der Röcke, der Breite der Schultern oder der Zahl der Knöpfe, aber insgesamt bewahrte die bürgerliche Uniform ihr charakteristisches Aussehen und bildete ein sicheres Bollwerk gegen jede Neuerung.

Für den Mann der 80er Jahre sind das Legenden aus grauer Vorzeit. Rückhaltlos überläßt er sich dem Spiel der Kleider und Körper, übernimmt die Modelle der Mode, um die Aufmerksamkeit der Frauen zu erringen und ihre Begierden aufzustacheln. Das alles freilich – um Mißverständnissen vorzubeugen, sei es eigens betont – hat nichts vom Dandy und dessen strengem und leidenschaftlichem Stilwillen.

»Das Streben des Dandy nach dem Sublimen kennt kein Nachlassen. Er lebt vor dem Spiegel, und er schläft auch vor dem Spiegel.«

Eine so asketische und »exklusive« Disziplin liegt dem Mann der 80er Jahre offenbar fern: Er gibt sich weich und verletzbar, verzichtet auf Uniformierung und unantastbare Fassade. Die Körperlichkeit, die in seiner Kleidung zum Ausdruck kommt, will in Beziehung treten, nicht Überlegenheit oder Verweigerung demonstrieren. Aber es bleibt ein Zweifel: An wen richtet sich diese neue Form der männlichen Verführung? Denn der Adressat ist noch nicht einmal zweideutig – er ist gänzlich unbestimmt: ein Mann für Männer und Frauen. Das wirklich Neue daran ist freilich nicht die Enthüllung homosexueller Wünsche, sondern, daß das Begehren der Frau gesellschaftliches Existenzrecht erhält und nicht nur geduldet, sondern sogar ermutigt und herausgefordert wird. Und an diesem Punkt stellt sich unvermeidlich die Frage: Zeigen sich hier erste Anzeichen eines Wandels in den Beziehungen der Geschlechter? – oder handelt es sich um eine neue Variation der männlichen Phantasien über das ewig Weibliche? *»Nur Helios vermag's zu sagen, der alles Irdische bescheint . . .«*

BIA SARASINI

Literatur

Charles Baudelaire, Journaux Intimes, Peri 1887.
J. Baudrillard, De la Séduction, Paris 1979.

W

– Wäsche
Weibliche Elemente in der Männermode
Weiß
Werthertracht
Wiener Werkstätte
Wolle

W

Wäsche

Unter der Kleidung verbergen sich Accessoires, die dazu dienen, die Silhouette zu modellieren: Korsetts, Reifröcke, Krinolinen oder Turnüren, dazu andere Kleidungsstücke, die vor der Kälte schützen sollen, wie vor allem die Leibwäsche.

Die Unterwäsche als ein Gebot von Hygiene und Scham, hat nicht nur den Zweck des bloßen Schutzes, sondern gehört auch zu einer reizvollen Aufmachung. Der Kleiderausschnitt wird zum Anziehungspunkt für einen verstohlenen Seitenblick, ebenso wie die weibliche Unterwäsche von 1900 mit ihren Spitzen, Stickereien und Bändern ein Attribut der Frivolität ist. Doch bleibt sie versteckt, gerade als ob die fast klösterlich strenge Moral bis zur Mitte des 19. Jahrhunderts, den Frauen immer noch Anlaß zu einem schlechten Gewissen geben würde. Nach dem I. Weltkrieg verringert sich die Anzahl der getragenen Wäschestücke mit dem Trend zur knabenhaften Frau und deren straffen Linien. Die Frauen verzichten aber weder auf Spitzen und Stickereien, noch auf farbige Seide, die am Anfang des 20. Jahrhunderts schüchtern auftaucht. Sie wird später so üblich, daß sie sogar in der Herrenunterwäsche Verwendung findet. Die Weißwäsche ist von nun an nicht mehr nur »weiß«. Diese Tendenz greift auch auf die Bettwäsche über. Maschenfester Jersey kommt in den 30er Jahren auf den Markt. Seit 1949 ist die Ware, dank der Verwendung von Nylon und anderen synthetischen Geweben knitterfest und bügelfrei.

Der New Look beschert die Rückkehr verrückter weiblicher Dessous, die heute, nach einer zwischenzeitlichen Flaute, wieder in Mode sind.

Männernachthemd,
30er Jahre.
Münchner Stadtmuseum.

Das Hemd ist der älteste Teil der Unterkleider. Es stammt von der Tunika ab, die man in der Antike auf dem Körper unter der eigentlichen Tunika anhat: Man trägt also zwei übereinander. Bis zum 18. Jahrhundert bewahrt es das Aussehen einer langen, sehr einfachen »Tunika«, die bis unter das Knie reicht und sich dabei leicht erweitert. Sie hat halblange, angesetzte Ärmel, die an den Schultern angereiht sind und an den Handgelenken zugeschnürt werden. Mit einer weiteren Schnürung wird das große Dekolleté geschlossen. Im 18. Jahrhundert wird das Hemd immer aus schwerer Leinwand angefertigt, da nur dieses Material die Verstärkung mit Fischbeinstäbchen aushalten kann. Damit dient das Hemd als Körperschutz. Während des Directoires lassen die MERVEILLEUSES (Modedamen) Hemden aus durchsichtigem Stoff fertigen. Später kommt man auf den Perkal zurück. Im Laufe des 19. Jahrhunderts verändert sich kaum etwas in der Form des Unterhemds, hingegen aber Ärmel und Dekolleté. Während des Empire kurz und nur leicht gepufft, werden sie während der Restauration bis 1830 immer pludriger, aber immer noch kurz, reduzieren sie sich um 1835 zu einer kleinen flachen Ärmelstulpe. Um 1880 sind sie lediglich noch sehr breite Stoßbänder an den Achseln, um dann in der Belle Epoque vollständig zu verschwinden. Das Dekolleté folgt mehr oder weniger der Form des entsprechenden Kleids.

Stets groß und verschnürbar, ist es während des Ersten Kaiserreichs rechteckig, bis zur Mitte des Zweiten Empire hat es einen geraden bootförmigen Ausschnitt, dann u-förmig, bis kurz vor 1914 die Träger aufkommen. Nach dem I. Weltkrieg nimmt das ursprüngliche Hemd in der Länge und in der Weite ab und verschwindet dann ganz, um besonders im Winter dem kleinen Futteralunterhemd aus Maschenware Platz zu machen.

Bei dieser Gelegenheit kann man auch die Geschichte jener sichtbaren Accessoires abhandeln, die eigentlich nicht ganz dazugehören, aber doch mit den Dessous zu tun haben. Das ist der Fall bei den Spitzenärmeln des 18. Jahrhunderts, die zwei oder drei in Form gebrachte Volants haben und in der Armbeuge kürzer als am Ellbogen sind. Ferner sind zu erwähnen: die Handkrause des Zweiten Kaiserreichs, geschmeidig, mit gerafften Volants oder mit engen, aber gebauschten Abschlüssen an den Handgelenken (von 1845 bis 1850). Ab

Unterröcke, Turnüren, Korsetts, Journal des Dames, 1878.

1870 werden sie steifer, mit weiten plissierten Abschlüssen. In den beiden ersten Dritteln des 19. Jahrhunderts genießen Busenschleier und Plastrons die besondere Gunst.

Die Unterhose – sie ist fränkischen Ursprungs – spielt in der Frauenmode eine geringere Rolle als das Hemd. Das gesamte Mittelalter und auch noch das 18. Jahrhundert, das der Reifröcke überdrüssig geworden war, ignorierten dieses Wäschestück. Katharina von Medici versuchte es einzuführen, kurz darauf war es schon wieder verschwunden, abgesehen von einer einzigen Ausnahme: Beim Reiten trugen die Amazonen eine gestrickte, knielange Hose. Erst gegen 1810, als sie in Deutschland schon längst in Gebrauch war, taucht sie in Frankreich auf, aber sie bleibt auf die Garderobe der jungen Mädchen beschränkt, bei denen sie unter dem Kleid hervorschaut. Erst die Krinoline verhilft der Hose zum Durchbruch in der Frauenkleidung. Zu jener Zeit ist sie lang und röhrenförmig. Mit dem Stil um 1900 wird sie geschmeidiger, ein bißchen kürzer und mit Volants verziert. Im Schritt ist sie fast immer offen. In den 20er Jahren wird sie dann ganz kurz, um nach und nach durch den sehr eng anliegenden Slip aus Strickware ersetzt zu werden.

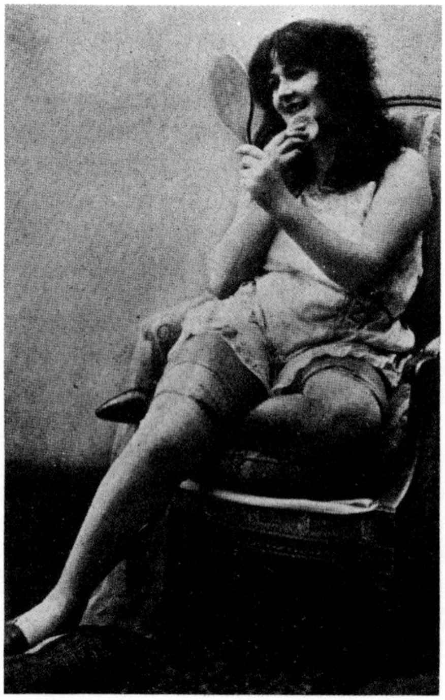

Sammlerpostkarte, um 1910.

Der Unterrock ist im 18. Jahrhundert aus Baumwollstoff. Er wird unter dem Reifrock getragen. Während des Empire spielt er eine geringere Rolle, weil man damals ganze Unterkleider bevorzugte, die im Schnitt den Kleidern entsprachen. Erst ab 1820 gelangte der Unterrock wieder zu seiner Vorrangstellung in der Garderobe. Er wird zunehmend weiter, zunächst ganz einfach gerafft, um später über flache Einsatzteile in Falten gezogen zu werden, die eine zu starke Betonung der Hüften verhindern sollten. Er überspannt die Krinoline, ist dann aber nur noch auf der Rückseite gefältelt, um sich der Form des Kleiderschnittes anzupassen. Er wird mit einem Bund geschlossen. Von 1875 bis 1885 wird er häufig durch einen langen, locker aufgesetzten und an der Taille befestigten Fortsatz vervollständigt, der die Schleppe der Robe unterstützt. Als dem Unterrock ab 1890 die Aufgabe zukommt, nur noch den Rock zu unterfüttern, nimmt er zweierlei Aussehen an: Der KOSTÜMUNTERROCK in Seide oder aus schwerem, farbigen Stoff, wie er eigentlich nur im Sommer getragen wird, Unterröcke aus feinem Leinen oder weißem Perkal. Solch ein Unterrock paßt sich ganz genau dem Kleid an, während der sog. DISKRETE UNTERROCK, der weiß und etwas kürzer ist, darunter verschwindet.

Morgenhäubchen und elastisches Korsett, Costume Parisien, 1803.

Krinoline, Unterhose und Unterhemd,
Karikatur,
England, 1856.

Der HUMPELROCK von 1913 läßt ihn in Vergessenheit geraten, und er erlebt erst 1947, mit der weiten Mode des NEW LOOK eine Renaissance.

Als das Korsett den Brustkorb nicht mehr stützen muß, erhält es die Funktion eines Einsatzstückes, das mit Trägern am Büstenhalter befestigt wird. Um 1908 wird Korsett und Hose häufig in einem Stück angefertigt, woraus sich die HOSEN- oder ROCKKOMBINATION entwickelt. Daraus wiederum entsteht in den 20er Jahren die KOMBINATION, der ein lang anhaltender Erfolg beschieden ist. In den 30er Jahren ist sie besonders beliebt.

Das Nachthemd, das im Mittelalter unbekannt war, unterscheidet sich im 18. Jahrhundert nicht allzu sehr vom Tageshemd. Darüber trägt man ein Negligé, einen ziemlich langen Überrock, der vorne durch Bänder geschlossen wird. Das Negligé erhält zu Beginn des 20. Jahrhunderts durch Nachthemden mit großen Krägen und langen Ärmeln Konkurrenz. Um die Trägerin auch im Bett präsentabel wirken zu lassen, muß seine Form erst in die eines kurzen BETTJÄCKCHEN verwandelt werden. Bis zum heutigen Tag noch in Gebrauch, fällt es lose und ist zumeist reich verziert.

Das Nachthemd, als das einzige Überbleibsel der alten Nachtgewänder, wird nach dem I. Weltkrieg in ein langes Kleid modifiziert, das der von der Haute Couture inspirierten Mode folgt. Ab 1925 tragen auch Frauen PYJAMAS.

Das Männerhemd, das im 16. und 17. Jahrhundert eine sehr dekorative Rolle spielt, und stets sehr weit geschnitten ist, wirkt im 18. Jahrhundert dagegen ziemlich schlicht. Für elegante Auftraggeber wird es aus feinem, weißen Leinen geschneidert. Es ist mit langen Ärmeln versehen und hat einen Umlegekragen, den man unter der Krawatte verbirgt. Diese ist ein langes, schmales Band, das mehrere Male um den Hals geschlungen wird. Manschetten und Jabot, die manchmal aus luxuriöser Spitze sind (für den Winter gehäkelt und für den Sommer geklöppelt), sitzen an den Hemdsärmeln und am weiten Halsausschnitt. Bis zu Beginn des 19. Jahrhunderts ist sein Aussehen im wesentlichen unverändert. Jabot und die jetzt nicht mehr so langen plissierten Manschetten, sind nun aber ausschließlich dem Abendanzug vorbehalten. Um 1840 entsteht der kleine Umlegekragen und auf der Vorderseite kommen Falten zum Vorschein, die aber von einem weichen Plastron versteckt gehalten werden. Bisweilen sind sie auf das Üppigste mit Weißstickereien verziert. Hier ist bereits die Form des modernen Hemds vorweggenommen. Gegen 1900 verliert es dann seinen Kragen und bekommt stattdessen einen ziemlich hohen, falschen Stehkragen, der genau wie die am Handgelenk anliegenden Man-

Damenunterwäsche,
Fotografie,
Furth im Wald, 1920/25.

Eheliche Hilfe beim Ankleiden,
um 1835/40.

Unterrock,
Journal des Ouvrages des Dames, 1907.

Dame im Hemd am Kamin,
George Cruikshank, 1801.

schetten gestärkt und hochglänzend appretiert wird. Diese Steifheit, noch akzentuiert durch ein ebenso gestärktes, über dem zum Abendanzug getragenen Hemd sitzendes Plastron, verliert sich im Laufe der 20er Jahre nach und nach.

Die Unterhose (caleçon) entspricht im 18. Jahrhundert genau der Hose, die sie bedeckt. In dieser Form präsentiert sie sich auch noch zu Beginn dieses Jahrhunderts; wird dann ab den 30er Jahren immer kürzer, um dann schließlich dem Slip Platz zu machen.

Das weite, bis zum Boden reichende NACHTHEMD des 18. Jahrhunderts, das mit einer hohen von einer Schleife umwickelten Haube getragen wird, wird gegen Ende des 19. Jahrhunderts ersetzt durch ein weniger weites Gewand, das einen Umlegekragen hat, mit Verschlußpatten und farbigen Borten an den Handgelenken.

Luxus und Bedürftigkeit,
Mädchen in Nachthaube und Nachthemd, 1815.

Der PYJAMA, im 20. Jahrhundert die gängige Nachtbekleidung, fand aber seine ersten Anhänger schon gegen Ende des vorigen Jahrhunderts. Die Schlafmütze aus weißer Baumwolle ist in den geheizten Wohnungen überflussig geworden.

Einmal den Windeln entwachsen, waren die Kinder eigentlich immer wie ihre Eltern angezogen. Bis etwa 1880 unterscheidet sich ihre Wäsche kaum von der der Erwachsenen. Nur die Hosen der jungen Mädchen erlangten um die Mitte des 19. Jahrhunderts besondere Beachtung, da sie sichtbar waren.

In den 20er Jahren, während derer sich die Kindermode immer mehr spezialisiert, wird die Wäsche für Kinder einfacher. Die spätere Entwicklung zur Trikotware, auch für Männer und Frauen, wird hier vorweggenommen. So geht der moderne Slip auf die unter den Namen PETIT BATEAU vertriebene Hose aus gerippter Trikotware zurück, die 1910 erstmals für Kinder angeboten wurde.

MADELEINE DELPIERRE

Weibliche Elemente in der Männermode

In den letzten Jahren vor der Französischen Revolution verschwinden in der Männerbekleidung die bunten Stoffe, die prächtigen Stickereien und die gefallsüchtigen Einzelheiten: Die Schöße werden schmaler, die Frisuren einfacher, auch der Zierat verschwindet. Diese Vermännlichung der Kleider wird durch die jungen INCROYABLES im letzten Jahrzehnt des 18. Jahrhunderts erneut in Frage gestellt.

Fest entschlossen aufzufallen, Aufsehen und Ärgernis zu erregen, bevorzugten sie Kleidung von ausgeprägter Bizarrerie: Ihre Jerseyhosen, die übers Knie gingen und in Fransen endeten, reichten bis fast unter die Achseln. Der Rock oder Redingote reichte bis fast ans Kinn, den Oberkörper eng umspannend, wölbte er sich über die Hüften und verlieh ihnen eine rundliche Form; die anliegenden Ärmel bedeckten mit den engen, aufgeschlagenen Manschetten den Handrücken; große, übereinandergelagerte und allmählich kleiner werdende, »gegenständige« Aufschläge erzeugten am Hals einen »Blumen«-Effekt. Die Haare, vorne stufig geschnitten und locker fallend, vereinigten sich hinten zu einem langen Zopf, der mit einem kleinen Haarkamm am Kopf befestigt wird. Auch Ohrringe – und zwar von nicht unbeträchtlicher Größe – kamen wieder in Mode. Zur gleichen Zeit sah man aber auch andere Beinkleider, nämlich solche, die lang und gerade geschnitten waren und langen, röhrenförmigen Röcken ähnelten. Auf die drei wesentlichen Stücke reduziert – Hose, Weste und Jacke – tendierte die Männermode im 19. Jahrhundert zu einer immer größeren Uniformität, und in der Folge wurden Veränderungen, die es ja durchaus gab, immer weniger augenscheinlich. Als erster belegte Lord Brummel jede Art von Extravaganz mit Acht und Bann – er lehrte vor allem den korrekten

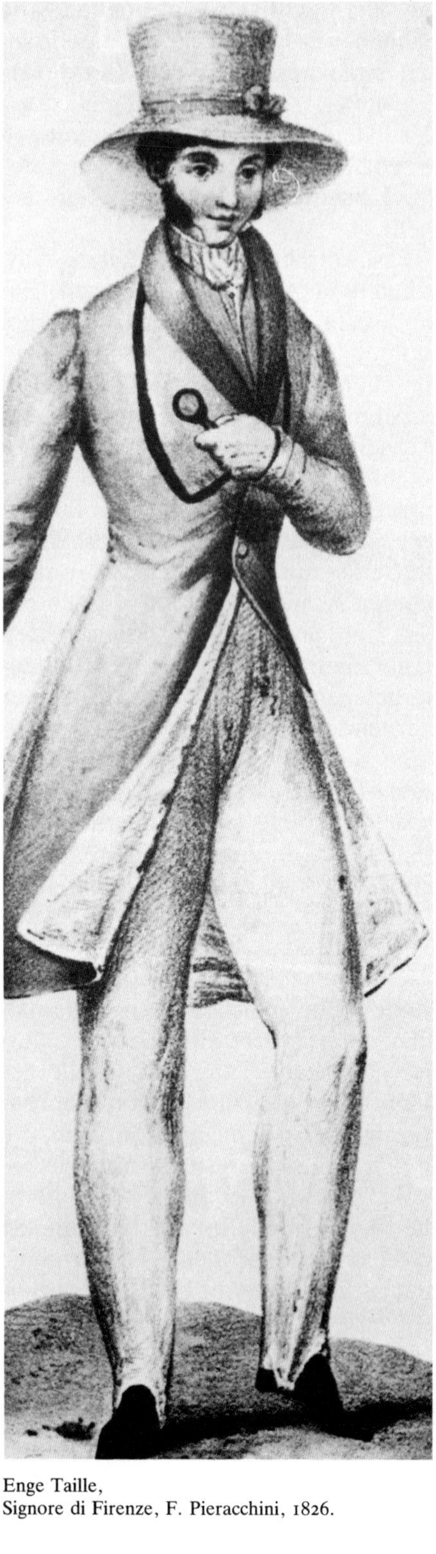

Enge Taille,
Signore di Firenze, F. Pieracchini, 1826.

Schnitt zu schätzen und das für elegant zu halten, was schlicht und unauffällig war.

Die »Farben«, die das ganze Jahrhundert beherrschten, sind Schwarz, Weiß, Grau und die sonstigen Nicht-Farben. Angesichts dieses monotonen, aber »männlichen« Panoramas war es höchst verwunderlich, daß sich – um 1820 – eine Linie durchsetzte, die nicht nur in einzelnen Merkmalen, sondern im ganzen so weiblich war, daß die jungen Männer aussahen wie wohlgestaltete, verkleidete Mädchen. Obwohl die großen politischen Umwälzungen, die vom Wiener Kongreß sanktioniert wurden, überall in Europa zu einer Restauration der Monarchien geführt haben, blieb die Gesellschaft im wesentlichen bürgerlich und wurde stärker durch kulturelle als durch politische Einflüsse bestimmt.

Die Ausstrahlung der romantischen Bewegung mit ihrer Fixierung aufs Mittelalter beeinflußte Einstellung und Verhalten und wirkte sich auch aufs äußere Erscheinungsbild aus.

In einer Zeit, in der die Mehrheit von der Jagd nach Geld besessen ist, wird das Bedürfnis um so dringlicher, die praktischen und die prosaischen

Korsettanprobe, 1815.

Modezeichnung,
Monica Cappellini für Overfil,
Italien, 1986.

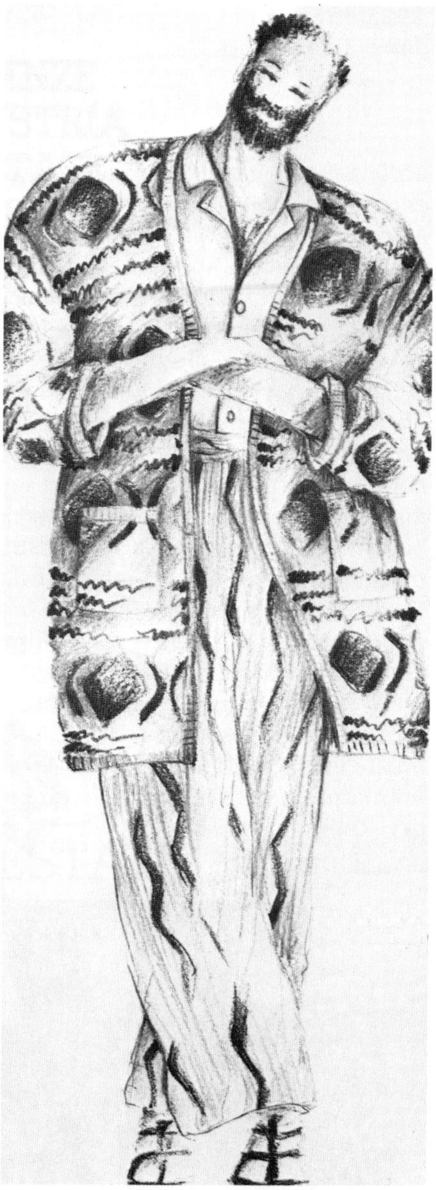

Aspekte der Alltäglichkeit zu verleugnen, um statt dessen den Geist zu verherrlichen. Vaterlandsliebe: die Aufopferung für ein Ideal, für die Freiheit der Völker, der Achtung für die Vorfahren etc. erfahren so eine neue Wertschätzung. Sogar der Selbstmord wird gerechtfertigt, um dem eigenen Leben Sinn zu verleihen. Die Frau wird idealisiert, und es werden ihr Vorzüge zugesprochen, die in jeder Hinsicht nachahmenswert sein sollen: Sensibilität, Rücksicht und Zartheit. Unter diesen Voraussetzungen scheint es plausibel, daß der Mann versucht, sich auch körperlich mit dem anderen Geschlecht zu identifizieren. Das Wichtigste ist dabei die Wespentaille; das erste, was es darum zu übernehmen gilt, ist das Korsett oder zumindestens den »Hüftgürtel«.

Hausrock,
Illustrierte Zeitung, 1844.

Die zahllosen Karikaturen, die sich über die neue Manie mokierten – und wenig erreichten, bedenkt man, daß sich die neue Mode über ein Vierteljahrhundert lang hielt – belegen den verbreiteten Kunstgriff, durch Auspolsterungen die Schultern zu verbreitern, Brust und Rücken zu vergrößern, den Hüften und Waden rundliche Formen zu verleihen.

Die Modezeichnungen der Zeit überliefern uns das folgende Bild eines stocksteifen und lächerlichen Mannes: weißes Hemd mit hohem steifen Kragen, um den eine Krawatte geschlungen und (auf 32 und mehr Arten) gebunden wird; darüber ein Gilet oder mehrere übereinander (tief ausgeschnitten und mit oder ohne Revers, die durch Riemchen am Rücken eng anliegen und über dem Bauch oder in Gürtelhöhe leicht spitzwinklig enden, wobei der unterste Knopf oft offen bleibt; die (anfangs etwas kurzen) Beinkleider aus Trikot, Atlas oder Kaschmir, röhrenförmig geschnitten und an den Hüften anliegend, verengen sich entweder zum Knöchel hin, um die Form des Beines nachzuzeichnen (sie werden durch einen Steg straff gespannt gehalten), oder sie erweitern sich unterhalb des Knies zum »Elefantenbein«. Außerdem gibt es noch Hosen, die um das Becken weit und gekräuselt sind, um die breiten Hüften noch stärker zu akzentuieren. Die Strümpfe sind aus Seide; die Schuhe, spindelförmig und für den Abend aus Lackleder, sind mit winzigen Schleifchen geschmückt. Der eng geschnittene Frack mit abfallenden Schultern, mit an den Schultern angereihten Ärmeln und nach unten sich verjüngenden Revers, reicht vorne meist bis zur Taille. Im Rücken verlängert er sich zu zwei Schwänzen, die ihn, da sie separat geschnitten sind und an der Hüfte durch Falten und Taschen (in denen große, auffällige Ziertücher stecken) optisch verbreitert werden, weiter erscheinen lassen. Der Frack kann aber auch in einem glockenförmigen Schoß enden, der einem kurzen Frauenrock ähnelt.

Die Silhouette, die sich so ergibt – mit geschwellter, voller Brust, enger Taille und akzentuierten »Kurven« – ist von geradezu junonischer Weiblichkeit. Sie wird in diesem Sinn noch glaubwürdiger durch widerspenstige Lockenfrisuren mit der Stirn als EN COUP DE VENT zerzausten Haaren und durch die Verwendung von Anstecknadeln, die – von ausgesuchter Affektiertheit in der Formgebung und der Wahl der Materialien – auf den riesenhaften und kompliziert geschlungenen Krawatten getragen werden.

Je näher die Jahrhundertmitte rückte, desto mehr verlor die »Entenbrust« ihre gewölbte Form, die Ärmel schrumpften auf das Normalmaß und der Rock mit langen Schößen wurde zum gängigen Modell. Auch die zerzausten Schöpfe wurden zugunsten einer Frisur mit Mittelscheitel und am Ohr sorgfältig onduliertem Haar aufgegeben; sie hieß NAZARENISCH oder, mit leichen Abweichungen, À LA RENAISSANCE. Die langen und weiten Mäntel hingegen wirkten durch ein Dekor aus Besätzen oder feinsten Stickereien noch am ehesten weiblich.

Kaftans, John Stephen, um 1968.

In der zweiten Hälfte des 19. Jahrhunderts wurde allem Frivolen eine entschiedene Absage erteilt: der Mann schien jede Lust verloren zu haben, sich zu kleiden und bedeckte nurmehr seinen Körper mit nüchternen und bequemen Kleidungsstücken ohne Phantasie. Die Schnitte veränderten sich nur in Details und behalten seit der Zeit Napoleons III. denselben Grundcharakter.

Oberste Instanz in Sachen Eleganz wurde der Prinz von Wales, der zukünftige König Edward VII. (1841–1910); aber sein Einfluß beschränkte sich auf die Farben der Krawatte, auf die Höhe der Knöpfe des Rocks, auf den Schnitt des Hemdes.

Der Anzug mit dunklem Rock tagsüber und abends der Frack – das bleibt für die bürgerliche gute Gesellschaft maßgebend und ändert sich höchstens in den Details, etwa der Weite der Hosen oder der Zahl der Knöpfe, dem Ansatz der Ärmel oder den Dimensionen des Revers, sowie in der Frage, ob Taschen appliziert werden oder nicht.

Man mußte bis zum Jugendprotest Ende der 60er Jahre unseres Jahrhunderts warten, daß der Mann die Freude an der Farbe wiederentdecken und es erneut wagen würde, extravagante und phantasievolle Kleidung zu tragen. Die Anregungen dazu zog er aus der Frauenmode, und gerade heute, 1986, in einer Zeit des Triumphs der Frau, der es gelungen ist, ihn von ihrer Überlegenheit zu überzeugen, macht er sich das Kleidungsstück zu eigen, das sie seit Jahrhunderten kennzeichnet, und das geradezu ihr Banner und ihre Qual, ihr Kreuz und ihre Wonne gewesen ist – mit einem Wort: den Rock.

DORETTA DAVANZO POLI

Literatur

A. Black/M. Garland, Storia della moda, Novara 1974.

P. Glynn, Pelle a pelle, l'erotismo nell'abbigliamento, Roma 1982.

R. Levi Pisetzky, Storia del costume in Italia, Bd. 4/5, Milano 1968/69.

Dies., Il costume e la moda nella società italiana, Torino 1978.

A. Martini, Moda 1790–1900, Milano 1933.

G. Nuvoletti, Elogio della cravatta, Milano 1982.

S. Piantanida, Mostra di libri d'arte sul costume, Venezia 1951.

Weiß

Ob es sich um Reflexionen über die bürgerliche Kleidung im 19. Jahrhundert im allgemeinen oder die weibliche Unterwäsche im besonderen handelt: Man kommt nicht darum herum, Perrot zu zitieren, der ein ganzes, überzeugendes Kapitel der blendendweißen leinenen oder baumwollenen Barriere widmet, die das Kleid der Frau von ihrem nackten Körper scheidet: Symbol der sexuellen Besessenheit des Jahrhunderts und darum

Negligé,
um 1890.
Münchner Stadtmuseum.

auch nicht zufällig lilienweiß. *»Denn es ist eine Besessenheit, die das Bürgertum umtreibt, je mehr es sich im Jahrhundert einnistet, Räume besetzt und Objekte in Besitz nimmt: die Besessenheit, um jeden Preis die Nacktheit, die ihm ebenso bedrohlich zu sein scheint wie das reine Nichts, zu bedekken, zu umhüllen, zuzuhängen, auszustopfen oder zu begraben . . . Und in beispielloser Weise beteiligt sich die Frau . . . mit Rüschen und Festons, an dem aberwitzigen und gigantischen Projekt einer vollständigen Bedeutung der alltäglichen Objekte, die sich unablässig und ganz offensichtlich der ungeheuerlichsten Vergehen gegen Scham und Ehrgefühl schuldig machen. Und die bürgerliche Frau, die sich dem Weltgeschehen immer mehr entzieht, distanziert sich noch weiter durch die eigene Kleidung: Es ist nicht nur der gewaltige Stoffkegel, der Berührungen erschwert; auch das gepanzerte Labyrinth der umfangreichen Unterwäsche erschwert auf erstaunliche Weise jeden etwas kühneren Streifzug. Die Regeln, die sich über das Begehren legen und es gleichzeitig unterdrücken und aufstacheln, beschreiben im übrigen dieses Trugbild einer absoluten, unerreichbaren, irrealen Frau, ein erotisches Erleben, worin dem an sich flüchtigen Blick und der an sich flüchtigen Geste eine ganz besondere Bedeutung zuwächst.«* Die Barriere bestand aus mehreren Schichten: das Unterhemd im direkten Kontakt mit der Haut, dann ein Korsett – je nach der Jahreszeit; dann die weiten, gestärkten Unterröcke mit den steifen Einfassungen am Saum, um die Krinoline aus Roßhaar noch größer erscheinen zu lassen. Die zu tragende Menge erreichte in den 40er Jahren, vor der Einführung der Reifenkrinoline, ihren Höhepunkt.

Ausstellungspavillon aus Seife,
Fa. Ribot,
Schwabach, 1896.

Beschreibung des Ausstellungsobjektes
der Firma
PH. BENJ. RIBOT,

Seifen-, Kerzen- und Bleichsoda-Fabrik
Schwabach.

Der **Pavillon** im Barrokstyl, von 8½ Meter Höhe und 49 Quadratmeter Grundfläsche, ist **massiv** aus **Seife** aufgebaut und sind im Ganzen **50840 Pfund Seife** zur Verwendung gekommen. Das Material ist so hergestellt, wie es auch zum Verkauf kommt; die Kernseifen, sowie meine Specialitäten kommen beim Bau abwechselnd zur Verwendung.

1)	**Der Sockel** besteht aus **graumarmorirter Kernseife** und zwar wiegen die **vier Hauptblöcke** je 6200 Pfund, zusammen	24800	Pfund.
	Die vier Eckpfeiler aus **rothmarmorirter Kernseife**, wiegen je 2100 Pfund, zusammen	8400	„
2)	**Der innere Sockel** besteht aus 4 Blöcken und zwar aus **Prima Oleinkernseife und Goldseife**. Diese Blöcke wiegen je 2000 Pfund, zusammen . . .	8000	„
3)	**Die Pfeiler** bestehen aus Ia. **Stearinseife, Patentseife, Schwanenseife** und wiegen je 850 Pfund, zusammen	3400	„
4)	**Die Bogen** bestehen aus Würfeln von **Stearin- und Schwanenseife** und wiegen je 300 Pfund, zusammen	1200	„
	Uebertrag	45800	Pfund

Dieser Käfig aus metallenen Reifen reduzierte die Anzahl der Unterröcke bis auf zwei oder drei, und so blieb es auch bis in die 70er und 80er Jahre, als sie ihre Glockenform verloren, um statt dessen eng am Körper anzuliegen. Zur gleichen Zeit wurde die Alleinherrschaft des reinen Weiß durch die farbigen Seidenstoffe gebrochen. Das Rascheln – das berühmt-berüchtigte FROU-FROU – dieser Flut von Wäsche beim Gehen wird nun zum Signum für die erotischen Qualitäten eben dieser Wäsche.

Der »Horror vor der Nacktheit« bezieht auch andere Teile des Körpers mit ein, denen sekundäre sexuelle Qualitäten zugeschrieben werden. Da ist etwa die Haube, die den Kopf der Frau ständig und wirklich zu jeder Stunde des Tages bedeckt und je nach Umständen und Tageszeit nur Form und Dekor wechselt – bis zum letzten Wechsel im Augenblick des Schlafengehens, wo sie durch ihren solidesten und schamhaftesten Typus ersetzt wird: durch die Nachthaube. Die wirtschaftlichen Verhältnisse erlauben es nicht jeder Frau, ihre ganze Kleidung den verschiedenen gesellschaftlichen Anlässen anzupassen: Ein Wechseln der Haube kann hier vollwertigen Ersatz bieten – die Haube steht dabei für die ganze Erscheinung: *»If the heads were buried in smart new caps, the ladies were like ostriches and cares not what became of their bodies«*. Immer und überall unentbehrlich war auch der Handschuh: Die Wiederentdeckung der MITAINERS des 17. Jahrhunderts trugen ihren Anteil zu einer ständigen »Verheimlichung« der Hände bei – einer Verheimlichung, die nur während der Mahlzeiten und im Krankheitsfall durchbrochen wurde.

Bis zur Mitte des Jahrhunderts müssen die Handschuhe bereits weiß und makellos sein: Die besessene Hingabe, mit der man Flecken und Unordnung verfolgt, verschärft den zweideutigen Gleichklang von Körper und Geist – als wäre das strahlende Weiß, mit dem man sich bedeckt, hinreichend, auch den leichtesten Anflug

Büglerinnen,
Pierre Vidal, 1894.

von Sündhaftigkeit aus dem Geist zu vertreiben. *»Eine saubere und gepflegte Frau wird fast immer auch ehrbar und tugendhaft sein, und ein sauberer und gepflegter Mann ist rechtschaffen im Geist und meist auch im Verhalten.«* heißt es, z. B. 1853.

Die »unbefleckte Korrektheit« erstreckt sich auch auf das Kleid und seine Accessoires aus der gewissermaßen unterirdischen und unaussprechlichen Welt der Unterwäsche, der man die mühsamste Pflege angedeihen läßt, um sie untadelig und fleckenlos zu erhalten. Die Beschreibung der Prozeduren, die zu diesem Zweck erforderlich sind, ist schreckenerregend: Stundenlang wird geschrubbt, gekocht, gespült und gewrungen. Darauf folgt das Bleichen mit Waschblau oder ähnlichen Substanzen, die sorgfältig dosiert werden, um ein makelloses Weiß ohne einen Schatten von Grau oder Gelb zu erzielen. Dann das Bügeln mit einer ganzen Reihe von speziellen Eisen für glatte Flächen, für Falten, für Volants oder für Rüschen. Die den Blicken der Welt zugekehrten Kleidungsstücke werden zusätzlich gestärkt, um die Fleckenlosigkeit durch die Perfektion der Faltenlosigkeit und des strahlendsten Weiß' zu vervollständigen: So mag das Paradies ausgesehen haben, das sich das bürgerliche 19. Jahrhundert erträumte.

Derart komplizierte und mühselige Verrichtungen wurden so lange wie möglich hinausgeschoben und auf einen Tag des Monats oder der Woche konzentriert. So waren große Vorräte an Wäsche nötig, besonders weil die Zeitabstände zwischen Familienwaschtagen, ebenso wie die Reinlichkeit selbst, als gesellschaftliches und ökonomisches »Statussymbol« fungierten. Das bedeutete große Schränke voll von Unterwäsche und überreichliche Frauenausstattungen. Die Aussteuer, zu der bereits in der Kindheit der zukünftigen Braut und Mutter der Grund gelegt wurde, begleitete sie ein ganzes Leben, bei steter Erneuerung einzelner Stücke, um das reine Weiß der Schichten für jenes erotische Gesellschaftsspiel zu erhalten, in dem jeder Fleck eine Überschreitung und einen Verstoß darstellt.

Um das strahlende Weiß zu bewahren, mit dem sich die Frauen und ihre Familien unter der Oberbekleidung umgeben, ist ein großer Aufwand, der fast etwas von einem Opferritus hat, nötig. Es ist ein »Ritus«, dem sich ebenfalls die Frauen unterziehen – nämlich das Waschen mit seinen Dämpfen und ekelerregenden Gerüchen, mit dem großen, schweren Kochkessel, dem schlüpfrigen Boden voller Gefahren, sowie der Lauge, die die Hände zerfrißt. Und auch bei dieser Gelegenheit sind die Regeln der Scham nicht außer Kraft gesetzt: *»Sheets and pillow-case and towels were billowing in the wind on a line . . . Miss Lane's more intimate personal wear dried modestly on a line . . . out of the men's sight.«*

An dieser Schranke, die die Wäsche gewissermaßen vor den nackten Körper setzt, schließt sich der Kreis: Die Frau als Herrscherin über das Haus, über das Herz, über das Geschlecht, so wie es in den Strophen jenes Liedes aus dem Jahr 1900 heißt:

«Soap and rub, sing and scrub,
Sing at the washing-tub,
Yoyful in druggery, queen of your toil«

Dem Sauberkeitswahn und rasenden Reinigungsbedürfnis, was die Wäsche angeht, wird wenige Jahrzehnte später eine analoge Sorgfalt in der Pflege des Körpers folgen, dessen bedrohliche und furchterregende Präsenz andauernd durch die Blicke und Prozeduren, die die Reinigung erfordert, entfesselt zu werden droht. Parfums sind auf der Haut verpönt – in den Kästen und Truhen hingegen voller Unterwäsche, an die man den Geruch der »Sauberkeit« delegiert, der für die bürgerliche Gesellschaft der Geruch der Tugend schlechthin ist, gestattet.

GRAZIETTA BUTAZZI

Literatur

Philippe Perrot, Il sopra e il sotto della borghesia, Milano 1981.
Christiane Walkley/Vanda Foster, Crinolines and Crimping Irons, London 1978

W

Werther am Schreibpult,
anonymes Aquarell,
um 1780.

Werthertracht

Was hat die Werthertracht am Vorabend der Französischen Revolution so populär gemacht, daß Angehörige aller Stände ihr in pedantischer Nachahmung verfielen? Goethe gab dem Zeitgeist in seinem Roman den literarischen Namen und mit der Kleidung des Helden das farbliche Signet.

Das »ancien régime« setzte am Ende des 18. Jahrhunderts auf Konservieren; die Aufklärung suchte das Neue. Auch im Gegensatz zwischen englischer und französischer Mode spiegelte sich die soziale Spannungsbreite wider. Das Rennen um die Trophäe der Weltmode erfolgte zwar unter gegenseitiger Ablehnung, es wurde aber auch durch wechselseitige Anregungen bereichert. Die englische Mode lockerte ihre puritanische Erbschaft mit Farben und französischem Charme auf, während Frankreichs Mode einigen Ballast in Richtung »à l'anglaise« ablegte.

Die von Zeitgenossen aller Stände bis zum rührseligen Pathos nachgeahmte Werthertracht wurde zum romantisch-realistischen Ausdruck dieser von Widersprüchen überfüllten Zeit. Kritiker sprachen vom »Werther-Fieber«, dessen Grundlage eine pietistisch durchdrungene Empfindsamkeit war, die grübelnd nach den Geheimnissen im Jenseits, in der Natur und im eigenen Ich suchte; zugleich befand man sich in einer menschlichen Ergebenheit einem Gott gegenüber, der sich nicht wie gewünscht offenbarte.

Werther begegnet Lotte,
Daniel Nikolaus Chodowiecki, 1774.

Blau und Gelb sind die farblichen Antipoden dieser sozialen Stimmungslage. Es ist keineswegs nur eine Vermutung, wenn wir unterstellen, daß der Autor des WERTHER und spätere Verfasser einer subtilen Farblehre bereits bei der Anlage des Romans die aus England stammende Kleidung als adäquate Entsprechung der Zeit empfunden und dramaturgisch eingesetzt hat.

Im Roman werden die anschwellenden Konflikte mehrmals auf die Zerreißprobe zwischen dem reinen Gefühl des Herzens und der nüchternen Kühle des Verstandes gestellt. Dieser individuellen Problematik steht in gleicher Weise auch ein sozialer Konflikt nicht nach. Zwischen dem ehrlichen Tun der einfachen Menschen besteht ein tiefer Graben zur kalten Arroganz der adligen Gesellschaft.

Die sprachliche Fassung für das Gelb wird auf das Volk bezogen mit dem Bild von der ». . . *größten Reinheit . . ., die sich im Verhalten dieser Klasse von Mensch* . . .« zeigt. Das Blau steht im übertragenen Sinn für den Adel – abseits jeder Aufklärung. Baron F . . ., heißt es abwertend, sei ». . . *mit der ganzen Garderobe von den Krönungszeiten Franz des Ersten* . . .« erschienen; die Kleidung eines anderen wird als ». . . *altfränkische Garderobe mit neumodischen Lappen* . . .« abqualifiziert.

Übergipfelt wird das modische Kontrastprogramm in der Kleidung des redlichen, frischen und freundlichen Mädchens, das als Halbwaise

Die trauernde Lotte, englischer Stich, 1780er Jahre.

Mutterpflichten ihren jüngeren Geschwistern gegenüber erfüllen muß. In der so wichtigen ersten Begegnung erscheint Lotte in einem weißen Kleid mit blaßroten Schleifen. Im Weiß ist unschuldige Reinheit versinnbildlicht; in den blaßroten Schleifen wird das empfindsam-leidende Herz symbolisiert.

Werthers Kleidung wird erst beschrieben, als sich der erste schmerzliche Kreislauf geschlossen hat und der schmerzvollere begann. Goethe nutzt bewußt das Erinnerungsbild der ersten Begegnung, um dem Helden ein neues Gewand zu verschaffen. Es bleibt gleich in der Form und Farbe: *». . . meinem blauen einfachen Frack, in dem ich mit Lotten zum ersten Male tanzte . . . Kragen und Aufschlag und auch wieder so gelbe Weste und Beinkleider dazu . . .«*, lautet die exakte Anweisung.

Für das Verständnis der Werthertracht sind zwei eingefügte Episoden von besonderem Wert. Ein junger Mann war in Liebe zu Lotte entflammt und wurde von ihrem Vater aus diesem Grund entlassen. Der Verstoßene verfiel dem Wahnsinn. Werther findet ihn in diesem Zustand in einem *». . . grünen schlechten Rock«*.

Die literarisch-philosophische Entsprechung folgt in dem Aufschrei: *»Gott im Himmel! hast Du das zum Schicksal der Menschen gemacht, daß sie nicht glücklich sind, als ehe sie zu ihrem Verstande kommen und wenn sie ihn wieder verlieren!«* Im zarten Grün des Frühlings und der hoffenden Jugend ist das Streben nach dem Gelb der Glückseligkeit im noch offenen Kampf mit dem Blau der Vernunft und Kühle verbunden. Gelingt es nicht, einen harmonischen Ausgleich zwischen beiden zu finden, kommt es zum *»Zusammenbruch«*.

Das schwere Los des Wahnsinns ist in einer weiteren Szene auch dem ehrlich-liebenden Knecht beschieden. Werther befindet sich auch in einer dem Wahnsinn nahen Situation, der er gerade noch mit Herz und Verstand entgeht; sein Entschluß gipfelt in der testamentarischen Anweisung: *»In diesen Kleidern, Lotte, will ich begraben sein . . .«*.

In der dezidierten Wiederholung der Kleidung auf dem Totenbett wird die semantische Seite der Werthertracht betont; er *». . . war in völliger Kleidung, gestiefelt, im blauen Frack mit gelber Weste.«* Auch die blaßrote Schleife gehört als symbolisches Vermächtnis zur Grabbeigabe. Werther hatte sie sich gewünscht und zum Geburtstag erhalten. Er trug sie als Faustpfand seiner unerfüllten Liebe stets bei sich.

Lotte verteilt das Brot an ihre Geschwister, Johann Daniel Donat, 1792.

Im Blau und Gelb der Werthertracht verdichtete sich der psychische Konflikt des Helden und der soziale seiner Zeit. In seiner Farblehre von 1810 erklärt Goethe das Gelb als *». . . nächste Farbe am Licht.«* Sie sei von höchster Reinheit und besitze eine sanft reizende Eigenschaft; dies erfreut das Auge, dehnt das Herz und erheitert das Gemüt. Gelb ist aber auch *». . . äußerst empfindlich, wenn es beschmutzt . . .«* wird. Kleinste Verunreinigungen oder eine unedle Oberfläche machen die Farbe *». . . der Ehre und Wonne zur Farbe der Schande, des Abscheus und Mißbehagens.«*

Goethe faßt die Farbe Blau als Kontrast und Ausgleich zum Gelb. *»So wie Gelb immer ein Licht mit sich führt, so kann man sagen, daß Blau immer etwas Dunkles mit sich führe.«* Blau hat etwas Widersprüchliches von Reiz und Ruhe im Augenblick; es zieht uns nach sich, in dem es von uns flieht und uns ein Gefühl von Kälte und Traurigkeit, von Weite und Leere gibt.

Chodowiecki, ein Freund und Zeitgenosse Goethes, hat in reizvollen Illustrationen die Wertherkleidung in ihrer Form ergänzend festgehalten. Als Schuhwerk stand Werther der Stulpenstiefel oder Schnallenschuh zur Auswahl. Die Zopfperücke ge-

W

hörte als Altrequisit ebenso dazu wie der moderne englische Hut. Das Material der Tracht bestand aus Tuch und Leder.

Die Werthertracht hat weit über die zwei Dezennien nach Erscheinen des Romans als Mode-Muß der Jugend und der aufgeklärten Elite gedient. Bis zur Dekretierung der Sansculottentracht besaß die Wertherkleidung in ihrer Zeit die nicht unerhebliche Sprengkraft einer Außenseitermode.

HARALD BROST

Literatur

Johann Wolfgang von Goethe, Die Leiden des jungen Werther, Paderborn, Verlag F. Schöningh, 1963.
Ders., Zur Farbenlehre, Tübingen, 1810.
Paul Landau (Hrsg.), Chodowiecki's Illustrationen zu den deutschen Klassikern, Berlin, Verlag J. Bard, 1914.

Wiener Werkstätte

Die Wiener Werkstätte, 1903 von Josef Hoffmann, Kolo Moser und dem Unternehmer Fritz Wärndorfer gegründet, hatte sich, wie andere, ähnliche Künstler- und Kunsthandwerkervereinigungen der Zeit um 1900, zum Ziel gesetzt, das zeitgenössische Kunsthandwerk zu reformieren. Entwurf und Ausführung sollten durch engste Zusammenarbeit des Künstlers mit dem Handwerker höchsten Qualitätskriterien standhalten. In sog. Künstlerwerkstätten fertigte man Entwürfe und Modelle für Gegenstände aus verschiedensten Materialien an, die zum Teil eigene, aber auch – im Auftrag der Wiener Werkstätte – fremde Firmen herstellten. Neben Einzelprodukten entstanden Ensembles, bei denen von der Architektur über die Inneneinrichtung bis zum Geschirr und Besteck alles von Künstlern der Vereinigung entworfen wurde (das bekannteste Beispiel eines derartigen Gesamtkunstwerks ist das zwischen 1905 und 1911 erbaute Palais Stoclet in Brüssel). Es bestanden Verkaufslokale in Wien sowie Filialen im In- und Ausland. Schon 1914, aber stärker noch nach dem Krieg, wurde die Wiener Werkstätte von finanziellen Krisen heimgesucht, die von dem häufig wechselnden und nicht immer kompetenten Management schließlich nicht mehr aufgefangen werden konnten und 1932 endgültig zur Auflösung führten.

Die Modeabteilung wurde erst relativ spät eröffnet, das Datum der Gewerbeerlaubnis lautet 9. März 1911. (Der offizielle Beginn war allerdings nicht unbedingt der Anfang der Beschäftigung einzelner Künstler des Unternehmens mit dem Gebiet Mode). Ab 1912 wahrscheinlich stellte man regelmäßig mindestens zwei Kollektionen im Jahr vor und paßte sich so ganz dem Habitus anderer Modesalons an. Ausstellungen und Modeschauen veranstaltete man aber auch im Ausland, z. B. in Berlin, im Hohenzollern Kunstgewerbehaus, wo sich die Modeabteilung 1912 und 1913 durchaus profilieren konnte. Betrachtet man die aus den Jahren 1911 bis 1913 recht zahlreich erhaltenen Zeichnungen und Fotos, so läßt sich eine zunehmende Abkehr von der maßvoll reformerischen, klassizistisch schlanken Linie Poiret'scher Provenienz und eine Hinwendung zur körpernegierenden, künstlichen, ja – negativ formuliert – plumpen Silhouette erkennen. Sehr deutlich kommt diese Linie auch noch in Zeichnungen Eduard Josef Wimmer-Wisgrills – des Leiters dieser Abteilung – aus dem ersten Halbjahr 1914 zum Ausdruck: Untersetzte Frauen tragen fast unförmig weite Gewänder, übergroße Kragen bedecken nahezu den ganzen Oberkörper, und immer wieder werden Pumphosen gezeichnet; in den ausgeführten Modellen sind sie nicht so häufig, entsprechen dem exotischen Zug dieser Mode aber durchaus. Trotz aller deutlich spürbaren künstlerischen Motivation und Eigenständigkeit war es selbst hier wieder Paris, das Wimmer-Wisgrill beeinflußte: Die Hosengewänder Poirets und mehr noch die farbenfrohen, orientalische Trachten stilisierenden Bühnenkostüme Léon Baksts wurden in der Wiener Werkstätte rezipiert. In den Modeentwürfen des zweiten Halbjahres 1913 und der ersten Hälfte 1914 zeigte sich noch einmal deutlich die zwischen Künstlerkleid und Haute Couture liegende Position der Modeabteilung in dieser Zeit. Innerhalb der Gesamtentwicklung vertraten diese Kreationen den am wenigsten auf die Interessen der Käuferschichten berechneten Standpunkt. Dennoch machte wahrscheinlich die Eigengesetzlichkeit des Phänomens Mode diese Produkte besonders attraktiv, gerade weil sie so exzentrisch waren.

Kann man bis 1913 nur Wimmer-Wisgrill als Entwerfer nachweisen, so gibt es für 1914 auch Zeichnungen, ja sogar Fotos ausgeführter Toiletten von Fritzi Löw, Maria Likarz und Max Snischek.

Im Juni 1914 begann der Krieg, nationalistische Tendenzen wurden jetzt vehement spürbar. *»Los von Pa-*

Entwurf für ein Ensemble,
E. J. Wimmer-Wisgrill, 1914.

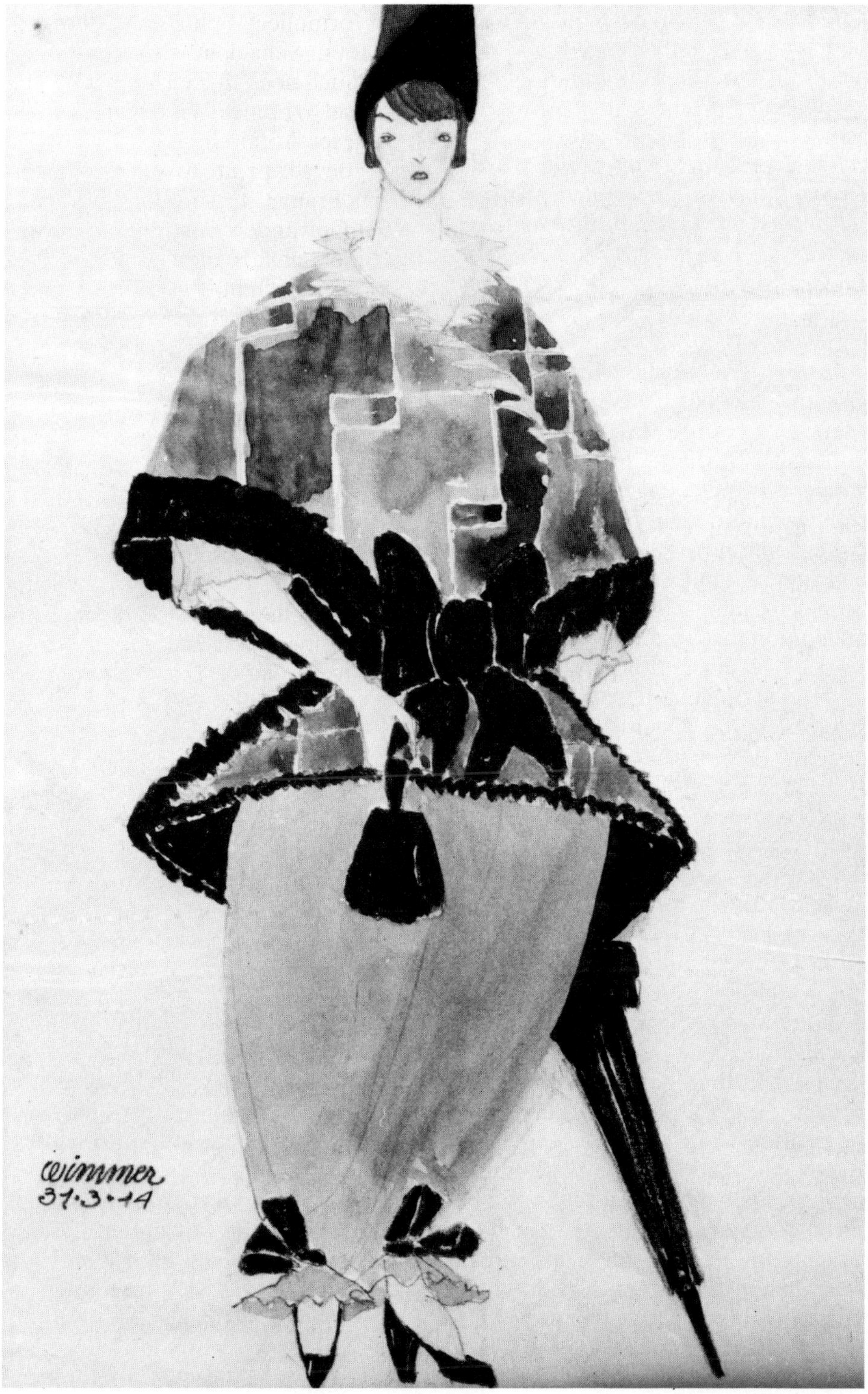

ris!« war in der Modewelt die allerdings nicht neue Parole. Anerkennend berichteten deutsche Zeitungen, wie die FRANKFURTER ZEITUNG vom 15.11.1914, von Wiener Bestrebungen, *»eine von dem Pariser Markt unabhängige Mode zu schaffen.«* In dieses Fahrwasser geriet nun auch die WIENER WERKSTÄTTE; im März 1915 heißt es in der BADISCHEN LANDESZEITUNG (Mannheim) lobend: *»Der Einfluß des Krieges auf ihre Arbeit zeigt sich im Zurücktreten der festlich phantastischen Kompositionen einer lebendigen täglichen Gebrauchskleidung, die bei aller Einfachheit im Griff des Entwurfs, in der Farbstimmung, in der reizvollen Betonung durch kleines, schmückendes, organisch gefügtes Beiwerk den wählerischen Geschmack des kultivierten Hauses erweist.«* Wenig wohlwollend hingegen reagierten Beobachter auf einen retrospektiven Zug in der Mode der WIENER WERKSTÄTTE in diesem Jahr, der mit den nationalistischen Tendenzen – wie dem als deutsch apostrophierten weiten Rock – zusammengesehen werden muß: Vorbild war die Mode der 70er und 80er Jahre des vergangenen Jahrhunderts, die man als »alt-wienerisch« ansah und wiederaufleben lassen wollte.

1916 ist durch Wimmer-Wisgrills Entwürfe für Kostüme, die an Uniformen erinnern, zu dokumentieren. Die Röcke waren sehr weit und relativ kurz, dazu trug man unterschiedlich lange Jacken mit betonten Schultern und enger Taille. In der zweiten Jahreshälfte erinnerte man sich neuerlich an alte Zeiten: *»Das Losungswort dieser Mode heißt Biedermeier . . .«* und im Frühjahr 1917 war das Empire die Leitlinie: *» . . . das Überraschendste den nicht mehr so weiten und viel länger gewordenen Rock. Die Rückent-*

wicklung zum Empirestil hat die Veränderung der Rockform bedingt.« berichteten die Zeitungen.

Auch diese Entwicklung hing mit der allgemeinen politischen Situation,

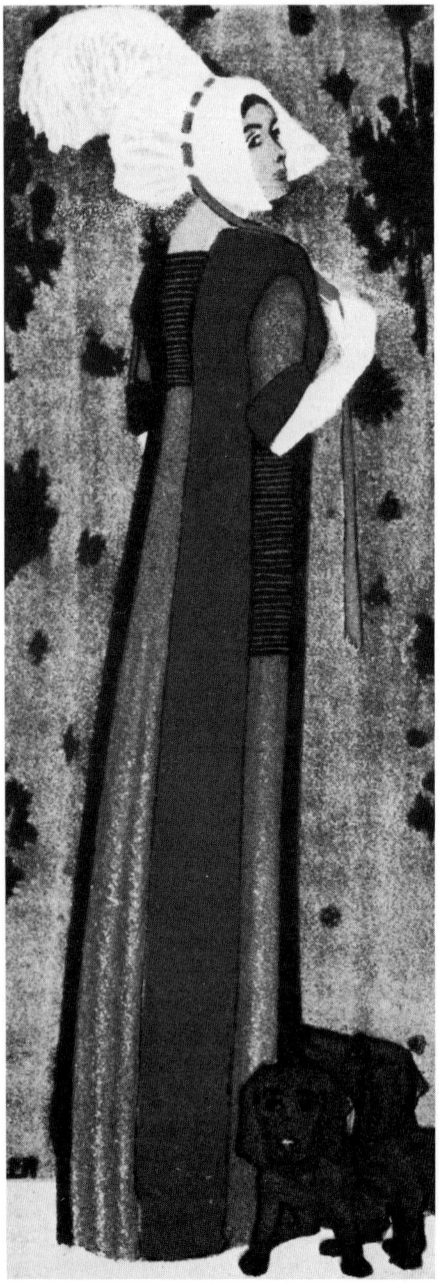

Postkarte der Wiener Werkstätte,
Mela Köhler,
Entwurf des Modells von E. J. Wimmer-Wisgrill,
1911.

mit der Sehnsucht nach Frieden zusammen und natürlich mit der immer spürbareren Materialknappheit: *»Motive der Wiener Kongreßzeit vor fast 100 Jahren klingen auf. Das glänzende Leben der Kaiserstadt an der Donau nach den großen Kriegen scheint erweckt in den festlich heiteren, zarten edlen Linien dieser Kleider. Friedenszeiten!«* wollen die Dresdner Neueste Nachrichten beobachtet haben.

1916/17 erlebte die Modeabteilung größere geschäftliche Erfolge. Im März 1916 wurde die Verkaufsstelle im Palais Esterhazy auf der Kärntnerstraße eröffnet. Im September 1917 stellte sich die neue Filiale in der Züricher Bahnhofstraße mit einer vielbeachteten Modeschau vor. Schließlich zeigte man seine Modelle auch in anderen neutralen Ländern, in Dänemark, Holland und Schweden, selbst in der Türkei. Die bewußt leicht und spielerisch, ja verschwenderisch sich gebende Mode sollte über die akute Not hinwegtäuschen. Vor diesem Hintergrund ist es denn wohl auch nicht verwunderlich, daß 1918 eines der am besten dokumentierten Jahre in der Entwicklung der Mode der Wiener Werkstätte ist. Modeschauen in Deutschland, vor allem in Berlin, waren selbstverständlich geworden und man reiste wieder ins neutrale Ausland.

In der Frühjahrsmode sah man den *»engen Tonnenrock«;* als Hauptfarben galten *»alle Varianten des ›Feldgrau‹«,* die Taille wurde vollkommen negiert. Den nationalistischen Aspekt nicht vergessend, entwarf man sogar Trachtenmode. Vor allem in der luxuriös gebundenen und von Heddi Hirsch einheitlich gezeichneten Mappe zur Herbstmode 1918 sieht man elegante, erfindungsreiche Modelle,

Entwurf für ein Abendkleid,
E. J. Wimmer-Wisgrill, 1915.

die die Professionalität der Wiener Werkstätte widerspiegeln. Ihre Stärke waren interessante Entwürfe sowie sorgfältig erdachte und ausgeführte Details.

So reichhaltig das gezeichnete und fotografierte Material zu den Produkten der Modeabteilung bis zum Ende des I. Weltkrieges ist, – dreidimensionale Objekte, d.h. ausgeführte Modelle, gibt es sowohl in österreichischen als auch in internationalen

Sammlungen nur in verschwindend kleiner Zahl –, so wenig läßt sich aus dem im ÖSTERREICHISCHEN MUSEUM FÜR ANGEWANDTE KUNST in Wien aufbewahrten Archiv der WIENER WERKSTÄTTE über die Mitarbeiter und die Organisation der Abteilung erfahren. Es ist wohl sicher, daß Wimmer-Wisgrill bis zu seinem Weggang 1922 ihr Leiter war. Marianne Zels, eine gelernte Schneiderin und selbst auch entwerferisch tätig, scheint ihm dabei von Anfang an zur Seite gestanden zu haben. Von anderen Künstlern kann man annehmen, daß sie nur zeitweilig in der Modeabteilung mitarbeiteten. Zu ihnen gehörten Fritzi Löw, Maria Likarz, Max Snischek und Dagobert Peche. Inwieweit sich Josef Hoffmann wirklich mit Mode beschäftigt hat, ist noch unklar. Wenn ihn dieses Gebiet überhaupt interessierte, dann sicher nur in der ersten Zeit. Seine Mitarbeit in der Modeabteilung könnte auf Wunsch bestimmter Kundinnen erfolgt sein.

Mantel »Fürst Schwarzenberg«, E. J. Wimmer-Wisgrill, 1913.

Die Arbeit der Modeabteilung scheint durch das Ende des Krieges im November 1918 nicht einschneidend unterbrochen worden zu sein. Jedenfalls berichteten schon im Frühjahr 1919 Modejournale und Zeitungen von neuen Modellen aus diesem Haus. Heddi Hirsch zeichnete wieder die von Mitarbeitern der Abteilung entworfenen Gewänder, allerdings können diese Einzelblätter keiner bestimmten Saison zugeordnet werden. Die Mode hatte sich gegenüber dem Vorjahr – bis auf deutlich kürzere Röcke – kaum verändert. Schmal geschnittene, gerade Kleider findet man vor allem in Zeichnungen Wimmer-Wisgrills. Ohne an die wirtschaftlich schwierige Zeit direkt zu gemahnen, reflektrierten sie in ihrer Einfachheit und gedämpften Farbigkeit dennoch die aktuelle Situation. Die 1919 so beliebte lange Jacke, der sog. ROCKMANTEAU, der nicht zuletzt den Erfordernissen der Sparsamkeit entsprach, konnte einen Mantel ersetzen und wurde über Kleid oder Rock aus gleichem Material getragen. Die Unabhängigkeit von Paris spielte – zumindest theoretisch – weiterhin eine wichtige Rolle, der Stolz auf die eigene Produktion und der Wunsch nach Ablenkung von unzähligen täglichen Sorgen waren auch in den folgenden Jahren das Geheimnis des Erfolges der Mode der WIENER WERKSTÄTTE.

Der Beginn des neuen Jahrzehnts brachte der Frauenkleidung innovative Impulse: *»Der Rock ist faltig und viel, viel kürzer als in der Saison vorher, . . . und immer deutlicher zeigt das Sommerkleid die Neigung, die Taille durch Gürtel oder feste Einreihung zu markieren«* stellt die NEUE FREIE PRESSE am 3.4.1920 fest. Vor allem Fotografien veranschaulichen 1920 diese Modetendenzen, wobei es

Entwurf für ein Kostüm, E. J. Wimmer-Wisgrill, 1921.

fast unmöglich ist, die Modelle einem bestimmten Entwerfer zuzuordnen, wenn man dem unbeschrifteten Foto keinen Entwurf zur Seite stellen kann. Es ist signifikant, daß auch bei den publizierten Kreationen der Entwerfer nicht genannt wurde. Das *»Modell der Wiener Werkstätte«* stand über dem des einzelnen Modeschöpfers, der Werkstättenzusammenhang schien wichtiger als der individuelle

W

Entwurf für ein Kleid »Pacific«,
Max Snischek, 1928.

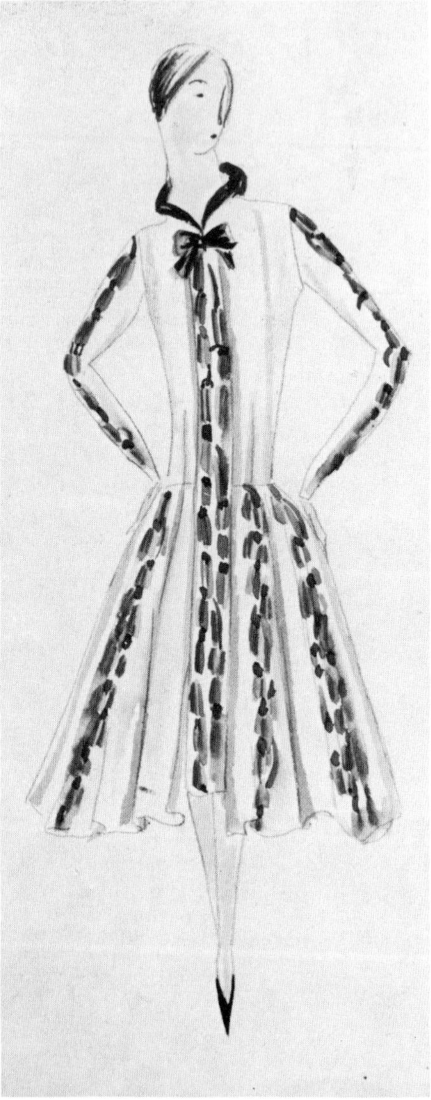

Entwurf für ein Kleid,
Maria Likarz, 1929.

Mitarbeiter. Den über Wien hinausreichenden Erfolg der Modeabteilung beweist 1920 die mit sehr positivem Echo verbundene Teilnahme an der FRANKFURTER FRÜHJAHRSMESSE in eigens dafür eingerichteten Räumen. Im September gab es zum ersten Mal einen sehr wohlwollenden Kommentar zur WIENER WERKSTÄTTE Mode aus den USA, die als Markt für das Nachkriegseuropa natürlich besonders wichtig waren. Eine eigene Filiale eröffnete die WIENER WERKSTÄTTE in New York erst zwei Jahre später.

1921 waren die handgearbeiteten Wollkleider und Wolljacken der WIENER WERKSTÄTTE etws ganz besonderes und wurden in Frühjahrs- und Herbstkollektion mit großem Anklang vorgeführt. In den Zeichnungen Wimmer-Wisgrills kommt der mondäne, damenhafte Stil mit lang fließenden Linien deutlicher zum Ausdruck als in den geschneiderten Kreationen auf den wenigen erhaltenen Fotografien. Gegenüber den Tendenzen der späten Kriegsjahre, die von der Mode der WIENER WERKSTÄTTE einen phantasievollen und neuen Anregungen gegenüber aufgeschlossenen Eindruck vermitteln, wirken die Kreationen von 1921 und 1922 ernster, strenger, retrospektiv. Dafür ist nicht nur die Rückkehr zum knöchellangen Rock ausschlaggebend, die weniger bunte, gedämpfte Farbigkeit und ausgeklügelt wirkende Detailformen tragen ebenfalls dazu bei. Diese Mode wendet sich an die reifere, konservative und natürlich vermögende Dame, nicht mehr an experimentierfreudige Jugend oder an Frauen, die Sinn für Bizarerien haben. Fast kann man jetzt von Saturiertheit sprechen, mit der auch eine gewisse Schwerfälligkeit verbunden scheint.

1922 war das letzte Jahr, in dem Wimmer die Modeabteilung künstlerisch leitete; im Dezember ging er in die USA. Sein Nachfolger wurde wahrscheinlich Max Snischek, ein dokumentarischer Beweis steht auch dafür noch aus. Neben ihm arbeitete vor allem Maria Likarz. Wimmer-Wisgrills Weggang brachte gravierende Veränderungen für die Modeabteilung, man glaubt, eine Zäsur im gedanklichen Konzept und in der Organisation zu bemerken. Obwohl auch aus der Zeit nach 1922 zahlenmäßig nicht wenige Zeichnungen und Presseberichte im Archiv erhalten sind – bei den Fotografien ist das Material leider nur spärlich – und die Briefe, Rechnungen und allgemeinen Geschäftsunterlagen ausschließlich aus den späten 20er und frühen 30er Jahren stammen, ist eine kontinuierliche Beschreibung nicht leicht. Nur wenige Zeichnungen sind datiert oder datierbar auf Grund von Veröffentlichungen. Signierte Blätter kommen selten vor und die Presseberichte werden immer summarischer. Es entsteht der nicht immer exakt belegbare Eindruck, daß der besondere und relativ eigenständige Charakter der Mode der Wiener Werkstätte nach 1922 verloren geht. Wenn diese Abteilung auch bis zum Ende der Werkstätte durchaus aktiv war und einen festen Kundenkreis hatte, so ist andererseits nicht zu übersehen, daß ihre Produkte in den 20er Jahren im Vergleich mit internationaler Mode viel weniger originell waren.

Im Dezember 1923 und im März 1924 war Paul Poiret wieder in Wien. Vielbeachtete Modeschauen fanden statt, es gab aber auch Mißtöne. Man fürchtete, der berühmte französische Couturier könne der Wiener Modebranche schaden. Mehrmals betonte Poiret deshalb, daß er in Wien für seinen Salon speziell in der Wiener Werkstätte viel Geld für Stoffe und *»andere Originalerzeugnisse«* ausgegeben habe. Es ist leider nicht bekannt, ob sich darunter auch Modeartikel befanden.

Im April 1924 wird die Modeabteilung in das Modehaus der Wiener Werkstätte Primavesi & Co. umgewandelt. Im Handelsregister wird der Schritt damit begründet, daß *»die fabrikmäßige Erzeugung von Modewaren . . . in der letzten Zeit einen Umfang angenommen (hat), der es notwendig erscheinen läßt, diesen Betrieb in ein selbständiges Unternehmen umzuwandeln.«* Dieser Satz deutet, zusammen mit anderen Indizien, darauf hin, daß man zumindest manche Artikel auch konfektionsmäßig vervielfältigte. So war auch die in Berlin regelmäßig stattfindende Modeschau für Wiederverkäufer eine Veranstaltung, die nicht der Tradition der klassischen Haute Couture entsprach. Schon 1930 aber wurde der Modeabteilung die Fabriksmäßigkeit ihrer Produktion wieder aberkannt.

In den 20er Jahren wurden immer wieder bekannte Bühnenkünstlerinnen als Mannequins auch in der Wiener Werkstätte vorgestellt. Schon früher lancierten Schauspielerinnen, Sängerinnen oder Tänzerinnen bestimmte Moden, allerdings nur auf der Bühne. Jetzt waren die Stars so populär, daß sie auch für beide Teile werbewirksam in Alltagskleidung auftreten konnten. Das einzige, für den Bereich Mode erhaltene »Modellbuch« der Wiener Werkstätte, das aus Wolle gestrickte, gewebte oder gestickte Mäntel, Jacken und die sehr geschätzten sog. Jumper enthält, ist auf einer der vorderen Seiten *»20. August 1925«* datiert, also wohl in diesem Jahr begonnen worden. Wahrscheinlich hat hat man es über mehrere Jahre geführt, denn einige Modellnamen findet man bis 1932 und wiederholt in Briefen und Rechnungen; auch dies ein Hinweis darauf, daß man kleinere Serien von erfolgreichen Modellen herstellte. Die auf den ersten Seiten eingeklebten Zeichnungen zeigen einfache, praktische Kleidungsstücke in der modisch

Teagown,
Max Snischek, 1930.

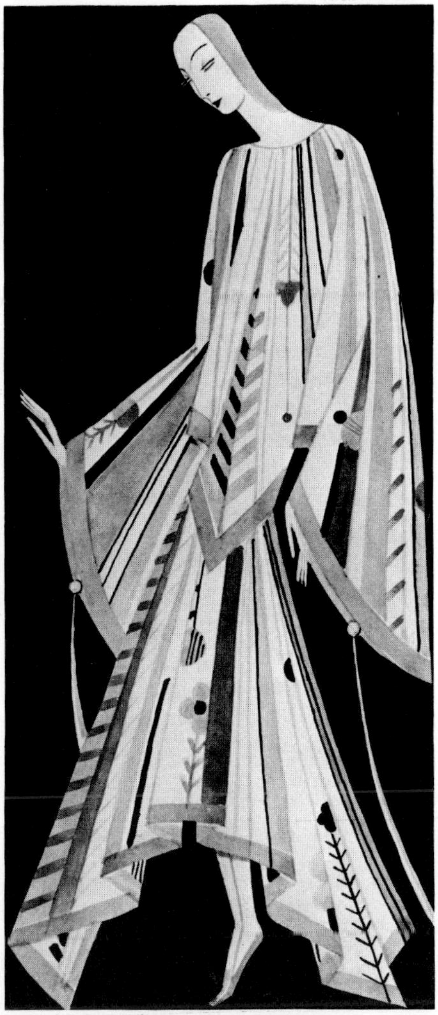

schmalen Linie, die durch seitliche Verschlüsse und hohe Stehkragen unterstrichen wird.

1926 erreichte die Inflation in Österreich einen Höhepunkt und brachte für die Wiener Werkstätte und das mit ihr verbundene Modehaus eine schwere Krise, die schließlich in einem Ausgleichsverfahren für beide glimpflich beendet wurde. Im März 1927 ist das Modehaus wieder eine Abteilung der Wiener Werkstätte; nicht verwunderlich also,

W

»Stilgefühl« – »Gibt es denn, liebe Ada, heute schon wieder Schweinskarrée?« »Etwas anderes kann ich doch in diesem Raum unmöglich servieren lassen!« Fliegende Blätter, 1905.

wenn man für 1926 kein Anschauungsmaterial findet. Erst von 1927 haben sich wieder Zeichnungen Maria Likarz' erhalten, die eine unkomplizierte, unprätentiöse Tagesmode dokumentieren. Die kurzen Röcke sind weit, aber nicht abstehend; am Nachmittag werden die Faltenformen vielfältiger. Die Taille sitzt weiterhin auf der Hüfte und betont eine schmale, zerbrechliche Gestalt. Man erkennt eine für Wien charakteristische Umwandlung des allgemein seit 1925 beliebten, sog. GARÇONSTILS, den die Wiener Modeschöpfer nur in gemilderter Form favorisieren.

1928 feierte die WIENER WERKSTÄTTE mit großem Aufwand ihr 50jähriges Bestehen. Eine festliche Modeschau, von der leider kein Anschauungsmaterial erhalten ist, wurde zum gesellschaftlichen Ereignis. Daß hier, dem Anlaß entsprechend, ohne objektive Kriterien gelobt wurde, zeigen am deutlichsten Reinzeichnungen und Fotos mit erstaunlich simplen Kreationen. Die Reinzeichnungen – man kann die meisten zwischen 1928 und 1931 datieren – demonstrieren eine neue Bewertung der Stoffe der WIENER WERKSTÄTTE: Die einzelnen Modelle wurden mit den Namen der Druckstoffe bezeichnet, aus denen sie geschneidert waren. Die wiederholt in den Quellen als besonders originell und reizvoll beschriebenen, bedruckten Seiden, Voiles und Baumwollstoffe bildeten in diesen Jahren die Basis der Modeabteilung. Sie wurden jetzt in einem vorher unbekannten Maß verwendet. Nur in den Anfangsjahren (1910 bis 1913) hat man die selbst entworfenen Stoffe häufiger, nie aber ausschließlich gebraucht.

1929 setzte sich überall eine elegantere, weichere Mode durch, die man in den Vorjahren schon bei Nachmittags- und Abendkleidern beobachten konnte. Den tiefen Falten und Zipfelsäumen kamen die sanft fließenden Pongéseiden der WIENER WERKSTÄTTE sehr entgegen. 1930 widmete die Zeitschrift WIENER MODE der Werkstätte das ganze Heft 20. In den Modezeichnungen Max Snischeks unterstreicht hier die esoterische Schlankheit der Figurinen den Luxuscharakter der Gewänder. Der hohe Abstraktionsgrad der Zeichnungen wirkt zwar treffend, aber kaum anschaulich, und man fragt sich, ob der Modeabteilung mit diesem Heft wirklich ein Dienst erwiesen wurde. 1931 kann man die letzten Entwürfe datieren, sie stammen meist von Maria Likarz und zeigen Mode, deren Akzent auf ihrer praktischen Funktion liegt.

Es wurde immer unmöglicher, diesen Betrieb mit seinen aufwendigen Produktionsmethoden und vielfältigen personellen Problemen zu führen, ab 1930 wird er daher kontinuierlich verkleinert. Mitte Oktober 1932 ist schließlich die Liquidation der WIENER WERKSTÄTTE ins Handelsregister eingetragen. Bis zu diesem Zeitpunkt versuchte man, in der Modeabteilung die restliche Ware zum vollen Preis zu verkaufen. Es scheint im letzten Jahr keine neuen Entwürfe gegeben zu haben, jedenfalls sind weder Zeichnungen noch Fotos erhalten.

Bei einer abschließenden Charakterisierung der modischen Aktivitäten der WIENER WERKSTÄTTE bleibt hervorzuheben, daß die Besonderheit, ja Einzigartigkeit der Modeabteilung darin bestand, daß sie den Sprung von einer künstlerischen Mode zur angewandten, allgemein modischen Kleidung geschafft hat. Dies gelang ihr mit Hilfe von Entwerfern, die keineswegs als Modeschöpfer ausgebildet waren, sondern als Kunsthandwerker – wie Maria Likarz – oder als Architekten – wie Eduard Wimmer –, und die auf diesen und anderen Gebieten der Kunst und des Kunsthandwerks auch weiterhin tätig waren. Das relativ lange Bestehen der Modeabteilung – mehr als zwanzig Jahre – war wahrscheinlich nur möglich – und das ist vom Standpunkt der Qualität nicht immer positiv zu bewerten – weil man sich den Eigengesetzen der Mode anpaßte, auch wenn dabei mit der Zeit die Originalität verlorenging.

ANGELA VÖLKER

Literatur

Traude Hansen, Wiener Werkstätte. Mode, Stoffe, Schmuck, Accessoires, Wien, München 1984.

Waltraud Neuwirth, Wiener Werkstätte, Avantgarde, Art Deco, Industrial Design, Wien 1984.

Werner J. Schweiger, Wiener Werkstätte, Kunst und Handwerk 1903–1932, Wien 1982.

Eduard F. Sekler, Josef Hoffmann. Das architektonische Werk, Salzburg, Wien 1982.

Angela Völker, Die Mode der Wiener Werkstätte I und II, in: Waffen- und Kostümkunde 1983, 121–140; Waffen- und Kostümkunde 1984, 37–52.

Dies., Wiener Mode und Modefotografie. Die Modeabteilung der Wiener Werkstätte 1911–1932, München 1984.

Wolle

». . . will die Kapitalisten . . . zu einem Handel ermutigen, der zu den notwendigsten und beständigsten zählt; denn nach der Landwirtschaft ist die Herstellung von Wolltuchen die notwendigste Kunst, die die Wechselfälle der Mode dieselben nie auch nur im mindesten weniger notwendig machen können: In drei Jahreszeiten dienen sie stets der Bekleidung beider Geschlechter.«

Der Überschwang dieser Lobrede ist nicht zuletzt einem handfesten Interesse verpflichtet: Ihr Verfasser, Defendente Tua, war von 1798–1802 Direktor der MAILÄNDER WOLLMANUFAKTUR. Dennoch spiegeln seine Worte auch die Bedeutung wider, die die Wolle gegen Ende des 18. Jahrhunderts erlangt hat.

In fast allen Kulturen, denen geeignete, also langhaarige Tiere zur Verfügung standen, ist die Naturfaser Wolle seit Urzeiten in Gebrauch; in Europa wurde sie gegen Ende des 18. Jahrhunderts geradezu »geadelt«. Dafür waren mehrere Faktoren verantwortlich, die alle dazu beitrugen, die Anwendungsmöglichkeiten dieser Faser für Kleidungsstoffe stark zu erweitern. Das gilt besonders für die Herrenbekleidung, wo der Einfluß der englischen Mode sowie die Ideologie der Aufklärung und der Französischen Revolution großen Anteil hatten, so daß an der Wende zum 19. Jahrhundert die »bürgerliche Uniform« kodifiziert wurde: dreiteiliger Anzug und Mantel, die ausschließlich aus Wollstoffen gefertigt wurden. So stieg die Nachfrage nach Wollstoffen beständig; darunter auch nach auserlesenen und kostbaren, die der Seide, die sie ersetzen sollten, ebenbürtig waren. Zu diesem Zeitpunkt hatte die Technik der Wollverarbeitung bereits starke Impulse durch die wichtigen Neuerungen erfahren, die in der Textilindustrie im Verlauf weniger Jahrzehnte aufeinander gefolgt waren: 1776 erfindet Ponson ein Kupplungssystem, das es erlaubt, zahlreiche verschiedene Stücke gleichzeitig zu weben; 1770 setzt Hargreaves die erste mechanische Spinnmaschine in Betrieb (SPINNING JENNY), die wenige Jahre später von Arkwright mit einer Antriebsquelle (WATER-FRAME) versehen und 1779 durch Cromptons Mulemaschine zusätzlich verbessert wird; 1775 läßt Watt seine Dampfmaschine patentieren, die umgehend in die verschiedenen Phasen der Textilproduktion Eingang findet; 1790 gelingt Chaptal als erster Schritt zu den synthetischen Farben die Synthese und experimentelle Darstellung des

W

Musterbuch für Wollproben,
Claude Frères,
Paris, 1859.

Alauns; bis zum Jahre 1801 verwirklicht Jacquard eine Reihe von Modifikationen des Webstuhls (der im Laufe des 18. Jahrhunderts von Gacon, Bouchon, Falcon, Kay und Vaucasson entwickelt worden war) und patentiert den ersten vollkommen mechanischen Webstuhl; 1815 ermöglicht Bréton durch einige Verbesserungen den industriellen Einsatz des Jacquardschen Webstuhls.

Alle diese Erfindungen veränderten das Produktionssystem der Textilindustrie von Grund auf. Besonders was die Wolle betrifft, konnte durch Massenproduktion die enorm gestiegene Nachfrage befriedigt werden. Darüber hinaus verbanden sich im Laufe des 19. Jahrhunderts neuentdeckte Eigenschaften des Rohmaterials mit der sich entwickelnden Vielfalt von Armaturen, Texturen und Farben. Schon im Verlauf des 18. Jahrhunderts hatten die Spinnkämme und Färbeverfahren bei der Wolle – beflügelt durch den großen militärischen Bedarf – Fortschritte gemacht. Als dann die zivile männliche Mode einen neuen Nachfrageschub verursachte, begann eine intensive Suche nach neuen Lösungen, die im Verlauf weniger Jahrzehnte zu Neuerungen führte, die den ganzen Produktionszyklus betrafen – von der Wahl des Rohmaterials, über die verschiedenen Phasen der Bearbeitung bis zum Finish, bis hin zur Erprobung neuer Mischungen von Fasern verschiedener Herkunft.

Hinsichtlich des Rohmaterials gab die Invasion der napoleonischen Truppen in Spanien einen neuen, entscheidenden Anstoß. Nach der militärischen Niederlage nämlich war Spanien nicht mehr in der Lage, die Ausfuhr der Merinoschafe zu verhindern, die seit dem Mittelalter die beste Wollqualität Europas geliefert hat-

Verschiedene Stoffproben,
Italien, 1974.

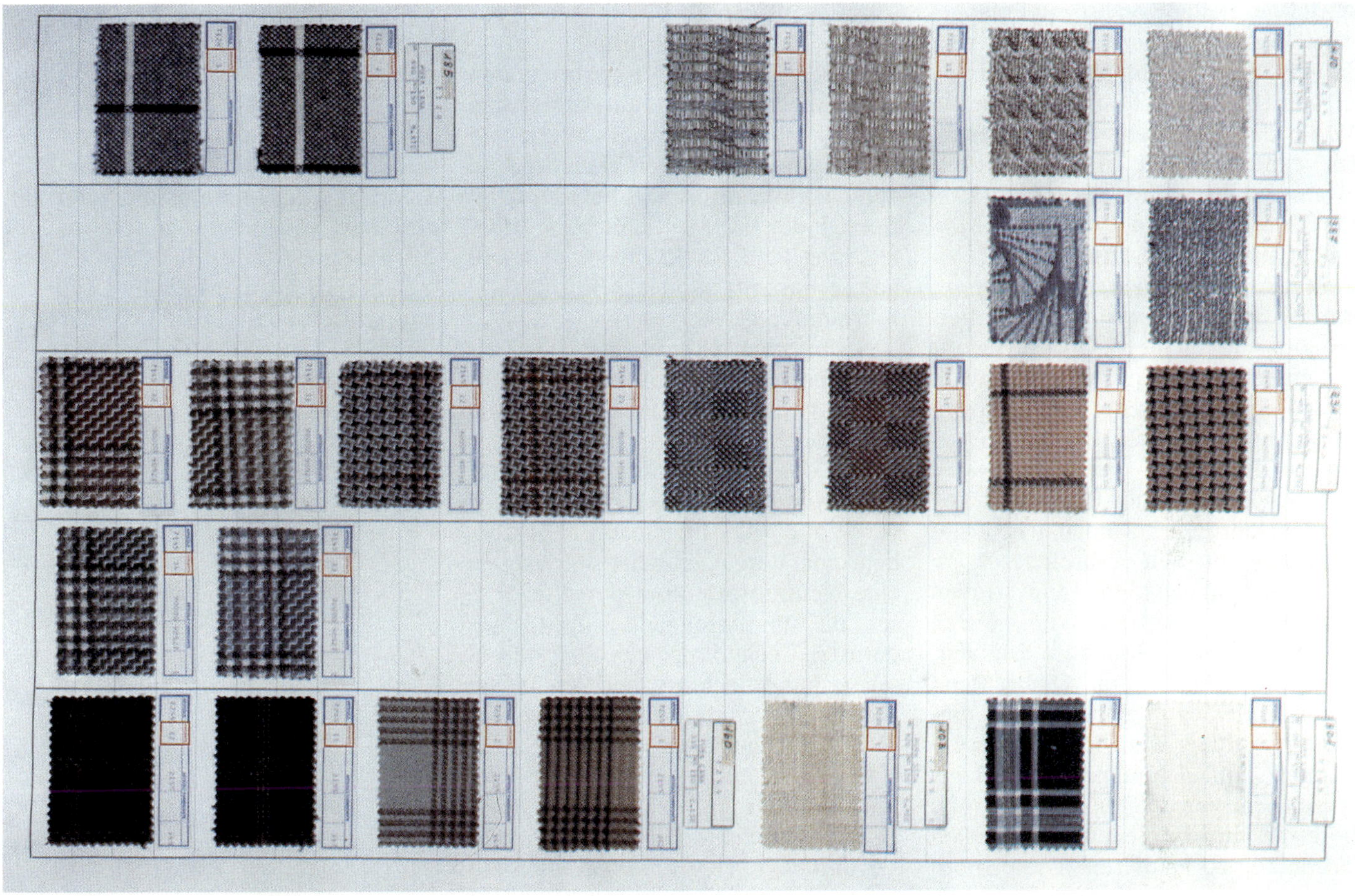

ten. Ihre freie Ausfuhr trug dazu bei, die nationalen Schafrassen in ganz Europa aufzufrischen und spürbar zu verbessern. Die einzige Ausnahme bildete England, das schon im 16. Jahrhundert Merinoschafe importiert hatte, die nach der Kreuzung mit den einheimischen Rassen zu einer hochwertigen englischen Schafzucht führte, welche durch strengste protektionistische Gesetze geschützt wurde. Darüber hinaus hatten einige englische Unternehmer schon im 18. Jahrhundert mit der Schafzucht in Australien begonnen, welche dank des günstigen Klimas und der weiten Räume zum Ursprung einer ebenso hochwertigen wie reichen Wollproduktion wurde. Aber die Neuerungen beschränkten sich nicht auf Schafwolle. Ende des 18. und Anfang des 19. Jahrhunderts wurde voll Eifer auch mit anderen Tierhaaren experimentiert. Das Kamelhaar, altbekannter Wollrohstoff, wurde nun wegen seiner besonderen Eigenschaft hauptsächlich für solche Gewebe verwendet, die für den militärischen Einsatz, für Jagd- oder Reisebekleidung bestimmt waren und seine ideale Eignung für diese Zwecke verdankte es einer verfilzenden, Wasserundurchlässigkeit bewirkernden Endbehandlung. Die Faser wurde aber auch gekämmt und stark gezwirnt, so daß leichte, für die sommerliche Hitze geeignete Gewebe entstanden. Ebenfalls im Laufe des 18. Jahrhunderts verbreitete sich die Verwendung des Vlieses der Kaschmirziege (das aus Indien importiert wurde) und der europäischen Angoraziege. Es wurde allgemein üblich, sie der Schafwolle beizumischen, um besonders weiche und leuchtende Gewebe zu erhalten. Die Erprobung der neuen Vliese erreichte ihren Höhepunkt zu Beginn des 19. Jahrhunderts mit der Suche nach Materialien von hohem Prestigewert. Schon in den 60er und 70er Jahren des 18. Jahrhunderts hatte man in Italien und Frankreich mit der Wolle der PERUZIEGEN (Vikunjawolle) experimentiert. In den ersten zwanzig Jahren des neuen Jahrhunderts entstanden in Como und Mailand Fabriken, die ausschließlich Vikunjagewebe herstellten, und andere, die mit Hundehaaren experimentierten oder versuchten, Doppelgewebe mit einer Vorderseite aus Angorawolle und einer Rückseite aus Baumwolle zu produzieren. In Frankreich waren zu dieser Zeit die Mischgewebe aus Schafwolle und Biberhaar, die wenige Jahre vorher noch als Rarität galten, relativ weit verbreitet.

Die grundlegenden Innovationen der Bearbeitungstechniken waren in Frankreich, Holland, England, Schweiz, Irland und Deutschland schon Ende des 18. Jahrhunderts eingeführt worden, wie wir aus den sorgfältigen Aufzeichnungen Landrianis wissen, der von 1787 bis 1789 Europa bereiste, um die neuen industriellen Techniken zu studieren. Diese Innovationen konnten mit dem Siegeszug des mechanischen Webstuhls bis zur Grenze ihrer Möglichkeiten ausgenützt werden und führten gegen Mitte des 19. Jahrhunderts zur Entwicklung neuer Gewebe. Während der Wollstoff zu Beginn des 19. Jahrhunderts noch hauptsächlich aus Tuch bestand, entstanden nun eine Reihe von Varianten der drei Basisarmaturen, die in Verbindung mit neuen Methoden des Kämmens und der Endbehandlung zu den Tweeds, den neuen Flanellstoffen, den Ratins, den Drapés, den Covers, den Flaconnés führen. Den neuen Texturen entsprachen neue Farbkombinationen, die sich anfänglich auf farbliche Annäherungen (etwa von Cover und Tweed) für Sportbekleidung beschränkten, später aber, vom Ende des 19. bis zu den 30er Jahren des 20. Jahrhunderts in echte Farbkontraste mündeten, wie etwa bei den gestreiften Flanellen und den Diagonalkaros. Das bedeutete im Bereich der Wollstoffe für Männerbekleidung eine Rückkehr zu den lebhaften Farben, wie sie Mitte des 18. Jahrhunderts üblich waren.

Nach einem experimentellen Zwischenspiel mit zunächst künstlichen, dann synthetischen Fasern, das die Zeit von den 30er bis zu den 70er Jahren des 20. Jahrhunderts umfaßte, erleben wir heute eine Renaissance der Wolle, allerdings nicht als Rückkehr zur Vergangenheit, sondern als eine Neuinterpretation der alten Faser, die uns durch den Einsatz modernster Technologien Wollstoffe beschert hat, die luftig und leicht wie Baumwolle sind, oder aber weich, dicht und warm wie Pelz oder sogar transparent und leuchtend wie Seide. Mit Hilfe der Technologie haben wir neue Eigenschaften dieser uralten Faser entdeckt. Heute wissen wir, daß sie von allen Naturfasern vielleicht die vielseitigste und wandlungsfähigste ist.

CHIARA GIANNELLI BUSS

Literatur

R. J. Adrosko, The Invention of the Jacquard Mechanism, in: Bulletin de Liaison du CIETA 55/56, 1982, 89–117.

J. Guede, La produzione dei tessuti a Lione, in: Storia dell' artigianato europeo, Milano 1983, 232–259.

L. du Hamel du Monceau, Art de la draperie principalement pour ce qui regard les draps fins, Paris 1765, 109f.

R. L. Hills, Hargreaves, Arkright and Crompton, Why Three Inventors? in: Textile History, Bd. 10, 1979, 114–126.

D. T. Jenkins/K. G. Ponting, The British Wool Textile Industry: 1770–1914, London 1982.

G. Moreschi, Tecnologia tessile. Fibre Filati. Tessuti, Bergamo 1979.

M. Pessina/A. de Maddalena (hrsg. v.), Relazioni di Marsilio Landriani sui progressi delle manifatture alla fine del Settecento, Milano 1981.

G. Strobino, Apparecchiatura dei tessuti di lana, Milano 1914.

D. Tua, Il Fabbricatore di Lanificio, Milano 1798.

X

– X-Linie

X

X-Linie

Immerhin ist sie schon lexikonwürdig geworden, die neueste »Linie«. Diese Tatsache zeigt, daß die Autoren glauben, ihr eine gewisse Verbreitung und somit einen historischen Bestand attestieren zu müssen. In dem von Wilfried Schierbaum bereits 1978 herausgegebenen BEKLEIDUNGSLEXIKON steht also zu lesen, die X-LINIE sei eine *»der Schreibweise des Buchstabens X nachempfundene Kleider-Silhouette mit nicht zu schmalen Schultern, körpernaher Taillierung und zum Saum hin glockig-weit ausschwingenden Rockformen«.*

Modische Buchstabenbotschaften wurden ja schon mehrfach verkündet. Das klar umrissene graphische Zeichen stellt den Versuch einer einfachen Übermittlungsweise dar: Die A-LINIE unterstreicht – von einer schmalen Schulterpartie ausgehend – mit ihrer Materialfülle am Knie die Bewegung der Beine. Auf ihren Schultern kann und soll die hilflose Frau ja nichts tragen! Die H-LINIE, der Krinolineneffekt in Sackform, verhüllt alles und läßt alles nur erahnen. Selbst die als »Sexbombe« abgestempelte Marilyn Monroe trug – sicher nicht ohne Rücksprache bei ihren Managern – Kleider in diesem Schnitt. Die Y-LINIE geht wiederum von einer schmalen Bein- und Hüftsilhouette aus und betont das Dekolleté, läßt es gleich einer Tulpe erblühen.

Doch auch der Mann steht wie ein Ypsilon! Das DEUTSCHE INSTITUT FÜR HERRENMODE stellte im Mai 1986 die Modelle vor, die nach seiner Ansicht richtungsweisend für die nächsten Jahre sein werden: Sehr kurze Blousons oder Jacken mit extrem verbreiterten Schultern lassen Gesäß- und Hüftpartie schmal erscheinen (die V-LINIE der 50er Jahre verhüllte diese Stellen noch mit dem Sakko). Der Mann steht als das achtungsgebietende, sportliche Schönheitsideal! Aber auch Frauen paradierten bei dieser Veranstaltung in der gleichen Silhouette über den Laufsteg – laut Veranstalter als Zeichen der weit fortgeschrittenen Gleichberechtigung.

Die X-LINIE bildet eine Kombination aus diesen »Idealen« bei Mann und Frau, vorerst nur in der Damenmode klar verwirklicht: breite Schultern, schmale Taille, weit schwingende Röcke. Die enge Korsage ist eine Wiederbelebung der »Wespen«-Taille, der Schnitt von Schultern und Rock erinnert an die Flügel eines Insekts. Diesem Spiel der Entblößung und Verhüllung, des Betonens und Vermutens, fügen kreative Couturiers den Aspekt des Unbewußten hinzu: Materialien wie grauer Chiffon und ombrierter Goldlamé unterstreichen die Assoziation des dunkel Schillernden. Die Modistin setzt dem X die Fühler auf: die »Femme« als aggressiver Nachtfalter, tief dekolletiert? Umberto Eco meinte 1977 in seinem Buch ZEICHEN. EINFÜHRUNG IN EINEN BEGRIFF UND SEINE GESCHICHTE, es sei ein elementares Merkmal des Zeichens, für etwas anderes zu stehen: *»Man verwendet das Zeichen, um eine Information zu übermitteln, um jemandem etwas zu sagen oder zu zeigen, das jemand anderer weiß oder von dem er möchte, daß auch andere es wissen. Es fügt sich also ein in einen Kommunikationsprozeß, den man so darstellen kann: Quelle – Sender – Kanal – Botschaft – Empfänger".* Die Femme Fatale streckt diesmal mit breiten Schultern ihre Antennen aus! Frauen umschwirren mich wie Motten das Licht – doch wenn sie verbrennen . . .?

ANDREAS LEY

Brautkleid,
Meisterschule für Mode,
München, 1981.
Münchner Stadtmuseum.

Abendkleid »Femme«
R & B Couture, Wolfgang Rottler/Elisabeth Bichler,
München 1986.
Münchner Stadtmuseum.

X

Modell, Krizia,
Mailand, 1985.

Y

– Yamamoto
YSL

Y

Avantgarde-Mode,
Kansai Yamamoto, 1983.

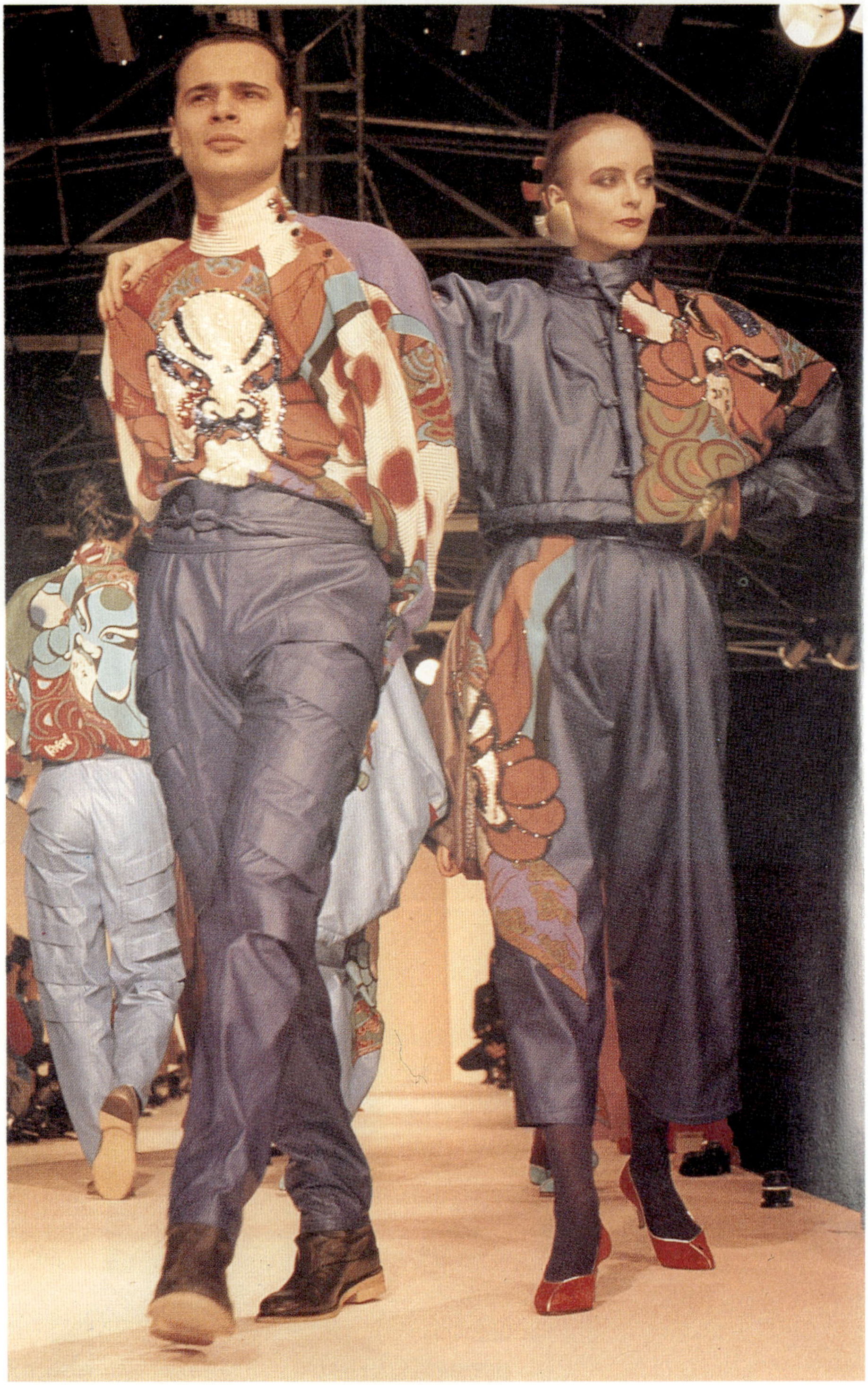

Yamamoto, Yohji

»My way of working is an independent, egoistic way. Such people like to work against the existing way. I design ›against‹. I struggle ›against‹. If I lose this feeling, if my work is too accepted, perhaps I will lose my energy and my meaning of designing clothes.« Yohji Yamamotos Richtung ist künstlerisch intellektuell. Seine Designtheorie kommt vorwiegend aus dem philosophischen Denken. Er versucht, die »stillen«, japanischen, ästhetischen Ideale und menschliches Fühlen in Mode umzusetzen.

Entsprechend eigenwillig ist sein Stil, worin er das Schöpferische der Natur mit Strenge und Würde zelebriert. Seine Kleider sind übergroß, mit Schärpen, die auf europäische Vorbilder des 20. Jahrhunderts zurückgehen. – Seine Männerbekleidung ist dagegen »easy-to-wear« und bei weitem nicht so teuer.

Yohji Yamamoto und Rei Kawakubo – zusammen erregten sie 1982 in Paris zum ersten Mal großes Aufsehen – beeinflussen sich gegenseitig in ihrer Auffassung von Mode, in ihrem revolutionären Radikalismus. Sie führen eine Bewegung in der Mode an, die alle Chancen hat, das konventionelle Modebewußtsein in naher Zukunft zu ändern.

Yamamoto, Kansai

Der 1944 in Yokohama geborene Kansai Yamamoto ist eigentlich Ingenieur. Nach einem Volontariat in einem Modedesign-Studio in Tokio fertigte er – mehr nebenbei – Modeentwürfe für das Hisashi Hosono-Studio an. 1971 richtete er eine Modehandelsfirma in Japan ein. 1974 war er dann – nach Modeschauen in London

– als Prêt-à-Porter-Stylist international anerkannt.

Er fertigt Damen- und Herrenmode, Accessoires, Heimtextilien und Innenausstattungen für Autos an. Seine Schöpfungen sind in 50 Boutiquen in Europa und in 200 Boutiquen in den USA erhältlich. Überdies beschäftigt er sich mit Shows und Werbung in den Massenmedien.

Kansai Yamamoto wird ein wenig als »Samurai« der japanischen Mode angesehen. Seine Liebe zur traditionellen japanischen Kleidung mit ihren phantasievollen Ornamenten und Symbolen drückt sich in seinen Schöpfungen stark aus. Schlangenmotive, Tiger, Drachen, Blumen, Laternen usw. werden auf seinen Kleidern durch Stickerei, Patchwork und Drucke gezeigt. Der folkloristische Eindruck wird durch kräftige Farben und Schnitte unterstützt.

Modell,
Kansai Yamamoto, 1983.

Dieser sehr offen japanische Stil der Begeisterung wird eher im Ausland akzeptiert als in Japan selbst, wo seine Exotik verloren geht. – Kansai Yamamoto fertigt aber auch gemäßigte, ruhigere und einfachere Kleider für den Markt.

Seine Einstellung zur Mode ist relativ roh, bewußt naiv und mehr am Massenmarkt orientiert als an anderen japanischen Designern.

INGRID LOSCHEK

Literatur:

Ingrid Loschek, Mode im 20. Jahrhundert. Eine Kulturgeschichte unserer Zeit, München 1984².

YSL

YSL ist das Markenzeichen des Pariser Modeschöpfers Yves Mathieu Saint Laurent, der 1936 in Oran (Algerien) als Kind französischer Eltern geboren wurde. 1953 beendete er die Ausbildung an einer Pariser Schneiderschule und gewann – 17jährig – den vom INTERNATIONALEN WOLLSEKRETARIAT ausgeschriebenen 1. Preis für ein schwarzes Cocktailkleid. Im selben Jahr zeigte er dem Herausgeber des VOGUE-Magazins, Michel de Brunhoff, seine Modezeichnungen, von denen dieser gleich einige behielt. Brunhoff war es auch, der Yves Saint Laurent bei Dior vorstellte, wo er sofort als Assistent aufgenommen wurde. 1957, nach dem plötzlichen Tod von Christian Dior, wurde YSL zum Chefdesigner des Hauses DIOR ernannt. 1958 errang er dort mit seiner ersten Kollektion, in der er den TRAPEZ-Look präsentiert, einen Welterfolg. Im nächsten Jahr erregte er Aufsehen durch die drastische Verkürzung der Rocklänge bis zum Knie. Yves Saint Laurents erfolgreiche Tätigkeit im Hause DIOR wurde durch seine Einziehung zur französischen Armee unterbrochen. Nachdem er schwerkrank vorzeitig aus der Armee entlassen wurde, stellte man ihn bei DIOR nicht wieder ein, da er dem Finanzier des Hauses zu avantgardistisch erschien. Saint Laurent gründete daraufhin am 29. 1. 1962 sein eigenes Haus in einem gemieteten Pariser Palais u. a. mit Unterstützung des Kosmetikkonzerns CHARLES OF THE RITZ. Neben der Damen-Haute Couture entwirft er alle Accessoires, außerdem Pelze und Kinderkleidung. Gleichzeitig schuf er die Ausstattung für eine Reihe von Theateraufführungen, für viele Balletts von Roland Petit, für die verschiedenen SPECTACLE ZIZI JEANMAIRE und immer wieder für Catherine Deneuves Filmrollen.

1966 eröffnete YSL die erste der RIVE-GAUCHE-Boutiquen, in denen die nach besonderen Prêt-à-Porter-Entwürfen gefertigte Konfektionskleidung angeboten wird. 1979 gab es weltweit 172 RIVE-GAUCHE-Boutiquen. Seit 1973 entwirft YSL auch Herrenkleidung und Heimtextilien und vertreibt eigene Parfums (OPIUM, 1977) und Herrenkosmetikprodukte. Aus der bildhaften Sprache der YSL-Kollektionen seien die Matrosen-Jac-

Y

ken (1962) und Matrosenmäntel (1966), die Pop-Art-Kleider (1966), Mondrian-Design (1965), Smoking-Kostüme (1966), Schiwago- (1966) und Safari-Look (1966), Oben-Ohne-Mode (1968) und Carmen-Look (1968), Nostalgie-Look (1969), Marcel-Proust-Kollektion (1971), der Edelbäuerinnen- und Folklore-Look (1976), Scottish Look (1979), Ballets russes (1979) und Hommage à Picasso (1979), Bolero- und Liftboy-Jacken (1981/82) genannt.

INGRID LOSCHEK

Literatur:

The Metropolitan Museum of Art, New York (Hrsg.), Yves Saint Laurent, Berlin 1984.

Abendkleid,
Yves Saint Laurent für Dior,
Frühjahr/Sommer 1958.

Kostüm,
Yves Saint Laurent,
Frühjahr/Sommer 1962.

Abendkleid,
Yves Saint Laurent,
Frühjahr/Sommer 1972.

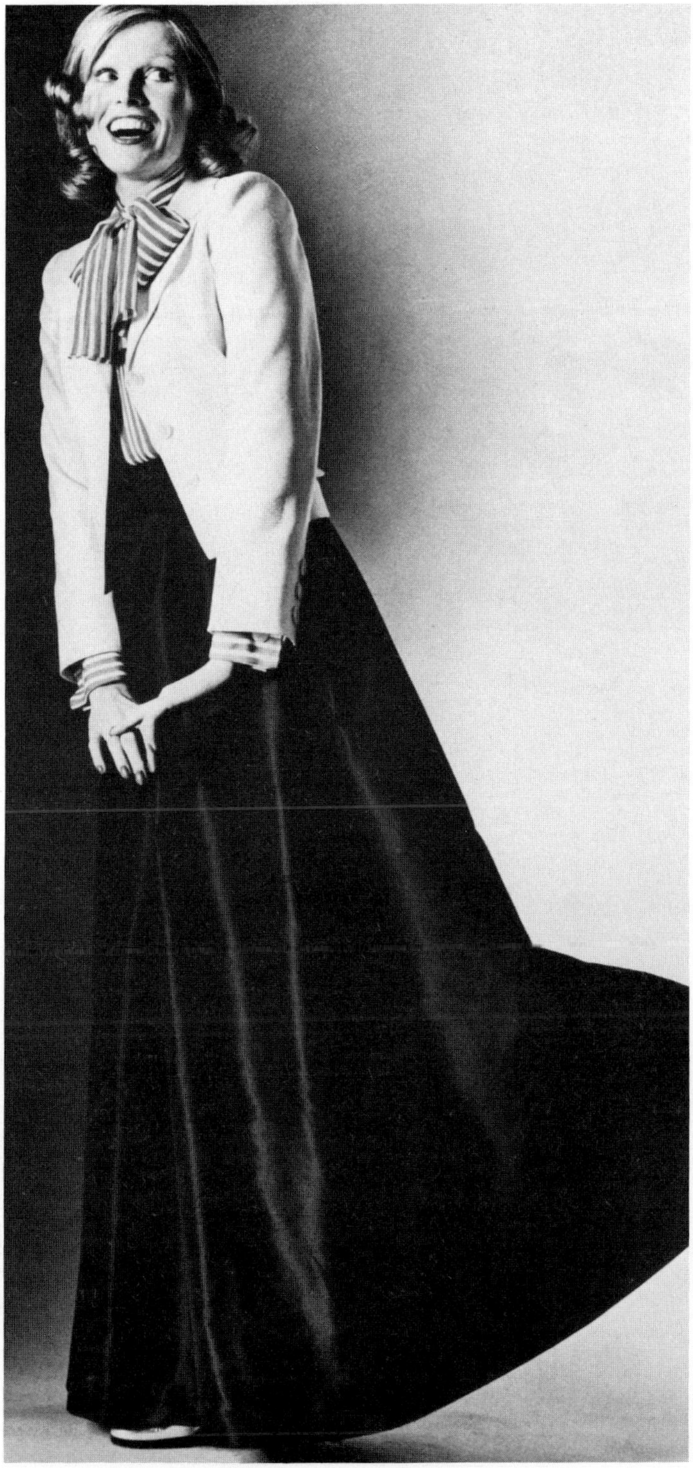

Cocktailkleid,
Yves Saint Laurent,
Frühjahr/Sommer 1983.

Y

Tailleur, Yves Saint Laurent
Frühjahr/Sommer 1983.

Z

– Zitate · Zylinder

Z

»Ein Weib soll nicht Mannsgeräte tragen, und ein Mann soll nicht Weiberkleider antun; denn wer solches tut, der ist dem Herrn, deinem Gott, ein Greuel.«

Moses

*

Aus England
London, den 20sten Februar 1790.

»Die lästige Bürde des künstlichen Haares, welches so lange unsere Schönen entstellt hat, fängt an zu verschwinden. Die natürliche Locke wallt wieder in Ringeln über die Schultern herab; und keine Dame von Stand schämt sich jetzt ihres eignen Haares. Diese plötzliche Revolution, die ihren Anfang mit der Französischen Freyheit genommen, hat manche erfinderische Künstler ausser Arbeit gesetzt, besonders die Haarweber, und die ehrsame Innung der Peruckenmacher.«

Journal des Luxus und der Moden

*

»Da Swann ein wenig schlechte Augen hatte, mußte er sich dazu verstehen, eine Brille aufzusetzen, wenn er zu Hause arbeitete, und sich, wenn er in Gesellschaft ging, ein Monokel einzuklemmen, das ihn weniger entstellte. Das erstemal, als sie eins in seinem Auge sah, wußte sie sich vor Freude nicht zu lassen: »Bei einem Mann finde ich das unbeschreiblich schick! Wie famos dir das steht! Du siehst aus wie ein richtiger Gentleman. Es fehlt dir nur ein Titel« setzte sie mit einer Nüance des Bedauerns hinzu.«

Marcel Proust,
Auf der Suche nach der verlorenen Zeit

*

»Eine junge Dame, bewundert von allen Nebenbuhlerinnen wegen ihrer schlanken Taille, war zwei Tage nach einem Balle tot. Was war geschehen? Ihre Familie wollte wissen, was diesen plötzlichen Tod in so früher Jugend verursacht hatte, und man beschloß, eine Autopsie vorzunehmen. Der Befund war erschütternd: Die Leber von drei Rippen durchbohrt!!!! So also stirbt man mit dreiundzwanzig Jahren. Nicht am Typhus, nicht im Kindbett, sondern am Korsett.«

Pariser Tageszeitung, 1859.

*

»Ich offeriere mein Patentmieder mit einer Vorrichtung, die es ermöglicht, beim Übelwerden der Dame mittels Anziehen einer kleinen, am Busen unsichtbar angebrachten Schleife augenblicklich und ohne Benötigung fremder Hand die Schnürung vom Leibe fallen zu lassen.«

Wiener Zeitung, 1833

*

»Deinen »Atlasschuhen«, deinen reizenden Seiden-Füßen unterwerfe ich meine gewaltige Freude, meinen Genius und mein Schicksal.«

Charles Baudelaire,
Les Fleurs du Mal

*

»Man täuscht sich, wenn man in der Kunst, seine »Krawatte« zu binden, nicht mehr sehen wollte als ein Werk der Mode. Es ist vielmehr eine historische, philosophische und sittengeschichtliche Abhandlung, es ist eine kleine Enzyklopädie voll Gelehrsamkeit, darin man manche recht gelehrte Auseinandersetzung finden mag.«

Honoré de Balzac

»Als Beispiel, was ein Dandy hier alles bedarf, teile ich Dir folgende Auskunft meiner fashionablen Wäscherin mit, die von einigen ausgezeichneten Elegants beschäftigt wird und allein Halstüchern die rechte Steife und Busenfalten die rechten Falten zu geben weiß. Also in der Regel braucht ein solcher Elegant wöchentlich 20 Hemden, 24 Schnupftücher, 9 bis 10 Sommer-»Trowsers«, 30 Halstücher, wenn er nicht schwarze trägt, ein Dutzend Westen und Strümpfe à discretion. Da aber ein Dandy ohne drei bis vier Toiletten täglich nicht füglich auskommen kann, so ist die Sache sehr natürlich, denn 1. erscheint er in der Frühstückstoilette im chinesischen und indischen Pantoffeln, 2. Morgentoilette zum Reiten im Frack coat, Stiefeln und Sporen, 3. Toilette zum Diner in Frack und Schuhen, 4. Ballpilette im Pumps (das sind Schuhe, so leicht wie Papier, die täglich frisch lakkiert werden).«

Hermann von Pückler-Muskau
(1785–1871)

*

»Unsere Zeit hat jene schönen, weiblichen Blüten nicht mehr entwickelt, die die großen Jahrhunderte geziert haben. Der Fächer der großen Dame ist zerbrochen. Die Frau hat nicht mehr zu erröten, nicht mehr boshaft zu sein, nicht mehr zu flüstern, zu kichern, sich zu verbergen, sich zu zeigen. Der Fächer dient nur noch dazu, sich zu fächeln, und wenn eine Sache nichts anderes mehr ist, als was sie wirklich ist, dann ist sie zu nützlich, um noch Luxus zu sein.«

Honoré de Balzac,
Die Frau comme il faut

Z

»Madame Goulou

Madame Goulou ist tätowiert
vom Ausschnitt bis zum Spann.
Und jeder, der sie engagiert,
sieht sich die Bilder an.

Die Nachttischlampe bei Goulou
brennt bis zum Morgengrau,
und keinem falln die Augen zu,
so spannend ist die Schau.

Doch wenn der Gast – man ahnt es kaum –
nichts weiter mehr entdeckt,
dann zeigt sie ihm den Zwischenraum.
Das ist der Knalleffekt!

Sagt: Bon plaisir. Und lächelt still.
So lächelt nur Goulou.
Sie weiß, was jeder haben will,
so gut wie ich und du.

Sogar ein Majestätsbesuch
kommt hier zu seinem Recht!
Sie ist das schönste Bilderbuch,
und jedes Bild ist echt.«

Fritz Graßhoff,
Die große Halunkenpostille

*

». . . streckte sie ihm gleichgültig den linken Fuß entgegen, der in einem allerliebsten roten Schuh steckte, im Gegensatz zu dem rechten Fuße, der einen blauen Schuh trug, eine drollige Koketterie, wodurch die zarte niedliche Form der Füße noch bemerklicher werden sollte. Als der Markese den kleinen Fuß ehrfurchtsvoll geküßt, erhob er sich mit einem ächzenden »O Jesu!«

Heinrich Heine,
Die Bäder von Lucca

*

»Jetzt begnügte er sich damit, erst einmal hinter jedem jungen weiblichen Wesen zu flüstern: »Fräulein – es blitzt!«, was immer einen kleinen Schreckensschrei zur Folge hatte. Denn damals trugen die Damen noch lange Röcke, die hinten zugemacht wurden. Manchmal sprangen die Knöpfe auf oder waren nicht ordentlich geschlossen, dann »blitzte« der weiße Unterrock durch.«

Hans Fallada,
Damals bei uns daheim

*

». . . und sein Bart, den er neuerdings nicht mehr als zwei gelockte Streifen trug, die von den Schläfen bis zur Mitte der Wangen liefen, sondern der, halb verdeckt von den steifen Vatermördern und der hohen Halsbinde, unterhalb des Kinnes und der Kinnladen an seinem Halse wuchs, war so stark ergraut wie sein Haupthaar.«

Thomas Mann, Die Buddenbrooks

*

»Das antike Öl, das man teurer bezahlen mußte als Gold, glänzte damals in allen Frisuren. Wenn Madame Tallien ihrem Erd- und Himbeerbad entstieg, ließ sie sich behutsam mit milchgetränkten und parfümierten Schwämmen einreiben.«

L. Claye,
Les talismans de la beauté

*

»Wenn ich mit meinem Namen ein Kleid signiere, erachte ich mich als Schöpfer eines Kunstwerkes.«

Paul Poiret

Paris den 10ten August 1789.

»Das erste und neueste Opfer, das die Göttin der Mode der National-Freyheit gebracht hat, ist ein neuer National-Freyheits-Fächer, den seit gestern eine hiesige spekulirende Fächer-Fabrick geliefert, und wie man mich versichert schon ihren ganzen Vorrath davon verkauft hat. Er ist, wie Sie leicht denken können aus den drey neuen National-Farben, blau, roth und weiß komponirt, und recht artig erfunden. Die Stäbe sind blau und rosa abwechselnd; der Grund des Fächers rosa; in der Mitte ist die blau, rothe und weiße National-Cocarde, und zu beyden Seiten derselben zwey blau roth und weiße Stängel der wieder aufblühenden französischen Lilie gemahlt. Nun da allmählig die Arbeiter wieder in ihre Werkstätte zurückkehren, und die Fabriken gewiß auf die Benutzung dieser großen und höchst merkwürdigen Begebenheit speculiren, werden wir sicher genug Moden à la Liberté nationale bekommen.«

Journal des Luxus und der Moden

*

»Die Zöpfe, die Locken fielen schon 1791 unter der Schere, und der Hof von Weimar zeigte sich schockiert, als Jean Paul sich mit kurzem Haar zu präsentieren wagte. Aristokraten in Nord-Italien gingen sogar soweit, Söhne zu verstoßen, die der neuen Mode gehuldigt hatten, während die eleganten Schulen zopflose Zöglinge nicht zuließen, da sie in ihnen Sans-culottes argwöhnten.«

G. Wittkop-Mènardeau,
Unsere Kleidung

Z

»Seit einiger Zeit ist es Sitte, niemals ohne Regenschirm auszugehen und sich der Unbequemlichkeit zu unterziehen, ihn unter dem Arm zu tragen. Diejenigen, die nicht mit dem gemeinen Volk verwechselt werden wollen, riskieren aber lieber, naß zu werden, als auf den Promenaden für Fußgänger angesehen zu werden, denn der Regenschirm ist ein sicheres Zeichen, daß man keine Equipage besitzt.«

Frauenzimmer-Lexikon, 1768

*

»Die Damenschleppen sind so lang, daß man bald die Straßenkehrer entlassen kann, denn das Reinfegen von Schmutz besorgen diese Hintergehänge.«

Le Figaro, 1860

*

»Aber es steht fest, daß plötzlich – etwas Unerhörtes! – in allen Pariser Salons die Männer die eine und die Frauen die andere Seite einnahmen. Und so begannen die einen, die in ihren weißen Kleidern wie Bräute aussahen, und die andern, die in ihren schwarzen Anzügen Waisen glichen, sich mit den Augen zu messen.
Man täusche sich darüber nicht: Diese schwarze Kleidung, die die Männer unserer Zeit tragen, ist ein schreckliches Sinnbild; bevor es dahin kam, haben die Rüstungen, Stück für Stück, und die Stickereien, Blume für Blume, fallen müssen. Die menschliche Vernunft hat sich aller Illusionen begeben, aber sie selbst trägt Trauer, damit man sie tröste.«

Alfred de Musset,
Bekenntnisse eines Kindes seiner Zeit

*

»Ohne Zweifel waren es die Besitzer der Boote, denn sie trugen Rudereranzüge.
Sie hatten sich auf ihren Stühlen ausgestreckt, sodaß sie fast lagen, waren sonnenverbrannt und trugen nur leichte weißwollene Trikotjacken, aus denen die kräftigen, muskulösen nackten Arme ragten. Es waren zwei große starke Jungens, die sich auch etwas darauf einbildeten und in allen ihren Bewegungen jene elastische Grazie zur Schau trugen, die das Rudern verleiht.«

Guy de Maupassant,
Die Landpartie

*

»Der Major Ydow war braun und blond zugleich. Sein sehr dunkles und sich einer niedrigen Stirn dicht anschmiegendes Haar bauschte sich an den Schläfen, während sein langer, seidenweicher Schnurrbart das fahle, fast gelbliche Blond des Zobels wies . . . Es ist (so sagt man) ein Zeichen für Neigung zum Verrat oder zur Perfidie, wenn Kopf- und Barthaar von verschiedener Farbe sind.«

Jules A. Barbey d'Aurevilly,
Diabolische Geschichten.
Das Gastmahl der Gottlosen

*

». . . Wenige werden jetzt ausgehen, ohne sich vorher gehörig auszukleiden.«

Jean Paul

*

»Fünf nebeneinandersitzende Frauen können nur schreiend ihre Gedanken austauschen, denn die Distanz infolge der Weite ihrer Röcke macht jedes leisere Wort oder gar Flüstern unmöglich.«

»Le Bazar«, 1850

*

»Gehen war nicht leicht, da man die Menge Stoff, die einen von allen Seiten umgab, fortbewegen mußte, zumal die enge Taille, die in der Mitte dieser Masse saß, wie losgelöst von dem übrigen Körper schien. Sich setzen aber, ohne daß die Stahlreifen eine falsche Richtung bekamen, war geradezu ein Kunststück. In den Wagen steigen, ohne die leichten Tüll- und Spitzenstoffe zu zerdrücken, erforderte viel Zeit, ruhige Pferde und einen übergeduldigen Mann. Reisen, sich hinlegen, mit seinen Kindern spielen, ja nur ihnen die Hand zu geben, um mit ihnen spazieren zu gehen, das waren Probleme, zu deren Lösung große Zärtlichkeit und viel guter Wille gehörten. Um diese Zeit verlor sich dann auch allmählich der Brauch, Damen den Arm zu bieten, um sie zu begleiten.«

Kaiserin Eugenie (1826–1920)

*

»Wenn Diejenigen, welche enge Lederhandschuhe tragen, dieselben herunternehmen, werden ihre Hände gewiß kalt sein. Warum denn? Die Bauern machen es, wenn sie Handschuhe tragen, ganz anders und besser; sie haben einen Daumen und für die vier anderen Fingern nur eine Behausung. Die Bauern haben den besten Handschuh. Sie ziehen ihn auch nur an, wenn es kalt ist, gewiß nicht im Zimmer.«

Sebastian Kneipp,
Das große Kneippbuch

»Königin Luise war jung und hübsch, also putzsüchtig, was ihr manche Zeitgenossen zum Vorwurf machten. »Luise liebte den Putz mehr als nötig war«, schreibt F. A. L. v. d. Marwitz, »sie konnte dem König nie modisch und elegant genug gekleidet sein. Die Mode war die sogenannte griechische Kleidung. Die Frauenzimmer hatten nur ein Hemde und ein möglichst dünnes Kleid an, in welchem alle ihre Formen sichtbar waren. Die Königin ging in dieser Mode voran.« »Ich begreife nicht, wie dieser liebe König seiner koketten Frau erlauben kann, sich so anzuziehen, wie sie es tut«, schrieb Gräfin Tina Brühl am 10. März 1799 ihrem Mann. »Das ist nicht mehr der elegante Anzug eines eleganten Hofes, sondern der einer sehr niedlichen Schauspielerin, dekolletiert nach der Möglichkeit und coiffiert in einer Weise, wie sie nur einer so hübschen Person stehen kann wie diese allerliebste Königin ist.«

Max von Boehn,
Die Mode 1790–1817

*

»Seid Ihr es, alter Binder«, rief der Baron, »hätt ich dich doch bald nicht wiedererkannt, so hast du dich verändert. – Aber Mensch!« schrie er vor Entsetzen auf, indem er einen Schritt zurücksprang –, »du hast dir ja den Zopf abgeschnitten! Darum hatte mir auch deine ganze Erscheinung so etwas Wildfremdes.«
»Lieber Alter«, sagte der Herr von Binder mit geheimnisvollem Lächeln, »nimmst du denn auf den Geist der Zeit gar keine Rücksicht?«

Ludwig Tieck,
Die Gesellschaft auf dem Lande

»Siegmund machte Toilette für die Oper und zwar seit einer Stunde. Ein außerordentliches und fortwährendes Bedürfnis nach Reinigung war ihm eigen, dergestalt, daß er einen beträchtlichen Teil des Tages vorm Lavoir verbrachte. Er stand jetzt vor seinem großen, weißgerahmten Empire-Spiegel, tauchte den Puderquast in die getriebene Büchse und puderte sich Kinn und Wangen, die frisch rasiert waren; denn sein Bartwuchs war so stark, daß er, wenn er abends ausging, genötigt war, sich ein zweitesmal davon zu säubern.«

Thomas Mann
Waelsungenblut

*

Feindseliger Blick

»Du kommst doch über so viele hinaus,
Warum bist du gleich außer'm Haus,
Warum gleich aus dem Häuschen,
Wenn einer dir mit Brillen spricht?
Du machst ein ganz verflucht Gesicht,
Und bist so still wie Mäuschen.

»Das scheint doch wirklich sonnenklar!
Ich geh mit Zügen frei und baar,
Mit freien treuen Blicken;
Der hat eine Maske vorgethan,
Mit Späherblicken kommt er an,
Darein sollt' ich mich schicken?«

Was ist denn aber beim Gespräch
Das Herz und Geist erfüllet,
Als daß ein echtes Wort-Gepräg'
Von Aug' zu Auge quillet!
Kommt jener nun mit Gläsern dort,
So bin ich stille, stille;
Ich rede kein vernünftig Wort
Mit einem durch die Brille.«

Johann Wolfgang von Goethe

». . . hier sind die Stelzchen, und ich gebe Ihnen auf, niedlichere zu finden. Es war Ernst! sagte er, als er die zierlichen Halbschuhe betrachtete. Gewiß, man konnte nicht leicht etwas Artigeres sehen.
Sie waren Pariser Arbeit; Philine hatte sie von der Gräfin zum Geschenk erhalten, einer Dame, deren schöner Fuß berühmt war.
. . . Es geht nichts über ein Paar Pantöffelchen von so feiner, schöner Arbeit, rief Serlo; doch ist ihr Klang noch reizender als ihr Anblick. Er hub sie auf und ließ sie einigemale hintereinander wechselweise auf den Tisch fallen.
. . . es schleicht was herbei, die Vorhänge rauschen, klipp! klapp! die Pantoffeln fallen, und husch! man ist nicht mehr allein. Ach der liebe, der einzige Klang, wenn die Absätzchen auf den Boden aufschlagen! Je zierlicher sie sind, je feiner klingts. Man spreche mir von Philomelen, von rauschenden Bächen, vom Säuseln der Winde und von allem, was je georgelt oder gepfiffen worden ist, ich halte mich an das Klipp! Klapp! Klipp! Klapp! ist das schönste Thema zu einem Rondeau, das man immer wieder von vorne zu hören wünscht.«

Johann Wolfgang von Goethe,
Wilhelm Meisters Lehrjahre

Z

Zylinder

Nach einem Bericht der Pall Mall Gazette vom 19. März 1913 stolzierte der Hutmacher John Hetherington 1797 mit einem Zylinder auf dem Kopf durch die Straßen Londons und erregte damit *»allgemeines Entsetzen«*. Bald war er von einer Menschenmenge umringt. Er wurde verhaftet und dem Lord Mayor vorgeführt unter der Anklage, öffentliches Ärgernis erregt zu haben. Der Polizeibeamte, der die Verhaftung vorgenommen hatte, sagte aus: *»Hetherington erschien auf der Straße mit einem hohen, glänzenden Bauwerk auf dem Kopf, das er einen Seidenhut nannte, und das geeignet war, ängstliche Leute in Furcht zu versetzen. Bei dem ungewöhnlichen Anblick fielen verschiedene Frauen in Ohnmacht, während Kinder aufschrien, Hunde bellten und ein kleiner Junge von der Menschenmenge, die sich angesammelt hatte, umgeworfen wurde, wobei er sich einen Arm brach«*. Der Verhaftete erklärte, daß er nur das Recht eines jeden Engländers, dem jede Freiheit in der Wahl seiner Kopfbedeckung zustehe, ausgeübt habe. Trotzdem jedoch wurde er verwarnt. Für einen Wiederholungsfall wurde ihm eine hohe Geldstrafe angedroht. Dieses Urteil erregte seinerzeit die Entrüstung der Times. In ihrer Nummer vom 16. Januar 1797 beschrieb sie den von Hetherington getragenen Hut als *»einen bedeutenden Fortschritt in der Bekleidungsreform, der früher oder später dazu bestimmt sein werde, charakteristisch für die Allgemeinheit zu werden. Wir sind der Ansicht, daß die Beamten der Krone sich geirrt haben, als sie Hetherington verhafteten«*.

Die Times behielt recht, denn schon um 1820 war der Top-Hat überall verbreitet und behielt seine bedeu-

Zylinderkoffer und -schachteln,
um 1880–1920,
Münchner Stadtmuseum.

Friseurkopf mit Zylinder,
um 1930.
Münchner Stadtmuseum.

Z

Herr mit Zylinder,
25.12.1901.

Nathan Rothschild,
um 1890.

tende Stellung in der Herrenmode bis in die 30er Jahre unseres Jahrhunderts.

Zunächst war er jedoch das Zeichen einer politischen Gesinnung. Schon im 18. Jahrhundert bekannt, nahm er als Puritaner- und Quäkerhut seinen Ausgang von England, um über Amerika den Weg zurück nach Europa zu finden. Auf dem Festland blieb er bis dahin als Kopfbedeckung weitgehend ohne Bedeutung. Doch die Begeisterung liberaler Kreise für den Freiheitskampf in Nordamerika brachte ihn zunächst bei diesen Gruppen in Mode. Die Sympathien gingen auch auf den »amerikanischen« Hut als Symbol der liberalen Ideen über. Später galt er ganz allgemein als Zeichen der herrschenden Schicht, deren »Hut« in Revolutionen bedroht ist, wie Tucholsky in BERLINER KÄMPFE zeigt: *»Es wackeln im Wind die Zylinderhüte«.*

Als sich 1824 der kunstliebende bayerische Kronprinz Ludwig im Kreise seiner Künstlerfreunde beim Besuch einer römischen Weinschänke malen ließ, hatte der Zylinder seine »demokratische« Bedeutung bereits verloren. Die hier gemeinsam Dargestellten zeigen beispielhaft, daß der Zylinder in dieser Zeit zum Hut für

Reservistenzylinder,
Amateurfotos, 1961.

Mantel und Zylinder
Juwelier Friedrich,
München, 25.3.1925.
Münchner Stadtmuseum.

Z

Zylinder 1796–1896,
Illustrierte Zeitung, 1897.

jedermann geworden war. Nach den Unruhen von 1848 erregte eine Darstellung von FAUST UND GRETCHEN IM 19. JAHRHUNDERT von Franz Dobiaschofsky bei einer Ausstellung im WIENER KUNSTVEREIN die Ordnungshüter. Faust war dabei als Student mit »Kalabreser-Hut« und schwarz-rot-goldener Schärpe. Der KALABRESER mußte in einen hohen, grauen Stadthut umgemalt werden. Dabei war dieser aber eben der Zylinder, der zur Zeit der Französischen Revolution und danach bevorzugt von demokratisch Gesinnten getragen wurde.

Seine zunächst politische und später modische Bedeutung, die der Zylinder im 19. Jahrhundert innegehabt hatte, ist heute vergessen. Erwähnt sei seine Rolle in der surrealistischen Kunst, so bei Max Ernst und René Magritte. Konservative Kreise und Theater geben heute nur noch wenigen Zylindermachern Gelegenheit, ihr Handwerk auszuüben. Die nostalgische Bedeutung dieser Kopfbedek-

»Neunzehnhundertdreizehn sind's
Hundert Jahre her,
Daß er lebt, den heute Prinz,
Bürger, Bauer, Kunz und Hinz,
Alle schätzen sehr.

Seht, wie er in Herrlichkeit
Glänzt und strahlt und blüht,
Daß das Herze jederzeit
Vor Entzücken klopft der Maid,
Wenn sie ihn nur sieht.

Wenn der Jüngling um die Hand
Seiner Liebsten wirbt,
Trägt er ihn zum Festgewand.
Und er trägt ihn schmerzentbrannt,
Wenn die Liebste stirbt.

ates: Die Stadien seiner Entwicklung.

kung scheint aber seit Jahren zuzunehmen. Die Zylinderpreise auf Flohmärkten beweisen es.

ANDREAS LEY

Literatur

Irene Adelmann (Hrsg.), Art-Hats, Wiesbaden 1983.
Baron von Eelking, Das Bildnis des eleganten Mannes, Berlin 1962.
Andreas Ley, Von Kopf bis Hut, München 1984.
O. Timidior, Der Hut und seine Geschichte. Eine kulturhistorische Monographie, Wien/Leipzig o.J. (1914).
Ruth Turner-Wilcox, The Mode in Hats and Headdress, New York 1952.

Eine Rolle spielt er auch
In der Politik.
Spahn trägt ihn nach altem Brauch,
Wenn er klopft mal auf den Strauch
Und er bringt ihm Glück.

Heil ihm, der nun hundert Jahr
Ziert das Angesicht,
Der auf lichtem Lockenhaar
Und auf dünnem glänzt so klar,
Wie das Sonnenlicht!

Heil ihm, der dem deutschen Mann,
Ist das höchste Gut!
Wenn das Volk nicht treibt ihn an,
Strebt zum Himmel er hinan,
Der Zylinderhut!«

KLADDERADATSCH

A

B

C

D

E

F

G

H

I, J

K

L

M

N

O

P

Q

R

S

Sch

St

T

U

V

W

Y

Z

F

G

H

I, J

K

L

M

N

O

P

Q

R

S

Sch

St

T

U

V

W

Y

Z

Veronika Baur-Callwey, München; geb. 1945; Studium der Geschichte und Kunstgeschichte in München, Dr. phil.; *»Kleiderordnungen in Bayern vom 14.–19. Jahrhundert, 1975«;* Lektorin.

Bazon Brock, Wuppertal; geb. 1936; Künstler, Kunsttheoretiker; Akteur und Regisseur von Hörspielen, Fernsehfilmen und Theaterstücken; u.a. Herausgeber von *»Die Kinder fressen ihre Revolution. Design ist unsichtbar – durch Pflege zerstört – der kleinstmögliche Eingriff – die Mülltheorie der Kultur, 1985; Stilwandel – als Kampfprinzip, als Systemstrategie, als Kulturtechnik, als Lebensform, 1986«;* ordentlicher Professor für Ästhetik an der Bergischen Universität.

Harald Brost, Mainz; geb. 1941; Studium der Kunstgeschichte, Geschichte, Philosophie und Kunstpädagogik in Berlin, Dr. paed., Dr. phil. habil.; *»Kostümkunde, 19??; Kunst und Mode, 1984«;* Hochschullehrer.

Chiara Giannelli Buss, Mailand; geb. 1945; Studium der Kunstgeschichte in New York, Dr. phil.; Kongreß- und Ausstellungsgestaltung sowie Veröffentlichungen auf dem Gebiet der Textilien und der Textilkonservierung und -restaurierung; seit 1979 Mitarbeiterin des CISST; tätig am Museum Castello Sforzesco/Mailand.

Grazietta Butazzi, Mailand; geb. 1925; Studium in Florenz; Il Costume in Lombardia, 1977; Moda Arte Storia Società, 1981; Mitherausgeberin von La Moda Italiana, 1986; Gründungsmitglied des CISST.

Fabio Carmignani, Mailand; geb. 1942; Studium der Chemie in Rom; Forschungen auf dem Gebiet der angewandten Chemie; Verkaufsleiter in der Parfümindustrie.

Doretta Davanzo Poli, Venedig; geb. 1946; Studium der Kunstgeschichte in Padua, Dr. phil.; dipl. Archivarin; beratende Konservatorin des Spitzen-Museums von Burano; Organisatorin zahlreicher einschlägiger Ausstellungen; zahlreiche Veröffentlichungen und Gutachten auf dem Gebiet der Kostümforschung und der Textilien.

Madeleine Delpierre, Paris; geb. 1922; Museumsausbildung; bis 1973 Oberkonservatorin am Musée de la Mode et du Costume; verfaßte von 1954–1985 zahlreiche Kataloge für das MMC; im Ruhestand.

Florian Dering, München; geb. 1950; Studium der Volkskunde in München; seit 1983 Leiter der Abteilung Schaustellerei im Münchner Stadtmuseum.

Helmut Dotterweich, München; geb. 1930; Studium in Wien, Paris und München, Dr. phil.; Veröffentlichungen im Rahmen der bayerischen Landesgeschichte; seit 1975 Mitarbeiter der Wochenzeitung »Die Zeit«; Leiter der Redaktion Geschichte und musische Programme beim Bayerischen Fernsehen.

Magdalena Droste, Berlin; geb. 1948; Studium der Kunstgeschichte in Aachen und Marburg; *»Georg Muche, das künstlerische Werk, 1983; Wechselwirkungen. Paul Klee und das Bauhaus, 1985«;* tätig am Bauhausarchiv.

Volker Duvigneau, Jetzendorf/Ilm; geb. 1935; Studium der Kunstgeschichte und Archäologie in Leipzig und München, Dipl.-Phil., Dr. phil.; Kataloge und Katalogbeiträge über Plakatkunst speziell der Münchner Schule; Oberkonservator am Münchner Stadtmuseum.

Jürgen Eickhoff, München; geb. 1953; Studium der Geologie in München; Mitarbeit in der Werkstatt einer Goldschmiedin; 1983 Gaststudium an der Gerriet Rietveld Akademie in Amsterdam; 1981 Gründung der Galerie spektrum für Avantgarde-Schmuck zusammen mit Marianne Schliwinski in München.

Karen Ellwanger, Berlin; geb. 1953; Studium der Empirischen Kulturwissenschaft, Rhetorik und Soziologie in Tübingen; leitet seit 1985 ein Forschungsprojekt an der Sozial- und Arbeitsmedizinischen Akademie in Ulm; Lehrbeauftragte an den Universitäten Tübingen und Osnabrück und im Fachbereich Design der HdK Berlin; Schwerpunkte in Forschung und Lehre: Bekleidungsgeschichte des 20. Jahrhunderts, Modetheorien, Geschichte des Körpers.

Fabienne Falluel, Paris; geb. 1944; Studium der Geschichte; Mitarbeit an Ausstellungen des Musée de la Mode et du Costume, Paris; *»Vêtement, 1983; Costume, 1983«;* Professorin für Kostümgeschichte.

Günter Frorath, Köln; geb. 1946; Studium der katholischen Theologie; seit 1974 freier Schriftsteller und Journalist.

Guillaume Garnier, Paris; geb. 1953; Ausbildung auf der Ecole des Chartes und der Ecole du Louvre; zahlreiche Ausstellungen im Musée d'Art Moderne, im Pavillon des Arts, im Musée de la Mode et du Costume und bei der Fashion Foundation (Tokio); Konservator und Direktor des Musée de la Mode et du Costume.

Margarete Gröner, München; geb. 1954; Studium der Empirischen Kulturwissenschaft und Kunstgeschichte in Tübingen, MA; freischaffende Kulturwissenschaftlerin.

Rosemary Harden, London; Konservatorin am Victoria & Albert Museum; verantwortlich für den Bereich Mode; Ausstellungsgestaltungen.

Avril Hart, London; Konservatorin am Victoria & Albert Museum; verantwortlich für den Bereich Männer- und Fankleidung; Ausstellungsgestaltungen und einschlägige Veröffentlichungen, u.a. über die Sammlung von Fan-Kleidung des V & A.

Edith Hartl, München; Ausbildung zum Diplomkaufmann; seit 1970 selbständige public relations-Beraterin; Öffentlichkeitsarbeit für das Haus Louis Vuitton.

Edgar Harvolk, München; geb. 1944; Studium der Volkskunde, Theaterwissenschaft und Vor- und Frühgeschichte in München, Dr. phil.; Museumsausbildung; zahlreiche Veröffentlichungen zur Kulturgeschichte Süddeutschlands; Wissenschaftlicher Leiter des Instituts für Volkskunde der Bayerischen Akademie der Wissenschaften.

Ulrike von Hase-Schmundt, München; geb. 1939; Studium der Kunstgeschichte und Archäologie in Frankfurt a.M. und München; *»Schmuck in Deutschland und Österreich 1895–1914, 1977;* Kunsthistorikerin.

Elisabeth Heller-Winter, München; geb. 1950; Studium der Kunstgeschichte in Tübingen und München, Dr. phil.; Museumspraxis; Kunsthistorikerin.

Eva Karcher, München; geb. 1955; Studium der Kunstgeschichte in München und Berlin, Dr. phil.; freie Journalistin.

Ulrich Klever, St. Georgen; geb. 1922; Studium der Zoologie und Psychologie; Verlagsbuchhändler; Redakteur und Chefredakteur; Buchautor; *»Exotischer Schmuck, 1977; Spazierstöcke, 1984«;* freier Journalist.

Wolf-Dieter Könenkamp, Regensburg; geb. 1946; Studium der Völkerkunde, Volkskunde und Geschichte in Hamburg, Dr. phil.; Museumsausbildung; zahlreiche Veröffentlichungen zu Themen der Kulturgeschichte, des ländlichen Lebens und der Kleidungsgeschichte; Assistent am Lehrstuhl für Volkskunde der Universität Regensburg.

Andreas Ley, München; geb. 1942; Studium des Hochbaus und der Innenarchitektur in Berlin und München; Gaststudent der Textilklasse der Akademie der Bildenden Künste München, Dr. ing.; Mitarbeiter an Ausstellungen im In- und Ausland; Veröffentlichungen in Fachzeitschriften und Katalogen; seit 1979 Leiter der Abteilung Textilien–Tracht–Mode am Münchner Stadtmuseum.

Paolo Lombardi, Mailand; geb. 1948; Studium der Politologie und Wirtschaftswissenschaften; Dr.; Schwerpunkt der Forschung: Entwicklung der Strickwarenfabrikation. *»Maglia, maglietta maglione, 1985; . . . Ma le calze, 1986«;* Sekretär der Italian Association of Knitwear.

Ingrid Loschek, München; geb. 1950; Studium der Theaterwissenschaft und Kostümkunde in Wien, London und Manchester, Dr. phil.; zahlreiche Veröffentlichungen, u.a.: *»Mode im 20. Jahrhundert, 1984; Reclam's Mode- und Kostümlexikon«* (i. Vorb.); Lehrbeauftragte für Mode- und Kostümgeschichte an der Fachhochschule für Gestaltung, Pforzheim.

Patricia Magli, keine Angaben.

Angelica Mann, München; geb. 1954; Mode-Design-Studium an der Hochschule für Gestaltung, Bremen und an der Academia di Costume e di Moda, Rom; Freelance-Design für Couture- und Prêt-à-Porter-Häuser in New York und Paris; Public Relation Tätigkeit; seit 1984 freie Autorin und Texterin.

Brigitte Marquardt, Bochum; geb. 1927; Ausbildung zur Diplomwirtschaftsingenieurin; Promotion zum Dr. phil. in Bochum über Schmuck des Klassizismus und Biedermeier (= 1. Promotionsarbeit über Schmuck überhaupt); Ausstellungsgestaltung und einschlägige Veröffentlichungen; freie Fachautorin.

Valerie Mendes, London; Konservatorin am Victoria & Albert Museum; verantwortlich für den Bereich Mode und Textilien des 20. Jahrhunderts; Ausstellungsgestaltung und zahlreiche einschlägige Veröffentlichungen.

Francesca Molfino, Rom; geb. 1941; Ausbildung zur Psychoanalytikerin (Freudsche Schule), Dr.; leitete zahlreiche Selbsterfahrungsgruppen in Italien, England und Amerika; Mitglied des Lavoro psicoanalitico, die Psychoanalytiker verschiedener Schulen vereint; Mitbegründerin des »Centro Culturale Virginia Woolf«, einer »Universität« für Frauen, an der sie Seminare, Workshops und Kongresse, die sich mit der Frauenrolle auseinandersetzen, organisiert und leitet.

Massimo Mininni, Rom; geb. 1958; Studium der Kunstgeschichte und Architektur; Ausstellungsgestaltung und einschlägige Veröffentlichungen; Schwerpunkt: italienische Modegeschichte.

Alessandra Mottola Molfino, Mailand; geb. 1939; Ausbildung zur Kunsthistorikerin; Ausstellungsgestaltung und einschlägige Veröffentlichungen; seit 1974 Direktorin des Museo Poldi Pezzoli/Mailand; Mitglied des CISST.

Isabella Pezzini, Mailand; geb. 1954; Studium der Philosophie in Bologna und der Sozialwissenschaften in Paris, Dr. phil.; zahlreiche Veröffentlichungen.

Annie Sagalow, Paris; geb. 1929; Ausbildung an der Ecole de la Chambre Syndicale de la Couture, Gasthörerin an der Ecole du Louvre; Ausstellungsgestaltung und Veröffentlichungen; verantwortlich für die Bibliothek und die Dokumentation des Musée de la Mode et du Costume; verantwortlich für die Abteilungen Handschuhe, Stökke, Schirme.

Bia Sarasini, keine Angaben.

Marina Schneede, München; geb. 1936; Studium der Kunstgeschichte, Dr. phil.; Ausstellungsgestaltung und Veröffentlichungen, u.a. Katalog: *»Der letzte Schrei – Mode um 1789 (Museum für Kunst und Gewerbe), Hamburg 1976«.*

Nicole Schürmann, Hamburg; geb. 1957; Ausbildung zur diplomierten Kommunikationsdesignerin in Wuppertal. Abschlußarbeit über den »Knopf«.

Franz Sonnenberger, Nürnberg; geb. 1951; Studium der Neueren Geschichte und Amerikanistik in München und Atlanta, Dr. phil.; Ausstellungsgestaltung und zahlreiche Veröffentlichungen; seit 1981 Leiter der Abteilung »Ausstellungen und Öffentlichkeitsarbeit« am Centrum für Industriekultur.

Brigitte Stamm, Hamburg; geb. 1943; Schneidergesellin; Studium an der Staatlichen Akademie für Werkkunst und Mode, Berlin, Modedesignerin; Studium der Kunstwissenschaft, Psychologie und Soziologie in Berlin, Dr. phil.; zahlreiche Veröffentlichungen, u.a. *»Das Reformkleid, 1976«;* seit 1976 Professorin für Kunstgeschichte (Schwerpunkt Kostümgeschichte) an der Fachhochschule Hamburg, Lehrbeauftragte der Universität Hamburg.

Françoise Tettart-Vittu, Paris; geb. 1942; Ausbildung zur Kunsthistorikerin; verantwortlich für die Abteilung Zeichnungen und Druckgraphik des Musée de la Mode et du Costume.

Angela Völker, Wien; geb. 1944; Studium der Kunstgeschichte und Archäologie in Frankfurt a.M. und Wien, Dr. phil.; Museumsausbildung; zahlreiche Veröffentlichungen mit den Schwerpunkten: Mode und Textilien der Wiener Werkstätte, klassische Orientteppiche, Textilien des 19. Jahrhunderts, zeitgenössische österreichische Textilkunst; seit 1977 Leiterin der Abteilung Textilien am Österreichischen Museum für angewandte Kunst.

Eva-Maria Warth, Tübingen; geb. 1952; Studium der Anglistik und Germanistik in Tübingen; bearbeitet seit 1985 die Fernsehserie Denver im Rahmen des von der VW-Stiftung geförderten Projektes »Soap-Opera«.

Marion Widmann, München; geb. 1954; Studium der Volkskunde, Kunstgeschichte und Germanistik in München und Freiburg, Dr. phil.; Museumspraxis; Mitarbeit an Ausstellungen; Veröffentlichungen im Rahmen der Kulturgeschichte; zur Zeit freie Mitarbeiterin des Münchner Stadtmuseums.

Armani, Mailand, Sergio Caminata
247

Rüdiger Backmann, Hamburg
362–364 (3) und Rücktitel

Balestra, Rom
11

Bauhaus Archiv, Berlin
52–55, 56 l.

Bayerische Staatsgemäldesammlungen
124 re., 292

Betzel-Verlag, Frankfurt
22, 23, 25, 462, 463, 464

Matt Black, Southport
435 u.

Bogner, München, Hans Feurer
521, 525 o.l., 529 o.l., 531, 532

Bogner, München, Georg Alexander Schöttl
173, 174

Bruckmann-Verlag, München
620, 621

Capucci, Rom
10

Capucci, Rom, Fiorenzo Niccoli
14, 15

Gilles Caron
233 o.

Civica Raccolta Stampe »A. Bertarelli«, Mailand
358 (3), 522 o. (2)

Uschi Dresing, Bielefeld
139

Fendi, Rom, Giancarlo Martelli
412

Ferragamo, Florenz
491

Ferré, Mailand
338

Ferré, Mailand, Herb Ritts
248

Uwe Göbel, München
21, 62 r., 84, 108 r. (2), 161 (3), 241, 317, 431 (2), 432 l., 439, 497 r.u., 502 r., 511 (4), 524 r.u., 556, 559 (2), 560, 572 u., 590

Historisches Museum der Stadt Wien
290 o., 291 o.l.

Polly Hope, London
319 r.

Tom Jacoby
320

Krizia, Mailand
164, 333

Krizia, mailand, Giovanni Castel
242, 618

Krizia, Mailand, Robert Mapplethorpe
243

Vollrad Kutscher, Frankfurt
318 (2), 319 l.

Lancetti, Rom, G. Chieregato
16, 17

Lees City Art Galleries
433 r.

Linea Italiana
350

Mainfränkisches Museum, Würzburg
127 r.u.

Brigitte Marquardt, Bochum
481 m., 483 (3)

Missoni, Mailand, Giovanni Gastel
244

Markus Morianz, Wien
19 r.

Münchner Stadtmuseum
Dorothee Jordens-Meintker, Julia Köbel, Patricia Partl, Wolfgang Pulfer, Kerstin Schuhbaum
27 (2), 29, 31 l., 32 (2), 33, 56 r., 57 r., 58 l. (2), 61 m., 64 l., 65 r., 66–68, 76, 77, 80 (5), 81 m.r., 83, 87 (2), 88, 105, 107, 110, 112 (2), 113, 114 (2), 122, 123 r., 124 l., 125 (2), 126 (5), 127 (2), 129, 130, 131 (2), 142 (2), 144 (2), 145 (2), 148, 151, 157, 160, 178 r. (2), 181 r., 182, 183 u., 184, 187 (4), 188, 189, 203 l.o., 205 (2), 206 (2), 207 (2), 213 (2), 217 u.l.u.m., 218, 221–223, 224 r.u., 225 o., 228, 229 (2), 236 l.m., 239 r., 250, 251, 256 (2), 257 (auch Rücktitel), 273 r., 274 r., 275 lo., 313, 314, 315 (2), 316, 334 r., 336 (3), 344 r., 345 l., 346 (2), 347 (3), 349 u., 352, 359, 361, 370–374 (13), 392–394 (4), 395–398 (5), 413 l., 432 o., 434, 443, 444, 454 (2), 457, 472, 473, 480 r., 481 o., 482, 485–489 (9), 492 (3), 493 o., 494 (3), 495 l., 496 o., 498, 506 r., 514 u.l., 517 l., 519, 526 (3), 527 (2), 528, 529 u.l., 529 o.r., 538 m., 539–541 (5), 543 (2), 544, 547, 552 o., 553–555 (5), 566, 567 (3), 568 r., 569 l., 570 (2), 571 (2), 573, 599, 616, 617, 626, 627

Musée d'Art et d'Histoire, Genf
176

Musée Carnavalet, Paris
291

Peter Nievelstein, München
45, 327 (3), 328, 329 (2), 330

Österreichisches Museum für angewandte Kunst, Wien
604–609 (8)

Siegfried Oselka, München
141

Riccarda Pagnozzato, Venedig
276 (2), 535, 536

Roger-Viollet
162

August Sander
542

Schmuckmuseum Pforzheim
476 u., 478, 480 l.

Nicole Schürmann, Hamburg
296 (2), 297 l.o.

Smith-Imber, London
435 o.

Staatliche Kunstsammlungen Kassel
208

Staatliche Museen Preußischer Kulturbesitz, Nationalgalerie, Berlin
62 l.

Unbekannt
19, 20, 28, 34–37, 42–44, 58 r., 59, 61 l., 30 l., 111, 133, 134, 137, 138, 150 r., 158, 171, 172, 179 r.o., 180, 185, 232, 233 u., 304, 305, 321 (2), 353–356, 423, 424, 436–438, 440, 479, 499, 500, 501, 524 u.l., 525 u.l., 525 o.r., 549, 550, 587, 593 m., 622–624, 629
sowie nicht nachgewiesene Abbildungen

Valentino, Rom, Dick Ballarin
12

Valentino, Rom, Mike Reinhardt
13

Versace, Maildn
163 (2), 503, 537

Verdace, Mailand, Richard Avedon
245

Victoria & Albert Museum, London
116, 220 (2), 574–578 (7)

Fondazione »Il Vittoriale«, Gardone, Riccarda Pagnozzato
94, 95

Vuitton, Paris
458 (4), 459 (4), 460, 461 (2)

Westfälischer Kunstverein, Münster
279–282

Theo Windges
426 (2), 427 (2)

Württembergisches Landesmuseum Stuttgart
477

Zegna, Mailand
612, 613

Zegna, Mailand, Vanni Burkhart
533